AF532127

Carolyn Abbate | Roger Parker

Eine Geschichte der OPER

Die letzten 400 Jahre

Aus dem Englischen
von Karl Heinz Siber
und Nikolaus de Palézieux

C.H.Beck

Die erste Auflage der deutschen Ausgabe dieses Buches erschien 2013.
Für die vorliegende Sonderausgabe wurde der Band durchgesehen.

Mit 50 Abbildungen auf Farbtafeln

Titel der Originalausgabe *A History of Opera. The Last Four Hundred Years.*
Zuerst erschienen in englischer Sprache bei Penguin Books. Ltd., Großbritannien,

1. Auflage der Sonderausgabe. 2022

www.chbeck.de
Umschlaggestaltung: geviert.com, Michaela Kneißl
Umschlagabbildung: Die Königin der Nacht aus der «Zauberflöte», Erté, 1985,

Gesetzt aus der Bembo und der Avenir bei: Janß GmbH, Pfungstadt
Druck und Bindung: CPI, Ebner & Spiegel, Ulm
Gedruckt auf säurefreiem und alterungsbeständigem Papier
Printed in Germany
ISBN 978 3 406 79083 6

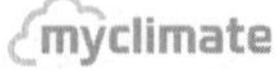

klimaneutral produziert
www.chbeck.de/nachhaltig

Carolyn Abbate | Roger Parker

Eine Geschichte der OPER

Dieses Buch – seit langem die erste einbändige und zugleich umfassende Gesamtdarstellung zu diesem Thema – liest sich wie eine Ode an die Oper selbst. Seine beiden Autoren stellen zahlreiche Werke der bekanntesten Opernkomponisten vor: von Monteverdi, Händel und Mozart über Verdi, Wagner, Strauss und Puccini bis zu Berg und Britten. Sie bieten einen anschaulichen, oft amüsanten und stets informativen Überblick über die sozialen und politischen Hintergründe der jeweiligen Kompositionen, beziehen deren literarische Kontexte und die wirtschaftlichen Verhältnisse mit ein, unter denen sie entstanden sind, und vernachlässigen auch nicht die Polemiken, die das Operngeschehen über die Jahrhunderte kontinuierlich begleitet haben. Auch wenn inzwischen die beliebtesten und langlebigsten Werke aus einer längst vergangenen Epoche stammen, deren Lebensumstände uns heute völlig fremd sind – und auch wenn die zeitgenössische Oper heutzutage auf den Bühnen kaum eine Rolle spielt –, so hat die Oper doch nichts an Reiz, Lebendigkeit und Attraktion eingebüßt. Heute wie vor 400 Jahren lässt sie das Publikum Tränen vergießen, zischen, heftig debattieren oder in Begeisterungsstürme ausbrechen. In dieser Wirkungsmacht übertrifft sie jede andere Kunstform.

Carolyn Abbate ist Professorin für Musikwissenschaft an der Harvard University.
Roger Parker ist Professor für Musikwissenschaft am King's College, London.

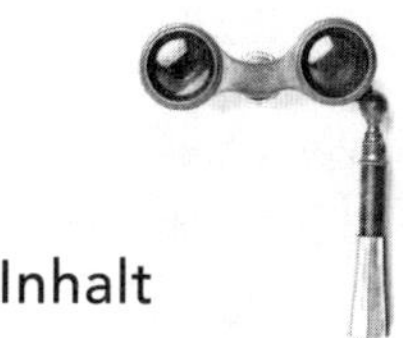

Inhalt

Anhang

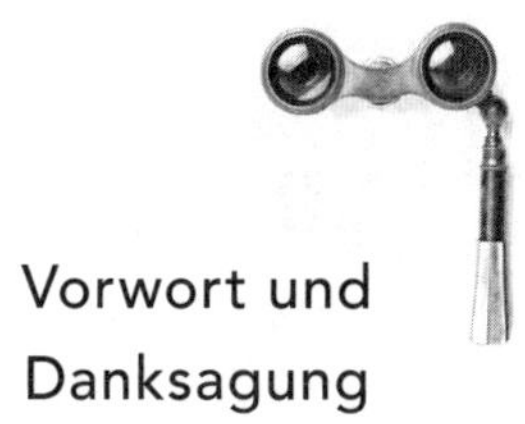

Vorwort und Danksagung

Den Entschluss, eine Geschichte der Oper zu schreiben, fasst man in diesem unserem Informationszeitalter nicht leichten Herzens, erst recht nicht, wenn die selbst gestellte Aufgabe darin besteht, die ganzen 400 Jahre zu durchmessen. Die Fußspuren derer, die diesen Weg vor uns gegangen sind, flößen uns großen Respekt ein, wobei die Konkurrenz in unseren Tagen nicht so heftig erscheint, wie dies wohl in früheren Zeiten der Fall war. Waren Bücher über die Geschichte der Oper vor einem Jahrhundert noch an der Tagesordnung (in einer Zeit, in der Richard Wagner als willkommener, den Kreis wunderbar schließender Höhepunkt und Schlussakt dienen konnte), so sind solche Werke in der jüngeren Vergangenheit überraschend rar geworden. Das gilt ganz generell für musikgeschichtliche Gesamtdarstellungen, besonders für solche wissenschaftlicher Provenienz. In dem Maß, wie die Informationsmenge wächst, sind Autoren, die es gewöhnt sind, Weisheit zu verbreiten (und damit Autorität auszustrahlen), vorsichtiger geworden. Ihre «Spezialgebiete» sind unaufhaltsam zusammengeschrumpft. Das Thema Oper hält jedoch darüber hinaus weitere Schwierigkeiten bereit, nicht zuletzt die Tatsache, dass einige der wichtigsten Opernschaffenden bis heute von der Wissenschaft stiefmütterlich behandelt worden sind. Puccini kann als klassisches Beispiel hierfür gelten: Was dieser immens populäre Opernkomponist, für viele geradezu der Inbegriff all dessen, was die Oper des frühen 20. Jahrhunderts ausmacht, bis heute – oder zumindest bis vor wenigen Jahren – an musikwissenschaftlicher Literatur angeregt hat, nimmt sich ausgesprochen dünn aus, sogar im Vergleich zu frühen Sinfonikern oder ernsthaften Serialisten.

Dazu kommt das inzwischen mehr als ein Jahrhundert alte Dauerthema «Opernkrise»: Wie ist die Zukunft einer Kunstform einzuschätzen, deren

Verhältnis zur Moderne man zumindest als schwierig bezeichnen muss? Wenn es stimmt, dass Geschichtsdarstellungen uns immer auch eine Menge über die Gegenwart verraten, selbst wenn sie ausdrücklich von der Vergangenheit handeln, dann sollte dieses Buch auch die Tatsache widerspiegeln, dass ein Wesensmerkmal der Oper heute in einer geradezu obsessiven Beschäftigung (zumindest ihrer Kritiker) mit Fragen nach ihrer Lebensfähigkeit und Vitalität besteht. In einer Hinsicht kann man der Oper bescheinigen, dass sie blüht und gedeiht: Die Zahl der Opern, die in aller Welt aufgeführt werden, ist heute erheblich größer als vor 50 Jahren, und kaum etwas deutet darauf hin, dass sich diese Tendenz abschwächt. Bemerkenswert ist auch, wie moderne Technik (der Aufnahme, Wiedergabe und Verbreitung, einerseits auf traditionellen, andererseits auf durch das Internet enorm erweiterten Wegen) Opernaufführungen sowohl der Vergangenheit als auch der Gegenwart einem riesigen globalen Publikum neu zugänglich gemacht hat. Diese Proliferation sollte eigentlich, wenn man kein unverbesserlicher elitärer Snob ist, ein Grund zur Freude sein. Eine uns ins Gesicht springende Tatsache dämpft jedoch die Jubelgesänge: Das Wachstum betrifft zum überwältigenden Teil Opern aus der Vergangenheit, noch dazu oft Werke, die das Publikum, für das sie einst auf die Bühne gebracht wurden, nach einer Saison seelenruhig abservierte – war man doch jederzeit sicher, dass neue Opern, und wahrscheinlich sogar bessere, nachkommen würden. Die heutige Situation gibt häufig Anlass zu Wehklagen auf hohem Niveau: Viele von denen, die sich eigentlich im Opernmuseum pudelwohl fühlen, wiederholen gern gebetsmühlenartig die Mahnung, wir bräuchten dringend *neue* Opern – zeitgenössische Ergänzungen des Repertoires seien von entscheidender Bedeutung für die Gesundheit oder sogar für das Überleben der Kunstform.

Welchen Standpunkt wir in dieser Debatte vertreten, machen wir im letzten Kapitel deutlich, brauchen es deswegen hier nicht vorwegzunehmen. Es ist aber sicher nicht verkehrt zu betonen, dass die beiden elementaren Entwicklungstendenzen – die Herausbildung eines Repertoires, das ständig gleichsam nach hinten erweitert wird, und das allmähliche Versiegen der Produktion neuer Opern – seit mittlerweile mehr als einem Jahrhundert Hand in Hand gehen und offensichtlich miteinander zu tun haben. Um es anders auszudrücken: Es ist sentimental und wahrscheinlich nachgerade utopisch, zu glauben, wir könnten auf der einen Seite die Oper liebevoll konservieren und dem Repertoire immer neue historische Fundstücke hinzufügen, auf der anderen aber zugleich das bestmögliche Umfeld für die Entstehung neuer Werke schaffen. Der entscheidende Aspekt in diesem Zusammenhang ist – und wir werden auf ihn in den folgenden Kapiteln mehr als einmal zu sprechen kommen – der Kulturpessimismus, der heute das Repertoire durchzieht, ein Denken, das die Opernszene deutlich von dem unterscheidet, was sich in artverwandten Künsten wie der Belletristik, dem Film oder der bildenden Kunst tut, wo das Neue in einem ständigen und lebhaften Wettbewerb mit dem Alten steht. Wir wenden heute enorme Energien und Ressourcen dafür auf, eine ruhmreiche Opernvergangenheit sorgfältig zu bewahren und zu erneuern. Denken wir nur an die Leidenschaft, mit der Darsteller und Opernfans sich für ihre Lieblingsrollen und Lieblingsopern ins Zeug legen, an den Aufwand, der getrieben wird, um ständig neue bühnentechnische Errungenschaften und Präsentationsweisen zu entwickeln, an die akribische historische Forschung und die Proliferation neuer kritischer Ausgaben, die entweder unbekannte Werke neu zugänglich machen oder solche, die uns bestens vertraut sind, in neuer Fassung und Verpackung präsentieren und ihnen damit noch mehr Gewicht und Autorität verleihen. All diese Bemühungen, so lobenswert sie an und für sich sein mögen, legen die Messlatte für neue Werke immer höher. Wie können zeitgenössische Komponisten hoffen, da mitzuhalten? Wollten wir wirklich eine Opernszene, in der das Neue aufregender wäre als das Alte, in der die Welturaufführung einen höheren Stellenwert hätte als die Reprise, dann müssten wir die Bereitschaft aufbringen, wenigstens einen Teil der Vergangenheit fahren zu lassen und dem Opernbetrieb etwas von dem verloren gegangenen Glauben an den künstlerischen Fortschritt wiederzugeben. Wir müssten uns wohl auch von der dem 19. Jahrhundert zu verdankenden Erhöhung der Musik zur vornehmsten aller Künste verabschieden und zu einer früheren Herangehensweise zurückkehren, bei der die Musik schon deshalb fast immer neu war, weil man das, was gestern gesungen und gespielt worden war, in aller Regel beiseitelegte – man maß ihm offensichtlich wenig bleibenden Wert bei. Das wäre eine in der Tat radikal andere Zukunft – wenn auch eine, die sich wohl kaum jemand wünscht.

Ein weiteres Thema bedarf der Diskussion, weil es von offenkundiger Relevanz für Inhalt und Ton dieses Buches ist. In einem sehr frühen Stadium der Arbeit haben wir – übrigens absolut nicht auf Drängen des Verlages –, den Entschluss gefasst, das Buch nicht mit Notenbeispielen auszustatten. Wir beschlossen dies, weil uns in ebendiesem Stadium klar wurde, dass wir es, so weit wie möglich, auch ohne Rückgriff auf Partituren schreiben wollten. Das war eine noch radikalere Geste als die Entscheidung, in das gedruckte Buch keine Notenbeispiele einzufügen, und es mag wie eine vorsätzliche Distanzierung von genau dem Expertentum anmuten, in dem eigentlich, jedenfalls in den Augen Vieler, die größte Stärke der Musikwissenschaft liegt. Ist es nicht sträflich, diese reichen Informationsquellen für musikalische Details ungenutzt zu lassen? Wenn wir es dennoch getan haben, dann nicht zuletzt in dem Bestreben, eine breitere Leserschaft anzusprechen, die im Umgang mit dem Handwerkszeug der Musikologen nicht so geübt ist. Unser Hauptgrund war jedoch der, dass Partituren zur konzentrierten Auseinandersetzung mit bestimmten Aspekten der Musik in ihrer verschriftlichten Form anregen, insbesondere mit harmonischen und melodischen Einzelproblemen im Großen und Kleinen; diese Aspekte haben in musikwissenschaftlichen Schriften über die Oper häufig zu sehr im Vordergrund gestanden. Um es anders auszudrücken: Partituren fördern die Vorstellung von der Oper als Text und nicht so sehr als Bühnenereignis. Unsere Erinnerung macht sich aber an Ereignissen fest – an etwas, das wir auf der Bühne gehört und womöglich auch gesehen haben. Die musikalischen Beschreibungen in diesem Buch wurden denn auch fast allesamt aus dem Gedächtnis heraus entwickelt, sei es in Reaktion auf eine gehörte Aufnahme oder sei es – das war der weitaus häufigere Fall – unter Rückgriff auf die Schatzkammer unserer persönlichen Opernerfahrung. Das wiederum begünstigte eine bestimmte Art der Beschreibung von Musik, die auf diverse Grundbegriffe aus dem musikologischen Lexikon fast ganz verzichtet. Als Leser werden Sie vergeblich auf abstrakte musikalische Strukturanalysen oder auf ausführliche Schilderungen der Interaktionen von Tönen warten. Diese Art von Information lässt sich – eine einschlägige Ausbildung vorausgesetzt – relativ leicht aus einer Partitur extrahieren, auf keinen Fall aber aus dem Besuch einer Opernaufführung oder dem Anhören einer Aufnahme. Auf der anderen Seite öffnet unser Ansatz Räume für Details anderer Art, zum Beispiel für Betrachtungen über orchestrale Effekte und Klänge, vor allem jedoch über die Singstimme, ihre Substanz, Färbung und Kraft. Ob das etwas genützt, ob unsere Beschränkung auf unser Hörgedächtnis uns tatsächlich in die Lage versetzt hat, überzeugender über die Oper als Erlebnis und Klangereignis zu sprechen, muss natürlich dem Urteil des Lesers überlassen bleiben. Auch wenn diese Methode hin und wieder zu Frustrationen führte und wir gelegentlich an unsere Grenzen stießen (gegen Ende der Arbeit war uns einmal eine Dreiertakt-Passage aus dem zweiten Akt des *Tristan* als Hör-Erinnerung präsent, aber die notierte Taktvorzeichnung wollte uns partout nicht einfallen), blieben wir insgesamt doch unserem Entschluss treu und erlebten das daraus resultierende Experiment durchgehend als herausfordernd und befreiend.

Eine wichtige Nebenwirkung unseres Verzichts auf Partituren zugunsten des Vertrauens auf unser musikalisches Gedächtnis ist die, dass in dem Buch überwiegend von Opern die Rede ist, die einen festen Platz im gegenwärtigen Repertoire haben. Vor 50 Jahren hätte sich diese Einschränkung sehr viel drastischer ausgewirkt, als sie es heute tut, da uns erheblich mehr Opern zugänglich sind – mindestens in aufgezeichneter Form – als je zuvor. Trotz dieser stark erweiterten Auswahl sind die Komponisten, die wir in dem Buch am ausführlichsten abhandeln, genau die, deren Werke im Rahmen des globalen Repertoires heute am häufigsten aufgeführt werden. In der Reihenfolge ihrer numerischen Präsenz: Verdi, Mozart, Puccini, Wagner, Rossini, Donizetti, Strauss, Bizet und Händel. Wir haben auf die künstlerische (bzw. künstliche) Übung verzichtet, eine gewisse Zahl von Opern außerhalb des gängigen Repertoires aufzuspüren und ins rechte Licht zu rücken. Vielmehr haben wir uns bemüht, Arten und Weisen des Hörens und Verstehens zu präsentieren, die, so hoffen wir, über die gewohnten nationalen Traditionen hinaus auch für die Erkundung der reichen Opernschätze fruchtbar gemacht werden können, die sich an vielen unvermuteten Orten heben lassen. Andererseits widmen wir unsere Aufmerksamkeit doch auch mehreren Komponisten, deren historische Bedeutung um vieles größer ist als ihre Präsenz in den Opernhäusern von heute – die klarsten Fälle sind Monteverdi und ganz besonders Meyerbeer, dessen einflussreichste Werke heute nur noch ganz selten aufgeführt, hier aber prominent herausgestellt werden. Wir haben uns bemüht, Komponisten (oder gar ganze Genres) vorzustellen, die einstmals berühmt waren, heute aber vergessen sind, und zu erklären, weshalb ihr Ruhm verblasst ist. Wir waren, anders gesagt, bestrebt, unserer Verantwortung als Historiker gerecht zu werden. Auf der anderen Seite ist es unleugbar, dass die oben erwähnten neun Komponisten den Gang der Operngeschichte in höchst unterschiedlicher Intensität beeinflusst haben, von vernachlässigbar wenig (Händel, Mozart) bis zu überwältigend (Rossini, Wagner); eine bevorzugte Beschäftigung mit diesen neun führt, so gesehen, zwangsläufig zu einer Verzerrung der Historie. Mindestens können wir uns zugutehalten, dass unsere Auswahlkriterien zu einer Darstellung der Operngeschichte geführt haben, die eine erhebliche Anzahl von Werken ins rechte Licht rückt (die Opern von Puccini und die des späteren Strauss sind die augenfälligsten Beispiele), die in den meisten musikgeschichtlichen Darstellungen, selbst in denen aus neuerer Zeit, ignoriert werden.

Dieses Buch, das Produkt von vier Händen, hat eine komplizierte Entstehungsgeschichte. Wir hatten schon vorher gemeinsam Artikel geschrieben und ein Buch herausgegeben und wussten, dass die Zusammenarbeit als solche funktionieren würde. Unsere besondere Kombination aus Interessen und Spezialwissen richtete vermutlich keinen Schaden an und mag in mancher Beziehung ein Spiegelbild jener kollaborativen Energien sein, die seit jeher die Triebkraft für das Objekt unserer Studien geliefert haben. Bald wurde uns freilich klar – etwas überraschend in diesem Zeitalter der digitalen Kommunikation in Echtzeit –, dass wir uns am selben Ort befinden und uns täglich von Angesicht zu Angesicht gegenübersitzen mussten, um das Buch ernsthaft in Gang zu bringen. Noch überraschender war, dass wir in der Folge diese persönlichen Gesprächskontakte weiterführen mussten, um mehr als bloß triviale Ausformulierungen des Inhalts zustande zu bekommen. Wenn man Tausende Kilometer voneinander wohnt und wenn das Schreiben eines solchen Buches niemals die einzige berufliche Tätigkeit sein kann, die man ausübt, wirft das unweigerlich logistische Herausforderungen auf. Wir sind aber überzeugt, dass die persönlichen Begegnungen sowohl dem Projekt als auch unserer Zusammenarbeit zugutegekommen sind. Im Verlauf von fast 30 Jahren sporadischer Teamarbeit sind wir oft gefragt worden – manchmal ungläubig –, wie wir es schaffen, zusammen zu schreiben. Die meisten Leute nehmen an, dass wir uns absprechen, wer welche Kapitel übernimmt, dass etwa einer von uns Italien und der andere Deutschland bearbeitet, während Frankreich und dann das bisschen Rest in kleinere Portionen aufgeteilt werden. In Wirklichkeit ist unser *modus scribendi* ein ganz anderer. Wir schreiben – ob es nun mehr nützt oder mehr schadet – letzten Endes fast alles gemeinsam. Wir fangen mit einem Absatz an, den wir uns zuwerfen und der, so scheint es, einen zweiten und dritten Absatz nach sich zieht; das Ganze treibt dann weitere Knospen und Zweige aus. Dank dieser eigentümlichen Arbeitsweise findet sich in dem Buch kaum ein Satz, an dem nicht die Fingerabdrücke beider Autoren haften (das gilt auch für diesen Satz). Der ursprüngliche Verfasser dieses oder jenes Abschnittes hat sich in den meisten Fällen vollständig verflüchtigt und einer amalgamierten Stimme Platz gemacht, deren Persönlichkeit sich, so scheint es uns, allmählich und ziemlich geheimnisvoll herauskristallisiert.

Eine Zusammenarbeit dieser Art benötigt viele Voraussetzungen, um funktionieren zu können, nicht zuletzt die Bereitschaft, die persönliche Kontrolle über Dinge preiszugeben, die den meisten Autoren, sogar solchen von Sachbüchern, überaus wichtig sind: Vorurteile und Meinungen, feste Überzeugungen, individuelle Vorlieben bei Orthografie und Vokabular und vieles mehr, was persönlichen Stil ausmacht. Aber genau diese Preisgabe kann eben auch befreiend und stimulierend sein.

Während der Arbeit an diesem Buch mussten wir oft die Hilfe Dritter in Anspruch nehmen, besonders von Kollegen und Kolleginnen, die über Spezialwissen auf den vielen uns weniger vertrauten Gebieten verfügen, die wir hin und wieder durchquerten. Viele von ihnen sind in der Bibliografie und in den Anmerkungen gebührend vertreten. Einige erwiesen uns jedoch die Gunst, Teile des im Entstehen begriffenen Manuskripts zu lesen. Danke an diese Schar freundlicher Gesprächspartner: Harriet Boyd, Chris Chowrimootoo, Elaine Combs-Schilling, Lynden Cranham, Martin Deasy, John Deathridge, Marina Frolova-Walker, Katherine Hambridge, Matthew Head, Ellen Lockhart, Susan Rutherford, Arman Schwartz, Emanuele Senici, David Trippett, Laura Tunbridge, Ben Walton und Heather Wiebe. Sie alle lasen das eine oder andere Kapitel (einige auch mehrere Kapitel) und versahen sie großzügig mit Anmerkungen. Flora Willson leistete uns unschätzbare Hilfe bei der Beschaffung von Bildern, und während sie das tat, las sie große Teile des Buches und teilte uns ihre kritischen Gedanken dazu mit. Eine besondere Dankesschuld haben wir bei Gary Tomlinson abzutragen, der so freundlich war, uns an seinem beispiellosen Wissen über die Anfänge der Oper teilhaben zu lassen, bei der Gelegenheit gleich auch viele der restlichen Kapitel durchlas und dabei willkommene Spuren seiner einzigartig umfassenden Beschlagenheit legte. Ganz großes Glück haben wir auch mit unseren Verlagslektoren gehabt: Stuart Proffitt bei Penguin und Maribeth Payne bei Norton. Ihre Geduld und ihre Beharrlichkeit waren ebenso bemerkenswert wie ihre intellektuelle Anteilnahme an dem ganzen Unterfangen. Was Stuart betrifft, so war er praktisch von der ersten Minute an beteiligt, und seine Mitarbeit schloss außerordentlich eingehende editorische Anmerkungen und Vorschläge ein, die inspirierend genug waren, um uns zu einer grundlegenden Überarbeitung unseres ersten Entwurfs zu motivieren.

Geschrieben worden ist dieses Buch zum größten Teil am Institute for Advanced Study der Princeton University, das eigentlich für seine strubbeligen Mathematiker und Physiker berühmt ist, aber auch ein kongeniales und gastfreundliches Umfeld für opernphilosophische Höhenflüge abgibt. Unser besonderer Dank geht an den Direktor des Instituts, Peter Goddard, dafür dass er uns beiden immer wieder für längere Zeiträume die großzügigste Gastfreundschaft gewährte, und an unseren langjährigen Freund Walter Lippincott, einen Stammgast des Instituts, dessen Begeisterung für Oper und Geselligkeit keine Grenzen kennt. Zu guter Letzt wollen wir auch denen danken, die in all den Jahren unsere Studenten waren. Unsere Graduiertenseminare und deren Ableger – jene Hybride aus Lesen und Schreiben, in denen Leute unterschiedlichen Alters Ideen austauschen und manchmal auch welche gebären, eine Gesellschaft *en miniature* mit allen ihren Kompliziertheiten, aber auch mit all ihrer Kommunikationsfreude – leisteten einen wesentlichen befruchtenden Beitrag zu den in diesem Buch entfalteten Ideen.

Ein potentiell schwieriger Moment – erst recht im Falle einer so engen Zusammenarbeit – kommt mit der Frage der Widmung. Bei manchen literarischen Gemeinschaftsproduktionen finden sich Widmungen, die auf eigenartige Weise Einblicke eröffnen. F. R. und Q. D. Leavis widmeten ihr gemeinsames Buch über Charles Dickens stolz «einander». Sie setzten freilich ihre Verfassernamen unter die einzelnen Kapitel, was diese verwirrende, nach innen gewendete Blickrichtung rechtfertigen mag. Wir wurden uns indessen in dieser Frage auf Anhieb einig. Wir sind uns schon seit langem der Tatsache bewusst, dass unsere Fähigkeit, gut zusammenzuarbeiten, nicht zuletzt mit der Tatsache zu tun hat, dass wir als heranwachsende Autoren sehr vielen identischen Einflüssen ausgesetzt waren. An erster Stelle ist in diesem Zusammenhang Joseph Kerman zu nennen. Seine Monografie *Opera as Drama*, geschrieben in den 1950er Jahren, war auch noch für unsere Generation das Opernbuch schlechthin – und ist bemerkenswerterweise bis heute ein vielgelesenes und herausforderndes Werk geblieben. Joe Kerman persönlich ließ uns beiden in unseren akademischen Lehrjahren (wie so vielen Anderen) seine wohlwollende Betreuung zuteilwerden. Er publizierte unsere jeweils ersten wissenschaftlichen Essays in der Zeitschrift *19th-Century Music* und verpasste unserem ersten gemeinsamen Buch seinen legendären redaktionellen Schliff. Sein Geist ist in allen Kapiteln dieses Buches spürbar. Wenn wir auch nur auf einigen Seiten dem Esprit und der kritischen Schärfe nahekommen, durch die sich Joseph Kermans Schriften über die Oper auszeichnen, ist dieses Buch zumindest aus Sicht seiner Autoren an ein *happy end* gelangt.

Carolyn Abbate, Princeton, New Jersey (40° 37´ N, 74° 35´ W)
Roger Parker, Havant, Hants (50° 85´ N, 0° 96´ W)
Entfernung: 5605 km

I.
Einleitung

Die Oper ist ein Theaterstück, bei dem die meisten Figuren (oder alle) die meiste (oder die ganze) Zeit singen. In diesem sehr offenkundigen Sinn ist die Oper kein realistisches Genre, und tatsächlich galt sie über weite Strecken ihrer vierhundertjährigen Geschichte hinweg vielen Leuten als exotisch und seltsam. Dazu kommt, dass es fast immer absurd teuer ist, eine Oper auf die Bühne zu bringen bzw. eine ihrer Aufführungen zu besuchen. Zu keiner Zeit in der Geschichte der Oper hat es eine Gesellschaft fertiggebracht, die horrenden Kosten für Opernproduktionen ohne weiteres aufzubringen. Warum aber lieben dann so viele Menschen die Oper so abgöttisch? Warum widmen sie ihr Leben der Aufgabe, Opern auf die Bühne zu bringen, über Opern zu schreiben, Opernaufführungen zu besuchen? Warum unternehmen manche Opernfans halbe Weltreisen, um eine neue Produktion zu sehen oder die Stimme ihres Lieblingssängers oder ihrer Lieblingssängerin zu hören, und geben immense Summen für dieses flüchtige Privileg aus? Und weshalb ist die Oper das einzige klassische Musikgenre, dem es noch gelingt, neues Publikum in nennenswerter Größenordnung anzuziehen, und dies trotz der Tatsache, dass der Nachschub an neuen Werken, der einst ihr Lebenselixier war, in den letzten hundert Jahren fast zum Erliegen gekommen ist?

Diese Fragen beziehen sich auf die Oper, wie sie sich heute darstellt – auf das Bild, das sie seit Anfang des 21. Jahrhunderts bietet. Wir werden in den Kapiteln dieses Buches eine Menge über die Geschichte der Oper erzählen, über die Entwicklung, die sie in den vier Jahrhunderten ihres Daseins genommen hat; ein Schwerpunkt unseres Interesses liegt aber auch auf der Gegenwart, auf der Wirkung, die Opernaufführungen auf Zuschauer in aller Welt nach wie vor ausüben. Unser Ziel ist es, ein klares Bild von einer Kunstform zu gewinnen, deren populärste und langlebigste

Werke fast allesamt in einer fernen europäischen Vergangenheit entstanden und somit Produkte einer Kultur sind, mit der unsere heutige Kultur nicht mehr allzu viel gemein hat, die aber auf viele von uns nach wie vor eine spürbare Faszination ausübt und Bedeutung für unser Leben besitzt. Opern können uns verändern: physisch, emotional, geistig. Wir wollen erkunden, warum das so ist.

Text und Musik

Immer wieder wird gesagt, bei der Oper finde, da sie im Grunde genommen gesungenes Theater sei, ein Kampf zwischen Text und Musik statt. Ganze Opern sind über diesen vermeintlichen Kampf geschrieben worden. Eine der berühmtesten aus dieser Rubrik ist (zumindest den Geschichtsbüchern zufolge) Antonio Salieris kleine komische Oper *Prima la musica, poi le parole* («Erst die Musik, dann die Worte»), die ihre Premiere 1786 im opulenten Ambiente der Wiener Orangerie feierte, eines Luxus-Gewächshauses mit Wintergarten im Park des Schlosses Schönbrunn. Ein Dichter und ein Komponist erhalten den Auftrag, innerhalb von vier Tagen eine Oper zu schreiben. Der Dichter findet es unwürdig, auf eine bereits fertige Musik einen Text machen zu müssen, und beklagt sich darüber; der Komponist entgegnet, die Bedenken des Dichters seien banal – auf die Texte achte sowieso kein Mensch. Die Grundpositionen, die diesen Streit definieren, sind in der Geschichte der Oper immer wieder eingenommen, die Frontlinien immer wieder abgesteckt worden. Richard Strauss' *Capriccio*, uraufgeführt an der Münchner Staatsoper in einem der dunkelsten Jahre der deutschen Geschichte, 1942, behandelt das gleiche Thema aus einer verständlicherweise etwas pessimistischeren Warte.

Auf den ersten Blick mag uns diese Attitüde einer fortbestehenden Rivalität zwischen Text und Musik seltsam erscheinen: Um die Geschichte zu erzählen, braucht man schließlich den Text, und die Musik ist es, die dieser Geschichte eine ergänzende Wirkung und Aura verleiht. Gewiss ist es kaum verwunderlich, dass Librettisten und Komponisten hin und wieder Meinungsverschiedenheiten haben (und Tatsache ist, dass das relative Ansehen ihres jeweiligen Metiers im Verlauf der Jahrhunderte erheblichen Schwankungen unterworfen war). Andererseits sind sie aufeinander angewiesen, und das war nie anders. Wir brauchen allerdings nur ein bisschen nachzubohren, dann wird sichtbar, weshalb der Antagonismus zwischen Text und Musik oft so ausgeprägt und emotional so aufgeladen ist. Ein Libretto umfasst mindestens zwei separate Arbeitsfelder. Beim ersten geht es um das narrative Element, im Wesentlichen um die Handlung und die handelnden Figuren, im anderen um die Umsetzung der narrativen Idee in Texte, in (fast immer poetische) Wörter und Sätze. Während der erstgenannte Bereich über die Lebensdauer einer Oper hinweg in der Regel beständig bleibt, werden im zweiten häufig weitreichende Veränderungen vorgenommen. Versdichtungen für die Oper, wie sie im Libretto festgeschrieben werden, genießen nur selten den gleichen exquisiten Nimbus wie literarische Werke, deren Integrität auf allen Ebenen respektiert wird. Das fängt schon mit der fortwährenden hitzigen Diskussion darüber an, ob Opern in andere Sprachen übersetzt werden sollen, so dass die Menschen in einem anderen Land sie in ihrer Muttersprache erleben können. Diejenigen, die für Übersetzungen plädieren, vertreten implizit den Standpunkt, der erste Arbeitsbereich des Librettos, der die Handlung und die Figuren festlegt, sei wichtiger als der zweite, der die Handlung in konkrete Texte gießt. Zu einer zusätzlichen Verunklarung der Debatte trägt ein weiterer Umstand bei, auf den der Komponist in Salieris Komödie ziemlich brutal hinweist: Ein Text, der vertont wird, verliert dadurch einen nicht geringen Teil seiner semantischen Stringenz – ein Verlust an Bedeutung, der bei der Oper extreme Formen annehmen kann.

Gründe für diesen Bedeutungsverlust gibt es viele. Der musikalische Rahmen – das Orchester mit seinen potentiell lautstarken Instrumenten wie auch die Art der Musik, die gespielt wird – kann die menschliche Singstimme begleiten, aber auch überwältigen. Komponisten können Text als eine Art Bindemittel einsetzen: Beim Koloraturgesang kann es leicht vorkommen, dass kaskadierende vokale Verzierungen das textliche Element auf einen bloßen Vokal reduzieren und der Stimme des Sängers oder der Sängerin damit die Rolle eines Musikinstruments zuweisen. Darüber hinaus kann die Stimme selbst, namentlich so wie sie in der Oper in Erscheinung tritt, auf ihre ganz eigene Weise zur Auslöschung des semantischen Gehalts beitragen. Die Anforderungen, die Opernarien an die menschliche Stimme in Bezug auf Lautstärke und Stimmumfang stellen, sind so, dass der Aspekt der Verständlichkeit manchmal zurückstehen muss. Der Text wird undeutlich, ganz gleich, in welcher Sprache gesungen wird. Selbst in Sprachen, die uns wohlvertraut sind, kann es ein frustrierendes Erlebnis sein, einer Oper zu lauschen: Mag sein, dass einzelne

Wörter oder Satzbruchteile – «la vendetta», «das Schwert», «j'ai peur», «I am bad» – kurz über die Schwelle der Verständlichkeit treten, während das, was folgt, wieder von der musikalischen Dröhnung überspült und verschluckt wird. Opernliebhaber mögen lange Passagen eines Librettos auswendig kennen, so dass sie Textteile, die im akustischen Tohuwabohu untergehen, aus dem Gedächtnis ergänzen können. Das heißt aber nicht unbedingt, dass sie den von ihnen memorierten Text tatsächlich verstehen; etwas Ähnliches gilt für Opernsänger, die manchmal ihre Partien nur phonetisch lernen und vielleicht nur eine ungefähre Ahnung davon haben, was sie gerade singen.

Manche Sänger und Sängerinnen artikulieren Text wesentlich deutlicher als andere – aus dem deutschen Sprachraum wäre Franz Mazura als Vorbild zu nennen, aus dem italienischen Giuseppe di Stefano. Doch die Gegenbeispiele – Sänger und Sängerinnen, die berüchtigt waren oder sind für ihre nuschelige Aussprache, sind vermutlich zahlreicher vertreten; selbst Stars wie Joan Sutherland können dieser Kategorie angehören. (Dass wir als Beispiele für deutliches Artikulieren zwei Männer und für das Gegenteil eine Frau nennen, die für ihren kunstvollen Koloraturgesang bekannt ist, ist kein Zufall: Je höher die gesungenen Töne und je artistischer die vokalen Verzierungen sind, desto geringer ist die Chance auf Verständlichkeit.) Manchen Opernbesuchern macht es nichts aus, wenn Texte unverständlich bleiben, andere wollen jedoch unbedingt das Gefühl haben, dass der Text einer Arie mit Bedacht, Leidenschaft und Überzeugung artikuliert wird, selbst wenn sie nicht immer erkennen oder verstehen, was sie hören. Die letztgenannte Position vertritt mit Vehemenz der Historiker Paul Robinson, der wie folgt argumentiert: Es mag häufig vorkommen, dass der Wortlaut des Librettos wenig Einfluss auf den Genuss hat, den eine Oper dem Publikum bereiten kann, aber andererseits steht fest, dass drei Stunden Oper, in denen die Figuren nur «la, la, la, la» sängen, unerträglich wären.[1] Anders ausgedrückt: Es ist von großer Wichtigkeit, dass in die Musik einer Oper Texte mit Bedeutung eingebettet sind, selbst wenn der Zuhörer nicht immer in der Lage ist, die Texte in dem Moment, da sie gesungen werden, zu erkennen und zu verstehen.

Die Debatte über die Rolle des Textes beim Erleben einer Oper hat in jüngster Zeit eine weitere, ganz und gar zeitgenössische Wendung genommen, und zwar in Form einer endlosen Diskussion über den Nutzen von Texteinblendungen. Wenn ein Opernhaus ein Werk in der Originalsprache präsentiert, sollte es dem Publikum übersetzte Texte anbieten (sei es auf einem Display über der Bühne oder auf Bildschirmen an der Rückenlehne des Vordersitzes), so dass es die Chance hat, alles mitzulesen? Manche begrüßen diese Möglichkeit als eindeutigen Fortschritt, der uns Zuhörern den zweiten Arbeitsbereich des Librettos zurückgibt, in dem es um Wortlaut und Bedeutung geht. Andere sprechen sich leidenschaftlich dagegen aus mit dem Argument, eine zu aufmerksame Beschäftigung mit dem semantischen Aspekt des Textes würde die Konzentration auf die wichtigsten Facetten des Erlebnisses Oper beeinträchtigen. Wie der britische Kritiker Rodney Milnes es ausdrückte: «Man geht in die Oper, um zuzuhören und zuzuschauen, nicht um zu lesen.» Bevor es Texteinblendungen gab, wurde von einem Opern-Neuling oft erwartet, dass er Hausaufgaben machte: Sich vorab kundig zu machen, sowohl über die Handlung als auch über den Wortlaut der Texte, galt als notwendige Vorbereitung auf den Genuss des Opernerlebnisses. («Man liest vorher», schreibt Milnes.) Betrachtet man die Sache historisch, so repräsentiert Milnes freilich eine doch ziemlich neuzeitliche Haltung. Tatsache ist zum einen, dass das Mitlesen des Librettos *während* der Vorstellung vom 17. bis zum 19. Jahrhundert in vielen Opernhäusern der Normalfall war. Samuel Sharp beklagte 1767 in seinen Reisenotizen aus Neapel den Mangel an Kerzen im Zuschauerraum: «So dunkel es in den Logen ist, es wäre noch dunkler, wenn nicht diejenigen, die darin sitzen, auf eigene Kosten ein paar Kerzen aufgestellt hätten, ohne die es unmöglich wäre, die Oper mitzulesen.»[2] Das galt erst recht bei der Aufführung fremdsprachiger Werke: Als im London des 18. Jahrhunderts Händels italienische Opern gegeben wurden, erschienen für die Aufführung zweisprachige Ausgaben des Librettos. Das Mitlesen des Librettos war zum anderen nur eine von mehreren dem Opernbesucher zu Gebote stehenden Aktivitäten – er konnte während der Vorstellung auch Karten oder Schach spielen, dinieren, plaudern, die anderen Besucher begaffen oder in den sogenannten *loges grillées* («vergitterten Logen») womöglich auch Dinge tun, über die man als Gentleman nicht sprach. Eine ungeteilte Aufmerksamkeit für das, was auf der Bühne passierte – die Sichtweise hinter der Mahnung «Man geht in die Oper, um zuzuhören und zuzuschauen» –, entsprach also nicht der historischen Norm; über weite Strecken der Operngeschichte hinweg richtete sich die Aufmerksamkeit derjenigen, die eine Aufführung besuchten, eben nicht ausschließlich auf das Bühnengeschehen – und erst recht nicht auf Schriften, die damit etwas zu tun hatten, wie etwa ein Büchlein mit einer Übersetzung des Librettos.

Die Debatte darüber, wie wichtig es ist, die Handlung und die Texte einer Oper zu verstehen, kann sogar ethische Untertöne zum Klingen bringen. Die Vorstellung, der ästhetische Genuss hänge davon ab (oder lasse sich dadurch steigern), dass man sich vorher möglichst viel Wissen aneignet, taucht in der Rezeptionsgeschichte der Oper immer wieder auf. Als Carl Maria von Webers *Der Freischütz* erstmals auf Französisch aufgeführt wurde (im Paris der frühen 1840er Jahre), verfasste Richard Wagner, weil er den unwissenden Parisern nicht zutraute, sich an diesem Werk erfreuen zu können, einen gelehrsamen Aufsatz, in dem er ihnen die Hintergründe, die Handlung und die kulturelle Bedeutung dieser Oper erläuterte.[3] Die Tatsache, dass das Pariser Publikum die Oper in französischer Sprache hören würde, bot in den Augen Wagners also keine Gewähr dafür, dass es den Text – und damit die Handlung und damit wiederum die Bedeutung des Werks – verstehen würde und das ganze gebührend genießen konnte. Eingeblendete Texte scheinen die Art Mühen der Vorbereitung, die Wagner den Pariser Opernfans verschrieb, überflüssig zu machen; sie verschaffen den Besuchern durch die Verständlichkeit der Worte einen leichten Zugang zu der erzählten Geschichte und damit so etwas wie einen unmittelbaren kulturellen Anschluss, ein Gefühl des Dazugehörens.

Andererseits ist das Verstehen bestimmter Textstellen vielleicht kein so elementarer Bestandteil des Erlebnisses Oper, wie wir vermuten mögen. Gegner der Texteinblendung behaupten, ein solches Textverstehen könnte sogar die Wahrnehmung der Oper verzerren und wäre damit kontraproduktiv gegenüber der idealen Mission der Oper, den Zauber der Musik und des Gesangs zu entfalten. Sie mögen ein Stück weit Recht haben; doch auch ihre Meinung findet keine durchgängige Bestätigung in der Geschichte der Oper. Wir werden im Folgenden sehr viel über die Phänomene des Versinkens und der Ablenkung schreiben, doch wird dabei bald deutlich werden, dass im geschichtlichen Maßstab das Theaterpublikum diese Erfahrungen zu unterschiedlichen Zeiten auf unterschiedliche Art und Weise gemacht hat. Von bestimmten Facetten der Oper nehmen wir heute wie selbstverständlich – und unkritisch – an, dass sie unsere Seele gefangen nehmen (womit gewöhnlich die musikalischen Komponenten gemeint sind), während andere unserer Meinung nach Ernüchterung oder Unaufmerksamkeit erzeugen (etwa unpoetische Texte oder eine mangelhafte Darbietung). So ist es vielleicht zu erklären, dass in unterschiedlichen geschichtlichen Zeiten die Idee von der Oper als (um mit Wagner zu sprechen) Gesamtkunstwerk – als ein multimediales Erlebnis (Text, Musik, Bühnenbild), eine simultane Erfahrung verschiedener Formen künstlerischen Ausdrucks – so hoch gehandelt wurde.

Wir können den Blick für dieses Thema weiter schärfen, indem wir uns einige Beispiele real erfolgter Angriffe auf die integrale Verbindung von Text und Musik vornehmen. Wir sprechen dabei nicht über Opernaufführungen in anderen Sprachen als der des Originals, auch wenn man daran plastisch aufzeigen könnte, dass der Wortlaut des originalsprachlichen Librettos oft wenig Wertschätzung genießt. Es gibt wohlbekannte Fälle, in denen für eine Arie ein völlig neuer Text zur vorhandenen Musik geschrieben wurde und die betreffende Nummer in ihrer neuen Fassung unverschämt großen Erfolg hatte. Das beweist, dass zumindest manche Opernmusik offen für mehr als einen Inhalt ist, dass etwa eine für eine Arie über (sagen wir mal) den Verlust eines geliebten Menschen geschriebene Musik, die die geschilderte Gefühlslage denkbar vollkommen zum Ausdruck und den Text nach allen Regeln der Kunst zur Geltung bringt, mit einem Text über ein ganz anderes Thema ebenso gut funktionieren kann. Berühmte Beispiele hierfür finden sich in den Opern Rossinis, das bemerkenswerteste vielleicht in seiner Umarbeitung der italienischen Fassung von *Mosè in Egitto* (1818) für die Pariser Bühne als *Moïse et Pharaon* (1827). In *Mosè* singt Elcia (Sopran) die *cabaletta* «Tormenti! affanni! e smanie!» über die Qualen, die ihr verwundetes Herz martern. In der französischen Fassung findet sich die Arie (mit einigen Modifizierungen) wieder, wird aber von einer anderen Figur gesungen, die darin voller Freude eine glückliche Wendung der Geschichte besingt. Die Eröffnungszeile lautet nunmehr: «Qu'entends-je! Ô douce ivresse!» («Was höre ich! O süßer Taumel!») Wer sich versucht fühlen sollte zu glauben, ein solcher Tausch sei nur in der italienischen Oper und nur in einem bestimmten Stadium ihrer Entwicklung möglich gewesen, ist aufgefordert, zu erklären, wie eine Musik, die Wagner 1856/7 entwarf und die im dritten Akt von *Siegfried* landete, vom Komponisten mit dem Vermerk «dritter Akt. Oder *Tristan*» versehen werden konnte, was zeigt, dass Wagner glaubte, diese Musik passe ebenso gut in die eine wie in die andere Oper.[4] Eine komplette textliche Runderneuerung einer Arie unter Beibehaltung der Musik ist aber noch keineswegs der extremste Fall. Im frühen 19. Jahrhundert durchlebte das Libretto von Mozarts Singspiel *Die Zauberflöte* (1791) eine Phase, in der es ganz unpopulär war – man fand es albern, ja lächerlich. Die Musik hingegen hielt dem Zeitgeschmack stand, zumal um diese Zeit die Kanonisierung Mozarts bereits begonnen hatte. Die Lösung des vermeintlichen Problems bestand darin, der Musik ein vollständig neues Libretto überzustülpen – neue Handlung, andere Figuren, neue Texte. Anton Wilhelm Florentin von Zuccalmaglio (1803–1869), ein literarischer Tausendsassa, dessen Lebenswerk mehrere Bände Lyrik und Volksliedersammlungen einschloss, schrieb neue Libretti für mehrere Opern Mozarts. 1834 arbeitete er *Die Zauberflöte* um in *Der Kederich.* («Kederich» ist der Name eines Felsvorsprungs hoch über dem Rhein.) Schauplatz der umgeschneiderten Oper ist nunmehr der Fluss, zu den handelnden Figuren gehören Wassernixen, die Rede ist von einem «Nibelungenlied», und der Protagonist ist Rudhelm (der verwandelte Tamino), ein aus dem Heiligen Land zurückgekehrter Kreuzfahrer. Aus dem Sprecher (dem Priester, der im ersten Akt der *Zauberflöte* Tamino die Welt erklärt) ist «Sibo, Herr zu Lorch» geworden, und Pamina heißt jetzt «Garlina» und ist die Tochter Sibos und nicht mehr die der Königin der Nacht. Die Königin wird zu «Lore von Lurlei», einer in weißen Schleiern umhergeisternden Sylphe.[5] Im Großen und Ganzen funktioniert dieses alternative Libretto ziemlich gut. Soll man diejenigen, die sich diese neue Oper ausdachten oder sie sich mit Genuss anschauten, verurteilen, oder könnte es sein, dass sie etwas uns inzwischen Abhandengekommenes über die Wirkungsweise von Opern wussten?

Diese Frage ist vor allem deshalb interessant, weil sie uns wieder in eine mittlerweile fast 200 Jahre zurückliegende historische Epoche führt, deren Denken in Sachen Kultur nach wie vor Überraschungen für uns birgt. Wir müssen uns fragen, weshalb wir über *Der Kederich* ungläubig den Kopf schütteln, weshalb unsere Verlustängste und unser Kulturpessimismus die Darbietung einer Oper zu einem fast sakralen Vorgang gemacht haben, behütet von Vorschriften, die unsere Ehrfurcht vor dem Werk bezeugen, eine Ehrfurcht, die in fast allen Fällen den Werken in der Zeit ihrer Entstehung nicht zuteilwurde. Das Nachdenken darüber könnte uns ermutigen, radikale Fragen zu stellen über die hypothetische Verschmelzung (oder perfekte Übereinstimmung) zwischen den Komponenten der Oper auch im Falle kanonisierter Meisterwerke, womit wir wieder beim Thema Gesamtkunstwerk angelangt wären. Eine mögliche Antwort auf diese Fragen könnte der Vorschlag sein, bei historisch fundierten Aufführungen alter Opern weitaus größere schöpferische Freiheiten gegenüber dem «offiziellen» Libretto – einen sehr viel weniger ehrfürchtigen Umgang mit ihm – zu gestatten, als wir dies heute erleben. Fast alle Opernkomponisten des 18. Jahrhunderts schrieben «Austauscher», nicht nur für ihre eigenen Opern, sondern auch für die anderer Komponisten. Wenn ein Werk mit neuen Sängern und Sängerinnen wiederaufgeführt wurde, war es für die Komponisten selbstverständlich, einige der alten Arien zu streichen und dafür neue zu schreiben, die den gesanglichen Möglichkeiten der neuen Darsteller besser entsprachen. Wer würde so etwas heute wagen? Es ist tabu, selbst bei Opern, in deren Entstehungszeit es routinemäßig praktiziert wurde (was auch und gerade für die Opern Mozarts gilt).

Die musikalische Seite der Oper im engeren Sinn ist ebenfalls in einer Weise zerspalten, auf die wir im Verlauf dieses Buches häufig zu sprechen kommen werden. Auf der einen Seite gibt es das, was wir die «Musik des Komponisten» nennen könnten, nämlich das, was in der Partitur steht, ein Dokument, das wir auf dieser Seite abdrucken könnten und das vor allen Dingen als Grundlage einer Aufführung für Gesang mit Klavierbegleitung in unserem Wohnzimmer dienen könnte. Vor der Ära der Tonaufzeichnung waren solche Darbietungen im Wohnzimmer oder Salon die gängigste Gelegenheit, Opernmusik außerhalb des Opernhauses zu genießen. Diese Partitur, die Musik des Komponisten, ist eine ganz, ganz wichtige Blaupause – verkörpert aber nicht das, was die meisten Menschen unter einer Oper verstehen und an ihr lieben. Sie liefert uns allenfalls eine Vorahnung vom Erlebnis Oper oder eine Erinnerung daran. Um dieses Erlebnis Wirklichkeit werden zu lassen, bedarf es vieler weiterer Zutaten – des Klangs eines Orchesters, des Anblicks einer Bühne usw. Ein noch bedeutenderes fehlendes Element ist die menschliche Stimme, die besondere, unvergleichliche Qualität unserer Stimmbänder, unseres Kehlkopfs mit der darüber gespannten Membran, die Luft in musikalische Schwingungen zu versetzen. Die Stimme ist ein sehr viel schwierigeres Thema als die «Musik des Komponisten», auch weil man die Stimme nicht als Zeichenfolge auf Papier abbilden kann. Das darf uns aber nicht abschrecken. Wir müssen uns vergegenwärtigen, dass die menschliche Stimme fast immer im Mittelpunkt des Erlebnisses Oper gestanden hat und steht. Weil das so ist, werden wir in diesem Buch, auch wenn wir häufig genug, wie es sich für Historiker geziemt, über die «Musik des Komponisten» reden, nie die Tatsache aus den Augen verlieren, dass Stimmen als Träger der Musik zu Recht für die meisten von uns ein, wenn nicht *das* Wesenselement des Erlebnisses Oper sind.

Ein Beispiel mag hier weiterhelfen. Am Ende des dritten Aktes von Verdis *Il trovatore* (1853) kommen in Manricos *cabaletta* «Di quella pira» am Ende mehrere hohe Cs vor, obwohl sie eigentlich nicht zum Rest der Partie passen und obwohl man seit langem weiß, dass sie nicht auf den Komponisten zurückgehen. In keiner Partitur aus der Zeit der Erstaufführung von *Il trovatore* findet sich eine Spur davon. Trotz dieser Tatsache sind diese hohen Cs die berühmtesten Glanzpunkte der Oper. Als der Dirigent Riccardo Muti, der dafür bekannt ist, dass er absolut werktreu arbeitet, die Saison 2000/2001 in der Mailänder Scala mit *Il trovatore* eröffnete, wies er den Tenor an, die ungehörigen hohen Cs auf keinen Fall zu singen. Der Tenor fügte sich zitternd. Die *loggionisti*, Opernfans, die sich in den oberen Rängen des Saals einnisten und alle Aufnahmen der Oper auswendig kennen, schäumten vor Wut und fluteten die Bühne mit lauten «Vergogna»-(«Schande»-)Rufen.[6] Weshalb war so viel Leidenschaft im Spiel? Ein schalkhafter Kritiker hatte zuvor versucht, das hohe C zu verteidigen: Wenn es nicht von Verdi stammte, dann solle man, schlug er vor, darin am besten ein Geschenk des italienischen Volkes *an* Verdi sehen. Es wäre einfach, dies als Sentimentalität abzutun oder gar als bewusste Missachtung der Absichten des Komponisten. Andererseits kann uns die Formulierung des Kritikers auch etwas Grundlegendes über das Erlebnis Oper verraten, nämlich dass Opernfans offenbar das Bewusstsein entwickeln können, dass sie ein Anrecht auf bestimmte Töne haben – oder vielmehr auf bestimmte extreme stimmliche Leistungen, die diese Töne erfordern.

Die emotionale Resonanz, die der Operngesang beim Zuhörer auslöst, ist eine Erfahrung, die sich schwer in Worte fassen lässt, die aber gerade deshalb eine unheimliche Wucht entfalten und ein Gefühl der Hingabe erzeugen kann, das Anderen (und vor allem denen, denen die Oper nichts bedeutet) irrational erscheinen muss. Es ist wichtig, diese extreme Hingabe nicht aus dem Auge zu verlieren, weil sonst die Geschichte der Oper und ihre spezielle Art, Menschen zu berühren, unerklärlich erscheinen mag. Zu bedenken ist auch, dass denen, die in den Bann solcher vom Gesang geweckter Emotionen geraten, wichtige andere Aspekte des Erlebnisses Oper womöglich wenig bedeuten. Sie kümmern sich vielleicht nicht darum, die Handlung zu verstehen, ja sie verstehen vielleicht nicht einmal die Texte (zumal in extremen gesanglichen Momenten, in denen, wie weiter oben ausgeführt, die Worte fast immer verschwinden, als würden sie von der Musik verschlungen). Doch die Macht der menschlichen Stimme hält sie gefangen.

Auf eindrucksvolle Weise ausgelotet wird diese irrationale Hingabe an den Gesang in einem 1981 gedrehten französischen Film von Jean-Jacques Beineix, der den schlichten Titel *Diva* trägt. Der Film ist eine eigenartige Mixtur aus Komödie und Thriller – in manchen Kreisen ist er vor allem wegen eines spektakulären Motorrad-Wettrennens berühmt.

Eine Sequenz kurz nach Beginn des Films zeigt, wie der junge Pariser Postkurier Jules das Konzert einer bekannten amerikanischen Opernsängerin besucht, deren Einzigartigkeit darin besteht, dass sie sich weigert, Aufnahmen zu machen. Jules ist von ihrer Stimme so bewegt und fasziniert, dass er ein Aufnahmegerät in den Konzertsaal schmuggelt. Die Sopranistin betritt die Bühne, und sobald sie zu singen beginnt, versinkt Jules in eine glückselige Trance und bekommt nicht mehr mit, was er tut. Die Stimme überrollt ihn. Das Interessante aus unserer Warte ist, wie der Film mit dem Akt des Singens umgeht. Wir hören eine Arie aus einer italienischen Oper des späten 19. Jahrhunderts («Ebben? ne andrò lontana» aus Alfredo Catalanis *La Wally,* 1892). Natürlich hat die Arie einen Text, aber wir bekommen ihn nicht per Untertitel angezeigt und wissen daher nicht, was gesungen wird. Die Vermutung liegt nahe, dass Jules unsere Unwissenheit teilt – dass es ihn vielleicht sogar ebenso wenig kümmert wie uns. Was der Film zeigt, ist keine Opernaufführung: Die Arie ist aus dem Kontext der Handlung herausgerissen, wird von einer nicht kostümierten, nicht schauspielernden Sopranistin gesungen. Nichts von alledem scheint wichtig zu sein. Was Jules in den Bann schlägt, ist der reine Gesang, separiert von jedem erzählenden Gehalt und vielleicht sogar von Sprache. Das ist natürlich ein Extremfall, am äußersten Ende des Spektrums angesiedelt; die Sequenz kann uns jedoch als Mahnung daran dienen, wie dieses enorm machtvolle Teilelement der Oper funktionieren kann und was der Gesang *nicht* sein und nicht tun muss, um dennoch seine betäubende Wirkung zu tun.

Von einer betäubenden Wirkung sprechen wir durchaus mit Bedacht. Typischerweise wird die Heldin einer Oper mit einer hohen Sopranstimme besetzt. In vielen Fällen muss die Sängerin sich gegen ein Orchester mit bis zu 100 Mitgliedern durchsetzen, darunter (spätestens ab dem 19. Jahrhundert) viele Instrumente, die im Verlauf einer stetigen technischen Weiterentwicklung immer leistungsfähiger im Hinblick auf ihre Lautstärke geworden sind – nicht zuletzt sei hier auf die Phalanx teils ganz neu entwickelter Blechblasinstrumente mit aggressiver Tonqualität verwiesen. Manchmal werden für die Sänger Mikrofone installiert und ihre Stimmen diskret verstärkt, doch gilt dies fast durchweg als schimpflich, als eine Krücke, die ein Opernsänger von Format niemals benutzen würde. Es kann also sein, dass unsere Sängerin ihre Stimme ohne Hilfsmittel in alle Winkel eines womöglich über 3000 Personen fassenden Auditoriums schicken muss – also in einen höhlenartigen Raum, dessen rückwärtige Emporen womöglich 40 Meter von der Bühne entfernt sind.

In der Metropolitan Opera in New York beträgt die Entfernung von der Bühne bis zu den am weitesten entfernten Plätzen sogar rund 45 Meter, eine Distanz, die ein Experte für Theaterakustik als «atemberaubend» bezeichnet hat.[7]

Gewiss ist es so, dass das Orchester seit dem 19. Jahrhundert in einem abgesenkten Bereich vor (und teilweise unter) der Bühne sitzt, eine Position, die seine Lautstärke ein wenig dämpft. Andererseits hat die Einrichtung dieses Orchestergrabens (und die ökonomische Notwendigkeit, in modernen Theatern mehr und mehr Sitze unterzubringen) dazu geführt, dass der Abstand zwischen der Bühnenrampe und der ersten Sitzreihe größer ist als in früheren Zeiten, in denen es häufig eine ins Auditorium hineinragende Vorbühne gab. Die Sänger müssen daher den Saal aus einem tendenziell nach hinten gerückten Bühnenraum heraus beschallen, wobei Vorhänge, die die Bühne einrahmen, als Schallschlucker wirken. Was Sänger unter diesen Umständen leisten, grenzt, je nach Größe des Auditoriums, mitunter an ein Wunder.

Als in New York 1883 die Metropolitan Opera ihr neues Domizil eröffnete, nutzte der Architekturkritiker der *New York Times* die Gelegenheit, um von dem «riesigen Auditorium» zu schwärmen und seine Größe mit der anderer Opernhäuser in aller Welt zu vergleichen; damit hinterließ er eine Momentaufnahme von den Ausmaßen des neuen Opernhauses in Relation zu seinen größten europäischen Pendants im späten 19. Jahrhundert.[8] Nach den Angaben der *Times* maß der Zuschauerraum in der Londoner Oper Covent Garden 24 auf 19 Meter (Tiefe auf Breite), in der «neuen» Pariser Opéra (die damals im Palais Garnier an der Place de l'Opéra residierte) 27 auf 20 Meter. Für die Met von 1883 wurden 29 auf 27 Meter angegeben, für das Nationaltheater in München (1943 zerstört und in den frühen 1960er Jahren wiederaufgebaut) 21 auf 18 Meter; in der Wiener Oper maß (und misst) der Zuschauerraum 25 auf 20 Meter. Aus dem Rahmen fiel die Met von 1883 auch mit der Höhe ihres Zuschauerraums: Mit 25 Metern war er viereinhalb bis sechs Meter höher als der aller vorgenannten Häuser und wurde nur vom Teatro San Carlo in Neapel übertroffen, einer berüchtigten «Scheune». Diese Höhe sorgte für eine größere Platzkapazität, vergrößerte aber auch die Distanz von der Bühne zu den Plätzen auf den höchstgelegenen Emporen. Diese betrug in Covent Garden rund 30, in der Met von 1883 rund 38 Meter. Covent Garden hat knapp über 2000 Plätze, die Met von 1883 hatte rund 3000. Diese Größenunterschiede haben natürlich akustische Konsequenzen, gleich, wie der Innenraum gestaltet ist. Sie wirken sich darüber hinaus auch auf die Art und Weise aus, wie die Besucher die Aufführung wahrnehmen: als nah und überwältigend oder als fern und von einer vielleicht magischen Distanz geprägt.

Die neue Metropolitan Opera, die 1966 eingeweiht wurde, ist noch größer, hat allerdings mit rund 3800 Plätzen eine geringere Kapazität als die Lyric Opera in Chicago, die 4300 Zuschauer fasst. Trotzdem kann es auch in solchen Häusern offenbar extrem laut werden, selbst in weiter Entfernung von der Bühne. Im Dezember 2006 präsentierte die Met eine Reihe von Sondervorstellungen einer ins Englische übertragenen und gekürzten Fassung von Mozarts *Die Zauberflöte* speziell für junge Leute. Als Anthony Tommasini, Musikkritiker der *New York Times*, einige der jungen Zuhörer nach einer der Aufführungen befragte, bekam er von mehreren zu hören, der Gesang sei unangenehm laut gewesen.[9] Erstaunt über eine solche Beschwerde aus dem Mund von Leuten, die an den Sound aus massiven Lautsprechertürmen und voll aufgedrehten Kopfhörern gewöhnt waren, kam er zu dem Schluss, bei der wahrgenommenen Lautstärke handle es sich nicht um Dezibel im physikalischen Sinn, sondern um *menschliche* Dezibel: Lautstärke ohne technische «Krücken», hochgerechnet auf die Vorstellung, wie laut das aus nächster Nähe gewesen wäre. Die Physiologie, die hinter dieser erstaunlichen Produktion menschlicher Lautstärke steckt, ist einer näheren Betrachtung wert. Die Sänger setzen ihr Zwerchfell ein, um Luft in ihre Lungen zu pumpen und diese dann hinauszupressen, wobei die im Kehlkopf erzeugten Laute in verschiedene Resonanzkammern im Schädel getrieben werden. Gleichzeitig gestalten und variieren sie die Töne unter Einsatz ihrer Halsmuskeln, ihres Kiefers, ihrer Lippen und ihrer Zunge; die so erzeugten Schallwellen dringen durch den Mund und die Nase nach außen. Im Prinzip ist dies der Vorgang, der jeder vokalen Schallerzeugung zugrunde liegt, doch Opernsänger und -sängerinnen beherrschen ihn auf eine unvergleichliche Weise und sind in der Lage, enorme akustische Kräfte freizusetzen; wenn sie uns die volle Kraft ihrer Stimme aus kurzer Entfernung entgegenschleudern, müssen wir die Flucht ergreifen und uns die Ohren zuhalten. Es gibt nur sehr wenige Menschen, die die grundlegenden körperlichen Voraussetzungen – die schiere Muskelkraft und Geschmeidigkeit – mitbringen, um dies leisten zu können; und noch weniger sind in der Lage, es mit so viel Geschick zu tun, dass sie Anderen damit musikalischen Genuss bereiten.

Es ist eine Binsenweisheit, dass die Wenigen, die diese Kunst beherrschen, keineswegs auch die Gabe besitzen müssen, etwa die Heldenfigur einer Oper auch visuell überzeugend darzustellen. Sänger können zum

Beispiel füllig in jeder Hinsicht sein. In der Tat ist der Oper fast seit Anbeginn ihrer Geschichte immer wieder spöttisch der oft groteske Widerspruch zwischen der äußeren Erscheinung der Sänger und der heroischen Statur der von ihnen dargestellten Figuren vorgehalten worden. Das Überraschende ist, dass solche Diskrepanzen das Opernerlebnis kaum zu beeinträchtigen scheinen – jedenfalls gilt dies für weite Strecken der Operngeschichte und selbst für die Perioden, in denen diese Spottkritik Hochkonjunktur hatte. Die Oper ist das eine Spektakel – das eine «mit den Augen Aufgenommene» –, in dem körperliche Attraktivität im konventionellen Sinn verhältnismäßig wenig zählt. Dass dies beim Theater und beim Film anders ist, liegt auf der Hand; und es ist auch anders beim Ballett, das in vielerlei Hinsicht ebenso künstlich ist wie die Oper, bei dem jedoch eine überdurchschnittlich hochgewachsene Tänzerin oder ein ungewöhnlich kleiner Tänzer nicht auf die Bühne gelassen würden. Einzig die Oper kann mit wenig ansprechenden Gesichtern und kaum den Schönheitsvorstellungen entsprechenden Körperformen punkten – Verstöße gegen unsere visuellen Erwartungen werden vom Publikum im Rausch der Stimmen großzügig übersehen oder sogar gefeiert. Natürlich hat es Schwankungen der Toleranz gegeben. So mag es denn sein, dass unsere gegenwärtige, von der Optik der Dinge dominierte Kultur, die zwanghaft einem Ideal körperlicher Vollkommenheit huldigt, einem Maximum an Intoleranz gegenüber «falschen» körperlichen Konstitutionen entgegenstrebt. Es kommt jedoch noch immer auf den Grad an. Die Opernbühnen von heute sind Orte, an denen das Aussehen kaum je wirklich ins Gewicht fällt. In diesem Sinn können wir die Oper vielleicht als eine Sphäre bewahren, in der alternative und wertvolle Wahrheiten weiterhin Anerkennung finden.

Opernhandlungen nacherzählt und die Realismusfrage

Am Beginn dieses Kapitels stand unsere Aussage, die Oper sei per se ein nicht-realistisches Genre. Dies gilt ebenso sehr für die Geschichten, die sie erzählt, wie für ihre Darsteller. So zeichnen sich zum Beispiel selbst die eher rationalen Elemente des Geschehens, die unmittelbar einer literarischen Quelle (oft einem Theaterstück) entlehnt sind, durch einen Mangel an Realitätsnähe aus. Weil die Figuren überwiegend singen, müssen sie mit verhältnismäßig wenigen Worten auskommen, was bedeutet, dass die Handlung und die Psychogramme der Figuren kondensiert werden müssen. Die literarische Vorlage wird dabei manchmal so stark komprimiert, dass sie ohne ihre opernspezifische Verpackung lächerlich wirken würde. Eine lustige Aufgabe für Opernfans bei einem Partyquiz wäre die: Erzähle die Handlung von Verdis *La forza del destino* (erste Fassung 1862, von Verdi überarbeitete Fassung 1869) in einem zusammenhängenden Satz. Denis Forman hat ebendies in *The Good Opera Guide* versucht, mit diesem Ergebnis: «Ein Marquis wird von einer explodierenden Pistole getötet, und seine als Mönch verkleidete Tochter findet heraus, dass ihr Liebhaber ihren Bruder direkt vor der Tür ihrer Höhle ermordet hat.»[10] Diese Zusammenfassung lässt zugegebenermaßen große Teile dessen, was zwischendurch geschieht, unter den Tisch fallen (eigentlich sogar den größten Teil der Geschichte). Sie erwähnt nicht, dass die Tochter ebenfalls stirbt, ermordet von ihrem Bruder (unmittelbar bevor er sein Leben aushaucht). Wir erfahren ferner nichts davon, dass (in der ersten Version) der Geliebte auf dieses ganze Blutvergießen damit reagiert, dass er sich in einen nahe gelegenen Abgrund stürzt, nicht ohne zuvor die Menschheit verflucht zu haben. Diese fehlenden Teile sind indessen nicht grundlegend wichtig – *La forza del destino* ist nach Bekunden Verdis «eine Ideen-Oper»;[11] Ohrwürmer sind darin nicht von so großem Belang wie schwergewichtige menschliche Themen und abstrakte Konzepte wie «Schicksal» (wie der Titel ahnen lässt). Die Oper wirkt fast wie die Bühnenfassung eines die Welt erklärenden historischen Romans, ausstaffiert mit exquisiten Botschaften aller Art, die ins Leere laufen. Sie verkörpert einen extremen Fall von narrativer Beliebigkeit, steht damit aber keineswegs allein da. Es scheint vielmehr so, als gehörten unwahrscheinliche Zufälle, undurchschaubare Beweggründe und (wenn es sich um eine tragische Oper handelt) mehrere verkettete Mord- und Todesfälle zu den Wesensmerkmalen der Oper. Denkt man sich die Musik weg, so bleibt von der Handlung vieler Opern nur Kitsch übrig, ein gefundenes Fressen für Parodien. Die Poesie der Libretti ist in der Regel zweitklassig und bestenfalls formelhaft. Ihrer Musik beraubt, bliebe einer Oper nicht mehr viel, das ihren Besuch lohnen würde – eine Einsicht, die einem berühmten komischen Zeichentrickfilm von Kim Thompson zugrunde liegt, *All the Great Operas in Ten Minutes* (1992). Den Inhalt von Wagners Epos *Der Ring des Nibelungen* (1876), das auf der Bühne rund 16 Stunden dauert (verteilt auf vier Abende), schildert der Film in weniger als zwei Minuten. Hier die Zusammenfassung der beiden ersten *Ring*-Opern:

> Der Ring des Nibelungen ist eigentlich eine noch größere Quälerei, weil es vier ganze Opern sind. Diese Mädchen in einem Fluss haben dieses Gold, und ein Zwerg stiehlt es und macht einen Ring daraus. Der Obermacker Wotan bekommt das Gold zurück, aber es liegt ein tödlicher Fluch auf dem Ring, und diese beiden Riesen schnappen sich das Gold, und einer bringt den anderen um und verwandelt sich dann in einen Drachen, um es zu bewachen. Wotan will den Ring und beschließt, dass sein unehelicher Menschensohn Siegmund ihn für ihn holen soll. Siegmund hat sich unterdessen jedoch in seine lange vermisst gewesene Schwester Sieglinde verliebt. Er lässt es auf einen Kampf mit ihrem Mann ankommen, woraufhin Wotan Brünnhilde mit dem Auftrag losschickt, ihn zu beschützen. Dann überlegt Wotan es sich anders und befiehlt Brünnhilde, Siegmund stattdessen umzubringen, was sie aber nicht tun will. So bringt Wotan Sieglindes Mann dazu, Siegmund umzubringen, und dann bringt zu guter Letzt Wotan den Ehemann auch noch um. Er bestraft Brünnhilde, indem er sie im Inneren eines Feuerrings auf einem Berg in Tiefschlaf versetzt.

Am Schluss des Films sagt der Erzähler: «Das war's, so ist die Oper. Mehr brauchen Sie nicht zu wissen. Einfach jede Menge Leute in Kostümen, die sich verlieben und sterben. Jawohl, das ist fast schon alles – naja, da wäre noch die Musik. Gesungen wird da auch noch? Ja, in der Oper wird eigentlich nicht gesprochen, sondern alles wird gesungen. Jede Menge Musik. Das schon. Und zum Teil sogar ganz schön.»

Bevor wir lachend weiterziehen, sollten wir uns eingestehen, dass es hier ein Problem gibt. Alle Opernliebhaber werden bejahen, dass die Geschichte, das narrative Element, oft eine absurde Note hat; nichtsdestotrotz ist die Handlung unverzichtbar. Es fällt uns offensichtlich schwer, mit ihr klarzukommen, aber es geht auch nicht ohne sie. Opern und die Geschichten, die sie erzählen, sind einander offenbar in einer unauflöslichen, wenn auch wenig harmonischen Symbiose verbunden. Keine Seite will die Trennung, aber ein konfliktfreies Zusammenwirken scheint so gut wie unmöglich zu sein. In diesem Sinn ähnelt die narrative Dimension offenbar der textlichen Dimension als Ganzer. Beide liefern uns anschauliche Belege dafür, dass die Oper die Fähigkeit besitzt, uns Dinge vergessen zu machen. Sie lässt uns vergessen, dass wir die Sprache, in der gesungen wird, nicht verstehen, dass das physische Äußere eines Sängers, der eigentlich einen glühenden und athletischen jungen Troubadour darstellen soll, aber mehr Ähnlichkeit mit einem 62-Jährigen als mit einem 26-Jährigen hat, überhaupt nicht zur Rolle passt; dass wir vielleicht nur eine vage Vorstellung davon haben, was sich auf der Bühne zuträgt.

Opern kommunizieren mit uns auf eine seltsame, unvorhersehbare Art und Weise; sie sprechen etwas in uns an, das außerhalb unserer kognitiven Sphäre liegt.

Das alles führt uns zu dem Phänomen hin, das wahrscheinlich den Kern dessen ausmacht, was wir als die Realitätsferne der Oper bezeichnen: die Tatsache, dass die meisten der Bühnenfiguren die meiste Zeit singen. Wir müssen aufpassen, in diesem Punkt nicht über das Ziel hinauszuschießen, denn schließlich ist die Aufführung von Dramen, in denen gesungen oder in einem rhythmischen Singsang deklamiert wird, im weltgeschichtlichen Maßstab eher die Regel als die Ausnahme. Die spezielle Form des Dramas mit Gesang, die sich ab ungefähr 1600 im westlichen Europa entwickelte, verkörperte allerdings eine besonders intensive und radikale Umsetzung dieses Konzepts und löste von Anfang an auch Irritationen aus. Kritische Debatten über die Oper konnten freilich, so heftig sie oft ausfielen, die Exzesse der Opernkultur nie eindämmen, zumindest nicht für längere Zeit. Zumal die Oper schon nach kurzer Zeit so weite Verbreitung fand, dass philosophische Skrupel sie nicht mehr aufhalten konnten. Schon bald war nichts und niemand mehr davor sicher, auf der Opernbühne dargestellt zu werden: Götter und Kutscher, Piraten und Vestalinnen machten singend ihre Aufwartung und wurden freudig willkommen geheißen oder zumindest akzeptiert. Andererseits meldeten sich die ganze Operngeschichte hindurch kritische Stimmen, denen der Gesang nicht geheuer war. Ihr Unbehagen bezog und bezieht sich auf den Umstand, dass Opernfiguren zu allen Zeiten – angefangen bei Orpheus – dramatische Momente, die auch im Sprechtheater oder, so kühn die Vorstellung sein mag, im wirklichen Leben gesungen werden würden, bereitwillig aufgreifen. Es wimmelt in der Oper von Serenaden an den oder die in der Ferne weilenden Geliebten und von Trinkliedern, die Spießgesellen oder Busenfreunde gemeinsam schmettern; jeder Tenor oder Bariton, der sein Geld wert ist, versteht es, mit einer Gitarre in der Hand die Bühne zu entern und sich in die Herzen der Zuschauer zu singen. Dass Momente dieser Art in der Oper an der Tagesordnung sind, hat etwas zu bedeuten, nämlich dass wir alle hin und wieder einen Moment brauchen, in dem wir unseren Verzicht auf kritisches Hinterfragen suspendieren und die Illusion, dass all diese Figuren auf der Bühne singend miteinander kommunizieren, für eine Sekunde fahren lassen. Solche Momente des «Erwachens» sollten uns aber nicht davon abhalten, uns dem zu stellen, was die Oper uns letzten Endes zu glauben zumutet.

Wir könnten unserer Fantasie einen Augenblick freien Lauf lassen und uns vorstellen, wie es wäre, in einer opernhaften Welt zu leben, einer Welt, in der es alltägliche Abläufe gibt und die Zeit wie gewohnt vergeht, in der aber alles – jede Handlung, jeder Gedanke, jede Äußerung – in eine nie endende Musik eingebettet ist. Es ist ein Gedankenexperiment ähnlich dem, das Peter Weir in seinem Film *The Truman Show* (1998) anstellte, in dem dem Hauptdarsteller Jim Carrey allmählich klar wird, dass sein ganzes Leben nur eine Inszenierung für eine vom Fernsehen übertragene Reality-Show ist. Wie würden wir selbst uns in einer fiktiven Inszenierung anderer Art präsentieren, in der alles, was um uns herum passiert, eine unendliche Oper wäre?

Denken wir uns in die metaphysischen Fragen hinein, die eine solche Oper-Lebenswelt aufwerfen würde. Die ersten und wichtigsten: Wer macht die Musik? Wissen wir überhaupt, dass wir singen, dass wir in einer musikalischen Ursuppe schwimmen? Oder würden wir weiterhin an der Illusion festhalten, die Bühnenwelt sei ein annäherndes Abbild der normalen Welt, mit dem Unterschied, dass wir auf eine unerklärliche Weise mit Musik beschallt werden? In Augenblicken, in denen die Musik allwissend oder prophetisch zu sein scheint, fragt sich, wessen Gehirn uns dieses Rätsel aufgibt. Solche Gedankenspiele mögen verstiegen oder einfach überflüssig erscheinen, doch wenn man ihre tiefere Bedeutung auslotet, stößt man auf Einsichten, die sich als bedeutsam für unser Verständnis der Oper erweisen. Filmemacher schlagen immer wieder künstlerisches Kapital aus dem Spiel mit Zuschauererwartungen über die Herkunft von Klängen und Geräuschen in Filmen: Entspringt der Ton, den wir hören, der Welt der Filmfiguren, oder ist er ein Kommentar zu dieser Welt? Wird unser Verständnis dessen, was ein Film erzählt, komplexer und damit interessanter, wenn wir diese beiden Ebenen hin und wieder verwechseln? Auch Opernkomponisten haben (auch früher, nicht nur in der jüngeren Vergangenheit) mit der Idee multipler musikalischer Quellen gespielt, haben versucht, das Erlebnis Oper zu vertiefen und zu bereichern, indem sie uns zum Nachdenken über diese grundlegende Frage angeregt haben: *Woher kommt die Musik*?

Das Nachdenken über diese Fragen führt uns zur Beschäftigung mit dem Moment des «Wundersamen» in der Oper: mit der Tatsache, dass die ganze Angelegenheit in so vielfältiger und grundlegender Beziehung unrealistisch ist, dass man gar nicht auf die Idee kommen würde, eine Oper als Vorbild für die eigene Lebensführung oder für das Verständnis menschlicher Verhaltensweisen heranzuziehen. Niemand singt sich durchs Leben oder hört beständig berauschende Musik. Das ist ein wichtiger Punkt, denn dieser ganz grundlegende Mangel an Realitätsnähe drückte sich zwar nicht in einer Einengung der Oper auf bestimmte entrückte Charaktere (wie Götter, Elfen oder Wassernixen) aus, begründete aber ganz allgemein eine Vorliebe der Oper für dramatische Extreme – Momente außerordentlicher Leidenschaft und auswegloser Tragik –, für das Magische und das Irrationale und für weltgeschichtliche Großereignisse. Gewiss kann auch das Sprechtheater auf extreme Sujets und Figuren verfallen und die Bühne mit Gespenstern und unwahrscheinlichen Wendungen des Schicksals füllen, doch es kann niemals so grundlegend irreal sein, wie die Oper es allein schon wegen ihrer Ausrichtung auf den Gesang ist. Dieses der Oper angeborene Charakteristikum bietet die Gewähr dafür, dass Opernlibretti fast nie vom gewöhnlichen Leben handeln, während das Sprechtheater durchaus dramatisches Kapital aus Gewöhnlichem schlagen kann. Auch als im 19. Jahrhundert Opernlibretti (für kurze Zeit) unter dem Banner des «Realismus» marschierten, war ihr Realitätsgehalt eine höchst umstrittene und doppelbödige Angelegenheit. Modernistische Werke wie Ernst Kreneks *Jonny spielt auf* (1927) oder Francis Poulencs *La Voix humaine* (1959) stehen nicht im Widerspruch zu dieser Aussage, auch wenn sie bewusst gegen die historische Vorliebe der Oper für das Außerordentliche angingen, indem sie Szenen von alltäglicher Banalität einbauten und das Gewöhnliche zum Kunstobjekt erhoben: *La Voix humaine* ist schließlich nicht mehr als die opernhafte Inszenierung eines Telefongesprächs. Strawinsky versuchte mit dem ersten Rezitativ in *The Rake's Progress* (1951) etwas Ähnliches. Es beginnt mit den (gesungenen) Worten: «Anne, my dear, your advice is needed in the kitchen», einem Satz, der sicher bewusst darauf berechnet ist, uns zu irritieren, indem er uns darauf vorbereitet, dass *The Rake* eine im vollen Bewusstsein dieser Problematik konzipierte Oper ist. Anders liegt der Fall bei Alban Bergs *Lulu* (1937), wo die kleinkarierten Rituale des Bürgers in einer (im psychologischen Sinne) dissoziativen Fugue mit Mord und Verrat koexistieren. In *Lulu* machte sich, wie in anderen Beispielen des deutschen Modernismus, die für die Ära der Weimarer Republik (1918–1933) charakteristische Verknüpfung zwischen dem Impuls, Alltägliches auf die Bühne zu bringen, und einem theorielastigen und politisierten ästhetischen Populismus bemerkbar, welch Letzterem die Vorstellung zugrunde lag, Komponisten müssten «Gebrauchsmusik» schreiben oder zumindest «Zeitopern» mit direktem Bezug zu Gegenwartsthemen.

Das sind jedoch Ausnahmen. Über die weitesten Strecken ihrer Geschichte hinweg hat die Oper alltägliche Vorgänge und Verhaltensweisen verschmäht oder sie, wie im berühmtesten Fall *Lulu*, als einen surrealen Kontrapunkt zu einer umso dramatischeren und gewalttätigeren Hyper-Existenz behandelt. Fast nie kommt es in einer Oper vor, dass jemand eine Tasse Tee kocht oder Zeitung liest oder sich die Strümpfe anzieht; wenn doch, dann passieren solche Dinge in einer komischen Verkehrung des Normalfalls oder als bewusst gesetzte Akzente des Trivialen. In Wagners *Ring* wird der Zwerg Mime der Lächerlichkeit preisgegeben, als er für den glanzvollen jungen Helden Siegfried ein gutes Frühstück zubereitet, wobei die implizite Botschaft lautet, dass Köche, wie Zeitungsleser, Teetrinker und Strumpfträger, schon kraft ihrer Persönlichkeit von den Höhenflügen wahrer Leidenschaft oder mythischer Bedeutung ausgeschlossen sind. Ein ironisches Moment in *Siegfried* (von Wagner allerdings wohl kaum so beabsichtigt) ergibt sich daraus, dass der Protagonist einmal sein ganzes handwerkliches Können aufbietet, um das Zauberschwert seines Vaters Siegmund zu reproduzieren, wobei sein akribisches Feilen, Gießen, Feuerschüren und Temperaturmessen bei der Aufführung der Oper leicht in eine Parodie häuslicher Tugenden abgleiten kann: Handwerk auf hohem Testosteronspiegel.

Nirgendwo wird die Affinität der Oper zum Unwirklichen deutlicher sichtbar als in ihrem manipulativen Umgang mit der Zeit. Die mit hohen Cs geladene Arie des Manrico im dritten Akt von *Il trovatore* liefert auch dafür ein klassisches Beispiel. Manrico steht im Begriff, seine Geliebte Leonora zu heiraten, als er von einem Boten erfährt, dass seine Mutter von einem Todfeind gefangen genommen worden ist und auf dem Scheiterhaufen verbrannt werden soll. Er ruft seine Waffengefährten zusammen und zieht sein Schwert – es gilt, unverzüglich loszuziehen, wenn man die Frau retten will. Doch dann wendet sich Manrico dem Publikum zu und singt zwei (ziemlich lange) Strophen der *cabaletta* «Di quella pira», einschließlich mehrerer hoher Cs und kunstvoll ausgearbeiteter Chor-Kadenzen. Gilbert und Sullivan, die in allen ihren Operetten die italienische *opera seria* zur Hauptzielscheibe ihres satirischen Spotts machten, bauten in den zweiten Akt von *The Pirates of Penzance* (1880) eine gelungene Parodie ein: Ein kleines Polizeiregiment bringt sich mit Chorgesang in Stimmung für die bevorstehende Schlacht. Die Nummer beginnt mit «When the foeman bares his steel» («Wenn der Feind seinen Stahl blankzieht») und endet mit zahllosen Wiederholungen des Schlachtrufs «Yes forward on the foe, yes forward on the foe» («Ja, vorwärts auf den Feind»). Plötzlich tritt der Generalmajor aus dem Operngeschehen heraus und erklärt sarkastisch: «Ja, aber ihr bleibt gefälligst hier.»

Zu damit verwandten, aber noch spektakuläreren Beispielen für den nonchalanten Umgang der Oper mit Wirklichkeit kommt es oft dann, wenn eine der Hauptfiguren laut Libretto sterben muss. Ein klassisches Beispiel bietet die Schlussszene von Verdis *La traviata* (1853), in der die Kurtisane Violetta ihrer Tuberkulose erliegt. Wir haben erfahren, dass die Krankheit ihre Lungen zerstört hat; dessen ungeachtet singt Violetta ohne jeden Anschein von Beeinträchtigung, kräftig und schön. Eine Sopranistin, die es wagen würde, die todkranke Violetta realistisch – nämlich keuchend und hustend – zu singen, hätte sich vom Geist der Oper verabschiedet. Im Sterben Liegende, die nichtsdestotrotz in den höchsten Tönen weitersingen, sind in der Oper das Normalste von der Welt; wir akzeptieren diese Fiktion bereitwillig, während uns ein Mehr an Realismus befremden oder schockieren würde. Das Violetta-Beispiel zeigt, dass in der Oper die krasse Diskrepanz zwischen unseren Plausibilitätserfahrungen aus der wirklichen Welt und den aus der Eigendynamik der Musik hervorgehenden Anforderungen an die Sänger (und auch ans Publikum) zum Wesen der Oper gehört.

Wir können diesen Gedanken noch weiterführen. Die Erfahrung, dass die Oper eine im Sterben liegende Libretto-Violetta ohne weiteres zugunsten einer blühenden, im Vollbesitz ihrer Kräfte befindlichen Gesangs-Violetta verwirft, führt uns eine wichtige Unterscheidung vor Augen, die uns in diesem Buch wiederholt begegnen wird: die zwischen der Opernfigur, wie sie im Textbuch angelegt ist, und derselben Figur, wie sie durch die Musik definiert wird. Sprachlich drücken wir diese Unterscheidung mit dem Begriffspaar «Handlungscharakter» bzw. «Stimmcharakter» aus.

Als Beispiel für einen Handlungscharakter kann Wolfram von Eschenbach in Wagners *Tannhäuser* (1845) dienen, ein nervtötender, uninteressanter Freier, der die keusche Liebe predigt. In Wagners Libretto figuriert er als Adlatus von und Gegenstück zu Tannhäuser (Tenor), dem Antihelden mit erotischer Ausstrahlung, dem die Protagonistin nicht widerstehen kann. Doch als Gesangs-Charakter ist Wolfram (Bariton) überraschend gegenwärtig und mehr als nur gleichrangig: Seine Partie ist ein Amalgam aus der dem Handlungscharakter zugeordneten Musik und den vokalistischen Höchstleistungen, die die Musik dem Sänger abverlangt. In dem Gesangswettstreit zwischen Tannhäuser und Wolfram im zweiten Akt kommt es im Verlauf der Serenade, die Wolfram darbietet, zu einem eigenartigen Moment. Davon schwärmend, in welch großartiger Gesellschaft er sich befindet, singt er: «Es wird der Blick wohl trunken mir vom Schauen» zu einer Musik, die sich durch eine exotische Harmonik auszeichnet, in die eine absteigende Melodie seiner Baritonstimme eingebettet ist. Das ist die einzige wirklich sinnliche Passage in dem gesamten Sängerkrieg, und sie überstrahlt alles, was Tannhäuser zum Besten gibt. Diese Passage markiert das Erscheinen eines Stimmcharakters, eines «alternativen Wolfram» mit Eigenschaften, die über die des Handlungscharakters hinausgehen, ja diesen konterkarieren. Derselbe Gegensatz tritt in Wolframs berühmter «Abendstern»-Arie im dritten Akt zu Tage. Der Text ist ausgesucht poetisch, handelt von einer edlen Seele, doch die Sinnlichkeit des Gesangs erzählt eine ganz andere Geschichte. Vielleicht sollten wir die eigenartige sprachliche Wendung in Wolframs Serenade im zweiten Akt – über das Trunkenwerden des Blicks – als eine Freud'sche Fehlleistung deuten, bei der sich der Stimmcharakter für einen Moment in den Text hineingeschmuggelt hat.

Man kann mit sehr viel Recht einwenden, dass ein analoger potentieller Gegensatz (zwischen Buch-Charakter und Sprech-Charakter) auch im Sprechtheater möglich ist; jeder, der einmal einen Shakespeare-Monolog oder eine Tirade in einem Drama von Victor Hugo erlebt hat, weiß, dass die Darsteller in diesen Momenten ganz andere Register ziehen. Bei der Oper ist die Diskrepanz freilich noch weitaus extremer, weitaus spektakulärer. Der Manrico, der eilends aufbrechen will, um seine Mutter zu retten, ist der Handlungs-Manrico; derjenige, der sich in der Bühnenmitte aufbaut und eine Arie mit mehreren hohen Cs schmettert, ist der Gesangs-Manrico. Die Libretto-Violetta stirbt an Tuberkulose und ringt verzweifelt nach Luft; die Gesangs-Violetta dagegen singt kraftvoll, ihren nahen Tod beklagend, in einem gewissen Sinn aber auch zelebrierend. Und auch hier unterstreicht der Kontrast wieder, dass das Spannungsfeld zwischen Darstellungen menschlicher Realität und Omnipräsenz der Musik ein Wesensmerkmal der Oper ist. Befangenheiten in der Frage der Realitätsnähe stecken hinter der generellen Vorliebe der Oper für Libretti mit mythischen oder göttlichen Protagonisten oder für Figuren, die über Zauberkräfte oder emotionale Hochspannung oder andere Extreme verfügen; die Annahme lautet, Musik sei ein solchen Figuren affineres Medium oder könne sie irgendwie leichter verständlich machen. Letzten Endes bleibt jedoch die Wirklichkeitsnähe ungeachtet aller Skrupel und Bedenken auf der Strecke: Die Oper kann nämlich nie etwas Anderes sein als unwirklich.

Popularität und Konvention

Über weite Strecken ihrer Geschichte ist die Oper, wie bereits erwähnt, selbst großen Teilen ihres eigenen Publikums seltsam und exotisch erschienen. Es ist wichtig, sich klarzumachen, dass das auch in Italien so war, dem Land, in dem die Oper das Licht der Welt erblickte und wo sie aus diesem Grund vermeintlich ein natürliches Ausdrucksmittel ist (oder zumindest war). Die Oper hat zwar im Lauf der Zeit Schritt für Schritt ihr finanzielles Fundament verbreitern können – von den privatwirtschaftlichen Impresario-Modellen des 17. Jahrhunderts, die von der Gunst von Fürstenhöfen lebten, über den (fast) unabhängig wirtschaftenden kapitalistischen Unterhaltungsbetrieb des 19. Jahrhunderts bis zu den oft Not leidenden, vom Staat oder von Privatunternehmen finanzierten Institutionen der Gegenwart –, aber in ihrer primären, theatralischen Form ist die Oper im Großen und Ganzen ein Revier für die kulturbeflissene Elite geblieben und hat eine breitere Popularität erst in dem Augenblick gewonnen, als sie dank technischer Fortschritte in verschiedenen Bereichen die begrenzte Sphäre der Opernhäuser verlassen, öffentliche Straßen und Plätze erobern und in die Wohnzimmer übertragen werden konnte. Eigentlich ist die Oper erst im Verlauf der letzten rund 30 Jahre – der Ära der «Drei Tenöre», die zur Eröffnung einer Fußball-Weltmeisterschaft zusammen «O sole mio» schmetterten – populär im modernen Sinn des Wortes geworden. Eine präzisere Aussage wäre vielleicht die, dass Teilelemente der Oper in diesem Zusammenhang zu ikonischen (und vielleicht auch ironischen) Objekten der Massenkultur geworden sind.

In Hollywoodfilmen zum Beispiel fungierte der Opernbesuch häufig als Hinweis auf eine Italien-Affinität und eine leicht erregbare Gefühlsnatur mit der Neigung zu entsprechenden Reaktionen, wie etwa in *Moonstruck* («Mondsüchtig», 1987), worin Ronny Cammareri (Nicolas Cage) die Liebe von Loretta Castorini (Cher) – wie er dem italo-amerikanischen Arbeitermilieu entstammend – dadurch gewinnt, dass er sie in Puccinis *La bohème* ausführt. In manchen Filmen wird das Opernhaus als ein Ort präsentiert, an dem sich Angehörige unterschiedlicher Klassen wie in einem Goldfischglas begegnen und ihre diversen ernsten und vergnüglichen Anliegen verfolgen können. In Billy Wilders *Love in the Afternoon* (*Ariane – Liebe am Nachmittag*, 1957) besuchen die beiden Protagonisten eine Vorstellung von *Tristan und Isolde* in der Pariser Opéra. Der verwöhnte Playboy

(Gary Cooper), den eine umtriebige Freundin mitgeschleppt hat, albert mit seinem Programmheft herum; ernsthafte Kompositions-Studenten vom Konservatorium dirigieren das Orchestervorspiel mit und rümpfen die Nase über das gewöhnliche Publikum; nur das schrecklich verliebte junge Mädchen (Audrey Hepburn) scheint von dem sinnlichen Erlebnis ganz überwältigt zu sein – es ist aber weniger *Tristan* als Gary Cooper, der diese Empfindung auslöst (siehe Abbildung 2). Die ironische Pointe besteht darin, dass niemand in der Szene von der Oper an sich sonderlich beeindruckt oder bewegt ist – kaum verwunderlich angesichts von Billy Wilders erklärter Geringschätzung für Wagner.

Love in the Afternoon zeigt, wie ein Hollywoodfilm als Teil der Popkultur die Oper zu einem Symbol gesellschaftlicher Privilegierung erheben kann. In diesem Sinn etabliert auch die Anfangsszene von Martin Scorseses Film *The Age of Innocence* (*Zeit der Unschuld*, 1993), die sich um eine Aufführung von Gounods *Faust* an der alten Met in New York dreht, ein Oberschichts-Milieu für die zu erzählende Geschichte. Allerdings taumelt in dieser Szene die Kamera wie beschwipst und von Zauberkräften gelenkt im ganzen Opernhaus umher – die oberen Schichten, so lautet die visuelle Botschaft, straucheln über ihre Leidenschaften, genau wie Opernfiguren und alle anderen auch. In *A Night at the Opera* (1935) von den Marx Brothers sorgt für die wiederkehrende Pointe ein steifes, alten Reichtum repräsentierendes Publikum, das sich über Clownerien der proletarischen Marx-Brüder empört. In einer Szene schleichen sie sich in den Orchestergraben, tauschen die Noten für das Orchester aus und erreichen so, dass die Musiker (vermeintlich gegen ihren Willen) statt der Ouvertüre den Gassenhauer «Take me out to the ball game» spielen. Krasser könnte der Zusammenprall zwischen Hoch- und Popkultur kaum zum Ausdruck gebracht werden. Ein ähnlich hintergründiges, aber sentimentaleres Beispiel hält Garry Marshalls Film *Pretty Woman* (1990) bereit, in dem Julia Roberts eine Prostituierte spielt, die der von Richard Gere verkörperte «gut aussehende Konzernmogul» (wie es in der Pressemitteilung zum Filmstart hieß) auf dem Hollywood Boulevard aufgabelt und die anschließend das Aschenputtel-Programm durchläuft. Während der wochenlangen Liebesaffäre fliegt Gere seine Flamme im Privatjet zu einem Opernbesuch nach San Francisco. Dort unterlaufen Julia Roberts im Kontakt mit fächerwedelnden Damen der Gesellschaft alle erdenklichen Fauxpas, aber am Ende zeigt sich, dass sie aufgeschlossener ist als diese Leute und eine sensiblere Wahrnehmung für das hat, was auf der Bühne passiert. (Die Oper, die gespielt wird, ist natürlich *La traviata*.)

Solche Szenen eignen sich möglichweise dafür, einen immanenten Widerspruch in der Art und Weise, wie wir uns heute der Oper nähern, deutlich zu machen. Auf der einen Seite ist da die Jahrhunderte währende Identifizierung der Oper mit der Aristokratie, mit zur Schau getragenem Reichtum und Exklusivität. Hand in Hand damit geht aber auch die Erfahrung, dass die Oper direkt unsere Gefühle anzusprechen vermag. Beide Aspekte kommen in *A Night at the Opera* zum Ausdruck: Für Angehörige der «guten Gesellschaft» ist der Opernbesuch gleichsam Pflicht, und sie reagieren empört auf Verstöße gegen die Etikette. Doch der Held und die Heldin des Films – ein Tenor und eine Sopranistin, bis dahin Underdogs des Opernbetriebs, denen die Brüder zu ihrer ersten Hauptrolle verhelfen – stehen im Schlussakt des Films triumphierend auf der Bühne und singen sich strahlend das Herz aus dem Leib (obwohl es sich um die «Miserere»-Szene aus *Il trovatore* handelt). Sie sind von der Oper ergriffen, wie es sich gehört – nicht von der albernen Geschichte, die sie erzählt, sondern vom Gesang als solchem. Diese Episode über Underdogs und komische Außenseiter und über die transformative Kraft des Singens zeigt, welche Wirkung die Oper auf Menschen ausüben kann, die auf je eigene Weise anders sind – auf die Protagonistin in *Pretty Woman*, die standhaft sie selbst bleibt, gleich in was für eine imposante Umgebung sie hineinversetzt wird, und die im Badezimmer Prince singt, oder auf hochgewachsene Italiener mit weißen Taschentüchern –, Menschen, die sich explizit zu ihrem Anderssein bekennen, zu ihrer Distanz von dem emotional eingeschränkten, in Alltagsroutinen erstarrten Leben, das wir nach unserer Selbsteinschätzung heute führen.

Mindestens während seiner ersten 250 Jahre hielt sich der Opernbetrieb (genauso wie unsere heutige Filmwirtschaft) durch einen stetigen Strom neuer Werke über Wasser. Es gab in dieser Zeit kein eigentliches Repertoire, keinen Kanon bekannter, zahllose Male wiederaufgeführter Werke, wie wir ihn heute in jedem Opernhaus antreffen. Weil das so war, musste jede Oper (so wie heute jeder neue Film) auf Anhieb einschlagen. Ein Mittel, um das hinzukriegen, war die Beachtung bestimmter Konventionen, bewährter praktischer Regeln, die in allen Opern zur Anwendung kamen und die vom Publikum verstanden und geschätzt wurden. Es entwickelten sich unterschiedliche Spielarten der Oper, alle mit sprachlichen und anderen Eigenheiten (*opera seria* und *opera buffa* in Italien, *grand opéra* und *opéra comique* in Frankreich, Singspiel und romantische Oper in Deutschland).

Auf einer noch grundlegenderen Ebene entwickelten sich bestimmte

Rollentypen der Oper allmählich zu Stimmcharakteren: Eine bestimmte Stimmlage und -färbung verband sich mit einer standardisierten Figur, die dann in neuen Opern in fast unveränderter Gestalt wieder auftauchen konnte (und später auch in der Operette und im Musical). Ein Sortiment typischer Opernfiguren bildete sich mit der Zeit heraus: die weibliche Hauptfigur (Sopran), die nicht mehr ganz junge (oder nicht ganz tugendhafte oder auch mit Zauberkräften ausgestattete) Frau (Mezzosopran oder Alt), der männliche Held (im 18. Jahrhundert gewöhnlich von einem Kastraten gesungen, später von einem Tenor), der Schurke oder Vater oder treue Gefährte (Bariton), der Großvater oder Priester (oder eine andere, die patriarchalische Autorität verkörpernde Figur) (Bass). Gewiss gab es immer wieder auch Abweichungen von diesen Standardfiguren (zum Beispiel Priester in Sopranlage, wenn auch selten), aber es ist nicht unwichtig, die Konventionen der Vergangenheit zu kennen, auch weil man dann umso mehr zu schätzen weiß, wie der vorsätzliche Verstoß gegen eine Konvention zu einem Drama eigener Art werden kann. Ein Beispiel für eine Oper, in der eine Figur mit einer anderen Stimme besetzt ist, als es der Konvention entspräche, ist Mephistopheles, der diabolische Charakter aus der Faust-Legende (der den mit Blut besiegelten Pakt schließt – ein beliebtes Opern-Thema). In den meisten Faust-Opern des 19. Jahrhunderts (davon gibt es mehrere) ist die Partie des Mephistopheles für das Bassregister geschrieben; in Busonis *Doktor Faust* (1925) hingegen ist Mephisto ein Tenor. Wir hören ihn zum ersten Mal, als er von hinter der Bühne Faust beim Namen ruft, und zwar auf einem hohen A – das er hauchzart intoniert. Gerade wenn man die Konvention kennt und einen anderen Stimmtyp erwartet, ist der Effekt verblüffend.

Es stellt sich die Frage, ob diese Zuordnung von Stimmlagen wirklich nur eine Konvention ist oder vielleicht doch einer natürlichen Ordnung der Dinge entspricht. Manche Zuordnungen, wie die des Basses zum Repräsentanten einer Autorität, könnte man für natürlich halten – wir alle, ob Mann oder Frau, neigen dazu, unsere Stimme zu senken, wenn wir uns Aufmerksamkeit und Respekt verschaffen wollen. Es ist in diesem Zusammenhang sicher bezeichnend, dass dieser Figur/Stimm-Typus über all die Jahrhunderte in der Oper zuhause gewesen ist. Bei den meisten anderen Zuordnungen legt die Operngeschichte jedoch den Schluss nahe, dass sie schlicht und einfach einer Konvention entspringen. In der ernsten Oper des frühen 18. Jahrhunderts (der sogenannten *opera seria*) sangen fast alle Charaktere, männliche wie weibliche, in hohen Stimmlagen. Es war ganz normal, dass männliche Rollen von Frauen gesungen wurden – oder von Kastraten, deren Stimme infolge des an ihnen vorgenommenen Eingriffs hoch blieb. Für den Niedergang der Kastraten und den Aufstieg des heroischen Tenors im 19. Jahrhundert gibt es mehrere Erklärungen; einige davon verweisen plausiblerweise auf ein verändertes Verständnis der menschlichen Subjektivität (also unsere Annahmen darüber, wie wir wurden, was wir sind). Andererseits sind vermutlich auch heroische Tenöre nie als «normal» wahrgenommen worden. Die Vorstellung, dass die Oper das Unnormale schlechthin sei, stand und steht immer im Raum.

Konventionen haben in der Oper tiefe Spuren hinterlassen. Über weite Strecken ihrer Geschichte (bis mindestens zur Mitte des 19. Jahrhunderts) schrieben Komponisten mehrere Opern pro Jahr. Sie taten das aus finanziellen Zwängen heraus. Ältere Werke wurden selten wiederaufgeführt (und wenn doch, dann ohne jeden Urheberrechtsschutz und ohne Anspruch auf Vergütung für ihre Komponisten), und so konnte ein Komponist von seiner Kunst nur leben, indem er immer neue Opern schrieb. Der daraus resultierende Zwang, den Erwartungen des Publikums gerecht zu werden, führte in aller Regel dazu, dass Librettisten und Komponisten sich an bewährte Rezepturen hielten. Das mag abwertend klingen – in unserer kulturpessimistischen Zeit neigen wir dazu, nur dem verblüffend Neuartigen einen künstlerischen Wert zuzusprechen. Wir dürfen aber nicht vergessen, dass Kunst nach Rezeptur auch eine Quelle des ästhetischen Vergnügens sein kann, nicht weil wir heute dank Aufnahme- und Wiedergabetechnik die Möglichkeit haben, ein Werk in- und auswendig zu kennen, sondern weil Konventionen uns helfen, uns ein Erfahrungswissen darüber anzueignen, wie Opern gewöhnlich funktionieren. Erwartungen, die aus diesem Wissen resultieren, können uns ein Gefühl der Geborgenheit vermitteln und spontanes Verstehen erleichtern – und sie können bei uns einen wohligen Schauder erzeugen, wenn etwas gegen den Strich Gebürstetes passiert, wie die «falsche» Zuordnung von Stimmlagen in Busonis *Faust*.

Weil die strukturellen Konventionen der Oper wichtig sind, sollten wir einige der grundlegenden hier vorstellen. Sie sind nicht alle gleichzeitig entstanden, und einige von ihnen sind im Verlauf des 19. Jahrhunderts in den Hintergrund getreten. Generell gilt jedoch, dass diese Konventionen überraschend langlebig und auch überraschend formbar waren – einige von ihnen, indem sie radikale Veränderungen anderswo adaptierten und im sprachlichen und musikalischen Idiom umsetzten. Die zwei grundlegenden Konzepte aus der Formensprache der Oper umfassen sowohl Text als auch Musik: «Rezitativ» und «Arie» (alias «Nummer»).

Diese beiden begrifflichen Pole stehen für zwei Arten von Libretto-Dichtung und zwei Arten, Texte zu vertonen. Es ist ein Dualismus, der seit den Anfängen der Oper bestanden hat, erst ab Mitte des 19. Jahrhunderts ausgemustert wurde und den man bis zu einem gewissen Grad auch noch in Opern antrifft, die in unseren Tagen entstanden sind. Ein kurzer Ausschnitt aus dem ersten Akt von Mozarts *Don Giovanni* (1787) illustriert die beiden Konzepte. In der Szene treten der lüsterne Aristokrat Don Giovanni (Bariton) und sein Diener Leporello (Bass) auf. Das Libretto sieht zunächst einen Dialog vor. Leporello kämpft mit einem wachsenden Unbehagen angesichts der zahlreichen riskanten Manöver, die er im Namen seines Herrn und Meisters durchexerzieren muss:

LEPORELLO:
Io deggio ad ogni patto
Per sempre abbandonar questo bel matto!
Eccolo qui: guardate
Con qual indifferenza se ne viene! –

DON GIOVANNI:
Oh Leporello mio, va tutto bene!

LEPORELLO:
Don Giovannino mio, va tutto male!

(LEPORELLO:
Ich muss auf alle Fälle / für immer diesen sauberen Herrn verlassen! / Doch still, er kommt: / Ei seht nur, / so heiter und so harmlos wie die Unschuld!

DON GIOVANNI:
Mein lieber Leporello, es geht vortrefflich!

LEPORELLO:
Mein lieber, gnädiger Herr, es geht erbärmlich!)*

Angelegt ist dies als eine typische Rezitativ-Passage. Der Text ist in Form sogenannter *versi sciolti* geschrieben, dem italienischen Äquivalent des Blankverses, einer freien Abfolge von Zeilen zu sieben und elf Silben mit

* Gelegentlich werden ältere, freiere deutsche Übersetzungen der Libretti stärker dem fremdsprachigen Original angeglichen, als dies ursprünglich der Fall war. Dies geschieht insbesondere dort, wo es das Verständnis der Interpretation und der Argumentation der Autoren erforderlich macht.

nur wenigen sporadischen Reimen und keinem festgelegten Betonungsschema. Dem Rhythmus der gesprochenen Alltagssprache angenähert, weisen diese Rezitative einen eher gewöhnlichen Wortschatz auf, mit wenigen poetischen oder hochgestochenen Ausdrücken. Der zitierte Dialog geht eine ganze Weile hin und her, während Don Giovanni und Leporello Vorkehrungen für ein abendliches Bankett treffen, bei dem Don Giovanni ein Bauernmädchen namens Zerlina verführen will. Er schließt das Rezitativ in bester Laune ab und stimmt dann eine Arie an: «Fin ch'han dal vino» («Auf zu dem Feste, froh soll es werden»). Die Nummer wird oft als «Champagnerarie» bezeichnet, obwohl Don Giovanni nur Wein erwähnt und seine Gedanken im Übrigen um die jungen Damen kreisen, die an dem Bankett teilnehmen werden. Seiner Fantasie freien Lauf lassend, stellt er sich vor, wie er den Mädchen mittels einer verwirrenden Abfolge unterschiedlicher Tänze so sehr den Kopf verdrehen wird, dass er dann das Durcheinander nützen kann, um, so hofft er, bis zum Morgen die Liste seiner Eroberungen um zehn zu erweitern. Hier die fünf letzten Zeilen des Rezitativs, gefolgt vom Text der Arie:

DON GIOVANNI:
Bravo, bravo, arcibravo!
L'affar non può andar meglio: incominciasti,
Io saprò terminar. Troppo mi premono
Queste contadinotte:
Le voglio divertir fin che vien notte.

Fin ch'han dal vino
Calda la testa,
Una gran festa
Fa' preparar.
Se trovi in piazza
Qualche ragazza,
Teco ancor quella
Cerca menar.
Senza alcun ordine
La danza sia,
Chi'l minuetto,
Chi la follia,
Chi l'alemanna
Farai ballar.
Ed io fra tanto
Dall'altro canto
Con questa e quella

Vo' amoreggiar.
Ah la mia lista
Doman mattina
D'una decina
Devi aumentar.
(Partono.)

(DON GIOVANNI:
Bravo, bravo, ausgezeichnet / es kann nicht besser gehen; du hast begonnen, für das Ende sorg ich.
Gar zu sehr reizen mich; die hübschen Bauernmädchen /
ich will sie bis zur Nacht wohl unterhalten.

Auf zu dem Feste,
froh soll es werden,
bis meine Gäste
glühen von Wein.
Siehst du ein Mädchen
nahen dem Garten,
lass sie nicht warten,
führ sie herein.
Tanzen lass alle sie
wild durcheinander.
Hier Menuette,
da Sarabanden,
dort Allemanden,
ordne die Reihn.
Hier Menuette,
ordne die Reihn,
da Sarabanden,
ordne die Reihn,
dort Allemanden,
ordne die Reihn.
Ich aber leise
nach alter Weise
führ mein Feinsliebchen
ins Kämmerlein.
Fort mit den Sorgen,
wahrlich schon morgen
soll meine Liste
um Zehne vermehrt sein! *[Sie gehen ab.]*)

Man sieht auf den ersten Blick, dass der Beginn der Arie mit einer veränderten lyrischen Formgebung einhergeht, die Zeilen weisen jetzt fast einheitliche Silbenzahlen auf und sind gleich getaktet; man erkennt eine vierteilige Strophenstruktur mit einem einheitlichen Reimschema. Anders gesagt, sind wir hier eindeutig in der poetischen Abteilung gelandet.

Dies sind die elementarsten Unterschiede zwischen «Rezitativ» und «Arie», die wir schon anhand des Librettos erkennen können. Diese Unterschiede gehen einher mit wichtigen inhaltlichen Kontrasten. Hier ist an erster Stelle die Tatsache zu nennen, dass das Rezitativ das richtige Vehikel für narrative, formal freie Dialoge in aktionsgeladenen Szenen ist, in denen die Handlung vorankommt. Dagegen ist die Arie statisch gehalten; sie steht grundsätzlich für Kontemplation und für die Übertragung einer Gemütslage auf die Zuhörer; die Arie entspricht dem, was Dichter manchmal als «Sinnieren» bezeichnen. Während einer Arie findet auf der Bühne keine Aktion statt, die Handlung steht still. Im vorliegenden Fall liefert die Arie uns Aufschlüsse über die Persönlichkeit des Don Giovanni, berichtet uns von seinem Verlangen, mit wilden Tänzen ein Durcheinander zu stiften, denn das Chaos ist das Medium, in dem er als anarchische Kraft zur Hochform aufläuft. In gewissem Sinne halten Arien die Zeit an – solange sie andauern, kann die Handlung nicht weitergehen. Sie lassen uns, so gesehen, eine Auszeit nehmen, die wir nutzen können, um uns mit der Figur, die sich uns darin offenbart, vertraut zu machen. Was wir hier über Arien sagen, gilt ebenso für alle anderen kontemplativen Bestandteile der Oper: für Duette, Terzette und größere Ensembles. Eine der großen Neuerungen bei der Oper des 19. Jahrhunderts bestand darin, dass sie alle diese fest gefügten Formen ein Stück weit öffnete, so dass Aktionselemente in sie integriert werden konnten. Dennoch gab es nach wie vor viele Passagen, in denen die Zeit still zu stehen schien. Nach wie vor gilt, dass ein bestimmter Typus von Gesang auf der Opernbühne per se einen Alleinherrschaftsanspruch erhebt. Selbst ein Gesangsstück, das aus der fiktiven Welt, in der die Oper spielt, heraussträte, hätte noch immer die Macht, äußeren Vorgängen den Zutritt zu dieser Welt zu verwehren.

Die musikalische Unterscheidung zwischen Rezitativen und Arien (bzw. Ensembles) ist offenkundig und auf Anhieb hörbar. In den einfachsten Rezitativ-Formen, die sich vor allem in Opern aus dem späten 17. und aus dem 18. Jahrhundert finden, «rezitieren» die Sänger den Text gewöhnlich in raschem Tempo, begleitet oder akzentuiert durch eine einfache Abfolge von Akkorden. Für die häufig als «Continuo» bezeichnete Begleitung war gewöhnlich ein Cembalo zuständig, wobei die Basstöne von einem tieferen Streichinstrument, gewöhnlich einem Cello, «verdickt» wurden. Ein einfaches Rezitativ dieser Art (im Italienischen *recitativo secco* genannt) wird zwar in einem regelmäßigen Taktschema geschrieben, aber typischerweise sehr frei vorgetragen, ohne einem strengen Taktschlag zu gehorchen. Eine Melodie ist allenfalls rudimentär vorhanden, manchmal werden ganze Passagen auf nur einem Ton gesungen, auf- und absteigende Tonfolgen richten sich in der Regel nach der «Melodie» der gesprochenen Sprache. In mehr als einer Hinsicht hat dieser Typ des Rezitativs mehr Ähnlichkeit mit Sprechen als mit Singen, und wenn man bedenkt, dass die Schauspieler früherer Jahrhunderte auf den Bühnen des Sprechtheaters ihre Monologe in einem hochfliegenden, melodischen Duktus zu deklamieren pflegten, kann man sich vorstellen, dass für das Publikum der frühen Oper die Rezitative noch weniger nach Musik klangen als für uns heutige. Ganz anders verhält es sich bei der Arie. Bei ihr dominiert das Musikalische, sie lebt offensichtlich von musikalischen Ideen (die gewöhnlich wiederkehren), stützt sich auf das Orchester, das sie einleitet und begleitet, und liefert der Stimme des Sängers oder der Sängerin ihr musikalisches Material. Das rhythmische Ebenmaß der Verse zieht fast zwangsläufig eine kongeniale rhythmische Struktur der Musik nach sich. Arien weisen, wenn sie nicht ganz kurz sind, eine innere Struktur auf; die häufigste war lange Zeit eine einfache dreiteilige Form nach dem Schema ABA. Im 18. Jahrhundert entwickelte sich eine Variante dieser dreiteiligen Form zur sogenannten Da-capo-Arie weiter. Sie heißt so, weil sie nach einem Mittelteil mit musikalischen Abschweifungen oder Kontrasten zum Anfang zurückkehrt und den ersten Teil wiederholt. In späteren Jahrhunderten entwickelten sich mehrgliedrigere und komplexere Formen.

Was ebenfalls unmittelbar deutlich wird, ist ein signifikanter Unterschied zwischen Rezitativ und Arie im Hinblick auf die Art und Weise, wie sie mit Text umgehen. Beim Rezitativ werden viele Wörter in rascher Folge abgespult, und fast nichts wiederholt sich. Dagegen werden bei der Arie einzelne Textfragmente häufig wiederholt (manchmal auf fast zwanghafte Weise wie in unserem Beispiel aus *Don Giovanni*). Die Musik schmiegt sich, wie es sich gebührt, dem Text und seiner Botschaft an. Die lüsternen Fantasien des Don Giovanni erreichen unser Ohr in Gestalt einer unablässig treibenden Musik, einer Arie, die kaum eine Pause zum Atemholen lässt. Doch sehr bald, namentlich nach der ersten Exposition des musikalischen Materials, werden Textteile ad infinitum wiederholt, um dem Anspruch auf musikalische Kunstfertigkeit und Abrundung Genüge zu tun. Der Wortlaut des Textes schmilzt in dieser Arie (wie auch in vielen anderen) gleichsam dahin: Seine Bedeutung verschwindet teilweise oder sogar vollständig. Die Musik spricht uns jenseits des Textes an, dessen semantischer Gehalt sich ohnehin schon weitgehend aufgelöst hat.

Man könnte anhand der «Champagnerarie» des Don Giovanni noch vieles Weitere aufzeigen. So lässt sich mutmaßen, dass sie, wie fast alle Arien, nicht zuletzt gleichsam als «Laufsteg für die Stimme» des Sängers dienen soll, und tatsächlich reichern Sänger und Sängerinnen Arien oft mit improvisierten Verzierungen an: mit besonders hohen Tönen, Koloraturen, einem schallenden Lachen am Ende. Doch selbst in der gedruckten Partitur muten die speziellen Elemente von Arien – der Umbruch des Textes, die Wiederholungen, die hartnäckige Wiederkehr bestimmter Melodiefragmente – nach allen rhetorischen Maßstäben exzessiv an. Vielleicht ist das, was wir im ersten Akt des *Don Giovanni* hören, ein musikalisch-linguistisches Symbol für das Tanz-Tohuwabohu, das der Protagonist hervorrufen möchte. Vielleicht soll uns auch ein Gefühl dafür vermittelt werden, dass er ein in diesen Strudel der Bewegungslust *Hineingerissener* ist, statt, wie er glaubt, derjenige zu sein, der das Ganze steuert – das Gefühl, der Mann sei letzten Endes wehrlos gegen die Macht dieser bezwingenden musikalischen Rhythmen. Es gibt nur ganz wenige Sänger, die am Ende dieser Arie nicht atemlos und beinahe stammelnd klingen, als wären *sie* in diesem Augenblick Getriebene der Musik. Wenn wir den Rest der Geschichte kennen, wenn wir wissen, welches Los den Don Giovanni schließlich ereilt, so erkennen wir die Suggestivkraft der Musik, indem sie den Kontrollverlust des Protagonisten andeutet, als melodisches Menetekel des dem Protagonisten beschiedenen Endes.

Ausdruck und Langeweile

Arie und Rezitativ waren die Grundbausteine, aus denen die Oper über weite Strecken ihrer Geschichte zusammengesetzt wurde. Ab dem 17. Jahrhundert galt in Italien und anderswo, dass Rezitative Aktion bedeuteten und die Handlung voranbrachten; außerdem waren sie das Mittel der Wahl für Gespräche zwischen zwei oder mehr Figuren. Im Allgemeinen fand das Rezitativ als musikalische Ausdrucksform kaum Anerkennung. Ein Zeitgenosse Mozarts stellte sogar die Daseinsberechtigung des Rezitativs in Frage, «das nicht nur eintönig klingt und von Komponisten wie Sängern gleichermaßen stiefmütterlich behandelt wird, sondern dem auch niemand mehr zuhören möchte. Seine Abgeschmacktheit und Monotonie sind unerträglich.»[12] Als sich in Deutschland während des frühen 18. Jahrhunderts die deutschsprachige Oper in Form des Singspiels durchzusetzen begann, übernahmen gesprochene Dialoge darin die Funktion der Rezitative. Wenn wir jedoch über die Oper und ihre Musik reden, geht es um so viel mehr als nur um die Unterscheidung zwischen verschiedenen Formen des musikalischen Ausdrucks, zwischen Rezitativen und Arien (bzw. Ensembles). Wir kehren hier zu einem Aspekt der Oper zurück, der sich nicht so leicht fixieren lässt und doch zum Kernbereich des Erlebnisses Oper gehört: Was genau macht Musik mit uns, wenn sie zu einer Art Aura wird, die über der Handlung (oder jenseits von ihr) schwebt, jenseits der vom Libretto, von den Charakteren und von den Situationen in Bewegung gesetzten Emotionen? Wie kann es zugehen, dass Musik größte und letzte Dinge verkörpert, eine Atmosphäre etwa oder eine Weltanschauung? Wie schafft sie es, der besonderen fiktiven Welt dort auf der Bühne Leben einzuhauchen? Auf diese Fragen wird es fast so viele Antworten geben, wie es Opern gibt; und für die besten Opern wird jede Antwort auf diese Fragen reichhaltig ausfallen.

Ein Ansatzpunkt, der eine sehr bescheidene Antwort auf die elementarste Version der gestellten Fragen ermöglicht, ergibt sich im Bereich der musikalischen Semiotik (Zeichen-Lehre); wir verstehen darunter in die Musik eingebaute Codes, die im Kontext einer bestimmten Oper oder sogar einer bestimmten Kultur als symbolische Platzhalter für eine Idee fungieren und verstanden werden. Die Oper arbeitet mit kleinen Zeichen und vermittelt damit kleine Botschaften; wenn man diese zu entschlüsseln versteht, hilft einem das, per Analogieschluss auch den größeren Fragen näherzukommen. Einer der vertrautesten musikalischen Codes der westlichen Populärkultur stammt aus einer Oper: der Brautchor «Treulich geführt» aus dem dritten Akt von Wagners *Lohengrin* (1848), Millionen in der englischsprachigen Welt heute als «Here Comes the Bride» geläufig. In *Lohengrin* dient der Chor als Begleitmusik zur Hochzeit Lohengrins und Elsas. Im viktorianischen England machte dieser «Marsch» – feierlich, gemäßigt und optimistisch – eine steile Karriere als Taktgeber für die Prozession bei bürgerlichen Hochzeitsfeiern; der ekstatischere Hochzeitsmarsch aus Mendelssohns Bühnenmusik zu *Ein Sommernachtstraum* hat sich zur Standardhymne für den Ausmarsch der Hochzeitsgemeinde entwickelt. Die Tatsache, dass die Ehe zwischen Lohengrin und Elsa zu einer eher katastrophalen Liebesgeschichte gerät, wird dabei bequemerweise ignoriert.

Man könnte sagen, dass die besagte Melodie aus *Lohengrin* für uns eine Hochzeitsfeier symbolisiert. Stellen wir uns jetzt doch einmal vor, es passiere mit dieser Melodie etwas, das in Wagners Oper nicht passiert: Denken wir uns, die Melodie würde von Dur nach Moll transponiert, von feierlichen Trommelschlägen zerhackt und in eine dichte Begleitmusik aus chromatischen Läufen gepackt. Wir würden dann wohl die Aussichten für die zu diesem Marsch geschlossene Ehe pessimistischer beurteilen. Hier ist ein kompliziertes gesellschaftliches und musikalisches System am Werk. Die Melodie selbst ist ein Code, der auf einer sehr spezifischen Zuordnung beruht – die Musik steht für eine Hochzeit. Doch der Wechsel von Dur nach Moll – von einem Modus, der für Freude, Optimismus, Zufriedenheit und Sieg steht, zu einem, der Trübsal und Tragödie suggeriert – hat die Art und Weise, wie wir die Musik entschlüsseln, verändert und unvermittelt eine neue, verwickeltere Botschaft übermittelt. Wichtig ist in diesem Zusammenhang, dass diese Botschaft nur auf unsere Ohren wirkt; sie überlagert das, was in der Kirche oder auf der Bühne geschieht, was die Figuren auf der Bühne tun und sagen. Es ist ein Mechanismus, mit dem schon die Musiker arbeiteten, die Stummfilme im Kino begleiteten, sobald sie erkannt hatten, dass ein Kunstgriff, der zum grundlegenden Repertoire der Oper gehörte, sich hier anwenden ließ, um einem Kinopublikum musikalisch etwas mitzuteilen. Einem Bericht eines solchen Kinomusikers können wir entnehmen, dass «die Hochzeitsmärsche von Wagner und Mendelssohn zur Untermalung von Streitigkeiten zwischen Eheleuten und von Scheidungsszenen benutzt wurden; wir spielten sie nur mit schrägen Tönen, eine Bearbeitung, die in Fachkreisen ‹Ansäuern› genannt wurde.»[13]

Die Kombination aus Zuordnung und hörbarer musikalischer Entstellung, die uns in die Lage versetzt, das «Ansäuern» wahrzunehmen, ist eine Technik, die Komponisten in der Oper vielfach angewandt haben. Man könnte den Kunstgriff umkehren, zum Beispiel mit dem Eifersuchtsthema aus Verdis *Otello* (1887), einer verschlungenen Melodiephrase in Moll, die zunächst (im zweiten Akt) von Jago gesungen wird, mit einem Text über das «schreckliche Ungeheuer». Die Melodie kehrt danach mehrere Male instrumental wieder, immer düster klingend und immer vom Schatten ihres ursprünglichen Textgefährten verfolgt. Auch dieses Thema könnte man musikalisch auf diese oder jene Art umfrisieren (was Verdi nie tat), indem man es harmonisch zu so etwas wie einer zuckersüßen Kadenz verfremden würde. Die neue Botschaft könnte dann lauten, das Eifersuchtsproblem sei gelöst. Es wäre eine Botschaft, die ganz ohne Worte funktionieren würde.

Um mit einem musikalischen Code eine Aura zu erzeugen, muss man nicht unbedingt so spezifisch vorgehen oder sich auf entschlüsselbare Assoziationen zwischen einem musikalischen Thema und einer Situation oder Idee stützen. In einem berühmten Terzett aus dem ersten Akt von Mozarts *Così fan tutte* (1790) verabschieden sich die Schwestern Fiordiligi und Dorabella (beide Sopran) zusammen mit einem sardonischen Philosophen namens Don Alfonso (Bass) traurig von ihren Verlobten, die sich gerade auf eine Seereise begeben haben. (Die beiden jungen Männer werden allerdings bald in Verkleidung zurückkehren und versuchen, die Braut des jeweils anderen zu verführen; sie tun das aufgrund einer heimlich mit Don Alfonso, der nicht an die weibliche Tugend glaubt, geschlossenen Wette. Aber damit sind wir zu weit vorgeprescht.) Der Text des Terzetts ist außergewöhnlich kurz und von entwaffnender Einfachheit:

> Soave sia il vento,
> Tranquilla sia l'onda,
> Ed ogni elemento
> Benigno risponda
> Ai nostri desir.
>
> (Sanft sei der Wind / ruhig sei die Welle / und möge jedes Element / auf unsere Sehnsüchte / wohlgesinnt antworten.)

Beim ersten musikalischen Durchgang durch diese Zeilen erzeugen die Tremolos der Streicher (die von den Zuhörern des 18. Jahrhunderts ganz selbstverständlich als Wellen gedeutet worden wären), die ruhige Harmonik und die innig verschlungene Dreistimmigkeit des Gesangs die Vorstellung von einem musikalischen Garten Eden vor dem Sündenfall. Im zweiten Durchgang wird der Text wiederholt, und Mozart kreiert an der Stelle, wo das Wort «desir» gesungen wird, einen besonderen Effekt: einen unerwarteten Akkord, ein plötzliches, subtiles Lauterwerden und ein ungewöhnliches Arrangement der Holzbläser, die hervortreten, als wollten sie auf sich aufmerksam machen; und genau in diesem Moment kehren die Streicher-Tremolos, die ganz aus der Instrumentalbegleitung verschwunden waren, zurück. Es ist wie ein dicker schwarzer musikalischer Strich unter das Wort «desir», wie um es zu verfremden und anzudeuten (was sich dann auch bestätigt), dass in denen, die da singen, ein Verlangen spukt, das weder «ruhig» noch gesellschaftlich akzeptabel ist.

Akzentuierungen dieser Art sind in der Oper an der Tagesordnung, aber sie sind nicht das einzige und nicht einmal das wichtigste Mittel, mit dem Komponisten musikalische Codes setzen: Wir werden in der Folge noch viele weitere beschreiben. Musik kann zum Beispiel auch als eine den Text überlagernde Meta-Ebene fungieren und durch ihre spezielle Textur und Kontur Wortbedeutungen illustrieren. Diese Technik, gemeinhin als «Tonmalerei» bezeichnet, war über weite Strecken des 18. Jahrhunderts ein in Theorie und Praxis anerkanntes Ausdrucksmittel. Es gab aber auch Zeiten, in denen die Kritik an dieser Praxis überwog. Rossini gehörte zu denen, die die Überzeugung vertraten, Opernmusik müsse Vollkommenheit anstreben und gleichsam auf eigenen Füßen stehen, anstatt als Sprachrohr und Interpretationshilfe für einzelne Worte oder poetische Wendungen zu dienen. Der weiter oben erwähnte Austausch von Texten zwischen *Mosè* und *Moïse* illustriert diesen Streitpunkt ganz gut. In mehr als einer Beziehung können wir den kunstvollen, an Verzierungen reichen Gesang, der in den Opern Rossinis vorherrscht, als radikal frei von jeder symbolischen Bedeutung bezeichnen: Er bringt nichts zum Ausdruck, das man in Worte fassen könnte; er verrät uns nicht viel über die Figur oder ihre Gemütsverfassung; sein einziger Daseinszweck besteht darin, schön zu sein.

Wenn wir eine französische *grand opéra* aus dem 19. Jahrhundert oder irgendeine Oper aus dem frühen 18. Jahrhundert besuchen, können wir in eiden Fällen damit rechnen, dass die Aufführung sehr lange dauert und dass Langeweile aufkommen könnte. Phasen der Langeweile sind nicht einmal bei herausragenden Aufführungen kanonischer Werke ausgeschlossen. Von Rossini stammt ein schöner Spruch über Wagner: Er sei ein Komponist, der «schöne Momente, aber schreckliche Viertelstunden» habe.[14] Eine Oper kann sich über viele Stunden hinziehen, und es gibt kaum eine, nicht einmal unter den allerbesten, die nicht ihre langatmigen Momente hätte. In der heutigen Zeit ist es wegen der Art und Weise, wie Opern aufgeführt werden, noch viel leichter als früher, in Langeweile zu versinken: Wir sind gezwungen, in einem dunklen Raum zu sitzen, ohne Interaktion mit unseren Freunden und Platznachbarn; wir dürfen den Saal nicht verlassen, während die Vorstellung läuft (und wenn wir es doch tun, lässt man uns nicht wieder hinein); eine gebannte und vor allem stille Aufmerksamkeit wird von uns erwartet, aus Rücksicht auf die Darsteller und die anderen Zuschauer – und seltsamerweise auch aus Rücksicht auf die Komponisten, die in den allermeisten Fällen doch längst tot sind. In der Geschichte der Oper war das über weite Strecken und in den meisten Ländern völlig anders.

Wir haben zu glauben gelernt, dass wir dieses Modell der völligen Versunkenheit Richard Wagner zu verdanken haben, seinem künstlerischen Anspruchsdenken und seinen Innovationen in der Produktion und Präsentation von Opern. (In seiner Hochburg Bayreuth werden bis heute die Saaltüren abgeschlossen, sobald die Lichter ausgehen.) Die Beleuchtung ist ein guter Indikator. Im 18. Jahrhundert, als nur Kerzenlicht zur Verfügung stand, war es in den Theatern schummrig; das galt allerdings sowohl für den Zuschauerraum als auch für die Bühne. Ab der Mitte des 19. Jahrhunderts ermöglichte Gaslicht eine sehr viel hellere Ausleuchtung der Bühne, aber man verwendete es auch als Lichtquelle für den Saal mit der Folge, dass die Zuschauer einander ebenso gut sehen konnten wie das, was auf der Bühne vor sich ging. Wagner war der erste Opernimpresario, der die vollständige Abdunkelung des Auditoriums forderte; in seinen Schriften zur Aufführungspraxis betonte er immer wieder, wie wichtig es sei, die Zuschauer völlig in die fiktive Welt auf der Bühne hineinzusaugen, so dass sie jede Tuchfühlung zur Realität verlören. Die Einführung des elektrischen Lichts in den letzten Jahrzehnten des 19. Jahrhunderts machte es technisch möglich, diese Forderung Wagners zu erfüllen. Bis dahin war der Opernbesuch zuallererst eine gesellschaftliche und gesellige Aktivität gewesen; die Zuschauer hatten nicht nur miteinander interagiert, sondern auch mit den Darstellern und mit dem Bühnengeschehen, und sie hatten das zuweilen auch auf rüpelhafte Weise getan. Eine weitere von Wagner vorangetriebene Neuerung, die mithalf, das Ziel der totalen Konzentration zu erreichen, war die Verlegung des Orchesters (oder zumindest vieler der lauteren Instrumente) in einen teilweise von der Bühne überdeckten Graben, der den Blicken des Publikums entzogen war. Andere Komponisten begrüßten die Wagner'schen Innovationen begeistert. Verdi unterbreitete Anfang der 1870er Jahre in einem Brief an seinen Verleger Giulio Ricordi Vorschläge im Hinblick auf die Aufführung seiner neuen Oper *Aida* (1871):

> Unter diesen [Innovationen] ist die eine, die Proszeniumlogen zu entfernen und den Vorhang an die Rampe zu rücken, die andere: das *Orchester unsichtbar* zu machen. Diese Idee ist allerdings nicht meine, sondern stammt von Wagner: Sie ist bestens. – Es scheint undenkbar, dass man heutzutage duldet, unseren armseligen *Frack* und die weißen Fliegen zu sehen, zusammen zum Beispiel mit einem ägyptischen, assyrischen oder druidischen Kostüm etc. etc. und ferner das große Orchester, das *Teil der Scheinwelt* ist, quasi mitten im Parkett zwischen den Auspfeifern und Applaudierenden.[15]

Die von Verdi vorgebrachten Argumente wiesen eine bemerkenswerte Ähnlichkeit mit denen Wagners auf, und Verdi war der Erste, der dies anerkannte. Vor allem galt es, die besondere Qualität der «künstlichen Welt» die die Oper schuf, aufrechtzuerhalten. Ab Mitte des 19. Jahrhunderts wurde ein konzentriertes, schweigsames Versinken der Zuschauer in diese Welt zunehmend zur Norm, wobei insbesondere das italienische Publikum diesem Ansinnen oft und noch lange Widerstand leistete. Heute erwarten wir von allen Opern, dass sie unsere konzentrierte, unablässige Aufmerksamkeit fesseln; dabei wurden die meisten Opern nicht dafür geschaffen, diesen ehrgeizigen Anspruch zu erfüllen. Im 18. Jahrhundert machte sich kaum jemand Gedanken darüber, ob es in dieser oder jener Oper zu viele Arien oder uninteressante Passagen gab. In diesem künstlerisch großzügigeren, kulturell souveräneren Zeitalter gestand man dem Publikum zu, Dinge, die es langweilten, zu ignorieren und sich vorübergehend mit anderem zu beschäftigen. Wir sind in dieser Hinsicht in der glücklichen Lage, dass die elektronische Aufnahme- und Wiedergabetechnik uns heute die Möglichkeit eröffnet, Opern wieder in einem nicht-exklusiven Ambiente zu erleben, das uns, obwohl es im technologischen Jetzt angesiedelt ist, die Freiheiten wiedergibt, die das Opernpublikum in der Vergangenheit einmal genossen hat. Bei einer auf DVD oder CD gebannten Oper können wir mit der Skip-Taste zur nächsten Szene springen oder im Vorhinein eine bestimmte Szenenfolge programmieren; wir können aufstehen, hinausgehen und wiederkommen, wie es uns beliebt, können in das Erlebnis eintauchen und dabei die Raumbeleuchtung ausschalten oder anlassen.

Das Thema «Oper und Langeweile» begegnet uns auch im Rahmen einer übergreifenden operngeschichtlichen Rätselfrage: Weshalb wurde das Komponieren von Opern, das so lange eine Sache des Hier und Jetzt war, spätestens etwa um die Zeit des Zweiten Weltkrieges zu einem Tribut an die Vergangenheit? Bis ungefähr 1800 wurden die meisten Opern für die bevorstehende Spielzeit in einem bestimmten Theater komponiert. (Nur bei der französischen *tragédie lyrique* gab es so etwas wie ein im Aufbau begriffenes Repertoire.) Die eine oder andere Oper wurde vielleicht im folgenden oder übernächsten Jahr in anderen Städten noch einmal aufgeführt, und manche blieben auch noch etwas länger auf dem Spielplan oder erlebten eine Wiedergeburt, aber im Allgemeinen bestand die Erwartung, dass sie von den neuen Werken des nächsten Jahrgangs verdrängt würden. Um die Mitte des 19. Jahrhunderts begann sich dies zu ändern: Einhergehend mit der zunehmenden Wertschätzung für die Oper als Kunstwerk, setzte sich die Idee durch, bedeutende Opern für die Nachwelt zu erhalten, und so bildete sich ein Repertoire aus Klassikern, das sich mit der Zeit verfestigte. Ab 1850 war es einigermaßen normal, dass Opern, die etwa aus dem vorausgegangenen Jahrzehnt stammten, gleichrangig neben Wiederaufnahmen jüngerer Werke und Erstaufführungen neuer Auftragsopern präsentiert wurden.

Bei dieser Praxis blieb es bis ins frühe 20. Jahrhundert, nur dass der Proporz zwischen alten und neuen Werken sich unaufhaltsam zugunsten der ersteren verschob; von einem gewissen Zeitpunkt an – den man allerdings nicht genau bestimmen kann, weil unterschiedliche nationale Opernkulturen ihre jeweils eigene Entwicklung nahmen – erschöpfte sich das Opern-Repertoire fast ganz in der Wiederaufführung und Neuinszenierung der als klassisch anerkannten Werke. In Reaktion auf diesen Wandel stellten und stellen sich Anzeichen einer Langeweile anderer Art ein: das Gefühl, dass der Kanon der anerkannten Meisterwerke endlich und allzu vertraut ist, dass aber zugleich neue Impulse eher von der Wiederbelebung des Alten zu erwarten sind als von der Gegenwart. Frühe Anzeichen für diesen Prozess zeigten sich schon vor über 100 Jahren – und fast gleichzeitig in mehreren Ländern: die aufwändige Wiederbelebung von Monteverdis *Orfeo* durch Paul Dukas 1893 oder die Vervollständigung von Carl Maria von Webers unvollendeter Oper *Die drei Pintos* durch Gustav Mahler 1888. Die sogenannte Verdi-Renaissance im Deutschland der 1920er Jahre, die Wiederentdeckung der Mozart-Opern in den 1930ern, das Belcanto-Revival der 1950er Jahre, das Rossini-Revival der 1970er und 1980er Jahre und die Händel-Renaissance der vergangenen zwei Jahrzehnte sind allesamt jüngere Äußerungsformen einer auf die Oper fokussierten musealen Leidenschaft.

Dabei ist eine interessante Konvergenz zu beobachten: Während die Aufträge für das Komponieren neuer Opern in dem Jahrzehnt bis zum Zweiten Weltkrieg zu einem Rinnsal zusammenschmolzen, entwickelte sich die Neuinszenierung von Opern-Klassikern zu einer ganz eigenen Kunst. In früheren Zeiten galt die Inszenierung zwar auch als wichtiger Bestandteil des Erlebnisses Oper, aber man ließ sie zusammen mit dem aufgeführten Werk alt werden. Das hat sich gründlich geändert: Eine Operninszenierung ist heute ein interpretatives Extra-Angebot an die Kunstöffentlichkeit, eine neue «Lesart» einer vertrauten Vorlage; im Zusammenhang damit stellten und stellen sich neue Fragen zur Rolle des Regisseurs, auf dessen Schultern jetzt offenbar die Hauptlast der Aufgabe ruht, Werke in neuem Licht zu präsentieren, die eigentlich keinerlei Neuigkeitswert haben. Ein klassischer Fall war die Tätigkeit Wieland Wagners im Bayreuth der Nachkriegszeit. Der Enkel Richard Wagners stellte sich der Aufgabe, sowohl die Bayreuther Festspiele als auch die Opern seines Großvaters aus dem inszenatorischen Korsett ihrer Vergangenheit zu befreien und insbesondere die sogenannten realistischen Interpretationen zu überwinden, die trotz einiger Modernisierungen in den 1930er Jahren seit der Zeit Wagners im Wesentlichen unverändert geblieben waren (und in sehr enger assoziativer Verbindung zum Naziregime standen). Wieland Wagner schaffte es mit seinem verblüffenden visuellen Minimalismus, die Werke neu erscheinen zu lassen; diese Art von Zauberkunststücken ist seither in Bayreuth immer wieder, mit gutem wie schlechtem Erfolg, praktiziert worden. Regisseure übernahmen die Verantwortung dafür, Opernklassiker frisch oder modern erscheinen zu lassen oder, wie man auch sagen könnte, die Langeweile zu bekämpfen. Bühnenbild, Bühnentechnik und Inszenierung wurden zu immer dominanteren und sichtbareren Bestandteilen des Erlebnisses Oper. Das wirft wiederum Fragen zur Rolle der Darsteller beim und für das Erlebnis Oper auf – Fragen auch nach den Grenzen (oder unbegrenzten Möglichkeiten) der Opernproduktion im 21. Jahrhundert.

Stellen Sie sich vor, Sie gehörten zu den Glücklichen, die drei Neuinszenierungen von Verdis *Un ballo in maschera* (1859) in London, Mailand und New York beiwohnen können. Die Darbietungen sind, wie zu erwarten, ganz unterschiedlich – jeweils andere Sänger, ein anderer Dirigent, ein anderes Orchester, ein anderes Team für die Bühnentechnik –, aber Sie erwarten und erhoffen nicht nur Unterschiede, sondern auch Übereinstimmungen. Sie bauen darauf, dass die Sänger bei allen individuellen Eigenheiten mehr oder weniger identische Partien singen. Gewiss mag sich hier oder da eine interpolierte Phrase finden, die einem Sänger oder einer Sängerin erlaubt, seine oder ihre «goldenen Töne» zum Besten zu geben, und es könnte auch die eine oder andere diskrete Transponierung stattfinden (was öfter vorkommt, als man denkt), um einem Sänger, dessen Stimme dem Alter oder der nervlichen Anspannung Tribut zollen muss, das Leben leichter zu machen. Das sind jedoch Kleinigkeiten. Sie werden sich des Weiteren auf ein im Wesentlichen identisches Libretto freuen, wenngleich auch hier eine größere Variationsbreite denkbar ist, als Sie es sich bei einem Klassiker vermutlich vorstellen. Bei einer der Inszenierungen mag der Regisseur sich entschlossen haben, einen ursprünglich schwedischen Schauplatz durch einen anderen zu ersetzen, was mit dem Austausch eines Orts- oder Personennamens einhergehen könnte; und dann gibt es diese berüchtigte Zeile in der ersten Szene, in der der Richter über Ulrica sagt, in ihren Adern fließe «immondo sangue de' negri», «schmutziges Negerblut»; sie wird häufig wegzensiert. Im Großen und Ganzen verlassen Sie sich jedoch darauf, dass der Dirigent und die Orchestermusiker überall weitgehend identische Notenblätter vor sich haben, wobei auch hier gilt, dass Dirigenten gewohnheitsmäßig Änderungen im Detail vornehmen, etwa um den Orchesterklang der Akustik des Hauses anzupassen.

Doch was können wir von der *Inszenierung* des Stücks an diesen drei Spielorten erwarten? Sollten Sie in dieser Hinsicht überhaupt mit Gemeinsamkeiten rechnen, so werden sich Ihre Erwartungen, wenn Sie ein erfahrener Opern-Globetrotter sind, in einem ganz bescheidenen Rahmen bewegen, und Sie tun gut daran. In London gibt es kein nennenswertes Bühnenbild außer einer nackten Glühbirne (die unaufhörlich schaukelt), einem schiefen Puppensessel und einem ebenso schiefen Hängebett, das auf halber Höhe vor einer nackten Wand schwebt und auf dem eine Sopranistin in prekärer Position lungert und ihre Eröffnungsarie singt. In Mailand haben die Bühnenbildner hingegen keine Kosten und Mühen gescheut, um das Stockholm des 18. Jahrhunderts wieder aufleben zu lassen: Lebende Pferde ziehen echte Kutschen, stattliche Schiffe ziehen im strahlend ausgeleuchteten Hintergrund vorbei; ein paneuropäisches Summen ertönt von überall her. In New York hat man sich für das, was hartgesottene Opernfans ein «traditionelles» Bühnenbild nennen, entschieden, was in diesem Fall bedeutet, dass die Produktion denen ähnelt, die gezeigt wurden, als die Finanziers der jetzigen Produktion jung genug waren, um das, was damals neu war, zu schätzen: eine Art Pastiche des mittleren 20. Jahrhunderts oder – genauer – ein in Aspik konserviertes mittleres 20. Jahrhundert.

Stellen Sie sich jetzt eine andere Welt vor, eine, in der – dank eines eigentlich undenkbaren Knicks in unserer Zivilisation – die Inszenierung von Opern ebenso festgeschrieben wäre wie die Partitur und das Libretto. Ebenso wie es ein Libretto und eine Partitur gibt, gäbe es nun auch ein «Buch», das uns vorschriebe, wie *Un ballo in maschera* inszeniert werden muss: wie das Bühnenbild und die Kostüme beschaffen sein sollen, wer in welcher Szene wo steht, welche Gebärden die Darsteller machen dürfen. Wie bei der Musik, wären auch beim Rollenspiel kleine Variationen oder Modifizierungen erlaubt, die dem Publikum gefallen oder missfallen könnten. Wie ausdrucksvoll und gewagt! Riccardo trug eine lilafarbene Bundhose anstelle einer roten! Ich bin zwar nicht sicher, was genau das *bedeuten sollte*, aber irgendwie passte es wunderbar zu dieser abgewetzten Tür in der rückwärtigen Kulissenwand des ersten Aktes. Am Ende seiner

Arie im dritten Akt hob Renato *beide* Hände, wenn er sich dem Bild Riccardos zuwendet. Das geht einfach zu weit! Der wirkt ja wie einer, der ein Flugzeug einparkt! Im Buch steht doch unmissverständlich, dass seine andere Hand auf seinem Schwert ruhen sollte, und dafür gibt es auch einen sehr guten Grund. Diese modernen Regisseure! Spitzt meinen Federkiel an, ich muss einen Brief an die Zeitschrift *Opera* schreiben!

Diese Welt, in der die «Praxis der identischen Inszenierung» die Norm wäre, ist natürlich ein Fantasieprodukt – so etwas wie ein auf die Oper übertragener *Groundhog Day*, an dem dasselbe Geschehen wieder und wieder vor unseren Augen abläuft –, eher ein wiederholt abgespulter Film als live gespieltes Theater. Aber wir haben uns diese Welt ausgedacht, weil diese Fiktion vielleicht die endlose Debatte über eine «zeitgenössische» Inszenierung von Opern um eine neue Perspektive zu erweitern vermag, eine Debatte, in der es insbesondere auch darum geht, ob man Regisseuren Zuspruch oder Zunder geben sollte, wenn sie dem Publikum eine radikal moderne – und oft auch radikal widersprüchliche – Lesart eines Opern-Klassikers auftischen. Der Punkt ist der: Die *Existenz* einer extravaganten Optik war immer ein entscheidender Pluspunkt für die Oper, und oft hatte und hat es den Anschein, als sei die visuelle Opulenz wichtiger als die Texte oder sogar die Musik; dabei hat sich doch die Essenz dieser Prachtentfaltung bei jedem einzelnen Werk stets im Gleichschritt mit der Verfügbarkeit neuer Techniken gewandelt.

Um auf den Anfang zurückzukommen: Die Oper ist eine Spielart des Theaters, bei der die meisten (oder alle) Darsteller die meiste (oder die ganze) Zeit singen. Dieser kontinuierliche Gesang ist ein Ausnahmezustand, und wir sollten uns ständig dessen bewusst sein, dass die Oper ein seltsames Ding mit ganz besonderen Qualitäten ist. Eines der Mittel, die Autoren am häufigsten angewandt haben und anwenden, um mit der Oper zurande zu kommen, ist der Versuch, sie zu domestizieren, über sie auf eine Art zu schreiben, die es leichter macht, sie mit anderen Kunstformen zu vergleichen, und die sie weniger seltsam erscheinen lässt. Dieser Ansatz kann funktionieren, und wir praktizieren in den folgenden Kapiteln gelegentlich etwas Ähnliches. Doch immer wird uns die Frage im Nacken sitzen, wie eine Kunstform, der wir nach den meisten normalen Maßstäben einen Hauch von Lächerlichkeit attestieren müssen, solch inbrünstige Gefühle wachrufen kann. Wir müssen diese Frage – und diese Gefühle – auf unserer Reise durch die vierhundertjährige Geschichte der Oper stets im Blick behalten.

II.
Das erste Jahrhundert der Oper

Können wir das Wesen der Oper auf eine knappe Formel bringen, basierend auf der Vermutung, dass sie bestimmte überdauernde, unverrückbare Qualitäten aufweist, die ihr in jeder Phase ihrer Entwicklung eigen waren? Diese Frage richtet sich sowohl an die Geschichte der Oper als auch an uns selbst – an unser heutiges Verständnis dessen, was die Oper ist. Zwar zeichnete sich die Oper zu allen Zeiten durch jene Exaltiertheit und Ausblendung kritischer Logik aus, die wir im Einleitungskapitel aufgezeigt haben, doch finden sich in ihrer Geschichte durchaus Abschnitte, in denen sie uns noch fremdartiger und künstlicher vorkommt als sonst – und deshalb unzugänglicher. Eine «Gezeitenwende» zwischen der fernen und der zugänglichen Vergangenheit markiert – so hatte es jedenfalls bis vor kurzem den Anschein – Wolfgang Amadeus Mozart (1756–1791), insbesondere mit seinen Singspielen, beginnend mit *Die Entführung aus dem Serail* von 1782. In Büchern aus dem letzten Jahrhundert über die Geschichte der Oper bildet Mozart den Fixpunkt, um den sich die Erzählstränge winden. Zunächst war er ganz einfach ein unantastbares Genie, der Erste, der Opern komponierte, deren hohe Qualität auf Anhieb zu erkennen war, so dass sie schon kurze Zeit nach ihrer Entstehung in Österreich und Deutschland kanonisiert wurden. Es war zwar nicht zu leugnen, dass das 19. Jahrhundert auch magere Zeiten für Mozart-Opern gesehen hatte, namentlich dort, wo die sozusagen echte italienische Oper die Maßstäbe setzte. Doch dann begann gegen Ende des Jahrhunderts die Wiederentdeckung seiner reiferen Werke, und seither hat es nie wieder Zweifel an Mozart gegeben. In der jüngeren Vergangenheit erschloss die Forschung zum Operngeschehen vor und während der Lebenszeit Mozarts einen reicheren musikalischen und kulturellen Kontext für sein Werk, was aber nichts an dem einhelligen Urteil über die Ausnahmestellung seiner Opern änderte. Eher im Gegenteil: Je besser man sie in ein umfassendes geschichtliches Bild einbetten konnte, desto mehr erwiesen sie sich als ungewöhnliche Unikate. Nachrangige Werke aus derselben Zeit, die die Musikhistoriker zu Tage förderten, gehörten der Geschichte. Die Opern Mozarts gehörten uns.

Die Geburtsstunde der Oper

Weitere zwei Jahrhunderte zurückzugehen und über die Anfänge der Oper zu sprechen, heißt zwangsläufig, dass wir unsere Vorurteile auffrischen müssen: über das, was wir als Geschöpfe Mozarts, Verdis und Wagners kennen und was wir über die anderen Repertoirestücke und ästhetischen Bezugspunkte wissen, die jedem modernen Verständnis der Operngeschichte zugrunde liegen. Das empfiehlt sich deswegen, weil sich in die Darstellungen, die die Entstehungsgeschichte der Oper nachzeichnen, diverse Vorannahmen und Vorurteile eingeschlichen haben, die an die Voreingenommenheiten erinnern, welche sich bei den Autoren finden, für die die Opern Mozarts das Maß aller Dinge sind.

Es war einst üblich, die Operngeschichte als eine Art Pantechnicon zu betrachten, das sich im Verlauf eines majestätischen Siegeszugs durch berühmte italienische Städte entwickelt hat und auf diesem Weg zu dem geworden ist, was nach unserer heutigen Auffassung das Nonplusultra der dramatischen Oper ist.[1] Angefangen habe alles, so lehrte man uns, in Florenz, einem Treibhaus renaissancegeschwängerter Energie und Kreativität, in dem um 1600 unterschiedliche Gruppen von Gelehrten und Musikern sich zusammentaten, um sich in ihren Salons oder «Akademien» Gedanken über eine Wiederbelebung des altgriechischen Musikdramas zu machen. Schon in den 1780er Jahren war die Auffassung, die Oper sei in Florenz in bewusster Anknüpfung an die Zwecke und Wirkungen des griechischen Dramas geboren worden, in Europa weit verbreitet; exemplarisch dafür ist Thomas Iriartes 1783 erschienene Geschichte der Musik in Versform, *La Musica*, die die Erfindung der Oper ins antike Griechenland verlegt und ihre moderne Wiedergeburt ins Jahr 1600 datiert.[2] 1927 legte Waldo Selden Pratt in seiner *History of Music* eine für amerikanische Schulkinder bestimmte Variante dieser Saga vor:

> Um 1575 setzte in Florenz eine Bewegung ein, die bedeutsame Folgen hatte. Ein wohlhabender und kultivierter Adliger … versammelte um sich eine Gruppe literarischer und künstlerischer *dilettanti*, die alle nach einer Möglichkeit suchten, intensivere Formen des dramatischen Ausdrucks zu kreieren, als man sie bis dahin kannte. Ihr Bestreben war es, das griechische Drama in seiner ganzen Fülle wiederzubeleben … Der monodische Stil wurde in musikalischen Aufführungen mit Handlungen und Figuren kombiniert.[3]

Richard Wagner beschrieb 1851 in *Oper und Drama* just dieses italienische Wunder an der Wende zum 17. Jahrhundert, durchmaß dieses Jahrhundert aber mit geradezu verächtlichem Tempo (und der für ihn typischen Schaumschlägerei) auf seinem Weg zu Gluck und Mozart:

> Mit Arie, Tanzweise und Rezitativ [war] der ganze Apparat des musikalischen Dramas – und zwar bis auf die neueste Oper dem Wesen nach unverändert – festgestellt […]. Die dramatischen Pläne, die diesem Apparate untergelegt wurden, gewannen ebenfalls bald stereotypen Bestand; meistens der gänzlich missverstandenen griechischen Mythologie und Heroenwelt entnommen, bildeten sie ein theatralisches Gerüst, dem alle Fähigkeit, Wärme und Teilnahme zu erwecken, vollständig abging, das dagegen die Eigenschaft besaß, sich zur Benutzung von jedem Komponisten nach Belieben herzugeben.[4]

Nicht alle Deutschen äußerten sich so abschätzig. Gottfried Wilhelm Fink, der 1839 unter dem Titel *Wesen und Geschichte der Oper* eines der ersten einschlägigen Werke des 19. Jahrhunderts veröffentlichte, schlug italienfreundlichere Töne an:

> In Florenz … bildete sich eine Gesellschaft, die regelmäßige Zusammenkünfte … hielt; und da die Vorliebe zum Griechentum vorzüglich in Florenz am eifrigsten seit langer Zeit sich hervorgetan hatte, so kam auch dieser gelehrte Liebhaberverein bald auf das herrschende Kapitel, das Wesen der griechischen Trauerspiele zum Hauptgegenstande ihrer Unterhaltungen zu machen. … Wie viele Erste gibt es in Italien und wie viele Erfinder![5]

Wie Fink mit einem dicken Ausrufezeichen konstatierte, war die Geschichte der Oper schon im frühen 19. Jahrhundert mehr oder weniger festgeschrieben: Dass die Oper in Florenz oder Umgebung erfunden worden sei, dass die ersten Opern etwa zwischen 1598 und 1600 entstanden seien und dass sublime Vorstellungen vom Theater der antiken Griechen eine wichtige Rolle dabei gespielt hätten. Dieser Lesart zufolge war der Lebensrhythmus der Oper in ihrem ersten Jahrhundert durch kurze

Gastspiele und längere Aufenthalte in diversen pittoresken italienischen Spielstätten bestimmt; auf diese Weise habe die Oper sich allmählich über die ganze Halbinsel verbreitet und in der Folge auch darüber hinaus: Aus Italien zunächst – nicht lange nach der Jahrhundertmitte – nach Frankreich und England und dann auch an zahlreiche Fürstenhöfe in Mitteleuropa exportiert, habe die Oper alsbald eine bunte Vielfalt lokaler und nationaler Erscheinungsformen auszutreiben begonnen, wobei Einflüsse aufgrund neuer politischer und wirtschaftlicher Konstellationen und gewachsener Theatertraditionen in den verschiedenartigen Sprach- und Kulturräumen die Triebkraft für die Mutationen lieferten.

So spielte sich also der anerkannten Geschichtsschreibung zufolge die Geburt der Oper und die Startphase ihres 400-jährigen Aufstieges ab. Erst gegen Ende des 20. Jahrhunderts wurden signifikante Korrekturen an diesem Bild vorgenommen. Dank wissenschaftlicher Forschung entstand ein detailreicheres Tableau, gleichsam so etwas wie eine historische Anthropologie der Oper. Am stärksten wirkte sich dies auf die Darstellung ihrer ersten Lebensjahrzehnte aus. Zwar ging die Oper auch in dieser revidierten Sichtweise aus einer bedeutsamen Zeitenwende hervor, die sich um das Jahr 1600 in Italien vollzog, doch sind viele Details geeignet, uns zu verblüffen: zum Beispiel die Tatsache, dass der Terminus «Oper» bis ins 19. Jahrhundert hinein keineswegs durchgängig verwendet wurde. Eine imposante Liste von Genrebezeichnungen, die in diversen Geschichtsepochen und an verschiedenen Stätten nationaler Kulturpflege auf Librettoheften oder Partituren auftauchen, lässt sich rekonstruieren; und diese terminologischen Varianten reflektieren wichtige, den Kern und das Wesen der Werke berührende Abwandlungen. Eine jüngst erschienene Geschichte der Oper im Venedig des 17. Jahrhunderts führt um die 15 Bezeichnungen auf, die in den ersten Jahrzehnten dieses Jahrhunderts in Gebrauch waren; in nur wenigen von ihnen ist das Wort «opera» enthalten, und nur einige verweisen darauf, dass es sich um Musikwerke handelt. Die Palette reicht von *attione in musica*, *festa teatrale*, *dramma musicale* oder *favola regia* bis zu *tragedia musicale* und *opera scenica* – die schiere Vielfalt der Bezeichnungen kündet von einem sich gerade erst herausbildenden Genre.[6]

In dieser zweiten, moderneren Version der Geschichte der Oper sind die Vorläufer und die das Aufkommen der Oper unterfütternden Theorien über das ganze Italien des 16. Jahrhunderts verstreut. Dieser vertieften Erkenntnis zufolge entwickelte sich die Oper allmählich aus den besagten Vorläufern, in erster Linie aus der Tradition des Pastoraldramas – antikisierender Hirtengeschichten – mit Musik, für das beispielhaft die Werke des Dichters Angelo Poliziano (1454–1494) aus dem späten 15. Jahrhundert stehen, dessen Stück *Orfeo* (Orpheus, 1480)* zu Musik arrangiert war (die inzwischen abhandengekommen ist). Die vielgerühmten Akademien der Gelehrten und Musiker, die in Florenz und anderswo das griechische Theater wieder zum Leben zu erwecken versuchten, spielten auch in dem revidierten Bild noch eine wichtige Rolle, doch verkörperten sie nur noch eine Entwicklungslinie unter mehreren, als Teil einer großen, jahrhundertealten Kaskade von Experimenten mit dem hehren Ziel, Theater, Tanz, Gesang und instrumentale Musik miteinander zu verbinden. Man könnte sogar den Spieß umdrehen und die Frage stellen, ob es vor 1600 weltweit viele Bühnenproduktionen gab, in denen Musik *keine* tragende Rolle spielte. In der Tat existierten vor 1600 innerhalb der höfischen Tradition im westlichen Europa zahlreiche Spielarten des Musiktheaters: mittelalterliche liturgische Stücke (mit Gesang und Sprechgesang); Hirtendramen in der Manier der Renaissance mit eingestreuten Musikstücken und Liedern; und unmittelbar vor der Wende zum 17. Jahrhundert sogenannte Intermedien (Sprechtheater mit zwischen den einzelnen Akten aufgeführten Instrumentalstücken und Liedern). Die Oper schaute sich von ihnen allen etwas ab.

In den Jahren um 1600 bestachen die großartigsten dieser musikdramatischen Experimente durch neue Maßstäbe der Extravaganz. Als die Familie Medici 1589 in Florenz ein großes dynastisches Hochzeitsfest zelebrierte, dauerten die Feierlichkeiten drei Wochen und erreichten ihren Höhepunkt mit einer Serie von Intermedien, die in einer Komödie mit dem Titel *La Pellegrina* gipfelte. Diese Intermedien umfassten Tänze, Sologesang und auch musikalisch komplexe Madrigale; aufgeführt wurden sie vor kunstvoll gestalteten Bühnenkulissen, die visuelle Verbindungen herstellten zwischen den Wohnstätten der Götter, den anderen die Bühne bevölkernden mythischen Figuren und dem höfischen Publikum im Zuschauerraum. Es ist sicher nicht ohne Bedeutung, dass die Musik oft das Thema dieser Stücke war. Das primäre Ziel bestand darin, die Zuhörer in Erstaunen und vor allem auch in Ehrfurcht vor der wuchtigen Wirkung

* Opern werden grundsätzlich mit ihrem Originaltitel zitiert; der eingeführte deutsche Titel, sofern vorhanden und nicht mit dem Originaltitel identisch, und das Erstaufführungsjahr der Oper sind in Klammern beigefügt. Im Falle von Opern, für die kein eingeführter deutscher Titel zu ermitteln war, steht der ins Deutsche übersetzte Titel in Anführungszeichen.

des harmonischen Ganzen aus Musik, Poesie und Bühnenbild zu versetzen. Die Handlung (wenn es denn eine gab – eine Abfolge eigenständiger Szenen, die einen bestenfalls losen Bezug zueinander hatten, wäre wohl die zutreffendere Beschreibung) rechtfertigte sich durch die explizite Bezugnahme auf ebendiese Wirkung. Diese fabelhaften Spektakel waren fabelhaft teuer. Welchem Zweck dienten sie? Die neueste Bühnentechnik (Mechaniken und prachtvolle gemalte Bühnenbilder) verband sich mit der Musik und der Lyrik zu etwas, das eine überwältigende Wucht entfalten, die Gefolgsleute des gastgebenden Fürsten beeindrucken und seinen Widersachern Furcht einflößen konnte. Kaum verwunderlich also, dass die Intermedien ausführlich und akribisch in Manuskripten und gedruckten Büchern festgehalten wurden, auf dass sich die Nachwelt (wir eingeschlossen) an ihrer Großartigkeit und Ambitioniertheit ergötzen sollte.

Keine einzelne umfassende Darstellung vermag schlüssige Verbindungslinien zwischen diesen experimentellen Ansätzen oder zwischen ihnen und den ersten Opern zu ziehen; klar scheint jedoch, dass sie alle eine ähnliche Mischung aus Drama und Musik boten, und alle wurden noch bis weit ins 17. Jahrhundert hinein aufgeführt, ohne je so etwas wie eine standardisierte Form zu finden. Die Gründe dafür, dass die Akademien und ihre philosophischen und klassizistischen Bestrebungen für die Historiker eine so große Bedeutung gewannen, haben wahrscheinlich ebenso viel mit der nachfolgenden Entwicklung des Genres Oper zu tun wie mit der unübersichtlichen Vielfalt von Varianten des Musikdramas im 16. und 17. Jahrhundert (von den Vorstellungen davon, welche Mission die Oper erfüllen sollte, gar nicht zu reden). Aber auch wenn wir noch so sorgfältig Kontexte eruieren und noch so gewissenhaft die bunte Palette der Genres rekonstruieren, aus denen sich die ersten Opern entwickelten, ändert das nichts an dem Eindruck, dass sich in dieser Phase ein kleines Erdbeben ereignete – eine Eruption, bei der schlagartig etwas Neues entstand, das danach einen Siegeszug antrat. Und dieses Erdbeben ereignete sich in der Tat in Florenz, wo eine Gruppe von Komponisten und Dichtern, einander in lockerer Kollegialität verbunden, mit der Arbeit an – und der Aufführung von – substantiellen dramatischen Theaterstücken begann, in denen alle Protagonisten durchgängig sangen.

Die Liste dieser Stücke (von denen manche am florentinischen Hof aufgeführt und andere vielleicht nur als Fingerübungen für ein neues Genre geschrieben wurden) wird in den meisten Büchern zur Operngeschichte mit derselben Hochachtung referiert, wie sie auch anderen Aufzählungen historischer Erstlinge entgegengebracht wird. Der Dichter

Octavio Rinuccini schrieb ein Libretto mit dem Titel *Dafne*, das die Komponisten Jacopo Peri und Jacopo Corsi 1598 vertonten. Rinuccinis wenig später entstandene *Euridice* wurde im Jahr 1600 gleich zweimal vertont, zuerst von Peri, dann von Giulio Caccini. Die Fassung von Caccini wurde als Erste veröffentlicht und wird daher manchmal offiziell als «die erste Oper» bezeichnet, was praktischerweise das Jahr 1600 als Geburtsjahr der Oper liefert. Andererseits war aber auch Peris *Euridice* ein epochales Werk: Er und Rinuccini entwickelten dafür das, was wir heute als Rezitativ bezeichnen, gleichsam eine musikalische Deklamation (von ihnen allerdings poetischer als *recitar cantando* bezeichnet), die sich eng an das Betonungsschema des Textes anlehnte; dieser Stil ermöglichte es den Darstellern, Sprache musikalisch zu artikulieren, und sollte (wie bereits in der Einleitung beschrieben) für Jahrhunderte ein Wesensmerkmal der Oper bleiben. Im gleichen Jahr komponierten Caccini und Andere Musik für ein Libretto mit dem Titel *Il rapimento di Cefalo* aus der Feder des Dichters Gabriello Chiabrera. Sieben Jahre später, 1607, folgte ein Werk, das nach fast einhelliger Ansicht eine ganz andere Rangstufe des künstlerischen Schaffens verkörperte: *L'Orfeo*, eine «favola in musica» oder «musikalische Fabel», komponiert von Claudio Monteverdi (1567–1643) für den Hof der Gonzaga in Mantua. Dass gerade dieser *Orfeo* einen so besonderen Rang einnimmt, hat seinen guten Grund. Peri, Caccini und Kollegen waren Musiker von lokaler Bedeutung, während Monteverdi zu der Zeit, als er sich der Oper zuwandte, bereits ein landesweit berühmter Komponist war. Er hatte viel Kirchenmusik geschrieben und eine innovative Reihe von Madrigalen komponiert, bei denen er mit einer neuen Technik des Komponierens experimentiert hatte, die er als «seconda pratica» bezeichnete und die ein bewusstes Abrücken von der im 16. Jahrhundert gebräuchlichen kontrapunktischen Methode darstellte. Er verfügte, anders gesagt, über ein großes Ausmaß an musikalischer Erfahrung, die er in das neue Genre einbringen konnte.

Nach Maßgabe der reinen Opernlehre ist dennoch festzuhalten, dass Monteverdi einiges von Peri und den Anderen lernte: In seiner «musikalischen Fabel» wird durchgängig gesungen, wobei allerdings der rezitative Anteil (*recitar cantando*) relativ groß ist, vielleicht zu groß für den heutigen Geschmack. Andererseits enthielt der *Orfeo*, wie die Intermedien, auch eine anarchische Mixtur aus Tänzen, Madrigalen, Solopartien und rein instrumentalen Zwischenspielen, genannt «sinfonie». Wie bei vielen Intermedien, bildete auch beim *Orfeo* die Idee von der Macht der Musik ein wichtiges Element der Handlung. Es mag uns demnach verwunderlich erscheinen, dass anfänglich kaum skeptische Stimmen zur Realitätsferne der Oper laut wurden. Die ersten Diskussionen über den Sinn oder Unsinn gesungener Dialoge oder über die surreale Anmutung von Figuren, die sich der Musik bedienen, um ihre Geschäfte zu tätigen und ihre Gefühle zum Ausdruck zu bringen, kam erst später auf, um 1650, als die Karriere der Oper schon ein halbes Jahrhundert währte. Diese Debatten markierten einen entscheidenden Wendepunkt in der Ästhetik der Oper, auf den wir an anderer Stelle zurückkommen werden.

Eine weitere ebenso überraschende wie beunruhigende Erkenntnis ist die, dass Monteverdis *Orfeo*, den wir heute als die erste große Oper feiern, in den ersten rund 300 Jahren nach seiner Entstehung einer fast vollständigen Vergessenheit anheimfiel. Zwar erschien das Werk 1609 und noch einmal 1615 im Druck, aber nach einigen wenigen Wiederaufführungen verschwand es in der Versenkung und wurde bis ins späte 19. Jahrhundert nie wieder auf die Bühne (oder auch nur nennenswert ins Gespräch) gebracht. Die Tatsache, dass der *Orfeo* wenig später zur Ur-Oper schlechthin erhoben wurde, zum Besten, das der frühneuzeitliche Schmelztiegel Florenz hervorgebracht hat, verrät uns eine Menge über die Wandlungen der Opernästhetik im historischen Zeitverlauf.

Corsi, Peri, Caccini, Monteverdi. Weshalb so viele ähnliche Schöpfungen innerhalb einer so kurzen Zeitspanne? Eine radikale (neuerdings aber weit ins Abseits geratene) Erklärung stammt aus dem Textblatt unseres opernhistorischen Eröffnungschors und besagt, die Oper sei damals aus Versatzstücken zusammengestoppelt worden, zu denen Vorstellungen über das klassische griechische Theater ebenso gehört hätten wie neu entwickelte italienische Musikstile (vor allem das *recitar cantando*) und ein unerbittlicher Wille zur Innovation. Letzteres ist eine bizarre historische These: Sie besagt im Grunde, die Oper sei aus der intellektuellen Überzeugung heraus entstanden, etwas Derartiges müsse es einfach geben. In den Darstellungen, die auf dieser Linie liegen, heißt es, die philosophischen Grundlagen für das Experiment Oper hätten sich aus Diskussionen ergeben, die schon in den 1550er Jahren in Florenz begonnen hätten, Diskussionen in akademischen Kreisen oder innerhalb nicht so eng definierter Gruppierungen ohne formale Strukturen oder Statuten, zu denen Aristokraten, Intellektuelle und Musiker gehörten.[7] Die eine Gruppe, die in Darstellungen dieser Vorgeschichte immer wieder genannt wird (obwohl sie nicht offiziell als Akademie firmierte), nannte sich Camerata (1573–1587); ihr Initiator und ihre treibende Kraft war Graf Giovanni de' Bardi (1534–1612). Caccini erwähnte im Vorwort zu seiner *Euridice* die

Camerata; dass die Gruppe zu den Geburtshelfern der Oper gezählt wird, ist eine Folge dieser Erwähnung. Zu den Mitstreitern Bardis gehörte der Musiktheoretiker Vincenzo Galilei, der unter anderem Arbeiten über Akustik veröffentlichte und dessen berühmter Sohn Galileo Galilei von seinem Vater das brennende Interesse an der Physik der Schallübertragung erbte. Bardi, ein Universalgelehrter und Klassizist, schrieb spekulative Abhandlungen über das Wesen der Musik in der griechischen Tragödie – viele Exemplare dieses Genres hatte er ins Italienische übersetzt – und bündelte Ideen, die schon in früheren florentinischen Akademien wie etwa der Umidi – deren Mentor Girolamo Mei ebenfalls ein leidenschaftlicher Klassizist war –diskutiert worden waren. Debatten über das Wesen des antiken Liedguts standen auch im Zentrum des Wirkens einer in den 1560er Jahren gegründeten, unter dem Namen Alterati bekannt gewordenen Akademie.

Aktive Literaten und Musiker – Caccini, Corsi, Peri, der Librettist Rinuccini – wirkten an der Peripherie dieser Gruppen, und wie die Forschung in jüngerer Zeit aufgezeigt hat, war es gerade diese Peripherie, an der Theorie in Praxis umgesetzt wurde. In den letzten rund 20 Jahren sind die Gelehrten tiefer in die Frühgeschichte der Oper hinabgetaucht und dabei ein ums andere Mal auf die Erkenntnis gestoßen, dass Dichter und Musiker als Männer der Praxis, die sie waren, ihre Experimentierfreude durchaus an musikalischen und literarischen Materialien erprobten, anstatt nur zu philosophieren oder zu theoretisieren. Angesichts aller dieser Forschungsresultate können wir jetzt feststellen, dass frühere Darstellungen zur Entstehung der Oper zu philosophie- und theorielastig waren. Dieser Erkenntnis kommt eine eigene Bedeutung zu: Die Tatsache, dass Historiker vor 100 und mehr Jahren auf diese Sicht der Dinge zurückkamen, verrät uns etwas über die Idealisierung der Oper – als einer edlen, auf eine gleichsam unschuldige Vorzeit verweisenden Kunstform –, die über Jahrhunderte hinweg für so viele operngeschichtliche Werke typisch war.

Weshalb griechische Tragödie, weshalb «antike Liedkunst»? Die Akademiemitglieder von Florenz beriefen sich auf Aristoteles und insbesondere auf eine Passage in seiner *Poetik* über die emotional aufrüttelnde Wirkung der Tragödie. Die Zuschauer empfinden, so lehrt uns Aristoteles, mit den Protagonisten und können sich in ein emotionales Erleben hineinsteigern, das er als «Katharsis» bezeichnet – eine Art Läuterung, herbeigeführt durch das Begreifen dessen, was die handelnden Figuren durchmachen. Namentlich Graf Bardi gelangte zu der Überzeugung, die

Poesie alleine sei niemals in der Lage, diese mächtige Wirkung zu erzielen; er ließ sich durch diese Überzeugung zu einer spekulativen Schlussfolgerung verleiten: Die klassische Tragödie verdanke ihre Wirkmacht der Tatsache, dass bei ihrer Aufführung die Texte nicht gesprochen, sondern gesungen worden seien; die Musik verkörperte, so glaubte Bardi, ein zweites Kontinuum innerhalb des Dramas, und zwar eines, das Wunder wirkte. (Diese Theorie ist häufig in Zweifel gezogen worden, doch scheint es, dass die heutigen akademischen Experten für das griechische Theater es tatsächlich für möglich halten, dass die Chöre musikalisch vorgetragen und dass vielleicht sogar Monologe und Dialoge gesungen wurden.) Bardi und seine Mitdenker malten sich aus, was geschehen würde, wenn sie eine Form des Theaters erschaffen würden, bei der Sprache und Musik eine Einheit bildeten. Was ihnen vorschwebte, war keine Übergangsmusik zwischen den Akten, auch nicht zur Ausschmückung oder Abwechslung eingestreute Lieder oder Tänze oder Madrigale. Natürlich würde es Texte geben, Bühnenbilder und Kostüme; aber die eigentliche Trägerin des dramatischen Gewichts würde die Musik sein.

An diesem Punkt angekommen, fanden sich die Theoretiker der Oper freilich in einer Sackgasse wieder. Wie konnten sie versuchen, eine moderne Neuschöpfung dessen, was das griechische Musikdrama ihrer Überzeugung nach gewesen war, zu bewerkstelligen? Sie hatten eine Tabula rasa vor sich. Es existierte keine Musik, die auch nur annähernd in der Lage schien, die ihr zugedachte Aufgabe zu erfüllen. Andererseits experimentierten just zu dieser Zeit musikalische Praktiker, die mit diesen philosophischen Überlegungen vertraut waren, mit eigenen Ideen. Sie verfügten über üppige Erfahrung mit den gängigen musikalischen Formen: den Liedern und Tänzen und Madrigalen, die das Repertoire der Intermedien bildeten. Doch das, was im Mittelpunkt der neuen musikdramatischen Kunstform stehen sollte – die wunderkräftige Musik, das zweite Kontinuum, das tragende Element des Dramas –, war etwas völlig anderes und im Übrigen zunächst auch etwas sehr simples: nicht viel mehr als ein musikalisches Rezitativ, *recitar cantando*. Die musikalische Begleitung konnte und sollte rudimentär sein – nichts sollte die Zuschauer von den Klängen ablenken, deren einziger Zweck darin bestand, die emotionale Wirkung der Poesie zu erhöhen. Die Texte, die dafür gebraucht wurden, kamen anfänglich zumeist aus der Tradition der Hirtendichtung; sie erzählten Geschichten von Nymphen, Schafhirten und Halbgöttern, die in Zaubergärten oder fantastischen ländlichen Paradiesen lebten, Figuren, die so realitätsfern waren, dass man sich nicht wundern würde, wenn sie ihre Texte sangen. Schon die Titel, unter denen diese florentinischen «Erstlinge» aus der Zeit um 1600 liefen, machten deutlich, dass eine bestimmte Handlung ihr Leitstern sein würde: die Geschichte von Orpheus und Eurydike.

Orpheus als Opernkomponist

Es ist sicherlich bezeichnend, dass Orpheus zum ersten (und am häufigsten wiederkehrenden) Protagonisten der frühen Oper wurde. Orpheus, Sohn des Apollo und selbst einer der legendären Poeten der Antike, war ein Halbgott, dessen magische Sangeskunst selbst die lebensgefährlichen Klänge der Sirenen zu überstrahlen vermochte. Die Lieder, die Orpheus nach dem Tod seiner Frau Eurydike sang, waren so traurig, dass die Nymphen und Götter ihm die Erlaubnis erteilten, in die Unterwelt hinabzusteigen und Eurydike zurückzuholen, allerdings unter der Bedingung, dass er keinesfalls zurückblicken dürfe, wenn er sie aus der Unterwelt führe. So stieg er mit seiner Leier hinab, rührte mit seinem Gesang Persephone und Hades, fand Eurydike und machte sich mit ihr auf den Weg. Doch dann missachtete er, beunruhigt durch ihr Wehklagen, das Verbot der Götter und schaute hinter sich. Dadurch verlor er Eurydike für immer. In seiner Verzweiflung schwor er der Liebe zu den Frauen ab, woraufhin er von den Mänaden (dem fanatischen weiblichen Gefolge des Dionysos) in einer bacchantischen Orgie ermordet wurde. Sie zerrissen ihn und warfen seinen Kopf und seine Leier in den Bach Hebros. Doch auch nach seinem Tod verstummte seine Stimme nicht: Sein abgetrennter Kopf sang weiter und ließ Steine, Bäume und Flüsse nachklingen. Von diesem Zeitpunkt an sang die ganze Natur an Orpheus' Stelle, ein bemerkenswertes Stück antiker Fantasy, das die modernen Möglichkeiten, musikalische Klänge zu verstärken und zu übertragen, vorwegnahm.

Für die Schöpfer der ersten Opern war die wichtigste Episode des Orpheus-Mythos ein bestimmter Auftritt des Protagonisten: Orpheus bittet die Herrscher der Unterwelt um die Freilassung Eurydikes, und er tut das singend. Diese Szene fesselte dank ihrer allegorischen Qualität: Dass Orpheus Macht über die Herrscher der Finsternis gewinnt, weil er die Kunst beherrscht, sie mit seinem Gesang zu betören, war ein Gleichnis für die Macht der Oper über ihr Publikum. Die Opernmusik sollte die Zuschauer in extreme Gefühlszustände versetzen, in eine selbstvergessene Ekstase, in der der Verstand dem Wunderglauben Platz machen würde. Die Umsetzung dieser Szene in Gesang war für einen Komponisten die höchste Herausforderung und zugleich die letztinstanzliche Rechtfertigung für das neue Kunstgenre.

Was noch heute, 400 Jahre später, bedeutsam erscheint, ist die Tatsache, dass die Szenen in Monteverdis *Orfeo*, in denen tatsächlich Musik gemacht wird – seien es die Gesänge der Schafhirten oder Orpheus' kunstvoll improvisierte Koloraturen, um die Götter für sich zu gewinnen –, jene Szenen fast in den Schatten stellen, in denen die Musik als unmittelbarer Ausdruck seelischer Qualen oder Freuden fungiert, was eigentlich das fundamental Neue an der Oper war. Wie schon im Eingangskapitel ausgeführt, sorgen Szenen, in denen die Aufführung von Musik Teil der Opernhandlung ist, oft für eine vorübergehende «Erholung» von der penetranten Exaltiertheit des Genres und erlauben es zudem dem Komponisten, das Publikum zu einer bestimmten Reaktion auf seine Kunst zu animieren: Er kann auf der Bühne sowohl ein musikalisches Statement präsentieren als auch die Art von Publikumsreaktion, die er sich von den Zuschauern im Saal wünscht. Musik als Bestandteil der Handlung ist jedoch nicht das Grundprinzip der Oper. In einer Hinsicht ist es dasselbe wie Musik als Bestandteil der Handlung im Sprechtheater, wenn etwa die wahnsinnig gewordene Ophelia über Blumen singt oder Ariel seine Hymne an die Freiheit. Was wir als das eigentliche Definitionsmerkmal der Oper begreifen, ist nicht der Einbau von Musikaufführungen in die Handlung, sondern die Gesang werdende Leidenschaft. Dieser auf einer zweiten Ebene angesiedelte Gesang wird in der Oper zu einem mächtigeren Artikulationswerkzeug, Musik, die außerhalb oder jenseits der erzählten Geschichte funktioniert.

An welchen Stellen des *Orfeo* kommt dieser Modus zum Tragen? Ein klassisches Beispiel ist die lange Rezitativ-Szene im zweiten Akt, in der eine Botin (Sopran) Orpheus (Tenor) die Nachricht vom Tod Eurydikes überbringt und Orpheus daraufhin in Wehklagen ausbricht und gelobt, er werde in die Unterwelt hinabsteigen und seine Geliebte zurückholen. Es handelt sich dabei um ein ausgefeiltes Rezitativ, begleitet von diversen Instrumenten, die die Tonart vorgeben. Der Text wird in einem freien, sprechtypischen Rhythmus gesungen, wobei von einer Melodie wenig zu bemerken ist und der Sprechgesang auch kaum satzförmige Strukturen aufweist. Die Stimmführung folgt teilweise der Aussprache und Betonung der Wörter – in enger Anlehnung an die gesprochene Sprache –, betont aber auch, was entscheidender ist, die symbolische Bedeutung bestimmter

Wörter bzw. der ihnen innewohnenden Metaphorik. Wir finden sehr wenig «überflüssige» Musik: Die Oper entführt uns in eine äußerst exotische Welt, in der jede kleine melodische und harmonische Geste Bedeutung besitzt und uns allen Ernstes einen hohen Grad von Aufmerksamkeit und Hingerissenheit nahelegt. Genau in dem Moment, in dem die Botin sich an Eurydikes plötzliche Totenblässe erinnert, kommt es zu einem harmonischen Schisma: Auf alternierende E-Dur- und H-Dur-Akkorde folgt ein dazu nicht passendes g-Moll – aus der Sicht der Harmonielehre geraten wir damit auf ein ganz anderes Territorium. Ein anderes Beispiel ist die Szene, in der Nymphen umherhuschen oder wo Versuche unternommen werden, Eurydike wiederzubeleben; hier sind die Tempi deutlich höher als in allen anderen Textpassagen – die Worte sprudeln in fast schon panischen Kaskaden heraus. Nur ein einziges Mal wird ein Wort wiederholt, nämlich als die Botin den letzten Ausruf der sterbenden Eurydike imitiert: «Orfeo, Orfeo!», wobei sie beim zweiten «Orfeo» Tonhöhe und Lautstärke steigert. Auf die Schilderung ihres Todes – «spirò fra queste braccia» («Sie hauchte ihr Leben in diesen Armen aus») folgt eine vorgeschriebene Pause. Als Orpheus auf die Nachrichten der Botin antwortet, wiederholt er vor lauter Verzweiflung die Worte, als könne er sie nicht begreifen: «Du bist tot? Tot? … Du hast mich verlassen? Mich verlassen, und ich bleibe hier?» Am Ende seiner Klage, als er beschlossen hat, «in den Abgrund» hinabzusteigen (wobei auch seine Stimme zum tiefsten Ton seines gesamten Gesangsparts hinabsteigt), verabschiedet er sich mit einer ansteigenden Melodielinie von Erde, Himmel und Sonne, die den steilen Aufwärtsbogen nachzeichnet, den diese Aufzählung impliziert.

All dies sind Momente, in denen wir offensichtlich in Musik übersetzte poetische Inhalte zu hören bekommen. Wir erkennen Ähnlichkeiten mit den Kniffen, die die klassische Rhetorik für überzeugende Redeauftritte empfiehlt: Hervorhebung durch Wiederholung, Senken und Heben der Stimme, Variieren des Sprechtempos. Der *Orfeo* weist jedoch auch Momente auf, die einer ausschließlich musikalischen Dramaturgie folgen. Einer der magischsten dieser Momente resultiert aus der Art und Weise, wie Monteverdi ein akustisches Abbild des Aufschreis der sterbenden Eurydike kreierte. Wir hören nicht den ursprünglichen Schrei, sondern werden mit der indirekten Aussage konfrontiert, dass er Furcht einflößend gewesen sein muss und sich weigert, zu verklingen. Er hallt wider und wider. Erst hören wir, wie die Botin den Todesschrei imitiert und wiederholt, dann stellt Orpheus ihn in verfremdeter Form nach, zum Beispiel in seinem wiederholten «Nein, nein», wo er ebenfalls die Tonhöhe steigert. Wie in der Redekunst, kann es auch hier didaktische Gründe für solche Momente geben. Wir haben es immerhin mit dem musikalischen Abbild einer menschlichen Lautäußerung zu tun, die darauf angelegt ist, diejenigen, die zuhören, zu rühren – mit einem verschlüsselten Hinweis auf die Macht der Oper, ihr Publikum zu bewegen.

Als diese vornehmste Errungenschaft der Oper im frühesten Stadium ihrer Entwicklung in Mantua erstmals vorgeführt wurde, wies das Spektakel – sowohl als Veranstaltung als auch in seinen Begleitumständen – wenig Ähnlichkeit mit dem auf, was die Oper in der Folge wurde und über weite Strecken ihrer seitherigen Geschichte geblieben ist. Der *Orfeo* wurde nicht in einem Theater uraufgeführt, sondern in einem (noch dazu nicht sehr großen) Saal im Palast des Herzogs von Mantua. Die Titelrolle wurde wahrscheinlich von dem Tenor Francesco Rasi gesungen, der selbst Komponist war; die meisten weiblichen Rollen, wenn nicht alle, waren mit Kastraten besetzt – der berühmteste von ihnen war Giovanni Gualberto Magli, eigentlich Hofsänger in Diensten des Großherzogs der Toskana und für diese Produktion nach Mantua ausgeliehen. Gespielt wurde die Oper vor einer kleinen Zuhörerschaft, die unmittelbar vor den Sängern saß, so dass Darsteller und Publikum sicher nicht durch ein Proszenium oder einen mystischen Abgrund voneinander getrennt waren. Einem zeitgenössischen Bericht zufolge wurde die Oper eine Woche später erneut aufgeführt. Obwohl der Herzog mehrere Proben und die Premiere gesehen hatte, ordnete er eine weitere Vorstellung an – für eine Zuhörerschaft, zu der «alle in der Stadt ansässigen Damen» gehörten. Offenkundig hatte insbesondere der Kastrat Magli «allen, die ihn singen gehört hatten, immense Freude bereitet, namentlich meiner Gattin».[8] Die intime Atmosphäre des Aufführungsorts bot eine ideale Chance, die Fähigkeit der Oper zur vollen Entfaltung der Macht der Musik über ihre Zuhörer zu demonstrieren: ein beengter Raum, eine kleine Gruppe von Menschen, ein Saal mit einer Akustik, die dafür sorgte, dass jedes Wort verstanden werden konnte, und Zuschauer, die so nahe an den Akteuren dran waren, dass sie zwangsläufig jede noch so kleine Veränderung in deren Mienenspiel und jede Variation in ihrem gesanglichen Ausdruck bemerkten. Die frühesten Opern schöpften teilweise aus erhabenen Vorstellungen von Katharsis – seelischer Reinigung – und emotionaler Direktheit, und in diesem Fall war der Aufführungsort der Intensität der ästhetischen Erfahrung äußerst förderlich. Wollen wir heute, 400 Jahre später, in einem Saal wie beispielsweise der Metropolitan Opera in New York mit ihren 3800 Plätzen etwas von der Wirkung und Botschaft dieser

Oper genießen, so erfordert das ein gewaltiges Maß an Fantasie und geht zwangsläufig mit Abstrichen an der ursprünglichen Qualität und Mission der Oper einher.

Es ist kein Zufall, dass viele der Idealvorstellungen, die sich sowohl in theoretischen Schriften über die frühe Oper als auch im *Orfeo* finden, in späteren Zeitepochen wiederbelebt wurden, namentlich von Dichtern oder Theoretikern, die fürchteten, der Charakter der Oper sei durch musikalische Exzesse oder Frivolitäten verdorben worden. Eine dieser Idealvorstellungen war die von der Symbiose aus Musik und Poesie, für die exemplarisch die Schilderung der Botin im Orfeo steht, die sich durch eine ebenso außerordentliche wie sparsame Schönheit auszeichnet. In einer überraschend formelhaften und redundanten Form taucht der Ruf nach einer Wiedervereinigung von Melodie und Text in diversen späteren Reformpolemiken auf: Sie bildet ein Leitmotiv bei so unterschiedlichen Autoren wie Jean-Jacques Rousseau, der (neben anderen, noch größeren Verdiensten) als einer der philosophischen Kombattanten in der sogenannten *Querelle des Bouffons* («Krieg der Komödianten») glänzte, die um die Mitte des 18. Jahrhunderts zwischen französischen und italienischen Opernreformern ausgefochten wurde, und Richard Wagner, der sich dazu in seinem 1851 erschienenen Aufsatz *Oper und Drama* äußerte. Einig waren sich Rousseau und Wagner in ihrer rigorosen Abneigung gegen Musik um ihrer selbst willen, Musik ohne eine «organische» Bindung an Poesie und Dramaturgie. Konkret waren sie sich einig in der Ablehnung eines virtuosen Koloraturgesangs, in dessen ornamentalen Kapriolen und berstend hohen Tönen der Text unterging. Beide kleideten diese Ablehnung oft in eine moralisierende Klage über verloren gegangene Tugend.

Diese Art von Kritik überzeugte viele nüchternere Juroren. Doch hat sich im Verlauf der Geschichte der Oper immer und immer wieder gezeigt, dass theoretische Verdikte gegen die reine Gesangskunst, gegen das Entzücken des Publikums an vokalistischen Höchstleistungen vergeblich waren und sind. Ein lehrreiches Beispiel ist die Diskrepanz zwischen opernphilosophischen Einschätzungen dessen, was das Erhabenste am *Orfeo* sei, und der unverrückbaren Popularität gerade der Szenen, in denen die Virtuosität zu ihrem Recht kommt. Ein einschlägiger Fall ist die Arie «Possente spirto» («Mächtiger Geist») im dritten Akt des *Orfeo*, in der der Held sich anschickt, die Götter der Unterwelt umzustimmen, aber auch das Schlussduett zwischen Orpheus und Apollo mit seiner ebenfalls auffällig in die Länge gezogenen Vokalakrobatik. In vielen Darstellungen der Frühzeit der Oper lesen wir, Orpheus bemühe sich vergeblich, die Götter mit Koloraturen zu beeindrucken, und könne sich ihre Erlaubnis zum Eintritt in die Unterwelt erst durch die Rückkehr zu einem einfacheren, gefühlsbetonten Gesang sichern, der eine klare Verständlichkeit des Textes ermögliche. Allein, diese Deutung der Szene erweist sich in mehrfacher Hinsicht als unhaltbar. Da ist zunächst einmal die Tatsache, dass sie die Handlung falsch darstellt, was schon einmal viel über die argumentative Kraft der Kritiker des virtuosen Gesangsstils aussagt. Es stimmt nämlich nicht, dass Orpheus den Fährmann Charon (Bass) durch seinen bezirzenden Gesang dazu bringt, ihn über den Fluss Styx zu setzen. Tatsächlich bewirkt er mit seinem Gesang nichts Weltbewegenderes, als Charon in den Schlaf zu singen, eine Kombination aus Komik und mythenbeseelter Gravität, die bis heute befremdlich wirken mag. Aber im Ernst: Mit welchem Recht können wir behaupten, die virtuosen Teile der Arie seien weniger anrührend oder betörend als der schlichtere Gesang an ihrem Ende? Für welche Zuhörerschaft, bei welcher Aufführung, in welcher Geschichtsepoche?

Die Überzeugungskraft des reinen Gesangs hatte eine Menge mit der Evolution der Oper zu tun. Um das Jahr 1650 wies das Genre eine nur noch so entfernte Ähnlichkeit mit jenen ersten Opern der Post-Renaissance auf, dass manche Gelehrte sogar vorschlugen, den Daphnes, Eurydikes und Orfeos die Bezeichnung «Oper» zu entziehen. Die Metamorphose vom vornehmen *recitar cantando* zur frei schwebenden Gesangskunst hat viel mit diesem Argument zu tun. Ebenso wichtig waren denen, die ein neues Geburtsdatum setzen wollten, wirtschaftliche und gesellschaftliche Gesichtspunkte: Die frühesten Opern mit ihrer ausgeprägten Anlehnung an Pastoralmusik und Mythen waren eben auch Produkte höfischer Milieus und eines privaten Mäzenatentums. Später, als öffentliche Theater Opern in Auftrag gaben und aufführten, setzte sich im Zusammenwirken von Publikumsgeschmack und kommerziellen Erwägungen ein neuer Opernstil durch. Dieses Mal war Venedig das Zentrum.

Venedig und der Höhenflug des Gesangs

Das Teatro San Cassiano in Venedig öffnete 1637 zur Karnevalszeit seine Pforten für das Opernpublikum; zur Aufführung gelangte die Oper *Andromeda*. Das Libretto stammte von Benedetto Ferrari (1603/4–1681), der einer musikalischen Wandertruppe angehörte, die ihre Kunst in der Stadt feilbot, und der an der Produktion auch als Impresario und Kontrabassist mitwirkte. Die Musik hatte Francesco Manelli (1595/7–1667) komponiert, der auf dem Deckblatt des Librettos allerdings unerwähnt blieb. Innerhalb der nächsten vier Jahre eröffneten in Venedig drei weitere Theater. Bis zur Jahrhundertmitte wurden in der Stadt mehr als 50 Opern aufgeführt; 25 Jahre später lag die Gesamtzahl bereits bei 150. Es herrschte ständig Nachfrage nach neuen Opern, die oft große Ähnlichkeit mit erfolgreichen Vorgängern hatten, was die Chance erhöhte, dass sie beim zahlenden Publikum auf Anhieb ankamen (genau wie wir das heute von populären Filmen oder Romanen kennen). Monteverdi hatte einen Fuß in beiden Welten: In ehrwürdigem Alter schuf er noch mehrere Opern für Venedig, von denen allerdings nur zwei erhalten geblieben sind: *Il ritorno d'Ulisse in patria* (*Die Rückkehr des Odysseus*), entstanden 1640, und *L'incoronazione di Poppea* (*Die Krönung der Poppea*), entstanden 1643. Der neue Stil brachte eine ganze Schar neuer, für die venezianischen Theater schreibender Opernkomponisten hervor. Francesco Cavalli (1602–1676) und Antonio Cesti (1623–1669) ragen aus dieser Kohorte heraus; beide waren populär, fruchtbar und – das war der neue Lackmustest – kassierten die höchsten Honorare für neue Werke. (Cavalli war darüber hinaus von Bedeutung, weil er sich 1660–1662 am Hofe Ludwigs XIV. aufhielt und dort einen wichtigen Beitrag zum Export der italienischen Oper nach Frankreich leistete.) In den Opernhäusern Venedigs waren die Komponisten freilich keineswegs die wichtigsten Mitarbeiter des neuen Wirtschaftszweiges. Impresarios, unter Vertrag genommen von den Theaterbesitzern und für gewöhnlich auch Träger eines Teils der finanziellen Risiken, waren für die Saisonplanung zuständig. Sie engagierten ein Ensemble von Sängern und ein kleines Heer von Bühnenmalern, Technikern und Musikern. Ihre Aufgabe war es, am Ende einer Saison eine mindestens ausgeglichene Bilanz zu präsentieren, was nicht immer gelang. Cristoforo Ivanovich, dessen schriftliche Zeugnisse über das Operngeschehen in Venedig eine wahre Schatzkammer an Detailinformationen aus der Praxis sind, erläuterte die Finanzierung von Opernproduktionen unter anderem so: «Die erste und wichtigste erhebliche [Ausgabe] besteht darin, die Männer und Frauen, die singen und deren Ansprüche alle Maßstäbe sprengen, zu entlohnen.»[9] Etwas der Oper, wie wir sie kennen, bereits sehr Ähnliches war entstanden. Warum geschah das in Venedig? Was waren die besonderen Eigenschaften dieser Stadt, die dieses bemerkenswerte Gedeihen eines neuen Musikgenres beförderten?

Nach Jahrhunderten einer zunächst literarischen, dann filmischen Mythisierung haben selbst Menschen, die nie einen Fuß in die Stadt gesetzt haben, eine Vorstellung von der Einzigartigkeit Venedigs. Das, was die Stadt heute zum Touristenmagneten macht – zu einer Art Weltkulturerbe im Großstadtformat –, war schon damals Bestandteil des fruchtbaren Bodens, aus dem die Oper emporwuchs. Fast alle Opern, die in den Jahrzehnten nach 1637 herauskamen, wurden in der Karnevalszeit aufgeführt, die in Venedig vom 26. Dezember bis zum Tag vor Aschermittwoch währte. In dieser Zeit strömten Besucher in die Stadt und, von ihnen angezogen, wandernde Theatertruppen. Die Einwohnerzahl Venedigs, damals um die 50 000, konnte sich in den Karnevalsmonaten verdoppeln, was den Impresarios ein Reservoir an Theaterbesuchern garantierte. Von ebenso großer Bedeutung war freilich die politische Verfasstheit der Stadt. Venedig war eine Republik, zumindest auf dem Papier, eine Stadt, in der eine relativ große Zahl adliger Familien Einfluss auf die Wahl ihres Dogen hatte und in der der Wohlstand breiter verteilt war als andernorts. Ungeachtet dessen, dass Venedig im Lauf des 17. Jahrhunderts als internationale Macht an Bedeutung verlor, hatten die angesehensten Adelsfamilien der Stadt den Ehrgeiz, einander bei der Förderung der Künste zu übertrumpfen, und eine Folge dieses Wettbewerbs war, dass immer mehr Theater eröffneten. Viele dieser adligen Familien verdankten ihren Wohlstand dem Handel und anderen unternehmerischen Aktivitäten, waren jedoch nicht bereit, dauerhaft Geld zuzuschießen, einzig um andere zu beeindrucken. Die neue Kunstform der Oper wurde so zu einem Geschäftszweig, zu einem kommerziellen Projekt unter der Leitung von Impresarios, deren Produktionen ein zahlendes Publikum anlockten, darunter Leute, die womöglich eine Loge für die gesamte Saison mieteten und sich die gleiche Oper immer und immer wieder anschauten. Anders ausgedrückt: Die Oper wurde in Venedig nicht zuletzt deshalb zu einem so erfolgreichen Genre, weil sie schwarze Zahlen vorweisen konnte.

Diese Situation förderte einen neuen Typus der unterhaltenden Oper, der in deutlichem Kontrast zu Monteverdis «favola in musica» stand. Gewiss bestanden Ähnlichkeiten mit früheren höfischen Produktionen wie denen von Peri, Caccini und anderen in Florenz. Manchmal (und sicherlich öfter, als es ihnen lieb war) mussten die Adelsfamilien, denen die Theater gehörten, ihrem Impresario aus der finanziellen Patsche helfen und eine Opernsaison bezuschussen, womit ein dem «Geschäftsmodell» der höfischen Unterhaltung ähnliches Muster entstand. Es gab darüber hinaus künstlerische Kontinuitäten. Auch die neuen Musikdramen venezianischer Provenienz setzten auf die Tradition des *recitar cantando*, wie immer im Turnus mit Arien, Liedern, instrumentalen Zwischenspielen und Tänzen; und nach wie vor wurde großer Wert auf spektakuläre, das Publikum in Schrecken oder Ehrfurcht versetzende Bühneneffekte gelegt (wenngleich diese aus finanziellen Gründen nie ganz das Format der Medici-Intermedien erreichten). Das ganze Genre musste jetzt den Beifall eines bunteren und in mancher Hinsicht anspruchsvolleren Publikums finden; um dies zu erreichen, borgte sich die venezianische Oper etwas vom Geist des Karnevals, für den die Stadt berühmt war – von der Exaltiertheit, dem festlichen Überschwang und auch den Entgleisungen, die im Karneval Hochkonjunktur hatten.

Dieser anarchische Einschlag offenbarte sich in Handlungen neuen Typs. Spätestens ab 1650 hatten sich im Librettoschreiben bestimmte Routinen eingebürgert. Außerdem setzte sich ein neuer Name für das Genre durch: Man bezeichnete eine Oper jetzt immer häufiger als «dramma per musica», «Drama für Musik», will sagen ein für eine musikalische Umsetzung geschriebenes Theaterstück. Als Norm setzte sich ein Format aus drei Akten und einem Prolog durch. Elemente aus der antiken Mythologie kamen in den Handlungen zwar noch vor (vor allem in den Prologen, in denen häufig Göttergestalten über die Torheiten und Schwächen der Menschen philosophierten), aber zunehmend liefen historische Liebesgeschichten und politische Ereignisse aus der klassischen Antike – also Geschichten mit menschlichen Figuren in den Hauptrollen – den Göttern, Göttinnen, Schafhirten und Nymphen der frühen Oper den Rang ab. Damit nicht genug, erweiterte sich auch das Spektrum der Handlungen. In der venezianischen Oper finden wir zwar nach wie vor wehklagende Liebende vor einer pastoralen Kulisse, aber auch Geschichten, in denen Dienstboten sich über ihre Herrschaften lustig machen, in denen Tugend nicht zwangsläufig belohnt wird, in denen also, kurz gesagt, das ganze chaotische Repertoire menschlicher Fehlbarkeit ausgelotet wird. Der Aufstieg der reinen komischen Oper setzte zwar erst später im 17. Jahrhundert ein, aber eingestreute komische Momente wurden schon vorher zu einem bedeutsamen Mittel, mit dem die Oper neue Stimmungsnuancen erschloss. Wie in der Szene zwischen Orpheus und Charon in Monteverdis *Orfeo* ist das Aufeinandertreffen unterschiedlicher Stimmlagen und Stimmungslagen – Langeweile und Mythos, Selbstmord und Farce, existenzielle Krise und Possenreißerei – ein Stilmittel der frühen italienischen Oper, das uns immer wieder den Atem verschlägt. Erst zu

Beginn des 18. Jahrhunderts schälte sich eine strengere Trennung zwischen dem komischen und dem tragischen Fach heraus.

Sehr schnell wurde deutlich, dass ein großer Trumpf dieser neuen, auf der Bühne inszenierten Version karnevalistischer Exaltiertheit die stimmliche Virtuosität sein würde, das entfaltete Potenzial der menschlichen Stimme – und die Kassenbücher lassen daran keinen Zweifel. Mag sein, dass Librettisten und Komponisten die treibenden Kräfte des Operngeschäfts waren, mag sein, dass Bühnenmaler, Szenenbildner und Bühnentechniker die dekorativen Glanzlichter setzten; doch die Spitzenhonorare gingen (und gehen bis heute) an die Vokalsolisten, die Akteure, die nicht nur im Stück einen Gott oder eine Göttin mimen, sondern durch den schieren Zauber ihrer Stimmgewalt vorübergehend zu Göttern werden. Cavalli, ein auffällig gut verdienender Komponist, erhielt 1658 für die Fertigstellung seiner neuen Oper *Antioco* 400 Dukaten, während «Signora Girolama», Sopranistin in der Hauptrolle, mit ihrem Gesang 750 Dukaten verdiente. Und die Honorare der Sänger kletterten in einer Aufwärtsspirale weiter: 1685 konnte eine Primadonna (in diesem Fall Margherita Salicola) ein Honorar verlangen, mit dem man 50 Jahre zuvor eine ganze Produktion hätte finanzieren können.[10] Diese Gesangsvirtuosen, die vokalistische Schwierigkeitsgrade meisterten, die man bis dahin in der Geschichte der Musik nicht gekannt hatte, gewannen bald sogar Einfluss auf die Produktionen, in denen sie auftraten. Die Oper wurde zunehmend zum Präsentierteller für immer kunstvollere Arien, die Musik wurde so konzipiert, dass sie gleichsam als Thron für die glanzvolle Krönung der Gesangsvirtuosen diente.

Stimmliche Virtuosität ist nicht nur eine Sache des direkten vokalen Appells an tiefste Gefühle; es ist dabei auch ein magischer Aspekt im Spiel. Ein Sänger, der sich so weit vervollkommnet hat, dass er die Grenzen des zuvor für möglich Gehaltenen – hinsichtlich Tonhöhe, Beweglichkeit der Stimme, Tempo, Stimmgewalt und Ausdauer – zu überwinden vermag, übertrifft alles, was die Zuhörer sich plausiblerweise jemals selbst zutrauen könnten, was im Extremfall bedeutet, dass der Zuschauer das, was er hört, nicht mehr als Produkt einer normalen menschlichen Anstrengung zu erkennen vermag. In der Literatur taucht wiederholt eine Geschichte über Farinelli auf, einen der berühmtesten und begabtesten Sänger des 18. Jahrhunderts; sie besagte, er habe stets eine mechanische Pfeife oder Flöte in der Hosentasche gehabt und sich ihrer bedient, um seine höchsten und am längsten gehaltenen Töne zu unterstützen. Niemand wollte glauben, dass ein Mensch einen so langen Atem haben konnte.[11] Die Moral von der Geschichte liegt auf der Hand: Die Attraktivität dieser Sänger ähnelte im Extremfall der von Zirkusartisten, Zauberern, Berufssportlern, überhaupt von allen, die öffentlich etwas vorführen, das scheinbar die physischen Möglichkeiten normaler Menschen übersteigt oder gar die Gesetze der Physik außer Kraft setzt.

Wer waren diese Sänger, und wie verdienten sie ihren Lebensunterhalt? Am beliebtesten waren in dieser Phase (und sollten es für längere Zeit bleiben) die Vertreter der beiden höchsten Stimmlagen: der weibliche Sopran und der durch einen chirurgischen Eingriff erzeugte männliche Sopran von Kastraten wie Farinelli. Jede Menge schaudernde Faszination und atemlose Mystifizierung hat sich um das Phänomen des Kastraten angesammelt. Wir werden das Thema im nächsten Kapitel ausführlicher behandeln und lassen es hier mit der Aussage bewenden, dass die Praxis, Knaben mit einer vielversprechenden Stimme zu kastrieren, bevor sie in die Pubertät kamen, um so ihre hohe Stimme ins Erwachsenenalter hinüberzuretten, weitgehend auf Italien beschränkt war. Sie diente in erster Linie dazu, die Kirche mit hohen Stimmen zu versorgen, weil Frauen im Gottesdienst nicht singen durften. Nur sekundär griff die Praxis auf die Oper über, wurde dort aber ab dem frühen 19. Jahrhundert nicht mehr geduldet, wogegen die kirchliche Variante, verkörpert in den sogenannten «heiligen Kapaunen», noch bis ins frühe 20. Jahrhundert beibehalten wurde. Die akzeptierte Mitwirkung von Kastraten in der venezianischen Oper – oft in der Rolle des männlichen Helden, manchmal aber auch in der weiblichen Hauptrolle – kann sicherlich als ein weiteres Beispiel für die Verderbtheit des Karnevals angeführt werden; andererseits machten sich die Opernbesucher des 17. Jahrhunderts weit weniger Gedanken über das, was wir heute unter Realismus verstehen. Männer in weiblicher Aufmachung wurden sowohl in ernsten als auch in komischen Stücken akzeptiert; es kam auch häufig vor, dass Sängerinnen im Wechsel mit Kastraten die männlichen Hauptrollen übernahmen.

Weil das Genre noch so neu war, konnte kein Opernsänger allein von seinem Metier leben – trotz der hohen Gagen für die gefragtesten Gesangskünstler durfte niemand in Venedig hoffen, allein davon seinen Lebensunterhalt bestreiten zu können. Die Sänger gingen also noch weiteren Erwerbstätigkeiten nach. Kastraten konnten in den zahlreichen Kirchenchören Arbeit finden, die es in Venedig und anderswo gab, und oft genossen sie, ebenso wie ihre weiblichen Pendants, die Unterstützung eines adligen Mäzens, der ihnen Kost und Logis bot und sie als «Hofsänger» beschäftigte. Ein gutes Beispiel ist die Familie Manelli, die maßgeblich an der Maßstäbe setzenden Produktion der *Andromeda* 1637 im Teatro San Cassiano beteiligt war. Francesco Manelli, der Komponist der Oper, sang selbst zwei Rollen, seine Frau Maddalena, eine Römerin, ebenfalls zwei. Nach der *Andromeda* nahmen die Manellis mit ihrem Ensemble weitere Opernproduktionen in Angriff, bekleideten daneben aber auch noch andere Stellungen. Francesco hatte seine Laufbahn als Kirchensänger begonnen und 1638 als Bass in der berühmtesten Kirche Venedigs, San Marco, angeheuert; Maddalena war Hofsängerin bei mehreren Familien, insbesondere bei den Orsinis in Rom. Einige Jahre nach ihrem Erfolg mit *Andromeda* übersiedelten die Manellis nach Parma, wirkten aber noch gelegentlich an Opernproduktionen mit. Francesco und sein ebenfalls singender Sohn gehörten in Parma einem Kirchenchor an, Maddalena sang und spielte am herzoglichen Hof.[12] In dem Maß, wie der Markt für Opern wuchs, konnte es zu Konflikten zwischen diesen verschiedenen Beschäftigungen kommen (von denen manche einer fast modern anmutenden Marktwirtschaft entsprossen scheinen, während andere in der alten Ordnung wurzelten und eng mit aristokratischen oder klerikalen Privilegien zusammenhingen). Solche Interessenkonflikte konnten sich in unverblümten Drohungen entladen. Als der Herzog von Savoyen 1667 zwei seiner Sänger, die sich nach Venedig abgesetzt hatten, um in der Karnevalssaison Oper zu machen, zurückbeorderte, verband er dies mit der Drohung an einen von ihnen (einen Kastraten), er werde die «Folgen unserer berechtigten Empörung» zu spüren bekommen, und fügte vielsagend hinzu: «Fürsten wie wir haben einen langen Arm.»[13]

Das Überleben der Populärsten

Wir können die Stimmen dieser Sänger nicht rekonstruieren. Was wir (seltenen) zeitgenössischen Darstellungen entnehmen können, ist meist so wenig konkret, dass deren Lektüre den Leser frustriert zurücklässt. Einer berühmten venezianischen Sängerin namens Anna Renzi (ca. 1620–1661 oder später) widmete ein Autor 1644 ein ganzes Buch. Zwischen zahlreichen hymnischen Ergüssen finden sich Passagen mit überraschend detaillierten Angaben, die allerdings ein dem heutigen Leser verquast erscheinendes Verständnis der menschlichen Physis widerspiegeln: «Sie hat eine behände Zunge, eine samtige Aussprache, nicht affektiert, nicht rasch, eine volle, sonore Stimme, nicht schrill, nicht heiser, auch keine, die dich durch übertriebene Feingliedrigkeit beleidigt; eine, die aus der Gemütsverfassung von Brust und Kehle emporsteigt, wobei für diese gute Stimme viel Wärme nötig ist, um die Atemwege zu dehnen, und genug Feuchtigkeit, um sie weicher und zarter zu machen.»[14] Was noch mehr überrascht, ist, dass die Musik, die diese Sänger aufführten, zum größten Teil verloren gegangen ist. Unsere Kenntnis dieses neuen venezianischen «dramma per musica» beschränkt sich auf einige wenige Werke von Hunderten, die nach unserer sicheren Erkenntnis aufgeführt wurden; selbst Werke der berühmtesten und erfolgreichsten Komponisten wie Monteverdi, Cavalli und Cesti sind überwiegend verloren gegangen. Partituren galten zu jener Zeit nicht als etwas Wertvolles; sie waren im 17. Jahrhundert das, was heute Filmdrehbücher sind, Entwürfe, die immer wieder umgeschrieben oder ersetzt wurden, wenn es galt, das Werk an neue Vorgaben anzupassen. Nur wenige sahen in ihnen Kunstwerke im heutigen Sinn oder hielten sie gar für wert, sorgfältig aufbewahrt zu werden. Sie waren Mittel zum Zweck, nämlich der Aufführung von Opern auf der Theaterbühne. Hatten sie dieser Bestimmung Genüge getan, brauchte man sie nicht mehr.

Natürlich gab es Ausnahmen. Bestimmte Opern gewannen den Status von Repertoirestücken und wurden über mehrere Spielzeiten hinweg aufgeführt und immer wieder hervorgeholt. Doch nur zwei Opern aus dieser Periode haben sich einen festen Platz im modernen Repertoire erobert, und beide sind von Monteverdi. Keine von ihnen ist wirklich typisch für die venezianische Oper jener Periode, und es ist denkbar, dass sie ursprünglich nur deshalb zu neuem Leben erweckt wurden, weil ihr Komponist sich in anderen Genres Ruhm erworben hatte. Monteverdi verließ 1613 Mantua, um eine Stelle als Maestro di Cappella im Markusdom in Venedig anzutreten, der die Heimstatt einer wunderbaren, jahrhundertealten musikalischen Tradition war. Im Verlauf seiner langen Karriere in Venedig bestätigte Monteverdi seine hohe Reputation; er komponierte Musik in vielen Stilrichtungen und fügte seinem Œuvre weitere Musikdramen hinzu, von denen fast alle verloren gegangen sind. Als in den späten 1630er Jahren die «öffentliche Oper» über Venedig hereinbrach, war Monteverdi bereits über 70 und der hoch angesehene Doyen der italienischen Musikszene. Umso bemerkenswerter erscheint es daher, dass er die neue Chance bereitwillig ergriff und drei Opern für venezianische Theater komponierte (von denen eine verloren gegangen ist). Die letzte davon, *L'incoronazione di Poppea*, feierte ihre Premiere in der Karnevalssaison 1642/43 im Teatro SS Giovanni e Paolo, erbaut von der berühmten Familie Grimani, einer der vornehmsten in Venedig. Es war das zweite Haus in Venedig, das Opern präsentierte (nach dem Teatro San Cassiano), und wird als das prachtvollste Theater der Stadt beschrieben – mit nicht weniger als 77 Logen in vier Reihen, von denen die meisten für die gesamte Saison an wohlhabende Kunstliebhaber vermietet waren. Die *Poppea* ist heute, wie der *Orfeo*, ein Repertoireklassiker. Nachdem sie jahrhundertelang in Vergessenheit geraten war, wurde sie zu Beginn des 20. Jahrhunderts wiederentdeckt, und ihre Renaissance dauert bis zum heutigen Tag an.

Wie viele andere Vertreter des neuen venezianischen Genres, stellt auch das Libretto der *Poppea*, verfasst von Giovanni Francesco Busenello, nicht die mythischen Gestalten der früheren, für die Unterhaltung der Fürstenhöfe geschriebenen Opern in den Mittelpunkt; stattdessen bevölkern historische Persönlichkeiten die Bühne. Der Schauplatz der Oper ist Rom im Jahr 65 nach Christi Geburt, Nero ist Kaiser. Wir dürfen annehmen, dass es Monteverdis Entscheidung war, historische Figuren zu verwenden, was Implikationen für die Handlung hatte. In einem Brief an seinen Komponistenkollegen Alessandro Striggio, geschrieben 1616, machte Monteverdi seine Vorlieben und Prioritäten im Hinblick auf eine musikalische Symbolsprache deutlich:

> Wie werde ich das Sprechen der Winde darstellen können, wenn sie nicht sprechen? Und wie werde ich mit ihrer Hilfe die Affekte bewegen können? … Orpheus [bewegte sie], weil er ein Mann war und kein Wind. Die Musik kann sie selbst darstellen, aber nicht ihre Rede, und das Tosen der Winde, das Blöken der Schafe, das Wiehern der Pferde usw., aber sie stellt nicht das Sprechen der Winde dar, das es nicht gibt.[15]

Das klingt bemerkenswert modern und weist uns darauf hin, dass Monteverdi den Ehrgeiz hatte, Opern zu schreiben, die das Publikum nicht nur durch szenische Prachtentfaltung verblüffen sollten, sondern auch im aristotelischen Sinne versuchten, «Mitgefühl zu wecken» – uns durch die Macht der Musik dahin zu bringen, dass wir uns mit den Figuren auf der Bühne emotional verbinden.

Die Oper entspricht mit ihren drei Akten dem venezianischen Format und erzählt eine Geschichte voller eng verwobener emotionaler und dynastischer Bindungen. Kaiser Nerone ist mit Ottavia verheiratet, liebt aber Poppea und will sie zur Kaiserin machen. Diese drei sind die Hauptfiguren und singen alle in der Sopranlage. (Nerone war wahrscheinlich mit einem Kastraten besetzt, Anna Renzi sang zu Anfang die Ottavia.)

Weitere Verwicklungen kommen hinzu durch zusätzliche Liebschaften und einen strengen Moralphilosophen namens Seneca (Bass). Nerone treibt Seneca schließlich in den Selbstmord, verbannt alle Anderen und krönt Poppea zur Kaiserin, was den beiden Liebenden die Möglichkeit eröffnet, das Ende der Oper in seliger Zweisamkeit zu erleben. Dieses eigenartige amoralische Verwirrspiel lässt ein breites Spektrum menschlicher Gefühle hervortreten, vor allem solche, die sich am besten in Musik kleiden lassen: Liebe, Hass, Eifersucht, Angst und (zuletzt, aber keineswegs zu vernachlässigen) ungezügeltes sexuelles Verlangen. Ebenso wichtig ist, dass die Kapriolen der adligen Protagonisten immer wieder zum Gegenstand von (häufig spöttischen) Kommentaren aus der Riege der den niederen Ständen angehörenden komischen Charaktere werden. Letztere sorgen, wenn man so will, für das karnevalistische Salz in der Suppe. Neben verschlafenen Soldaten und frechen Pagen verkörpert dieses satirische Element vor allem Arnalta (besetzt mit einer Altistin oder vielleicht auch einem Countertenor in Frauenkleidern), Poppeas alte Amme, die zuverlässig die grotesken Aspekte der Liebesgeschichten ihrer Herrschaften erkennt und benennt.

Die Szene mit Nerone und Poppea im ersten Akt bietet eine gute Einstimmung auf den musikalischen Charakter der Oper. Die beiden liefern eine ordentliche Portion *recitar cantando* à la Peri. Ihre Texte sind trivial und überwiegend unpoetisch – ein einfacher Dialog zweier Liebenden, die es nicht ertragen können, ohne einander zu sein, der jedoch immer wieder von Melodiefetzen und instrumentalen Zwischenspielen unterbrochen wird. Das Potpourri musikalischer Stile ist freilich aufs Engste mit der sich entwickelnden Beziehung zwischen den Liebenden verknüpft. Die Szene endet mit einem bemerkenswerten Stück *recitar cantando*: Poppea stellt wiederholt die prüfende Frage: «Tornerai?» («Wirst du wiederkommen?»). Nerone müht sich nachgerade verzweifelt, ihr dies zu versichern. Den Abschluss bildet dann eine schnellere Abfolge von Dialogfragmenten, die mit dem Austausch mehrerer langatmig ausgehauchter «Addios» ausklingt, gesprenkelt mit dem atemlos wiederholten Ausruf des Namens der/des Geliebten: «Nerone, Nerone!», «Poppea, Poppea!» Die simplen musikalischen Kadenzen sind hochgradig erotisch aufgeladen und atmen eine Direktheit, die selbst auf den heutigen Zuschauer schockierend wirken mag.

Es ist ganz und gar typisch für die Oper, dass sich direkt an diese intensive Liebesszene ein ausgedehnter Dialog zwischen Poppea und Arnalta anschließt, bei dem dieses ganze erotische Schmachten gnadenlos auf die Schippe genommen wird. In der Tat mischt sich das Komische mit dem Ernsten in dieser Oper so beharrlich, dass man sich aus der zeitlichen Distanz oft schwertut, die Stimmungslage eindeutig zu bestimmen. Das gilt insbesondere für den dramaturgischen Umgang mit Seneca. In den meisten seiner Szenen tritt er als hochtrabender Ratgeber auf, am überspanntesten gegen Ende des ersten Aktes, wo es zu einer scharfen Konfrontation zwischen ihm und Nerone kommt. Andererseits ist Seneca nur wenige Momente vor Beginn dieser Szene von einem dieser frechen Pagen nachgeäfft worden, der sich auf musikalische Weise über die gravitätische Sprechweise des Philosophen lustig gemacht hat. Wir können darin ein weiteres Beispiel für die Verderbtheit des Karnevals sehen, wenn die Vermutung stimmt, dass die venezianische Oper die Saison reflektierte, in der ihre Aufführungen stattfanden. Es gibt jedoch Momente, die uns womöglich irritieren. So zum Beispiel die Sterbeszene Senecas im zweiten Akt, deren eröffnendes Rezitativ sich scheinbar durch eine beruhigend stimmige Beziehung zwischen Text und Musik auszeichnet. «Breve angoscia è la morte» («Eine kurze Qual ist der Tod»), singt der Philosoph und steigt dabei folgerichtig zur tiefsten Sprosse seiner Tonleiter hinab; darauf folgt jedoch «Se ne vola all'Olimpo» («Man fliegt zum Olymp»), wobei das Wort «vola» in eine Girlande stimmakrobatischer Schnörkel aufgefächert wird. Der sich daran anschließende Chor der Freunde (es sind deren nur drei) nimmt diesen feierlichen Ton voller Ernst auf. Die Freunde intonieren die Zeile: «Non morir, non morir Seneca» («Stirb nicht, stirb nicht, Seneca») mittels einer schmerzerfüllten chromatischen Tonfolge – ein Stilmittel, das den Zeitgenossen als Element eines schon damals altmodischen (und vielleicht aus diesem Grund besonders düster wirkenden) musikalischen Stils, nämlich des kontrapunktischen Madrigals, erschienen sein dürfte. Eine wuchtige Einstimmung auf Tragisches, so scheint es, doch dann geschieht etwas Bemerkenswertes: Im Mittelteil des Chores der Freunde schlägt die Tonlage gründlich um, sowohl was den Text als auch was die Musik betrifft. Zu einer unbekümmerten, modern klingenden Melodie muntern sie den geliebten weisen Freund mit den Worten auf: «Ich wollte gewiss nicht sterben; das Leben ist zu schön, der Himmel zu heiter; jede Bitternis, jedes Gift ist letzten Endes doch ziemlich mild.» Und dann, nach diesem munteren Zwischenspiel, kehrt das tragische Madrigal wieder, und die Szene endet mit einem weiteren unheilschwangeren Rezitativ Senecas. Was will uns dieser Chor sagen? So wie Monteverdi seinen Mittelteil umgesetzt hat (der lang ist und liebevoll ausgearbeitet), könnte man meinen, er sei eine weitere

Spottkarikatur, eine weitere Persiflage auf den Ernst des Lebens, ein weiterer Tribut an den Karneval, dieses Mal als Stachel mitten in eine tragische Szene hineingesetzt. Heutige Produzenten und Darsteller müssen selbst entscheiden, wie diese Szene am besten zu interpretieren sei. Dass dies schwierig ist, gemahnt uns daran, dass wir für den Gefühlsgehalt einer Musik, die so lange vor unserer Zeit komponiert worden ist, kein zuverlässiges Sensorium haben.

Wir könnten die Diskussion darüber, was wir über ein so berühmtes Werk wie die *Poppea nicht* wissen, endlos weiterführen, und das sollte uns auch nicht wundern. Während der Karnevalssaison 1642/43 in Venedig ahnte niemand, ob sich das neue Genre Oper auf Dauer halten würde. Gewiss galt Monteverdi als der berühmteste lebende Komponist Italiens, aber das veranlasste niemanden, seine *Poppea*-Musik für die Nachwelt aufzubewahren. Wäre die Oper nicht im Neapel der 1650er Jahre wieder aufgenommen worden, wir hätten heute wahrscheinlich keine Partitur von ihr. Abgesehen davon gibt keines der beiden Manuskripte dieser Partitur mehr als rudimentäre Hinweise darauf, welche Instrumente was spielen sollten, beschränken sie sich doch überwiegend auf die Notation für eine Melodie- und eine Basslinie. Aus diversen Dokumenten wissen wir, dass in den venezianischen Theatern jener Tage die Besetzung zahlreiche Continuo-Instrumente vorsah (insbesondere Cembali und große Lauten), und angesichts des Vorherrschens rezitativer Elemente in der Oper jener Zeit war ein hohes Maß an Variabilität sicherlich notwendig. Das heißt freilich, dass wir nur raten können, welche Instrumente die Solopassagen spielen sollen.

Der gravierendste aller Zweifel schwebt über der Grundfrage der Autorschaft. Wir haben bisher von *Poppea* als einer Oper «von Monteverdi» gesprochen, doch die Beweislage dafür, dass er ihr Komponist ist, ist fadenscheinig. (Keine zeitgenössischen gedruckten Quellen erwähnen seinen Namen, und die Partitur-Manuskripte, die dies tun, stammen aus dem darauffolgenden Jahrzehnt.)[16] Die Tatsache, dass die erhalten gebliebenen Quellen in diesem Punkt vage bleiben, verrät uns eine Menge über den relativ bescheidenen Status der Komponisten im Operngeschäft. Besonders große Zweifel herrschen daran, ob das berühmteste Gesangsstück aus *Poppea*, das abschließende Liebesduett zwischen Poppea und Nerone, von Monteverdi geschrieben wurde oder von einem seiner jüngeren Kollegen. Unabhängig davon, wer es komponiert hat, verdankt es seine Präsenz an dieser Stelle wahrscheinlich einer sich einbürgernden Opern-Konvention: Das abschließende Liebesduett entwickelte sich zu einer populären Variante für das Ende einer venezianischen Oper, und das aus höchst praktischen Gründen. Weil die Kosten eine wichtige Rolle spielten, mussten Opernproduktionen fast immer ohne Chor auskommen; ein Duett war deshalb das naheliegende Mittel, um das Drama mit einem gesanglichen Höhepunkt ausklingen zu lassen. Dass man das Schlussduett von zwei Liebenden bestreiten ließ, hatte sicherlich viel mit dem Hörvergnügen zu tun, das zwei sich umeinander rankende und am Ende zu einem wonnigen Wohlklang verschmelzende Stimmen bereiten. Liebende singen, namentlich in der Oper, häufig über das «Eins werden» oder «Verschmelzen», und das Schlussduett in der *Poppea* ist eine wunderbare musikalische Bebilderung dieses Akts der Selbstaufgabe. Man erkor also ein Liebesduett zum großen Finale dieser Oper, sei es von Anfang an oder als sie nach dem Tod ihres Komponisten wieder aufgeführt wurde. Wir wissen nicht sicher, wer dieses Duett geschrieben hat und ob es überhaupt für diese bestimmte Oper komponiert wurde; wir wissen nicht, welche Instrumente die Sänger begleiten sollten, wie die Oper in ihrer ersten Saison inszeniert wurde und wer die ersten Sänger des Duetts waren. Was wir wissen, ist, dass dieses Duett zu den Erlebnissen gehört, die uns ins Opernhaus locken – eine Gelegenheit, die schiere sinnliche Schönheit harmonisierender Stimmen zu genießen.

Opernkonventionen, Abweichungen und Entwicklungen

Um das Jahr 1650 wurden die ersten ernsthaften Einwände gegen die Oper laut wegen ihres geringen Realitätsbezugs.[17] Warum sollten Darsteller eines Dramas singen? War es nicht lächerlich oder geschmacklos, etwas derartig Unlogisches aufzuführen? Charles de Saint-Évremond, der 1670 über die italienischen Opern schrieb, die er in Paris gesehen hatte (darunter mehrere von Cavalli), machte aus seinem Unbehagen keinen Hehl:

> Es gibt in der Oper noch etwas, das so naturwidrig ist, dass ich mich nicht damit aussöhnen kann, und das ist, dass das ganze Stück von Anfang bis Ende gesungen wird, als wären die dargestellten Personen in lächerlicher Weise zusammengespannt und hätten sich geeinigt, sowohl die gewöhnlichen als auch die wichtigsten Angelegenheiten mit Musik zu erledigen. Kann man sich vorstellen, dass ein Herr seinen Diener mit

> singender Weise ruft oder zu einer Besorgung schickt? Dass ein Freund einem anderen singend ein Geheimnis anvertraut? Dass Menschen singend beratschlagen, dass gar in einer Schlacht Befehle per Gesang gegeben und dass Männer auf diese melodiöse Art mit Schwertern und Pfeilen getötet werden?[18]

Die Franzosen waren besonders schnell mit Kritik an dem für die italienische Oper konstitutiven Realitätsmangel bei der Hand. Das Unbehagen reichte jedoch weit über Frankreich hinaus und hatte auch etwas mit den Unterschieden zwischen den frühesten Opern Caccinis, Peris und Monteverdis und denen der venezianischen und der post-venezianischen Epoche zu tun. Arien, in denen die Virtuosität des Gesangs über die Verständlichkeit des Rezitativs triumphierte oder in denen die Gefühle auf die Anforderungen eines bestimmten Genres hin getrimmt wurden, wurden offensichtlich für Teile des Publikums zu einem Ärgernis, das neue Fragen zur Ästhetik der Oper aufwarf.

In diesen Zusammenhang gehört auch, dass das Komponieren für Gesangsstücke – sowohl in puncto Virtuosität als auch im Hinblick auf die zunehmende technische Komplexität der sie exponierenden Arien – sich in Reaktion auf die vielfach wirkenden Kräfte wandelte, die nicht alle ausschließlich musikalischer Natur waren. Ein Gesichtspunkt, den der heutige Opernbesucher gerne vergisst, ist, wie viel Lärm die Zuhörer früher machten. Was Venedig betrifft, so finden sich in zeitgenössischen Berichten immer wieder Hinweise auf die Rohheit und Ungebärdigkeit des Opernpublikums; in vielen Theatern waren die Logen mit Jalousien ausstaffiert, so dass ihre Insassen gleichsam die Schotten zur Bühne dichtmachen und sich nach Lust und Laune vergnügen oder sich so laut, wie sie wollten, unterhalten konnten. Ein Aspekt, unter dem wir die sich entwickelnden Konventionen für die Oper betrachten können, ist daher der, dass sie womöglich dem Zweck dienten, der Musik zum Sieg über den Lärm zu verhelfen.

Die Vorliebe für hohe Stimmen blieb in der sogenannten ernsten italienischen Oper bis ins frühe 19. Jahrhundert hinein bestehen, und sie war vielleicht eine von mehreren Waffen für die akustische Kriegführung im Operntheater. So wissen wir beispielsweise, dass bei im Freien stattfindenden Aufführungen von Opern und Oratorien in Rom ein Hauptanliegen darin bestand, die menschliche Stimme gegen den äußeren Lärmpegel in Stellung zu bringen: Um mehr Lautstärke zu erzielen, wurden manchmal für eine Arie mehrere Sänger eingeteilt, die aus vollem Hals unisono schmetterten. Außerdem lernten viele Sänger, kunstvoller zu intonieren; Arien wurden zu Rohdiamanten, die die Sänger auf der Bühne polierten mit dem Ziel, ihrem Gesang in der lauten Arena Gehör zu verschaffen.

Ein Schlüsselaspekt der Operngeschichte von 1650 bis zum Ende ihrer ersten 100 Jahre war die Art und Weise, wie Komponisten, Librettisten, Bühnenbildner und Darsteller miteinander (aber auch, und darauf kommt es an, mit dem Publikum, das mindestens einen Teil ihrer Gagen bezahlte) eine Reihe opernspezifischer Konventionen aushandelten: standardisierte Kommunikationsformen, von denen einige über Jahrhunderte hinweg Bestand hatten. Die wichtigste davon scheint in der *Poppea* nur flüchtig auf: die allmähliche Herausbildung einer merklichen Divergenz zwischen Rezitativ und Arie – eines Kontrastes zwischen Momenten, in denen die Handlung weitergeführt werden konnte und musikalische Konversation stattfand, und Momenten, in denen das Publikum virtuosen Gesang genießen konnte. Zugrunde lag diesem Prozess die Frage der Plausibilität. Monteverdi war ein Konservativer: In der *Poppea* kommen zwar lyrische Passagen vor, die jedoch in der Regel nahtlos in das alte *recitar cantando* übergehen (oder aus ihm hervorgehen) und die Handlung nie lange unterbrechen. Die nachfolgende Komponistengeneration (und hier vor allem Cavalli) erschloss weitere dramatische Möglichkeiten, mit deren Hilfe auch längere Soloarien akzeptabel wurden. Man konnte zum Beispiel in die Handlung Momente einbauen, die zwanglos nach Gesang verlangten, etwa nach einem Schlaflied oder einer Beschwörung. Von größerer Bedeutung war jedoch, dass die monologischen Momente stetig zunahmen, Situationen, in denen eine Figur gleichsam vom Dialogischen freigestellt wurde und ein Selbstgespräch führen durfte. Diese Momente der gesungenen Kontemplation wurden zunehmend an das Ende größerer Szenen gestellt, so dass der Sänger bzw. die Sängerin nach ihrem einsamen Monolog die Bühne verlassen konnte. Auf diese Weise nahm ein Standardelement der Oper des 18. und frühen 19. Jahrhunderts, die «Abgangsarie», allmählich Gestalt an.

Der musikalische Aufbau dieser Arien war anfänglich, wie kaum anders zu erwarten, äußerst vielgestaltig. Ein früher Favorit war die ABB-Form: Die letzten Textzeilen dienten als Unterbau für eine ausgefeilte Melodieführung mit Variationen und Wiederholungen oder mit dem Kunstgriff, einzelne Wörter oder Sätze über einen größeren Bereich der musikalischen Textur zu strecken. Diese das Ende betonende Ausweitung der musikalischen Form vertrug sich offensichtlich gut mit der Vorstellung von der Arie als der musikalisch aufgefächerten Schlusspassage eines Monologs. Doch mit der Zeit machte die ABB-Form Platz für etwas, das noch weiter gehende musikalische Entwicklungsmöglichkeiten bot: die ABA- oder dreiteilige Form, die im Verlauf des 18. Jahrhunderts zum neuen Standard wurde. Dieses Konzept – eine musikalische Aussage zu formulieren, daran einen deutlich kontrastierenden Teil anzuhängen und dann wieder zum ersten Gedanken zurückzukehren – erschien im Hinblick auf die rein musikalische Ausgewogenheit außerordentlich zweckmäßig und war in der Instrumentalmusik seit langem gebräuchlich. Für Opernarien erschien es jedoch auf den ersten Blick ungeeignet, zumindest in einem ernsten Kontext. Zu komischen Figuren mochte, so glaubte man, eine so offensichtlich statische musikalische Konstruktion passen, doch denjenigen, deren Ehrgeiz es war, das Publikum in emotionale Bewegung zu versetzen, erschien ein solches Zugeständnis ans musikalische Kunsthandwerk zu unsolide. Am Ende erwies sich jedoch das Stilmittel der musikalischen Expansion und Wiederholung als so attraktiv sowohl für die Sänger als auch für ihre Zuhörer, dass Arien der ternären Form zur Regel wurden – und je mehr das der Fall war, desto mehr verstummte die Kritik an ihrer Realitätsferne. Die musikhandwerkliche Perfektion gewann auf der Opernbühne weiter an Boden.

Im Verlauf dieses Prozesses – der mit einer zunehmenden Akzeptanz der «Andersartigkeit» eines Musikdramas mit durchgängigem (und zunehmend ausgefeilterem) Gesang einherging – entwickelten sich zahlreiche Konventionen, die nicht nur die Formen der Arie betrafen. Auch bei den Bühnenbildern tat sich eine Menge: Die Opern spielten in und vor immer anspruchsvoller gestalteten Kulissen, die, wenn es sein musste, wiederverwendet und zum Gegenstand erneuter Bewunderung gemacht werden konnten. Ausgefeilte perspektivische Malereien sowohl auf den seitlichen als auch auf den rückwärtigen Kulissen zeigten prachtvolle Gärten, Wälder oder Paläste. Dank neuer technischer Lösungen wie Schiebekulissen konnte das Bühnenbild schnell umgebaut und ausgetauscht werden. Typischerweise orientierte man sich bei den Szenenbildern der Opern, anknüpfend an die alten Intermedien, an höfischen Milieus und buhlte um die Gunst der Zuschauer, indem man sie in eine Welt der ungezügelten Prachtentfaltung versetzte. In einer besonders aufwändigen Produktion – Nolfis *Bellerofonte* (oder *Bellorophon*, Venedig 1642), war es die Stadt Venedig selbst, die dem Publikum als Kulisse präsentiert wurde – die Zuschauer bekamen ein idealisiertes Abbild ihrer Stadt zu sehen, von den Kulissenmalern zu einem makellosen Ort von nie gekannter Anziehungskraft stilisiert. Wie ein Zeitgenosse berichtete: «Jedermann bejubelte [das Bühnenbild] als einen großen Wurf: Das Auge sah sich getäuscht durch die Piazza mit ihren dem Leben nachempfundenen öffentlichen Gebäuden, und [das Publikum] ergötzte sich zunehmend an der Täuschung und vergaß dank dieser Fiktion beinahe, wo es sich eigentlich befand.»[19]

Weitere Konventionen schälten sich heraus, die Situationen und Konstellationen betrafen, die sich als besonders geeignet für eine musikalische und szenische Umsetzung erwiesen. Das abschließende Liebesduett in Monteverdis *Poppea* haben wir bereits erwähnt – ein Ende, das sich als Standard etablierte und das zumindest eine Spielart des mehrstimmigen Gesangs in der italienischen Oper am Leben erhielt zu einer Zeit, in der ansonsten die solistisch dargebotene Arie mehr und mehr an Boden gewann. Weitere Standardsituationen waren die «Wahnsinnsszene», in der jede noch so übersteigerte Vokalakrobatik als lebensecht akzeptiert werden konnte, oder Ausflüge in die Unterwelt, für die sich eine Lyrik besonderer Art ausbildete und ein Arsenal außergewöhnlicher Instrumente entwickelte. Unterwelt- und Zaubererszenen standen in einer langen, bis zu den Intermedien zurückreichenden Tradition und nahmen natürlich in allen Orpheus-Opern einen zentralen Platz ein. Durchkomponierte Klagegesänge, vorgetragen von gramgebeugten Figuren, wurden zunächst noch als *recitar cantando* vorgetragen, näherten sich aber um die Jahrhundertmitte den Arien an und entwickelten sich allmählich zu Momenten, für die eine extravagante Stimmführung üblich wurde. Als solche Szenen und Arien zum geforderten Standard wurden, hatten Librettisten und Komponisten leichteres Spiel: Eine neue Oper zu schreiben, funktionierte von da an oft analog zum Drehen eines Fortsetzungsfilms oder zur Produktion der nächsten Folge einer Serie, in der der ermittelnde Detektiv bereits alle seine von den Zuschauern geliebten Marotten perfektioniert hat. Man kann es nach wie vor schaffen, eine besonders tolle Folge zu schreiben, doch die Handlungsabläufe erscheinen standardisiert. Dann geht alles schneller.

Cavallis *Giasone* (*Jason*, 1649) – Libretto von Giacinto Andrea Cicognini nach dem Mythos von Jason und den Argonauten – weist nicht wenige Elemente dieser Art auf und nimmt in Darstellungen der italienischen Oper des 17. Jahrhunderts oft einen prominenten Platz ein.[20] Weil wir es in dieser Oper mit vier mehr oder weniger austauschbaren Liebenden zu tun haben, bekommen wir mehrere Liebesduette zu hören. Medea als Zauberin ist in den schwarzen Künsten besonders versiert und wendet sie in ihrer Beschwörungsszene im ersten Akt an, begleitet von einem Chor aus der anderen Welt. Der zweite Akt enthält eine Wahnsinnsszene (wobei die betreffende Verrückte, Isifile, eher wütend als wahnsinnig ist). Es gibt Schlafszenen, in denen das Eindösen ebenso gute Gelegenheiten für musikalische Verdrehtheiten bietet wie der Wahnsinn oder das Übernatürliche. Eine wunderbare dramaturgische Eigenart hat diese Oper zu bieten: Gastauftritte von Göttern, die in der Menschenwelt wie Puppenspieler agieren und die sich nicht, wie gewöhnlich, auf den Prolog oder auf eine Deus-ex-machina-Szene ganz am Ende beschränken. Mitten im zweiten Akt tauchen Giove (Jupiter) und Eolo (Äolos) auf, treffen sich in der «Höhle der Winde» und besprechen, ob sie in die Handlung eingreifen sollen. Damit wird der dramaturgische Fokus vom Tun und Lassen der menschlichen Figuren abgezogen und eine Atempause erzeugt, in der die Musik deutlich anders klingt als alles, was sonst in dem Stück zu hören ist – weil Götter das besondere Privileg haben, nach ihrem Gusto zu singen, namentlich in einer Höhle, in der sich Wirbelstürme treffen. Dass die Götter sich für das Handeln der Sterblichen interessieren, ist ein Motiv, das aus der zugrunde liegenden Sage stammt, und dient wie immer in solchen Mythen dazu, die Mühsal der Sterblichen zu universalisieren. Just derselbe Kniff, ein Schwenk weg von Jason und seinen Gefährten, wird in dem 1963 entstandenen Film *Jason und die Argonauten* angewendet und erzeugt eine analoge Atempause, in der Zeus und Hera (Niall MacGinnis und Honor Blackman) gezeigt werden, wie sie auf dem Olymp eine Partie mit sterblichen Schachfiguren austragen – ein Beleg dafür, dass wirksame dramaturgische Stilmittel im Verlauf von Jahrhunderten immer wieder hervorgeholt werden.

Die Versatzstücke, die in eine Produktion wie den *Giasone* eingingen, blieben viele Jahrzehnte lang eine krisensichere Opernwährung, und Abkömmlinge von ihnen schafften es sogar in Opern des 20. Jahrhunderts. Sie erinnern uns daran, dass künstlerische Konventionen erstaunlich langlebig und widerstandsfähig sein können, besonders wenn sie für alle Beteiligten funktionieren – in diesem Fall für Librettisten, Komponisten, Produzenten, Sänger und Zuschauer. Und sie führen uns vor Augen, dass die Leidenschaft des frühen venezianischen Publikums für die Oper etwas mit unserer eigenen gemein hat.

Nachspiel: die Diaspora

Venedig war der Ort, an dem sich die öffentlich aufgeführte Oper erstmals etablierte, konnte aber seinen Status als Nabel der Opernwelt nicht behaupten. Da war zunächst einmal die Tatsache, dass die «öffentliche Oper» eine weitere glückliche Heimstatt in Rom fand (obwohl dort Bühnenauftritte für Frauen tabu waren, so dass alle Rollen und Stimmen mit Männern besetzt werden mussten). In dem 1639 fertiggestellten Palazzo Barberini gab es einen Saal für Opernaufführungen, in dem mehr als 3000 Zuschauer Platz fanden, womit er auf einer Stufe stand bzw. steht mit dem Teatro di San Carlo in Neapel (ebenfalls mehr als 3000 Plätze) und mit Häusern des 20. Jahrhunderts wie der alten und der neuen Metropolitan Opera in New York. Die Auswahl und Inszenierung von Opern stand in Rom unter dem Einfluss der Vorlieben von Kirchenmännern und einengender Regularien der Kirche – eine interessante Konstellation, die so berüchtigte Blüten trieb wie *Sant'Alessio* («Heiliger Alexis», 1632), eine katholische Oper mit einem Libretto aus der Feder des späteren Papstes Clemens IX. Wie wir von einem Zeitgenossen, der den ersten Aufführungen der Oper beiwohnte, erfahren, boten sie mehr als genug Skandalstoff – wenn auch nicht in der klinisch reinen Handlung und biederen musikalischen Ästhetik des Stücks:

> Das ganze Schauspiel wurde musikalisch dargeboten mit jenen *stili recitativi*, die man in Italien gebraucht, und alle Texte waren so deutlich zu verstehen, als wären sie nur gesprochen worden. Alle Stimmen waren exzellent, handelte es sich doch um die Elite der Musiker des Palastes und der Stadt Rom. Die Schauspieler, die Frauenrollen spielten, waren schön anzusehen, entweder junge Pagen oder junge Kastraten *di cappella*, so dass man im Saal verstohlene Seufzer vernehmen konnte, die Bewunderung und Verlangen den Pfauenbrüsten entlockten; die Männer im Purpur erlaubten sich kraft ihrer höheren Autorität größere Freiheiten, was so weit ging, dass die Kardinäle San Giorgio und Aldobrandini mit gespitzten Lippen und häufigem und lautem Zungenschnalzen diese bartlosen Akteure herbeiwinkten, um sie zu küssen.[21]

Rom erscheint hier als ein Ort, an dem die Schamlosigkeit von Prälaten und die Dekadenz der Oper zusammenkommen und Küsse austauschen – daraus sollte ein literarisches Klischee werden. Es inspirierte Honoré de Balzac zu seiner Novelle *Sarrasine* (1830), die in der Hauptsache folgende Geschichte erzählt: Ein naiver, leichtgläubiger junger französischer Bildhauer reist 1758 nach Rom, verliebt sich in eine schöne Opernsängerin und erhält die Warnung, deren Gönner und Beschützer sei der Kardinal Cicognara. Die Schöne entpuppt sich als jugendlicher Kastrat, der auch außerhalb der Bühne als Transvestit unterwegs ist; der Bildhauer wird von den Schergen des eifersüchtigen Kirchenmannes ermordet. Balzac zeichnet in der Novelle ein Schreckensbild von den unaussprechlichen «Präferenzen» des Kirchenmannes, von der Verderbtheit Roms und von der Spezies der Kastraten.

Eine Blütezeit erlebte die Oper auch (wenngleich in weniger grellen Farben) in Neapel, in dem kleinen, 1620 erbauten Teatro San Bartolomeo, wo aus Venedig importierte Opern auf die Bühne gebracht wurden. In Venedig selbst setzte gegen Ende des 17. Jahrhunderts ein wirtschaftlicher Niedergang ein, der die Finanzierung von Opernproduktionen erschwerte. Wie die kritischen Äußerungen von Saint-Évremond zeigen, war der unbekümmerte Irrealismus der venezianischen Oper nicht jedermanns Sache, namentlich ihre Entwicklung weg von dem schmucklosen, eleganten, intim expressiven *recitar cantando* hin zur Extravaganz ausufernder Arien. Bis zum Ende des 17. Jahrhunderts steigerte sich die Kritik daran in einen Kleinkrieg voller Invektiven und Vorwürfen, mit der Folge, dass die erste Opernreform in Gang kam, der regelmäßige weitere folgen sollten.

Freilich war die Oper ohnehin stets auf dem Weg zu neuen Ufern: Reisende Ensembles verpflanzten sie in andere italienische Städte, und sie überschritt die Grenze nach Frankreich, dann nach England und zu weiteren Horizonten und fand schließlich ihre berühmtesten Domizile in reichen Städten in aller Welt. In den meisten ihrer neuen Heimstätten entwickelte die Oper, ob unter dem Druck von Reformbewegungen oder nicht, jeweils eigene Besonderheiten und lokale Traditionen. Die deutschsprachigen Länder erwiesen sich als die am wenigsten widerständigen und zeigten sich in aller Regel offen für italienische Importe. Wien freundete sich mit Opern-Adaptionen an, die die italienische Originalsprache beibehielten, desgleichen München und andere neue Hochburgen des Genres. Parallel dazu entwickelte sich aber auch eine deutschsprachige Oper und fand ihr Publikum. Lange Zeit ging man davon aus, dass der 1627 uraufgeführten Oper *Daphne* von Heinrich Schütz der historische Rang des «Erstlings» in diesem Genre zusteht. Ob dieses (verlorene) Werk ein legitimer Anwärter auf diesen Titel ist, darüber streiten sich die Gelehrten noch immer; der bloße Umstand, dass darüber gestritten wird, illustriert, wie gründlich die Geschichte der Oper sich in den

Widerhaken des kulturellen Nationalismus verfangen kann: Es geht bei der Diskussion um *Daphne* auch um die Identität des «Erfinders» der Deutschen Oper, und die Tatsache, dass Schütz ein anerkannter Meister ernster Kirchenmusik war, stempelte ihn zu einem besonders attraktiven Kandidaten.[22] Doch unabhängig davon, ob der große Schütz die erste deutsche Oper geschaffen hatte oder nicht, verlief die Entwicklung dieses Genres im 17. Jahrhundert durchweg stockend.

Wesentlich eigenständiger waren die verschiedenen Lösungen, die in Frankreich gefunden wurden, wo sich eine erstaunlich produktive Hassliebe zur italienischen Oper entwickelte, die jahrhundertelang Bestand haben sollte. Der Hof Ludwigs XIV. hieß den exotischen italienischen Import zunächst willkommen; Kardinal Mazarin (der selbst Italiener war und eigentlich Mazzarini hieß) holte zwischen 1645 und den frühen 1660er Jahren sechs Opern nach Paris. Sie wurden alle leicht modifiziert, um den französischen Geschmack zu bedienen, nicht zuletzt durch den Einbau von Ballettszenen – das Ballett hatte in Frankreich eine feste Tradition als tragisches Genre –, und in einigen Fällen, indem man die Kastraten durch Baritone ersetzte. Doch nach dem Tod Mazarins 1661 sank der Stern der italienischen Oper in Frankreich. Die Szene beherrschte in der Folge Jean-Baptiste Lully (1632–1687), ein ausgewanderter Italiener, der über die Instrumentalmusik und anschließend über das Ballett (bei Letzterem durch die Zusammenarbeit mit Molière) zur Oper kam. Lully und Molière produzierten eine Serie von Ballettkomödien; es waren komische Theaterstücke mit eingestreuten Gesangs- und Tanznummern, und sie gehörten zu den Vorläufern der französischen (und später auch der deutschen) komischen Oper, bei der sich Sprechtheater mit Musik verband. 1672 gewährte König Ludwig Lully das exklusive Privileg, eine «Académie Royale de Musique» zu gründen, und Lully nützte diese Chance, um quasi im Alleingang das Genre der französischsprachigen (ernsten) Oper zu erfinden. Diese sehr spezielle Kreation erhielt den Namen «tragédie en musique» (oder auch «tragédie lyrique»), was deutlich macht, dass sie maßgeblich vom dramatischen Theater beeinflusst war, das in Frankreich eine machtvolle und gebieterische Tradition besaß.

Ein wichtiger Aspekt, in dem sich die französische Oper von der italienischen unterschied – abgesehen von den Ballett-Einsprengseln –, betraf ihre Realitätsnähe. (Wie wir im nachfolgenden Kapitel sehen werden, waren polemische Kontroversen über dieses Thema in Frankreich viel häufiger als in Italien und entzündeten sich oft an der Unterscheidung zwischen Sprech- und Musikdrama.) Die von Lully kreierte «tragédie lyrique» verzichtete in der Regel auf lange durchkomponierte Arien mit Instrumentalbegleitung und zeichnete sich auch durch eine weit weniger strenge Differenzierung zwischen Rezitativ und Arie aus; sie verzichtete auf alles, was in Richtung italienischer Vokalakrobatik ging. Sie arbeitete lieber mit natürlichen Stimmen als mit Kastraten und trieb die Handlung mit Hilfe längerer Rezitativ-Passagen voran, wobei sich die Autoren bemühten, den Rhythmus der gesprochenen Sprache beizubehalten (die Hochsprache des klassischen französischen Dramas diente dabei als Vorbild). Jeder Akt dieser arienlosen – oder zumindest arienarmen – Opern wurde mittels eines «Divertissements» (wörtlich «Ablenkungen») aufgelockert, das die Handlung zu Gunsten einer Balletteinlage über ein Thema aus der Mythologie unterbrach; für diese Tanzszenen wurden prachtvolle Kulissen aufgefahren, die oft an die der alten Intermedien heranreichten. Nicht selten tanzte der König persönlich bei den Ballettnummern mit, und der gesamte Hof musste auf Anordnung Mazarins diesem Schauspiel beiwohnen. Ein weiterer fester Bestandteil dieser ausgesprochen höfischen Unterhaltung war ein längerer Prolog, in dem stets ausdrücklich dem König gehuldigt wurde, obwohl es vordergründig um Themen aus der Mythologie ging. Wie aus diesem kurzen Abriss hervorgeht, machte Lullys «tragédie lyrique» viele der Neuerungen, die die venezianische Oper hervorgebracht hatte, rückgängig – sie brauchte sich nicht nach dem Geschmack eines Massenpublikums zu richten, sondern konnte sich auf das klassische Instrumentarium für die Glorifizierung der königlichen Dynastie konzentrieren. Die Stücke Lullys wurden auch nach seinem Tod 1687 weiter aufgeführt; ihnen erwuchs in den folgenden 40 Jahren keine ernsthafte Konkurrenz, und sie blieben sogar noch bis in die 1770er Jahre Bestandteil des Repertoires.

Das dritte Land, das sich der Oper öffnete, war England; wie in Frankreich gab es indes auch hier eine große Sprechtheater-Tradition, die dafür sorgte, dass durchgängig gesungene Stücke nur sehr allmählich Gefallen fanden. Die Engländer bewahrten sich eine zwiespältige Haltung gegenüber der Oper, namentlich gegenüber deren exaltierteren Produktionen. Die von König Jakob I. (1603–1625) geprägte Periode brachte eine Hochblüte der Court Masque, eines Spektakels in der Art der Intermedien, bei dem sich Gesang mit Tanz und aufwändig gestalteten Kulissen verband, wobei die Handlung häufig allegorische Themen aufnahm. Viele dieser Stücke gewannen durch die Mitarbeit des bedeutenden Dramatikers Ben Jonson zusätzliche literarische Statur, der im Vorwort zur einem der Maskenspiele, *Lovers Made Men* (1617), erklärte, das Stück werde «nach italienischer Art gesungen, *stile recitativo*»,[23] ein Hinweis darauf, dass Einflüsse aus Italien schon zu diesem Zeitpunkt spürbar waren. Das Bühnengeschehen in England wies jedoch einen weiteren Aspekt auf, der letzten Endes entscheidend dazu beitrug, London zu einem ausgezeichneten Habitat für extravagante Bühnenunterhaltung zu machen, aber auch das Risiko periodisch wiederkehrender Rückschläge barg: das Verhältnis zwischen der Nation und ihrer Monarchie. In Italien hatten viele Kleinstaaten Herrscher, die eine wichtige Rolle bei der Entwicklung unterschiedlicher Kunstformen spielten, und die von Ludwig XIV. in Paris dirigierten Opernspektakel waren legendär; die englische Königsfamilie erlebte jedoch Mitte des 17. Jahrhunderts einen katastrophalen Bürgerkrieg zwischen Anhängern der Krone und aufständischen Untertanen. Auf dem Höhepunkt dieses Konflikts, 1649, wurde König Karl I. geköpft und die Bedeutung des königlichen Amtes deutlich herabgestuft. Trotz der Wiederherstellung des Königtums – sein Sohn Karl II. eroberte den Thron 1660 nach einem auf dem Papier republikanischen Interregnum zurück – war es mit der alten Souveränität der Monarchie, ob in kulturellen oder anderen Dingen, unwiderruflich vorbei.

Angesichts des traditionell hohen Ansehens des Sprechtheaters sollte es uns nicht allzu sehr verwundern, dass die Frage nach dem Realitätsbezug der Oper – die sich vor allem daran festmachte, dass die Darsteller sangen, anstatt zu sprechen – in England eine besondere Brisanz entwickelte. Die über weite Strecken des 17. Jahrhunderts bevorzugte Spielart des Musikdramas war entweder das erwähnte Maskenspiel oder die sogenannte Semi-Oper, bei der die Musik nicht die ganze Last der Handlung zu tragen hatte, sondern nur für besondere Szenen wie etwa Ausflüge ins Übernatürliche eingesetzt wurde. William Davenants *The Siege of Rhodes* (aufgeführt 1656, also in der republikanischen Periode) wird gewöhnlich als die erste abendfüllende englische Oper bezeichnet; die (verloren gegangene) Musik stammte von Henry Lawes und William Locke, zwei der berühmtesten Komponisten ihrer Zeit. Doch dieses Experiment in «recitative musick», wie es betitelt wurde, verdankte seine Existenz offenbar dem Bestreben, das von der Republik verhängte Verbot von Theateraufführungen zu unterlaufen, und brachte erst Jahrzehnte später nennenswerten Nachwuchs hervor. Einer dieser Nachkommen, in der Tat eines der berühmtesten Beispiele der frühen englischsprachigen Oper, war *Dido and Aeneas* (*Dido und Aeneas*, 1689?) von Henry Purcell (1658?-1695). Man tut sich sehr schwer, dieses Werk zu kategorisieren, denn die erhalten gebliebene Fassung ist eine Bearbeitung, die für eine Aufführung an einem Londoner Mädcheninternat vorgenommen wurde.

Man erkennt zwar Spuren sowohl französischer als auch italienischer Einflüsse (erstere in Form eines allegorischen Prologs, dessen musikalische Einbettung verloren gegangen ist, letztere in Bezug auf Form und Stil einiger Arien, insbesondere der berühmten «Wehklage», die Dido gegen Ende singt, «Wenn ich in die Erde gelegt werde»). Musikalisch wirkt *Dido and Aeneas* ungewöhnlich simpel im Vergleich mit Purcells anderen Werken aus demselben Zeitraum. Manche Autoren haben die Vermutung geäußert, die Oper *Dido and Aeneas* habe ihr Dasein als ein höfisches Unterhaltungsstück ganz anderen, anspruchsvolleren Formats begonnen, aber die Beweislage ist frustrierend dünn.

Gegen Ende ihres ersten Jahrhunderts hatte die Oper Wurzeln zunächst quer durch Italien und dann auch außerhalb des Landes getrieben: in Frankreich, England, in einigen deutschsprachigen Fürstentümern und in Spanien. An den meisten Orten entwickelte sie in Anpassung an ihr neues Umfeld einheimische Formen. Auch wenn die Entwicklung der Oper in ihrer Frühphase als Form der höfischen Unterhaltung öfter an einem seidenen Faden zu hängen schien – das venezianische Modell, befeuert von wandernden Musiktheater-Ensembles und von einem höfischen Zentrum zum anderen weitergetragen, hatte dank seiner Schwungkraft und Anpassungsfähigkeit seine Bewährungsprobe bestanden. Im Zuge ihrer Fortentwicklung in den darauf folgenden 300 Jahren sollte die Oper noch viele Metamorphosen und Kehrtwenden erleben, doch einige der Merkmale, die sie in ihren ersten 100 Jahren auszeichneten, behielt sie bei. Gerade diese waren es aber, die Herrscher und aristokratische Familien – und später das zahlende Publikum – veranlassten, exorbitante Summen auszugeben, um unerhörte gesangliche Kabinettstückchen, eingebettet in eine berauschende visuelle Prachtentfaltung, zu erleben – um Ansehen und nicht zuletzt auch schiere Sinnenlust aus einem neuen Bühnengenre zu saugen, bei dem singend fantastische Geschichten erzählt wurden.

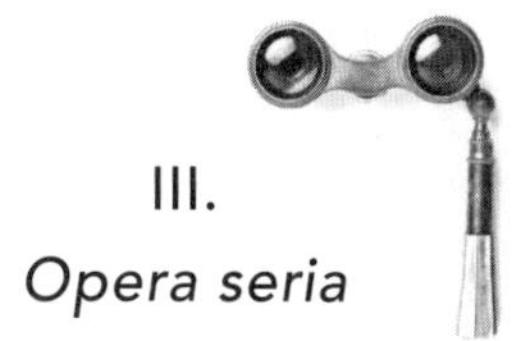

III. *Opera seria*

Als 1637 in Venedig das erste öffentliche Opernhaus seine Pforten öffnete, kamen diejenigen, die sich für die neue Kunstform interessierten, mit wenig konkreten Erwartungen. Mit einem Teil dessen, was musikalisch geboten wurde, waren sie aus anderen Genres vertraut, doch waren Opernveranstaltungen bis dahin nicht viel mehr gewesen als musikalische Unterhaltungsprogramme im höfischen Stil, deren Ausgestaltung sich überwiegend nach dem jeweiligen Ereignis richtete, für das sie lediglich den Rahmen abgaben. Nur wenige Jahrzehnte später wies die Oper jedoch schon viele der Wesenszüge auf, die ihr über weite Strecken ihrer 400-jährigen Geschichte erhalten bleiben sollten. Vor allem hatte sie sich als eigenständiges Genre etabliert – als ein Kulturgut mit bestimmten Merkmalen, die das Publikum erwartete und immer wieder erleben wollte. Spätestens seit 1650 gehörte zu diesen Merkmalen neben der alternierenden Abfolge von Rezitativen und Arien ein Standardfundus dramatischer Situationen: die komische Arie, die Traumszene, die Beschwörung, die Wahnsinnsszene. Abschließende Liebesduette wie jenes in Monteverdis *L'incoronazione di Poppea* (1643) bildeten ein weiteres i-Tüpfelchen: Am Ende eines Abends mit einer Abfolge von Rezitativen und Solo-Arien zwei Liebende im Duett singen zu hören, wurde zu einem Programmbestandteil, auf den die Leute warteten und an dem sie sich erfreuten – das sinnliche Zusammenspiel zweier Stimmen, die den ganzen Raum füllten. Ein solches Duett stand am Ende der *Poppea*, komponiert möglicherweise von Monteverdi, vielleicht aber auch von einem jüngeren Komponisten, der die Oper für ihre Aufführung im fernen Neapel bearbeitete – jedenfalls hinzugefügt von jemandem, der bereit war, die Integrität des Werkes zugunsten eines kreativen Zugeständnisses an die Wünsche des Publikums hintanzustellen.[1]

Fast überall, wohin die Oper gelangte, bewahrte sie sich etwas von dem öffentlichen Charakter, den sie in Venedig entwickelt hatte. An den meisten Orten musste jedoch ein Arrangement zwischen diesem gleichsam demokratischen Aspekt und einer vorherrschenden höfischen Kultur gefunden werden. In Florenz nahm sich die Familie Medici des neuen Genres an, stellte es aber in den Dienst ihrer propagandistischen Zwecke, indem sie es etwa anlässlich der Feiern von Geburten oder Hochzeiten einsetzte, dabei aber so retuschierte, dass es den alten Intermedien ähnelte. Der spanische Vizekönig in Neapel ging ähnlich vor. Der Kirchenstaat in Rom duldete zwar keine öffentlichen Opernhäuser, verhinderte jedoch nicht die Aufführung sowohl komischer als auch pastoraler Musikdramen in den Privathäusern von Adligen. In vielen anderen Städten wurden Theater für die Allgemeinheit eröffnet. Die letzten Dekaden des 17. Jahrhunderts brachten wachsende Zuschauerzahlen und eine Diversifizierung des Publikums, dessen Vorlieben sich oft eher an Glanz und Pomp als an der Tugend der Zurückhaltung orientierten. Nicht zufällig war das auch die Periode, die den Aufstieg professioneller Gesangsvirtuosen brachte – Bühnenstars, die es gelernt hatten, bei ihren Zuschauern Zustände der Verzückung und Ehrfurcht hervorzurufen, indem sie sich auf einem gesangstechnischen und stimmlichen Niveau bewegten, das frühere Jahrhunderte nicht gekannt hatten.

Singen als Beruf

Die erfolgreichsten dieser Sänger festigten jene Marktmacht, die ihre Zunft im späten 17. Jahrhundert gewonnen hatte, und verdienten weiterhin mehr Geld als alle anderen Beteiligten – auch als die Komponisten. Es gab Leute, die das beharrlich und vernehmlich kritisierten. Aber dass sich eine Einkommenskluft zwischen den Sängern und dem Rest auftun würde, war vorauszusehen gewesen. Von einem festen Opernrepertoire konnte noch nicht einmal in Ansätzen die Rede sein; es war nicht üblich, dass ältere Opern neu inszeniert wurden, und wenn es einmal zu einer Reprise kam (wie in den 1650er Jahren, als man Monteverdis *Poppea* in Neapel wiederaufführte), wurde das Stück in mehrerlei Hinsicht den neuen Anforderungen und Geschmacksvorlieben angepasst. Dabei standen insbesondere die musikalischen Bestandteile einer Oper immer zur Disposition und wurden ohne viel Federlesen umgeschrieben. Die Librettisten durften mit etwas mehr Respekt rechnen; sie waren schließlich Literaten und gehörten damit einem wesentlich angeseheneren Berufsstand an als die Musiker. Die erfolgreichen unter ihnen konnten erleben, dass ihre Werke mehr als einmal zur Vorlage einer neuen Oper wurden. Die großen Opernhäuser versuchten indessen, sich eine Sonderstellung vor allem durch ein Staraufgebot an Sängern zu verschaffen. Dass ein Sänger oder eine Sängerin seine oder ihre Karriere ausschließlich im Opernfach ansiedelte, war ein Phänomen, das erstmals im späten 17. Jahrhundert zu beobachten war. Die Herausbildung dieser neuen Berufsgruppe der Opernsänger hatte zumindest eine bemerkenswerte gesellschaftliche Implikation: Vielleicht zum ersten Mal in der Geschichte konnten Frauen für eine gleichartige Leistung gleich viel Geld verdienen wie ihre männlichen Kollegen, bisweilen sogar mehr. Frauen fanden in diesem Beruf die Chance, allein dank ihres Talents unabhängig und wohlhabend zu werden.

Der Weg dorthin war freilich nicht immer leicht. Der enge Kontakt zu einer überwiegend von Männern dominierten Welt brachte immer wieder Probleme, besonders hinsichtlich des guten Rufs. Ein Beamter des Hofes von Neapel drückte es 1740 so aus:

> [Sängerinnen] haben noch nie als achtbar gegolten, weil ihr Beruf die Notwendigkeit des Umgangs mit vielen Männern mit sich bringt: Komponisten, Instrumentalisten, Autoren und Musikliebhabern; ein jeder, der all dies Kommen und Gehen im Hause einer Frau wahrnimmt, wird daraus den nahe liegenden Schluss ziehen, sie sei unmoralisch – gleichgültig ob sie es tatsächlich ist oder nicht.[2]

Das Einkommen von Sängern konnte allerdings, besonders unter den Bedingungen einer Mischwirtschaft, in der öffentliche Theater sich zugleich adliger oder königlicher Gunst und Unterstützung erfreuten, atemberaubend sein. Gegen Ende des 17. Jahrhunderts konnte ein Opernstar im Verlauf einer Karnevalssaison in Venedig Einkünfte erzielen, die dem Lohn für eine ganzjährige Tätigkeit als Sänger in einer Kirche oder herzoglichen Burgkapelle entsprachen. 30 Jahre später verdienten die bestbezahlten Opernsänger am Dresdener Hof den Gegenwert von deutlich über 1000 britischen Pfund pro Saison – ein kleines Vermögen.[3]

Die einzige Gruppe, die etwa den Verdienstmöglichkeiten von Solo-Sopranistinnen einigermaßen nahekam, war die Riege der Kastraten. Dass Kastraten gern gesehene Gäste auf den Opernbühnen waren, gehörte zu den Wesensmerkmalen jener der Wirklichkeit entrückten Opernwelt des frühen 18. Jahrhunderts. Dies ist auch der Grund, weshalb die meisten Opern, die aus dieser Periode stammen, niemals mehr so aufgeführt werden können, wie sie damals aufgeführt wurden – Kastraten sind Geschichte. Man sollte sich jedoch vergegenwärtigen, dass nur relativ wenige von ihnen ihren Lebensunterhalt als Opernsänger verdienten. Die meisten Kastraten verdingten sich als Sänger bei der katholischen Kirche, die keine weiblichen Stimmen duldete. Anders ausgedrückt: Kastraten heranzuziehen, diente weder ursprünglich noch hauptsächlich dem Vergnügen der Opernfans, sondern der kirchlichen Liturgie. Andererseits gehörten Kastraten, wie bereits im letzten Kapitel erwähnt, fast von Anfang an zur italienischen Oper. Ein Kastrat sang den Prolog in Monteverdis *Orfeo*, und auch zwei weibliche Rollen der Oper wurden mit Kastraten besetzt. In der venezianischen Oper wirkten sie häufig mit, wobei sie sowohl in männlichen als auch in weiblichen Rollen figurierten. Spätestens anfangs des 18. Jahrhunderts waren sie ein gleichermaßen spektakulärer wie integraler Bestandteil der Opernwelt, zumindest was die ernsten Opern betraf. Und es gereichte ihnen zu Ruhm und Ehre, dass sie häufig den *primo uomo* spielten, den männlichen Protagonisten.

Wie das Verfahren funktionierte, einen Kastraten heranzubilden, lag lange Zeit im Dunkeln; das Grundprinzip war indes so einfach wie brutal: An musikalisch vielversprechenden Knaben wurde rechtzeitig vor dem Stimmbruch eine Operation vorgenommen: Entweder wurden ihre Hoden chirurgisch entfernt oder so abgeschnürt, dass sie aus mangelnder Durchblutung verkümmerten. Das führte dazu, dass sie ihre helle Knabenstimme behielten (oder allenfalls in die Altlage absanken); außerdem konnten Kastraten Töne ungewöhnlich lange halten. Die Operation wirkte sich auf den Hormonhaushalt aus und zog gravierende körperliche Veränderungen nach sich: Kastraten konnten ungewöhnlich groß werden, einen vergrößerten Brustkorb (daher die Fähigkeit, Töne lange zu halten), Spinnenfinger und andere ungewöhnliche Körpermerkmale entwickeln. Schockiert schrieb ein französischer Beobachter 1739:

> Die meisten werden so fett wie Kapaune, mit Hüften, Hinterbacken, Armen, Hals und Nacken so rund und prall wie bei Frauen. Lernt man sie in Gesellschaft kennen und hört sie sprechen, wundert man sich, dass aus einem solchen Koloss die Stimme eines Kindes kommt.[4]

Kastraten galten, sosehr sie auch als Bühnendarsteller akzeptiert und wegen ihrer Gesangskunst zuweilen nachgerade verehrt wurden, immer auch als Exoten, selbst in ihrer Blütezeit als Operndarsteller. Legenden über sie, besonders über angebliche sexuelle Kunststücke, fanden im 18. Jahrhundert große Verbreitung. Viele dieser Mythen bezogen ihren Reiz daraus, dass die Kastraten zu Symbolfiguren für die Extravaganz der Oper als solcher wurden, zur Personifizierung ihrer grundlegenden Surrealität. Ein gern kolportiertes Gerücht besagte – ob zutreffend oder nicht, ist schwer zu beurteilen, wobei die moderne medizinische Lehrmeinung es eher anzweifelt –, dass Kastraten noch die Fähigkeit zum Sexualverkehr besaßen; viele Zeitgenossen nahmen daran Anstoß, und sei es nur deshalb, weil das bedeutet hätte, dass Kastraten sexuelle Lust ausleben konnten, und zwar frei von der Sorge, eventuell eine Schwangerschaft zu verursachen. Ein 1728 in London anonym veröffentlichtes Pamphlet enthält einen fiktiven Versbrief von Faustina Bordoni, einer der berühmtesten Opernsopranistinnen ihrer Zeit, an den bekannten Kastraten Senesino. Lakonisch konstatiert die Bordoni die Vorzüge eines kastrierten Liebhabers:

> Safely they give uninterrupted joys,
> Without the genial Curse of Girls and Boys.
> (Getrost spenden sie ununterbrochene Freuden,
> Ohne den zeugungslustigen Fluch von Mädchen und Jungen.)

Im selben Pamphlet löst ein imaginiertes Liebesduett zwischen der Sopranistin und dem Kastraten sowohl bei den Frauen als auch den Männern im Publikum ein bemerkenswertes homoerotisches (oder sogar autoerotisches) Verlangen aus:

> The Fair have wished their lovers warm as me,
> The Men themselves caress'd instead of Thee.
> (Die Frauen wünschten sich Geliebte warm wie ich,
> Die Männer liebkosten sich selbst anstatt dich.)[5]

Der oben zitierte, schockierte Franzose, dem diese Verse zu Ohren gekommen waren, bastelte daraus eine ziemlich makabere Schnurre:

> Manche [Kastraten] sind sehr schön: In Gesellschaft der hübschen Damen sind sie eitel und eingebildet und, wenn man boshaften Gerüchten Glauben schenken darf, sehr gefragt um ihrer Fähigkeiten willen, die grenzenlos sind; sie sind nämlich sehr talentiert. Es heißt sogar, einer dieser *demivirs* habe eine Petition an Papst Innozenz XI. gerichtet und um eine Heiratserlaubnis ersucht mit der Begründung, die Operation sei nicht vollständig gelungen. Der Papst schrieb an den Rand: *Che si castri meglio* [Sie müssen besser kastrieren].[6]

Diese schlüpfrigen Geschichten lassen den Schluss zu, dass die (imaginierten oder realen) sexuellen Aktivitäten der Kastraten zuweilen als Symbol für die hedonistischen Exzesse herhalten mussten, für die die Oper selbst zu stehen schien. Diejenigen, die die Oper in Verruf bringen wollten, stellten diesen Zusammenhang häufig explizit her: Die stimmlichen Exzesse, die die Oper zelebrierte – in Gestalt textloser Tonkaskaden, überladen mit Trillern und anderen Verzierungen –, waren nach den Werthaltungen des 18. Jahrhunderts Symbole des Luxus und verschwendeter Lebenskraft. Was konnte dieses Genre besser repräsentieren als eine Bühne, bevölkert von Kreaturen, die über die sinistre Fähigkeit verfügten, sich ohne Gefahr der Fortpflanzung mit dem weiblichen Geschlecht zu vergnügen – will sagen, sich der gefährlichsten, gesellschaftlich brisantesten Form der Ausschweifung hinzugeben, die man sich vorstellen konnte?[7]

Angesichts dessen verwundert es wohl kaum, dass den Kastraten ein außerordentlich reichhaltiges historisches Nachleben beschieden war. Bis weit ins 19. Jahrhundert hinein traf man sie, mindestens in Teilen Italiens, in Kirchenchören an, und erst 1903 untersagte der Chor der Sixtinischen Kapelle in Rom kraft eines *motu proprio* – eines apostolischen Sendschreibens des Papstes – endlich ihre Mitwirkung. In der Oper hingegen war die Ära der Kastraten bereits um 1830 zu Ende gegangen. In dieser Zeit, die eine zunehmende Differenzierung der Geschlechterrollen und Grenzüberschreitungen trotz strengerer Tabuisierung brachte, lösten Kastraten eher Widerwillen als positive Aufregung aus. Wir haben an anderer Stelle schon Balzacs Novelle *Sarrasine* (1830) erwähnt, in der der Held, ein junger Künstler, sich in eine Opernsopranistin mit dem Künstlernamen La Zambinella verliebt, nur um zu seinem Schrecken herauszufinden, dass die Angehimmelte in Wirklichkeit ein Kastrat ist. Unserer Gegenwart viel näher ist Gérard Corbiaus Film *Farinelli der Kastrat* (1994) – ein fantasievolles Biopic über den berühmtesten aller Kastraten: Carlo Broschi alias Farinelli (1705–1782). Filmische Opulenz paart sich hier mit den bemerkenswerten Errungenschaften moderner Tontechnik, mit deren Hilfe die verklungene Stimme des Kastraten wiedererschaffen wurde: Mit Computerhilfe synthetisierten die Macher des Films den Gesang Farinellis, indem sie die Stimme eines Soprans mit der eines männlichen Falsettisten, eines Countertenors, kombinierten.

Zeitlich irgendwo zwischen diesen beiden Beispielen künstlerischer Umsetzung des Kastratenthemas angesiedelt, nämlich in den Jahren

1902 und 1904, entstanden die bemerkenswerten Aufnahmen des Alessandro Moreschi (1858–1922), der noch von 1883 bis kurz nach der Jahrhundertwende im Chor der Sixtinischen Kapelle sang und dank einer Reihe seltsamer Zufälle an mehreren Tonaufnahmen mitwirkte. Moreschi, der gelegentlich als «der letzte Kastrat» bezeichnet wurde, war zum Zeitpunkt dieser Aufnahmen erst Mitte 40. Er pflegte nicht die zurückhaltende Gesangskultur, die wir als die für das 18. Jahrhundert typische kennen, sondern sang im Stil *seiner* Zeit, also kantig, deklamatorisch und mit Einsatz der «Bruststimme», die wir eher mit Sängern der Puccini- und Mascagni-Ära assoziieren. Eine Männerstimme in Sopranlage, sakrale Musik, dargeboten im Stil des *verismo* – das ist eine bizarre Mixtur, für die wir keinen passenden Namen haben. Auf den heutigen Hörer wirkt die Stimme Moreschis vorzeitig gealtert, bebend, dabei aber doch auch durchdringend, geschlechtslos und auf beängstigende Weise unklassifizierbar.[8]

Wohlbegründete Ängste waren den Kastraten nie fremd. Schon im 18. Jahrhundert wappnete sich jeder von ihnen mit einer Legende über ein ihm als Kind widerfahrenes Unglück, das die Operation nötig gemacht hatte. Der große Farinelli ließ zuweilen durchblicken, er sei vom Pferd gestürzt; andere führten den Biss eines Wildschweins als Grund für ihre Verstümmelung an. Mitte des 19. Jahrhunderts waren solche Erklärungen zum Ritual geworden. Ein gelehrter Experte resümiert unter Verweis auf stichhaltige dokumentarische Belege, in jener Periode seien «die Kastraten der Sixtinischen Kapelle offenbar allesamt Opfer von Wildschweinen geworden».[9]

Opernreformer

Während die Kastraten in den letzten Jahrzehnten des 17. Jahrhunderts die Opernbühne eroberten, durchlief die italienische Oper eine ihrer regelmäßig wiederkehrenden Reformen. Es gab Bemühungen, ihren Hang zu Exotik und Irrationalität zu domestizieren und sie insbesondere in einen besseren Gleichklang mit den Regeln zu bringen, die im späteren 16. Jahrhundert für das Sprechtheater gegolten hatten und seinerzeit gerade eine Renaissance erlebten. In der Geschichte der Oper gab es immer wieder solche Phasen der Polemik, und viele von ihnen wirken, aus der zeitlichen Distanz betrachtet, bemerkenswert ähnlich. Fast immer wird eine «Reform» ausgerufen, weil sich die Auffassung durchsetzt (gewöhnlich in literarischen Kreisen), die Oper sei aus der Spur geraten – ihre unaufhörlichen Extravaganzen seien *zu* extravagant geworden, die genügsamen literarischen und ästhetischen Werte des Sprechtheaters seien zu dreist missachtet worden, die Musik (und oft auch der Kulissenzauber) sei zu sehr in den Vordergrund getreten und drohe das Drama zu überdecken; und schließlich: Die Sänger hätten zu viel Macht. Derartige Kritik ist an der Oper im Lauf ihrer Geschichte immer wieder geübt worden, und wir werden sie hören, solange der Höhenflug dieser Kunstform weitergeht. Doch in manchen Augenblicken gewann die Polemik eine seltsame Eigendynamik und führte zu spürbaren Veränderungen – gewöhnlich zu einer Besinnung auf das, was in den Augen der Reformer die «klassischen» Werte waren.

Oft galt die Polemik einem Verlust an elitärer Qualität; man fürchtete, die Oper sei dabei, zu volkstümlich zu werden. In den 1680er Jahren machte sich Cristoforo Ivanovich, dessen Klage über die zu hohen Honorare für Opernsänger bereits im vorigen Kapitel referiert wurde, vor allem Sorgen wegen des Niedergangs der Oper hin zu allzu viel Volkstümlichkeit; er sorgte sich um einen besonderen, extrem kultivierten Geschmack, dem die Verwässerung drohe:

> Am Anfang genügten zwei exquisite Stimmen und einige wenige Arien, um sich daran zu erfreuen, und ein paar Szenenwechsel, um die Neugierde zu stillen. Heute wird eine Stimme schon nicht mehr beachtet, wenn sie nicht zu den besten gehört, die Europa zu bieten hat, und am liebsten wäre uns, wenn für jede Szene ein Kulissenwechsel erfolgte und die Maschinen aus einer anderen Welt herbeigeholt würden.[10]

Zwei Jahrzehnte später präsentierte ein anderer Kritiker, Giovanni Crescimbeni, eine noch detailliertere Analyse. Er war ein großer Bewunderer von Cavallis *Giasone* (Venedig 1648), andererseits jedoch überzeugt, dass mit diesem Werk ein trauriger Abstieg eingesetzt habe. Er schlug einen Ton an, den wir im weiteren Verlauf der Geschichte der Oper noch öfter zu hören bekommen werden:

> Um den lustlosen Geschmack der Zuschauer, denen die Feigheit der komischen Werke ebenso zuwider war wie die Schwere der tragischen, noch mehr mit Neuem zu ködern, vereinte der Erfinder der Dramen in diesen auf unerhört monströse Weise die eine mit der anderen und stellte Könige, Helden und andere illustre Persönlichkeiten in eine Reihe mit Narren und Knechten und niedersten Charakteren.

Aus diesem Durcheinander erwuchs die völlige Verderbnis der poetischen Regeln, die auf diese Weise außer Gebrauch kamen, so dass man auch die Sprechweise nicht mehr beachtete, die, gezwungen, der Musik zu dienen, ihre Reinheit verlor und sich mit Idiotismen füllte.

Das regelgerechte Führen von Figuren, die die Rede veredeln, wurde vernachlässigt, und die Rede verengte sich zumeist auf den Bereich der gemeinen und geläufigen Sprache, die besser für die Musik geeignet ist; und schließlich beraubten die Aneinanderreihung kurzer Verse, gemeinhin *ariette* genannt, die freigiebig über die Szenen verteilt wurden, und das über alle Maßen unangebrachte Verwandeln der Sprache in Gesang die Kompositionen ihrer Gefühlskraft und ihres Vermögens, die Zuhörer in emotionale Rührung zu versetzen.[11]

So lautet also das Urteil: Die Oper ist einfach zu überkandidelt. Sie hat sich von den «Regeln der Dichtkunst» verabschiedet, sie ist eine gefährliche gesellschaftliche Gleichmacherin, lässt sie doch zu, dass sich Angehörige aller Schichten ungeniert beim Singen vermischen. Die Musik, die Ursache für alle diese Fehlentwicklungen, ruiniert eine edle Kunstform.

Ende des 17. Jahrhunderts hatte sich die italienische Oper zu einem wichtigen künstlerischen Exportgut entwickelt, aber als poetische oder dramatische Kunstform zeigte sie eher schwache Statur. Schon in den 1670er Jahren beklagte sich ein angesehener Literat wie Charles de Saint-Évremond, er habe noch nie eine italienische Oper gesehen, «die mir nicht armselig erschienen wäre, sowohl was die Ausarbeitung des Themas als auch was die Dichtkunst betraf».[12] Italienische Poeten, für die das Librettoschreiben zu einer wichtigen Einkommensquelle geworden war, ernteten für ihre Anstrengungen Verachtung auf breiter Front. In Reaktion auf diese Polemik (und viele andere) kam tatsächlich eine Reform in Gang, auf die die sogenannte Accademia dell'Arcadia in Rom (eine um 1690 gegründete Institution) großen Einfluss nahm. Ihr Schirmherr, Kardinal Pietro Ottoboni, hatte sich ebenfalls bereits an einer Reform der Librettokultur versucht, doch was den Arcadianern vorschwebte, war mehr als das: eine Purifizierung und Vernunftdurchdringung aller Künste, und dabei stand die Oper des anarchischen venezianischen Typs ganz oben auf der Liste ihrer Zielobjekte. Das Grundprinzip eines durchgängig gesungenen Dramas erfreute sich inzwischen allgemeiner Akzeptanz, ebenso die Differenzierung zwischen dem einfachen, musikalisch rudimentär ausgebildeten, textlastigen Rezitativ und der musikalisch weit ausgefeilteren Arie. Bei Arien war der Text weniger wichtig, wenn er nicht sogar unter dem Gewicht der reichen musikalischen Ornamentierung ganz in den Hintergrund trat. Den Arcadianern indessen schwebte ein neues Gleichgewicht vor – eine Oper, die stärker von den Librettisten geprägt sein würde als von Musikern oder Bühnenbildnern. Eine weitere Forderung der Mitglieder dieser Akademie lautete, das Sujet müsse sich für die Vermittlung idealer moralischer Botschaften eignen, am besten von solchen aus der römischen oder griechischen Antike. Die Andacht störende komische Figuren sollten von der Bühne verschwinden. Eine verkleinerte Riege von Darstellern solle sich konsequent auf die Aufgabe beschränken, immer und immer wieder die Vielschichtigkeit des menschlichen Gefühlslebens zu durchdringen; dies lasse sich – etwa durch die poetische Verarbeitung von Konflikten zwischen persönlichen Gefühlen und öffentlicher Pflichterfüllung – auf ausgewogene und klassisch abgeklärte Weise bewerkstelligen. Aber selbst die hartnäckigsten Kritiker waren bereit zuzugestehen, dass die Arie, in der alle musikalischen Register gezogen würden, ihren Platz behalten könne; sie müsse lediglich disziplinierter und sorgfältiger strukturiert werden. Dieser Reformansatz zeichnete sich, wie auch alle folgenden, durch einen Zug zum Kompromiss aus: Allen Beteiligten war klar, dass gerade die Extravaganz der Oper und ihr Mangel an Realitätsnähe ihr zu ihrem alles überstrahlenden Ruhm verholfen hatten und deshalb erhalten bleiben mussten. Gleichwohl war es nach Überzeugung der Reformer zwingend erforderlich, die wesentlichen Bestandteile der Oper in eine nüchternere und logisch geordnetere Form zu bringen.

Die neue Oper: *Opera seria*

Die Geschichte hat, jedenfalls bis vor ganz kurzer Zeit, kein wohlwollendes Urteil über diese Oper neuen Typs gefällt, die häufig mit dem pauschalen Gattungsbegriff *opera seria* («ernste Oper») bezeichnet wird. Gewiss bekamen die Reformer von der Accademia dell'Arcadia für ihr Anliegen und ihre Ziele – und besonders für ihre Forderung, den Einfluss der Sänger zurückzudrängen – hin und wieder Beifall. Doch die Opern, die im Kielwasser dieser Reform entstanden, sind ganz überwiegend in den Archiven verschwunden; den heutigen Bühnen blieben sie fremd und unbekannt. Joseph Kerman ging in seinem berühmten Buch *Opera as Drama*, das erstmals 1956 erschien, gar so weit, die gesamte Epoche zwischen dem Tod Monteverdis und dem Aufstieg Mozarts als «das finstere Zeitalter» zu bezeichnen.[13] Eine solche Einstufung kann man auch heute noch vornehmen. Vergegenwärtigen wir uns die Opernwelt, wie sie in dem Film *Farinelli der Kastrat* mit so viel Aufwand und Sorgfalt nachgestellt worden ist: Ein von Kerzenlicht schwach erleuchteter Theatersaal, Besucher, die sich vorwiegend miteinander beschäftigen – flirtend, gestikulierend, essend –, anstatt das Drama auf der Bühne zu verfolgen, das sich in einer Wüstenei musikalisch uninteressanter Rezitative fortbewegt. Die einzigen Momente vergleichsweise konzentrierter Aufmerksamkeit sind die, in denen einer der Gesangsvirtuosen an die Rampe tritt, um das Publikum mit einer schönen Arie zu beglücken.

Gewiss, nach den Maßstäben des 20. Jahrhunderts zeugt eine solche Missachtung des künstlerischen Schaffens von Banausentum. Auf der anderen Seite gibt es da den typischen Handlungsverlauf der *opera seria*: eine zusammengewürfelte Geschichte, angesiedelt in einem antiken Niemandsland, bevölkert von einer Handvoll Figuren, die einen großen Teil ihrer Zeit damit verbringen, einander entweder zu ermorden oder zu verführen (alles im Rezitativ), um in regelmäßigen Abständen in einen Zustand anhaltender Verzweiflung zu verfallen, in dem sie dann Arien anstimmen, in denen sie den Verlust oder die Entwertung ihrer edlen Ideale beklagen. Das Einzige, was gewiss ist – außer der Tatsache, dass sie ihre widerstreitenden Gefühle unter Einsatz vieler virtuoser Koloraturen zu Gehör bringen werden –, ist, dass ihnen allen in der letzten Szene unwahrscheinlicherweise die Begnadigung durch einen geläuterten Despoten zuteilwird, der oft ganz unverblümt dem realen Despoten nachempfunden ist, der die Opernaufführung finanziert hat und ihr Schirmherr ist. Dazu kommt – als wären alle diese monströsen Kastraten nicht des Guten genug –, dass die *opera seria* eine hartnäckige Vorliebe für Geschichten zeigt, in denen Männer sich als Frauen oder (noch häufiger) Frauen sich als Männer verkleiden. Fast alle tragenden Rollen wurden für die hohen Stimmlagen geschrieben: Sopran oder Alt, Frauen oder Kastraten. Jeder Sopranpart konnte nach Belieben mit einer Frau oder einem Mann besetzt werden, ungeachtet des Geschlechts der dargestellten Figur.

Die reformierte *opera seria* des frühen 18. Jahrhunderts kam, auch wenn sie ein Übermaß an Travestie anbot, mit erheblich weniger Darstellern und einer geringeren Vielfalt musikalischer Elemente aus als etwa die *Poppea* und spätere venezianische Opern. Nebenrollen fielen weg, und mit ihnen verschwanden die komischen Facetten des Geschehens. Die karnevalistischen Szenen, die in der venezianischen Oper typischerweise die «ernste» Handlung aufgelockert hatten, wurden durch unablässige Moralpredigten und die Betonung ernster Anliegen ersetzt. Dafür entstand, wie wir noch in Kapitel V sehen werden, die komische Oper als eigenständige Spielart, die mit der Zeit der ernsten Oper spürbare Konkurrenz machte. Was die Musik betraf, so wurde auch sie zum Objekt der angestrebten Vernunftdurchdringung: Die große Formenvielfalt, die sich im Venedig des 17. Jahrhunderts entwickelt hatte, wurde auf zwei Grundtypen reduziert – das Rezitativ und die Arien. Das Rezitativ wurde wesentlich einfacher und formelhafter, als es das *recitar cantando* der frühen Oper gewesen war. Man sprach jetzt von einem *recitativo semplice* oder einem *recitativo secco*; begleitet wurden diese Sprechgesänge gewöhnlich von einem tiefen Streichinstrument und einem Cembalo; sie unterschieden sich zuweilen kaum noch von einem deklamierenden Sprechvortrag und wurden zu dem Medium, um das herum sich fast das gesamte Bühnengeschehen entfaltete. Die Arie hingegen wurde zu einem immer stärker ausgedehnten, musikalisch verkünstelten Moment der Selbstreflexion der betreffenden Figur, das die Handlung gleichsam erstarren lässt. In den Opern des frühen 18. Jahrhunderts wechselten Rezitative und Arien einander ab; Duette oder andere mehrstimmige Gesänge waren selten; einen Chor gab es häufig gar nicht mehr.

Das ewige Wechselspiel von Rezitativ und Arie mag uns schematischer, voraussehbarer und vor allem weniger spektakulär erscheinen als die Varianten, die sich im Venedig des mittleren 17. Jahrhunderts herausgebildet hatten. Dennoch erwies sich dieser Typus von Oper im 18. Jahrhundert als der angesehenste und langlebigste – und als derjenige, der zum Schrittmacher für die außerordentliche Verbreitung wurde, die das Genre in dieser Epoche fand. Um das Jahr 1690, als die Reform in Gang kam, wurden Opern außerhalb Italiens an vielleicht 20 mitteleuropäischen Fürstenhöfen aufgeführt; 100 Jahre später hatte die *opera seria* ganz Europa erobert und wurde nicht nur an Fürstenhöfen, sondern auch in zahlreichen Städten zwischen Portugal im Westen und Russland im Osten dargeboten. Was waren die Gründe für diesen Erfolg?

Ein nicht zu unterschätzender Faktor war die Tatsache, dass die *opera seria* bei aller selbst auferlegten Mäßigung keine große Bereitschaft zeigte, das Verlangen des Publikums nach visuellen Genüssen zu enttäuschen. Ein bedeutender Reformlibrettist, Apostolo Zeno (1668–1750), erklärte 1701 in einem Brief: «Was den dramatischen Inhalt der Oper betrifft, so habe ich dank langjähriger Erfahrung erkannt, dass man ziemlich dick auftragen muss, wenn man sein wesentliches Ziel erreichen will, das Genuss heißt.»[14] Die von Zeno verfassten Libretti zeichneten sich unter anderem dadurch aus, dass sie neue künstlerische Moden wie Orientalismus und Exotismus ins Spiel brachten, dazu Bühnenbilder mit historischen Baustilen fern der gewohnten griechischen und römischen Vorbilder – China, Persien und Indien waren beliebte Motivquellen. Die *opera seria* hatte noch zwei weitere Vorzüge: Während die subversiv-anarchischen Momente etwa in Monteverdis *Poppea* jede politische Botschaft relativierten, konnten die neuen Opern mit ihren einfacheren Handlungen unmissverständliche moralische und politische Botschaften transportieren, was durchaus im Sinne eines Zeitalters lag, das in der Kunst ein Mittel zur Belehrung und moralischen Aufrichtung sah. Dazu kam, dass die moralischen und politischen Botschaften dieser Opern in aller Regel den herrschenden Klassen huldigten und schmeichelten, indem sie sie als aufgeklärt und wohlmeinend porträtierten, zugleich aber auch zeigten, dass sie durchaus eine menschliche Seite hatten und ebenso viel emotionalen Tiefgang besaßen wie gewöhnliche Sterbliche. Der andere Pluspunkt bestand darin, dass diese Art von Oper eine komplexere musikalische Artikulierung erlaubte. Das musikalische Glanzlicht des Dramas, die Soloarie, entwickelte sich bis zu einem Punkt, ab dem die Musik der jeweiligen Figur eine größere Komplexität verlieh und für die Gesangsstars zu einem immer leistungsfähigeren Vehikel wurde, um ihr Publikum in Erstaunen zu versetzen.

Die Komponisten dieser Periode sind ganz überwiegend Schemen geblieben. Wer kennt heute noch Gasparini, Pollarolo oder Ziani – Größen ihrer Zeit, die allesamt die Ehre hatten, das eine oder andere (oder gar mehrere) der Libretti Zenos als Erste zu vertonen? Die meisten ihrer Opern verschwanden bald nach ihrer Premiere von der Bildfläche (wie im 17. und 18. Jahrhundert fast alle Opern), und nur ganz wenige sind bisher in den Genuss einer Wiederentdeckung gekommen. Der berühmteste Name aus diesen Tagen ist Alessandro Scarlatti (1660–1725), dessen Lebenszeit genau mit der Reformperiode zusammenfiel und dessen über 60 Opern eine eigenartige Entwicklung aufweisen: Seine Arien wurden mit der Zeit immer anspruchsvoller, dafür reduzierte sich die Zahl der Neuschöpfungen. Scarlatti war ein Sohn Roms, wo er auch aufwuchs – mithin in einer Stadt, in der die Oper wegen päpstlicher Auflagen und Einmischungen immer einen schweren Stand gehabt hatte; Furore aber machte er in Neapel, das über weite Teile dieser Epoche Venedig den Spitzenplatz unter den Hochburgen der italienischen Oper streitig machte. Scarlatti schaffte das nicht zuletzt durch Arrangements mit den herrschenden Klassen: Opern wurden in öffentlichen Theatern aufgeführt, aber bei festlichen Anlässen auch im vizeköniglichen Palast der spanischen Fürsten, die die Stadt regierten. Eine vielleicht ebenso wichtige Rolle spielte die Tatsache, dass es in Neapel mehrere florierende Konservatorien gab, an denen die Oper bald einen festen Platz im Lehrplan erhielt und aus denen sich ein stetiger Strom von Komponisten und Gesangsstars ergoss, die der Opernstadt Neapel hohes Ansehen auf der ganzen italienischen Halbinsel und auch darüber hinaus eintrugen. Doch der Opera-Seria-Komponist, der aus heutiger Sicht der bedeutendste von allen war, stammte nicht aus Neapel, ja er war nicht einmal Italiener.

Händel und London

Georg Friedrich Händel (1685–1759) kam in Halle a. d. Saale zur Welt und übersiedelte mit 18 Jahren nach Hamburg, der Stadt mit dem einzigen öffentlichen (d.h. nicht unter der Ägide eines Fürstenhofs stehenden) Opernhaus in Deutschland, das regelmäßig bespielt wurde. Von Hamburg aus unternahm er eine ausgedehnte Italienreise und landete schließlich 1711 in London, das bis an sein Lebensende seine Wirkungsstätte bleiben sollte. Zu diesem Zeitpunkt Mitte 20, hatte Händel in Deutschland und Italien bereits einige Erfahrung mit Opern gesammelt. Eines seiner Werke, *Agrippina*, war in Venedig in der Karnevalssaison 1709/10 sehr gut angekommen. Zur *opera seria* kam Händel mit einem vielfältigen musikalischen Erfahrungsschatz im Tornister – abgesehen von italienischen Einflüssen, hatte er sich eingehend mit der kontrapunktischen deutschen Musiktradition und mit instrumentalen Formen beschäftigt, und seine Ouvertüren verraten uns, dass er sich auch mit französischen Tanzmusiken auskannte. Mit Händel wurde die *opera seria* entschieden international; seine musikalische Vielseitigkeit trug sicherlich zu seinem enormen (wenn auch immer wieder am seidenen Faden hängenden) Erfolg in London bei.

Was Händel 1711 nach London führte, wissen wir nicht sicher. Es war zwar die größte und reichste Stadt Europas, aber auf den ersten Blick keineswegs ein Ort, an dem ein Komponist hoffen konnte, mit italienischen Opern seinen Lebensunterhalt verdienen zu können. In dem Jahrzehnt vor Händels Ankunft waren mehrere Anläufe unternommen worden, dieses Genre in das Londoner Kulturleben einzuführen, aber mit geringem Erfolg. Wie schon im vorigen Kapitel erwähnt, erwies sich die traditionelle Stärke des englischen Sprechtheaters als Hindernis, desgleichen die geschwächte Stellung der englischen Krone nach dem Bürgerkrieg um die Mitte des 17. Jahrhunderts. Doch dann, nicht lange nach der Wende zum 18. Jahrhundert, hielt die italienische Oper endlich Einzug ins Londoner Musikleben. Die Theater in London operierten typischerweise auf der Grundlage einer wirtschaftlichen Mischkalkulation. Da sie nur auf begrenzte Unterstützung seitens königlicher und adliger Gönner zählen konnten, konstituierten sie sich als Aktiengesellschaften. Wenn das Geschäft dieser Unternehmen gut lief, durften sich die Erträge, die sie erwirtschafteten, mit denen anderer Akteure auf dem internationalen Musikmarkt messen: London konnte sich zumindest zeitweise die teuersten Sänger und Bühnenmaler leisten und wurde aus der Sicht dieser Künstler zur Musikhauptstadt Europas. Die Produktion einer Oper war jedoch unter diesen Bedingungen ein finanziell höchst riskantes Unterfangen: Die Konjunktur konnte auf vollen Touren laufen, aber immer wieder kam es auch zu Einbrüchen, oft mit katastrophalen Folgen.

Mit seiner ersten Londoner Oper, *Rinaldo* (1711), fand Händel unmittelbaren Zugang zu dieser Welt. Im ersten Jahrzehnt des 18. Jahrhunderts sicherte sich der Architekt und Dramatiker Sir John Vanbrugh die finanzielle Unterstützung adliger Mäzene und zahlreicher Aktionäre für den Bau eines Opernhauses, des King's Theatre am Haymarket. Es war ein Projekt, mit dem Geld verdient werden sollte. Vanbrugh brachte es – wir wissen nicht, wie – fertig, mit der Regierung eine Vereinbarung zu schließen, die zur Verabschiedung eines Gesetzes führte, das seinem Theater ein Monopol für die Aufführung von Opern sicherte. Er gewann auf diese Weise einen entscheidenden Wettbewerbsvorteil gegenüber seinem schärfsten Rivalen, dem Theater an der Drury Lane. Auch wenn dieses Monopol nicht lange Bestand hatte, verhalf es dem King's Theatre doch zu einem mehrjährigen Höhenflug, zu dem auch eine Reihe von Opern aus der Feder Händels und eine Riege internationaler Gesangsstars beitrugen.

Die Oper musste sich in London von Anfang an ihren Weg durch ein dichtes Gestrüpp frühkapitalistischer Widrigkeiten bahnen. William Hogarths Kupferstich *Masquerades and Operas (or the Bad Taste of the Town)* von 1724 bringt die Abneigung eines Teils der Engländer gegen das neue Genre wunderbar auf den Punkt (siehe Abbildung 6). Zur Linken sieht man das King's Theatre, aus dessen offenem Fenster im Obergeschoss ein Impresario das Publikum herbeiwinkt. Letzteres wird auf der Straße von einem Teufel und einem Hofnarren angeführt. Über ihnen hängt eine Fahne mit einem Bild, das vermutlich eine typische Opernszene darstellt: Eine Sopranistin und zwei monströs große Sänger (die übliche Darstellungsweise für Kastraten in zeitgenössischen Karikaturen) in Bühnenkostümierung; zu ihrer Rechten sieht man drei adlige Mäzene, die die Sänger auf Knien anflehen: «Bitte akzeptiert 8000 Pfund» – ein parodistisch übertriebener Hinweis auf die stolzen Summen, die gefragte Sänger verlangen konnten. Zur rechten Straßenseite hin sieht man zwei schlichte Männer vom Land, die sich vom tumultuösen großstädtischen Treiben um sie herum nicht anstecken lassen – einer kratzt sich ratlos am Kopf. Neben ihnen schiebt eine Einzelkämpferin eine große Schubkarre, beladen mit Perlen der großen englischen Dramentradition – Shakespeare, Congreve, Dryden und Ben Jonson –, die offenbar als überholt und entbehrlich entsorgt werden können. Das Banner über der Karre trägt die Inschrift: «Altpapier für Ladengeschäfte.» Zur Rechten drängt sich eine Menschenmenge um einen Straßenkünstler, der den Doktor Faustus als billige Pantomime zum Besten gibt. Im Hintergrund stehen drei adlige Theaterfreunde, die entspannt die neue «Kulturszene» mit ihrer italienisch inspirierten Architektur bewundern. Wir könnten dieses Bild als karikierende Reminiszenz an jene Debatten einsortieren, die die Oper zu allen Zeiten provoziert hat – Debatten, die im London Händels mit besonderer Heftigkeit geführt wurden, weil die Oper zu dieser Zeit so eindeutig ein Import aus der Fremde war.

Rinaldo und die Sperlinge

Folgten wir der euphorischen Menschenmenge in das Gebäude links auf dem Bild, würden wir uns in der Opernwelt des *Rinaldo* wiederfinden, der am 24. Februar 1711 im King's Theatre uraufgeführt wurde. Es war Händels Debüt in London, und der Geschäftsführer des Theaters, Aaron Hill, hatte sich zu diesem Anlass etwas Besonderes ausgedacht. Es war dies nach seiner Ankündigung die erste eigens für eine Londoner Bühne komponierte italienische Oper – bei den wenigen vorausgegangenen Anläufen hatte es sich um «Gelegenheitsstücke» gehandelt, zusammengebastelt aus der Musik bereits früher aufgeführter Werke. Keine Kosten sollten gescheut werden. Hill verfasste ein von Stolz geblähtes Vorwort zum gedruckten Libretto, in dem er den Schwächen früherer Opernaufführungen die Stärken seiner eigenen neuen Produktion gegenüberstellte:

> Nachdem ich mich auf ein so verwegenes Unterfangen eingelassen hatte wie die der Produktion von OPERN in ihrem gegenwärtigen Domizil, entschloss ich mich, weder Mühen noch Kosten zu scheuen, die erforder-

> lich sein mochten, um diese Unterhaltungswerke in gebührendem Glanz erstrahlen zu lassen, so dass es zumindest nicht meine Schuld wäre, wenn hernach die Stadt sich einen so noblen Zeitvertreib entgehen ließe.
>
> Die Mängel, die ich in den italienischen Opern, die bisher bei uns eingeführt worden sind, feststellte (oder festzustellen glaubte), waren Erstens, dass die für andere Geschmäcker und Stimmen komponiert waren als für jene, die sie auf der englischen Bühne singen und hören würden. Und Zweitens, dass sie, weil es ihnen an Maschinen und Dekorationen fehlt, die ihrer Erscheinung eine so große Schönheit verleihen, auf eine ihnen zu einem sehr beträchtlichen Nachteil gereichende Weise angehört und angeschaut worden sind.
>
> Um diese beiden Misslichkeiten zu beheben, habe ich mich entschlossen, ein Drama auszuarbeiten, das mittels verschiedener Verwicklungen und Leidenschaften der Musik Spielräume eröffnen sollte, ihre Vorzüglichkeit zu variieren und zu demonstrieren und das Auge mit noch herrlicheren Anblicken zu füttern, auf dass beiden Sinnen gleich viel Vergnügen geboten werde.[15]

Die Prioritäten treten hier klar hervor. Obwohl in Italien der Wind der Opernreform wehte, der zu einem gewissen Grad auch die Opern Händels beseelte, behauptete Hill, genau zu wissen, was das Publikum liebte, und brüstete sich damit, ihm just das zu bieten. Er werde den Gesangsstars Musik auf den Leib schreiben lassen, und sie würden zum Dank dafür ihre Zuschauer in umso größeres Entzücken versetzen. Und ihre Gesangskunst werde noch heller erstrahlen dank der bühnentechnischen Wunderdinge, die alles überbieten würden, was jemals auf einer britischen Opernbühne zu sehen gewesen sei. Das war in der Tat ein kühner Blick in die Zukunft, und Hill tat gut daran, alle Register zu ziehen. Das in Heftform veröffentlichte Libretto enthielt den kompletten Text der Oper, auf Italienisch wie auf Englisch. Eingedenk der Tatsache, dass die meisten Zuschauer wenig oder gar nicht Italienisch konnten, war das eine wichtige Hilfestellung. Jeder Besucher konnte das Libretto auf den Straßen vor dem Theater kaufen und dann, im nur schwach erleuchteten Saal mit einer Kerze bewaffnet, die Texte mitlesen.

Die Hauptfiguren des *Rinaldo* bildeten eine für die Oper dieser Periode typische Konstellation: Ausnahmslos waren sie in jenes Gewebe widerstreitender Gefühle und Realitäten verstrickt, das die Voraussetzung für eine Abfolge weltschmerzgesättigter Arien war. Die Handlung spielt während des Ersten Kreuzzugs im 11. Jahrhundert; die Christen belagern Jerusalem, und zu der Truppe gehören Goffredo (weiblicher Counteralt, der Befehlshaber der Streitmacht, sein Bruder Eustazio (Kastraten-Alt) und seine Tochter Almirena (Sopran). Almirena ist mit dem jungen Krieger Rinaldo (Kastraten-Sopran) verlobt. Die Gegenpartei besteht aus Argante (Bass), König von Jerusalem, der eine Zauberin namens Armida (Sopran) liebt. Eine um mehrere Potenzen vereinfachte Darstellung der verwickelten Handlung könnte so aussehen: Im ersten Akt werden alle Figuren eingeführt, jede hat eine oder zwei Arien, in denen sie ihre Beweggründe und Leidenschaften offenlegt. Am Ende des Akts versuchen Argante und Armida, durch die Entführung Almirenas die christliche Partei zu schwächen. Im zweiten Akt sucht Rinaldo nach seiner Geliebten und wird gefangen genommen. An dieser Stelle verdichtet sich die Handlung dadurch, dass Argante sich in Almirena und Armida sich in Rinaldo verliebt. Argante findet Letzteres heraus und ist alles andere als erfreut. In diesem Moment ist keiner der Protagonisten glücklich. Im dritten Akt werden alle diese Komplikationen jedoch zügig aufgelöst: Rinaldo und Almirena kommen durch Anwendung eines christlichen Zaubers auf freien Fuß, die Schlacht entbrennt, und die Christen siegen. Ein glückliches Ende naht: Ganz im Geiste der Aufklärung treten Argante und Armida zum Christentum über und werden begnadigt.

Warum ist die Handlung so verschlungen, könnte man fragen? Das ist nicht nur für heutige Zuschauer ein Problem. Schon damals beklagten die Leute sich darüber. Tatsächlich sind die Verwicklungen der Handlung eine direkte Folge der musikalischen Struktur als Ganzer. Alle Hauptfiguren müssen mit mindestens einer Arie pro Akt versorgt werden – im *Rinaldo* kommen so zwischen drei und acht Arien pro Hauptfigur zusammen. Die Arien müssen ein breites Spektrum an Stimmungen abdecken – nicht nur um jeder Figur ein facettenreiches und ausgeglichenes Persönlichkeitsprofil zu verleihen, sondern auch um den Sängern Gelegenheit zu geben, unterschiedliche Gefühlslagen zu präsentieren. Bei Einhaltung dieser Regeln bestand die Chance, dass die Zuschauer jedem der Protagonisten ein differenziertes Charakterbild zuordneten. Eine der schon im Venedig des späten 17. Jahrhunderts aufgekommene Regel besagte, dass nach einer Arie der Sänger oder die Sängerin von der Bühne abging, eine Konvention, die die Wirkung der Arien steigerte. Solche musikalischen Imperative waren es, die die Autoren bewogen, möglichst viele Irrungen und Wirrungen in die Handlung einzubauen. Es war nicht so, dass die Sänger nach Maßgabe der Handlung eingesetzt wurden, sondern Letztere wurde um die Auftritte der Sänger herumgebaut. Wenn dem so war, müssen wir Zweifel an der Auffassung anmelden, Librettisten und andere Literaten seien die treibenden Kräfte der Opernreformen an der Wende zum 18. Jahrhundert gewesen. Aus der Perspektive der Sänger betrachtet, war ein solches Libretto überhaupt nicht verwirrend, hielt es doch genau das bereit, was sie brauchten: eine wohlberechnete Abfolge kontrastierender Arien, harmonisch über die gesamte Dauer der Aufführung verteilt.

Wenn wir irgendeine beliebige dieser Arien unter die Lupe nehmen, so wird deutlich, dass sich ihr innerer Aufbau ebenfalls primär an den Bedürfnissen der Sänger orientierte. Bei fast allen findet sich eine «Da-capo»-Form: Im A-Teil wird die grundlegende emotionale Situation entfaltet; daran schließt sich ein B-Teil an, der sich in der Regel merklich vom A-Teil unterscheidet, oft vor allem in der musikalischen Gefühlslage; zuletzt folgt eine Wiederholung des A-Teils, mit der Möglichkeit für den Sänger (und der Erwartung an ihn), ad libitum kunstvolle Verzierungen eigener Wahl einzubauen. Es war dieser «Mehrwert», die virtuose, nicht antizipierbare Ausschmückung einer schon gehörten Melodielinie, die dem «Live-Erlebnis» Oper seine dramatischen Glanzlichter und Spannungsspitzen verlieh. Ein gutes Beispiel für die «Da-capo-Arie» in ihrer einfachsten Form ist die allererste Arie im *Rinaldo*. Das Bühnenbild zeigt das belagerte Jerusalem, davor kampfbereite Soldaten. An einer Seite sieht man das Feldlager der christlichen Streitmacht. In einem kurzen einleitenden Rezitativ versichert Goffredo den Seinen, sie dürften sich auf den bevorstehenden Sieg freuen, dann folgt die Arie:

GOFFREDO: Delle nostre Fatiche
Siam prossimi alla Meta, O Gran Rinaldo;
Là in quel Campo di Palme
Omai solo ne resta
Coglier l'estrema Messe;
E già da' Lidi eoi
Spunta più chiaro il Sole,
Per illustrar co'Rai d'eterna Gloria
L'ultima di Sion nostra Vittoria.
[Arie, A-Teil:] Sovra Balze scoscesi e pungenti,
Il suo Tempio la Gloria sol' ha;
[B-Teil:] Nè frà Gioie, Piaceri, e Contenti
I bei Voti ad Appender si và.
[A-Teil wiederholt:] Sovra &c.

(GOFFREDO: Wir sind bald am Ende unseres Leidens angelangt, o großer Rinaldo! / Hier in diesem ruhmreichen Lager der Palmen / bleibt uns nur noch / eine letzte Messe abzuwarten. / Von unserer Heimat zeigt sich der Schein der Sonne, um mit ihren ruhmvollen Strahlen / die letzten Momente von Sion / und unseren Sieg zu erleuchten.

[Arie-, A-Teil:] Auf diesen steilen, spitzen Bergen hat nur der Ruhm seinen Tempel,
[Arie, B-Teil:] Und ohne Freude oder Vergnügen
Lernt das edle Herz zu verachten.)

Das Rezitativ expliziert die narrativen Prämissen und ist, wie immer, in das italienische Gegenstück zum «Blankvers» gefasst, jener alternierenden Folge von sieben- und elfsilbigen Zeilen, mit der wir uns schon im Einleitungskapitel befasst haben. Die Arie folgt dem typischen Muster eines regelmäßigeren, voraussehbaren Versmaßes und Reimschemas: Die Zeilen sind jeweils zehnsilbig, das Reimschema ist ABAB. Typisch sind auch die zum Ausdruck gebrachten Gefühle; sie verraten uns etwas Wichtiges über die grundlegende Funktionsweise der *opera seria*. Wie das Libretto als Ganzes, haben die lyrischen Elemente einen ausgesprochen pathetischen und moralisierenden Tenor. Auf eine höchst verwickelte Art und Weise werden wir darüber belehrt, dass der Weg zum Ruhm ein schwerer ist, was das Erreichen des Ziels aber gerade deswegen umso ruhmreicher macht. Die abstrakte moralische Botschaft wird im A-Teil – in den ersten beiden Zeilen – mittels einer kunstvollen Metapher, die die natürliche Welt zu ihrer Bühne erklärt, verkündet. Lebhafte Bilder von Felsklippen (*balze*), die steil (*scoscesi*) und scharfkantig (*pungenti*) aufragen, führen uns zum Tempel (*tempio*) und seiner Herrlichkeit (*gloria*). Diese Sequenz von Metaphern übermittelt eine sehr direkte, ja naive Botschaft, und die dazugehörende Musik tut alles, um, diese Direktheit aufnehmend, die anschaulichen Bilder musikalisch zu verankern und sie so dem Publikum möglichst plastisch zu vermitteln. Den steilen, scharfkantigen Felsklippen entsprechen schroffe Rhythmen und Melodielinien, dem Tempel und seiner Herrlichkeit lang gehaltene Töne, hartnäckig wiederkehrende Tonlagen und kunstvoll durchkomponierte Überleitungen – die Wörter *tempio* und *gloria* werden ausgemalt und in die Länge gezogen, um ihre Wichtigkeit hervorzuheben. Der Text des B-Teils liefert den obligatorischen Kontrast dazu: Seine Hauptbotschaft besagt, dass Genuss keinen Ruhm einbringt. Händel sorgt hier durch einen Tonartwechsel für Abwechslung, aber die besagten schroffen Rhythmen klingen noch nach und erinnern uns an den großen didaktischen Bogen. Darauf folgt die Wiederaufnahme von Teil A mit der Chance, die Koloraturen des Sängers zu bewundern und die Gestik der Wortmalerei aufs Neue zu genießen.

Orchestriert ist diese erste Arie sparsam – nur mit Cello, Kontrabass und Cembalo (der sogenannten Continuo-Gruppe) beim Rezitativ, ergänzt durch Streicher und Oboen bei der Arie. Wie bei den meisten Arien von Händel ist nicht sehr viel musikalischer Erfindungsreichtum im Spiel, etwa in Form von Takt zu Takt wechselnder instrumentaler Klangfarben im Dienste der musikalischen Botschaft. Es handelt sich eher um einen mechanischen Prozess, bei dem Streicher und Oboen entweder zusammen oder alternierend spielen. Sicherlich kommen in Händel-Opern auch ungewöhnliche orchestrale Klänge vor, aber die lassen nur deswegen aufhorchen, weil sie die seltene Ausnahme sind. Im Prinzip ist die Orchestrierung, wie der strukturelle Aufbau der Arien, darauf berechnet, den Gesangssolisten als den wichtigsten Stein des Mosaiks hervorzuheben. Was nun die besagte Arie betrifft, so ist es das Bestreben der Musik, in enger Anlehnung an die poetischen Kunstgriffe des Librettos die Natur zu imitieren und dadurch die Kontrolle über sie zu gewinnen. Dadurch bekommt die Händel-Oper einen unverrückbar triumphalistischen Charakter. Sie erinnert uns wieder und wieder, von Arie zu Arie, an die Überlegenheit des Menschen über die natürliche Welt, in der er lebt.

Sosehr die Arien des *Rinaldo* einander im Grundmuster ähnlich sind, so bemerkenswert sind sie im Hinblick auf ihr expressives Spektrum. Wenn die andere Partei die Bühne betritt (die Widersacher des christlichen Belagerungsheers), so kommt sie in Begleitung szenischer Spektakel, Resultat jener «Maschinen und Dekorationen», die Aaron Hill so stolz ankündigte:

> Argante aus der Stadt, in einer Triumphkarosse durch das Tor gezogen, die Pferde weiß und von bewaffneten schwarzen Mohren hereingeführt. Er kommt nach vorne mit einer Eskorte aus vielen Reiter- und Fußgarden und entsteigt seiner Karosse, um das Wort an Goffredo zu richten.

Eine fahrtüchtige Kutsche, bespannt mit weißen Pferden, erscheint in der Tat spektakulär; da jedoch ein zeitgenössischer Rezensent erwähnte, Argante sei zu Fuß auf die Bühne gekommen, können wir vermuten, dass man sich Einsparungen verordnete.[16] Wie auch immer, begleitet wird diese opulente Szene von einem plötzlichen Aufbrechen musikalischer Vielfalt: Trompeten und Pauken erklingen zum ersten Mal in der Oper. Und die folgende Arie, «Sibillar gli angui d'Aletto», bringt erneut eine Palette bildkräftiger Metaphern: Das Zischen von Alectos Schlangen und das hungrige Bellen der sechsköpfigen Scylla. Und auch an dieser Stelle erfüllt die Musik wieder ihre illustrative Pflicht, übersetzt das Zischen in verwischt aufsteigende Tonfolgen der Streicher, das Bellen in kantige Tonsprünge der Bässe. Ein weiteres Beispiel für den lautmalerischen Einsatz der Musik folgt wenig später, als Armida auftritt. In der Szenenbeschreibung heißt es: «Armida auf einem in der Luft schwebenden Wagen von zwei feuerspeienden Drachen gezogen, denen Rauch aus dem Maul strömt.» (Der schon einmal zitierte Kritiker erwähnte, dass Feuer und Rauch von einem im Maul des Drachen verborgenen Knaben herausgeblasen wurden, den das Publikum manchmal zu sehen bekam.)[17] Auch hier enthält die zugehörige Arie «Furie terribili» offensichtliche Elemente musikalischer Imitation: Die kreisenden Furien werden durch einen nachdrücklich wiederholten Oktavsprung der Singstimmen und Streicher musikalisch abgebildet, die Donnermaschine lässt's krachen.

Diese Blut-und-Donner-Momente sind geschickt über die Akte verteilt und wechseln sich stets mit sanfteren Eindrücken ab. Aber die Grundidee, die Natur musikalisch zu imitieren, bleibt stets präsent. Nach dem großen Getöse in der Szene mit Argante und Armida – und in offenkundigem Kontrast dazu – bringt die Arie Almirenas, der Tochter des christlichen Generals, eine Atempause. Die Szene spielt in einem Wäldchen, einem «Ort der Wonne mit Brunnen und Vogelhäusern, in denen Vögel singen und flattern». Die Arie beginnt mit vertrauten Elementen pastoraler Romantik:

> Augelletti, che cantate,
> Zeffiretti che spirate
> Aure dolce intorno a me,
> Il mio ben dite dov'è?
>
> (Kleine Vögel, die singen / Zephire, die blasen / Erfüllt von eurem Liedchen / Sagt mir, wo ist mein innig Geliebter.)

Die Vögelchen und der sanfte Lufthauch (Zephir) tun sich pflichtschuldig zusammen, um den Boden für eine einfache Frage zu bereiten. Sie erinnern uns en passant daran, dass das 18. Jahrhundert ein großes Zeitalter der Landschaftsmalerei war – des Versuchs, die Natur als etwas harmonisch Geordnetes zu gestalten. Die Lust an der Symmetrie, an sanft gewellten Hügeln, geschmackvoll arrangierten Schafen und plätschernden Bächen domestiziert die Natur in diesem Kontext mit derselben festen Hand, mit der die Musik in anderen Arien des *Rinaldo* mit Bildern von brandenden Meereswellen oder schroffen Felsklippen von deren Beherrschbarkeit kündet.

Bei dieser Arie begnügte sich Aaron Hill nicht mit einem Bühnenbild voll folgsam sprudelnder Quellbäche, Trampelpfade und Volieren. Er kam vielmehr zu dem Schluss, dass es eine noch unmittelbarere Möglichkeit für die Theatralisierung der Natur gab. Joseph Addison erzählte die Geschichte in einem zeitgenössischen Artikel in der Zeitschrift *The Spectator*:

> Als ich vor etwa vierzehn Tagen durch die Sraßen schlenderte, erblickte ich einen gewöhnlichen Mann, der einen Käfig voller kleiner Vögel auf der Schulter trug; und während ich mich noch fragte, wozu er sie wohl brauchte, traf er glücklicherweise auf einen Bekannten, der ihm dieselbe Frage stellte. Als er ihn fragte, was er denn da auf der Schulter trüge, antwortete jener, er habe Sperlinge für die Oper gekauft. Sperlinge für die Oper, sprach sein Freund, indem er sich die Lippen leckte, wie? Sollen sie gebraten werden? Nein, nein, sagte der andere, sie sollen gegen Ende des ersten Aktes eingesetzt werden und über die Bühne fliegen.[18]

Ein Garten Eden in der Tat: Das Theater als ein Ort, in den die äußere Natur sich transponieren ließ und wo schöne Singstimmen und die Natur einander den Vorrang streitig machten. Händel legte sich für das Projekt ins Zeug und tat sein Bestes, mit Hilfe von zwei Flöten und der Piccolo-Flöte den Gesang der Vögel zu imitieren. Als gelte es, den Vorrang der Natur zu betonen, folgt diese Arie nicht der «Da-capo»-Form, sondern scheint sich eher den Launen der Natur anzuschmiegen. Die Idee, lebende Sperlinge in den Opernsaal fliegen zu lassen, erwies sich jedoch als des Traumhaften zu viel. Ein Kommentar im *Spectator* wies einige Zeit später sehr deutlich darauf hin, dass ungezähmte Natur das Zeug hatte, die sorgfältig inszenierten arkadischen Fantasien empfindlich zu stören:

> Es sind in dieser Oper so viele [Vögel] … freigelassen worden, dass man fürchtet, das Haus werde sie nie wieder loswerden; und sie würden an sehr falscher und ungeeigneter Stelle ihre Aufwartung machen … Ganz abgesehen von den Unannehmlichkeiten, die die Köpfe der Zuschauer zuweilen durch sie erleiden könnten.[19]

Der *Rinaldo* erlebte in den darauf folgenden sechs Jahren vier Wiederaufnahmen auf Londoner Bühnen und wurde 1715 in einer deutschen Fassung in Hamburg aufgeführt – einer der relativ wenigen Ausflüge einer Händel-Oper ins Ausland. Immer wenn neue Gesangsstars nach London kamen, passte Händel seine Werke deren Bedürfnissen und Stärken an. Als bei einer Neuinszenierung des *Rinaldo* 1717 die frühere Bass-Partie des Argante einem Alt-Kastraten übertragen wurde, schrieb Händel für diesen drei neue Arien. Als die Oper in den frühen 1730er Jahren erneut auf den Spielplan zurückkehrte, nahm er wiederum erhebliche Modifikationen vor, um neue Ensemblemitglieder zu integrieren, und in Reaktion auf eine angespannte Finanzlage machte er auch Abstriche am bühnentechnischen Aufwand. Das bedeutet, dass es keine «amtliche» Fassung des *Rinaldo* gibt, eine Feststellung, die in der Tat auf fast alle Opern dieser Periode zutrifft; jede Partitur war ein «in Arbeit befindliches Werk», stets bereit für eine Neukonfigurierung, wenn sich die Voraussetzungen änderten.

Händels Nachleben

Der *Rinaldo* markierte einen wichtigen Wendepunkt in der Geschichte der Oper in London – der enorme Erfolg des Werkes veränderte das Opernleben in der Stadt für rund zwei Jahrzehnte – und ebenso in der Karriere Händels. Doch Händels Weg war niemals leicht, und stets war er mit finanziellen Krisen gepflastert. Die Londoner Oper brauchte, um zu überleben, die Crème der italienischen Sänger und Sängerinnen. Doch schon damals wussten diese Stars, was sie wert waren. Nicolini, der Kastrat, für den die Titelrolle im *Rinaldo* geschrieben wurde, bekam 800 Guineen pro Saison (nicht die 8000 Pfund, die Hogarth in seinem Kupferstich zum Besten gab, aber immer noch eine erstaunliche Summe). Die Besucher bezahlten eine halbe Guinee Eintrittsgeld – ein stolzer Preis gemessen an den Maßstäben der Zeit. Die Blütezeit waren die 1720er Jahre, in denen die sogenannte Royal Academy (auch sie eine Aktiengesellschaft mit königlichem Freibrief, finanziert von Mitgliedern der Königsfamilie und anderen Aktionären) Händel die Möglichkeit bot, Opern fast wie am Fließband zu produzieren. An seinem Stil änderte sich im Verlauf dieser Jahre wenig. Er und sein Publikum blieben dem Ideal der *opera seria*, das er als Erbe übernommen hatte, treu; er gab sich damit zufrieden, für das Basismodell der Da-capo-Arie immer wieder neue musikalische Gewänder zu schneidern.

Unter Händels rund 40 Opern finden sich Meisterstücke und Tiefpunkte. *Giulio Cesare* (Julius Caesar, 1725) erlebte viele Reprisen und große Wertschätzung, nicht zuletzt weil die Figur der Cleopatra, wie Händel sie porträtierte, sich bei Sopranistinnen fortdauernder Beliebtheit erfreute. In den 1730er Jahren gönnte sich Händel größere Freiheiten bei der Auswahl seiner Libretti und brachte eine Reihe innovativerer Werke auf die Bühne. *Orlando* (1733), basierend auf Ariosts *Orlando Furioso* und für den berühmten Kastraten Senesino geschrieben, begeisterte mit übernatürlichen Elementen und einer beeindruckenden Wahnsinnsszene. Der Protagonist stellt sich eine Reise in die Unterwelt à la Orpheus vor, um seine verschollene Geliebte zu retten, und während er dies tut, irrt er durch eine anarchisch bunte Abfolge von Dialogbruchstücken, Rezitativ-Passagen und Da-capo-Arien. In *Alcina* (1735) bekommt das Übernatürliche noch größeren Spielraum, und die gewohnten musikalischen Formen werden von einer Reihe von Tänzen und kunstvoll ausgearbeiteten Chorsätzen aufgelockert – ein Beleg dafür, dass der Kosmopolit Händel sich auch von französischen Vorbildern beeinflussen ließ. So eindrucksvoll diese aus dem Rahmen fallenden Werke sind, wäre es doch ein Fehler, sich bei Händel zu sehr auf seine gelegentlichen Abweichungen von der Orthodoxie zu konzentrieren. Jede einzelne seiner Opern ist mehr oder weniger aus einer stetigen Abfolge von Da-capo-Arien aufgebaut, so dass man sagen kann, dass er zumindest der Form nach die Regeln befolgte, also die konventionellen Formen eher benutzte, als dass er versucht hätte, sich ihnen zu entziehen.

In London seinen Lebensunterhalt als Opernkomponist zu verdienen, wurde in den 1730er Jahren plötzlich sehr viel schwieriger. Händels Theater begann unter der ruinösen Konkurrenz eines italienischen Unternehmens zu leiden, der sogenannten Opera of the Nobility, die ihr Domizil ursprünglich in einem Theater in den Lincoln's Inn Fields hatte. Vielleicht noch schwerer wog, dass andere Theater, die musikalische Unterhaltung in englischer Sprache boten, ebenfalls Publikum abzogen. 1728 wurde John Gays *Beggar's Opera* zu einem Riesenerfolg, nicht zuletzt dank ihrer Persiflagen im Geiste Hogarths auf die überdrehte *opera seria*. Mit einem Gefühl des Bedauerns liest man eine zeitgenössische Reportage über eine Aufführung des *Orlando*, bei der «das Publikum sehr dünn war, so dass sie nach meiner Meinung nicht genug einnahmen, um die Musiker des Orchesters zu bezahlen».[20] Wie eh und je, bewegte sich die öffentliche Oper am Rande des finanziellen Abgrunds; in diesem Fall lag es daran, dass die Stadt einfach zu viele Unterhaltungsangebote für die begrenzte Zahl potentieller Kunden bot. Zu Beginn der 1740er Jahre ließ Händel die Finger ganz von der Oper und konzentrierte seine unerschöpflichen Energien auf Oratorien in englischer Sprache. Er schaffte es zwar, auf diese Weise zu einem englischen Nationaldenkmal zu werden, aber gerade die Erfolge, die er in dem neuen, volkstümlicheren Genre erzielte, machte die Lage für die italienische Oper umso prekärer.

Eine spannende Frage, die sich heute stellt, ist die nach Händels Nachleben. Als er in den 1740er Jahren mit dem Komponieren von Opern aufhörte, verschwanden seine Werke sehr schnell von der Bühne und fielen dem Vergessen anheim. Während einige seiner Oratorien (besonders der *Messias*) zu Klassikern avancierten und alle musikalischen Moden überdauerten, wurden seine Opern lange als vorgestrig und nicht mehr goutierbar abgetan. Sie blieben (abgesehen von einigen wenigen Arien, die als Konzertstücke weiterlebten) fast das gesamte 19. und 20. Jahrhundert hindurch unaufgeführt – eine Grabesruhe von 200 Jahren. Als schließlich ein paar wieder ausgebuddelt wurden (zuerst in Deutschland während des späten 19. und frühen 20. Jahrhunderts als historische Kuriositäten), fühlten sich ihre Erwecker bemüßigt, ziemlich tiefgreifende Änderungen an den Werken vorzunehmen, so fremdartig mutete ihre dramatische Diktion inzwischen an. Baritone und Bässe übernahmen die Rollen der Kastraten (und kämpften vergeblich mit Händels ornamentalem Kompositionsstil, mit dem ihr Stimmumfang jetzt nicht mehr kompatibel war). Das *recitativo semplice* wurde mit orchestralem Füllmaterial aufgepeppt; die allgegenwärtigen Da-capo-Arien wurden oft um ihre Wiederholungsteile gestutzt, die für den Geschmack einer mit Wagner aufgewachsenen Generation zu wenig dramatisch waren. Doch solche drastischen musikalischen Modifikationen brauchte es irgendwann nicht mehr, als das Publikum begann, die Werke Händels um ihrer selbst willen zu akzeptieren. Heute, 300 Jahre nach ihrer Erstaufführung, ist das Comeback der Opern Händels in vollem Gang; immer mehr seiner musikdramatischen Werke finden Platz in den Repertoires der Gegenwart. Vorschub leisteten dieser Entwicklung das neue Stilempfinden der Bewegung für eine «historische Aufführungspraxis», das Heranwachsen einer Generation von Sängern und Sängerinnen, die mit der Händel'schen Virtuosität keine Probleme haben, und – am überraschendsten – eine neue Publikumsgeneration, die die Formensprache und die Ausdrucksmittel der Händel-Opern nicht mehr befremdet.

Dass und weshalb seine Opern aus der Mode kamen, lässt sich leicht nachvollziehen: Bis ins späte 18. Jahrhundert empfand das Publikum die unablässige Abfolge von Solo-Arien als etwas Künstliches; reguläre Aufführungen dieser Opern kamen im 19. Jahrhundert trotz der fortbestehenden Popularität von Händels Oratorien nicht mehr in Frage. Was hat sich geändert, das den kometenhaften Wiederaufstieg der Händel-Opern in den letzten paar Jahrzehnten möglich gemacht hat? Teils hat es praktische Gründe: Die Forderung der Bewegung für eine «historische Aufführungspraxis», Musikwerke des 18. Jahrhunderts leichtfüßiger und schneller zu spielen, beschleunigt die dramatischen Abläufe; Rezitative können galoppieren, statt zu traben, desgleichen Arien. Und eine neue Generation von Sängern und Sängerinnen hat sich dieser neuen Darbietungsästhetik verschrieben. Dazu kommt, wie in Kapitel I erwähnt, dass praktisch keine neuen Werke mehr den Sprung ins Opernrepertoire schaffen, was diejenigen, die nach aufregend Neuem suchen, zu einem immer gründlicheren Wühlen in der Vergangenheit nötigt. So gesehen, gehört Händel zu den großen Nutznießern des Niedergangs im Opernschaffen des späten 20. Jahrhunderts, so wie ein wenig zuvor italienische Opernkomponisten des frühen 19. Jahrhunderts wie Rossini, Donizetti und Bellini.

Vielleicht nicht weniger wichtig ist die Tatsache, dass Opernregisseure gelernt haben, das Nacheinander vieler Da-capo-Arien inszenatorisch zu bewältigen und der «Porträtgalerie», die jede *opera seria* Händels immer auch ist, Herr zu werden. Oft gelingt ihnen das, indem sie gewisse Aspekte der Händel'schen Ästhetik ignorieren, etwa indem sie das Bühnengeschehen durch energische Regie-Eingriffe auch in Phasen, in denen die Musik repetitiv ist, in Bewegung halten. Es ist möglich, das Drama sehr flüssig und ereignisreich zu gestalten, indem man *gegen* die Musik inszeniert. Manche haben sich lauthals über diese Praxis beklagt (die keineswegs nur auf Händel angewandt worden ist, wenngleich seine Opern die zahlreichsten Beispiele dafür liefern), doch würde das heutige Publikum wohl kaum eine «authentische» Darbietung einer Händel-Oper akzeptieren, bei der die Abgänge der Protagonisten nach dem Ende ihrer jeweiligen Arien fast die einzigen großen Augenblicke wären. Ein damit zusammenhängender Aspekt ist die Auswahl der Darsteller. Die bemerkenswerte geschlechtliche Indifferenz von Händels *opera seria* heute zu reproduzieren, würden wir wohl bedenklich finden. Wir müssen heute zwar keine Baritone mehr dazu verdonnern, sich durch die Arien der Kastraten zu kämpfen, sondern setzen im typischen Fall Countertenöre ein, weil uns offenbar die Männlichkeit ihres Körpers wichtiger ist als der Umstand, dass ihre Stimmen (bei aller Exzellenz) für einen einem Kastraten auf den Leib geschriebenen Gesangspart nicht passen – insbesondere nicht in der tieferen Lage, wo die Stimmen der Kastraten typischerweise stark waren und die der Countertenöre typischerweise schwach sind.

Allein, solche Aufführungspräferenzen wandeln sich immer wieder, und in dem Maß, wie mehr Händel-Opern ins Repertoire zurückkehren, werden sie sich weiterentwickeln. Damit nicht genug, werden neuerdings auch einige von Händels Zeitgenossen aus der Versenkung hervorgeholt und aufpoliert. Die meisten der über 60 Opern von Alessandro Scarlatti befinden sich zwar noch im Wartestand hinter den Kulissen, aber jene von Antonio Vivaldi (1678–1741) geben bereits Lebenszeichen von sich, und gemäß Vivaldis eigener – aufgeblasener – Zählung hat man die Auswahl aus nicht weniger als 94 von ihnen. Eines scheint sicher: In unserem heutigen Opern-Universum sind die komischen Opern Mozarts nicht mehr das Maß aller Dinge – nicht mehr das, was wir im vorigen Kapitel als die Wasserscheide zwischen der fernen und der zugänglichen Vergangenheit bezeichnet haben. Die Opern Händels können, wie wir heute wissen, nach Jahrhunderten der Vernachlässigung neue Botschaften liefern – jedenfalls solange es Sänger und Sängerinnen gibt, die willens und fähig sind, bekanntes musikalisches Material in ein tollkühnes Abenteuer der gesanglichen Virtuosität zu verwandeln und uns mit ihrem Mut in Erstaunen zu versetzen.

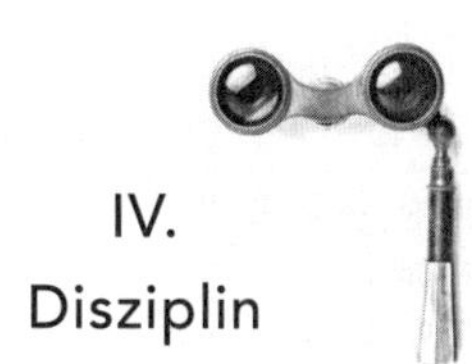

IV. Disziplin

Oper ist extravagant, absurd, laut und vor allem eine Schöpfung, die von der menschlichen Stimme lebt. Oft hat man ihr, wie bereits gesehen, vorgehalten, sie bedürfe größerer Disziplin, und zuweilen wurde dieses Ansinnen auch in die Tat umgesetzt. Im Verlauf des 18. Jahrhunderts (dem goldenen Zeitalter der polemischen Streitschrift) verging kaum ein Jahrzehnt ohne die eine oder andere philosophische Debatte über die Mängel, an denen die Oper kranke – die Kritik zielte dabei, so wie der Mensch nun einmal ist, immer lieber auf die Oper der anderen als auf die eigene.

Das Jahr 1762 brachte ein wahres mediales Erdbeben, stärker als die meisten anderen und mit länger andauernden Folgen. Es fiel zeitlich zusammen mit der Premiere einer weiteren italienischen Orpheus-Oper, die allerdings in Wien aufgeführt wurde. Nach einer mehr als 100-jährigen Durststrecke für das Sujet Orpheus hatte ein italienischer Dichter namens Ranieri de' Calzabigi (1714–1796) ein neues Libretto über die Mythengestalt geschrieben, das der deutsche Komponist Christoph Willibald Gluck (1714–1787) vertonte. Die Oper *Orfeo ed Euridice* von Calzabigi und Gluck fand breite Anerkennung als eine Meisterleistung, revolutionär sowohl in der Form als auch im Stil. Gluck komponierte in der Folge weitere höchst originelle Opernwerke mit italienischen und französischen Libretti, darunter *Alceste* (1767), *Iphigénie en Aulide* (*Iphigenia in Aulis*, 1774) und *Iphigénie en Tauride* (*Iphigenia in Tauris*, 1779). Die Sujets stammten allesamt aus der griechischen Mythologie, und das nicht zufällig – Gluck und seine Librettisten demonstrierten damit, dass Begeisterung für die Klassiker durchaus mit dem Bestreben einhergehen konnte, der Oper ihre allzu weit gespreizten Flügel zu stutzen, insbesondere was den Gesang betraf. Eine Generation später sollten, ganz in diesem Sinn, griechisch inspirierte Obergewänder und einfache natürliche Locken (abgeschaut von Bildern auf antiken Vasen) auf der Opernbühne die muffigen gepuderten Perücken und ausladenden Reifröcke aus der höfischen Lebenswelt des 18. Jahrhunderts ablösen.

Die neuartige Oper, die Gluck schuf, entfaltete eine enorme Vorbildwirkung: Gluck wurde zu einer von Mozarts Vaterfiguren, was die Oper betrifft, und sein Name fungierte bis weit ins 19. Jahrhundert hinein als Talisman. Man braucht nur Hector Berlioz' *Traité d'instrumentation* (1843, «Die Moderne Instrumentation und Orchestration», 1845) oder seine auf Gluck fixierten *Memoiren* (1870) zu lesen oder auch die Streitschriften, die anlässlich der Aufführung seines *Orfeo* 1859 in Paris (oder auch von Liszts *Orfeo* in Weimar einige Jahre zuvor) kursierten, um einen Eindruck davon zu bekommen, welch lang nachwirkende Autorität sowohl der Komponist als auch das Werk besaßen. In die erlauchten Fußstapfen Glucks zu treten, bedeutete, sich dem höchsten moralischen Anspruch der Oper zu stellen, einen Grad an musikalischer Reinheit und Abstraktion anzustreben, der sich im chaotischen Alltag des Theaterbetriebs allem Anschein nach nie erreichen ließ. Die Inszenierung des *Orfeo* in nobler Absicht und mit wiederentdeckter klassischer Selbstbescheidung war immer das Vorzeichen einer kritischen Reaktion auf theatralische Extravaganz. In Deutschland äußerte sich in den Opernproduktionen der ersten Jahrzehnte des 20. Jahrhunderts mit ihrer Rückbesinnung auf die griechische Antike ein großes Missbehagen am als dekadent empfundenen Expressionismus der Opernwelt. Geschenkt, dass Richard Strauss' Elektra kreischte, raste, in Lumpen gehüllt auf und ab hüpfte und mit letzter Kraft versuchte, sich gegen ein riesiges dröhnendes Orchester Gehör zu verschaffen: Glucks Orpheus, auf die Bühne zurückgeholt, um seinen Gram in sonnigem C-Dur hinauszuschmettern, stellte eine dringend nötige Mäßigung wieder her. Wie sah die Genese dieses seltsamen neuen *Orfeo* aus? Welche Strömungen formten ihn?

Um Antworten auf diese Fragen zu finden, müssen wir mehrere Generationen zurückgehen. Die noblen Ambitionen, die sich mit der Schöpfung des *Orfeo* 1762 erfüllten, stellten eine Reaktion auf jahrzehntelange Zumutungen für das Opernpublikum dar (zu dessen Anwalt sich einige intellektuelle Kritiker gemacht hatten). Die problematischen Seiten der Händel'schen *opera seria*, wie wir sie im vorausgegangenen Kapitel kennengelernt haben, waren offensichtlich und blieben auch im Schaffen der nachfolgenden Generation von Opera-Seria-Komponisten bestehen. Ihre ästhetischen Prinzipien, gegen die Gluck seine neue Oper in Stellung brachte, hatten viel mit einer schematisch gewordenen Librettodichtung und einer Sublimierung des emotionalen Gehalts durch endlose verstiegene Metaphern zu tun – endlose Varianten einer Bildsprache, die nicht nur menschliche Gefühle mit Naturerscheinungen assoziierte, sondern Letztere auch in den Mittelpunkt des musikalischen Ausdrucks stellte. Damit nicht genug, neigten die Librettisten dazu, in ihre Handlungen immer wieder dieselben Archetypen einzubauen: den innerlich zerrissenen, aber letzten Endes aufgeklärt handelnden König, den verwirrten Helden, den verschmähten Liebhaber, den bösen Intriganten (bzw. deren weibliche Pendants); Politik und die Pflichten des öffentlichen Amtes wurden mit den Anforderungen von Liebe und Familie kontrastiert; das Spiel mit falschen Identitäten wurde durch sopranistische Töne aus sowohl weiblichen wie männlichen Kehlen erleichtert. Die Handlung wurde durch einfache Rezitative in Gang gehalten, Sprechgesänge mit geringem musikalischem Gehalt, über die sich nur die wenigsten Zuschauer Gedanken zu machen schienen, wenn sie überhaupt zuhörten. Die Dramatik der Stücke – das Wechselspiel von Spannung und Entspannung, das emotionale Engagement, das eine wesentliche Voraussetzung für das lustvolle Erleben einer Oper war – manifestierte sich ausschließlich in einer unerbittlichen Abfolge von Solo-Arien. Und bei jeder dieser Arien wiederholte sich derselbe formale Aufbau (die sogenannte Da-capo-Form A-B-A), dessen Daseinsberechtigung sich einzig und allein bei der Aufführung erwies – in Form des «Mehrwerts», der dem Publikum durch die improvisierten Verzierungen geboten wurde, die die Sänger einbauten, wenn sie den A-Teil wiederholten. Es ging nicht nur darum, dass die spektakulären Kostüme und die großflächigen Kulissen die Tendenz hatten, die Bühne zum Exerzierplatz für eine Parade märchenhafter, gefederter, glitzernder Figuren zu machen, sondern auch darum, dass die diese Figuren darstellenden Sänger und Sängerinnen allesamt eine so unverhüllte und spektakuläre stimmliche Virtuosität an den Tag legten – ob in einer elegischen und pathetischen Arie oder in einer Glanznummer mit mitreißend schnellen Tonkaskaden –, dass alle anderen Elemente in den Hintergrund traten.

Intellektuelle und Literaten beschwerten sich seit langem darüber, besonders weil die Sänger und ihr Publikum in jedem Stück genau zu wissen schienen, an welchen Stellen sich Tragödie und Triumph einstellten. Es gibt eine bekannte Anekdote über die beiden berühmtesten Kastraten der Periode vor 1750, Senesino und Farinelli, überliefert von dem bedeutenden britischen Musikhistoriker des späten 18. Jahrhunderts, Charles Burney:

Senesino und Farinelli hatten, als sie zusammen in England weilten, wo sie an denselben Abenden in verschiedenen Theatern auftraten, keine Gelegenheit, den jeweils anderen zu hören, bis es einmal in Folge einer jener plötzlichen Bühnenrevolutionen, die zwar häufig und doch immer überraschend sind, geschah, dass sie beide auf derselben Bühne singen sollten. Senesino hatte die Rolle eines wütenden Tyrannen zu spielen, Farinelli die eines unglückseligen Helden in Ketten; doch im Verlauf des ersten Gesangs brachte [Farinelli] das verhärtete Herz des wütenden Tyrannen so sehr zum Schmelzen, dass Senesino, seine Rolle vergessend, zu Farinelli hinüberlief und ihn umarmte.[1]

Diese Umarmungsszene zwischen Senesino und Farinelli ist eine herrlich theatralische (um nicht zu sagen herrlich inszenierte) Demonstration dessen, wie ein Gesangserlebnis die Zuhörer «umwerfen» kann. Sie bietet auch einen Hinweis darauf – was viele andere Berichte über Opernaufführungen im frühen 18. Jahrhundert bestätigen –, dass so ein «Aus-der-Rolle-Fallen» zu der Zeit nichts Ungewöhnliches war und nicht unbedingt als die schauspielerische Sünde galt, die wir heute, mit unseren verdunkelten Zuschauerräumen und dem kategorischen Gebot, das Geschehen auf der Bühne andächtig zu verfolgen, darin erblicken würden. John Rosselli, einer der besten Opernhistoriker der jüngeren Vergangenheit, erzählt von einer Begebenheit, die sich 1722 in Ferrara zugetragen haben soll: Ein Kardinal saß in einer Bühnenloge (die sich tatsächlich auf der Bühne und damit im Blickfeld eines großen Teils der anderen Zuschauer befand); die Sopranistin sang: «Gebt dem armen Pilger ein Almosen», woraufhin der Kardinal ihr eine Börse mit Goldmünzen hinstreckte. Er verband auf diese Weise, wie Rosselli anmerkt, «zwei der beliebtesten Nummern des Barocks [miteinander], einen öffentlichen Akt der Wohltätigkeit und das Spiel mit den Illusionen des Theaters».[2] Eine weitere Pointe sowohl dieser Geschichte als auch der Farinelli-Senesino-Anekdote ist die, dass das, was das Wesen der *opera seria* ausmachte, zu einem eher größeren als geringeren Teil ephemer war und heute nicht mehr reproduzierbar ist. Das gilt natürlich für die gesamte Opernkunst, für die Oper des frühen 18. Jahrhunderts aber in ganz besonderem Maß. Vieles von dem, was musikalisch und dramatisch am meisten zählte, war aus dem Ärmel geschüttelt, konnte nicht in die Partitur geschrieben und erst recht nicht aufgezeichnet werden; wir haben darauf keinen Zugriff mehr. Was wir tun können, wenn wir diese Opern heute wieder aufführen, ist, uns dieses Verlusts bewusst zu sein. Heute sitzen wir im Dunkeln, nur die Bühne ist beleuchtet. Wir sind isoliert voneinander, keiner von uns kann die Reaktionen der anderen wahrnehmen. Wir trauen uns nicht, Kommentare zu äußern, und können unsere Buh- oder Jubelrufe nur zu ganz bestimmten Zeitpunkten loswerden. Wir nehmen uns auch nicht die Freiheit, das Bühnengeschehen schlichtweg zu ignorieren, wenn uns danach zu Mute ist; wir können in unserer Loge keine Jalousie herunterlassen und Karten spielen, wenn das Rezitativ anfängt, oder uns im Mittelgang mal eben eine Orange kaufen oder einer Sängerin auf der Bühne einen Beutel mit Goldmünzen überreichen und den Moment auskosten, in dem ihre Worte unserer großmütigen Geste auf magische Weise Bedeutung verleihen.

Wenn wir uns als Theaterarchäologen betätigen, könnten wir sagen, die *opera seria* des frühen 18. Jahrhunderts sei heute weitgehend verstummt, weil die Elemente, die gleichsam das Gegengift zu ihren schematisierten Handlungen, ihrer unerbittlich wohlerzogenen Lyrik und ihrer Arien-Monokultur bildete, in eine Vorstellungswelt gehörten, die ins Dunkel der Geschichte abgetaucht ist. Verschwunden sind nicht nur so offenkundige Bestandteile der *opera seria* wie die Stimmen der Kastraten, die zu einer so wichtigen Inspirationsquelle für Zuschauerfantasien wurden. In Samuel Richardsons großartigem Briefroman *Pamela, or Virtue Rewarded* aus den 1740er Jahren, bei dessen Erscheinen sich die Opernkarriere Händels gerade ihrem Ende zuneigte, sagt eine Figur ratlos: «Aber was habe ich zu einer italienischen Oper gesagt, was kann ich dazu sagen? – Ich frage mich nur, so wenig es zur Sache tut, wie es mir gelungen ist, so viel zu sagen. Denn wer kann Töne beschreiben? Oder welche Wörter will man finden, die der Luft Formen geben?»[3] Es ist ein Lamento, von dem alle Opernarchäologen ein Lied singen können. Im Internet-Zeitalter bezeichnen wir diejenigen, die Texte und Ideen produzieren, als die «Content-Leute»; sie stehen nicht sehr weit oben auf den Gehaltslisten, gleich wie viel Respekt sie sich als Autoren verdienen. Die Komponisten des 18. Jahrhunderts wussten, wie sich das anfühlt. Über Händel heißt es in einer vielzitierten, wahrscheinlich erfundenen Geschichte, er habe der berühmten Primadonna Francesca Cuzzoni (1696–1778) gedroht, sie aus dem Fenster zu werfen, als sie eine Arie aus *Ottone, Re di Germania* («Otto, König von Deutschland», 1723) zu singen ablehnte, die nicht eigens für sie geschrieben worden war.[4] Diese endlos wiedergekäute Anekdote dockt an unserem modernen Hierarchieverständnis an: So männlich und so bestimmend *sollten* Komponisten bitteschön sein. Allein, die wirtschaftlichen und praktischen Realitäten erzählen eine andere Geschichte; Händel war trotz seines Ruhms im Grunde ein «Content-Lieferant»; ungeachtet gelegentlicher Wutanfälle war er gewöhnlich derjenige, der am Fenstersims hing, den Launen der Primadonnen und Kastraten ausgeliefert, die sich in seiner Musik sonnten.

Das Protestgrollen, das sich im 18. Jahrhundert gegen diesen Stand der Dinge vernehmen ließ, kam sowohl aus der Ecke der Literaturkritik als auch aus der Praxis. Es teilte sich in zwei Strömungen. Der ersten ging es um Texte, der zweiten um Text und Musik – die Frage, welche Art von Musik die Sänger favorisieren oder vermeiden sollten und wie man sie hierzu animieren oder zwingen konnte. Der Impetus für solche Veränderungen, der vordergründig von den Autoren von Streitschriften und von anderen Kritikern auszugehen schien, resultierte zu einem guten Teil aus Entwicklungen in der Opernszene, die sich anderswo abspielten. Da war zum Beispiel die staatlich gesteuerte französische *tragédie lyrique,* deren relative Wohlanständigkeit, sowohl was die Libretti als auch was die Musik betraf, in aller Stille dazu beitrug, die italienische *opera seria* zu disziplinieren. Frankreich mit seiner starken Tradition des klassischen dramatischen Sprechtheaters hatte dramaturgische Regeln entwickelt, die sich auf die Oper übertrugen und den in Frankreich geschriebenen Libretti von Anfang an, also etwa ab 1670, in mancherlei Hinsicht Zügel anlegten. Mit den kompositorischen Stilen, die sich um die Wende zum 18. Jahrhundert in Frankreich durchsetzten, gewannen, sowohl in der Instrumental- als auch in der Vokalmusik, eher Orchestrierung und harmonische Fülle an Bedeutung – so jedenfalls sahen es die Franzosen – als die ständig aussprießenden Melodien und ungezügelten Koloraturen des italienischen Stils. Doch hat der Versuch, eine Operntradition von anderen Opernsprachen abzuschotten, aus denen sie schöpft und die aus ihr schöpfen, noch nie viel gebracht, ob es sich bei diesen Sprachen nun um andere Unterarten der Oper handelt oder um die Formen und Klangfarben zeitgenössischer instrumentaler Musik. Es gibt Merkmale, die die italienische *opera seria* und die französische *tragédie lyrique* zu Geschwistern machen, ebenso wie es Ähnlichkeiten und Übereinstimmungen zwischen Da-capo-Arien und instrumentalen Genres wie dem Concerto gibt.

So war die Befruchtung eine wechselseitige: Reformer der französischen Musikszene orientierten sich an der relativen Einfachheit und lyrischen Qualität der italienischen komischen Oper. Jean-Jacques Rousseau schreibt in seinen *Bekenntnissen* (1770) der italienischen *opera buffa* die Fähigkeit zu, Offenbarungen zu gewähren. Er hatte 1744 in Venedig die Oper *La finta schiava* («Sklavin aus List») gesehen, ein sogenanntes Pasticcio, also eine Oper, in der Arien aus mehreren früheren Opern aneinandergereiht wurden. Die dröhnenden Arien hatten, so glanzvoll er sie auch fand, nur geringe Wirkung auf ihn, doch eine einfache Melodie aus einer komischen Szene konnte ihm eine Erleuchtung bescheren: Sie öffnete ihm nicht nur die Ohren, sondern «gleichzeitig auch die Augen». Rousseau spricht in diesem Zusammenhang mehrfach von Schlaf- und Wachzuständen und dass die komische Arie sein Bewusstsein geweckt habe. Begierig darauf, das Erlebnis nachzuvollziehen, besorgte er sich die Partitur, nur um festzustellen, dass die Noten auf dem Blatt nicht dieselben waren, die er im Theater gehört hatte.[5] An einer anderen Stelle, wo er schildert, dass er 1752 ein eigenes komisches Intermezzo mit dem Titel *Le Devin du village* («Der Dorfwahrsager») geschrieben hat, erinnert er einmal mehr daran, dass die italienische komische Oper seinen Geist befreit hat. Nach einem langen abendlichen Gespräch mit einem Freund über die *opera buffa* konnte Rousseau nicht schlafen; am nächsten Tag setzte er sich in ein Gewölbe am hinteren Ende des Gartens und warf zwei Arien und das Schlussduett des *Devin du village* aufs Papier.[6] Auch wenn mit dieser Geschichte womöglich Legendenbildung betrieben wird – woran kaum ein Zweifel besteht –, wird der Zusammenhang deutlich. *Le Devin du village* und ähnliche in der Folge entstandene Opern befruchteten mit ihrer italienischen Aura die französische Oper; und sie «bestäubten» ab den 1750er Jahren sowohl die *opéra comique* als auch die *tragédie lyrique* mit der Aura ihrer entspannten Freimütigkeit. Und danach, wie um den Kreis zu schließen, inspirierte die *opéra comique* – italienisch geprägt, aber dennoch ein französisches Genre mit eigenen musikalischen Konventionen – auf dem Umweg über Gluck wiederum die *opera seria*.

Der Metastasio-Code

Im vorigen Kapitel haben wir eine wichtige Phase der Opernreform Revue passieren lassen, die auf die Accademia dell'Arcadia in Rom zurückging. Während in London noch Händel und seine Gesangsstars das Publikum verzückten, rollten weitere Reformwellen über Italien hinweg. Wie üblich, berief man sich auf die griechische Antike: Pier Jacopo Martellos Aufsatz *Della tragedia antica e moderna* («Über die antike und die moderne Tragödie») von 1715, geschrieben von einem Arcadianer der zweiten Generation, konfrontierte seine Leser mit einem reizvollen Gedankenspiel: Auf der Straße nach Paris tritt ihm Aristoteles in den Weg und erteilt ihm ausführliche Anweisungen für die Lösung des Libretto-Problems. Wir haben bereits die

Empfehlung des «Aristoteles» zu Rezitativen und Arien gelesen, aber darüber hinaus gab es noch sehr viel mehr. In einem Schwall freundschaftlicher Ratschläge nahm der Philosoph die meisten der oft beklagten Schwächen der Oper aufs Korn: «Nicht zu viele Wälder, denn Baumstämme und Zweige voller Blätter sind keine Sujets für Theatermaler. … Ihr solltet euch bemühen, eine fabelhafte Geschichte auszuwählen, in der eine Reihe von Göttern und Heroen auftritt, oder aber eine wahre Heldengeschichte.» Kastraten sollten immer «elegant, nicht ungehobelt» sein. «Lasst die Mittel, mit denen die Ereignisse herbeigeführt werden, jede Wirklichkeitsnähe vermissen», empfahl der Philosoph trocken. «Lasst Schicksalswenden und Szenen des Wiedererkennens geschehen. Lasst bei Letzteren zu, dass wir uns durch einen plötzlichen Kostümwechsel leichtgläubig täuschen lassen, durch bestimmte Gegenstände, die in der Wiege einer Figur, als sie noch ein Säugling war, gefunden wurden.» Die Oper, so resümierte Martello, schule die Dichter in der Kunst, «sich selbst zu erobern und ihren eigenen Wünschen abzuschwören».[7] Fünf Jahre später schrieb ein anderer Satiriker, der Opernkomponist Benedetto Marcello (1686–1739), ein phantasmagorisches, streckenweise surrealistisches Pamphlet mit dem Titel *Il teatro alla moda* («Das Theater nach der Mode», 1720), in dem er Kapitel für Kapitel die Exzesse der italienischen Oper (oder was er dafür hielt) aufzählte: Komponisten und Impresarios, die vor Sängern und Sängerinnen in die Knie sanken (und, noch beschämender, vor deren Müttern und anderen «Beschützern»), absurde Handlungen, unnötig pompöse Bühnenbilder, versklavte Librettoschreiber. Diese beiden Reformer vermitteln uns einen lebhaften Eindruck davon, wie heftig der Wunsch war, der Oper ihre albernen Überspanntheiten, bühnentechnischen Spektakel und hochgejubelten Virtuosen abzugewöhnen und sich im Gleichschritt damit zu den Tugenden der Zurückhaltung und Ausgewogenheit zu bekennen, durch die sich die besten Werke des Sprechtheaters auszeichneten. Martellos Aristoteles verweist nicht ganz unerwartet ausdrücklich auf das Vorbild der griechischen Tragödie, preist aber auch das klassische französische Drama, ein Zugeständnis an die Frankophilie des Autors.

Pietro Metastasio (1698–1782) war der Dichter, der sich die Postulate dieser zweiten Welle reformistischer Kritik am erfolgreichsten zu eigen machte. Er war ein enger Freund des Kastraten Farinelli (sie leiteten ihre Briefe aneinander mit der Formel «Caro gemello», «Lieber Zwilling», ein) und wurde der mit Abstand berühmteste italienische Poet des 18. Jahrhunderts – seine über 30 Opernlibretti sind die am häufigsten aufgeführten der gesamten Operngeschichte. Noch bis ins frühe 19. Jahrhundert griffen

Komponisten immer wieder zu seinen dramatischen Vorlagen. Die Libretti von Metastasio waren nüchtern und ausgewogen genug, um ein gewisses kulturelles schwarzes Loch zu füllen – das Fehlen ernsthafter Sprechtheaterstücke in Italien, die es mit den großen französischen Theaterdramen hätten aufnehmen können. Wie Charles de Brosses 1739 anmerkte: «Für Tragödien in Opernform haben sie [die Italiener] einen ausgezeichneten, noch lebenden Autor, Metastasio, dessen Stücke voller Witz, Kabalen, dramatischer Wenden und interessanter Momente sind und zweifellos große Wirkung erzielen könnten, wenn sie als einfache gesprochene Tragödien aufgeführt würden unter Weglassung des ganzen kleinen Ariengedöns und des anderen Opernzubehörs, das man ohne weiteres entfernen könnte.»[8]

Metastasio hatte die Arbeit Zenos verfeinert und weiterentwickelt. Dessen verwickelte Geschichten – immer wieder über Findlinge, die sich später als Prinzen entpuppten, oder mit grotesken Nebenhandlungen, die man brauchte, um auch zweitrangige Figuren mit Arienfutter zu versorgen – wurden nun vereinfacht, die Zahl der Figuren verringert. Noch schwerer wog, dass Metastasio die von Zeno begonnene Eliminierung komischer Figuren fortsetzte. Die Bewahrung der Reinheit der Genres – keine Vermischung von Tragödie und Possenspiel – war ein aristotelisches Ideal, das bei den Reformern des 18. Jahrhunderts mit ihrem Hang zur systematischen Klassifizierung Anklang fand. Die ironische Pointe daran war, dass die ausgemusterten komischen Figuren – all die Gärtner und Dienstmädchen, bürgerlichen Lustmolche und alten Jungfern, bäuerlichen Liebhaber und beschwipsten Beamten – im Gegenzug ihre eigene Opernheimat erhielten, zuerst in komischen Intermezzi und dann in der voll ausgebildeten *opera buffa*. Anders ausgedrückt: Die erste Etappe auf dem Weg zu einem Meisterwerk wie Mozarts *Le nozze di Figaro* (Figaros Hochzeit, 1786) war ein Akt der Verbannung. Eine weitere, noch größere Ironie war die, dass das selbstgefällige Beharren auf Codices und hehren Idealen, das die Reformer an den Tag legten, die *opera seria* am Ende auf ein großes, imposantes, klassisch stilisiertes Podest hob, was es Zuschauern, Sängern und Opernhäusern im Verlauf der folgenden Jahrzehnte erleichterte, sie zu ignorieren oder mit erhabener Gleichgültigkeit zu behandeln.

In welcher Lage befand sich die italienische *opera seria* also um das Jahr 1750? Ihre Libretti waren hochkarätig geworden. Metastasio, Kind des rationalistischen 18. Jahrhunderts, hatte ihr einen Moralkodex verschrieben, in dessen verbindlichem Rahmen Tugend immerfort belohnt und Sünde immerfort bestraft oder (im besseren Fall) nach einem Höchstmaß an Sühne großmütig verziehen wurde. Es gab nicht so viele Todesfälle, und alle Toten erstanden am Ende auf und stimmten zusammen einen Chor an. Keiner brachte sich um oder ermordete seine Kinder – mit Ausnahme Medeas. Damit nicht genug, begann die Operndichtung sich ernsthaft, ja philosophisch mit Themen von politischer Bedeutung auseinander zu setzen. Ein solches Thema war das Wesen des Königtums, einer absoluten Monarchie, der ihre gekrönten Häupter zu schaffen machten oder die plötzliche, verzweifelt spät kommende Gnadenakte vollzog. Metastasios *La clemenza di Tito*, («Die Milde des Titus», 1734), später von Mozart vertont, ist ein klassisches Beispiel. Manche haben in *opera-seria*-Libretti dieser Art bedeutsame gesellschaftliche Allegorien gesehen, ja sogar Empfehlungen für die einzig wahre Rolle des absoluten Herrschers. In diesem Sinn war es nur allzu folgerichtig, dass Metastasio zum Hofpoeten des österreichischen Kaisers Karl VI. aufstieg, wie vor ihm bereits Zeno. Er akzeptierte dieses Amt – im Grunde das eines Hofdieners in Livree – voll und ganz. Seine Schilderung der ersten Begegnung mit dem Kaiser illustriert sinnfällig die gesellschaftlichen Hierarchien, die er in seinen Libretti ohne Unterlass feierte:

> Ich sprach mit einer Stimme, die, wie ich fürchte, nicht allzu fest war, und brachte diese Empfindungen zum Ausdruck: «Ich weiß nicht, ob ich größere Zufriedenheit oder größere Verwirrung darüber empfinde, mich zu den Füßen Eurer kaiserlichen Majestät zu finden. Dies ist ein Augenblick, nach dem ich seit meinen frühesten Tagen geschmachtet habe, und jetzt finde ich mich nicht nur vor dem größten Monarchen auf Erden, sondern hier im ruhmreichen Amt seines gegenwärtigen Dieners.»[9]

War der Tenor der Metastasio-Libretti, insbesondere was die unverblümte Lobpreisung des politischen Status quo betraf, neuartig, so bewahrten sie doch auch strukturelle Elemente aus früheren, weniger devoten Textbüchern. Die Wogen der Reform erfassten mit anderen Worten in erster Linie den literarischen Gehalt, nicht aber vorrangig die Art und Weise, wie der veränderte Charakter der Dichtung in die Musik einfloss. Bis zu einem gewissen Grad reflektierte dies das höhere Prestige und die größere Langlebigkeit der literarischen Komponente der Oper. Die Libretti Metastasios erlangten Berühmtheit in Europa in einer Zeit, in der ihre zahlreichen Vertonungen zumeist einem bestimmten Ensemble von Sängern auf den Leib geschneidert waren. Es war leichter, eine neue Vertonung in Auftrag zu geben, als eine alte wiederzubeleben, wenn ein neues Ensemble zusammengestellt wurde. Metastasio selbst gab sich keinen Illusionen hin, was die Hierarchie innerhalb der konstituierenden Elemente der Oper betraf. In einem Brief an seinen Mitstreiter für Reformen, Francesco Algarotti, schrieb er:

> Die Teile der Oper, die nur die Augen und Ohren der Zuschauer als Juroren benötigen, sammeln immer mehr Stimmen als die anderen Teile, deren Qualität man nur mit Intelligenz und rationaler Logik messen kann. Jedermann kann sehen, jedermann kann hören, aber nicht jeder versteht und nicht jeder denkt logisch.[10]

Doch die Geringschätzung des kaiserlichen Hofdichters für jene, die nur schauten und lauschten, änderte nichts daran, dass das zahlende Publikum sich nach wie vor seiner «Augen und Ohren» bediente, sich am Kulissenzauber und an der Musik labte. Und die Komponisten der Generation nach Händel und Metastasio arbeiteten ungeachtet des möglicherweise geringen Ansehens, das sie bei den Intellektuellen genossen, weiter an der Fortentwicklung ihrer Musik, auch wenn ihnen längst nicht so viel Aufmerksamkeit zuteilwurde wie ihren Kollegen von der Librettistenzunft. Die berühmtesten von ihnen, Leonardo Vinci (1696–1730) und Johann Adolf Hasse (1699–1783), schufen, vielleicht in Reaktion auf den neuen Geist der literarischen Mäßigung, vielleicht aber auch im Gefolge eines allgemeineren musikalischen Geschmackswandels, Opern, die sich zwar nach wie vor an die Grundmuster der Komponistengeneration Händels hielten (also mit einer Abfolge von Da-capo-Arien arbeiteten), jedoch eine etwas schlichtere musikalische Fassade aufwiesen. Die Melodien wurden einfacher, die Rhythmen berechenbarer, die Basslinien funktionaler – die Wiederholung gleicher Töne im Bass, gleichsam als harmonische Taktgeber, gehörte zur Standardausstattung dieses Stils. Was hier entstand, markierte die Anfänge dessen, was zunächst als «galante Musik» bezeichnet und später als «der klassische Stil» bekannt wurde. Charles Burney (dem diese modernen Elemente entschieden zusagten) pries insbesondere Vinci dafür, dass er auf diese Weise die Musik vereinfacht und sie «aus den Fesseln von Fuge, Komplikation und bemühter Künstlichkeit befreit» habe.[11]

Es war dieser «galante Stil», der auf den Schultern Glucks zu liegen kam, aber durchaus nicht jedermanns Sache war. Einige Vertreter der alten Garde erhoben Einspruch. Burney zufolge sagte Händel über Gluck, als dieser 1745 zu Besuch nach England kam: «Er versteht nicht mehr vom Kontrapunkt als mein Koch.» (Dieser Koch war allerdings ein gewisser Gustavus Waltz, seines Zeichens Cellist und Sänger und möglicherweise ziemlich bewandert in der Kunst der Fuge.)[12] Ungeachtet lokaler Widerborstigkeiten sollten diese musikstilistischen Veränderungen bedeutsam und von Dauer sein; sie beeinflussten vor allem und in starkem Maße auch die neuen Formen der Instrumentalmusik, die sich um diese Zeit entwickelten, namentlich das Streichquartett und die Sinfonie. Andererseits muss man festhalten, dass die «metastasianische» Oper zumindest vorerst keine Verstöße gegen strukturelle Regeln beging. Wenn wir uns die Gesamtheit seiner Libretti anschauen, die zwischen 1730 und 1760 von zahlreichen Komponisten (Gluck eingeschlossen) vertont wurden und so tatsächlich Tausende musikalischer Blüten trieben, finden wir kaum mehr vor als einen festlichen Reigen von Da-capo-Arien (darunter exzellente ebenso wie ermüdende), die von den Sängern und Sängerinnen, in deren Hand (oder vielmehr Kehle) ihr Schicksal vor allem lag, mehr oder weniger gekonnt zum Klingen gebracht wurden.

Das sich in Polemik entladende Unbehagen über die Unarten der Oper wurzelte nicht nur in einer Ethik der Askese – gleich einem philosophischen Knüppel-aus-dem-Sack, der lächerlich anmuten kann, wenn er sich pauschal auf Sänger, Bühnenbilder, Orchester und das Unterhaltungstheater richtet. Liefen doch die textlichen und musikalischen Gehalte der Oper und selbst der Gesang ständig Gefahr, von den Theaterbesuchern ignoriert zu werden, die sich im späten 18. Jahrhundert zu den Vorstellungen einfanden; besonders in Italien führte sich das Publikum trotz der bereits ins Werk gesetzten Reformen immer noch extrem locker auf. Das unausgesprochene Motiv derjenigen, die im 18. Jahrhundert für eine weitere Reform plädierten, könnte der Wunsch nach einem aufmerksamen, von der Kunst emotional bewegten Publikum gewesen sein – das Verlangen, dass gewissermaßen der Opheus-Mythos Wirklichkeit würde. In Neapel waren die Opernbesucher noch 30 Jahre nachdem de Brosses sich bei den Rezitativen die Zeit mit Schachspielen vertrieben hatte, erschreckend ungebärdig. Ein englischer Besucher namens Samuel Sharp fand das Tohuwabohu ärgerlich:

> Manche behaupten, die Sänger wären sehr gut zu hören, wenn das Publikum ruhiger wäre; aber in Neapel – und überhaupt in ganz Italien – ist es so en vogue, die Oper als einen geselligen Treffpunkt zu betrachten, dass man den Eindruck hat, die Leute kümmerten sich nicht im Geringsten um die Musik; vielmehr lachen und reden sie die ganze Vorstellung hindurch ohne jede Zurückhaltung, und wie man sich vorstellen kann, übertönt eine versammelte Menge von so vielen Hunderten, die sich so laut unterhalten, zwangsläufig die Stimmen der Sänger. Ich war mit dieser

Gepflogenheit vertraut, bevor ich aus England abreiste, ahnte aber nicht, bis zu welchem Extrem sie es treiben. … Im Kontrast zum Lärmen des Publikums während der ganzen Aufführung der Oper kehrt in dem Moment, da die Tänze beginnen, eine allgemeine und tödliche Stille ein, die so lange anhält, wie die Tänze dauern.[13]

Dieser Bericht lässt den impliziten Schluss zu, dass das Opernpublikum nicht überall dasselbe Benehmen an den Tag legte, in diesem konkreten Fall, dass die englischen Zuschauer der Aufführung wohl aufmerksamer folgten als die italienischen. Sharp handelte sich eine vernichtende italienische Konterattacke ein: Giuseppe Baretti echauffierte sich in *An Account of the Manners and Customs of Italy* (1768) über

das Salbungsvolle Ihrer Schelte, als begingen wir einen Mord, wenn wir auf dem Parkett gesprächig sind oder in der Loge eine Kartenrunde bilden. Unsere Sänger wären, auch wenn wir zum Zuhören keine Lust haben, sehr unverschämt, wenn sie nicht ihr Bestes gäben, werden sie doch für das, was sie tun, sehr gut bezahlt; und Cafarello bekam schnell bessere Manieren beigebracht, als er sich in den Kopf setzte, seine Pflicht auf der Bühne Turins zu vernachlässigen unter dem Vorwand, das Publikum lausche seinem Gesang nicht aufmerksam. Man steckte ihn in seiner mazedonischen Kostümierung für mehrere Nächte ins Gefängnis, sobald die Oper vorüber war, und holte ihn jeden Abend aus der Zelle auf die Bühne, bis er sich nach wiederholten Bemühungen die allgemeine Akklamation verdient hatte.

Mister Sharp wundert sich auch, dass es *in Italien nicht, wie in England, gebräuchlich ist, eine kleine Wachsleuchte in die Oper mitzunehmen, um das Buch zu lesen*. Eine sehr scharfe Beobachtung, wie gewöhnlich, auf die ich nichts zu erwidern habe, als dass die Italiener nicht so gutmütig sind wie die Engländer, die genug Geduld besitzen, um aufmerksam ein dummes Stück Unsinn durchzulesen, während ein alberner Eunuch einen Vokal in tausend unsichtbare Teilchen zerhackt.[14]

Das war der Hintergrund, vor dem sich die mit dem Namen Gluck verbundene Revolution vollzog. In einem polemischen Vorwort zu einer 1769 gedruckten Partitur von Glucks *Alceste* bezeichnete Calzabigi die Libretti von Metastasio als «Sättel für alle Pferde», wobei er mit Letzteren vor allem Sopranisten beiderlei Geschlechts meinte, die seine Verachtung zu gleichen Teilen abbekamen. Seiner Meinung nach mochten die Könige und Königinnen Metastasios neuerdings größeren Ernst und mehr Zurückhaltung an den Tag legen, was jedoch nichts daran ändere, dass sie ihre Leidenschaften nach wie vor mit allzu gängigen Metaphern beschrieben, die sie dann allzu bereitwillig in die bewährten gesanglichen Ausschmückungen übersetzten, wenn die Wiederholung des A-Teils der Da-capo-Arie anstand. Erneut waren die Sänger die Gewinner, feierten sogar immer glanzvollere Triumphe. Die Hysterie, die Stars wie Farinelli umbrandete, stellte alles Frühere in den Schatten. Gesang an silberne Trompeten, göttliche Stimmen, Nachtigallen, Götter und Göttinnen in sterblicher Hülle gewannen eher noch an Strahlkraft. Metastasio mochte überfließen vor Stolz auf sein Amt als Diener des größten Monarchen auf Erden, doch sein Gehalt war ein Almosen im Vergleich zu den Gagen seines «lieben Zwillings» Farinelli.

Tragédie Lyrique

Man sollte bei alledem nicht vergessen, dass die in Frankreich die Szene beherrschende tragische Oper (*tragédie lyrique* oder *tragédie en musique*) sich kaum von der Expressivität des italienischen Stils hatte anstecken lassen. Musikalisch ausgeklügelte, langsame Rezitative mit großer Orchesterbegleitung gingen bei ihr in kurze, geschlossene Arien über; gesangliche Verzierungen galten als vulgär, zumindest wenn sie den extravaganten, frei improvisierten italienischen Kapriolen glichen. (Kleine Ausschmückungen der Melodielinie wurden akzeptiert und waren häufig zu hören.) Kastraten waren den Franzosen etwas unheimlich und konnten in Frankreich nie reüssieren. Akustische Sinnlichkeit – das Lebenselixier der Oper – wohnte zu gleichen Teilen den gesungenen Melodien und der instrumentalen Klangfülle inne, wobei mit Letzterer sowohl der Klang des begleitenden Orchesters gemeint ist als auch der harmonische Aufbau der den Gesang umrahmenden Musik. Die Spielkultur der Orchester im Frankreich des 18. Jahrhunderts war das Nonplusultra instrumentaler Meisterschaft. Die führende Stellung Frankreichs in dieser Disziplin währte bis ins 19. Jahrhundert hinein, und von Anfang an zeichnete sich die französische Opernmusik durch eine sehr viel größere Vielfalt der Instrumentierung aus als ihre italienischen Pendants. Die Opern des Jean-Philippe Rameau (1683–1764), der auch ein angesehener Harmonie-Theoretiker war, fungierten in der *Querelle des Buffons*, der großen Schlacht der Pamphletisten im Paris der frühen 1750er Jahre, bei der die *tragédie lyrique* (die schwere Zeiten durchmachte) gegen die von Italien ausgehende und immer mehr an Boden gewinnende komische Oper in Stellung gebracht wurde, als Ramm- und Sündenbock zugleich. Die Werke

Rameaus wurden in der Regel, je nach Gruppenzugehörigkeit, entweder als Inbegriff gallischer Noblesse und Würde eingestuft oder als eine Last auf den Schultern der Nation, die man mit gequälter Langeweile tragen musste. Manche der im Verlauf der *Querelle* abgefeuerten Breitseiten wiesen durchaus Nuancen auf. Ein Pamphletist charakterisierte Rameau etwa als einen «lästerlichen Erneuerer», der Pariser Ohren mit «unbekannten Harmonien» konfrontiere und damit der «Entweihung» einer ehrwürdigen Institution durch italienische Possenreißer und unerträglichen Frohsinn Vorschub leiste: «Das verhängnisvolle Ereignis, mit dem [Rameau] uns gedroht hat, ist endlich eingetreten.»[15] Aus heutiger Sicht erscheint die Musik Rameaus, auch wenn sie der seiner Vorläufer bei der französischen Oper einiges voraushatte, nicht unbedingt eine geeignete Zielscheibe für Anklagepunkte wie Gotteslästerung und Ikonoklasmus, doch warfen ihm seine Kritiker in den Jahren der *Querelle* freigiebig Wörter wie «Geschwafel» oder «Ungeheuerlichkeit» an den Kopf.

Kein Zweifel, die *tragédie lyrique* machte gerade eine Durststrecke durch, als Rameau zu komponieren begann. Der vom Königshof am Leben gehaltene Fundus an Lully-Opern hatte sich schließlich und endlich (nach einem halben Jahrhundert) als musikalisch überholt erwiesen, und Rameau galt vielen als der Mann, der eine revolutionäre Wende zum Besseren versprach. Seine erste ernste Oper, eine *tragédie en musique* mit dem Titel *Hippolyte et Aricie* (1733), ist ein typisches Beispiel dafür, wozu er fähig war. So behielt er einige Strukturmerkmale des Lully-Prototyps bei – die fünf Akte, die Balletteinlagen, den servilen Prolog u. a. –, wartete aber bei der Musik mit interessanten Neuerungen auf allen Ebenen auf. Die Rezitative wurden anspruchsvoller orchestriert, die harmonische Struktur wurde dichter und komplexer, und ganz besonders die Monologe der einzelnen Protagonisten wurden in Teilen wesentlich kunstvoller ausgestaltet. Voltaire hat einen Ausspruch Rameaus überliefert, der das Ganze auf eine einfache Formel brachte: «Lully braucht Schauspieler, aber ich brauche Sänger.»[16] Eines der Highlights dieses Operntyps ist das berühmte Finale des vierten Akts des *Hippolyte et Aricie*, in dem Phèdre (eine Figur, die nicht zufällig Racines berühmter Romanheldin nachempfunden ist) in Wehklagen über den vermeintlichen Tod Hippolytes ausbricht (den ein Seeungeheuer fortgetragen hat). Phèdres Klage, geführt in einem hoch emotionalen Rezitativ, wird immer wieder durch wuchtige Einsätze eines Trauerchors akzentuiert – ein Feuerwerk des effektvollen Zusammenklangs von Orchester, Deklamation und Harmonie, Welten entfernt von der *opera seria* mit ihrer immerwährenden melodischen Hegemonie.

Im späten 20. Jahrhundert fanden die Kontrahenten der Reformbewegungen des 18. Jahrhunderts zu einer friedlichen Koexistenz. Die Opern Rameaus wurden nach 1990 zunehmend wieder aufgeführt, mehr oder weniger parallel zur Wiederentdeckung Händels als Opernkomponist und fast so, als lebte die *querelle* zwischen französischer und italienischer Opernauffassung in einer anderen Ära wieder auf. Wie schon an anderer Stelle mit Blick auf Händel erwähnt, ging auch bei Rameau die Wiederentdeckung zunächst mit der gebieterischen Prämisse einher, dass die Regisseure und Choreografen die *tragédie lyrique* als postmodernes Spektakel mit hohem Fremdheitsfaktor präsentieren. Ihre dem Zuschauer von heute nicht mehr geläufige Ästhetik wird, eingebettet in eine durchaus aus geschichtlichem Wissen schöpfende Interpretation der Musik, zum Ausgangspunkt eines Bühnenspektakels aus exotischen Genüssen und extravaganten Modestatements. Was dabei im Allgemeinen unter den Tisch fällt, ist die Erinnerung daran, dass die italienische und die französische Oper im 18. Jahrhundert als unvereinbar gegensätzlich galten und ihre jeweiligen Anhänger einander so unversöhnlich gegenüberstanden wie die Fans der Callas und die der Tebaldi in den 1950er Jahren. Bei Opernproduktionen von heute mit ihrer liebenswerten ästhetischen Flickschusterei neigt man dazu, sich diese Gegensätze durch das vergnügliche Spiel mit der Fremdheit, das postmoderne Regisseure unweigerlich praktizieren, in Wohlgefallen auflösen zu lassen. Im 18. Jahrhundert waren die Unterschiede ebenso deutlich wahrnehmbar wie die philosophischen Leidenschaften, die sie auslösten, und das erklärt, weshalb damals eine so erfrischende wechselseitige Befruchtung einsetzte. Was die französische *tragédie lyrique* auf die *opera seria* übertrug, war ein alternatives Klangbild: nicht nur die Tempi und Potenziale eines tiefer schürfenden Rezitativs, sondern auch das wuchtige Brausen von Chören und Orchestern sowie natürlich die Erholungspausen vom Gesang durch eingestreute Tanzszenen.

Noch ein Wort zu diesen Erholungspausen: Jeder, der in einer Opernaufführung sitzt, verspürt von Zeit zu Zeit das Bedürfnis, den Gesang abschalten zu können. Es bringt nichts, das zu bestreiten. Dies war auch der Grund dafür, dass Unsitten wie Kartenspielen, Essen, Schwatzen und Schachspielen während der Vorstellungen so lange andauerten. Die Komponisten waren manchmal klug genug, Erholungspausen einzubauen, ließen sich aber auch oft durch Tradition und Gepflogenheit daran hindern, das zu tun. Im 18. Jahrhundert waren eingestreute Ballettszenen ein fester Bestandteil der ernsten Oper in Frankreich – eines Genres, das mit den

Ballettkomödien von Molière und Lully seinen Einstand gab. Die Forderung nach Erholungspausen durch Tanzeinlagen blieb in der Tat bis ins späte 19. Jahrhundert eine Konstante in der französischen Opernszene. Als Wagners überarbeiteter *Tannhäuser* (uraufgeführt in Dresden 1845) 1861 in der Pariser Oper erstmals aufgeführt wurde, bat man den Komponisten, eine längere und bessere Ballettszene einzubauen. Er erfüllte den Wunsch nur teilweise: Anstatt den üblichen Knüller im zweiten Akt dazwischenzuschieben, erweiterte er lediglich eine Szene im ersten Akt. Seine Oper wurde denn auch prompt von Mitgliedern des einflussreichen Jockey-Clubs (eingeschworen auf das traditionelle französische Ballett) niedergeschrien und nach drei Abenden voller Zwischen- und Buhrufe abgesetzt.

In der französischen Oper hatten Tanz-Intermezzi ihren Platz innerhalb des Dramas; in der italienischen *opera seria* war das Ballett eher ein Unterhaltungsangebot in der Pause oder nach der Vorstellung, im Großen und Ganzen ohne dramatischen Bezug zu der Oper, die es umschloss oder die ihm voranging. Tanzeinlagen dienten im 18. Jahrhundert und auch noch später als belebende Elemente in der *opera buffa*. Manchmal wurden sie, wie in Mozarts *Don Giovanni*, in das Finale integriert, in dem der Tanz zum Bestandteil der Handlung gemacht wurde. Bei *Don Giovanni* geht der Tanz mit geflüsterten Kommentaren oder Hilferufen der Figuren einher, die die Anstrengungen eines auf der Bühne platzierten Orchesters übertönen. Grundsätzlich jedoch hat der Tanz in der Oper fast immer die Funktion eines «Divertissements», einer Ablenkung. Wie jedes kunstvolle visuelle Tableau (und wie die Spezialeffekte im modernen Spielfilm) geben diese Einsprengsel den Zuschauern Gelegenheit, optische Effekte ohne das mühevolle Verfolgen von Texten zu bewundern. Die Tanzeinlagen waren einer von mehreren Aspekten der französischen Oper, die Gluck – der auch ein erfahrener Ballettkomponist war – begeistert in seine italienischen Reformopern einbaute.

Ganz im Geiste der französischen Tradition besaßen die Tanzszenen in *Orfeo ed Euridice* eine gewisse dramatische Relevanz, stellten sie doch Begräbnisrituale für Eurydike oder dämonische Exerzitien für die Furien im zweiten Akt dar. Der Choreograf dieser Szenen, Gasparo Angiolini, war ein Ballettreformer; er erklärte, die Begräbnisrituale aus Texten Vergils rekonstruiert zu haben, womit er seinem ohnehin schon bewusst neoklassischen Projekt eine Patina historischer Authentizität verlieh. Bis zum heutigen Tag übt Glucks *Orfeo* eine Anziehungskraft auf Choreografen aus, die daran oft nicht nur als Tanzdirektoren mitwirken, sondern als

Regisseure die Oper selbst inszenieren wollen. Die deutsche Choreografin Pina Bausch präsentierte den *Orfeo* 1975 in Wuppertal mit Solotänzern in den Rollen des Orpheus und der Eurydike. Die bedauernswerten Sänger mussten sich in vielen Szenen damit begnügen, am äußersten rechten oder linken Bühnenrand zu dümpeln und ihre Lieder weit abseits des Scheinwerferlichts zu singen. 2007 inszenierte Mark Morris eine Neuproduktion dieser Oper an der Met; dabei verzichtete er auf Tanzdoubles für die wichtigsten Gesangspartien und beließ die Sänger damit in der Bühnenmitte, wo sie hingehören. Zugleich verwandelte er den Chor – immerhin der Akteur, der am ehesten aus den Fugen gerät, wenn er sich in Bewegung setzen muss – in ein phantasmagorisches Kollektiv, das von oben auf das Bühnengeschehen hinabblickt. Dass Choreografen sich zum *Orfeo* hingezogen fühlen, ist leicht zu verstehen: Gluck komponierte für die Tanzteile der Oper brillante dramatische Musiken, von den fast qualvollen chromatischen Seufzern, die das Menuett-Lamento im ersten Akt einleiten, bis zu den alles Melodiöse negierenden, sich wiederholenden Tonskalen der Furien. Es ist kaum zu überschätzen, welche gewaltige Wirkung von dieser nie da gewesenen Klanglandschaft in einer italienisch inspirierten Opernwelt ausgegangen sein muss, deren dominantes Element über viele Generationen hinweg die einfarbigen Töne hoher Solostimmen gewesen waren.

Besseres Benehmen

Calzabigi schrieb mit der Selbstgewissheit eines Disziplinierten – und im Namen Glucks – darüber, welche Fehlentwicklungen bei der italienischen *opera seria* stattgefunden hatten und was Gluck getan hatte, um sie zu korrigieren:

> Ich beschloss, ihr all jene Missstände ganz und gar auszutreiben, die, eingeführt entweder durch die fehlgeleitete Eitelkeit der Sänger oder die expressive Nachgiebigkeit der Komponisten, die italienische Oper so lange entstellt haben. … Ich meinte, ich würde die Musik auf ihre wahre Aufgabe beschränken, in den Situationen der Handlung der Dichtkunst zu dienen, ohne sie mit nutzlosen und überflüssigen Verzierungen abzukühlen. … Ich beschloss, keinen Schauspieler mehr mitten in der Hitze des Dialogs zu bremsen, ihn zu zwingen, eine langwierige instrumentale Einleitung abzuwarten, ihn nicht mitten im Satz an einem gut singbaren

> Vokal aufzuhalten, ihn auch nicht die Beweglichkeit seiner schönen Stimme mit Hilfe einer längeren ornamentalen Passage demonstrieren zu lassen und auch nicht mehr zuzulassen, dass das Orchester ihm die Zeit gibt, vor einer Kadenz durchzuschnaufen. Ich fühlte mich nicht verpflichtet, den zweiten Teil einer Arie, auch wenn er der leidenschaftlichere und bedeutsamere war, im Eilschritt zu absolvieren, nur um dann den Text des ersten Teils viermal wiederholen zu können und die Arie zu beenden, ohne den Sinn zu Ende geführt zu haben, alles, damit die Sänger genug Spielraum haben zu zeigen, auf wie viele verschiedene Weisen sie eine ornamentale Passage ad libitum variieren können.[17]

So viel Rankküne gegen Opernsänger! Das Zitat entstammt dem Vorwort zur 1769 im Druck erschienenen Partitur der *Alceste*, doch die grundsätzlichen Ansichten, die es zum Ausdruck bringt, galten auch schon für den *Orfeo* von 1762, einer Oper, die beispielhaft für die «schöne Einfachheit», «Klarheit» und «natürliche Ausdruckskraft» steht, die Gluck nach Überzeugung Calzabigis als Ideale vorschwebten.

In seinem Vorwort zur *Alceste* reflektierte und antizipierte Calzabigi die Bedenken Vieler. Francesco Algarotti zum Beispiel schrieb in seiner berühmten Abhandlung *Über die Oper* von 1755:

> Die Arien werden von den Ornamenten, mit denen sie zunehmend ausgeschmückt werden, überwältigt und entstellt. Die Ritornelle, die ihnen vorangestellt werden, sind viel zu lang und oft überflüssig. So wird zum Beispiel bei Arien, deren Grundstimmung Zorn ist, die Glaubwürdigkeit bis zum Zerreißen strapaziert: Wie kann ein Mensch, der einen Wutanfall hat, mit den Händen am Gürtel warten, bis das Ritornell der Arie beendet ist, ehe er der in seinem Herzen brodelnden Leidenschaft freien Lauf lässt?[18]

Oder Antonio Planelli in *Opera* (1772):

> Gleich, welche Theatermusik mit reichem Pathosgehalt man analysiert, man wird stets feststellen, dass sie weniger Töne enthält als auch nur einer dieser tödlichen Triller, die heute so sehr in Mode sind. Man wird im Übrigen nie erleben, dass ein aus vielen Noten bestehender Gesang im Theater Pathos auslöst oder den Gefühlsgehalt des Textes verstärkt.[19]

Oder Rousseau in seinen *Bekenntnissen* (1770):

> Eines Tages fiel ich im Teatro San Giovanni Crisostomo in einen tieferen Schlaf, als ich es in meinem eigenen Bett vermocht hätte. Die lauten und glanzvollen Arien weckten mich nicht.[20]

Es sollte der ernsten italienischen Oper, wie wir noch sehen werden, nicht beschieden sein, diesen Verzichts-Appellen gerecht zu werden, weder damals noch in den darauf folgenden Jahrzehnten. Die Forderung nach Zurückhaltung und die Abneigung gegen übermäßig kunstvollen Gesang haben einen anti-italienischen Beigeschmack, und nur wenige italienische Komponisten meldeten sich unter ihrem Eindruck zum Barrikadenkampf. Rossini mit seinen durchweg exzessiven Gesangspartien, die als Modewelle über ganz Europa schwappten, kam nur 50 Jahre nach Gluck. Andererseits konnten Gluck und Calzabigi für ihr Orfeo-Projekt zu ihrem Glück einen berühmten Sänger rekrutieren, dessen Mitwirkung den *Orfeo* in mancher Hinsicht zu einem echten Gemeinschaftswerk machte. Der Sänger, der 1762 die Rolle des Orfeo mit Leben erfüllte, war Gaetano Guadagni (1729–1792) ein Alt-Kastrat und gefeierter Virtuose, der die für Kastraten typische kräftige Stimme im tieferen Register besaß. Von Guadagni heißt es, er habe wie ein normaler Mann ausgesehen, wofür die Tatsache (oder Legende) spricht, er habe zahlreiche Liebesabenteuer mit Frauen bestanden. Während wir über die Umstände, unter denen der *Orfeo* komponiert und erstmals aufgeführt wurde, wenig wissen, besagt eine hartnäckig wiederkehrende Version, Guadagni sei vor allem deshalb an einer Zusammenarbeit mit Gluck interessiert gewesen, weil er dabei sein geniales Können an einem für einen Kastraten untypischen gesanglichen Idiom erproben konnte – einem lyrischen und zugleich kontrollierten Stil, der, wie Calzabigi/Gluck in ihrem später nachgelieferten Vorwort schrieben, nur sehr wenige Gelegenheiten für improvisierte Verzierungen bot. Burney beschrieb die Gestik Guadagnis als «so voller Anmut und Würde, dass sie eine wunderbare Vorlage für einen Bildhauer abgegeben hätte»;[21] wir erfahren, dass der Sänger sich schließlich die Gunst des britischen Publikums verscherzte, weil er es (auch in diesem Punkt ganz der untypische Kastrat) ablehnte, sich zu verbeugen und populäre Arien zu wiederholen – nach seiner Überzeugung hätte dies dem Fortgang des Dramas geschadet. Seine Ausbildung in den Fächern Gestik und Ausdruckskraft hatte Guadagni übrigens in London durchlaufen, und zwar bei keinem Geringeren als David Garrick; seine Referenzen als Sänger und Schauspieler waren also untadelig.[22]

Viele Mythen wurden durch solche Anekdoten begründet, wobei das kulturelle Unbehagen an der *opera seria* und ihrer Legitimität oder Frivolität gerne noch beigemischt wurde. Eine berühmte Hymne an die historische Bedeutung des *Orfeo* und den Beitrag Guadagnis zum Erfolg der Oper verfasste der deutsche Musiktheoretiker und Kritiker A. B. Marx

1863, 100 Jahre nach ihrer Uraufführung. Das folgende Zitat aus Marx' Buch über die Opern Glucks ist auch deshalb bemerkenswert, weil es eine der wenigen Quellen für einen in der Folge populär gewordenen Mythos ist, der besagt, Kastraten seien mit besonders *kraftvollen* – im Gegensatz zu geschulten oder geschmeidigen – Stimmen ausgestattet:

> Durch jene Operation, die den Kastraten macht, wird die Entwicklung des Stimmorgans – bestimmter gesagt: des Kehlkopfs, die mit der Mannbarkeit eintrit und die Diskant- oder Altstimme des Knaben in Tenor- oder Bassstimme verwandelt, abgeschnitten. Aber die sonstige Körperentwicklung geht im Wesentlichen weiter, Brust und Lunge des Knaben gewinnen die Ausdehnung und Kraft, die Mundhöhle gewinnt die Weite und Resonanz des männlichen Alters; männliche Kraft dringt mit Übergewalt durch das knabenhaft gebliebne Stimmorgan und gewinnt im reifen Mundraum überlegne Schallverstärkung im Verhältnis zur Knabenstimme. Hier liegt der Grund zu der Übermacht der Kastratenstimme und zu jener gleichsam gewalttätigen Eindringlichkeit derselben. … Keine Altsängerin ist der Stimme nach fähig, den Kastraten hier zu ersetzen.[23]

So viel Nervosität auch hier! So viele Verweise auf Mannbarkeit, männlich, reif, Übermacht, Kraft, Übergewalt, Eindringlichkeit. Dabei kann Marx Guadagni, der in den 1790er Jahren starb, gar nicht gehört haben; wie alle anderen seiner Generation hatte er kaum die Chance, einen singenden Kastraten zu erleben, außer vielleicht in italienischen Kirchenchören, ihrem letzten Refugium. Vor allem aber verfolgte Marx mit dieser Polemik ein ganz bestimmtes Ziel: Der erklärte Frauenfeind machte Stimmung – ohne ausdrücklich einen Namen zu nennen – gegen die Mezzosopranistin Pauline Viardot-García, die kurz zuvor in der Titelrolle der Oper *Orfée* (Glucks 1774 entstandener französischer Fassung des *L'Orfeo*), 1859 in Paris von Berlioz eigens für sie neu zum Leben erweckt, einen spektakulären Erfolg gefeiert hatte.

Was waren die musikalischen Resultate des Experiments *Orfeo*? Nun, zum einen fand in der Ästhetik Calzabigis und Glucks die Kunst der Deklamation – *recitar cantando* – wieder eine Daseinsberechtigung als Ausdrucksform, sowohl in Rezitativen als auch (noch radikaler) in Arien. In dem ausgedehnten Rezitativ im dritten Akt, in dem Eurydike den innerlich zerrissenen Orpheus endlich zum Umkehren veranlasst hat und dann tot zu Boden sinkt, spiegelt sich Orpheus' eindringliche Prosa lebhaft in den Orchesterpartien (Streichertremoli, schnelle Wechsel der musikalischen Textur), während Eurydikes plötzlicher Zusammenbruch kaum einen Widerhall im musikalischen Gefüge findet. Innerhalb einer Arie platziert, ist das deklamatorische Ideal sehr weit von den Koloratur-Freiübungen der Protagonisten der traditionellen *opera seria* entfernt, bei denen Ausbrüche purer Stimmgewalt ständig die textliche Botschaft zu zermalmen drohen. So wie Calzabigis Libretto eine Abkehr von der metaphernreichen Poesie eines Metastasio zugunsten einer klareren Syntax darstellte, eiferte Gluck ständig dem Ideal eines an der gesprochenen Sprache orientierten Stils nach und gestand beispielsweise einer einzelnen Silbe kaum einmal mehr als einen einzelnen Ton zu. Die beiden berühmten Arien des Helden – «Chiamo il mio ben cos » (erster Akt) und «Che farò senza Euridice?» (dritter Akt) – verkörpern beispielhaft dieses einfachere Idiom. Diese Reformansätze fanden natürlich nicht in einem Vakuum statt. Gluck hatte 20 Jahre lang als Auftrags-Opernkomponist gearbeitet, bevor er den *Orfeo* schrieb; verliefen seine frühesten Werke noch ganz in den Spuren Metastasios, so hatte er in seiner Zeit als musikalischer Leiter des Französischen Theaters in Wien auch mehrere *opéras comiques* geschrieben, bei denen einfaches, fast volkstümliches Deklamieren die Norm war. Tatsächlich war die Arie «Che farò» einer von Glucks *opéras comiques* entlehnt, und «Chiamo il mio ben cos » gefiel dem französischen Komponisten Philidor so ungemein gut, dass er die Arie für eine seiner eigenen Produktionen in Paris plagiierte.

Die Schlüsselszene im *Orfeo* enthält eine bescheidene Vorzeigenummer für den Protagonisten. Die Konfrontation zwischen Orpheus und den Furien, die den Eingang in die Unterwelt bewachen (zweiter Akt), ist und bleibt erstaunlich wegen ihrer wahrhaft Schrecken erregenden Qualität – das früheste Beispiel einer wirklich unheimlichen Szene in einer Oper. Die Bewohner der Hölle führen wilde Tänze auf, zuerst sehr langsam, dann ein paar Takte lang in halsbrecherischem Tempo; dann stimmen sie einen Chor an, in dem sie mehrmals Antwort auf dieselbe grauenvolle Frage verlangen: Welcher Sterbliche wagt es, an diesen schrecklichen Ort zu kommen? Sie singen jeden Teil dieser Frage im selben dreisilbigen Versmaß, wobei jeweils auf drei lange, gleichmäßige Töne drei kurze folgen:

Chi mai dell'Erebo
Fralle caligini
Sull'orme d'Ercole
E di Piritoo
Conduce il piè?

(Wer setzt in den Nebeln von Erebos, in den Fußstapfen des Herkules und des Peirithoos seinen Fuß hierher?)

Nach einem weiteren Tanz wiederholen sie die Frage. Die selben Rhythmen kehren wieder, nur mit stärkerer Betonung auf den unangenehmen Begleiterscheinungen der Hölle wie dem Zorn der Furien und dem Heulen des Zerberus – begleitet von synchronen jaulenden Tönen des Orchesters, hier insbesondere der Celli mit lauten, emphatisch akzentuierten Vorschlägen. Die Botschaft ist simpel: In der Hölle herrscht ein Höllenlärm. Sie ist auch repetitiv, insofern als der Sprechgesang auf einen einzelnen rhythmischen Tick reduziert ist, wie um der hoffnungslosen Lage derer, die dort zu schwefliger und ewiger Zwangsarbeit verurteilt sind, musikalischen Ausdruck zu geben. Als Orpheus gegen diesen Lärm anzusingen beginnt, produziert ein zweites, aus Harfe und gezupften Streichinstrumenten bestehendes Orchester den Klang der Leier, die er bei sich hat. Seine flehentliche Bitte singt er zweimal von Anfang bis Ende, um anschließend die Zeilen 2 bis 4 ein drittes Mal zu wiederholen:

Deh placatevi con me
Furie, Larve, ombre sdegnose.
Vi renda almen pietose
Il mio barbaro dolor.

(Ach! Beruhigt euch mit mir / Furien, Gespenster, unverschämte Schatten, / mach sie wenigstens empfindsam / für meinen grausamen Schmerz!)

Anders als die Wächter der Unterwelt hat Orpheus die Gabe, Veränderungen zu bewirken; dementsprechend entwickelt sich die Musik von dem Moment an, als der poetische Text wiederholt wird (den die Furien weiterhin mit «Nein»-Rufen quittieren), in unterschiedliche Richtungen: Der erste Durchgang wird melodisch und harmonisch variiert, ohne dass es jedoch zu regelrechten Wiederholungen kommt. Gluck hat hier ein Solo komponiert, das gewissermaßen mutiert, indem er die Vorstellung in Noten umgesetzt hat, dass Orpheus improvisiert und verschiedene Nuancen der Melodie probiert, während er sich von hohen zu tiefen Tönen schwingt, um herauszufinden, welche Variante die wirksamste ist. Wie meistens bei Bühnenmusik, verrät uns die Reaktion des dazugehörenden Publikums, wie wir selbst reagieren sollten. Das wiederholte laute, auf einem Ton verharrende «Nein!» der Furien zerfließt am Ende in ein vierstimmiges «Nein»; die Stimmen münden in einen Dur-Akkord, den man einen Moment lang für das freundliche Summen eines Barbershop-Quartetts halten könnte. Es ist ein erstes Anzeichen dafür, dass die Furien nachgeben werden. Der Gesang des Orpheus kommt in dieser Szene ohne kunstvolle Melismen aus – keine Textsilbe erstreckt sich über mehr als zwei Noten. Wenn wir uns allerdings Aufnahmen der Szene anhören, stellen wir fest, dass die meisten Orpheuse die eine oder andere persönliche Ausschmückung anbringen, zumindest in der abschließenden Kadenz. Es scheint, als ob trotz der Polemik Calzabigis gegen die Sänger der bloße Anschein von Improvisationsfreiheit und Autonomie, den Gluck in Orpheus' Melodie implantiert hat, zu freien Ausdeutungen des Textes einladen würde. Nach dieser ersten Offensive, mit der Orpheus die Furien noch nicht ganz überzeugt hat, nimmt er erneut Anlauf mit einer zweiten lyrischen Strophe und einer ganz neuen Musik. Auf eine weitere Zurückweisung folgt ein dritter Versuch: Orpheus scheint über grenzenlosen Einfallsreichtum zu verfügen. Das Traurigste an der Szene ist, dass die Furien selbst in dem Moment, als sein Gesang sie endlich erweicht, ihre rhythmischen Fesseln nicht abzustreifen vermögen, sondern offenbar zum Gleichschritt verurteilt sind. «Lasst das Tor öffnen, lasst es in seinen schwarzen Scharnieren ächzen!» Orpheus darf passieren, während sich dieser letzte Verweis auf den Lärm der Hölle in Stille verwandelt – ein c-Moll-Akkord verliert sich langsam vom Piano ins Pianissimo.

Diese Szene machte auf Anhieb Furore, und ihre Klangbilder fanden ein vielfältiges Echo in Opern und Instrumentalwerken, die in den darauf folgenden Jahrzehnten komponiert wurden. Die orchestrale Einleitung zur Arie «Deh! placatevi con me» ist in ein c-Moll getaucht, mit in der Art eines Arpeggios dargebotenen Triolen, die von H-D-G zu C-Es-G übergehen, ein Anfang, der sein Echo im tragischen Chor «O voto tremendo» im dritten Akt von Mozarts *Idomeneo* findet. Er geistert auch durch die erste Nummer des *Don Giovanni*, in der etwas, das eindeutig als *opera buffa* begonnen hat, abrupt in eine Tragödie umschlägt. Der Komtur liegt im Sterben, Don Giovanni und Leporello sind schockiert und lamentieren, und wir bekommen dieselbe Molltonart und dieselben Triolen zu hören, denselben Einstieg in *medias res*. Dasselbe findet über dieses Mozart-Terzett Eingang in den ersten Satz von Beethovens «Mondschein»-Sonate, Opus 27, Nr. 2, deren Triolen wie ein Echo auf die Sequenzen von Mozart und Gluck anmuten und sie (wenn auch einen Halbton höher) in ein für seine atmosphärische Dichte berühmtes Klavierstück gleichsam hineinweben. Und das war keineswegs der einzige Fall, in dem sich Mozart auf den *Orfeo* besann. Die Szene im dritten Akt, in der Eurydike stirbt, ist als kunstvoll ausgearbeitetes orchestrales Rezitativ konzipiert, in dem sie Orpheus wegen seiner Weigerung, zu ihr zurückzublicken, heftig tadelt. Die leidenschaftliche Xanthippe, die Eurydike bei Gluck ist, steht, nachdem sie es geschafft hat, seinen Blick auf sich zu ziehen, «mit ungeheurer Kraft auf, um dann wieder zu Boden zu sinken». «Io manco, io moro» («Ich werde ohnmächtig, ich sterbe»), haucht sie dabei. Als im ersten Akt des *Don Giovanni* Donna Anna ihren toten Vater, den Komtur, findet, verliert sie zu einer fast identisch klingenden Musik das Bewusstsein.

Übte der *Orfeo* nur auf Mozart eine hypnotische Wirkung aus oder auch auf Andere? Versetzte er Zuhörer in andächtiges Schweigen, und hatte diese neue Opernkultur Bestand? Aus einem 1772 geschriebenen Bericht Burneys erfahren wir, Gluck habe darüber geklagt, mit welcher Hartnäckigkeit das Publikum an hergebrachten Vorlieben und Gewohnheiten festhalte, und das, nachdem er keine Kosten und Mühen gescheut hatte, den *Orfeo* in Wien auf die Bühne zu bringen.[24] Gluck war sicher einer, der polarisierte. Eine der großen musikalischen Pamphletfehden der 1770er Jahre – ausgefochten in Paris und von Grund auf an den Haaren herbeigezogen – handelte von einer angeblichen Rivalität zwischen Gluck und Niccolò Piccinni (1728–1800). Diese hatte indes wenig mit dem *Orfeo* zu tun und noch weniger mit dem Gegensatz zwischen dem hochgezüchteten Koloraturgesang der alten Oper und Glucks stilistischer Frugalität. Piccinni hatte seinen größten und einzigen Erfolg mit der komischen Oper *La Cecchina, ossia la buona figliuola* («Cecchina oder das gute Töchterlein», 1760) gefeiert; sein stilistisches Markenzeichen waren einfache, eingängige Melodien. Sicher war die Leichtigkeit Piccinnis eine Antithese zu Glucks *gravitas.* Wie der Historiker Marmontel über den Komponisten Gluck schrieb: «Man muss zugeben, dass man noch bei keinem jemals so polternde Trompeten, schwellende Streicher und brüllende Stimmen gehört hat wie bei ihm.»[25] Nach allem, was wir über Publikumsreaktionen auf Glucks *Orfeo* wissen, hat es jedoch den Anschein, dass vor allem der erhebliche Unterschied zwischen den traditionell lärmenden, unaufmerksamen italienischen Zuschauern und dem Publikum in anderen Ländern eine Rolle spielte. Noch 1778 mokierte sich Calzabigi über die italienischen Theaterbesucher mit der Frage: «Wer käme auf die Idee, vor so bekloppten Zuschauern eine griechische Tragödie aufzuführen?»[26] In Wien und Frankreich waren die Verhältnisse jedoch anders. Gluck hatte dort nicht weniger als eine Revolution der Opernform durchgeführt, hatte neue Wege in der Opernkomposition beschritten, die das Potenzial hatten, die Zuschauer auf noch nie da gewesene Weise zu fesseln und zu verzaubern. Dass Gluck es in den 1770er Jahren in Paris schaffte, Menschen zu Tränen zu rühren, und sie dazu brauchte, aufmerksam und andächtig das Bühnengeschehen zu verfolgen, zeugt davon, dass mit seinen Opern eine neue «Tiefe und Intensität» der Erfahrung Einzug gehalten hatte, die sich «frühere Zuschauergenerationen nie hätten träumen lassen».[27]

Spätestens in den ersten Jahrzehnten des 19. Jahrhunderts standen Glucks spätere, reifere Opern in Österreich und Deutschland im Ruf von Geniestreichen – ein Status, zu dem die Opern Mozarts erst allmählich aufschlossen. E. T. A. Hoffmanns Erzählung *Ritter Gluck* (1809) wirft ein Schlaglicht auf einen kleinen Ausschnitt dieses großen Tableaus und vermittelt einen Eindruck von der Ehrerbietung, die Gluck seitens derer erfuhr, für die die Oper italienischen Stils ein Brechmittel war. Wie der Erzähler berichtet, wurden ständig Opern von Gluck in Berlin aufgeführt; in der Erzählung lästert ein aus der Zeit gefallener Exzentriker, während er durch die Straßen Berlins schlendert, über diese Darbietungen:

> Ich wollte einmal *Iphigenia in Tauris* hören. Als ich ins Theater trete, höre ich, dass man die Ouvertüre der *Iphigenia in Aulis* spielt. Hm – denke ich, ein Irrtum, man gibt diese Iphigenie. Ich erstaune, als nun das Andante eintritt, womit die *Iphigenia in Tauris* anfängt, und der Sturm folgt [das erste Chorstück aus *Iphigénie en Tauride*] … Ein stilles Meer – es entsteht ein Sturm – die Griechen werden ans Land geworfen, die Oper ist da! Wie? Hat der Komponist die Ouvertüre ins Gelag hineingeschrieben, dass man sie, wie ein Trompetenstückchen, abblasen kann, wie und wo man will?[28]

Der Exzentriker entpuppt sich, typisch Hoffmann, als kein anderer als der Geist von Gluck selbst, der zum Umherwandern verurteilt ist, nachdem ihm die Absolution vorenthalten wurde – aus unerfindlichen und unerklärt bleibenden Gründen, denn der reale Gluck beging nach allem, was man weiß, keine größere Sünde, als sich gegen Ende seines Lebens zu sehr dem Schnaps hinzugeben. Interessant an der Erzählung ist die Art und Weise, wie Hoffmann die Reformpolemiken Glucks, insbesondere sein Eintreten für die Würde der Komposition, die nicht den Notwendigkeiten und Zwängen des Theaterbetriebs geopfert werden dürfe, in den Zorn des Gluck-Wiedergängers auf ein Opernhaus ummünzt, das verschiedene Ouvertüren zu einem Potpourri zusammenrührt. Ein solches Zusammenrühren aus dem Zusammenhang gerissener Stücke gehörte indes zum Alltag des Opernbetriebs (von dem auch Gluck ein Teil war). Was Hoffmann offenbar nicht wusste, war, dass Gluck selbst größere Teile seiner Ballettmusik für *Semiramis* (1765) in *Iphigénie en Tauride* wiederverwendet hatte und auch andere Passagen und Ideen aus seinen Ballettproduktionen und komischen Opern in seine ernsten Opern einbaute.

Auch Mozart hatte kein Problem damit, für seine Opern (oder sogar die anderer Komponisten) Ersatzarien zu schreiben, um etwa bei einer Wiederaufführung einem neuen Gesangsstar Gutes zu tun. Edel Gesinnte von außerhalb des Opernbetriebs und Amateure – dazu zählten viele jener Philosophen, die in der Ära der Aufklärung Diskussionsbeiträge über die Oper veröffentlichten – nahmen Anstoß an derlei Praktiken, die bei der Bearbeitung und Aufführung von Opern seit langem üblich waren. Denselben entrüsteten Protest erntete vor nicht allzu langer Zeit Cecilia Bartoli, als sie 1999 an der New Yorker Met in *Le nozze di Figaro* von Mozart später komponierte Ersatzarien sang. Kritiker forderten nachdrücklich ihre Abstrafung – für eine vermeintliche Sünde, die sich nach ein paar Minuten in Wohlgefallen aufgelöst hatte. Der Geist Glucks – aber eben nicht seine tatsächliche Aufführungspraxis – spukte in den Köpfen dieser Kritiker.

Große Leidenschaft und Wirkung

Im ersten Akt der *Iphigénie* erzählt die Protagonistin ihren Begleiterinnen von einem furchtbaren Traum: Sie findet sich in den Palast ihres Vaters Agamemnon zurückversetzt und sieht, wie er vor seiner Mörderin flieht, die keine andere ist als ihre Mutter Klytämnestra. Sie hat dann den Impuls, ihren Bruder Orestes umzubringen. Die schaudern machende Geschichte des Atriden-Hauses wird hier in einem Rezitativ zusammengefasst, das mit einem bemerkenswerten Klangerlebnis beginnt: einem sich wiederholenden Fis, von Blech- und Holzbläsern im Pianissimo vorgetragen, erinnernd an den Klang einer lauten, aber aus sehr großer Entfernung (oder aus einer fernen Vergangenheit) herübertönenden Sirene. Während sich Iphigenie in Details ergeht – «Feuer brannte in der Luft, und Blitze prasselten auf den Palast nieder, ihn umschließend und verschlingend!» –, verliert das Orchester gleichsam seinen musikalischen Verstand: Tonarten und Akkorde folgen aufeinander um ihrer aufrüttelnden Wirkung willen, nicht aber in irgendeiner harmonischen Anordnung; und rechtzeitig zum Einsturz des Palastes kehrt die Alarmsirene auf Fis zurück, jetzt laut und deutlich vernehmbar.

Solche orchestralen Effekte sind typisch für tragische Rezitative in der französischen Oper und bilden einen Kontrast zu den «gebremsten» Arien, bei denen der Umstand, dass sie einem Soloakteur vorbehalten waren – einer mit einem potentiell unkontrollierbaren Star besetzten Rolle – die Komponisten offensichtlich veranlasste, der Figur ein enges musikalisches Korsett zu schneidern. Gluck knöpfte das Korsett für seine Duette auf – man denke etwa an die Vorwürfe und Schuldeingeständnisse in Orpheus' Duett mit Eurydike oder an die bemerkenswerte Szene zwischen Orestes und seinem Freund Pylades in *Iphigénie en Tauride* mit ihrer in c-Moll geblasenen Trübsal. Die beiden Männer beteuern ihre Bereitschaft, füreinander zu sterben, während sie ihre «leidenschaftliche Freundschaft» beschwören, was heutige Regisseure wohl fast zwangsläufig veranlassen würde, der Szene eine homoerotische Note zu verpassen. (Eine Inszenierung der *Iphigenie* 2003 in der New York City Opera erregte Aufsehen, weil Orestes und Pylades ihr Duett halbnackt sangen.) Leidenschaftliche Duette «falscher» Partner gehören zu den schwierigsten Komplikationen des Opernbetriebs – Nummern, bei denen Figuren, deren Stimmen für den Austausch leidenschaftlicher Liebesbekenntnisse prädestiniert sind, sich mit Figuren der erzählten Geschichte überlagern, die aufgrund von Tabus streng getrennt bleiben sollten.

Auf Gluck angewandt, mag diese letzte Formulierung äußerst modern klingen; im Zusammenhang mit Mozart wird sie uns jedoch bald, wie wir im nächsten Kapitel sehen, zur Gewohnheit werden. Mozarts Vorliebe für solche Irrungen und Wirrungen erreichte ihren Höhepunkt vor allem in seinen komischen Opern. Seine Beiträge zur *opera seria*, die er hauptsächlich in seinen Jugendjahren lieferte, zeigten ihn von seiner konventionellsten Seite. Der Durchbruch kam mit dem *Idomeneo* (1781), einer Geschichte von sich kreuzenden königlichen Schicksalswegen während der trojanischen Kriege: Ilia (Sopran), eine trojanische Prinzessin, ist von Idomeneo, König von Kreta (Tenor), gefangen genommen worden und hat sich in dessen Sohn Idamante (Kastraten-Sopran) verliebt. Diese Oper zeigt zweifelsfrei, wie sehr Mozart Gluck verpflichtet war – viele ihrer Elemente entstammen eindeutig dem Lehrbuch der Reformoper: der bevorzugte Einsatz von Rezitativen mit Orchesterbegleitung, die häufig spektakulären Bühnenbilder, die musikalisch anspruchsvollen Ensemblestücke (insbesondere das berühmte Quartett «Andrò, ramingo e solo» im dritten Akt) und die dynamischen Chorsätze. Dieses Verpflichtetsein ist so offenkundig, dass es zu einem Klischee geworden ist, bei dem immer auch die These mitschwingt, Mozart sei mit dem *Idomeneo* als Opernkomponist erwachsen geworden, eben weil er diesem Werk eine tüchtige Dosis Gluck'scher Disziplin injiziert habe. Da ist etwas Wahres dran, aber der *Idomeneo* erzählt noch eine weitere Geschichte. Es wimmelt darin auch von Solo-Nummern von einer nie zuvor da gewesenen musikalischen Komplexität, in denen ganz ungeniert jene entfesselte Gesangskunst zelebriert wird, die Gluck mit seinen Reformen unbedingt hatte zurückdrängen wollen.

Angesichts des Wildwuchses an Arien verwundert es nicht, zu erfahren, dass Mozart sehr eindringliche Vorkehrungen traf, um sicherzustellen, dass der *Idomeneo* den Stärken und Fähigkeiten der ersten Besetzung angepasst wurde – gleichgültig ob das, was dabei herauskam, die Sinnhaftigkeit der Handlung beförderte oder nicht. Am deutlichsten sichtbar wird das bei Idomeneo selbst, dessen Rolle für einen in die Jahre gekommenen Tenor der alten Schule namens Anton Raaff gedacht war; Mozart schnitt die Arien passgenau auf Raaffs nachlassende Sangeskraft und seine stilistischen Sensibilitäten zu. Im Mittelpunkt dieses Reformdramas steht (und singt) also ein Überbleibsel aus der Vergangenheit, ein Metastasio'sches Wesen mit gepuderter Perücke. «Raaff ist eine Statue»,[29] schrieb Mozart an seinen Vater, und so singe er auch. Das ist umso irritierender, als viele andere Arien des *Idomeneo* genau in die gegenteilige Richtung weisen, will sagen, eine musikalische Kunstfertigkeit an den Tag legen, die eher die Zukunft vorwegnimmt, als in der Vergangenheit zu schwelgen.

Eine der besten und anspruchsvollsten dieser Arien neuen Stils ist «Se il padre perdei» aus dem zweiten Akt, in der Ilia mit ungewöhnlicher und beunruhigender Sinnlichkeit Idomeneo klarmacht, dass er fortan ihr Adoptivvater sein muss. Glücklicherweise sind wir im Besitz eines Briefes, in dem Mozart sich zu dieser Arie äußert und Anweisungen gibt, die an seinen Librettisten Giovanni Battista Varesco weitergeleitet werden sollen. Er nennt darin unmissverständlich seine Prioritäten. Der Text, den Varesco ihm ursprünglich geliefert hatte, enthielt eine «zur Seite gesprochene» (dem Publikum zugeraunte) Bemerkung. Mozart möchte das gestrichen sehen. Im gesprochenen Dialog (womit er Rezitative aller Art meint) sei so ein «A-parte-Reden» ganz natürlich, «aber in einer Aria, wo man die Worte wiederholen muss, macht es üble Wirkung». Er hätte das auch anders ausdrücken können: Arien werden für und zur Musik geschrieben; ein Ausflug in die gesprochene Sprache würde da nur stören. Deutlich wird aus dem Brief ferner, dass Mozart die Musik für diese Arie bereits im Kopf hatte: Sie sollte «ganz natürlich fortfließend» und anspruchsvoll orchestriert sein, so dass das Stück sich auch für konzertante Aufführungen eignen würde.[30] Wir sehen hier einen Mozart, der bereits auf einige Distanz zu den strengen musikalischen Maßstäben Glucks gegangen ist.

Die Arie selbst legt davon beredtes Zeugnis ab. Der Text, den der Librettist letzten Endes lieferte, hätte auch in die altbackene Da-capo-Form gepasst. Man kann sich einen dezenten, vielleicht pastoralen A-Teil (erste Strophe) vorstellen und eine kontrastierende musikalische Umsetzung für den B-Teil, in dem Ilia ihre früheren Probleme in Erinnerung ruft (zweite Strophe), gefolgt von einer variierten, mit Ausschmückungen versehenen Wiederholung des A-Teils:

Se il padre perdei,
La patria il riposo,
Tu padre mi sei,
Soggiorno amoroso
È Creta per me.
Or più non rammento
L'angoscie, gli affanni,
Or gioia e contento,
Compenso a miei danni
Il cielo mi diè.
(parte)

(Wenn ich meinen Vater verloren hätte, / meine Heimat, meine Ruhe, / solltest du mir ein Vater sein, / ein geliebter Ort des Verweilens / ist Kreta für mich. / Auf dass ich nicht mehr an die Angst, die Schmerzen denke. / Auf dass der Himmel mir / Freude und Zufriedenheit, / Trost für meine Verletzungen spenden möge. *[Geht ab]*)

Mit der musikalischen Umsetzung dieses konventionellen Textes brachte Mozart neue Komplikationen ins Spiel. Zum einen schrieb er vier obligate Blasinstrumente vor (Flöte, Oboe, Fagott und Horn), die alle ihren eigenen musikalischen Raum benötigen, in dem sie einzeln und zusammen ihre Tonkreise ziehen, während die Sängerin sich vorbereitet. Diese instrumentale Ausarbeitung wird dann einer Arie aufgepfropft, die kaum noch Merkmale der Da-capo-Form aufweist. Vielmehr wird der ganze Arientext zweimal gesungen und sehr zügig abgehandelt. In beiden Durchgängen unterbricht eine jeweils neue, gleichsam fragende Holzbläserfigur direkt vor der Zeile «soggiorno amoroso» (dem «liebgewordenen Ort des Verweilens») den Gesangsfluss; mit diesem Kunstgriff beschleunigt Mozart den plötzlichen, irritierenden Übergang in die Moll-Stimmung und die eingestreuten Seufzer, die Ilia ausstößt, als sie an ihre früheren «angoscie» (Ängste) und «affanni» (Schmerzen) zurückdenkt. Solche plötzlichen und unvorhersehbaren Stimmungsumschwünge erzeugen etwas, das wir heute vielleicht als emotionale Komplexität bezeichnen würden, verbunden mit einer Ahnung davon, dass sich hinter der idyllischen Oberfläche, die am Anfang so schlicht wirkte, komplizierte Unterströmungen verbergen können. Wie um dies zu unterstreichen, wird das darauf folgende Rezitativ des Idomeneo von einer düsteren, diesmal von den Streichern gespielten Wiederholung jenes fragenden Holzbläserthemas eingeleitet, als sei es der Arie am Ende doch nicht gelungen, ihre eigenen inneren Zweifel ganz zu beschwichtigen.

Mozart war gerade in Paris, als die Pamphletfehde zwischen den Anhängern Glucks und denen seines sanftmütigen italienischen Rivalen Piccinni ihren Höhepunkt erreichte – ein Konflikt, den ein angesehener Musikwissenschaftler als einen «Zusammenstoß zwischen einem Schwamm und einer Achtkugel» charakterisierte.[31] Auch wenn der Einfluss Glucks auf den *Idomeneo* unverkennbar ist, landete Mozart dank seines Faibles für ausufernde Arien und poetische Ungezähmtheit am Ende im Lager der Anhänger Piccinnis – ein Faktum, das von Opernhistorikern leicht übersehen wird, die nur allzu gern eine robuste, vom Geist der Reform vorangetriebene und von starken Persönlichkeiten bevölkerte Geschichte konstruieren. Aus diesem Grund (und anderen) mag man sich schwertun, die von Gluck vollbrachte Opernreform richtig einzuordnen. Die Zusammenarbeit des Komponisten mit einer ihre Sache aggressiv vertretenden, in der Kunst der Selbstdarstellung versierten Avantgarde mit Calzabigi an der Spitze lässt uns womöglich den Umstand vernachlässigen, dass seine Revolution nicht viele Gefolgsleute fand. In seinem letzten Lebensjahrzehnt (er starb 1787) war Gluck ein hoch geehrter Mann, der jedoch nur wenige Jünger hatte. Seine letzte Pariser Oper, *Echo et Narcisse* (Echo und Narziss, 1779), fiel durch; er verabschiedete sich aus der französischen Hauptstadt, zermürbt auch von Attacken der Anhänger Piccinnis, und verbrachte seine letzten Jahre in Wien. Um die Bedeutung Glucks als Galionsfigur einer asketischen Oper einschätzen zu können, müssen wir den Blick auf das 19. Jahrhundert und weg von der italienischen Oper richten, vor allem auf Berlioz und Wagner. Wie wir im nächsten Kapitel sehen werden, fand die Operngeschichte des 18. Jahrhunderts ihren krönenden Abschluss tatsächlich in Wien und ausgerechnet in den Jahren nach 1780, in denen Gluck als zugewanderte Berühmtheit dort seinen Lebensabend verbrachte. Was da erblühte, war freilich eine Oper ganz anderer Art, in der sich kaum eine Spur der großen musikalischen Manifeste aus der Feder Glucks fand.

V.
Die *opera buffa* und Mozarts Linie der Schönheit

So stellte ein in Gefängnishaft sitzender Mörder den Fall dar:

> Bis zum heutigen Tage weiß ich nicht, wovon die beiden italienischen Damen gesungen haben. Um die Wahrheit zu sagen, ich will's auch gar nicht wissen. Es gibt Dinge, die müssen nicht gesagt werden. Ich will annehmen, dass sie von etwas so Schönem gesungen haben, dass man es nicht in Worte fassen kann und dass es direkt ins Herz geht. Ich sage Ihnen, diese Stimmen sind höher gestiegen, als man je an einem so trostlosen Ort zu träumen gewagt hätte. Man hatte den Eindruck, als wäre ein wunderschöner Vogel in unseren freudlosen Käfig gefallen und hätte die Mauern zum Einstürzen gebracht, und für den Bruchteil einer Sekunde hatte jeder hier in Shawshank das Gefühl, frei zu sein.

Der Mörder ist Ellis Boyd Redding (gespielt von Morgan Freeman); er ist der Erzähler in dem Film *The Shawshank Redemption* (*Die Verurteilten*, 1994), der vom Leben im Gefängnis handelt und auf einer Kurzgeschichte von Stephen King basiert. Ellis erzählt uns von einem zu Unrecht wegen Mordes verurteilten Bankier namens Andy Dufresne (Tim Robbins), der eines Tages einen Ausschnitt aus Mozarts komischer Oper *Le nozze di Figaro* (1786) über die Lautsprecheranlage des Gefängnisses abspielt. Andy arbeitet in der Gefängnisbücherei und hat daher Zugang zu «Kulturgut»; so entschließt er sich, diesen öffentlichen Akt der Auflehnung zu begehen, um mit der Musik das Gemüt seiner Mitgefangenen aufzuheitern. Das Duett aus der Mozart-Oper übt in der Tat eine verklärende Wirkung auf eine Gruppe hartgesottener Verbrecher aus: In einer Szene, die von Ovid stammen könnte, sieht und hört man, wie die Musik über den Gefängnishof schwebt und wie die Bewohner dieses Höllenorts in der Arbeit innehalten und einem Gesang lauschen, der ihr Schmerz und ihr Leid transzendiert (siehe Abbildung 1).

Das Duett stammt aus dem dritten Akt von *Le nozze di Figaro*. Die «beiden italienischen Damen» sind in Wirklichkeit eine Österreicherin und eine Schweizerin, nämlich die Sopranistinnen Gundula Janowitz und Edith Mathis – zu hören in einem 1962 entstandenen Mitschnitt, dirigiert von Karl Böhm. Vielleicht sind die beiden aber auch Spanierinnen und leben auf einem adligen Landgut bei Sevilla: die Gräfin Almaviva und ein Kammermädchen namens Susanna. Wovon handelt ihr Duett? Im dritten Akt der Oper (auf die Handlung als Ganze kommen wir später zurück) haben Susanna und die Gräfin einen Plan ausgeheckt, mit dem sie den Ehemann der Gräfin, einen herzlosen Schürzenjäger, kompromittieren wollen. Die Gräfin wird sich als Susanna verkleiden und in dieser Verkleidung eine Verabredung mit ihrem Mann treffen. Wenn er auf diese List hereinfällt, wird sie ihn auf frischer Tat bei einem Akt ehelicher Untreue ertappen. In diesem Sinn diktiert die Gräfin einen «Einladungsbrief», den Susanna zu Papier bringt. Das Duett (das hier «Duettino» heißt) besteht schlicht aus dem Brieftext, an den ein einzeiliger Kommentar angehängt ist, den Susanna wiederholt:

(RECITATIVO)
La CONTESSA: Eh scrivi dico; e tutto
Io prendo su me stessa.
‹Canzonetta sull'aria …›

(DUETTINO)
SUSANNA: ‹… sull'aria›.
La CONTESSA: ‹Che soave zeffiretto›
SUSANNA: ‹zeffiretto …›
La CONTESSA: ‹Questa sera spirerà›
SUSANNA: ‹Questa sera spirerà …›
La CONTESSA: ‹Sotto i pini del boschetto,›
SUSANNA: ‹Sotto i pini …›
La CONTESSA: ‹Sotto i pini del boschetto,›
SUSANNA: ‹Sotto i pini … del boschetto …›
La CONTESSA: Ei già il resto capirà.
SUSANNA: Certo certo il capirà.

([Rezitativ] GRÄFIN: Schreibe, sage ich, und alles nehme ich auf mich. / «Ein Liedchen über die Luft». SUSANNA: «… über die Luft.» // [Duettino] GRÄFIN: «Wenn die sanften Abendwinde …» SUSANNA: «Abendwinde …» / GRÄFIN: «… über unsere Fluren weh'n …» / SUSANNA: «Über unsere Fluren weh'n …» / GRÄFIN: «Im Gebüsch des Pinienhaines …» / SUSANNA: «Pinienhaines?» / GRÄFIN: «Im Gebüsch des Pinienhaines …» / SUSANNA:

«Im Gebüsch des Pinienhaines.» / GRÄFIN: Oh, das wird er schon verstehen. / SUSANNA: Ja, gewiss, er wird verstehen.)

Dieser ganze Text wird dann noch einmal «vorgelesen», was zusätzlichen Raum für Gesang schafft. Nur wenige Worte, und dazu noch unauffällige lyrische Klischees über sanfte Abendwinde und Pinienhaine in einem Brief, der auf Täuschung und Demütigung abzielt. Aber da ist ja noch die Musik. In diesem «Duettino» verschmelzen zwei Sopranstimmen auf eine Art und Weise, die es dem Hörer schwer macht, sie auseinanderzuhalten; sogar die Melodie scheint durch Echos erster und zweiter Ordnung mit sich selbst zu verschmelzen, indem sich die beiden Stimmen ineinander verschlingen. Am Ende sind die Wörter nur noch abstrakte Töne, haben ihre Bedeutung verloren. «Aria» ist im italienischen bedeutungsgleich mit Luft, und alle diese Abendwinde, Seufzer und sanften Luftströmungen, von denen im Text die Rede ist, verwandeln sich dank Mozart in so etwas wie gesungene Luft und stimmliche Aufwinde – zu wunderschönen Klängen, die, wie wir jetzt glauben wollen, für einen kurzen Augenblick selbst einen zusammengewürfelten Haufen gewalttätiger Gefängnisinsassen zu einer Gemeinde seufzender Ästheten werden lassen.

Was hat eine dermaßen übersteigerte Schönheit mit Komik zu tun? Das ist eine der Preisfragen zu Mozarts komischen Opern im italienischen Stil. Es gibt darauf viele Antworten. Vielleicht soll die schiere Schönheit des Duettino sinnbildlich für die Verführungskünste der Frauen stehen, und vielleicht ist die Pointe die, dass wir Zuhörer uns doch, selbst wenn wir Zyniker wären, immer wieder davon umgarnen lassen; nach diesem Mechanismus funktioniert zumindest die Opernwelt. Vielleicht lassen wir uns durch eine sentimentale Parabel wie die in dem Film *Die Verurteilten* dazu animieren, die realitätsverändernde Kraft der Oper zu überschätzen, wobei der Witz der Sache darin besteht, dass Mozart viel zu sehr mit der Sicherung seiner Existenz als Musiker beschäftigt war, um sich über dieses Potenzial seiner Musik Gedanken zu machen, und dass er solche Lieder quasi ganz lässig aus dem Ärmel schüttelte. Ein moderner Konsens über die komischen Opern Mozarts besagt immerhin, diese führten uns in reich ausstaffierte Tonwelten, die weit über die bloße szenische Komik hinausgehen. Desgleichen kann man seinen besten Libretti – den drei von Lorenzo Da Ponte geschriebenen – bescheinigen, dass sie neben albernen auch zutiefst ernste Elemente enthalten.

Der Da-Ponte-Faktor

Lorenzo Da Ponte war ein italienischer Paradiesvogel, der in Wien zum erfolgreichsten Librettisten im Bereich der *opera buffa* avancierte, bevor er 1801 nach Amerika auswanderte, um seiner Schuldenlast zu entfliehen. Er beendete seine Laufbahn (nach einem Zwischenspiel als Kneipenbesitzer in New Jersey) als Professor für Italienisch an der Columbia University in New York City. Seine Memoiren sind noch heute eine unterhaltsame Lektüre. Seinen Beitrag zum Erfolg Mozarts sollten wir nicht unterschätzen.

In Mozarts drei «Da-Ponte»-Opern – *Le nozze di Figaro* (1786), *Don Giovanni* (1787) und *Così fan tutte* (1790) – gibt es musikalische Momente, die nach Überzeugung vieler Mozart-Verehrer wert sind, ein Leben lang darauf zu warten, Momente, die eine Prominenz erlangt haben, die sie unempfindlich gegen alle Schwankungen der Opernmode macht. Einer davon liegt kurz vor dem Ende des vierten Aktes von *Figaro*, als der Graf seine Frau in einer wunderschönen, wenngleich musikalisch komplexen kantablen Phrase («Contessa perdono») um Verzeihung bittet. Sie antwortet mit einer Melodie, die einerseits reine Kadenz ist – im Sinne eines regelkonformen Wegs zum Schlussakkord – und andererseits in ihrer Einfachheit wie ein Vorwurf wirkt. Dieses Beispiel nobler Einsicht und gelobter Besserung für die Zukunft findet ein sofortiges Echo in Gestalt eines anschwellenden Chores, an dem alle anderen Figuren des Stücks mitwirken. Ein weiterer «Moment für die Ewigkeit» erwartet uns im Finale des zweiten Akts des *Don Giovanni*: Bei einem abendlichen Bankett erscheint eine geisterhafte steinerne Figur, die zum Leben erwachte Statue des Mannes, den *Don Giovanni* im ersten Akt ermordet hat. Der Auftritt der Statue führt zu einem Schaukampf zwischen den beiden Widersachern, einer aus dieser, der andere aus einer fremden Welt. Begleitet wird der Kampf von dräuend schwerer, Moll-dominierter Musik, akzentuiert durch eine pulsierende rhythmische Figur unter instrumentaler Imitation des Wortes «Nein!» in Gestalt plötzlich einschlagender Fortissimo-Akkorde.

Ein Geist, eine philosophische Debatte über Erlösung; Bitten um Verzeihung; ein hoch entwickelter, traurig-resignativer Scharfblick für männliche Untreue – alle diese Elemente lädt Mozart durch seine Musik mit bedeutungsschwerer emotionaler Resonanz auf. Die Frage, wie genau er das macht, ist nicht zu beantworten. Wie viele große Kunstwerke sind Mozarts späte Opern in einem gewissen Sinn Geschenke des Himmels; man kann die Wucht ihrer Wirkung nicht einfach durch Verweis auf lokale Milieus und mit Gattungstraditionen erklären. Natürlich ist es eine Tatsache, dass die italienische *opera buffa* als Genre das geeignete Substrat war, auf dem diese drei Da-Ponte-Werke entstehen konnten, ein Substrat, das in den 1760er Jahren, als Mozart mit dem Komponieren von Opern begann, noch an Fruchtbarkeit gewann. Ein Jahrhundert zuvor hatte es dieses Substrat noch nicht gegeben, 50 Jahre zuvor hatte es gerade begonnen, sich zu bilden. Ein Blick auf seine Geschichte eignet sich gut als Einstieg.

Erbsünde

In der ernsten Oper des 17. Jahrhunderts trat, wie wir gesehen haben, die eine oder andere komische Figur auf – ein Element, das späteren Librettisten nicht mehr passend erschien, so dass sie es aussortierten. Damit verdarben sie einem Teil des Publikums den Spaß, bereiteten es aber andererseits auf die Nüchternheit eines Gluck und seiner Wiener Variante der reformierten *opera seria* vor. Fast 200 Jahre später spielten Richard Strauss und sein Librettist Hugo von Hofmannsthal diesen historischen Moment mit ihrer Oper *Ariadne auf Naxos* (1912, überarbeitete Fassung 1916) noch einmal durch. Im Prolog begegnen wir einem Komponisten, der eine *opera seria* über ein klassisches Thema geschrieben hat, die am selben Abend Premiere haben wird. Unmittelbar nach diesem erhebenden Theatererlebnis soll aber ein Komödienensemble eine *opera buffa* improvisieren, und abgeschlossen werden soll der ganze Abend mit einem Feuerwerk. In letzter Minute fordert der aristokratische Mäzen, im Interesse des Zeitplans und weil das Werk des Komponisten zu viel klassische Enthaltsamkeit atme und aufgelockert werden müsse, die komische Oper müsse in die *opera seria* eingewoben werden. «Gleichzeitig?», japst der Komponist ungläubig. Die Oper von Strauss stellt von diesem Moment an die Aufführung dieser «Aus-zwei-mach-eins»-Oper nach, in der das ernsthafte Werk *Ariadne auf Naxos* und die sich wichtig nehmenden Sänger immer wieder von den komischen Figuren unterbrochen, verspottet und am Ende auf eine höhere Seinsebene gehoben werden. «Es gibt ein Reich, wo alles rein ist: Es hat auch einen Namen: Totenreich», singt Ariadne, um sogleich von einem fröhlichen Harlekin, der ihr die Schau stiehlt, darüber belehrt zu werden, dass sich «Tränen am besten mit Tanzen und Singen verbannen» lassen. Was von Hofmannsthal im Wien des frühen 20. Jahrhunderts offenbar auf die Schippe nehmen wollte, war die reinigende Ästhetik des 18. Jahrhunderts. Von da an kam es nur noch selten vor, dass der lockere Mix aus Tragik und fröhlichem Nonsens, von Tod und Tanz den erhabenen Ernst der Oper konterkarierte.

Schabernack war ein zentrales Element der ersten komischen Opern, die anfangs gewöhnlich im bescheidenen Gewand von «Intermezzi» daherkamen, in kurzen, oft nur für zwei Figuren konzipierten, zwischen den Akten einer *opera seria* eingeschobenen Szenen. Die Titel dieser Stücke und ihre Komponisten, die ihre Hochburgen in Venedig, Neapel und Rom hatten, sind fast alle in Vergessenheit geraten. Die Zielscheibe ihres Spotts war nicht selten die Oper selbst, mit ihren Exzessen, Absurditäten und musikalischen Gepflogenheiten, wie sie sich im Verlauf des 17. Jahrhunderts etabliert hatten. Im ersten Jahrzehnt des 18. Jahrhunderts hatte die neapolitanische komische Oper bereits eine Reihe von Konventionen für ihre Figuren und Handlungen entwickelt. Als Inspirationsquelle für vieles davon fungierte die Commedia dell' arte, eine volkstümliche, von Ensembles aus Artisten und Spaßmachern gepflegte Theatertradition, die um diese Zeit schon seit Hunderten von Jahren bestand. Aus dieser Tradition stammten die konventionellen Handlungen und die Standardcharaktere, die die frühe *opera buffa* bevölkern: der missmutige Pedant, der intrigierende Diener, der Hahnrei, die tugendhaften jungen Liebenden. Sie lieferte aber auch das Faible der *opera buffa* für krachledernen Humor. Das Wort «Slapstick» leitet sich von einem Stäbchen ab, dass der Harlekin (Arlecchino), der stets Intrigen schmiedende clowneske Diener, mit sich führte; die Figur des Leporello in Mozarts *Don Giovanni* ist ein direkter Abkömmling des Arlecchino. Die *opera buffa* ließ Improvisationen, wie sie für die Commedia typisch waren, nicht zu, stützte sich aber stark auf die Körperlichkeit und die komischen Pantomimen der Darsteller. Der Franzose Charles de Brosses erlebte 1739 eine frühe *opera buffa* und kommentierte die bemerkenswerte physische Leistung ihrer Darsteller mit den Worten: «Diese Komödianten kreischen, lachen schallend, gestikulieren, führen dumme Streiche aller Art auf, ohne je einen Einsatz zu verpassen.»[1] Wichtiger noch war der Umstand, dass die Figuren und Handlungen der Commedia zeitgenössisch angelegt waren, so dass die Stücke direkte gesellschafts- und kulturkritische Botschaften vermitteln konnten, etwas, das der *opera seria* mit ihren antiken Helden und Heldinnen allenfalls auf dem Umweg über Allegorien gelang.

Kaum eine der frühesten *opere buffe* ist erhalten geblieben, ein Umstand, der uns angesichts ihres anfänglich geringen Ansehens in der Opernwelt nicht verwundern sollte. Überlebt hat und – eine noch größere Überraschung – heute noch aufgeführt wird *La serva padrona* (*Die Magd als Herrin*, 1733) von Giovanni Battista Pergolesi (1710–1736). Dieses Stück in zwei Aufzügen feierte seine Premiere in Neapel als Intermezzo zwischen den Akten einer (ebenfalls von Pergolesi komponierten) *opera seria*. *La serva padrona* erfreute sich überall in Europa immenser Popularität. Ihre Aufführung in Paris zu Beginn der 1750er Jahre löste eine langwierige polemische Debatte über den Wert der italienischen und den der französischen Oper aus, die *Querelle des Bouffons* («Krieg der Komödianten»), von der schon in Kapitel IV kurz die Rede war. Dieser Krieg hing eng mit dem Aufstieg der französischen *opéra comique* zusammen.

Noch bedeutsamer waren Entwicklungen, die sich um die Jahrhundertmitte vollzogen und durch die erneut Venedig zur Schrittmacherin der Operngeschichte wurde. Die Intermezzi waren inzwischen zu vollwertigen Theaterstücken herangereift. Die Schlüsselrolle spielte dabei der venezianische Theaterautor Carlo Goldoni (1707–1793). Seine Libretti, die nicht mehr waren als lukrative Seitentriebe seiner Sprechtheaterstücke, halfen, die Oper auf ein musikalisches Territorium zu führen, das sich deutlich von dem der ernsten Oper unterschied. Goldoni und seine frühen musikalischen Zuarbeiter, insbesondere Baldassare Galuppi (1706 bis 1785), ebenfalls Venezianer, experimentierten mit zwei signifikanten Neuerungen. Zuerst führten sie wichtige Differenzierungen zwischen ernsten und komischen Figuren im Hinblick auf die ihnen jeweils zugeordneten Ausdrucksformen ein und sie kreierten einen dritten Typus, den sogenannten *mezzo carattere* («mittleren Charakter»). Die ernsten Figuren fuhren fort, ihre kunstvollen Da-capo-Arien zu singen und in hochfliegenden Gefühlen zu schwelgen; den komischen Figuren genügten einfachere, direktere Ausdrucksformen – Arien, die vielleicht sogar Tempowechsel zuließen, wenn ein Stimmungsumschwung dies erforderte. Die zweite wichtige Neuerung war die personelle Verstärkung der Ensembles, die insbesondere am Ende der einzelnen Akte zum Tragen kam. Die Werke wurden jetzt manchmal mit einer ganzen Serie halbwegs selbstständiger Musikstücke ausgestattet, die so schnell aufeinanderfolgten, wie die Handlung es erforderte.

Diese *opera buffa* neuen Typs unterschied sich erheblich von ihren Vorläuferinnen vom Anfang des 18. Jahrhunderts. Sie wurde immens populär und lief sehr bald in allen Publikumsschichten unterhalb der elitärsten Kreise der *opera seria* den Rang ab. Ein gutes Beispiel ist *Il filosofo di campagna* (*Der Philosoph vom Lande*, 1754) von Goldoni und Galuppi, eine komische Oper, die ihre Karriere in Venedig begann, aber bald in ganz Europa aufgeführt wurde; allein in ihren ersten zehn Jahren brachte sie es auf rund 20 Inszenierungen. Noch 1819, aus der zeitlichen Distanz eines halben Jahrhunderts, bewertete Thomas Busby in seiner *General History of Music* die Buffa-Opern von Galluppi höher als Mozarts komische Opern – auch weil Galuppi einige Jahre zuvor in London in aller Munde gewesen war. Busby preist den Italiener als einen Mann von «Geschmack, Genie und Fantasie» und *Il filosofo di campagna* als eine «komische Oper, deren musikalische Qualität die jeder anderen in England aufgeführten *burletta* in den Schatten stellt». Wie Busby berichtet, war für die Hochzeit und Krönung von George III. und Königin Sophie 1761 eine *opera seria* von «begrenztem Wert» eigens in Auftrag gegeben und im King's Theatre aufgeführt worden, doch hatte George III. zur allgemeinen Freude angeordnet, dass zusätzlich *Il filosofo di campagna* gespielt würde.[2]

Diese Anekdote erinnert uns daran, dass die *opera buffa* zunehmend in denselben Häusern gespielt wurde wie die *opera seria* und eine ähnlich starke, wenn auch ziemlich andere Botschaft übermitteln konnte, tummelte sich bei ihr doch eine weit heterogenere Auswahl von Figuren. Vor allem wies sie das katalytische Moment auf, dass sie eine größere Palette sozialer Schichten auf die Bühne brachte. Zwar bedienten sich die Dienstboten tendenziell einer anderen Ausdrucksweise als ihre Herrschaften und deren Mätressen, aber im Grunde sprachen doch alle die gleiche Sprache und bewegten sich in derselben Text-Sphäre. Die *opera buffa* offerierte ein größeres Spektrum von Stimmen und Stimmlagen: komische Bässe, verführerische Baritone, bebende Tenöre im Seniorenalter, reife Altistinnen, Mezzosopranistinnen in Hosenrollen, naive Soprane. Doch damit nicht genug: In den zunehmend populäreren Ensembles und insbesondere bei den großen mehrteiligen Finales konnten sich Dienstboten und Aristokraten musikalisch auf eine Weise vermischen, die alte Trennlinien und Hierarchien in Frage stellte. Da Ponte arbeitete ganz und gar im Geist dieser Tradition und reicherte seine Verse mit Anspielungen auf Italiens ruhmreiche literarische Vergangenheit an.

Eine weitere wichtige Entwicklung brachte eine Diversifizierung der Handlungen, insbesondere hin zu «bürgerlichen» oder «sentimentalen» Spielarten, für die als Vorlagen französische Theaterstücke und englische Romane wie Richardsons *Pamela* dienten, eine Geschichte über belohnte weibliche Tugend, die im späten 18. Jahrhundert mehrmals als Opernstoff diente. Die berühmteste Bearbeitung wurde die von Piccinni mit einem von Goldoni überarbeiteten Libretto; sie kam 1760 in Rom unter dem Titel *La Cecchina, ossia la buona figliuola* (*Cecchina oder das gute Töchterlein*) heraus. Diese Werke markierten eine Abkehr des komischen Genres vom reinen Amüsement hin zu tränenreichem Pathos und moralischer Belehrung; zugleich sorgte jedoch eine zeitgemäße Einrichtung der Handlung dafür, dass Zuschauer und Kritiker die Werke eher als Komödien denn als Tragödien wahrnahmen. Vergessen wir nicht, dass das 18. Jahrhundert eine Ära der rigorosen Klassifizierung im Kunstbereich war: Idealistische Kritiker tolerierten Aufweitungen und Veränderungen im volkstümlicheren Genre (der Komödie) eher als im höherrangigen (der Tragödie), wo Kontinuität und Stillstand sehr viel kämpferischer verteidigt wurden. Genau wie die Genremalerei und das dramatische Theater wurde die komische Oper in der zweiten Jahrhunderthälfte zu einem Versuchsgelände für Kulturvisionäre.

In dem Maß, wie sich das musikalische und dramatische Terrain der *opera buffa* erweiterte, wurde sie internationaler, nicht nur in puncto Verbreitung, sondern auch stilistisch. Die italienischen Komponisten galten als die begabtesten, wobei die hochgelobten Konservatorien von Neapel viele berühmte Namen hervorbrachten. Erfolgreiche Werke blieben über Jahre, ja sogar Jahrzehnte auf den Spielplänen. Als Beispiel mag uns Gaetano Latilla (1711–1788) dienen, dessen *Gismondo* 1737 in Neapel uraufgeführt wurde. In einer überarbeiteten Fassung eroberte diese Oper, dann unter dem Titel *La finta cameriera* bis 1747 15 italienische Städte und wurde dank einer Truppe venezianischer Wanderschauspieler auch in Graz, Leipzig und Hamburg (1745) aufgeführt. London (1749) und Paris (1752) folgten wenig später. Hinzu kam die Tatsache, dass die wirtschaftlichen Nöte des späten 18. Jahrhunderts viele Fürstenhöfe nördlich der Alpen bewog, von ernster auf komische Oper umzusatteln – Letztere erwies sich fast immer als deutlich kostengünstiger. Schon 1750 übertraf die Zahl der aufgeführten Buffa-Opern die der *opera-seria*-Produktionen. Nicht alle Premieren fanden in Italien statt. *Il barbiere di Siviglia* (*Der Barbier von Sevilla*, 1782) aus der Feder des in Neapel ausgebildeten Giovanni Paisiello (1740–1816) feierte sein Debüt im fernen Sankt Petersburg und wurde zu einer der populärsten komischen Opern; *Il re Teodoro in Venezia* (*König Theodor in Venedig*, 1784) vom selben Komponisten, das nah an die Popularität des *Barbiere di Siviglia* herankam, erlebte seine Uraufführung in Wien. In dem Genre betätigten sich auch Komponisten anderer Nationalität, und sie reicherten es oft mit Versatzstücken der Musik ihres jeweiligen Heimatlandes an. Die italienische Leichtfüßigkeit wurde von denen, die nördlich der Alpen wohnten, wie seit jeher teils beklatscht und teils mit Entrüstung quittiert. Goethe schaute sich im Oktober 1786 im Teatro San Moisè in Venedig eine *opera buffa* an und urteilte in seiner *Italienischen Reise* (1816–17), sie sei «nicht recht erfreulich» gewesen, doch immerhin hätten sich «die zwei Frauen [bemüht], ... sowohl gut zu agieren als sich zu produzieren und zu gefallen. Das ist denn immer etwas. Es sind zwei schöne Figuren, gute Stimmen, artige, muntere, gätliche Persönchen.»[3] Sosehr wir uns gegen Goethes unvermeidliche pro-deutsche Conclusio sträuben mögen, so müssen wir doch konzedieren, dass die *opera buffa* einen belebenden musikalischen Impuls erhielt, als deutsche und österreichische Komponisten ihre Erfahrungen aus der Instrumentalmusik – aus neuen Genres wie der Sinfonie oder dem klassischen Concerto – einbrachten und damit die betörende Wirkung anmutig geschwungener Fesseln und schöner Stimmen verstärkten. Einer dieser Komponisten war Wolfgang Amadeus Mozart.

Die Wiener Oper

Le nozze di Figaro, *Don Giovanni* und *Così fan tutte* führen uns, so scheint es, in eine neue und vertrautere Opernwelt, gekennzeichnet durch eine schnelle, fließende Folge von Aktion und Reflexion, durch emotionale Reichhaltigkeit und moralische Komplexität. Mozarts Buffa-Opern, insbesondere *Don Giovanni*, fanden sogar in der Literatur und Philosophie des 19. und 20. Jahrhunderts einen herausragenden Platz. Das mag verwunderlich erscheinen. Wien lieferte den instabilen, in ständiger Verschiebung begriffenen gesellschaftlichen und politischen Hintergrund, vor dem Mozart alle seine reifen Opern schrieb. Dabei war das Wien des 18. Jahrhunderts auf den ersten Blick nicht unbedingt ein Ort erster Wahl, um moralische Komplexität oder philosophische Herausforderungen zu studieren. Das Zentrum der Wiener Altstadt, deutlich abgegrenzt von den umliegenden Stadtbezirken, war das Revier eines klassischen Potentaten – genauer eines archetypischen aufgeklärten Despoten, der sich gleichermaßen fortschrittlich und autokratisch gab: Kaiser Joseph II. Die herrschende Klasse war identisch mit der alten Aristokratie. Gewiss konnten sich wohlhabende Aspiranten inzwischen die Aufnahme in diese Aristokratie erkaufen, aber für einen hohen Preis, und die Reibungen zwischen altem und neuem Geld waren mit Händen zu greifen. Tatsache war auch, dass mit Beginn der Amtszeit Josephs, 1780, eine Periode sozialer Reformen einsetzte, ein weiteres Symptom jenes Bewusstseinswandels, der mit dem Aufstieg der *opera buffa* einherging. Die Macht der Aristokratie und der Kirche bröckelte, geistige und religiöse Freiheitsrechte brachen sich Bahn, und die erdrückende Steuerlast, unter der die Armen bis dahin gelitten hatten, verringerte sich ein Stück weit, vor allem zu Lasten reicher Grundbesitzer. Allein, in der zweiten Hälfte der 1780er Jahre wurden die meisten dieser Reformen, vor allem unter dem Eindruck einiger fehlgeschlagener militärischer Abenteuer und der beunruhigenden Nachrichten über die Revolution in Frankreich, zurückgenommen.

Und doch brachten Mozart und Da Ponte es in ebendiesem Wien fertig – und sogar ohne auf nennenswerte behördliche Widerstände zu stoßen –, die mit scharfen Spitzen gegen die Aristokratie gespickte Oper *Le nozze di Figaro* auf die Bühne zu bringen. Das Libretto basierte auf einem Theaterstück von Pierre-Augustin Caron de Beaumarchais (1732–1799), *La folle journée, ou le mariage de Figaro* (*Der verrückte Tag oder Figaros Hochzeit*, 1778), das seine Uraufführung 1784 erlebt hatte. Beaumarchais war einer der Pioniere des bürgerlichen oder «sentimentalen» Dramas im Frankreich der 1760er Jahre gewesen und hatte sich in der Folge zunehmend auf Stücke mit beißend sozialkritischer Tendenz und moralischen Aporien verlegt. *La folle journée* war das zweite Stück einer ideologisch aufgeladenen Trilogie über die Klassenverhältnisse, wobei in allen Stücken dieselbe Gruppe von Figuren agierte: der Friseur Figaro, seine Geliebte Susanna, der Graf Almaviva und seine Gattin Rosina, ihr Kammerdiener Cherubino und einige andere. Das erste Stück, *Le Barbier de Séville* (1775), wurde zur Vorlage für die gleichnamige Oper von Paisiello sowie für die 40 Jahre später, 1816, uraufgeführte berühmtere Version. Das dritte, *La Mère coupable, ou L'Autre Tartuffe* (*Die schuldige Mutter oder ein zweiter Tartuffe*, 1792), entstand viele Jahre später und ist ein deutlich pessimistischeres *drame moral*. Es lieferte ebenfalls den Stoff für eine Oper: *Cherubino* von Jules Massenet (1905), der es jedoch fertigbrachte, die düsteren Momente des Stückes auszublenden, indem er die Handlung kräftig zurechtstutzte.

Die Figuren Figaro, Susanna, Cherubino, Graf und Gräfin besiedelten das Biotop Oper im 18. Jahrhundert und ließen sich nie mehr ganz daraus verdrängen. *La Mère coupable* feierte seine Wiedergeburt in John Coriglianos Oper *The Ghosts of Versailles* (1991), in der Beaumarchais und

Marie Antoinette in einem Leben nach dem Tod aufeinandertreffen. Der Dramatiker verweist auf die besagten Opernfiguren – Sieh, dort ist Figaro mit seiner gestreiften Mütze! Dort ist Susanna mit ihrer Schürze! –, um die hingerichtete Königin zu trösten. Diese Figuren verkörperten 1991 nicht viel mehr als ihren eigenen quasi-mythischen Platz in der Geschichte der Oper, und das verstärkt natürlich die nostalgische Grundstimmung. *The Ghosts of Versailles* ist trotz aller schalkhaften Momente eine traurige Oper – nicht weil Marie Antoinette ihr Pathos so dick aufträgt, sondern weil die Wiederbelebung Figaros und Susannas auf der Bühne nichts zurückzubringen vermag, was der Leistung Mozarts nahekäme.

Diese Leistung erwuchs aus den Chancen, die sich in Wien boten. Wie andere große Städte im weitläufigen österreichischen Kaiserreich, war Wien Spielort für drei Typen von Oper. Neben der *opera buffa* gab es die *opera seria*, die seit jeher die Bastion des alten Geldes und der herrschenden Klassen gewesen war und entsprechend pompös inszeniert wurde. Ihre Sujets hatten sich, wie im vorausgegangenen Kapitel gesehen, seit den Zeiten Händels kaum verändert, sie lebten nach wie vor bevorzugt aus den Stoffen der Geschichte und der Mythenwelt der Antike und liefen in der Regel auf die abendfüllende Beweihräucherung des Status quo hinaus: Der Schlussvorhang fiel, nachdem ein absoluter Herrscher seinen devoten Untertanen seine grenzenlose Weisheit und Gnade be- und erwiesen hatte. Kontinuität herrschte auch in formaler Hinsicht: Die Dominanz der Soloarie wurde zwar ein wenig zurückgeschraubt zugunsten einer größeren Zahl von Duetten und anderen Ensemblestücken und einer aktiveren Beteiligung des Chors, aber die Norm war nach wie vor die Idee eines steifen Sologesangs. Am entgegengesetzten Ende des gesellschaftlichen Spektrums gab es in Wien als drittes Genre das «Singspiel», eine Oper in deutscher Sprache, bei der die Rezitative durch gesprochene Dialoge ersetzt waren und die sich offen volkstümlich gab. Das Singspiel verfügte über ein großes Handlungsspektrum und spielte zur Freude des Publikums häufig an fantastischen oder exotischen Schauplätzen; insofern stand es dem volkstümlichen Sprechtheater näher als der Oper.

Mozart hatte sich in allen drei Genres betätigt, bevor er sich in Wien niederließ. Seine erste Oper, ein Singspiel, hieß *Bastien und Bastienne* (1768). *La finta giardiniera* (*Die Gärtnerin aus Liebe*), eine *opera buffa* mit einem Goldoni nachempfundenen Libretto, wurde 1775 in München uraufgeführt. Obwohl der Schwerpunkt seines Schaffens zu der Zeit auf der *opera seria* lag, haben wir Grund für die Vermutung, dass sein größeres Interesse schon immer der Komödie galt, und sei es nur deshalb, weil ihm dieses Genre größere Freiheiten eröffnete, seine Begabungen und Kenntnisse als Komponist von Instrumentalmusik einzubringen. Denn Mozart war, im Gegensatz zu vielen italienischen Opernkomponisten, kein ausgesprochener Opernspezialist, sondern betätigte sich nur allzu gern in allen populären musikalischen Genres. An der Komödie reizte ihn sicher auch die Vielfalt der Idiome, die ihm dort zu Gebote stand. In einem 1783 geschriebenen Brief an seinen Vater äußerte er dezidierte Vorstellungen darüber, wie ein Libretto angelegt sein musste, um ihm zu gefallen:

> Das Notwendigste dabei aber ist, recht komisch im Ganzen, und wenn es dann möglich wäre, zwei gleich gute Frauenzimmerrollen hineinzubringen. Die eine müsste seria, die andere aber mezzo carattere sein, aber an Güte müssten beide Rollen ganz gleich sein. Das dritte Frauenzimmer kann aber ganz buffa sein, wie auch alle Männer, wenn es nötig ist.[4]

Ihm schwebte also eine *opera buffa* im Stil Goldonis vor, aber mit einer Dominanz hoher Stimmen wie in der *opera seria*. Vielleicht hatte er schon damals eine im Werden begriffene Vorstellung davon, wie diese Sopranstimmen miteinander kontrastieren und zuweilen auch verführerisch miteinander verschmelzen konnten, so wie sie es im bereits besprochenen Duettino «Sull'aria» im *Figaro* tun.

Das Libretto, das Da Ponte für *Le nozze di Figaro* schrieb, weist viele Wesensmerkmale der typischen *opera buffa* des späten 18. Jahrhunderts auf. Im Grunde wird die Geschichte zweier Paare erzählt, eines unglücklich, das andere glücklich, eines adlig, das andere dem Domestikenstand angehörend. Die Handlung erstreckt sich über nur einen Tag, an dem sich die Ereignisse überschlagen. Das adlige Paar besteht aus dem Grafen (Bariton) und der Gräfin (Sopran). Ihre Ehe ist unglücklich, weil der Graf ein Schürzenjäger ist. Schon kurz nach Beginn wird deutlich, dass er ein Auge auf Susanna (Sopran), das Kammermädchen der Gräfin, geworfen hat, dessen Hochzeit mit Figaro (Bass), dem Kammerdiener des Grafen, unmittelbar bevorsteht. Zu weiteren Komplikationen trägt Cherubino (Mezzosopran, eine sogenannte «Hosenrolle») bei, der begeisterungsfähige junge Page des Grafen. Cherubino sammelt gerade seine ersten Testosteron-Erfahrungen und verliebt sich in Susanna, die Gräfin und jede andere schöne Frau, der er begegnet. Es gibt noch ein paar andere Nebenfiguren, die für diverse Verzweigungen der Handlung sorgen. Im Lauf von vier Akten unternimmt der Graf mehrere Verführungsversuche, tappt am Ende aber in die von der Gräfin und Susanna gestellte Falle: Sie tauschen die Kleider und die Rolle und ertappen ihn beim versuchten Seitensprung. Das glückliche Ende ist dann unvermeidlich: Der blamierte Graf fleht um Vergebung, und von da an findet das Glück kein Ende mehr – so hoffen wir zumindest, hegen aber angesichts der komplizierten Gefühlsbeziehungen zwischen den Beteiligten doch auch gewisse Zweifel. (In *La Mère coupable*, das einige Jahre später als der *Figaro* spielt, erfahren wir, dass ein älter gewordener Cherubino, aus dem Engelchen-Alter herausgewachsen, die Gräfin verführt und geschwängert hat, um dann das Weite und soldatischen Ruhm auf dem Schlachtfeld zu suchen, Letzteres mit tödlichem Ausgang.)

Aus dieser Zusammenfassung wird deutlich, dass wir Da Pontes *Figaro* durch das Prisma der politischen Situation im Wien der 1780er Jahre betrachten dürfen. Einer typischen Deutung zufolge barg der Subtext des Libretto womöglich einen verdeckten Appell zur Unterstützung der von Kaiser Joseph II. eingeleiteten Reformen zur Beschneidung der Privilegien des Adels, oder einfacher gesagt: einen Versuch, den Grafen (und den Adel als Ganzen) auf Normalmaß zu stutzen. Man tut sich allerdings schwer, historische Belege zu finden, die diese Deutung untermauern. Es ist jedenfalls durch nichts belegt, dass die herrschende Klasse – ihr gehörten zweifellos die wichtigsten Mäzene der komischen Oper an – sich bedroht gefühlt hätte. Eine andere, wohl plausiblere Deutung ist die, dass die Oper zwar einer Zeitstimmung entsprach, aber nicht so sehr eine politische als vielmehr eine persönliche und soziale Botschaft übermittelte. *Le nozze di Figaro* ist nach dieser Lesart eine Geschichte, in der die persönlichen Beziehungen zwischen den Hauptfiguren ein Schlaglicht auf die neue soziale Mobilität werfen, die zu der Zeit in Wien und anderswo in Europa für so große Spannungen sorgte, und auf das neue Verständnis persönlicher Beziehungen, das sich zugleich durchzusetzen begann. *Le nozze di Figaro* weist in vielerlei Hinsicht einen tiefen Gleichklang mit den Idealen der Aufklärung auf, jener bedeutenden europaweiten Reformbewegung des 18. Jahrhunderts, die dem Prinzip der absoluten Autorität, die Aristokratie, Kirche und Staat bisher beansprucht hatten, die Ideale der Vernunft und des Wissens entgegensetzte.[5]

«Constanze!» – Eheliches Glück

Mozarts eigene Ehe wird manchmal als Schlüssel zum Verständnis seiner Präferenzen als Opernkomponist gesehen. In dem zitierten Brief von 1783, in dem er sein ideales Libretto skizziert, klingt an, wie aufmerksam er sich mit weiblichen Charakteren und Stimmen beschäftigte, und die Nuanciertheit und emotionale Plausibilität seiner Frauenfiguren war für die damalige Zeit erstaunlich. War diese künstlerische Empathie für das weibliche Geschlecht ein Ergebnis seiner Erfahrungen im wirklichen Leben? Wenn der Tenor und Protagonist in *Die Entführung aus dem Serail* (1782) den Namen «Constanze! Constanze!» so sehnsuchtsvoll singt, hören wir da gar etwas Autobiografisches heraus? Solche Fragen werden natürlich im Hinblick auf Künstler immer gestellt, und im Fall Mozart sind sie wirklich schwer zu beantworten, nicht zuletzt, weil seine Biografie sehr viel nachhaltiger unter den romantischen Mythen gelitten hat, die sich im Verlauf des 19. Jahrhunderts um sein Leben rankten, als die meisten anderen. Viele dieser Mythen beziehen sich auf seine letzten zehn Lebensjahre, jene Periode, in der er die Provinzstadt Salzburg und die Protektion seines ebenfalls komponierenden Vaters Leopold hinter sich ließ, um in der größeren, aber auch raueren Welt Wiens sein Glück zu machen. Diese Legenden haben sich als enorm zählebig erwiesen und wurden zu neuem Leben erweckt durch Peter Shaffers Drama *Amadeus* (1979) und Milos Formans Verfilmung des Stücks (1984). Der schockierende Realismus, mit dem Shaffer und Forman ihre Darstellung von Mozarts Leben würzen, kann kaum darüber hinwegtäuschen, dass sie nur das Bild auffrischen, das sich das 19. Jahrhundert von Mozart gemacht hat – das Bild vom ewigen Kind und musikalischen Engel, zur Erde herabgeschwebt in Gestalt eines schwachen und fehlbaren Menschen.

Die nackten biografischen Tatsachen sind schnell erzählt. Nach seiner Übersiedlung von Salzburg nach Wien 1781 gelang dem 25-jährigen Mozart eine eindrucksvolle und einträgliche Karriere als freischaffender Musiker. Er verdiente Geld mit privatem Klavierunterricht, mit dem Komponieren von Opern auf Bestellung, mit dem Verkauf seiner Musik an Verleger und vor allem als komponierender Pianist und Veranstalter von Konzerten, in denen er seine eigenen Klavierwerke aufführte. 1785 bezog er, an allen Fronten erfolgreich, eine geräumige Wohnung mitten in Wien und schöpfte aus dem Vollen. Das Jahr 1786 brachte weiteren Ruhm: Er erhielt den Auftrag, für die Wiener Hofoper *Le nozze di Figaro* zu komponieren. Die darauf folgenden Jahre brachten jedoch auch empfindliche Rückschläge. Verlustreiche Kriege gegen die Türken veranlassten viele seiner aristokratischen Gönner, Wien den Rücken zu kehren, was Mozarts Karriere als Konzertpianist praktisch ein Ende setzte. Andererseits brachten weitere Opernaufträge beachtliche Honorare ein: Für Prag komponierte er *Don Giovanni* und die *opera seria La clemenza di Tito* (1791), für Wien *Così fan tutte* und das Singspiel *Die Zauberflöte* (1791). Er erhielt ein bescheidenes Amt am Hof und verkaufte weiterhin seine Instrumentalkompositionen an Musikverleger, aber seine Einkünfte gingen zurück, zum Teil ganz erheblich. Er sah sich gezwungen, in die Außenbezirke Wiens zu ziehen und Freunde um Geld anzupumpen. Man darf annehmen, dass Verluste beim Glücksspiel seine Geldprobleme verschlimmerten. 1790 begann sein Stern jedoch wieder zu steigen: Er zahlte Schulden zurück und erhielt lukrative Angebote von Impresarios in anderen Hauptstädten. Seine tödliche Erkrankung im Dezember 1791, wahrscheinlich ein rheumatisches Fieber, kam plötzlich und unerwartet. Er wurde in einem Massengrab beigesetzt, ohne Trauerfeier und Trauergemeinde – nicht weil er zum Zeitpunkt seines Todes ein Niemand gewesen wäre – ganz im Gegenteil: Sein internationaler Ruhm war im Steigen begriffen –, sondern dank gewisser drakonischer Regeln, die der überzeugte Rationalist Joseph II. durchgesetzt hatte: Der Kaiser hatte nicht nur das Tragen von Korsetts, das Läuten der Glocken bei Gewittern und das Backen von Honigkuchen verbieten lassen, sondern gemäß seiner radikal aufklärerischen Philosophie auch eine möglichst unaufwändige Beseitigung der sterblichen Überreste seiner Bürger verfügt.

Obwohl wir mittlerweile über ein realistischeres Bild vom Leben Mozarts in Wien verfügen, bleibt seine Persönlichkeit nicht frei von Rätseln. Man vergleiche nur zwei sehr unterschiedliche Porträts von ihm (Abbildungen 10 und 11). Das erste, ein Ölgemälde von Barbara Krafft, zeigt eine streng wirkende Amtsperson mit Perücke und in höfischem Gewand. Das zweite, eine 1789 entstandene Silberstift-Zeichnung von Dora Stock, gibt den Blick auf einen privateren Mozart frei. Wo ist der wirkliche Mozart zu verorten? Was er in der Korrespondenz mit seinen Angehörigen an Ansichten äußerte, erweckt häufig den Eindruck, es sei eher das, was sein distanzierter, vorsichtiger und zutiefst konservativer Vater hören wollte, passend zu dem höfischen Mozart des ersten Porträts. Ein Beispiel: Mozarts 1782 mit Constanze Weber geschlossene Ehe entsprach allem Anschein nach dem Ideal der emotionalen Gleichheit (um einen im 20. Jahrhundert geprägten Begriff zu verwenden). Aber wenn er seinem Vater Leopold seine zukünftige Braut beschrieb, zeichnete er ein ausgeprägt altmodisches Bild von ihr:

> Ihre ganze Schönheit besteht in zwei kleinen schwarzen Augen und in einem schönen Wachstum. Sie hat keinen Witz, aber gesunden Menschenverstand genug, um ihre Pflichten als eine Frau und Mutter erfüllen zu können. ... Sie ist nicht zum Aufwand geneigt, das ist grundfalsch; ... sagen Sie mir, ob ich mir eine bessere Frau wünschen könnte.[6]

Zeitgenössische Porträts von Constanze könnten weiterhelfen. Ein Ölgemälde von Joseph Lange aus dem Jahre 1782 scheint zu Mozarts nicht besonders schmeichelhafter Beschreibung zu passen. Doch ein späteres Portrait, ein Ölgemälde von Hans Hansen, entstanden 1802, zehn Jahre nach Mozarts Tod, zeigt uns, so scheint es wenigstens, eine andere Person und vor allem – der Kontrast ist frappierend – eine Frau mit einem Respekt gebietenden Charakter. Welches Bild zeigt die wahre Constanze? Man fühlt sich versucht, zu vermuten, es sei der vorzeitige Tod ihres Mannes gewesen, der sie so deutlich an Statur gewinnen ließ, aber der dokumentarische Unterbau für diese These (oder jede andere) ist frustrierend schwach.

Mithin bleiben wir, sowohl was Mozart selbst als auch was die Frau betrifft, mit der er seine Wiener Jahre teilte, auf offenen Fragen sitzen. Auf der einen Seite haben wir zeitgenössische Bilder, die uns ein Gefühl der historischen Distanz vermitteln; auf der anderen haben beide Spuren hinterlassen, die auf Persönlichkeiten hindeuten, die uns vertraut und nahe erscheinen, auch wenn das vielleicht eher eine erwünschte als eine reale Nähe ist. Weiter oben sagten wir über die Opern Mozarts, sie stünden an der Schwelle zu einer uns vertrauteren musikalischen Welt. Doch diese Vertrautheit, die etwas mit der Aura des emotionalen Realismus zu tun hat, die von seinen Figuren ausgeht, schließt alchemistische Vorgänge ein, die sich der Analyse entziehen. Sie ist nicht einfach ein Abfallprodukt der literarischen Vorlieben Mozarts oder Da Pontes oder der Tatsache, dass sie die *opera buffa* auf ein höheres Niveau gehoben haben, oder der Begabung Mozarts als Komponist von Instrumentalmusik oder seiner Persönlichkeit mit allen ihren weißen Flecken. Wir können die Teile, die wir haben, zusammensetzen, aber sie ergeben kein vollständiges Bild.

Oper als Aktion

Auf festerem Boden bewegen wir uns, wenn wir uns direkt mit Mozarts komischen Opern beschäftigen. Ein Merkmal der *opera buffa*, das zu ihrer fortdauernden Attraktivität beiträgt, hat mit den dramatischen Elementen innerhalb der Komödie zu tun: Bei ihr stehen Situationskomik, Aktion und Konfrontationen zwischen den Figuren im Mittelpunkt. Monologe – statische Selbstanalysen oder Selbstdarstellungen edler und bedeutender Helden – kommen auch in der Komödie noch hin und wieder vor, sind aber keine tragenden Elemente. Das hat unmittelbare Konsequenzen für die Musik. Die Libretti komischer Opern aus dieser Periode führen zwingend zu Ensembles anstelle aufeinanderfolgender Soloarien; wichtiger noch: Solche Ensembles bringen Handlung anstelle bloßer Meditation oder psychologischer Nabelschau. Mozart und Da Ponte übernahmen diese Rezeptur aus der Buffa-Tradition, wobei jedoch das, was sie daraus machten, entscheidend durch ihre persönliche Vorgeschichte mitbestimmt wurde. Hier fiel vor allem ins Gewicht, dass Mozart bereits ein erfahrener und innovativer Komponist von Instrumentalwerken wie Sonaten, Quartetten und Sinfonien war. Die Verbindung zwischen Talent und Können Mozarts auf dem Gebiet der Instrumentalmusik und den dramaturgischen Ideen Da Pontes führte zu bemerkenswerten Resultaten.

Es ist eine Binsenweisheit, dass in den komischen Opern Mozarts das dramatische Geschehen sich in der Musik abbildet, und zwar in Form sich vereinender oder aufeinanderprallender Harmonien, wechselnder (musikalischer) Einfälle, stimmlicher Variationen und formaler Verlaufsmuster. Man hat oft geschrieben, Gluck (der Held unseres vorigen Kapitels) habe sich unglücklicherweise entschieden, in seinen Opern die Musik am Text auszurichten – am Rhythmus und Tempo der gesprochenen Sprache –, während Mozart sie davon befreit habe.[7] Diese Gegenüberstellung ist zwar zu simpel, enthält aber ein Körnchen Wahrheit. Wie wir schon im Hinblick auf den *Idomeneo* gesehen haben, liebte Mozart es, mit rein musikalischen Mitteln das Bühnengeschehen zu begleiten und zu spiegeln; so schuf er sich einen Freiraum für Variationen und Ausschmückungen bei Tempi und Klangfarbe, die Gluck sich versagt hatte. Anders ausgedrückt, gestand Mozart seiner Musik häufig ein beachtliches Maß an Autonomie zu, sich gemäß ihrer eigenen Logik – wie Mozart sie parallel dazu in seiner Instrumentalmusik weiterentwickelte – zu entfalten, während er zugleich neue Möglichkeiten auslotete, die Musik in den Dienst der dramatischen Handlung zu stellen. Was einen immer wieder in Erstaunen versetzt, ist die Effizienz, mit der ihm dies gelang. Nach der *Entführung aus dem Serail* finden wir in Mozarts Opern kaum mehr eine Szene, in der wir das Gefühl haben, die Länge eines Gesangsstücks sei von der inneren Logik der Musik bestimmt. Mozarts Arien und Ensembles schreiten mit einem so makellosen Zeitgefühl voran, dass bei uns dabei immer der paradoxe Eindruck zurückbleibt: Es wäre schön, wenn es länger gedauert hätte, aber wir wissen, dass es genau richtig bemessen war.

Nehmen wir zum Beispiel die Anfangsszene von *Figaro*. Das erste Stück ist ein Duett zwischen Figaro und Susanna. Es beginnt unmittelbar nach dem Ende der Ouvertüre und ohne ein einleitendes Rezitativ, mit einem Text, den Da Ponte eindeutig einem kurzen Dialog aus der Anfangsszene der Vorlage entnommen hatte. Bei Beaumarchais spielt die Anfangsszene in einem teilmöblierten Zimmer; Figaro hält ein Maßband in der Hand, während Susanna vor den Spiegel einen mit Blumen besetzten Hut anprobiert:

> Figaro: 19 auf 26 Fuß
> Susanna: Schau, Figaro, mein Hütchen. Gefällt es dir jetzt besser?
> Figaro (Susannas beide Hände ergreifend): Unendlich viel besser, meine Süße. Meine Güte, wie so ein Blumenbukett – so schön, so jungfräulich, so passend zum Kopf meines liebreizenden Mädchens – einem Liebenden am Morgen seiner Hochzeit guttut!

Auf eine eher beiläufige Art erhalten wir verschiedene Informationen: dass Figaro und Susanna an diesem Tag heiraten werden, dass Figaro seine Braut mit jungfräulichen Blumen vergleicht, dass nichts das Glück der beiden zu trüben scheint. Da Ponte schmückt diesen Dialog aus:

> FIGARO *(misurando)*:
> Cinque … dieci … venti … trenta … / Trentasei … quarantatre …
>
> SUSANNA *(specchiandosi)*:
> Ora sì ch'io son contenta;
> Sembra fatto inver per me.
> Guarda un po', mio caro Figaro,
> Guarda adesso il mio cappello.
>
> FIGARO:
> Sì mio core, or è più bello,
> Sembra fatto inver per te.

SUSANNA und FIGARO:
Ah il mattino alle nozze vicino
Quanto è dolce al mio/tuo tenero sposo
Questo bel cappellino vezzoso
Che Susanna ella stessa si fe'.

(FIGARO: Fünfe, zehne, zwanzig, dreißig / sechsunddreißig, dreiundvierzig. SUSANNA: Deutlich saget mir mein Spiegel / wie der Brautkranz schön mir steht. / Sieh doch nur, meinen Brautkranz.

FIGARO: Ja, ich sehe, bestes Mädchen / wie der Kranz so schön dir steht.

FIGARO und SUSANNA: Endlich sind wir nun am Ziele! / Wie schön für meinen/deine Liebste / Ist dieser schöne Brautkranz / den Susanna selbst gemacht hat!)

In einer *opera seria* würden wir ein solches Stück nicht finden; ein Dialog dieser Art würde dort als Rezitativ stattfinden, in Blankverse gefasst, und würde in eine Soloarie für eine der beiden Figuren münden. Hier weisen uns schon das gleichmäßige Versmaß und die Reime darauf hin, dass sich der Dialog, wie man es damals bereits aus der *opera buffa* gewöhnt war, als musikalische Nummer vollziehen wird. Die Handlung folgt dabei im Wesentlichen der des Bühnenstücks von Beaumarchais: Figaro tut eine Sache, Susanna bittet ihn, eine andere zu tun; Figaro gehorcht, sie sind glücklich. Aus dem Wechsel des Versmaßes können wir ferner ablesen, dass Da Ponte für die vier letzten Zeilen, die gemeinsam gesungen werden, eine neue Musik erwartet hat, und in der Tat wäre es ein Leichtes, sich für das Stück als Ganzes eine einfache zweiteilige Struktur vorzustellen: Zuerst («Cinque … dieci …») ein spielerischer Dialog zwischen den Liebenden, gefolgt ab «Ah, il mattino» von einem rustikal anmutenden Duett, denn das Versmaß ist typisch für Pastoralsätze im Dreiachtel- oder Sechsachteltakt. Genau das ist die musikalische Form eines berühmten Duetts im ersten Akt des *Don Giovanni*, «Là ci darem la mano» (mehr dazu später), wo ein anderes Versmaß im Schlussteil einen schnelleren, tänzerisch anmutenden Rahmen für eine Duettsequenz bietet.

Doch mit dem Moment, da die Musik Mozarts hinzukommt, wird die Sache komplizierter. In der orchestralen Einleitung kommen zwei grundverschiedene Themen vor: zum einen eine einfache, repetitive Tonfolge bei den Streichern, zum zweiten ein «kreisendes» Thema bei den Holzbläsern. Wenn die Figuren zu singen beginnen, wird klar, dass das erste Thema zu Figaro und seiner Arbeit gehört – er singt dazu, was er gerade gemessen hat, und die sich wiederholenden Töne spiegeln sein gleichmäßiges Abschreiten des Zimmers. Das zweite Thema hat einen ebenso eindeutigen Bezug zu Susanna – sie singt über ihren Brautkranz, und die «kreisende» Bewegung des Themas korrespondiert mit dem Pendeln der Aufmerksamkeit zwischen ihrem Spiegelbild und ihrer Person. Alles einfach genug: Dies sind erkennbare musikalische Entsprechungen zum Text und zu dem, was die Figuren treiben. Im weiteren Verlauf des Duetts wird es jedoch komplizierter. Da ist zunächst die Tatsache, dass Figaro Susanna nicht sofort antwortet, als sie ihren Gesang anstimmt; er durchmisst vielmehr weiterhin das Zimmer. Erwartungsgemäß bittet Susanna ihn mit wachsendem Nachdruck, sie anzuschauen. Das tut Figaro schließlich und stimmt mit seinem Kommentar zu ihrem Brautkranz in ihre kreisende Melodie ein. Dabei singt er sie allerdings in einer tiefen, nicht überzeugenden Stimmlage. Sind seine Worte nur eine Pflichtübung, hat er Susanna gar nicht wirklich angeschaut? Hört er ihr etwa nicht richtig zu (ein ständig wiederkehrender Vorwurf an Ehemänner)? Wie um dies zu bestätigen, bittet Susanna ihn erneut um einen Kommentar zu ihrem Brautkranz, auch nachdem er eigentlich schon etwas dazu gesagt hat und dabei in ihr Thema eingestiegen ist.

Von dem Moment an können wir davon ausgehen, dass er ihr wirklich seine Aufmerksamkeit zugewandt hat, und dann singen sie gemeinsam die besagten vier letzten Zeilen. Statt jedoch für diese Schlusssequenz eine neue Melodie zu schaffen, ignoriert Mozart den Wechsel im Versmaß schlicht und einfach und lässt beide gemeinsam Susannas Thema singen. Was im Bühnenstück und auch noch im Libretto eine Dialogszene war, ist auf diese Weise zu einem kleinen musikalischen Drama geworden, das uns mitteilt, dass Figaro und Susanna nicht einfach nur ein paar Sätze ausgetauscht, sondern sich auf etwas verständigt haben, das auf ganzer Linie den Vorstellungen Susannas entspricht, denen Figaro sich klaglos unterordnet. Um es anders auszudrücken: Dem Publikum ist eine «Erziehung des Gefühls» *en miniature* vorgeführt worden, eine Illustration dessen, wie Mann und Frau selbstbestimmt miteinander umgehen und – mit sanftem Nachdruck und etwas Flexibilität – ihre Differenzen beilegen können. Außerdem ist uns diese Lektion unter Einsatz von Techniken zuteilgeworden, wie sie in der zeitgenössischen Instrumentalmusik als Interaktion kontrastierender musikalischer Themen üblich geworden waren. Mozart stellte sie hier erstmals in den Dienst der Oper als Drama.

Doch eine weitere Ebene der musikalischen Kommunikation spielt in diesem Anfangsduett und in den Opern Mozarts im Allgemeinen eine wichtige Rolle. Er differenziert zwischen Susanna und Figaro, indem er ihnen eine jeweils andere Begleitmusik im Orchester zuordnet. Während Figaro seiner einfachen praktischen Tätigkeit nachgeht, begleiten ihn über weite Strecken nur die Streicher; dagegen findet bei Susanna die Freude, die sie an ihrem Hut hat, ihren Ausdruck im Hinzutreten der Holzbläser. Hinzu kommt ein weiteres winziges musikalisches Detail, das sich jedoch noch als bedeutsam erweisen wird: Ein deutlich hervortretender Einsatz der Hörner markiert das Ende der ersten Orchestereinleitung. Wir hören es erneut am Ende des Duetts. Man könnte meinen, es sei ein musikalischer Hinweis auf einen versteckten «Wurm», vielleicht auch eine Anspielung auf das Wort «Horn» (italienisch «corno»), das in *Le Nozze di Figaro* immer wieder auftaucht. Zahllose, bis in die Antike zurückgehende Anekdoten handeln vom «gehörnten Ehemann», der von seiner Frau betrogen wird. Ein berühmtes Beispiel findet sich in Shakespeares *Othello*, wo der eifersüchtige Ehemann seiner Frau Desdemona sagt: «Ich fühle einen Schmerz hier auf meiner Stirn.» Es ist kaum zu bezweifeln, dass laute Hornstöße in *Figaro* sexuelle Eifersucht symbolisieren, denn eheliche Untreue, ob real oder nur befürchtet, lauert in dieser Oper an jeder Ecke. Am Ende von Figaros Arie im vierten Akt über die Launen der Frauen, «Aprite un po' quegl'occhi» («Öffne deine Augen ein wenig»), bricht ein regelrechter Hörnersturm aus, der uns seine panische Eifersucht signalisiert. In Susannas Arie im vierten Akt, «Deh vieni, non tardar» («Oh komme, zögere nicht»), wendet sie sich, verkleidet als Gräfin, sehnsuchtsvoll an einen abwesenden Geliebten. Der lauschende Figaro glaubt, ihre Sehnsucht gelte dem Grafen. Doch Susanna, die genau weiß, dass Figaro lauscht, singt das Lied zum einen für ihn, ihren wahren Geliebten, andererseits aber auch in der Absicht, ihn zur Strafe für seine Zweifel zu quälen. Die letzte Zeile lautet: «Ich werde dich mit Rosen krönen», und Mozart setzte das musikalisch in der Weise um, dass das Wort «krönen» («coronar») sich über mehrere Sekunden erstreckt, eine grausame Neckerei. Ich werde dich krönen, ja, aber womit? Vielleicht erneut mit dem gefürchteten Horn.

Dreifache Krone

Zwischen den drei Opern, die Mozart zusammen mit Da Ponte schuf, bestehen, wie nicht anders zu erwarten, zahlreiche Berührungspunkte. An einer berühmten Stelle im Finale des zweiten Akts von *Don Giovanni* stimmt ein auf der Bühne platziertes Orchester, das auf Giovannis abendlichem Bankett aufspielt, plötzlich ein bekanntes Stück aus *Le nozze di Figaro* an. Als Giovannis Diener Leporello das hört, sagt er verdrießlich: «Questa poi la conosco pur troppo» («Das kommt mir allzu bekannt vor»). Der Sänger, der 1787 in Prag den Leporello spielte, war derselbe Francesco Benucci, der im Jahr zuvor in Wien den Figaro gegeben hatte. Seine Äußerung war also einer jener Insiderscherze, die allem Anschein nach ein Treibmittel in der Zusammenarbeit zwischen Mozart und Da Ponte waren. Wir sagen «allem Anschein nach», weil diese Zusammenarbeit an Ort und Stelle stattfand und daher bedauerlicherweise kaum Briefe oder andere Dokumente darüber existieren, die Aufschluss geben könnten, was sich zwischen den beiden Männern abgespielt hat. Auf einer tieferen Ebene gibt es ebenfalls Berührungspunkte zwischen den drei Opern, die etwas damit zu tun haben, welche Charaktertypen das 18. Jahrhundert kultivierte und welche Rollen folglich mit denselben Stimmlagen besetzt wurden, weil sie innerhalb der gesellschaftlichen Hierarchie einen gleichen Status aufwiesen. Susanna und Despina (die Dienstmagd in *Così*) bilden ebenso ein Beispiel für diese Ranggleichheit wie Donna Elvira (*Don Giovanni*) und Fiordiligi (*Così*) – beide sinnenfrohe adlige Damen, die leiden. Leporello und Figaro sind Figuren vom Typ *basso buffo*, im Bassregister besetzte Domestiken. Selbst Graf Almaviva und Don Giovanni, die das Yin und Yang des aristokratischen Freibeuters verkörpern, bekleiden eine vergleichbare gesangliche Rangstufe.

Alle diese Paare könnten zwanglos miteinander zu Abend essen; sie würden einander auf Augenhöhe begegnen, und das ist einer der Gründe dafür, dass ihre Schöpfer sie mit einer ähnlichen stimmlichen Physiognomie ausgestattet haben. Manchmal sang ihre Rollen ein und derselbe Sänger wie zum Beispiel Benucci. Personen aus der Oberschicht bekommen in den meisten Fällen eine erhabenere Begleitmusik, mit großem Pathos und virtuosem Anspruch nach Art der *opera seria* oder mit komplexerer Rhythmik. Der *Don Giovanni*, dem Wesen nach eine klassische Don-Juan-Geschichte mit mehreren Verführungsversuchen und der berühmten Höllenfahrt, beginnt mit einem mehrteiligen handlungsreichen Stück, einer Einleitung, in der die musikalisch-gesellschaftlichen Wesensmerkmale der Figuren erkennbar werden. Der erste Teil, in dem Leporello sich über sein Domestikenleben beklagt, besteht überwiegend aus vokalen Trippelschritten – eine Silbe pro Ton –, außer an der Stelle, wo er singt: «Voglio far il gentiluomo» («ich möchte den Edelmann geben»). Hier schwingt sich seine Stimme für einen Moment zu den lang gehaltenen Tönen und variablen Rhythmen auf, die das musikalische Kennzeichen dieses höheren Status sind. Sobald Don Giovanni auftaucht – in dieser Szene mit Donna Anna (Sopran) als seinem auserkorenen Opfer, die ihm jedoch wie eine Furie im Nacken sitzt –, wird alles sehr viel ornamentaler, wie es sich für aristokratische Charaktere gehört. Der die Szene aus der Distanz beobachtende Leporello unterstreicht dies noch, indem er das Geschehen gewissermaßen von unten kommentiert. In einem dritten Teil taucht Annas Vater, der Komtur (Bass), auf und fordert Don Giovanni zum Duell auf Leben und Tod; die Musik wechselt nach Moll, hin zu tremolierenden, Unheilvolles verkündenden Streichern. In dem Moment, als der Komtur stirbt, fragen wir uns unsicher, wo wir eigentlich sind. Falls diese Oper je als Komödie gedacht war, ist sie dies zu diesem Zeitpunkt bestimmt nicht mehr. Im letzten, mit f-Moll unterlegten Teil (in dem, wie im vorigen Kapitel bemerkt, mehr als eine Prise Gluck'scher Askese waltet) verweben sich die drei jetzt nicht mehr unterscheidbaren Bassstimmen zu einem Klagegesang, der vorübergehend ihre Differenzen und ihre Feindschaft transzendiert – ein unverhoffter Moment der Eintracht in Reaktion auf die tragischen Ereignisse.

Don Giovanni war immer der «Finsterling» innerhalb der Da-Ponte-Trilogie. Er bekam sogar eine andere Gattungsbezeichnung: Da Ponte nannte ihn ein *dramma giocoso*, ein «verspieltes» oder «heiteres» Drama. Der Protagonist mit seiner brachialen, Moral verachtenden Erotomanie besitzt eine Ausstrahlung, deren Ambivalenz einen Teil seiner intellektuellen Brillanz ausmacht. Diese anarchische Kraft muss natürlich bestraft werden: Er fährt am Ende zur Hölle. Allerdings wird diese «Moral von der Geschicht'» doch wieder in Frage gestellt. Da Ponte, der aus mehreren im Umlauf befindlichen Theaterstücken und Libretti zur Don-Juan-Gestalt schöpfte, näherte sich dem anarchischen Protagonisten, indem er ein nicht allzu streng den formalen Regeln gehorchendes Libretto schrieb. Sein *Don Giovanni* setzt sich aus Vignetten zusammen, wobei die Verführungsversuche und Gotteslästerungen der Hauptfigur den roten Faden bilden, ergänzt von Verzweigungen der Handlung wie etwa Annas Trauer um ihren getöteten Vater, ihre verschobene Verlobung mit Don Ottavio (Tenor) oder der Romanze zwischen den Bauernkindern Zerlina und Masetto (Sopran und Bass). Die Szenen reihen sich ohne großes Bemühen um einen inneren Zusammenhang aneinander. Das Geschehen spielt überwiegend bei Nacht. Alle tun sich schwer, zu sehen und zu erkennen, zumal in vielen Szenen maskierte Figuren auftreten.

Der allgemeine Mangel an Licht und die daraus resultierende Verunsicherung stehen symbolisch für eine moralische Orientierungslosigkeit, die sich fast aller Figuren bemächtigt. Annas Trauer gibt Rätsel auf: Wem gilt ihr Schmachten wirklich? Eine von Giovannis Verflossenen, Donna Elvira (Sopran), spielt sich als Tugendwächterin auf, lässt sich aber dennoch immer wieder verführen. Leporello ist ein Bruder Leichtfuß, genießt aber auch seine Grausamkeiten. Zerlina erliegt Schmeicheleien. Die Adligen sind bereit, Giovanni zu töten, lassen sich aber von ihrem auserkorenen Opfer düpieren. Das Libretto erweckt anscheinend etwas zu neuem Leben, das uns aus der *Commedia dell'arte* wohlvertraut ist – eine antik anmutende Toleranz für extreme Kontraste: Mord und Farce, Leid und makaberer Witz werden nach Herzenslust gemischt. Damit nicht genug: Das übernatürliche Moment in der Geschichte – das Auftreten des von den Toten auferstandenen Komturs als steinerner Racheengel – trug der Oper den Nimbus übermenschlicher Schwere ein, den sie sich bis weit ins 19. Jahrhundert hinein bewahrte, als die meisten anderen Opern Mozarts nur noch eine kümmerliche Existenz fristeten. Das *Don-Giovanni*-Fieber brachte etliche seltsame Symptome hervor. In den 1850er Jahren erwarb die berühmte Mezzosopranistin Pauline Viardot-García Mozarts handschriftliche Partitur der Oper. Sie ließ sich einen Reliquienschrein bauen, in der sie die Partitur aufbewahrte, errichtete für sie einen Schrein in ihrem privaten Musikzimmer und animierte ihre besten Freunde, davor niederzuknien. In der Folge kam es zu einigen spiritistischen Erlebnissen. Tschaikowsky (zugegebenermaßen ein ungewöhnlich leidenschaftlicher Mozartianer) schrieb 1886: «Ich kann das Gefühl nicht beschreiben, das mich überkam, als ich diesen heiligen musikalischen Gegenstand betrachtete – als hätte ich dem leibhaftigen Mozart die Hand geschüttelt und mich mit ihm unterhalten.»[8]

Sogar die berühmte Ouvertüre vermischt die Dinge. Sie beginnt mit einem ominösen Moll-Teil, zwei ebenso lauten wie langen Akkorden, beide gerahmt von Stille. Diese Akkorde sollen unsere Aufmerksamkeit fordern, und zwar ganz; es ist wichtig, sie im Gedächtnis zu behalten. Auf sie folgen rhythmische Klänge im Largo-Tempo, die an einen Trauermarsch erinnern, sowie auf- und absteigende Läufe der Holzbläser. Doch schon nach wenigen Momenten verflüchtigt sich diese tragische Stimmung urplötzlich und weicht einem für die *opera buffa* typischen Allegro. Das wirft eine musikalische Frage auf: Was hat der plötzliche Umschwung zu bedeuten? Was war der Sinn jener beiden einleitenden Schreie in Akkordform? Die Fragen bleiben im weiteren Verlauf der Oper unbeantwortet. Erst viel später, direkt bevor Don Giovanni durch den Abgrund in die Hölle fährt, erfahren wir, dass diese lauten Akkorde, die am Anfang der Ouvertüre standen, höchst bedeutungsträchtig waren. Sie kehren im zweiten Akt zurück und kündigen hier den Auftritt der steinernen Statue an, und ein weiteres Mal wenige Minuten später, als Don Giovanni seinem uneingeladenen Gast ein letztes «Nein! Nein!» entgegenschleudert. Die Oper, so wird uns jetzt klar, hat mit einer Trotzreaktion begonnen, mit einem orchestralen «Nein!», das uns die Tröstungen der Konformität verweigert. Freilich müssen wir uns vergegenwärtigen, dass diese Verherrlichung der Einzigartigkeit nicht unverfälscht heroisch ist und erst recht kein Rezept für menschliches Verhalten auf Erden. Viele literarische und kritische Kommentare zu dieser Oper, und dies gilt schon für E. T. A. Hoffmann im Jahre 1812, übersahen diesen ernüchternden Gedanken und gaben sich lieber einem ungekühlten Don-Giovanni-Fieber hin.[9] Heute, kurz nach Anbruch des 21. Jahrhunderts, gelingt es uns vielleicht, ein Stück weit auf Distanz gehen zu den wiederkehrenden Hymnen auf Giovanni als Ausbund antibürgerlicher Manneskraft.

Falsche Allianzen

Einen Dienst leistet uns *Don Giovanni* zweifellos: Er schärft unsere Sinne für den Gedanken, dass Verführte gerne die falschen emotionalen Allianzen schließen. Für die Oper ist dies eine fundamentale Rätselfrage und eine wiederkehrende Versuchung: Wenn Musik die Vernunft und die Moral über den Haufen wirft, so fliegt die Zurückhaltung zur Tür hinaus. Mozart demonstrierte seine Loyalität zur musikalischen Wahrheit ein ums andere Mal und setzte sich dabei auch über dramaturgische und psychologische Regeln hinweg. In einem Brief an seinen Vater, geschrieben 1781 während der Arbeit an der *Entführung*, macht er dies deutlich:

> … bei einer Opera muss schlechterdings die Poesie der Musik gehorsame Tochter sein. Warum gefallen denn die welschen komischen Opern überall? mit allem dem Elend, was das Buch anbelangt? sogar in Paris, wovon ich selbst ein Zeuge war? Weil da ganz die Musik herrscht und man darüber alles vergisst. Um so mehr muss ja eine Opera gefallen, wo der Plan des Stückes gut ausgearbeitet, die Wörter aber nur bloß für die Musik geschrieben sind, und nicht hier und dort einem elenden Reim zu gefallen.[10]

Gute Poesie, jawohl, und eine überzeugende Handlung – aber der Vorrang der Musik bedeutet, dass wenn *sie* die Menschen elektrisiert, die singenden Protagonisten zu Objekten der Sehnsucht werden. Von daher sollte es nicht verwundern, dass ein Element, das die Da-Ponte-Opern gemeinsam haben, eine Sequenz von drei parallelen «Verführungsduetten» ist. Alle sind in A-Dur und alle sind Teil einer Szene, in der ein Mann versucht, die Tugend einer widerstrebenden Frau zu überwinden. Die Ähnlichkeiten und die Unterschiede zwischen diesen Szenen können uns etwas Interessantes über alle drei Opern verraten – und auch etwas darüber, was wir die Moral der Oper und ihre musikalischen Wechselströmungen nennen könnten.

Das Wort «verführen» hat in den vergangenen Jahrhunderten einen weiten Weg zurückgelegt und sich den wechselnden gesellschaftlichen Einstellungen zum Eigentum, zu den Unterschieden zwischen Mann und Frau und auch zum Wesen der menschlichen Subjektivität angepasst – den Antworten auf die Frage, wer wir zu sein glauben und wie viel individuelle und emotionale Unabhängigkeit wir zu besitzen meinen. In unserer Epoche nach der sexuellen Revolution wird dieses Wort, wie uns scheint, meist nur noch mit einem ironischen Unterton gebraucht. Wie es bei einem Topos, der den Realitätsbezug verloren hat, manchmal vorkommt, hat sich das Wort «verführen» heute bevorzugt in Metaphern eingenistet. Wir denken dabei nicht mehr so sehr an eine Person, sondern an die Verführung beispielsweise durch die Fernsehwerbung, die verführerische Aussicht auf eine Gondelfahrt auf dem Canale Grande oder auch auf ein von Mozart komponiertes Duett über einen Brief, gesungen von zwei Sopranistinnen. Das war nicht immer so. Noch im 18. Jahrhundert war die Verführung eines unschuldigen Mädchens gleichbedeutend mit dem Raub ihrer Keuschheit, einer Schande nicht nur für das Mädchen, sondern auch für seine Eltern oder seinen Vormund. Einer anderen, derselben Periode entstammenden Sichtweise zufolge handelte es sich um eine gefährliche Grenzüberschreitung. Don Giovanni hat sich eine solche geleistet, unmittelbar bevor sich der Vorhang hebt: Er ist heimlich in das Haus des Komturs eingedrungen und hat einen Verführungsangriff auf dessen Tochter Anna unternommen. Aber oft stellt dieser Akt eine doppelte Grenzüberschreitung dar, und zwar insofern, als die überschrittene Grenze auch eine gesellschaftliche ist, weil sie auf eine Berührung hinausläuft, die in den Augen vieler Zeitgenossen Mozarts (insbesondere der Vertreter des «alten Geldes») einem Verstoß gegen die gesellschaftliche Ordnung gleichkam. Auch hierfür ist Don Giovanni ein gutes Beispiel:

Er ist ein adliger Verführer, der sich wenig um gesellschaftliche Abgrenzungen schert und sich in der Hitze des Gefechts – oder besser der Jagd – ebenso gierig auf ein Bauernmädchen stürzen würde wie auf eine Dame von hohem Geblüt. Wie Leporello am Ende seiner berühmten «Katalogarie» im ersten Akt singt: «Purché porti la gonnella, voi sapete quel che fa.» («Solange sie einen Rock trägt, weißt du, was er tun wird.»).

Das Verführungsduett im ersten Akt des *Don Giovanni* ist genau solch ein Beispiel für eine gesellschaftliche Grenzüberschreitung, und es ist außerdem das einfachste und bekannteste unserer drei Verführungsduette. «Là ci darem la mano» («Dort werden wir uns die Hand geben»), singt der Cavaliere Giovanni im Duett mit der *contadina* (dem Bauernmädchen) Zerlina, und die Einfachheit der Melodie und der Orchesterbegleitung demonstriert, wie geschickt er es versteht, sich der gestellten Aufgabe anzupassen. Zerlina leistet auch keinen großen Widerstand, jedenfalls der Musik nach zu urteilen; diese vermittelt uns vielmehr den Eindruck zunehmender Nähe. Giovanni stimmt das Duett an. Auch wenn Zerlina diese seine Eröffnung mit den Worten «Vorrei, e non vorrei» («Ich möchte und ich möchte nicht») beantwortet, ist ihre Melodie doch nur eine ausgeschmückte Variante der seinen – auf der musikalischen Ebene hat sie seinen Antrag bereits angenommen. Das Orchester signalisiert einen Anflug chromatischen Zauderns, als Zerlina an ihren Verlobten Masetto denkt, aber als Giovanni seinen einleitenden Vorstoß wiederholt, befindet sie sich schon fast in Tuchfühlung mit ihm, und dieses Mal stimmt sie in seine Melodie ein. Und schließlich zwitschern die beiden in einem bäuerlichen Sechsachteltakt, in unkomplizierten Terzparallelen. Diese einfache musikalische Entwicklung – zuerst wiederholt Zerlina die Melodie ihres Verführers, dann teilen sie sie zwischen sich auf, dann singen sie sie gemeinsam – ist eine explizite musikalische Spiegelung dessen, was auf der Bühne vor sich geht; die Einfachheit des musikalischen Modells ist dabei sicherlich Bestandteil des Spiels – einer zu diesem Zeitpunkt noch «unschuldigen Liebe». Später im gleichen Akt muss Zerlina *reale* Grenzen ziehen, als nämlich Giovanni seine Eroberung vollenden will. Sie tut das nicht mit gespiegelten Phrasen, sondern mit einem melodramatischen Schrei aus der Kulisse. Übrigens zeigt das Duett auch, dass die Verführungskunst des Don Giovanni sich immer wieder in seiner Gesangsstimme manifestiert. Wir erleben das erneut bei dem Terzett im zweiten Akt, als er Donna Elvira ein weiteres Mal versichert, wie sehr er sie verehrt; oder auch in seiner kurzen, delikaten Serenade im zweiten Akt, als er, unter einem Balkon stehend und eine Mandoline zupfend, einen anderen Archetypus, den Troubadour, mimt. Wie der bedeutende dänische Philosoph Søren Kierkegaard 1843 schrieb: «Diese absolute Zentralität, welche das musikalische Leben Don [Giovannis] in der Oper darstellt, macht es, dass diese eine Macht der Illusion ausübt, wie keine andre, dass das in ihr pulsierende Leben jeden mit fortreißt und mitten in das Leben des Dramas hineinversetzt.»[11] Anders gesagt: Die Oper schlägt uns als Zuschauer und Zuhörer vollständig in ihren Bann. Als Otto Jahn 1856 bis 1859 an seiner Mozart-Biografie arbeitete – der ersten umfassenden überhaupt –, machte er sich die Auffassung Kierkegaards von der erotischen Kraft der Musik im *Don Giovanni* zu eigen und trug damit zur Verfestigung der Vorstellung bei, dass *Don Giovanni* das Publikum auf seine Seite zieht, ohne dass es darüber nachdenkt, dass solche Allianzen in der Tat fragwürdig sein können.[12]

Das parallele «Verführungsduett» zwischen Graf Almaviva und dem Kammermädchen Susanna zu Beginn des dritten Aktes von *Figaro* ist komplexer. Der Graf mag sich als Herr der Lage wähnen, doch das Publikum weiß, dass Susanna nur ihre Rolle in dem gegen den Möchtegern-Verführer geschmiedeten Komplott spielt. Ein Blick in das Libretto beseitigt jeden Zweifel über die Rollenverteilung. Da Ponte baut an dieser Stelle eine witzige Idee ein, die im Fortgang der Musik ein mehrfaches Echo findet: Verwirrt von den bohrenden Fragen des Grafen, sagt Susanna «nein», wenn sie «ja», und «ja», wenn sie «nein» meint. Und auch hier gelingt es der Musik Mozarts, aus einem potentiell einfachen Fall einen zwiespältigen zu machen. Der Graf schlägt zunächst aristokratisch hohe Töne an, eingebettet in pompöses, vor falschem Pathos strotzendes Moll («Crudel! perché finora») und mit ausgeklügelten Wortwiederholungen. Susanna reagiert jedoch nicht mit hochtönendem Widerstand und Empörung, sondern signalisiert mit einem kunstvollen Übergang nach Dur ein lauwarmes Einverständnis. Trotzdem behält der Graf zunächst seinen insistierenden Ton bei, fast als hätte er ihre Reaktion nicht mitbekommen. Doch in der Folge realisiert er Susannas Willfährigkeit und feiert seinen Triumph mit einem fanfarenhaften «Mi sento dal contento» in Dur. Diese Melodie ist sehr schön – verführerisch schön, möchte man sagen –, viel schöner als das schwerfällige, pseudobarocke Thema, mit dem er das Duett begonnen hat. Wie an anderen Stellen von *Figaro*, sehen wir den Grafen auch diesmal als einen, der handelt wie ein Schuft, aber als Sänger auf verstörende Weise Sympathie heischt. Susanna wird immer unsicherer und fängt an, die falschen Antworten auf einige seiner Fragen zu geben. Es stellt sich die Frage: Welche Antworten *möchte* sie geben? Von Bedeutung ist vielleicht ferner, dass dieses gesellschaftlich überhaupt nicht zusammenpassende Paar am Ende des Duetts einen fast perfekten musikalischen Gleichklang erreicht, übernimmt Susanna doch die schöne Melodie des Grafen und singt sie mit einiger Leidenschaft. Vielleicht ist die Musik Mozarts, um es pointiert zu sagen, ein Fingerzeig auf einen ziemlich subversiven Gedanken, nämlich den, dass Grenzüberschreitungen in der Oper beängstigend einfach sind, weil die Musik hier als soziale Gleichmacherin wirkt. Susanna offenbart sich im Zuge ihrer musikalischen Metamorphose als eine Frau mit Tiefgang und mit menschlichen Schwächen, die sich aus ihrem Text nicht erschließen.

Diese beiden Duette spinnen Handlungsstränge weiter, die sich am Ende als Nebenhandlungen des jeweils eigentlichen Dramas entpuppen. Unser drittes Beispiel, das Duett «Fra gli amplessi» aus *Così fan tutte*, ist hingegen im Zentralbereich der Oper angesiedelt. Dieses musikalische Zwiegespräch zwischen Ferrando (Tenor) und Fiordiligi (Sopran) ist eines der großartigsten und komplexesten Stücke in *Così fan tutte*, wie wir es bei dieser Schlüsselszene zwischen den Hauptfiguren der Oper auch erwarten dürfen. Fiordiligi ist dem Guglielmo (Bariton) versprochen, so wie ihre Schwester Dorabella (Mezzosopran) dem Ferrando. Don Alfonso (Bass), ein in der Wolle gefärbter Zyniker, im Libretto als «alter Philosoph» eingeführt, schließt mit den beiden Männern eine Wette ab, dass es ihm mühelos gelingen wird, die beiden verlobten Mädchen zur Untreue zu bewegen. Die beiden jungen Männer geben vor, in den Krieg zu ziehen, und kehren dann maskiert und verkleidet zurück, um jeweils um die Gunst der Verlobten des anderen zu buhlen. In einem Fall funktioniert das ohne weiteres: Dorabella gibt sich Guglielmo hin, dafür genügt ein einfaches Rezitativ. Dagegen gestaltet sich die Kapitulation Fiordiligis weitaus schicksalhafter, so wie auch ihre früheren Treuebeteuerungen pompöser waren. Es ist typisch für diese *opera buffa* (Mozarts letzte), dass die Mechanismen, die die Handlung vorantreiben, zwar auf den ersten Blick trivial und vorhersehbar erscheinen, die Unklarheiten jedoch dichter sind denn je. Anders als in *Figaro* und *Don Giovanni* besteht zwischen den beiden Figuren dieses *Così*-Duetts keine gesellschaftliche Kluft, was bedeutet, dass sie sich in einer gemeinsamen (und zugleich komplexen) musikalischen Sprache verständigen können, worin eine für beide gefährliche Versuchung liegt.

Wichtig ist der unmittelbare Hintergrund. Fiordiligi beschleicht das Gefühl, die beiden Freier, die in ihr Haus an der Küste eingedrungen sind, könnten ihr gefährlicher werden, als sie es sich zuerst hatte vorstellen können. (Ihr unmittelbar vorausgegangenes Rezitativ begann mit der Zeile: «Come tutto congiura a sedurre il mio cor» [«Wie alles sich zusammentut, um mein Herz zu verführen»].) Da fasst sie einen jähen Entschluss: Sie wird in die Kleider ihres geliebten Guglielmo schlüpfen und sich zu ihm aufs Schlachtfeld durchschlagen. Sie nimmt ihren Hut ab – als Einstieg in ihre Travestie – und stimmt eine allem Anschein nach heroische Arie an, gespickt mit männlichen Gesten, die ihre Entscheidung untermalen. Kaum hat sie jedoch begonnen, sich für ihr Vorhaben in Stimmung zu bringen, da wird sie auch schon gestört: Ferrando erscheint, nimmt ihre Melodie auf und unterwirft sie rücksichtslos seinem eigenen Plan. Der Schock ist beträchtlich. Abgesehen davon, dass sich Klang und Melodie verändern, hat sich auf einer weit grundlegenderen Ebene ein Verstoß gegen die Erzählregeln der Oper ereignet: Eine Arie ist usurpiert und mir nichts, dir nichts in ein Duett verwandelt worden. Nichts dergleichen ist Zerlina oder Susanna widerfahren, und es verwundert uns nicht, dass jetzt das ganze Stück gleichsam in Fluss gerät, mit schnellen Wechseln der orchestralen Textur und des harmonischen Fortgangs. Doch allmählich gelangt die Arie auf einem kurvenreichen Heimweg zu der Tonart, in der Fiordiligi sie angestimmt hat, und in ebendieser Tonart macht Ferrando ihr seinen abschließenden Antrag. Dieses Larghetto, «Volgi a me» («Wende dich mir zu»), ist, wie angesichts der Rückkehr zur Ursprungstonart zu erwarten, so etwas wie eine überarbeitete Fassung von Fiordiligis Eröffnungssequenz; aber während sie ihrer Melodie eine maskuline Gestik unterlegte, macht er daraus eines der sanftesten und schönsten lyrischen Stücke der gesamten Oper, so unheroisch, wie man es sich nur vorstellen kann. Diese Schönheit überwältigt Fiordiligi, und zu den Klängen eines sich schraubenden Oboensolos kapituliert sie und gibt damit das Signal für eine konventionelle Schlusssequenz, die beide in paralleler Zweistimmigkeit bestreiten. Der Konnex zwischen Handlung und Musik ist bestechend: Fiordiligi hat versucht, sich Ferrando durch den Plan zu entziehen, sich als Mann zu verkleiden und ihrem Gesang eine männliche, heroische Tönung zu verleihen. Dann jedoch hat Ferrando in dem großen Spiel der Verführung obsiegt, indem er ihr Herz mit dem einfachsten aller Mittel gewann, nämlich indem er sich in «Volgi a me» in einen Ausbund lyrischer Sanftheit und Schönheit verwandelte.

Kunstvolle Klettertouren im Gerüst der Tonarten, thematische Metamorphosen, eine ebenso flüssige wie einfallsreiche Orchestrierung – alle diese Details gemahnen uns immer wieder daran, wie sehr die Opern

Mozarts davon profitierten, dass ihr Komponist auch ein Meister im Komponieren von Instrumentalmusik war. Schon vor ihm waren Österreicher und Deutsche berühmt dafür gewesen, ihre instrumentale Expertise in die Kunst der Opernkomposition einzubringen, aber manchmal erwuchsen für sie daraus auch Probleme. Eine der am häufigsten kolportierten Mozart-Anekdoten handelt von einer Äußerung des Kaisers Joseph II., der nach dem Besuch einer Aufführung der *Entführung* gesagt haben soll: «Zu schön für unsere Ohren und gewaltig viel Noten, lieber Herr Mozart.»[13] Die meisten Autoren wollen mit diesem Zitat sich und ihren Lesern ein «Ätsch»-Erlebnis vermitteln, denn tut es nicht gut, sich einem Kaiser kulturell überlegen zu wissen? Die kaiserliche Äußerung erinnert uns vielleicht aber auch daran, dass Mozarts technische Meisterschaft im Komponieren von durch Instrumentalmusik geprägten Opern für die Zeitgenossen schwer verdaulich sein mochte, die mit der einfacheren italienischen Kost groß geworden waren. Das Einzigartige an der von Mozart angerührten Mischung war, dass dabei gewissermaßen ein alchimistischer Prozess stattfand: Das neu erreichte Niveau an musikalischer Komplexität resultierte nicht nur darin, dass alten Formen neue und zahlreichere Nuancen hinzugefügt wurden, sondern verwandelte sie in dynamischere Kunstwerke, mit der Folge, dass die Figuren der Opern komplexer (in einem modernen Sinn) und psychologisch interessanter ausgestaltet werden konnten.

Dieser Fortschritt, dieser reichere Besatz des dramatischen und musikalischen Gewebes, ist ein wichtiger Aspekt dessen, was vielen Opernliebhabern Mozart so maßgeblich erscheinen lässt. Freilich wird in dieser Hinsicht auch überzogen, und dazu neigen insbesondere die Akademiker unter den Mozartianern. Die Konzentration auf diesen Aspekt birgt zum einen die Gefahr, dass das Merkmal der musikalischen Schönheit, das ein konstitutiver Teil der Mozart-Erfahrung ist, aus dem Blickfeld gerät. Was macht diese Schönheit aus, wie kann man sie definieren? Lässt sich Fiordiligi – wie wir oder wie die Männer im Shawshank-Gefängnis – an einem Sommerabend von einer Mozart-Arie verführen? Wenn ja, können wir daraus ein tröstliches Gefühl der Nähe zu diesen seltsamen Opernfiguren ableiten, die zwar so schön singen, sich in ihrem Handeln jedoch nach Regeln richten, die uns fremdartig und schwer verständlich vorkommen. Wir sollten diese vermeintliche Nähe zumindest hinterfragen und uns die komplexen Codes ins Bewusstsein rufen, die hier am Werk sind und die wir aus der Geschichte der *opera buffa* erschließen können, welche den großen Würfen Mozarts vorausging und sie bis zu einem gewissen Grad erst möglich machte. Nicht zu vergessen seine Vorliebe für das Spielen mit bewährten und festgefügten Opernkonventionen! Manchmal sorgen freilich reale Opern-Erlebnisse dafür, dass alle diese Fragen vorübergehend verblassen, jedenfalls so lange, wie wir uns von einem kleinen Lied wie von einem wonnespendenden musikalischen Wind forttragen lassen.

VI.
Singen und sprechen vor 1800

Die Rivalitäten zwischen der italienischen und der französischen Oper – und später zwischen der italienischen und der deutschen – sind uralt, aber die Geschichten, die darüber kursieren, verlieren nie an Unterhaltungswert. Richard Wagner gefiel sich in seiner Abhandlung *Oper und Drama* (1851) darin, sein Missfallen über alle drei nationalen Schulen vorzutragen. Die deutsche Oper nannte er eine «Prüde» ohne viel Sinnlichkeit, die französische eine «Kokette», seelenlos und von «diebischem Egoismus» beseelt, die italienische gar eine «Lustdirne».[1] So nützlich es manchmal sein mag, Unterschiede zwischen diesen drei Traditionen herauszuarbeiten, so wenig dürfen wir vergessen, dass diese sich in jeweils unterschiedlichen Herrschaftsbereichen zu jeweils unterschiedlichen Zeiten bemerkbar machten und dass die ästhetischen Regeln und musikalischen Kunstgriffe, die zwischen den drei führenden Operntraditionen ausgetauscht wurden, oft zur Einebnung dieser Differenzen beitrugen. Im 18. Jahrhundert schrieben Komponisten aus den deutschen Fürstentümern und dem Heiligen Römischen Reich italienische und französische Opern; die Laufbahn Glucks ist ein gutes Beispiel dafür. Italienische Komponisten verdienten ihren Lebensunterhalt häufig im Ausland. 1776 ging Giovanni Paisiello aus Neapel nach Russland, um am Hof Katharinas II. als *maestro di cappella* zu arbeiten und für die von der Zarin finanzierte italienische Compagnie in Sankt Petersburg Opern zu schreiben. Französische Komponisten und Literaten (allen voran der berühmte Jean-Jacques Rousseau) schlugen sich oft auf die Seite der italienischen Oper. Alle drei nationalen Stile vermengten sich und beeinflussten einander ständig, ebenso wie mit Darstellern und Komponisten und Noten beladene Kutschen ständig in ganz Europa unterwegs waren.

Mozart bietet dafür das berühmteste Beispiel. Seit seiner frühen Kindheit unternahm er, als Wunderkind herumgereicht und bestaunt, häufig Reisen nach Italien, Frankreich, England und in die kleineren deutschen Fürstentümer. Eines der Gesellschaftsspiele, die der neunjährige Mozart veranstaltete, ging so, dass jemand aus dem Publikum ihm einen Ausdruck für einen operntypischen Gemütszustand zurief und er aus dem Stand daraus ein italienisches Rezitativ und eine Arie improvisierte. Dass er solche Dinge aus dem Ärmel schütteln konnte, mag uns verblüffen (wie es seine Zuhörer im 18. Jahrhundert verblüffte), aber es besteht wohl kein Zweifel daran, dass er vorher die dafür notwendige Ausbildung erhalten hatte. Überall, wo er hinkam, hörte er Opern in italienischer oder deutscher oder französischer Sprache. In Paris verschaffte er sich einen Überblick über das Repertoire der *tragédie lyrique* an der Oper (die sein Vater Leopold nicht mochte) und beschäftigte sich auch mit der weniger asketischen *opéra comique.* Später konnte er in Wien sowohl Exemplare der *opera seria* als auch solche der *opera buffa* hören, manchmal im selben Theater. Er war aber keineswegs ein Ausnahmefall, was diese Internationalität betraf. Auch noch später, im Europa des aufkeimenden Nationalismus und der entstehenden Nationalstaaten des 19. Jahrhunderts, waren zwei- oder dreisprachige Opernkomponisten nichts Ungewöhnliches. Fast jeder Opernkomponist des 19. Jahrhunderts, Wagner eingeschlossen, hatte den Ehrgeiz, für die Pariser Opéra ein Werk auf Französisch zu schreiben. Wer sollte auch diesen «Nobelpreis der Opernwelt» verschmähen? Verfügte die Pariser Opéra doch über die besten Sänger und Orchestermusiker der Welt und über ein Budget für Bühnenbild und Kostüme, das selbst mit den kühnsten Fantasien Richard Wagners mithalten konnte.

Ein wichtiger Unterschied bestand jedoch zwischen der französischen und deutschen komischen Oper (in ihren im 18. Jahrhundert vorherrschenden Spielarten) und der italienischen *opera buffa* (jedenfalls in ihren späteren, höher entwickelten Formen), und der betraf das Aufkommen gesprochener Dialoge. In Frankreich entwickelte sich die *opéra comique* im Verlauf der ersten Jahrhunderthälfte. Ihre wichtigsten Vorläufer waren Komödien, die oft auf provisorischen, anlässlich von Jahrmärkten errichteten Bühnen gespielt wurden und in die man populäre Lieder einbaute. Schritt für Schritt vollzogen diese Unterhaltungsstücke den Übergang vom «Sprechtheater mit Liedern» zur «Oper mit gesprochenen Dialogen», wobei dem neuen Genre diverse Etiketten angeheftet wurden; das gängigste war «comédie mêlée d'ariettes» – etwas, das den Regeln des Sprechtheaters (in diesem Fall der Komödie) folgte, aber regelmäßige musikalische Einlagen aufwies und in zunehmendem Maß auf Musikstücke setzte, die anspruchsvoller waren als die «kleinen Arien», die uns die Genrebezeichnung verheißt. Nach 1750 erlangte diese neue Spielart der Oper enorme Popularität und umfasste, wie die *opera buffa*, eine breitere Palette von Sujets, vorzugsweise allerdings sentimentale und märchenhafte Geschichten. So wurde sie das Genre erster Wahl vor allem für französische Komponisten, die eine Vorliebe für die einfacheren Themen und die in Perioden gegliederten Melodien der italienischen Oper pflegten.

Die französische komische Oper galt, kurz gesagt, allgemein als Gegenpol oder Alternative zur *tragédie lyrique*. Die deutsche Oper wiederum besaß praktisch keine nennenswerte Tradition; sie verharrte sehr früh bei komödiantischen Stoffen und blieb über weite Strecken des 18. Jahrhunderts überwiegend komisch bis hin zur Farce. Sie lief zumeist unter der Bezeichnung «Singspiel». Wenn wir heute von einem Singspiel reden, meinen wir im Allgemeinen eine komische Oper mit gesprochenen Dialogen. Das Wort ist seit dem 17. Jahrhundert zur Bezeichnung aller möglichen Formen des Musiktheaters verwendet worden, auch noch für deutschsprachige Versionen italienischer oder französischer Opern oder für deutsche Theaterstücke mit nach Gutdünken eingestreuten Musikeinlagen. Deutsche Enzyklopädisten konnten sich an der Definition dieses Begriffs und an seinen Schattierungen nach Herzenslust austoben. Wie so oft erscheint Mozart auch in diesem Fall als Dreh- und Angelpunkt, insbesondere seine letzte Oper, *Die Zauberflöte* (1791), die bis heute als Singspiel bezeichnet wird. Dieses janusköpfige Werk, das seine Karriere als Ableger einer eher bescheidenen Kulturtradition begann, sollte einen entscheidenden Beitrag dazu leisten, die deutsche komische Oper in die höherrangige und anspruchsvollere romantische Oper des 19. Jahrhunderts zu überführen. Dank des zunehmenden Ruhms ihres Schöpfers als Komponist von Instrumentalmusik wurde die *Zauberflöte* ungeachtet ihrer unscheinbaren Herkunft zu jenem Zugpferd, das die (im 18. Jahrhundert noch regelmäßig gescheiterten) Bestrebungen, in Deutschland eine Tradition der ernsten Oper zu begründen, schließlich zum Erfolg führte.

Die deutsche komische Oper des 18. Jahrhunderts als ein Genre von bloß lokaler Bedeutung zu betrachten, ein den unteren Schubladen der deutschen Fürstenhöfe oder des öffentlichen Theaterbetriebs zuzuordnendes Idiom, wäre allerdings schon deshalb falsch, weil man damit ihre Verwandtschaft mit der französischen *opéra comique* außer Acht ließe. Kreuzungen zwischen beiden waren gang und gäbe, gefördert durch den offensichtlichen Umstand, dass gesprochene Dialoge sich erheblich leichter übersetzen lassen als Rezitative oder Arien. Einige schöne (zu wenig bekannte) Beispiele stammen aus der Feder von Georg Benda (1722–1795), der 1750 zum Kapellmeister am Hof Friedrichs III. von Sachsen-Gotha berufen wurde und mit kunstvoll ausgearbeiteten, von italienischen und französischen Vorbildern beeinflussten Singspielen wie *Romeo und Julie* (nach Shakespeare, 1776) experimentierte. Die Vorstellung, es habe streng getrennte nationale Schulen gegeben, lässt übrigens außer Acht, dass sich beim Singspiel und bei der *opéra comique* ein analoges «Schisma» abspielt, ein unvermittelter Übergang vom gesprochenen Dialog zur Gesangsnummer. Zu diesem kommt es immer dann, wenn die Rede – die «Normalsprache», wie sie im Sprechtheater gebraucht wurde – der Musik Platz machte; es ist der Moment, in dem die dramatischen Personen ihre Gedanken nicht mehr aussprechen, sondern beginnen, sie gesanglich zu artikulieren. Dieser Moment markiert ein die Hörgewohnheiten und die Ästhetik betreffendes Schockerlebnis, das immer und immer wieder auftritt, bei jeder Aufführung einer Oper (gleich welcher Spielart), bei der sich gesprochene Dialoge mit Gesang abwechseln – wie später bei der Operette und noch später beim Musical. Gewiss war die Schockwirkung nicht in allen Genres gleich. In einigen frühen Fällen zum Beispiel wurde der Text in einer stark stilisierten Sprechweise dargeboten und die Lieder vielleicht relativ naturalistisch gesungen, was den Kontrast zwischen beiden abmilderte. Doch das Hin und Her zwischen Rede und Gesang blieb dennoch ein Zankapfel in den theoretischen Schriften über die Oper, in besonders ausgeprägter Weise gegen Ende des 18. Jahrhunderts. Christoph Martin Wieland sprach sich in seinem 1775 veröffentlichten *Versuch über das Deutsche Singspiel* für die Abschaffung gesprochener Dialoge aus. Eine durchgängige Umsetzung in Musik und Gesang war in seinen Augen die eindeutig bessere Lösung. Die französische Kritikerzunft war in dieser Frage gespalten: Viele, die sich im frühen 19. Jahrhundert zu dem Thema äußerten, fanden den Schock unerträglich. E. T. A. Hoffmann schrieb 1816: «Die durch Gespräch zerrissene Oper ist überhaupt wohl ein Unding, das wir nur aus Gewohnheit dulden.»[2]

Aus diesem Grund erscheint es geboten, über die «Dialogoper» als ein breit gefächertes und ungebärdiges Genre zu sprechen und dabei den fließenden Austausch zwischen den französischen und deutschen Erscheinungsformen nicht aus den Augen zu verlieren, der bis ins 19. Jahrhundert hinein anhielt. Schon etwas früher begann in der Oper mit gesprochenen Dialogen das komische Element zu verblassen oder sich zu wandeln (zumindest in einigen Spielarten): Libretti, die gesprochene Dialoge enthielten, wurden sentimentaler oder ernster. (*Romeo und Julie* ist dafür ein gutes Beispiel.) Beethovens majestätisches Opern-Experiment, der *Fidelio* (dessen erste Fassung 1805 uraufgeführt wurde) zeichnet sich durch untadelig hohe, wenn auch notorisch simplifizierende philosophische Aspirationen und viel ekstatische Musik aus; er ist übervoll von vielen ernsten Bekundungen zu den Themen eheliche Liebe und politische Freiheit, aber es kommen darin auch Sprechdialoge vor. Luigi Cherubini (1760 bis 1842), eines der großen Vorbilder Beethovens, hatte in den 1790er Jahren bereits ähnliche Neuerungen ausprobiert: Seine *Elisa, ou Le Voyage aux glaciers du Mont St-Bernard* («Elisa oder die Reise zu den Gletschern des Großen Sankt-Bernhard», Paris 1794) präsentiert schwer geprüfte Liebende, von denen einer von einer Lawine fortgerissen wird, aber wie durch ein Wunder überlebt und den glücklichen Ausgang der Geschichte feiern kann. 1875 schrieb Georges Bizet eine Oper, die tragisch endet – mit einem vor den Augen der Zuschauer begangenen Mord. Gewiss gibt es in *Carmen* auch komische, ja sogar absurde Momente, aber Bizet nannte sie eine *opéra comique*, weil sie neben gesungenen auch gesprochene Passagen enthält.

Ein Schock für die Hörgewohnheiten

Bei Operetten, Musicals und deren nach Beginn der Tonfilmära in Hollywood gezeugten Abkömmlingen galt es, eine Balance zwischen gesprochenen Dialogen und Gesang zu finden. Man bewerkstelligte das häufig mit dem altbewährten Dreh, Musikeinlagen in die Handlung einzubauen. Da wird dann getanzt und gesungen, weil das Drehbuch eine Tanzparty in der Scheune oder einen Vorsingtermin für eine Rolle in einem Musical vorsieht oder weil in einer Szene ein Hotelorchester im Hintergrund spielt und der Bandleader die Akteure zum Mitsingen auffordert. Musical-Historiker haben darauf hingewiesen, dass der Moment des Übergangs vom gesprochenen Dialog zum Gesang schon lange als heikel gilt, als eine Nahtstelle, die schon mal das Publikum verstören kann. Alle möglichen Kunstgriffe wurden ersonnen, um diesen Übergang zu glätten, bis hin zu dem verzweifelten Versuch, den Übergang übergangslos zu bewerkstelligen, indem die Musik noch während des gesprochenen Dialogs einsetzt und der Sprechtext sich in den Rhythmus und die Melodie des Liedes hineintastet. Filmkritiker sprechen mit Blick auf diesen Übergang tatsächlich zuweilen von einer «Naht» – gut ausgeführt, kann diese den Übergang zwanglos und natürlich erscheinen lassen. Der Musikfilm übernahm diese (mehr oder weniger nahtlosen) Übergänge zumeist von der Oper. Da der Film immer seinem vergleichsweise hohen Realismusanspruch Tribut zollen muss, während dies bei der Oper ganz und gar nicht so ist, hatten Opernkomponisten von jeher weniger Skrupel und mehr Mut, die Musik einfach einsetzen zu lassen, ohne jede Erklärung oder Ankündigung.

Ein berühmt-berüchtigtes Beispiel mag uns den Weg weisen. In Mozarts *Die Entführung aus dem Serail* (1782) ist die Rolle der exaltierteren Figur nicht mit einem Sänger, sondern mit einem Schauspieler besetzt: die des Bassa (Pascha) Selim, eines aufgeklärten Despoten (dem das Despotische allerdings näherliegt als das Aufgeklärte, bis er am Ende umschwenkt). Er singt keinen einzigen Ton. Dieser durchgehend sprechende Pascha verfügt zum guten Schluss die Freilassung der Hauptfigur Konstanze (Sopran), die seine Gefangene (und lange auch das Objekt seiner Begierde) war, und erklärt ihrem kämpferischen Verlobten Belmonte (Tenor) seinen Großmut damit, dass er die Barbarei des Abendlandes viel zu sehr verachtet, um sie je imitieren zu wollen. An einem der kritischen Wendepunkte der Handlung im zweiten Akt zeigt Bassa sich jedoch deutlich weniger versöhnlich. Entnervt davon, dass Konstanze alle seine Annäherungsversuche zurückweist, droht er, seine Taktik zu ändern und ganz neue Saiten aufzuziehen: Er will sein Ziel erreichen, nicht indem er sie umbringt, sondern durch «Martern aller Arten». Der Schauspieler kann die letzten Worte zischen oder laut herausschreien, flüstern oder krächzen; manche haben es, vielleicht weil sie sich für größere Rollen empfehlen wollten, mit einer Kombination aus allen vieren versucht. Doch unabhängig davon, wie diese Bassas agieren, fährt das Orchester mit Holzbläsern und Pauken dazwischen – und mit einem aus sechs Noten bestehenden Thema, das diesen Halbsatz instrumental spiegelt: «Mar-tern al-ler Ar-ten». So weit, so gut: Die Drohungen, die schockierenden Worte sind in den Schock eines wie ein Blitz aus heiterem Himmel losschmetternden Orchesters transformiert worden: Die instrumentale Einleitung zu Konstanzes Arie, in der sie stolz der Drohung Bassas trotzen wird, rollt heran.

Diese Introduktion zieht sich fast endlos hin, mit deftigen und verwickelten Beiträgen von nicht weniger als vier Orchestersolisten: Flöte, Oboe, Geige und Cello. Wir bekommen praktisch eine ganze «Strophe» der Arie (60 Takte) zu hören, bevor Konstanze zu singen beginnt. Wir können davon ausgehen, dass Mozart diese lange, an ein Concerto erinnernde Einleitung für dramaturgisch sinnvoll hielt als Ausdruck der

Würde und der gesellschaftlichen Position der Protagonistin, und mit dem er zugleich ein Ausrufezeichen setzte, das ihrer Entschlossenheit, ihre Keuschheit zu wahren, Nachdruck und Gewicht verleihen sollte. Doch diese potentielle Bedeutung der Introduktion wird in der heutigen Zeit von der Frage überlagert, was die auf der Bühne Versammelten während dieser 60 Takte tun sollen. Meist kann man den Stil des Regisseurs einer modernen *Entführung*-Produktion einordnen, indem man bei dieser Szene aufpasst. Vor kurzem schrieb ein Rezensent, die Sequenz vor «Martern aller Arten» sei «der Show-Stopper» gewesen, was in diesem Fall wohl doppeldeutig gemeint war. Wenn die Instrumentalsolisten und die Sopranistin ihre Sache gut machen, wird ein Sonderapplaus nach der Arie «die Show stoppen», denn es ist eine der schwierigsten überhaupt.[3] «Martern aller Arten» ist aber auch im ganz wörtlichen Sinn ein «Show-Stopper»: Auf der Bühne passiert nämlich für eine beunruhigend lange Zeit überhaupt nichts. Heutige Regisseure haben für solche instrumentalen Ausschweifungen nicht viel übrig. Sie werden nervös; schlimmer noch, sie fühlen sich überflüssig. Oftmals bekommt das der Arie nicht gut. In einer Produktion des englischen Royal Opera House vor einiger Zeit[4] nutzte Konstanze die Orchestereinleitung für ein Ringen mit sich selbst, was ihr Verhältnis zu dem grausamen Bassa und seinen Versprechungen betraf. Sein anfänglicher Versuch, sie zu umarmen, blieb als Geste bedeutungsvoll im Raum stehen; als Flöte, Oboe, Geige und Cello mit ihrer solistischen Arbeit fertig waren, kniete Konstanze vor Bassa, eine Wange ergeben an seinen zweifellos bebenden Schenkel gepresst. Dann sang sie die Arie. Dann ging die Handlung weiter.

«Martern aller Arten» illustriert – abgesehen davon, dass sie Opernregisseure vor das beschriebene Dilemma stellt – das problematische Verhältnis von Sprache und Musik im Singspiel und in der *opéra comique*. Wozu ist die Musik da? Welche Grenze haben wir überschritten, wenn wir aus der Sphäre der Sprache in die der Musik übergewechselt sind? Wofür steht die Musik? Die Oper als dramatisches Theater wirft diese Frage – die Gretchenfrage der Oper nach ihrer Realitätsnähe und ihren Realitätsebenen – immer wieder auf, Fragen nach Sinn und Notwendigkeit der Musik, die spätestens seit Mitte des 17. Jahrhunderts im Zentrum der theoretischen und dramaturgischen Überlegungen und Diskussionen gestanden haben. Die ersten französischen *opéras comiques*, die Ballettkomödien von Lully und Molière in den 1670er Jahren, ließen Musik meist nur dort zu, wo sie eine plausible Rolle spielte: an Stellen der Handlung, an denen einer der Akteure sich ein Lied oder einen Tanz wünschte. In dem

Maß jedoch, wie das Publikum sich an das Genre gewöhnte, wurde diese einschränkende Bedingung sowohl bei Singspielen als auch bei *opéras comiques* zwangsläufig in Frage gestellt. Das unvermittelte Anstimmen eines Gesangs konnte als Parodie auf erlauchtere Genres wie die *tragédie lyrique* oder die *opera seria* verstanden werden (und wurde es auch) – eine naheliegende Deutung, solange die *opéra comique* als eine Art Anti-Oper galt. Das prinzipielle Unbehagen blieb bestehen, aber es stand auf verlorenem Posten.

Johann Wolfgang von Goethe (1749–1832) schrieb etliche Libretti für Singspiele und schlug sich immer wieder mit der ihn vor Rätsel stellenden Frage nach guten Gründen herum, wann, wo und weshalb Musik hinzukommen sollte. In einem Brief an den Komponisten Philipp Christoph Kayser, den er 1779 während der Arbeit am Libretto für *Jery und Bätely* (das Kayser vertonen wollte) schrieb, machte Goethe seinen quälenden Zweifeln an der Sinnhaftigkeit von Musik auf der Theaterbühne Luft. Musikstücke als Teil der Handlung – «von denen man supponieret, dass der Singende sie irgendwo auswendig gelernt und sie nun in ein oder der anderen Situation anbringt» – seien unproblematisch, aber für Musik in der Art der Oper, etwa Arien, die Leidenschaften artikulieren, oder «rhythmische Dialoge» des Ensembles müsse es eine dramaturgische Daseinsberechtigung geben. In einer Arie fließe die Musik aus dem Herzen des Sängers und bringe so etwas zum Ausdruck, das Worte nicht ausdrücken können. Nach Ansicht Goethes gab es Dialogszenen, die Musik brauchten, um Tempo und Rhythmus zu bekommen; er verglich sie mit einem «goldenen Ring, auf dem die Lieder und Arien wie Edelsteine sitzen».[5] Was Goethe vorschwebte, war offenbar eine gezähmte Musik mit der Funktion, Sprache zu beschleunigen oder zu verlangsamen; damit war er nicht mehr weit weg vom guten alten italienischen Rezitativ.

Die Debatte über dramaturgische Rechtfertigungen für Musik im Singspiel und über die Frage, wie die Musik nach Maßgabe ihrer Daseinsgründe klassifiziert werden müsse, animierte etliche deutsche Literaten des 18. Jahrhunderts zu gedanklichen Experimenten. Allerdings fand die Debatte ab etwa 1780 nur noch *in abstracto* statt, weil das Singspiel in der täglichen Praxis seine eigenen Entwicklungswege einschlug, und dabei bewegte es sich auf italienische Vorbilder zu. Die theoretische Debatte spielte sich überwiegend im nördlichen und mittleren Deutschland ab. Das Singspiel Wiener Provenienz, wie Mozart es vorfand und weiterführte, gedieh in einem Milieu, das, nach seiner Korrespondenz zu urteilen, eher weniger an dem Zwang zu intellektueller Rechtfertigung krankte. Mozart schrieb, während er an der *Entführung* arbeitete, viele ausführliche Briefe, doch findet sich in keinem von ihnen der leiseste Hinweis darauf, dass er sich mit den Fragen abgequält hätte, die Goethe und anderen streitbaren Singspiel-Theoretikern unter den Nägeln brannten. Und wie um seine Unbekümmertheit zu demonstrieren, streute er überall «unmotivierte» Musik ein – sogar in seine allererste deutschsprachige Oper *Bastien und Bastienne* (die er 1768 als Zwölfjähriger schrieb). Opern in der Art der italienischen *opera seria* mit ihren endlosen Kaskaden plausibilitätsverachtender Musik hatten sich in den deutschsprachigen Ländern seit Beginn des 18. Jahrhunderts verbreitet. Trotzdem blieb das Ideal des «realen», dramaturgisch begründeten Gesangs ein Wesensmerkmal des Singspiels und der *opéra comique*, an dem eigensinnig festgehalten wurde, und es diente auch als Matrize für eine bestimmte Form der Arie, nämlich der aus einfachen volkstümlichen Vorbildern schöpfenden strophischen Arie. Deren Gegenstück im Bereich des Ensemblegesangs war etwas, das man als Jahrmarkts- oder Varietémusik bezeichnen könnte, Nummern, bei denen jede Figur einen einfachen Vers singt, an den sich ein von allen im Chor gesungener Refrain anschließt. (Ein schönes Beispiel hierfür findet sich am Ende der *Entführung*.)

Die zweite Szene im ersten Akt der *Entführung* verschmilzt die drei Facetten der Oper mit gesprochenen Dialogen – operntypische Musik, aus der Handlung entspringende Gesänge und gesprochenen Text – zu einem einzigen üppigen Ganzen. Der Haremswächter Osmin (Bass) kommt an die Brüstung der Serailmauer und besingt in einem Strophenlied die Schwächen der Frauen und die sich daraus ergebende Notwendigkeit, sie vor liebeshungrigen jungen Männern zu schützen. Belmonte, der am Fuß der Mauer lungert, ruft in den Pausen zwischen den Strophen gesprochene Fragen hinauf, die Osmin ignoriert. Schließlich gewinnt Belmonte die Aufmerksamkeit Osmins, indem er ihm die Melodie stiehlt und sie ihm zurückwirft: «Verwünscht seist du und dein Lied!» In diesem Moment ist es mit dem Realismus des Gesangs vorbei: Die beiden Figuren singen einander weitere Beschimpfungen zu, und plötzlich befinden wir uns in einer Oper im modernen Sinn – in einem Duett, das mit einem zweistimmigen Passus der beiden männlichen Figuren endet. Die Brillanz und gleichzeitig die Subtilität, mit der der Übergang von einer Facette zur anderen nahtlos bewerkstelligt wird, demonstriert einerseits, wie wirkmächtig die Kluft zwischen ihnen nach wie vor war, und andererseits, wie gründlich der Librettist und der Komponist über ihre möglichst elegante Überbrückung nachgedacht hatten.

Dieses Beispiel zeigt uns darüber hinaus, wie das Problem des Schocks für die Hörgewohnheiten sogar die Handlungen im deutschen Singspiel beeinflusst hat. Die meisten Arbeiten zu diesem Thema aus den späteren Jahrzehnten des 18. Jahrhunderts heben die literarischen Unterschiede zwischen Singspiel und *opera buffa* hervor, insbesondere die Vorliebe des Singspiels für orientalische oder andere exotische Figuren und ihr Verhalten gegenüber Europäern oder seine aus Märchen und Volkssagen schöpfende Handlungen. Die *opéra comique* überschnitt sich, was diese Präferenzen anging, bis zu einem gewissen Grad mit dem Singspiel (wenn wir zum Beispiel an André Ernest Modeste Grétrys Märchenoper *Zémire et Azor* von 1771 denken), schloss aber auch gerne sentimentale Fabeln mit ein (wie bei Pierre-Alexandre Monsignys *Le Roi et le fermier* [«Der König und der Landwirt», 1762] mit einem Monarchen in der obligatorischen Rolle des aufgeklärten Despoten). Eine Eigentümlichkeit des Singspiels bestand darin, dass Geschichten über zauberkräftige oder groteske Musikinstrumente fast der Normalfall waren, zumindest in manchen Städten, beispielsweise im Wien Mozarts. *Die Zauberflöte* war in ihren Anfangsjahren nur eines aus einer langen und traditionsreichen Reihe solcher Werke – man denke etwa an *Die Liebe im Narrenhause* (1787) von Karl Ditters von Dittersdorf, wo ein Irrer, der sich für Orpheus erhält, mit einer Geige herumläuft und auf ihr zauberkräftige Musik spielt.

Solche Libretti lieferten zahlreiche Gelegenheiten für dramaturgisch motivierte Musik auf der Bühne. Exotische Figuren spielen normalerweise exotische Musikinstrumente, und die ungewöhnlichen Töne, die sie auf ihnen erzeugen, können zu ihren Markenzeichen werden. Besonderer Beliebtheit erfreuten sich «türkische» Instrumente wie Piccolo, Triangel, Becken und Basstrommeln. Bäuerliche Figuren setzte man weiterhin gern ein, wenn es darum ging, Figuren aufzubieten, die Musik im Blut haben und bei jeder Gelegenheit ein Lied anstimmen. Schließlich konnte man mit «Zauberinstrumenten» die musikalischen Lücken, die sich während gesprochener Dialogpassagen auftaten, schließen oder gesprochenen Text mit ihnen garnieren. In der *Zauberflöte* hören wir gerade in besonders feierlichen Momenten der Zwiesprache rätselhafte Fanfarenstöße aus der Kulisse, und mehrere Male wird der Protagonist Tamino aufgefordert, auf seiner Flöte zu spielen.

Komische Stimmen

Wie gesehen, entwickelte sich die *opéra comique* im 18. Jahrhundert als ein Pendant – ein vielfach ganz offen ironisch angelegtes Pendant – zur «ernsten Oper». Sie war eine kostengünstigere und einfachere Variante, die sich mit geringerem Aufwand auf die Bühne bringen ließ. Singspiele wurden, insbesondere in den norddeutschen Ländern, häufig von Schauspielern, die zugleich Impresarios waren, veranstaltet. In Paris war das schauspielerische Talent der Sänger genauso wichtig wie ihr Gesangstalent. Und man verzichtete auf Kastraten, ebenso wie die italienische *opera buffa*. Aufgrund ihrer langjährigen Ausbildung waren Kastraten einfach zu teuer für das Komödienfach, ganz abgesehen davon, dass sie als Galionsfiguren der *opera seria* und der für sie konstitutiven Künstlichkeit galten. Die Palette der Stimmlagen, die wir heute der Oper zuordnen – Sopran und Tenor für die Hauptfiguren, die tieferen Stimmlagen für die nachgeordneten Figuren –, entwickelte sich in der dialogischen Oper Frankreichs und Deutschlands und stellte, als Mozart die *Entführung* komponierte, bereits den Normalfall dar. Osmin hat als komische Figur eine tiefe Bassstimme, die mit dem hohen Sopran von Blonde kontrastiert, dem englischen Dienstmädchen, das seine Bekundungen der Zuneigung brüsk zurückweist. Die Sänger und Sängerinnen, die die Premiere bestritten, waren freilich alles andere als schlichte Naturtalente. Blonde klettert in ihrer Arie zum hohen E hinauf, und die Partie der Konstanze erfordert, wie wir gesehen haben, ebenso viel Können und Anstrengungen wie jede Sopranrolle in einer *opera seria*.

Die *Entführung* war ein Auftragswerk, bestellt von Kaiser Joseph II., der 1778 das «Deutsche National-Singspiel» ins Leben gerufen hatte, um die Komposition neuer deutschsprachiger Opern anzukurbeln. Die Einrichtung tat sich allerdings schwer, einen ausreichenden Fundus an Stücken zusammenzutragen, und gab 1783 mehr oder weniger den Geist auf (und ihre Aufgabe an eine Opera-buffa-Compagnie ab). Die Sänger und Sängerinnen, mit denen Mozart arbeitete, waren daher Hofschauspieler, die das italienische Repertoire von der Pike auf gelernt hatten. Eine von ihnen war Catarina Cavalieri, für die Mozart die Figur der Konstanze schrieb. Während der Arbeit an der Oper ließ er seinen Vater wissen, er habe einige seiner Ideen für die erste Arie – «Ach, ich liebte» – «der geläufigen Gurgel der Mademoiselle Cavalieri aufgeopfert» – ob das als Kompliment gemeint war, wissen wir nicht.[6] Sicher hingegen ist, dass die Verfügbarkeit von Sängern und Sängerinnen ersten Ranges tief greifende Auswirkungen auf die Musik der *Entführung* zeitigte, die, wie auch in allen späteren Opern Mozarts, nicht an einen bestimmten Typus der Oper gebunden ist, sondern eine verwirrende Mixtur darstellt. Da sind die langen, kunstvoll ausgearbeiteten Ensemblenummern der *opera buffa*, die sich lang hinziehenden Arien der *opera seria*, die einfacheren volksliedhaften Trällerliedchen oder auch so herrlicher orientalisierender Nonsens wie das «Vivat Bacchus», ein Sauflied mit Orchesterbegleitung in Janitscharen-Besetzung. Wir finden hier auch Arien mit ernstem Tenor, die sich aber selten durch jene geschliffene Virtuosität und Durchtriebenheit auszeichnen, die den Figuren der *opera seria* eigen ist; sie bescheren uns Momente einer emotionalen Offenbarung, an die ein Gluck selbst in seinen leidenschaftlicheren Szenen nicht heranreicht.

Konstanzes zweite Arie, «Traurigkeit ward mir zum Lose», ein von Pathos triefender Vortrag in Moll mit einer durch Bassetthörner (einer Klarinettenart mit tiefer Tonlage) verdüsterten Orchesterbegleitung, ist ein wunderbares Beispiel für den letztgenannten Typus. Sie spielt mit dem bei Librettisten so beliebten Topos des Windes, der die Seufzer der Liebenden davonträgt, und vollzieht dabei im zweiten Vers eine Umkehrung:

Selbst der Luft darf ich nicht sagen
Meiner Seele bittern Schmerz:
Denn unwillig, ihn zu tragen,
Haucht sie alle meine Klagen
Wieder in mein armes Herz.[7]

Es geht hier um die Unfähigkeit zu sprechen: um eine Frau, die fürchtet, dass wenn sie sich dem Wind anvertraute, dieser ihre Worte zusammen mit ihrem Schmerz geradewegs wieder in die Brust zurückpressen würde. Der musikalische Aufbau der Arie weist seltsame Gesangspausen auf, die wie Signale der Stummheit anmuten und auf die jedes Mal ein einzelner, tiefer Holzbläser-Tonstoß folgt, gewissermaßen ein Windstoß, der die Stimme dorthin zurückschickt, wo sie herkommt. Konstanzes herzzerreißendster Vers folgt auf diese tonalen Breitseiten und untermalt die Zeile, die ihre Stummheit beschreibt, ihre Angst davor, dass der Wind alle ihre Klagen in ihr «armes Herz» zurückscheuchen wird.

Wir haben den hohen Stellenwert der verschiedenen Stimmlagen für die Oper mit gesprochenen Dialogen nicht zuletzt deswegen hervorgehoben, weil Mozart in seinen zwei großen Singspielen – *Die Entführung aus dem Serail* und *Die Zauberflöte* – mit einem ausgefeilten akustischen

Symbolismus im Hinblick auf die Skala natürlicher Stimmlagen arbeitet. Das gilt besonders für die *Zauberflöte*, deren Libretto festgefügte Vorstellungen von gut und böse, Licht und Dunkelheit, Tag und Nacht zum Ausdruck bringt und deren Figuren Mozart in der Rangfolge ihrer Stimmlagen anordnet – mit Ausnahme des im Mittelpunkt stehenden Liebespaars Tamino und Pamina. Die Königin der Nacht wird uns als freundliche Monarchin voller Gram vorgestellt, deren Tochter Pamina von einem bösen Magier namens Sarastro entführt worden ist. Tamino, ein abenteuerlustiger Prinz, wird von der Königin und ihren drei «Damen» losgeschickt, um Pamina zu retten. Ihn begleitet Papageno, ein Zwitterwesen aus Vogel und Mensch, Natur und Zauberei – zwar mit kleinem Verstand, aber großem Appetit. Schon mitten im ersten Akt erkennt Tamino, dass er getäuscht worden ist: Sarastro ist in Wirklichkeit der gutherzige Herrscher des Tempels der Weisheit und hat Pamina lediglich vor der Königin in Sicherheit gebracht, die dem Tempel den Garaus machen will. Eine Nebenfigur, der Mohr Monostatos, läuft von Sarastro zur Königin über, und diese verspricht ihm Pamina als Belohnung für seinen Verrat. Am Ende siegt das Gute: Die Liebenden finden wieder zueinander, und die Königin, ihre Damen und Monostatos werden in die Unterwelt verbannt. In der Mozart'schen Palette für die Oper werden hohe Stimmen zum Sinnbild für Dekadenz und Zorn. Die Damen der Königin, die in der ersten Szene, in der sie Tamino für die Königin und ihre Pläne anwerben, als Sirenen posieren, hören wir im zweiten Akt nur noch schnappen und heulen. Monostatos singt mit einer hohen, bebenden Tenorstimme, womöglich eine (nicht sehr schmeichelhafte) Parodie auf einen Kastraten, der seine beste Zeit hinter sich hat. Die Königin der Nacht macht Furore, indem sie die höchsten Töne der Opernliteratur singt: In ihren beiden virtuosen Arien streckt sie sich bis zum F über dem hohen C. Sarastro ist ihr Widerpart, ein tiefer, beruhigender Bass.

Was bedeutet angesichts dieses kleinen Heers von Theater-Exzentrikern eine einfache, untrainierte Stimme mit einem normalen menschlichen Stimmumfang noch? Die Rolle des Papageno wurde für den Librettisten Mozarts, Emmanuel Schikaneder, geschrieben, einen Schauspieler und Impresario, wie es sie in der Opernszene des 18. Jahrhunderts zuhauf gab; ihm war, wie den Schauspielern in der *opéra comique*, sein gesprochener Text wichtig, und sein Gesang (er hatte eine Baritonstimme) bewegte sich eindeutig auf einem sub-virtuosen Niveau. Doch diese Schlichtheit, die natürlich immer eine kunstvolle war, rührte nicht einfach nur aus wirtschaftlichen Zwängen oder aus Vorlieben des Publikums her – und war auch nicht mehr nur ein Überbleibsel der Herkunft des Singspiels aus improvisierten bäuerlichen Komödien. Die Schlichtheit war vielmehr zu einer weiteren Theaterkonvention geworden, die man dramaturgischen Zwecken unterwerfen konnte.

Bühnenlieder

Spätestens gegen Ende des 18. Jahrhunderts hatten sich Konventionen für das, was wir weiter oben als «Bühnenlieder» in der *opéra comique* und im Singspiel bezeichnet haben, etabliert. Bühnenlieder sind solche, die im gesprochenen Text angekündigt werden oder sich aus der Handlung ergeben; oft dient dabei ein Musikinstrument als Requisit, und stets haben die Lieder eine Strophenstruktur. Jede Strophe wird zur selben (oder fast zur selben) Musik gesungen – im einfachsten Fall kann der Text mehrerer Verse unter die Noten eines Verses gesetzt werden, wie es in Gesangbüchern und Volksliederbüchern üblich ist. Gerade weil die Idee als solche so simpel ist, bergen diese Lieder ein bedeutsames Entfaltungspotential – sie können so ausgestaltet werden, dass sie über sich selbst hinausweisen. Ein berühmtes Beispiel für diesen Effekt ist das Liebeslied «Une fièvre brûlante» («Ein brennendes Fieber») aus Grétrys Oper *Richard Cœur-de-Lion* (1784). Im zweiten Akt wandert der Troubadour Blondel (Bariton) zu jener Burg, in der Richard Löwenherz (Tenor) gefangen gehalten wird. Sich selbst auf der Geige begleitend, singt Blondel ein Lied, das Richard vor langer Zeit für seine Geliebte Marguerite gedichtet hat. Richard erkennt sowohl das Lied als auch den Sänger und stimmt in die Melodie ein; Blondel findet seinen verschollenen König, indem er dessen Stimme lokalisiert. Der besagte Effekt resultiert aus einer wohlberechneten Antizipierung dieses Liedes im ersten Akt. Dort spielt Blondel in einer Dialogszene mit Marguerite (Sopran) das Liebeslied in den Pausen ihres Wortwechsels auf der Geige, woraufhin Marguerite ausruft: «O Himmel, was hör ich! … Guter Mann, wer hat Euch diese Weise, die Ihr so gut spielt, gelehrt?»

Grétry verweilte in seinen Memoiren (1797) bei diesem grundlegenden Thema und offenbarte dabei seine eigenen, sehr speziellen Überzeugungen in Sachen Sprache und Musik:

> Nie habe sich, so hat man gesagt, ein Sujet besser für die Vertonung geeignet als das von *Richard Cœur-de-Lion*. Ich teile diese Meinung im Hinblick auf die Schlüsselszene des Stücks, womit ich die meine, in der Blon-

> del das Liebeslied «Une fièvre brûlante» singt, muss aber konzedieren, dass der Stoff als Ganzer nicht lauter nach Musik ruft als irgendein anderer. Ich gehe noch weiter: Das Drama müsste eigentlich ein Sprechstück sein, denn da die *romance* ihrem Wesen nach gesungen werden muss, sollte nur dieses und nichts anderes gesungen werden, dann würde es nämlich eine noch größere Wirkung erzielen. Ich erinnere mich, dass ich mich versucht fühlte, dem zweiten Akt keine andere Musik vor diesem Lied zu geben, und zwar einzig aus diesem Grund. Doch bedenkend, dass im ersten Akt schon in jeder Szene gesungen wurde, gab ich meine erste Idee auf und hatte übrigens nie einen Zweifel daran, dass die Zuschauer dank der Macht der Illusion der *romance* lauschen würden, als wäre es das einzige Musikstück in dem ganzen Werk.[8]

Wie Grétry weiter erläuterte, war es ihm darauf angekommen, «Ein brennendes Fieber» musikalisch hervorzuheben; er habe dies erreicht, indem er das Lied in einem «alten Stil» geschrieben habe; dabei experimentierte er erneut mit der Ambivalenz zwischen Lied und «Bühnenlied». All seinen Bedenken zum Trotz ist auch in *Richard Cœur-de-Lion* die Musik ein konstitutives Element der Fiktion, dem die Macht zugeschrieben wird, verschüttete Erinnerungen wach zu rufen und Erlösung zu bringen. Grétry weist stolz darauf hin, dass das Lied im Verlauf der Oper nicht weniger als neun Mal vorkommt, jedes Mal leicht variiert, um der dramatischen Situation gerecht zu werden. Und wenn das alles unheimlich nach einem vorweggenommenen Wagner klingt, dürfen wir uns vergegenwärtigen, dass schon Grétry für ein den Zuschauerblicken entzogenes Orchester und ein Theater mit möglichst wenig Innendekorationen plädierte (was wie eine Blaupause für Bayreuth anmutet). Wie Wagner war auch er überzeugt, eine bewusste Schlichtheit des äußeren Rahmens könne die Ernsthaftigkeit des Anliegens befördern und den Zuschauern das Versinken in den emotionalen und moralischen Tiefen des auf der Bühne vorgeführten Dramas erleichtern.

«Ein brennendes Fieber» ist bewusst einfach gehalten, sowohl was den Rhythmus als auch was die Melodie betrifft. Wie Grétry wusste, musste die Melodie einen unmittelbaren Wiedererkennungswert haben, um ihre Schlüsselrolle im Drama spielen zu können. Für ein «Bühnenlied» in einem Stück gilt diese Bedingung nicht. Am gegenüberliegenden Ende der Skala steht Mozarts Romanze für Pedrillo im dritten Akt der *Entführung* («Im Mohrenland»), eines der rätselhafteren und musikalisch frappierendsten Musikstücke, die er je komponiert hat. Die Geschichte, die das Lied erzählt – von einer schönen weißhäutigen Jungfrau, die «im Mohrenland» gefangen gehalten und von einem galanten jungen Ritter befreit wird –, ist ein Abklatsch *en miniature* der Handlung der Oper selbst; es hat zwar eine Vertrauen erweckende Strophenform, weist aber harmonische und melodische Anomalien auf: Es scheint irgendwo in der Mitte zu beginnen und sich am Ende ohne richtigen Schluss zu verzetteln; seine flüchtigen und exotischen Harmonien fungieren dabei als Vexierspiegel für unsere Annahmen über Mozarts sogenannten klassischen Stil. Auch diesmal gibt es eine dramaturgische Erklärung: Pedrillos Romanze ist ein Mysterium, umgeben von nächtlicher Ungewissheit; die jungen Männer warten ungeduldig darauf, dass Land in Sicht kommt, damit sie ihre Geliebten aus dem Harem befreien können. Sie sind in diesem Moment von ebenso großer ängstlicher Erwartung erfüllt wie die Musik; diese zerfasert in dem Moment, als Pedrillo sieht, wie sich Konstanzes Fenster öffnet, und so Gewissheit erlangt, dass sie handeln können.

Die strophischen Arien, die Mozart für den Papageno in der *Zauberflöte* geschrieben hat, bringen uns näher an konventionelles Terrain, galten sie doch stets als Ausbünde an Geradlinigkeit und vielen Interpreten sogar als unmittelbarer Ausdruck des Rousseau'schen Ideals des edlen Wilden. Für die erste, «Der Vogelfänger bin ich ja», mag das in besonderem Maß zutreffen. Hier improvisiert Papageno auf der Panflöte, während die Geigen die gesungene Melodie von Anfang bis Ende doppeln. Doch Papagenos Arie im zweiten Akt, «Ein Mädchen oder Weibchen», birgt womöglich eine schon etwas vertracktere Botschaft. Ihre «magische» Glockenspiel-Begleitung enthält Hinweise (die sich auch anderswo in der Oper finden) auf Mechanismen der Erstarrung und nervige, zwanghafte Wiederholungen. Und wenn der edle Sarastro einfache Arien mit Strophenstruktur zu singen hat, so hat sich die Konvention eindeutig von ihren Ursprüngen emanzipiert. Sicher ist die Gefahr nicht von der Hand zu weisen, dass man in die musikalische Demut des Sarastro zu viel hineininterpretiert – aus der Tatsache, dass er in Strophen singt, gar ein Bekenntnis zur Gleichberechtigung aller Menschen, zur Französischen Revolution und zu den Menschenrechten abzuleiten, scheint doch wohl zu kurzschlüssig. Aber nichtsdestotrotz gibt einem die Entscheidung Mozarts zu denken, dem Sarastro eine solch einfache Musik auf den Leib zu schreiben – nicht zuletzt, weil die Arie an Freimaurerhymnen erinnert, in denen man sich offen zu hochfliegenden Anschauungen bekannte.

Dieselbe Einfachheit zeichnet offenkundig auch Sarastros zweite Arie aus, «In diesen heil'gen Hallen», mit der er im zweiten Akt Pamina tröstet, nachdem sie den wahren Charakter ihrer Mutter erkannt hat. Im

Ganzen betrachtet, ist die Arie trotz allem bemerkenswert. In der ersten Strophe ist sie noch mit den ebenso vagen wie geschwollenen Formulierungen versehen, die so typisch für die Oper sind:

In diesen heil'gen Hallen
Kennt man die Rache nicht.
Und ist ein Mensch gefallen,
Führt Liebe ihn zur Pflicht.
Dann wandelt er an Freundes Hand
Vergnügt und froh ins bess're Land.

Die Musik erweckt zunächst den Eindruck, mit einer simplen Akkordbegleitung und den Holzbläser-Arabesken, die jede Zeile umranken, diesen Tenor zu bestärken. Dann kommen jedoch die beiden letzten Zeilen, in denen der bußfertige Sünder sich in ein besseres Land aufmacht, und hier treten die musikalischen Formen und die Begleitung in eine kompliziertere Beziehung zum Text. Sarastro wiederholt diese beiden Zeilen dreimal, jedes Mal in veränderter Form. Beim ersten Mal reflektiert das Stakkato der Streicher eindeutig den Aspekt des Reisens, zu dem auch Sarastros aufsteigende Melodielinie passt. Höchst seltsam erscheint jedoch, dass die ersten beiden Violinen ihn nicht weniger als zwei Oktaven höher unisono begleiten, und wenn er an die Obergrenze seines Stimmumfangs gelangt und mit einem anmutigen Schnörkel wieder abwärtsgleitet, steigen die beiden Violinen weiter aufwärts, als würden sie jetzt die Verkündung der Botschaft lautmalerisch übernehmen, als wären sie selbst die Reisenden, die Ausschau nach dem besseren Land halten und einen Seufzer ausstoßen, wenn sie den Gipfel erreichen. Die zweite und die dritte Wiederholung vollziehen dann eine bemerkenswerte Umkehrung. In der zweiten singt Sarastro die Melodie zwar wieder auf einfachere Art, unterstützt jedoch von Echos jener «wandernden» Violinen; in der dritten übernimmt er schließlich die Rolle eines Begleiters (nämlich die Bassstimme), während Geigen und Soloflöte die Melodie weiterführen. Am Ende der Arie beschleicht uns die Frage, wer hier musikalisch Herr der Dinge ist, ja sogar das Gefühl, das Orchester, und insbesondere die Geigen und die Flöte, hätten das Kommando übernommen. Um auf Begriffe zurückzugreifen, die wir weiter oben in diesem Buch eingeführt haben: Der «Gesangs-Sarastro» ist irgendwie in den Hintergrund abgetaucht, und ein sprechendes Orchester hat dessen Platz eingenommen.

Vielleicht zeigt sich in dieser Arie des Sarastro, wie gewiss auch anderswo in der *Zauberflöte*, dass Mozart ferner unter dem Einfluss einer anderen, gewagteren und komplexeren Spielart der Oper mit gesprochenen Dialogen stand – einer, die ihre Blütezeit in den späteren Jahrzehnten des 18. Jahrhunderts erlebte. In ihren reinsten Inkarnationen zeigte sich diese Oper insofern gewagter, als sie eine Kombination aus gesprochenen Dialogen und instrumentaler Musik zur Grundlage eines für die Theaterbühne geschaffenen dramatischen Werks machte. Für diese neue Spielart des Musiktheaters wurde ein ganzer Strauß von Namen vorgeschlagen (ganz im Geist des 18. Jahrhunderts mit seiner Leidenschaft für das Klassifizieren); am Ende setzte sich im deutschsprachigen Raum die Bezeichnung Melodram durch, in Frankreich analog dazu *mélodrame.* (Diese Benennungen sind keineswegs deckungsgleich mit dem italienischen *melodramma*, das dort nur ein anderes Wort für die Oper ist, und auch nicht mit dem englischen Begriff *melodrama*, der für eine überaus exaltierte Spielart des Sprechtheaters steht, die im England des 19. Jahrhunderts erblühte.) Nach verbreiteter Meinung begann die Geschichte des Melodrams in Frankreich mit Jean-Jacques Rousseaus *Pygmalion* (1762, mit von mehreren Komponisten beigesteuerter Musik zur Textvorlage Rousseaus). In den darauffolgenden Jahrzehnten breitete sich das Genre über ganz Europa aus. Rousseaus Ambition war es nach seinem eigenen Bekunden, ein Stück zu schreiben, bei dem die gesprochenen Texte irgendwie durch die musikalischen Phrasen angekündigt und vorbereitet werden.[9] Zu besonderer Popularität brachte das Melodram es in den deutschsprachigen Ländern, wo eine große Fangemeinde der «sprechenden» Instrumentalmusik entstand.

Der anerkannte Meister des Melodrams war Georg Benda, dem wir schon an anderer Stelle als dem Komponisten von *Romeo und Julie* begegnet sind. Seine berühmtesten Melodramen waren *Ariadne auf Naxos* und *Medea*, beide 1775 entstanden und beide für eine am Fürstenhof von Gotha gastierende deutsche Theatertruppe komponiert. In Auftrag gegeben wurden beide Stücke in erster Linie, um zwei führenden deutschen Schauspielerinnen, Charlotte Brandes (die als Erste die Ariadne spielte) und Sophie Seyler (Medea) eine Plattform für ihre reißerische, emotional exaltierte Schauspielerei zu bieten. Die Stücke, die weitgehend aus bedeutungsschweren Monologen im Stil Shakespeares bestanden, eröffneten der Brandes und der Seyler reichlich Möglichkeiten, ihre Register zu ziehen und am Ende eines gewaltsamen Todes zu sterben; das Orchester tat derweil sein Bestes, die Botschaft des Textes mit noch mehr Leben zu erfüllen und die Gestik der Schauspielerinnen wie auch die Veränderungen ihres Gemütszustandes zu untermalen. Die in diesen Stücken vorkommenden musikalischen Gedanken währen selten länger als ein paar Sekunden, bevor sie dem nächsten Textteil Platz machen müssen; die Musik ändert ihren Charakter, je nachdem ob sie einen Seufzer oder einen Sonnenuntergang oder einen Blitzstrahl oder ein Umschlagen von Hoffnung in Verzweiflung illustrieren muss. Angesichts dieser Kontinuitätsbrüche suchte und fand Benda bei *Medea* Mittel und Wege, für eine rein musikalische Kohärenz zu sorgen. Er heftete Figuren oder Handlungsmomenten jeweils einen musikalischen Gedanken an und variierte diesen dann gemäß dem Fortgang der Handlung. Die Ziele, die Rousseau als Begründer des Genres formuliert hatte, blieben so erhalten: Nirgendwo, nicht einmal im alten *recitar cantando* der allerersten Opernkomponisten, hatte die Musik je in einem dichteren Zusammenhang mit dem Innenleben der Akteure und mit ihren je eigenen Ausdrucksformen gestanden.

Trotz allem, was Benda vollbrachte, hatte auch dieses Genre, was kaum verwunderlich ist, mit Problemen des Realitätsbezugs zu kämpfen. Die Musik hat im Allgemeinen einen langsameren Gezeitenwechsel als die gesprochene Sprache; die Zeit, die man braucht, um selbst ein kleines Melodiebruchstück durchzuspielen, stellt nach den für das Sprechtheater geltenden Maßstäben eine signifikante Größe dar. Das ist einer der Gründe dafür, dass der Pantomime eine so wichtige Rolle zuwuchs. Wie in der besagten Produktion der *Entführung* im Royal Opera House, wurde die Anweisung an die Schauspieler, sich einer sinngebenden Gestik zu befleißigen, zum Mittel der Wahl für die Überbrückung der Momente dramatischen Leerlaufs, die aus den Eigengesetzlichkeiten der Musik resultierten. Kritiker des Melodrams monierten allerdings, bei ihm kämen die Exposition und Entwicklung der musikalischen Themen zu kurz und würden durch Akkumulation und Potpourri ersetzt. Mit solchen kritischen Einwänden konfrontiert, griffen Komponisten, die sich nach Benda in dem Genre betätigten, zu dem Mittel, Passagen einzubauen, in denen Musik und Text ein simultanes Gespann bildeten, oder sie wandten den in der Oper bewährten Trick an, «Bühnenmusik» in die Handlung einzubinden, so dass auch längere musikalische Einlagen möglich wurden, ohne dass dies als Unterbrechung des Dramas wahrgenommen wurde. Militärkapellen, die hinter den Kulissen aufspielten, wurden zu einem geradezu unverzichtbaren Element. Und in dem Maß, wie das Melodram sich der Oper annäherte, wurden sich die Opernkomponisten seines dramatischen Potentials bewusst, und sie begannen, dass *recitativo secco* – das sie zunehmend als die größte Quelle von Langeweile in der Oper empfanden – durch orchestral begleitete Rezitative («Accompagnato») zu ersetzen und, was ebenso wichtig war, die Kluft zwischen gesprochenen Text und Arie in der *opéra comique* und im Singspiel (also das, was wir als Schock für die Hörgewohnheiten bezeichnet haben) zu überbrücken.

Diese Entwicklungen werden Gegenstand des nächsten Kapitels sein. So beliebt das Melodram im 18. Jahrhundert gewesen sein mag (und in seiner reinsten Form war es eine relativ kurzlebige Mode), so schwierig scheint es zu sein, es für das heutige Theater wiederzubeleben. Die dröhnende, rhythmisierte Diktion, die erforderlich ist, um die Begleitmusik des Orchesters zu übertönen, ist für das Publikum von heute oft schwer verdaulich – es klingt unter Umständen einfach nur pompös und aufgesetzt; sind wir doch von unseren Schauspielern eine nicht übertrieben melodiöse Aussprache und eine Nuancen ermöglichende Spannweite von laut bis *sotto voce* gewöhnt. Es gibt ein paar berühmte Beispiele für Melodramen des 20. Jahrhunderts (Prokofievs *Peter und der Wolf* oder Strawinskys *Histoire du Soldat [Geschichte des Soldaten]* fallen einem ein); sie zeichnen sich jedoch alle durch die wohl nicht unbeachtliche Tatsache aus, dass die gesprochene Stimme die eines Erzählers und nicht die einer Figur aus dem Stück ist, mit der Folge, dass die gesprochene Stimme von Anfang an Distanz zu der Geschichte hält, die erzählt wird. Ein vorrangiger Grund für unser Unbehagen ist sicher der, dass das Melodram in seiner gegenwärtigen technisierten Gestalt – im Kinofilm, wo durch moderne Tontechnik sichergestellt werden kann, dass selbst eine Blaskapelle einen geflüsterten Satz nicht übertönt – für das heutige Publikum die Maßstäbe setzt. Das moderne Melodram ist, anders gesagt, heute so normal geworden, dass seine ursprüngliche Spielart auf uns exotisch im Quadrat wirkt.

Einer, der das Melodram, wenn auch nur für kurze Zeit, bewunderte, war der jugendliche Mozart. Bezeichnenderweise veranlasste ihn sein Erlebnis in einer Benda-Oper – und dies trotz der Tatsache, dass er selbst einige Male mit dem Stilmittel experimentiert hatte, eine Figur gegen das kommentierende Orchester ansprechen zu lassen – zu einer fantasievollen Volte direkt in den Opernbetrieb hinein. Wie er 1778, nachdem er Benda gehört hatte, schrieb: «Man solle die meisten Rezitativ[e] auf solche Art in der Opera traktieren und nur bisweilen, wenn die Wörter gut in der Musik auszudrücken sind, das Rezitativ singen …»[10] In der Welt der *opera buffa* oder der *opera seria* war das ein utopisches Postulat – auf das *recitativo secco* zu verzichten, hätte einen Bruch mit einer Tradition bedeutet, die inzwischen eineinhalb Jahrhunderte alt war, und hätte womöglich all die Diskussionen um den Realitätsbezug, die der Oper seit ihren Anfängen im Nacken saßen, wiederbelebt. Dieses Problem stellte sich in der Oper mit Dialogen nicht. Normale Texte konnten hier gesprochen werden, und um besondere Wirkungen zu erzielen, konnte man eine neue, musikalisch substantiellere Spielart des Rezitativs kreieren, die in ihrer leidenschaftlichen Resonanz zwischen verbaler und musikalischer Geste dem Melodram nahekommen würde.

Das eindeutigste Beispiel dieses neuen Stils lieferte Mozart in einer Szene im ersten Akt seines unvollendeten Singspiels *Zaide* (1780), in der der gesprochene Text mit einer ausgefeilten Orchesterbegleitung interagiert. Die harmonischen Experimente, die Mozart dabei wagte, gehören zu den eigentümlichsten seines gesamten Schaffens. Am kühnsten wendete er die Technik jedoch in der Schlüsselszene der *Zauberflöte* an, in der Tamino das Licht erblickt – in der er erkennt, dass sein Unterfangen, Pamina zu befreien, ihn nicht an den Hof eines bösartigen Tyrannen geführt hat, sondern zu einem Tempel der Weisheit. Diese Szene ist als ein kunstvolles Rezitativ mit Orchesterbegleitung angelegt und unterscheidet sich stark von den Rezitativen der *opera seria.* Tamino versucht in den Tempel einzudringen und wird an zwei Toren zurückgewiesen; am dritten jedoch, dem Tor der Weisheit, stößt er auf einen alten Priester (Bass), eine Figur, die heute zumeist der «Sprecher» genannt wird und der ihm die Augen über den wirklichen Sarastro öffnet. Die Szene beginnt schlicht, mit orchestralen Einwürfen oft gehörter Art; doch im weiteren Verlauf fächert sie sich in eine erstaunliche Vielfalt musikalischer Stimmungen, orchestraler Klänge und tonaler Eskapaden auf. Es kommt zu turbulenten Tempowechseln: Allegro und Allegro assai, während Tamino die Tore abklappert; Adagio für einen feierlichen Moment, als der Sprecher erscheint; Andante und wiederum Adagio während ihres längeren Zwiegesprächs; schließlich erneut Andante, als Tamino losgeschickt wird. Am meisten überrascht die Art und Weise, wie das Orchester der Entwicklung des Textes mit genau auf diesen abgestimmten musikalischen Einwürfen folgt. Manchmal geschieht das auf offensichtliche Art, etwa bei der aus zwei Tönen bestehenden Figur, die den Befehl «Zurück!» sowohl begleitet als auch lautmalerisch abbildet (mit dem Tamino von den ersten beiden Toren weggescheucht wird); in anderen Momenten, etwa wenn die Geigen mit einer feingliedrigen synkopierten Melodie den Sinneswandel Taminos einleiten – zum ersten Mal hören wir sie nach seinem verzweifelten Ausruf: «So ist denn alles Heuchelei!» –, kann man den Eindruck gewinnen, dass, wie auch schon in der weiter oben diskutierten Arie Sarastros, das Orchester die primäre «sprechende Stimme» ist und mit seiner Musik den Dialog vorantreibt.

Am Ende dieser außergewöhnlichen Szene verabschiedet sich der Sprecher und stimmt Tamino mit einem feierlichen Couplet auf seine neue Mission ein:

> So bald dich führt der Freundschaft Hand,
> Ins Heiligthum zum ew'gen Band.

Das Orchester gräbt sich geradezu in eine Mollstimmung hinein, die nichts Gutes ahnen lässt; die Bässe stimmen eine Melodie an, unterlegt mit einem deutlich hervortretenden punktierten Rhythmus. Es ist, als schwebe der musikalische Geist Sarastros (von dem wir seit Beginn der Oper noch nichts gesehen haben) bereits in der Luft. Noch einmal verfällt Tamino kurz ins Rezitativ und fragt: «Wann wird das Licht mein Auge finden?», und aus der Kulisse ertönt die Antwort der Priester: «Bald, Jüngling – oder nie!», während die von den Bässen gespielte Melodie unbeirrt weiterläuft und ein weiteres Mal wiederholt wird, als die Stimmen Tamino verraten, dass Pamina tatsächlich noch lebt. Diese melodische Stabilität erweist sich als dauerhaft: Tamino feiert seine Freiheit, indem er auf seiner Flöte eine Melodie anstimmt, und bald nimmt Papagenos Panflöte sie auf und leitet damit in sein Duett mit Pamina über, und schließlich werden wir in das Finale des ersten Akts mit seiner nicht mehr unterbrochenen Musik hineingezogen. Fast könnte man meinen, Mozart habe mit dem allmählichen Abrücken Taminos von seiner ursprünglichen Mission und mit seiner allmählichen Hinwendung zur Weisheit zugleich auch das Hinauswachsen der Musik über den Text vorführen wollen – vom gesprochenen Wort zum orchestral begleiteten Rezitativ nach Art des Melodrams und schließlich zum ausgereiften Gesang. Diese besondere Form der Progression von der Sprache zur Musik bereitet diesmal nicht die sonst damit einhergehenden Probleme. Mozart hat den Übergang mit dem Wendepunkt der dramatischen Handlung (nämlich Taminos Einsicht in seine wahre Mission) verknüpft und an das metaphorische Leitmotiv der ganzen Oper angebunden: das Ideal der Aufklärung als Suche nach der Erkenntnis, die zur Wahrheit führt. Die Aufgabe, die Stimme der Musik in eine Welt der Sprache einzuweben, hat unvermittelt eine bemerkenswerte, in der Oper bis dahin nicht gekannte Antwort gefunden.

Vor diesem Hintergrund verwundert es nicht, dass die Sprecherszene eine der Szenen der *Zauberflöte* und sogar des gesamten Mozart'schen Opernschaffens ist, die in den höchsten Tönen gerühmt werden. Die ungewöhnlich zwanglose Art, wie Musik und Text sich in dieser Szene vereinigen, ist oft als ein die Zukunft der Oper vorwegnehmender Geniestreich gepriesen worden, als Modell für eine «musikalische Prosa», die ihre endgültige Weihe schließlich durch Richard Wagner erhalten sollte, der das ganze prunkvolle Gebilde aus Arien und vokaler Virtuosität, in dem die Oper sich so lange eingerichtet hatte, auf den Kopf stellen würde. Diejenigen, für die die Sprecherszene das höchste der Gefühle ist, urteilen offenbar aus einer entschieden modernen Perspektive und würden wahrscheinlich keinen Hehl aus ihrer Abneigung gegen jene Szene aus der *Entführung* machen, in der Konstanze und Bassa zuerst reglos einem sich endlos hinziehenden Ritornell des Orchesters lauschen und sich dann durch die mehreren Hundert Takte von «Martern aller Arten» kämpfen. Auf der anderen Seite könnte ein Anhänger der Oper des 18. Jahrhunderts die These vertreten, die Sprecherszene berge neben höchst eindrucksvollen Momenten auch solche, die, offen gesagt, ziemlich langweilig seien – Sequenzen, in denen Mozart seiner Begeisterung für ein innovatives, aber abstraktes Konzept Tribut zollt, indem er auf die alten Klischees des Rezitativs – wenn nicht sogar der einfachen Deklamation mit rudimentärer Musikbegleitung – zurückgreift, um diese Klischees dann jedoch in einen musikalischen Kontext zu stellen, der eine gewichtige Darbietung wenn nicht erzwingt, dann doch zumindest nahelegt. Dass diese Szene ihrer Zeit voraus war und Wagner vorwegnahm, mag sein; aber es dürfte – was nach Meinung Vieler auch für die Opern Wagners gilt – kaum jemanden geben, der sie als zu kurz empfindet.

Es gibt in der Zauberflöte im Übrigen auch Momente, in denen die Grundidee einer den Vorstellungen Rousseaus gerecht werdenden Vertonung – derzufolge die Funktion der Musik darin besteht, Textbotschaften anzukündigen und vorzubereiten –, eine andere Umsetzung findet. In einem davon steht wieder Tamino im Mittelpunkt. Es geht um seine erste Arie, «Dies Bildnis ist bezaubernd schön», die er beim Anblick des ihn verzückenden Porträts der Pamina singt, das die drei hinterhältigen Damen der Königin ihm gezeigt haben. Der Text der Arie ist eine anschauliche Lektion in Sachen Aufklärung und Fortschritt der Vernunft:

Dies Bildnis ist bezaubernd schön,
Wie noch kein Auge je geseh'n!
Ich fühl' es, wie dies Götterbild
Mein Herz mit neuer Regung füllt.
Dies' Etwas kann ich zwar nicht nennen!
Doch fühl' ich's hier wie Feuer brennen.
Soll die Empfindung Liebe sein?
Ja, ja! die Liebe ist's allein. –
O wenn ich sie nur finden könnte!
O wenn sie doch schon vor mir stünde!
Ich würde – würde – warm und rein –
Was würde ich? – Sie voll Entzücken
An diesen heißen Busen drücken,
Und ewig wäre sie dann mein.

Tamino ringt darum, seinen Gefühlen einen Sinn abzugewinnen, und folgt dabei einer stetigen, geduldigen Logik. Zuerst kommen die Tatsachen, dann die Analyse, dann die Schlussfolgerung: Dieses Bild ist schön (Zeilen 1–2); es weckt in mir ein neuartiges Gefühl (3–4); ich habe für dieses Gefühl zwar keinen Namen, aber es überwältigt mich beinahe (5–6); könnte es Liebe sein? (7); ja, das könnte es (8); wenn ich sie finden könnte (9–10), was würde ich tun? (10–11); ich würde sie an mich drücken und sie nie wieder loslassen (12–14). So hingerissen Tamino sein mag, kennt er doch die Regeln der Logik und befolgt sie untadelig.

Die Vertonung, die Mozart für «Dies Bildnis» schuf, ist so radikal wie die der Sprecherszene, nur dass dieses Mal die Textbotschaft zur Gänze in eine Arie eingebettet ist – eine Arie allerdings, in der seltsame Stimmen miteinander wetteifern. Einen Hinweis darauf gibt uns gleich am Anfang die Art und Weise, wie das Orchester den «Schock der Hörgewohnheiten» beim Übergang vom Sprechtext zur Arie bewältigt. Die Streicher preschen mit zwei Melodiefiguren voran, die sich dann in Taminos erste Laute zu ergießen scheinen, als verkörperten die Instrumente irgendwie seine noch unfertigen Gefühle, noch bevor er selbst sie mit stimmlicher und semantischer Substanz füllt. Indem Tamino diese Gefühle mit forensischem Blick untersucht, geht er auf eine fast ironische Distanz zu sich selbst. Die Worte «Ich fühl' es» singt er in einem aus drei Noten bestehenden Melodiebogen, dessen Rhythmus das Orchester vorher schon zweimal artikuliert hat und den die Streicher danach im Dialog mit Taminos Stimme in der Art eines Echos nachäffen. Dieses Muster setzt sich fort: Taminos fünfte Zeile, «Dies Etwas», hebt seinen Gedankengang auf eine neue Stufe, und diese wird den Zuschauern durch einen Wechsel der

Tonart und durch eine neue, von zwei Klarinetten gespielte Melodie gleichsam förmlich vorgestellt, fast so, als habe eine neue Figur die Bühne betreten. Etwas später gelangt Tamino zu der Überzeugung, dass das in ihm brennende Gefühl tatsächlich «die Liebe» ist; um die Verbindung musikalisch zu unterstreichen, singt er diese drei Silben («die Liebe») zu einer Umkehrung jenes dreitönigen Melodiebogens – während sie zuvor wie eine Frage klangen, sind sie jetzt zu einer Feststellung geworden, und auch jetzt wieder werden sie vom Orchester neckisch beantwortet.

Momenten wie diesem, in denen sich das Zusammenspiel musikalischer Themen zwischen Stimme und Orchester im Einklang mit Taminos Erkenntnisfortschritt Stufe für Stufe verändert, begegnen wir während der gesamten Dauer der Arie. Die radikalste Verwirklichung dieses Prinzips ist die sich über einen ganzen Takt erstreckende Pause nach seiner letzten Frage: «Was würde ich?» So seltsam und musikalisch irritierend ist dieser lautlose Takt, dass kaum eine Opernproduktion es wagt, ihn voll auszukosten: Die Spannung, die die Stille erzeugt (denn Stille ist wohl das aufrüttelndste Zeichen, das ein Komponist setzen kann), ist einfach zu groß, so dass fast jeder Dirigent sich gezwungen fühlt, sein Gefühl für Tempo und Takt zu vergessen und das Orchester vorzeitig wieder ins Spiel zu bringen. Eine noch größere Resonanz entfaltet die Arie in dem, was wir ihr Nachleben nennen könnten, nämlich der mehrfachen Wiederkehr erkennbarer Fragmente von ihr in späteren Szenen der Oper. Ein winziges Beispiel begegnet uns bereits in der nächsten Arie. Da zieht die Königin der Nacht alle Register, um Tamino mit geradezu alarmierenden Koloraturen klarzumachen, dass er Pamina aus den Klauen des bösen Sarastro befreien müsse. In der letzten Zeile lässt sie ein Echo auf Taminos vorherige Arie anklingen. Während er gesungen hat: «Und ewig wäre sie dann mein», heißt es bei der Königin: «So sei sie dann auf ewig dein.» Und unmittelbar bevor sie diese Zeile singt, im zweiten Vers ihrer abschließenden Gardinenpredigt, hört man von den Streichern mehrere Male das Thema von Taminos «die Liebe». Dieser Kommentar des Orchesters, ein geisterhaftes (oder vielleicht besser zauberhaftes?) Echo, gibt Tamino eine Gedächtnisstütze und weckt bei ihm damit halluzinatorische Erinnerungen an frühere Gefühle, die ihm Mut einflößen.

Es gäbe noch sehr viel mehr zu sagen über *Die Zauberflöte*, Mozarts letzte Oper. Doch schon jetzt dürfte deutlich geworden sein, dass in diesem Werk, auch wenn es einem populären Genre entstammt, in einer Weise mit Wechselwirkungen zwischen orchestraler Musik, Vokalmusik und

Texten experimentiert wird, die es deutlich von der Machart italienischer Opern unterscheidet, bei denen die stärker wirkenden Beharrungskräfte der Tradition dafür sorgten, dass die Beziehungen zwischen diesen Elementen relativ stabil blieben. In diesem Sinn (und in vielen anderen Hinsichten wie dem Umgang mit musikalischen Themen, der regelmäßig wiederkehrenden Feierlichkeit, den Momenten einer raumgreifenden musikalischen Prosa u. Ä.) zeitigte die *Zauberflöte* tief greifende Auswirkungen auf die deutsche Musikkultur des 19. Jahrhunderts. Für Beethoven war sie Mozarts bedeutendste Oper, und er komponierte einige wunderbare Variationen des Duetts zwischen Papageno und Pamina für Cello und Klavier; in den nächsten Kapiteln werden wir auf einige weitere direkte Bezüge zur *Zauberflöte* im Opernschaffen Beethovens zu sprechen kommen. Am anderen Ende des Jahrhunderts erwähnte dann gar Freud die *Zauberflöte* in seiner Traumdeutung; während er sich über die Musik kein Urteil zutraute, fand er die Texte tiefschürfend, ging aber leider nicht weiter ins Detail. In der Zeit zwischen beiden finden sich unzählige Beispiele für Reverenzen an die *Zauberflöte* und Zitate daraus. Goethe, der, wie gesehen, auch gegenüber schlichteren Formen des Singspiels keine Berührungsängste kannte, schrieb sogar ein Libretto für eine Fortsetzung. Eigentlich hätte ihm klar sein müssen, dass kein Komponist sich daran wagen würde – zu vernichtend hätten die Vergleiche ausfallen können. So ist die *Zauberflöte* ein Solitär geblieben, das großartigste Beispiel dafür, was 100 oder mehr Jahre des Experimentierens mit der Zusammenwirkung von Sprache und Gesang hervorgebracht hatten.

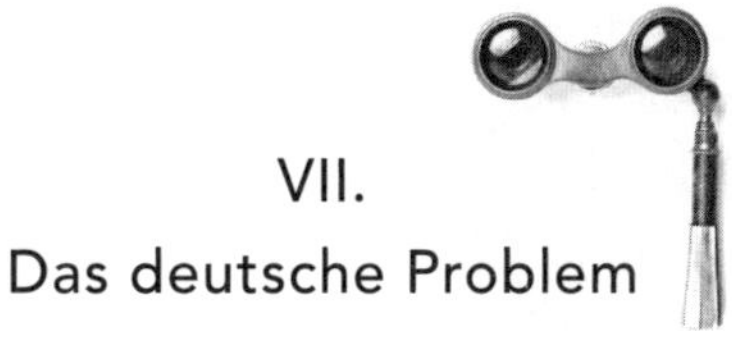

VII. Das deutsche Problem

Wenn wir einem späteren Gewährsmann, der selbst zu den bedeutendsten Komponisten gehörte, glauben dürfen, war es ein 17-jähriges Mädchen, das mit gezogener Pistole Ludwig van Beethoven (1770–1827) seinen Platz in der Geschichte der Oper sicherte. Es handelte sich um Wilhelmine Schröder-Devrient, eine Sängerin, die 1822 in einer Wiener Inszenierung der Beethoven-Oper *Fidelio* debütierte. Die Schlüsselszene der Oper ist ein Quartett, bei dem die Protagonistin Leonore (Sopran), verkleidet als der Jüngling Fidelio, dem Gefängnisdirektor Don Pizarro (Bass) entgegentritt, der ausnahmsweise persönlich ins Verlies hinabgestiegen ist, um Leonores zu Unrecht einsitzenden Ehemann Florestan (Tenor) zu ermorden. Als Don Pizarro sich anschickt, Florestan zu erstechen, stellt Leonore sich schützend vor diesen und singt: «Durchbohren musst du erst diese Brust … Töt' erst sein Weib.» Pizarro und sein zaudernder Mittäter, der runzlige alte Verwalter Rocco (Bass), antworten mit dem Ausruf: «Sein Weib?» Kurze Zeit später zieht Leonore die Pistole, aber die Tatsache, dass die beiden Männer jetzt in die Mündung einer geladenen Waffe blicken, erscheint wie eine Bagatelle im Vergleich zu dem Schock, den ihnen die Erkenntnis bereitet, dass *Fidelio*, den sie als vertrauenswürdigen Gefängniswärter eingestellt haben, eine verkleidete Frau ist. Ein berühmter zeitgenössischer Kupferstich zeigt die Schröder-Devrient in Wams, Heerpauke (einer Art Hosenrock) und Strumpfhosen (unter gnädigem Verzicht auf die Schamkapsel); ihre Beinmuskeln sind gespannt wie die eines Fechters vor dem Stoß, die Pistole hält sie drohend im Anschlag (siehe Abbildung 15). Dieses Bild wurde zu einer der Ikonen seiner Zeit. Maria Malibran, eine der größten Darstellerinnen der Leonore in den 1830er Jahren und berühmte Rivalin der Schröder-Devrient, setzte noch einen drauf, indem sie zwei Pistolen zog.[1]

Der Kupferstich mit Schröder-Devrient ist in der Literatur über den *Fidelio* und die Oper der napoleonischen Ära immer wieder abgedruckt worden. Er taucht sogar in Biografien Richard Wagners (des eingangs erwähnten Gewährsmanns) auf, der nach eigenem Bekunden die Sängerin zutiefst bewunderte. In Wagners «Eine Pilgerfahrt zu Beethoven» (1840) schildert der Erzähler, was er erlebt hat:

> Ein sehr junges Mädchen gab die Leonore; diese Sängerin schien sich aber schon in so früher Jugend mit dem Genius Beethovens vermählt zu haben. Mit welcher Gluth, mit welcher Poesie, wie tief erschütternd stellte sie dieß außerordentliche Weib dar! Sie nannte sich Wilhelmine Schröder. Sie hat sich das hohe Verdienst erworben, Beethovens Werk dem deutschen Publikum erschlossen zu haben; denn wirklich sah ich an diesem Abende selbst die oberflächlichen Wiener vom gewaltigsten Enthusiasmus ergriffen. Mir für mein Theil war der Himmel geöffnet; ich war verklärt und betete den Genius an, der mich – gleich Florestan – aus Nacht und Ketten in das Licht und die Freiheit geführt hatte.[2]

Wagner gemahnt uns daran, dass der Erfolg einer *Fidelio*-Produktion in höchstem Maß von der die Leonore spielenden Sängerin abhängt, eine Rolle, die im Allgemeinen mit Sopranistinnen besetzt wird, die sonst als Wagner-Interpretinnen und in den fülligeren Rollen von Strauss-Opern zuhause sind. Die Schröder-Devrient brillierte in der Folge als Agathe in Carl Maria von Webers *Der Freischütz* (1821) und war die erste Senta in Wagners *Der fliegende Holländer* (1843) – Letzteres ebenfalls eine Rolle, in der es darauf ankommt, Leidenschaft und Tatkraft bis hin zur Besessenheit zu verkörpern. Die Leonore war, kurz gesagt, die erste bedeutende dramatische Sopranistin in der Geschichte der deutschen Oper und brachte als solche viele Töchter hervor.

Nicht auf alle Zuschauer hat der *Fidelio* die Wirkung, die er auf Wagner hatte. Gewiss ist die Zahl derer, die das Werk verehren, groß. Andere haben es zu einem taumelnden Paradoxon erklärt, geschaffen von einem Komponisten, dem mehr Übung im Schreiben von Opern gutgetan hätte. Selbst die Verehrer räumen ein, dass der *Fidelio* ein Werk ist, in dem tendenziell einzelne Momente die Oberhand über den dramatischen Erzählbogen gewinnen. Der *Fidelio* beginnt als Farce: Die kleine Marzelline (Sopran), Roccos knabenhafte Tochter, hat sich in Fidelio verliebt und hofft, seine Frau zu werden. Dass Fidelio kein Interesse zeigt und seltsame andere Prioritäten hat, scheint ihr kaum etwas auszumachen. Marzelline ist eine jener den Kopf in den Nacken werfenden Koketten, die in der komischen Oper des 18. Jahrhunderts zur Grundausstattung gehörten; sie und ihr bedauernswerter Freund Jaquino (Tenor) scheinen zu Beginn wichtig zu sein. Doch nach etwa 40 Minuten verschwinden sie seltsamerweise in der Versenkung und kehren erst gegen Ende zurück, um dem Finale anonym stimmliche Unterstützung zu gewähren. Für diese Kuriosität wird meist das Libretto verantwortlich gemacht, das sich an eine französische *opéra comique* von Jean-Nicolas Bouilly anlehnte, *Léonore ou l'Amour conjugal* (Leonore oder die eheliche Liebe, 1798). Dieses Stück spielt mit den Registern, die um 1800 für Opern mit gesprochenen Dialogen typisch waren, eine Mixtur aus Kämpfen auf Leben und Tod, philosophischer Dünkelhaftigkeit, auftrumpfenden Soubretten und wechselnden Identitäten. Während jedoch Mozart in seiner *Zauberflöte* (1791) diese Register scheinbar mühelos miteinander verband, lief Beethoven – als Komponist ein Ausbund an Ernsthaftigkeit und Heroismus – allenfalls bei den erhabenen Momenten zu großer Form auf, und selbst da ruckelte es manchmal gewaltig. Hinzu kommt, dass er es sich immer wieder anders überlegte. So gibt es drei deutlich verschiedene Fassungen des *Fidelio* (von 1805, 1806 und 1814) und nicht weniger als vier Ouvertüren. Nach der Pistolenszene im zweiten Akt signalisiert ein Trompetenstoß aus der Kulisse, dass Rettung naht: Der edel gesinnte Don Fernando (Bass), «Minister und spanischer Edelmann», kündigt aus der Ferne sein Kommen an. Majestätisch und vom Chor getragen hält er Einzug, lässt Florestan frei, verhaftet Don Pizarro und renkt, ganz allgemein gesprochen, die Welt wieder ein. Während Beethoven in die ausgefeilte sinfonische Musik seiner drei ausrangierten Ouvertüren den Trompetenstoß jeweils einarbeitete, ließ er ihn bei der vierten, die er für die Fassung von 1814 schrieb, weg. Zu diesem Zeitpunkt waren die Partien der komischen Figuren ausgedünnt, und Beethoven hatte Teile aus früher komponierten Chorwerken eingefügt und damit ein weiteres Mal demonstriert, dass man – in der Oper wie auch in allen anderen textgebundenen Genres – ein und dieselbe Musik in den Dienst verblüffend unterschiedlicher Texte stellen kann.

Wie um für noch mehr Verwirrung zu sorgen, erwächst dem lange Zeit als verbindlich angesehenen *Fidelio* von 1814 neuerdings Konkurrenz durch die historisch-kritische Rekonstruktion zweier seiner verblichenen Vorläufer, die gewöhnlich unter dem alternativen Titel *Leonore* laufen und beide leidenschaftliche Fürsprecher finden. Schon bevor diese Versionen wieder zum Leben erweckt wurden, gab es Varianten für die Inszenierung des *Fidelio* von 1814. Anders als unter dem heute herrschenden Regime der strengen Authentizität, das jede nicht vom Komponisten ausdrücklich autorisierte Änderung oder Hinzufügung verbietet, nahmen sich in früheren Zeiten Produzenten und Regisseure die Freiheit – beseelt von dem Eifer, den *Fidelio* mit möglichst viel Beethoven'scher Ernsthaftigkeit anzureichern –, eine der drei ausgemusterten Ouvertüren – am häufigsten die erhabene *Leonore*-Ouvertüre Nummer drei – in den zweiten Akt einzubauen. Das konnte zum Beispiel so ablaufen: Nach dem Quartett treten Pizarro und Rocco ab, um bei der Ankunft Don Fernandos ihres Amtes zu walten; Leonore und Florestan bleiben zurück und stimmen das ekstatische Duett «O namenlose Freude!» an. Ihre Stimmen spielen einander wechselseitig Arpeggio-Kaskaden und kurze, fast atemlose Melodiefetzen zu, gesangliche Höchstschwierigkeiten nach allen nur denkbaren Maßstäben. Was wäre natürlicher, als dass das wieder vereinte Paar nach diesem Duett müde wird und sich für ein Schläfchen im Verlies niederlegt? Und was wäre passender, als die sich daraus ergebende Pause mit der *Leonore*-Ouvertüre Nummer drei auszufüllen, gespielt von einem Orchester, das sich offenbar in der Nähe niedergelassen hat. Am Ende der Ouvertüre wachen die Liebenden erholt auf, und die Handlung des *Fidelio* kann nach diesem Sonderbonus an Instrumentalmusik fortschreiten, der uns an Beethovens ruhmreichstes Schaffen erinnert.

Diese verwirrende Gemengelage aus Registern und Versionen und inszenatorischen (Un-)Sitten hat den Ruf des *Fidelio* als Werk eines sprunghaften Genies gefestigt, als eine Oper mit wunderbaren einzelnen Höhepunkten, eingebettet in ein nicht so wunderbares Ganzes. Hinzu kommt die hartnäckig wiederkehrende Sonderbarkeit der Stimmführung, die zuweilen eher an von Fanfaren geschmetterte Dreiklänge erinnert als an lyrisch geschwungene Melodiebögen einer menschlichen Stimme. Wie auch immer, der *Fidelio* steht vor uns als sperriges Denkmal der Ratlosigkeit des deutschen Opernschaffens in einer Übergangsphase. Wie und warum kam es zu dem raschen Umschwung von der Situationskomik des Singspiels des 18. zu den tragischen deutschen Opern des 19. Jahrhunderts? Anders gefragt: Weshalb wurde die Oper in Deutschland plötzlich so todernst?

Ein neuer Antagonismus

Unter die Rubrik «deutsche romantische Oper» fallen große Teile dieses ernsten Repertoires, wobei Romantik ein Oberbegriff für ein amorphes, in geografischer Hinsicht diffuses Phänomen ist. In der deutschen Kultur begann das Kapitel Romantik ebenso wenig wie in allen anderen Kulturen pünktlich im Jahr 1800. In Virginia Woolfs *Orlando* findet sich eine wunderbar schauerliche Schilderung des Jahreswechsels am 31. Dezember 1799:

> Die Uhr schlug Mitternacht, Wolken bedeckten den Himmel von Norden her, ein kalter Wind blies, das Licht von tausend goldenen Kerzen wurde gelöscht, und plötzlich umschlangen sich jene, die eben noch in Diamanten und weißen Seidenstrümpfen und silbernen Spitzen und Pfirsichsatin gewandet waren, mit düsteren Samtstoffen und Gagatperlenschmuck. Das 19. Jahrhundert war angebrochen.

Diese bildhafte Vorstellung eines sekundengenauen Umschlags des Wetters und der Kleidermode bündelt die Umwälzungen mehrerer Jahrzehnte perfekt zu einer literarischen Fiktion. Europa durchlief zwischen 1789 (als die Französische Revolution ausbrach) und 1814/15 einen radikalen Wandel, aufgearbeitet durch den von Fürst Metternich orchestrierten Wiener Kongress, auf dem die künftige Landkarte Europas nach dem blutigen Ende des napoleonischen Abenteuers in der Schlacht von Waterloo festgeschrieben wurde. Die fürchterlichen Auswüchse der Französischen Revolution, der Aufstieg Napoleons auf den Kaiserthron und seine anschließenden europäischen Eroberungszüge, seine Niederlagen und seine Verbannung – all das hatte inzwischen stattgefunden. Auch in der Musikkultur brachte diese Zeit grundlegende Veränderungen, vor allem eine deutliche Beschleunigung des bis dahin schleichenden Prozesses des Versiegens aristokratischer Zuwendungen, die das Überleben des Opernbetriebs garantiert hatten, und eine Neudefinition des Komponistenberufs – weg vom höfischen Angestellten und hin zum freischaffenden Künstler. Das ist der Hintergrund, vor dem der «verhungernde Künstler» zu einem so beliebten Klischee der romantischen Legendenbildung wurde. Als Komponist konnte man jetzt ein reicher Mann werden, wenn man langlebige Meisterwerke schuf und verlegte, aber auch wenn man als Wanderarbeiter Impresarios in aller Herren Länder Opern auf Bestellung lieferte; man konnte aber auch bettelarm bleiben. Ein gesetzliches Urheberrecht steckte bestenfalls in den Kinderschuhen, abgesehen davon, dass es von Stadt zu Stadt anders gehandhabt wurde. Frankreich stellte sich mit der Einführung von Tantiemen an die Spitze des Fortschritts, auch wenn das Rechtsgut des «geistigen Eigentums» zu der Zeit noch Zukunftsmusik war. In den ersten Jahrzehnten des 19. Jahrhunderts übereigneten Komponisten ihre Opernpartituren häufig dem Theater, das die Uraufführung ausrichtete. Piraterie hatte am Theater ebenso Hochkonjunktur wie auf hoher See, und heftige Auseinandersetzungen darüber, wem welche Rechtsansprüche zustanden, entbrannten das ganze Jahrhundert hindurch.

Beethoven wurde zu der Maßstäbe setzenden musikalischen Gestalt dieser Epoche, zumindest in der deutschsprachigen Welt. Seine Position zwischen Aufklärung und Romantik weist vielfältige Gemeinsamkeiten mit jener auf, die Gioachino Rossini (1792–1868) in der italienischen Welt einnahm, auch wenn Rossini eine Generation jünger war als Beethoven. Im Großen und Ganzen wurden und werden diese beiden großen Künstler jedoch als Gegenpole eingestuft: hier der Opernerneuerer Rossini, der angeblich kein großer Meister der Instrumentalmusik oder der heroischen Geste war, dort Beethoven, der amtierende Hohepriester der Sinfonie und des Streichquartetts, der sich mit der Oper schwertat. Rossini schrieb Opern im Eiltempo, manchmal fast wie im Autopilot-Modus, und er war dazu in der Lage, weil er Profi war und alle Kunstgriffe seines Metiers beherrschte. Beethoven war anders und wusste das, rang sich gegen Ende seines Lebens sogar ein mattes Lob für seinen aufstrebenden jungen Rivalen ab. In einem griesgrämigen Brief an einen Komponistenkollegen schrieb er über die Musik Rossinis, sie sei

> … die Übertragung des frivolen Geistes, die für unsere Zeit charakteristisch ist. Aber Rossini ist ein Talent und schreibt ungewöhnliche Melodien. Er tut das mit solcher Leichtigkeit, dass er für das Komponieren einer Oper ebenso viele Wochen braucht wie ein Deutscher Jahre.[3]

Dabei waren Beethoven trotz jahrelanger Arbeit am *Fidelio* Anfängerfehler unterlaufen, indem er: Marzelline und Jaquino «vergessen», seinem Bösewicht Pizarro nicht annähernd genug Gesangseinsätze gegeben und dem Wohltäter Don Fernando, der erst in der letzten Szene seinen Einstand gibt und schon deswegen nicht mit einem erstrangigen Sänger besetzt werden kann, einige der wunderbarsten musikalischen Auftritte des Abends in den Mund gelegt hatte. Alle diese Fehler resultierten wahrscheinlich aus moralischer Integrität: Marzelline und Jaquino gehörten zur Welt der *opéra comique*, der der *Fidelio* am Anfang Tribut zollt, um sich dann von ihr loszusagen. Einnehmend lyrische Bösewichter mit warmer Bassstimme waren nach Beethovens Maßstäben moralisch ungehörig, und dass sie zu den beliebtesten Errungenschaften der Oper gehörten, kümmerte ihn keinen Deut. Und was Don Fernando betrifft, so erscheint er zwar in der Tat furchtbar spät auf der Bildfläche, tut dann aber viel Gutes für das Drama – und vielleicht eben auch für die Musik.

Wie wir wissen – zumindest vom Hörensagen –, kam es zu einer persönlichen Unterredung zwischen Beethoven und Rossini, als Letzterer 1822 anlässlich der Aufführung seiner Oper *Zelmira* nach Wien reiste. Weil sich später für die ganze Musikära der Ausdruck «die Epoche Beethovens und Rossinis» einbürgerte,[4] gewann dieses Treffen den Nimbus einer Begegnung der Titanen. Was dabei wirklich vor sich ging, ist höchst ungewiss, da Rossini die Geschichte offenbar erst 1860 bei einer Begegnung mit keinem Geringeren als Richard Wagner zum Besten gab. Diese Begegnung wiederum ist von Edmond Michotte (wie akkurat auch immer) überliefert worden, einem belgischen Freund Rossinis, der die beiden Komponisten miteinander bekannt gemacht hatte. Aus den Erinnerungen dieses älteren Herrn, der 1860 mit Wagner Schattenboxen übte, zu rekonstruieren, was Rossini und der fast taube Beethoven einander 1822 mit Worten oder Gebärden zu sagen versuchten, ist natürlich ein Ding der Unmöglichkeit. Sollen wir wirklich glauben, dass Beethoven (wie Rossini es laut dem selbst ernannten Protokollführer Michotte Wagner erzählte) auf Italienisch loslegte: «Ah, Rossini, der Komponist von *Il barbiere di Siviglia*? Ich gratuliere Ihnen, es ist eine exzellente *opera buffa*. Ich habe sie mit Vergnügen gelesen, und sie gefällt mir. Sie wird so lange gespielt werden, wie die italienische Oper steht.» Atmosphärische Details zu Rissen in Beethovens Zimmerdecke, durch die der Regen rann, oder zu Äußerungen Rossinis über Beethovens äußere Erscheinung klingen definitiv nach Fiktion:

> Kein Stichel könnte diese undefinierbare Traurigkeit nachzeichnen, die all seine Züge überlagerte, und unter seinen dichten Augenbrauen leuchteten wie aus den Tiefen einer Höhle zwei kleine Augen, die einen durchbohrten.[5]

Die Zweifel an diesem legendären Treffen wachsen weiter, wenn man sich mit anderen Rossini-Anekdoten befasst, die nach dem Tod des Komponisten die Runde machten. Einer Quelle zufolge antwortete Rossini auf die Frage, ob er in Wien Beethoven begegnet sei: «Nein, er war ein sehr schlechter Charakter, weigerte sich, mich zu empfangen; er verabscheute meine Musik. Was nichts daran ändert, dass er der größte Komponist der Welt ist.»[6] Der Bericht Michottes ist nicht zuletzt vor dem Hintergrund zu sehen, dass die deutsche und die italienische Musik inzwischen (1860) entgegengesetzte Identitäten entwickelt hatten, die es Spöttern schon damals leicht machten, die eine als ernst, wichtig und weltbewegend, die andere als leicht, melodiös und vergnüglich einzustufen. Aber schon vor 1860 begegnet uns dieselbe Dichotomie in Wagners Abhandlung *Oper und Drama* (1851) und in der *Filosofia della musica* (Philosophie der Musik, 1836) des italienischen Revolutionärs Giuseppe Mazzini; Madame de Staël hatte in ihrer Schrift *De L'Allemagne* (Über Deutschland und die Deutschen, 1810) diese Frage ventiliert. Waren Debatten zwischen Anhängern des italienischen und des französischen Stils der Zankapfel schlechthin in der Opernwelt des 18. Jahrhunderts, so verlagerte sich der Streit nach 1800 mit Macht auf die Rivalität zwischen italienischer und deutscher Oper.

Womit hatten die deutschen Komponisten dies herausgefordert? Das Interregnum zwischen dem Tod Mozarts 1791 und den 1820er Jahren war für die deutsche Oper eine entscheidende Zeit. Eine Ursache dafür bildete der gesellschaftliche Wandel. Die alte Garde des Feudaladels, die so lange bei der Oper die Fäden gezogen hatte, hatte überwiegend einen kosmopolitischen Horizont und bildete eine internationale «Bruderschaft», der nationale Grenzen wenig bedeuteten. Im Gegensatz dazu ging der Aufstieg des Bürgertums als gesellschaftlicher und politischer Kraft mit einem wachsenden Nationalismus einher, und mit ihm zusammen breitete sich eine neue kulturelle Xenophobie aus, die sich zunächst in der Literatur artikulierte, anschließend aber auch im Opernschaffen. 20 Jahre nach Mozarts Tod begannen Gerüchte zu kursieren, wonach er keines natürlichen Todes gestorben, sondern von einem Rivalen, dem italienischen Opernkomponisten Antonio Salieri (1750–1825), vergiftet worden sei. Diese Räuberpistole wurde von Alexander Puschkin salonfähig gemacht, der sie 1831 zu einem Theaterstück ausarbeitete. Der erfolgreiche, aber letzten Endes mittelmäßige Italiener befördert bezeichnenderweise den Österreicher ins Jenseits, den er um seine Genialität beneidet – einen klareren Fall von Paranoia, die sich gegen die Rivalen von jenseits der Alpen richtete, kann man sich kaum vorstellen.

Man würde es sich zu einfach machen, sähe man den Tod Mozarts als das Ende einer Tradition, in deren Rahmen sich deutsche und österreichische Komponisten wie selbstverständlich in der Welt der italienischen oder der französischen Oper bewegt hatten. Beethovens Karriere als Opernkomponist ist ein ausgezeichnetes Fallbeispiel. Als er über mögliche Sujets für Opern nachdachte, meldete er sich zu einem Lehrgang über die Syntax der italienischen Sprache an – und wählte zu seinem Lehrer keinen anderen als den angesehenen Wiener Hofkapellmeister Salieri. Zu diesem Zeitpunkt ahnte keiner der beiden etwas von der Schurkenrolle, die Salieri später in der Musikgeschichte zugewiesen werden sollte.

Beethoven machte pflichtschuldig seine Hausaufgaben, darunter die Vertonung eines vorsintflutlichen Textes ausgerechnet von Pietro Metastasio, «Ne' giorni tuoi felici», woraus er ein Duett für Sopran und Tenor machte. Beethovens Ausflug auf italienisches Territorium erwies sich am Ende als eine Art Sackgasse, doch fast um dieselbe Zeit machte er Bekanntschaft mit einem wichtigen neuen Opernstil, der aus Frankreich kam und in Wien eine enorme Popularität erlangte. Dieser neue Stil, der direkt dem welterschütternden politischen Ereignis des abgelaufenen Jahrzehnts entsprungen schien, lenkt unseren Blick wieder einmal auf die französische Oper.

Faits Historiques

Die revolutionären Turbulenzen der 1790er Jahre hatten das französische Opernschaffen auf eine Weise beflügelt, wie es keiner späteren Revolution jemals wieder gelingen sollte, jedenfalls dem äußeren Anschein nach zu urteilen. Die plötzliche Politisierung der Oper spiegelt zum Teil den theatralischen Charakter der Revolution selbst, insbesondere den Umstand, dass die sogenannten Faits Historiques – riesige Freiluft-Inszenierungen mit allegorischer Darstellung der revolutionären Heldentaten – in den ersten Jahren nach 1789 zu einem zentralen Instrument staatlicher Propaganda wurden. Ebenso wichtig war eine kühne Geste, zu der sich die Verfassunggebende Versammlung (Konstituante) im Januar 1791 entschloss: Nach Jahrzehnten einer strengen Reglementierung der Theatersparten – *tragédies lyriques* durften nur in der Opéra aufgeführt werden, Werke mit gesprochenen Dialogen nur in der Opéra-Comique usw. – verkündete die Versammlung, die in kulturellen Dingen ebenso radikal mit der alten Ordnung brach wie in vielen anderen Bereichen, jede Spielart der Oper dürfe künftig an jedem Theater aufgeführt werden. Diese revolutionäre Anordnung blieb freilich nicht besonders lange in Geltung. Das erste Jahrzehnt des 19. Jahrhunderts, die Jahre des Konsulats (1799–1804) und des Kaiserreichs (1804–1814/15), brachten ein zunehmendes Abrücken von den liberalen Positionen der Konstituante, und 1807 stellte Kaiser Napoleon viele der Theaterprivilegien des alten Regimes wieder her. Ungeachtet dieses Rückschritts hatte inzwischen eine Oper neuen Typs das Licht der Welt erblickt: Die 1790er Jahre hatten eine Flut offen propagandistischer Opern und eine Auffächerung der Genres gebracht, von der *opéra comique* über das Varieté bis zur Jahrmarktspantomime. Republikanische Heldengeschichten, in denen der Fortgang der Revolution allegorisch dargestellt wurde, verstopften förmlich die Pariser Bühnen, und sie hatten oft den Charakter sogenannter «Rettungsopern», in denen in Bedrängnis geratene Helden und Heldinnen im letzten Moment wie durch ein Wunder aus ihrer lebensgefährlichen Lage befreit wurden.

Die Erneuerungsbewegung, die sich in den 1790er Jahren und danach im Bereich der *opéra comique* vollzog (und die auf Kosten der in der Opéra beheimateten *tragédie lyrique* ging, die offenbar an Strahlkraft verlor), brachte mehrere Komponisten hervor, die Beethoven beeinflussten. Einer von ihnen war Étienne-Nicolas Méhul (1763–1817), der sich in den 1790er Jahren einen Namen nicht nur als Opernkomponist, sondern auch als Mitinitiator revolutionärer Faits Historiques machte. Von keinem Geringeren als Napoleon hofiert, schuf Méhul in den Jahren des Kaiserreichs weiterhin erfolgreiche Werke, darunter *opéras comiques*, die einige ihrer Wesensmerkmale italienischen Komponisten wie Paisiello verdankten. Méhul war aber auch ein überzeugter Erneuerer und hat das Interesse moderner Musikhistoriker auf sich gezogen, insbesondere mit seiner Oper *Uthal* (1806) über den Ossian-Kult, in der er die Vorstellungswelt der Romantik früh erschloss und sich insofern geradezu prophetisch begabt erweisen sollte. Das hatte nicht unbedingt nur mit der Wahl des Sujets zu tun: Méhul verzichtete in *Uthal* vollständig auf Geigen, um dem Orchester eine dunklere, romantischere Klangfarbe zu verleihen. (Kein Wunder, dass Hector Berlioz in seinem Buch *Les Soirées de l'Orchestre* [*Orchester-Abende*, 1852] bewundernde Worte für Méhul fand.)

Der Wichtigste von allen war jedoch der aus Italien stammende Luigi Cherubini (1760–1842), der sich in den 1790er Jahren mit hybriden Werken wie *Lodoïska* (1791) und *Médée* (1797) beachtlichen Ruf erworben hatte; beide Stücke wurden im Pariser Théâtre Feydeau (das 1801 mit der Opéra-Comique fusionierte) uraufgeführt. Seinen größten Publikumserfolg erzielte Cherubini mit *Les Deux Journées* (*Die beiden Reisen* oder *Der Wasserträger*, 1800), einer *comédie lyrique* in drei Akten mit einem Libretto von Bouilly, das Beethoven aufmerksam studierte, als er mit der Arbeit am *Fidelio* begann. Die erste Inszenierung der Oper in Paris erlebte über 200 Vorstellungen, und auch im deutschsprachigen Europa wurde sie populär und blieb bis in die 1840er Jahre hinein auf den Spielplänen. Kein Geringerer als Goethe lobte ihr Libretto. Genau wie das Leonore-Libretto von Bouilly (und damit auch wie der *Fidelio*) erzählt *Les Deux Journées* die Geschichte einer Rettung und eines Triumphs der Menschlichkeit. Auch wenn sie im 17. Jahrhundert spielt, zielt die Oper eindeutig darauf ab, den revolutionären Geist des Publikums anzusprechen, zeichnen sich ihre Protagonisten doch durch genau definierte abstrakte Tugenden aus. Im Mittelpunkt steht der Wasserträger Micheli aus Savoyen, der einen Parlamentspräsidenten und seine Frau vor Kardinal Mazarin versteckt. Im Einklang mit der Botschaft vieler solcher «Rettungsopern» wird der Parlamentarier am Ende begnadigt, und die Oper schließt mit der Mahnung an alle: «Eclatez, doux accents de la félicité! Le premier charme de la vie, c'est de servir l'humanité.» («Brecht in Jubel aus, süße Kumpane des Glücks! … Doch was das Leben erst schön macht, ist der Dienst an der Menschheit.»)

Les Deux Journées ist in vielerlei Hinsicht eine typische *opéra comique* der postrevolutionären Periode. Sie macht vollen und dramatischen Gebrauch von den verschiedenen ihr zu Gebote stehenden Möglichkeiten der Darbietung, vom gesprochenen Dialog zum Melodrama (jenem musikalischen Genre, bei dem gesprochene Worte musikalisch begleitet werden, wovon in einem früheren Kapitel bereits die Rede war) über das vom Orchester begleitete Rezitativ bis zur Arie und zum Ensemblegesang. Zwischen den beiden letztgenannten besteht allerdings ein Ungleichgewicht: Die einzigen Arien der Oper sind die ersten beiden Stücke (von insgesamt fünfzehn) nach der Ouvertüre: eine Ballade, die eine Geschichte erzählt, und ein Gebet. Beide haben eine einfache Strophenstruktur und werden in späteren Schlüsselmomenten der Handlung wiederholt. Die übrigen Gesangsstücke der Oper sind Chöre und Ensembles; das anspruchsvollste unter letzteren enthält Tempo- und Tonartwechsel, ähnlich wie das Finale einer *Opera buffa* von Mozart. Cherubinis Oper wird heute, ebenso wie alle anderen französischen Stücke aus dieser Zeit, die die Errungenschaften der Revolution feierten, kaum mehr gespielt, doch ihr Einfluss auf die Oper des 19. Jahrhunderts war tiefgreifend und nachhaltig, insbesondere in Deutschland. Felix Mendelssohn-Bartholdy (1809–1847), der ein gespaltenes Verhältnis zur Oper hatte, besuchte *Les Deux Journées* 1834 in Düsseldorf und schrieb an seinen Vater: «Das war mein vergnüglichster Theaterabend seit langer Zeit, denn ich nahm an der Vorstellung Theil wie ein Zuschauer, lachte und klatschte mit und schrie Bravos hinauf.»[7] Seine Begeisterung, die sich mit der fortdauernden Sorge um den Zustand der deutschen Oper verband, war symptomatisch. Die große Don-Fernando-Schlussszene im *Fidelio* mit ihrer an ein Oratorium erinnernden Musik und ihrer großen sinfonischen Gestik, die wir heute als Beethoven in Reinkultur und als durch und durch teutonisch empfinden, weist enge Verwandtschaftsmerkmale zu den Choralhymnen an die Freiheit auf, die in Cherubinis von der Revolution inspirierten Opern hinter jeder Ecke lauern.

Die deutsche Antwort

Schon während der *Fidelio* in seiner mühseligen multinationalen Genesis steckte, begannen neue, enger umschriebene Vorstellungen davon, was «deutsch» in der Musik bedeuten könnte, die Runde zu machen. In einer Welt, in der die Xenophobie an Boden gewann, setzte sich jeder, der sich mit selbstverständlicher Leichtigkeit zwischen seiner eigenen und einer fremden Kultur hin und her bewegte, dem Verdacht aus, dubios und doppelzüngig zu sein. Schon Zweisprachigkeit galt als Verdachtsgrund. Man muss nicht lange suchen, um auf Richard Wagners fortgesetzte Polemiken gegen Giacomo (Jacob) Meyerbeer zu stoßen – einen deutschen Komponisten, der italienische und französische Opern schrieb und mit dessen großen Erfolgen in Paris in den 1830er und 1840er Jahren wir uns in einem späteren Kapitel befassen werden. Hinter Wagners Abneigung gegen Meyerbeer steckte im Wesentlichen ein antisemitisches Ressentiment, doch nährte sich die deutsche Xenophobie des frühen 19. Jahrhunderts auch noch aus anderen Wurzeln. Eine ihrer Ursachen war sicher das Trauma der Invasion und Besetzung der deutschen Staaten durch Napoleon, die die Einführung des Code Napoléon mit sich brachte, der unter anderem die Rechtsstellung bestimmter Bevölkerungsgruppen wie der Juden verbesserte, die als Fremdlinge galten. Das Gespenst der Invasion, die Erkenntnis, dass das Vaterland nicht unverwundbar war, wurde nach 1800 zu einem beherrschenden Thema in der romantischen deutschen Literatur. Die kulturellen Früchte, die dies im weiteren Verlauf des 19. Jahrhunderts trug, waren oft exquisit; die Auswüchse und Nachwirkungen, die im 20. Jahrhundert daraus erwuchsen, waren hingegen beispiellos barbarisch und tragisch.

Eine wichtige Rolle in der Saga vom Aufstieg der deutschen Oper spielte *Die Zauberflöte* (1791), die in dem Jahrzehnt nach Mozarts Tod ungeheure Beliebtheit gewann und von vielen als das Pionierwerk eines neuen Genres gepriesen wurde: der ernsten deutschsprachigen Oper, die (auch wenn sie noch immer gesprochene Dialoge aus der Erbmasse des Singspiels enthielt) dabei war, zu grandiosen, ja transzendentalen neuen

Ufern vorzudringen. Mozart wurde bald nach seinem Tod zur Kultfigur, seine *Zauberflöte* ein weit über das Singspiel hinausgewachsenes Werk, als ganz große Kunst betrachtet. Eine wichtige Etappe dieses Prozesses (wir haben sie am Ende des vorigen Kapitels kurz gestreift) setzte 1794 ein, als Goethe am Libretto für eine Fortsetzung zu arbeiten begann: *Die Zauberflöte. Zweiter Teil.* Goethe verfolgte mit diesem eigenartigen Werk, zusammen mit mehreren lobpreisenden Aufsätzen über *Die Zauberflöte* und *Don Giovanni*, einen ganz bestimmten Zweck: Er wollte zeigen, dass die magischen Schauplätze und übernatürlichen Themen dieser Opern sich als Überschneidungszonen zwischen der menschlichen und der transzendentalen oder göttlichen Welt deuten ließen. Er hielt Mozart, anders gesagt, zugute, dass dieser mit seinen Werken die Verwendung übernatürlicher und magischer Handlungselemente aus den Niederungen der Farce gelöst und sie auf eine höhere, seriöse Ebene gehoben hatte. Es fand sich, was nicht verwundert, wie bereits erwähnt, kein Komponist, der bereit gewesen wäre, sich an Goethes Projekt heranzuwagen, aber in den ersten Jahrzehnten des 19. Jahrhunderts konnten andere deutsche Librettisten aus Büchern voller neuer magischer Geschichten schöpfen, darunter die erste Ausgabe der von den Gebrüdern Grimm gesammelten *Deutschen Kinder- und Hausmärchen* (1812–1814) und das sie ergänzende Werk *Deutsche Sagen* (1816–1818).

Die Brüder Grimm waren relativ spät zur Gilde der Märchensammler und Märchendichter gestoßen; das Genre war im Frankreich des 17. Jahrhunderts aufgekommen und ein wenig später auch in Deutschland angekommen. Märchen und Sagen hatten auch schon vorher Stoffe für viele Opernlibretti mit gesprochenen Dialogen in französischer, deutscher und englischer Sprache geliefert. Was sich jetzt änderte, war, dass der Zauber dieser Geschichten tragische Schwere erhielt. Nehmen wir den Fall des E. T. A. Hoffmann (1776–1822), den wir bereits als scharfsinnigen Musikkritiker kennen gelernt haben; seine Oper *Undine* (1816) basierte auf einem literarischen Märchen von Friedrich de La Motte Fouqué. Als Autor war Hoffmann ein berühmter Barde des Unheimlichen; seine Erzählungen über den Zusammenprall zwischen menschlichen und außermenschlichen Welten verkörpern auf typische Weise die beunruhigenden und pessimistischen Aspekte der frühen deutschen Romantik und ihrer Literatur. Undine (Sopran) ist eine schöne Wasserfee, die im Säuglingsalter von einem Paar adoptiert worden ist. Sie verliebt sich in Huldbrand (Bariton), und sie heiraten trotz Undines Warnung an Huldbrand, dass sie, falls er ihr je untreu würde, in ihr angestammtes Element zurückkehren müsse und dann zu einer Gefahr für ihn würde. Der obligatorische finstere Verführer (Bass) erscheint in Gestalt Kühleborns, eines mächtigen Wassergeistes, der die Verlockungen des nie gesehenen Reichs verkörpert. Tatsächlich lässt sich Huldbrand durch Kühleborns Manipulationen so weit bringen, dass er einem anderen Mädchen seine Liebe erklärt; Undine sinkt daraufhin in ihre Unterwasserwelt zurück. Doch dann taucht sie während der Hochzeitsfeier aus einem Brunnen auf und zieht Huldbrand mit sich in die Tiefe.

Der Freischütz: Das Buch der Geister

Undine repräsentiert den Archetypus der deutschen romantischen Oper mit mythischer oder märchenhafter Handlung. Sie spielt in einem normalen Milieu, in einer genügsamen Gesellschaft mit einfachen Gefühlen und kleinen Familienstrukturen – doch die von außen kommenden Besucher, die gewaltsam in diese heile Welt eindringen, sind fern der Norm. Ein verführerischer weiblicher Geist verdreht einem tugendhaften Mann den Kopf; ein Mann der bösartigeren Sorte sucht sich Jünger oder Bräute oder Opfer (wobei Braut und Opfer zusammenfallen) mit dem Ziel, Sterbliche zu verführen. Am Ende wird die menschliche Ordnung notwendigerweise wiederhergestellt, wenn auch oft unter erheblichen Opfern.

Nach wie vor entstanden auch komische Versionen von Märchen- und Zaubergeschichten, ebenso wie die so genannten «türkischen Opern», in denen (wie wir im vorigen Kapitel am Beispiel von Mozarts *Die Entführung aus dem Serail,* 1782, gesehen haben) schlaue Vertreter des Abendlandes heimtückische Orientalen überlisten; aber die ernsten oder zumindest halbwegs ernsten Libretti setzten nunmehr die Maßstäbe für das, was man heute die Fantasy-Sparte nennen würde. Die berühmteste Vertreterin dieses neuen Genres war Webers Oper *Der Freischütz* (1821), ein musiktheatralisches Füllhorn, das den Zusammenstoß zwischen Märchenwelt auf der einen sowie sozialer Angst und Engstirnigkeit auf der anderen Seite zum Thema hat. Der «Freischütz» ist ein «Jäger, der im Tausch gegen unfehlbare Zauberkugeln seine Seele verkauft» – diese Erklärung ist freilich zu lang, um im Titel der Oper untergebracht werden zu können. Dass der Ausdruck «Freischütz» alles andere als selbsterklärend ist und sich auch nicht ohne Weiteres in andere Sprachen übersetzen lässt, ist einer der Gründe dafür, dass die Oper nur sehr selten außerhalb Deutschlands aufgeführt wird, und wenn doch einmal, so ruft sie fast immer eine verstörte und kritische Resonanz hervor – die unterschwellige Phobie gegenüber dem Fremden, die sie atmet, wird als zu problematisch empfunden. In den 20er Jahren des 19. Jahrhunderts war die Oper jedoch ein Welterfolg, nicht zuletzt weil ihr der Ruf vorauseilte, ein authentisches Stück deutscher Abgründigkeit zu sein. Wie im Einleitungskapitel vermerkt, fühlte sich Richard Wagner, als *Der Freischütz* in den 1840er Jahren in Paris neu inszeniert wurde, bemüßigt, für unbedarfte französische Opernbesucher, die den deutschen Ernst dieses Werks vielleicht nicht erkennen würden, eine Art Gebrauchsanleitung zu schreiben. Die Tatsache, dass die Oper problemlos um die Welt ging – sie wurde bereits vor 1850 in Kapstadt, Rio und Sidney gespielt –, lässt wohl eher darauf schließen, dass Wagners erläuternder Text einer unterschwelligen Geringschätzung des französischen Nationalcharakters entsprang.

Das Gespensterbuch war eine Anthologie, die Webers Librettist Johann Friedrich Kind für seine *Freischütz*-Geschichte ausweidete. Der Protagonist Max (Tenor) ist ein Jäger und erstklassiger Schütze, dessen Schüsse jedoch in letzter Zeit allesamt fehlgegangen sind. Er befindet sich zu Beginn der Oper in verzweifelter Stimmung: Wenn er bei dem am nächsten Tag anberaumten «Probeschuss» versagt, kann er seine geliebte Agathe nicht heiraten. Kaspar (Bass), ebenfalls Jäger, schlägt eine rasch wirksame Abhilfe vor: Max soll mit ihm am Abend zur «Wolfsschlucht» gehen, wo ein dämonischer schwarzer Jäger namens Samiel (Sprechrolle) ihnen helfen werde, Zauberkugeln zu gießen, die nie ihr Ziel verfehlen. Nach zwei Akten und vielen melodiereichen Nummern Agathes, ihrer resoluten Cousine Ännchen (Mezzosopran), des Helden Max und diverser Anderer (sogar Samiel erscheint manchmal als schweigende Figur am Rande) treffen sich Max und Kaspar in der Wolfsschlucht, und Samiel ergreift zum ersten und einzigen Mal im Verlauf der Oper das Wort. Wir erfahren bei dieser Gelegenheit, dass Kaspar Samiel seine Seele verkauft hat und dass er jetzt beabsichtigt, sie sich im Tausch gegen jene von Max zurückzuholen. Mit viel «Kawumm» werden die magischen Kugeln wie geplant gegossen. Im dritten Akt erleben wir dann das Wettschießen; Samiel lenkt Max' siebente Kugel auf Agathe, die jedoch durch ein Wunder gerettet wird; stattdessen trifft der tödliche Schuss Kaspar. Max erhält Absolution, und alles wird gut.

Selbst aus dieser knappen Zusammenfassung dürfte deutlich werden, dass die Dramaturgie des *Freischütz* in allen Fugen knirscht wie eine schlecht geölte Kulisse beim Verschieben, und der gesprochene Dialog, der sich auf Pantomimen-Niveau bewegt, wirft das zusätzliche Problem auf, dass das Gerede darüber, wer am besten schießt, und das Prahlen mit dem Erlegen von Sechzehnendern auf ein Minenfeld der Doppeldeutigkeiten führt. Man braucht nur einen kursorischen Blick auf das Libretto zu werfen, um Sätze zu finden wie «Leid oder Wonne, beides ruht in deinem Rohr». Weitere irritierende Aspekte lauern unter der Oberfläche. Welche Botschaft beispielsweise will uns ein Libretto vermitteln, das so reich ist an düsteren Warnungen vor den im Wald lauernden Gefahren und an schurkischen Charakteren (den Kaspars dieser Welt), die Teil unserer Gesellschaft zu sein scheinen, vielleicht aber auch Werkzeuge einer Macht, die die Gesellschaft infiltrieren möchte? Diese letztgenannte Phobie – das Misstrauen gegen den scheinbaren Landsmann, der in Wirklichkeit ein ganz anderer ist – war sowohl ein universales Klischee als auch eine spezifische Ausprägung des Antisemitismus. In dem Maß, wie deutsche Juden sich assimilierten und zu bürgerlichen Angehörigen der Mittel- und Oberschicht wurden, gingen immer mehr Merkmale, an denen man ihre Andersartigkeit hätte festmachen können, verloren; man konnte es als eine besonders heimtückische Strategie dieser ausländischen und fremden Elemente deuten, dass sie sich in Sprache und Aussehen nicht mehr von «echten» Deutschen unterschieden. Zahlreiche soziologische und psychologische Erklärungen für die obsessive Beschäftigung der deutschen Romantiker mit dem «Unheimlichen» wurden in die Debatte geworfen. Freud unterwarf bekanntlich E.T.A.Hoffmann und seine Brüder im Geiste einer retrospektiven Psychoanalyse und identifizierte allein in ihrer Vorliebe für furchterregende Doppelgänger – finstere Wesen, die immer wieder auftauchen – und Füße, die von alleine tanzen, ein ganzes Spektrum mentaler Pathologien. Doch nicht alle romantischen Geschichten ergehen sich in reiner Schwarz-Weiß-Malerei, erst recht nicht, wenn sie in Musik eingebettet sind. In Heinrich Marschners *Der Vampyr* (1828) bekommt die untote Hauptfigur, der byroneske Lord Ruthven (Bariton), viele der besten Arien. Wagners *Der fliegende Holländer* verdankt musikalisch einiges der Partitur von Marschner, und aus dem heimtückischen, mit Zauberkräften ausgestatteten Gesellschaftsfeind wird bei Wagner ein romantischer Antiheld und tragisches Idol, einer, für den man sowohl Mitleid als auch Bewunderung empfindet und der natürlich großartige Arien singen darf.

Der Freischütz wurde als «romantische Oper» angekündigt, doch seine Abstammung vom Singspiel und von der *opéra comique* scheint überall durch, vor allem bei den besagten schlüpfrig anmutenden Dialogen. Als die Pariser Opéra sich den *Freischütz* vornahm, betraute sie Hector Berlioz mit der Aufgabe, diese Dialoge in endlose Rezitative zu verwandeln, was in einer erheblich längeren Aufführungsdauer resultierte und nach Meinung Wagners nicht dem Geist des Werks entsprach: «Wenn ihr einen naiven, oft witzig heiteren Dialog durch ein Rezitativ ersetzt, welches im Munde der Sänger stets schleppend wird, glaubt ihr nicht, dass ihr den Charakter von freimütiger Herzlichkeit verwischen werdet, der die Szenen der böhmischen Bauern beseelt?»[8] Das hatte freilich System. Auch Bizets *Carmen* wurde mit zusätzlichen Rezitativen aufgepeppt, um den Anforderungen etlicher hochkarätiger Spielstätten zu genügen, die Opern mit gesprochenen Texten nicht akzeptierten. Die verwandtschaftlichen Fäden, die den *Freischütz* mit der komischen Tradition verbinden, bereiten keine ungetrübte Freude. Besonders deutlich treten sie hervor in der Soubrettenfigur Ännchen, die ihre Lebensphilosophie in einem Duett mit Agathe im zweiten Akt so beschreibt: «Grillen sind mir böse Gäste! Immer mit leichtem Sinn. Tanzen durchs Leben hin. Das nur ist Hochgewinn! Sorgen und Gram muss man verjagen!» Mit dieser Leichtigkeit des Seins verrät sie uns, dass sie bestimmt *nicht* die Heldin der Geschichte ist; andererseits mutet der düstere Kontrapunkt, den Agathe dem lebenslustigen Ännchen entgegensetzt, überaus feierlich an, und Ännchen macht sich denn auch im dritten Akt darüber lustig, indem sie eine persiflierte schauervolle Ballade singt.

Während die Libretti dieser deutschen romantischen Opern durch und durch von Lokalkolorit geprägt sind – und zwar in dem Sinn, dass sie in urdeutschen Ängsten schwelgen und in aller Regel auch auf literarische Quellen germanischer Provenienz zurückgreifen –, gilt das für die Musik in aller Regel nicht. Deutsche Opernkomponisten des frühen 19. Jahrhunderts vertraten oft mit Feuereifer die These von der Überlegenheit des Einheimischen. Weber sprach 1816 mit Blick auf Rossini von dem «aus Süden her wehenden Schirokko, dessen Hitze bald abkühlen wird».[9] Andererseits hatte Weber, wie seine Zeitgenossen Hoffmann und Louis Spohr, ein höchst aufmerksames Ohr für alles, das anderswo, namentlich in Italien, vor sich ging – kosmopolitische musikalische Gepflogenheiten waren *en vogue*, ob man das mochte oder nicht. Im zweiten Akt des *Freischütz* singt Agathe die berühmte Arie «Leise, leise, fromme Weise». Sie beginnt mit einer langsamen Strophe, deren Anfangsmelodie am Ende rekapituliert wird. Auf sie folgt ein Übergang in der Art eines Rezitativs, in dem Agathe die Landschaft vor ihrem Fenster beschreibt und irgendwann Max erblickt, der sich aus der Ferne nähert. «O süße Hoffnung!

Neu belebter Mut!» singt sie – und ab geht die Post in einen verzückten, virtuosen und schnellen Schlusssatz. Das ganze Stück ist also eine Arie in mehreren, teils langsamen, teils schnellen Sätzen, ganz und gar nicht weit entfernt von jener italienischen Manier, deren Schrittmacher der verachtete Rossini war. Damit soll natürlich nicht gesagt sein, dass jede Arie, die langsam anfängt und schnell endet, dem Rossini-Typus entspricht; zweisätzige Arien dieser Art gab es schon seit dem 18. Jahrhundert, mehrere berühmte Beispiele finden sich bei Mozart. Doch deuten die Stilmittel und die Form, die Weber für diese Agathe-Arie wählte, sehr darauf hin, dass auch er seine Schirokko-Momente hatte.

Dagegen repräsentierten Arien mit Strophenstruktur in der deutschen romantischen Oper in aller Regel den Rückgriff auf vertraute volkstümliche Idiome, wie sie es im Singspiel seit Mitte des 18. Jahrhunderts getan hatten. Von Beispielen aus der *Zauberflöte* wissen wir freilich, dass die Strophenform im Begriff war, auch komplexere Bedeutungen anzunehmen: Weit davon entfernt, nur bäuerliche Schlichtheit zu signalisieren, konnten die musikalisch identischen Verse jetzt eine Geborgenheit vermittelnde Ordnung symbolisieren, eine musikalische Antithese zu Chaos und Unberechenbarkeit. Im dritten Akt des *Freischütz* singt eine Gruppe von Jägern in einem Jagdzelt im Wald ein mehrstrophiges Lied («Was gleicht wohl auf Erden dem Jägervergnügen»), begleitet von Jagdhornbläsern, die ein Teil der Szenerie sind. Das Lied preist die Freuden des Jägerlebens: «Wem sprudelt der Becher des Lebens so reich?» Der kräftige mehrstimmige Männergesang und der Donnerschall aus den Jagdhörnern malen ein erstaunliches akustisches Bild; die heimelige Wohlfühl-Atmosphäre des Zeltes und die Männerkameradschaft brechen sich, so hat man den Eindruck, in diesem Klangbild Bahn, das so etwas wie ein Schnappschuss von der kollektiven Stimme des Volkes ist. Heute tut man sich extrem schwer, diese Szene guten Gewissens zu inszenieren (oder zu genießen). Man fühlt sich unwillkürlich an Gaston erinnert, den rüpelhaften Jäger in Disneys *Beauty and the Beast* (1991), der mit ähnlich überschwänglichem Gestus singt: «Und für mich sind Geweihe die einzige Zierde.» Solche Lieder mögen von ansteckender Fröhlichkeit sein, aber man hat einfach zu viele eng geknöpfte Männerchöre dieses Liedgut schmettern hören – und selbst die amerikanischen sind Abkömmlinge jener Männergesangsvereine, die sich in Deutschland zu Webers Zeit und danach großer Beliebtheit erfreuten. Der *Freischütz* feierte große Erfolge, war aber von Anfang an auch ein verlockendes Ziel für Parodie und Spott.

Das Strophenlied transzendierte indes seine Herkunft aus dem Volkslied, und zwar nicht nur in Deutschland. Spätestens in den 1820er Jahren verfestigte sich ein bestimmter Typus von Ballade in Strophenform dauerhaft in Opern mit einer Fantasy-Handlung. Das Muster sieht so aus, dass eine Figur auf Drängen Anderer oder von sich aus eine Geschichte in Form eines Liedes erzählt. Die Geschichte handelt von einem übernatürlichen Wesen, das in menschlichen Gefilden herumspukt, und stets stellt sich heraus, dass die Märchenballade die Handlung der Oper im Kleinformat abbildet. Vorläuferbeispiele dafür haben wir im vorigen Kapitel gestreift: In Mozarts *Entführung* erzählt Pedrillo in seiner Serenade im dritten Akt von der Befreiung einiger Mädchen aus einem Harem, und das ist just das, was Pedrillo dann auch tut. Man findet auch illustre Nachkommen, und zwar nicht nur in der deutschen Operntradition. In Verdis *La forza del destino* (*Die Macht des Schicksals*, 1862), der mit Abstand «schauervollsten» Oper des Italieners, ist die Ballade, die der rachsüchtige Bariton Don Carlo im zweiten Akt singt («Son Pereda, son ricco d'onore»), nichts anderes als ein neckisches Resümee der Geschichte, die die Oper bis dahin erzählt hat; kaum verwunderlich, dass als *La forza* in den 1920er Jahren in Deutschland zur Kultoper avancierte, eine maßgeschneiderte, stark nordisch gefärbte Version dieser Arie besonders gut ankam.

Schon in den 1820er Jahren zeigten sich sowohl in der Dichtung als auch in der Musik solcher Balladen die kulturellen und literarischen Komplikationen, die sich aus einer gruseligen Handlung ergaben. Nehmen wir als Beispiel *La Dame blanche* (*Die Weiße Dame*, 1825), eine *opéra comique* von Adrien Boieldieu (1775–1834). Die Oper erfreute sich in Deutschland in den 1830er Jahren und auch noch später gewaltiger Beliebtheit. Den Text hatte Eugène Scribe geschrieben, der wichtigste französische Librettist des frühen 19. Jahrhunderts, und der Stoff entstammte, wie so viele andere romantische Libretti, den historischen Romanen von Sir Walter Scott. Im ersten Akt singt eine Nebenfigur namens Jenny ein Lied in Strophenform («D'ici voyez ce beau domaine») über die Legende von der weißen Dame, die als wohlmeinender Geist über die Familie Avenel wacht und ihr schon einmal lästige Widersacher vom Leib gehalten hat. Wie kaum anders zu erwarten, passiert in der Oper dasselbe noch einmal. (Die Weiße Dame entpuppt sich allerdings als ein Mädchen aus Fleisch und Blut: die selbstlose Anna, ein Mündel der Avenels, bei ihren Auftritten in ein weißes Schleiertuch gehüllt.) Marschner stattete seine Oper *Der Vampyr* ebenfalls mit einer publikumswirksamen Ballade aus: Eines von Ruthvens künftigen Opfern warnt das Publikum in dem Lied vor unglücklichen Mädchen, die das Schicksal erlitten haben, das ihr bevorsteht. In allen Liedern dieser Art waltet eine grundlegende Spannung. Zwar weisen sie ein musikalisches und dichterisches Muster auf – die Strophenform –, das in einem hohen Maße geordnet, repetitiv und vorhersehbar ist, aber inhaltlich erzählen alle diese Lieder von schwersten Krisen und Verwerfungen des Lebens und der gewohnten Ordnung, hervorgerufen durch die bösen Machenschaften übernatürlicher Kräfte. So gesehen, könnte man sagen, die Musik weigere sich, die erzählte Geschichte zur Kenntnis zu nehmen. Indem sie ihre geschlossene und einfache Form bewahrt, distanziert sie sich; eine sichtbare und drohende Gefahr wird ferngehalten oder, genauer gesagt, nur durch einen schützenden Filter wahrgenommen. Marschners Ballade in der selten verwendeten Tonart es-Moll hat nach jedem Vers einen im Chor gesungenen Refrain, dessen Melodie aus einer verloren gegangenen Vergangenheit zu kommen scheint, eine seltsame langsame Gavotte, gesungen von einem hypnotisiert wirkenden Kreis von Zuhörern.

Der Freischütz: Szenische Musik

Bahnbrechend war Webers Oper auch insofern, als sie revolutionär neue Wege im Einsatz «szenischer Musik» ging, Musik, die rein instrumental sein konnte, aber nicht musste, und die ausdrücklich der Untermalung dessen diente, was auf der Bühne passierte, ob das nun eine profane Prozession war oder eine epische Katastrophe. Wie in Kapitel IV gesehen, reichten die Wurzeln dieses Stilmittels ins 18. Jahrhundert zurück – die Inspiration hatten französische Opern mit ihrer Vorliebe für das visuelle Spektakel geliefert. Es gab in der Tat kaum eine *tragédie lyrique*, in der nicht ein Sturm aufgezogen wäre, sei es auf dem Meer oder an Land, in jedem Fall aber mit entsprechender Begleitmusik. Für szenische Musik in der Oper gilt zweifelsfrei, dass sie sehr viel «chaotischer» und weit weniger formal vorhersehbar sein darf, als dies bei konzertanter Instrumentalmusik akzeptabel wäre. Darüber hinaus hat szenische Musik eine zusätzliche Aufgabe: Sie soll erschütternde Naturereignisse musikalisch abbilden oder das Getümmel beim Kommen und Gehen von Leuten untermalen; und wenn sich auf der Bühne erkennbar Ereignisse vollziehen, die nicht zueinander passen, so muss sich auch in der Musik etwas Unpassendes oder Überraschendes ereignen. Man braucht nur die Sturmszenen in

Rossinis *Il barbiere di Siviglia* (1816) oder in *La Cenerentola* (1817) mit den entsprechenden, musikalisch sehr viel disziplinierteren Passagen in Beethovens Sechster Sinfonie («Pastorale», 1808) zu vergleichen, um die Unterschiede zu hören.

Mit szenischer Musik wurde eine Ästhetik des visuell-musikalischen Zusammenwirkens begründet, auf deren Schultern sich in den darauf folgenden 100 Jahren eine erkleckliche Bedeutungslast auftürmen sollte, insbesondere bei der deutschen Oper. Weber war auch in dieser Hinsicht wegweisend. Einer der spektakulärsten Gewitterstürme der Operngeschichte – in der Tat einer der größten Momente szenischer Musik – erhebt sich im Finale des zweiten Aktes des *Freischütz*, beim Gießen der Kugeln in der Wolfsschlucht. Die Szene setzt Maßstäbe für die visuell-musikalische Interaktion und gilt als eine der ersten in der Operngeschichte, die kinoähnliche «Spezialeffekte» vorwegnahm. Man kann dieses Finale am besten als eine faszinierende musikalische Massenkarambolage charakterisieren. Dabei vermischen sich gesprochene Dialoge mit Elementen des Melodrams (das Orchester übertönende Sprechtexte, wie im vorigen Kapitel erörtert), mit Gesang und szenischer Instrumentalmusik, und diese Mischung ergibt ein in Abschnitte gegliedertes Stück, einschließlich Anweisungen für staunenswerte Spezialeffekte, die 1821 technisch kaum realisierbar waren. Es ist Mitternacht, und wir befinden uns tief im Wald; Samiel, in allen anderen Szenen eine stumme Figur, ist hier in seinem Element und kann daher sprechen. Er singt jedoch nicht. Eine strenge Hierarchie wird gewahrt: Bei Dialogen zwischen Samiel (sehr böse) und Kaspar (nur ziemlich böse) singt Kaspar, während Samiel spricht; als Max (im Großen und Ganzen gut) auftaucht und zu singen beginnt, wird Kaspar zum nur noch Sprechenden «degradiert». Als Max die Zeremonie des Kugelgießens hinter sich hat, ist auch er nicht mehr in der Lage, zu singen. Natürlich gewinnen sowohl Kaspar als auch Max – die Oper muss schließlich weitergehen – während der sich anschließenden Pause ihre Sangesfähigkeit wieder; sie werden ja im dritten Akt wieder gebraucht.

Was geschieht in diesem Finale? Der Vorhang öffnet sich und gibt eine Szenerie frei, die im Libretto außerordentlich detailliert beschrieben ist und in der alle visuellen Symbole und Merkmale der deutschen Romantik wie zu einem Zählappell versammelt sind:

> Furchtbare Waldschlucht, größtenteils mit Schwarzholz bewachsen, von hohen Gebirgen rings umgeben. Von einem derselben stürzt ein Wasserfall. Der Vollmond scheint bleich. Zwei Gewitter von entgegengesetzter Richtung sind im Anzug. Weiter vorwärts ein vom Blitz zerschmetterter,

> ganz verdorrter Baum, inwendig faul, so dass er zu glimmen scheint. Auf der andern Seite, auf einem knorrigen Ast, eine große Eule mit feurig rädernden Augen. Auf anderen Bäumen Raben und andere Waldvögel. … Kaspar ohne Hut und Oberkleid, doch mit Jagdtasche und Hirschfänger, ist beschäftigt, mit schwarzen Feldsteinen einen Kreis zu legen, in dessen Mitte ein Totenkopf liegt; einige Schritte davon entfernt ein Paar abgehauener Adlerflügel, Gießkelle und Kugelform.

Ein gespenstischer Chor (fis-Moll, Sostenuto, mit gelegentlichen Kreischlauten) singt über «Milch des Mondes» und eine getötete Braut; aus der Ferne hört man eine Uhr Mitternacht schlagen; Kaspar rammt seinen Hirschfänger in den Totenkopf, streckt ihn hoch, dreht sich dreimal um sich selbst und ruft Samiel herbei; Samiel erscheint und verlangt zu wissen, was Kaspar vorhat; Kaspar singt einen Monolog (in c-Moll, Agitato, ein starker, sinnlicher Auftritt für den Bass), in dem er um eine Annullierung seines Kontrakts bittet für den Fall, dass Samiel Max als seinen Ersatzmann akzeptiert. Samiel willigt ein, lässt aber, bevor er abtritt, eine Bemerkung über die siebente Kugel und Agathe fallen. Kaspar äußert sein Mitgefühl für Max im Melodrama-Stil mit einem aufgeregt agierenden Orchester. Zum ersten Mal wechselt die Musik in die Dur-Stimmung über (Es-Dur), und ein heller Fanfarenstoß aus vier Hörnern kündigt Max' Ankunft an – man erblickt ihn zuerst auf einem Felsvorsprung über einem Wasserfall, wie er in die Schlucht hinabblickt; zögernd klettert er hinab, häufig innehaltend und seinen Zweifeln Ausdruck gebend; Kaspar erwartet ihn mit aufmunternden Zurufen, und in der Luft erscheinen mehrere Visionen, darunter der Geist von Max' Mutter, der ihn zurückruft, und schließlich eine derangierte Agathe («mit aufgelösten Locken und wunderlich mit Laub und Stroh aufgeputzt»), die drauf und dran scheint, sich umzubringen (vom Orchester in Moll und *Molto agitato* begleitet). Endlich langt Max bei Kaspar an, und nach einer kurzen Atempause zählt Kaspar die für das Gießen der Kugeln benötigten Zutaten auf (zerstoßenes Glas von einem Kirchenfenster, das linke Auge eines Luchses usw.) und segnet die Melange.

Kaspar beginnt die Kugeln zu gießen. «Die Masse in der Gießkelle fängt an zu gären und zu zischen und gibt einen grünlichweißen Schein. Eine Wolke läuft über den Mondstreif, dass die ganze Gegend nur noch von dem Herdfeuer, den Augen der Eule und dem faulen Holz des Baums beleuchtet ist.» Als Kaspar die Kugeln nacheinander aus der Form fallen lässt, ereignen sich seltsame Dinge. Bei «Eins» kommen «Waldvögel» angeflogen, das Orchester produziert dazu flirrende Töne; bei «Zwei» rast ein schwarzer Eber durch das Gebüsch, begleitet von mehreren bizarren Gleittönen von Celli, Bässen und Fagotten, die einem Zugposauneneffekt nahekommen; bei «Drei» bricht ein Sturm los und knickt Baumwipfel ab, was die Streicher mit unkoordiniert wirkenden Auf- und Abwärtsskalen kommentieren; bei «Vier» rollen geisterhafte feuerbereifte Räder über die Bühne, ebenfalls von szenischer Musik untermalt. Bei «Fünf» müssen wir unsere Fantasie bemühen, weil keine Bühnentechnik «Nebelgestalten von Jägern zu Fuß und [mit] Hirschen und Hunden» durch die Luft schweben lassen kann; die Nebelgestalten singen trutzige Paarreime und blasen dazu auf ihren schlecht gestimmten Hörnern (laut Partitur hat das «sempre tutto fortissimo possibile» zu geschehen); bei «Sechs» treffen am Himmel zwei Gewitter zusammen, es blitzt und kracht gewaltig, Bäume stürzen um – ein furchtbares Unwetter in c-Moll, bei dem Streicher, Holz- und Blechbläser, Pauken und der Dirigent alles geben, Presto und Fortissimo. Kaspar schafft es nicht mehr, die siebente Kugel zu gießen, und ruft laut nach Samiel. Seine Rufe werden als Echo zurückgeworfen, und dann erscheint Samiel, der das größte denkbare Unheil verkörpert, viel schlimmer als jedes Gewitter, und greift nach Max' Hand – ein schauriger Moment, der einen harmonisch höchst unorthodoxen Wechsel von c-Moll nach fis-Moll auslöst, zwei Tonarten, die so gut wie gar nichts miteinander verbindet. Max schlägt ein Kreuz und fällt zu Boden. Die unsichtbare Uhr schlägt eins (obwohl die ganze Szene kaum länger als eine Viertelstunde gedauert hat).

Die Verantwortung für die Überzeugungskraft, die das Ganze auf der Bühne entfaltet, liegt zu einem großen Teil bei der Musik. Bei der Premiere 1821 im Berliner Schauspielhaus wurden die visuellen Effekte teilweise mit Hilfe von Projektionstechniken nach der Art der Laterna magica erzeugt. Für die durchscheinenden farbigen bewegten Bilder, die so entstanden, bürgerte sich die Bezeichnung Phantasmagorien ein. Heutzutage ist die Wolfsschlucht-Szene bei jeder Neuinszenierung des *Freischütz* diejenige, mit der der Regisseur seine persönliche Signatur setzt. Manche versuchen, dem *Surround-Sound* des 19. Jahrhunderts visuelle Effekte in der IMAX-Qualität des 21. Jahrhunderts an die Seite zu stellen. In einer von David Pountney verantworteten *Freischütz*-Produktion der englischen Nationaloper in den späten 1990er Jahren wurden die magischen Kugeln mit voll ausgekosteter Brutalität im Mund einer schlafwandelnden (oder nur als Phantasmagorie auftretenden) Agathe gegossen, die sie dann unter orgastischen Zuckungen und Ächzlauten freigab; derweil liefen im Hintergrund mehrere historisierende Szenen ab; unter anderem erblickte man eine nackte Tänzerin, die von einigen sehr garstig aussehenden Komparsen gejagt wurde. Den Abschluss der Episode bildete ein Chor aus Soldaten des Ersten Weltkrieges in voller Schützengrabenmontur – beim Anblick der Mengen eingefärbten Rauchs, der über die Bühne wallte, konnte man sich des Gedankens nicht erwehren, sie hätten besser ihre Gasmasken aufsetzen sollen. Das mag eindrucksvoll modern klingen, doch gibt es auch Regisseure, die der Freude des Publikums an überwältigendem schauervollen Illusionstheater mit grundlegender Skepsis begegnen. In einer Hamburger Inszenierung vor einigen Jahren endete das Finale abrupt damit, dass die Notbeleuchtung im Theater anging und der Widerschein roter Blinklichter den Eindruck erweckte, draußen seien Notarztwagen vorgefahren. Die Zuschauer reagierten (wie auf der DVD zu besichtigen) konsterniert, einerseits die Möglichkeit eines Feuers oder eines medizinischen Notfalls befürchtend, andererseits vermutend, dass das alles zur Inszenierung gehörte. Dass die Musik Webers eine solche Bandbreite der Interpretationen zulässt, legt Zeugnis ab von ihrer Unorthodoxie und ihrer visionären Energie.

Das tollkühne Wolfsschlucht-Finale des zweiten Aktes des *Freischütz*, in dem Weber offenbar alles auf einmal fliegen ließ, markiert einen bemerkenswerten Augenblick in der Geschichte der Oper. Die Tatsache, dass die Darsteller nie die geringste Aussicht haben, das Stück makellos und exakt nach Plan hinter sich zu bringen – nach Aussage mancher Dirigenten schließt man beim *Freischütz* am besten die Augen und betet –, ist eines der Geheimnisse seiner Wirkung auf die Zuschauer und passt bestens zu all den Warnungen und Ängsten vor Unheil und übermenschlich bösen Kräften, von denen das Werk lebt. Einen berühmten «Spezialeffekt» baute Weber in die Musik ein, mit analogen Implikationen. Schaut man sich die Tonarten an, die jeweils bestimmte Abschnitte des Finales dominieren – fis-Moll am Anfang und am Ende, c-Moll bei Kaspars Monolog und in der Sturmszene, a-Moll bei Agathes Geisterauftritt und Es-Dur, als Max erscheint –, so erkennt man, dass Weber uns hier einen Trick vorführt. An früheren Stellen der Oper hat er jedes Mal, wenn auf Samiel und die von ihm ausgehende unheimliche Gefahr angespielt wurde, einen Akzent durch einen «verminderten Akkord» gesetzt (einen Vierklang, der ausschließlich aus kleinen Terzen besteht). Die Idee, musikalische Figuren herausragenden Elementen der Handlung zuzuordnen und sie in entscheidenden Momenten einzusetzen, war nicht neu; wir haben Ähnliches schon früher gesehen, vor allem in französischen Opern wie Grétrys *Richard Cœur-de-Lion* (die ein Thema des vorigen Kapitels war). Auf dem Weg über Frankreich hatte diese Manier auch in der deutschen Oper Popularität erlangt; es ist denkbar, dass Weber von Spohrs Oper *Faust* besonders beeindruckt war, an deren Inszenierung er 1816 mitwirkte. Er rühmte daran die Kunstfertigkeit, mit der Spohr «glücklich und richtig berechnet ... einige Melodien wie feine Fäden durch das Ganze gezogen» habe, die die Oper «geistig [zusammenhalten]».[10] Für die Wolfsschlucht-Szene entwickelte Weber diese Idee noch einen Schritt weiter: Die Töne, aus denen Samiels verminderter Akkord besteht – Fis, A, C, Es – haben ein Eigenleben entwickelt und sich der Musik der Oper tief eingeprägt: Sie werden zu Grundtönen für die Akkorde, die im Finale einen solch abenteuerlichen Reigen bilden. Dieser Kunstgriff machte in der Musikwelt Furore. Man kann ihn als unterschwelliges Symbol für die Macht Samiels deuten, und wie Webers Entwurfsnotizen für die Oper verraten, war das tatsächlich seine sorgfältig geplante und dann umgesetzte Intention; er ging an das Finale fast wie an die Ausarbeitung eines sinfonischen Satzes heran. Deutsche Komponisten brachten, wie wir schon bei Mozart in Kapitel V gesehen haben, in ihr Opernschaffen einen Grundstock an technischem Wissen über Harmonielehre und Orchestrierung ein, den sie sich als Komponisten von Instrumentalmusik angeeignet hatten. (Die Deutschen erwarben sich in dieser Zeit den Ruf, in diesem Metier die Besten zu sein.) Weber stieß damit das Tor zu zahlreichen weiteren Experimenten auf. Die Tatsache, dass das Erinnerungsmotiv eine französische Erfindung war (und dass auch die szenische Musik Webers französische Wurzeln hatte), macht deutlich, dass das deutsche Problem nicht zuletzt auch das Resultat einer Symbiose war, an der die kosmopolitische Ausrichtung Beethovens und Webers ebenso beteiligt war wie aufmerksam gespitzte Ohren und ein nutzbringender Austausch zwischen Deutschland und Frankreich in beiden Richtungen.

VIII.
Rossini und der Übergang

Niemand war sich seiner Sache sicherer als der französische Romancier Stendhal (1783–1842), der 1824 ein ganzes Buch über seine Begeisterung für die Opern Gioachino Rossinis (1792–1868) schrieb: «Napoleon ist tot; aber schon hat sich ein neuer Eroberer der Welt gezeigt: und von Moskau bis Neapel, von London bis Wien, von Paris bis Kalkutta ist sein Name ständig in aller Munde.»[1] Nach Stendhals unablässig zitierter Meinung zu urteilen, war Rossini ein Revolutionär, der die italienische Oper, wie er sie vom späten 18. Jahrhundert geerbt hatte, völlig umkrempelte, eine Oper, deren Leitfiguren bis dato Komponisten wie Domenico Cimarosa (1749–1801) und Giovanni Paisiello gewesen waren. Fast 200 Jahre nach Stendhal mag dessen Sicht der Dinge seltsam, wenn nicht befremdlich erscheinen. Ausgerechnet Rossini ein Revolutionär? Mit der Macht und Überzeugung eines Napoleon? Stendhals Einschätzung mutet so verstiegen an, dass wir uns versucht fühlen, nicht nur über Rossini nachzudenken, sondern auch über die persönlichen Leidenschaften und Obsessionen, aus denen sich diese Maßlosigkeit des Urteils speist.

Die Frage, ob und wie Rossini in seine Zeit passte, ist nicht ganz leicht zu beantworten. Wenn Stendhal in dem Komponisten einen neuen Napoleon zu erkennen glaubte, so hat das zumindest eine gewisse chronologische Überzeugungskraft: Die Niederwerfung Napoleons und die diversen Beschlüsse und Edikte des Wiener Kongresses (1815), die sie besiegelten, fielen zeitlich fast genau mit dem Aufstieg Rossinis zu einer europäischen Berühmtheit in den Jahren 1813–1815 zusammen. Diese militärischen und politischen Umbrüche läuteten eine Ära ein, die gemeinhin als «Restauration» bezeichnet und als ein fehlgeleiteter (oder doch zumindest erfolgloser) Versuch betrachtet wird, durch eine Rückkehr zum politischen Status quo ante des 18. Jahrhunderts die Gefahr einer erneuten Revolution zu bannen. Der Wiener Kongress restaurierte in diesem Sinn die Macht eines kleinen Trupps von Monarchen und anderen absoluten Herrschern, deren Privilegien von der Französischen Revolution und ihren politischen Folgeprozessen ausgehöhlt oder weggefegt worden waren. Im Kontext dieser großen, autoritär verfügten Neuordnung der politischen Landkarte stellt sich die Frage: Gab es analog zur politischen Restauration im Großen auch eine künstlerische Restauration im Kleinen, in der Welt der Oper? Wurde die Opernuhr zurückgedreht im Einklang mit den konterrevolutionären Edikten des Wiener Kongresses? Rossini war zweifellos in dieser Ära der Bannerträger des Opernschaffens, und auf den ersten Blick mag es so scheinen, als habe eine Wechselwirkung zwischen der Opern- und der politischen Geschichte bestanden. Ein Schritt zurück in die napoleonische Ära, und wir stoßen auf die unzweideutige politische Botschaft einer Oper wie Beethovens *Fidelio*, eines im Windschatten Napoleons entstandenen Werks; es findet seinen perfekten Ausdruck begeisterter Parteinahme für die Revolution in der Art und Weise, wie es die altväterliche Sprache der komischen Oper mit einer neuen Musik voller Freiheitsgeist zusammenprallen lässt. Aus diesem Blickwinkel betrachtet, steht die Revolution dem *Fidelio* gleichsam aufs Panier geschrieben, nicht nur, was seine Dramaturgie, sondern vor allem auch, was seine musikalische Substanz betrifft. Beethovens vielschichtiges Verhältnis zu revolutionären Idealen und zu Napoleon (dem die *Eroica*-Sinfonie ursprünglich gewidmet war) ist bekannt. Ganz anders Rossini, der große Mann der Ära der Restauration: Dass ihm jeder politische Radikalismus fehlte, erschließt sich sowohl aus der Bereitwilligkeit, mit der er immer wieder komische Musik mit ernsten Handlungen kombinierte (und umgekehrt – etwas, das wir bei Beethoven für undenkbar halten möchten), als auch aus seiner Marotte, jede Zeile einer jeden Arie (völlig unabhängig von ihrem jeweiligen Gefühlsgehalt) in geradezu hedonistischer Manier in vokalen Verzierungen zu tränken.

Das mag überzeichnet sein, aber wir hegen ebenso wenig wie das Publikum jener Zeit einen Zweifel daran, dass Rossini die Leit- und Symbolfigur der Restauration in der Oper war. Einer seiner italienischen Zeitgenossen, Giovanni Pacini, äußerte in seinen Memoiren sein Bedauern darüber, dass zu Rossinis Hochzeiten alle Komponisten zu seinen Imitatoren wurden – anders hätten sie einfach kein Geld verdienen können.[2] Rossini kam in Pesaro an der Adriaküste als Kind einer Musikerfamilie zur Welt. Nach Kontrapunkt-Studien in Bologna tauchte er schon in verhältnismäßig jungen Jahren in das traditionsreiche und florierende

Operngeschehen Norditaliens ein und komponierte für Häuser in Mailand, Rom, Bologna und vor allem Venedig überwiegend komische Opern und Farcen. Seinen Durchbruch zu nationalem und in der Folge auch internationalem Ruhm schaffte er 1813 mit einer komischen Oper, *L'italiana in Algeri (Die Italienerin in Algier)* und einer ernsten, *Tancredi (Tancred)*; beide erlebten ihre Uraufführung in Venedig. 1815 ließ er sich in Neapel nieder und produzierte dort eine Reihe ernster Opern, darunter *Otello* (*Othello*, 1816) und *La donna del lago* (*Die Dame vom See*, 1819). Aber auch komische Opern schrieb er weiterhin, darunter *Il barbiere di Siviglia* (*Der Barbier von Sevilla*, 1816) und *La Cenerentola* (*Aschenbrödel*, 1817). Was jedoch Rossinis spätere Rezeption betraf, so bestand ein entscheidender Unterschied zwischen seinen komischen und seinen ernsten Opern. Einige seiner ernsten (doch längst nicht alle) waren anfänglich populär und beeinflussten bis zu einem gewissen Grad die nächste Komponistengeneration. Die Erfolgswelle, auf der *Il barbiere* und *La Cenerentola* schwammen, war von einer ganz anderen Qualität: Diese beiden Opern wurden zu unverwüstlichen Repertoirestücken und gehören seit ihren Premieren bis heute zum Standardrepertoire der Opernhäuser in aller Welt.

So war Rossini als Erster von wahrhaft essentieller Bedeutung für die Entwicklung dessen, was wir heute das Opernrepertoire nennen – eines Fundus an Werken, die seither zahllose Male auf zahllosen Bühnen aufgeführt worden sind. Gewiss hatte es so etwas wie Repertoireopern auch schon vor dem 19. Jahrhundert gegeben. Einige Opern von Lully und Rameau erlangten diesen Status, wie gesehen, im 17. und 18. Jahrhundert in Frankreich, desgleichen einige Gluck- und Mozart-Opern in der Ära der Restauration. Doch konnte sich keines dieser Werke – eine Ausnahme, wenn auch nicht ohne Einschränkung, bildet Mozarts *Don Giovanni* – dauerhaft auf den Spielplänen halten; sie gerieten ins Abseits, bis sie im 20. Jahrhundert wiederentdeckt wurden. Die entscheidende Veränderung in Form der allmählichen Entwicklung eines Repertoires setzte in der zweiten und dritten Dekade des 19. Jahrhunderts ein, und ihre ersten Glanzlichter waren die komischen Opern Rossinis. Ihren Status als Dauergäste in den Opernhäusern der Welt teilten sie sich mit einigen populären Opern Bellinis, Donizettis und des jungen Verdi. Spätestens in den 1840er Jahren kam der Ausdruck «Repertoireoper» in Italien auf und verbreitete sich in der Folge rasch auch anderswo. Die politischen Verwerfungen der Jahre 1848/49 stürzten viele Theater in so große finanzielle Schwierigkeiten, dass sie sich gezwungen sahen, zunehmend auf Neuinszenierungen älterer Opern zurückzugreifen; die internationalen Erfolge, die Verdi mit den Opern seiner mittleren Schaffensperiode – und ein wenig später auch Meyerbeer – feierten, ließen diese Entwicklung zum Stillstand kommen.

Die ernsten Opern Rossinis rutschten aus dem Repertoire und gerieten bis Ende des 19. Jahrhunderts fast vollständig in Vergessenheit. George Bernard Shaw feierte 1892 den 100. Geburtstag Rossinis, indem er diesen – vielleicht wider besseres Wissen – zu «einem der größten Meister der Effekthascherei, die je gelebt haben», erklärte.[3] Der Schoß, der dieses Urteil gebar, sollte sich in der Folge als sehr fruchtbar erweisen. So fruchtbar, dass noch vor gar nicht langer Zeit Rossini mit Vorliebe als ein manierierter, durch und durch professioneller Komponist dargestellt wurde, der jedoch, trotz beinahe heldenhafter Leistungen in seinem Fach, sein hohes Ansehen nicht jenen Opern verdankte, mit denen er sich zu Zeiten Stendhals einen großen Namen gemacht hatte, sondern seinen anderen, wesentlich leichteren Werken. Das berühmteste davon war *Il barbiere di Siviglia*, mit seiner virtuosen Bass-Arie «Largo al factotum», eine Oper, der ein reiches Nachleben in der Populärkultur des 20. Jahrhunderts beschieden war. Der komische Barbier Nicki Papaloopas in dem Film *Broadway Melody of 1938* ist ein ikonisches Beispiel. In Chuck Jones' Zeichentrickversion *The Rabbit of Seville* (1950) singt Bugs Bunny die Arie mit beachtlichem Charme. Weitere bemerkenswerte Beispiele für die Rossini-Rezeption im 20. Jahrhundert waren der Einsatz der *Barbiere*-Ouvertüre (die oft als Ersatzhymne für ein morbides, aber komisches Italienbild dient) in Filmen wie dem Mafiadrama *Prizzi's Honor* (Die Ehre der Prizzis, 1985) oder die Zweckentfremdung der Ouvertüre aus *Wilhelm Tell* für die Fernsehserie *The Lone Ranger* in den 1950er Jahren, die ein Millionenpublikum erreichte. Wer einer bestimmten Altersgruppe angehört und mit dem Fernsehen aufgewachsen ist, tut sich, selbst wenn er inzwischen in der Geschichte der klassischen Musik bewandert sein sollte, sehr schwer damit, beim Hören des schnellen Finales dieser Ouvertüre nicht an den maskierten Reiter zu denken, der mit dem Ruf «Hi-yo, Silver!» über die Prärie jagte. Damit nicht genug sind *Il barbiere* und mehrere andere komische Opern Rossinis bis heute populäre Bühnenstücke geblieben. Der Intendant einer regionalen Opernbühne riskiert, bei seinen Verwaltungsräten und seinem Publikum mindestens ein Stirnrunzeln auszulösen, wenn er vorschlägt, *Tancredi* ins Programm zu nehmen, während er beim *Barbiere* niemanden überzeugen muss.

Im Verlauf des späteren 20. Jahrhunderts differenzierte sich das Rossini-Bild. Nach einer Neuinszenierung von Rossinis letzter ernster italienischer Oper *Semiramide* (1823) an der Metropolitan Opera in New York im Jahr 1892 – sie blieb für drei Spielzeiten im Programm, Adelina Patti und nach ihr Nellie Melba sangen die Titelrolle – vergingen fast wieder 100 Jahre, bevor die Oper dort 1990 erneut hervorgeholt wurde; diesmal jedoch steckte hinter ihrer bemerkenswerten Wiederauferstehung die Tatkraft einer modernen «Rossini-Industrie», die ihre Entstehung komplexen Veränderungen der Opernkultur verdankte. *Semiramide* und andere Werke Rossinis haben nicht zuletzt deshalb wieder Aufnahme in die Opernspielpläne gefunden, weil im Repertoire Lücken entstanden waren. Im späten 20. Jahrhundert und danach wurden nur ganz wenige neue Opern geschrieben, die beim Publikum auf dauerhaften Zuspruch stießen; das war Grund und Anstoß genug, sich den Schätzen der Vergangenheit zuzuwenden, um dort Perlen zu finden, mit denen man das Repertoire auffrischen und erweitern konnte. Die ernsten Opern Rossinis gehörten zu den Hauptnutznießern dieses archäologischen Projekts. Was sind die Wesenselemente seiner musikalischen Dramen, die sie in der Vergangenheit für das Publikum so unverdaulich, jetzt aber plötzlich wieder interessant machten?

Man kann externe Gründe benennen, die zu dieser Renaissance beigetragen haben: Rossini schnitt, ganz im Geist seiner Zeit, seine Musik auf die Stärken der Gesangsvirtuosen zu, die für die Hauptrollen vorgesehen waren. Als Paradebeispiel lässt sich dafür die spanische Sopranistin Isabella Colbran (1785–1845) anführen, die 1822 Rossinis Frau wurde. Er schrieb für sie nicht weniger als zehn große Rollen, die Titelrolle in *Semiramide* eingeschlossen. Die Colbran war berühmt für die Kraft ihrer Stimme in tieferen Lagen und für ihre Bühnenpräsenz. Stendhal schilderte an ihrem Beispiel eine bemerkenswerte Metamorphose vom Gewöhnlichen zu einer klassischen, ja königlichen Pose. Er bescheinigte der Sängerin

> kräftige Gesichtszüge, die auf der Bühne wunderbar wirken, eine prachtvolle Gestalt, feurige Augen wie eine Tscherkessin, dichtes Haar im schönsten Pechschwarz, und schließlich hatte sie auch noch einen tragischen Instinkt. Diese Frau, die, wenn sie nicht auf der Bühne steht, die Würde einer Modehändlerin hat, nötigt selbst den Leuten, die sich im Foyer gerade von ihr verabschiedet haben, unfreiwillig Respekt ab, sobald sie mit dem Diadem auf der Stirn erscheint.[4]

Mit vorangetrieben hat das Rossini-Revival auch das Interesse von Gesangsvirtuosen an unverbrauchten Partien. Weshalb entschied sich die Metropolitan Opera 1990 für *Semiramide*? Ein ausschlaggebender Grund war sicherlich der, dass das Stück eine exzellente Rolle für Marylin Horne bot, eine der glänzendsten Sängerinnen an der Met, die zuvor bereits in mehreren Rossini-Rollen gezeigt hatte, dass auch ihre Stimmkraft in tieferen Lagen und ihre Bühnenpräsenz nichts zu wünschen übrig ließen. Seit Anfang der 1990er Jahre hatte zudem eine neue Generation glockenheller, agiler Tenöre einen noch fruchtbareren Boden für Rossinis Comeback bereitet – Sänger wie Juan Diego Flórez, die noch nicht durch die für die Stimmbänder strapaziöse und auf Dauer abträgliche Schule der «schwereren» Rollen gegangen waren. Eine Grundvoraussetzung für jedes Revival dieser Art liefert schließlich auch die Arbeit von Musikwissenschaftlern, in diesem Fall die Arbeit an einer vollständigen Ausgabe der Werke Rossinis. Das Material, das diese Arbeit hervorbringt, wird durch Inszenierungen auf einem großen alljährlichen Rossini-Sommerfestival in Pesaro, das auch eine bedeutende geschäftliche Dimension hat, der Welt zugänglich gemacht. Aber natürlich würden diese praktischen Ansätze wohl kaum zum Erfolg führen, wenn die Opern Rossinis nicht sowohl Sängern und Schauspielern als auch dem Publikum etwas Neues und Attraktives zu bieten hätten.

Rufen wir uns noch einmal für einen Moment die Vorstellung in Erinnerung, Rossini sei ein Revolutionär gewesen. Stendhal sah ihn in dieser Rolle, weil seiner Meinung nach Rossini die italienische Musik fundamental erneuert hatte. Für einen anderen Beinahe-Zeitgenossen Rossinis stellte sich die Sache allerdings ganz anders dar. Der italienische Politiker und Volkstribun Giuseppe Mazzini erklärte in seiner berühmten Abhandlung *Filosofia della musica* («Philosophie der Musik», 1836):

> Die Mission, die [Rossini] sich vornahm, war eine Mission, die nicht über die Grenzen der Epoche hinauswies, der wir heute nachrufen, sie sei erloschen oder nahe am Erlöschen. Es war die Mission eines Genies, das etwas zusammenträgt, nicht etwas Neues beginnt. Er trat nicht an, um die althergebrachte Eigenart der italienischen Schule zu verändern oder zu beerdigen: Er gab ihr eine neue Weihe. Er führte kein neues Element ein, das mit Macht das Alte auslöschen oder umgestalten würde: Vielmehr beförderte er das vorherrschende Element zum höchstmöglichen Grad der Weiterentwicklung, trieb es zur letzten Konsequenz.[5]

Diese beiden Auffassungen – die Stendhals und jene Mazzinis – entsprechen bis heute den vorherrschenden Reaktionen auf Rossini. Manche vertreten mit Stendhal die Überzeugung, er habe ein ausgelaugtes Muster mit neuer Vitalität erfüllt, ein schlafendes Volk wachgerüttelt; andere sind zwar, wie Mazzini, durchaus bereit, der Musik Rossinis Schönheit und

Gleichmaß zu attestieren, hören darin aber auch wieder Formelhaftes, die endlose Wiederholung eingespielter (wenn auch reizvoller) Konventionen. An einer späteren Stelle seiner *Filosofia* bezeichnete Mazzini die Musik Rossinis als eine «Musik ohne Schatten, ohne Geheimnis, ohne Dämmerung».[6]

Können wir Mazzini in seinem Urteil beipflichten, Rossini sei ein Pseudo-Romantiker gewesen, ein viel zu spät gekommener klassischer Komponist, der das Odium von Knickerbockern und Perücken hinter sich herzog? Stand Rossini nicht mit einem Fuß noch im 18. Jahrhundert? Einige seiner Libretti erscheinen mit ihren dem antiken Fundus entlehnten Sujets sicherlich rückwärtsgewandt. *Semiramide* gehört dazu, eine ödipale Geschichte über eine Königin von Babylon, die den Thron ihres verstorbenen Mannes usurpiert hat und sich in ihren erwachsenen Sohn (den sie nicht erkennt) verliebt. Metastasio hatte diese Geschichte schon in den 1740er Jahren verarbeitet, Gluck hatte sie als *opera seria* vertont; als Opernsujet hatte sie bereits 150 Jahre auf dem Buckel, war sie doch schon im 17. Jahrhundert eines der beliebtesten Stoffe für Opernlibretti gewesen. Andererseits schuf Rossini aber auch *La donna del lago*, das auf Walter Scotts *The Lady of the Lake* («Die Dame vom See») zurückgeht – ein Libretto nach einem romantischen Roman, das den Weg weist zu *Lucia di Lammermoor*, nach Scotts *The Bride of Lammermoor* («Die Braut von Lammermoor»), zwei Jahrzehnte später von Donizetti vertont.

Den klarsten und am wenigsten zweideutigen Hinweis auf Rossinis fortbestehende Bindungen ans 18. Jahrhundert liefert der Stimmumfang seiner tragischen Helden und Heldinnen. Sie haben oft hohe Stimmen. Rossini übernahm dieses akustische Klischee für die männliche Hauptrolle von der *opera seria*, von einer Klangwelt, in der Fürsten, Könige und Krieger von Kastraten gespielt worden waren. In dieser Hinsicht markierte das Jahr 1800 keine Zeitenwende in der italienischen Oper; die Vorliebe für den betörend hohen Gesang eines mutigen Kriegers oder eines leidenschaftlichen Liebhabers verflüchtigte sich nicht so schnell, wie die Kastraten – gleichermaßen bemitleidet wie verabscheut – in der Versenkung verschwanden. Es war im Gegenteil ein sehr allmählicher Prozess. Bis in die 1820er und 1830er Jahre hinein schrieben einige Komponisten weiterhin Opernpartien für Kastraten; Giovanni Battista Velluti (1780–1861), der berühmteste Sopran-Kastrat des 19. Jahrhunderts, sang noch in den 1820er Jahren. Er wirkte in Opern wie Rossinis *Aureliano in Palmira* (1813) und in Produktionen inzwischen fast vergessener Komponisten wie Simon Mayr (1763–1845), Stefano Pavesi (1779–1850) und Giuseppe Nicolini (1762–1842) mit, die alle Brückenglieder zwischen dem 18. und dem 19. Jahrhundert bildeten. Giacomo Meyerbeer (1791–1864), von den 1830er Jahren an für mehrere Jahrzehnte der ungekrönte König der französischen *grand opéra* (dem ein späteres Kapitel dieses Buches gewidmet ist), schrieb in seine italienische Oper *Il crociato in Egitto* (*Der Kreuzfahrer in Ägypten*, 1824) eine Sopranrolle für Velluti hinein. Erst im Verlauf der 1830er Jahre verabschiedete sich die italienische Oper von all dieser Zweideutigkeit der Geschlechterrollen und setzte an ihre Stelle heroische Tenöre mit extremer Stimmkraft in der höchsten Tonlage und eine neue Festigkeit der Stimmen und der Charaktertypen.

Der Rossini-Code

Die oben aufgezählten Namen vergessener italienischer Zeitgenossen Rossinis lassen die Frage, was es mit Innovation bzw. Regression bei Rossini auf sich hatte, in einem anderen Licht erscheinen. Da die Geschichte der Oper so oft als eine Vorwärtsentwicklung entlang sich ständig wandelnder musikalischer Formen beschrieben worden ist, müssen wir, wenn wir über Rossini reden, auf jeden Fall die Frage stellen, welchen Gebrauch er von den eingeführten und konventionellen Stereotypen machte, die er mit seinen Zeitgenossen teilte und seinen Nachfolgern vererbte. Wie bereits in früheren Kapiteln dieses Buches dargelegt, waren die starren Regeln des frühen 18. Jahrhunderts – die alternierende Abfolge von Rezitativ (dialogisch und mit Bewegung auf der Bühne) und Arie mit einfacher Struktur (monologisch und kontemplativ) – schon in den späteren Dekaden des Jahrhunderts in Frage gestellt worden; doch erst in der Lebenszeit Rossinis wurde die mehrsätzige Nummer Standard. Am zuverlässigsten traf man sie in italienischen Opern an, doch sie bildete auch das Rückgrat vieler in anderen Sprachen geschriebener Werke. Sie umfasste sowohl statische Sätze, bei denen das Geschehen auf der Bühne «einfror», während die Protagonisten eine Bestandsaufnahme ihres Seelenlebens machten, als auch bewegte Sequenzen, bei denen etwas Neues passierte, das eine neue Stimmungslage erzeugte. In den Anfangsjahrzehnten (und bei der komischen Oper auch noch später) wechselten Rezitative mit Continuo-Begleitung oder gesprochene Dialoge mit diesen Nummern ab, doch dann ging man zunehmend zu einer orchestralen Begleitung der Rezitative über und näherte sich damit stilistisch den «bewegten» Teilen der Nummer an.

Eines der Geheimnisse von Rossinis Erfolg und mit ursächlich für den Siegeszug seiner Opern in den 1820er Jahren war vermutlich die Tatsache, dass seine mehrsätzigen Nummern meist weniger gewagt waren als die älterer Italiener wie Mayr. Rossini entwickelte im Verlauf seiner Karriere eine Art Matrix immer wieder eingesetzter Formschablonen (die er keineswegs selbst erfunden hatte), die in ihrer Gesamtheit so etwas wie einen Rossini-Code bildeten, der das Opernschaffen insbesondere in Italien über Jahrzehnte hinweg beeinflusste. Das Standardelement war die Soloarie, die typischerweise mit einem einleitenden Rezitativ begann, an das sich drei Sätze anschlossen: ein lyrischer erster Satz, gewöhnlich langsam und oft mit der Anweisung «cantabile» versehen, ein «bewegter» Verbindungsteil, angeregt durch ein dramatisches Ereignis und in der Regel als *tempo di mezzo* bezeichnet, und eine abschließende *cabaletta; sie war* meist schneller als der erste Teil und stellte die stimmliche Beweglichkeit der Sänger auf die Probe. Die großen Duett- und die Ensemblestücke wiesen dieselbe Grundstruktur auf, ergänzt um einen Eröffnungssatz vor dem *cantabile*, der oft schnelle Wortwechsel zwischen den Figuren bot. Ganze Opern wurden aus solchen Versatzstücken zusammengesetzt und, um für Abwechslung zu sorgen, mit einem gelegentlichen Chor, einer Ensemblenummer oder einer einteiligen Arie angereichert.

Diesem Muster folgte man nicht auf pedantische Weise. Rossinis Opern lassen oft abweichende Facetten erkennen, besonders was die Ensemblenummern in seinen späteren italienischen Opern betrifft, in denen sich zunehmend auch experimentelle Ansätze finden. Manchmal, wie etwa im zweiten Akt von *Semiramide*, baute er einzelne Nummern mittels «additiver» Techniken so aus und zusammen, wie es den dramatischen Erfordernissen der jeweiligen Situation entsprach. Am radikalsten tat er dies im Schlussakt des *Otello*, wo er den kühnen Versuch unternahm, das, was man damals für das romantische Sujet eines Shakespeare-Dramas hielt, in die Sprache der italienischen Oper zu übersetzen. Vertraute Formen sind dabei fast zur Gänze durch kurze atmosphärische Stücke, unvermittelte Kontraste und eingestreutes Lokalkolorit ersetzt. Der *Otello* war indes ein Extremfall; in den meisten Fällen behielt Rossini das Format der mehrsätzigen Nummer bei und bog es sich zurecht. Ein klassisches Beispiel ist das sogenannte «terzettone» (eine Wortschöpfung Rossinis, die ein grandioses Terzett oder Trio bezeichnet) im ersten Akt seiner Oper *Maometto II* (1820). Darin hat Rossini die vertraute mehrsätzige Form so angelegt, dass eine komplette Szene, in der auf der Bühne sehr viel passiert, hineinpasst.

Trotz häufiger Abweichungen trugen die festgefügten Formen dazu bei, die Kommunikation zwischen Bühne und Publikum in zwei wichtigen Punkten zu verbessern. Erstens boten sie den Hauptdarstellern eine Projektionsfläche für die Präsentation ihrer Gesangskunst (mit der Chance, das Publikum emotional an sich zu binden); zum Zweiten garantierten sie einen hohen Grad an öffentlicher Erwartung, die sich wiederum für die Steigerung der dramatischen Effekte nutzen ließ. Ähnliches ließe sich über etliche originäre Stilmittel Rossinis sagen, die seine Musik auf der Stelle wiedererkennbar machen: die energischen Rhythmen seiner Orchesterthemen mit ihren typischen synkopierten und unerwarteten Betonungen und seine schmelzend sentimentalen, schön ausbalancierten lyrischen Melodien. Diese beiden Elemente spannt er in seinen Ouvertüren häufig zusammen: Einer sentimentalen Melodie in der langsamen Anfangspassage lässt er das mit einer unverwechselbaren rhythmischen Identität ausgestattete Hauptthema folgen. Die Ouvertüre ist auch die Heimat des berühmtesten aller Stilmittel Rossinis, des «Rossini-Crescendos», eines acht oder 16 Takte umfassenden Themas, das mehrmals wiederholt wird, und zwar mit von Mal zu Mal gesteigerter Instrumentierung und Dynamik. Das Moment der Wiederholung macht eindeutig einen Teil des Hörvergnügens aus, das diese Crescendi bereiten. Die Tatsache, dass alle Zuschauer von den ersten Tönen eines solchen Crescendos an ahnen oder wissen, wie es weitergehen wird, verstärkt die gespannte Erwartung und den inneren Effekt.

Tancredi

Diese Betrachtungen zu formalen Mustern und charakteristischen Stilmitteln vermögen den beispiellosen Erfolg Rossinis nur teilweise zu erklären; vieles davon war für die Epoche, in der seine Werke entstanden, so typisch, dass Stendhal in seinem grotesk langatmigen und ermüdenden Buch über Rossini auf Fragen der Form fast überhaupt nicht eingeht. Um dem Erfolgsgeheimnis Rossinis näherzukommen, müssen wir uns eingehender mit seiner Musik beschäftigen, und ein guter Ausgangspunkt dafür ist das Norditalien des Jahres 1813, in dem Rossinis erste große ernste Oper, *Tancredi*, im Teatro La Fenice in Venedig ihre Premiere feierte. Basierend auf einem Drama Voltaires aus dem Jahr 1760, spielt *Tancredi* im 11. Jahrhundert, zur Zeit der Kreuzzüge. Der Held hat zur

Heldin Amenaide ein (wie üblich, möchte man sagen) angespanntes Verhältnis: Er verdächtigt sie der Untreue, doch in Wirklichkeit hat man sie in eine politische Ehe hineingezwungen. Rossini schrieb die Oper wenige Wochen nach ihrer Premiere in Venedig im Hinblick auf bevorstehende Aufführungen in Ferrara um. Gegen Ende des zweiten Aktes der revidierten Fassung stellt Tancred Amenaide zur Rede und fordert sie auf, sich ins Lager seines Widersachers abzusetzen:

TANCREDI:
Taci! è vano quel pianto, orror mi fai.
(ai Cavalieri)
Sì, con voi pugnerò, con voi; la patria
Salverò col mio sangue. Il mio destino
Si compia allor.
(ad Amenaide)
T'invola!
Penai, piansi per te, lo sai, lo vedi:
Vanne, infedele, morto è per te Tancredi.

(TANCRED: Schweige, umsonst ist dieses Wehklagen / mir graut vor dir. *[Zu den Kriegern]* Ja, mit euch werde ich kämpfen, mit euch! / Das Vaterland werde ich retten mit meinem Blut. / Mein Schicksal wird sich erfüllen! *[zu Amenaide]:* Du verschwinde! Ich litt und weinte um dich, du weißt es, du siehst es: / Geh Ungetreue! Tancred ist für dich tot.)

Schon dieser kurze Auszug lässt die für die Rezitative des 19. Jahrhunderts (und davor) typischen Versmaße erkennen: eine regellose Mixtur aus Zeilen mit sieben oder elf Silben, manchmal zwischen den Figuren aufgeteilt. In diesem Fall handelt es sich um ein Rezitativ mit Orchesterbegleitung, doch ähnelt diese über weite Strecken den älteren, im 18. Jahrhundert gebräuchlichen Continuo-Begleitungen. Ein paar rhythmische Akzente heben bestimmte textliche Aussagen hervor, so zum Beispiel ein länger gehaltener Akkord, der Amenaides Ausruf «O mein Geliebter!» pathetischen Nachdruck verleiht. Oder einige klirrende Arpeggios, die Tancreds Worte an die Krieger gewissermaßen mit Ausrufezeichen versehen. Die Texte dieses Rezitativs sind weitgehend formelhaft, sieht man einmal von einem emotionalen «Ausrutscher» Tancreds gegen Ende ab. Der Abschnitt erfüllt, anders gesagt, fast ausschließlich eine vorbereitende Aufgabe. Auf denkbar engstem musikalischem Raum werden hier die emotionalen und äußeren Beweggründe der handelnden Figuren vorgestellt, die uns demnächst mit ihrem Gesang beschallen werden.

Die mehrsätzige Arie, die danach folgt, beginnt mit einem Solo Tancreds; laut Partitur handelt es sich um ein Rondo (eine Bezeichnung, die einen musikalisch verwickelten, stark ausgeschmückten Schlussteil verspricht). Der Text wird, wie wir inzwischen zu erwarten gelernt haben, fortan rhythmisch gleichmäßiger und berechenbarer, dafür aber auch um einiges lyrischer:

> TANCREDI:
> Perché turbar la calma
> Di questo cor, perché?
> Non sai che questa calma
> È figlia del dolor!
>
> (Warum störst du die Ruhe / In diesem Herzen, warum? Weißt du nicht, dass diese Ruhe / Eine Tochter des Schmerzes ist?)

Die erste musikalische Sequenz zerfällt in zwei Teile, in denen jeweils der gesamte Text gesungen wird, wobei einzelne Zeilen wiederholt werden. Beim ersten Durchgang wird der Text, wie bei Rossini üblich, klar verständlich deklamiert; die Orchesterbegleitung ist einfach und dezent, der Gesang relativ schnörkellos, abgesehen von einigen Ornamenten an den Satzenden. Der zweite Teil beginnt mit einer deutlich anderen Textur: Darin setzt das Orchester pulsierende rhythmische Akzente und wiederholt mehrere Male eine kurze aufsteigende Melodielinie mit einer «seufzenden» Tonfigur am Ende, die vielleicht als Illustration der im Text enthaltenen Frage gedacht ist. Dann jedoch hören das «Pulsieren» und das «Seufzen» auf und machen Platz für den wieder einsetzenden deklamierenden Gesang. Der Text dieser Stelle lautet: «Weißt du nicht, dass diese Ruhe eine Tochter des Schmerzes ist?» In dieser Formulierung Tancreds schwingt die Vorstellung einer unter einer ruhigen Oberfläche brodelnden Emotionalität mit – ein poetisches Motiv, das fast als Kurzformel für die musikalische Ästhetik Rossinis dienen könnte.

Treten wir einen Schritt zurück und machen uns ein paar Gedanken zur melodischen Vollkommenheit dieses Werkes: Was ihm ungeachtet seiner ungeheuren Schönheit fehlt, ist jede «heroische» Qualität im modernen Sinn, jeder deutliche Hinweis darauf, dass der Protagonist an einem unerträglichen Kummer leidet, den er in einem wahren Kraftakt von Selbstdisziplin unter jenem musikalischen Gewand verbirgt, in dem er ihn zum Ausdruck bringt. Vielmehr vermittelt die Szene den Eindruck einer Divergenz zwischen Musik und Gemütszustand, als habe sich der Protagonist aus seiner Verzweiflung in ein Refugium der Ruhe zurückgezogen, in dem es trotz aller lyrischen Metaphorik kein musikalisches Pendant zu seinem Gram oder seiner Verzweiflung gibt. Eine Passage wie diese wirkt sehr viel beunruhigender als die musikalisch beschwingte *cabaletta*, die die «Wahnsinnsszene» im dritten Akt der *Lucia di Lammermoor* beschließt, wo geistige Umnachtung die Erklärung für die Kluft zwischen der Botschaft des Librettos und den von der Musik geweckten Assoziationen bietet. So manche skeptische Rossini-Jünger, vor allem diejenigen mit fortschrittlicher Gesinnung, haben diese Divergenz angesprochen (auch in Zeiten, als die Opern des Meisters noch in Mode waren). Um noch einmal Mazzini zu zitieren: «[Die Musik] bringt willensstarke, tief empfundene Leidenschaften zum Ausdruck – Zorn, Schmerz, Liebe, Rache, Jubel, Verzweiflung – und definiert alle so, dass die Seele, die zuhört, gänzlich passiv bleibt.»[7]

Das Rondo aus *Tancredi* hält aber noch weitere Erkenntnisse für uns bereit, demonstriert es doch, dass gesangliche Verzierungen in dramatischen Situationen zusätzliche Bedeutung gewinnen können. Die erste, getragen dargebotene Passage endet sanft, doch dann richtet Tancred unvermittelt wütende Vorwürfe an Amenaide und bringt sie zum Weinen. Gleichzeitig beschleichen ihn Zweifel: Ist sie wirklich die Verräterin, für die er sie gehalten hat? Der Zweifel weckt Gefühle der Reue. Dann aber entsteht Getümmel – der Chor marschiert auf und erinnert Tancred daran, dass er einen Krieg zu führen hat. Das stürzt ihn komplett in Verwirrung: «Ove son io?» («Wo bin ich?») fragt er. Er ist hin und her gerissen in seinem Dilemma: Soll er sich seinem Schmerz hingeben oder mit dem Chor in die Schlacht ziehen?

TANCREDI: Traditrice, io t'abbandono
Al rimorso, al tuo rossore;
Vendicar saprà l'amore
La tua nera infedeltà.
Ma tu piangi … forse? … oh! dio!
CHOR: Vieni al campo.
TANCREDI: Ove son io?

(TANCRED: Ungetreue! Ich muß dich flieh'n, / Stets umschwebe dich dein Verbrechen! / Ja, die Liebe soll mich rächen, Und dich lohnen für den Verrat. / Doch du weinest – seufzest – zitterst? / Sollte – o Gott … du CHOR: Auf, zum Kampfe! TANCRED: Wo bin ich?)

Das Auftreten des Chors löst nicht nur einen Tempowechsel aus (von Andantino zu Allegro), sondern auch eine plötzliche Modulation, eine musikalische Überleitung. Das Orchester gewinnt motivische Kraft und wiederholt einige der klirrenden Arpeggios, die uns schon im Eröffnungs-Rezitativ aufgefallen sind. Tancred kehrt wieder in den Modus der einfacheren Deklamation (mit wenigen Arabesken) zurück. Als er dann die Tränen Amenaides sieht, kommt es zu einer neuerlichen Modulation, und das Orchester stimmt eine andere, lyrisch ausdrucksvollere Melodie an. Der Chor der Krieger bestreitet sodann den Schluss dieses Teils, indem er abermals ‹das musikalische Heft in die Hand› nimmt. Der Kontrast zwischen «Perché turbar la calma?» und dieser neuen Passage könnte nicht krasser sein. Die ersten vier Zeilen, in denen es um Schmerz ging, artikulieren Passivität, liefern aber zugleich dem Sänger Stoff für zunehmend verschnörkelte Koloraturen. Die Musik, die bei dem Ausruf «Traditrice!» («Verräterin!») einsetzt, erweckt den Eindruck, als versuche sie zwischen den auseinanderstrebenden Kräften des reinen Gesangs und der reinen Aktion zu vermitteln. Die gesangliche Arabeske wird in dieser Situation zu einer musikalischen Chiffre dafür, bis zu welchem Grad die Aktion die Oberhand gewinnt.

Es erscheint uns völlig legitim, das Rondò im *Tancredi* in dieser Weise zu interpretieren – als eine musikalische Form, die geschaffen wurde, um bestimmten Stichwörtern und einem inneren Konflikt des Protagonisten adäquaten Ausdruck zu verleihen. Diese Deutung lässt allerdings einen wichtigen Aspekt der vom Komponisten hier angewandten Formel außer Acht. Die drei Glieder dieser Formel sind die langsamen lyrischen Zeilen von «Perché turbar la calma?», die dramatische Wendung, die den Protagonisten aus seinem Selbstmitleid reißt, und die erregtere, mehrmals wiederholte Ankündigung «Traditrice, io t'abbandono». Eine bestimmte Formel wird hier verschlüsselt und (um den Ausdruck Mazzinis aufzugreifen) mit «neuer Weihe» versehen. Vor dem Hintergrund der weiter oben erwähnten Schablonen betrachtet, heißt das, dass die Musik bis zu dieser Stelle die ersten beiden Sätze einer mehrsätzigen Arie konstituiert, wobei «Perché turbar la calma?» (Warum störst du die Ruhe?) das kontemplative *cantabile* verkörpert und «Traditrice!» das bewegte *tempo di mezzo*, also den traditionellen Appell zum Handeln, wobei Aktion und Bewegung auf der Bühne einerseits und andererseits orchestral dominierte musikalische Strukturen vorherrschen.

Der abschließende Satz, eine *cabaletta*, komplettiert die Form:

Ma … non sa comprendere
Il mio dolor
Chi in petto accendersi

Non sa d'amor.
Sì: la patria si difenda,
Io vi guido a trionfar.

(Meinen Schmerz / kann nicht verstehen / Wer sich nicht in der Brust / aus Liebe entzünden kann. / Ja: Das Vaterland wird verteidigt; / Zum Sieg werd' ich euch führen.)

Die *cabaletta* besteht, wie üblich, aus zwei musikalisch unterschiedlichen Teilen. Der erste umfasst die ersten vier Textzeilen und ist von bemerkenswerter Einfachheit und Unbeschwertheit mit kürzer werdenden Notenwerten in der letzten Zeile. Die beiden letzten Zeilen unterfangen ein weiteres martialisches Zwischenspiel, in dem Tancred erneut seine kriegerischen Absichten beschwört. Der zweite Teil bringt die Wiederholung der vier ersten Textzeilen, nunmehr aber verstärkt durch den Chor und angereichert mit (vermutlich vom Sänger improvisierten) Ausschmückungen. Eine berauschende Coda beschließt das Stück. Die Wirkmacht solcher wiederkehrender Formschemata (man könnte sie auch wiederkehrende rhetorische Muster nennen) machten sich nach Rossini noch mindestens zwei weitere Generationen italienischer Opernkomponisten zu Nutze; das dreiteilige Modell aus lyrischen *cantabile*, aktionsgeladenem, vom Orchester dominiertem *tempo di mezzo* und fließender zweistufiger *cabaletta* wurde zum Vorbild für viele, wenn nicht die meisten Nummern. Der springende Punkt ist jedoch nicht, dass dies die Prämisse ist, an der fortan jede Nummer gemessen werden sollte. Der Clou ist vielmehr, dass man diese bewährten und vorhersehbaren Schablonen vergessen konnte und durfte: Sie wurden so selbstverständlich, dass man kein Wort mehr über sie verlor, und so konnten sie zu Patentlösungen werden, die der Oper das Kunststück einer Kommunikation durch Gesang ermöglichten.

Noch interessanter ist aus heutiger Sicht die ästhetische Eigentümlichkeit dieser Arie, ihre «jungfräuliche Unbefangenheit» (um Stendhals berühmten Ausdruck «candeur virginale» einzuführen).[8] Mazzini sprach in diesem Zusammenhang von einer Musik «ohne Schatten». Für das heutige Publikum mag der Anblick eines leidenden Menschen, der sich gleichwohl in unbeschwerter melodischer Perfektion ergeht und sein Unglück durch die hohe Schule des Gesangs veredelt, extrem künstlich erscheinen. Man könnte zwar annehmen, die extreme gesangliche Disziplin, die dem Darsteller des Tancred beim *cantabile* und bei der *cabaletta* abverlangt wird – der zärtliche Gesang über einem flüsternden Orchester, das jede noch so kleine gesangliche Verzierung im *cantabile* erlauschen lässt, die Kaskaden von Sechzehntelnoten in der *cabaletta* –, sei symbolisch zu deuten, als Ausdruck von Tancreds Selbstdisziplin; aber sie erweckt doch auch den Eindruck einer Spaltung zwischen der Figur Tancreds einerseits und andererseits ihrer musikalischen Verkörperung. Rossini komponierte nur sehr selten gesangliche Passagen, in denen (nach den Maßstäben unserer heutigen ästhetischen Wahrnehmung) wirkliches musikalisches Pathos und emotionale Inbrunst zum Vorschein kommen, und zwar in der Tat so selten, dass die wenigen Szenen, in denen er sich daran versucht, befremdlich und verstörend empfunden werden.

Die Schlüsselszene des *Tancredi*-Finales (in der Ferrara-Fassung) hält sicherlich eine gehörige Portion dieses befremdlichen Pathos' bereit. Während die ursprüngliche Fassung ein unerwartet glückliches Ende nimmt, stirbt in der Ferrara-Fassung der Held in den Armen Amenaides, jedoch nicht ohne zuvor seinem Herzen in einem Rezitativ Luft zu machen, das in seiner Mischung aus frei fließenden Formen und überbordender Todesqual aus einer Gluck'schen Reformoper stammen könnte. Was auffällt, ist, wie wenig diese letzten tragischen Takte auf den Wohlklang eines virtuosen Gesangs setzen – die Melodie, die Tancred an dieser Stelle singt, ist vergleichsweise kinderleicht, bewegt sich im tiefen bis mittleren Tonbereich eines Tenors und umfasst gerade einmal eine Oktave. Bei so viel Zurückhaltung überrascht es nicht, dass gerade diese Fassung die Anerkennung moderner Opernkenner gefunden hat und auch häufiger gespielt wird. Als diese Oper entstand, waren indes die Sympathien nicht so eindeutig verteilt. Wie ein Kritiker damals berichtete: «Die neue Szene und Arie [*Tancredis* Rondò] für Malanotte kamen sehr gut an, nicht jedoch der Tod Tancreds, mit dem das Publikum sich nicht abfinden will.»[9] Wie zur Bestätigung dieser Aussage wurde die Ferrara-Fassung des *Tancredi* danach nicht mehr aufgeführt und erst vor kurzem wieder aus der Versenkung geholt. Das Publikum erfreute sich seinerzeit vielmehr an der ursprünglichen, venezianischen Fassung, an der Rossini übrigens weitere Änderungen vornahm – unter anderem schrieb er eine überaus pathetische Arie für Tancred und ein Duett für Tancred und Amenaide, das sich durch spektakuläres Pathos auszeichnet.

Man mag es dem Opernpublikum des frühen 19. Jahrhunderts als Geschmacksverirrung anrechnen, dass es die Version mit dem tragischen Ende verschmähte – besonders wenn man das exzessive Lob danebenstellt, das sich über die beiden Primadonnen der Oper ergoss. Ein Kritiker hatte über die letzte Aufführung der ursprünglichen, entschieden nichttragischen venezianischen Fassung des *Tancredi* Folgendes zu berichten:

> Auch wenn poetische Lobpreisungen oft nicht mehr sind als Geisteskinder einzelner Enthusiasten: Der Überschwang und der Einfallsreichtum dessen, was den ausgezeichneten Sängerinnen Malanotte [Tancred] und Manfredini [Amenaide] zu Füßen gelegt wurde – begleitet vom üblichen Fliegenlassen von Tauben und Kanarienvögeln sowie, am letzten Abend, von einer Blumengirlande, die, eskortiert von zwei künstlichen Tauben, von oben herab schwebte –, verriet, wieviel dem Publikum daran gelegen war, auf diese und andere Weise die allgemeine Hingerissenheit zum Ausdruck zu bringen.[10]

Mancher mag sich angesichts dessen über die alten Zeiten erhaben fühlen und froh sein, in einer Zeit zu leben, die den tragischen *Tancredi* von Ferrara rehabilitiert und damit den guten Voltaire in seiner ganzen Schlichtheit und sparsamen Emotionalität wiederentdeckt hat. Die ursprüngliche, venezianische Fassung wurde immerhin vom Publikum gefeiert, indem es Girlanden von Blumensträußen auf dem Rücken künstlicher Tauben von der Decke herabschweben ließ. Freilich könnte uns die schiere Extravaganz dieser Reverenz an die beiden Sängerinnen eine andere, positivere Geschichte über dieses Exempel kundgetaner Begeisterung erzählen, und zwar über ein Publikum, dessen Verzückung über so viel gesangliche Virtuosität wir heute nicht mehr nachvollziehen können, jedenfalls nicht mit dem selben Grad an überschwänglicher Begeisterung und Kreativität.

Vielleicht verbirgt sich hinter dieser Geschichte eine Moral, und womöglich eine, die uns nicht automatisch in unserer Genugtuung über die Vorliebe unserer Epoche für schnörkellose Tragik bestärkt. Vielleicht feierte Rossinis Publikum, indem es so offenkundig für den gesanglich opulenteren, glücklich endenden *Tancredi* war, etwas, das für die damaligen Zuschauer einen hohen Wert hatte, für uns heutige jedoch nicht mehr erkennbar ist: Vielleicht empfanden sie es als überaus sinnlich oder sogar erotisch – und eben nicht als schizoid oder bizarr –, wenn Leidenschaften auf Distanz gehalten und musikalisch sublimiert wurden. Zuzulassen, dass eine hochgradige emotionale Intensität der gesanglichen Darbietungen und ihr musikalisches Pendant eine harmonische Einheit bilden – wie im Finale der tragischen Fassung des *Tancredi*, die zugleich avantgardistisch war, aber auch eine Rückschau darstellte –, bedeutete einen Verlust und einen Gewinn in einem.

Zuhörerschaft, Ornamente

Die entgegengesetzten Zuschauerreaktionen auf die unterschiedlich endenden *Tancredi*-Fassungen führen uns zu der Frage, warum und auf welche Weise sich die Zuschauer in der Ära der Restauration in Italien und anderswo mit dem Operngeschehen befassten. Denken wir an die vielen Komponisten in zahllosen Kleinstädten überall auf der italienischen Halbinsel, die Opern schrieben, deren Themen, Libretti und musikalische Formen jenen von Rossini sehr ähnlich waren; oder erinnern wir uns an das Diktum Puccinis, dass man einzig mit dem Schreiben von Opern seinen Lebensunterhalt verdienen könne. Oder denken wir an die vielen in jeder Spielzeit mehrfach aufgeführten Opern, bei denen Teile der Zuhörerschaft – namentlich Wohlhabende und Aristokraten – die Logen, die sie gemietet hatten oder die ihnen gehörten, vor allem als gesellige Treffpunkte nutzten. Stendhal vertrat kategorisch die Ansicht, als Anhänger Rossinis könne man dessen Opern beliebig oft besuchen, ohne sich jemals zu langweilen. Andere Berichte bestätigen, dass der Besuch einer Rossini-Oper, insbesondere das Erlebnis, von berühmten Sängern die Wiederholung berühmter Arien zu erklatschen, zu einem selig machenden Ritual werden konnte. Wenn man sich dasselbe Stück immer und immer wieder anschaut, beginnt es irgendwann zwangsläufig in den Hintergrund zu treten – wenn es denn je im Vordergrund der Aufmerksamkeit gestanden hat. Was man wahrnimmt, ist die Darbietung – die Art und Weise, wie Sänger und Sängerinnen eine besondere Schwierigkeit meistern oder Dinge variieren, wie sie irgendwelche improvisierten gesanglichen Verzierungen bei den nächsten Vorstellungen wiederholen oder weglassen. Hat unter diesen Bedingungen das modernere Ideal einer vollkommen homogenen Oper überhaupt eine Chance auf Verwirklichung? Kann der Sänger restlos in der Figur aufgehen, kann die Musik wie ein intimes Band die Seele der Bühnenfiguren mit den Sinnen einer verzückten Zuhörerschaft verbinden? Der bewegendste Aspekt einer *Tancredi*-Arie war für die Rossini-Fans der ersten Stunde vielleicht die Tatsache, dass sie in der Hauptrolle einen ihrer Lieblingssänger sahen, dessen Bühnenpräsenz ihnen Abend für Abend Vergnügen bereitete. Man kann die Ästhetik Rossinis so deuten, dass sie einfach nur den Boden für genau dieses Erlebnis bereitet und dafür sorgt, dass nichts die sich endlos verströmende ornamentierte Melodik des Gesangs stört.

Wir könnten einen Schritt weitergehen und behaupten, dass die Art und Weise, wie eine Oper von Rossini (oder von jedem anderen Komponisten) erlebt wurde, nie einheitlich gewesen ist. Mit moralischer Bestimmtheit zu behaupten, eine musikalische Lösung für eine bestimmte dramatische Situation sei einer anderen, unabhängig von der Leistung der Darsteller, überlegen, wäre zumindest gewagt. In Balzacs Erzählung *Massimilla Doni* (1839) kommt eine Aufführung von Rossinis *Mosè in Egitto* (*Moses in Ägypten*, 1818) vor. Die Szene spielt im Theater La Fenice in Venedig, in einer Loge, in der eine italienische Herzogin (die Protagonistin Massimilla Doni) und ein Fürst – die beiden haben ein heimliches Liebesverhältnis – einen französischen Arzt zu Gast haben. Die drei unterhalten sich lebhaft darüber, auf welche verschiedenen Arten man Rossini goutieren, ihn lieben oder hassen kann. Die Herzogin, eloquent und parteiisch, preist in einem detaillierten Kommentar, den sie ihren Gefährten während der Vorstellung liefert, jeden gesungenen und gespielten Ton.

> Aber plötzlich werden [die Liebenden] unterbrochen durch die triumphierende Stimme des Vaterlandes, welche in der Ferne donnert. … «Welches göttliche und wonnige Allegro ist dies Motiv der in die Wüste ziehenden Hebräer! Nur Rossini kann durch Klarinetten und Trompeten so viel zum Ausdruck bringen. Eine Kunst, die in zwei Phrasen alles schildern kann, was das Vaterland ist – ist diese nicht dem Himmel näher als die andern? Dieser Aufruf hat mich immer zu tief ergriffen, als dass ich Ihnen sagen kann, wie viel Pein für diejenigen, die gefesselt und geknechtet sind, damit verbunden ist, freie Menschen abziehen zu sehen!» Die Augen der Herzogin benetzten Tränen, als sie das große Motiv hörte, welches wirklich die Oper beherrscht.

Das verrät uns, dass im 19. Jahrhundert selbst die hingerissensten Opernbesucher dazu neigten, sich, wenn auch leise, zu unterhalten, während das Stück lief. Doch die Herzogin sieht sich durch ein Missgeschick, das sich auf der Bühne ereignet, in ihrer Eloge unterbrochen:

> «Aber was gehet vor? Das Parterre murrt.»
>
> «Genoveso schreiet wie ein Hirsch», sprach der Fürst. Dieses Duett, das erste, welches die Tinti sang, ward wirklich durch Genovesos vollständige Niederlage gestört. Sobald der Tenorist mit der Tinti sang, veränderte sich seine schöne Stimme; seine so kluge Methode, die an Crescentini und Velluti zugleich erinnerte, schien er mit Fleiß zu vergessen. Bald verdarb ein Aushalten zu unrechter Zeit, bald eine zu sehr verlängerte Verzierung seinen Gesang; bald zeugten Töne ohne Übergang, Töne, welche losgelassen wurden wie ein Wasser, dem man die Schleuse öffnet,

> von einem vollständigen und absichtlichen Vergessen der Gesetze des Geschmackes. Das Parterre ward daher unmäßig aufgeregt. Die Venezianer glaubten an irgendeine Wette zwischen Genoveso und seinen Kunstgenossen. Die vorgerufene Tinti ward mit Wut applaudiert, und Genoveso bekam einige Fingerzeige, welche ihn von den feindlichen Gesinnungen des Parterres benachrichtigten.

Jedes Opernpublikum wird unruhig und auch laut, wenn ein Sänger indisponiert ist. In einer solchen Situation vermag nicht einmal mehr die Herzogin weiter für Rossinis Genie zu schwärmen. Die Störung gibt dem französischen Arzt, der sich schon zuvor mit dem Vorwurf, er fröne dem Rationalismus und habe keine Seele, konfrontiert gesehen hat, die Chance, seine Kritik an der Musik Rossinis loszuwerden:

> Während der für einen Franzosen ziemlich komischen Szene des beständigen Hervorrufens der Tinti, welche elf Mal kam, um allein die rasenden Beifallsbezeugungen der Versammlung einzuernten, da der fast ausgepfiffene Genoveso ihr die Hand nicht zu geben wagte, machte der Arzt über die *strette* [gemeint ist die *cabaletta*] des Duetts eine Bemerkung. «Rossini», sprach er, «musste hier den tiefsten Schmerz ausdrücken, und ich finde hier eine freie Haltung, einen Anstrich der Fröhlichkeit am unrechten Orte.» «Sie haben Recht», entgegnete die Herzogin. «Dieser Fehler ist die Wirkung einer jener Tyranneien, denen unsere Komponisten gehorchen müssen. Er hat mehr an seine Primadonna, wie an [die Figur] Elcia gedacht, als er diese *strette* schrieb. Führte sie aber die Tinti auch noch brillanter aus, so bin ich heute in der Lage, dass ich diese zu muntere Passage voll Traurigkeit finden würde.» Der Arzt [sah] ... aufmerksam den Fürsten und die Herzogin an, ohne den Grund erraten zu können, der sie trennte, und der für sie dieses Duett peinigend gemacht hatte.[11]

Balzacs französischer Arzt kleidet seine Kritik an einer *cabaletta* von Rossini fast in dieselben Worte, die auch wir gebraucht haben, und selbst eine fanatische Verehrerin Rossinis wie die Herzogin stimmt ihm nicht nur zu, sondern macht die Virtuosen als treibende Kräfte hinter dieser Gepflogenheit aus. Noch interessanter ist jedoch, dass der Äußerung der Herzogin, die «zu muntere Passage» löse bei ihr dennoch große «Traurigkeit» aus, zugleich eine persönliche wie auch gesellschaftliche Situation zugrunde liegt, die weder mit dem Stil Rossinis noch mit der Leistung der Sänger zu tun hat – die Anwesenheit ihres heimlichen Geliebten, des Fürsten.

Balzacs Schilderung erinnert uns zudem an die Bedeutung, die dem Ornamentalen und der gesanglichen Extravaganz bei der Aufführung von Rossini-Opern zukam. Im 18. Jahrhundert hatte man von Sängern erwartet, dass sie Verzierungen *ad libitum* (nach eigener, freier Kunstfertigkeit) hinzufügten, und diese Praxis hatte, wenn auch mit allmählich abnehmender Tendenz, bis in die Mitte des 19. Jahrhunderts und auch noch darüber hinaus Bestand. Eine oft und gern wiedergegebene Anekdote erzählt davon, wie Rossini reagierte, als ein Sänger der alten Schule des 18. Jahrhunderts (und ausgerechnet auch noch ein Kastrat) eine seiner Arien in großer künstlerischer Freiheit mit Ausschmückungen versah: er nahm sich fest vor, von nun an alle gesanglichen Verzierungen vollständig in die Partitur hineinzuschreiben. Die Authentizität dieser Anekdote wird mittlerweile bestritten: zwar finden sich in den Partituren der frühesten Rossini-Opern weniger ausgeschriebene gesangliche Verzierungen, aber es lässt sich kein plötzlicher Kurswechsel feststellen. Es besteht kein Zweifel daran, dass die Vorliebe Rossinis, gesangliche Ornamente detailliert auszuschreiben, Ausdruck eines veränderten Zeitgeistes war. Man erkennt daran, für wie wichtig er diesen Aspekt der Gesangskunst hielt, aber auch dass die Sänger im Verlauf des 19. Jahrhunderts Schritt für Schritt ihre «schöpferischen Privilegien» einbüßten. Die Partituren wurden immer detaillierter, und damit ging die Erwartung an die Sänger einher, sich nur noch nach den Anweisungen des (allmächtigen) Komponisten zu richten. Wir werden in späteren Kapiteln ausführlicher auf diese Entwicklung eingehen.

Rossinis Angewohnheit, den Sängern jede Note vorzuschreiben, entsprang nicht nur dem Wunsch, als Komponist die volle Kontrolle über eine beim Publikum beliebte Kunstfertigkeit zu behalten. Hinter all dem Überfluss an wunderschönen Stimmen und Melodien steckt auch so etwas wie eine ästhetische Konstante: Rossinis nie erlahmender Glaube an die menschliche Stimme als das Instrument, in dem sich Schönheit und Ausdruckskraft auf ideale Weise paaren. Die Tatsache, dass so viele seiner Melodien von so vielen Notengirlanden umrankt sind, mag insbesondere denen unter uns, deren Opernwelt einen anderen Mittelpunkt hat, mechanistisch oder sogar oberflächlich erscheinen. Doch für Rossini und das ihn verehrende Publikum verkörperten seine überladenen Partituren mit ihren endlosen *gruppetti*, Trillern und Schnörkeln nicht das, was wir heute unter «Ornamenten» verstehen – Ausschmückungen, die einer zugrunde liegenden Melodie hinzugefügt werden –, sondern waren integrale Bestandteile der Melodie und Träger einer jeweils besonderen Botschaft. Diese langen, liebevoll ausgearbeiteten textlosen Notenschnüre waren die emotionale Botschaft. Stendhal expliziert das im Schlussteil seines Buches über den Komponisten. Die Musik Rossinis, so räumte er ein, laufe ständig Gefahr, «über die Abbruchkante in den widerhallenden Abgrund einer für die Galerie bestimmten Virtuosität» zu stürzen, aber zugleich bringe sie die Zuhörer «jeden Tag einem Seelenzustand näher, in dem wir es schließlich und endlich verdienen mögen, die Idiome echter Leidenschaft zu hören».[12]

Nach *Tancredi*

Mit *Tancredi* legte Rossini den Grundstein seines Erfolges. Er schrieb danach noch rund 30 weitere Opern, sowohl ernste als auch komische, wobei *Semiramide* den Höhepunkt der italienischen Phase seiner Kompositionstätigkeit markierte. Danach übersiedelte er nach Paris, dem Mekka so vieler erfolgreicher italienischer Komponisten, und stellte sich auf die Produktion französischer Opern um. Sein letztes Werk in französischer Sprache, die große Oper *Guillaume Tell* (*Wilhelm Tell*, 1829), kannte Stendhal noch nicht, als er 1824 seine Rossini-Biografie veröffentlichte. Sie ist ein außerordentliches Werk, ganz anders als seine italienischen Opern – so anders, dass wir ihre Erörterung einem späteren Kapitel überlassen möchten. Jedenfalls hörte der 37-jährige Rossini nach *Guillaume Tell* auf, Opern zu komponieren, obwohl er noch fast 40 Jahre lebte: in Bologna, dann in Florenz, dann in Paris, als hoch geschätzter Geschichtenerzähler und Gourmand – es gibt ein bekanntes nach ihm benanntes Rezept, die «Tournedos Rossini», ein außerordentlich üppiges Gericht mit Zutaten wie Filet Mignon, Gänsestopfleber und schwarzen Trüffeln. Warum hörte er auf? Sicher hatte er finanziell ausgesorgt und hatte es nicht mehr nötig, ständig neue Werke zu komponieren. Tatsache ist aber auch, dass 1829 und danach neue, geradlinigere Spielarten der italienischen Oper aufkamen, an denen sich zu versuchen er keine Lust hatte.

So beschloss Rossini schlicht und einfach, mit dem Schreiben von Opern aufzuhören. In seinen späteren Jahren komponierte er einige ausgezeichnete Werke der Kirchenmusik wie das *Stabat Mater* (1842) oder die *Petite messe solennelle* (1864) und unterhielt die Pariser Salongesellschaft mit instrumentalen und vokalen Miniaturen, die er ironisch *Péchés de vieillesse* («Sünden des Alters») nannte. Zu seinen beeindruckendsten Werken unter diesem Rubrum gehören diverse Bearbeitungen eines alten Metastasio-Textes für Gesang und Klavier: «Mi lagnerò tacendo della mia sorte amara» («Ich beklage schweigend mein bitteres Los»), was man wohl als verschlüsselten Kommentar zu seinem langen Schweigen als Opernkomponist deuten kann. Dass er für diese «Bekenntnisse», mit denen er, wie immer, auf dem schmalen Grat zwischen Ironie und Sentimentalität balancierte, ausgerechnet einen Text von Metastasio wählte, verleiht einer schon früher gestellten Frage neue Dringlichkeit: Wohin ging Rossinis Blick? Zurück ins 18. Jahrhundert mit seinen abgeklärten Arkadianern oder in eine vage, aber emotional explizitere romantische Zukunft? In seinen späteren Jahren, in der Entstehungszeit seiner *Péchés de vieillesse*, mokierte er sich manchmal über den modernen Operngeschmack und erklärte, der Niedergang habe mit der Ausmusterung der Kastraten eingesetzt, jener Sänger, deren Körper man verstümmelt hatte, um dem Ideal der stimmlichen Reinheit nahezukommen. Es verweisen in der Musik Rossinis unübersehbar Linien der Kontinuität zum 18. Jahrhundert: etwa die burlesken Ensembleszenen in seinen komischen Opern oder Ähnlichkeiten mit Mozart, was orchestrale Stilmittel betrifft. Einer der Hauptpunkte, worin sich italienische Komponisten der nachfolgenden Generation von Rossini abhoben (und womit sie sich gehöriger Kritik aussetzten), war ihre «lärmige» Orchestrierung, wobei nicht verschwiegen werden soll, dass frühere Kritiker denselben Vorwurf auch gegenüber Rossini erhoben hatten. In seinen letzten Lebensjahren hatte Rossini eine Mozart-Büste auf seiner Standuhr im Schlafzimmer stehen und sprach von Mozart mit höchster Ehrerbietung; er bezeichnete ihn als das Genie, das den Gegensatz zwischen Italien und Deutschland überwunden habe. Eine seiner überlieferten Aussagen lautete: «Wir im Süden [sind von Mozart] auf unserem eigenen Gebiet geschlagen [worden]. Denn dieser Mann reicht über beide Völker hinaus: Er verbindet den ganzen Zauber von Italiens Kantilene mit Deutschlands Gemütstiefe.» Der Gewährsmann für dieses Zitat war der deutsche Komponist Emil Naumann (1827–1888), und es mag sein, dass die «Gemütstiefe Deutschlands» seine eigene deutende Formulierung war.[13] Auf der anderen Seite gilt, dass der Einfluss Mozarts auf die reiferen Kompositionen Rossinis zumeist oberflächlicher Natur war – es mag eine ästhetische Affinität in der Art gegeben haben, wie beide ihre Melodien entwickelten, aber nicht in dem, was sie dann daraus machten. Rossinis ganzes Naturell war darauf gerichtet, von jenen hochgradig komplexen harmonischen und orchestralen Ausarbeitungen, die Mozart sich nie verkneifen konnte, die Finger zu lassen.

Es lohnt sich, auf die Unterschiede zwischen Mozart und Rossini näher einzugehen. Mozarts italienische Opern wurden in der ersten Hälfte des 19. Jahrhunderts in Italien hin und wieder neu inszeniert und galten allgemein als außerordentlich schwierig – als melancholisch wie auch als von verwirrender Dichte, als vollgestopft mit harmonischen, kontrapunktischen und orchestralen Feinheiten. Wie wir im vorigen Kapitel gesehen haben, befeuerten die Opern Mozarts und die einiger seiner Landsleute (insbesondere Webers *Freischütz*) endlose Debatten über das Verhältnis der deutschen zur italienischen Oper. In den Augen der Italiener (und Rossini stellte sich mit Nachdruck auf ihre Seite, auch wenn er Mozart einen Sonderstatus zuerkannte) unterwarfen sich deutsche Opernkomponisten zu sehr dem Diktat der Harmonie und der komplexen Orchestrierung, mit ästhetisch nachteiligen Folgen; für italienische Ohren klangen ihre musikdramatischen Werke wie für das Orchester komponiert, mit dem Gesang als zusätzlicher Option. Ein wichtiger früher Rossini-Exeget, Giuseppe Carpani, der geschmacklich ganz auf Rossinis Linie lag, drückte es 1824 so aus:

> Wenn der Komponist also den denkbar schönsten lyrischen Text zur Vertonung vor sich hat, darf er sich ihm gegenüber nicht so unterwürfig verhalten, dass er seine Hauptaufgabe aus dem Auge verliert, die darin besteht, musikalischen Genuss zu erzeugen. Ausdruck sollte daher nur sein zweites Ziel sein, während er die musikalische Kontemplation, also die Cantilena, immer als sein erstrangiges Ziel betrachten sollte, als das *sine qua non* seiner Kunst. Ich fordere den feurigsten Anhänger Glucks auf, ein Gegenplädoyer zu halten …
>
> Musik, die nicht die Verbündete des Textes ist, sondern seine Sklavin; Musik mit Beulen, Karambolagen und Capricen, Musik, die gezogen vom launischen Fortschritt der Leidenschaften, [dem Zuhörer] kaum einmal einen Vorgeschmack auf ein stringentes, perspektivisch gezeichnetes Lied gönnt, Musik, deren Auf und Ab einem wie ein vom Sturm gepeitschtes Meer vorkommt: Lieder, die keine Lieder sind, sondern das pausenlose Verlangen nach Liedern – in einem Wort, so etwas wie Beethovens *Fidelio*. … Orchestrales Deklamieren, hier und dort schöne Lichtpunkte eingestreut, doch nie eine Oper, denn ein Lied wünscht sich dorthin, wo die Musik das Sagen hat.[14]

Man kann sich keine treffendere Zusammenfassung des Rossini-Codes vorstellen, eines Codes, demzufolge der Text immer der Diener der Musik und ein nicht an Texte gebundenes ästhetisches Vergnügen das Ziel zu sein hat. Auf eine ganz ähnliche Weise machte sich Stendhal über Webers symbolkräftige orchestrale Effekte lustig, über die Vorstellung, das Orchester könnte «sprechen». Weshalb, fragte er, sollte das Orchester dem Zuhörer Dinge sagen, die die Sänger ihm in ihren Liedern erzählen können? Stendhal hatte sich sogar eine These über die Gründe für diese nationalen Gegensätze zurechtgelegt: «Der Deutsche, der dem eisigen Klima des Nordens eine rauere physische Konstitution verdankt, wird auf eine lautere Musik pochen; des Weiteren konspirierte dieselbe Kälte … mit dem Fehlen des Weins, um ihm eine Singstimme vorzuenthalten.»[15] Polemiken wie diese verbreiteten sich auf den Wogen der Rossini-Begeisterung allenthalben, machten das ganze 19. Jahrhundert hindurch die Opernwelt unsicher, wobei die Vertreter der fundierteren Meinung immer entschiedener für die deutsche Oper Partei ergriffen. Die ernsten italienischen Opern Rossinis, die das Ideal des schönen Gesangs am reinsten verkörperten, blieben als Opfer des langen Marsches zum Fortschritt am Wegesrand zurück.

Anders seine komischen Opern: Sie überlebten und florierten sogar. Wie ist es zu erklären, dass Rossini seine komischen Schöpfungen in eine dauerhafte Umlaufbahn am Opernhimmel befördern konnte? Sein wahrscheinlich am engsten an Mozart angelehntes Werk – sowohl musikalisch als auch weltanschaulich – war auch eines seiner erfolgreichsten. *La Cenerentola* hat, ebenso wie *Il barbiere*, seit der Zeit, in der beide zum ersten Mal aufgeführt wurden, das Opernpublikum bei der Stange gehalten; einen kleinen Einbruch gab es nur im frühen 20. Jahrhundert, als es eine Zeit lang schwierig war, die für Mezzosopran geschriebene Titelrolle adäquat zu besetzen. Ihre Premiere erlebte *La Cenerentola* 1817 in Rom, ein Jahr nach der Premiere des *Barbiere* an selbiger Stelle. Wie in dieser Oper die Aschenputtel-Geschichte erzählt und gedeutet wird, verblüfft und imponiert vom ersten Augenblick an. Rossini kommt ganz ohne die magischen Elemente aus, die Charles Perraults berühmte Version des Märchens auszeichnen: Es gibt keine gute Fee, keine Verwandlung von Kürbissen und Mäusen in Kutsche und Pferde, keinen gläsernen Schuh. In *La Cenerentola* wird die vernachlässigte Titelheldin von ihren Schwestern und ihrem Stiefvater gepiesackt, Letzterer ein auf dem letzten Loch pfeifender Aristokrat mit dem ironisch zu verstehenden Namen Don Magnifico (Bass-Buffo), dessen Verhalten vor allem aus seiner finanziellen Notlage resultiert. Die Verwandlung Aschenputtels in die Braut eines gut aussehenden jungen Prinzen (Don Ramiro, Tenor) wird von dessen Hauslehrer eingefädelt, dem der Vernunft verpflichteten Philosophen Alidoro (Bass). Daneben treten die üblichen Chargen der komischen Oper auf: ein Kammerdiener, der viel schlauer ist als sein Herr, und andere. Die vorherrschende Stimmungslage ist jedoch – und darin wird die Ähnlichkeit mit Mozart am deutlichsten – die einer sentimentalen Komödie oder, treffender vielleicht, einer Komödie mit doppeltem Boden.

Angesichts der Popularität der Oper ist es verwunderlich, dass Stendhal – ein begeisterter Verfechter von allem, das auch nur nach Rossini roch – hartnäckig Bedenken gegen *La Cenerentola* äußerte; er tat dies in großer Ausführlichkeit und mit einem ans Diabolische grenzenden Mutwillen. So äußert er in einem zarten Anflug liberaler Gesinnung die Vermutung, ein Grund für die Mängel der Oper könne in der Stadt zu suchen sein, in der sie ihre Premiere erlebt hatte: Da Rossini sie ausdrücklich für die Bürger Roms geschrieben habe, habe sie offenbar den Geschmack derer bedient, «aus deren Betragen drei Jahrhunderte päpstlicher Herrschaft jede Spur von Würde und Vornehmheit getilgt haben».[16] Doch sein hauptsächlicher Kritikpunkt – es fehle der Partitur an *Idealismus*, sie zeichne sich durch eine gewisse Kälte und durch fehlende Herzenswärme aus – war weniger weit hergeholt. «Ich bezweifle», urteilte er, «dass es darin tatsächlich zehn Takte am Stück gibt, die gänzlich frei wären vom Odium der schmutzigen kleinen Hinterzimmer in der Rue St. Denis oder von dem des fetten, sich an Gold und banalen Ideen berauschenden Finanziers.»[17] Was war schiefgelaufen, fragt man sich: von der «jungfräulichen Unbefangenheit» zur Trostlosigkeit der Rue St. Denis in nur vier Jahren, die zwischen dem *Tancredi* und *La Cenerentola* lagen?

Eine Eigenart von *La Cenerentola* – ungewöhnlich für Rossini – besteht darin, dass die Titelheldin, als sich ihre Situation im Handlungsgefüge ändert, zu einem deutlich anderen Gesangsstil findet. Am Anfang, als sie von ihren Schwestern und ihrem Stiefvater zur Küchenmagd degradiert wird, singt sie ein wehmütiges Lied in Moll, «Una volta c'era un re» («Es war einmal ein König»). Es findet sich keine Spur eines gesanglichen Schnörkels in diesem traurigen Tagtraum: Die Melodie spricht den Zuhörer unmittelbar an, fast wie ein Volkslied, und ist in ihrer Einfachheit entschieden «unrossinianisch». Das Thema, das in der Folge mehrere Male wiederkehrt und symbolisch an die Misere des Mädchens erinnert, gehörte offensichtlich zu dem, was Stendhal störte. Er fand das Lied bewegend, aber auf eine völlig vorhersehbare Weise: «Das Lied Aschenputtels … enthält ein paar ‹rührende› Passagen, aber die gehören in dieselbe Rubrik wie jene ähnlich ‹rührenden› Szenen, die einen so unverzichtbaren Bestandteil unseres guten alten Mittelstands-Melodrams bilden, bei dem es gerade die Alltäglichkeit der Missgeschicke ist, die das Publikum heiße Tränen weinen lässt.»[18] Als Cenerentola zum ersten Mal dem Prinzen begegnet, schlüpft sie in dem Duett der beiden, die sich auf den ersten Blick ineinander verliebt haben («Io vorrei saper perché»), in eine konventionellere Gesangsrolle, aber weil die Situation für sie so neu ist, befleißigt sie sich nach wie vor eines nach Rossini-Maßstäben ungewöhnlich schlichten Gesangsstils. Auch das fand Stendhal enttäuschend: «Die hübsche Impertinenz der Musik erinnert noch immer an irgendeine kleine Hutmacherin aus der rue Vivienne», urteilte er.[19] Als Cenerentola dann jedoch ihre letzte Arie («Nacqui all'affanno») angeht, zeigt sie sich als Beherrscherin der Bühne und treibt gleich einer Sturzflut aus gesanglichen Ornamentierungen das Geschehen vor sich her. Erst an dieser Stelle attestiert Stendhal der Oper «einen Anflug von Ehrlichkeit und wahrem Gefühl.»[20]

Man könnte diese plötzliche, geballte stimmliche Virtuosität, die mit der Verwandlung Cenerentolas in eine Prinzessin einhergeht, ganz einfach erklären: In dem Maß, wie das Mädchen emotional erwachsen wird, reift es auch musikalisch. Eine andere, dem Geist des Rossini'schen Dramas vielleicht adäquatere Deutung wäre, dass das Aufblühen Cenerentolas einer allmählichen Loslösung vom Text und einer gleichzeitigen Hinwendung zur Musik entspricht. Die klare emotionale (und ihren Charakter als Figur definierende) Botschaft ihres Eröffnungsliedes mit der volksliedhaften Melodie wird am Ende auf den Kopf gestellt – transformiert in etwas viel weniger Persönliches, in eine Ode an die Musik selbst. Zu dieser Deutung passt das eigenartige Schweigen der anderen Figuren am Ende der Oper. Wir erwarten doch wohl von einer Komödie, dass sie mit allgemeiner Versöhnung und mit der Klärung aller offenen Fragen endet. Doch unmittelbar vor Cenerentolas virtuoser Schlussarie «Nacqui all'affanno» kommt es zu einem seltsam öden Dialog zwischen ihr und ihrem Stiefvater. Als Don Magnifico ihres Aufstiegs gewahr wird, versucht er eine Art Versöhnung (oder will sich zumindest bei der jetzt zu Ansehen und Macht Gelangten einschmeicheln), indem er vor ihr auf die Knie fällt. Das hätte der Auslöser für eine läuternde musikalische Geste sein können, vergleichbar mit dem Kniefall des Grafen vor der Gräfin am Ende von Mozarts *Figaro*. Doch stattdessen verpufft der Moment. Cenerentola beantwortet den Kniefall mit einem einfachen Rezitativ:

> DON MAGNIFICO: Altezza … a voi si prostra.
> CENERENTOLA: Né mai m'udrò chiamar la figlia vostra?
>
> (DON MAGNIFICO: Ach, Hoheit! – Zu Euern Füßen. ASCHENBRÖDEL: Wollt Ihr denn niemals mich Eure Tochter nennen?)

Der Rest ist Schweigen: Don Magnifico antwortet nicht. Das Rezitativ schreitet majestätisch voran bis zu Cenerentolas Schlussarie. Auch der fesche Prinz Don Ramiro bekommt kein Schlusswort, keine Gelegenheit, seine Verbindung mit der verwandelten, zur begnadeten Sängerin gewordenen jungen Frau, deren Bräutigam er jetzt ist, zu bekräftigen. Gewiss singen am Ende alle zusammen, aber nur im Chor, ohne individuellen Beitrag. Heutige Regisseure, die einen alles abrundenden Schluss bevorzugen, sind über die Art und Weise, wie *La Cenerentola* zu Ende geht, nicht glücklich. Was sollen die anderen Figuren in der Schlussszene *tun*? Die Antwort ist einfach (und kümmert sich nicht um die Feinheiten einer plausiblen Dramaturgie): Diese Theaterchargen sollen im Grunde nur zuhören – in stummer Bewunderung eines abstrakten Ideals der musikalischen und gesanglichen Schönheit, wie es sich in Gestalt von Aschenputtels Stimme vor ihnen entfaltet.

Eine weitere aufschlussreiche Szene, die mit einer ähnlichen Kombination aus stockender Kommunikation und anschließendem Schwelgen in kunstreicher Musik aufwartet, findet sich im ersten Akt. Alidoro kommt ins Haus von Don Magnifico, um alle heiratsfähigen Mädchen ins Schloss des Prinzen, der sich eine Braut aussuchen will, einzuladen. Laut seiner Liste wohnen dort drei Töchter, aber Don Magnifico korrigiert ihn:

> ALIDORO: Qui nel mio codice
> Delle zitelle,
> Con Don Magnifico
> Stan tre sorelle.
> Or che va il Principe
> La sposa a scegliere,
> La terza figlia
> Io vi domando.
> DON MAGNIFICO: Che terza figlia
> Mi va figliando?
> ALIDORO: Terza sorella …
> DON MAGNIFICO: Ella? … morì …
> ALIDORO: Eppur nel codice
> Non v'è così.
> CENERENTOLA: (Ah, di me parlano!)
> *(ponendosi in mezzo con ingenuità)*
> No, non morì.
> DON MAGNIFICO: Sta zitta lì.
> Guardate qui!
> *(balzandola in un cantone)*
> RAMIRO, DANDINI: Ella morì?
> DON MAGNIFICO *(dopo un momento di silenzio)*: Altezza … morì.

(ALIDOR: Nach dem Verzeichnis hier / Von allen Schönen, / Hat Don Magnifico / Drei Fräulein Töchter. / Eh' sich der Prinz vermählt / Hier – wo noch Eine fehlt / Fordert die Sitte / Daß ich Euch frage: / Wo ist die Dritte? MAGNIFICO: Ward eine Dritte mir noch geboren? / Die Dritte ALIDOR: Die dritte Tochter? – MAGNIFICO: Sie ist schon tot! ALIDOR: Nach dem Verzeichnis hier / Ist sie nicht tot! ASCHENBRÖDEL: Sie reden gar von mir? *[Sich in die Mitte stellend, arglos]* Nein, ich bin nicht tot! MAGNIFICO: Du sei mucksmäuschenstill! Seht her! *[Schubst sie in eine Ecke]* RAMIRO, DANDINI: Also tot? MAGNIFICO *[nach einem Moment des Schweigens]*: Ja, Hoheit!)

Liest man die Arie im Libretto nach, könnte man sich diese Dialogzeilen mit ihrer raschen Reimfolge und ihren Jamben ohne weiteres als temporeiche Sprechtheater-Komödie vorstellen, und tatsächlich entspricht Rossinis Vertonung bis zur vorletzten Zeile mit simplen dreitönigen Melodielinien und eingängigen orchestralen Untermalungen genau dieser Stimmungslage. Sie ändert sich nicht einmal in dem Moment, als Cenerentola treuherzig dazwischengeht, um zu bestreiten, dass sie tot ist. Doch dann bringt Don Magnificos letzte Zeile ziemlich unerwartet eine deutliche Tempo- und Rhythmusänderung: Finstere, an einen Trauermarsch erinnernde Streicherklänge, ein Sprung nach Moll, eine langsam chromatisch absteigende Melodie und ein feierlicher Ausklang. Welchen Reim sollen wir uns darauf machen? Welche Empfindungen der handelnden Figuren signalisiert uns dieser schwermütige orchestrale Ausklang? Sind sie in diesen plötzlichen musikalischen Stimmungsumschwung emotional involviert, oder richtet sich dieser nur an die Zuhörer? Keine dieser Fragen wird im weiteren Verlauf der Oper beantwortet. Vielmehr folgt erst einmal eine längere Pause, die der Vorbereitung auf einen weiteren beliebten Kunstgriff Rossinis dient: ein Quintett allseitiger Konfusion. Erneut stellt uns Rossini gleichsam mit einem musikalischen Exzess, einer Art Klangwalze, die die Figuren zu überrollen scheint, vor ein Rätsel.

Um die Frage noch einmal zu wiederholen: Wie ist die aktuelle Rossini-Begeisterung zu erklären? Weshalb sind heute mehr Opern von ihm im Repertoire als je zuvor? Einige praktische Gründe haben wir schon erwähnt: das internationale Rossini-Festival in Pesaro, die Tatsache, dass es dort und anderswo erstrangige Sänger und Sängerinnen gibt, die sich den Anforderungen der Partien gewachsen fühlen. Ein Zyniker könnte – insbesondere eingedenk der erwähnten befremdlichen Momente in *La Cenerentola* – zu dem Schluss kommen, es sei nicht verwunderlich, dass Rossini sich als der perfekte Komponist für die zweite Hälfte des 20. Jahrhunderts entpuppt hat (gerade so, wie er es auch für die Ära der Restauration war). Wie erging es den Italienern 1815? Erst zehn Jahre zuvor waren sie unsanft aus einem 18. Jahrhundert gerissen worden, in dem sie von manchmal (aber nicht immer) aufgeklärten Despoten aus dem Figurenarsenal eines Metastasio regiert worden waren, und fanden sich nun plötzlich (und durch Waffengewalt gezwungen) im grellen Licht einer napoleonischen Morgendämmerung wieder. Ihre Gesetze, ihre Weltanschauungen, ihre Gewissheiten waren erschüttert. Doch dann, 1815, wurde Napoleon besiegt, und die Despoten kehrten zurück. Wenn auch mit nicht mehr so glanzvoller Kostümierung und mit angeschlagener, nicht länger unangefochtener Autorität und Macht saßen sie wieder im Sattel. War es möglich, die Uhr zurückzudrehen, die Büchse der Pandora wieder zu schließen? In einer Zeit, in der solche Fragen im Raum standen und in der man sich als Italiener nicht einmal so grundlegender Dinge sicher sein konnte wie der Zugehörigkeit zu einer Nation, mag sich unversehens eine Konstellation ergeben haben, die Gioachino Rossini zu der musikalischen Stimme seines Zeitalters machte, und zwar gerade wegen seiner emotionalen Bipolarität und seiner Janusköpfigkeit, die ihm zwei Gesichter verlieh: eines, das zurück in die Vergangenheit, und eines, das nach vorne in die Zukunft blickte. Aber heute, fast zwei Jahrhunderte später? Ein Grund für Rossinis neuerliche Popularität mag in der Tatsache zu sehen sein, dass wir uns von den Opernvorlieben des späten 19. Jahrhunderts für eine «Musik mit Beulen, Karambolagen und Kapricen» emanzipiert (oder zumindest einen gewissen Abstand davon gewonnen) haben. Dank dieses Abstandes sind wir heute wieder bereit, uns mit Genuss einer wohltemperierten, uns nicht allzu nahe gehenden Tragödie hinzugeben. Wichtiger noch, wir können wieder guten Gewissens der Lust an der Zweideutigkeit, dem manischen Eskapismus, der Kraft und der schieren musikalischen Faszination frönen, die Rossini mit so sicherer Hand zu Ingredienzien seiner musikdramatischen Werke gemacht hat.

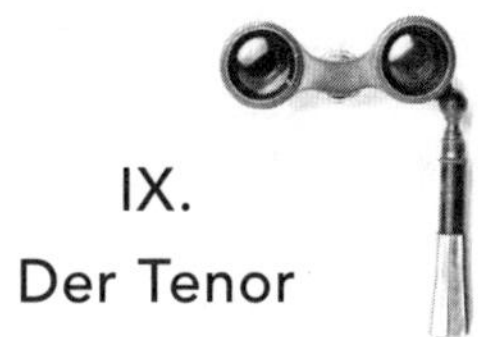

IX.
Der Tenor

Mai 1911 im hintersten Winkel der Welt: Eine Gruppe von Antarktis-Erforschern muss ein Mittel finden, mitten in der Nacht die Männer der Frühschicht zu wecken. Robert Falcon Scott, dessen Versuch, als erster Mensch den Südpol zu erreichen, im März 1912 in der Katastrophe enden sollte, hat die Männer mit einem Auftrag ans Kap Adare geschickt. Sie haben vergessen, ihren Wecker mitzunehmen, und eine Belohnung für denjenigen ausgesetzt, der eine verlässlich aus dem Schlaf reißende Ersatzlösung erfindet. Der Preis geht an den Erfinder einer Vorrichtung namens Carusophon:

> Um Mitternacht kam das letzte Mitglied der Gruppe herein und zündete, bevor er sich hinlegte, die Kerze des «Carusophons» an. Die brannte die nächsten zwei Stunden gleichmäßig, während alle Männer den Schlaf des Gerechten schliefen, bis um zwei Uhr … der Faden durchbrannte, den sie durch den Docht gezogen hatten. Das löste die Bambusfeder, die bis dahin von dem Faden gehalten worden war, und bewegte den Starthebel des Grammophons. Dessen Drehteller und die Platte begannen zu rotieren, nahmen allmählich Tempo auf und erzeugten einen nachgerade infernalischen Krach, der vor allem darauf berechnet war, die ganze Gruppe aufzuwecken. … Die Platte, die jede Nacht diese ehrenvolle Aufgabe erfüllte, war die «Blumenarie» aus *Carmen*, gesungen von Signore Caruso – was, wie ich fürchte, nicht unserem klassischen Musikgeschmack geschuldet war, sondern dem Umstand, dass es die lauteste Platte war, die wir hatten.[1]

Diese Anekdote dokumentiert nicht nur den Erfindergeist der britischen Navy, sondern liefert auch Hinweise auf mehrere Opern-Wahrheiten. Enrico Caruso (1873–1921) war *der* große Opernstar in der Pionierzeit der Tonaufnahmetechnik, berühmt für seinen messerscharfen Ton, der mühelos durch akustisches Unterholz jedweder Art drang. Die Stimme, die

Caruso besaß – die eines typischen italienischen heroischen Tenors –, war laut auf eine Weise, die die Messbarkeit in Dezibel transzendiert; offensichtlich hatte sie mehr Wucht als die Tanznummern, Schnulzen und Soldatenlieder, die die Südpolfahrer sonst hörten. Wenn ein heroischer Tenor einen hohen Ton singt – man versteht darunter im Allgemeinen alles, was höher ist als das eingestrichene A (a^1) – und dies mit der Bruststimme tut (das heißt ohne jede Falsett-Beimischung), kommt das einer «akustischen Explosion» gleich, einer Naturgewalt, die zum Inbegriff überwältigender männlicher Leidenschaft wurde. Dieser stimmliche Typus gilt heute als essentiell, als conditio sine qua non von Erfolgsphänomenen wie den Drei Tenören (Plácido Domingo, Luciano Pavarotti, José Carreras) oder Andrea Bocelli, für die Karikaturen der italienischen Oper als eines Wettstreits zwischen Sopranistinnen und Tenören auf dem Hochseil und für so viele andere legendäre und vielbesungene Klischees des Genres. Wir müssen uns allerdings vergegenwärtigen, dass es diese heroischen Tenorstimmen bis zum 19. Jahrhundert nicht gab. Das Aufkommen dieser Stimmen, denen neue Opern in den 1830er und 1840er Jahren gleichsam einen fruchtbaren Resonanzboden bereiteten, war eines jener seismischen Ereignisse, die die Geschichte der Oper beleben.

Der Aufstieg eines neuen Typs von Tenorstimme fiel zeitlich zusammen mit Gioachino Rossinis Abschied vom Opernkomponieren 1829; er war zu diesem Zeitpunkt noch keine 40 Jahre alt und stand auf dem Höhepunkt seines europaweiten Ruhms. Rossini schrieb bekanntlich nur eine einzige Partie für einen heroischen Tenor, und zwar in seiner französischen *grand opéra Guillaume Tell* (*Wilhelm Tell*, 1829). Der Spielplan von Opernhäusern wie der Mailänder Scala aus dieser Zeit zeigt, dass Rossinis ernste und komische Opern damals noch eine dominierende Rolle spielten. Am 26. Dezember 1828 startete die Karnevalssaison in Mailand wie gewohnt mit einer ernsten Oper, Rossinis *L'assedio di Corinto (Die Belagerung von Korinth)*, ursprünglich als *Le Siège de Corinthe* 1826 in Paris uraufgeführt und eigentlich nur die Neufassung einer früheren italienischen Oper Rossinis, *Maometto II.* Die nächste Oper auf dem Spielplan war Rossinis *Zelmira* (Neapel 1822); sein Frühwerk *Demetrio e Polibio* (*Demetrius und Polybius*, Rom 1812) stand ebenfalls auf dem Saisonprogramm. Gleichfalls noch 1829 gelangten drei seiner komischen Opern, *Il barbiere di Siviglia* (1816), *La pietra del paragone* (*Der Prüfstein*, Mailand 1812) und *La gazza ladra* (*Die diebische Elster*, Mailand 1817) zur Aufführung. Sechs Opern in einem Jahr auf dem Spielplan der Scala – kein anderer Komponist kam auch nur in die Nähe dieser Zahl. Und so lagen die Dinge nicht nur in Mailand, sondern fast überall, wo Opern aufgeführt wurden. Ein Rossini-Fieber grassierte in den bedeutenden Hauptstädten Europas wie London, Paris oder Wien, aber zunehmend auch in einigen Ländern Südamerikas und in anderen Teilen der Welt. Spätestens um die Mitte der 1830er Jahre wurden italienische Opern in New York und mehreren anderen US-amerikanischen Städten, in Buenos Aires, Valparaíso und Rio de Janeiro, in Kalkutta und vielen anderen weitab liegenden Orten aufgeführt, zu denen furchtlose und reiselustige Ensembles gelangen konnten. Fast überall gehörte Rossini zum Repertoire.

Die Gründe für den Entschluss Rossinis, ausgerechnet zu einem Zeitpunkt aufzuhören, da sein Stern alles überstrahlte, waren komplex. Anfänglich mögen es persönliche Dinge wie Krankheit und Depression gewesen sein, die ihn am Komponieren hinderten. Eine wichtige Rolle spielte aber auch die Tatsache, dass sich genau um diese Zeit bedeutsame Veränderungen in der ernsten italienischen Oper vollzogen, von denen feststeht, dass sie Rossini nicht zusagten. Schwerer noch wog, dass sich kurz nach Beginn seiner Schaffenspause die Horizonte der Opernwelt so rasch und gründlich verschoben, dass allein der Gedanke, er könne seinen Stil den Anforderungen des sich wandelnden Zeitgeschmacks anpassen, ihm schon sehr bald äußerst verwegen erschienen sein muss.

Eine der Veränderungen, die sich ziemlich plötzlich einstellten, war eine Verschiebung im Spektrum der für die ernste italienische Oper typischen Stimmlagen – ein Wandel, der sich in weiten Teilen Europas fast gleichzeitig bemerkbar machte. Die Kastraten, deren Stern schon seit dem späten 18. Jahrhundert im Sinken begriffen war, waren spätestens 1830 aus der *opera seria* verschwunden. Ihr Finale war ein ausgesprochen trauriges Kapitel, ein krasser Kontrast zu den Verhältnissen ein Jahrhundert zuvor, als das Publikum ihre gesanglichen Leistungen mit Rufen wie «Evviva il coltello!» («Lang lebe das Messer!») gefeiert hatte. Schon in den 1790er Jahren kursierten Gerüchte über seltsame körperliche Inversionen. Eine hartnäckig kolportierte Geschichte handelte von einem Mann, der ohne Hoden auf die Welt gekommen war und seinen Lebensunterhalt als singender Kastrat verdiente. Doch dann passierte es: Während einer mit höchster Inbrunst gesungenen Arie stülpten sich seine fehlenden Körperteile plötzlich spontan hervor. In einer Version aus dem späten 18. Jahrhundert hört sich die Geschichte so an:

> Dieser Mann wurde ohne jede sichtbare Spur der Teile geboren, die bei der Kastration entfernt werden. … Eines Tages strengte er sich beim Singen einer Arietta so außergewöhnlich an, dass ganz plötzlich diese

> Teile, die die Natur so lange versteckt gehalten hatte, an die richtige Stelle rutschten. Augenblicklich verlor der Sänger seine Stimme (was man noch während der Vorstellung bemerkte), und er verlor damit auch jede Aussicht auf einen zukünftigen Lebensunterhalt.[2]

Das Faszinierende an dieser fabulierten Geschichte ist, dass sie einen Vorgang als dramatisches physisches Ereignis darstellt, der in Wirklichkeit Schritt für Schritt den Untergang einer ganzen Kultur herbeiführte: Der sich über Jahrzehnte erstreckende Niedergang der Kastraten, an deren Stelle die uns bis heute vertrauten Tenorstimmen traten, wird in dieser Anekdote auf ein paar Sekunden eingedampft.

Was in der Opernwirklichkeit vor sich ging, war natürlich weit weniger spektakulär, vollzog sich aber dennoch mit überraschender Plötzlichkeit. Der prominenteste Kastrat war in diesen Jahren der Götterdämmerung Giovanni Battista Velluti, der noch bis in die 1820er Jahre hinein ein internationales Renommee bewahren konnte und Partien sang, die, von anderen abgesehen, eben auch Rossini für ihn schrieb. Um die Mitte der 1820er Jahre unterschrieb Velluti einen Vertrag bei einem Londoner Theater, wo er anfangs auch Erfolge erzielte. Doch gegen Ende des Jahrzehnts wandte sich das Publikum von ihm ab; er wurde bei seinen Konzerten mit lautstarkem Geheul verhöhnt (Falsett-Amateure in der Galerie machten sich einen Spaß daraus, ihn zu übertönen), und seine Physis als solche wurde zu einem Objekt des Horrors und Ekels gemacht. Als der junge Mendelssohn 1829 Velluti in London hörte, war das für ihn eine albtraumhafte Erfahrung im buchstäblichen Sinn: «Seine Stimme erregte meinen Abscheu so sehr, dass sie mich in dieser Nacht bis in meine Träume verfolgte.»[3] Ein zeitgenössischer britischer Kritiker beschrieb den Gesang Vellutis als «das geisterhafte Geächze eines unterirdischen Wesens».[4] Als diese Degradierung zu einem Monster für Velluti unerträglich wurde, kehrte er fluchtartig nach Italien zurück, aber auch dort war seine Karriere wenig später zu Ende. Mit dem Rest an Würde, der ihm verblieben war, erklärte er seinen Rückzug aus dem Rampenlicht und verbrachte seine letzten Lebensjahre in ländlicher Abgeschiedenheit.

Die heroischen Rollen, mit denen die Kastraten einst das Publikum in Spannung versetzt hatten, waren ihnen mittlerweile entglitten. Zunächst waren sie, etwa bei Rossini, zu einem Revier für sogenannte «Hosenrollen» geworden, gespielt von Sopranistinnen oder Altistinnen in Männerkleidung, eine Reverenz an die Vorliebe des 18. Jahrhunderts für hohe Stimmen und auch an die ihm eigene Nonchalance gegenüber der geschlechtlichen Identität von Opernfiguren. Doch schon zum Zeitpunkt von Rossinis Rückzug war die Sopranistin in Männerkleidung selbst zu einer dem Zeitgeist nicht mehr geheuren, ja zu einer geschmähten Figur geworden, zumindest in heroischen Rollen. Gelegentlich tauchte sie im weiteren Verlauf des 19. Jahrhunderts in diversen neuen Verkleidungen auf, aber in der Regel nur noch als komische Randfigur, als draufgängerischer Page oder in einer anderen Chargenrolle. Eine behoste oder behelmte Sopranistin genügte nicht mehr den Ansprüchen an eine romantische Heldenfigur, einen glühenden Troubadour oder galanten Ritter. Wie ein Kritiker es 1833 formulierte:

> Wir sehen in der Frau, die sich auf der Bühne als Mann kleidet, … immer ein weibliches Wesen in männlicher Schale, als handle es sich um einen Witz oder eine Maskerade. Nie übernimmt sie den Charakter und das Gebaren [eines Mannes] … Wie sollen wir uns je täuschen, wenn wir einen Konquistador, einen Furcht einflößenden Krieger, die gesamte Vorstellung hindurch von diesen Figuren dargestellt sehen?[5]

Dieser Kritiker war übrigens ein ehemaliger Tenor namens Nicola Tacchinardi. Er hatte also ein berufliches Interesse an diesem Thema. Für die Rolle eines «Furcht einflößenden Kriegers» mit geschwellter Brust und gezogenem Schwert hielt man jetzt eine entschieden männlichere Physis für erforderlich. Die Zeit war reif für den romantischen Tenor.

Tenöre hatten seit Anbeginn der italienischen Oper die Bühne bevölkert, aber selten in der ersten Reihe gestanden. In der *opera seria* des 18. Jahrhunderts tauchten sie zumeist in der Rolle von Honoratioren auf, vielleicht adliger Abstammung, aber eben normalerweise nicht im Mittelpunkt der emotionalen Verwicklungen. Wie wir in Kapitel IV gesehen haben, passt Mozarts Idomeneo, eine speziell für einen älteren Tenor der überkommenen Metastasio-Schule geschriebene Rolle, perfekt in dieses Raster. Selbst in der *opera buffa*, die natürliche Stimmen bevorzugte, umwehte die Tenöre häufig eine Aura des Entbehrlichen, was sie freilich gerne mit einem Mehr an lyrischem Charme wettmachten. Auch dafür lieferte Mozart ein klassisches Beispiel: Der nichtsnutzige Don Ottavio in *Don Giovanni* ist ein Meister der schönen Kantilene und ein Versager, wenn es um tatkräftiges Handeln geht. In den italienischen Opern Rossinis war es zunächst die komische Sparte, in der die Hauptrollen mit Tenören besetzt wurden. Dagegen hielten in der ernsten Oper Schwerter schwingende Frauen noch eine Weile die Stellung, sieht man von einigen speziell für Neapel komponierten Werken ab (denn dort mangelte es an

Frauen, die Heldenrollen spielen konnten). Das einleuchtende neapolitanische Gegenbeispiel ist *Otello*: Diese Oper weist nicht weniger als drei mit Tenören besetzte Hauptrollen auf und hielt sich nicht zuletzt deswegen viel länger im Repertoire als die meisten anderen ernsten Opern Rossinis.

Die Geburt des männlichen Tenors wird manchmal als ein Schöpfungsakt dargestellt, vollführt von dem berühmten französischen Sänger Gilbert-Louis Duprez (1806–1896) in einer Wiederaufnahme von Rossinis *Guillaume Tell* 1837 an der Pariser Opéra. Wie Duprez später erzählte, beeindruckten ihn die «männlichen Akzente», die der Protagonist Arnold in seiner Arie «Suivez-moi» im vierten Akt setzt, so sehr, dass er beschloss, das darin mehrfach vorkommende hohe C (das die Sänger traditionell in einem gemischten Register mit Falsett-Anteilen erzeugten) mit der Bruststimme zu attackieren.[6] Rossini fand diesen extremen stimmlichen Machismo entsetzlich; er versuchte diese Leistung Duprez' kleinzureden, indem er sie als «das Krähen eines Kapauns mit durchgeschnittener Kehle» bezeichnete (wohl unter bewusster Anspielung auf die Kastraten, die man früher als «Kapaune» verspottet hatte).[7] Allein, der Rubikon war überschritten. Nachdem Duprez den Arnold so gesungen hatte, war, so will es der Mythos, nichts mehr wie zuvor. Ob man es mochte oder nicht, der Weg, der zu Caruso und den Drei Tenören führen sollte, war vorgezeichnet, geteert und beschildert.

Diese simple Kunde von einem weiteren epochalen Meilenstein in der Geschichte des Gesangs ist jedoch, man ahnt es schon, zu «glatt». Nicht nur Duprez, sondern auch andere Tenöre hatten davor schon einige Zeit mit Techniken, kräftigere, vollere Töne zu erzeugen, experimentiert und dabei auch versucht, mit der Bruststimme sehr hohe Töne zu erreichen. Die sanfteren, «gemischten» hohen Töne verschwanden dabei keineswegs über Nacht; jeder, dessen Steckenpferd das Hören historischer Tonaufnahmen ist, weiß, dass solche Töne noch bis weit ins 20. Jahrhundert hinein ein wichtiger Bestandteil des gesanglichen Arsenals blieben (von wenigen hartgesottenen Puristen abgesehen). Dennoch brachten die Jahre zwischen 1830 und 1840 eine bedeutende ästhetische Wende. Ein Stimmenklang, den frühere Generationen als extrem, ja animalisch (siehe Kapaune) empfunden hätten, elektrisierte die Menschen plötzlich. Italienische Komponisten, die nach dem Rückzug Rossinis in den Vordergrund traten, vor allem Donizetti, aber auch Bellini und Saverio Mercadante, zögerten nicht, sich dieses Potential zu Nutze zu machen.

Der Aufstieg des heroischen Tenors ging mit anderen Veränderungen Hand in Hand, die sich um 1830 in der italienischen Opernwelt vollzogen.

Eine offenkundige Parallele war der Aufstieg des dramatischen Baritons, der sich zum klassischen Antagonisten des Tenors entwickelte («Ich bin ihr Bruder/Vater/Onkel; solange ich atme, wird sie *nie* dir gehören» oder sogar zum Protagonisten schlechthin – dies allerdings in nennenswerter Zahl erst nach 1850). Diese beiden neuen männlichen Stimmlagen hatten eines gemeinsam: Sie opferten Geschmeidigkeit zugunsten schierer Stimmgewalt. Bei Rossini würzten die Tenöre und Bässe typischerweise ihre Arien mit ebenso viel Stimmartistik und zur Schau getragener Virtuosität wie ihre weiblichen Widerparts; in der Tat waren die Anforderungen in puncto Gesangskunst, die an männliche und weibliche Vokalisten gestellt wurden, in der ganzen Operngeschichte bis einschließlich Rossini annähernd gleich groß gewesen. Das änderte sich jedoch ab etwa 1830. Manche Sopranistinnen und Mezzosopranistinnen spezialisierten sich, dem Beispiel der Tenöre und Baritone folgend, auf eine dunklere, rundere, kräftigere Stimmgebung. Die meisten taten das jedoch nicht. Das Komponieren verschnörkelter Melodien wurde nach und nach zu einer Spezialdisziplin für weibliche Opernpartien. Der von Schönheit und Pathos geprägte Gesang, den Rossini und sein Publikum von allen Opernakteuren hören wollten, wurde jetzt zunehmend zu einer weiblichen Domäne, analog zu den Schnürleibern und Krinolinen, die den weiblichen Körper zugleich einengten und zur Geltung brachten. In ähnlicher Weise entschieden sich Tenöre und Baritone für das stimmliche Pendant zu den Zylinderhüten und dunklen Anzügen, die um diese Zeit zur obligatorischen Gesellschaftsuniform der Männerwelt wurden. Damit soll nicht suggeriert werden, dass sich an den Kostümen auf der Opernbühne viel geändert hätte – die männlichen Darsteller blieben ganz überwiegend der engen Bundhose und dem Wams treu und behängten sich mit einer nach unseren heutigen Maßstäben geradezu besorgniserregenden Menge an Strass. Nein, die neue Uniform der Oper war keine textile, sondern eine akustische: Duprez' «männliche Akzente» waren *de rigueur*; echte Männer hielten sich nicht mit Trillern und anderen Koloraturen auf, sie artikulierten beim Singen so deutlich, dass die Zuhörer die Texte verstanden, und die Grundeinstellung ihres Gesangs lautete «volle Kraft». Der Unterschied zwischen Mann und Frau, auf der Opernbühne jahrhundertelang ignoriert oder willentlich verwischt, hatte sich zurückgemeldet – mit Nachdruck.

Die Entwicklung neuer Schattierungen der Stimmgebung fand nicht nur in der italienischen ernsten Oper statt, wenngleich sie sich darin stärker ausprägte als anderswo. Man kann Verbindungslinien zwischen ihr und allgemeineren Veränderungen in der Gesellschaft ziehen, am plausibelsten zu bestimmten neuen Formen, mit denen Männer ihrem offenbar dringenden Bedürfnis Ausdruck verliehen, sich von den Frauen abzusetzen, ein Bemühen, das sich am sichtbarsten in der Kleidermode manifestierte. Es lassen sich aber im engeren Sinne auf das Theater bezogene Erklärungen finden. In dem fraglichen Zeitraum vollzog sich eine unaufhaltsame Aufrüstung der für die Aufführung von Opern benötigten Orchester. Technische Fortschritte im Instrumentenbau sorgten im Verein mit veränderten ästhetischen Präferenzen infolge von Entwicklungen in der Instrumentalmusik dafür, dass Holz- und Blechbläser lauter wurden, was wiederum eine Aufstockung der Streichergruppen notwendig machte. Hinzu kam, dass – vermutlich im Gefolge eines Trends zu ausgefalleneren Sujets und Handlungen – der Schwerpunkt im Frequenzspektrum der italienischen Opernorchester nach unten wanderte: Die tieferen Blechblasinstrumente, insbesondere die Posaunen, erlangten höheren Stellenwert. Das war nicht so sehr ein Problem für Sopranstimmen; sie konnten sich über diesen tieferen, schwereren Orchesterklang erheben. Für die männlichen Stimmen hingegen wurde es schwer, sich gegen die akustische Konkurrenz der lauter gewordenen, denselben Frequenzbereich abdeckenden Instrumente zu behaupten. Sie gaben darauf die einzige ihnen mögliche Antwort: Sie wurden «bauchiger» und damit ebenfalls lauter, verloren dadurch aber an Geschmeidigkeit. Alternativ oder zusätzlich könnte man die Verdrängung der heroischen Sopran- und Altpartien aus dem Rampenlicht zugunsten der heroischen Tenöre und (später) heroischen Baritone auch als Reaktion auf ein neues Realismusverständnis in der Oper erklären. Die Oper näherte sich in mancher Hinsicht den Normen des Sprechtheaters an, und zwar insofern als die Darsteller ihren Gesangsstil auf ähnliche Weise ausdifferenzierten, wie es die Schauspieler am Sprechtheater taten. Als treibendes Moment stand hinter diesem Streben nach einem neuen Realismus auch wieder der technische Fortschritt. Das Gaslicht eroberte die Theater um 1820. Es war nicht nur (ein bisschen) sicherer als die bis dato gebräuchliche Kerzenbeleuchtung, die regelmäßig zu Bränden führte und ganze Theater in Schutt und Asche legte, sondern ermöglichte auch raffiniertere visuelle Bühneneffekte.

Amor violento

Wie klangen die Prototypen dieser neuen ernsten Oper? Die besten Beispiele finden sich unter jenen rund 70 Opern, für die Gaetano Donizetti (1797–1848) verantwortlich zeichnete, einer von zwei in die Fußstapfen Rossinis tretenden italienischen Komponisten (der andere ist Vincenzo Bellini), deren berühmteste Werke sich bis heute im Repertoire gehalten haben. Donizetti verbrachte das erste Jahrzehnt seines Komponistendaseins – die 1820er Jahre – mit dem Schreiben sowohl von komischen als auch ernsten Opern, in denen er zum allergrößten Teil ungeniert den Stil Rossinis kopierte. Zu seinem eigenen Stil fand Donizetti nach Meinung mancher Fachleute erstmals mit *Anna Bolena* (1830), einer Oper, mit der er in Italien und anschließend auch international auf sich aufmerksam machte. In formaler Hinsicht weist *Anna Bolena* in der Tat Merkmale einer Abkehr vom Rossini-Code auf, vor allem in Gestalt emotional aufgewerteter Rezitative. Was jedoch Stimmlagen und Stimmführung betraf, blieb sie dem alten Stil treu: Alle Figuren schwelgten in Rossinis Koloraturgesang.

Radikaleren Neuerungen begegnen wir erst in einer etwas später entstandenen, weniger bekannten Donizetti-Oper mit dem Titel *Parisina*, die 1833 in Florenz uraufgeführt wurde. Das Libretto stammte von Felice Romani (1788–1865), dem nach allgemeiner Ansicht begabtesten Bühnendichter seiner Generation, der jedoch just aus diesem Grund an ständiger Auftragsüberlastung litt. Die letzten Teile des *Parisina*-Librettos bekam Donizetti trotz häufigen Reklamierens und Drängens erst einen guten Monat vor dem festgesetzten Premierentermin auf den Tisch. Die Handlung der *Parisina* ist, hinsichtlich des Zeitdrucks nicht verwunderlich, ganz konventionell: Angesiedelt in einem alle Klischees bedienenden Mittelalter, setzt sie auf die übliche Dreiecks-Liebesgeschichte zwischen Sopran, Tenor und Bariton. Nach Rossini'schen Maßstäben wartet die Geschichte – die auf einem Versepos Byrons beruht – jedoch mit einer ungewöhnlich großen Portion Gewalt und Düsternis auf. Der Aristokrat und notorische Nörgler Azzo (Bariton) ist mit der jungen Parisina (Sopran) verheiratet, die jedoch eine heimliche, dafür aber feurig erwiderte Leidenschaft für Ugo (Tenor) hegt. Azzo kommt hinter das Geheimnis, entdeckt dabei allerdings, dass Ugo sein Sohn aus einer früheren Beziehung ist. Das macht die Sache komplizierter, aber nicht für lange: Der von Eifersucht verzehrte Azzo lässt Ugo umbringen. In der Schlussszene präsentiert er Parisina den Leichnam ihres Geliebten, bei dessen Anblick sie entseelt zu Boden sinkt. Diese makabere Geschichte teilte der Komponist nach den aktuellen Regeln der Opernkunst in eine Abfolge von musikalischen Nummern auf: mehrsätzige Auftrittsarien für jeden der drei Protagonisten, eine Anzahl von Duetten für die konfrontativen Momente und ein großes Finale.

Unter diesen orthodoxen Vorzeichen bieten die Besprechungen, die nach der Uraufführung erschienen, eine interessante Lektüre. Während *Parisina* beim Publikum überwiegend gut ankam, zeigten sich die Kritiker gespalten. Selbst diejenigen, die die Oper gut fanden, meldeten Bedenken an. Die Musik sei, so meinte einer, «extrem asketisch und ermüdend sowohl für die Sänger als auch für die Orchestermusiker».[8] Es gab Lob für die poetische Qualität der Texte, aber Kritik an der als moralisch abstoßend empfundenen Handlung. Die heftigste Kritik aber galt der neuen Art der Gesangsdarbietung. Das Finale des ersten Aktes sei, so ein Kritiker, «geräuschvoller und aufreizender für das Ohr als lehrreich und erbauend für die Seele»; einige andere Szenen seien «zu intensiv und zu lang» geraten; einige Kritiker hatten den Eindruck, in dieser Oper werde mehr «krakeelt als gesungen». Ein Kritiker berichtete über eine offene Kontroverse während der Vorstellung:

> Ein Schrei donnerte von der Bühne herab. «Gut!» erscholl es von einigen Seiten. «Schlecht!» raunten andere. Die erste Gruppe sagte: «In bestimmten furchtbaren Situationen kann ein Schrei ein ins Sublime gesteigertes Singen sein.» Die zweite erwiderte: «Ein Schrei ist immer ein Schrei und kein Gesang.» «Aber», versetzte die erste, «im wahren Leben schreien Menschen, wenn sie Seelenqualen leiden.»

Wenn wir uns *Parisina* heute anschauen, mögen uns diese Kommentare rätselhaft erscheinen. Schließlich gelten die Opern Donizettis heutzutage als Inbegriff des Belcanto, des schönen Singens, doch offensichtlich fanden diejenigen, die die Oper 1833 mit an Rossini geschulten Ohren hörten und der Operntradition verhaftet waren, dass da etwas im Argen liege.

Diese Irritationen lassen sich teilweise erklären, wenn man sich die Sänger anschaut, mit denen die Hauptrollen in *Parisina* besetzt waren. Wie alle guten Opernkomponisten seiner Zeit, gab Donizetti sich große Mühe, jedem seiner Protagonisten eine Musik auf den Leib zu schreiben, die ihre Fähigkeiten optimal zur Geltung brachte, gemäß der einfachen Regel: Wenn die Sänger bejubelt werden, wird auch die Oper bejubelt. Und die Darsteller, die Donizetti für die Opernspielzeit des

Jahres 1833 in Florenz gewinnen konnte, waren bemerkenswert. Caroline Ungher, die die Parisina spielte, war eine österreichische Mezzosopranistin, die Mitte der 1820er Jahre nach Italien gekommen war. Ihr Ruhm gründete sich auf ihre Schauspielkunst, während ihre Stimme nach konventionellen Maßstäben nicht besonders schön war und insbesondere im oberen Bereich etwas gepresst wirkte. Bellini, in puncto Gesang ganz gewiss ein Mann der alten Schule, sagte über die Ungher: «Jeder Ton, den sie von sich gibt, ist wie der Stich eines Stiletts.»[9] Ein bisschen wohlwollender äußerte sich Rossini, der ihr «das Temperament des Südens, die Energie des Nordens und eine ungeheuerlichee Lunge» bescheinigte.[10] Domenico Cosselli (Azzo) hatte sein Sängerleben als Rossini-Bass begonnen, sich dann aber zur Halbzeit seiner kurzen Karriere auf höhere, kraftvollere Partien spezialisiert und war nun einer derjenigen, die den Bariton neuen Typs erfanden. Den Ugo gab Duprez, dessen Stimme sich zu diesem Zeitpunkt in einem Wandlungsprozess befand. Angefangen hatte er in Paris als heller Rossini-Tenor, doch im Verlauf seiner italienischen Jahre war seine Stimme dunkler und kraftvoller geworden. In seinen Erinnerungen erwähnt er *Parisina* als den entscheidenden Wendepunkt in seiner Entwicklung, als die wichtigste Etappe auf dem Weg zu einer Stimmgebung anderer Art, die ihn, wie wir gesehen haben, zum meistbewunderten «männlichen Tenor» der späten 1830er Jahre machen sollte.

Betrachten wir *Parisina* aus der Warte dieser Sänger – als einen Versuch Donizettis, mit Hilfe von Protagonisten, die über neue stimmliche Ausdrucksmöglichkeiten verfügten, ein musikalisches Drama neuen Stils zu kreieren –, so sehen wir eine Oper, die in ihrer Formensprache noch traditionell ist, die Hauptrollen jedoch radikal anders interpretiert. Ein gutes Beispiel findet sich im zweiten Akt, als Azzo sich in Parisinas Schlafzimmer schleicht und hört, wie sie im Traum Ugos Namen murmelt. Er weckt sie und stellt sie zur Rede; sie gesteht ihre Liebe zu Ugo, und das Duett endet mit wütenden Verwünschungen, die er ausstößt, und verzweifelten Selbstmordgedanken, die sie gleichsam im Selbstgespräch äußert. All das gehörte zum Standardarsenal der Oper der 1830er Jahre. Aus dem Rahmen fällt jedoch, wie sehr Donizetti in diese Szene auf Deklamation anstelle wohlgeformter Melodien setzt – keine Spur von einem konventionellen langsamen Satz mit lyrischem Innenhalten. Die Tenorpartie hält sogar noch größere Überraschungen bereit. Donizetti schrieb Duprez eine Rolle auf den Leib, die eine zwanglose Mischung aus Elementen seines alten und seines neuen Gesangsstils bot. In seiner Arie im zweiten Akt zum Beispiel gibt es einen langsamen Abschnitt mit sehr viel floraler Melodik, der an die Rossini-Ära erinnert. (Duprez hatte sein Debüt 1825 im *Barbiere di Siviglia* gegeben.) Die melodische Textur bewegt sich in großer Höhe, mit hohen Cs im Überfluss und sogar einem hohen D in der *cabaletta*. Aus dem musikalischen Kontext und aus den Anweisungen in der Partitur wird deutlich, dass Donizetti viele dieser extrem hohen Töne möglichst kraftvoll vorgetragen hören wollte, ohne jeden Anflug von Falsett. Ebenso wie Duprez sich damals in einem Stadium des Übergangs befand, kann man das auch für die vokale Sprache der ernsten italienischen Oper sagen. Die Chemie zwischen Darstellern, Komponisten und dem Publikum ließ Elemente mit neuen Eigenschaften und Anforderungen entstehen.

Parisina ist heute fast ganz aus dem Repertoire verschwunden, aber zu ihrer Zeit war die Oper mit ihrem neuen Stil sicher ein Publikumserfolg, nicht nur in Italien, sondern auch in der ständig weiter expandierenden internationalen Opernwelt. Ein sicheres Zeichen für die Popularität Donizettis und des von ihm gewiesenen neuen Wegs war die Tatsache, dass die Mailänder Scala Mitte der 1830er Jahre die Karnevalssaison nicht weniger als drei Jahre hintereinander mit Opern aus seiner Feder eröffnete: 1832 mit *Fausta*, 1833 mit *Lucrezia Borgia* und 1834 mit *Gemma di Vergy*. *Parisina* unterschied sich jedoch von diesen dreien durch eine zweifache radikale Neuerung, lotete sie doch die neue, «dunklere» Stimmgebung sowohl beim Sopran als auch beim Tenor aus. Füllige und kraftvolle Sopranstimmen wie die der Ungher waren, wie erwähnt, relativ rar; daher hielt Donizetti in den meisten seiner Opern aus Rücksicht auf seine Stamm-Sopranistinnen an dem älteren, feineren, reicher ornamentierten Gesangsstil fest.

Als Paradebeispiel dafür kann seine langlebigste Oper dienen, *Lucia di Lammermoor* (1835), die sich seit fast 200 Jahren im Repertoire hält und alle Zeitströmungen überdauert hat. Auch im Zentrum dieses Werks steht die klassische vokale Troika: Edgardo, der heroische Tenor, ist der Geliebte Lucias (tragischer Sopran). Der unversöhnliche Feind ihrer Zweisamkeit ist der Bösewicht Enrico (Bariton), Lucias Bruder. Um des finanziellen Vorteils willen und wegen alter familiärer Zwistigkeiten will er Lucia zur Heirat mit einem von ihm ausgesuchten Mann zwingen, dem sanftmütigen Arturo (Tenor). Es kommt zu den üblichen Verwicklungen und tragischen Missverständnissen. Lucia lässt sich in dem Glauben, Edgardo habe sich von ihr abgewandt, auf die Verlobung mit Arturo ein, aber gerade als sie sich anschickt, den Ehevertrag zu unterschreiben, taucht

Edgardo aus heiterem Himmel auf und macht ihr öffentlich eine Szene. Der Vorfall mündet in das berühmte *Lucia*-Sextett, einen der großen «Zeitlupenmomente» der Operngeschichte (von den Italienern auch als *concertato* bezeichnet), in dem alle Beteiligten, begleitet von einem Chor und angefeuert von konsternierten Zeugen des Geschehens, einander Auge in Auge gegenüberstehen und ihren Schmerz, ihre Wut und ihre Verwirrung heraussingen. Im letzten Akt ermordet Lucia ihren Angetrauten im Ehebett, verfällt in einen gesanglich kunstvoll ausgestalteten Wahnsinn und stirbt. In der Schlussszene erfährt Edgardo von ihrem Tod. Daraufhin entbietet er ihrer Seele einen leidenschaftlichen Abschied, stößt sich ein Messer ins Herz und haucht singend sein Leben aus. Donizetti drückte in wenigen Worten aus, was er von einem Libretto erwartete: «Voglio amor, e amor violento.»[11] («Ich will Liebe, und zwar gewaltige Liebe.») *Lucia di Lammermoor* hat dies im Überfluss zu bieten.

Die Rolle des Edgardo schrieb Donizetti für Duprez, der sich inzwischen sehr gut in seiner zweiten, stimmlich robusteren Welt eingerichtet hatte. Die Schlussszene, die mitten in der Nacht zwischen den Grabsteinen von Edgardos Vorfahren spielt, bietet eine gute Gelegenheit, die neue Spezies heroischer Tenor gewissermaßen «in freier Wildbahn» zu beobachten. Wie fast alle Soli und Duette in der Oper, weist auch diese Szene die mehrsätzige Standardform auf: Ein vom Orchester begleitetes Rezitativ mündet in einen langsamen Satz (in dem Edgardo, weil er sich von Lucia verschmäht glaubt, beschließt, sich umzubringen); ein Tempowechsel leitet das *tempo di mezzo* ein, in dem der Chor ihm die Nachricht vom Tod Lucias überbringt. Das ist das Stichwort für die *cabaletta*, in deren Verlauf Edgardo sich selbst tötet. Der langsame Satz, «Fra poco a me ricovero» («Bald nimm mich auf»), zeigt, wie weit sich Donizetti bereits vom Belcanto Rossinis entfernt hatte. Die eröffnenden Phrasen sind nahezu rezitativisch gehalten, erst später versteigt sich Edgardo zu einer lyrischen Melodie und einigen flüchtigen Melismen; am Ende verfällt er wieder ins bloße Deklamieren und wiederholt die Anfangsphrase. Was dem Publikum die ausbleibenden gesanglichen Fiorituren ersetzt, ist schnell erklärt: Die Edgardo-Partie ist gespickt mit hohen Tönen; sie akzentuieren die Momente, in denen er Atem holt, um sein Leiden an Verlust und Verzweiflung hinauszuschreien.

Als Lucias Tod bekannt wird, ist das das Signal für den Einsatz der musikalischen Klischees, die die Oper für solche Situationen zu bieten hat: ein plötzlicher Übergang nach Moll und zum Rhythmus eines langsamen Trauermarsches, akzentuiert von feierlichen Trommelschlägen.

Doch als der Chor dann über die letzten Momente im Leben Lucias berichtet, nimmt die Musik eine verblüffende Wendung: Das Orchester kehrt ins sonnige Dur zurück, und wir hören einen hellstimmigen, akkordisch eingeführten Chorgesang, der die Sprache der Heldin, deren Tod geschildert wird, zu übernehmen scheint. Der Gegensatz zur untröstlichen Reaktion Edgardos könnte nicht offensichtlicher sein. Seine *cabaletta* «Tu che a Dio spiegasti l'ali» («Du, der du deine Schwingen nach Gott hin ausbreitest»), in der er ausmalt, wie er sich mit seiner Geliebten im Himmel wiedervereinigt, scheint zunächst die Feingliedrigkeit des Chorgesangs aufzugreifen; doch schon bei der Wiederholung der Zeile «bell'alma innamorata» («Schöne geliebte Seele») kehrt er in den oberen Bereich seines Stimmumfangs zurück. Zwischen den beiden Strophen der *cabaletta* versetzt er sich den tödlichen Messerstich, und in der zweiten Strophe stützt ein rührseliges Solo-Cello seine Melodie. Was er noch an Lebenshauch übrig hat, setzt er für leidenschaftliche hohe Töne ein. Gegen Ende verschwindet jede Ausschmückung aus seinem Gesang, und selbst die lyrische, periodische Melodie löst sich auf. Der Tenor ist zurückgeworfen auf seine eiserne Reserve, seine in einem langgezogenen «Aaa!» hervorgestoßenen hohen Töne, die Verzweiflungsschreie der neuen Männlichkeit.

Lucias berühmte Wahnsinnsszene, die diesem Finale vorausgeht, weist genau dieselbe mehrsätzige Form auf: Ein vom Orchester begleitetes Rezitativ, gefolgt von einem langsamen Satz (Cantabile), einem Zwischensatz (*tempo di mezzo*) und einer *cabaletta*; doch vom Gesangsstil her könnten die beiden nicht gegensätzlicher sein. In Lucias Rezitativ wird die um den Verstand gebrachte Protagonistin vom Orchester mit unterschiedlichen musikalischen Themen bestürmt; einige von diesen erinnern an vorausgegangene Nummern, doch ist Lucia in ihrem derangierten Zustand nicht in der Lage, eine adäquate musikalische Antwort darauf zu geben. Der langsame Satz, «Ardon gl'incensi» («Schon glimmt der Weihrauch»), scheint zunächst dieses Muster zu wiederholen, da das Orchester die Melodie beibehält, während Lucia darauf mit deklamierten Satzbruchstücken antwortet. Ab «Alfin son tua» («Endlich bin ich dein»), wo sie sich in Fantasien einer glücklichen Ehe mit Edgardo verirrt, werden die Laute, die sie hervorstößt, zunehmend gesanglich ornamentierter, bis ihre Stimme am Ende fast nur noch wie ein Instrument anmutet, das mechanisch Töne hervorbringt, befreit von den Fesseln des Wortes. Die *cabaletta* «Spargi d'amaro pianto» («Vergieße bittere Tränen») wiederholt dieses Verlaufsmuster: Auch die abschließenden Kadenzen zerfallen zu einem Klangbild hart an der Grenze zur reinen vokalen Tonmalerei.

Um Lucias Wahnsinn herum hat sich nachgerade eine kleine Dienstleistungsbranche entwickelt, mit Produzenten und anderen Meinungsmachern des Opern-Zeitgeistes, die uns allen genau zu erklären versuchen, was gesangliche Eskapaden dieser Art bedeuten könnten. Manche erinnern uns daran, dass im 19. Jahrhundert Wahnsinn und Hysterie, sowohl in der realen Welt als auch auf der Opernbühne, als typisch weiblich galten. Lucias manisch zersplitterter Gesang sei, so gesehen, Ausdruck ihres Gefangenseins in einer grausamen männlichen Welt. Sie sitze in der Falle des ornamentalen Belcanto, genauso wie sie gesellschaftlich in der Falle sitze.[12] Andere finden diese Deutung zu deprimierend und stellen sie auf den Kopf. In ihren Augen verkörpern Lucias stimmliche Eskapaden einen Sieg der feministischen Sache, eine stolze Weigerung, den Regeln der Konvention zu gehorchen. Ihr extravagantes gesangliches Finale markiert dieser Interpretation zufolge eine triumphale *Befreiung* von der Autorität des Mannes.[13] Die Tatsache, dass sich beide Interpretationen auf genau dasselbe musikalische Deutungsobjekt beziehen, legt die Vermutung nahe, dass beide eine zu einsträngige Beziehung zwischen den gesungenen Tönen und ihrer kulturellen Bedeutung postulieren. Die Botschaft der Wahnsinnsszene in *Lucia* erschließt sich wahrscheinlich am besten mit einer grundsätzlicheren Deutung. Es hat eine Zeit in der Geschichte der Oper gegeben, als kunstvolle gesangliche Ausschmückungen die Domäne aller Operndarsteller waren; dann aber, in der romantischen Ära, war der ornamentale Gesang, wie die farbenprächtige Kostümierung, im Begriff, eine Domäne der weiblichen Darsteller zu werden. Kein Wunder somit, dass diejenigen, die dem «weiblichen» Wahnsinn verfallen, als primäres Symptom einen unbezähmbaren Drang zu gesanglichen Exzessen an den Tag legen.

Die Wahnsinnsszene in *Lucia di Lammermoor* hatte und hat ein faszinierendes Nachleben sowohl auf den Opernbühnen dieser Welt als auch in der wissenschaftlichen Literatur gefunden. Musikologen, die Donizettis Originalpartitur studieren (das eigenhändige Manuskript seiner Entwurfsskizze für die gesamte Oper), haben festgestellt, dass der Komponist für Lucias langsamen Satz «Ardon gl'incensi» ursprünglich eine Glasharmonika als Begleitinstrument vorgesehen hatte, etwas, das der Szene zusätzlich eine exotische und unheimliche Aura verliehen hätte. Offenbar geriet jedoch der führende Glasharmonika-Virtuose Neapels in einen Streit mit dem Theater über vertragliche Fragen, und Donizetti (der in solchen Dingen immer pragmatisch handelte) strich die Glasharmonika und ersetzte sie durch eine Soloflöte. In heutigen Inszenierungen wird manchmal tatsächlich die Glasharmonika eingesetzt, was immerhin ein Mittel ist, um einer mittlerweile sehr vertrauten Passage einen neuen Anstrich zu verpassen. Eine einschneidendere Modifizierung dieser Szene wurde jedoch rund 30 Jahre nach dem Tod Donizettis vorgenommen. Um 1880 wagte es die australische Sopranistin Nellie Melba, am Ende des besagten langsamen Satzes eine erweiterte Kadenz mit Soloflötenbegleitung zu singen – ein fast unglaublicher Drahtseilakt, bei dem die Sopranistin sich auf einen Wettstreit mit der Flöte einlässt nach dem Motto: «Alles, was du spielen kannst, kann ich nachsingen, aber höher». Diese «Wahnsinnskadenz» wurde in der Folge zur berühmtesten Stelle dieser Oper und wird bis zum heutigen Tag von den meisten Sopranistinnen getreulich reproduziert, obwohl sie eine Auffassung vom Sopranfach reflektiert, die erst lange nach Donizettis Lebzeiten Platz griff.[14] Wie sollen wir uns zu solchen der Oper zuteilwerdenden Anreicherungen stellen? Puristen mögen reflexhaft die «authentische» Glasharmonika bejahen und ebenso reflexhaft die hinzuerfundene Kadenz mit Flötenbegleitung ablehnen. Andererseits könnte man die Tatsache, dass Sopranistinnen bis heute die extremen Schwierigkeitsgrade dieser Kadenz als Herausforderung (an sich und andere) nutzen, großartig finden, und sei es nur, dass man sie als einen weiteren Beweis dafür wertet, dass im Bereich der Oper der lebende Sänger nach wie vor das letzte Wort gegenüber dem toten Komponisten hat.

Möglicherweise hat es *Lucia di Lammermoor* nicht zuletzt Auswüchsen und Abänderungen wie der Flötenkadenz in der Wahnsinnsszene zu verdanken, dass sie umwälzende Veränderungen des Operngeschmacks überstanden hat, die andernfalls vielleicht dazu geführt hätten, dass die ganze Oper irgendwann als lächerlich empfunden worden wäre. Ein früher Hinweis darauf, dass die ihr eigenen, besonders krassen Extreme irgendwann nicht mehr jedermanns Sache waren, findet sich in einer der berühmtesten Romanszenen, die in einem Opernhaus spielen. In Gustave Flauberts *Madame Bovary* (1857) besuchen die treulose Titelfigur Emma Bovary und ihr langweiliger Mann Charles in ihrem Provinzstädtchen Rouen eine Aufführung von *Lucia di Lammermoor.* Viel Aufhebens macht Flaubert dabei von der Künstlichkeit des Ganzen – der Schauspielerei ebenso wie der dramatischen Situation – und macht dabei deutlich, dass er, einer der Schrittmacher des modernen literarischen Realismus, für dieses altmodische Getue nichts übrig hat. Das Sextett im zweiten Akt beschreibt Flaubert mit der sprachlichen Präzision, für die er berühmt ist, und mit einem scharfen Blick für aufschlussreiche Details:

Das Sextett begann. Sänger und Orchester entfalten sich. [Edgardo] rast vor Wut; sein glockenklarer Tenor dominiert, Ashton schleudert ihm in wuchtigen Tönen seine Todesdrohungen entgegen, Lucia klagt in schrillen Schreien, Arthur bleibt im Maße der Nebenrolle, und Raimunds Bass brummt wie Orgelgebraus. Die Frauen des Chores wiederholen die Worte, ein köstliches Echo. Gestikulierend stehen sie alle in einer Reihe. Zorn, Rachgier, Eifersucht, Angst, Mitleid und Erstaunen entströmen gleichzeitig ihren aufgerissenen Mündern. Der wütende Liebhaber schwingt seinen blanken Degen. Der Spitzenkragen wogt ihm auf der schwer atmenden Brust auf und nieder, während er mächtigen Schrittes in seinen sporenklirrenden Stulpenstiefeln über die Bühne schreitet.

Doch dann wird Emma unversehens vom Erlebnis Oper ergriffen, und plötzlich nimmt sie das Groteske an den physischen Anstrengungen der Sänger nicht mehr wahr. Besonders der heroische Tenor schlägt sie in seinen Bann:

«Er muss eine unerschöpfliche Liebe in sich tragen», dachte Emma, «dass er sie an die Menge so verschwenden kann.» Ihre Anwandlung von Geringschätzigkeit schwand vor dem Zauber seiner Rolle. Sie fühlte sich zu dem Menschen hingezogen, der sie unter dieser Gestalt berauschte. Sie versuchte, sich sein Leben vorzustellen, sein bewegtes, ungewöhnliches, glänzendes Leben, an dem sie hätte teilnehmen können, wenn es der Zufall gefügt hätte. Warum hatten sie sich nicht kennen gelernt und sich ineinander verliebt! Sie wäre mit ihm durch alle Länder Europas gereist, von Hauptstadt zu Hauptstadt, hätte mit ihm Mühen und Erfolge geteilt, die Blumen aufgelesen, die man ihm streute, und seine Bühnenkostüme eigenhändig gestickt. Alle Abende hätte sie, im Dunkel einer Loge, hinter vergoldetem Gitter aufmerksam den Sängen seiner Seele gelauscht, die einzig und allein ihr gewidmet wären. Von der Szene, beim Singen, hätte er zu ihr geschaut …

Sie erschrak und ward verwirrt. Der Sänger sah zu ihr hinauf. Kein Zweifel! Sie hätte zu ihm hinstürzen mögen, in seine Arme, in seine Umarmung fliehen, als sei er die Verkörperung der Liebe, und ihm laut zurufen: «Nimm mich, entführe mich! Komm! Ich gehöre dir, nur dir! Dir gelten alle meine Träume, mein ganzes heißes Herz!»[15]

Der Weg, den ihre Gedanken nehmen, ist verräterisch: Die kitschigen Verwicklungen des Dramas werden beiseitegewischt, sie verblassen «vor dem Zauber der Rolle»; sodann bastelt sich Emma, «zu dem Menschen hingezogen, der sie unter dieser Gestalt berauschte», ein Luftschloss über ein ganz anderes Leben, das sie führen könnte – nicht mit der in der Oper dargestellten Figur, sondern mit dem Tenor, der diese Heldenrolle spielt.

In einem früheren Kapitel haben wir gesehen, dass Kastraten oder Sopranistinnen ähnliche Fantasien auslösen konnten; doch dieses Mal hat die Sache tiefer gehende Auswirkungen: Diese «männlichen Akzente» rufen, das können wir erahnen, bei Emma Bovary unvorhergesehene Reaktionen hervor. Die Stimmung, in die dieser Opernabend sie versetzt, mündet in Entschlüssen, die ihr Leben verändern werden – auf ruinöse Weise und für immer.

Lucia wurde zum Dauerbrenner, dagegen gerieten die übrigen rund 70 Opern Donizettis fast allesamt in Vergessenheit, bis in den letzten Jahrzehnten des 20. Jahrhunderts eine Donizetti-Renaissance einsetzte, die dem Rossini-Boom auf den Fersen folgte und ihm sogar Konkurrenz machte. Dank dieser Renaissance sind mehrere außerordentlich bemerkenswerte Opern Donizettis, insbesondere aus seiner kreativen Spätphase in den frühen 1840er Jahren, als er hauptsächlich in Paris arbeitete, wieder zugänglich geworden. Er brachte in Paris und Wien (wo er ab 1842 ein Amt am kaiserlichen Hof bekleidete) eine Serie innovativer Werke auf die Bühne, die ein verblüffend großes Spektrum an Genres abdeckten, von der *grand opéra* über die *opéra comique* bis hin zur komischen und ernsten italienischen Oper. Eine Oper aus der letztgenannten Rubrik, *Maria di Rohan* (1843), weist Einflüsse des französischen *mélodrame* auf, insofern als darin die üblichen italienischen Formen und Stilmittel hintangestellt werden und der Schwerpunkt auf Momenten dichtester dramatischer Spannung liegt, in denen die Musik manchmal fast nur noch eine atmosphärische Funktion erfüllt. Mit *Linda di Chamounix* (1842) näherte sich Donizetti der Tradition der *opera semiseria*, bei der großzügige Beimischungen von Lokalkolorit eine Handlung anreichern, die sich zwischen Tragik, Sentimentalität und unverhohlener Komik dahinwindet.

Eine dritte Oper aus dieser Schaffensphase, *Don Pasquale* (1843), ist ein wahrhaft «seltener Vogel»: eine *opera buffa* aus dem mittleren 19. Jahrhundert, die bis heute lebt und gedeiht. Warum selten? Erinnern wir uns daran, dass die ernste italienische Oper über weite Strecken ihrer Geschichte von ihrem komischen Zwilling begleitet und oft auch persifliert wurde. Viele Komponisten schrieben in beiden Genres, und zu Zeiten Rossinis war es manchmal schwer, musikalische Unterschiede zwischen den beiden zu erkennen. Doch ab 1830 begann sich auch dies zu ändern: Immer mehr Komponisten spezialisierten sich auf das eine oder das andere Genre – so beschränkten sich sowohl Bellini als auch Verdi im Großen und Ganzen auf ernste Opern –, und auch wenn weiterhin *opere buffe* entstanden, erreichten sie doch nach 1840 nur noch selten das Format oder den Nimbus der *opera seria*. Dies lässt sich auch von den Spielplänen der Mailänder Scala ablesen. Bis etwa 1830 dominierten dort eindeutig die komischen Opern, auch wenn die Karnevalssaison immer mit einer *opera seria* eröffnet wurde. (Dieser Termin war der begehrteste im ganzen Opernjahr.) Im Verlauf der 1840er Jahre ging die Zahl der aufgeführten komischen Opern drastisch zurück: 1842 standen nur noch zwei *opere buffe* auf dem Spielplan, und beide waren relativ betagte Klassiker: *Il barbiere di Siviglia* von Rossini und *Le convenienze ed inconvenienze teatrali* (1827) von Donizetti, eine jener komischen Opern, die ausdrücklich die ernste Oper auf den Arm nahmen. Nicht zuletzt infolge der sinkenden Wertschätzung für das komische Fach kehrte in diesem eine gewisse stilistische Stagnation ein: In den 1850er Jahren boten neu komponierte komische Opern oft nur noch einen Aufguss alter Rossini-Stereotypen, einschließlich seiner Crescendo-Effekte.

Donizetti war der letzte bedeutende italienische Komponist, der sich diesem Trend verschloss. Er komponierte weiterhin ebenso gerne komische wie ernste Opern und leistete in beiden Genres auch noch in der letzten Phase seiner Karriere, als sich längst ein Trend zur Spezialisierung durchgesetzt hatte, Hervorragendes. Dass Donizetti weiterhin mit komischen Opern reüssierte, hatte auch damit zu tun, dass er eine Erneuerung des Genres vorantrieb, indem er ihm eine zunehmend sentimentalere Färbung verlieh – in den vorausgegangenen Jahrzehnten war eine solche nur hin und wieder aufgeblitzt. Diese neue Nuance wurde erstmals in *L'elisir d'amore* («Das Liebeselixier», 1832) sichtbar, einer weiteren seiner langlebigen Erfolgsopern. Noch deutlichere innovative Impulse setzte jedoch *Don Pasquale*. Die Handlung ist eine Farce, wie man sie sich herkömmlicher kaum vorstellen kann: Sie variiert im Grunde den Uralt-Topos des reichen alten Mannes aus der Commedia dell'arte. Ein junges Liebespaar (Norina, Sopran, und Ernesto, Tenor) führt mit Hilfe eines klugen alten Freundes (Dr. Malatesta, Bariton) den reichen alten Herrn Don Pasquale (Bass) hinters Licht. Die Musik des *Don Pasquale* ist freilich alles andere als altmodisch, im Gegenteil: Sie ist so reich an sentimentalen und zuweilen sogar ernsten Anteilen, dass sie an vielen Stellen ihre eigene Identität als Komödie in Frage stellt. In dieser Hinsicht ist es aufschlussreich, dass Donizetti durchzusetzen versuchte, dass bei der Premiere in Paris (die im Théâtre Italien stattfand) alle Hauptdarsteller zeitgenössische Kleider tragen sollten. Er wurde in dieser Frage jedoch von seinem Librettisten und von den Sängern überstimmt, die mehrheitlich auf «Perücken und Samtkleidern» beharrten.[16]

Dass damals Neuland betreten wurde, wird uns schon in dem Moment, da der Vorhang aufgeht, musikalisch vor Augen geführt. Das offensichtliche Signal ist das Fehlen eines Eröffnungschors und damit die Präsentation jenes gesellschaftlichen Milieus, dem die Hauptfiguren zugeordnet werden können. Von Anfang an und konsequent bis zum Ende der Oper richtet sich der Blick auf die Individuen, was die Chance, dass das Publikum sich so wie sonst nur bei ernsten Sujets mit den Protagonisten identifiziert, erhöht. Im Kern besteht diese musikalische *Introduzione* aus einer *aria cantabile*, Malatestas «Bella siccome un angelo» («Schön wie ein Engel»), die kaum Zugeständnisse an den Stil der *opera buffa* macht. Ernestos *cantabile* «Sogno soave e casto» («Lieblicher und keuscher Traum») geht in dieselbe Richtung. Die Melodie zerfließt nicht in buffo-typische Floskeln, einfach weil sie so stringent ist, dass sie ein Abflauen oder eine Unterbrechung nicht ertragen würde. Stattdessen bauen sich die Phrasen kraftvoll auf und streben einem befreienden Aufschwung entgegen, der fast an den Stil des mittleren Verdi erinnert. Da die Musik Donizettis zwischen dem Komischen und dem Sentimentalen oszilliert, ermuntert sie uns, auf die emotionale Kompetenz der Darsteller zu vertrauen: Die Possen, die sie auf der Bühne reißen, werden zu einer bloßen Maske, so als würden hier nicht die Darsteller, sondern die dargestellten Figuren eine einstudierte Rolle spielen. Das ist sicher ein wesentlicher Grund dafür, dass diese Oper trotz ihrer klischeehaften Handlung überlebt und Erfolge gefeiert hat. Die komische Aufmachung ist in Wirklichkeit nur ein Vorwand; die Hinweise, die in die Zukunft, zu Verdis *Falstaff* (1893) deuten, treten klarer hervor als die in die Vergangenheit, auf Rossinis *Il barbiere* weisenden.

Liest man Donizettis letzte komische Oper auf diese Weise, erscheint es nur folgerichtig, dass die meistgepriesene Passage der Partitur Ernestos Arie im zweiten Akt ist, «Cercherò lontana terra» («Ein fernes Land werde ich suchen»). Im Mittelpunkt des Orchestervorspiels steht ein langes, herrlich ergreifendes Trompetensolo. Was immer die Zeitgenossen damit assoziierten, auf uns heutige Zuschauer wirkt die sanfte, traurige Melodie, gespielt auf einem Instrument, dem wir so etwas am allerwenigsten zugetraut hätten, wie ein Symbol der Zwitterhaftigkeit der Oper als Ganzer. Kaum verwunderlich, dass diese Passage ganz offensichtlich den größten modernen Meister der musikalischen Mehrdeutigkeit zur Nachahmung gereizt hat: Im zweiten Akt von Strawinskys Oper *The Rake's Progress* (*Die Karriere eines Wüstlings*, 1951) erklingt, als Anne Trulove im Hause Tom Rakewells eintrifft, eine unvergessliche freie Bearbeitung des Donizetti-Vorspiels. Anne hebt in der Szene den Arm, um an die Tür zu klopfen, hält aber inne:

> Wie seltsam! Während das Herz
> für die Liebe alles wagen würde,
> schreckt die Hand zurück und findet
> des Mutes Sprungfeder nicht.
> London! Allein! Scheint alles zu sein,
> was ich sagen kann.

Die Musik hat dieses Zögern schon vorweggenommen mit Strawinskys schaudernden Eröffnungsdissonanzen und mehr noch mit der subtilen Hybris, die der Trompete – Donizettis Trompete – erlaubt, eine Hymne der Einsamkeit anzustimmen.

Das tieftraurige Trompetensolo in *Don Pasquale* könnte einen kongenialen Soundtrack zu Donizettis letzten Jahren abgeben, die man nicht anders als trostlos nennen kann – er verbrachte sie in der geschlossenen Abteilung einer Heilanstalt, an fortschreitender Lähmung durch eine Syphilis leidend, die er sich viele Jahre zuvor zugezogen hatte. Um seine Krankheit rankte sich bald ein ganzes Dickicht von romantischen Interpretationen aus der Feder seiner schreibenden Zeitgenossen. Der französische Verleger Léon Escudier teilte in seinen Erinnerungen der Welt mit, Donizetti sei durch eine herrschsüchtige Primadonna an der Pariser Oper in den Wahnsinn getrieben worden, die ihn zu Änderungen an seiner letzten *grand opéra* gezwungen habe. Die empirische Basis für diese Version ist dürftig, aber sie wird bis zum heutigen Tag immer wieder aufgewärmt, auch weil sie ein gefundenes Fressen für Opernkritiker ist, die in den Sängern die ewigen potentiellen Feinde der Komponisten sehen.[17] Freunde besuchten den in der Anstalt vor sich hin dämmernden Donizetti gelegentlich, und einer sang ihm sogar etwas aus der Wahnsinnsszene in *Lucia* vor, in der (vergeblichen) Hoffnung, ihn damit aus der Lethargie wecken zu können.[18] Heinrich Heine zeichnete vom umnachteten Donizetti das groteske Bild eines im Wartestand Eingefrorenen:

> Während seine Melodien freudegaukelnd die Welt erheitern, während man ihn überall singt und trillert, sitzt er selbst, ein entsetzliches Bild des Blödsinns, in einem Krankenhause bei Paris. Nur für seine Toilette hatte er vor einiger Zeit noch ein kindisches Bewusstsein bewahrt, und man musste ihn täglich sorgfältig anziehen, in vollständiger Gala, der Frack geschmückt mit allen seinen Orden; so saß er bewegungslos, den Hut in der Hand, vom frühesten Morgen bis zum späten Abend.[19]

In diesem Genrebild verarbeitet Heine gleich zwei deutsche Klischees seines Zeitalters über die italienische Oper: ihren grundlegenden Mangel an Ernsthaftigkeit und die Eitelkeit ihrer Komponisten, für die es nichts Wichtigeres gebe, als zu gefallen, und die mit endloser Geduld warteten, sei es auf einen neuen Kompositionsauftrag, sei es auf den Applaus des Publikums, der sie zur Verbeugung auf die Bühne ruft. Tatsächlich erzählen die Karriere und die Musik Donizettis eine andere Geschichte. Sicher schrieb er Vieles ohne großes Nachdenken und arbeitete nach der Maxime, seine musikalischen Ideen stets den Stärken der Darsteller und dem Geschmack seines Publikums anzupassen. Doch gerade aus diesen Gründen können seine besten Werke als leidenschaftlicher und authentischer Ausdruck einer Zeit eines tumultuarischen Umbruchs in der Welt der italienischen Oper gelten.

Tod durch Singen

Vincenzo Bellini (1801–1835) nahm ebenfalls ein tragisches Ende, insofern als er schon in jungen Jahren starb. Seine ersten Opern offenbaren – wie die von Donizetti – unübersehbar den Einfluss Rossinis, und das trotz der Tatsache, dass seine konservativen Lehrer in Neapel Front gegen Rossini machten. Für ihren traditionsbehafteten Geschmack waren die Arbeiten Rossinis zu artifiziell und kunstfertig, ja zu «deutsch», was seine Orchestrierung betraf. Bellini ließ jedoch schon mit *Il pirata* (*Der Pirat*, 1827) und *La straniera* (*Die Fremde*, 1829) anklingen, dass er etwas anderes zu bieten hatte, etwas, das zeitgenössische Kritiker oft mit den Attributen «romantisch» oder «philosophisch» belegten. Diese Zuweisungen hatten wenig mit der Handlung der Opern zu tun. Zwar merkt man beiden, wie auch mehreren Donizetti-Opern, den Einfluss des den Grusel liebenden Zeitgeschmacks an, doch was Bellini für seine Zeitgenossen zum «Romantiker» machte, war der sehr persönliche Stil seiner Kompositionen für die Solopartien. Er hatte die Gabe, Melodiebögen und -linien zu kreieren, die die menschliche Stimme in die Lage versetzten, mit der kleinsten melodischen Wendung Herzen zu brechen. Das war das Alleinstellungsmerkmal Bellinis, der anerkannte Born seiner Kreativität und das Merkmal, das seine Musik deutlich erkennbar von der Donizettis unterschied.

Ein wichtiges Element der Unverwechselbarkeit Bellinis war seine enge Zusammenarbeit mit dem Librettisten, der fast alle seine reiferen

Werke (mit Ausnahme des letzten) für ihn schrieb. Es war derselbe Felice Romani, der, wie berichtet, dem sich darob die Haare raufenden Donizetti das Libretto für *Parisina* erst wenige Wochen vor der Premiere geschickt hatte. Bellini komponierte wesentlich langsamer als Donizetti – er schuf im Verlauf seiner kurzen Karriere durchschnittlich eine Oper pro Jahr – und hätte solche Lieferungen auf den letzten Drücker niemals toleriert. Er zog es vor, sich ausgiebig in die Erstellung des Librettos einzuschalten, setzte häufig Änderungen durch und stellte sicher, dass am Ende ein Text stand, der genau auf seine Musik zugeschnitten war. Schon wegen seines gemächlicheren Arbeitstempos hatte er kaum die Chance, an die große Popularität und Reichweite Donizettis heranzukommen, doch wurden mehrere seiner Opern auf Anhieb zu Klassikern und sind bis heute im Repertoire verblieben.

Il pirata war die erste Oper, bei der Bellini mit Romani zusammenarbeitete, und sein erster großer Erfolg. Im Sizilien des 13. Jahrhunderts spielend, handelt die Oper ein weiteres Mal von den Liebeshändeln, die aus einer klassischen Dreiecksgeschichte resultieren. Ernesto (böse, eifersüchtig, Bariton) und Gualtiero (gut, heroisch, Tenor) sind Rivalen um die Gunst Imogenes (sanftmütig, zerbrechlich, Sopran), die natürlich Gualtiero liebt, aber zur Ehe mit Ernesto gezwungen wird, nachdem Gualtiero von den Mächten des Bösen in die Verbannung geschickt und zum Piraten geworden ist. Der schiffbrüchig gewordene Gualtiero erscheint eines Tages auf der Burg Ernestos und tötet diesen im Duell. Imogene wird wahnsinnig. Bellini schrieb die Oper für ganz bestimmte Sänger und vermied es aus diesem Grund – und auch weil er persönlich ein Faible für sparsam dosierte Sentimentalität hatte –, die neuen, robusteren Tenorstimmen zu fördern, die Donizetti mit so großem Erfolg einsetzte. Sowohl dem Bariton als auch dem Tenor ließ er in *Il pirata* einen nicht zu knappen Freiraum für gesangliche Ausschmückungen, besonders in den langsamen Teilen. Die Rolle des Gualtiero wurde für einen der berühmtesten Sänger der Zeit geschrieben, Giovanni Battista Rubini (1794–1854), der seine Laufbahn als Rossini-Tenor begonnen und nie die stimmliche Häutung vollzogen hatte, die ein Duprez vorexerzierte, sondern stattdessen seine extreme Geschmeidigkeit und seine Fähigkeit kultivierte, stratosphärische Töne in einer mit Falsett legierten Stimme zu singen. Die Partie ist so genau auf die speziellen Fähigkeiten Rubinis zugeschnitten, dass man sich heute schwertut, sie zu besetzen.

Während also die Stimmen der Hauptdarsteller die Rossini-Charakteristik beibehalten, beschreitet *Il pirata* neue Wege im Hinblick auf die

Art und Weise, wie die Musik auf individuelle Nuancen im Text eingeht, sowohl in den Rezitativen als auch in den Arien. Diese extreme Sensibilität erzeugt eine gleichsam fraktale musikalische Oberfläche in dem Sinn, dass die Farbe der Musik sich in jedem Augenblick ändern kann. Bei Donizetti kommt so etwas allenfalls in Ausnahmefällen vor, zum Beispiel in Lucias Wahnsinnsszene, als sie mit Musik aus ihrer Vergangenheit konfrontiert wird. Bei Bellini entspricht die Anmutung der Kleinteiligkeit eher einem Dauerzustand. In seinen Rezitativen sind Einwürfe des Orchesters – die oft Bewegungen oder Empfindungen der Figuren lautmalerisch begleiten – gang und gäbe. Bei den Arien demonstrierte Bellini seine Abkehr von Rossinis symmetrisch aufgebauten Melodien dadurch, dass er lange, mäandernde melodiöse Tongirlanden windet, bei denen der Melodiefluss oft durch winzige expressive Pausen und durch isolierte musikalische Motive unterbrochen wird, die es ermöglichen, wichtige Textstellen oder sogar einzelne Wörter wesentlich direkter zu artikulieren, als etwa Rossini es für ästhetisch bekömmlich hielt. Imogenes Wahnsinnsszene, die das Finale der Oper bildet, ist ein gutes Beispiel. Sie wird vom Orchester vorbereitet, wobei die Musik die unsicheren Schritte der Protagonistin über die Bühne choreografiert und dann ihr Eröffnungs-Rezitativ rhythmisch begleitet. Selbst noch in der abschließenden *cabaletta* «O, sole! ti vela di tenebre oscure» («O Sonne, verhülle dich mit dunklen Schatten») wird der ornamentierte Gesang regelmäßig mit Sprüngen in die tiefste Stimmlage (für die «dunklen Schatten») oder mit langsamen deklamierten Passagen unterbrochen.

Während Bellini in *La straniera* die Innovationen von *Il pirata* fortsetzte, muten seine beiden nächsten Opern, *I Capuleti e i Montecchi* (*Die Capulets und die Montagues*, 1830, eine Variante der Geschichte von Romeo und Julia) und *La sonnambula* (*Die Schlafwandlerin*, 1831), wie eine Rückkehr in den Schoß Rossinis an, sowohl, was die Handlung, als auch, was den wieder stärker ausgeschmückten Gesang betrifft. Doch die Gepflogenheit Bellinis, bestimmte verbale/vokale Momente expressiv zu dehnen, zeigt sich auch hier. Nun aber, da er einen großen Namen hatte, konnte er ausschließlich für die besten Sänger und Sängerinnen seiner Zeit komponieren. Die wichtigste davon war die Sopranistin Giuditta Pasta (1797–1865), mit der zusammen er die Titelpartien in *La sonnambula* und in seinen beiden darauffolgenden Opern *Norma* (1831) und *Beatrice di Tenda* (1833) entwickelte. Norma wurde zu einer der sowohl beliebtesten als auch einflussreichsten Opern dieser Periode. Im Gallien der Römerzeit spielend, wartet sie mit einer etwas ungewöhnlichen Variante des

Liebesdreiecks auf: Norma (Sopran) ist eine Druidin, die einen Aufstand gegen die Römer anführt; gleichzeitig liebt sie aber Pollione (Tenor), den römischen Prokonsul, dem sie insgeheim zwei Kinder geboren hat. Er, der einst ihre Liebe erwiderte, macht jetzt Adalgisa (Sopran) den Hof. Die Oper endet damit, dass Pollione von den Galliern gefangen genommen und zum Tode verurteilt wird; Norma beschließt, sich an seiner Seite zu opfern.

Die berühmteste Arie aus *Norma*, ein im 19. Jahrhundert in endlos vielen Bearbeitungen nachgespieltes Stück, ist «Casta diva» («Keusche Göttin») aus dem ersten Akt, worin Norma die Mondgöttin anruft. Vielleicht vermittelt uns diese Arie eine gewisse Vorstellung von den unvergleichlichen Sangeskünsten Pastas und der Verehrung, die ihr zuteilwurde, aber auch von der speziellen Alchemie zwischen ihrer Stimme und der musikalischen Kreativität des Komponisten. Einer der fanatischsten und eloquentesten zeitgenössischen Bewunderer Pastas, Stendhal, wies darauf hin, dass sie «ihre *fioritura* nur äußerst sparsam einsetzt; sie greift darauf nur zurück, wenn sie einen direkten Beitrag zur dramatischen Ausdruckskraft der Musik leistet».[20] Diese Beobachtung trifft auch auf «Casta diva» im Speziellen zu. Zwar hatte Bellini seine ersten Duftmarken mit einem melodischen Stil gesetzt, der sich von dem Rossinis abhob, doch als er *Norma* schrieb, konnte er bereits wieder Rossini'sche gesangliche Manierismen einbringen; allerdings tat er dies – gerade so, wie Stendhal es der Pasta bescheinigte – ausgesprochen sparsam und unterbrach seine Melodien immer wieder mit den expressiven deklamatorischen Einschüben und den Pausen, die zu seinem Markenzeichen geworden waren.

Die Anfangszeilen von «Casta diva» bieten eine Kostprobe vom Besten, das Bellini in diesem Genre zu bieten hatte. Sie sind seither oft als klassisches Beispiel für das angeführt worden, was Verdi sehr viel später als die «langen, langen Melodien» Bellinis pries, die «so noch niemand vor ihm gemacht» habe;[21] die eigentümlichen Qualitäten, die dieser Arie innewohnen, wie etwa ihre allmähliche Entfaltung, resultieren allerdings aus der dramatischen Situation, in der eine Priesterin eine Göttin anruft. Romani wählte dafür beredte Worte, die sich aber auch durch ungewöhnliche Direktheit auszeichnen:

Casta Diva, che inargenti
Queste sacre antiche piante,
A noi volgi il bel sembiante,
Senza nube e senza vel!

(Keusche Göttin, die du versilberst
Diese heiligen alten Bäume,
Wende uns dein schönes Antlitz zu,
wolkenfrei und schleierlos!)

Ganz im Sinn des schon mit *Il pirata* eingeführten Musters wiederholt Bellini nach Belieben einzelne Wörter und Phrasen, doch handelt es sich dabei keineswegs um mechanische Wiederholungen, nur um die Musik auszufüllen. Abgelöst von der Musik, erschienen die Wörter in der Tat als ein Wortbrei aus Wiederholungen: «Casta diva, casta diva, che inargenti, queste sacre, queste sacre, queste sacre antiche piante»; in die Musik eingebettet, tragen jedoch alle diese Wortwiederholungen, jede für sich, zur Intensität des Ganzen bei. Die ersten Silben von «Casta diva» und «*que*ste sacre» werden in die Länge gezogen und dann ornamentiert, und das so sehr, dass ihre wörtliche Bedeutung verloren geht; die flehentlichen Wiederholungen stellen dann jedoch sicher, dass die zugrunde liegende Empfindung verstanden wird. Trotz der Fragmentierung durch eingeschobene kurze Pausen, die jede winzige musikalische Phrase akzentuieren, schreitet diese «lange, lange» Melodie vorwärts, einem bemerkenswerten Höhepunkt bei «sembiante» entgegen, dessen krönende höchste Töne (A nach B) die beiden ersten Noten der Melodie als Ganzer eine Oktave höher wiederholen.

Verdis Kommentar zur Länge der Melodien Bellinis wird oft zitiert, aber auch die weniger bekannte Fortsetzung lohnt die Lektüre: «Und was für eine Wahrheit und Wucht der Deklamation, wie zum Beispiel in dem Duett zwischen Pollione und Norma.»[22] Er spricht hier von einem Duett gegen Ende der Oper («In mia man alfin tu sei» – «Endlich bist du in meiner Hand»), in dem Norma ein letztes Mal versucht, Pollione von Adalgisa loszureißen – als ihr das misslingt, weiht sie sich und ihn dem Untergang. Auch Rossini lobte dieses Duett: «Die Worte sind so mit den Tönen verwoben und die Töne so mit den Worten, dass sie zusammen ein vollständiges und vollkommenes Ganzes bilden.»[23] Dieses Stück ist ein erstrangiges Beispiel dafür, dass Bellini über sehr viel mehr verfügte als einfach nur ein Talent für das Erfinden von Melodien. Er konnte, wie in «Casta diva», die Melodie zum Ausdrucksmittel dramatischer Situationen machen, und er tat das auf eine Weise, die zweifellos die nächste Komponistengeneration beeinflusste.

Der Anfang von «In mia man», der sich durch viele Stimmungen und Sätze windet, ist höchst bemerkenswert. Wie vielen von Bellinis «langen,

langen» Soloarien geht auch diesem Duett ein leichtflüssiges instrumentales Vorspiel voraus. Der Gesang entfaltet sich dann in einer dreifach wiederholten Hauptmelodie, die sich – auch in diesem Falle analog zu «Casta diva» – aus Melodiefragmenten zusammensetzt, die sich nach und nach zu einem melodischen Höhepunkt aufschaukeln, um danach rasch in die Anfangstonlage zurückzukehren. Im ersten Durchgang der Hauptmelodie bekräftigt Norma in einer Abfolge bruchstückhafter Äußerungen ihre Dominanz: «Nun bist du in meinen Händen … Niemand kann dich mehr erretten. Ich vermag es.» Dieser letzte Satz, die vier Silben von «ich vermag es», ist mit dem melodischen Höhepunkt synchronisiert, und das Bersten dieses Höhepunkts bringt einen Dialog in Gang: Fortan wird die Melodie durch einen heftigen Wortwechsel zwischen Norma und Pollione vorangetrieben. Den zweiten Durchgang bestreitet Norma ganz allein, und sie formuliert darin ihre Bedingungen: «Schwöre mir bei unseren Söhnen … und bei Phöbus' Sonnenwagen, … Adalgisa zu entsagen und mit ihr … zum Altare nicht zu treten.» Die vier Silben des Namens der verhassten Rivalin, «A-dal-gi-sa», bilden jetzt den Höhepunkt der Melodien, und es klingt, als wolle der Name entgleisen und die Melodie mitreißen, die an dieser Stelle in eine Wiederholungsschleife (sowohl des Textes wie auch des Motivs) verfällt. Im dritten Durchgang gehört die erste Phrase Pollione: «No: sì vil non sono.» («Nein, ich bin nicht feige»). Norma ignoriert seine abwehrende Antwort und fordert ihn «drängend» auf: «Schwöre! Schwöre!» Weitere schnelle Wortwechsel folgen, und die Melodie, die bis dahin Herrin ihres Dialogs war, bricht ab; Modulationen und neue melodische Ideen drängen heran.

Verdi äußerte seine Bewunderung für die «Wahrheit und Wucht der Deklamation» in dieser bemerkenswerten Passage. Deren roter Faden ist eine wunderschöne Melodie, aber zugleich findet auch ein *Dialog* statt: Jede Zeile ist aufs Engste mit dem jeweiligen Text verwoben, und dieser Text übt eine unmittelbare Wirkung auf den Dialogpartner aus. In diesem Sinn haben wir es mit einem musikalischen Drama zu tun, wie wir es bis zu den allerersten Opern zurückverfolgen könnten (die Bellini sicherlich nicht kannte) und das im eher extravertierten Italien des frühen 19. Jahrhunderts Seltenheitswert hatte. Ein anderer Komponist und Bellini-Bewunderer – einer, der sonst lieber die Unzulänglichkeiten der italienischen Oper aufs Korn nahm –, hatte Folgendes zu sagen: «*Norma* ist von allen Schöpfungen Bellinis diejenige, welche neben der reichsten Melodiefülle die innerste Glut mit tiefer Wahrheit vereint.»[24] Das war Richard Wagner, der in seiner «Gesellenzeit» in Riga in den späten 1830er

Jahren die Oper dirigierte; er schrieb in dieser Zeit ausführlich und enthusiastisch über Bellini und bewahrte (schon eher überraschend) seine Wertschätzung für ihn bis ins hohe Alter. Wagners Lob unterstrich, dass Bellinis Individualität, insbesondere seine äußerste Konzentration auf kleinste Details der Beziehung zwischen Text und Musik, seinen Opern das Überschreiten nationaler Grenzen ermöglichte – Grenzen, die im weiteren Verlauf des 19. Jahrhunderts zunehmend strenger bewacht wurden.

Bellinis letzte Oper, *I puritani* (*Die Puritaner,* 1835), wurde wie sein *Don Pasquale*, im Théâtre Italien in Paris uraufgeführt – die französische Hauptstadt war zum Mekka italienischer Opernkomponisten mit internationalen Ambitionen geworden. Bellini hatte sich mit Romani entzweit, der mit seiner Saumseligkeit schwere Mängel bei der Oper *Beatrice di Tenda* verschuldet hatte; für *I puritani* sah Bellini sich daher gezwungen, die Zusammenarbeit mit einem Anfänger im Theaterbetrieb zu wagen, dem ins Exil gegangenen Revolutionär Graf Carlo Pepoli. Diesen versuchte er schriftlich, in Form einer Reihe von Briefen, mit dem kleinen Einmaleins der Opernkunst vertraut zu machen – für uns ein Glücksfall. Wir erinnern uns an Donizettis Ideal des «Amor violento». Die Anweisungen Bellinis klingen noch drastischer:

> Meißle dir das in diamantharten Buchstaben in den Schädel: *Die Oper muss die Leute zum Weinen bringen, mit Grauen erfüllen, sie durch Gesang sterben lassen.* Es wäre ein Irrtum zu glauben, dass alle Nummern die gleiche Qualität hätten, aber es ist eine Notwendigkeit, dass sie so gebildet sind, dass sie durch ihre Klarheit des Ausdrucks die Musik verständlich machen. Dieser Ausdruck muss genau und frappierend sein.[25]

Der zweite Satz ist deutlich genug und lässt uns erkennen, was Bellini bei *Norma* zu erreichen versuchte. Er verrät uns auch, dass Bellini zwar Abwechslung und Vielfalt der dramatischen Formen anstrebte, aber ebenso wenig ein revolutionärer Erneuerer von Formen war wie Donizetti; er verlangte stets nach einer Libretto-Poesie, die sich zwanglos (und damit für die Zuhörer verständlich) in die Rossini'schen Standardmodelle einschmiegte. Aber wie sollen wir den ersten Satz mit den «diamantharten Buchstaben» verstehen? Er passt schlecht zu dem Bellini-Bild, das wir heute pflegen, dem Bild eines sentimentalen Genies mit einem Sinn für Nuancen. Es ist eine heilsame Erinnerung an diese neue, post-Rossini'sche Opernwelt, aber auch an die schöpferische Energie und die Sensibilität Bellinis.

Auch *I puritani* enthält eine berühmte Wahnsinnsszene: Die Protagonistin Elvira (Sopran) glaubt sich von ihrem Geliebten Arturo (Tenor) verschmäht und verfällt in eine bis ins Einzelne ausgearbeitete Trübsal. Die Passage wird oft mit der Wahnsinnszene in *Lucia di Lammermoor* verglichen, und ihre Popularität ist ein weiteres Indiz dafür, dass der Aufstieg des «männlichen» Tenors mit einer Verschärfung von Geschlechterdifferenzen anderer Art einherging, zum Beispiel des Klischees, der Wahnsinn – zumindest in seiner theatralischen Spielart – sei ein typisch weibliches Leiden und könne mit stimmlichen Mitteln dargestellt werden. Tatsächlich bestehen viele Gemeinsamkeiten zwischen den beiden Szenen, nicht zuletzt die, dass Elvira, wie Lucia, sich gegen Ende zu immer kunstvolleren gesanglichen Verzierungen versteigt – eine Loslösung vom Text hin zu einem stimmlichen Exzess, der eindeutig einen fortschreitenden Kontrollverlust illustriert. Eine weitere Parallele ist die, dass auch Elvira mit Musik aus früheren Nummern der Oper konfrontiert wird, wobei diese Rückblenden ihrem verwirrten Verstand zu entspringen scheinen. Doch gleich am Anfang der Szene bekommen wir eine dieser «langen, langen» Melodien Bellinis zu hören, wieder versetzt mit seiner charakteristischen Vorliebe für die Unterbrechungen des Melodieflusses, für beredte Pausen und Wortwiederholungen:

Qui la voce sua soave
Mi chiamava e poi sparì.
Qui giurava esser fedele
E poi crudele, ei mi fuggì!

(Hier rief mich seine sanfte Stimme / Und dann verschwand sie; / Hier schwor er mir, treu zu sein / Und dann entfloh mir der Grausame.)

Der Gefühlsausdruck ist auch in diesem Falle ein unmittelbarer; die beiden ersten Zeilen werden einfach deklamiert, eng an die natürliche Sprache angelehnt: eine kontinuierliche Melodie für die erste Zeile, dann zwei «ängstliche» Fragmente für die zweite. Doch geht in den Zeilen drei und vier diese Direktheit verloren; die Wörter werden wiederholt, die Melodie wird richtungslos und biegt in eine chromatisch abfallende Skala ein, während Elvira nach Sinn sucht. Wie beim Duett Polliones mit Norma, sind die melodischen Wendungen aufs engste mit der Figur verwoben, mit der Folge, dass in dem Maß, wie Elvira den Verstand verliert, ihr wichtigstes Kommunikationsmittel, die Melodie, ihr ebenfalls entgleitet.

Bald nach der Fertigstellung von *I puritani* starb Bellini eines tragischen Todes. Im Alter von nur 35 Jahren stand er auf der Höhe seines Ruhms, als er in Paris einer Erkrankung (sehr wahrscheinlich der Ruhr) zum Opfer fiel. Es fügte sich, dass wieder Heinrich Heine zur Stelle war und das Geschehen mit einer halb romantischen, halb ironischen Politur versah. Seine Erzählung «Florentinische Nächte» enthält ein ausführliches, sehr farbiges Porträt Bellinis als eines kindlichen Genies:

> So schwärmerisch wehmütig waren seine Haare frisiert, die Kleider saßen ihm so schmachtend an dem zarten Leibe, er trug sein spanisches Röhrchen so idyllisch, dass er mich immer an die jungen Schäfer erinnerte, die wir in unseren Schäferspielen mit bebänderten Stäben, und hellfarbigen Jäckchen und Höschen minaudieren sehen. Und sein Gang war so jungfräulich, so elegisch, so ätherisch. Der ganze Mensch sah aus wie ein Seufzer *en escarpins*.[26]

Heine, bekennender Vertreter des «Jungen Deutschland», macht deutlich, dass man Italiener letzten Endes nicht völlig ernst nehmen kann – und dass die Liebe zur Oper ein Symptom ihres Zustandes ist. Anderswo in der Erzählung tönt er: «Das ganze Leben der schönen Italienerinnen [gibt sich uns] kund, wenn wir sie in der Oper sehen.» Ein zentraler Topos des teutonischen Denkens im 19. Jahrhundert war die Vorstellung, der naturwüchsige, sonnige, lachende Italiener unterscheide sich grundsätzlich vom dunklen, ernsten, maskulinen deutschen Künstler. In den nachfolgenden Kapiteln werden wir noch eine Menge über diese Dichotomie hören.

Es liegt eine doppelte Ironie darin, dass Bellini sich als der eine italienische Komponist des 19. Jahrhunderts nach Rossini erwies, der Einfluss auf einen größeren Teil der Musikkultur Europas hatte – eine Kultur, die zunehmend die Instrumentalmusik höher bewertete als die Oper, mindestens in der Theorie. (In der Praxis, an der Abendkasse, verteidigte die Oper ihren Nimbus trotz aller feierlichen Worte.) Die Strahlkraft der Melodien Bellinis hat sich als unerschöpflich erwiesen. Ihr Einfluss auf Chopin ist offenkundig und viel diskutiert. Einige der prominentesten deutschen Komponisten teilten Heines ambivalente Haltung und führten sie fort – der bekannteste und redseligste von ihnen war, wie gesehen, Richard Wagner. Noch im August 1872, als er die meisten seiner reifen Opern schon hinter sich hatte, hörte seine Frau Cosima ihn «eine Kantilene aus den Puritanern singen, dabei bemerkend, dass Bellini solche Melodien gehabt, wie sie schöner nicht geträumt werden können».[27]

Bedenkt man, wie viel Einfluss bedeutende Sänger und Sängerinnen auf Bellinis musikalische Kreativität hatten, erscheint es nur gerecht, dass es berühmte Opernstars waren, die Mitte des 20. Jahrhunderts maßgeblich zur Wiederbelebung seines Ruhms beitrugen. An erster Stelle zu nennen ist hier die griechisch-amerikanische Sopranistin Maria Callas (1923–1977). Werke wie *Norma* waren zwar nie ganz aus dem Repertoire verschwunden, aber als die Callas Anfang der 1950er Jahre in der Titelrolle auftrat, erlangte die Oper eine neue Popularität, was dazu führte, dass auch weniger bekannte Werke Bellinis wieder hervorgeholt wurden. Wir werden nie wissen, wie Giuditta Pasta klang, als sie «Casta diva» sang, doch wie Maria Callas die Arie in den frühen Jahren ihres Ruhms interpretierte, ist auf Tonträgern festgehalten. Hört man sich die Aufnahmen der Callas heute an, kann man ihre Bellini-würdige Liebe zum Detail nur als außerordentlich bezeichnen. Sie arbeitet die subtilen Melodiefiguren äußerst feinsinnig ab, variiert dabei ihr Vibrato und ihre Phrasierung, um die Töne wahrhaft Bände sprechen zu lassen. Maria Callas hatte einen unglaublichen, jede Einzelheit erfassenden Sinn für Bellini. Diesem ist somit das Glück zuteilgeworden, dass Sänger und Sängerinnen auch noch Jahrhunderte später aus seinen langen, langen Melodien reines Operngold gewinnen.

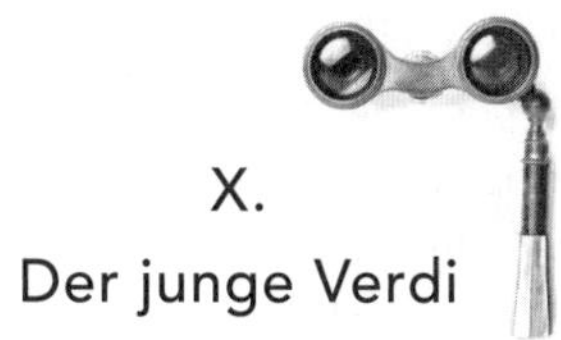

X. Der junge Verdi

Wir befinden uns Mitte der 1840er Jahre. Bellini ist seit zehn Jahren tot, Donizetti infolge von Krankheit zum Dauerinvaliden geworden. Beide haben, wie im vorigen Kapitel gesehen, bedeutende Veränderungen am «Rossini-Code» vorgenommen, die sich im Verlauf der 1820er Jahre in Italien (und anschließend auch im übrigen Europa) fortgepflanzt haben; als Revolutionäre sind die beiden jedoch nie gehandelt worden, auch wenn sie so manchen konservativen Zeitgenossen nicht ganz geheuer waren. Weder Donizetti noch Bellini haben den Formenkanon in Frage gestellt, der im Verlauf der Rossini-Ära allgemeine Gültigkeit erlangt hat. Ihre Individualität hat sich auf andere Weise ausgeprägt, vor allem dadurch, dass sie herkömmliche Formen von innen heraus abgewandelt haben – zum Beispiel die Art und Weise, wie auf der Opernbühne Gefühle artikuliert werden –, ohne das strukturelle Gefüge als Ganzes anzutasten. Das hat zur Folge, dass jetzt, in den 1840er Jahren, die italienische Oper Patina anzusetzen beginnt. Dagegen strebt in anderen Ländern die Oper neuen, zunehmend aufregenderen Ufern entgegen. Während anderswo im Universum der Musik instrumentale Genres an Bedeutung gewinnen, halten die Italiener hartnäckig am Überkommenen fest, wodurch sich die Kluft zwischen ihnen und den Musikschaffenden anderswo verbreitert (im Bereich der Oper wie auch auf anderen Gebieten). Dem Publikumszuspruch tut dieser Konservatismus nicht unbedingt Abbruch, aber er führt doch dazu, dass die italienische Oper allmählich ästhetisches Prestige und ihren Nimbus der Fortschrittlichkeit einbüßt. Weitere 20 Jahre später, in den 1860er Jahren, wird die Vorreiterrolle Italiens in allen die Oper betreffenden Dingen erstmals seit Anbeginn der Operngeschichte in Frage gestellt werden.

Es gehört zu den Paradoxien dieser Geschichte, dass der Prestigeverlust der italienischen Oper zeitlich mit der Karriere Giuseppe Verdis

(1813–1901) zusammenfiel. Es ist eine so krasse Paradoxie, dass Verdi von vielen als ein Künstler angesehen wird, der ständig darum ringt, die Fesseln der italienischen Operntradition abzustreifen und mit Elan den Absprung ins Reich der künstlerischen Freiheiten des späten 19. Jahrhunderts zu schaffen. Die Schulbuchweisheit sagt uns, dass Rossini die Basisrezeptur für die Oper geschaffen und durchgesetzt hat: eine Abfolge mehrsätziger Nummern, am Ende jeweils gekrönt durch die *cabaletta*, deren auf Wirkung berechnete Virtuosität durch die gebieterischen Ansprüche ehrgeiziger Primadonnen auf die Spitze getrieben wurde. Donizetti und Bellini hätten zwar sporadisch versucht, gegen diese Tyrannei aufzubegehren, aber als sanftmütige und anpassungsfähige Romantiker hatten sie sich letzten Endes unterworfen. Der Umbruch sei erst mit Verdi gekommen, dem vollbärtigen Revolutionär. Ausgestattet mit mächtigen Werkzeugen und einem unbeugsamen Willen, habe er es geschafft, sich aus den Zwängen des Formenkanons zu befreien, und habe sich von den *cabalette* und anderen den Narzissmus der Sänger und Sängerinnen bedienenden, beifallheischenden Stereotypen emanzipiert.[1]

Diese Lehrmeinung enthält viele zutreffende Einsichten. Die Oper wurde im weiteren Verlauf des 19. Jahrhunderts in der Tat – quer durch alle Sprachen und nationale Traditionen – weniger vorhersehbar, und die Opern Verdis entsprachen diesem Trend. Die Verdrängung der Soloarie durch das Duett und andere Formen des musikalischen Dialogs – eine Entwicklung, die spätestens Mitte des 18. Jahrhunderts eingesetzt hatte – beschleunigte sich, und immer öfter kam es vor, dass diese dialogischen Episoden nicht mehr in die vordefinierte Schablone des mehrsätzigen Rossini'schen Duetts passten. All das kann jedoch nicht über die ernüchternde Erkenntnis hinwegtäuschen, dass vor dem Hintergrund der innovativen Entwicklung, die sich im europäischen Rahmen vollzog, die frühen Opern Verdis eher reaktionär als revolutionär waren. Das Attribut «revolutionär» auf Verdi anzuwenden, erscheint in mehr als einer Hinsicht unpassend, sogar noch unpassender als Stendhals berühmte Anwendung desselben Attributs auf Rossini. Bekanntlich liebte es Verdi, mit geflügelten Worten das Gegenteil zu suggerieren. Wie er dem Librettisten seiner Oper *Il trovatore* (*Der Troubadour*, 1853) anvertraute: «Wenn es in der Oper weder Cavatinen noch Duette, Terzette, Chöre, Finali usw. gäbe und das Ganze nur aus einer einzigen Nummer bestünde, würde ich das umso richtiger und passender finden.»[2] Das sind starke Worte, die oft zitiert werden. Tatsächlich ist *Il trovatore* jedoch eine von Verdis konventionellsten Opern – in mehr als einer Hinsicht ein glanzvoller Tribut an die alten Formen –, was ihrer Qualität indes keinen Abbruch tut. Im Großen und Ganzen hielt Verdi ungeachtet anderslautender euphorischer Bekundungen dem «Rossini-Code» die Treue. Niemand trug mehr als er dazu bei, dass die italienische Oper auf Distanz zu den stilistischen Veränderungen blieb, die sich in anderen Ländern vollzogen. Als er in den mittleren und späteren Stadien seiner Laufbahn, dem Beispiel aller Anderen folgend, das traditionelle Formenkorsett lockerte, war das ein Aufbegehren gegen einengende Regeln, deren Lebenszyklus er selbst verlängert hatte.

Aufgeschlagene Seiten

Mit ihren klar gegliederten mehrsätzigen Arien und Duetten stand Verdis erster großer Erfolgsoper, das biblische Drama *Nabucco* (*Nebukadnezar*, 1842), Rossini in vielerlei Hinsicht näher als den späten Werken eines Donizetti oder eines Bellini. Der Grund dafür ist rasch erklärt: Ein Herumdoktern am «Rossini-Code», ein Verwischen des Kontrasts zwischen Rezitativ und Arie, war Verdi in dieser Phase nicht so wichtig wie das Vordringen zu einer tiefer gründenden dramatischen Unmittelbarkeit. Als er später einem Dirigenten Ratschläge für den Umgang mit *Nabucco* gab, drückte er sich unzweideutig aus: «Was die Tempi betrifft, sollten sie nicht zu träge sein. Sie sollten alle laufen.»[3] Das war zweifellos etwas überzogen (denn es gibt in *Nabucco* lyrische Atempausen), aber ungeachtet dessen legte Verdi von Anfang an Wert auf eine gesangliche Unmittelbarkeit, die seine Opern unverwechselbar machen sollte. Das hinderte ihn nicht daran, manchmal auch ornamentale Passagen zu schreiben, die an seine Vorgänger erinnerten; sie blieben jedoch die Ausnahme. Typisch war es für Verdi, jedem Anflug von gesanglicher Expressivität Zügel anzulegen; er gab seinen Sängern eine streng ausgemessene symmetrische Versstruktur vor, die ihnen wenig Freiheiten ließ. Wir erleben bei Verdi kaum jemals Gesänge wie in der Wahnsinnsszene in Donizettis *Lucia di Lammermoor*, wo ganze Kaskaden von Koloraturen den musikalischen Fortgang zu bremsen scheinen. Es ging Verdi vor allem darum, vorandrängende Musik zu gestalten. Er wollte, dass sein Publikum stets seine gebieterische Präsenz als Komponist spürte.

Der Chor der israelitischen Sklaven im dritten Akt des *Nabucco*, «Va pensiero» («Flieg, Gedanke»), die berühmteste Melodie der ganzen Oper –

wenn nicht sogar der ganzen Operngeschichte –, ist ein Paradebeispiel dafür, obwohl wir es mit einem Chor zu tun haben und dieser ein gemessenes Tempo anschlägt. Der Text, den der Librettist Temistocle Solera diesen Sklaven in den Mund legte, die sich in der babylonischen Gefangenschaft wehmütig ihres Heimatlandes erinnern, ist reich an naiven Naturbildern und Anklängen an den 137. Psalm:

> Va pensiero sull'ali dorate,
> Va ti posa sui clivi, sui colli,
> Ove olezzano libere e molli
> L'aure dolci del suolo natal!
> Del Giordano le rive saluta,
> Di Sïonne le torri atterrate …
> Oh mia patria sì bella e perduta!
> Oh membranza sì cara e fatal!
>
> (Flieg, Gedanke Du, auf gold'nem Flügel / Enteile zu dem fernen, teuren Strand, / Wo leis und lind, umduftend Tal und Hügel / Die freie Luft begrüßt mein Vaterland. / Verweil an Zions frech entweihten Toren, / Und walle still dem Jordan-Ufer zu; / O zaubrisch schöne Heimat, mir verloren! / O schmerzlich süßes Angedenken Du.)

Diese Einladung zur Sentimentalität und zu antikisierender Wortmalerei wird aufgegriffen in der Einleitung des Orchesters. Doch in dem Augenblick, da der Chor hinzukommt, ist «Schluss mit filigran». Die Melodie ist entwaffnend einfach, eine Abfolge symmetrischer Phrasen ohne rhythmische oder harmonische Überraschungen, ein stetiges Wechseln zwischen punktierten Rhythmen und Triolen zu einer schwingenden Instrumentalbegleitung. Noch überraschender ist, dass der Chor fast durchweg unisono singt, wie mit einer kollektiven Stimme. (Rossini nannte diesen Chor «eine große Arie, gesungen von Sopranistinnen, Altistinnen, Tenören und Bässen».[4]) An den Stellen, wo es zweistimmig wird, finden sich die für die italienische Volksmusik typischen einfachen Terzparallelen.

Diese neue Direttisima-Stimmführung der italienischen Oper eroberte mit dem Markenzeichen ihrer radikalen Einfachheit das Publikum im Sturm. Innerhalb weniger Jahre erlebte *Nabucco* Aufführungen in ganz Italien und in vielen Theatern in aller Welt. Es dauerte dann nur noch ein paar Jahre, bis Verdi alle seine Vorgänger und Konkurrenten überholt hatte und zum berühmtesten und populärsten Opernkomponisten Italiens geworden war (der er bis heute geblieben ist). Es gab viele Gründe für diesen Gipfelsturm, doch ist es wichtig, mit dem Wesentlichen anzufangen: Verdi war, wie alle bedeutenden Opernkomponisten, in erster Linie ein Musikdramatiker. Musikalisch begnügte er sich damit, dem Standard seiner Zeit entsprechend zu komponieren und eine musikalische Sprache zu sprechen, die sein Publikum ohne Weiteres verstehen konnte. Er setzte jedoch diese berechenbaren musikalischen Formen nur als Träger für das ein, was seine Stärke ausmachte: sein ausgeprägtes Gefühl für das Timing im Drama und – als Mittel zur Realisierung dieses Zwecks – sein untrüglicher Sinn für die musikalische Regie.

Wie so viele andere Komponisten des 19. Jahrhunderts erwies sich auch Verdi als Meister in der Kunst, seine eigene Lebensgeschichte zu stilisieren. In einem Abriss seiner frühen Jahre, veröffentlicht erst lange nach den darin geschilderten Begebenheiten, stilisiert er «Va pensiero» zu nichts Geringerem als dem Dreh- und Angelpunkt seiner gesamten Karriere schlechthin; der erste Blick, den er auf den Text geworfen, habe ihn von dem Abgrund, an dem er stand, ins Leben zurückgerissen und ihn so für die Nachwelt gerettet. Bis zu dieser Stelle mutet der Lebensbericht über weite Strecken düster an, wie es sich für einen um Erfolg ringenden romantischen Künstler ziemt. Mit seiner vorausgegangenen Oper, einer plumpen Komödie im Rossini-Stil mit dem Titel *Un giorno di regno* (*König für einen Tag*, 1840) hatte Verdi ein Fiasko erlebt; das habe ihn, zusammen mit persönlichen Tragödien, den Entschluss fassen lassen, nie wieder zu komponieren. Daran habe er sich gehalten, bis ein Impresario ihm bei einer zufälligen Begegnung das *Nabucco*-Libretto in die Hand gedrückt habe. Widerstrebend habe er es mitgenommen:

> Unterwegs verspürte ich eine Art undefinierbaren Unbehagens, eine gewaltige Traurigkeit, einen Kummer, der mein Herz erfüllte. … Daheim angekommen, warf ich das Manuskript mit einer heftigen Bewegung auf den Tisch und blieb davor stehen. Beim Aufprall auf den Tisch hatte sich die Rolle geöffnet; ohne zu wissen wie, starrten meine Augen auf die Seite, die vor mir lag, und ich las diesen Vers:
>
> Va pensiero, sull'ali dorate.
>
> Ich überfliege die folgenden Verse und bin tief beeindruckt, … Ich lese einen Absatz, ich lese zwei; dann, mit dem festen Vorsatz, nicht zu komponieren, zwinge ich mich, mache das Textbuch zu und gehe zu Bett. … Aber ja … Nabucco spukte mir im Kopf herum! …. Ich stehe auf und lese das Libretto, nicht einmal, nein zwei, nein drei, viele Male, so dass man sagen kann, am Morgen kannte ich das ganze Libretto von Solera auswendig.[5]

Das Bemerkenswerteste an diesem Abriss ist nicht die Tatsache, dass die Leute ihn damals für bare Münze nahmen. Im Jahr seiner Erstveröffentlichung, 1879, war Italien gerade erst Nationalstaat geworden und sehr darauf erpicht, die eigene Identität mit nationalen Mythen zu unterfüttern. Es war eine Zeit, in der die Italiener mit Vorliebe in «anekdotischen» Biografien und Autobiografien, blumigen künstlerischen Rechtfertigungen und Bekenntnissen schwelgten, die reich an erzählerischem Überschwang waren, aber arm an dokumentarischer Fundierung. Erstaunlicherweise zitieren jedoch akademische Autoren Verdis Darstellung bis heute und berufen sich auf sie, als sei sie eine zuverlässige Chronik historischer Begebenheiten. Sie tun das, obwohl erwiesen ist, dass Verdi an anderen Stellen seiner biografischen Skizze regelrechte Täuschungen unternommen hat. So verlegte er die Todeszeitpunkte seiner beiden kleinen Kinder um Jahre, um den Eindruck zu erwecken, sie und seine junge Frau seien innerhalb weniger Monate gestorben, ein nachgerade makaberer Kunstgriff zur Dramatisierung seiner Biografie. Solche Geschichtsklitterungen beeinträchtigten aber offenbar in keiner Weise Verdis Glaubwürdigkeit in Sachen «Va pensiero». Die Schilderung des himmlischen Moments, in dem die «schicksalsträchtigen Worte» auf wundersame Weise in seine Hände gelangten, war einfach zu perfekt: «Beim Aufprall auf den Tisch hatte sich die Rolle geöffnet; ohne zu wissen wie, starrten meine Augen auf die Seite.»[6]

Was ging bzw. was geht hier vor? Die Antwort lautet: Verdis frühe Kompositionen wurden (und bleiben bis zu einem gewissen Grad auch heute noch) eingewoben in eine dem italienischen Nationalstolz schmeichelnde Saga von der Symbiose aus Oper und Politik. Diese besagt, «Va pensiero» und weitere Verdi-Chöre aus seinen späteren Opern wie *I Lombardi alla prima crociata* («Die Lombarden im ersten Kreuzzug», 1843), *Ernani* (1844) und *Attila* (1846) seien zu Hymnen im Kampf um das Risorgimento, die nationale Einigung des Landes, geworden. Die neuartigen Chöre – und insbesondere auch Textaussagen wie «Oh mia patria sì bella e perduta» («Meine so schöne Heimat ist verloren!») – für die Zuschauer leicht verständlich und auf ihre aktuelle Situation zu beziehen – halfen dieser Saga zufolge dabei, der noch im Werden begriffenen italienischen Nation Lebenskraft einzuhauchen, die Massen während der Revolutionen des Jahres 1848 auf die Barrikaden zu treiben und ganz allgemein den Soundtrack für die Konsolidierung des Nationalstaats in den 1860er Jahren zu liefern. Das Dumme ist nur, dass es für diese Geschichte, soweit es die 1840er Jahre betrifft, kaum historische Belege gibt. Gelegentlich wurde zwar eine Opernvorstellung in einer italienischen Stadt in der Phase unmittelbar vor dem Ausbruch der Revolutionen von 1848 zum

Schauplatz einer öffentlichen Demonstration, aber es war nicht so, dass bevorzugt die Musik Verdis die Menschen zu solchen Aktionen beflügelt hätte. Mehrere andere Komponisten, vor allem der sanftmütige Romantiker Bellini, erwiesen sich wirkmächtiger als Auslöser von Kundgebungen. Analysiert man die Entwicklungen unmittelbar nach den Revolutionen von 1848 (die kläglich scheiterten), so schält sich eine andere, prosaischere Geschichte heraus: In Mailand, zu der Zeit Verdis wichtigste Wirkungsstätte, kehrten die Statthalter des österreichischen Kaisers, von den Aufständischen im März 1848 aus der Stadt gejagt, sehr bald an die Schalthebel der Macht zurück, und sie genehmigten in den beiden darauf folgenden Opernspielzeiten der Scala (Karneval 1849 und Karneval 1850) die Wiederaufführung mehrerer von Verdis Erfolgen, darunter *Nabucco*, *Ernani* und *Attila*. Man kann sich schlecht vorstellen, dass sie das getan hätten, wenn sie eines dieser Werke in besonderer Weise mit den gescheiterten Revolutionen in Verbindung gebracht hätten.

Wie aber konnte es unter diesen Umständen zu einer so engen Verknüpfung zwischen Verdi und dem politischen Aufstand kommen? Verbindungslinien zwischen der Geschichte der Oper und der politischen Geschichte sind in diesem Buch schon einige Male sichtbar geworden, doch im 19. Jahrhundert wurden sie geradezu kanonisch. Politische Zeitenwenden wie die Zerschlagung des napoleonischen Imperiums 1814/15 oder die europaweiten Revolutionen von 1848 sind immer auch als bedeutsame Zäsuren in der Geschichte der Oper dargestellt worden. (Wir werden uns dieser Übung im nächsten Kapitel ebenfalls befleißigen.) Und es trifft sicherlich zu, dass die Revolutionen von 1848 im weitesten Sinn den Beginn einer Entwicklung markierten, die den kommerziellen Opernbetrieb bis in seine Grundfesten erschüttern sollte. Sie bedrohten die Existenz vieler jener Kleinfürstentümer und absoluten Herrscher, die so viel Wasser auf die Mühlen der Oper geleitet hatten. Was die kurzfristigen Folgen betraf, so störten diese historischen Vorgänge den stetigen Fluss der Produktion und Konsumtion von Opern allenfalls marginal. Gewiss, das Opernhaus war ein wichtiger gesellschaftlicher Treffpunkt des städtischen Bürgertums – in manchen Städten sein praktisch einziger Treffpunkt, sieht man einmal von der Kirche ab. Hin und wieder kam es auch vor, dass eine Opernaufführung eine Rolle in einer der großen bürgerlichen Revolutionen des 19. Jahrhunderts spielte. Aber in aller Regel war die Oper, wie auch zuvor im Verlauf ihrer Geschichte, eine Institution, auf deren Stabilität sich die herrschenden Klassen verlassen konnten und die ihnen die Möglichkeit bot, sich von ihrer majestätischen und machtvollen Seite zu zeigen. In dem Maße jedoch, wie das Jahrhundert voranschritt und die revolutionären Bewegungen breite Bevölkerungsschichten erfassten, wurde ein zunehmend größerer Teil der vom revolutionären Virus ansteckungsgefährdeten Bevölkerung von allen ernst zu nehmenden Opernveranstaltungen ausgeschlossen. Selbst in Italien waren Opernaufführungen im 19. Jahrhundert nie «populär» im Sinne des 20. Jahrhunderts. Das Genre blieb eine vergleichsweise elitäre Kunstform, zu der die breite Bevölkerung schon aus finanziellen Gründen keinen Zugang hatte. Wenn auf der Opernbühne eine Revolution dargestellt (oder durch Musik allegorisch beschworen) wurde, diente das im Wesentlichen der Unterhaltung des Publikums – nicht anders als jene Standardelemente der Operndramaturgie wie wahnsinnig gewordene Frauen oder krankhaft eifersüchtige Männer.

In den 1860er und 1870er Jahren, als Italien sich als Staat gefestigt hatte und auf der Suche nach symbolischen Monumenten der neuen Ordnung war, lagen die frühen Werke Verdis gewissermaßen griffbereit im Regal und wurden (mit anekdotischer Unterfütterung ihres großen Schöpfers persönlich) für würdig befunden, diese Aufgabe zu übernehmen. Einiges spricht dafür, dass Verdi das Image eines Barden des politischen Protests zunächst fast zufällig zuteilwurde, als in den Jahren 1858 und 1859 das Akrostichon VIVA V.E.R.D.I. in Mode kam (es stand für «Viva Vittorio Emanuele Re D'Italia», war also ein Hochruf auf den savoyischen Monarchen, der zum ersten König Italiens gekrönt wurde). Zusätzlichen Schliff bekam dieses Image dadurch, dass Verdi in den frühen 1860er Jahren (wenn auch widerstrebend) als Abgeordneter dem ersten italienischen Parlament angehörte. Aus diesen und anderen Phantasmen erwuchs der Mythos von «Va pensiero» und einigen anderen Verdi-Chören, ein Mythos, der seither unbeirrt seine Runden dreht. Der Gefangenenchor hat zahllosen Gruppierungen als Begleitmusik gedient, die einfach und direkt ihre durch und durch italienische Identität deklarieren wollten – von solchen mit den besten bis zu solchen mit den destruktivsten Absichten. Ein Beispiel für Letztere lieferte das Mussolini-Regime, das den Mythos vom patriotischen Verdi aus durchsichtigen nationalistischen Gründen mit Nachdruck propagierte. Es finanzierte 1941 trotz des viele Ressourcen bindenden Krieges aufwändige Feiern zum 40. Todestag Verdis. Zu den eindrucksvollsten Publikationen des Jubiläumsjahrs gehört eine Ikonografie über Verdis Leben und sein Zeitalter, auf deren letzter Seite ein Foto des Duce prangt, wie er in einem Auditorium, mitten zwischen den anderen Zuschauern, aber auf einem erhöhten Podium sitzend, seinen Verdi genießt.[7] Politische Vereinnahmungen dieses Chores gab es sowohl vor als auch nach jenem bösen Moment, und zwar seit den Bemühungen Verdis, ihn zum Schlüsselerlebnis seiner Lebensgeschichte zu stilisieren, bis hin zu der erst kürzlich erfolgten Umarbeitung zur «Hymne von Padania» durch die norditalienische Separatistenpartei Lega Nord.

Das alles soll keineswegs heißen, dass die Oper im frühen 19. Jahrhundert nicht auf vielfältige Weise und aufs Engste mit der nationalen Idee verknüpft war, und ebenso wenig dass in den Jahren des Aufbruchs vor 1848 nicht viele Opernkompositionen, darunter auch die von Verdi, den Keim eines neuen Denkens in sich trugen, das die den Massen innewohnende Kraft und die Möglichkeit, diese in Taten umzusetzen, glorifizierte. Dies geschah aber stets zu dem Zweck, zu unterhalten und zu verzaubern und nicht etwa zu praktischer politischer Betätigung aufzurufen. Wir werden weiter unten noch in diesem Kapitel und auch in späteren Kapiteln auf sinnfällige Beispiele für diese Haltung zu sprechen kommen. Auch liegt es uns fern, zu bestreiten, dass «Va pensiero» ein bemerkenswertes Stück Chormusik ist. Es hätte sicherlich nicht den Nimbus erlangt, den es heute noch ebenso wie damals besitzt, zeigte es nicht diese wirkmächtige Kombination aus melodischer Zielgerichtetheit und Eingängigkeit auf. Doch politische Ereignisse und Opernaufführungen sind zwei höchst verschiedene Angelegenheiten; ihr Verhältnis zueinander ist oft komplex und eher unterschwellig. Das Image Verdis als «Barde des italienischen Risorgimento» war durchaus real, aber es war vor allem die zweite Hälfte des 19. Jahrhunderts, die es hervorbrachte, als ein junges, frisch geeintes, noch zerbrechliches Italien dringend kulturelle Denkmäler brauchte, an denen sich ein Bewusstsein der nationalen Zusammengehörigkeit und Identität aufrichten konnte. «Va pensiero» wurde damals zu einer Hymne, die den Italienern eine berauschende Erinnerung an eine einfachere Vergangenheit bescherte.

Sophie Loewe, Tenor-Sopran

Giuseppe Verdi schlug wie ein Blitz in die italienische Opernszene ein, wobei sich seine alles durcheinanderwirbelnde Wirkung allerdings anfänglich auf die nördliche Hälfte der Halbinsel beschränkte. Seit der Mitte der 1840er Jahre machte er dann auch im Süden des Landes Furore, und zugleich verbreitete sich sein Ruhm, wenn auch zunächst gegen starke Bedenken und Widerstände, in Deutschland, Frankreich und Großbritannien. Die Tatsache, dass Verdi mit einer unverwechselbaren neuen Stimme sprach, war mit ein Grund für den Nimbus des «Revolutionärs», der ihm später zuwuchs. Diese Stimme artikuliert sich klar und deutlich in der kraftvollen Schlichtheit von «Va pensiero», aber für seine Zeitgenossen sprach diese Stimme ebenso deutlich auch aus seinen Stücken für Solisten, die nach wie vor im Zentrum der Kommunikation zwischen Oper und Publikum standen. Der junge Verdi machte zwar kaum Anstalten, die von seinen Vorgängern entwickelten Formen in Frage zu stellen, aber in der Art und Weise, wie er die Sänger und Sängerinnen in Szene setzte, ging er doch entscheidend über sie hinaus. Seine fünfte Oper, *Ernani*, weist zum Beispiel bedeutende Variationen eines so grundlegenden Elements wie des klassischen «vokalen Dreiecks» auf: Der männliche Tenor war bei Verdi praktisch «gesetzt». Während Donizetti mit diesem romantischen Helden neuen Typs nur flirtete, hatte er bei Verdi seinen Stammplatz so gut wie sicher. Als Widerparts zum Tenor setzte Verdi Sänger mit dunkleren Stimmen ein, deren Rollen er oft auch psychologisch vielschichtiger anlegte: den Verdi'schen Bariton, dessen stimmliche Reichweite in der Höhe er ohne Rücksicht auf Verluste forcierte, und den sonoren Verdi'schen Bass, der vorzugsweise die Stimme des Patriarchen repräsentierte, des symbolischen Inbegriffs politischer oder religiöser Macht.

Diese neuen stimmlichen Zuordnungen waren umstritten. Im Norden Italiens sorgte Verdis immense Popularität dafür, dass alle Einwände hinweggefegt wurden; im Süden war das nicht der Fall und im Ausland, wo oft nationale und andere Empfindlichkeiten mitspielten, noch weniger. Einer der wortgewaltigsten Anti-Verdianer war James William Davison, langjähriger Musikkritiker der Londoner *Times*. Eine Serie von Aufführungen des *Nabucco* 1850 animierte ihn zu einer seiner notorischen Jeremiaden:

> Nie war ein Opernkomponist so arm an wirklich neuen Ideen, so arm an Kraft, so bar jedes musikalischen Könnens. Seine einzige Kunst besteht darin, balladeske Melodien – wobei wir in seinen Gesängen nie eine Melodie entdecken – in einen Chor einzuarbeiten, der, einstimmig singend, eine immense Lautstärke produziert, oder ein Finale mit Hilfe eines ungeheuren Tohuwabohus der Blechbläser, Trommeln und Becken zusammenzuschustern, gekrönt von Stimmen, die brüllend die obersten Grenzen ihrer Stimmlage austesten.[8]

Die drei Hauptgründe, die gegen Verdi ins Feld geführt wurden, finden sich hier mundgerecht aufbereitet: Er war zu populär (Stichwort «balladeske Melodien») in einer Zeit, in der sich die Kluft zwischen «elitärer» und «populärer» Musik gerade erst zu öffnen begann; er veranstaltete zu viel Lärm, sowohl mit den Chören als auch mit dem Orchester, bei dem grundsätzlich die lautesten neuen Instrumente (besonders bei den Blechbläsern) zum Einsatz kamen; und er trieb grausamen Raubbau an den Stimmen der Sänger, indem er diese dazu trieb, zu brüllen, anstatt zu singen.

Eine von Verdis aufsehenerregenden Innovationen, die sowohl bei *Nabucco* als auch bei *Ernani* zum Einsatz gelangte – von Davison freilich nicht erwähnt –, betraf indes die Sopranstimme. In seinen in den 1840er Jahren entstandenen Opern kommen zwei höchst verschiedene Frauentypen vor: Auf der einen Seite Protagonistinnen der konventionellen, femininen Sorte, mit jeder Menge Flitter und Ohnmachtsanfällen und kaskadierenden gesanglichen Verzierungen. Verdi konnte solche Partien schreiben, wenn aus einer Sopranistin nichts Robusteres herauszuholen war; und wenn er es tat, griff er dabei auf eine eher altmodische musikalische Sprache zurück. Aber eigentlich lag ihm ein anderer, neuerer Typ von Sängerin besser – Sopranistinnen, die klangliche Schönheit und Koloraturen auf dem Altar der schieren Stimmgewalt opferten. Diese neue Spezies passte sich den Neuerungen an, die zu Markenzeichen Verdis werden sollten: Präferenz für das tiefere (weibliche) Bruststimmen-Register, Bevorzugung kurzer, intensiver Wendungen anstelle langer lyrischer Melodielinien und eine kompositorische Ausgestaltung von Ornamenten, die, weit davon entfernt, nur Ausschmückungen der Melodie zu sein, strikt in diese eingebunden und erheblich reduziert waren. Solche Stücke, die sowohl Stimmgewalt als auch Agilität voraussetzten, erwiesen sich als äußerst schwierig zu singen, und es war fast unmöglich, sie «schön» vorzutragen; der angestrebte maximale dramatische Effekt ging auf Kosten des stimmlichen Gewichts.

Die Handlung der Oper *Ernani*, beruhend auf einem Theaterstück des französischen Erzromantikers Victor Hugo (1802–1885), lässt sich in abstrakten, neo-verdianischen Begriffen plausibel als die Geschichte einer von drei männlichen Stimmen belagerten Sopranistin zusammenfassen.[9] Je höher die Männerstimme singt, desto jünglingshafter und in Liebesdingen erfolgreicher agiert ihr Besitzer; in der Oper galt und gilt jedoch auch häufig die Regel, dass die Höhe, die ein Sänger auf der Tonleiter erreicht, in umgekehrtem Verhältnis zu seiner Lebenserwartung steht. Bei *Ernani* besetzt der Titelheld, ein zum Banditen gewordener Edelmann (Tenor), den die Sopranistin Elvira liebt, den höchsten Rang unter den

Männerstimmen; als Nächster unter ihm rangiert der freundliche Bariton Don Carlo, König von Spanien; der knurrende Dritte am unteren Ende ist Silva (Bass) – alt, adlig, rachsüchtig und gemein. Elvira hasst ihn, aber er verlangt sie zur Frau. Es gibt noch eine weitere Verwicklung: Elvira spielt zwar als Figur eine klassische passive Dame, um die alle diese verliebten Freier herumschwirren und einander dabei verwünschen; aber als Sängerin ist sie so wenig passiv, wie man es sich nur vorstellen kann – sie bildet in der Tat das präsenteste und kraftvollste Element dieser Oper. Solche alchimistischen Streiche kann die Musik den geschlechtlichen Rollenklischees in der Oper spielen.

Die beiden ersten mehrsätzigen Arien in *Ernani* illustrieren perfekt das neue gesangliche Regime. Auf eine Szene, die dem kraftvollen, dynamischen, tragischen Ernani gehört, folgt eine, die ganz im Zeichen der passiven, nach Liebe dürstenden, tragischen Elvira steht. Die Musik stellt die Dinge jedoch auf den Kopf. Ernani hat eine Portion hoher Noten und lebhafter Synkopen zu singen, aber Elviras Arie bewegt sich auf einem völlig anderen musikalischen Energieniveau – sie ist ein klassisches Beispiel der neuen Verdi'schen Stimme. Weit davon entfernt, in der Manier von Verdis italienischen Vorgängern in die Gefilde der reinen gesanglichen Virtuosität abzudriften, sind in beiden Sätzen ihrer Arie die Koloraturen in die periodischen Phrasen integriert. Dieses Stilmittel erzeugt die für die frühen Opern Verdis so typische Energie – durch eine Straffung der Form, die Hand in Hand geht mit einer Intensivierung des expressiven Gehalts. Dass der Kontrast zwischen Tenor und Sopran so deutlich ist, erwies sich als sehr angemessen im Verhältnis zu den geänderten gesanglichen Qualitäten einer neuen Generation weiblicher Operndarsteller. Verdi gab sich, wie seine Vorgänger, große Mühe, beim Komponieren die Stärken seiner wichtigsten Sänger und Sängerinnen zu berücksichtigen. Was *Ernani* betrifft, so schrieb er die Partie der Elvira für die famose Sophie Loewe (1812–1866), eine deutsche Sopranistin, die mit der Unmittelbarkeit ihrer Stimmgebung zweifellos eine wichtige Schrittmacherin der neuen Verdi'schen Frauenstimme war.

Im abschließenden Terzett des vierten Aktes von *Ernani* erreichte die neue Gesangsintensität ihren Zenit: Elvira und Ernani stehen kurz vor der Heirat, nachdem das Problem, dass Don Carlo um Elvira geworben hatte, sich erledigt hat – auf plausible Weise, denn im dritten Akt ist Don Carlo zum Kaiser des Heiligen Römischen Reiches gewählt worden. Aber irgendwo geistert noch der alte Silva herum – Ernani hat einst mit ihm einen verhängnisvollen Pakt geschlossen, mit der Folge, dass er sein

Leben jederzeit zu beschließen hat, sobald Silva es fordert. So werden die Hochzeitsvorbereitungen denn auch durch ein aus der Ferne ertönendes Hornsignal unterbrochen – Silvas Zeichen dafür, dass er das in dem Pakt vereinbarte Opfer eingelöst sehen will. Das Erscheinen Silvas bildet den Anlass für das abschließende Terzett «Ferma, crudel, estinguere» («Halt ein, Grausamer, auszulöschen»). Wie in «Va pensiero» fördert auch in diesem Falle eine einfache alternierende Abfolge von Triolen und punktierten Tonfolgen die Konzentration auf die wichtigen Tonhöhen und melodischen Figuren und lässt kaum Möglichkeiten für irgendwelche Verzierungen oder für «schönes Singen» im konventionellen Sinn. Das Terzett wird so zu einer unerbittlichen Übung in vokaler Verzweiflung; das Orchester treibt die Stimmen durch die Dynamik seiner Begleitfiguren vorwärts. Die Sopranistin und ihre beiden männlichen Widerparts sind einander als Stimmen verblüffend ähnlich – keine Spur von jenen Geschlechterdifferenzierungen, die Donizetti in seinen Opern vorgenommen hatte. Elvira steht Ernani in nichts nach, was ihre deklamatorische Vehemenz betrifft, und der Bass tut es ihnen beiden an Stimmgewalt gleich. Im Terzett des *Ernani*-Finales singen *alle* in dem neuen männlichen Tenorstil.

Felice Varesi, hässlicher Bariton

In der auf *Ernani* folgenden Dekade brachte Verdi kontinuierlich weitere Opern heraus (ungefähr eine pro Jahr), und ebenso stetig wuchs sein weltweiter Ruhm. Während sich an seiner kompositorischen Handschrift grundsätzlich wenig änderte (Kraft und Dynamik blieben seine Markenzeichen), zeigte doch fast jedes seiner Werke eine Neuerung. Bei *Ernani* hatte er eindrucksvoll Gebrauch von einem sogenannten Erinnerungsmotiv gemacht, in diesem Fall eine feierliche Melodie, die auf den Pakt zwischen Ernani und Silva verwies; in seiner nächsten Oper, *I due Foscari* (*Die beiden Foscari*, 1844) experimentierte er mit einem erweiterten System wiederkehrender Motive: Alle Hauptfiguren sind gleichsam mit einer Erkennungsmelodie ausgestattet, die jedes Mal erklingt, wenn sie die Bühne betreten.

Erinnerungsmotive waren, wie in einigen früheren Kapiteln gesehen, in der französischen und der deutschen Oper seit langem üblich, und sie konnten eine starke Wirkung entfalten, wenn man sie sich für besondere

Momente aufsparte, die den normalen Fortgang der Handlung unterbrachen. Bei *I due Foscari* besteht nun das Problem darin, dass die Erinnerungsmotive zwar zahlreicher geworden sind, aber keine Weiterentwicklung erfahren, während die Figuren sich durch die erzählte Geschichte bewegen. Sie werden einfach nur wiederholt und dienen so als eine Art musikalischer Visitenkarte, die bei jedem Auftritt der zugehörigen Figur gezückt wird. Nicht lange, und die Themen klingen redundant: Die Musik sagt uns nur das noch einmal, was unsere Augen schon wahrgenommen haben, und wer braucht schon beim zweiten Besuch noch eine Visitenkarte? Sie verengen auch die Spielräume der Figuren, die im musikalischen Korsett der ihnen zugeordneten Motiven gefangen scheinen. Das Experiment war für Verdi eine heilsame Lehre. Er arbeitete zwar in der Folge weiterhin mit Erinnerungsmotiven, ging dabei aber nie wieder so schematisch vor und fand andere Mittel und Wege, in seinen Opern musikalische Kettfäden zu ziehen. Gleichwohl wirft *I due Foscari* eine Frage auf, die später im 19. Jahrhundert drängende Aktualität erhalten sollte: Wie dicht darf das musikalische Beziehungsgeflecht in einer Oper sein? Immerhin nahm die Bedeutung der Instrumentalmusik mit all dem, was sie an innermusikalischer Textur hervorbrachte, zu – wie etwa die kunstvolle Exposition eines Themas oder dessen mehrmalige Wiederkehr in unterschiedlicher Gestalt –, und somit sahen sich auch Opernkomponisten zunehmend mit der Erwartung konfrontiert, sinfonische Qualität zu bieten.

Nach *I due Foscari* fuhr Verdi mit dem Experimentieren fort; manchmal griff er auf das Mittel des großen Chors zurück, wie man ihn erstmals in *Nabucco* gehört hatte, andere Male versuchte er sich an intimen, literarisch anspruchsvollen Sujets. Sein ehrgeizigstes Werk war *Macbeth* (1847). Er hatte sich seit langem für Shakespeare interessiert und gab sich daher mit dieser Oper besonders große Mühe, wertete sie allerdings später zur «opera di ripiego» ab, zu einem Notnagel-Werk, das man ins Repertoire nehmen konnte, wenn andere, wichtigere Produktionen ausfielen. Höchst aufschlussreich ist eine Äußerung, die er 1875 tat, zu einem Zeitpunkt, als er zu seinem großen Verdruss mit Fragen nach Richard Wagner bombardiert wurde. Als ein Gesprächspartner in Wien das unvermeidliche Thema ins Spiel brachte, rang Verdi sich zu einer höchst überraschenden Beurteilung Wagners durch:

> Als wir auf Wagner zu sprechen kamen, bemerkte Verdi, dieses große Genie habe der Oper einen unschätzbaren Dienst erwiesen, da er den Mut gehabt habe, sich aus der Tradition der Arienoper zu befreien. «Auch

> ich habe, in meinem *Macbeth*, Musik und Drama zu verschmelzen versucht», fügte er hinzu, «aber im Gegensatz zu Wagner war ich nicht im Stande, meine Libretti selbst zu schreiben.»[10]

Was könnte er gemeint haben? Das wichtigste Experiment, das er in *Macbeth* wagte, war, dass er zwei Sphären der in dieser Oper dargestellten Welt auf neuartige Weise durch musikalische Stimmungen definierte, indem er ihnen (wie er es später nannte) *tinte* zuordnete, identifizierende Farben. Die erste Sphäre ist die der Hexen und kommt eigentlich nur in den Eröffnungsszenen des ersten und des dritten Akts ins Spiel, Szenen, über die Verdi sagte, sie müssten «trivial sein, aber auf eine extravagante und originelle Weise».[11] In beiden Szenen findet musikalisch ein Wechsel von Moll zu Dur statt, und in beiden finden sich ähnliche musikalische Stilmittel, um die Hexen zu charakterisieren: plötzliche Wechsel des Rhythmus und der Textur, schnelle terzparallele Passagen der Streicher im Stil Mendelssohns, dunkler Holzbläser-Wohlklang. Die *tinta* der zweiten Sphäre ist mit Macbeth (Bariton) und Lady Macbeth (Sopran) verbunden und nimmt größere Teile der Oper ein. Es findet sich ein auffälliges wiederkehrendes Motiv: eine simple alternierende Abfolge der Töne C und einem Halbton höher parallel zu Macbeths Worten «Tutto è finito!» («Alles ist aus»), die er ausspricht, als er im ersten Akt nach der Ermordung von König Duncan zu Lady Macbeth zurückkehrt, und unmittelbar bevor die beiden ihr Duett anstimmen. Verdi setzte ein Mittel ein, das sich stark von den «Visitenkarten» in *I due Foscari* unterscheidet; die musikalische Untermalung des Satzes «Tutto è finito!» ist simpel genug, um ihren Zweck ohne großes Gepränge zu erfüllen, und flexibel genug, um unterschwellig zu funktionieren – konkret gesagt: um in der Textur der Begleitmusik zu verschwimmen.

Macbeth hat jedoch mehr zu bieten als nur ein Plus an musikalischer Kohärenz. Verdi wollte dem Exzess, den das 19. Jahrhundert an Shakespeare schätzte – insbesondere der freihändigen Vermischung des Komischen mit dem Ernsten –, Genüge tun und forcierte die gesangliche und stimmliche Wucht seiner dramatischen Botschaft kompromissloser denn je. Einen Hinweis darauf liefert uns ein Brief von der Hand Emanuele Muzios, der bei Verdi in die Komponistenlehre ging und als sein Faktotum fungierte – und der zuverlässig die Meinung seines Herrn und Meisters wiedergab. In einem Brief an einen gemeinsamen Freund rühmte Muzio die innovative Gestaltung der Baritonpartie des Protagonisten im Macbeth, womit sich die Hoffnung Verdis verband, dafür einen der größten Sänger und Schauspieler seiner Zeit gewinnen zu können, Felice Varesi (1813–1889), der später sowohl den Rigoletto als auch den Vater Germont in *La traviata* verkörperte:

> Jetzt hängt alles von einer Antwort Varesis ab; wenn Varesi bereit ist, in Florenz zu singen …, dann wird [Verdi] den *Macbeth* schreiben, in dem es nur zwei Hauptfiguren geben wird: [Lady Macbeth] und Macbeth – Loewe und Varesi. Alles andere sind Nebenrollen. Kein Schauspieler in Italien kann den Macbeth besser spielen als Varesi – wegen seiner Art zu singen, wegen seiner Intelligenz und vor allem auch, weil er klein und hässlich ist. Man wird vielleicht sagen, er trifft die Töne nicht genau, aber das macht überhaupt nichts, weil die Partie fast zur Gänze aus Deklamation besteht, und das macht er sehr gut.[12]

Verdi äußerte sich in seinen eigenen Briefen an Varesi vorsichtiger, aber seine Grundgedanken waren dieselben. Bemerkenswert ist auch, dass Verdi die Loewe, die in *Ernani* eine so beherrschende Präsenz gezeigt hatte, für die Rolle der Lady Macbeth haben wollte. Sie sagte ihm schließlich ab, doch Verdi bemühte sich unbeirrt um eine Sopranistin, die einen kongenialen Widerpart zu dem wenig einnehmenden, aber einzigartig dramatischen Varesi abgeben konnte. Als ihm eine der bedeutendsten Sängerinnen dieser Ära, Eugenia Tadolini, für die Rolle der Lady Macbeth angetragen wurde, lehnte er sie ohne Umschweife ab:

> Die Qualitäten der Tadolini sind für diese Rolle viel zu gut. … Tadolini ist eine schöne und attraktive Erscheinung, und ich stelle mir Lady Macbeth als hässlich und böse vor. Die Tadolini hat eine engelsgleiche Stimme, und ich möchte für die Lady eine Stimme, die etwas Teuflisches hat! Die beiden wichtigsten Nummern in der Oper sind … das Duett zwischen der Lady und ihrem Mann und die Schlafwandelszene. Wenn diese Nummern nicht funktionieren, ist die Oper ruiniert. Und diese Stücke sollen nicht gesungen werden; sie müssen gespielt und mit einer sehr hohlen und verschleierten Stimme deklamiert werden; andernfalls werden sie keine Wirkung erzielen können.[13]

Das war eine erstaunliche Abkehr von den Werten, die die italienische Oper während des ganzen 18. Jahrhunderts und bis in die Tage Rossinis groß gemacht hatten, in erster Linie die Schönheit der gesanglichen Darbietungen, die einst als das A und O des dramatischen Ausdrucks gegolten hatte. Die vokale Schönheit, die Qualität, die so lange Heilige wie Sünder ausgezeichnet hatte, genügte plötzlich nicht mehr den Ansprüchen. Jetzt musste die Stimme zur Rolle passen.

Welche Art von Musik Verdi für diese außergewöhnlichen Darsteller schrieb, wird uns gleich im ersten Akt des *Macbeth* vorgeführt, in dem «Gran Scena e Duetto», die er als eine der «wichtigsten Nummern» der Oper bezeichnet hatte. Äußerlich entspricht sie, wie so oft beim frühen Verdi, dem herkömmlichen viersätzigen Rossini'schen Muster; doch im Inneren hat Verdi eine Fülle von Änderungen vorgenommen. Nicht die geringste der Neuerungen ist die, dass das Duett von einem bemerkenswerten Rezitativ mit Orchesterbegleitung eingeleitet wird: «Mi si affaccia un pugnal?» («Ist das ein Dolch, den ich vor mir sehe?») – Es ist der Moment, als Macbeth sich davonstiehlt, um Duncan zu ermorden. Diese Passage ist ungewöhnlich reich an musikalischen Innovationen: Gleitende chromatische Motive reiben sich mit verzerrten, choralartigen Mehrstimmigkeiten und flüchtigen Anklängen an die Musik der Hexen. Dies setzt einen lebhaften musikalischen Streit in Gang, der nicht so sehr eine *Einleitung* zu den üblichen Sätzen des Duetts darstellt, als vielmehr dessen Klangfarbe vorgibt; die Sprache des Rezitativs wird, anders gesagt, zum stimmlichen Modell für das, was nachfolgt. Der erste geschlossene Satz beginnt mit der Rückkehr Macbeths, nachdem er den König ermordet hat, zu seinem Treffen mit Lady Macbeth. Wie bereits erwähnt, liefert Macbeth sodann mit seiner ersten Textzeile, «Tutto è finito!», ein wiederkehrendes musikalisches Motiv, das die Textur des gesamten Duetts entscheidend prägt. Wie um dies zu demonstrieren, wandern die distinktiven musikalischen Umrisse dieses Themas unverzüglich in die Orchesterbegleitung. Es findet mithin eine wichtige Umkehrung statt. Auf den ersten Blick bietet der erste Satz einen raschen Austausch zwischen den Personen, überwiegend in Form einer rezitativischen Deklamation mit orchestraler Untermalung; der Part des Orchesters aber ist von dem «Tutto-è-finito»-Motiv durchdrungen. Das Orchester kommuniziert also nicht einfach nur eine bestimmte Gefühlsregung, sondern präzise semantische Zuordnungen. Es erfüllt, anders gesagt, eine erzählerische Funktion.

Während dieses Duett insofern konventionell ist, als es eine mehrsätzige Form aufweist, ist es andererseits unkonventionell, weil es zwischen den einzelnen Sätzen kaum stimmliche und gesangliche Kontraste bereithält. Beide Figuren artikulieren sich überwiegend in abgehackten Phrasen. In den ersten beiden Sätzen unternimmt Macbeth sporadische Versuche, traditionellere Ausdruckselemente einzubringen – so erinnert er sich im ersten Teil etwa an Duncans schlafende Wächter. Im zweiten beschwört er «Com'angeli d'ira», «Wie Engel des Zorns». Doch beide Male fährt Lady Macbeth ihm in die Parade, ja bringt ihn zum Schweigen, indem sie in gereizt-ornamentalen Ausbrüchen seine Skrupel als «verrückt» abtut. Dass ihre überdrehten Koloraturen in dreien der vier Teile wiederkehren, ist ungewöhnlich und trägt zu dem Eindruck bei, das ganze Duett sei ein einziger musikalischer Ehekrach. Ebenso wichtig ist freilich die Tatsache, dass Verdi die gesangliche Virtuosität seiner Protagonistin zu unorthodoxen Zwecken nutzt. Was traditionell eine dekorative und ornamentale Funktion gehabt hatte, steht hier für Hysterie oder zumindest für eine gezwungene, wenig überzeugende Fröhlichkeit. Um es anders auszudrücken: In dieser stark aufgeladenen, deklamatorischen Welt werden gesangliche Schnörkel zu kreischenden, mit negativer Bedeutung besetzten Misstönen. Im letzten Teil des Duetts, traditionell derjenige, in dem die Ornamente nur so sprudeln, wird das noch deutlicher: Er wird durch und durch verhalten und abgehackt gesungen und endet mit einzelnen Stakkato-Lauten im unteren Bereich der jeweiligen Stimmlage.

Ein weiteres Indiz für die Bedeutung des *Macbeth* war, dass Verdi sich 1865, als das Théâtre Lyrique in Paris eine Wiederaufführung plante, bereit erklärte, eine zusätzliche Ballettmusik zu schreiben; er beschloss darüber hinaus, an einigen Passagen, die nach seiner eigenen Aussage «entweder schwach oder charakterlos» waren, wesentliche Änderungen vorzunehmen.[14] Dazu gehörten eine neue Arie für Lady Macbeth im zweiten Akt («La luce langue», «Das Licht wird schwächer») und den Austausch von Macbeths Todesszene gegen einen finalen «Inno di vittoria» («Siegeshymne») im französischen Stil. Die Pariser Fassung des *Macbeth* ist die, welche wir heute gewöhnlich zu sehen bekommen, ungeachtet der durch Verdis Änderungen hineingeratenen stilistischen Dissonanzen. «La luce langue» macht gar nicht erst den Versuch, sich in das umgebende musikalische Milieu einzufügen; sie ist eines der radikalsten Musikstücke (sowohl orchestral als auch harmonisch), die Verdi bis dahin (Mitte der 1860er Jahre) überhaupt komponiert hatte. Ähnlich verhält es sich mit dem «Inno di vittoria». Die ursprüngliche Todesszene, an deren Stelle die Hymne trat, entsprach der stimmlichen Persönlichkeit Macbeths; sie wurde fast durchgehend deklamiert und enthielt makabere Verweise auf das motivische Umfeld und die Tonalität des Duetts zwischen den Eheleuten im ersten Akt. Dagegen ist «Inno» ein beschwingter Chor, der Feierlaune verbreitet und am Ende die Melodie der «Marseillaise» zitiert (für das französische Publikum sicherlich ein Signal, sich zu erheben und zu salutieren). Diese Neubearbeitungen werfen wiederum die in diesem Buch schon mehrfach gestellte Frage auf: Wie viel musikalische Kohärenz braucht eine Oper? 1847 versah Verdi wenigstens Teile des *Macbeth* mit einem dichten musikalischen Bindegewebe (wie wiederkehrenden orchestralen Kombinationen, in unterschiedlichen Kontexten periodisch wiederholten Motiven usw.); 1865 opferte er davon einiges, um seine Oper zu «modernisieren» und für den Pariser Geschmack bekömmlicher zu machen. Heute haben wir Zugang zu beiden Fassungen; wir können zumindest Aufnahmen von beiden parallel hören und durcheinandermischen, indem wir etwa «La luce langue» hinzunehmen, aber die alte Sterbeszene beibehalten. Diese Möglichkeiten können dem Erlebnis Oper frisches Leben einhauchen, indem sie uns daran erinnern, dass Opern aus der Vergangenheit nicht zwangsläufig unantastbare Heiligtümer sind, nicht einmal unter den Vorzeichen der heutigen Museumskultur.

Lachender Schurke, weinender Witzbold

Im Jahr der Erstaufführung des *Macbeth*, 1847, übersiedelte Verdi nach Paris und hielt sich dort über weite Strecken der nächsten beiden Jahre auf. Es war ein wichtiger Umzug, denn die meisten seiner in der Folgezeit entstandenen Opern wiesen offenkundige Pariser Kennzeichen auf, etwa Arien im französischen Stil oder kunstvoller durchkomponierte Orchestersätze. Vieles davon resultierte aus der Begegnung mit Meyerbeer und anderen Schöpfern der *grand opéra*, aber Verdi besuchte auch bescheidenere Theaterereignisse. Der Schlussszene seines *Stiffelio* (1850) merkt man den Einfluss des (gesprochenen) Melodrams an, das sich damals in den Pariser Boulevardtheatern immenser Beliebtheit erfreute. In manchen Szenen tragen die Figuren heftige persönliche Auseinandersetzungen pantomimisch oder deklamierend und zu einer sparsamen, lediglich atmosphärischen Orchesterbegleitung aus, was stellenweise dem Sprechtheater sehr nahe kommt. Stilmittel dieser Art setzte Verdi in seinen Opern der frühen 1850er Jahre noch wirkungsvoller ein, insbesondere im *Rigoletto* (1851), der eine weitere Etappe seiner langen musikalischen Entwicklung markierte.

Verdis frühe Briefe über eine mögliche Vertonung von Victor Hugos Drama *Le Roi s'amuse* (*Der König amüsiert sich*, 1832, eines weiteren romantischen Stücks im Stil von *Hernani*) schäumen vor Begeisterung. «Es kommt darin ein Charakter vor, der eine der größten Schöpfungen ist, deren sich das Theater aller Länder und aller Zeiten rühmen kann.»[15] «[Rigoletto] ist eine Schöpfung, die eines Shakespeare würdig ist!»[16] Solche euphorischen Superlative sollten uns warnen. Wie Hugo, dessen Vorwort zu *Le Roi s'amuse* Verdi sicherlich gelesen hatte, sah dieser in seinem Protagonisten in spe die Verkörperung einer tragischen Zeitenwende, die ihn vor neue musikalische Herausforderungen stellte. Selbst die großartigsten seiner bisherigen Hauptfiguren waren eher eindimensionale Charaktere gewesen. Wie ihren Vorläufern im 18. Jahrhundert mochten ihnen widerstreitende Emotionen (romantische Liebe versus Loyalität gegenüber den Eltern oder persönliche versus öffentliche Verantwortung) innere Höllenqualen bereiten, doch resultierten diese aus der Handlung und nicht aus eigenen psychischen Defiziten. Ihr Verhalten in einer tragischen Entscheidungssituation war stets vorhersagbar. Bei Rigoletto sollte das anders sein. Die Keime für sein Scheitern stecken tief in seiner eigenen Psyche. Äußerlich ist er ein Krüppel, ein buckliger Hofnarr, der einem verkommenen und skrupellosen Herrscher zu Diensten ist. Heimlich zieht er jedoch eine geliebte Tochter groß, die er von allem Bösen, das um sie herum existiert, fernhält. Hugo brachte die Geschichte auf eine für ihn untypisch kurze Formel: «Triboulet [wie bei ihm die Figur hieß, die bei Verdi zu Rigoletto wurde] hat zwei Schüler: den König, den er im Laster unterweist, und seine Tochter, die er zur Tugend erzieht. Der eine wird die andere vernichten.»[17]

Die Handlung ist schnell erzählt: Rigoletto (Bariton) ist Hofnarr des Herzogs von Mantua (Tenor), eines berüchtigten Schürzenjägers. Der neueste Schwarm des Herzogs ist eine junge Frau namens Gilda (Sopran); er macht ihr aufs Heftigste den Hof, nachdem er in den eigentlich verbotenen ummauerten Garten eingedrungen ist, der ihr Refugium war. Wie seine Höflinge herausfinden, steht sie unter dem Schutz Rigolettos (sie halten sie für seine Mätresse). Am Ende des ersten Aktes entführen sie sie. Im zweiten Akt versucht Rigoletto, Gilda zu retten, muss aber feststellen, dass sie vom Herzog verführt worden ist. Er schwört Rache. Im letzten Akt engagiert Rigoletto einen Mörder namens Sparafucile (Bass), der den Herzog töten soll, doch Gilda erfährt von dem Plan und lässt sich, da sie sich in ihren Verführer verliebt hat, an dessen Stelle töten. Rigoletto nimmt den Leichnam des Herzogs (so meint er), eingenäht in einen Sack, in Empfang, doch dann hört er den noch immer Liebestollen von Ferne ein Lied über die Liebe singen; er trennt den Sack auf und findet seine im Sterben liegende Tochter.

Verdi sah seinen vielschichtigen Bariton-Protagonisten als eine Art von Opern-Experiment, das, wenn es gelang, auf alle anderen Hauptfiguren abfärben konnte. Teilweise spielte Verdi nun, wie schon bei *Ernani* und *Macbeth*, ein fortgesetztes Spiel mit Stimmcharakteren. Die Partie des Rigoletto wurde erneut für Felice Varesi geschrieben und von diesem mitkreiert; er war klein und hässlich genug, um die Idealbesetzung für diese Rolle zu sein; seine melodramatische äußere Erscheinung (ein Krüppel und daher gemäß den damals geltenden Regeln des *melodramma* ein Bösewicht) ließ sich dann wirkungsvoll mit seinem dramatischen Ich und seiner Fähigkeit, die Zuschauer zu rühren, kontrastieren. Es gab aber noch weitere Neuerungen. Gilda beginnt im ersten Akt wie eine Sopranistin alter Schule: Ihre erste Arie «Caro nome» («Lieber Name») ist eine berühmte Glanznummer für Gesangsvirtuosinnen. Aber als sie von den Ereignissen überrollt wird – und namentlich nachdem der Herzog sie verführt hat –, verändert sie ihre Stimme und wechselt zu einem kompakteren Gesangsstil. Im dritten Akt misst sie sich sogar mit der deklamatorischen Manier ihres Vaters. Die verblüffendste Neuerung hob sich Verdi jedoch für die Tenorpartie auf. Über weite Strecken pflegt der Herzog ein musikalisches Idiom, das stark an die komische Oper erinnert: Als Sänger ist er charmant und unwiderstehlich, und die berühmtesten Melodien der Oper singt allesamt er. Dagegen ist der Herzog als handelnde Figur durch und durch negativ. So wie die stimmliche Virtuosität von Lady Macbeth eine neue finstere Bedeutung erlangte, gerät im *Rigoletto* die ganze Fassade des frohgemuten lyrischen Gesangs ins Zwielicht: Sie wird einem Menschen zur Verfügung gestellt, der sich alle Freiheiten nimmt, einem Mann, zwischen dessen charmanter Außenwirkung und seinem inneren Zynismus ein groteskes Missverhältnis besteht.

Noch ein weiterer wichtiger Aspekt der Stimmcharaktere, die Verdi im *Rigoletto* kreierte, verdient Erwähnung. Auch schon früher hatte es zwischen den Verdi'schen Opernfiguren lebhafte Unterschiede im Hinblick auf Stimme und Gesangsstil gegeben, aber sie alle hatten ihren Gesang gleichsam in denselben Gefäßen ausgeschenkt – in mehrsätzigen Arien, Duetten und Ensemblestücken, die die Grundbausteine von Verdis Opern blieben, auch noch als die internationale Entwicklung schon in eine andere Richtung wies. Im *Rigoletto* jedoch differenzierte Verdi erstmals zwischen seinen Hauptfiguren, indem er ihnen unterschiedliche Gefäße an die Hand gab. Rigoletto ist das emotionale Zentralgestirn des Dramas, hat aber keine mehrsätzigen Arien. Er singt typischerweise in einem freien, deklamatorischen Stil, der seine tragische Gespaltenheit unmittelbar musikalisch offenbart. Dagegen bewegt sich der Herzog ständig in traditionellen gesanglichen Bahnen: Sowohl sein Charme als auch seine Oberflächlichkeit bilden sich musikalisch in Konventionalität und

Vorhersehbarkeit ab, ebenso wie sein honigsüßer Tenor aus einem verlorenen Belcanto-Paradies ausgewandert zu sein scheint. Gefangen zwischen den beiden ist Gilda, die dazu verurteilt scheint, immer nur auf den einen und dann wieder den anderen zu reagieren, und deren schmerzensreicher Reifungsprozess musikalisch mit einem Fortschreiten von extremer Konventionalität zu extremer Zerrissenheit einhergeht.

In diesem Sinne ist es nur konsequent, dass das berühmteste Stück aus dem *Rigoletto* das Quartett «Bella figlia dell'amore» («Schönes Kind der Liebe») aus dem dritten Akt ist. Rigoletto hat Gilda in ein abgelegenes Wirtshaus geführt, damit sie mit eigenen Augen sieht, dass der Mann, den sie liebt, weiterhin als Schwerenöter unterwegs ist. Das Quartett bestreiten die Protagonisten gemeinsam, aber sie bleiben auf erheblicher Distanz zueinander: Rigoletto und Gilda stehen vor dem Wirtshaus und spähen hinein, wo der Herzog sich seiner neuesten Flamme Maddalena (Alt) widmet. Verdi wagte damit ein radikales Experiment, indem er die Differenzierung der Stimmen zum Wesensmerkmal dieses Quartetts machte. Der Herzog (der die Hauptlast der Melodieführung trägt) bewegt sich im lyrischen und ganz und gar konventionellen Bereich und verfolgt sein amouröses Ansinnen mit einer rhythmischen Vorhersagbarkeit, die fast banal wirkt, unterbrochen lediglich von Stakkato-Einwürfen der Holzbläser nach jeder seiner Phrasen und von Maddalenas Gezwitscher. Den Gegenpol bildet Rigoletto mit seinem hartnäckig *unlyrischen* Gesang, der überwiegend aus deklamierten Zwischenrufen, oft nur auf einem Ton, besteht. Auch hier ist Gilda wieder im Spannungsfeld zwischen den beiden Männern gefangen und kann ihre Gefühle lediglich in abgebrochenen, «schluchzenden» Melodiefetzen artikulieren. Ein früherer Kommentator bezeichnete Gildas Beitrag zu diesem Quartett als «canto spezzato»[18] – ein gebrochener Gesang aus einem gebrochenen Herzen.

Diese neuartige musikalische Qualität des *Rigoletto*-Quartetts ist häufig gerühmt worden – in Geschichten der italienischen Oper hat das Stück geradezu Kultstatus erreicht. Nicht so oft erwähnt wird die Tatsache, dass Verdi, an Hugo anknüpfend, das Quartett in ein innovatives Bühnenbild einbettete:

> Geteilte Bühne. Das öde Ufer des Mincio, links ein zweistöckiges, halb verfallenes Haus, dessen Front, die dem Zuschauer zugewandt ist, durch einen großen Bogen das Innere eines ländlichen Wirtshauses im Erdgeschoss sehen lässt sowie eine grob gezimmerte Treppe, die auf den Dachboden führt, wo ein Balkon ohne Fensterläden den Blick auf ein Feldbett freigibt. In der Fassade, die der Straße zugewandt ist, eine Tür, die sich

nach innen öffnet, in der Mauer sind so viele Risse, dass man von draußen leicht sehen kann, was im Haus vor sich geht.

Wie viele zeitgenössische Illustrationen dieser Szene zeigen – sie war ein Lieblingsmotiv der Kupferstecher und erschien auf dem Frontispiz vieler gedruckter Ausgaben der Libretti und der Klavierauszüge –, sorgt die Zweiteilung der Bühne für eine deutliche räumliche Trennung der Figuren: Der Herzog und Maddalena raspeln ihr Süßholz in einem warm ausgeleuchteten Innenraum, während Rigoletto und Gilda draußen im Dunkeln stehen und durch die Risse in der Wand hineinspähen. Deutlicher könnte man die tiefe Kluft zwischen den Figuren schwerlich illustrieren – jene unüberbrückbaren Gräben, die ihnen am Ende zum Verhängnis werden.

Was genau ist das Wesen dieser Kluft? Es war die Zerrissenheit der Titelfigur, die Verdi faszinierte, und zugleich verkörperte diese Spaltung eine dem mittleren 19. Jahrhundert gemäße Version des Gegensatzes zwischen draußen und drinnen, zwischen der öffentlichen und der privaten Welt. Rigoletto ist die öffentliche Figur, der Hofnarr, der in seinem Inneren eine intensive Privatwelt beherbergt – die Welt der abgeschirmten Gilda. Als gegen Ende des ersten Aktes diese beiden Welten aufeinanderprallen – als der Herzog auf seiner unablässigen Suche nach erotischen Abenteuern in Gildas Garten eindringt und seine Hofleute sie entführen –, nimmt die Tragödie ihren Lauf. Im zweiten Akt erscheint Rigoletto im herzoglichen Palast, auf der Suche nach seiner vermissten Tochter. In diesem Moment spielt er noch seine öffentliche Rolle als Witzbold, doch dann findet er heraus, dass jenseits der durch das Bühnenbild begrenzten öffentlichen Sphäre, von dieser nur durch eine Seitentür getrennt, seine Tochter mit dem Herzog allein ist – dass dort etwas passiert, das man damals Verführung nannte und das wir heute eine Vergewaltigung nennen würden. «Cortigiani, vil razza dannata» («Höflinge, feige, verfluchte Brut»). Dieser Ausbruch hat keine Ähnlichkeit mit einer Arie im konventionellen Sinn, sondern ist eher eine abgehackte Abfolge von Gefühlsäußerungen, endend mit einer flehentlichen Bitte. Seine bis dahin unterdrückten persönlichen Gefühle offenbarend, bettelt Rigoletto um Einlass in die verborgene Welt, in der die wirkliche Handlung der Oper stattfindet.

«Die Zeit ist aus den Fugen geraten», sagt Hamlet, als er seinen Vater, der einer anderen Welt angehört, vor sich auf der Festungsmauer stehen sieht. Der Satz könnte ein Motto für *Rigoletto* sein. Öffentliches und Privates greifen auf verstörende Weise ineinander. Die in der öffentlichen Sphäre zur Schau getragenen Gefühle und Posen können in die persönliche Sphäre, in der echte Gefühle leben, eindringen und sie irreparabel schädigen. Kein Wunder, dass Verdi seinen Protagonisten als «eines Shakespeare würdig» bezeichnete, und kein Wunder auch, dass *Rigoletto* eine bedeutende Zäsur seiner Karriere als Opernkomponist markiert.

Die frühen Opern Verdis sind in vielerlei Hinsicht berechenbar. Wie Donizetti und Bellini zog er es vor, sich an die alten Formen zu halten und die etablierten Konventionen allenfalls von innen heraus zu verändern – was er tat, indem er als entschlossener Einzelkämpfer die emotionale Temperatur erhöhte und die Stimmen der Sänger auf ein neues, stärker deklamatorisch geprägtes Terrain führte. Nach *Rigoletto* verabschiedete er sich endgültig von seinem frühen Formenarsenal. Den alten Gewissheiten – was die Figuren, die Schauplätze oder die musikalischen Konventionen betraf, an denen sich die Figuren in berechenbaren Mustern aufreihen ließen – vertraute er fortan nie wieder. Sporadisch kehrte Verdi in der Folge zum alten Rossini-Code zurück und setzte ihn wirkungsvoll ein. Aber es war jedes Mal eine bewusste Entscheidung, kein Automatismus. Die Formen der Oper waren, wie ihre Räume und ihre Figuren, plötzlich ein gutes Stück unberechenbarer geworden.

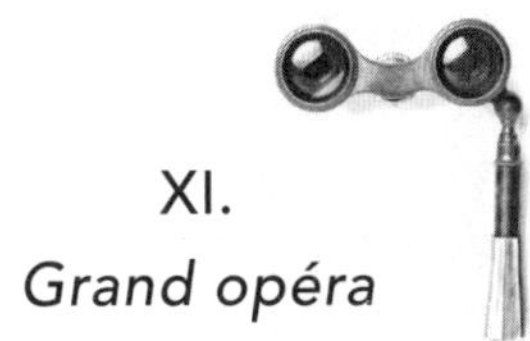

XI. *Grand opéra*

1946 brachte der amerikanische Verlag Simon & Schuster eine musikalische Anthologie namens *A Treasury of Grand Opera* heraus. Gedacht für Opernliebhaber, die eigene musikalische Ambitionen haben, enthält das Buch Exzerpte aus sieben Opern als Klavierauszug für Singstimmen und mit ins Englische übersetzten Texten, um den Zugang zu erleichtern. Die fremdsprachlichen Originaltexte finden sich in Kursivschrift unter den englischen Textzeilen, und alle Arien, in denen sehr hohe Töne vorkommen, sind komfortabel heruntertransponiert, bisweilen ziemlich drastisch. Jede Oper hat ihr eigenes Kapitel; den Notenauszügen vorangestellt ist jeweils eine Synopse mit mehreren das Operngeschehen illustrierenden Kohlestift- und Pastellzeichnungen (siehe Abbildung 26). Diese Nachkriegs-Anthologie markierte den Schlusspunkt einer langen Tradition, vereinfachte Bearbeitungen bekannter Opern für den hausmusikalischen Gebrauch zu publizieren. Solche Bearbeitungen wurden schon im 18. Jahrhundert oder noch früher verlegt, wobei die Noten zumeist für Singstimme und/oder Klavier bearbeitet waren, manchmal aber auch für andere Instrumente. Als Richard Wagner in den späten 1830er Jahren in Paris lebte, verdiente er sich einen Teil seines kümmerlichen Lebensunterhalts mit Bearbeitungen populärer französischer Opern für unterschiedliche Besetzungen, und er war keineswegs der einzige angehende Komponist, der sich mit solcher Akkordarbeit über Wasser hielt. Gegen Ende des 19. Jahrhunderts, auf dem Höhepunkt des Hausmusik-Booms, erschienen beliebte Opern in Bearbeitungen für Dutzende unterschiedlicher instrumentaler Besetzungen. Ein geduldiger Bibliograph hat über 400 Publikationen ausfindig gemacht, die Exzerpte aus *La traviata* für den Hausgebrauch bieten. Darunter ist sogar eine Bearbeitung der gesamten Oper für Soloklarinette, eine äußerst gewagte Vorlage für den entspannten Sonntagabend im heimischen Salon.[1]

Die Blütezeit der Hausmusik lag vor der Erfindung des Grammophons und des Radios, in jenen glücklichen Zeiten, als ein Notenheft der einzige Datenträger war, auf dem man eine Oper mit nach Hause nehmen konnte – um sie dort selbst zu spielen und/oder zu singen. Dies ist ein wichtiger Aspekt, den man neben all den Theatern und Premieren, von denen in diesem Buch erzählt wird, nicht vernachlässigen sollte: Eine Oper mit nach Hause zu nehmen, war immer ein Teil des Vergnügens. Seit es Opernaufführungen gibt, bestand stets auch eine leidenschaftliche Nachfrage nach Möglichkeiten, die Erfahrung in dieser oder jener Form – zu einem selbst gewählten Zeitpunkt, unabhängig von Theater und den dortig wirkenden Profis – zu reproduzieren.

Was verstand man 1946 unter «großer Oper»? *Don Giovanni*, *Lohengrin*, *La traviata*, *Faust*, *Aida*, *Carmen* und *Pagliacci*. Diese «großen Opern» waren in den Jahren vor Ausbruch des Zweiten Weltkriegs in Großbritannien und den USA enorm populär gewesen. Sie bildeten das Standardrepertoire auf den Spielplänen führender Häuser wie Covent Garden und Metropolitan Opera, wurden aber auch in zahllosen bescheideneren Theatern aufgetischt (manchmal als Magerkost). Oft wurden sie ein bisschen durch den Wolf gedreht, um bekömmlicher zu sein. So konnte es geschehen, dass *Lohengrin* auf Italienisch gegeben wurde, das noch immer als Muttersprache der Oper galt; *Carmen* und *Faust* wurden in der Regel mit Rezitativen anstelle der gesprochenen Dialoge ausgestattet. Was die Autoren der Anthologie jedoch immer wieder betonen, ist, dass die «grand opera» eine Kunstform nahezu ohne Grenzen war. Sie konnte von französischen, italienischen oder deutschen Komponisten geschaffen worden sein, und auch wenn sie in der Regel aus dem 19. Jahrhundert stammte und tragisch endete, war eine Ausnahme von dieser letzteren Regel für Mozart immer zulässig. Es war auch nicht so, dass die «grand opera» das Publikum immer dazu verurteilt hätte, Stunde um Stunde und Akt um Akt abzusitzen: *Pagliacci* beansprucht die Besucher nur 75 Minuten. Sie erfordert auch nicht zwangsläufig Gesangsvirtuosen als Darsteller: *Carmen* ist in dieser Beziehung eher anspruchslos. Sie mag mit Massenchören und berauschenden visuellen Spektakeln aufwarten (die Siegesszene aus *Aida* schießt in dieser Beziehung den Vogel ab), tut das aber nicht immer – *La traviata* und *Don Giovanni* sind, abgesehen von einigen wenigen Festszenen, Opern von vergleichsweise kammermusikalischem Zuschnitt. Der *Treasury*-Anthologie nach zu urteilen, war «grand opera» 1946 nicht so sehr ein Genre als ein Stück Lebenskultur, die man mit einer längst verstorbenen Großtante assoziiert, an deren Perlenketten, Nerzmäntel und Mottenkugelduft man sich wehmütig erinnert. «Grand opera» ist Repertoire, Haltung und Statussymbol in einem, verpackt in Konventionen der Inszenierung und Kostümierung, deren sentimentalen Realismus jene Kohlestift-Zeichnungen perfekt auf den Punkt bringen.

«Grand opera» ist demzufolge nicht einfach nur ein Etikett für die Luxusklasse der Oper. Gigantismus und Glamour hatte das Opernrepertoire auch schon vor den in der *Treasury*-Anthologie vorgestellten Werken zu bieten; denken wir an das Opernleben im Versailles des 17. Jahrhunderts, an Lullys spektakuläre Fünfakter mit ihren fantastischen Bühnenbildern und ihren überbordenden Huldigungen an den Sonnenkönig, oder an die *opera seria* des 18. Jahrhunderts mit ihren Königen und Kaisern, ihren Kriegern und Flugmaschinen und ihrem ganzen Pomp. Doch selbst wenn man die Rubrik «grand opera» so breit fasst, wie es die *Treasury*-Anthologie tut, standen die meisten der darin versammelten Werke (mit der einzigen und großen Ausnahme Mozarts) mehr oder weniger in der Schuld eines sehr speziellen und eng umschriebenen Genres. Die «große Oper» in diesem zweiten, eingeschränkten Sinn entstand in Frankreich und wird am besten unter ihrer französischen Bezeichnung *grand opéra* geführt. Sie steht für eine bestimmte Reihe von Werken, die zwischen Ende der 1820er und Ende der 1860er Jahre für die Pariser Oper komponiert wurden. Wir sollten uns vergegenwärtigen, dass das französische Wort «grand» in diesem Kontext sowohl für grandios und aufwändig stehen kann als auch für die eher triviale Tatsache, dass die betreffenden Opern selten vor Mitternacht zu Ende waren. Die «große Oper» im weiteren, von der *Treasury*-Anthologie intendierten Sinne war im Großen und Ganzen ein Phänomen des späten 19. und des 20. Jahrhunderts; sie entwickelte sich jedoch, wie wir später in diesem Buch erfahren werden, im Wesentlichen durch ein Weiterwuchern der Effekte und Konventionen ihrer französischen Urform, der *grand opéra*.

Walzende Schildkröten

Die mittleren Jahrzehnte des 19. Jahrhunderts in Paris waren eine bemerkenswerte Zeit, in der in der Welt der Oper ein Mikroklima herrschte, das es nie zuvor gegeben hatte und in dem die *grand opéra* entstehen konnte. Möglich wurde das dank staatlicher Subventionen in nach den Maßstäben des 19. Jahrhunderts unerhörtem Ausmaß. Der Direktor/Betreiber des Pariser Opernhauses bezog seit Ende der 1830er Jahre um die 600 000 Francs pro Jahr, und das zusätzlich zur mietfreien Nutzung des Hauses.[2] Ungeachtet dessen verdienten nur sehr wenige *directeurs* wirklich Geld, denn die Produktionskosten für eine neue Oper waren astronomisch. Bei *Les Huguenots* von Giacomo Meyerbeer addierten sich allein die Kosten für Bühnenbild, Kostüme und Requisiten auf über 100 000 Francs. Hinzu kamen die unaufhörlich steigenden Gagen für die gefragtesten Gesangsstars. Die teuersten von ihnen, etwa der Tenor Adolphe Nourrit oder die Sopranistin Julie Dorus-Gras, bezogen 25 000 Francs im Jahr, hinzu kamen noch die Auftrittshonorare. 80 Chormitglieder, 80 Orchestermusiker und 30 Balletttänzer sorgten ebenfalls für ständige Geldabflüsse, auch wenn die Ärmsten von ihnen nur einen Hungerlohn erhielten. Im Erstaufführungsjahr von *Les Huguenots*, 1836, verdiente der Triangelspieler, ein gewisser Dauverné junior, ein Jahresgehalt von 300 Francs, während der Dirigent des Orchesters, François-Antoine Habeneck, immerhin 8000 Francs verdiente; manche weibliche Mitglieder des *corps de ballet* bekamen so wenig, dass sie sich keine Unterkunft leisten konnten und als Prostituierte Geld hinzuverdienten.[3]

Mit all diesem Geld wurde ein Opernbetrieb internationalen Formats aufgezogen, dessen visuelle, gesangliche und orchestrale Prachtentfaltung ihresgleichen suchte. Letzteres galt auch für die Abläufe hinter der Bühne, deren Kompliziertheit legendär wurde. Eine konsternierte Zeitzeugin, deren komponierender Partner mit der an ständiger Geldnot leidenden italienischen Opernszene vertraut war, in der alle immer bis aufs Äußerste knapp bei Kasse waren, und der jetzt einmal versuchen wollte, in Paris mit einer *grand opéra* einen dicken Fisch zu angeln, klagte über die «Schildkröten der Opéra».[4] Sie meinte damit die verschiedenen mit Detailaufgaben einer Inszenierung betrauten Theaterleute, die gerne, so behauptete sie, 24 Stunden lang darüber stritten, ob eine Sängerin für eine bestimmte Gebärde nur einen Finger oder die ganze Hand benutzen sollte. Was die Darsteller auf der Bühne taten und wie sie sich bewegten, wurde nicht mehr dem Zufall oder dem Belieben der Sänger überlassen, wie es bis dahin über weite Strecken der Operngeschichte der Fall gewesen war. Es war, als seien die Arbeitsprinzipien der Choreografie vom Ballett, das in Frankreich seit langem zur Grundausstattung der ernsten Oper gehörte, auf die Inszenierung der Gesangsszenen übertragen worden. Die Besessenheit von der Idee, ein Gemälde zu schaffen, kunstvoll komponierte szenische Tableaus auf die Bühne zu zaubern, war neu und bahnbrechend. Die Wirkung auf das Publikum war unübersehbar. Wenn es funktionierte (und das tat es keineswegs immer), schlug diese Spielart der Oper die Fantasie der Menschen so sehr in den Bann, dass sich die Schwingungen in ganz Europa bemerkbar machten. Ausländer zeigten sich immer wieder verblüfft über den verschwenderischen Aufwand, der dort getrieben wurde. Wie ein staunender amerikanischer Besucher es 1838 ausdrückte:

> Sie nennen diese französische Oper, die «Académie Royale de Musique», … die «grand opéra»; letzteres, weil sie mehr an Donner und Blitz, an Pappmaschee-Ozeanen, an Schneestürmen aus Papierschnipseln und an feuerspeienden Drachen zu bieten hat; dazu eine Prächtigkeit der Kostüme und Bühnenbilder, mit der es kein Theater in Europa aufnehmen kann. Man ist überzeugt, dass das eigene «corps de ballet» die ganze übrige Welt in Grund und Boden tanzen kann. Gnade! Wie zurückgeblieben sind wir in unserem Land in diesen eleganten Errungenschaften.[5]

Librettisten, Komponisten und Bühnenbildner von Catania bis Stockholm, von Lissabon bis Moskau spürten die von Paris ausgehende Strahlkraft und versuchten ihr nachzueifern. Kaum jemand schaffte es. Die traurige Wahrheit war, dass fern von Paris und seinen staatlichen Subventionen niemand Mittel und Wege fand, die Zeche zu zahlen.

Was waren die wesentlichen Zutaten der *grand opéra*? Dass wir hier einen kulinarischen Ausdruck verwenden, mit dem man die Vorstellung von einem Rezept assoziiert, geschieht durchaus bewusst. Nicht anders als die Händel'sche *opera seria* oder die Komödien Rossinis hatte auch die *grand opéra* ihre notwendigen Ingredienzien, die dazu dienten, ein ganzes Bündel von Publikumserwartungen zu erfüllen, das über mehrere Jahrzehnte hinweg weitgehend stabil zu bleiben schien. Was sich die Bezeichnung *grand opéra* verdienen wollte, musste großformatig, ernst und französisch sein – und in aller Regel fünf Akte haben. Monumentale Geschichtsdramen lieferten die Sujets, in denen es häufig um religiöse Konflikte ging: Juden oder Moslems gegen Christen oder Protestanten gegen Katholiken. Hatte die tragische Oper oft Konflikte zwischen Clans oder Volksstämmen verarbeitet, so definierten die für die *grand opéra* arbeitenden Librettisten diese Parteien häufig nicht einfach nur als beispielsweise Montagues und Capulets, sondern als Träger einer nationalen oder religiösen Idee. Eine lange Ballettnummer war *de rigueur*, und man musste als Produzent oder Komponist seinen ganzen Einfallsreichtum einsetzen, um eine solche in der Szenenfolge unterzubringen. Karl der Große (oder eine andere bedeutende historische Persönlichkeit) grübelt am Vorabend einer wichtigen Schlacht vor sich hin? Was könnte dazu besser passen als das plötzliche Hereinplatzen einer Phalanx von Ballerinen in der Tracht einer in der Nähe lagernden Zigeunersippe? Würde das nicht seine melancholischen Gedanken vertreiben? Für eine *grand opéra* musste man auch in mehreren Akten große Chöre aufmarschieren lassen. Die Geschichte sollte am besten in einer weit genug zurückliegenden geschichtlichen Epoche angesiedelt sein, idealerweise im Mittelalter oder in der frühen Neuzeit. Und das oberste Ziel war natürlich, für die Pariser Opéra zu schreiben, eine Institution, die die Französische Revolution überlebt hatte und deren diverse Umbenennungen im Verlauf des 19. Jahrhunderts die Irrungen und Wirrungen der politischen Geschichte Frankreichs widerspiegelten: Académie royale de musique (in der Ära der Restauration), Académie impériale de musique (unter dem ersten und zweiten Napoleon), Académie nationale de musique (1850–1852), Théâtre national de l'Opéra (seit 1870).

Eine Liste der erfolgreichsten Komponisten von *grands opéras* offenbart gleich auf den ersten Blick, dass es sich in vielerlei Hinsicht um ein internationales Genre handelte, auch wenn die Opern immer in französischer Sprache gesungen und fast immer in Paris uraufgeführt wurden. Italienische, französische und deutsche Komponisten brachten unterschiedliche Elemente in den Mix ein, und alle leisteten wichtige Beiträge zur stilistischen Vielfalt. Tatsächlich legten die Meister des Genres Wert darauf, musikalisch aus internationalen Quellen zu schöpfen; sie hatten den Ehrgeiz, die harmonische Abenteuerlust und orchestrale Nuancierungen der deutschen Tonkunst ebenso einzubringen wie die französische Vorliebe für Deklamation und einen zarten programmatischen Touch oder die Gesangsmelodik und vokal-ornamentale Extravaganz der Italiener (welche allerdings typischerweise einzig und allein der Primadonna vorbehalten blieb). Alle diese Stilmittel wurden benötigt, um das Publikum den langen Abend über bei Laune zu halten. Ein einflussreicher zeitgenössischer Kritiker, Joseph d'Ortigue, verstieg sich zu der Behauptung, Meyerbeers *Robert le diable* (*Robert der Teufel*, 1831), eine frühe *grand opéra*, habe ein neues, ganz und gar französisches Genre begründet, bei dem sich Rossini'sches Belcanto mit Beethoven'scher Sinfonik paare.[6] Diese Formulierung, ein weiteres Beispiel für die zunehmend häufiger heraufbeschworene Dichotomie zwischen Italien und Deutschland, von der bereits in einem früheren Kapitel die Rede gewesen ist, war sicher überzogen: Keiner der beiden von d'Ortigue benannten musikalischen Pole wäre dem delikaten Gleichgewicht der *grand opéra* in ihren besten Ausprägungen gerecht geworden. Aber die Gefühle und die hohen Ansprüche, die er äußert, waren typisch. Der vielgerühmte Internationalismus des Genres war in der Tat oft nicht nur frappierend, sondern wirkte auch bereichernd. Die schiere Vielfalt von Moden und Schattierungen im Bereich der *grand opéra* animiert fast zwangsläufig zum Vergleich mit dem historischen Roman, dem dominierenden literarischen Genre des 19. Jahrhunderts.

Wie immer, wenn eine Kunst zu neuen Ufern aufbricht, regte sich Widerstand, auch gegen die *grand opéra*, und zwar namentlich von Leuten, nach deren Meinung die ganze Sache zu aufgeblasen war und das Vergnügen des Publikums an spektakulären Effekten alle anderen Aspekte der Opernkunst degradierte. Heinrich Heine, dessen karikierende Auslassungen über Donizetti und Bellini wir in Kapitel IX kennen gelernt haben, meinte spöttisch: «Nichts übertrifft den Luxus, der in der Großen Oper überhandgenommen, und diese ist jetzt das Paradies der Harthörigen.»[7] Richard Wagner formulierte es unverhohlener, als er im Kontext einer Kritik an Meyerbeer, von «Wirkung ohne Ursache» sprach.[8] Aber es gab kein Zurück. Die *grand opéra* erhöhte den Einsatz mit größerer, dichterer Klangfülle, lauteren Instrumenten, variantenreicheren Orchestrierungen und mit Stimmen, die in der Lage waren, sich gegen diese mächtiger gewordene akustische Konkurrenz durchzusetzen. Alle diese Elemente wurden im Verlauf der folgenden Jahrzehnte zu Bedingungen, die beim Komponieren ernster Opern (in welcher Sprache auch immer) erfüllt werden mussten, wobei dem Übergang zu immer kräftigeren Stimmen eine besonders bedeutende Rolle zukam. Der Zeitraum zwischen dem späten 18. Jahrhundert und den 1840er Jahren brachte grundlegende Veränderungen dessen, wie in der Oper gesungen wurde. Wir haben bereits gesehen, dass in der italienischen Oper heroische Tenöre die Alt- und Sopranstimmen (ob von Frauen oder Kastraten gesungen) nach den 1820er Jahren aus den männlichen Hauptrollen verdrängten. Die hellen, zierlichen Stimmen, die den Operngesang lange beherrscht hatten, verwandelten sich nicht über Nacht in trompetende Brünnhildes oder rot angelaufene Manricos, aber die Verbreitung und Ausstrahlung der *grand opéra* verstärkten den bereits im Italien Donizettis und Verdis aufkommenden Eindruck, dass die Zukunft der Stimmgewalt – mit oder ohne vokaler Agilität – gehörte.

Die späten 1820er Jahre in Paris stellten eine wichtige Wendezeit in der Geschichte des Operngesangs dar. Sie brachten auch, und das war ebenso wichtig, die Anfänge einer neuen Visualität der Opernkunst. Ein wichtiger Schritt war die Gründung des *Comité de mise-en-scène* an der Pariser Oper, das sich aus den leitenden Mitarbeitern für Kulissenmalerei,

Bühnenbild, Requisiten, Bühnentechnik und Organisation zusammensetzt. Damit wurde ein deutliches Zeichen für eine neue Ernsthaftigkeit in allen Bereichen dessen gesetzt, was die Franzosen als «mise-en-scène» bezeichnen. Die Verbindung aus handwerklich ausgereiften Bühnenbildern und einer hoch entwickelten Bühnenmaschinerie machte Paris zum Nabel der Theaterwelt, was die visuelle Aufbereitung betraf. Ein Schlüsselfaktor für die Entwicklung in diesem Bereich war die Idee, die rapide wachsende Bourgeoisie von Paris, die das Gros des neuen Opernpublikums bildete, brauche eine neuartige und anspruchsvollere Theaterkunst, der die alten unausgegorenen Klischees aus der Opernvergangenheit nicht mehr genügten. Wie Jean Moynet, Kulissenmaler an der Pariser Oper, es ausdrückte:

> Unter dem Einfluss der Romantik wurde das Studium des Lokalkolorits zur gebieterischen Notwendigkeit. Man begnügte sich nicht mehr mit den «ungefähren» oder alten Lösungen, die bis dahin gereicht hatten. … Das Theater war gefordert, seine Darsteller genau in der Welt agieren zu lassen, in der sie auch gelebt hatten.[9]

Die Vielfalt der Stile und Effekte, die für die Musik der *grand opéra* so wichtig war, wurde auch im visuellen Bereich zum Qualitätsmerkmal. Der Doyen der Bühnenbildgestaltung in den frühen Jahren der *grand opéra* war Pierre-Luc-Charles Cicéri (1782–1868), ein Landschaftsmaler, der es mit dem Realismus so genau nahm, dass er die Schweizer Alpen bereiste, um Eindrücke für die Anfertigung der Kulissenbilder für Rossinis *Guillaume Tell* (*Wilhelm Tell*, 1829) zu sammeln.* Als die extravaganten 1830er Jahre anbrachen, ging man dazu über, jedem Akt einer Oper seinen eigenen unverwechselbaren szenischen Charakter angedeihen und die Kulissen von darauf spezialisierten Ateliers herstellen zu lassen, von denen manche sich besonders gut mit den Feinheiten von Architektur und Inneneinrichtung auskannten, andere mit Lichteffekten auf Wasser oder mit dem romantischen Kontrast.[10]

* In der originalsprachlichen Nomenklatur heißt der Protagonist dieser Oper Guillaume Tell, sein Gegenspieler Gesler. Wir übernehmen diese Schreibweisen.

«Halte vollkommen still»

Wie bestellt, fand die *grand opéra* genau um diese Zeit ihre ersten «Longseller»: *La Muette de Portici* («Die Stumme von Portici», 1828), komponiert von Daniel Auber (1782–1871) nach einem Libretto von Eugène Scribe (1791–1861) und, gleich im nächsten Jahr, Rossinis *Guillaume Tell.* Es lohnt sich, bei *Tell* zu verweilen, Rossinis letzter Oper. Der Kontrast im Verhältnis zu seinen früheren, noch italienisch angehauchten Werken hat viel mit dem Einfluss der lokalen Pariser Verhältnisse auf die Arbeit der Komponisten zu tun. Das Libretto atmete nicht unbedingt eine französische und schon gar keine italienische Aura; es beruhte auf dem gleichnamigen Drama von Friedrich Schiller (1759–1805), der mit Goethe befreundet und eine Ikone der Romantiker war. Schillers Dramen lieferten im Verlauf des 19. Jahrhunderts Sujets für mehrere bedeutende Opern, wenn auch nicht für deutschsprachige – deutsche Librettisten scheuten sich, aus nationalen Theaterschätzen (sei es Schiller'scher oder Goethe'scher Provenienz) Schaustücke für Gesangsstars zu machen. Weder Schillers Theaterstück noch Rossinis Libretto endet tragisch; gleichwohl handelt es sich um ein ernstes politisches Drama, angesiedelt in der Schweiz des 13. Jahrhunderts. Die Österreicher haben die Schweiz ihrer Herrschaft unterworfen und unterdrücken die Bevölkerung; diese Konstellation bereitet den Boden für einen klassischen Konflikt vom Typus «Liebe versus Pflichterfüllung»: Arnold (Tenor), ein glühender Schweizer Patriot, verliebt sich in Mathilde (Sopran), eine österreichische Prinzessin. Der Schurke in dem Stück ist Gesler (Bass), ein einheimischer Statthalter der Österreicher, der Arnolds Vater ermordet. (In späteren Neuinszenierungen von Schillers Drama war der Gesler die Paraderolle, die an das Alphatier unter den männlichen Darstellern ging.) Guillaume Tell (Bariton), ein ebenso glühender Schweizer Patriot und meisterlicher Armbrustschütze, rettet einen Freund, der einen österreichischen Soldaten bei dem Versuch, seine Tochter zu vergewaltigen, ertappt und getötet hat. Damit handelt Tell sich Ärger ein. In der berühmtesten Szene der Oper (dritter Akt, zweite Szene) stellt Gesler Tell auf eine sadistische Probe, indem er ihn zwingt, seinem Sohn Gemmy einen Apfel vom Kopf zu schießen. Tell vollbringt das Kunststück zur allgemeinen Begeisterung, aber Gesler sperrt ihn trotzdem wegen Verrats ein. Im letzten Akt erhebt sich die Schweizer Bevölkerung unter Führung Arnolds und Tells gegen die Obrigkeit. Tell erschießt Gesler und befreit so den Kanton von der österreichischen Fremdherrschaft.

Die Apfelszene wurde zu einem Klassiker. Wagner, der ansonsten nicht viel Gutes über Rossini zu sagen wusste, rühmte sie in den höchsten Tönen. Offenbar verfolgte ihn *Guillaume Tell* sogar im Schlaf: In einem Tagebucheintrag aus den späten 1850er Jahren berichtet er von einem Traum, in dem er von singenden Widersachern umringt ist und die Erinnerung an Gesler in ihm aufsteigt.[11] Wie lässt sich die nachhaltige Wirkung dieser Szene erklären? Tells Nervenstärke und Treffsicherheit sind nur eine Facette eines mehrteiligen Finales, in dem Rossini entfesselte, deklamatorische Musik einsetzt. Wer mit den Höhenflügen, Koloraturen und regelmäßigen Phrasen seiner italienischen Opern vertraut ist, dürfte im *Guillaume Tell* Rossini kaum wiedererkennen. Schon der Gesang wirkt zurückgenommen. Tells Solo an seinen Sohn, «Sois immobile» («Halte still»), wird von einem Cellosolo eingeleitet, das in Melodie und Tonfarbe die Gesangsstimme vorwegnimmt, wie um zu suggerieren, heroische Stimmen wie die von Tell seien Abkömmlinge des Orchesters, Erzeugnisse einer Gemeinschaft und nicht des Einzelnen. Die Botschaft liegt auf der Hand: Es geht hier um einen zu hohen Einsatz, als dass man der Abteilung Gesang irgendwelche auch nur annähernd frivole oder narzisstische Töne erlauben dürfte. Es ist, so gesehen, von Belang, dass gerade diese Arie bei dem berühmten Treffen zwischen Wagner und Rossini im Jahr 1860 (siehe dazu Kapitel VII) einen Gastauftritt hat. Die zwei Komponisten liefern sich zunächst ein verbales Scharmützel über melodischen Stil in der Oper. Wagner spricht sich, wie nicht anders zu erwarten, für Flexibilität und Deklamatorik aus; Rossini sieht darin, wiederum erwartungsgemäß, einen «Grabgesang auf die Melodie». Doch Wagner hakt nach und führt Rossinis «Sois immobile» als Beispiel für das von ihm Gemeinte an. Ein cleverer Schachzug, könnte man denken. Allein, Rossini, der alerter war, als er auf den ihn als Greis zeigenden Fotos wirkt, kontert mit der verschmitzten Frage: «So habe ich also … Musik der Zukunft gemacht, ohne es zu wissen?»[12] Ob der Treffer bei Wagner Wirkung zeigte, wissen wir nicht, neigen aber dazu, es zu bezweifeln.

Hinter der großen Wirkung der Szene steckt freilich mehr als nur ihre innovative Musik. Guillaume Tell wird nicht deshalb zum Helden, weil er mit dem Leben seines Sohnes spielt, sondern weil er sich in einem Augenblick der Wahrheit, der intensiven Konzentration und Kaltblütigkeit, auf der Höhe seiner physischen Fähigkeiten zeigt. Es handelt sich, anders gesagt, um eine ikonische Tat. Das Kind, der Apfel, die Armbrust und der Pfeil sind in einer Momentaufnahme für die Ewigkeit vereint; die Oper erwacht erst wieder zum Leben, als Tell die Sehne des Bogens endlich loslässt. Wir hören fast keine Musik, nur die auf einem Ton tremolierenden Streicher, und das ist nicht ohne Bedeutung. Dieser fast laut- und bewegungslose Augenblick ist der Inbegriff gespannter Erwartung und erlaubt dem Publikum, sich auf das zu konzentrieren, was es sieht, und nicht auf das, was es hört. Die Momentaufnahme für die Ewigkeit, die das Klischee vom heroischen Aufbegehren in einem Bild komprimiert, wird zu einem symbolischen Ansporn für einen politischen Aufstand der Massen, und dieses Funktionsprinzip jenes Teils, der für das Ganze steht – die Grammatiker nennen es pars pro toto –, wird sich in der Folge als ein wichtiger Kunstgriff für das gesamte Genre erweisen. Die französische *grand opéra* war berühmt dafür, dass sie mit Vorliebe ikonische visuelle Momente schuf, verharrende Bilder oder Tableaus, die sie lithographisch vervielfältigen ließ und über die Pariser Printmedien verbreitete, als Anregung (oder Erinnerungsstütze) für die Opernfreunde, sich die Szene mitsamt der machtvollen Musik und des prallen Zeitpolsters, in das die Szene gebettet war, plastisch vorzustellen.

Zwischen *Guillaume Tell* und seiner Vorgängerin *La Muette de Portici*, einer ebenfalls großen «Tableau-Oper», bestehen signifikante Ähnlichkeiten, nicht zuletzt weil beide pittoreske Schauplätze einbinden (die Franzosen sprechen von *couleur locale*) und weil in ihnen das Volk als neue dynamische Kraft auftritt – eine Kraft, die sich ganz anders verhält als die in den zurückliegenden Jahrzehnten zur Routine gewordenen Kulissenchöre. Beide Opern weisen aber auch erkennbar individuelle Züge auf, ein weiterer Beleg für die stilistische Vielfalt, die innerhalb der *grand opéra* Platz fand. *La Muette* endet mit einer extravaganten Katastrophenszene, in der die Heldin sich in die glühende Lava des zuvor ausgebrochenen Vulkans Vesuv stürzt. Die Schlichtheit der Musik in diesem den dramatischen Höhepunkt der Oper markierenden Moment (das Orchester spielt einfach nur eine Abfolge mechanisch wiederholter Tonleitern) entspricht dem sparsamen Tremolo in der Apfelszene des *Tell*. Eine musikalisch uninteressante Begleitung lässt auf die Absicht schließen, ganz auf die visuelle Wirkung der Szene zu setzen. Auf der anderen Seite boten Rossinis musikalischer Ehrgeiz und sein in der Vergangenheit angehäufter Ruhm die Gewähr dafür, dass der *Tell* sehr viel mehr zu bieten hatte. Im Moment seiner größten optischen Prachtentfaltung – wenn sich vor dem Schlussfinale eine herrliche alpine Landschaft auftut – erklingt eine Musik, die den erhabenen Anblick in Töne übersetzt, mit einer großartigen musikalischen Geste, die geradezu den Gang der Zeit abbremst, damit man sich als Zuschauer in die Betrachtung der Naturszenerie vertiefen kann.

Archäologie der Grandeur

In den 1830er und 1840er Jahren gesellten sich zu *La Muette de Portici* und *Guillaume Tell* ein paar ähnliche Werke, und zusammen beherrschten diese Opern für mehrere Jahrzehnte das Repertoire der Pariser Opéra. Drei dieser Erfolgsopern stammten von Giacomo Meyerbeer, der in Deutschland als Jakob Liebmann Meyer Beer auf die Welt gekommen war und bei seiner Auswanderung nach Frankreich seinen Vornamen italianisiert hatte. Die Karriere Meyerbeers bietet ein Musterbeispiel für die bekennende Internationalität der *grand opéra*. Nach einer konventionellen musikalischen Lehrzeit in Deutschland hatte sich Meyerbeer längere Zeit in Italien aufgehalten; er war dort zwangsläufig zum Jünger Rossinis geworden, doch zeigt seine letzte italienische Oper, *Il crociato in Egitto* («Der Kreuzfahrer in Ägypten», 1824), mit ihrem Aufbruch zu einer komplexeren Orchestrierung, dass er sich zu diesem Zeitpunkt bereits von Rossinis Stil abnabelte. Er ging anschließend nach Paris und blieb dort bis zu seinem Tod 1864. Mit der Arbeit an seiner ersten französischen Oper, *Robert le diable*, begann Meyerbeer 1827, doch auf die Bühne kam sie erst vier Jahre später. Im Verlauf dieser Jahre arbeitete Meyerbeer, von *La Muette* und *Guillaume Tell* auf den richtigen Weg gewiesen, seine Partitur um und machte aus einer *opéra comique* in drei Akten eine echte *grand opéra* mit fünf Akten. Sie geriet zu einem Riesenerfolg und wurde, wie wir dem Urteil des Kritikers d'Ortigue entnehmen können, als wichtiger Meilenstein und Kreuzung zwischen Rossini und Beethoven anerkannt. Bis 1835 erlebte *Robert* Aufführungen in zehn anderen Ländern und schwamm auf einer Erfolgswelle, die nicht einmal den Vergleich mit Rossini zu scheuen brauchte. In den nachfolgenden Jahrzehnten war es Meyerbeer, der die klassische *grand opéra* definierte. Seine nächsten Werke in diesem Genre, *Les Huguenots* (*Die Hugenotten*, 1836) und *Le Prophète* (*Der Prophet*, 1849), erreichten einen Status als Repertoirestücke, an den nur noch Jacques Fromental Halévys *La Juive* (*Die Jüdin*, 1835) und Gaetano Donizettis *La Favorite* (*Die Favoritin*, 1840) heranreichten. Für keinen Geringeren als Chopin war *Robert le diable* «ein Meisterwerk der neuen Schule, wo die Teufel durch Sprechtrompeten singen und die Toten aus ihren Gräbern steigen», ein Werk, mit dem Meyerbeer sich «unsterblich» gemacht habe.[13] Bis in die 1850er Jahre hinein wurde Meyerbeer (Verdi zum Trotz) immer wieder als der größte lebende Opernkomponist gepriesen.

Man könnte versucht sein, den Aufstieg und Fall der *grand opéra* in Frankreich als Folge gesellschaftlicher Barometerausschläge zu deuten. Zeitgenössische Dokumente erinnern uns immer und immer wieder daran, dass sich die *grand opéra* nicht nur über ihre Ästhetik definierte, sondern auch über das Profil ihres Publikums, seine Bedürfnisse und seine Fantasien. Louis Véron, der 1831 zum *directeur* der Pariser Oper ernannt wurde und sie als Privatunternehmen führte (allerdings unter Vereinnahmung staatlicher Subventionen und Inkaufnahme der damit einhergehenden Kontrolle), machte unter dem Eindruck der Revolution von 1830 keinen Hehl aus seiner Überzeugung, eine gesellschaftliche Aufgabe zu haben: «Die Juli-Revolution ist der Triumph der Bourgeoisie: Diese siegreiche Bourgeoisie wird eifrig bemüht sein, zu herrschen und sich zu amüsieren. Die Oper wird ihr Versailles werden.»[14] Nach Meinung Vérons hatte die Aura, mit der sich die herrschende Klasse in ihrem neuen Schloss umgab, auch eine diplomatische Funktion, nämlich die Welt wissen zu lassen, dass der Ruf Frankreichs, ein Nährboden für gewalttätige Revolutionen zu sein, endlich ausgedient hatte: «Mit erfolgreichen Aufführungen musikalischer Meisterwerke muss man Ausländer in die Oper locken, und sie müssen dort Logen sehen, die von einer eleganten und sorglosen Gesellschaft belegt sind. Die Erfolge und Einkünfte der Oper müssen die Tumulte Lügen strafen.»[15] Zu sehen und gesehen zu werden, den eigenen gesellschaftlichen Status auf öffentlicher Bühne vorzuführen, hatte für dieses karriereorientierte Publikum entscheidende Bedeutung. Kein Wunder, dass zu den unverzichtbaren Requisiten des öffentlichen Raums, zu dem die Oper geworden war, große Spiegel gehörten, in denen die Besucher sich selbst und andere in all ihrer Herrlichkeit bewundern konnten.

Wenn die *grand opéra* ein Barometer war, wie konnte sie den Luftdruck ihres Zeitalters und den Geschmack ihres Publikums messen? Was waren ihre wichtigsten Merkmale, und welchen Wert hat sie für uns heute, am Beginn des 21. Jahrhunderts? Fast alle erfolgreichen *grands opéras* hatten mindestens ein überwältigendes Szenenbild oder einen visuellen Moment mit Kultcharakter zu bieten, der darauf berechnet war, Verblüffung und Begeisterung auszulösen. Für mit am meisten Gesprächsstoff sorgte die große Kaiserliche Prozession im ersten Akt von *La Juive*. Bevor der Kaiser erscheint, sehen wir bereits berittene Garden, Hornbläser, Bannerträger, 20 Armbrustschützen, Kardinäle, Bischöfe, Zunftherren, Äbte, 20 Pagen, 100 Soldaten usw. Rezensenten listeten alle diese Komparsen getreulich auf, und einer von ihnen witzelte: «Wenn wir nicht aufpassen, wird die Oper zu einer Macht, die ihre Armeen ins europäische Kräftespiel werfen kann.»[16] Die Bemerkung zeichnet sich durch eine Prise französischer Ironie aus, zeugt aber auch von einem eigentümlichen Vorgang: Man verfolgt die Vorstellung mit hingerissenem Staunen, weil sie die Sinne überwältigt, doch wenn sie vorbei ist, kommt man zu sich und merkt, dass da etwas zu groß geraten ist – vom Erhabenen ins Lächerliche abdriftend und absurd teuer. Der Wirkungskontrast zwischen «während» und «danach» charakterisiert die Wahrnehmung der *grand opéra* auch heute noch. Vielleicht sind wir aber auch vom Kino verwöhnt, das heute Dinge erschaffen kann (ebenfalls sehr teuer, aber für eine nie da gewesenen Masse potentieller Zuschauer), von denen ein Meyerbeer nicht einmal zu träumen gewagt hätte.

Ein Element, das die *grand opéra* auch noch von den anspruchsvollsten ernsten Opern Italiens unterschied, war ihre «Ausstattung» in einem sehr umfassenden Sinn – gemeint ist damit nicht nur die gesangliche Extravaganz, die die italienische Oper lange Zeit schmückte, sondern die ganze Palette von Effekten, die geeignet waren, den Opernbesuch zu einem lebendigen und intensiven Erlebnis zu machen: bühnentechnische Wunderdinge, prachtvolles Dekor und eine spektakulär ausstaffierte Komparserie. Von ebenso großer Bedeutung waren jedoch musikalische Nummern, die nur der Ausschmückung dienten, ohne die Handlung voranzubringen oder emotionale Befindlichkeiten zu beschreiben. Am offenkundigsten dienten diesem Zweck die sorgfältig choreografierten Ballettnummern, die an zentralen Stellen der Handlung eingefügt wurden. Sie waren im Grunde genommen als Augenschmaus für die männlichen Zuschauer gedacht – die privilegiertesten unter ihnen (die Inhaber von Saisonkarten) hatten Zugang zu den Künstlergarderoben und insbesondere zum sogenannten *foyer de la danse*, wo sie sich mit den Tänzerinnen unterhalten und womöglich versuchen konnten, visuelle und andere Gelüste weiterzuverfolgen. Aber auch in den meisten *grands opéras* finden sich Chöre und sogar Soloarien, die kaum mehr sind als szenische Erweiterungen.

Viele Opernhistoriker haben der Oper die Freundschaft dann gekündigt, wenn sie für ihren Geschmack zu sehr ein Spektakel fürs Auge wurde; sie glaubten, dass wenn die Musik zu sehr in den Hintergrund tritt, das Ansehen der Oper leidet.[17] Der Fairness halber sei jedoch daran erinnert, dass wenn immer die Oper das Visuelle hervorkehrt und den Gesang degradiert oder ihn einem farbenfrohen großen Chor überträgt, die Chance, dem Auge etwas zu bieten, immer auch eine Chance für das Ohr ist, sich zu erholen. Das kann ungeheuer wichtig sein, und die allermeisten Komponisten (und beileibe nicht nur französische) haben diesen segensreichen Aspekt durchaus gesehen. Wie wir bereits erwähnt haben, erlebten die Konventionen der *grand opéra* in vielen nachfolgenden Jahrzehnten ihre Wiedergeburt in der internationalen Operndiaspora: Spektakel wie der Triumphmarsch in *Aida* wirken wie direkt aus Meyerbeers Regiebuch entliehen. Solche Szenen sind sicher nicht direkt mit Ballettnummern vergleichbar, sondern haben eher den Charakter von Chorprozessionen: eine zwanzigminütige Tour de Force, deren wohltuende Wirkungen selbst dem nüchternen Kritiker nicht verborgen bleiben sollten.

Wir finden in der *grand opéra* – und am üppigsten bei Meyerbeer – auch kleine und kleinste Verknüpfungen zwischen visuellen und symbolischen musikalischen Ausdrucksformen, Verknüpfungen, die man später für ein typisches Stilmittel Wagners hielt. In *Robert le diable* erfüllt eine erzählende Ballade («Jadis régnait en Normandie», «Es regierte einst in der Normandie») die doppelte Aufgabe, einerseits Hintergrundwissen zur Handlung beizusteuern, indem sie einen Bösewicht und seinen Sohn (Robert, den Antihelden der Oper) vorstellt, und andererseits die Geschichte mit einem bestimmten musikalischen Motiv zu verbinden. Das in der Ballade eingeführte Motiv kehrt nicht nur jedes Mal wieder, wenn die zugehörige Figur erwähnt oder auf sie angespielt wird, sondern kündigt auch das Erscheinen des oder der Betreffenden auf der Bühne an. Es handelt sich dabei um eine Urform dessen, was in der Folge als «Leitmotiv» bezeichnet wurde – die wichtige Verknüpfung zwischen einem Melodiefragment und einem visuellen oder verbalen Element. Wenn auch schon bei früheren Komponisten vorhanden, zum Beispiel bei Weber, so war doch Meyerbeer derjenige, der das Prinzip weiterentwickelte und Leitmotive auf eine Weise einsetzte, die die Praxis des frühen Wagner vorwegnahm. Die Ballade Sentas im *Fliegenden Holländer* (1843), deren Melodie im weiteren Verlauf der Oper mehrmals wiederkehrt, ist undenkbar ohne das Vorbild *Robert le diable*. Des Weiteren gelang es Meyerbeer, durch das Einpflanzen wiederkehrender kleiner visuell-musikalischer Reminiszenzen die Grenzen und Beschränkungen der Nummernoper zu überwinden, eine radikale formale Neuerung, die in der französischen Oper, wie wir gesehen haben, schon seit dem 18. Jahrhundert antizipiert worden war, die jedoch Richard Wagner in *Oper und Drama* (1851) als eine Errungenschaft der 1840er Jahre identifizierte – und zwar (wie bei Kenntnis seines literarischen Stils kaum anders zu erwarten) als seine eigene.

Die Konzentration auf bedeutende politische Ereignisse hat zwangsläufig akustische Konsequenzen: Weil in der Vergangenheit das «Geschichte Machen» fast immer das Vorrecht der Männer war, gab es in der *grand opéra* oft mehrere Hauptrollen für tiefe Männerstimmen. Ensembles mit vier oder mehr Sängern, von denen keiner das hohe A schaffte, sind eine speziell der *grand opéra* vorbehaltene eigene Note und eine ihrer bleibenden Delikatessen. In *Les Huguenots* ist die Hauptattraktion des vierten Aktes eine Verschwörungsszene, in der der Graf von Saint-Bris (Bass), ein Erzkatholik, seine Anhänger aufhetzt und in Pogromstimmung versetzt. Die Szene beginnt mit einem kunstvollen, orchestral begleiteten Rezitativ, an das sich ein Sextett aus sinnlichen Männerstimmen unter Führung von Saint-Bris anschließt, die eine kantige, männliche Melodie intonieren: «Pour cette cause sainte» («Für diese heilige Sache»). Die ganze Szene hindurch, die gute fünfzehn Minuten dauert, finden ständig Aufspaltungen dieses Männerensembles statt, und seine einzelnen Mitglieder finden sich zu Duetten zusammen oder singen solo, um sich schließlich wieder zu vereinen und uns mit eng geführtem akkordischen Gesang (ohne Orchester) auf den ikonischen Augenblick der Szene hinzuführen: Die Dolche, mit denen die Protestanten massakriert werden sollen, werden hochgereckt und gesegnet: «Fromme Schwerter, seid von Gott gesegnet!» Selbst der Radikaldemokrat Berlioz liebte diese Nummer und dirigierte sie mehrmals in Pariser Konzertsälen. Sie weist mehrere avantgardistische Aspekte auf: Passagen durchkomponierter, frei dahinfließender Musik, in denen die einzelnen Unterabschnitte sich ineinander auflösen; sie bietet aber auch eine Wiederaufnahme der Anfangsmelodie («Pour cette cause sainte») am Ende, in die alle auf der Bühne versammelten Personen einstimmen (und das sind zu diesem Zeitpunkt Dutzende von Mitverschwörern), begleitet von Posaunen und Ophikleide (ein Vorläufer der Ventiltuba). Was die verwendeten Formen betrifft, so ist dieses Stück nicht weniger radikal als einige für ihre Progressivität berühmten Stücke Wagners wie die «Rom-Erzählung» im dritten Akt des *Tannhäuser* (1845).

Nach dem Segnen der Schwerter und nachdem die Menge sich zerstreut hat, kommen die wegen ihrer Liebe verlorenen Raoul (Tenor, Protestant) und Valentine (Sopran, Katholikin), die heimlich alles mitgehört haben, auf die Bühne und stimmen ein verzweifeltes Duett an. Die Tragik der Situation zerreißt sowohl Raoul als auch die Musik: Als Raoul den Lärm des draußen stattfindenden Massakers hört, gerät er außer sich, weil er seinen Glaubensgenossen zu Hilfe eilen will, und singt, immer lauter werdend, gegen die Geräuschkulisse an. Selbst dem Spötter Heine – wie Meyerbeer ein emigrierter Deutscher – entlockte die Szene ein fast vorbehaltloses Lob:

> Was mich betrifft, so glaube ich, dass Meyerbeer diese Aufgabe nicht durch Kunstmittel gelöst hat, sondern durch Naturmittel, indem jenes famose Duo eine Reihe von Gefühlen ausspricht, die vielleicht nie, oder wenigstens nie mit solcher Wahrheit, in einer Oper hervorgetreten und für welche dennoch in den Gemütern der Gegenwart die wildesten Sympathien auflodern.[18]

Der vierte Akt von *Les Huguenots* legt exemplarisch Zeugnis von der wimmelden Vielfalt der *grand opéra* ab als einer Masse, bei der musikalische und dramatische Stile zu einem plumpen Ganzen amalgamiert werden. Diese Unbeholfenheit war sicher eine Facette auch des visuellen Charakters der Oper und erklärt vielleicht die Lust der Bühnenbildner an der Asymmetrie. Man braucht sich nur irgendeines der klassischen Meyerbeer-Szenenbilder anzuschauen. Da gibt es beunruhigend dichtes Laubwerk, das eine ganze Außenszene zu überwuchern droht (*Les Huguenots*, zweiter Akt) oder ein riesiges Schiff, das mit so viel Schlagseite daliegt, als würde es jeden Moment kentern (*L'Africaine*, dritter Akt; siehe Abbildung 24). Was das Visuelle betrifft, so ist das ganz bestimmt nicht die Welt des sogenannten *juste-milieu*, nicht eine Welt der klassischen Symmetrie, in der alles im Lot wäre und der Status quo keine Probleme bereiten würde. Was die Handlung betrifft, so macht sich dieses Gefühl des Ungleichgewichts vor allem in jenen Geschichten geltend, in denen Konflikte zwischen politischen Gruppierungen private Empfindungen und Beziehungen starken Belastungen aussetzen. Bühnenspektakel sind typischerweise Darstellungen des öffentlichen Lebens in seiner ganzen Pracht und Größe, eine Demonstration von Macht und Konsens; die Libretti der *grand opéra* untergraben jedoch diese potentielle Stabilität, indem sie für Unruhe sorgende Individuen mit ihren Problemen als Sympathieträger präsentieren. Innerhalb des Kaleidoskops charakteristischer Szenen, eingebettet in hochkalorische orchestrale Effekte und mächtige Chorstücke, findet sich Musik für diese Einzelkämpfer: italienisch angehauchte Duette, die uns Einblick in die Privatsphäre dieser Figuren, ihre intimen Begegnungen und innersten Gefühle gewähren.

Die glorreiche Zeit der *grand opéra* hielt auch noch die 1840er Jahre hindurch an, wobei jedoch die Revolutionen von 1848 die Gefahr eines ernsten Rückschlags mit sich brachten. Das galt nicht so sehr für die finanzielle Seite, denn an der Pariser Oper lief der Betrieb (und liefen die Ausgaben) mehr oder weniger wie gehabt weiter. Der Geist und die Kultur, die den Impuls für Werke wie *Guillaume Tell* geliefert hatten, verflüchtigten sich im Verlauf der 1850er und 1860er Jahre. Das hatte komplexe Ursachen. Eine war sicher der neue Typus eines militanteren Nationalismus, der nach 1848 aufkam: ein gesellschaftliches Klima, in dem die kosmopolitischen Tugenden der *grand opéra* nicht länger Vorrang genossen. Die großartige Garde ausländischer Komponisten, die Beiträge zur *grand opéra* geleistet hatten (Rossini, Meyerbeer, Donizetti, Verdi), lichtete sich in der zweiten Hälfte des Jahrhunderts – Verdis *Don Carlos* (1867) war die letzte von einem Nichtfranzosen komponierte Oper, die im 19. Jahrhundert an der Opéra uraufgeführt wurde. Dazu kam, dass der Anspruch der französischen Hauptstadt, die Avantgarde und die Zukunft der Oper zu verkörpern, der in den Jahrzehnten vor 1850 so unangefochten gewesen war, durch die Opern, die Verdi in seiner mittleren Periode schuf, und später durch Wagner erheblich erschüttert wurde.

Solche Erklärungen beleuchten freilich nur einen Teil der Geschichte. Ein anderer könnte sich erschließen, wenn wir noch einmal einen Blick auf *Guillaume Tell* werfen, jenes Werk, das mithalf, die *grand opéra* in ihrer Blütezeit zu formen und zu definieren. Seine berühmte Ouvertüre ist, wie damals viele Ouvertüren, ein Potpourri; anstatt jedoch Gesangsstücke aus der Oper zu zitieren, verarbeitet sie einige der ikonischen Momente der Oper und zitiert musikalische Themen, die sich in den jeweiligen Szenen mit einer Landschaft oder einem Tableau verbinden. Im ersten, langsamen Satz agiert ein Solocello gegen vier weitere Celli und die Kontrabässe, ein Vorgeschmack auf Tells «Sois immobile» mit Paukenwirbeln, die alles zum Schweigen bringen und den atemlosen Moment antizipieren, in dem Tell auf den Apfel zielt. Der zweite Satz, ein furioses Musikgewitter, ist eindeutig deskriptiv und schließt mit einer Pastorale, in der ein *ranz des vaches*, ein Kuhreihen, für schweizerisches Lokalkolorit sorgt, aber auch ein Raumgefühl erzeugt, einen Klang, der zu einer Landschaft gehört und dort einen Zweck erfüllt. Darauf folgt der berühmte Schlusssatz, mit Trompeten und Hörnern, die wie Fanfaren die Bevölkerung zu den Waffen rufen und die Erregung allmählich steigern. Die Musik im Schlussteil der Ouvertüre geht einem durch und durch: Sie gebietet uns, aufzustehen und uns zu bewegen, eine Aufforderung, der man sich kaum verschließen kann, und mit ihr und in ihr erscheint die wunderbare Energie, durch die sich der Idealismus des frühen 19. Jahrhunderts auszeichnete, in fast reiner Form. Das Ideal des politischen Tätigwerdens – der

Appell, nicht nur zu lauschen, sondern etwas zu tun – übersetzt sich hier, wie so oft in der *grand opéra*, in eine musikalische Botschaft. Allein, diese Idee konnte keinen Bestand haben. Als die Revolutionen von 1848 sich verlaufen und ihre Bewegungsenergie verloren hatten, erschien dieser Appell an den Willen zur Tat wie etwas, das der Vergangenheit angehörte. Es war eine Vergangenheit, in der das Interesse des Publikums die Oper nach oben und nach vorne gebracht hatte, und das Publikum blieb ihr auch erhalten: *Guillaume Tell* und die anderen Hauptwerke der *grand opéra* aus den 1830er Jahren wurden noch bis zum Ende des Jahrhunderts unzählige Male gespielt. Dagegen muteten neue Opern derselben Machart zunehmend irrelevant oder aufgeblasen an – wie Wirkungen, deren Ursachen sich im Dunkel der Geschichte verloren.

Ein verlorenes Jahrzehnt und gefundene Objekte

In den 1850er Jahren blickte die Opéra zunehmend zurück, in die Vergangenheit. Die Wiederaufnahmen der Meyerbeer'schen Schlachtrösser gingen irgendwann in die Hunderte, und das führte zu einem gewissen Überdruss am Repertoire. Selbst sein *Le Prophète*, erst 1849 ins Rennen gegangen und damit vielleicht das letzte Hurra des alten Regimes, wurde nicht mehr zum ganz großen Erfolg. Zu den bühnentechnischen Sensationen dieser Oper gehörten ein Ballett auf Schlittschuhen und die erstmalige Verwendung elektrischen Lichts auf einer Theaterbühne – ein Lichtbogen stellte den Sonnenaufgang dar. Die Wunder der Lichttechnik sind für uns heute so alltäglich, dass wir uns nur schwer vorstellen können, wie das elektrische Licht die Menschen faszinierte, als es neu war. Das Staunen über «Wirkungen ohne Ursachen» – über das unsichtbare Erhabene – steigerte die Erwartungen, und die Opernintendanten der 1850er Jahre bemühten sich nach Kräften, einen *Guillaume Tell Zweiter Teil* oder ein *Les Jeunes Huguenots* zu entdecken und gaben immer gigantischere Werke in Auftrag: Halévys *Le Juif errant* («Der ewige Jude», 1852) oder Charles Gounods *La Nonne sanglante* (*Die blutige Nonne*, 1854). Doch sowohl die Befriedigung als auch der Erfolg blieben aus, und Verzweiflung machte sich breit. Selbst ein von Giuseppe Verdi eigens für die Pariser Opéra komponiertes Werk – *Les Vêpres siciliennes* (*Die sizilianische Vesper*, 1855) schlug nur mäßig ein. Verdis Partnerin Giuseppina Strepponi, die wir weiter oben als skeptische Betrachterin erwähnt haben, machte dafür die Verkalkung des Opernbetriebs verantwortlich. Als die Pariser Oper sich 1861 entschloss, Wagners 1845 entstandenen *Tannhäuser* zu importieren, tat sie das nicht nur, weil er wie eine *grand opéra* aussah, schmeckte und klang, sondern weil er im Verlauf der 1850er Jahre in weiten Teilen Europas die Kassen hatte klingeln lassen.

Dieses Stichwort mag uns als (wenngleich nicht sehr elegante) Überleitung zur Opernkarriere des Hector Berlioz (1803–1869) dienen, eines Komponisten, der glücklich gewesen wäre, einige der Attribute ernten zu können, mit denen *Tannhäuser* überschüttet wurde. Sein Problem war nicht zuletzt – und ist es bis heute –, dass seine Musik sich so hartnäckig jeder Kategorisierung entzieht. Auf der einen Seite war Berlioz ein bekennender Bewunderer von Gluck, Spontini und Beethoven, auf der anderen äußerte er sich in seinen ebenso zahlreichen wie unterhaltsamen Opernkritiken häufig abfällig über die *grand opéra* und erst recht über die Hervorbringungen der neuen italienischen Schule. Zumindest in seinen jungen Jahren war er ein enthusiastischer Bewunderer Meyerbeers, namentlich seiner Kunstfertigkeit im Orchestrieren. Man kann einen erklecklichen Teil der Musik, die Berlioz in dieser frühen Phase komponierte, als Bestrebungen eines gescheiterten Komponisten verbuchen. Trotz großer Bedenken erklärte er sich 1841 widerstrebend bereit, bei der Umarbeitung von Webers *Freischütz* zu einer *grand opéra*, die den Ansprüchen der Pariser Oper genügte, mitzuwirken. Wie er in diesem Zusammenhang an den Direktor des Hauses, Léon Pillet, schrieb: «Ich glaube nicht, dass man den *Freischütz* um die Rezitative ergänzen sollte, die Sie von mir erbitten; da er jedoch andernfalls an der Opéra nicht aufgeführt werden kann und da Sie, wenn ich [die Rezitative] nicht schriebe, damit jemanden beauftragen würden, der mit Weber nicht so vertraut ist wie ich und gewiss nicht so großen Wert auf die Glorifizierung seines Meisterwerks legt, nehme ich Ihr Angebot unter einer Bedingung an: Der *Freischütz* wird genau so aufgeführt, wie er ist.» Berlioz wich von dieser Bedingung auch nicht ab, als Pillet, unermüdlich auf der Suche nach Abwechslung, die Ballszene aus Berlioz' *Symphonie fantastique* (1830) als eine möglicherweise geeignete Ergänzung ins Spiel brachte.[19] Berlioz' einziges Originalwerk für die Pariser Opéra war *Benvenuto Cellini* (1838), das trotz seiner innovativen, dem Einfluss Meyerbeers geschuldeten Orchestrierung und seiner rhythmischen Energie beim Publikum nicht ankam.

Es besteht indes kein Zweifel daran, dass Berlioz' Meisterwerk, *Les Troyens* (*Die Trojaner*, komponiert 1856–1858), für die Opéra gedacht und deshalb mehr als üppig mit allen dafür erforderlichen Elementen und Attraktionen ausgestattet war. Die Vorlage für die Oper war Vergils *Aeneis*, und Berlioz bastelte daraus einen opulenten Fünfakter. Da er jedoch in erster Linie als Dirigent und als Komponist von Instrumentalmusik bekannt war, hielt die Direktion der Oper *Les Troyens* für ein zu großes finanzielles Risiko. Die letzten drei Akte, die in Karthago spielen und in deren Mittelpunkt Dido und Aeneas stehen, wurden 1863 im Théâtre Lyrique uraufgeführt, während die Oper als Ganze (deren erster und zweiter Akt in Troja spielen, mit Kassandra als Protagonistin) zu Lebzeiten ihres Komponisten keine einzige Aufführung erlebte und erst im Zuge der Berlioz-Renaissance der 1960er und 1970er Jahre breite Anerkennung fand. Ungeachtet der Tatsache, dass *Les Troyens* bei aktuellen Neuinszenierungen stets als ein «Special Event» vermarktet wird, nicht vergleichbar mit anderen, gewöhnlicheren Opernerlebnissen, weist die Oper viele Merkmale auf, die an die Klassiker Meyerbeers erinnern. Das betrifft nicht nur das demonstrative Experimentieren mit ungewohnten orchestralen Effekten, sondern auch den Einsatz wiederkehrender Erkennungsthemen (wie des «Trojanermarsches» im ersten, dritten und fünften Akt), den Einsatz vielköpfiger (sowohl auf der Bühne als auch hinter den Kulissen postierter) Chöre und die zahlreichen eher konventionellen Gesangsnummern. Zu den eher unkonventionellen, aber auch eindrucksvollsten Elementen der Oper gehören sogenannte Monologe, stilistische Zwitter zwischen Rezitativ und Arie.

Ein konstitutives Element der *grand opéra* fehlt in *Les Troyens* jedoch: die «Schockstarre», die einen so wichtigen Beitrag zur Attraktivität des Genres in seinen Anfangsjahren geleistet hatte. Im Sinne einer konventionellen Erzähldramaturgie haben die ersten beiden Akte mit den drei letzten wenig zu tun; zusammengehalten werden sie primär nicht durch eine dem Handeln der Figuren und ihrer Entwicklung innewohnende Logik oder durch ihre Konflikte mit der Gesellschaft oder der politischen Macht, sondern durch eine eher abstrakte Aura der Schicksalhaftigkeit, die über der Bühne zu schweben scheint. Vielleicht ist das der Grund dafür, dass die eher konventionellen Nummern wie das Liebesduett zwischen Dido und Aeneas im vierten Akt, in dem der Schwerpunkt auf der Interaktion der Figuren liegt, tendenziell auf ältere Muster zurückgreifen. «Nuit d'ivresse et d'extase infinie!» («Nacht der Berauschtheit und der unendlichen Ekstase!») singen die beiden Liebenden in liebkosenden Parallel-Intervallen vor einem pulsierenden orchestralen Klangbild. Es ist ein Stück voll befangener Schönheit, abzielend auf eine Schlichtheit der Wirkung, die an den von Berlioz bewunderten Gluck erinnert, bis hinein in die ziemlich antiquierten, ungewöhnlich absichtsvollen Modulationen hin zu eng verwandten Tonarten. Es schleichen sich aber auch Berlioz-typische Aspekte ein, etwa pikante zusätzliche Harmonien und kunstvolle, Aufmerksamkeit heischende orchestrale Einwürfe.

Größeren Anklang fand der Beginn des vierten Aktes, der in der Tat Berlioz auf der Höhe seines Könnens als Opernkomponist zeigt. Hier wird als «Königliche Jagd und Sturm» eine «Ballettpantomime» aufgeführt, in der zuerst Wassernymphen von Jägern erschreckt und verscheucht werden und dann ein heftiges Gewitter (das Dido und Aeneas nötigt, in einer Höhle Zuflucht zu suchen) die Jäger vertreibt. Man interpretiert die ganze Passage am besten als ein ausgeklügeltes sinfonisches Zwischenspiel, in dem einige der konventionellsten Topoi der Oper – die Jagd, das Gewitter – von einer neuen Liebe zum Detail durchdrungen sind. Die Episode erreicht einen furiosen Höhepunkt, als aus dem Hintergrund ein Chor fordernd «Italia!» skandiert, um zu unterstreichen, dass Aeneas bald zu neuen Eroberungen aufbrechen muss. Hier begegnet Berlioz den Traditionen der *grand opéra* orchestral mit Leichtigkeit auf Augenhöhe, indem er seine Figuren zu Marionetten eines instrumentalen Dramas werden lässt. In den schönsten vokalen Momenten geschieht etwas Ähnliches, denn die Berlioz-typischen Monologe lassen sich am besten als Dialoge zwischen der betreffenden Figur und dem Orchester deuten. Didos abschließender «Monolog und Arie», «Je vais mourir» («Ich sterbe»), im fünften Akt ist ein wunderbares Beispiel dafür, beschwört er doch eine produktive Spannung herauf zwischen der Individualität der Figur und den abstrakteren Kräften des Schicksals, die das Orchester verkörpert.

Les Troyens hinterließ wegen ihres hohen Schwierigkeitsgrades und ihrer Eigenwilligkeit praktisch keinerlei Spuren in der Geschichte der Oper, bis sie in den 1960er Jahren wiederentdeckt wurde. Seitdem wird sie oft als Gegenpol zu Wagner gedeutet (griechische versus germanische Mythologie). Höchst aufschlussreich aus historischer Sicht ist hingegen der unerwartete Erfolg einer anderen französischen Oper aus derselben Zeit. Er zeigte besonders typisch, wie und warum sich der Niedergang der alten *grand opéra* vollzog. Die Rede ist von Gounods *Faust*, der erstmals 1859 im Théâtre Lyrique aufgeführt wurde. Gounod hatte sich schon 1854 mit *La Nonne sanglante* an der Pariser Opéra versucht und Schiffbruch erlitten, aber mit *Faust* schuf er nun eine Oper, der ein Jahrhundert später die Ehre widerfuhr, in Simon & Schusters *Treasury* aufgenommen zu werden, und die bis vor kurzem zu den am meisten aufgeführten Werken des internationalen Opernrepertoires gehörte. Der Misserfolg, den Gounod zuvor an der Pariser Opéra erlitten hatte, spielte zweifellos eine wichtige Rolle bei der Entstehung des *Faust*. Nach den Maßstäben der *grand opéra* ist *Faust* eindeutig eine unterdimensionierte Oper. Sie hat zwar fünf Akte und vier Hauptrollen, setzt aber (in ihrer Originalfassung) gesprochene Dialoge anstelle von Rezitativen ein, wartet nicht mit dreißigminütigen Chorstücken auf und verknüpft die zentralen Liebesverwicklungen der Hauptfiguren nicht mit einem weltgeschichtlichen Ereignis oder mit politischen Konflikten, die über Krieg oder Frieden entscheiden. Was dem *Faust* ebenso fehlt, sind orchestrale Darstellungen von Unwettern oder Naturkatastrophen. Die Geschichte ist in der Tat fast ganz ausgeblendet. Wir werden vielmehr erneut in die *Freischütz*-Welt der deutschen Romantik katapultiert, wobei die die bestehende Ordnung bedrohende übernatürliche Macht diesmal in der Gestalt des Méphistophélès auftritt.

Was sogleich auffällt, wenn man sich *Faust* vor dem Hintergrund gesammelter Erfahrungen mit der *grand opéra* anschaut, ist die Komprimiertheit der Nummern. Eine der berühmtesten, das Schlussterzett, gesungen von Faust (Tenor), Marguerite (Sopran) und Méphistophélès (Bass), kommt einem tatsächlich zu kurz vor. Wir befinden uns in einem Verlies. Faust ist mit Hilfe von Méphistophélès bis hierher vorgedrungen, um Marguerite vor der Hinrichtung zu bewahren. Doch sie verweigert sich immer wieder seiner Aufforderung, mit ihm zu fliehen, und erklärt, sie vertraue darauf, dass Gott sie retten werde. Der wiederkehrende Refrain des Terzetts, «Anges purs, anges radieux» («Reine Engel, strahlende Engel»), im Sechsachteltakt mit pulsierenden, den Rhythmus forcierenden Holzbläsereinsätzen, hat die Anmutung eines verfremdeten Marsches, der unter Führung von Marguerites resoluter Stimme zum Himmel führen wird, komme, was da wolle. Dieser Refrain wird bei jeder Wiederholung einen Halbton höher gesungen, was sowohl für das Drama als auch für die Darsteller den Einsatz erhöht: Fausts Drängen wird immer heftiger, und Tenor und Sopran geraten immer näher ans obere Limit ihres Stimmumfangs. Das sich einstellende Gefühl, die gemächlichen musikalischen Formen der *grand opéra* seien hier radikal beschnitten worden, passt gut zur besten Nummer des teuflischen Méphistophélès, «Le veau d'or» («Das goldene Kalb»), die man sogar als eine Verspottung der großen Oper als solcher auffassen kann. Méphistophélès singt sein Strophenlied gemeinsam mit einem festlichen Chor, der die Melodie des Refrains in überschwänglichem Echo zurückwirft: Gold, Reichtum, Tanz und Machtentfaltung, all das sind Lockfallen des Teufels! Die groteske, dumpf pochende Begleitmusik der tiefen Blechbläser zu diesem teuflischen Singsang entspricht mit ihrer eigenartigen Mischung aus Posaunen- und Ophikleide-Tönen genau der Instrumentierung, die Meyerbeer liebte und in jeder seiner französischen Opern ohne jede Ironie einsetzte. Bei Gounod wird dieser klassische Klang der *grand opéra* jedoch persifliert und erscheint als zwar noch zappelnd, aber todgeweiht, in der Art einer *danse macabre.*

Als die 1860er Jahre anbrachen, stand die Pariser Opéra an einem Scheideweg: beständig auf der Suche nach neuen «großen» Opern zur Auffrischung des dahinwelkenden Repertoires, nervös die ausländischen Szenen nach Vorzeichen für eine musikalische Zukunft absuchend und sich zunehmend auf den neuen Zeitgeschmack einstellend, den jüngere Franzosen wie Gounod und (ein wenig später) Camille Saint-Saëns und Georges Bizet verkörperten, eine Generation, der niemand mehr persönliche Erinnerungen an das 18. Jahrhundert vermitteln konnte. Meyerbeers letzte Oper, *L'Africaine* (*Die Afrikanerin*), kam erst 1865, ein Jahr nach seinem Tod, auf die Bühne. Er hatte fast 30 Jahre mit langen Unterbrechungen daran gearbeitet. Manche hielten sie für ein Meisterwerk, doch sie tat sich schwer, an den Erfolg seiner früheren Opern anzuknüpfen. Vor allem machte sie den Eindruck, eine Nachzüglerin zu sein. Ein weiteres Zeichen, dass das Ende der *grand opéra* nahte, registrierte man 1869, als auch die Pariser Opéra sich im großen Erfolg des *Faust* sonnen wollte und zu diesem Zweck eine pompöse Neuinszenierung aufs Programm setzte. Gounod hatte bereits zusätzliche Rezitative geschrieben und fügte nun noch die obligatorische Ballettnummer und weitere Bausteine ein. Im Kern blieb es jedoch derselbe alte *Faust.* Peinlicherweise stach diese Veteranin alle neueren an der Brust der Pariser Oper genährten Werke aus: Bis zum Tod Gounods 1893 erlebte *Faust* an der Opéra mehr als 1000 Vorstellungen. Auch in Frankreich war die *grand opéra* jetzt in ihr Nachleben eingetreten und bestand (außer in nostalgischen Reprisen) nur noch in Form einer überdauernden Vorliebe für kostbare Objekte und tanzende Mädchen in den orientalisch angehauchten ernsten Opern fort, die in der Folgezeit Paris eroberten. Eine der ersten aus dieser Gattung, *Samson et Dalila* (1877) von Saint-Saëns, war eine Auftragsarbeit, bestellt vom herzoglichen Hoftheater in Weimar unter Franz Liszt, ein Umstand, der demonstriert, dass der Internationalismus der ursprünglichen *grand opéra* bei ihren Abkömmlingen in neuer Form weiterlebte.

Ohne die geringste Aufmerksamkeit

Ihre größte Wirkung entfalteten diese neuen Formen als Resultate einer stürmischen Beziehung zwischen den beiden größten Opernkomponisten des 19. Jahrhunderts und der *grand opéra*. Weder Wagner noch Verdi waren erhaben über Neidgefühle gegenüber Meyerbeer; es gab Zeiten, in denen Meyerbeer der am meisten beneidete Musiker auf dem Erdball war – und Wagner und Verdi waren da schon keine Jünglinge mehr. Jeder aufstrebende Opernkomponist träumte davon, eine Auftragsarbeit für die Pariser Opéra zu schreiben – über all deren unerschöpfliche musikalische und bühnenbildnerische Ressourcen verfügen zu dürfen, von den hohen Honoraren und Tantiemen, die bei einem Erfolg in Paris winkten, ganz zu schweigen.

Es braucht uns nicht zu wundern, dass ambitionierte Komponisten manchmal auch ohne Auftrag eine *grand opéra* schrieben. Wagner legte sein Gesellenstück mit einem klassischen Beispiel hierfür vor, einen Fünfakter mit einem historischen Sujet und aufwändigster Orchestrierung – eine Kuriosität, der er den Titel *Rienzi, der letzte der Tribunen* (1842) gab. Er brachte die noch unfertige Partitur 1839 nach Paris mit und bat Meyerbeer, sich bei der Opéra für ihn zu verwenden. Obwohl Meyerbeer dies mit Ausdauer versuchte (er schrieb zahlreiche Bitt- und Empfehlungsbriefe für seinen jüngeren Kollegen),[20] trugen Wagners Pariser Ambitionen keine Früchte, abgesehen davon, dass sie bei ihm eine lebenslange Animosität gegen seinen glücklosen Fürsprecher hinterließen – eine Reaktion, die nach Einschätzung eines modernen Kommentators sich in einer Mischung aus «persönlicher Missgunst …, Verfolgungswahn, exaltierten ästhetischen Überzeugungen und antisemitischer Engstirnigkeit» widerspiegelte.[21] Wenn Opernhistoriker die Verbindungslinien Wagners zur *grand opéra* freilegen, ist es fast immer *Rienzi*, der ihnen als Fallbeispiel dient. Warum, das hört man schon bei der Ouvertüre, die mit wuchtigen und kantigen Blechbläser-Themen daherkommt, die etwas von der wunderbaren Kraft des «Pour cette cause sainte» haben. Wer sich freilich allzu sehr auf *Rienzi* versteift, läuft Gefahr zu übersehen, dass Wagners französische Seite in fast jeder seiner Opern sichtbar wird. Als er 1861 endlich eines seiner Werke an der Opéra unterbrachte – den überarbeiteten *Tannhäuser* mit einem Alibi-Ballett –, erntete er für einige Nummern das Lob, sie hörten sich fast pariserisch an.

An vorderster Stelle ist dafür das rein männliche Septett in der vierten Szene des ersten Aktes zu nennen. Es wäre zwar eine unzulässige Vereinfachung, Wagners Genialität mit dem Hinweis zu erklären (oder abzutun), er habe einfach bessere französische Opern geschrieben als alle anderen, aber manchmal trifft das schlicht ins Schwarze. Das Septett im *Tannhäuser* katapultiert die Idee eines voluminösen, freudvollen, ohrenbetäubenden Bühnengesangs in stratosphärische Höhen. Im Kern geht es im *Tannhäuser* um die Rückkehr eines verlorenen Sohns. Tannhäuser (Tenor) liegt bewusstlos in einem thüringischen Wald und wird von sechs seiner ehemaligen Gefährten gefunden, tugendhaften Rittern unter Führung des Landgrafen Hermann (Bass). Sie erkennen ihn als ihren lange verschollenen Kameraden und drängen ihn, sich ihnen wieder anzuschließen. Doch Tannhäuser, der unter einer Art Moralkater leidet (die Göttin Venus, Sopran, hat ihn aus der Unterwelt verbannt), lehnt dies ab, bis sein Freund Wolfram (Bariton) ihm offenbart, dass Prinzessin Elisabeth (Sopran) ihn noch immer liebt und begehrt. Er willigt ein, die Ritter zu begleiten, eine Entscheidung, die allgemeine Freude auslöst. Im Verlauf einer langen, frei gestalteten Einleitung vereinigen sich die männlichen Stimmen, trennen sich wieder, fließen zu einer kurzen, wunderschönen Melodie zusammen («Gegrüßt sei uns, du kühner Sänger»), die innerhalb von Sekunden aus dem Nichts zu kommen und wieder darin zu verschwinden scheint. Dann beginnt ein Solo für Wolfram, der in dieser Oper immer die sehnsuchtsvollsten Stücke singt, diesmal eine Nummer, die dem Zweck dient, eine bei Wagner eher selten vorkommende Stimmlage nach vorne zu bringen: einen echten Bariton. Die von Wolfram vorgegebene Melodie nehmen alle anderen Männer auf, und als Tannhäuser endlich einlenkt, findet die ganze Gruppe zu einer abschließenden *stretta* zusammen, bei der die Stimmen, die nacheinander in ihren höchsten Tönen schwelgen, gleichsam durch Fanfarenstöße aus Jagdhörnern unterstützt werden. Bei den meisten Vorstellungen hat man als Zuschauer an dieser Stelle den Eindruck, dass die ganze Bühne bebt; die Hörner, die Stimmen, das Orchester und dazu noch das Trampeln der Vielen, die auf die Bühne strömen, bevor der Vorhang fällt, alles trägt zu diesem Musikgetöse bei. Das Septett vermittelt so etwas wie einen lyrischen Optimismus, ein Übermaß an Hoffnung und Energie, das eine klassische Ingredienz romantischer Opern bis 1848 war, bevor die gescheiterten Revolutionen ihre desillusionierenden Wirkungen taten.

Der *Tannhäuser* wurde 1861 an der Pariser Opéra ausgebuht und nach nur drei Vorstellungen abgesetzt. Das Alibi-Ballett, als Eröffnungsnummer in die Venusberg-Szene eingefügt, war dort fehl am Platz. Große Teile des Opernpublikums hatten damals die Angewohnheit, verspätet zu kommen, gewöhnlich im Verlauf des zweiten Aktes; deshalb platzierte man die Ballettnummern stets in der Mitte einer Oper. Traditionen wie diese sollten uns erneut daran erinnern, dass die Oper bis zu einem relativ späten Stadium ihrer Geschichte häufig nicht viel mehr war als eine Zugabe zu sozialen Interaktionsritualen. Ein Grund dafür, dass das Pariser Publikum eine sich über drei oder vier Stunden hinziehende Oper goutierbar fand, war, dass viele sich gar nicht das ganze Stück anschauten. Sie pickten sich die Rosinen heraus, und selbst wenn sie längere Zeit blieben, schauten und hörten sie, wie wir gesehen haben, nicht immer aufmerksam zu. In dem Roman *Der Graf von Monte Christo* (1844) von Alexandre Dumas gibt es mehrere Szenen, die in der Pariser Opéra der 1830er Jahre spielen und die damals praktizierten Gepflogenheiten anschaulich schildern. In Kapitel 88 trifft der Graf zu Beginn des zweiten Aktes des *Guillaume Tell* in der Oper ein. Während der Szenenwechsel und selbst, während auf der Bühne gespielt und gesungen wird, finden jede Menge Gespräche im Publikum statt, und sogar eine Aufforderung zum Duell wird dem Grafen in seiner Loge überbracht. Er lässt sich nicht aus der Ruhe bringen und bleibt «nach seiner Gewohnheit» sitzen, «bis Duprez sein berühmtes ‹Folget mir› gesungen hat. Dann erst [steht] er auf» und verlässt das Theater. In einem früheren Kapitel (53) besuchen die Protagonisten eine Aufführung von *Robert le diable*, und der Romanautor verrät uns in unverblümten Worten, wie die Opernbesucher damals tickten:

> Der Vorhang ging wie gewöhnlich vor einem fast leeren Hause auf. Das ist auch eine von den Gewohnheiten unserer modebewussten Pariser, ins Theater zu kommen, wenn das Theater bereits begonnen hat. Die Folge davon ist, dass der erste Akt vorübergeht, ohne dass die bereits angekommenen Zuschauer das Stück sehen oder hören, sondern die ankommenden Zuschauer eintreten sehen und nichts hören als den Lärm der Türen und Gespräche.

Weiter erfahren wir in Kapitel 53, dass auch noch im zweiten Akt das Geschehen auf der Bühne weitgehend ignoriert wird, denn auch dieser Akt verstreicht «unter fortwährendem Stimmengewirr».[22] Der dritte Akt scheint dann eine gewisse Aufmerksamkeit zu wecken, aber der Graf verabschiedet sich frühzeitig, bereits vor Beginn des vierten Akts. Eine Romanfigur bemerkt sardonisch, der Graf mache alles anders als die Anderen: Er verlasse die Oper vor der großen Arie, auf die alle Anderen warteten. Uns heutige mag die Lektüre von Dumas' Roman vor allem zu ketzerischen Gedanken anregen. Vielleicht haben wir den Draht zu den

Werken Meyerbeers verloren, weil sie der Aufmerksamkeit, die das Publikum von heute einer Oper von Anfang bis Ende erweisen zu müssen glaubt, nicht standhalten. Vielleicht wird ein wirklich wagemutiger Generalintendant des 21. Jahrhunderts Meyerbeer-Opern als gesellige Ereignisse auf die Bühne zurückholen, in ihrer ganzen musikalischen Fülle, aber mit der lockeren Ansage, dass es den Besuchern freisteht, nach Gutdünken zu kommen und zu gehen, den ersten Akt zu ignorieren und nach dem dritten Akt zu dinieren.

Die eigenwilligen Gepflogenheiten der Zuhörerschaft minderte die Anziehungskraft der *grand opéra* auf Komponisten aus vielen Ländern in ihrer goldenen Ära vor 1848 nicht im Geringsten. Für eine Generation italienischer Komponisten war der Gang nach Paris ein entscheidender Karriereschritt – der Absprung aus einer nationalen Musikkultur, die sowohl in Italien selbst als auch anderswo als zunehmend engstirnig und insular wahrgenommen wurde. Wie wir in vorausgegangenen Kapiteln gesehen haben, lancierten sowohl Bellini als auch Donizetti mit Erfolg einige ihrer Werke am Théâtre Italien in Paris (das sich der Pflege der italienischsprachigen Oper widmete); Rossini und Donizetti gingen einen Schritt weiter und schufen *grands opéras* (*Guillaume Tell* bzw. *La Favorite*), die in den Kreis der erfolgreichsten und langlebigsten Exemplare dieses mit einem so großen Risiko des Scheiterns behafteten Genres aufstiegen. Ihren Erfolg verdankten die beiden nicht zuletzt der Tatsache, dass sie, im Gegensatz zu Berlioz, alles andere als idealistisch waren, wenn es darum ging, sich dem herrschenden Geschmack anzupassen. Donizetti äußerte sich 1839 ausführlich darüber, wie er eine seiner italienischen Opern – *Poliuto* –, die im Jahr davor in Neapel von der Zensur verboten worden war, in eine *grand opéra* mit dem Titel *Les Martyrs* (*Die Märtyrer*, 1840) verwandelt hatte:

> [Sie musste] auf vier Akte anstatt drei ausgeweitet und von Scribe übersetzt und für das französische Theater eingerichtet werden. Das bedeutete, dass ich alle Rezitative vollständig umschreiben, ein neues Finale für den ersten Akt anfertigen und Arien, Terzette und ein Ballett, wie man es hier gewöhnt ist, hinzufügen musste, damit die Öffentlichkeit sich nicht (zu Recht) darüber beklagen würde, dass die Oper eine italienische Gestalt hat. Französische Musik und Dichtung für das Theater haben ein ganz eigenes Gepräge, worauf sich jeder Komponist einstellen muss. … Es darf keine Crescendi [à la Rossini] geben und keine der üblichen Wiederholungen in der Kadenz – *felicità*, *felicità*, *felicità*; und zwischen den zwei Versen einer *cabaletta* kommt immer Text, der die Handlung voranbringt, ohne die bei unseren Dichtern übliche Wiederholung von Zeilen.[23]

Ein echtes Kleinod: Äußerungen aus berufenem Munde über die Unterschiede zwischen der *grand opéra* und der italienischen ernsten Oper. Die französische Variante musste länger und mit mindestens einer Ballettnummer ausgestattet sein, musste mehr als ein Finale und unterschiedliche Gesangsstücke aufweisen. Ebenso wichtig war aber, dass das französische Publikum weniger Geduld mit der «musikalischen Architektur» einer Oper hatte als das italienische; es erwartete, dass die einzelnen Stücke die Handlung zügig voranbrachten, und zeigte sich wenig duldsam gegenüber kunstvollen stimmlichen Höhenflügen zum Abschluss einer Arie – was Donizetti charmant mit «*felicità, felicità, felicità*» umschreibt, ein Wort zitierend, das, zahllose Male wiederholt, am Ende vieler überschwänglicher italienischer *cabalettas* steht.

Was in diesen Ausführungen Donizettis fehlt, ist jeder Hinweis darauf, dass das Schreiben einer *grand opéra* eine grundlegende Umgestaltung seines bisherigen musikalischen *modus operandi* erforderte. Klar, dass Veränderungen an der äußeren Form und manchmal auch am Geist der italienischen Oper vorgenommen werden mussten, aber andererseits hatte sich die italienische Oper auch schon viel von ihrer größeren französischen Cousine abgeschaut (wie auch umgekehrt). Ein Blick auf Verdis erste für die Pariser Opéra in französischer Sprache geschaffene Oper, *Jérusalem* (1847), bestätigt das. Wie Donizetti vor ihm, arbeitete Verdi für diesen seinen französischen Erstling eine vorhandene italienische Oper um, *I Lombardi alla prima crociata* («Die Lombarden im ersten Kreuzzugs», 1843). Die Veränderungen, die er vornahm, waren überwiegend oberflächlicher Natur. Zusätzlich zu den von Donizetti aufgezählten Modifizierungen erarbeitete Verdi eine dichtere Orchestrierung im Stile Meyerbeers, fügte mehr Lokalkolorit hinzu und experimentierte mit einer Art chromatisch vagierenden Akkordfolge, die er in seinen italienischen Opern noch kaum ausprobiert hatte. Was bei alldem am Ende herauskam, war eine Oper, die den hohen Erwartungen, die sich an den Aufführungsort knüpften, nicht gerecht wurde und bald aus dem Repertoire der Opéra verschwand.

«Je dormirai dans mon manteau royal»

Im Verlauf der nächsten zwei Jahrzehnte hatte Verdi viele Begegnungen mit Paris, namentlich mit den Schatten, die die französische *grand opéra* und ihre Opernproduktion warfen. Er verbrachte 1854/55 zwei Jahre am Stück in

Paris und stellte in der Zeit *Les Vêpres siciliennes* fertig. Ein Brief an seinen Librettisten, den unvermeidlichen Scribe, lässt keinen Zweifel daran, dass er Meyerbeer fest im Blick hatte, wenn er Scribe eindringlich bat, ihm ein

> grandioses, leidenschaftliches, originelles Sujet [zu liefern]. Die vielen, vielen herrlichen Szenen aus Ihren Libretti stehen mir immer vor Augen; unter anderem die Krönungsszene aus *Le Prophète*! Kein anderer Komponist hätte aus dieser Szene das machen können, was Meyerbeer aus ihr gemacht hat; aber mit diesem Schauspiel und vor allem mit einer so ursprünglichen, grandiosen und gleichzeitig so leidenschaftlichen Situation hätte kein Komponist, so arm an Gefühl er sein mag, es verfehlt, eine große Wirkung zu erzielen.[24]

Der Wunsch, sich mit den größten Pariser Publikumserfolgen der 1830er und 1840er Jahre zu messen, ist unübersehbar. (Es ist entlarvend, wenn Verdi innerhalb von drei Sätzen zweimal das Wort «grandios» verwendet.) Verdi erging sich, vermutlich weil sein Adressat Scribe war, in höflicher Ehrerbietung gegenüber Meyerbeer; seine Partnerin Giuseppina Strepponi äußerte sich einige Jahre später weniger diplomatisch, indem sie schrieb, *Les Vêpres* sei ein Versuch gewesen, «den Juden an einem tödlichen Schuss Publicity sterben zu lassen».[25] Auf einer anderen Ebene mutet Verdis Drängen nach Spektakel und Bombast seltsam an, weil er sich seit Ende der 1840er Jahre intimeren, privaten Sujets zugewandt hatte. Er lag mit *Les Vêpres* vielleicht auch nicht auf der Linie des Pariser Zeitgeistes: Die späten 1840er und die 1850er Jahre erlebten, wie gesehen, kaum einen erfolgreichen Versuch, die großen spektakulären Erfolge der 30er Jahre zu wiederholen.

Noch verwirrender wird das Bild, wenn wir uns den späteren 1850er und den 1860er Jahren zuwenden, in denen Verdi seine Korrespondenz regelmäßig mit Ausfällen gegen die Franzosen würzte; besonders gern wetterte er gegen ihre «blagues» («Faxen»), ihre unverschämte «politesse» und ihre Geringschätzung für alles Ausländische.[26] Am ruppigsten zog er in einem vielzitierten Brief vom Ende der 1860er Jahre vom Leder:

> Jedermann möchte eine Meinung zum Ausdruck bringen, einen Zweifel aussprechen; und der Komponist, der längere Zeit in dieser Atmosphäre des Zweifels lebt, wird zwangsläufig in seinen Überzeugungen erschüttert und fängt schließlich an, sein Werk umzuschreiben, zu berichtigen oder es, präzise gesagt, zu ruinieren. Auf diese Weise erhält man am Ende nicht eine Oper aus einem Guss, sondern ein Mosaik; und so schön es sein mag, es ist eben ein Mosaik. Sie werden mir entgegenhalten, die Opéra

> habe immerhin nach dieser Methode eine Reihe von Meisterwerken hervorgebracht. Sie dürfen sie gerne Meisterwerke nennen, aber erlauben Sie mir zu sagen, dass sie sehr viel vollkommener wären, wenn man nicht die ganze Zeit die Flickschusterei und die Abänderungen spüren würde.[27]

Verdi weist darin die Schuld eindeutig den Produktionsbedingungen an der Pariser Opéra zu, namentlich der zwangsläufig gemeinschaftlichen Arbeitsweise an dem großen Haus mit seinem verzweigten Apparat. Das Problem hatte aber auch eine künstlerische Seite und etwas mit dem Wesen der modernen Oper zu tun; die Werke wurden immer anspruchsvoller und komplizierter und drohten die organisatorischen Fähigkeiten einer einzelnen Person zu überfordern.

Die Verwirrung rührt aus dem Umstand her, dass Verdi unmittelbar vor der Zeit, aus der dieser Brief stammt, erneut zwei Jahre in Paris gelebt und an *Don Carlos* (1867) gearbeitet hatte, seiner dritten und letzten *grand opéra*, die heute allgemein als ein überzeitliches Meisterwerk des Genres anerkannt wird, gefolgt von Rossinis *Tell.* In vielerlei Hinsicht weist *Don Carlos* alle klassischen Zutaten auf: fünf lange Akte, einen eindrucksvollen geschichtlichen Kontext, königliche Dynastien in Frankreich und Spanien Mitte des 16. Jahrhunderts, dazu auch noch die Inquisition, Aufständische, die für die Freiheit der protestantischen Niederlande kämpfen, und eine sexy Verführerin, die zusätzliches Lokalkolorit versprüht. Die Handlung liefert verzwickte Konflikte des Typs Liebe versus Pflichterfüllung: Carlos (Tenor), spanischer Thronerbe, verliebt sich in die französische Aristokratin Elisabeth de Valois (Sopran), doch dann beschließt sein Vater Philipp II. von Spanien (Bass), sie zu seiner Frau zu nehmen, und das ist erst der erste Akt. Und natürlich hat die Oper, im dritten Akt, einen wunderbaren «Moment für die Ewigkeit» zu bieten, der Meyerbeer mit dessen eigenen Waffen schlägt: Einen öffentlichen Zusammenprall zwischen Carlos und seinem Vater auf einem großen Platz vor der Kathedrale von Valladolid, und kurz vor dem Vorhang kommen auch noch Opfer der Inquisition ins Spiel, die sich auf dem Scheiterhaufen winden, während eine Stimme aus dem Himmel ihnen eine glückselige Zukunft verheißt. Wie angesichts der Tatsache, dass Verdi zu dem Zeitpunkt fast den Gipfel seines internationalen Ruhms erreicht hatte, kaum anders zu erwarten, öffnete die Opéra alle ihre Schatzkammern, um ein Spektakel zu produzieren, das Meyerbeer'sche Dimensionen erreichte, was Kosten und Aufwand betraf. Allein schon die Tatsache, dass für diese eine Oper nicht weniger als 535 Kostüme gebraucht wurden, lässt einem den Atem stocken – 295 kamen aus dem Kostümfundus der Opéra, darunter 118, die geändert werden mussten, 240 wurden neu angefertigt.[28]

Ungeachtet aller Beweggründe, die mit Konkurrenzdenken zu tun hatten, ist es bemerkenswert, dass Verdi, als das Sujet erstmals an ihn herangetragen wurde – das erneut auf einer Vorlage Schillers basierte –, sich sogleich auf zwei verhältnismäßig intime gesangliche Duelle kaprizierte, die seine Fantasie beflügelten, darunter eine Auseinandersetzung zwischen dem Inquisitor und König Philipp. Das Bedeutsame daran ist, dass Verdi, der bei *Les Vêpres siciliennes* in allererster Linie Wert auf grandiose Szenen gelegt hatte, bei *Don Carlos* von Anfang an das *Individuum* in den Mittelpunkt stellte. Auf den ersten Blick mag *Don Carlos* dem klassischen Meyerbeer-Modell aufs Haar gleichen, doch eigentlich lässt er sich am besten als eine umgekrempelte *grand opéra* beschreiben. Bei Meyerbeer hat man immer das Gefühl, die öffentliche Welt drohe die persönlichen Gefühle an die Wand zu drücken. (Das Liebesduett im vierten Akt von *Les Huguenots* bietet hierfür ein typisches Beispiel.) Im *Don Carlos* verhält es sich andersherum: Individuelle Gefühlsausbrüche drohen ständig das öffentliche Geschehen zu überwältigen. Ein gutes Beispiel findet sich im ersten Akt, wo Carlos sich in Elisabeth verliebt, nur um sie sogleich wieder zu verlieren. Gegen Ende des Akts übersetzt Verdi zwei gegensätzliche Gefühlsregungen in extreme musikalische Kontraste: Carlos' und Elisabeths persönliche Verzweiflung auf der einen, die öffentlichen Jubelfeiern nach Bekanntgabe der Eheschließung Elisabeths mit Philipp auf der anderen Seite. Alles scheint bereit für ein tosendes Finale à la Meyerbeer, doch dann, ganz am Schluss, trägt der Chor Elisabeth fort, und Carlos bleibt allein auf der Bühne zurück. Seine Melodie zerfasert, sein Gesang wird atemlos und brüchig; die musikalischen Gewissheiten des Chores verflüchtigen sich, und der Akt endet mit der Großaufnahme eines Moments individueller Verzweiflung.

Diesem Verlaufsmuster begegnen wir in *Don Carlos* ein ums andere Mal. Der Einzelne, so versichert uns die Oper nachdrücklich, zählt mehr als die Masse. Ein weiteres Beispiel birgt der vierte Akt, in dem uns die Tragödie Philipps vorgeführt wird. Der Akt beginnt mit seiner berühmten Arie «Elle ne m'aime pas» («Sie liebt mich nicht»); im Morgengrauen steht der König erschöpft und gebeugt an einem mit amtlichen Papieren übersäten Tisch; die fast abgebrannten Kerzen signalisieren das Ende einer langen Nacht, die er seinen Amtspflichten geopfert hat. Die Bühne scheint bereitet für einen kontemplativen Rück- und Ausblick auf die melancholisch stimmenden Wahrheiten des öffentlichen Lebens, doch Philipp beginnt stattdessen mit einer einfachen, traurigen Aussage über seine Ehe mit Elisabeth: «Sie liebt mich nicht», ein nackter Satz, in das denkbar einfachste musikalische Kleid gehüllt – einer jener ikonischen Momente, in denen eine zurückhaltende Orchesterbegleitung, eine schlichte Deklamation und ein einziger melodischer Ausbruch es fertigbringen, Emotion in unsere Seele einzumeißeln. Die Tagträumereien, denen sich Philipp im weiteren Verlauf dieser Arie hingibt, insbesondere sein Traum vom Besitz echter königlicher Macht, über die er in seinem persönlichen Bereich offensichtlich nicht verfügt, gehen mit martialischen Rhythmen und Themen aus öffentlichen Momenten in früheren Szenen der Oper einher, aber sie führen nirgendwohin. Sie klingen, als ob sie aus der Ferne heranwehten, als seien sie schon verloren gegeben. Am Ende kommt Philipp dort an, wo er begonnen hat – er kann nicht mehr tun, als seine inbrünstige Klage über den erlittenen persönlichen Verlust zu wiederholen: «Sie liebt mich nicht!», ein Rückzug von den staatlichen Ambitionen, die er sich vorgespiegelt hat, ein Abstieg in das Labyrinth der Seele.

Trotz dieser Konzentration auf das Individuelle – oder vielleicht auch ihretwegen – wurde *Don Carlos* an der Pariser Opéra kein Erfolg. Gegen Verdi wurde, nicht zum letzten Mal, der ihn zutiefst irritierende Vorwurf des Wagnerismus erhoben, in diesem Fall ein Codewort für «nicht mehr der alte, italienische Verdi». Einige Zeit später kürzte er die Oper auf eine praktikable italienische Länge und opferte dafür fast den gesamten ersten Akt – was, wenn man so will, auf eine ähnliche Amputation hinauslief, wie der Graf von Monte Christo sie in Dumas' Roman schmerzloser vollzog. In der Nomenklatur des *Treasury*-Kompendiums von Simon & Schuster wurde seine *grand opéra* durch diesen Eingriff zu einer *einfachen großen Oper* herabgestuft. Die Amputation hatte praktische Vorteile: Die Bühnenbretter des 20. Jahrhunderts betrat *Don Carlos* zumeist in seiner amputierten Gestalt. In jüngster Zeit unternommene Versuche, die ursprüngliche französische Fassung wiederzubeleben, ja mitunter sogar Teile zu ergänzen, die Verdi während der unendlich langen Proben an der Opéra strich, haben sich als musikalische Offenbarungen erwiesen; wie für so viele *grands opéras*, gilt jedoch auch für diese Versuche, dass das Publikum immer mit einem überfordernden Übermaß an Musik konfrontiert wird. Wer Zeuge eines solchen Wiederbelebungsversuchs werden will, muss um 18 Uhr zur Vorstellung erscheinen und kann frühestens um 23 Uhr wieder gehen. Der Rhythmus des modernen Lebens ist ein Feind solcher Ausschweifungen. Wir mögen gewillt sein, uns so etwas für

Don Carlos anzutun, womöglich auch – wenn sich die Chance bietet – für Berlioz' *Les Troyens.* Wir würden uns aber, zumindest Stand heute, nicht überwinden, es für *Les Huguenots* zu tun.

Der Unterschied zwischen der Rezeption Verdis und der Meyerbeers mag zum Teil einfach eine Qualitätsfrage sein. *Don Carlos* schlägt uns in seinen Bann, eben weil bei ihm Individuen im Mittelpunkt stehen: Verdi besaß die Fähigkeit, nicht nur zu verblüffen und zu beeindrucken, sondern auch Empathie für seine Figuren zu erzeugen. Andererseits sollten wir mit solchen Zuschreibungen vorsichtig sein, denn zu leicht erliegen wir der Versuchung, aus der Warte unseres vermeintlich überlegenen heutigen Geschmacks auf jene zahllosen Musiker und Andere hinabzublicken, die um 1850 Meyerbeer für den Mann hielten, der die Oper auf den Gipfel ihrer Entwicklung geführt hatte. Was uns zu noch größerer Vorsicht mahnen sollte, ist das Wissen darum, dass es unendlich schwierig ist, die musikalische Qualität einer Oper separat von der Qualität der Aufführung, die man sieht, zu beurteilen. *Les Huguenots* erhielt den Beinamen «Abend der sieben Stars», weil man so viele hochklassige (und damit teure) Sänger und Sängerinnen braucht, um diese Oper überzeugend auf die Bühne zu bringen. Würde man eine so hochkarätige Besetzung heute zusammenstellen, so würde das sicher das Herz eines jeden Opernliebhabers, der etwas auf sich hält, höher schlagen lassen. Heutige Impresarios sind jedoch, wenn sie einen Meyerbeer aufführen, nicht begeistert von der Idee, alle Hauptrollen mit Superstars der Oper zu besetzen, eine kontraproduktive Sparsamkeit, der man oft auch bei Bühnenbildnern und Choreographen begegnet. Noch bevor der erste Vorhang hochgeht, hat die Oper erheblich an Glanz verloren.

Wir können uns somit, wenn wir wollen, auf unbestimmte Aussagen über musikalische Werte zurückziehen, wenn wir erklären wollen, warum fast alle *grands opéras* in der Mottenkiste gelandet sind, und uns schulterklopfend bestätigen, dass die Musikwelt heute kritischer urteilt. Wir glauben jedoch, dass es besser ist – zumindest für Historiker –, das Genre an seiner großartigen kosmopolitischen Vielfalt zu messen, einem Charakterzug, der sehr gut in die Zeit passte, in der es florierte, aber sehr viel weniger mit der nationalistischen und zunehmend rassistischen Zeitstimmung des späten 19. und 20. Jahrhunderts harmonierte. Der Niedergang Meyerbeers nach 1848 wurde durch antisemitische Ausfälle Wagners und vieler Anderer beschleunigt, mit der Folge, dass sein künstlerisches Ansehen zurückging und im 20. Jahrhundert einen Tiefpunkt erreichte, von dem es sich seither allenfalls ein Stück weit erholt hat. Als die Idee des

Weltbürgertums von etwas, worauf man stolz war, zu etwas Bedrohlichem wurde, erschien der Werdegang eines Künstlers wie Meyerbeer – ein als Jude in Deutschland geborener Komponist, der sein Handwerk in Italien lernte und seinen Meister in Paris machte – unversehens als etwas, worüber man die Nase rümpfte. Als seine Opern erst einmal in der Versenkung verschwunden waren, hemmten Faktoren wie die unerhörte Aufwändigkeit seiner Werke oder die fehlende Vertrautheit der meisten Sänger mit ihnen nachhaltig jedweden Versuch, sie wieder hervorzukramen. Solche Mechanismen entscheiden mit darüber, welche Werke im Repertoire verbleiben und welche nicht; und in diesem Fall führten sie dazu, dass der größte Opernkomponist aus der Mitte des 19. Jahrhunderts in Ungnade fiel.

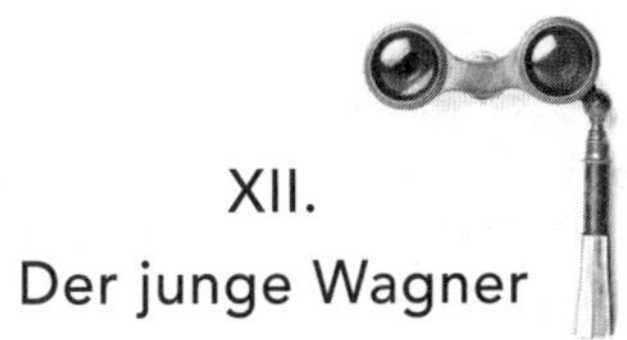

XII.
Der junge Wagner

1849 wurde Richard Wagner (1813–1883) wegen seiner Beteiligung an revolutionären Aktionen in Dresden 1848/49 als «Staatsverbrecher und Hochverräter» mit Haftbefehl gesucht. Meldungen, wonach er ein von der Polizei gejagter Mann war, erschienen in mehreren Zeitungen, eine sogar noch Jahre später – am 11. Juli 1853 in einem Blatt namens *Eberhardts Allgemeiner Polizei-Anzeiger.* (Wagner befand sich nach wie vor auf freiem Fuß.) Das lithographische Porträt des Komponisten, das die Meldung zierte, war nicht gerade schmeichelhaft: Seine Kinnpartie wirkt stark vergrößert. Im zugehörigen Text heißt es, der «ehemalige Kapellmeister und politische Flüchtling aus Dresden … soll dem Vernehmen nach beabsichtigen, sich von Zürich aus, woselbst er sich gegenwärtig aufhält, nach Deutschland zu begeben. Behufs seiner Habhaftwerdung wird ein Porträt Wagners, der im Betretungsfalle zu verhaften und an das königl. Stadtgericht zu Dresden abzuliefern sein dürfte, hier beigefügt.»[1] Die ursprüngliche behördliche Bekanntmachung vom 16. Mai 1849 fiel etwas kürzer aus: «Es werden daher alle Polizeibehörden … ersucht, Wagner im Betretungsfall zu verhaften und davon uns schleunigst Nachricht zu erteilen. … Wagner ist 37–38 Jahre alt, mittlerer Statur, hat braunes Haar und trägt eine Brille.»[2] Wie alle Celebrities, so gehörte auch Wagner zu denen, die immer die Brille abnahmen, wenn sie fotografiert wurden oder für ein Porträt Modell saßen. Nur ganz wenige spontan entstandene Bilder – Amateurskizzen von Leuten, die ihn bei Proben beobachteten – verraten uns, dass es mit seiner Sehkraft nicht zum Besten bestellt war.

Wir beginnen mit dem von der Polizei gesuchten Wagner, weil es zuweilen den Anschein hat, als sei er immer ein Gesuchter geblieben: als der umstrittenste, politisch fragwürdigste Musiker in der Geschichte der abendländischen Musik; als «Hitlers Lieblingskomponist»; als uneinsichtiger Antisemit, dessen Neigung, jede Idee, die ihm in den Sinn kam, öffentlich zu machen, und uns zahlreiche Zeugnisse seiner teils ungenießbaren Gedanken hinterlassen hat. Er war gewohnheitsmäßig verschuldet, betrog seine Frau (etwas, worin ihm freilich viele seiner komponierenden Rivalen in nichts nachstanden) und erleichterte König Ludwig II. von Bayern um enorme Beträge, mit denen er nicht nur hochfliegende Opernträume, sondern auch seine nie erlahmende Leidenschaft für Morgenmäntel aus Seide finanzierte; er war ein finsterer Magier, der darauf aus war, die Besucher seiner Opern ihrer Ratio zu berauben, indem er sie in einem dunklen Theatersaal gefangen hielt, den klangliche und visuelle Spektakel erfüllten, die unmittelbar seiner, Wagners Fantasie entsprungen schienen und den künstlerischen Errungenschaften der Vergangenheit kaum Tribut zollten. Wagner ist für viele und aus vielen Gründen eine Reizfigur. Er schrieb das Regelwerk der Oper neu, auch wenn das den meisten erst gegen Ende der 1850er Jahre dämmerte. Vor Wagner war allen Opern (gleich, in welcher Sprache sie geschrieben wurden) der Gebrauch bestimmter musikalischer Formen gemein, dazu ein Konsens über das richtige Verhältnis zwischen Stimmen und Orchester. Nach Wagner konnten diese Formen und dieses Verhältnis nie wieder so in Beziehung zueinander treten wie zuvor.

Damit nicht genug: Indem Wagner das musikalische Denken ebenso revolutionierte wie die Vorstellungen über die Zeitregeln der Oper und ihre musikalische Rhetorik und radikal neue Ideen in die Opernproduktion und die Theaterarchitektur einbrachte, lud er seine Werke mit einer Wirkkraft auf, die weit über die Opernwelt hinausreichte. Wir können unschwer eine Liste von Komponisten zusammenstellen, die, obwohl sie nie die Absicht hatten, eine Oper zu schreiben oder die Oper zum Schwerpunkt ihrer Arbeit zu machen, erhebliche Anleihen an Wagners musikalischer Sprache aufnahmen: Anton Bruckner, Claude Debussy, Gustav Mahler, Nikolai Rimsky-Korsakov, Arnold Schönberg, Hugo Wolf. Wagner war mit anderen Worten ein wichtiger Schrittmacher der musikalischen Moderne, eine imposante, oft einschüchternde Vaterfigur, die einen schwer lastenden Schatten über das spätere 19. Jahrhundert (und auch die Zeit danach) warf. Mit seiner Musik und seinen Theorien fesselte Wagner auch die Fantasie von Künstlern außermusikalischer Sparten, wie es vor ihm kein reiner Opernkomponist je vermocht hatte. In Frankreich war Wagner die wichtigste Inspirationsquelle des Literaten Charles Baudelaire, wie dieser in einem berühmten, 1860 an Wagner geschriebenen Brief bekannte, der nicht abgeschickt, aber später als journalistische Arbeit veröffentlicht wurde. Aus Baudelaires Schwärmerei sprach ein durchaus

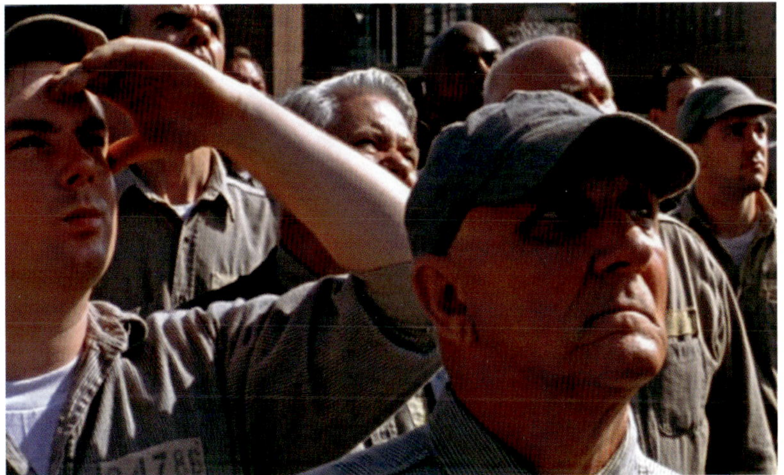

1. Eine Szene aus Frank Darabonts Film *The Shawshank Redemption* (1994). Häftlinge auf dem Hof eines brutalen US-amerikanischen Gefängnisses verfallen in ergriffenes Schweigen, als einer ihrer Mitgefangenen über das Lautsprechersystem das Duett «Sull'aria» aus dem dritten Akt von Mozarts Oper *Le nozze di Figaro* abspielt.

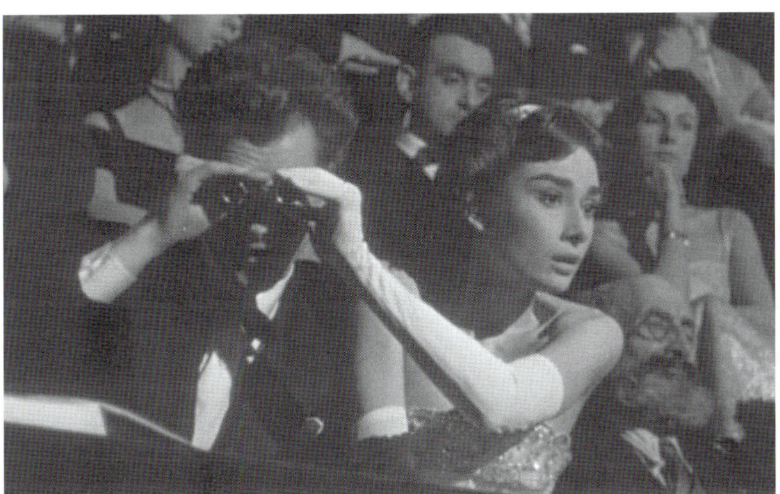

2. *Tristan* in der Pariser Opéra, wie Billy Wilder es sich für seinen Film *Love in the Afternoon* (1957) vorstellte. Ablenkungen noch und noch: Audrey Hepburn hat unten auf den teuren Plätzen Gary Cooper entdeckt, während ihr Begleiter vom Konservatorium aufmerksam den Dirigenten beobachtet und die Partitur mitliest. Hinter ihnen gewöhnliche Opernbesucher, die das Bühnengeschehen verfolgen.

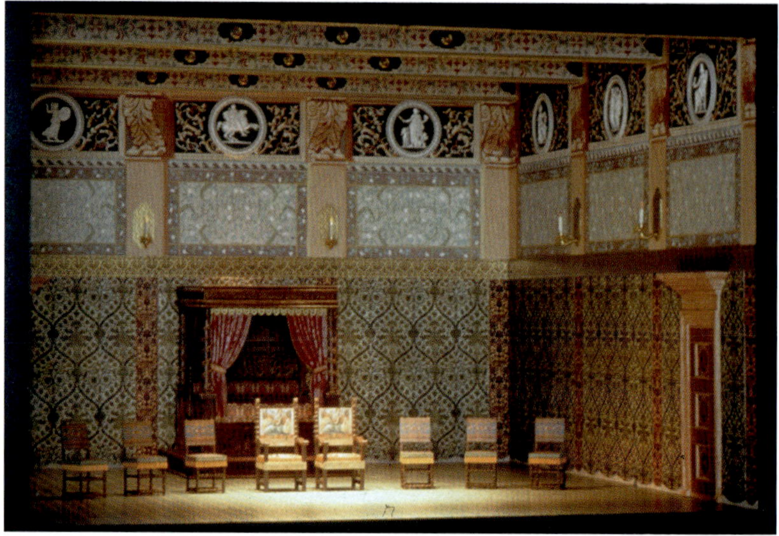

3. Rekonstruktion des Saals im herzoglichen Palast zu Mantua, in dem 1607 Monteverdis Oper *Orfeo* uraufgeführt wurde. Es dürfte eine eher intime Aufführung vor erlesenem Publikum gewesen sein.

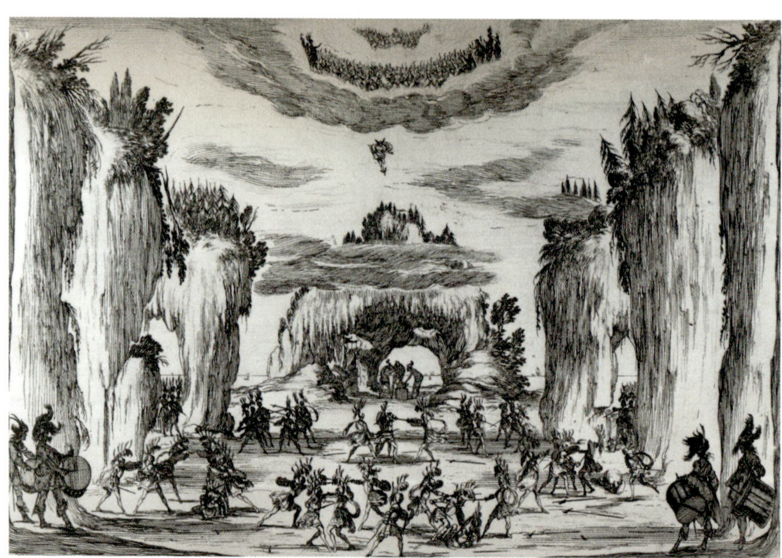

4. *Le nozze degli dei* («Die Hochzeit der Götter»), eine *favola* von Giovanni Carlo Coppola, aufgeführt in Florenz anlässlich einer königlichen Hochzeit im Jahr 1637; das Bild vermittelt eine Vorstellung von den szenischen Wunderwerken, die für ein höfisches Mythenspektakel dieser Art aufgebaut werden konnten.

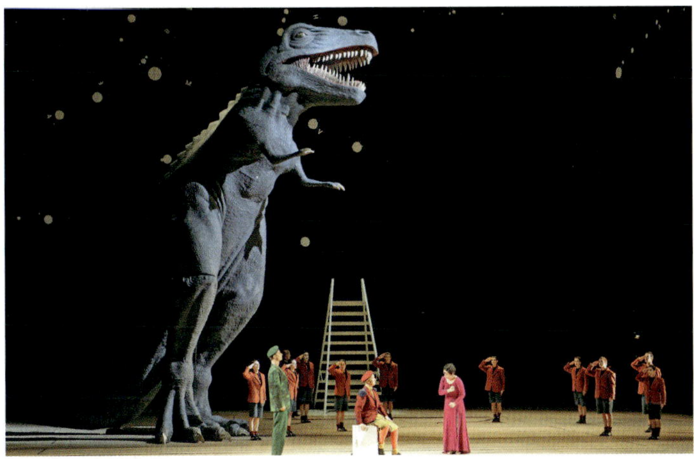

5. Nach zwei Jahrhunderten einer fast vollständigen Vernachlässigung sind im Lauf der letzten 30 Jahre die Opern Händels wiederentdeckt und neu auf die Bühne gebracht worden, oft in Form überraschender, postmoderner Inszenierungen. Dieses Szenenfoto stammt aus der Oper *Giulio Cesare in Egitto,* die am Bayerischen Staatstheater die Münchener Händel-Renaissance markierte. Diese Inszenierung mit weit über 100 Aufführungen sorgte von 1994 bis 2006 stets für ein ausverkauftes Haus.

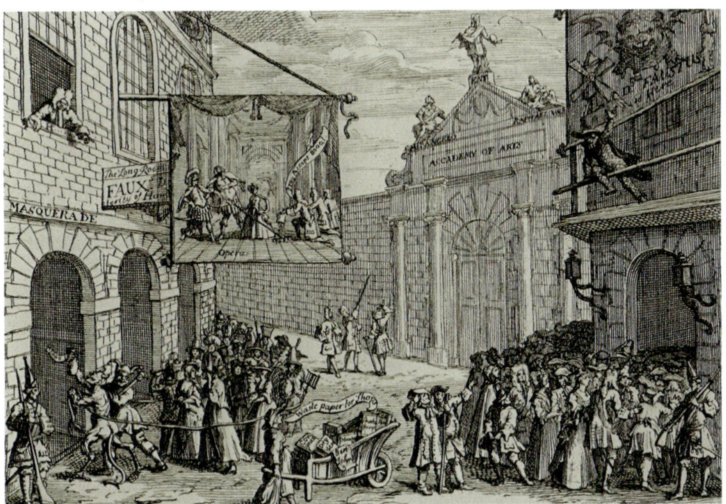

6. Vielen Londonern des 18. Jahrhunderts war das Eindringen der Oper in die britische Kultur nicht geheuer. William Hogarths Radierung *Masquerades and Operas (or the Bad Taste of the Town)* von 1724 zeigt das Gedränge vor den Eingängen zu Theatern, in denen hochbezahlte Kastraten für musikalische Unterhaltung sorgten; im Vordergrund entsorgt eine Frau per Schubkarre die nicht mehr gefragten Schätze der britischen Literatur.

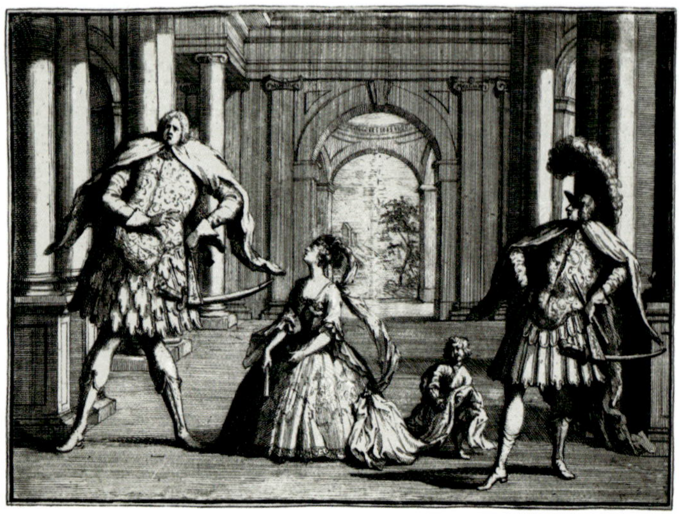

7. Zwei berühmte Kastraten, Senesino und Gaetano Berenstadt, flankieren die ebenso berühmte Sopranistin Francesca Cazzoni, vielleicht in einer Aufführung von Händels *Flavio* (1723). Dass Kastraten oft einen kräftigen Wuchs und körperliche Fehlbildungen entwickelten, wird auf diesem Bild in gruseliger Übertreibung dargestellt.

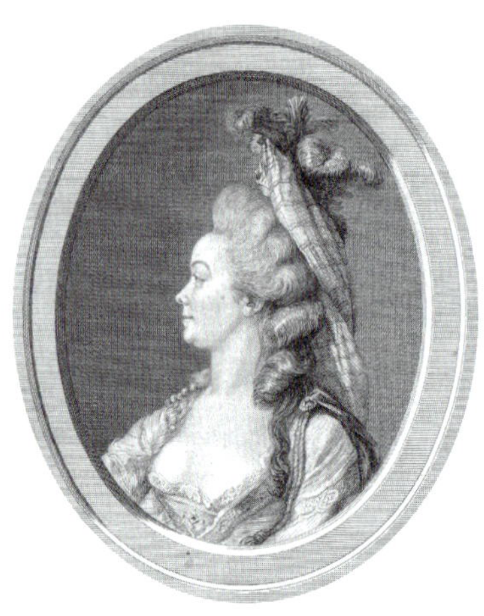

8. Rosalie Levasseur (1749–1826), eine von Glucks Lieblings-Sängerinnen, gab bei der französischen Uraufführung von *Orphée* (1774) die Eurydike, wenig später die Titelrolle in *Alceste* (1776); sie spielte auch tragende Rollen in mehreren anderen seiner französischen Opern.

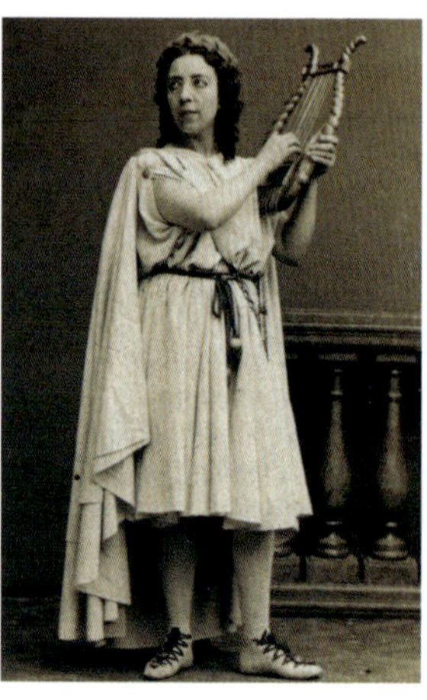

9. Pauline Viardot (1821–1910) als Orphée in einer Reprise von Glucks *Orphée* 1859 in Paris. Ihr eher schlichtes Kostüm und ihre unaffektierte Pose deuten darauf hin, dass die klassische Strenge der Gluck'schen Reformoper auch noch ein Jahrhundert später Anklang fand.

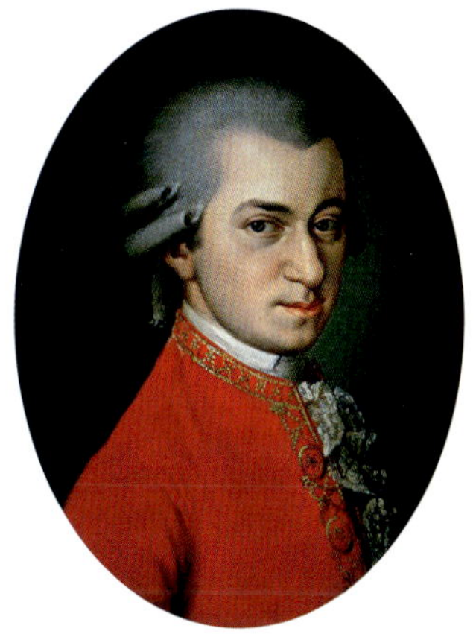

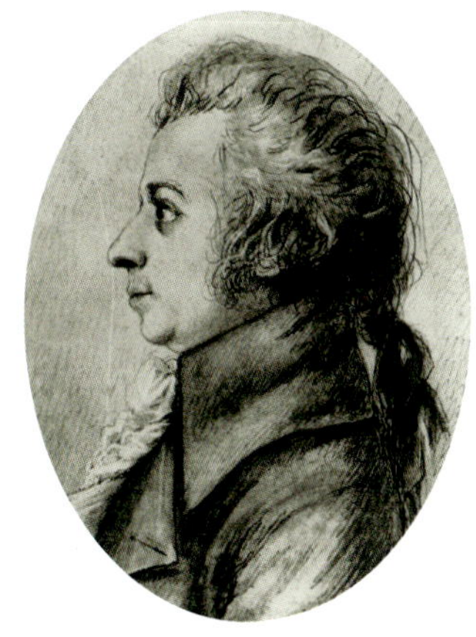

10. Der öffentliche Mozart. Der Komponist als steifer, Perücke tragender Höfling. Dieses Porträt von Barbara Krafft stammt aus dem Jahr 1819 (als Mozart schon fast 20 Jahre tot war), basiert aber auf zeitgenössischen Vorlagen.

11. Der private Mozart. Diese Silberstift-Zeichnung von Dora Stock aus dem Jahr 1789 wirkt sehr viel moderner. Für diejenigen, die den Komponisten gut kannten, war dies eines seiner besten Konterfeis.

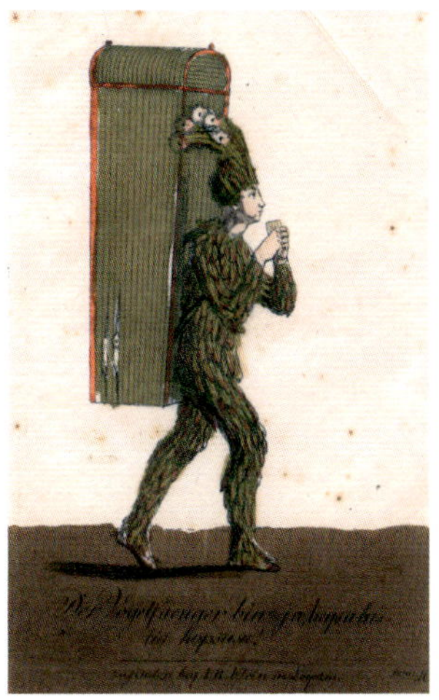

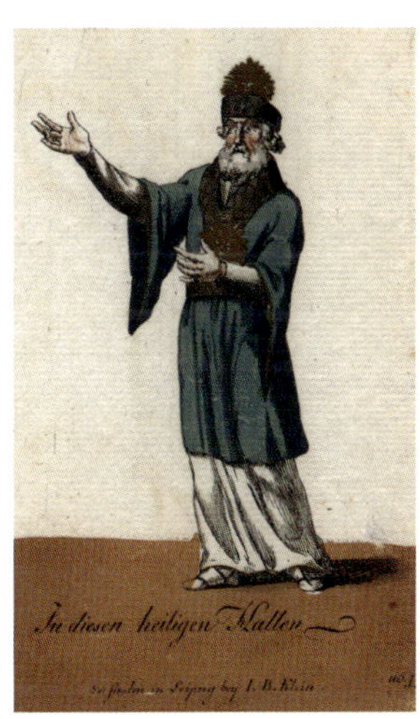

12. und 13. Nahezu zeitgenössische Darstellungen von Papageno und Sarastro aus *Die Zauberflöte*. Diese kolorierten Stiche von 1793 stammen aus einer Serie von zwölf Illustrationen von Johann Salomon Richter (1761–1802). Papageno hat sehr viel mehr Ähnlichkeit mit einem Menschen als mit einem Vogel und trägt einen übergroßen Vogelkäfig auf dem Rücken. Sarastro mutet mit weißem Bart, Sandalen, Robe und Sonnenornamenten wie eine Kreuzung aus ägyptischem Priester und Freimaurer an, was die vielen geschichtlichen Bezüge im Libretto der *Zauberflöte* spiegelt.

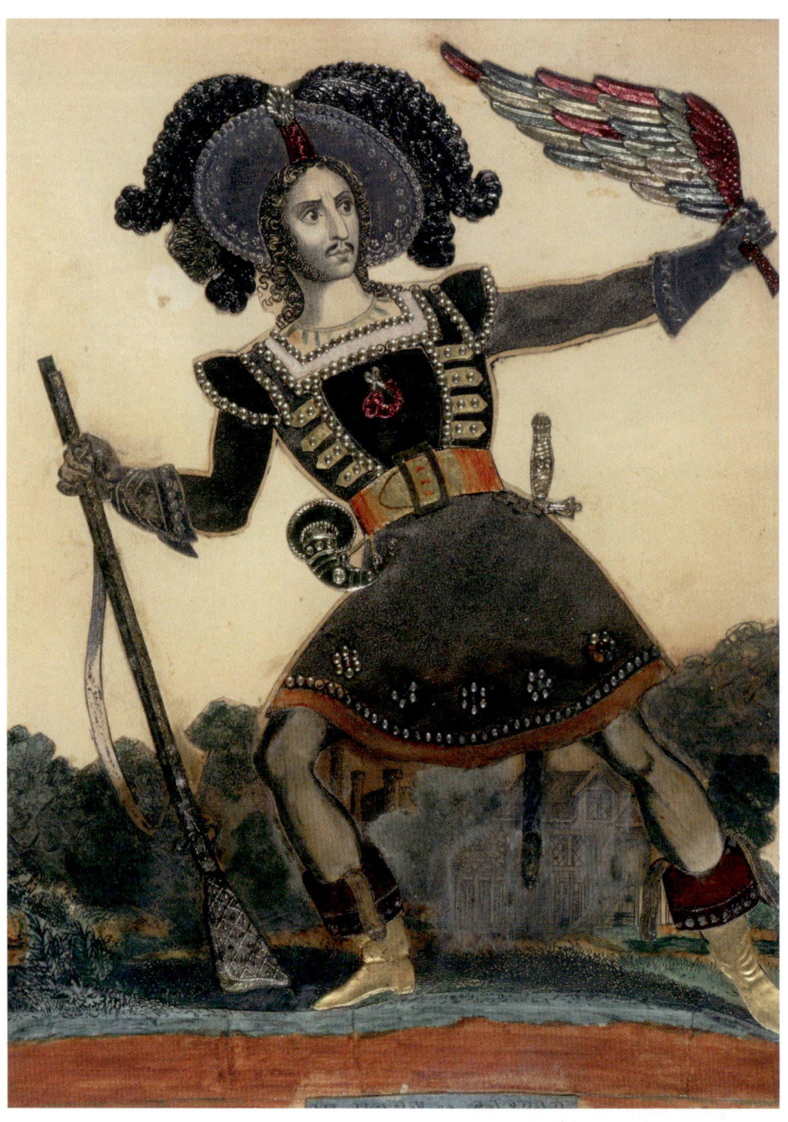

14. Charles Edward Horn (1786–1849) als Caspar in einer englischsprachigen Aufführung von Webers *Der Freischütz* (London 1824), mit Flinte, Jagdhorn und Schwert (Letzteres eher überflüssig). In einem viele Jahre später erschienenen Rückblick auf das Ereignis schrieb die *Musical World* (23. März 1850), Horn habe «keine Stimme gehabt, diesen Mangel aber durch Gestik und Haltung wettgemacht».

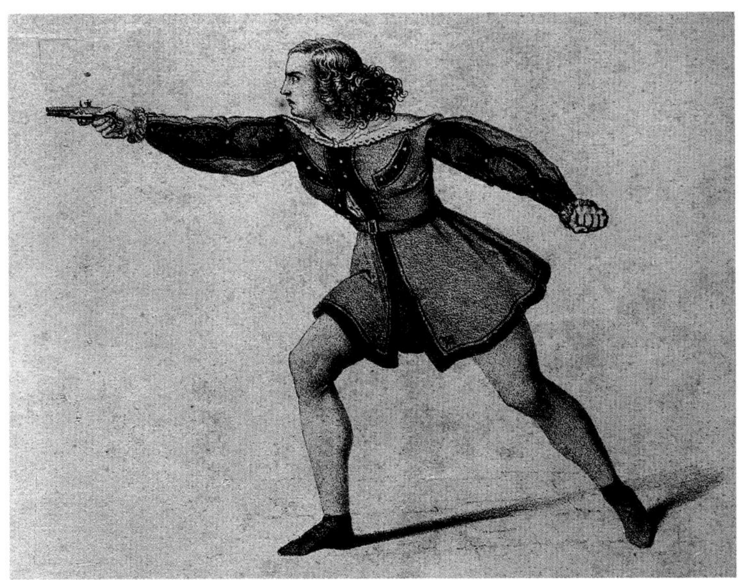

15. Wilhelmine Schröder-Devrient (1804–1860) als Fidelio im zweiten Akt der Beethoven-Oper. Als Mann verkleidet, gespannt wie eine Feder und bereit, gegen den Tyrannen zu kämpfen, gehörte sie zu den vielen weiblichen Symbolfiguren der im frühen 19. Jahrhundert besungenen «Freiheit auf den Barrikaden».

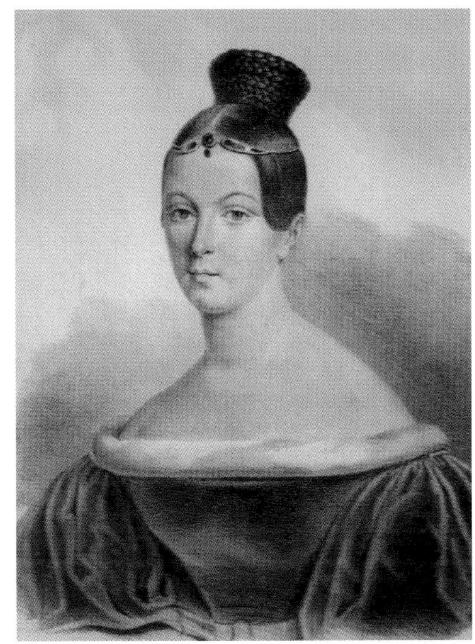

16. Caroline Ungher (1803–1877) auf einem sehr viel konventionelleren Porträtkupferstich. Geboren in Wien, sang sie bei der ersten Aufführung von Beethovens *Neunter Sinfonie*, erwarb sich ihren größten Ruhm aber in Italien als eine der Pionierinnen eines neuen, kraftvollen, nicht ganz dem Belcanto-Ideal entsprechenden Opernsoprans.

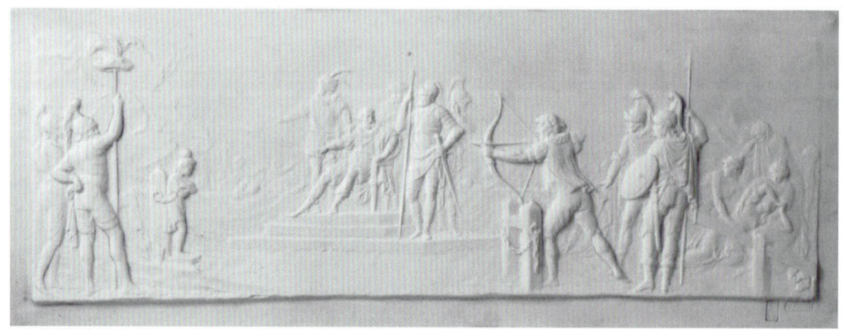

17. Ein Rossini-Souvenir. Die berühmte «Apfelszene» aus *Guillaume Tell* (1829) auf einer Kachel aus Sèvres-Porzellan.

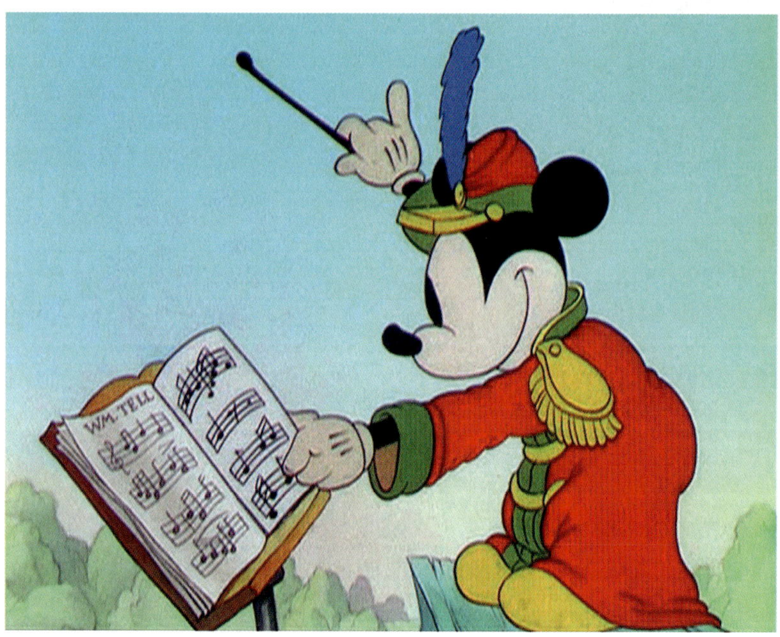

18. Rossini in der Populärkultur. In dem Film *The Band Concert* (1938) dirigiert Micky Maus die Ouvertüre aus *Guillaume Tell*. Immer wieder wird die Ouvertüre von dem volkstümlichen Fiddle-Stück «Turkey in the Straw» unterbrochen, ähnlich wie in dem Film *A Night at the Opera* (ebenfalls 1935) der Gassenhauer «Take me out to the Ball Game» die Aufführung von *Il trovatore* unterbricht.

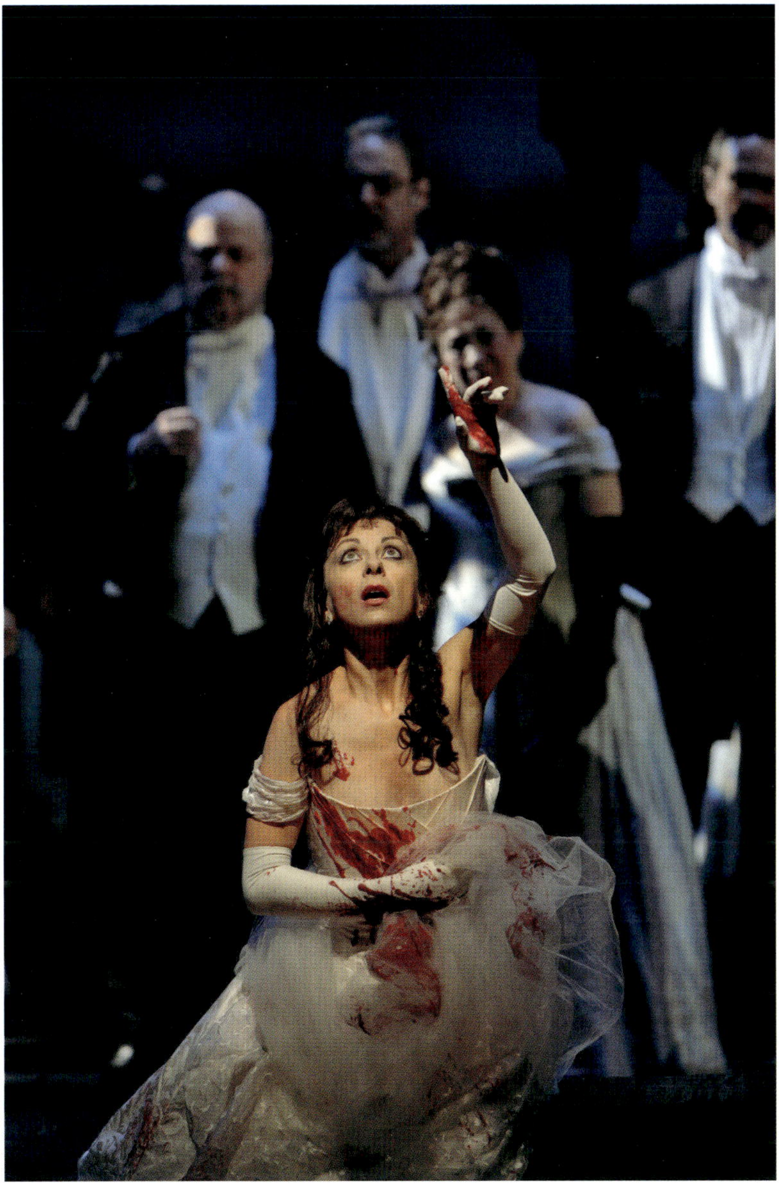

19. Opernzuschauer auf und vor der Bühne. Natalie Dessay als Donizettis Lucia 2007 an der Metropolitan Opera unter der Regie von Mary Zimmerman. In ihrer berühmten Wahnsinnsszene erscheint Lucia vor der versammelten Gesellschaft, nachdem sie an ihrem Hochzeitsabend ihren Mann Arturo erstochen hat. Der Kontrast zwischen dem weißen Kleid und den blutigen Händen besitzt nach wie vor Schockpotential.

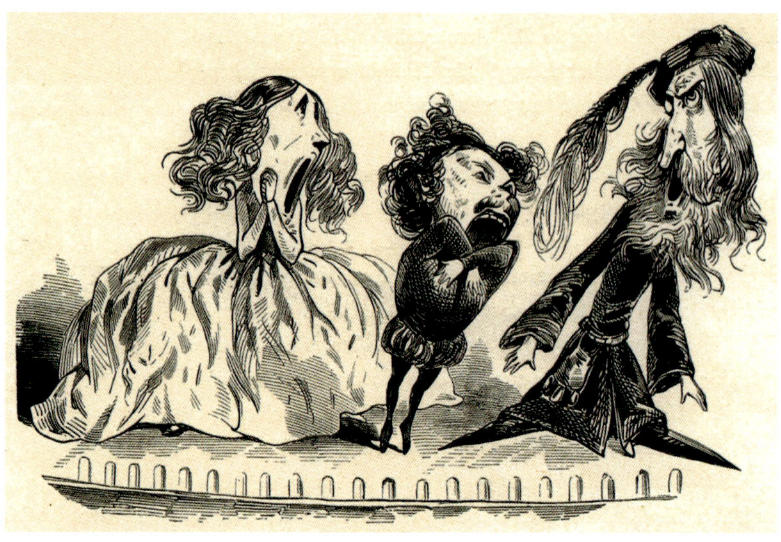

20. Eine Karikatur von Gustave Doré aus den 1860er Jahren. Die grotesken Fratzen, die die Sänger ziehen, veranschaulichen die Anspannung und die Strapazen, die typisch für den Opernbetrieb geworden waren, wo Stimmgewalt Vorrang vor gepflegter Gesangskultur hatte.

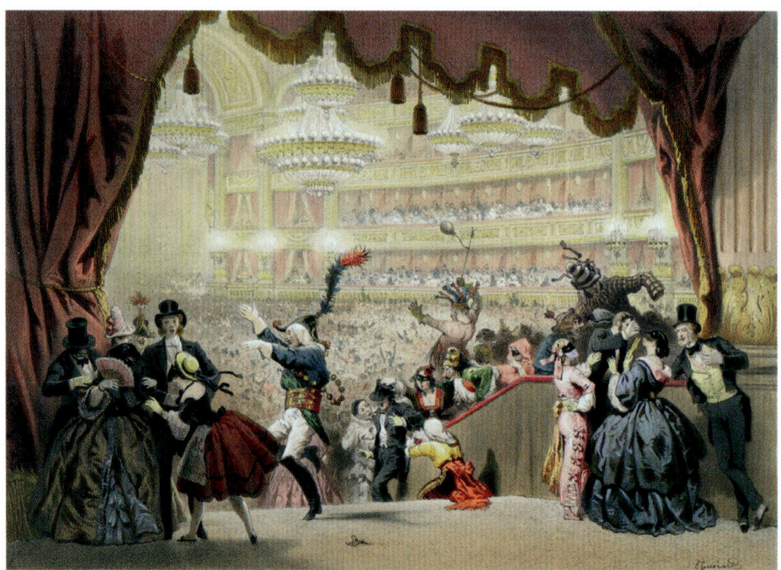

21. *Un bal de l'Opéra*, kolorierte Lithographie aus dem mittleren 19. Jahrhundert von Eugène Charles François Guérard (1821–1866). Von 1821 bis 1873 fand der Pariser Opernball in der Salle Le Peletier statt, wo man als maskierter Ballbesucher nichts lieber tat, als alle Hemmungen aufzugeben.

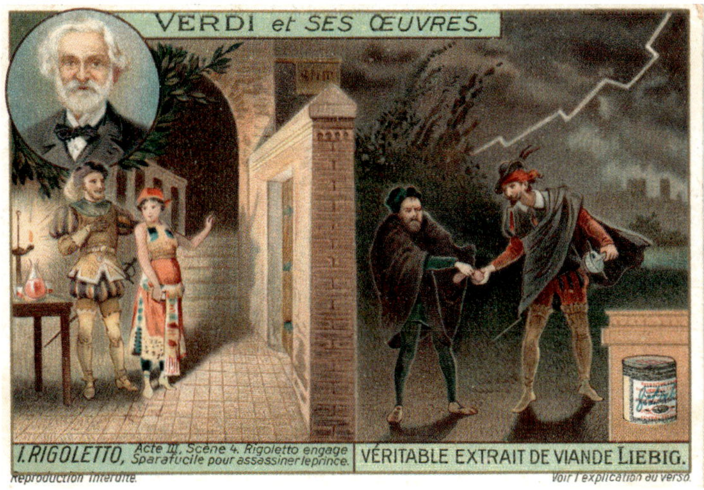

22. Die berühmte Szene aus dem dritten Akt des *Rigoletto* (1851) mit der geteilten Bühne, auf einer von der Firma Liebig, Herstellerin von Fleischextrakten, verbreiteten Bildkarte. Die Liebig'schen Opernkarten wurden von 1872 an bis weit ins 20. Jahrhundert hinein auf Deutsch, Französisch und in mehreren weiteren Sprachen gedruckt. Der Bouillon-Hersteller hat die Handlung der Oper freilich nach eigenem Gusto verändert: Rigoletto wird in Begleitung des gedungenen Mörders Sparafucile gezeigt anstatt mit seiner geliebten Tochter Gilda.

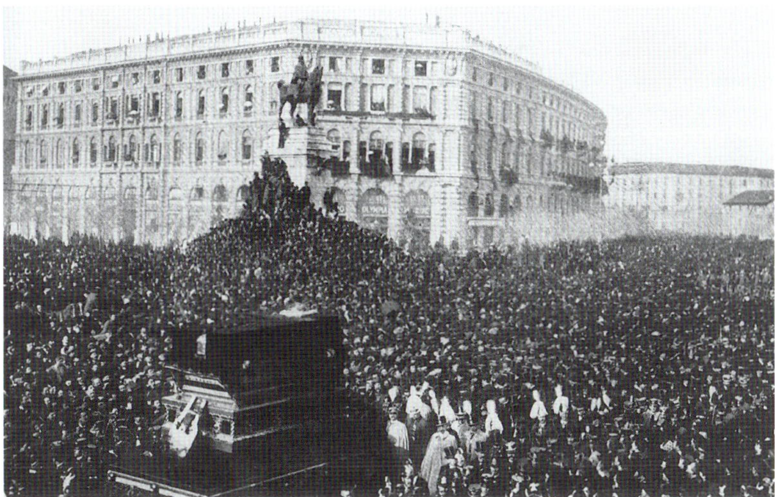

23. Die Totenfeier für Giuseppe Verdi 1901 in Mailand; nach Berichten nahmen daran 300 000 Menschen teil, mehr als die Hälfte aller Einwohner der Stadt. Obwohl seine frühen Opern aus den 1840er Jahren allenfalls sporadisch als politisch intendiert verstanden wurden, entwickelte sich ihr Komponist im späten 19. Jahrhundert zu einer potenten Symbolfigur der nationalen Einigung Italiens.

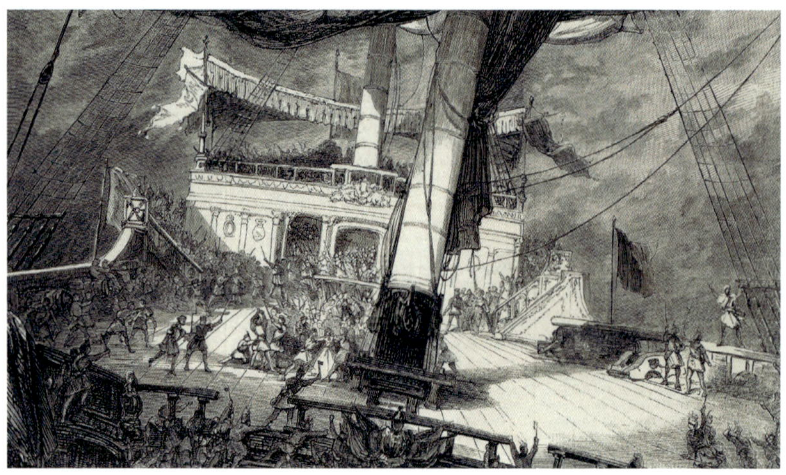

24. Der dritte Akt von Meyerbeers *L'Africaine* (1865) in der Pariser Opéra. Man sieht, was für ein bühnentechnischer Aufwand in diesem Theater betrieben wurde. Offenkundig gab es eine Vorliebe der Opernbesucher für bedrohlich schräg gestellte Szenenbilder und Kulissen, weit entfernt vom dem *juste-milieu*, mit dem das mittlere 19. Jahrhundert in Frankreich oft assoziiert wird.

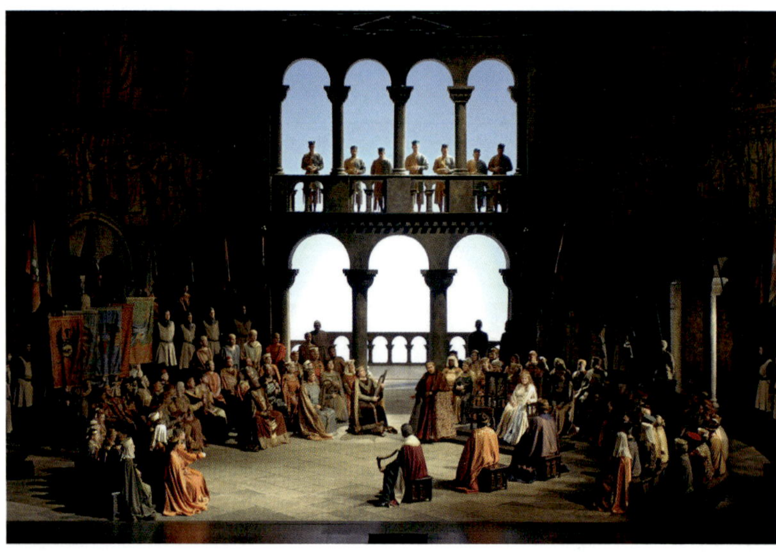

25. *Tannhäuser*: Der Sängerwettstreit auf der Wartburg in einer Inszenierung der Metropolitan Opera 2004. Diese überaus opulente Produktion, für deren Bühnenbild Günther Schneider-Siemssen verantwortlich zeichnete, zitiert und reproduziert die Farben- und Lichtfülle der deutschen romantischen Malerei des 19. Jahrhunderts und evoziert die Erinnerung an ein idealisiertes, längst untergegangenes Mittelalter.

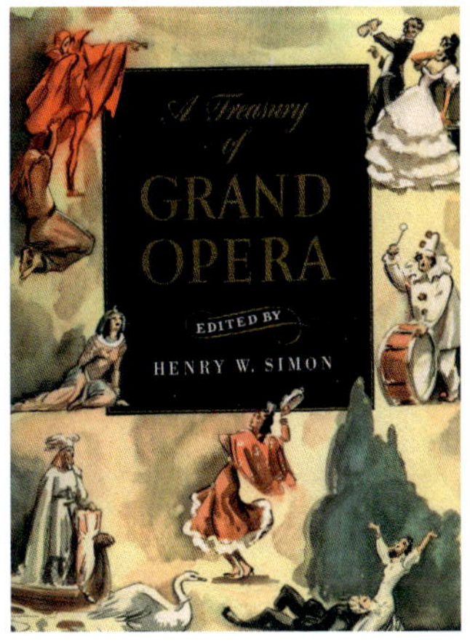

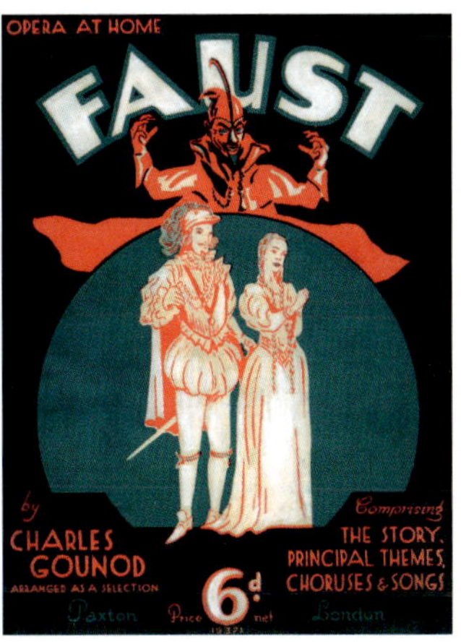

26. Der Einband des Buches *A Treasury of Grand Opera* (1946) mit einem Mosaik aus Szenen berühmter Werke, die dem Buch in vereinfachten Klavierauszügen (und für Amateurstimmen transponiert) beilagen. Man beachte die Zentralität der berühmtesten Zigeunerin der Operngeschichte.

27. Gounods *Faust* (1859) war eine der beliebtesten Opern des frühen 20. Jahrhunderts. Hier das Titelblatt eines 1931 erschienenen, erheblich gekürzten Arrangements für Solo-Piano, mit praktischerweise über die Notenlinien gesetzten Libretto-Texten.

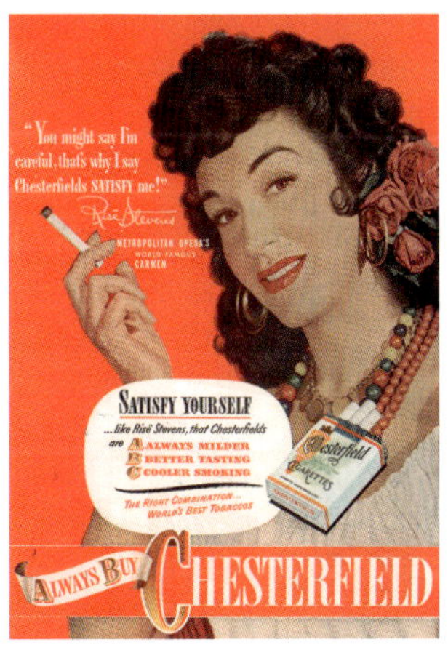

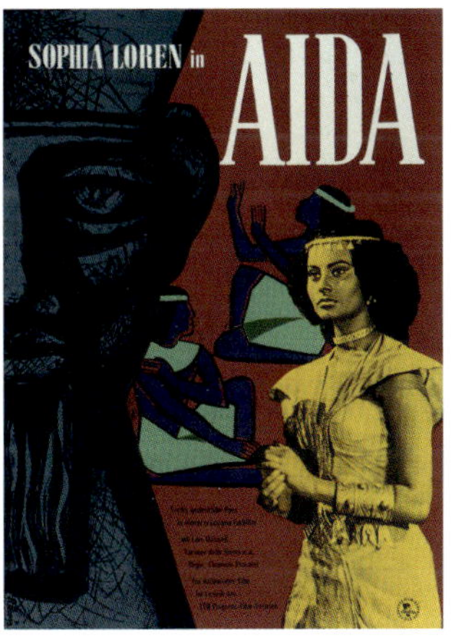

28. Risë Stevens, eine berühmte Carmen, auf einem Reklameplakat aus den 1950er Jahren. Die Werbebotschaft – sie bevorzugt die Marke Chesterfield, weil sie mit ihrer Stimme «vorsichtig» sein muss – ist ein weiteres Zeugnis einer verflossenen Ära.

29. Sophia Loren als Protagonistin in Clemente Fracassis Filmspektakel *Aida* nach Verdis Oper. Die Loren bewegt in dem Film nur die Lippen zum Gesang von Renata Tebaldi.

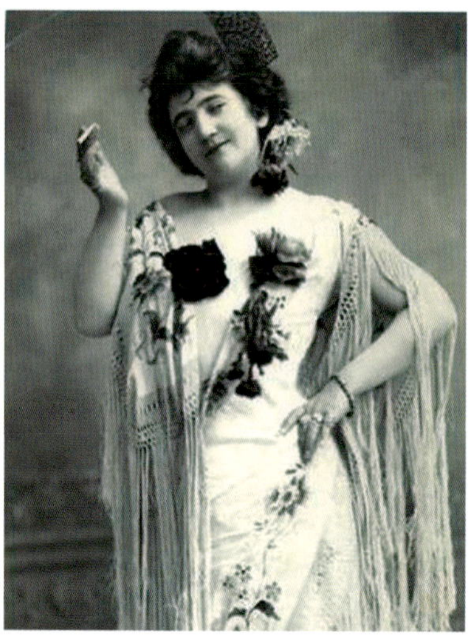

30. Emma Calvé (1858–1942) als Carmen, eine ihrer berühmtesten Rollen. Von der Calvé hieß es, sie habe für die Rolle tiefschürfende Recherchen betrieben, habe Spanien bereist und sogar Zigeunerlager besucht. George Bernard Shaw erklärte, Emma Calvé habe «Carmen den letzten Rest an Romantik und Achtbarkeit geraubt».

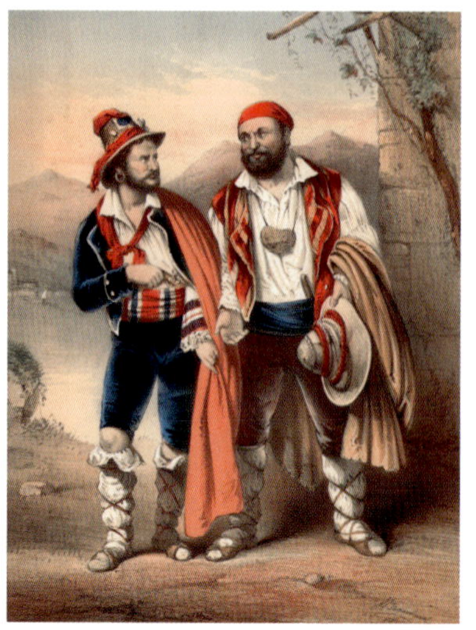

31. Zwei Spießgesellen in einer Reprise von Aubers *Fra Diavolo* (1830), 1857 in London. Wie ein Kritiker anmerkte, waren die beiden «die Inkarnation jener Mixtur aus dem Schrecklichen und dem Lächerlichen, die perfekte Exemplare des Grotesken hervorbringt». Ein anderer Kritiker fand «ihre Aufmachung unwiderstehlich».

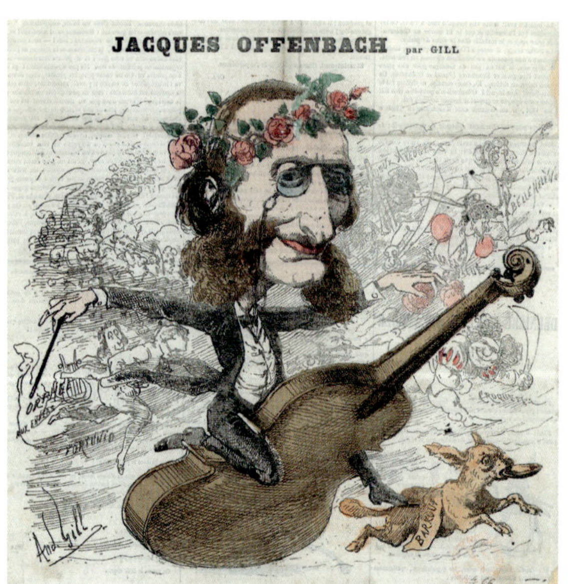

32. Jacques Offenbach in einer Karikatur von André Gill: von Girlanden bekränzt, mit dem Taktstock in der Hand auf seinem Cello reitend, umweht von Bildern aus seinen berühmtesten Werken. In dem Sketch *La Belle Hélène* (oben rechts) ist der Kopf Offenbachs auf Hélènes Körper verpflanzt.

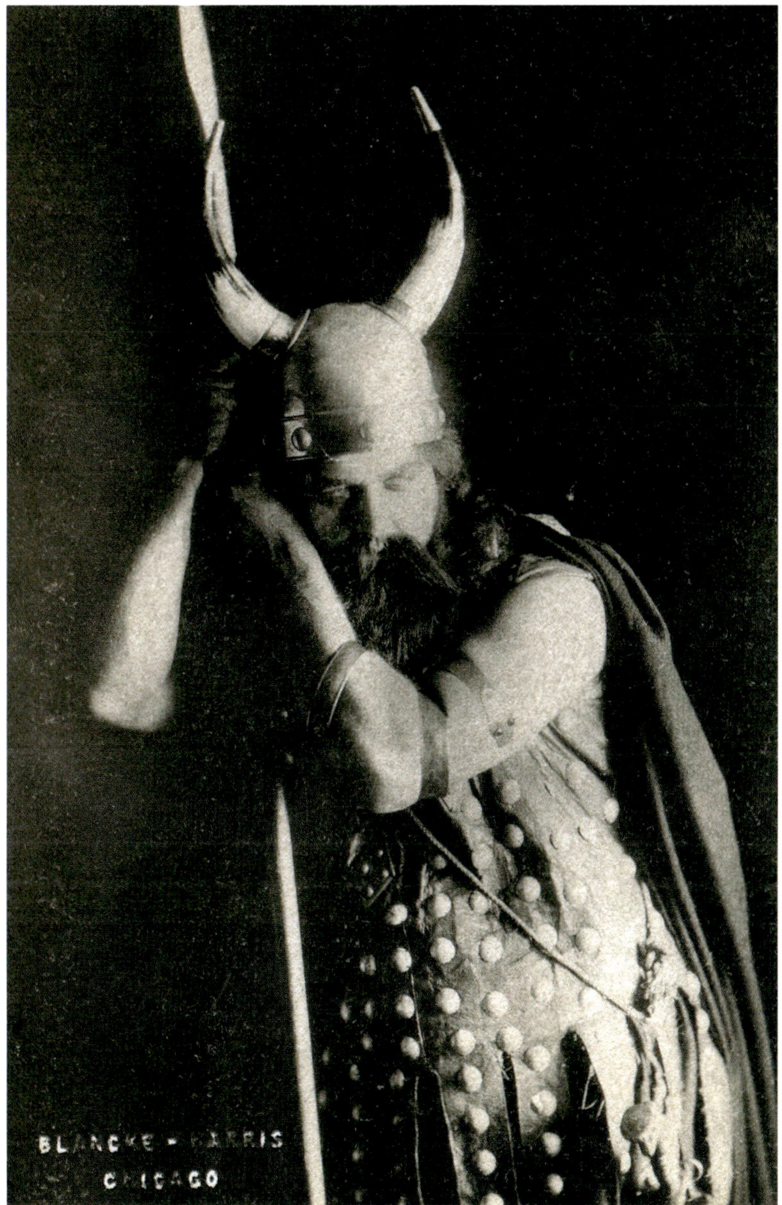

33. Der wagnerianische Antiheld: der US-amerikanische Bass Carl Cochems (1877–1954) als Hagen in Wagners *Götterdämmerung*, ca. 1910. Dieses atmosphärische Szenenfoto bildet einen schlagenden Kontrast zu den unverblümt heroischen Bildern zeitgenössischer Wagner-Interpreten in Rollen wie Siegfried, Brünnhilde oder Wotan.

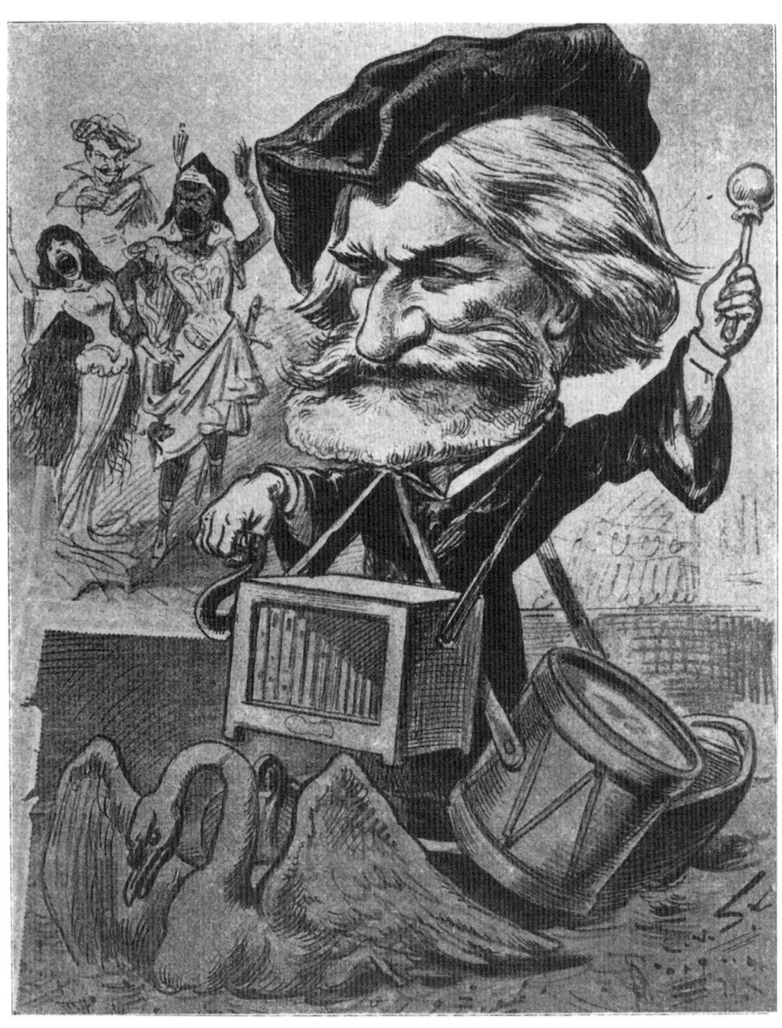

34. «Verdi, der Lateinische Wagner», eine 1887 veröffentlichte Karikatur von Carl von Stur. Sie entsprach einer beliebten Vorstellung vom alternden Verdi. Noch immer mit seiner großen Trommel und seinem Leierkasten bestückt, hat er die drei Hauptrollen seiner jüngsten Oper *Otello* hinter sich. Doch die Baskenmütze und der wütende Schwan (wahrscheinlich dem *Lohengrin* entsprungen) zeigen den Einfluss Wagners, dem keiner entkommen konnte.

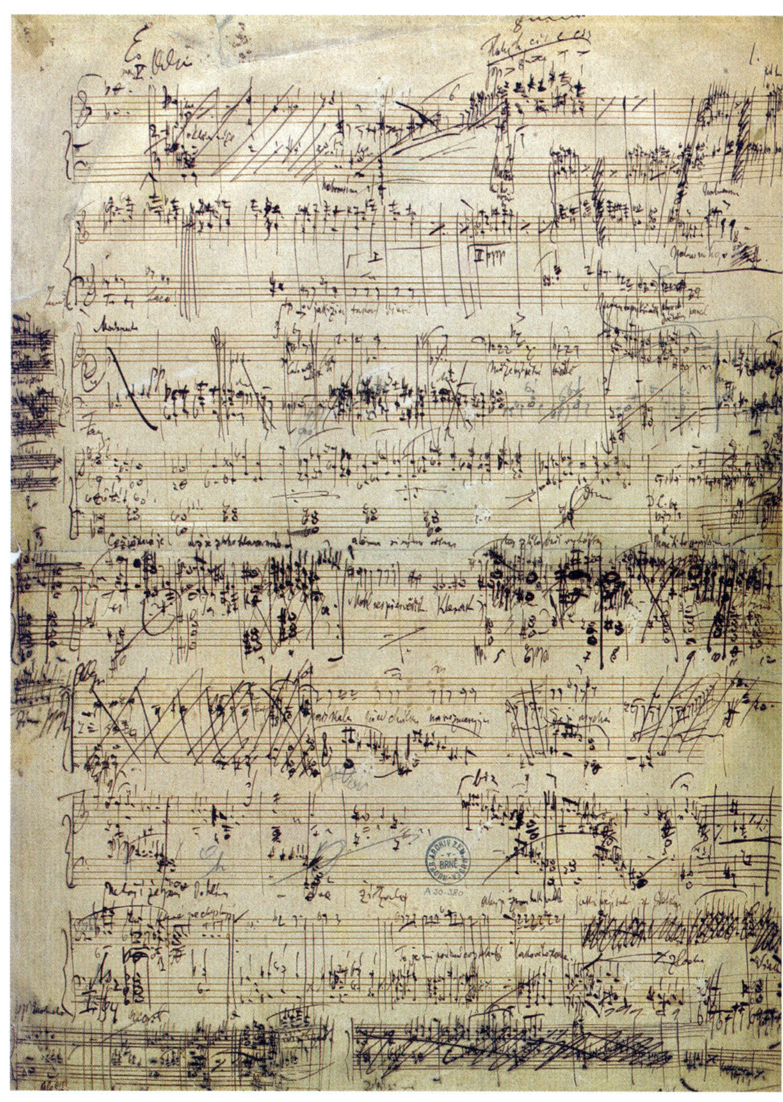

35. Moderne Oper als Plackerei. Leoš Janáčeks *Jenůfa* entstand zwischen 1894 und 1902 und wurde 1904 in Brünn uraufgeführt. Der schiere Schwierigkeitsgrad der Aufgabe und die vielfachen Änderungen der Überlegungen sind auf dieser Abbildung seiner Orchesterpartitur höchst anschaulich dokumentiert.

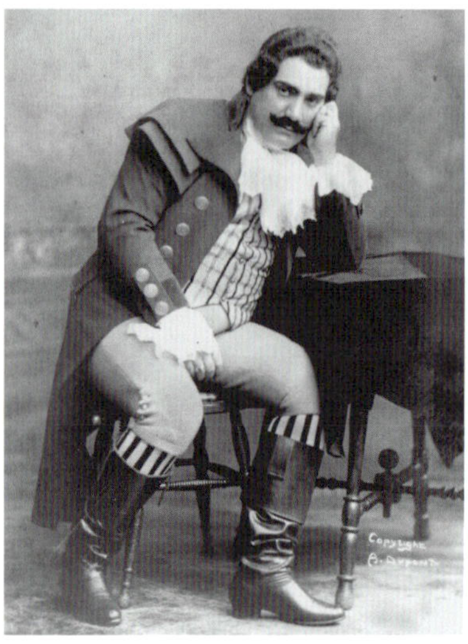

36. Enrico Caruso (1873–1921) als Cavaradossi in Puccinis *Tosca* (1900). Für viele seiner Zeitgenossen verkörperte Caruso die Idee des heroischen Tenors. Er war einer der ersten und einer der gewieftesten aus einer Generation von Sängern, die die neue Grammophon-Technik nutzten, um ihren Ruhm zu mehren.

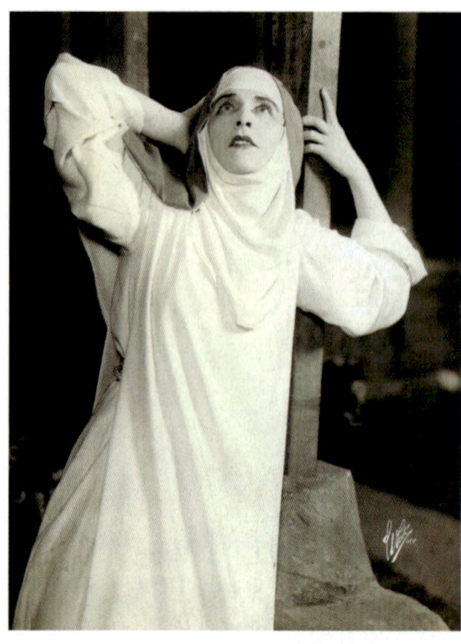

37. Geraldine Farrar (1882–1967) als Suor Angelica; sie gestaltete diese Rolle in Puccinis Oper von 1918. Farrar, eine der beliebtesten Sopranistinnen ihrer Zeit, machte viele Aufnahmen und spielte die Hauptrolle in einer 1915 entstandenen *Carmen*-Verfilmung von Cecil B. DeMille.

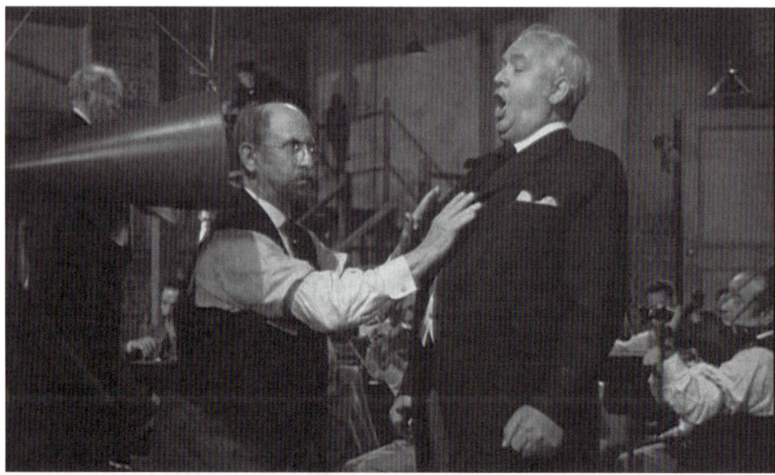

38. Lauritz Melchior (1890–1973) als «weltberühmter dänischer Tenor Olstrom» in dem Film *Two Sisters from Boston* (1946) bei der Aufnahme des Preisliedes aus Wagners *Die Meistersinger*. Der Film spielt in den Anfangsjahren des 20. Jahrhunderts, und in der Szene werden die Tonaufnahmetechniken jener Zeit nachgestellt.

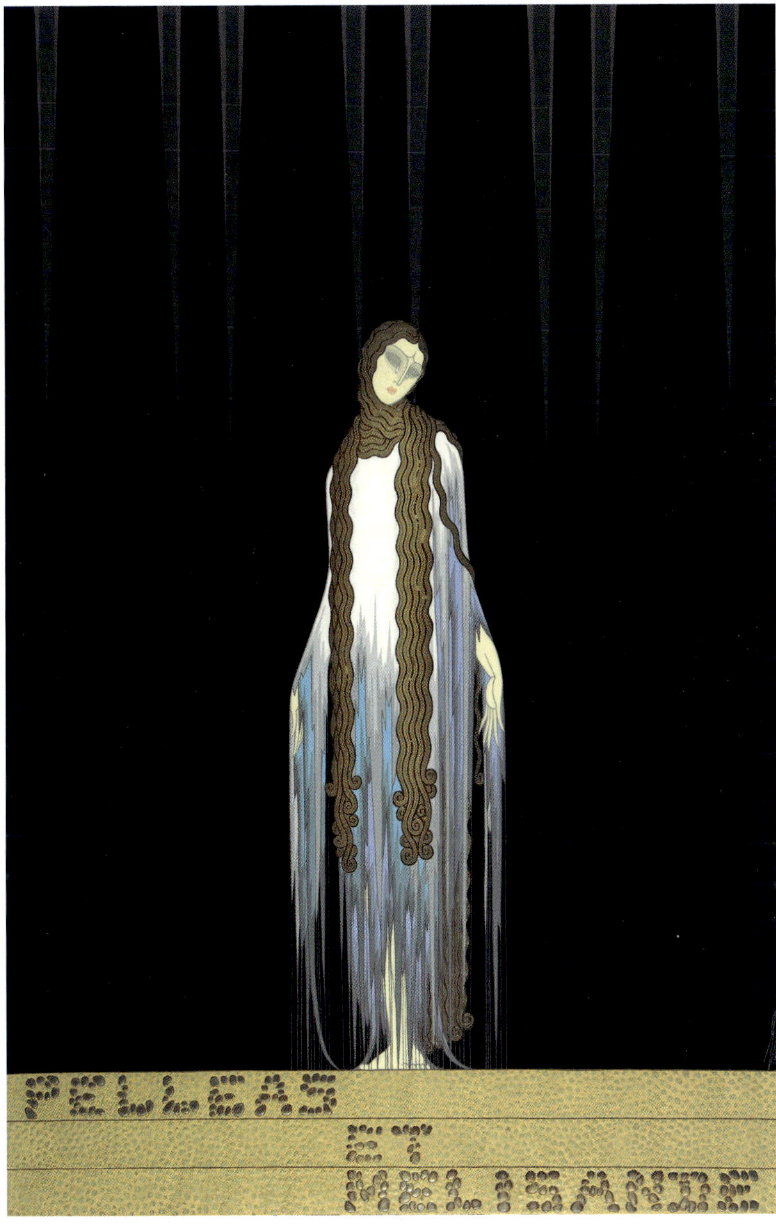

39. Kostüm für Mélisande von Erté (Romain de Tirtoff, 1892–1990), dem aus Russland stammenden französischen Künstler und Designer. Dieser Art-Déco-Entwurf für die Metropolitan Opera aus dem Jahr 1927 fängt die dunkleren Untertöne der Debussy-Oper ein: Lichtstrahlen wie Eiszapfen suggerieren Pfählungsgefahr, und das wie ein Seil gedrehte Haar der Protagonistin lässt sich ebenso gut als Schlinge wie als Schmuck interpretieren.

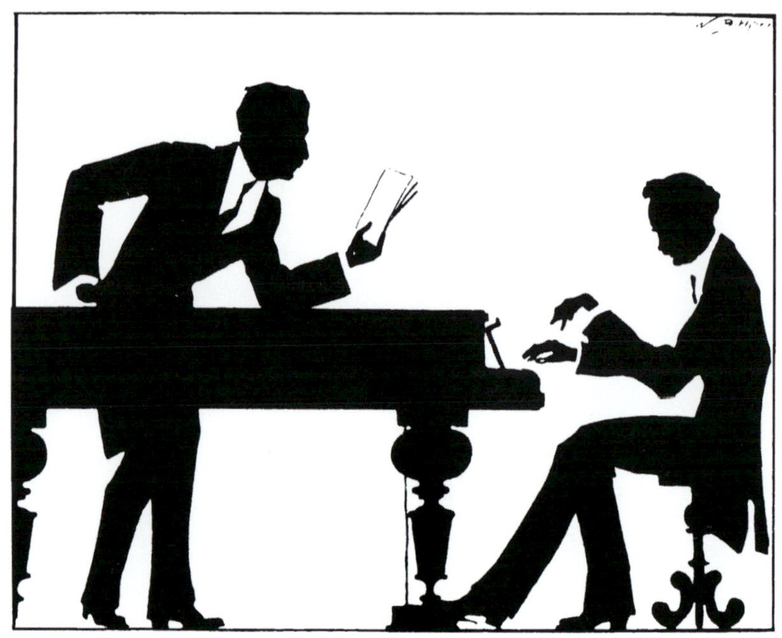

40. Hugo von Hofmannsthal mit Richard Strauss in einem 1914 entstandenen Scherenschnitt von Will Bithorn. Bis zu diesem Zeitpunkt hatten die beiden bei *Elektra* (1909), *Der Rosenkavalier* (1911) und bei der Erstfassung von *Ariadne auf Naxos* (1912) zusammengearbeitet.

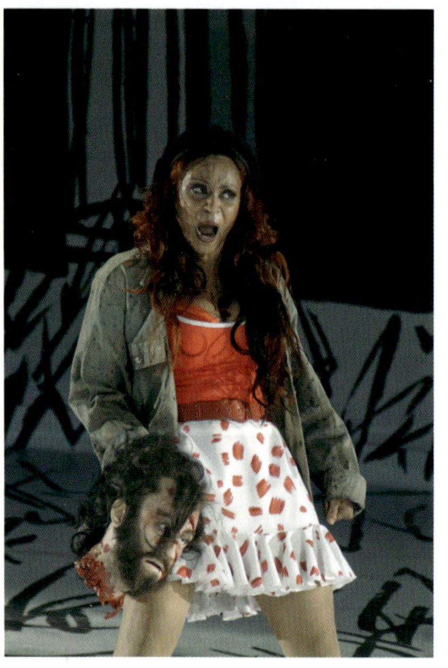

41. Morenike Fadayomi als Salome in der gleichnamigen Strauss-Oper an der Komischen Oper in Berlin (2011). Die Oper hatte in London seit fast einem Jahrhundert für Ärger gesorgt. Als Thomas Beecham sie 1910 auf die Bühne zu bringen versuchte, musste er akzeptieren, dass das abgeschlagene Haupt des Jochanaan durch ein blutiges Schwert ersetzt wurde. Als auch das als zu unappetitlich empfunden wurde, trat an die Stelle des Schwerts ein Tablett (ohne Kopf darauf).

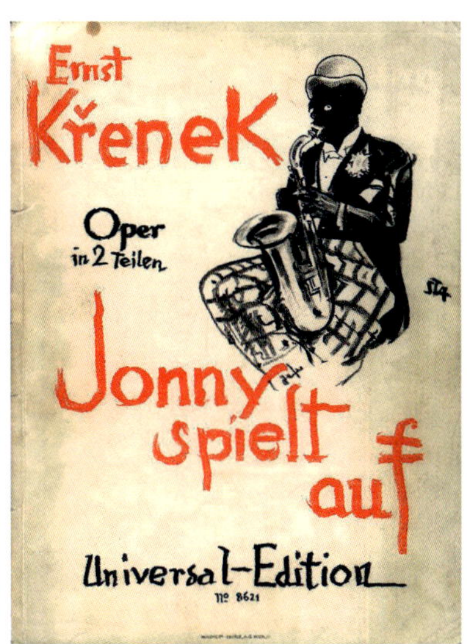

42. Klavierauszug von Ernst Kreneks Oper *Jonny spielt auf* (1927). Sechs Jahre später, zu Beginn der nationalsozialistischen Herrschaft, wurde die Oper in Deutschland verboten – keine große Überraschung angesichts ihres jazzlastigen Themas.

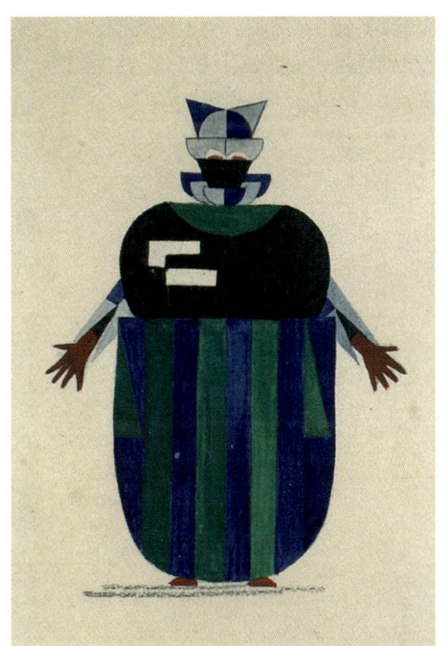

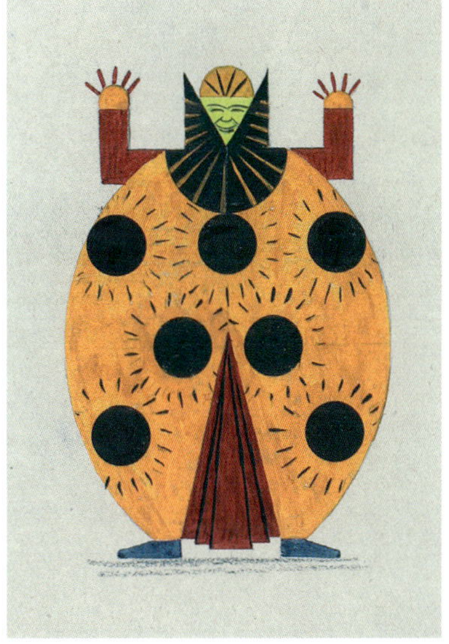

43 und 44. Kostümentwürfe von Eduard Milén für die Erstaufführung von Janáčeks *Das schlaue Füchslein* (Brünn, 1924).

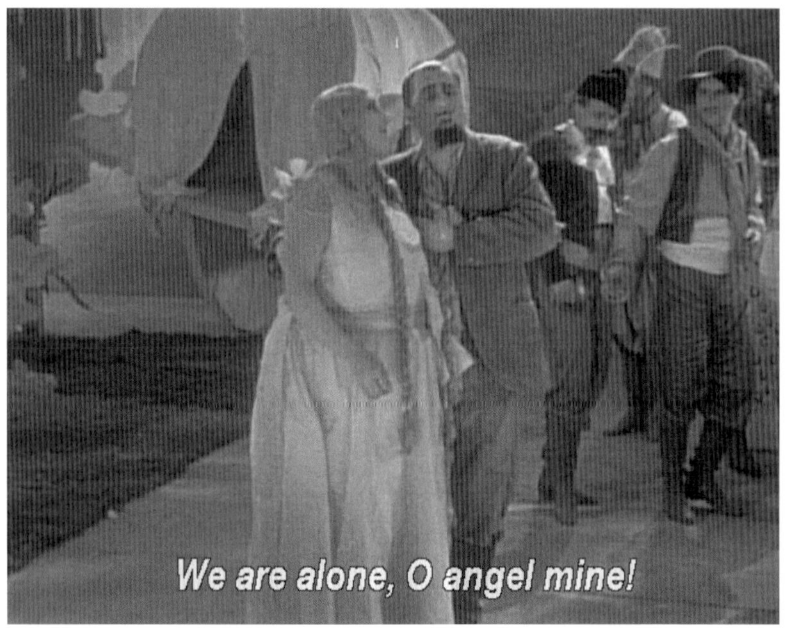

45. In René Clairs musikalischer Filmkomödie *Le Million* (1931) wird eine Oper namens *Les Bohémiens* aufgeführt. Die einleitenden Worte des Tenors, «We are alone, O angel mine!», lösen bei den umstehenden Räubern Verwirrung aus. *Le Million* zollt der betörenden Absurdität der Oper ebenso Tribut wie ihrer umgestaltenden Kraft.

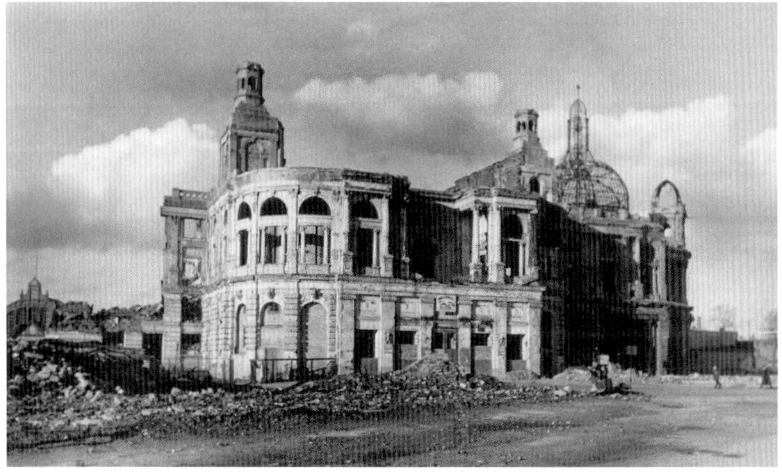

46. Eines der Hamburger Opernhäuser im Jahr 1945, schwer beschädigt nach einem Luftangriff der Alliierten. Das Haus wurde erst 1955 wieder eröffnet.

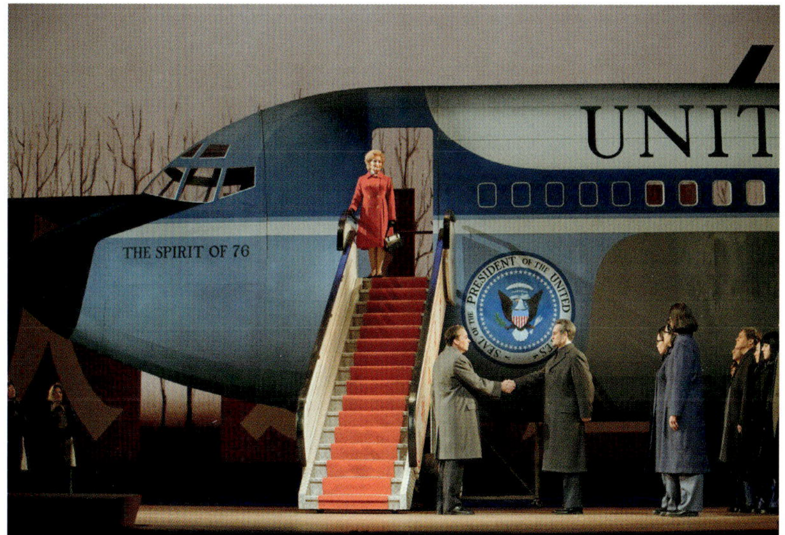

47. John Adams› *Nixon in China* (1987) bei seiner Premiere an der Metropolitan Opera 2011. Regie führte Peter Sellars. Diese Szene illustriert die epische Aufarbeitung einer Episode aus der jüngeren Geschichte (mit einem bemerkenswert negativ besetzten Protagonisten) durch die Oper.

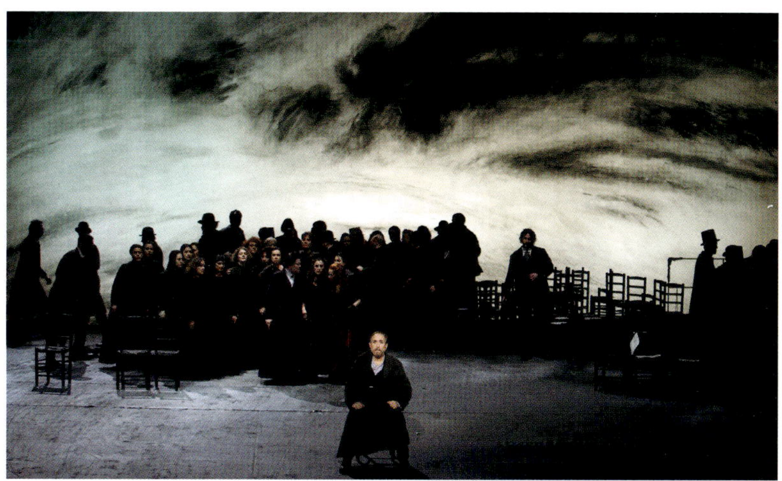

48. Der Tenor Neil Shicoff als Peter Grimes in Willy Deckers Inszenierung von Brittens Oper am Teatro Regio in Turin (Saison 2009/10). *Peter Grimes*, eine der letzten Opern, die sich einen festen Platz im Repertoire erobern konnten, hat bewiesen, dass sie sich leicht an wechselnde Inszenierungsmoden anpassen lässt.

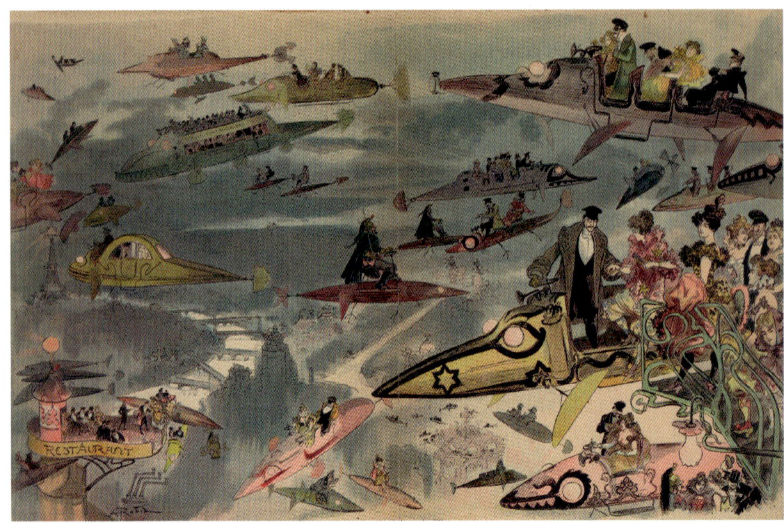

49. Auf dem Heimweg nach der Oper. Diese Lithographie aus den frühen 1880er Jahren zeigt abreisende Besucher (und womöglich auch den einen oder anderen kostümierten Darsteller) nach einer Vorstellung in der Pariser Opéra «im Jahr 2000». Offene Flugboote (auf Wunsch mit Schutzbrille für Passagiere) waren in dieser imaginierten Zukunft die Verkehrsmittel der Wahl.

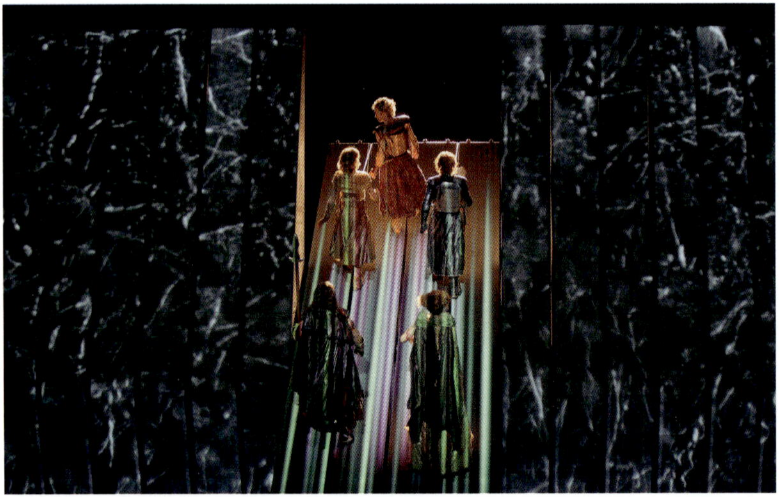

50. Ein letzter Blick. Die Götter schreiten senkrecht die Regenbogenbrücke hinauf. Szenenbild aus Robert Lepages Inszenierung von Wagners *Das Rheingold* an der New Yorker Metropolitan Opera 2010. Froh wirft einen Blick zurück. Ob das eine Anspielung auf Orpheus ist oder eine Geste der Wehmut und des Verlusts – oder ob er nur die Position der anderen Doubles überprüfen will –, bleibt ausdrücklich in der Schwebe.

elitäres Selbstbewusstsein: «Ich will nicht, dass man mich mit all diesen Dummköpfen in einen Topf wirft.» Andererseits schwang auch sehr viel Selbsterniedrigung mit: «Zuerst war mir, als kennte ich diese Musik, und als ich später darüber nachsann, begriff ich, woher diese Täuschung kam; mir war, als wäre diese Musik *die meine.*»[3] Die Konfrontation mit der Musik Wagners resultierte nicht selten in einer solchen rauschhaften Kombination aus Selbstgewissheit und Demut. Der berühmteste Wagnerianer war der Philosoph Friedrich Nietzsche, auf den Wagners 1859 entstandene Oper *Tristan und Isolde* eine so umwerfende und gewaltige Wirkung ausübte, dass er unter ihrem Eindruck seinen ersten großen philosophischen Essay schrieb: *Die Geburt der Tragödie aus dem Geiste der Musik* (1872). Seine spätere Lossagung von Wagner, die er in *Der Fall Wagner* (1888) ausführlich erläuterte (wobei er trotzig seine Präferenz ausgerechnet für Georges Bizet verkündete), verlief nicht weniger dramatisch.

Es ist immer naiv, sich vorzustellen, man könne die Geschichte der Oper schreiben, indem man sich einfach in die Zeit zurückversetzt, in der dieses oder jenes Werk geschrieben wurde, und so tut, als lasse sich dessen historischer Entstehungszusammenhang unter Berücksichtigung der Epoche, in der es komponiert wurde, einordnen. Doch die seither aufgelaufene Vergangenheit, die Zeit zwischen der Erschaffung dieser oder jener Oper und unserer Lebensspanne, lässt sich nicht einfach so ausblenden. Wagner ist das Paradigma, wenn man dieses Problem erörtern will, gleichsam ein unanfechtbarer Test. Die Unmöglichkeit, die Geschichte der Oper ohne Wagner zu denken, die Uhr in eine Zeit zurückzudrehen, bevor die Musik Wagners und seine Schriften sich in die Seele des 19. Jahrhunderts einbrannten, dürfte uns allen klar sein. Das gilt sogar, wenn auch in bescheidenerem Maßstab, für den Versuch, uns mit seinen früheren – vor 1849 entstandenen – Opern auseinanderzusetzen und sie mit den späteren, revolutionäreren Werken zu vergleichen. Man kann die Opern des jungen Wagner nicht hören, ohne darüber nachzudenken, inwieweit sie seine späteren Innovationen ankündigten. Und es ist ein Wesensmerkmal der Wagner-Rezeption, dass der Komponist selbst dieser Unmöglichkeit – diesem Wissen um den unanfechtbaren Status seiner späteren Werke, durch dessen Filter wir zwangsläufig alle zuvor entstandenen Opern wahrnehmen – Vorschub leistete oder sie sogar bewusst herbeiführte. Wagner war hyper-geschwätzig, nicht nur im Gespräch mit Leuten, sondern auch in seinen schriftlichen Äußerungen. Catulle Mendès berichtete 1869 nach einem Besuch bei Wagner in Luzern, der Komponist habe nur «geredet, geredet, geredet, … ein unaufhörlicher Schwall».[4] Er hatte auch die Angewohnheit, wenn er nicht gerade an einer Oper schrieb, lange Briefe und noch längere Aufsätze über sich selbst, die Kultur und die Politik im Allgemeinen zu verfassen. Die vollständige Ausgabe seiner gesammelten Schriften umfasst 16 Bände. Man gewinnt den Eindruck, einen Menschen vor sich zu haben, der ständig und unablässig Töne – ob sprachliche oder musikalische – absonderte. Viele von Wagners besten und schlimmsten Schriften entstanden in einer Zwangspause seines Komponistenlebens, nämlich in den fünf Jahren nach seiner Teilnahme an der niedergeschlagenen Revolution in Dresden. Diese Zeitspanne sah ihn als politischen Flüchtling im Ausland, wo er sich und die Welt literarisch auf die künstlerische Explosion vorbereitete, die kommen sollte.

Richard Wagner war das jüngste von neun Kindern einer theater- und kunstbegeisterten Familie. Eine seiner Angehörigen, Johanna Wagner, Adoptivtochter seines Bruders Albert, wurde eine berühmte Opernsängerin und war jahrelang die bekanntere Musikerin dieser Familie. Nie durchlief Wagner eine förmliche Ausbildung als Komponist. Als Jüngling schrieb er eine Reihe epigonaler Stücke in den gängigen Genres der Instrumentalmusik (Sonaten, Streichquartette, Ouvertüren) und versuchte sich an diversen Theater- und Opernprojekten, wobei er sich an Kulturheroen wie Goethe und Schiller orientierte. Zur Opernwelt fand er Zutritt als weitgehend autodidaktisch ausgebildeter Dirigent; als solcher gastierte er an kleineren Provinztheatern wie Würzburg und Magdeburg und amtierte dann längere Zeit in Riga, wo er zwischen 1837 und 1839 viele Repertoireopern dirigierte. 1839 setzte er sich, heillos verschuldet, nach Paris ab, in der – nach vernünftigem Ermessen dreisten – Hoffnung, an der Opéra mit offenen Armen empfangen zu werden. Während all dieser Jahre schrieb er Opern und andere Gelegenheitsarbeiten, kleinere und triviale Kompositionen. Aufschlussreich ist, wie er später in seinem Leben diese frühen Werke einordnete. Ein bis heute immer wieder aufgewärmtes, auch auf seine eigenen Schriften zurückgehendes Klischee besagt, seine ersten drei Opern, *Die Feen* (1833), *Das Liebesverbot* (1835) und *Rienzi, der letzte der Tribunen* (1842), seien Ausdruck einer frühen, naiven und bald darauf überwundenen Bewunderung für die deutsche (*Die Feen*), die italienische (*Das Liebesverbot*) und die französische (*Rienzi*) Operntradition gewesen. Dieses Erklärungsschema ist nicht ganz von der Hand zu weisen. Das Moment des Übernatürlichen in *Die Feen* suggeriert sicherlich eine Anknüpfung an romantische deutsche Opern (und noch dazu erzählt die Oper im Prinzip dieselbe Geschichte wie E. T. A. Hoffmanns *Undine* von 1816 und verweist musikalisch unüberhörbar auf Weber). Offenkundig ist auch, dass Wagner mit dem *Rienzi* der *grand opéra* Paroli bieten und insbesondere Giacomo Meyerbeer etwas Ebenbürtiges entgegensetzen wollte: einen Fünfakter in der aufgeblähten französischen Tradition, basierend auf dem Roman von Edward Bulwer-Lytton und darauf berechnet, die Pariser Opéra im Sturm zu erobern – die sich jedoch einer Aufführung des Werkes verschloss. Dagegen weist *Das Liebesverbot* kaum Merkmale auf, die einen Vergleich mit der zeitgenössischen italienischen Oper herausfordern würden; eher zeichnet sie sich durch grob zusammengewürfelte Anleihen bei französischen und deutschen Vorbildern aus. Wie wir freilich noch sehen werden, tat sich Wagner keineswegs leicht, das italienische Ideal des Belcanto, das er in seinen späteren Lebensphasen gerne verunglimpfte, über Bord zu werfen.

Dass Wagner die Vorstellung propagierte, er habe in seinen Gesellenjahren eine jugendfrische Rundreise durch die wichtigsten europäischen Opernstile unternommen, hatte vermutlich den Grund, dass er sein Publikum animieren wollte, seine nach dem *Rienzi* entstandenen Opern als eine Art *Synthese* dieser nationalen Idiome zu deuten. Die bewusst geschürte Rivalität zu Meyerbeer, der sich in der Anfangsphase seiner Laufbahn in der Tat nacheinander gründlich in die deutsche, italienische und französische Oper vertieft hatte, war deutlich erkennbar. In einem servilen Brief an Meyerbeer, geschrieben vor seinem Umzug nach Paris, brachte Wagner dies zum Ausdruck: «… dass ich in Ihnen die Aufgabe des Deutschen vollkommen gelöst seh, der sich die Vorzüge der italienischen u. französischen Schule zum Meister machte, um die Schöpfungen seines Genies universell zu machen. Dies hat mich denn ungefähr auf meine jetzige Bahn gebracht.»[5] Er bekräftigte seine Bewunderung für Meyerbeer in einem langen Essay über dessen Oper *Les Huguenots*, den er wahrscheinlich nach seiner Ankunft in Paris schrieb: «Meyerbeer schrieb Weltgeschichte, Geschichte der Herzen und Empfindungen, er zerschlug die Schranken der Nationalvorurteile, vernichtete die beengenden Grenzen der Sprachidiome, er schrieb Taten der Musik.»[6]

Während seiner Zeit in Paris stellte Wagner eine weitere Oper fertig, von der er hoffte, sie werde dort zur Aufführung gelangen, auch wenn sie einem ganz anderen Genre angehörte: Es war eine kurze deutsche romantische Oper mit dem Titel *Der fliegende Holländer* (1843), ursprünglich als Einakter konzipiert. Wagner schrieb in dieser Zeit außerdem literarische Aufsätze und Zeitungsrezensionen, lernte mehr schlecht als recht Französisch und verdiente sich seine Brötchen damit, dass er Klavierauszüge bekannter Opern anfertigte oder einzelne Nummern daraus für unterschiedliche Instrumentalbesetzungen arrangierte. Zwei dieser Bearbeitungen von *grands opéras* von Donizetti (*La Favorite*, 1840) und Halévy (*La Reine de Chypre*, 1841) sind unlängst im Rahmen einer staatlich geförderten neuen kritischen Ausgabe von Wagners sämtlichen Werken veröffentlicht worden – mit umfangreichen wissenschaftlichen Annotationen, ein weiteres Indiz dafür, wie weit seine Reputation über diese wenig hoffnungsvollen Anfänge hinaus gediehen ist. Dass ihm damals jede Anerkennung versagt blieb, war für Wagner eine bittere Pille, und zumindest ein Teil der abwertenden Urteile, die er später über die französische Hauptstadt äußerte, lässt sich darauf zurückführen. Der Wind des Erfolgs wehte für Wagner schließlich aus einer ganz anderen Richtung. 1843 konnte er einen wichtigen Posten ergattern, und zwar auf der Grundlage äußerst dürftiger Referenzen. Er hatte die Partitur des *Rienzi* an die Königlich-Sächsische Oper in Dresden geschickt. Eine Empfehlung Meyerbeers an den Direktor der Oper hatte ein Übriges getan, und so wurde *Rienzi* in Dresden aufgeführt und entwickelte sich zum rauschenden Erfolg. Obwohl *Der fliegende Holländer*, ebenfalls in Dresden uraufgeführt, nicht so viel Eindruck machte, erhielt Wagner daraufhin das Angebot, in Dresden als Hofkapellmeister anzufangen.

Die Entstehung einer Spezies

In seiner Autobiografie *Mein Leben*, die in vier Bänden zwischen 1870 und 1880 erschien, hat Wagner uns dramatische, kunstvoll ausgestaltete Darstellungen der meisten dieser Vorgänge hinterlassen. Allerdings hatte er schon sehr viel früher, 1851 als politischer Flüchtling in der Schweiz, einen wichtigen Aufsatz über seine künstlerische Entwicklung während dieser frühen Jahre verfasst, eine Analyse seiner vier ersten großen Opern: *Rienzi*, *Der fliegende Holländer* sowie *Tannhäuser* (1845) und *Lohengrin* (1850). Dieser Aufsatz, den er mit «Eine Mitteilung an meine Freunde» überschrieb, ist eine tragende Säule jeder konventionellen Biografie des Komponisten Wagner. Wir können direkt zur entscheidenden Passage gehen, einer Beschreibung dessen, was Wagner als eine zwar kleine, aber radikale Errungenschaft des *Fliegenden Holländers* sah. Die Geschichte eines geisterhaften Seefahrers, der dazu verdammt ist, für immer über die Weltmeere zu segeln, bis die Liebe einer Frau ihn erlöst, nimmt eindeutig eines der Leitmotive von Wagners späteren Werken (nach 1850) vorweg. Dazu kommt, dass der Komponist dieser Oper (vor allem in ihrer ursprünglichen einaktigen Fassung) eine ungewöhnliche klangliche und atmosphärische Homogenität anstrebt, bis hin zu einer gelegentlichen Verwischung des Unterschieds zwischen Rezitativ und Arie – bis dahin eher eine seltene Ausnahme in deutschen Opern. Dessen ungeachtet ist *Der fliegende Holländer* – sowohl in seiner einaktigen als auch in seiner dreiaktigen Fassung – dem Grunde nach noch eine konventionelle «Nummernoper» mit Arien, Duetten, Chören und dergleichen. Wagner hob jedoch, ohne diese formalen Gesichtspunkte zu beachten, ein bestimmtes Element der Oper heraus, eine Passage, die nach seinem Bekunden das Erdbeben ankündigte, das er 1851 in der Opernwelt auslösen sollte:

> Ich entsinne mich, noch ehe ich zu der eigentlichen Ausführung des «fliegenden Holländers» schritt, zuerst die Ballade der Senta im zweiten Akte entworfen, und in Vers und Melodie ausgeführt zu haben; in diesem Stücke legte ich unbewusst den thematischen Keim zu der ganzen Musik der Oper nieder: es war das verdichtete Bild des ganzen Dramas, wie es vor meiner Seele stand. … Bei der endlichen Ausführung der Komposition breitete sich mir das empfangene thematische Bild ganz unwillkürlich als ein vollständiges Gewebe über das ganze Drama aus; ich hatte, ohne weiter es zu wollen, nur die verschiedenen thematischen Keime, die in der Ballade enthalten waren, nach ihren eigenen Richtungen hin weiter und vollständig zu entwickeln.[7]

Ziemlich genau in der Mitte der Oper (im zweiten Akt der dreiaktigen Fassung) singt die Protagonistin Senta (Sopran) in der Tat eine Ballade. Diese erzählt, wie so viele Balladen in Opern des frühen 19. Jahrhunderts, eine Geschichte «im Kleinen» – in diesem Fall über einen verzauberten Seemann und seine Suche nach der wahren Liebe –, die sich nach und nach als die Handlung der Oper entpuppt, mit Senta in der Rolle der wahrhaft Liebenden und dem Holländer (Bariton) als dem großen, dunklen Fremden, der nach einer Braut in der Menschenwelt sucht. Besonders von einem Aspekt der Ballade schwärmte Wagner – nämlich von der Art und Weise, wie das musikalische «Hauptthema» nicht nur innerhalb des Stücks mehrmals vorkam, sondern auch im Verlauf der Oper als Ganzer als Motiv mehrmals wiederkehrte, wann immer sich dies vom dramatischen Ablauf her anbot. Was Wagner hier beschrieb, wurde viel später als «leitmotivische Technik» bezeichnet, und was Wagner in dem Zitat betont, ist, dass die Wiederholung symbolischer musikalischer Gedanken in sich das Potential birgt, über die Grenzen der einzelnen Nummer hinauszuweisen und etwas, das an sich nur eine Ansammlung separater musikalischer Sätze ist – Perlen auf einer Schnur –, zu einem Ganzen zusammenzufügen. Den narzisstischen Gehalt von Wagners Darstellung herauszustellen, mag trivial erscheinen, aber angesichts des mythischen Rankenwerks, dass um das Thema Leitmotiv gewuchert ist, ist es dennoch notwendig. Zunächst einmal: Wagner war nicht der Erfinder des Leitmotivs oder der Idee, das Thema einer allegorischen Ballade im Verlauf einer Oper immer wieder aufzurufen. Wir haben uns schon mit Beispielen für solche wiederkehrenden Motive beschäftigt und sie bereits in französischen Opern des späten 18. Jahrhunderts gefunden. Im vorausgegangenen Kapitel haben wir gezeigt, dass der junge Verdi fast genau zur selben Zeit in seiner Oper *I due Foscari* (1844) mit ähnlichen Mitteln arbeitete. Dieses Verdi-Werk konnte Wagner damals nicht kennen, aber man braucht nach Vorbildern für das, was er mit der Ballade Sentas in *Der fliegende Holländer* anstellt, nicht lange zu suchen: Als Anregung diente ihm vermutlich die Ballade «Jadis régnait en Normandie» («Es herrschte einmal in der Normandie») aus Meyerbeers *Robert le diable* (1831), einer Oper, die Wagner seit Jahren in und auswendig kannte. Der Schritt von einem musikalischen Motiv mit symbolischer Bedeutung, das im Verlauf einer Nummernoper (*Der fliegende Holländer* oder *I due Foscari*) an verschiedenen Stellen wiederkehrt, zu dem, was Wagner in den frühen 1850er Jahren vorschwebte, war jedoch mehr als bloß eine graduelle Weiterentwicklung. Er war zu diesem Zeitpunkt dabei, eine Oper ohne konventionelle «Nummern» zu konzipieren, also ohne konventionelle Opern-Strukturen zur Gestaltung musikdramatischer Zeit. Seine Idee zielte auf eine in hohem Maß *ex nihilo* geschaffene Oper, in der sich ein wahrhaft freidenkerischer kompositorischer Ansatz manifestieren würde.

Wie dem auch sei: Wagners historisierende Darstellung seiner früheren Opern als Stationen auf dem Weg zu seinen nach 1850 entstandenen Werken wurde von den meisten, die sich in der Folge an der Diskussion beteiligten, eins zu eins übernommen, mit dem unvermeidlichen Resultat, dass man diesen frühen Werken einen Mangel attestierte. Wagner erkannte diese Konsequenz sehr bald selbst und bemühte sich, noch während er seinen Bezugsrahmen zurechtzimmerte, dieser logischen Folgerung die negative Spitze zu nehmen. In seiner «Mitteilung an meine Freunde» erklärte er es für unzulässig, «Ansichten, die ich über das Wesen der Kunst von einem Standpunkte aus kundgebe, den ich durch allmähliche, stufenweise Entwickelung mir erst gewonnen», rückwirkend auf seine früheren Arbeiten zu beziehen, «in welchen ich eben den natürlichen Entwickelungsgang nahm, der mich zu jenem Standpunkte führte».[8] Von einem «natürlichen Entwicklungsgang» zu sprechen, war zudem in der zweiten Hälfte des 19. Jahrhunderts, in dem der Darwinismus in aller Munde war, eine sehr symbolkräftige Formulierung. Diese Sprache tönte nicht nur die Wahrnehmung der vor 1850 entstandenen Opern Wagners, sondern beeinflusste auch ganz allgemein das Verständnis der Oper und das Verhältnis zu ihr. Nicht von ungefähr erzürnte es Verdi, dass eine kleine Zahl wiederkehrender Themen in *Don Carlos* (1867) und *Aida* (1871) für einige Kritiker Grund genug war, ihn einen italienischen Wagner zu nennen (und einen zu spät gekommenen noch dazu). Hätten diese Kritiker *I due Foscari* gekannt, hätten sie sicher nicht so vorschnell geurteilt, doch diese Oper hatte sich längst aus dem Repertoire verabschiedet. Verdi war, wie wir in späteren Kapiteln sehen werden, keineswegs der Einzige, der zum Objekt solcher unwillkommenen Vergleiche wurde.

Was Wagners frühe Opern betrifft, so müssen wir eine gravierende Verzerrung in die entgegengesetzte Richtung konstatieren: Werke wie *Tannhäuser* und *Lohengrin* lediglich als Fingerübungen für spätere Geniestreiche zu deuten, hieße ihre Großartigkeit zu übersehen, die jedoch zumeist auf einer anderen Ebene zu suchen ist und wenig mit dem zu tun hat, was möglicherweise auf den späteren Wagner verweist. Der Knackpunkt ist ganz einfach der, dass die beste Musik in Wagners früheren Opern zugleich die konventionellste ist. Der Glanz dieser Werke, der Grund dafür, dass wir ihrer nicht müde werden, liegt in der Kreativität, mit der Wagner darin altbewährte Formen ausfüllte. Sie vermitteln uns die denkbar klarste Vorstellung von seinem begierigen Hinhören, davon, dass er sich sehr aufmerksam italienische Belcanto-Opern angeschaut und angehört und sich von ihnen, seinen musikalischen Liebesbriefen nach zu urteilen, auch hatte betören lassen: Belcanto-Oper, französische *opéra comique* und natürlich *grand opéra*. Als Essayist äußerte sich Wagner, von einigen wenigen bemerkenswerten frühen Ausnahmen abgesehen, in denen er seiner musikalischen Begeisterung freien Lauf ließ, im Großen und Ganzen abfällig über die französische und die italienische Oper und fand für deutsche Opern nur dann zähneknirschend lobende Worte, wenn er sagen konnte, sie hätten ihm als Wegweiser gedient. Ganz anders der Komponist Wagner: Als Musikschöpfer legte er viele Male Zeugnis von seiner Bewunderung für romanischsprachige Opern ab – durch seine Musik.

Die klassischen Fallbeispiele sind *Tannhäuser* und *Lohengrin*, Zwillinge in dem Sinn, dass sie einander der äußeren Form und der Herkunft nach ähnlich sind. Beide spielen in einem nicht näher bestimmten Mittelalter, die eine in Thüringen, die andere in Brabant, und beide beruhen auf Geschichten, die Wagner aus zeitgenössischen Wiederaufgüssen der deutschen Romantik destillierte: Ritter-und-Burgfräulein-Stoffe von der Stange. *Tannhäuser* schöpft aus der Legende vom Sängerkrieg auf der Wartburg, worin der Protagonist Tannhäuser (Tenor), der im ersten Akt heimlich mit der Göttin Venus (Mezzosopran) angebandelt hat, im zweiten Akt den thüringischen Herrscherhof vor den Kopf stößt, indem er sich in seinem Beitrag zu dem Gesangswettstreit ausführlich über Venus' erotische Reize auslässt. Er erhält den Befehl, sich nach Rom zu begeben und beim Papst um Absolution nachzusuchen. Im dritten Akt, in dem er ohne Begnadigung zurückkehrt, erweckt er zunächst den Eindruck, wieder auf dem Weg in den Abgrund zu sein, bis die Heldin der Oper, Elisabeth (Sopran), sich für ihn opfert, woraufhin er als glücklicher Mann sterben kann. In *Lohengrin* wird die Protagonistin Elsa (Sopran) von zwei böswilligen Intriganten, dem Grafen Telramund (Bariton) und seiner Frau Ortrud (Mezzosopran), wahrheitswidrig beschuldigt, ihren Bruder ermordet zu haben, und soll dafür verurteilt werden. Dann jedoch erscheint ein geheimnisvoller weißer Ritter namens Lohengrin (Tenor) auf einem von einem Schwan gezogenen Nachen und bietet sich an, sie zu verteidigen. Er stellt ihr jedoch eine Bedingung: Sie darf ihn nie nach seinem Namen oder seiner Herkunft fragen. Nachdem sie ihm dies zugesichert hat, besiegt er Telramund im Kampf und beweist damit Elsas Unschuld. Im Verlauf des abendfüllenden Dramas gewinnt Elsas Neugier die Oberhand, und sie stellt schließlich die fatale Frage. Das veranlasst Lohengrin zum sofortigen Abgang (wobei der Kahn, in dem er diesen vollzieht, dieses Mal von einer Taube gezogen wird, was all die billigen Witze über den «nächsten abgehenden Schwan» eher unbillig erscheinen lässt), doch im selben Moment erscheint Elsas Bruder auf der Bildfläche, der, wie sich herausstellt, gar nicht tot, sondern durch einen bösen Fluch, der jetzt aufgehoben ist, in einen Schwan verwandelt war.

Am klarsten können wir Wagners Belcanto-Wurzeln in den schönen, ausladenden Melodien erkennen, die sich innerhalb der konventionellen Nummern in beiden Opern entfalten. Doch bevor wir diesen Faden weiterspinnen, sollten wir uns Wagners Bewunderung für Vincenzo Bellini auf der Zunge zergehen lassen, den er bis an sein Lebensende den «sanften Sizilianer» nannte.[9] In den 1830er und 1840er Jahren brachte Wagner es noch über sich, dem Bannerträger der Belcanto-Ästhetik eine Reverenz nicht nur durch Anleihen an seiner melodischen Sprache zu erweisen, sondern auch in Wort und Schrift. 1837 verfasste er unter dem Titel «Bellini. Ein Wort zu seiner Zeit» einen Nachruf auf den 1835 Verstorbenen, in dem er seine Landsleute ermahnte, sich ehrliche Rechenschaft über ihre Leidenschaften abzulegen:

> Wie wenig sind wir doch eigentlich von all dem närrischen Krame von Vorurteilen und Einbildungen wirklich überzeugt; wie oft mag es uns wohl passiert sein, dass wir bei der Anhörung einer italienischen oder französischen Oper entzückt wurden, und als wir das Theater verließen, mit einem mitleidigen Witz unsere Aufregung hinweg spotteten. … Machen wir nun einmal diesen Witz nicht und treffen wir einmal diese Übereinkunft mit uns nicht, sondern halten wir das fest, was uns eben entzückt hatte, so werden wir inne werden, dass es zumal bei Bellini die klare Melodie, der einfach edle und schöne Gesang war, der uns entzückte; dies zu bewahren und daran zu glauben, ist doch wahrlich keine Sünde; es ist vielleicht selbst keine Sünde, wenn man vorm Schlafengehen noch ein Gebet zum Himmel schickte, dass den deutschen Komponisten doch endlich einmal solche Melodien und eine solche Art, den Gesang zu behandeln, einfallen möchten.[10]

Wagner gab sich damit alle Mühe. Im Duett zwischen Elsa und Ortrud im zweiten Akt des *Lohengrin* erfahren wir allenfalls aus dem Libretto, dass die Stimmen, die wir hören, einer Unschuldigen und einer Intrigantin gehören: Zwei Frauen unterhalten sich hier ernsthaft über Loyalität und Vergebung. Wenn wir den Text für einen Moment vergessen, könnten wir uns, besonders im letzten Teil, in ein Liebesduett aus Bellinis *I Capuleti e i Montecchi* (1830) versetzt fühlen, in dem Sopran und Mezzosopran sich ineinander verschlingen und wieder voneinander lösen, ein Effekt, der über die bisweilen dichte Chromatik hinweg Bestand hat, die uns an die deutschen Wurzeln des Komponisten erinnern. Schaut man sich die Partitur dieses Duetts an, fällt auf, wie oft Wagner die Anweisung für eine gesangliche Verzierung, das liegende «S», verwendet, insbesondere über den Noten, die melodische Höhepunkte markieren: anmutige Koloraturen, die einen Tribut an die Leichtigkeit («leggerezza») der italienischen Gesangskunst darstellen. *I Capuleti* spielt in der Tat eine wichtige Rolle für Wagners künstlerische Entwicklung. Gemessen an der Häufigkeit, mit der er das Werk erwähnt, und an der Inbrunst, mit der er die Erinnerung an dieses Opernerlebnis beschwört, können wir davon ausgehen, dass sich diese Bellini-Oper tief und für immer in sein Bewusstsein einbrannte, als er sie 1834 in Leipzig und ein weiteres Mal 1835 in Magdeburg sah, jeweils mit Wilhelmine Schröder-Devrient in der Rolle des Romeo. Schröder-Devrient; die Romeo-Partie; die Oper Bellinis: All das fügt sich zu einem Motiv zusammen, das in den schriftlichen Äußerungen Wagners bis an sein Lebensende immer wieder frisch und im Klartext auftaucht, auch wenn seine Urteile darüber im Lauf der Zeit zunehmend ambivalenter ausfallen.

Auf der anderen Seite gilt, dass sowohl die äußere Form des *Lohengrin*-Duetts als auch viele Effekte in ihm weit vom italienischen Goldstandard entfernt waren. Da ist zum einen die Tatsache, dass die Nummer in zwei Teile zerfällt. Im ersten Teil singt Ortrud zu Elsa hinauf, die auf einem Balkon hoch über ihr steht. (Romeo und Julia lassen grüßen.) Ortrud ruft zunächst (im Rezitativ) zweimal Elsas Namen, wobei die beiden Silben «El-sa», begleitet von Oboen und gedämpften Hörnern, fast wie ein geflüsterter Jagdhornruf klingen. Die Dämpfung der Instrumente ruft einen «Nah-als-fern»-Effekt hervor, als kämen die Töne aus großer Entfernung. Das zweite «El-sa» wird von ungedämpften Hörnern und Flöten begleitet, als sei die gerade noch weit entfernt gewesene Ortrud unvermittelt näher gekommen – ein Hinweis auf ihre übernatürlichen Kräfte. Die beiden unterhalten sich. Nachdem Ortrud (während sie einige gesangliche Verzierungen und Triller eingestreut hat) ihr Opfer überredet hat, zur Tür herunterzukommen, ist sie für einige Momente allein und nutzt diese Zeit, um einen Rache-Monolog zu singen – als konventionellen Gefühlsausbruch mit laut tremolierenden Streichern. Als Elsa sich zu ihr gesellt und die beiden auf Tuchfühlung zueinander sind, stimmen sie ein weiteres, musikalisch komplexeres Duett an. Ortrud wird ihrem italienischen Stil untreu; nunmehr geht es ihr darum, bei Elsa Misstrauen gegen Lohengrin zu wecken. Je emphatischer und eindringlicher Ortruds gesangliches Idiom wird – als nähere sie sich dem Sprechen an –, desto floraler und ornamentaler werden Elsas unschuldige Antworten.

Der beste «italienische Moment» der Oper erwartet uns jedoch bei der Rückkehr zur konventionellen Form: im Schlussteil des Duetts, den die beiden Frauen zusammen singen. Elsas Text ist naiv: «Lass mich dich lehren, wie süß die Wonne reinster Treue.» Ortrud setzt dem aufbrausende Worte entgegen: «Ha! Dieser Stolz, er soll mich lehren, wie ich bekämpfe ihre Treu'.» Bei der Aufführung sind diese Texte freilich infolge des simultanen Singens unverständlich. Das ist der Moment, in dem die Stimmen sich ineinander verschlingen, manchmal in der Form, dass eine Phrase in der nachfolgenden widerhallt, manchmal in Gestalt einer Stimmparallelität. Hat zuvor die musikalische Sprache Ortruds dominiert, so gibt jetzt Elsas Glückseligkeit den Ton an – und weil das so ist, tauchen in diesem Moment die wunderschönen Restbestände eines italienischen Liebesduetts aus der Versenkung auf.

Verglichen mit der «altmodischen» Opernästhetik, die sich in diesem Duett zurückmeldet, erscheint das eigentlich berühmte Leitmotiv des *Lohengrin*, das sogenannte «Fragemotiv», tatsächlich unbedeutend: etwas, das offenkundig den Eindruck des Unheimlichen erwecken sollte, aber zu einer großen Fehlkalkulation geriet. Dieses «Fragemotiv» ist ein absolut gradliniges symbolisches Motiv: wie Claude Debussy, der unschlüssigste aller Wagnerianer, später über solche musikalischen Reminiszenzen sagte: «Es ist irgendwie wie bei diesen Dummköpfen, die einem ihre Visitenkarte überreichen und dann in lyrischer Breite zitieren, was darauf gedruckt steht.»[11] Lohengrin stimmt das Motiv im ersten Akt an, als er Elsa erklärt, was sie alles nicht darf: «Nie sollst du mich befragen, noch Wissens Sorge tragen, woher ich kam der Fahrt, noch wie mein Nam' und Art.» Das Motiv kehrt immer dann wieder, wenn Elsa an Lohengrin denkt – man wartet förmlich darauf, dass sie beim ersten Ton die Stirn runzelt und eine unschlüssige Miene aufsetzt – oder wenn die hinterlistige Ortrud Zweifel zu streuen und Elsa irrezumachen versucht. Laut und deutlich wird das Motiv zum Beispiel am Ende des zweiten Aktes hinausposaunt, nach einer Szene, in der Elsa auf dem Weg zu ihrer Trauung von Ortrud aufgehalten wird, die ihr andeutet, mit Lohengrin sei vielleicht etwas nicht in Ordnung. In traditionellen Inszenierungen des *Lohengrin* erhält die Darstellerin der Ortrud häufig die Anweisung, höhnisch zu lächeln, während zum Klang der Posaunen der Vorhang fällt. Schließlich darf, wie kaum anders zu erwarten, Elsa selbst eine atemlose Version des Motivs singen, als sie im dritten Akt die fatale Frage stellt.

Es ist aufschlussreich, sich einen Augenblick mit der Karriere des «Fragemotivs» in der Filmmusik des 20. Jahrhunderts zu befassen. In der klassischen Ära des Tonfilms griffen Komponisten bemerkenswert oft auf die Musik des *Lohengrin* zurück, zum einen, weil dies in den 1930er und 1940er Jahren eine populäre Oper war, zum anderen, weil der «Hochzeitsmarsch» aus dem dritten Akt auf dem Umweg über überlieferte viktorianische Hochzeitsgepflogenheiten in die musikalische Standardausstattung der Heiratszeremonie eingegangen war. Das «Fragemotiv» wird freilich oft in ironischer Absicht eingesetzt, um einen humoristischen Effekt zu erzielen. In Michael Powells *The Life and Death of Colonel Blimp* (1943) schickt ein britischer Kriegsheld seinem besten Freund in London eine Ansichtskarte aus Berlin; zu einer Großaufnahme dieser Karte erklingt das «Fragemotiv». In der Oper ist das Motiv allzu eindeutig ein schlechtes Omen, das Unheil ankündigt, musikalisch zu isoliert von den Kontexten, in denen es auftaucht, zu redundant im Sinne der Debussy'schen Visitenkarte. Auch hier drängt sich wieder der Vergleich mit Verdis *I due Foscari* auf, und sei es nur, weil auch das eine Oper ist, bei der der intellektuelle Reizwert eines wiederkehrenden Themas den Komponisten veranlasste, seine musikalischen Instinkte in den Wind zu schlagen.

Das ist nicht der einzige Schwachpunkt, den *Lohengrin* an Stellen offenbart, an denen er zu sehr mit seiner Rolle als Vorläufer der avantgardistischen Werke des reifen Wagner liebäugelt. Eine weitere Schwäche liegt in den experimentellen Passagen eines unstrukturierten Dialogs, die zu einem belastenden Moment der Oper werden können. Die lange, verästelte Unterhaltung zwischen Elsa und Lohengrin im dritten Akt, bei der sie (in ihrer Hochzeitsnacht) einige Unklarheiten beseitigen, ist beispielhaft für das Bemühen Wagners um jene frei fließenden Dialoge, die er später als musikalische Prosa bezeichnen sollte – für seine Absage an die Verläufe und Grenzen einer konventionellen, voraussehbaren Melodie und einer festen Form. Aber es funktioniert nicht. Um es kurz zu machen: Anscheinend durchlitt Wagner bei *Lohengrin* eine «Melodiekrise», etwas, das er in seinen Prosaschriften aus der Zeit tatsächlich andeutet.

Nicht die Spur einer Krise trübte jedoch, weder im *Lohengrin* noch im *Tannhäuser*, Wagners Meisterschaft im Herbeiführen überwältigender musikalischer Wirkungen und im Spiel mit kleinen unheimlichen Details. Ein Beispiel aus *Lohengrin*: Seit Urzeiten schlagen sich Opernregisseure mit dem Deus ex Machina im ersten Akt herum, der Ankunft Lohengrins im Schwanenboot. In einer Hinsicht ist es ein Erscheinen, so alt wie die Berge: Zeus oder Apollo vor dem Hintergrund aufgemalter Wolken vom Himmel herabsteigend, in einer vom Schnürboden heruntergelassenen goldenen Karosse, ca. 1650. Wagner will kein solches technisches Spektakel. Wir sollen überzeugt werden, dass hier ein wahres Wunder geschieht und nicht eine charmante Allegorie per Opernmaschinerie präsentiert wird. Er löst dieses Problem, indem er uns akustisch überwältigt. Die Bevölkerung von Brabant ist auf der Bühne versammelt, um den Prozess gegen Elsa zu verfolgen – sie wird hereingeführt, um sich gegen den Vorwurf Telramunds zu verteidigen, sie habe ihren Bruder umgebracht. Elsa hat eine Vision, der zufolge ein Ritter aus einer fernen Welt ihre Ehre verteidigen wird, woraufhin ein Herold ein Trompetensignal erschallen lässt. Zweimal bleibt alles still, doch nach dem dritten Signal und einem Bittruf Elsas und ihrer Damen taucht der Schwan in der Ferne auf – und löst ein fantastisches Tohuwabohu aus. Das Orchester setzt mit einer gedämpften, Ferne vorgaukelnden Fanfare ein, dazu gesellen sich Trompeten und Hörner, die wie von weitem her klingen, eine blecherne Miniatur, die rasch lauter und lauter wird, bis sie zu einem metallischen Leviathan angeschwollen ist, der unsere Ohren betäubt. Den tiefsten Schock versetzt uns jedoch der Chor, bis zu diesem Punkt ein diszipliniertes, eher etwas müdes Kollektiv, das einfache himmlische Harmonien von sich gegeben hat. Jetzt sind die Chorsänger perplex und legen ihre Zurückhaltung ab: Einzelne Stimmen oder einzelne Stimmgruppen skandieren Wörter oder Satzfetzen wie «Seht! Welch ein seltsam Wunder! Wie? Ein Schwan!» Diese Ausrufe sind rhythmisch so unberechenbar, dass sie Ausdruck einer völligen Verwirrtheit zu sein scheinen und den Eindruck vermitteln, die Chorsänger improvisierten hier frei, anstatt vorgeschriebene Texte und Töne zu singen. Wagner verabreicht uns damit eine Kostprobe seiner speziellen Vorliebe für die Illusion des «Nicht-Komponierten», den Anschein eines spontanen, ungesteuerten Bühnengeschehens.

Was die Momente des Unheimlichen betrifft, so verknüpft Wagner sie nur selten mit einem wiederkehrenden Motiv und lässt sie oft eher unscheinbar einfließen. Den größten Teil des zweiten Aktes (im Libretto mehrere Szenen umfassend) nimmt ein immenses Finale ein, vollgestopft mit jeder Menge langsamen Chorgesangs und gemächlich schreitender Bewegung, unterbrochen von gelegentlichen kleinen Aufregern, wenn Ortrud und Telramund sich einmischen und Unruhe stiften. Musikalisch ist dies eine Passage, in der wackere Tugend unser Auge ermüdet und die Bösewichter eine willkommene Abwechslung bringen. Allerdings geschieht etwas Seltsames mit Telramund, den bis zu dieser Stelle eine besondere musikalische und stimmliche Präsenz auszeichnete: kühn, aufrichtig und nicht gänzlich unattraktiv in seiner dogmatischen Beschwörung von Ehre, Offenheit und Protokoll. Gegen Ende des Akts nähert sich dieser Telramund gleichsam unter dem Schutz eines moralisierenden Chors der schuldlosen Elsa (die nun schon ernsthaft beunruhigt ist wegen der wahren Identität Lohengrins) und flüstert ihr etwas Seltsames zu: «Vertraue mir! Lass dir ein Mittel heißen, das dir Gewissheit schafft. Lass mich das kleinste Glied ihm nur entreißen, des Fingers Spitze, und ich schwöre dir, was er dir hehlt, sollst frei du vor dir seh'n!» Das Seltsamste daran ist die Wandlung von Telramunds Stimme – man hat den Eindruck, er sei ein Anderer geworden: Statt der gewohnten sonoren Bruststimme und eines volltönenden Gesangs verfällt er an dieser Stelle in ein hastiges, fast hysterisches Plärren am obersten Limit der Baritonlage, so dass es fast schon wie Falsett klingt. Für einen Moment macht uns hier etwas aus einer beunruhigenden wagnerianischen Zukunft überraschend seine Aufwartung: die weiblich angehauchte Blutrünstigkeit des Zwerges Mime (in *Der Ring des Nibelungen*, 1876) oder das Gekreische des kastrierten Zauberers Klingsor in Wagners letzter Oper *Parsifal* (1882). Solche *dramatis personae* sind nur noch einen kleinen Schritt von jenen Figuren entfernt, mit denen Wagner das Judentum karikiert – selbst eine bloß flüchtige Lektüre seiner berüchtigten antisemitischen Streitschrift *Das Judentum in der Musik* (1850) legt diesen Schluss nahe.

Diese beunruhigende Szene aus *Lohengrin* weist uns einen möglichen Weg zum Verständnis der ästhetischen Unterschiede zwischen *Tannhäuser* und *Der fliegende Holländer* auf der einen und *Lohengrin* auf der anderen Seite: Markierte nicht Wagners Hinwendung zur Hässlichkeit eine Haltung, die seine bis dahin so selbstbewusste Handschrift als Opernkomponist verdarb? Bis zum *Tannhäuser* war Wagner noch voller Zuversicht – ein junger Mann, nicht weit über dreißig. Sein Optimismus harmonierte mit den Philosophien, die bis zu diesem Zeitpunkt sein Denken prägten, insbesondere mit den Überzeugungen der Bewegung «Junges Deutschland», deren Glauben an die Tat und an den Fortschritt hin zum Besseren. Seine Schriften zum Theater, zur Oper, zur Literatur und Geschichte zeichneten sich in dieser Zeit durch idealistische Anklänge und einen naiv anmutenden Elan aus. Im überschwänglichen Schlussabschnitt einer seiner Erzählungen, «Ein glücklicher Abend» (1841) kommen der Protagonist und sein Freund «R» gerade von einem Konzert:

> «Und ich genieße heute», – unterbrach mein Freund voll Begeisterung, – «die Freude, das Glück, die entzückende Ahnung einer höheren Bestimmung aus den wundervollen Offenbarungen, in denen Mozart und Beethoven an diesem herrlichen Frühlingsabende zu uns sprachen. Es lebe das Glück, es lebe die Freude! Es lebe der Mut, der uns im Kampfe mit unserem Schicksal beseelt! Es lebe der Sieg, den unser höheres Bewusstsein über die Nichtswürdigkeit des Gemeinen erringt! Es lebe die Liebe, die unsern Muth belohnt; es lebe die Freundschaft, die unsern Glauben aufrecht erhält! Es lebe die Hoffnung, die sich unserer Ahnung vermählt! Es lebe der Tag, es lebe die Nacht! Hoch der Sonne! Hoch den Sternen!»[12]

Anzumerken wäre, dass die beiden Protagonisten dieser Geschichte gerade ein erhebliches Quantum Punsch konsumiert haben, was zumindest teilweise ihren euphorisierten Gemütszustand erklären könnte. Freilich könnten diese Künstlerfreunde, die da Arm in Arm flanieren und sich über die Spießbürger lustig machen, ebenso gut Mitglieder von Robert Schumanns fiktivem Davidsbund von 1834 sein, jener Reinkarnationen Davids, die sich dem Kampf gegen die Goliathe ihrer Zeit stellen, ohne die Möglichkeit einer Niederlage auch nur in Betracht zu ziehen.

Das waren die Luftströmungen, die den *Tannhäuser* musikalisch in so große Höhen trugen. Wie Bizets *Carmen* ist er ein fast vollkommenes Opernkunstwerk. Das hat zum Teil mit der Energie und der Verve seiner konventionellen Nummern zu tun, die das Nonplusultra ihrer Art verkörpern. Es hat teilweise aber auch damit zu tun, was wir beispielsweise im «Schwanenchor» des ersten *Lohengrin*-Aktes erleben – mit der Kunst Wagners, die Illusion einer Musik zu erzeugen, die der Kontrolle des Komponisten über musikalische Form und Melodiefluss entfleucht und zu etwas scheinbar Spontanem und Anarchischem geworden ist: der Stimme des Volkes oder der Natur.

Wagners *Carmen*

Tannhäuser war das ganze 19. Jahrhundert hindurch und bis weit ins 20. Jahrhundert hinein Wagners mit Abstand populärste Oper und erntete glänzende Kritiken, die offenbar großen Eindruck auf Impresarios und Theaterintendanten in aller Welt machten. Zwischen ihrer Premiere 1845 und ihrer Pariser Erstaufführung 1861 wurde die Oper Hunderte Male aufgeführt; Ernest Newman widmet dem Phänomen in seiner vierbändigen Wagner-Biografie ein ganzes Kapitel. *Tannhäuser* war die erste in den USA aufgeführte Wagner-Oper; sie erlebte ihre Amerika-Premiere 1859 in New York. Ein Artikel in der *New York Musical Review and Gazette* beschäftigte sich anschließend mit dem herausragenden Ansehen, das dieses Werk genoss:

> Wenn diese Oper wirklich keine Melodie, keine Wahrheit, keine Schönheit hat, wie ist es dann möglich, dass sie die Deutschen für die Dauer der letzten acht oder zehn Jahre so sehr in den Bann geschlagen hat? Wir haben diese Oper vor rund sechs Jahren in Leipzig gesehen, als sie ihre dreißigste Aufführung erlebte. *Das Haus war voll.* Seither ist sie wiederholt

in deutschen Klein- und Großstädten gespielt worden, und die statistischen Zahlen über alle Opernaufführungen des letzten Jahres in diesem Land besagen, dass diese eine Oper häufiger aufgeführt wurde als jedes einzelne Werk so populärer Komponisten wie Meyerbeer oder Verdi. Lassen Sie uns aber auch sagen: Wäre diese Oper tatsächlich in ihrem Wesen und ihrer Aufmachung so überragend originell und neu, wie Freund und Feind mit unterschiedlichen Auffassungen es von ihr behaupten, wäre ihr dieser große Erfolg nicht zuteil geworden.[13]

Kuriose Belege für den überragenden Status des *Tannhäuser* finden sich allerorten. So berichtete die Zeitschrift *Aeolian Quarterly*, ein Fachblatt für Notenrollen (die unter dem Markennamen Aeolian vertrieben wurden) und die Pianola-Branche, 1897:

> Es ist ein aussagekräftiges Faktum und zeigt, bei welcher Schicht von Musikliebhabern die Aeolian-Produkte Anklang finden, dass von den Tausenden musikalischer Werke, die für elektrisches Klavier bearbeitet wurden, keines so große Verkaufszahlen erreicht hat wie die *Tannhäuser*-Ouvertüre. Vor einigen Jahren durfte ein Auditorium bei einem Konzert im Londoner Crystal Palace darüber abstimmen, welches ihre Lieblings-Ouvertüre sei. Die aus dem *Tannhäuser* belegte mit 317 Stimmen den ersten Platz, die aus dem *Sommernachtstraum* von Mendelssohn mit 253 den zweiten.[14]

«Neville Temple» und «Edward Trevor» veröffentlichten 1861 in London ihr 100-seitiges Epos *Tannhäuser, or the Battle of the Bards*, basierend auf Wagner und als Reverenz an ihn gedacht.[15] Der literarische Wert des Büchleins ist bescheiden. Die Autoren bescheinigen Tannhäuser einen «biegsamen Leib, gedrungen, von geschmeidiger Kraft»; Wolfram beschreiben sie als «ein Waisenkind in wohltätiger Obhut, das seinen Verlust früh erlebt und ihn mit Anmut erträgt, zu gewaltig für Tränen, zu anhaltend für Klagen» – woraus wir ersehen können, wer in diesem Versepos die Hosen anhat. 1917 beurteilte das *Victrola Book of the Opera* die Popularität des *Tannhäuser* anhand mehrerer Parameter:

> Es gibt sehr viele Menschen, die gerne in die Oper gehen, aber nichts für die Ring-Opern Wagners mit ihren teutonischen Mythen und Legenden und ihren langen und manchmal unbestreitbar ermüdenden Szenen übrig haben. *Tannhäuser* jedoch mit seiner Poesie, seiner Romantik und seiner Leidenschaft und vor allem mit seinen Figuren, die echte menschliche Wesen und nicht geheimnisvolle mythische Götter, Göttinnen und Heroen sind, übt eine starke Anziehungskraft auf jedermann aus. Auf welcher wunderbaren Welle dieses Werk schwimmt, erhellt aus der Schät-

> zung, dass jährlich mehr als tausend Aufführungen dieser Oper in aller Welt stattfinden; und in Deutschland wurde sie in dem Jahrzehnt 1901–1910 nicht weniger als 3243-mal aufgeführt.[16]

Angesichts einer so präzise klingenden Zahl möchte man annehmen, dass der Autor Zugang zu zuverlässigen statistischen Unterlagen hatte.

Der Verfasser der Rezension von 1859 in der *New York Musical Review* hat, wie das Pianola-Fachblatt, eine bedeutende Wahrheit herausgearbeitet: dass *Tannhäuser* nicht die Musik der Zukunft verkörperte. Nicht einmal in seinem Libretto findet sich, anders als bei *Lohengrin*, etwas Unkonventionelles. Von Wagners Entwurfsnotizen und der Urschrift seiner Partitur wissen wir, dass *Tannhäuser* ursprünglich als Nummernoper konzipiert war. Das Werk durchlief danach mehrere Revisionen (eine komplizierte Geschichte), wovon die bedeutsamste 1861 im Zuge eines weiteren Wagner'schen Generalangriffs auf die französische Hauptstadt erfolgte, der ebenfalls schmählich scheiterte. Doch in ihrer ersten, 1845 uraufgeführten Fassung – und auch in den weiteren Bearbeitungen bis zu den Pariser Revisionen – finden sich keine langwierigen, mäandernden Dialoge. Unübersehbar sind hingegen Elemente der Affinität zu früheren deutschen Opern, insbesondere, was das altdeutsche Lokalkolorit und die dazugehörenden Chorpassagen betrifft. Und bei vielen der Glanzpunkte, die Wagner in dieser Oper setzte, bezog er seine Inspiration, wie im vorausgegangenen Kapitel beschrieben, eindeutig aus der französischen *grand opéra*; das gilt besonders für die Massenszenen und die darin aufscheinende Liebe zum großen Getöse als solchem. Die Begeisterung der Franzosen für das große Spektakel war langlebig und setzte sich über die Grenzen von Zeit und Geschmack hinweg. Als der 24-jährige Marcel Proust 1895 in Paris den *Tannhäuser* erlebte, ließen ihn sowohl die Frauengestalten als auch die Liebesduette ziemlich kalt; eher konnte er sich für avantgardistische Momente begeistern, in denen sich die Musik mit dem Bühnenbild und visuellen Effekten zu so etwas wie einem klingenden Bild verband:

> *Tannhäuser* hat mich stark gelangweilt bis zur Erzählung. Und ungeachtet der Bewunderungsrufe des ganzen Saals ließ mich das schmachtende Gebet Elisabeths [im dritten Akt] eisig. Doch wie schön ist der ganze Schlussteil! … Je legendärer Wagner geworden ist, desto menschlicher finde ich ihn, und das großartigste Kunstwerk der Phantasie erscheint mir bei ihm nur als der symbolische und packende Ausdruck moralischer Wahrheiten.[17]

Proust erwähnt hier die berühmte Rom-Erzählung im dritten Akt, in der Tannhäusers Schilderung seiner Reise nach Rom von einer Musik untermalt wird, die den einzelnen Erlebnissen, ihren Klängen und Farben Ausdruck verleiht. So selten man anderer Meinung sein möchte als Proust: Um eine offenkundige moralische Wahrheit geht es doch gerade in dieser am ehesten avantgardistischen (und am wenigsten künstlichen) Szene des *Tannhäuser*, in der besagten Erzählung im dritten Akt. Sie bietet einen Vorgeschmack auf Wagners Stil nach 1850, und zwar in Gestalt eines gewichtigen Beitrags des Orchesters, das mit einem Gewebe motivischer Bezüge aufwartet, welches den durchkomponierten Fortgang der Erzählung des Protagonisten bereichert. Alles, was auf diese Erzählung folgt, bis zum Schluss der Oper, ist mit Kulissenzauber und Spektakel verbunden, und Proust hatte zweifellos ein Faible für Musik, die magische visuelle Effekte begleitet. Solche Szenen gibt es jedoch im *Tannhäuser* nicht in Hülle und Fülle. Allgemein gilt vielmehr, dass, wenn zwei Figuren einander etwas zu sagen haben – wie etwa der Held und Elisabeth bei ihrer glücklichen Wiedervereinigung im zweiten Akt –, sie dies mit einem Rezitativ und einem sich daran anschließenden großen Duett tun.

Elisabeths Auftrittsarie im zweiten Akt, «Dich, teure Halle, grüß' ich wieder», liefert dafür ein Paradebeispiel. Die prosaischen Aussagen sind auf ein Minimum reduziert. Als Elisabeth mit ihren ersten, fanfarenartig vorgetragenen Zeilen fertig ist und an frühere, weniger glückliche Momente in der Sängerhalle zurückdenkt, bekommt ihre Stimme einen dazu passenden melancholischen Klang, und die Musik wird leiser. Elisabeth singt jetzt keine abgerundete Melodie mehr, sondern artikuliert so etwas wie gesangliche Gesten, begleitet von stärker rhythmisch akzentuierten, freien Akkordfolgen, mit Pausen dazwischen und einem klagenden Melodiefragment, gespielt von der Oboe. Diese Unterbrechung ist jedoch sehr kurz. «Wie jetzt!» sagt sie zu sich selbst: Die Freude wird zurückkehren, und tatsächlich erklingt die eröffnende Musik der Arie wieder, womit Wagner dem traditionellen formalen Gebot der Balance und des Abschlusses Tribut zollt. Das Beste kommt ganz am Ende, wo die Musik den Text ignoriert, weil der Text bedeutungslos geworden ist – wiederholt er doch nur das bekannte Motto: «Sei mir gegrüßt, sei mir gegrüßt, du teure Halle, sei mir gegrüßt.» Wagner verteilt die vier Silben auf ansteigende, aus drei Tönen bestehende Arpeggios (der letzte Ton ist gedoppelt), die jeweils höher ansetzen und schließlich einen Bogen bis zur höchsten Lage des Soprans bilden; das Ganze ist so vollkommen gestaltet und so bewegend wie beispielsweise Amonasros «Pensa che un popolo, vinto, straziato, per te soltanto risorger può» («Denke, ein Volk, besiegt und zerschlagen / Es kann sich retten durch dich nur allein»), jener spektakuläre eindringliche Appell, den er in seinem Duett mit Aida im dritten Akt der Verdi-Oper vorträgt.

Tannhäuser ist eine Oper über das Singen, genauer über das Singen als Wettstreit, und der «Sängerkrieg» im zweiten Akt ist ihr zentrales dramatisches Ereignis. Damit verknüpft sich die Erwartung, dass schöne Melodien im Vordergrund des Geschehens stehen. Den Lorbeer teilen sich an dieser Stelle Elisabeth – eine von Wagners Nichte Johanna kreierte Rolle – und Wolfram (Bariton), ein Ritter, der, anders als Tannhäuser, keine dunklen Punkte in seinem Lebenslauf hat. Beide dürfen ihr Können mit großen Soloarien unter Beweis stellen, bei denen die Melodie das dominierende Element ist. Ihre besonders melodiösen Gesänge sind in der als Potpourri angelegten Ouvertüre der Oper nicht vertreten, ein Manko, in dem ein früher Kommentator ein Indiz für ihre geringere Dominanz sah: «Die sanftmütige Liebe Elisabeths, die treue Freundschaft Wolframs fehlen als einzige in der Ouvertüre; die eine ertrinkt freilich so sehr in Religion, wie die andere durch die völlige Nutzlosigkeit von Wolframs Treue und durch den schließlichen Triumph Tannhäusers absorbiert wird.»[18] Tatsächlich mag Wolframs Tugendhaftigkeit im Vergleich zu Tannhäusers offenkundiger Anfälligkeit für die Sündhaftigkeit des Fleisches langweilig erscheinen, und er bekommt das Mädchen ja auch nicht. Er ist jedoch der bei weitem faszinierendere Sänger. Im Eingangskapitel haben wir erwähnt, dass die Beiträge Wolframs zum Sängerkrieg, was ihre Stimmführung und ihren harmonischen Duktus betrifft, eine musikalische Sinnlichkeit atmen, die den Arien des Protagonisten fehlt. Die Partie des Wolfram ist eine der «italienischsten», die Wagner je komponiert hat; wie um das zu betonen, hat er sie für einen hohen, hellen Bariton geschrieben – eine Rarität bei Wagner. Im dritten Akt hat Wolfram eine Arie, die sich durch ihre schiere «Singbarkeit» auszeichnet und allein schon deshalb in der viktorianischen Ära und danach zu einer populären Salon-Nummer wurde: «O du mein holder Abendstern.» In einer wunderbaren Besprechung aus dem Jahr 1882 kreist der Rezensent die Wahrheit über den von Wolfram ausgehenden Zauber ein, indem er von der «melodischsten und saftigsten Baritonpartie, die Wagner bis jetzt geschrieben hat» spricht und das Lied, mit dem Wolfram im zweiten Akt am Sängerkrieg teilnimmt, sowie die «Abendstern»-Arie als die «dicksten Speckstreifen in der ganzen Oper» bezeichnet, die dem Ideal des «geschlossenen, einprägsamen Liedes» am nächsten kämen und einem «schmelzenden und ungeheuer sympathischen Organ» viele Gelegenheiten gäben, zu glänzen.[19]

Es gibt eine einzige Stelle in der Oper, an der die Macht der Musik – in Form eines überwältigenden und überzeugenden Gesangs – vor unseren Augen auf der Bühne etwas vollbringt: Die Rede ist von dem Septett, das den ersten Akt abschließt, jene Szene, in der Wolfram Tannhäuser (der sich gerade vom Venusberg verabschiedet hat) zur Rückkehr an den thüringischen Hof überredet. Dieses Septett eroberte, wie wir gesehen haben, die Herzen des französischen Publikums. Erregte Zwiegespräche (Wird Tannhäuser zurückkehren? Nein, das kann ich nicht, meine Bestimmung liegt anderswo!) werden jäh durch eine dramatische Intervention beendet, als Wolfram den Namen Elisabeths ausruft, begleitet von einem himmlischen Harfenklang. Dieser *coup de théâtre* schafft eine Zäsur für eine überwältigende gesangliche Darbietung, für die Wolfram die solistische Verantwortung trägt: Er erklärt Tannhäuser, wie sehr Elisabeth ihn vermisst hat, und bittet ihn, zurückzukommen.

Die Wirkung ist eine seltsam einfache: Wolfram besinnt sich kurz und ergreift dann eine Harfe, um ein Bühnenlied anzustimmen, dessen melodischer Part sich durch Geschlossenheit und eine schlichte Form (A-B-A) auszeichnet und von einer schönen orchestralen Einleitung eingerahmt wird. Instrumentiert ist es wie ein Paradigma für reinen Gesang: Der Bariton hebt sich deutlich von einem leisen Holzbläser- und Streicherhintergrund ab. Der komplementäre Vers («Denn, ach! Als du uns stolz verlassen, verschloss ihr Herz sich uns'rem Lied») gleitet passenderweise in Moll und Melancholie ab. Und dieser zweite Vers endet mit einer wunderbaren Kadenz, einem kleinen Meisterwerk musikalischen Pathos. Die Stimme vollführt einen Intervallsprung nach oben, um dann den Weg zurück nach unten zu finden, und fügt dabei die fehlenden Töne einer Dur-Tonleiter ein; diese erweist sich am Ende als ornamentale Zutat, die genau einen Ton über dem eigentlichen Moll-Grundton liegt. Als unmittelbar danach die Eröffnungsmelodie wiederkehrt – schleichend sozusagen, zu den Worten «O kehr' zurück» –, empfinden wir sie dank der Art und Weise, wie sie eingeführt worden ist, als doppelt schön. Wir haben es dabei mit dem klassischen Fall eines Opernmoments zu tun, in dem man sich als Zuhörer aufgefordert sehen könnte, mit der Figur mitzusingen, so suggestiv und einladend ist die Melodie. Es ist dies eine jener Wagner-Passagen, die uns die Vorliebe des Komponisten für Bellini verstehen lassen, eine Zuneigung, die erst dahinzuschwinden begann, als ihm klar wurde, dass es nur einen einzigen unbestreitbar vollkommenen Opernkomponisten geben konnte, nämlich Wagner selbst. Als er 1871 noch einmal auf sein Schlüsselerlebnis zu sprechen kam– die Schröder-Devrient in der Rolle des Romeo –, zeigte sich, dass sein Denken strenger geworden war:

> Der Oper [muss] in jeder noch so unsinnigen oder seichten Gestaltung unter gewissen Umständen eine unvergleichliche Wirkung selbst im idealsten Sinne zugesprochen werden .... Erinnern wir uns hier beispielsweise der wohl noch vielen Mitlebenden unvergesslichen Darstellung des «Romeo» in der Bellini'schen Oper, welche uns einst die Schröder-Devrient vorführte. Jedes Gefühl des Musikers musste sich gegen die Anerkennung irgend eines künstlerischen Wertes der durchaus seichten und ärmlichen Musik sträuben, welche hier über ein Opernpoem von grotesker Dürftigkeit geworfen war; und dennoch fragen wir einen Jeden, der dies erlebte, welchen Eindruck ihm der «Romeo» der Schröder-Devrient gegenüber etwa dem Romeo unseres besten Schauspielers selbst im Stücke des großen Briten gemacht habe?[20]

Der Wagner, der gegen Bellini stänkert, hat leider einen Teil seiner Seele eingebüßt.

Krach

Als Wagner die Pariser Opéra endlich überreden konnte, eines seiner Werke aufzuführen, fiel die Wahl auf *Tannhäuser*; man schrieb allerdings inzwischen das Jahr 1861. Diese Entscheidung ist zuweilen so gedeutet worden, als sei das französische Publikum damals für die neueren Opern Wagners noch nicht reif gewesen, eine Vermutung, die einer kritischen Nachprüfung kaum standhält. Zum einen hatte Wagner sein radikalstes Werk, *Tristan und Isolde*, erst kurz zuvor, 1860, fertiggestellt; zum anderen waren seine einzigen anderen nach 1850 entstandenen Arbeiten – die beiden ersten Werke des vierteiligen Bühnenfestspiels *Der Ring des Nibelungen* – Werke, deren isolierte Aufführung Wagner nicht zuließ. Es gibt vielleicht eine ganz einfache Erklärung dafür, dass *Tannhäuser* ausgewählt wurde: Er war eine wunderbare *grand opéra* in bester Pariser Tradition. Der *Tannhäuser* war der lebendige Beweis dafür, wie spektakulär die formalen Konventionen der *grand opéra* wirken konnten, wenn ein junger Komponist ihnen neuen Odem einhauchte. Diese Jugendlichkeit Wagners fand ihren Ausdruck damals nicht nur in neuen Orchesterklängen (mehr darüber später) oder in einem Unbehagen am Status quo in der

Opernwelt, sondern auch in der Bewegungsenergie und Zukunftsorientiertheit der «großen Nummern», die in der Vergangenheit die tragenden Säulen so vieler anderer *grands opéras* gewesen waren.

Neuartige Orchesterklänge gibt es in *Tannhäuser* und *Lohengrin* reichlich zu hören, doch lässt sich ihre Bedeutung unterschiedlich interpretieren. Der Kritiker und Philosoph Theodor Adorno zum Beispiel sah in dem von Wagner kreierten instrumentalen Effekt des «nah für fern» ein Mittel der akustischen Sinnestäuschung, eine Phantasmagorie, darauf berechnet, durch Verschleiern der tatsächlichen Tonquelle die Zuhörer zu verwirren. Mit diesem Kunstgriff habe Wagner, so meinte Adorno, versucht, das Bewusstsein der Zuhörer für Geschichte oder Zeit, für ihre Verantwortung und Präsenz in der realen Welt, zu trüben – hypnotisierte Träumer beteiligen sich vermutlich nicht am Bau von Barrikaden und agitieren nicht für eine Revolution. Auf der anderen Seite kann man solche räumlichen Effekte auch als Experimente in akustischem Materialbewusstsein deuten, wenn man voraussetzt, dass Wagner ein hoch entwickeltes Gespür für die Abhängigkeit des Klangerlebnisses von Entfernung, Lautstärke und Architektur des Konzertsaals hatte. Er war ein frohgemuter Meister der auf der Bühne (oder unweit von ihr entfernt) erzeugten Töne: Trompeten, Hörner, Pfeifen, Glocken, unsichtbare Stimmen und einsame Rufe aus der Bühnentakelage. Es war dies eine Begabung, die einmal mehr auf Wagners geschmackliche Prägung durch die *grand opéra* verweist, auch wenn seine Opern zugleich zeigen, dass das Vorbild in seinen Händen Wandlungen vollziehen und unvorhergesehene und kaum wiedererkennbare Formen annehmen konnte.

Die *pièce de résistance* in dieser Hinsicht ist die dritte Szene des ersten Aktes im *Tannhäuser*, in der Tannhäuser aus seinem unterirdischen Domizil im Venusberg in seine alten Jagdgründe in Thüringen teleportiert worden ist und bewusstlos neben einem bäuerlichen Muttergottesbild liegt. Fast zehn Minuten lang kommt jeder Ton, jedes Geräusch aus der künstlichen Welt auf der Bühne (oder hinter ihr); nichts erklingt aus dem Orchestergraben. Ein junger Schafhirte singt ein improvisiert wirkendes Frühlingslied und begleitet sich dabei auf seiner Schalmei (akustisch gedoubelt von einem hinter der Bühne postierten Englischhorn) mit einer wie zufällig anmutenden Tonfolge. Aus einer unbestimmbaren Ferne ertönen «Herdeglocken». Pilger nähern sich; zuerst weit weg, kommen sie sodann näher: Ihr Gesang ist erst fast unhörbar und wird höchst präsent, als sie die Bühne überqueren. Alles ist vollkommen und kompromisslos realistisch und zielt darauf ab, den Eindruck zu erwecken, diese Szenerie habe sich niemand ausgedacht, sondern sie gehöre zur wirklichen Welt. Diese Übung in Purismus ist zu Ende, als sich das Orchester im Graben – zuerst fast unmerklich – beim Abschied des Hirten zurückmeldet: «Glück auf! Nach Rom! Betet für meine arme Seele.» Davon wacht Tannhäuser auf, und im selben Moment dröhnt auch schon das Orchester mit maximaler Lautstärke los; der wieder einsetzende, leiser werdende Pilgerchor erhält instrumentale Unterstützung, als Tannhäuser seine Melodie aufnimmt.

Keine verbale Beschreibung kann die radikale akustische Suggestivkraft dieser Szene nachvollziehbar machen, die bis dato ihresgleichen nicht hatte. Man muss es hören, um es zu glauben. Nicht von ungefähr erntete sie 1861 in Paris Gelächter und Buhrufe, denn obwohl die Oper schon 16 Jahre zuvor komponiert worden war, wirkten diese Effekte unbegreiflich. Die Szene ist und bleibt ein Triumph des schieren Wagemuts und liefert einen Vorgeschmack auf das Beste, das Wagner noch in petto hatte, auf Passagen wie den Anfang des dritten Aktes von *Tristan und Isolde* oder auf die Musik, die wir hören, bevor sich der Vorhang für die zweite Szene im dritten Akt der *Meistersinger* hebt.

Librettoregeln

Richard Wagners drittes und viertes Lebensjahrzehnt bildeten die Phase, in der er sich am stärksten zu Reform und Revolution hingezogen fühlte, zu freiheitlichen Idealen, die teilweise unausgegoren und naiv waren – wie bei einem jungen oder jugendlichen Freidenker nicht anders zu erwarten. Seine am stärksten von einem reformistischen Geist durchdrungenen Schriften stammen aus den späten 1840er Jahren, in denen auch sein politisches Engagement seinen Zenit erreichte; man braucht sich nur Werktitel wie *Die Kunst und die Revolution* oder *Das Kunstwerk der Zukunft* (beide 1849) zu vergegenwärtigen, um zu ahnen, worum es ihm ging. Nicht von ungefähr war dies auch die Zeit seiner größten Nähe zu Franz Liszt (1811–1886), der ebenfalls ein musikalischer und gesellschaftlicher Rebell war. Liszt war ein Konzertpianist und Komponist *in extremis*; er verschob die Grenzen der technischen Virtuosität und suchte, die Kunst der Improvisation – die zwangsläufig mit fantasiereicher Unordnung verbunden ist – in seinen Kompositionen einzufangen. In den späten 1840er Jahren gelangte Liszt, wie Wagner, an einen Wendepunkt in seinem Leben: Er tauschte seine Karriere als Klaviervirtuose gegen das Amt des

Hofkapellmeisters in Weimar ein (das damals schon von einem großen Nimbus als Stadt Goethes zehrte) und widmete sich fortan dem Komponieren ernster, entschieden avantgardistischer Musik. Unter diesen Voraussetzungen verwundert es nicht, dass Wagner – auch weil Liszt sich als wichtiger Förderer grandioser Wagner-Projekte bewährte – in dem geläuterten Virtuosen einen kongenialen Gesprächspartner fand.

Adorno hielt Wagner für einen Möchtegern-Revolutionär, den es insgeheim nach Sicherheit, Komfort und Wohlstand gelüstete; dass er sich selbst zum Revolutionär stilisierte, buchte Adorno als bloße Selbstbeweihräucherung ab.[21] Man könnte auch die Frage stellen, ob Wagners intellektuelles Steckenpferd, das Dilettieren in politischer Philosophie, einen nennenswerten Einfluss auf sein musikalisches Denken hatte. Doch festzuhalten gilt, dass Wagner als Opernkomponist von Anfang an, seit er mit Anfang 20 seine ersten hoffnungsvollen Stücke schrieb, ein «Revolutionär» in einer zwar formalen, aber ganz bedeutenden Hinsicht war: Er schrieb seine Libretti selbst. Es war dies fast das erste Mal in der Geschichte der Oper, dass ein Komponist die Aufgabe, aus dieser oder jener Vorlage ein Textbuch für eine Oper zu machen, nicht einem professionellen Dichter anvertraute. Was bedeutete das praktisch? Wagner selbst behauptete – mit seiner gewohnten dichterischen Freiheit –, es seien ihm häufig bestimmte Aktionen und Situationen gleichzeitig mit musikalischen Ideen in den Sinn gekommen, und beide hätten einander wechselseitig befruchtet. In Wirklichkeit arbeitete er wesentlich konventioneller, wie es traditionell viele Opernkomponisten in anderen Ländern und anderen Jahrhunderten getan hatten: Er schrieb immer zuerst das Libretto und machte sich, wenn er damit fertig war, es überarbeitet und geglättet (und manchmal sogar schon veröffentlicht) hatte, ans Komponieren der Musik. Dass er seine Libretti selbst schrieb, bedeutete natürlich auch, dass er, wenn er in einer Szene keine traditionellen Arien haben wollte, sondern stattdessen freie Dialoge, keinen der Tradition der Nummernoper verhafteten Berufsautor beknien musste, ihm etwas Unorthodoxes zu schreiben. Wagner konnte die formalen Grundregeln, die bis dahin für die Gestaltung einer Oper gegolten hatten, in Frage stellen und ändern, ohne Reibungsverluste überwinden zu müssen. Dieser Aspekt gewann vor allem nach 1850 enorme Bedeutung für sein Opernschaffen. Wenn ein Opernkomponist es fertigbringen sollte, die Art und Weise, in der die Oper sich musikalisch mitteilte, grundlegend zu verändern, konnte das eigentlich nur jemand sein, der seine Texte selbst schrieb.

Die Frage, wie ein Libretto entsteht, führt uns zu den überraschend praktischen Ursachen des «Erdbebens», das Wagner in der Opernwelt auslöste. Noch während er am *Lohengrin* arbeitete, machte er sich bereits Gedanken über sein nächstes Libretto. Er beschloss, die Sage vom Wirken Siegfrieds am Hof der Nibelungen als Stoff zu wählen, eine klassische Tragödie, die sich in einem berühmten mittelhochdeutschen Epos, dem Nibelungenlied, sowie auch in älteren nordischen Sagen findet. Er schrieb das Libretto – zunächst unter dem Titel *Siegfrieds Tod* – 1848, dem Jahr, in welchem er auch einen Aufsatz verfasste, in dem er sich in hochfliegenden Spekulationen über den Zusammenhang zwischen nordischen Mythen, Friedrich Barbarossa (dem Herrscher über das Heilige Römische Reich im 12. Jahrhundert) und (ausgerechnet) dem Heiligen Gral erging. Dann kam sein revolutionäres Geplänkel mit der Dresdener Polizei dazwischen, die steckbriefliche Fahndung nach ihm und seine Flucht ins Exil, mit der Folge, dass er der Premiere seines *Lohengrin*, die Liszt 1850 am Weimarer Hoftheater arrangierte, nicht einmal beiwohnen konnte.

Das Libretto für *Siegfrieds Tod*, das Wagner in die Schweiz begleitete, war in handwerklicher Hinsicht außerordentlich bizarr. Wagner hatte sich entschieden, als Reverenz an den dichterischen Stil des deutschen Mittelalters Alliterationen (Stabreime) anstelle von Endreimen zu verwenden. Das heißt, er wählte für den Beginn jeder Verszeile (und oft auch für zahlreiche Stellen innerhalb einer Zeile) Wörter mit gleichen Anfangskonsonanten und verzichtete auf die gewohnten Reime am Zeilenende. Das mag nicht nach einer umwälzenden Neuerung aussehen, hatte aber doch maßgebliche Konsequenzen für die rhythmische und melodische Umsetzung der Texte in Musik. Auf Stabreime getrimmte Texte haben kein gleichmäßiges Betonungsschema, ihr Rhythmus wechselt ständig, ihre Vertonung führt nicht zu einer musikalischen Syntax, die zum Mitsingen einlädt. Der Komponist kann sich nicht darauf verlassen, dass eine sich beispielsweise über vier Takte erstreckende Melodie, die perfekt auf die erste Zeile einer Strophe passt, auch auf die zweite Zeile passen wird. Diese kann länger oder auch kürzer sein, so dass er für sie vielleicht fünf oder nur drei Takte Musik braucht. Indem Wagner sich für das exzentrische Stilmittel der Alliteration entschied, stellte er die Weichen für ein nie zuvor da gewesenes Ausmaß an melodischer Unberechenbarkeit und rhythmischer Freiheit. Der zweite radikal innovative Aspekt des Librettos war, dass es Wagners tiefsitzende Vorliebe für Dialog und Austausch begünstigte. Gewiss finden sich in *Siegfrieds Tod* nach wie vor zahlreiche Merkmale der *grand opéra* – vor allem ein wuchtiges Terzett am Ende des zweiten Aktes, als die gegen Siegfried konspirierenden Ränkeschmiede mit vereinten Stimmen ihre Verwünschungen ausstoßen –, aber um sie herum lässt Wagner solistische und dialogische Marathonläufe durchführen. Für die von Siegfried geliebte, zum Untergang verurteilte Brünnhilde schrieb Wagner einen überdimensionalen Monolog, den sie zelebriert, bevor sie sich am Ende der Oper auf Siegfrieds Scheiterhaufen wirft; und der erste Akt bringt eine enorm lange Unterhaltung zwischen drei Angehörigen des Nibelungen-Hofs, die sich über ihre eigene Lustlosigkeit beklagen und Vermutungen über den (noch nicht eingetroffenen) Helden Siegfried anstellen. Im Gegensatz zu allen Opernterzetten, die bis dahin komponiert worden waren, sah das Libretto für dieses Stück nicht eine einzige von den Beteiligten gemeinsam gesungene Zeile vor, nicht einmal zum Abschluss des Terzetts.

Diese beiden förmlichen Parameter – der ungewöhnliche, der Alliteration zu verdankende Textrhythmus und die Entscheidung, lange diskursive Szenen ohne die opernübliche Versform zu schreiben – wandte Wagner mit bemerkenswerter Radikalität an, und zwar so konsequent, dass er sich dadurch allem Anschein nach für fast fünf Jahre musikalisch lahmlegte. Er begann 1850 mit der Niederschrift der Musik zu *Siegfrieds Tod*, unterbrach die Arbeit jedoch mitten in der zweiten Szene des ersten Aktes. Eine Erklärung hierfür lautet, seine musikalischen Fertigkeiten hätten mit den Anforderungen seines Librettos vorübergehend nicht Schritt gehalten, und er sei erfahren genug gewesen, unter diesen Umständen nicht weiterzuarbeiten. Er selbst nannte andere (verwickeltere) Gründe für seine Schreibpause, verwies aber unter anderem auf das sich anbahnende Erdbeben. Seine Erklärung trifft vermutlich teilweise zu und liefert auch ausgezeichneten Legendenstoff. Das Problem war aus Wagners Sicht nicht der unregelmäßige Textrhythmus, sondern die Erzählstruktur der ersten Szene der Oper: Drei Nornen erläutern darin den Zuschauern die Vorgeschichte dessen, was wir anschließend sehen werden. Wir müssen wissen, dass ein magischer Ring geschmiedet und mit einem Fluch versehen wurde, dass Siegfried diesen Ring in einem Kampf auf Leben und Tod gewonnen hat und dass der Fluch Unheil für Siegfried, Brünnhilde und diverse Götter bedeutet (die nebenbei auch eng mit Brünnhilde und Siegfried verwandt sind). Wir müssen darüber hinaus wissen, in welcher Beziehung diese Götter zueinander stehen und was jeder von ihnen in die anderen investiert hat. Das alles müssen die Nornen uns verklickern. Ein Problem hatte Wagner nun, wie er selbst bekundete, mit der Umsetzung dieses Berichts in eine kongeniale Musik. Wie konnte er der Musik der Nornen einen Bezug zu einer Vergangenheit einhauchen, die als solche musikalisch gar nicht in Erscheinung tritt?

Am Ende gelangte Wagner zu dem Schluss, dass er die Vorgeschichte musikalisch lebendig werden lassen musste: Die Vorgänge, die die Nornen schilderten, mussten gespielt werden. In diesem Sinn arbeitete er ein neues Libretto aus, das von den Geschehnissen vor *Siegfrieds Tod* handelt und den Titel *Der junge Siegfried* (1851) erhielt. Es erzählt, wie Siegfried in den Besitz des magischen Rings gelangt ist. Dem schloss sich ein weiteres Libretto über Brünnhilde an, die mit den Eltern Siegfrieds Freundschaft geschlossen und sie vor dem Zorn der Götter zu schützen versucht hat: *Die Walküre* (ebenfalls 1851); zu guter Letzt gesellte sich ein viertes Libretto dazu, das von den Eltern Brünnhildes handelt und erklärt, wie der magische Ring von einem Zwerg geschmiedet und wie er mit einem Fluch beladen wurde: *Das Rheingold* (geschrieben 1852). Des Weiteren hatte Wagner das Bedürfnis, diesen drei zusätzlichen Libretti, die Aufschluss über alles geben, was dem Tod Siegfrieds vorangegangen ist, eine Art Präludium voranzustellen, eine Abhandlung über seinen (Wagners) persönlichen Platz und Stellenwert in der Geschichte der Oper, angereichert mit theoretischen Überlegungen dazu, wie man es anstellt, diese radikal neuen Libretti zu vertonen. Unendlich geschwätzig, wie er nun einmal war, schrieb er zu diesem Thema seine größte theoretische Arbeit, den dichten Aufsatz *Oper und Drama* (1850/51).

Vielleicht weil er in diesen vier aneinandergeketteten Libretti Fragen der rassischen Reinheit, der geerbten Macht, der Verheerung der Natur durch diebische, dunkle Halbmenschen und die natürliche Überlegenheit germanischer Helden traktiert, verfasste Wagner um dieselbe Zeit sein Pamphlet *Über das Judentum in der Musik*, eine Predigt über die «Minderwertigkeit jüdischer Künstler» und die Gefahren, die sich mit ihrem Fortbestand verbanden. In puncto Extremismus ragt dieses Traktat aus der antisemitischen Literatur seiner Epoche heraus. Wagners Sinkflug hatte nun unübersehbar begonnen, eine Tatsache, die es uns doppelt schwer macht, den gordischen Knoten zu entwirren, den seine Arbeiten in den «unfruchtbaren» Jahren 1848 bis 1853 uns aufgeben – wobei sich das Adjektiv unter den genannten Vorzeichen als pure Ironie entpuppt, die noch weniger leicht zu entwirren ist.

XIII.
Opéra comique, der Schmelztiegel

Die französische Variante der komischen Oper im 19. Jahrhundert – was fällt uns dazu ein? Soweit es die ersten Jahrzehnte betrifft, reden wir über ein heute fast gänzlich in Vergessenheit geratenes Repertoire – unterhaltsame, operettenhafte Werke mit beschwingten Stücken Musik, dem einen oder anderen gefühlvollen Moment und jeder Menge gesprochener Dialoge. Daniel Aubers *Fra Diavolo* (1830) ließe sich, wenn man es eilig hätte, als repräsentatives Beispiel für das ganze Genre anführen. Der lachende Bandit Fra Diavolo (Tenor) ist ein draufgängerischer, allerdings über Leichen gehender Wegelagerer, dem der Komponist eine Bravura-Arie über die schönen Seiten des Räuberlebens zugesteht; er gibt sich als Marquis aus, wird aber am Ende von dem jungen Offizier Lorenzo (Tenor) enttarnt und mattgesetzt, der in Zerline (Sopran) verliebt ist (ebenso wie sie in ihn). Zerline ist zufällig die Tochter von … und so fort. In den Nebenrollen treten weitere Straßenräuber auf, dazu ein exzentrisches englisches Aristokratenpaar und zwei Chöre – mit Soldaten auf der Seite des Gesetzes, mit Räubern auf der anderen. An einer weiteren typischen *opéra comique*, Ferdinand Hérolds *Zampa* (1831), lässt sich das Strickmuster verdeutlichen. Der schneidige, aber lasterhafte Pirat Zampa (Tenor) ist ein in Ungnade gefallener Adliger, was jedoch niemand weiß. Er bemüht sich, die Liebe Camilles, einer Unschuld vom Lande, zu gewinnen, und lässt die Welt in einer leidenschaftlichen Arie wissen, wie sehr er sie liebt. Am Ende ereilt ihn sein Schicksal, als bei einem Ausbruch des Vulkans Ätna die Statue einer Frau, die Zampa einst verführt und sitzen gelassen hat, auf ihn stürzt und ihn zerquetscht. Dazu gibt es einige laute – sehr laute und ganz wunderbare – Piratenchöre. Die *Zampa*-Ouvertüre gehört zu den gelungensten des 19. Jahrhunderts und wurde in Bearbeitungen für vierhändiges Klavier mindestens 100 Jahre lang in Wohn- und Musikzimmern in aller Welt durchgenudelt. Sie gehörte auch zu den Paradestücken Arturo Toscaninis, der sie 1952 aufnahm, und lieferte zudem den Soundtrack für den berühmten Disney-Zeichentrickfilm *The Band Concert* (1935) mit Mickymaus, in dem die Aufführung zweier Ouvertüren (aus *Zampa* und *Guillaume Tell*) in einem Musikpavillon die umgebende Natur unheimlicherweise so in Schwingungen versetzt, dass daraus Erdbeben, Gewitter und Tornados entstehen. Die Ouvertüre aus *Zampa* geriet nach Ende der 1950er Jahren fast völlig in Vergessenheit, erlebte jedoch gegen Ende des 20. Jahrhunderts ein Comeback auf dem Soundtrack der Filmkomödie *To Wong Foo Thanks for Everything, Julie Newmar* (1995). Das war keine so willkürliche Wahl, wie es scheinen mag. In dem Film fahren drei Transvestiten (von denen einer «Vida Boheme» heißt) über Stock und Stein nach Hollywood und erleben unterwegs die tollsten Abenteuer. Bei einem so vollmundigen Tribut an Verkleidung, Albernheit und Mut ist der Geist der *opéra comique* nicht weit entfernt.

Bevor sich der Eindruck verfestigt, zur *opéra comique* gehörten quasi definitionsgemäß charmante Banditen und deren Spießgesellen, sollten wir uns vergegenwärtigen, dass das populärste Exemplar dieses Genres aus den 1830er Jahren stammt und bis Anfang des 20. Jahrhunderts Tausende von Aufführungen in Paris und anderswo erlebte: Aubers *Le Domino noir* (*Der schwarze Domino*, 1837). Es ist ein in Spanien spielendes Intrigendrama mit einem Maskenball und mindestens einem Tenor von zweifelhafter Reputation und ebensolcher Moral; die raubeinigen Männer sind in diesem Fall aber nur angetrunkene iberische Aristokraten, die in einem Salon speisen und feiern. Ganze Bücher könnte man schreiben über die *opéra comique* und das Zechen: über die Taverne als Schauplatz zufälliger Begegnungen zwischen unterschiedlichsten Vertretern der Gattung Mensch, als eine Art Bühne auf der Bühne, wo Besucher, die willens sind, zu singen, zu tanzen oder eine Geschichte zu erzählen, animiert werden, dies zu tun. Ambroise Thomas' *Mignon* (1866) beginnt mit einer virtuosen Wirtshausszene, verlegt im zweiten Akt das Geschehen in eine Theatergarderobe und anschließend in einen Park, der an ein Gewächshaus angrenzt, in dem (für die Zuschauer unsichtbar, da außerhalb der Bühne) die Aufführung eines Shakespeare-Stücks im Gange ist. Alle Szenen dieser Oper weisen einen Bezug zum Theater auf. Es ist, als wäre der *reale* Aufführungsort – die professionelle Bühne mit ihrem Rampenlicht, ihren Kulissen und ihren geschminkten Sängern – zu dominierend und einschüchternd, um sichtbar gemacht zu werden. Auf der anderen Seite sind jedoch das Opernhaus, die Bühne und die Freiheiten, die man dort genießen kann, so attraktiv, dass sie in der Handlung vieler *opéras comiques* immer wieder auftauchen, direkt als Kulisse hinter der nächsten Türe oder ersetzt durch ein Wirtshaus.

Diese Rückschau auf einige fast vergessene Werke weckt Assoziationen an die berühmteste *opéra comique* des 19. Jahrhunderts und ihre Stereotypen: leichtsinnige Soldaten und charmante Schmuggler, beide jederzeit bereit, ein Lied anzustimmen; eine Zigeunerin, die mit den Mitteln des Gesangs und des Tanzes verführt; mehrere weitere Zigeuner; Gasthäuser an der Landstraße; fragwürdige Schankwirte, dazu das exotische und fremdartige Milieu Spaniens mit seinen für das großstädtische Pariser Publikum ungewohnten und reizvollen Farben und Klängen. Die Genealogie von Georges Bizets *Carmen* (1875), einer der großartigsten Opern des 19. Jahrhunderts, schält sich heraus. Die Großartigkeit dieser Oper erklärt sich nicht daraus, dass sie eine tragische Facette aufweist, die leidenschaftliche Musik hervorbringt – Musik, die auf vornehme Weise mit dem schlichten Chorsatz dieser simplen feiernden Soldaten und Schmuggler kontrastiert. Was *Carmen* vielmehr so außerordentlich bemerkenswert macht, ist die nie unpassend oder unverträglich erscheinende Mischung dieser beiden Facetten, die stets so präsentiert werden, dass man sie als gleichwertig empfindet. Das Triviale und das Dekorative können bei *Carmen* Seite an Seite mit dem Sentimentalen und dem Tragischen stehen; beide können konfliktfrei koexistieren oder auch, wenn es nötig ist, einander aus dem Weg gehen.

Die *opéra comique* des frühen 19. Jahrhunderts – offenkundig der Schmelztiegel, aus dem *Carmen* hervorging – war auch noch in vielerlei anderer Hinsicht eine produktive Kraft. Die Popularität, die sie beim deutschen Theaterpublikum gewann, beförderte aufs Angenehmste die Übertragung etlicher Libretto-Konventionen und Musikstile der *opéra comique* in die deutsche romantische Oper. Wir haben dies bereits mit Blick auf die Sphäre des Übernatürlichen in Webers *Der Freischütz* gesehen. Überraschender noch lächelt uns die *opéra comique* auch aus den Chören der Seeleute und der fröhlichen Spinnerinnen in Wagners *Der fliegende Holländer* entgegen – sicherlich nichts, woran sich der Komponist später in seinem Leben gerne hätte erinnern lassen. Noch später bediente sich Verdi an dem Genre, als er das Gefühl bekam, seine italienischen Opern seien dabei, zu düster und einfarbig zu werden, und bedürften einer Auffrischung mit etwas volkstümlicher Energie. In *Un ballo in maschera* (1859) kommt von Zeit zu Zeit ein lausbübischer Page namens Oscar (Sopran) angesprungen, leiert Koloraturen herunter und flirtet sowohl mit dem tragischen Helden (Tenor), der in seiner Unbekümmertheit etwas Piratenhaftes hat, als auch mit den grummelnden Schurken (Bässe, was sonst?), die Mordpläne schmieden.

Es gab auch Übertragungen in die entgegengesetzte Richtung – von der *opéra comique* zu gesteigert komischen Opern. Die *opéra comique* war die maßgebliche gemeinsame Vorfahrin der französischen, deutschen und englischen Operettentradition und damit auch des Musicals des 20. Jahrhunderts. Jacques Offenbach (1819–1880), eine zentrale Figur des Übergangs von der komischen Oper zur Operette, begann seine Laufbahn als Cellist im Orchester der Opéra-Comique (des Theaters in Paris, in dem die meisten Werke des Genres ihre Erstaufführung erlebten). Dass er an das Genre mit analytischem Verstand heranging, zeigt sein 1856 verfasstes Manifest, das anlässlich eines von ihm initiierten Wettbewerbs für junge Opernkomponisten entstand.[1] Es ist reizvoll, sich vorzustellen, was Offenbach aus dem Orchestergraben hörte und wie er dies in seine unverwechselbare Spielart eines ironischen musikalischen Esprits umsetzte. Entwickelte sich doch unter seinen Händen die *opéra comique* nicht nur zur Operette oder *opéra bouffe* weiter, sondern mutierte auch zu so bizarren Genres wie der *bouffonnerie musicale* (musikalische Posse – etwa mit *Les Deux Aveugles – Die beiden Blinden*, 1855) oder gar zur *anthropophagie musicale* (musikalische Menschenfresserei – etwa mit *Oyayaye ou La Reine des îles* – «Oyayaye oder die Königin der Inseln», 1855). Ein Komponist, der solche Genrebezeichnungen aus dem Hut zaubern konnte, hatte die Affinität der *opéra comique* zum Grotesken sicher gründlich in sich aufgenommen.

Gesetze und Orte

Beim französischen Musiktheater werfen Genrebezeichnungen immer auch geographische Fragen auf, was damit zu tun hat, dass in Paris über weite Strecken des 19. Jahrhunderts die Gestalt einer Oper durch das Haus bestimmt wurde, für das sie geschrieben wurde. Offenbach schuf viele seiner zwischen den 1850er und den 1880er Jahren entstandenen *opéras bouffes* für das Théâtre des Bouffes-Parisiennes. Wenn wir von *opéra comique* sprechen, so ist das einerseits eine Genrebezeichnung, andererseits (mit großen Anfangsbuchstaben und Bindestrich) der Name des Theaters, in dem dieses Genre beheimatet war. Um das Jahr 1830 bot Paris dem musikinteressierten Publikum drei verschiedene – jeweils streng definierte und reglementierte – Gattungen von Opernunterhaltung, jede mit ihrer eigenen Aufführungsstätte. Die Definitionskriterien waren 1807 unter Napoleon verbindlich festgelegt (oder besser wiederhergestellt) worden und blieben bis in die 1860er Jahre hinein gültig. Sie schrieben bestimmten Theaterhäusern vor, welche Art von Opern sie spielen durften. An der Pariser Oper (Opéra), die ihr Domizil mehrmals wechselte, aber von 1821 bis in die 1870er Jahre in der Salle Le Peletier an der Rue Le Peletier zuhause war, konnte man – wenn man über das nötige Kleingeld und Beinkleider mit dem richtigen Schnitt verfügte – Erzeugnisse des großformatigsten und angesehensten Typs genießen, nämlich der *grand opéra*, die gerade dabei war, sich als Gattung zu etablieren, und mit der wir uns im Kapitel XI befasst haben: große Werke mit weltbewegenden Sujets und beispiellosen Produktionskosten. Das Théâtre Italien (ab 1841 in der Salle Ventadour an der heutigen Rue Méhul), das eine nicht weniger erhabene Klientel bediente, war Opern in italienischer Sprache vorbehalten und präsentierte diese mit so viel Klasse und mit so hochkarätigen Sängern und Sängerinnen, dass italienische Komponisten es als ihren Karrieregipfel betrachteten, die Uraufführung eines ihrer Werke in diesem Haus zu erleben. Rossini amtierte in den 1820er Jahren eine Zeit lang als Direktor des Théâtre Italien und blieb danach für längere Zeit dessen graue Eminenz; Bellini und Donizetti gelangen Mitte der 1830er Jahre aufsehenerregende Premieren in diesem Haus. Die dritte bedeutende Opernspielstätte in Paris war die Opéra-Comique (die meiste Zeit in der Salle Favart an der heutigen Place Boieldieu untergebracht); sie war die Heimstatt der *opéra comique* und damit der Ort, an dem die ins 18. Jahrhundert zurückreichende Tradition der Oper mit gesprochenen Dialogen anstelle von Rezitativen gepflegt wurde. Beim Publikum erfreute sich dieses Genre ebenso großer Beliebtheit wie die anderen, und einzelne Werke dominierten jahrzehntelang das Repertoire, ähnlich wie ihre ernsten Pendants an der Opéra. In den 1830er Jahren erlebte die *opéra comique* auch international den Höhepunkt ihrer Popularität und ihres Erfolgs, nachdem sie durch die Anreicherung mit neuen, stärker italienisch geprägten Elementen an «Exportfähigkeit» gewonnen hatte.

Boieldieus *La Dame blanche* (*Die weiße Dame*, 1825), eine Geschichte von übernatürlichem Draufgängertum in einem exotischen Schottland des 18. Jahrhunderts, verschob die Grenzen des Genres, soweit es zu diesem Zeitpunkt möglich war, in Richtung des romantischen Dramas. Es waren jedoch Eugène Scribe und Daniel Auber, die in dieser prägenden Phase zum führenden Librettisten-Komponisten-Gespann der *grand opéra* aufstiegen, während sie mit ihren Werken in den 1830er und 1840er Jahren das Repertoire der *opéra comique* dominierten. Ungeachtet der Konkurrenz durch Kassenschlager wie Adolphe Adams *Le Postillon de Lonjumeau* (1836), Hérolds *Zampa* und Donizettis *La Fille du régiment* (*Die Regimentstochter*, 1840) verstanden es Scribe und Auber immer wieder, ihren Stil dem sich wandelnden Zeitgeschmack anzupassen, und konnten sich eine große Zahl erfolgreicher Opern ans Revers heften. Sie waren die Schöpfer sowohl von *Le Domino noir* als auch von *Fra Diavolo*.

Die Langlebigkeit der besten dieser Werke war, selbst gemessen an den Maßstäben der populärsten *grands opéras*, bemerkenswert. *Fra Diavolo* erlebte bis zum Ende des 19. Jahrhunderts fast 1000 Aufführungen an der Opéra-Comique und konnte 1850 Gastspiele in New York, Buenos Aires, Sidney und Kalkutta vermelden. Die Handlung erwies sich als formbar genug, um zur Vorlage für einen Laurel-und-Hardy-Film der 1930er Jahre zu taugen. Von Hal Roach inszeniert, lief er in den USA unter dem Titel *The Devil's Brother* (1933) und ist ein lohnender Fund. Scribe lieferte seinem komponierenden Partner ein Drama in drei Akten, das in der napoleonischen Ära im südlichen Italien spielt. Für Lokalkolorit und zusätzliche Abwechslung sorgen ein exzentrisches englisches Aristokratenpaar (Lord und Lady «Cokbourg») und zwei vierschrötige Spießgesellen des Fra Diavolo. (In *The Devil's Brother* glänzen in diesen Rollen natürlich «Stanlio und Ollio».) Auber komponierte für diese Oper eine einfache und eingängige Musik: Gelegentlich schaltet er einen Gang zurück, aber als vorherrschendes Tempo pflegt er das eines schnellen Marsches mit überwiegend punktierten Rhythmen. Es ist sicherlich kein Zufall, dass sich auch die «Marseillaise» durch einen punktierten Rhythmus auszeichnet – ferne, durch das Prisma der Komödie gebrochene Anklänge an die Französische Revolution lauern stets knapp unter der Oberfläche. Ein ausgezeichnetes Beispiel können wir am Beginn des dritten Aktes studieren, wo Fra Diavolo in einer seiner ganz wenigen Soloarien seine Lebensphilosophie skizziert: «Je vois marcher sous ma bannière» («Ich sehe unter meinem Banner marschieren»). Abgesehen von einem kurzen pathetischen Moment, steht die Arie ganz im Zeichen von Marschrhythmen und (weil sie ein Solostück ist) einem ausgeprägt Rossini'schen Gesangsstil in den Bravura-Abschnitten.

Das machte sicherlich Spaß. Diese Werke wurden im 19. Jahrhundert hundertfach, ja tausendfach aufgeführt und ernteten gelegentlich auch höchstes Lob. Heinrich Heine warf 1844 einen satirischen Seitenblick auf die Lage der Dinge:

Während die *Académie de musique* aufs jammervollste darniederlag und die Italiener sich ebenfalls betrübsam hinschleppten, erhob sich die dritte lyrische Szene, die *opéra comique*, zu ihrer fröhlichsten Höhe. Hier überflügelte ein Erfolg den andern, und die Kasse hatte immer einen guten Klang. Ja, es wurde noch mehr Geld als Lorbeeren eingeerntet, was gewiss für die Direktion kein Unglück gewesen. ... Einen ungeheuren Beifall findet Scribes neue Oper *Die Sirene*, wozu Auber die Musik geschrieben. Autor und Komponist passen ganz füreinander: sie haben den raffiniertesten Sinn für das Interessante, sie wissen uns angenehm zu unterhalten, sie entzücken und blenden uns sogar durch die glänzenden Facetten ihres Esprits, sie besitzen ein gewisses Filigrantalent der Verknüpfung allerliebster Kleinigkeiten, und man vergisst bei ihnen, dass es eine Poesie gibt.[2]

Heute begegnen uns die beiden bestenfalls noch als Namen in den Geschichtsbüchern. Was ist geschehen? Warum sind Opern wie *Fra Diavolo* und *La Sirène* (1844) heute weitgehend vergessen? Wie kam es, dass das buntscheckige Personal der *opéra comique*, all die Trommel-Majoretten, vergnügungssüchtigen Nonnen, unbekümmerten Banditen, singenden Kutscher, ausrutschfreudigen Ausländer und lachenden Piraten aus der Mode gerieten? Schon 1839 hieß es in einem englischsprachigen Paris-Führer bedauernd: «Der leichte, angenehme Charakter der Musik, durch den sich die *opéra comique* in Frankreich früher auszeichnete, hat in den letzten Jahren einem kunstvolleren Stil Platz gemacht, der vielleicht wissenschaftlicher sein mag, gewiss aber weniger beliebt ist.»[3] Es scheint, als habe sich irgendwann das Gefühl breitgemacht, man habe alles schon einmal gesehen: *vieux jeu*. Wie wir es auch schon bei der *grand opéra* beobachtet haben, geriet die klassische *opéra comique* allmählich aus dem Blickfeld der jüngeren Komponisten und war spätestens zu Beginn des 20. Jahrhunderts aus dem internationalen Repertoire weitgehend herausgefallen. Wenn man allerdings eine andere, weiter gefasste Definition anlegt, kann man *opéra comique*, ebenso wie *grand opéra*, auch auf Werke beziehen, die sich aus jenen begrenzten Ursprüngen zu freien, abwechslungsreichen Formen entwickelten. Und in diesem umfassenderen Sinn gab es keinen Niedergang. Manche dieser Abkömmlinge, wie das emblematische Beispiel *Carmen*, liefen nie Gefahr, in der Versenkung zu verschwinden.

Wir können die *opéra comique* also auf doppelte Weise als eine ernste Angelegenheit behandeln. Zunächst in dem einfachen Sinn, dass die Klischees des Genres im Verlauf des 19. Jahrhunderts allmählich zu kostbaren sentimentalen Souvenirs einer untergegangenen komischen Welt avancierten, die als Elemente späterer Opern überlebten, in denen daneben auch Trauer, Sterblichkeit und Tragik ihren Platz hatten. Die Lieder schmetternden Seeleute in Wagners *Holländer* und der kokette Page in Verdis *Ballo* sind klingende Echos einer französischen Tradition augenzwinkernder Anspielungen auf nationale Schrullen. Sowohl Ambroise Thomas' *Mignon* (auf die wir noch zu sprechen kommen) als auch Bizets *Carmen* laufen unter *opéra comique*, obwohl sie höhere Ansprüche haben. Sie gehören in diese Rubrik, weil sie gesprochene Dialoge enthalten und für das Haus gleichen Namens geschrieben wurden; sie tragen ihren Titel aber auch verdient, weil sie mit Chören von Schmugglern, Schaustellern und anderen leichtlebigen Kollektiven mit einer Vorliebe für akkordischen Gesang aufwarten.

Dieser Veränderungsprozess schlug auch auf die Theaterstruktur der Welthauptstadt der Oper durch. Die Pariser Opéra-Comique konnte, wiewohl sie die älteste und ehrwürdigste Kontrahentin der Opéra war, nicht für alle Zeit das einzige Opernhaus in Frankreich bleiben, das in seinem Repertoire gesprochene Dialoge und weniger erhabene Stoffe favorisierte. Schon deshalb nicht, weil Paris im 19. Jahrhundert unaufhaltsam wuchs: Mehr Einwohner benötigten mehr Opernhäuser. 1847 eröffnete die Opéra National, ein Theater, das sich der Pflege eines französischen Repertoires widmete, mit eleganten «halb-ernsten» Sujets, vorwiegend mit gesprochenen Dialogen anstelle von Rezitativen und mit einer Musik, die frischer war als alles, was man in einer *grand opéra* hören konnte. Schon 1852 in Théâtre Lyrique umbenannt und mehrmals seinen Standort wechselnd, wurde es für viele junge Komponisten zum Pariser Haus erster Wahl, wenn sie es entweder müde waren, sich an der Opéra mit ihrer obligatorischen musikalischen und bühnentechnischen Schwergewichtigkeit abzuarbeiten, oder wenn sie sich eben dafür rüsten wollten.

Es gibt noch einen zweiten Grund, dessentwegen wir die *opéra comique* schätzen sollten, selbst wenn wir die ihr entsprossenen, in anderen Häusern aufgeführten Werke ihr nicht als Verdienst anrechnen würden. Worin besteht der wahre Wert des rein Trivialen? Diese große Frage schwebt über allen Spielarten der komischen Oper, lässt sich jedoch am schwersten für auf das offensichtlich Frivole beantworten: nicht für die menschlichen Komödien eines Mozart, sondern die banalen und klamaukigen Werke, die *opéras bouffes*, die in Vergessenheit geratenen Lappalien, die Komponisten wie Offenbach, Alexandre Charles Lecocq oder Edmond Audran in impertinent schneller Folge auf den Markt warfen, während gleichzeitig spätberufene Romantiker wie Hector Berlioz

Shakespeare und die alten Griechen neu aufzäumten und ihre Kreativität für so üppig aufgeblähte Megawerke wie *Les Troyens* verausgabten.

Ästhetischer Hohn

Die klassische *opéra comique* hatte auch in den Zeiten ihrer größten Publikumserfolge einen schweren Stand bei der Kritik. Ausländer wie Heine reagierten mit einer Mischung aus Faszination und Ratlosigkeit und hegten – insbesondere wenn sie aus europäischen Ländern ohne Mittelmeerküste kamen – den Verdacht, sie hätten es mit einer weiteren Äußerungsform pariserischer Amoralität zu tun. Mendelssohn war überzeugt, die *opéra comique* sei «so verkommen und schlecht wie nur wenige der deutschen Theater». Falls er sich je überreden lasse, etwas so Wertloses zu schreiben, müsste er, so seine Befürchtung, wegen des Etiketts «Paris» sogar damit rechnen, dass es – *quelle horreur* – den Weg in sein geliebtes Vaterland finden würde.[4] Kaum verwunderlich, dass der durch und durch ernste Berlioz, dessen *Benvenuto Cellini* (1838) von der Opéra-Comique abgelehnt wurde, anschließend aber an der Opéra zum Zuge kam und mit Pauken und Trompeten durchfiel, sich in Sarkasmus flüchtete. In einem seiner längsten Essays identifizierte er ein Problem, über das sich das Publikum seiner Zeit keine Gedanken zu machen schien, in dem er jedoch ein Vorzeichen für den erhofften Niedergang des Genres sah: Die *opéra comique* leide, so erklärte er, an einem «fatalen Oszillieren der Stile».[5] Der kompromisslose Purist Berlioz konnte sich nie mit der Vorstellung abfinden, dass gerade dieses freie Nebeneinander das größte Ruhmesblatt der *opéra comique* darstellte.

Der Berlioz'schen Analyse zufolge war dieses gefährliche Oszillieren teilweise nationalen Besonderheiten geschuldet. Die französischen Komponisten der 1830er Jahre kannten zahlreiche deutsche romantische Opern: *Der Freischütz* gehörte (als *Robin des bois* verkleidet) zu ihren großen Favoriten, nicht verwunderlich vielleicht angesichts der Tatsache, dass sein polyglotter Stil so stark von französischen Vorbildern geprägt war. Komponisten, die sich auf die *opéra comique* spezialisierten, hatten, so sah es jedenfalls Berlioz, «dieselben aufnahmebereiten Ohren» und nahmen großzügig Anleihen bei den deutschen Spezialitäten einer entwickelten Orchestrierung und einer gepflegten harmonischen Sprache sowie – viel schlimmer noch – bei der gesanglichen Exzessivität Rossinis. In den

1820er Jahren machten die Opern Rossinis am Théâtre Italien Furore, und so manche neidvolle Erinnerung an ausgefeilt gesungene Duette landete als Keimling in der *opéra comique*. Die strenge Trennung zwischen den Genres, die in Paris herrschte, bedeutete, dass solche Einflüsse, wenn sie in die *opéra comique* hineingetragen wurden, der alten Konvention des gesprochenen Dialogs aufgepfropft werden mussten. Während das deutsche Singspiel die Metamorphose zur romantischen Oper vollzog – unter Ausmusterung der gesprochenen Dialoge und der meisten komödiantischen Elemente –, sah sich die *opéra comique* eher noch enger an die ihr zugewiesene Nische gekettet. Das größte Problem jedoch, das Berlioz dem Genre bescheinigte, war das Oszillieren der künstlerischen Ansprüche. Seinem Befund zufolge schwankte das Repertoire der Opéra-Comique «ständig zwischen den hohen und den niedrigen Sphären des Denkens»;[6] einmal bediene sie jene, die nicht mehr verlangten als eine einfache Vaudeville-Unterhaltung (komische Sketche mit einigen eingestreuten Liedern), dann wieder jene, die auf höherwertige musikalische Kost aus waren. Am Ende würde, so sah es Berlioz, die *opéra comique* an dem Ehrgeiz, es beiden Gruppen recht machen zu wollen, zerbrechen. Ihre klassische Spielart lief nach seiner Überzeugung Gefahr, unterzugehen, weil sie begonnen hatte, sich von der reinen Farce zu entfernen.

Berlioz hatte in mancherlei Hinsicht nicht unrecht. Wer sich der Oper in der Erwartung nähert, klassische Ausgewogenheit oder «Reinrassigkeit» des Genres zu finden, wird beginnen, sich unbehaglich zu fühlen, wenn diese Erwartung nicht erfüllt wird. Eine gute Illustration ist der Umgang der *opéra comique* mit dem ständig wiederkehrenden Problem, mit dem sich auch das Singspiel und andere Opern mit gesprochenen Dialogen im 18. Jahrhundert auseinandersetzen mussten: Wie gestaltete man den Moment, in dem das gesprochene Wort in Gesang übergeht? Besonders drängend wurde das Problem, als im 19. Jahrhundert die Anforderungen an die Kontinuität und Ausarbeitung der Musik immer höher geschraubt wurden. Es ist somit keine Überraschung, in einer typischen Auswahl von Musikstücken aus *opéras comiques* all jene ausgefeilten Techniken zu entdecken, mit denen man versuchte, den Übergang natürlich erscheinen zu lassen: Arien, die nicht wirklich Arien sind, weil an dieser Stelle der Handlung ohnehin ein Lied angestimmt wird; Chöre, die mit unkomplizierten bäuerlichen Typen bestückt sind, von denen man annimmt, sie sängen einfach schon deshalb, weil sie schlichte und gesellige Menschen sind: Ensembles, die rasche Handlungswechsel nachvollziehen und demzufolge die Dialogstruktur beibehalten. In einer sich rasch wandelnden Opernwelt war es schwierig, Grenzen einzuhalten, doch die Grundregel der *opéra comique*, das Beharren auf gesprochenen Dialogen, war unantastbar.

Berlioz ist freilich ein berüchtigter Ausbund an ästhetischem Hochmut, ein eher zu dominanter Herold romantischer Auffassungen. Wer von denen, die um die Mitte des 19. Jahrhunderts die Vorstellungen an der Opéra-Comique besuchten, sah in gesprochenen Dialogen (oder in Mischformen) ein ausgesprochenes Problem? Wessen Erwartungen wurden nicht erfüllt, wo und wann? Eine analoge Gefahr besteht darin, die ganze Frage ebenso ausschließlich aus dem ebenso dominanten Wagner'schen Blickwinkel zu betrachten. Als Wagner seine ersten Publikumserfolge feierte – in Dresden mit *Rienzi* 1842 und mit *Der fliegende Holländer* 1843 –, war klar, dass eine neue, erstaunliche Varietät der deutschen Oper vor der Tür stand, anspruchsvoll instrumentiert, mit tragischer Handlung und Intention, mit sehr vielen Tönen und gar keinen gesprochenen Dialogen sowie mit der Tendenz zu einem einheitlichen Ton, die (zumindest dem Ideal nach) hybrides Oszillieren ausschließen würde. Wir haben es hier mit einer weiteren Facette des Vorurteils gegen Genre-Mischformen zu tun. Der Reichtum an musikalischen Registern, durch den sich *Der fliegende Holländer* auszeichnet (erörtert zu Beginn dieses Kapitels), ist oft als eine Schwäche gedeutet worden, die Wagner in seinen späteren Werken zu Recht beseitigt habe. Sicherlich gab es in Paris eine Klientel unter den Zuschauern, die mit Mischformen nichts anfangen konnte – eine elitäre Schar von Opernbesuchern, die die monströsen Produktionen an der Opéra mit der Muttermilch aufgesogen hatte, oder eine Geschmackselite, die sich an den Kritiken eines Berlioz oder eines Heine orientierte. Für bestimmte Komponisten und für bestimmte Zuhörerschaften drohte die Kluft zwischen Sprechen und Singen – eine Kluft, die für all die vielen Unstimmigkeiten der Oper stand – sich zu einer unüberbrückbaren Spaltung auszuwachsen. Wir sind Erben dieser Denkweise. Es kann sein, dass das heutige Publikum, durch Abrichtung an kontinuierliche Musik im Opernhaus gewöhnt, zu einer neuen Einstellung gegenüber der Aufführung oder Inszenierung finden muss, zu einer neuen Fähigkeit, das «Oszillieren der Stile» zu genießen; dann könnte die Freude an der klassischen *opéra comique* zurückkehren.

Sogar Offenbach reagierte in seinem letzten Werk, *Les Contes d'Hoffmann* (*Hoffmanns Erzählungen*, 1881) auf die Forderungen des ästhetischen Dünkels. Er bezeichnete das Werk als «Oper» und hinterließ es bei seinem Tod 1880 unvollendet. Es ist unmöglich, so etwas wie einen verbindlichen Text für *Les Contes d'Hoffmann* zu etablieren – ein Umstand, der die wunderbare Chance eröffnet, Ergänzungen und musikalische Eingriffe vorzunehmen, die bei keiner anderen bedeutenden Repertoireoper denkbar wären. 1992 kam das Werk in der Oper von Lyon unter dem Titel *Des Contes d'Hoffmann* («Von Hoffmanns Erzählungen») zur Aufführung – mit Vermischungen, Weglassungen und Ergänzungen (Dialoge, Musik, übergreifende Konzeption), die so manche Besucher wie vom Schlag getroffen zurückließen. Anderen hingegen nötigt *Hoffmann* besonderen Respekt ab, weil es die einzige Oper Offenbachs ist, die ein wirklich ernstes Anliegen hat. Für das Libretto kehrte Offenbach zu seinen Wurzeln zurück, indem er drei Erzählungen des deutschen Romantikers E. T. A. Hoffmann verwendete. Für die Musik schürfte er in lyrischen Goldadern, die sich aus Erinnerungen an Werke wie Gounods *Faust* speisten. Andererseits führte er dabei seine innige Vertrautheit mit der musikalischen Groteske einem ernsten Zweck zu, nämlich dem, den unheimlichen und verstörenden Aspekten der Geschichten, die ihm als Vorlage dienten, Farbe zu verleihen – Geschichten über Automaten, die singen können, und Spiegel, die einem die Seele stehlen. Kein Geringerer als Gustav Mahler in Wien machte sich für diese Oper stark, setzte 1901 eine Neuinszenierung durch und stellte damit den Komponisten von *La Grande-Duchess de Gérolstein* auf ein Podest nur wenig unterhalb des Piedestals der deutschen Avantgarde.

Das Trauma der Traurigkeit, das Überleben der Glückseligkeit

In seinem 1856 verfassten Manifest über die *opéra comique* legt Offenbach eine köstliche Fähigkeit an den Tag, Disparitäten etwas abzugewinnen; seine Auffassungen eignen sich, so gesehen, als Komplementärfarbe zum Berlioz'schen Unbehagen. Die beiden Jahrzehnte zwischen 1855 und 1875 waren, rückblickend betrachtet, eine bemerkenswerte Zeit für die *opéra comique* im weitesten Sinn. Die Offenbach'schen Farcen lassen sich als Spiegel der Gesellschaft interpretieren, in denen Politik und gesellschaftliche Strömungen satirisch kommentiert und abgehandelt werden. In den Jahren 1870/71 sollte Paris ein großes politisches Trauma erleiden – am Ende eines Jahrzehnts, in dem sich die Reihen einer ruhmreichen älteren Generation von Opernkomponisten gelichtet hatten. (Halévy war 1862 gestorben,

Meyerbeer 1864, Rossini 1868, Berlioz 1869.) Kaum einer aus der Phalanx derer, die in den 1830er Jahren einen neuen Typus der französischen Oper auf den Schild gehoben hatten, war 1870 noch am Werk. Im Juli 1870 ließ sich Frankreich auf einen desaströsen Krieg gegen Preußen ein, der den Sturz Napoleons III. brachte, dann die Ausrufung einer französischen Republik und eine fünfmonatige Belagerung der Stadt durch preußische Truppen; für einige Monate des Jahres 1871 übernahmen aufständische Arbeiter die Herrschaft über Paris und errichteten die sogenannte Kommune, die aber von republikanischen Truppen blutig niedergemetzelt wurde.

Auber, der bis 1871 lebte, war einer der Letzten der alten Garde, die das Feld räumten – wie damals viele sagten, herrsche in Paris das deutliche Gefühl, er habe die Gastfreundschaft der Stadt lange genug in Anspruch genommen. Geboren 1782, kurz nachdem der 25-jährige Mozart nach Wien übersiedelt war, schrieb Auber sein erstes Bühnenwerk bereits 1805 und hangelte sich anschließend mit sporadischen Aufträgen und Erfolgen bis in die frühen 1820er Jahre durch. Seine Zusammenarbeit mit Scribe, mit dem er sowohl *grands opéras* als auch *opéras comiques* schrieb, führte ihn, wie gesehen, Ende der 1820er Jahre und in den 1830ern an die vorderste Front der Pariser Opernszene. Und mit 70 war für ihn noch lange nicht Schluss: Er erlebte die Revolutionen von 1848 und das nachfolgende zweite Kaiserreich Napoleons III. und fuhr unbeirrt fort, komische Opern im Stil von *Fra Diavolo* zu schreiben, wobei er sich gelegentlich auch an neueren Trends wie dem Exotismus versuchte. Um 1870, in seinen späten 80ern, war er ein bemerkenswertes Relikt einer verflossenen Epoche, vielleicht sogar das letzte Bindeglied zum 18. Jahrhundert. Er scheuchte nach wie vor seine geliebten Pferde, passenderweise Almaviva und Figaro geheißen, durch den Bois de Boulogne und war Stammgast in der Opéra und in der Opéra-Comique. Paris, so versicherte er, sei der einzige lebenswerte Ort auf Erden. Während der preußischen Belagerung weigerte er sich, seine geliebte Stadt zu verlassen, litt jedoch Seelenqualen, als Almaviva beschlagnahmt und von hungernden Stadtbewohnern verspeist wurde. (Figaro wurde in der Werkstatt eines Klavierbauers versteckt und entging so dem Kochtopf.) Der gramgebeugte, greise Komponist segnete schließlich während der verzweifelten Tage der Kommune das Zeitliche. Es gab Journalisten, die nicht zögerten, dem Tod Aubers ungeachtet seines fortgeschrittenen Alters eine makabere Deutung unterzuschieben; so hieß es in einem Nachruf: «Die Preußen versetzten ihm den ersten Schlag, aber es waren die Franzosen der Kommune, die ihn endgültig erledigten.»[7]

Die Presse fühlte sich durch den traurigen Abgang Aubers herausgefordert, Plattitüden über das Ende einer Ära von sich zu geben. Die Possen des Fra Diavolo und anderer Figuren seines Schlages amüsierten freilich das Publikum noch etliche weitere Jahrzehnte. Ähnlich wie die ernste Oper entwickelte sich auch die *opéra comique* zu einer Reprisen-Schatzkammer, blieb aber zugleich auch noch ein produktives Genre. Nach der Belagerung und der Kommune sah man in den Reprisen vielleicht Relikte eines untergegangenen Zeitalters; dennoch blieb die *opéra comique*, sowohl im Sinn einer Oper mit gesprochenen Dialogen als auch im Sinn einer musikalischen Farce, in Paris ein Publikumsliebling, in der erstgenannten Inkarnation mit Werken wie Gounods *Faust* oder Bizets *Carmen*, in der letzteren mit den Operetten Offenbachs und anderer. Die Vorschriften dafür, welche Art von Oper im welchen Häusern aufgeführt werden durfte, wurden offiziell 1864 aufgehoben, hatten jedoch davor schon einige Zeit als anachronistisch und nicht mehr durchsetzbar gegolten: Sowohl die Opéra-Comique als auch das Théâtre Lyrique hatten bereits begonnen, Musikdramen eines ganz anderen Typs auf die Bühne zu bringen, der dem veränderten europäischen Zeitgeist eher entgegenkam.

Als Beispiel mag uns die 1866 uraufgeführte Oper *Mignon* von Thomas dienen. Es war eine der populärsten Opern des 19. und frühen 20. Jahrhunderts. Schon bei der Premiere gefeiert, erlebte sie allein zwischen 1866 und 1894 rund 1000 Aufführungen an der Opéra-Comique. Ihr Erfolg beschränkte sich auch nicht auf Frankreich. In der Jahresausgabe 1915 des *Victrola Book of the Opera* (von der Plattenfirma Victrola als Verkaufsunterstützung für ihre Produkte herausgebracht) findet sich die folgende erstaunliche Feststellung: «Die Oper [Mignon] von Thomas gehört in Deutschland zu den beliebtesten aller Opern und wurde in dem Jahrzehnt 1901–1910 fast 3000 Mal gespielt.»[8] 1915 kam sogar eine amerikanische Filmversion heraus (unter der Regie von William Nigh), eine Ehre, die in der Stummfilmära nur ganz wenigen Opern widerfuhr, so zum Beispiel auch *Carmen* (ebenfalls 1915, unter der Regie von Cecil B. DeMille). Doch im Verlauf der darauf folgenden 100 Jahre verschwand *Mignon* allmählich von den Bühnen. Zwischen 2005 und 2010 wurde sie weltweit nur achtmal gespielt; darunter waren vier Aufführungen einer Neuinszenierung an der Pariser Opéra-Comique. *Mignon* lag damit in der Zahl der Aufführungen innerhalb dieses Jahrfünfts eine Vorstellung hinter *Fra Diavolo* zurück.[9]

Ein hoher künstlerischer Anspruch stand Pate bei der Entstehung von *Mignon*. Das Libretto schrieben Jules Barbier und Michel Carré, ein hochkarätiges Autorengespann im Paris des späteren 19. Jahrhunderts, verantwortlich unter anderem auch für *Faust* und *Les Contes d'Hoffmann*. Die Vorlage war Goethes Roman *Wilhelm Meisters Lehrjahre* (1795), ein «übermächtiger» romantischer Klassiker – eine Sujetwahl, die von den gehobenen literarischen Ambitionen zeugte, die um diese Zeit in der *opéra comique* um sich griffen. Barbier und Carré krempelten die eher tragische Mignon-Episode in Goethes Roman um und bastelten daraus ein eigenartiges Puzzle aus Motiven und Verwicklungen mit glücklichem Ausgang. Mignon (Mezzosopran) ist ein Mädchen, das als Sechsjährige von Zigeunern entführt wurde, unter grausamen Misshandlungen aufwuchs und gezwungen war, vor Publikum aufzutreten. Im ersten Akt trifft sie im Hof einer Gastwirtschaft auf Wilhelm (Tenor), einen österreichischen Studenten, der auf einer Wanderschaft durch die Welt Lebenserfahrung sammeln will; er befreit sie aus den Fängen des Impresarios. Mignon verliebt sich in ihren Retter; da sie aber ein burschikoser Wildfang ist – und er sich in die glanzvolle Schauspielerin Philine (Sopran) verguckt hat –, vermag er Mignons Liebe nicht zu erwidern. Eine wichtige Nebenfigur ist ein geheimnisvoller, halbwegs verrückter Harfenspieler namens Lothario (Bass), der Mignon immer wieder tröstet und von dem sich später herausstellt, dass er in Wirklichkeit der Marquis Cipriani ist, ein italienischer Adliger, der vor vielen Jahren den Verstand verlor, als seine damals sechsjährige Tochter Sperata ertrank (wie man seinerzeit glaubte). Am Ende des dritten Aktes klärt sich jedoch alles auf: Lothario/Cipriani und Mignon/Sperata erkennen einander als Vater und Tochter, und Wilhelm merkt, dass in Wirklichkeit Mignon diejenige ist, die er liebt.

In Goethes Roman ist Mignon ein rührendes Wesen. Auch dort singt sie Lieder, die als Gedichte in den Roman eingefügt sind und mit zu Goethes berühmtesten Versen gehören: «Nur wer die Sehnsucht kennt» oder «Kennst du das Land, wo die Zitronen blüh'n?» Die Vertonungen Schuberts und anderer verhalfen den Mignon-Liedern bald zu einem langen Nachleben in der Hausmusikkultur des 19. Jahrhunderts. Anders als in der Oper, verschwindet Mignon im Roman, nachdem sie an Wilhelms Seite von Straßenräubern verletzt worden ist, aus der Erzählung, und wir treffen sie erst wieder auf ihrem Totenbett. (Danach heiratet Wilhelm und wird glücklich.) Die Mignon der Oper ist eine sehr viel modernere Frau in dem Sinn, dass keine sie einhüllende Patina ihre eigentümlichen psychischen Verwundungen verdeckt. In einer als Terzett angelegten Szene im zweiten Akt versucht sie ihre Verzweiflung über die Liebe Wilhelms und Philines zu betäuben, indem sie sich gleichsam selbst in den

Schlaf singt. In der Nummer kommt ein altbewährter Kniff zur Anwendung: Die Liebenden singen ein Duett und vergessen alles um sich herum; doch unterhalb dieser Ebene spinnt Mignon mit ihrem geflüsterten Selbstgespräch einen separaten musikalischen Faden, der die Glückseligkeit der beiden in Frage stellt. Unmittelbar danach kommt Mignon auf die Idee, sich weiblicher auszustaffieren; an Philines Schminktisch verhilft sie sich zu einem neuen Aussehen und einem geliehenen Kleid. Es ist ein Moment, der Unbehagen verströmt, ohne dass man genau wüsste, warum. Weshalb sollte Mignon nicht die Hose gegen das Kleid tauschen, wenn sie doch eine Frau ist? Als Wilhelm Mignon in ihrem Kleid erblickt, beschließt er, dass er dieses Mädchen unmöglich auf seine Reise mitnehmen kann, wie er es vorhatte. Aber er wusste doch schon vorher, dass sie eine Frau ist, das war nie ein Geheimnis. Am Ende der Szene macht Philine sich über Mignon lustig, weil sie nicht mit Schminke und Unterröcken umgehen kann. Der Akt endet damit, dass Mignon in einem brennenden Gebäude eingeschlossen ist, das sie praktisch selbst in Brand gesetzt hat, denn als sie laut die Hoffnung äußert, in den Auftrittsort Philines möge der Blitz einschlagen, hört dies der verrückte Lothario und setzt sich in den Kopf, ihr den Wunsch zu erfüllen.

Das Libretto hat an diesem Punkt die traditionellen Wege weit hinter sich gelassen: Wie viele andere populäre Opern des 19. Jahrhunderts präsentiert sich in der weiblichen Hauptrolle ein gepeinigtes Wesen mit bubenhaften Zügen, dessen Verliebtheit so lange unerwidert bleibt. Die Lieder, die Mignon singt – darunter das unvermeidliche «Kennst du das Land?» –, lassen jedoch erahnen, warum die berühmtesten Mezzosopranistinnen sich um diese Rolle rissen, angefangen bei Célestine Galli-Marié (1840–1905), die die Rolle 1866 aus der Taufe hob (und die 1875 auch die erste Carmen war). Geraldine Farrar (1882–1967), bekannt geworden durch Massenets *Manon*, die Marguerite im *Faust* und Cio-cio-san in *Madama Butterfly*, ein hoher Sopran, passte ihre Stimme sogar dem tieferen Register an, weil es eine so großartige Partie war. Nur selten hat jedoch der Gesang Mignons die exhibitionistische Verve einer Carmen. Ihr Paradestück ist ein Duett mit Lothario im ersten Akt, «Légères hirondelles» («Flinke Schwalben»), eines der eher seltenen Exemplare eines Duetts von Mezzo und Bass, vielleicht ein wenig den Sopran-Bariton-Duetten nachempfunden, die Verdi in *Rigoletto*, *La traviata* und *Simon Boccanegra* mit so eindrucksvollem Effekt ausprobiert hatte. «Légères hirondelles» ist ein Bühnenlied (Mignon spielt zur Begleitung die Harfe), gesungen von zwei Bestohlenen. Ihr Thema ist ein fremdes und unvorstellbar schönes Land – Italien sicherlich, aber Italien als Erinnerungsort, an den man in Wirklichkeit niemals wird zurückkehren können. Obwohl der Liedtext von Vögeln handelt, gibt es kein gesangliches Trillern oder Pfeifen. Die große Vorliebe der *opéra comique* für Lieder über ferne Gestade, Lieder mit einer damit assoziierten unverwechselbaren musikalischen Farbe, bringt in diesem Fall einen Moment hervor, in dem die Stimmen, die sich umeinander ranken, nicht wie gewohnt zwei Soprane sind. Der Zusammenklang tiefer liegender Stimmen lässt sich beim besten Willen nicht als musikalisches Abbild der im Text vorkommenden Schwalben interpretieren. Doch dort, wo die Figuren über etwas Unerlangbares singen, sind ihre Melodielinien so schön, dass das Singen selbst zu einem Objekt der Begierde wird, einem Ort, an dem man verweilen möchte. Wie um das zu unterstreichen, endet das Duett mit einer äußerst ausgefeilten Doppelkadenz, und das ist eine der wenigen Stellen, an denen die Singstimme Mignons ins Zentrum der Aufmerksamkeit rückt. Die Nummer beginnt wie eine Reise: Die Abfolge der Harmonien treibt die Melodie vorwärts, anstatt sie nur kleine Kreise in der Art des Gesangs der Vögel ziehen zu lassen. Die erste vierteilige Phrase bewegt sich in D-Dur, wird dann aber, einen Ton nach oben versetzt, in Moll variiert – ein Schritt, der andeutet, dass für einen Moment die Fantasie überallhin reisen könnte. Dabei bleibt das Duett nach wie vor als Genrenummer erkennbar. Doch genau wie der unheimliche Chor der Schmuggler im dritten Akt von *Carmen* – wo obligate Banditen Ermahnungen flüstern zu «Hört, hört» und «Hütet euch vor einem falschen Schritt!» und dabei seltsame chromatische Irrwege zurücklegen – transzendiert dieses *Mignon*-Duett seine Herkunft aus der *opéra comique.*

Dasselbe ließe sich über die eine Nummer aus *Mignon* sagen, der das Veralten der Oper nichts anhaben konnte: Philines Bravour-Arie aus dem zweiten Akt, «Je suis Titania la blonde» («Ich bin die blonde Titania»), das sie im Anschluss an eine abendliche Vorstellung von *Ein Sommernachtstraum* singt, an der sie mitgewirkt hat. Diese Arie gehört bis heute zu denen, die frankophone Koloratursopranistinnen bei Bewerbungen vorsingen, zusammen mit der Arie Olympes aus *Les Contes d'Hoffmann.* Sie gehörte zu den ersten jemals auf Tonträger aufgenommenen Opernarien: Luisa Tetrazzini (1871–1940) sang sie 1907 als «Io son Titania» für HMV ein. In der Hollywood-Komödie *Seven Sweethearts* (1942) beweist Kathryn Grayson, die zuvor weite Teile des Films als Knabe verkleidet (wie Mignon) hinter sich gebracht hat, ihre Weiblichkeit, indem sie diese Arie à la Philine singt. Die zwölfjährige Julie Andrews sang sie bei ihrem Debüt 1947 im Londoner Hippodrome. Als Beverly Sills am 23. Juni 1969 in der Dick Cavett Show zu Gast war, sang sie zur Eröffnung «Je suis Titania». In der jüngeren Vergangenheit war es Natalie Dessay, die das Lied aufgenommen und es auch häufig in Konzerten vorgetragen hat, allerdings nie die Chance bekam, die Partie auf der Bühne zu singen, weil die Oper praktisch nicht mehr aufgeführt wird. Von ihrer musikalischen Herkunft her gehört «Je suis Titania» übrigens nicht zum vokalen Genre, sondern ist ein Tanz – eine Polonaise, nur eben mit Gesang. In die Ouvertüre eingearbeitet, klingt die Melodie wie geschaffen für ein Instrumentalstück.

Wie schon an anderer Stelle erwähnt, entwickelte sich die *opéra comique* in den 1860er und 1870er Jahren zu einem ambitionierteren und breiter aufgestellten Genre, synchron mit der sich wandelnden gesellschaftlichen und politischen Landschaft dieser Jahrzehnte. Das ist natürlich eine altbekannte, fast stereotype Erkenntnis. Oper spiegelt stets die Gesellschaft ihrer Zeit wider. Doch so offenkundig diese Einsicht ist, so schwer tut man sich, den Mechanismus, nach dem diese Widerspiegelung funktioniert, dingfest zu machen. Zusätzlich kompliziert wird die Sache in diesem Fall durch die Erwägung, dass die *opéras comiques* und Operetten Pariser Machart auf die politischen Krisen jener Jahre reagierten, indem sie den Menschen Zerstreuung boten. Das ist eine vertraute Rolle der Künste und insbesondere der Oper, und es sollte im 20. Jahrhundert auch zu einer wichtigen Aufgabe des Films werden. Der Mensch war seit jeher bestrebt, den Nöten und Sorgen seiner Existenz eine parallele Erlebniswelt der Fantasie entgegenzusetzen, und im 19. Jahrhundert erfüllte das Musiktheater diese Funktion auf eine zuvor nicht gekannte Weise. Man kann dem Phänomen aber auch eine weniger harmlose Deutung unterlegen: Das Musiktheater reagiert auf die gesellschaftliche Entwicklung mit dem «Trick», die Aufmerksamkeit der Menschen von den Problemzonen abzulenken. Was sich oft vollzieht, ist ein Mittelding zwischen diesen beiden Effekten. Die Libretti von Jacques Offenbach zum Beispiel sind bekannt für ihre satirischen Seitenhiebe auf aktuelle politische Themen und Persönlichkeiten; gleichzeitig können wir erkennen, wie die Musik, in die diese Satiren verpackt wurden, es fertigbrachte, aufkommende Ängste und Sorgen zu verscheuchen.

Betrachten wir als Beispiel *Orphée aux enfers* (Orpheus in der Unterwelt), eine als Farce angelegte Version des bekannten Mythos nach einem Libretto von Ludovic Halévy und Hector-Jonathan Crémieux. Die Operette wurde im Oktober 1858 im Théâtre des Bouffes-Parisiennes uraufgeführt, vom Publikum mit gebührender Begeisterung, aber auch Empörung quittiert. Sechs Wochen später erschien im *Journal des débats* ein Verriss aus der Feder des allmächtigen Kulturkritikers Jules Janin, der so großes Aufsehen erregte, dass kein Offenbach-Biograph an dieser Episode vorbeikommt. Janin sah in dem Stück eine verabscheuungswürdige Parodie auf die Noblesse der Antike. Zwar begibt sich Orpheus auch hier in die Unterwelt, um Eurydike zu retten, aber auf dem Olymp kommen die Götter gähnend nach Hause, nachdem sie die ganze Nacht hindurch hinter anderer Leute Frauen her waren. Jupiter schlägt vor, alle sollten mit Orpheus in die Hölle hinabsteigen, um sich den Laden einmal anzuschauen – eine gelangweilte und verärgerte Eurydike schmort dort, bewacht von dem Komödianten John Styx. Pluto hofiert Jupiter mit liebedienerischen Höflingsphrasen. (Die Librettisten plünderten für Plutos Phraseologie ausgerechnet einen älteren Aufsatz von Janin.) Das Ganze endet im vierten Akt mit einem Riesenfest in der Hölle. Alle schütten sich aus vor Lachen, als Jupiter den armen Orpheus mit einem Trick dazu bringt, auf dem Weg nach oben zu Eurydike zurückzublicken, mit dem Ergebnis, dass sie wieder zu den Feiernden zurückkehren kann.

Nach dem Erscheinen der Janin'schen Besprechung schnellten die Kartenverkäufe in die Höhe. Siegfried Kracauer weist in seiner wunderbaren Offenbach-Biografie (1937) darauf hin, dass Persiflagen auf die griechische Antike im Frankreich jener Zeit weit verbreitet waren, und zieht daraus den Schluss, dass es für die Empörung Janins (und aller Anderen) andere Motive gegeben haben könnte.

> Ihr Grund war der: dass die Operette Offenbachs, wenn auch nur in spielerischer Form, die Fundamente der französischen Gesellschaft frei und legte hielt der Bourgeoisie einen Spiegel vor, in dem sie sich so sehen konnte, wie sie war. … Nicht weniger drastisch fiel die Demaskierung der trickreichen Mittel und Wege aus, mit denen der Machtapparat aufrecht erhalten wurde. Pluto hetzte, um der Bestrafung für die Vergewaltigung Eurydikes zu entgehen, die Götter gegen Jupiter auf, und Jupiter selbst schreckte nicht vor den gemeinsten und hinterhältigsten Mitteln zurück, um sich an der Macht zu halten oder dieses oder jenes private Ziel zu erreichen. Mit seiner Herrschaft korrumpiert er den ganzen Olymp, so wie Napoléon III. das französische Bürgertum. Doch kaum hat Jupiter die Götter eingeladen, ihn in die Unterwelt zu begleiten, da vergessen sie auch schon ihren Groll gegen ihn, stimmen Loblieder auf ihn an und denken an nichts mehr als ihr Vergnügen und ihre Zerstreuung.[10]

Ein einziges Couplet hält das Libretto bereit, das die Zuschauer auffordert, einen Blick hinter die Kulisse ihrer Selbsttäuschungen und Zerstreuungen zu werfen: «Abattons cette tyrannie / Ce régime est fastidieux» («Bekämpfen wir diese Tyrannei / Dieses Regime ist langweilig»), und es wird zur Melodie der «Marseillaise» gesungen. Im Frankreich des Zweiten Empire war das eine Musik, die für Revolution stand; wenn das Libretto also eine gegenwartsbezogene politische Allegorie war, dann kam seine Botschaft einer Aufforderung zum Hochverrat nahe. Aber natürlich war das Ganze nur ein Spaß und konnte deshalb auch unbehelligt die Zensur passieren. Andererseits: Bei allen drolligen Delikatessen, mit denen die Musik von Offenbachs *Orphée* das Publikum zerstreute – die akustische Wundertüte des vierten Akts enthält einen getanzten «Höllengalopp», der als «Can-Can» in die Geschichte eingegangen ist –, hält die Operette auch einen längeren nüchternen Moment bereit, John Styx' Lamento «Quand j'étais roi de Béotie» («Als ich König von Böotien war»). Es ist eine außerordentliche Melange, musikalisch von einer Schlichtheit wie kein anderes Stück in dieser Oper; das Trauma der Trauer mischt sich darin mit Anspielungen auf eine Glückseligkeit, die nur noch in der Erinnerung fortbesteht. Den John Styx spielte kein Opernsänger, sondern Alexandre Debruille-Bache, Schauspieler vom Ensemble der Comédie Française. In den ursprünglichen Aufführungen des *Orphée* war dieses Lamento akustisch eine Insel für sich. Aber keine Note in der Musik dieser Oper ist unbedeutend. Wie Kracauer schrieb: «Ein Zauberer mit umgekehrten Vorzeichen, begnügt [Offenbach] sich nicht damit, die Phantome zu entlarven, von denen die Menschen sich tyrannisieren lassen, er nimmt vielmehr jede unverstellte menschliche Regung mit, die er unterwegs vorfindet.»[11]

Die Verheißung unbegrenzter Möglichkeiten

Als politische Allegorie ist *Carmen* ein ähnlich komplizierter Fall. Man könnte die These wagen, die Schmuggler – und vielleicht auch Carmen selbst – seien als Warnung vor einer potentiell gefährlichen, rebellischen Unterschicht zu verstehen, gerichtet an eine Öffentlichkeit, deren erste hautnahe Erfahrung mit einem an die politische Macht gelangten Proletariat (in Gestalt der Pariser Kommune) sich als höchst traumatisch erwiesen hatte. Allein, der Umstand, dass diese Schmuggler durch die Bank als leichtlebige, freiheitsliebende Galgenvögel porträtiert werden und dass die Anziehungskraft ihrer Zigeunermuse so entschieden sexueller und nicht politischer Natur ist, beschwichtigte sicherlich das potentielle Misstrauen der französischen Bourgeoisie, wenn es ihr nicht sogar diebisches Vergnügen bereitete. Was die Sachlage etwas komplizierter macht, ist die Tatsache, dass das Libretto für *Carmen* nach damaligem Dafürhalten unter die allgemeine Rubrik «Realismus» fiel, an sich schon ein fragwürdiger und schillernder Begriff, dessen Bedeutung im Hinblick auf die Oper wir in einem späteren Kapitel genauer unter die Lupe nehmen werden. Wie kam Georges Bizet (1838–1875), dessen frühere Opernlibretti so hochgradig exotisch und/oder konventionell waren, zu dieser geradlinigen Geschichte mit ihrer bodenständigen Protagonistin?

Ein wenig Hintergrundbeleuchtung könnte zur Beantwortung dieser Frage nützlich sein. Bizet hatte drei Jahre lang (1857–1860) als Gewinner des Prix de Rome in Italien gelebt. (Das Pariser Konservatorium verlieh diesen Preis alljährlich an seinen meistversprechenden Studenten im Fach Komposition.) Er hatte diese Zeit mit der tastenden Suche nach einer Identität als Opernkomponist verbracht. Betrachtet man seine fertiggestellten und unvollendeten Projekte bis Anfang der 1870er Jahre, so erblickt man einen Komponisten, der sich nacheinander an diversen Operngattungen des 19. Jahrhunderts abarbeitet. In Italien flirtete er sowohl mit der ernsten als auch mit der komischen Oper einheimischer Spielart und erkor sich zunächst Donizetti als Vorbild. (Er versuchte sich an einer Neufassung von *Parisina*, um danach eine komische Oper namens *Don Procopio* abzuschließen.) An die *grand opéra* wagte er sich mit einer Planskizze für einen *Glöckner von Notre-Dame* (der ungeschrieben blieb) und mit einem *Iwan IV.* heran, der, 1865 fertiggestellt, zu Bizets Lebzeiten keine Aufführung erfuhr. Als Auftragsarbeiten schuf er zumeist *opéras comiques* mit orientalischen Sujets: *La Guzla de l'émir* («Die Guzla des Emirs», 1862 komponiert, aber verloren), *Les Pêcheurs de perles* («Die Perlenfischer», 1863) und *Djamileh* (1872).

Bizets *grands opéras* wurden von der Pariser Opéra verschmäht, so dass sich seine (relativ kurze) Karriere als Opernkomponist überwiegend am Théâtre Lyrique und an der Opéra-Comique abspielte. Es waren die Direktoren der Letzteren, die ihm 1872 den Auftrag erteilten, eine neue *opéra comique* zu schreiben, zu einem Sujet seiner Wahl und mit einem Libretto aus der Feder des bewährten Autorenteams Henri Meilhac und Ludovic Halévy. Die Wahl Bizets fiel auf Prosper Merimées Novelle *Carmen* aus dem Jahr 1845, ein Stoff, der sich ganz und gar nicht für ein Familientheater eignete, kamen darin doch Figuren aus der Unterschicht vor, dazu eine Nymphomanin als Hauptfigur und diverse mit Messern kämpfende Frauen. Die Handlung, die in Sevilla spielt, ist schnell erzählt: Die Zigeunerin und Schmugglerin Carmen (Mezzosopran) verführt einen armen Korporal namens Don José (Tenor) und überredet ihn zu krummen Geschäften. José lässt seine Soldatenlaufbahn ebenso sausen wie seine liebreizende Verlobte Micaëla (Sopran), um sich Carmen und ihrer Schmugglerbande anzuschließen. Allein, die beiden passen so ganz und gar nicht zueinander. Im Roman ist es Carmen, die die unausweichliche Entfremdung zwischen ihr und José kommen sieht und auf die Formel bringt: «Chien et loup ne font pas longtemps bon ménage» («Hund und Wolf leben nicht sehr lange glücklich unter einem Dach»). Bald wird sie Josés überdrüssig, gibt ihm den Laufpass und schenkt ihre Gunst stattdessen dem attraktiven Torero Escamillo (Bass-Bariton). In Nebenrollen treten auf Mercédès (Mezzosopran) und Frasquita (Sopran) als Mitstreiterinnen Carmens sowie diverse Offiziere und Schmuggler. Im letzten Akt kommt es außerhalb der Arena, in der Escamillo einen Stierkampf bestreitet, zur Konfrontation: José stellt Carmen zur Rede und muss erkennen, dass seine Sache hoffnungslos ist. «Tu ne m'aimes donc plus?» («Du liebst mich also nicht mehr?») fragt er fast ungläubig, und als sie es ablehnt, zu ihm zurückzukehren, ersticht er sie. Dieser Mord auf offener Bühne veränderte bekanntlich für immer das Antlitz und die Definition der *opéra comique*. Carmen, bis dahin eine Figur aus dem komischen Arsenal, wurde zur tragischen Heldin – eine in einer langen Reihe singender Frauen, die im letzten Akt ihrer Oper erdrosselt, zermalmt, erschossen, erdolcht, in einen Sack gesteckt (Gildas Schicksal in *Rigoletto*), ertränkt, vergiftet oder in einen mit sprudelnd heißem Öl gefüllten Kessel geworfen werden (Rachel in *La Juive*, 1835).

Carmen war eine schwere Geburt. Bizet legte sich mit einem der Direktoren der Opéra-Comique an, Adolphe de Leuven, der die Protagonistin unbedingt lebend davonkommen sehen wollte. Als de Leuven seinen Posten geräumt und Bizet seine Partitur fertiggestellt hatte, musste er Kämpfe mit den Musikern bestehen, insbesondere mit dem Chor der Opéra-Comique, dessen Mitglieder es nicht gewöhnt waren, aus vollem Hals zu kreischen und um ihr Leben zu kämpfen. Der verbliebene Direktor Camille Du Locle, ein großer Förderer Verdis und seiner Opern, hielt das *Carmen*-Libretto für vulgär und brutal, die Protagonistin für unsympathisch und unmoralisch. Im Grunde legte sich Bizet mit fast allen Beteiligten an, außer mit der für die Rolle der Carmen auserkorenen Sängerin Célestine Galli-Marié, die unbeirrt an die Oper und ihre Hauptfigur glaubte. Wie vielseitig die Galli-Marié als Schauspielerin und

Sängerin war, belegt der Umstand, dass sie als Bizets promiskuöse Zigeunerin ebenso glänzte wie neun Jahre zuvor als unschuldiger Wildfang in Thomas' Oper *Mignon*. Einer der ersten Rezensenten, die über *Carmen* schrieben, fasste den Eindruck, den die Galli-Marié in der Titelrolle hinterließ, mit den Worten zusammen: «Zu sehen, wie sie mit den Hüften schaukelte wie ein Stutenfohlen auf einem Zuchtgestüt in Cordoba – quelle vérité, mais quel scandale.»[12]

Dann gibt es die immer und immer wieder erzählte Geschichte von einem angeblichen übernatürlichen Vorkommnis bei der 33. Aufführung der *Carmen* am 2. Juni 1875: Es passierte in der Szene im dritten Akt, in der Carmen aus den Tarot-Karten ihren baldigen Tod herausliest und ihn mit fatalistischem Gleichmut verkündet: «Recommence vingt fois, la carte impitoyable répétera: la mort!» («Beginne zwanzigmal von Neuem, die Karte wird unerbittlich wiederholen: Tod.»)

Die Galli-Marié wurde in diesem Moment anscheinend von einer Vorahnung überwältigt – manchen Berichten zufolge verspürte sie einen stechenden Schmerz in der Bauchseite. Sie erlitt einen Ohnmachtsanfall und verließ die Bühne, schaffte es aber, zurückzukehren und das Stück zu Ende zu bringen. Danach brach sie jedoch in Tränen aus und war untröstlich.[13] Wie später bekannt wurde, war Bizet an diesem Abend gestorben.

Ob Frau Galli-Marié eine telepathische Eingebung hatte oder nicht, und wenn ja, ob sich diese so passgenau in der Spielkartenszene ereignete, wissen wir nicht; was hingegen zweifelsfrei feststeht, ist, dass Bizet am 2. Juni 1875 starb und somit nicht mehr erleben konnte, wie *Carmen* zu einer der beliebtesten Opern aller Zeiten wurde: Bis zum Ende des 19. Jahrhunderts Tausende Male aufgeführt, war sie die Lieblingsoper von Königin Victoria, Otto von Bismarck und James Joyce; sie fand ihren Weg in Romane von Thomas Mann und sogar in Werke des unmusikalischen Vladimir Nabokov; ihre Geschichte wurde zahllose Male im Film nacherzählt, wobei die Musik Bizets in unterschiedlichen Arrangements unweigerlich wie ein Phantom im Hintergrund ablief. Die 1915 entstandene Stummfilmversion von Cecil B. DeMille erforderte bei der Kinovorführung ein Grammophon oder aber einen Klavierspieler und mehrere Sänger und Sängerinnen, bewaffnet mit Klavierauszügen. Friedrich Nietzsche, ein leidenschaftlicher Wagnerianer, der sich jedoch nach Ende der 1870er Jahre von seinem Idol abwendete, wurde auf seine alten Tage noch zu einem erklärten Bewunderer *Carmens*:

> Ich hörte gestern – werden Sie es glauben? – zum zwanzigsten Male Bizets Meisterstück. …
>
> Diese Musik scheint mir vollkommen. Sie kommt leicht, biegsam, mit Höflichkeit daher. Sie ist liebenswürdig, sie schwitzt nicht. «Das Gute ist leicht, alles Göttliche läuft auf zarten Füßen»: erster Satz meiner Ästhetik. Diese Musik ist böse, raffiniert, fatalistisch: sie bleibt dabei populär – sie hat das Raffinement einer Rasse, nicht eines einzelnen. Sie ist reich. Sie ist präzis. Sie baut, organisiert, wird fertig: damit macht sie den Gegensatz zum Polypen in der Musik, zur «unendlichen Melodie». Hat man je schmerzhaftere tragische Akzente auf der Bühne gehört? Und wie werden dieselben erreicht! Ohne Grimasse! Ohne Falschmünzerei! Ohne die Lüge des großen Stils![14]

Richard Strauss, als Opernkomponist ein Modernist par excellence und dazu deutschnational bis in die Haarspitzen, pries Bizets Orchestrierung für *Carmen* als Vorbild an Originalität und klanglichem Einfallsreichtum. Damit nicht genug, übte er an der Zensur des Musikschaffens durch das NS-Regime in Deutschland anlässlich einer Maßnahme, die ihn besonders empörte, heftige Kritik: «Ich höre», schrieb er 1934 an Julius Kopsch, «dass der Arierparagraph verschärft werden soll und *Carmen* verboten! An derartigen weiteren Blamagen wünschte ich als ‹Verfehmter des Geistes› mich so wie so nicht zu beteiligen.»[15]

All diese Liebe galt einer bloßen *opéra comique* und noch dazu einer, an der Bizet während der Proben noch viel herumgedoktert hatte. Von *Carmen* existieren abweichende Ausgaben, es gibt kein verbindliches Libretto, dafür aber eine postum (1875) entstandene Fassung als *grand opéra* mit Rezitativen aus der Feder eines Komponisten namens Ernest Guiraud. All dies, was in anderen Fällen wohl eine Aufnahme in den klassischen Kanon verhindert hätte, war hier irrelevant. Die Musik, die erklingt, wenn sich der Vorhang zum ersten Akt von *Carmen* hebt – eine Klangpyramide, die sich, unterlegt mit einem Bumbass, langsam emporwirbelt und an Lautstärke gewinnt, birgt in sich die Verheißung unendlicher Möglichkeiten und gehört zu den besten musikalischen Eröffnungen schlechthin. Und die Oper fällt an keiner Stelle hinter dieses anfängliche Versprechen zurück.

Was ist es, das *Carmen* zu einer so glanzvollen, so anpassungsfähigen, so facettenreichen, so interpretationstoleranten Oper macht? Sie hat den Vorzug, eine ungekünstelte Geschichte zu erzählen mit einer Heldin, die sich sowohl durch unerschütterlichen Mut als auch durch eine naive Unbekümmertheit um konventionelle gesellschaftliche Rollenvorstellungen auszeichnet. In diesem Sinn (und ebenso unter dem Aspekt ihrer ungeheuren musikalischen Energie) ist *Carmen* eine weibliche Ausgabe des *Don Giovanni*. Die Handlung teilt, wie Carmen selbst es auch tut, die Welt in Wölfe und andere Wesen ein. Dabei sind die «zahmen», häuslichen Charaktere – insbesondere Micaëla, die zwei Auftritte als Botschafterin aus der Heimat hat und ein Anker der Stabilität in Josés zu Bruch gehender Welt ist – nicht weniger sympathisch als die wölfischen Typen Carmen und Escamillo. Bizets größte Gabe war, dass er sich die Musik für jedes Element der Handlung mit demselben Ernst ausdachte: für die trivialen, ornamentalen Figuren, für den tragischen proletarischen Soldaten, für die Chöre der Schmuggler, die exhibitionistischen Aufschneider, die gewöhnlichen Nebenrollen; alle gestaltete er mit derselben intensiven Aufmerksamkeit. In den 1870er Jahren war es üblich, jede Oper, in der Erinnerungsmotive vorkamen – davon gibt es in *Carmen* ein paar, ebenso wie es auch mehrere längere musikalische Wiederholungen gibt –, für wagnerianisch zu halten. Aber nichts ist radikal an den Bausteinen von *Carmen*, soweit es ihre Formen betraf. Es ist eine aus dem Stoff der Konvention geschneiderte Oper mit konventionellen Arien, Duetten und Ensemblestücken, verbunden, wie es sich gehört, durch Dialogstrecken (oder Rezitative in der postumen *grand-opéra*-Fassung, die von den Puristen gerne verdammt wird, aber doch auch ihren eigenen Rang und Effekt besitzt und inzwischen eine besondere, charmante Patina angesetzt hat).

Ungewöhnlich an *Carmen* ist, dass ein sehr großer Teil der Musik «realistisch» wirkt in dem Sinn, dass sie tatsächlicher Bühnengesang ist. Unentwegt wird in dieser Oper gesungen, getanzt, ertönen militärische Fanfaren, Chorgesänge und Parademärsche. Das Übergewicht solcher Situationen eröffnete Bizet die Möglichkeit, mit exotischen Klängen zu experimentieren, und da die Geschichte in einem spanischen Zigeunermilieu spielt, finden sich in der Musik zahlreiche Anklänge an spanische oder maurische Rhythmen und Tonarten (oder zumindest an das, was ein französischer Komponist der 1870er Jahre dafür hielt). Im Zentrum vieler dieser Bühnenlieder steht Carmen selbst, schon weil das Musizieren ein Teil ihres Lebens ist. Sie liebt es, zu singen und zu tanzen, und sie setzt ihren Gesang und ihren Tanz dafür ein, Menschen zu überzeugen und zu verführen – oder einfach sich selbst auszudrücken. Als José sie zum ersten Mal sieht und sich auf der Stelle an sie verliert, singt und tanzt sie gerade für ein Straßenpublikum. Das ist signifikant: Carmen und José sind nicht deshalb ein so unpassendes Paar, weil sie eine Zigeunerin ist und er ein kleinbürgerlicher Soldat, sondern weil hier eine extravagante, unverklemmte Selbstdarstellerin auf einen in sich versunkenen, schüchternen Zuschauer trifft.

Carmen zeigt sich selbst anfällig für die Verlockungen eines ungehemmt exhibitionistischen Gesangs. Dies wird offenkundig im zweiten Akt, als sie sich unter die Gäste eines Wirtshauses mischt, die einer Gesangsdarbietung Escamillos lauschen. Der Torero singt das zweistrophige Lied «Votre toast, je peux vous le rendre» («Euren Toast kann ich wohl erwidern»), das eine typische Situation in der Stierkampfarena schildert. Das Lied entspricht der altbewährten Operntradition, in Strophenform mit einem sich wiederholenden, vom Chor gesungenen Refrain eine Geschichte zu erzählen. Der Vers ist in Moll getaucht, mit einer spanischen Kadenz und einem knackigen Flamenco-Rhythmus; es handelt sich offensichtlich um etwas Manieriertes: eine kunstvoll ausgearbeitete Phantasmagorie spanischer Musik, die jedoch eine fast unwiderstehlich mitreißende Wirkung auf uns ausübt. Der Refrain – «Toréador, en garde!» («Auf in den Kampf, Torero!») – hat eine Dur-Melodie, die schon vor langer Zeit ein Eigenleben abseits der Bühne entwickelt hat und zu so etwas wie einem allgemeinen Zeichen für «Oper» geworden ist. Wir sollten dabei aber nicht aus dem Auge verlieren, dass dieser Refrain, so banal und altbekannt er anmuten mag, in einer späteren Szene unter deutlich veränderten Umständen wiederkehrt. Carmen hört die Melodie im vierten Akt; sie dringt aus der Ferne an ihr Ohr, gesungen von einem nicht sichtbaren Chor, der die Menschenmenge repräsentiert, die in der Stierkampfarena Escamillo zujubelt, ein erneuter Tribut an seine Meisterschaft als Torero. Doch in dieser Situation erscheint uns das Lied musikalisch entwurzelt. Es fehlt ihm jetzt die pulsierende orchestrale Begleitung; stattdessen weist es eine beunruhigende, kontrapunktische Cello-Begleitung auf, ein Zeichen dafür, dass die Atmosphäre eine andere geworden ist und dass etwas Erschütterndes bevorsteht. Die Musik schlägt Carmen in ihren Bann, zieht sie zur Arena hin, wo José sie erwartet – eine tödliche Verlockung, wie sich herausstellen wird.

Die verhängnisvolle Anziehungskraft der Musik ist in einem gewissen Sinn über die gesamte Dauer von *Carmen* spürbar. Im ersten Akt wird Carmen wegen Teilnahme an einer Rauferei festgenommen, und José, ihr Bewacher, verbietet ihr zu sprechen. Sie erklärt, sie werde stattdessen singen, und im Verlauf des Liedes, das sie anstimmt, wickelt sie José um den Finger: Schon am Ende des zweiten Verses willigt er ein, sie freizulassen, die Strafe dafür um ihretwillen in Kauf zu nehmen und sich ihr anzuschließen, sobald er selbst wieder auf freien Fuß kommt. Die Musik, die sich *nicht* aus der Bühnenhandlung ergibt, die «nichtwölfische» Musik – Stücke wie das Duett Micaëlas mit José im ersten und die Arie Micaëlas im dritten Akt –, mutet im Vergleich zur Bühnenmusik abgehoben an: schön zwar, aber distanziert, auf eine Vergangenheit verweisend (oder aus einer solchen kommend), die sich nicht mehr zurückholen lässt. Die Musik dieses Typs scheint einer idealen Welt anzugehören, die wahrscheinlich nie existiert hat und mit Sicherheit 1875 nicht existierte.

Zwischen diesen beiden Polen bewegt sich die Musik Josés, insbesondere seine Blumenarie im zweiten Akt, die nicht nur einen der berühmtesten Momente dieser Oper markiert, sondern auch einen ihrer konfliktreichsten. Die Arie erzählt eine einfache Geschichte, und diesmal besteht das Publikum aus Carmen. Während seiner Zeit in der Gefängniszelle hat José die Blüte, die Carmen ihm im ersten Akt herablassend zugeworfen hatte, aufbewahrt. Ihr Duft hat ihn in eine Traumwelt entführt, und nun kommt jedes Mal, wenn er den Impuls hat, Carmen einen Vorwurf zu machen, diese Traumwelt dazwischen. Eingeleitet wird die Arie von geisterhaften orchestralen Rückblenden zu dem Moment, als die Blüte geworfen wurde, wobei das wiederkehrende Thema vom Englischhorn gespielt wird, so als solle dieses Instrument schon einmal als eine gezähmte, aber potentiell mächtige Kraft etabliert werden, gleichsam als ein gerade aus dem Ei schlüpfender Ohrwurm. José beginnt seine Erzählung vor dem Hintergrund einer einfachen, aber funkelnden Orchesterbegleitung (Flöte, Klarinette, Cello), aber als er den «süßen Duft» seiner verwelkten und vertrockneten Blüte erwähnt, kommt das Englischhorn wieder ins Spiel, unterstreicht das Wort «Duft» und weist damit auf die gefährlichen Kräfte hin, die José am Leben gehalten hat. «Dann klagte ich mich selbst der Gotteslästerung an und verspürte in mir ein einziges Verlangen, eine einzige Hoffnung: dich, Carmen, wiederzusehen. Du brauchtest nur zu erscheinen, brauchtest nur einen Blick auf mich zu werfen, um mir mein ganzes Sein zu rauben.» Die musikalische Umsetzung dieses Bekenntnisses beginnt ganz konventionell, doch bald ziehen harmonische Wolken auf: Exotische Kadenzen drängen sich dazwischen, und wir betreten eine unwirkliche Welt, in der die Leidenschaft sich zu verlieren droht. Das Ende der Arie bringt in einer Hinsicht einen Abbau dieser Spannung, hält sie aber in einer anderen Hinsicht nachhaltig am Leben. Bei den Worten «Et j'étais une chose à toi» («Und ich war in deinem Besitz»), von Bizet mit der Anweisung «pp rall. e dim.» (sehr leise, langsamer und leiser werdend) versehen, schwingt José sich zu einem hohen B auf, dem höchsten Ton in dieser Arie, und hält diesen lange und dabei fast unheimlich leise.

Es ist ein Moment, der stark an das Ende von «Celeste Aida» in Verdis Oper (siehe nächstes Kapitel) erinnert – und durchaus eine ähnliche Bedeutung hat. Die Tenorstimme mag zuvor kraftvoll und leidenschaftlich gewesen sein, jetzt klingt sie, als sei sie in eine andere Sphäre hineingesaugt worden. José ist von Carmen so fasziniert, dass er in ihre musikalische Welt eintaucht, eine Welt, die ihn seiner tenoralen Kraft beraubt. Für diese Stelle gilt, wie für das Ende von «Celeste Aida», dass die meisten Tenöre von so viel psychologischem Realismus nichts wissen wollen: Sie ignorieren die Anweisungen des Komponisten und singen den hohen Ton mit voller Kraft. Das leuchtet bis zu einem gewissen Grad sogar ein, besonders bei baritonalen Tenören und einem hochglanzpolierten hohen B (ohnehin einem der aufregendsten Töne der Oper), aber es entspricht nicht der Intention Bizets, zumindest nicht an dieser Stelle. Als hätte der Komponist unterstreichen wollen, was er mit diesem Pianissimo-B zum Ausdruck bringen wollte, stattete er die letzten Worte Josés in der Arie, «Carmen, je t'aime» («Carmen, ich liebe dich»), mit einem weiteren wunderbaren expressiven instrumentalen Effekt aus: während José das Wort «t'aime» lange hält, hören wir als Untermalung den satten Holzbläserklang, der die Arie eingeleitet hat (wobei sich zu Flöte und Klarinette dieses Mal noch das Englischhorn gesellt), mit drei seltsamen chromatischen Akkorden. Diese Akkorde stellen eine nicht beantwortbare Frage: Gibt es eine wahre oder richtige Harmonie für die Liebe Josés, kann es eine solche geben? Oder stellt die Musik, indem sie diese chromatischen Optionen anbietet, die Wahrhaftigkeit seines Gefühls in Frage? Die Arie endet mit einem weichen orchestralen Epilog, der melodisch Josés Anfangsphrase wieder aufnimmt, gleichsam das einrahmende Gegenstück zu ihrem orchestralen Vorspiel. Doch beim allerletzten Akkord, als es endlich so scheint, als sei harmonische Stabilität eingekehrt, erklingt erneut das Englischhorn und ruft mit seltsamem Nachdruck das erotische Moment in Erinnerung, das sich nicht verflüchtigen will und das am Ende sowohl den Sänger als auch das gesungene Objekt seiner Begierde vernichten wird.

Carmen beantwortet die wunderbare, furchtbare Unschlüssigkeit dieser Arie mit brutalen Realismus: «Non, tu ne m'aimes pas» («Nein, du liebst mich nicht») singt sie und reißt bei ihrem letzten Wort die Musik aus Josés sehnsuchtsvollem tonalen Orbit empor in ihren eigenen. Es scheint, als habe sie gar nicht zugehört, gar nichts wahrgenommen. Das ist freilich das Problem bei Wölfen, dass sie keine Antenne für Sanftmut haben. Just diese Unfähigkeit, zuzuhören, artikuliert sich auf offenkundige musikalische Weise im Schlussduett der beiden Protagonisten. Es ist dies die einzige Stelle, an der sie längere Zeit gemeinsam singen, und dabei weist der musikalische Vektor ihres Gesangs stetig nach unten. José gibt immer wieder eine anmutige Melodie vor, die aus einer anderen Sphäre zu stammen scheint; Carmen weigert sich jedoch, sein Thema aufzunehmen; stattdessen konfrontiert sie ihn mit musikalisch anders gestrickten Antworten. Nur einmal singen sie wirklich zusammen: als er seinen schönen, eindringlichen Satz «Carmen, il est temps encore» («Carmen, noch ist Zeit») wiederholt und sie einen aggressiven Kontrapunkt setzt, indem sie für ihre Gegenfrage einen ganz anderen melodischen Weg einschlägt: «Pourquoi t'occuper encore d'un cœur qui n'est plus à toi?» («Warum beschäftigst du dich noch mit einem Herzen, das nicht mehr dir gehört?»). Bald darauf schraubt sich Carmen, während José noch immer wider alle Vernunft Liebeslyrik produziert, zu melodielosen Einzeltönen hinunter und rafft sich nur noch zu einer einzigen spektakulär hohen Kadenz auf, als sie der Sache mit ihrem entschiedensten «Nein» ein Ende zu machen versucht: «Jamais Carmen ne cédera! Libre elle est née et libre elle mourra» («Niemals gibt Carmen nach! Frei ist sie geboren, frei wird sie sterben»). Der Gesang löst sich allmählich in seine Bestandteile auf, bis die beiden einander nur noch halb deklamierte, halb gesungene Ausdrücke um die Ohren hauen. Zum Ende seiner Oper konfrontiert uns Bizet also mit einer höchst gewagten Ästhetik des Realismus: Er lässt den Gesang selbst unter dem Druck der sich zusammenbrauenden Katastrophe jede Form und jede Linie verlieren.

Vom Wert der Frivolität

Als das Zeitalter der mechanischen Tonwiedergabe gekommen war, konnte man mit einem einzigen Handgriff den Tod Carmens ungeschehen machen, indem man die Platte umdrehte und die Oper noch einmal von vorne hörte. Und natürlich gab und gibt es viele, für die *Carmen* alles andere als eine Tragödie war bzw. ist: die Impresarios, die damit Geld verdient haben, die Baritone, die Escamillos Umhang schwenkten und dazu «Toréador, en garde!» schmetterten, die Tenöre und Sopranistinnen, die Flötisten, die sich ein Ruhmesblatt damit verdienen, die üblich gewordene Pausenmusik vor dem dritten Akt zu spielen (die im Übrigen aus einer von Bizets L'Arlesienne-Suiten stammt und erst durch eine jahrelange Aufführungspraxis zu einem Teil von *Carmen* geworden ist, was jedoch kaum etwas zur Sache tut), nicht zu vergessen die Mezzosopranistinnen, die in die Rolle der Naturgewalt Carmen schlüpfen dürfen. Die Französin Emma Calvé (1858–1942), eine berühmte Carmen, die die Partie 1893/94 an der New Yorker Metropolitan Opera sang, schilderte das Erlebnis mit den Worten:

> Wir spielten sie wieder und wieder vor ausverkauftem Haus. Die Kasseneinnahmen waren erstaunlich. In den darauf folgenden Spielzeiten ließ ihre Popularität nie nach. Niemand stellte mehr die Frage, wie [die Partie] gesungen werden sollte. Was für unvergessliche Besetzungen, was für glanzvolle Abende! Jean de Reszke, Melba, Plançon und ich! Das Publikum war aus dem Häuschen. Nach jeder Vorstellung bekamen wir tausend Vorhänge. Es hieß, *Carmen* sei eine Seuche geworden, eine Freude bereitende Ansteckung.[16]

Unterschwellig wohnt den von Frau Calvé aufgetischten Klischees die aufregende Botschaft inne, *Carmen* sei eine glanzvolle *Erfahrung* gewesen, eine Quelle des Glücksgefühls sowohl für die Zuschauer als auch für Sänger und Sängerinnen. Das ist natürlich eine der Paradoxien des Opernbetriebes: Mag die Oper selbst auch eine Tragödie sein, so ist das Erlebnis ihrer öffentlichen Aufführung mit allem, was an Gesang und Spektakel dazugehört, doch häufig ein Freude spendendes Erlebnis. In der *opéra comique* und in der *opera buffa* können die Werke selbst, wie wir gesehen haben, inkonsistent sein; die Absichten des Komponisten werden oft nicht deutlich. Weil sie aber ein ästhetisches Fach besetzen, das irgendwo zwischen tragischem Ernst und aberwitziger Farce liegt, und weil sie diesen Antagonisten eine friedliche Koexistenz erlauben, eignen sie sich besonders gut dafür, Freude zu bereiten.

Diese Erfahrung kann man zum Beispiel bei der Aufführung von Offenbach-Opern machen. Wie viele Komponisten komischer Opern vor ihm, war Offenbach ein Meister im effektvollen Einsatz von Tanznummern als Basis für Gesangsstücke, eine Kunst, die die Fähigkeit voraussetzt, Melodien an der Grenze des Singbaren zu schreiben, die eine besondere Herausforderung an Sänger und Sängerinnen stellen. Offenbachs Sopranpartien können auf ihre Art so schwierig sein wie die von Donizetti. Auf brillante Weise wendet er diesen Kunstgriff in *La Grande-Duchesse de Gérolstein* («Die Großherzogin von Gerolstein», 1867) an. Die Titelfigur, einer soldatisch geprägten Adelsfamilie entstammend, hat eine amouröse Schwäche für Soldaten im Allgemeinen und verwirklicht sich musikalisch in Quasi-Märschen, die schnell in einen Galopp, eine Quadrille oder einen anderen frivolen Tanz übergehen, so zum Beispiel in ihrem Couplet «Ah, que j'aime les militaires» («Ach, wie ich die Soldaten liebe») im ersten Akt. Im schnellen, gesanglich anspruchsvollen Refrain der Arie kommt es zu einer verwegenen Paarung: Das Gepräge des Militärmarsches mit seinen obligatorischen Beckenschlägen verbindet sich mit typisch pariserischen Ballsaal-Tänzen, die reichlich Gelegenheit bieten für kokette Ritardandi und verzögerte Auftakte. Die Protagonistin, die unersättliche Großherzogin, hat nichts Erhabenes oder Idealisiertes. Ihr Lied eröffnet der Darstellerin einfach nur die Möglichkeit, unbändige Freude zu vermitteln: Die pure Lust am Singen in einer Situation, in der nichts Ernstes auf dem Spiel steht – das macht die Vergnüglichkeit der *opéra comique* aus.

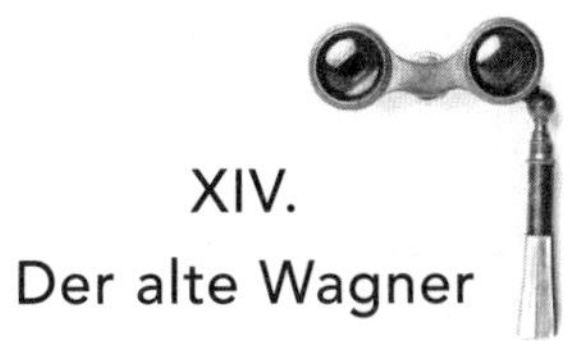

XIV. Der alte Wagner

Die Grundlinien der Entwicklung Wagners nach der Fertigstellung seines *Lohengrin* im Jahre 1848 haben wir bereits skizziert. Er schrieb ein auf nordischen Mythen beruhendes Libretto, das er «Siegfrieds Tod» nannte, legte es aber beiseite, während er sich am demokratischen Aufstand in Dresden beteiligte und sich anschließend ins Exil absetzte. 1850 gelangte er zu der Einsicht, dieses Libretto benötige eine Fortsetzung «nach hinten», und schrieb *Der junge Siegfried*. Er bekam dann das Gefühl, noch ein Stück weiter zurück gehen zu müssen, und schrieb ein Libretto, das man mit dem Titel «Siegfrieds Eltern» versehen könnte, weil es deren Geschichte erzählt. Wagner nannte es dann allerdings *Die Walküre* (1851), nach der wichtigsten darin vorkommenden Figur Brünnhilde, der unsterblichen Halbschwester jener Eltern. Zu guter Letzt entschloss Wagner sich noch, die ganze Trilogie mit einem Prolog zu versehen, der die Vorgeschichte des Familiendramas erzählen sollte: Wie aus magischem Gold ein mit einem Fluch behafteter Ring geschmiedet wurde; wie die Götter ihn errungen und wieder verloren hatten und wie Wotan, der Herrscher, alle Hebel in Bewegung setzen musste, um ihn zurückzubekommen. *Das Rheingold* (1852) hieß diese vierte und letzte, in der Chronologie der Ereignisse aber früheste Episode, und alle vier Libretti zusammen präsentierte Wagner der Öffentlichkeit 1853 als das vierteilige Werk *Der Ring des Nibelungen*.

Die Musik für die ersten drei Teile – bis einschließlich *Der junge Siegfried*, zweiter Akt – schrieb Wagner zwischen 1853 und 1857, dann brach er die Arbeit ab. Er hatte, wie so oft, große finanzielle Probleme und zugleich ein neues Projekt, das seine Aufmerksamkeit fesselte: eine Oper mit dem Titel *Tristan und Isolde*, die, wie er seinen Verlegern Breitkopf & Härtel versicherte, «fast gar keine Schwierigkeit für Decoration und Chor» bereiten würde. Die praktisch einzige Herausforderung sei die

Verpflichtung «eines guten Sänger-Paares für die Hauptpartien»[1] – eine wahnwitzig optimistische Einschätzung, geboren wahrscheinlich aus der Verzweiflung angesichts seiner Schulden. Wagner schrieb das Libretto im Sommer 1857, und 1859 war er auch mit der Musik fertig; uraufgeführt wurde *Tristan* jedoch erst 1865. 1860 hielt sich Wagner wieder in Paris auf, um eine Neuinszenierung des *Tannhäuser* an der Opéra (die im März 1861 stattfand) zu beaufsichtigen und einige neue Musiken dafür zu komponieren. Danach verlegte er, da er endlich in den Genuss einer Amnestie gekommen war und nach Deutschland zurückkehren konnte, seinen Hauptsitz nach München, wo er, vom bayerischen König Ludwig II., einem seiner leidenschaftlichen Jünger, finanziell unterstützt, *Die Meistersinger von Nürnberg* (1865–1867) schrieb, die 1868 erstmals aufgeführt wurden – seine einzige reife Oper mit komödiantischem Charakter und somit eher untypisch für sein Schaffen. Nach *Die Meistersinger* kehrte er zur Arbeit an *Siegfried* (so der inzwischen gekürzte Titel) zurück und vollendete den dritten Akt 1869.

Wagner war unterdessen Witwer geworden: Minna, seine erste Frau, war 1866 gestorben, nachdem das Paar schon jahrelang getrennt gelebt hatte. Schon lange vor Minnas Tod hatte Wagner eine neue Lebensgefährtin gefunden: Cosima von Bülow, Tochter von Franz Liszt und in erster Ehe mit Wagners engem Freund Hans von Bülow verheiratet. Es kamen Kinder. *Siegfrieds Tod* wurde umbenannt in *Götterdämmerung*, die Musik dafür 1874 fertiggestellt. In diesen letzten Jahren seines Lebens litt Wagners kompositorisches Schaffen unter ständigen Ablenkungen: Er dirigierte viel, auch um Geld für den Bau eines neuen, von ihm selbst entworfenen Opernhauses in Bayreuth zusammenzubekommen, und traf zugleich Vorkehrungen für die Aufführung seiner Werke daselbst. Der vollständige *Ring des Nibelungen* feierte seine Premiere 1876 in Bayreuth; mit dieser Produktion wurden die Bayreuther Wagner-Festspiele aus der Taufe gehoben, die bis heute fortbestehen, gegenwärtig unter der Leitung von Eva Wagner-Pasquier und Katharina Wagner, die beide in direkter Linie von Wagner abstammen. Mit seinem letzten Werk, *Parsifal*, kehrte Wagner zu einer erstmals in den 1840er Jahren ausgebrüteten Projektidee zurück. Er fand dafür den Namen «Bühnenweihfestspiel». Das Libretto für *Parsifal* entstand in den späten 1870er Jahren, die Musik vollendete er 1882. Im selben Jahr feierte das Stück in Bayreuth seine Premiere. Im Februar 1883 starb Wagner in Venedig.

In seiner Kürze verdeutlicht dieser Abriss die Lebensleistung Wagners. Das Frappierendste daran war die Unterbrechung der Arbeit am

Ring. Es war ein Projekt von epischer Größenordnung, das Wagner zurückstellte. Nie zuvor in der Geschichte der Oper hatte es ein so kolossales Werk gegeben. Er nahm die Arbeit daran nach mehr als zehnjähriger Pause wieder auf (nach einem Jahrzehnt, in dem er zwei weitere, ganz andere, aber ebenso revolutionäre neue Werke geschrieben hatte: *Tristan* und *Die Meistersinger*), und bei alledem legte er kein Anzeichen von Ungeduld, Torschlusspanik oder Entmutigung an den Tag. Es schien vielmehr, als wollte er die Unterschiede zwischen seiner musikalischen Sprache von 1857 und der von 1869 bewusst als dramatischen Effekt einsetzen. Eine besonders erstaunliche Leistung vollbrachte Wagner mit der Schöpfung von *Tristan und Isolde*, der meistbeachteten Oper – wahrscheinlich sogar der einflussreichsten Komposition schlechthin – der zweiten Hälfte des 19. Jahrhunderts. Für dieses opus magnum benötigte der Meister nur zwei Jahre, vom Beginn der Arbeiten am Libretto bis zur Notierung des abschließenden H-Dur-Dreiklangs.

Diese schöpferischen Großtaten wären nicht möglich gewesen ohne einen Kreis opferbereiter Frauen, aufgeschlossener Freunde, großzügiger Mäzene und enthusiastischer Musiker. Dass Wagner dazu neigte, Frauen und Freunden untreu zu werden, Mäzene auszunutzen und auf Musikern herumzutrampeln, war seine spezielle Pathologie. Dass er sich auf solche Säulen stützte, war hingegen nichts Besonderes – Komponisten konnten im 19. Jahrhundert ohne ein Netzwerk sie fördernder Verleger und Gönner schwerlich viel erreichen. Verdi bietet, wie so häufig, auch für diesen Fall passende Analogien: Seine Karriere lief in wechselseitigem Nutzen parallel zu der seines Verlegers Ricordi, eine für das 19. Jahrhundert durchaus zeittypische Symbiose. (Musikverleger hatten in dieser Zeit Hochkonjunktur und konnten es zu Einfluss und Ansehen bringen; beides ging im Verlauf des nächsten Jahrhunderts wieder verloren.) Verdis langjährige Partnerin Giuseppina Strepponi liefert in mehr als einer Hinsicht ein klassisches Beispiel für die Höhen und Tiefen, die jene durchlebten, die sich für den Dienst am Altar eines musikalischen Genies des 19. Jahrhunderts entschieden.

Was nun Wagner betrifft, so scheint es, als hätten bei ihm Frauen eine noch schicksalhaftere Rolle gespielt als bei anderen Komponisten. Dieser Aspekt seiner Lebensgeschichte hat das Urteil seiner intellektuellen Kritiker – die berühmtesten unter ihnen waren Friedrich Nietzsche und Theodor W. Adorno – über Wagners unangenehme feminine Seite, seine unkontrollierten Wutausbrüche, seine rassistischen Tiraden und seine Schwäche für Seide vermutlich mit beeinflusst. Mit seiner Vernarrtheit in

Seide war es ihm durchaus ernst, wie aus seiner Korrespondenz mit Judith Gautier hervorgeht, der Pariser Freundin (und vielleicht auch Geliebten), der es oblag, ihn mit Stoffen zu versorgen. Im Dezember 1877 schrieb er an sie:

> Unternehmen Sie ja nichts wegen des rosa Satins: Er wäre überflüssig, zu nichts zu brauchen. Darf ich auf die zwei Stoffreste rechnen, von denen ich Ihnen in meinem letzten Briefe geschrieben habe? Der durchwirkte Satin bleibt vorbehalten: Ich denke an eine Bestellung von 30 Metern, aber vielleicht wählt man doch noch andere Farben, um meinem Geschmack noch mehr zu schmeicheln. Das heißt, das … Chamois wäre silbergrau und Blau, *mein* Rosa, sehr blass und zart.[2]

Es ging wirklich um 30 Meter, das war kein Schreibfehler. Freilich: Emotionale Unbeherrschtheit und gebieterisch verfochtene Ansichten über Kleider und Möbel als etwas zu betrachten, das unbedingt und in alle Ewigkeit eine Domäne des weiblichen Geschlechts war und ist und deshalb in männlichen Augen etwas, worüber man die Nase rümpft (oder worin man gar ein behandlungsbedürftiges Krankheitsbild sieht), zeugt nicht gerade von philosophischer Weisheit. Wagner war in der Tat fasziniert von der Weiblichkeit *in abstracto* und stellte häufig philosophische Betrachtungen über ihr Wesen an; eine seiner Lieblingsideen war die Vorstellung von einer «weiblichen» Musik, die sich dem Diktat der «männlichen» Dichtkunst unterwarf – eine Metapher, deren Potential, im 20. und 21. Jahrhundert für Stirnrunzeln zu sorgen, er 1850 sicher nicht voraussehen konnte. Diese Vorstellung einer schöpferischen Dualität stellte er in den Mittelpunkt der Überlegungen zur Formensprache der Musik, die er in seiner Abhandlung *Oper und Drama* (1851) anstellte. Der letzte Aufsatz, an dem er arbeitete, ein Fragment mit dem Titel «Über das Weibliche im Menschlichen» (1883), ist ein Plädoyer für die Versöhnung zwischen Männlichkeit und Weiblichkeit und gipfelt in der These, im Nirwana wären alle Unterschiede ausgelöscht.[3]

Wagner ist bekannt für die Meinungsumschwünge, die er in seinen Aufsätzen und Abhandlungen vollzieht und die mitunter zu in sich widersprüchlichen Aussagen führen; in diesem, seinem letzten Aufsatz kann er sich nicht entscheiden, ob er an Männer und Frauen ähnliche Maßstäbe anlegen oder aber die These vertreten soll, der Unterschied zwischen Männlichkeit und Weiblichkeit lasse sich aufheben. Diese Alternativen fließen in *Tristan und Isolde* zusammen, für die Gottfried von Straßburgs mittelalterliches Epos die Vorlage lieferte, das zu den Klassikern der mittelhochdeutschen Literatur gehört. Gottfrieds Versepos handelt hauptsächlich vom Leben Tristans; es setzt ein mit dem tragischen Tod seiner Mutter und seines Vaters und seiner Adoption durch einen Onkel, König Marke von Cornwall. Sodann berichtet das Epos über Tristans diverse Heldentaten, insbesondere über seinen siegreichen Kampf gegen den irischen Usurpator Morold, den er tötet. In dieser Schlacht wird Tristan auch selbst verwundet und reist (verkleidet) nach Irland, um dort Heilung zu finden. Er begegnet Prinzessin Isolde, die mit Morold verlobt war; sie heilt ihn, findet dabei aber heraus, wer er ist. Es gibt Ärger, aber nach einigem diplomatischen Hin und Her zwischen Irland und Cornwall geleitet Tristan Isolde nach Cornwall, wo sie seinen Onkel heiraten soll. An Bord ihres Schiffes begeht Tristan den Fehler, gemeinsam mit Isolde einen Liebestrank zu sich zu nehmen, der die ihm zugeschriebene Wirkung tut. Doch nach Betreten festen Bodens obsiegt die Pflicht: Isolde heiratet König Marke. Das Versepos entwickelt sich fortan zu einer Romanze über die unsterbliche sexuelle Leidenschaft zwischen Tristan und Isolde. Am Ende wird er von ihr getrennt, wird ein zweites Mal verwundet und stirbt in der Erwartung, sie werde mit vollen Segeln zu ihm zurückkehren. Für diese Oper in drei Akten vereinfachte Wagner die Handlung radikal. Im ersten Akt setzen Tristan (Tenor) und Isolde (Sopran) von Irland nach Cornwall über; sie trinken etwas, das sie für ein tödliches Gift halten, das in Wirklichkeit jedoch ein Liebestrank ist. Der zweite Akt spielt in Cornwall: Die Liebenden treffen sich heimlich nachts und singen von der Liebe, nur um beim Morgengrauen von König Marke (Bass) und seinen Getreuen in flagranti ertappt zu werden; einer der Männer des Königs fügt Tristan eine schwere Verwundung zu. Im dritten Akt liegt Tristan, in die Bretagne zurückgekehrt, leidend darnieder und halluziniert; er stirbt genau in dem Moment, da Isolde, übers Meer herbeigeeilt, eintrifft, um ihn zu heilen. Daraufhin haucht auch sie ihr Leben aus.

Wir werden an späterer Stelle ausführlicher auf diese Oper eingehen, wollen uns im Moment aber auf einen Aspekt des Librettos konzentrieren. Es ist insofern frappierend modern, als es die beiden Liebenden auf ein und derselben Augenhöhe positioniert, anstatt ihnen weibliche und männliche Verhaltensweisen nach den herkömmlichen gesellschaftlichen Normen des 19. Jahrhunderts (oder gar der Oper) zuzuteilen. (Stellen wir uns nur einen Moment lang die Operntitel vor: *Otello e Desdemona*, *Carmen et Don José* oder *Lohengrin und Elsa*.) Isolde kann Tristan das Wasser reichen, sowohl als Sparringspartnerin in Rededuellen wie auch als Sängerin. Schon in Gottfrieds Epos tritt sie als die musikalisch Überlegene auf, und Wagner ergriff nur zu gerne die Gelegenheit, für sie eine diese Überlegenheit reflektierende Musik zu schreiben. Wir können das am Ende des zweiten Aktes sehen, als Tristan einen Vers in Moll singt, eine Einladung an seine Geliebte, ihn auf einer Reise zu begleiten:

> Dem Land, das Tristan meint,
> der Sonne Licht nicht scheint:
> es ist das dunkel
> nächt'ge Land,
> daraus die Mutter
> mich entsandt.

Isolde antwortet mit einem Vers aus Paarreimen:

> Nun führst du in dein Eigen,
> dein Erbe mir zu zeigen;
> wie flöh' ich wohl das Land
> das alle Welt umspannt?

Musikalisch beginnt sie damit, dass sie Tristans erste zwei Phrasen melodisch zitiert; dann jedoch biegt sie auf ein anderes harmonisches und melodisches Terrain ab. Anstatt sich musikalisch an Tristans drei letzten Zeilen zu orientieren, geht sie einen ganz anderen Weg: Sie singt eine Variation ihrer soeben gesungenen Phrasen, und zwar zu einer doppelt üppigen Orchesterbegleitung. Ihre Version strahlt, anders gesagt, Unabhängigkeit und Originalität aus. Solche Beispiele für eine neue Gleichrangigkeit der Geschlechter finden sich auch an vielen anderen Stellen. Tristan tritt während der gesamten Dauer der Oper als ein herrlich unmaskuliner Mann in Erscheinung, ständig angekränkelt von Leiden, die man im 19. Jahrhundert als typisch weiblich einstufte, zum Beispiel nervöse Melancholie; auch in diesem Sinn passt er gut zu Isolde, die ihren eigenen Ballast an Wildheit und Verzweiflung mit sich herumschleppt. Im dritten Akt lässt Wagner Tristan – unmittelbar vor der Ankunft Isoldes, eine Musik im Fünfvierteltakt, dem denkbar ungeradesten aller Takte, der an dieser Stelle dazu dient, Tristans vorgezeichneten Weg in den Tod anzudeuten – Folgendes singen: «Mit blutender Wunde / bekämpft ich einst Morolden. / Mit blutender Wunde / erjag ich mir heut Isolden!» – das ist sicherlich einer der schrägsten Verse aller Opern, und die Jagd-Metapher ist eine Anspielung darauf, dass Tristan in der mittelalterlichen Vorlage ein Meister im Erlegen von Hirschen ist.

Fünfertakte sind in der europäischen klassischen Musik vor dem 20. Jahrhundert eine außerordentliche Rarität (jedenfalls außerhalb der osteuropäischen Musik, wo sie mitunter auf nationale Liedtraditionen verweisen). An dieser Stelle aber fungiert dieser Takt als Hinweis darauf, dass die Zeit aus den Fugen geraten ist. Die Passage nimmt Musik aus dem zweiten Akt in verzerrter Form wieder auf; dort taucht dasselbe Thema als schläfriges Zwischenspiel in einem Liebesduett auf, mit dem Text: «Lausch Geliebter! / Lass mich sterben!» Dem Rhythmus nach ist es hier eine Berceuse oder ein Schlaflied im Dreivierteltakt, die friedvollste Passage des ganzen Aktes. Hört man dann im dritten Akt dieselbe Musik zu einem Fünfvierteltakt verfremdet, so tut man sich im lauten Wirrwarr des Moments äußerst schwer zu verstehen, weshalb eine Musik, die eigentlich für einen Dreivierteltakt gemacht scheint und die man zuvor tatsächlich auch im Dreivierteltakt gehört hat, wobei sie dann auch gerade noch metrisch stabil schien, jetzt so ganz und gar falsch klingt. Die verwirrten Seelen im Auditorium – verwirrt durch einen fremdartigen Takt – teilen für den Augenblick mit dem Protagonisten auf der Bühne eine Erfahrung des Verlusts von Stabilität.

Die relative Gleichrangigkeit der beiden Liebenden kommt auch im berühmtesten Abschnitt des langen Liebesduetts im zweiten Akt exemplarisch zum Ausdruck. Die Musik dieser Passage kehrt am Ende des dritten Akts wieder und wird in der Literatur gemeinhin als «Liebestod» bezeichnet:

So starben wir,
um ungetrennt,
ewig einig
ohne End',
ohn' Erwachen,
ohn' Erbangen,
namenlos
in Lieb' umfangen,
ganz uns selbst gegeben,
der Liebe nur zu leben!

Tristan übernimmt bei diesen Zeilen die Führung, Isolde gleichsam das Echo: Sie wiederholt seine Worte mehr oder weniger wörtlich, was nicht nur mit den uralten Geschlechterrollen der Oper übereinstimmt, sondern auch mit der Reihenfolge, in der die beiden sterben werden – erst er, dann sie. Doch schon für das Publikum der frühen ersten Aufführungen waren die Charaktere in diesem Duett austauschbar. Wagner reiste 1877 nach London, um im Rahmen eines Wagner-Festivals Ausschnitte aus seinen späten Werken zu dirigieren; am Schlusstag, dem 26. Mai, wurde das Duett aus dem zweiten Akt des *Tristan* in leicht gekürzter Fassung aufgeführt. James William Davison, Musikkritiker der Londoner *Times* und im Allgemeinen kein Bewunderer Wagners, schrieb: «Die Liebenden geben einander Echos zurück, Phrase für Phrase, als wäre das, was der eine sagt, genau das, was der andere gesagt hätte, hätten sie ihre Rollen vertauscht.»[4]

Später, im dritten Akt, als Isolde über dem Leichnam Tristans kauert, spielt das Orchester leise dieselbe Musik und erzeugt damit eine akustische Halluzination, die Isolde wenige Momente später in ihrem Schlussmonolog in Worte fassen wird: «Mild und leise, wie er lächelt, wie das Auge hold er öffnet – seht ihr's, Freunde? Seht ihr's nicht? … wie den Lippen, wonnig mild, süßer Atem sanft entweht? Freunde! Seht! Fühlt und seht ihr's nicht? – Höre ich nur diese Weise, die so wundervoll und leise … aus ihm tönend in mich dringet, auf sich schwinget, hold erhallend um mich klinget?» All dies singt sie zur Melodie von «So starben wir, um ungetrennt» aus dem zweiten Akt; allerdings schlägt die jetzt auf sich allein gestellte Isolde eine neue Richtung ein. Es ist, als erinnere sie sich an die von Tristan vorgegebenen Melodieführungen und improvisiere sodann eine spektakuläre Variante. Sie sagt, sie höre Musik, die aus Tristans Leichnam heraustöne, doch die Musik, die *wir* hören und die eine immense klangliche Fülle besitzt, kommt aus dem Mund der Sängerin, die Isolde verkörpert. Solche tollkühnen musikalischen Kunstgriffe waren schwer, sehr schwer einzuholen oder gar zu übertreffen. Richard Strauss richtete sein Augenmerk 50 Jahre später auf ein Libretto, in dem die sterbende Heldin, Elektra, zu ihrer Schwester Chrysothemis sagt: «Ob ich die Musik nicht höre? Sie kommt doch aus mir» – die dichteste Annäherung an *Tristan und Isolde*, zu der Strauss sich je durchrang.

Einige spröde Reaktionen auf *Tristan* sind unauslöschlich in Erinnerung geblieben, darunter mehrere Bemerkungen Friedrich Nietzsches aus der Zeit, nachdem sich seine anfängliche Wagner-Begeisterung gelegt hatte: «Wer wagte das Wort, das eigentliche Wort für die *ardeurs* der *Tristan*-Musik? – Ich ziehe Handschuhe an, wenn ich die Partitur des *Tristan* lese.»[5] Erwartungsgemäß reagierte auch eine verhärtete alte Dame wie Clara Schumann pikiert: Ihr oft zitiertes Urteil über *Tristan* lautete, diese Oper sei «das Widerwärtigste, was ich noch in meinem Leben gesehen und gehört».[6] Es wäre aber wohl voreilig, den Grund für solche Schmähungen in einer moralischen Entrüstung über zur Schau gestellten Ehebruch, sexuelle Fantasien oder gar eigenartige Musik zu suchen. Der bloße Umstand, dass Mann und Frau dasselbe Gewicht in die Waagschale einlegen, dass eine weibliche Figur manchmal sogar die führende Rolle übernimmt, irritierte Nietzsche oder Clara Schumann vielleicht mehr als die Küsse, die eheliche Untreue oder die unaufgelöst stehen gebliebenen harmonischen Dissonanzen.

Später, als Wagner sich dazu verstieg, nicht nur für die Beseitigung des Ungleichgewichts zwischen den Geschlechtern, sondern für die Abschaffung der Sexualität einzutreten, kam bei ihm wieder eine tief sitzende Misogynie zum Vorschein, die sich vermutlich nicht allzu sehr von der, die in seinen früheren Opern zu Tage tritt, unterschied. In seinen letzten Schriften macht er einen Unterschied zwischen den Frauen und der Weiblichkeit; Erstere erscheinen als fremdartige Wesen, als Verführerinnen, die die aufrechten männlichen Helden auf die schiefe Bahn Richtung Barbarei locken. Die Frage ist, ob Wagner sich damit nicht wieder weitgehend dem Denken annähert, das aus den gewöhnlicheren Klischees seiner vor 1850 entstandenen Werke spricht. In diesen Fällen besteht die der Frau zustehenden Rolle darin, sich zu opfern, damit der Mann Erlösung findet, so Senta in *Der fliegende Holländer* oder Elisabeth in *Tannhäuser.* Erfüllt eine Heldin diese Aufgabe nicht mit vollster Überzeugung und ohne jeden Anflug eines Zweifels, dann ergeht es ihr wie Elsa in *Lohengrin*: Sie wird zur Versagerin und bricht entseelt zusammen.

Es ist kaum anzunehmen, dass Wagners intellektuelle Überzeugungen und Fantasien über die ideale Frau sich nicht auch in seinen realen Beziehungen zu Frauen widerspiegelten; es waren darunter in der Tat einige, die in puncto Absonderlichkeit jede dichterische Fantasie übertrafen. Da war zum Beispiel seine langjährige intensive Beziehung zu Mathilde Wesendonck. Sie war die Frau des Schweizer Bankiers Otto Wesendonk, der zu den wichtigsten Unterstützern und Gönnern Wagners gehörte. Kennen lernte Wagner die Wesendoncks 1854 in Zürich; sie stellten ihm und seiner Frau Minna ein Chalet auf ihrem Landgut zur Verfügung (ihr «Asyl», wie die Wagners es nannten), wo sie von 1856 bis 1858 logierten und wo der größte Teil von *Tristan und Isolde* entstand. Mathilde war in diesen Züricher Jahren Wagners Muse und geriet, was unter solchen Umständen unausbleiblich war, in das Schwerefeld erheblicher häuslicher Spannungen. Welcher Natur die Beziehung zwischen ihr und Wagner war, wissen wir nicht, aber es gab eine Phase, in der sie ihm regelrecht zu Füßen lag. Einmal zog sie die Buchstaben von Wagners mit Bleistift geschriebenem *Tristan*-Libretto mit Tinte nach, damit er ein besser lesbares Manuskript hatte. Dass Mathilde sich bereit fand, eine so nervtötende und geradezu sinnlose Fleißaufgabe zu übernehmen, macht diese sphinxhafte Frau – Porträts von ihr zeigen eine Botticelli-Bürgersfrau in viktorianischer Seide – noch rätselhafter. Die Briefe, die Wagner an sie schrieb, füllen einen ganzen Band und verraten wichtige Einzelheiten über seine Arbeitsweise, seine Gepflogenheiten und sein musikalisches Denken während der Arbeit am *Ring* und am *Tristan.* Zugleich bieten sie zahlreiche Kostproben seiner Kunstfertigkeit im Flirten, wie etwa der Brief vom 21. Mai 1857, geschrieben ziemlich genau zu dem Zeitpunkt, als der Komponist die Arbeit an *Siegfried* unterbrach und den *Tristan* in Angriff nahm:

> Die Muse beginnt mich zu besuchen: kündigt mir dies die Gewissheit Ihres Besuches an? Das erste, was ich fand, war eine Melodie, die ich erst gar nicht unterzubringen wusste, bis auf einmal dazu die Worte mir aus der letzten Szene des *Siegfried* kamen. Ein gutes Zeichen. Gestern ging mir auch der Anfang des 2. Aktes auf, und zwar als – Fafners Ruhe, der ich ein humoristisch gemütliches Moment abgewann. Das sollen Sie alles näher erfahren, wenn morgen die Schwalbe kommt, ihren Bau zu besichtigen.[7]

Es ist allerdings in einer Hinsicht unerheblich, ob Wagner Mathilde die Geheimnisse der musikalischen Formensprache im *Tristan* erläutert oder ihr ein Picknick im Grünen vorschlägt; in beiden Fällen liefert uns das, was er schreibt, absolut keine Aufschlüsse über *sie.*

Bedenkt man Wagners enges Verhältnis zu den Frauen, die in seinem Leben eine Hauptrolle spielten, und sein großes Interesse an Fragen von Weiblichkeit und Männlichkeit, so mutet es eigenartig an, dass er sich, von *Tristan und Isolde* einmal abgesehen, zunehmend schwer damit tat, in seinen Opern Liebe und Leidenschaft dramatisch darzustellen. Vermutlich ist das der Aspekt, an dem seine tief sitzende Misogynie ihre Spuren hinterlassen hat. Ein klassisches Beispiel, an dem sich dieses Problem illustrieren lässt, ist Wagners letzte Oper *Parsifal* (1882) mit ihrem draufgängerischen Helden aus der Fremde (Parsifal, Tenor), ihren keuschen Rittern, dem Heiligen Gral mit seinen Ritualen, dem selbst entmannten bösen Zauberer Klingsor (Bariton) und der sich selbst verkleinernden Kundry (Sopran) als einziger weiblicher Figur. Im ersten und dritten Akt tritt Kundry, in schmutziges Sackleinen gehüllt, als Dienerin der Gralsritter auf. Sie bezeichnen sie als «wildes Tier» und finden nichts dabei, über sie zu spotten. Im zweiten Akt zeigt sie sich jedoch unter der Führung

Klingsors verwandelt und präsentiert sich in dessen Zaubergarten – hübsch herausgeputzt und an der Spitze eines ganzen Trosses von Blumenmädchen – als Verführerin. Die daraus entspringende Szene – Kundry versucht Parsifal vom rechten Weg abzubringen und verwickelt ihn an einem Wendepunkt des dramatischen Geschehens in einen schmachtenden Kuss – wirkt schrecklich aufgesetzt, und das scheint sogar beabsichtigt. Kundry spielt offensichtlich etwas vor, und die Musik strahlt Künstlichkeit und Ekel aus. Man kann jedoch den Eindruck gewinnen, dass Wagner es hier nicht bewusst auf eine möglichst geringe Überzeugungskraft anlegte, sondern dass er sich in dieser Phase seines Lebens eher nicht mehr vorstellen konnte, wie weibliche Verführungskunst musikalisch ausgedrückt werden kann. Ein fast zeitgleich entstandenes Beispiel für die musikalische Umsetzung dieser allzu menschlichen Erfahrung ist «Mon cœur s'ouvre à ta voix» («Mein Herz öffnet sich Deiner Stimme»), Dalilas Hymnus an den dahinwelkenden Samson im zweiten Akt der Oper *Samson et Dalila* von Saint-Saëns (1877).

Lob der Peripherie

Das ist keine Kleinigkeit. Liebe und Leidenschaft, ob in unbedarften oder reifen Varianten, waren über weite Strecken der Operngeschichte die einzigen unerlässlichen Elemente der ernsten Oper und auch zahlreicher komischer Opern. Gewiss, Liebes- oder Ehepaare waren in vielen Opern gleichsam Scherenschnittfiguren, denen das Libretto formelhafte Liebesbekundungen in den Mund legte. Andererseits war die romantische Liebe einfach ein Grundbaustein der Oper, und so hat die Erkenntnis, dass viele Repertoireopern des mittleren 19. Jahrhunderts dieses Thema einfach links liegen lassen, schon etwas Konsternierendes. Wieder einmal liefert Verdi ein Paradebeispiel. Man könnte erwarten, dass leidenschaftliche Liebesduette die Höhepunkte von Verdis bedeutendsten Opern markieren; tatsächlich machen sie sich in den Werken seiner zweiten Karrierehälfte ziemlich rar. Nicht dass sie ganz fehlen würden: Wir finden Liebesduette im ersten Akt von *La traviata*, im zweiten Akt von *Un ballo in maschera* und im ersten Akt von *Otello*, um drei berühmte Beispiele zu nennen; doch im Mittelpunkt des Geschehens steht ein solches aus der Liebe geborenes Zwiegespräch zwischen Sopran und Tenor eigentlich nur in *Un ballo* (der Oper, von der es manchmal heißt, sie sei Verdis *Tristan*, zumal sie 1859 uraufgeführt wurde, just in dem Jahr, in dem Wagner seine große Liebesoper vollendete). In den meisten seiner anderen Werke zog Verdi es vor, die stimmliche Brillanz der Primadonna als Waffe in der Konfrontation mit einem älteren Protagonisten einzusetzen, in der Regel einem Bariton. Ein möglicher Grund dafür ist der, dass in dem Maß, wie Verdi selbst älter wurde, junge Tenöre ihren Reiz für ihn einbüßten und in Nebenrollen verbannt wurden.

Ganz ähnlich war das auch bei Wagner, vor allem nach der Zäsur der frühen 1850er Jahre. Von *Tristan* einmal abgesehen – was natürlich eine höchst gewichtige Ausnahme ist –, schaffte er es nach *Die Walküre* (1856) kaum mehr, etwas für Sopran und Tenor zu schreiben, das sich nach Liebe anhörte. Sein Interesse (sowohl als Librettist als auch als Komponist) neigte sich zunehmend anderen Sphären zu: in einigen Fällen, wie bei Verdi, zu Konfrontationen zwischen leidenschaftlichen jungen Männern und reifen, blasierten Widersachern, öfter aber zu größeren, weit über das Individuelle hinausweisenden Themen – eine Tendenz, die mindestens teilweise erklärt, weshalb seine Werke zu einem so großen Faszinosum für spätere Generationen von Philosophen und Akademikern geworden sind.

In *Die Meistersinger* zum Beispiel geht es auf einer philosophischen Ebene um das Verhältnis von Traditionalismus und Innovation in der Kunst. Die Oper spielt im Nürnberg des 16. Jahrhunderts. Drei Männer buhlen um die Liebe Evas (Sopran), der Tochter eines Goldschmieds; den lokalen Hintergrund bildet eine spätmittelalterliche Stadt wie aus dem Bilderbuch, mit Zünften, Honoratioren und einer bürgerlichen Ordnung. Eva ist eine allegorische Figur, die «Goldmedaille», die dem besten einheimischen Komponisten winkt, demjenigen, der in einem von den Zünften der Stadt veranstalteten Liederwettstreit den Sieg erringt. Die drei männlichen Protagonisten der Oper – der Tenor Walther und die Bassbaritone Sixtus Beckmesser und Hans Sachs – stehen schematisch für den innovativen, schöpferischen Autodidakten (Walther), für einen sturen, denkfaulen Konservatismus (Beckmesser) und für ein meditatives, sich selbst kleinmachendes Künstlertum (Hans Sachs). Wagner gab sich große Mühe, für alle die passende Musik zu schreiben: feurig und innovativ für Walther, pedantisch und farblos für Beckmesser, beruhigend und verlässlich (wenn auch mit gelegentlichen Anwandlungen von Melancholie und Transzendenz) für Sachs. Aber dann kommt ein peinlicher Blindgänger: Walthers Preislied, die Komposition, mit der er seinem Widersacher Beckmesser die Trophäe Eva entreißen wird (nachdem Sachs zu seinen

Gunsten aus dem Kampf ausgestiegen ist). In einem schöpferischen Traum fliegt Walther sein Lied zu; Sachs hilft ihm bei der Ausarbeitung der Idee zu einem gut strukturierten Ganzen, und Walther bestreitet dann im dritten Akt mit dem Lied den Wettbewerb. Natürlich erwartet man, dass diese Darbietung den Höhepunkt der Oper bringt, eine Demonstration, dass in dieser geschlossenen Gesellschaft schöpferische Höchstleistungen möglich sind und dass Innovationskraft auch jahrhundertealte Traditionen noch bereichern kann. Leider bleibt das Lied meilenweit hinter diesen Ansprüchen zurück; es entpuppt sich als eine der langweiligsten und banalsten Kompositionen Wagners.

Die bewegendste, schönste und sehnsuchtsvollste Nummer in der Oper singt stattdessen eine Nebenfigur namens David (Tenor), der junge Lehrling von Hans Sachs. Im ersten Akt erklärt David Walther, der um die Aufnahme in die Zunft der Meistersinger ersucht hat, deren Regeln. In ziemlicher Ausführlichkeit erläutert er «Tön' und Weisen», formale Vorschriften für den Versaufbau und den komplizierten Regelkodex für die schöpferische Arbeit. Er demonstriert dabei eine stimmliche Virtuosität – den Stimmumfang und die gesangliche Disziplin eines großen Musikers und Darstellers –, die in der Oper ihresgleichen sucht. Der Sänger muss jeden Stil beherrschen, jede Tonart und jeden Melodietypus in Davids Kunstkanon. Es ist so, als müsste ein Schauspieler beim Vorsprechen Dutzende Verszeilen deklamieren, eine nach der anderen, jede in einer anderen Sprache und einer anderen Gestimmtheit und Expressivität, und all das – als wäre es seine Muttersprache – dabei mühelos aussehen lassen. David ist zwar laut Libretto ein Lehrbub und hat auch nur eine Nebenrolle, aber seine Partie erfordert einen Tenor allererster Güte.

Der vorletzte Vers seiner Darlegung über die Zunftregeln der Meistersinger ist in eine wunderschöne Melodielinie eingebettet:

> Der Dichter, der aus eignem Fleiße,
> zu Wort und Reimen, die er erfand,
> aus Tönen auch fügt eine neue Weise:
> der wird als Meistersinger erkannt.

Die dritte Zeile, «… fügt eine neue Weise», ist mit der Anweisung «äußerst zart» versehen. Auf Italienisch hieße dies wohl «Dolcissimo», und es ist eine bei Wagner äußerst selten anzutreffende Vortragsanweisung. Davids Melodie beginnt in Dur, um dann in einer feingliedrigen Sequenz über mehrere Mollstufen abzusteigen. Nach dem Ende der Phrase folgt eine Pause, in der der Sänger Luft schöpfen kann für die auftrumpfende (mit

Blechbläserkraft verstärkte) Schlusszeile: «... der wird als Meistersinger erkannt.» Es gibt für dieses dem David zugeeignete Dolcissimo, wie sich herausstellt, einen Stammbaum und einen Entwicklungspfad in der Oper, die ganz und gar nicht trivial sind. In der darauffolgenden Szene, in der Walther vor die Meistersinger tritt und gefragt wird, wer sein Lehrer war, nennt er den legendären mittelhochdeutschen Minnesänger Walther von der Vogelweide, ein Name, der natürliche Inspiration und kompositorische Anmut symbolisiert. Wenn man aufmerksam zuhört, erkennt man, dass in dem Moment, da Walther den Namen des Minnesängers nennt, die Musik an Davids Dolcissimo erinnert, nur dass es dieses Mal durch Walthers kräftigeren und zupackenden Umgang mit dem Dolcissimo verunstaltet wird. Dasselbe Motiv wird später in Walthers Preislied wiederkehren, in ähnlicher Verunstaltung.

Die Enttäuschung, die Wagner uns mit diesem Preislied bereitet, verweist ein weiteres Mal auf eine grundlegende Wahrheit der Opernkunst: Wenn eine Oper aus dramaturgischen Gründen einem bestimmten Lied einen herausragenden Status verleiht – eine überwältigende Kraft oder eine transzendente Schönheit –, wird die Musik diesem hochgesteckten Anspruch nie gerecht. Die Komponisten all jener frühen Orpheus-Opern machten deshalb wohlweislich gar nicht erst den Versuch, das die Wunderwirkung tuende Lied, mit dem Orpheus Pluto zum Umdenken bewegt, zu schreiben, sondern begnügten sich mit Orpheus' vorbereitenden Bittgesängen an die Adresse von Türhütern wie Charon oder die Furien. In *Die Meistersinger* zieht Walthers Preislied einen großen Teil der dramaturgisch wichtigen Musik des letzten Aktes in Mitleidenschaft, weil musikalische Motive aus diesem Lied endlos wiederholt, zitiert, erinnert und antizipiert werden. Mit einer Ausnahme – der Anfangsszene des dritten Aktes, in der auf ein bewegendes Orchestervorspiel ein weiteres Solostück Davids folgt («Am Jordan Sankt Johannes stand») und danach ein resignativer Monolog des Hans Sachs («Wahn! Wahn! / Überall Wahn!») – ist es die gleichsam beiläufige Musik, geschrieben für Nebenfiguren oder für Vorgänge abseits der zentralen Themen der *Meistersinger*, die jenen Glanz verbreitet, um den Walther sich vergeblich bemüht. In der zweiten Szene des dritten Akts, die auf offenem Gelände spielt, wo die Nürnberger Handwerkerzünfte – Schuster, Bäcker, Schneider – zu Trommelschlag, Flötenspiel und Trompetenstößen aufmarschieren und das versammelte Volk spontan zu tanzen anfängt, sind es die Töne von der Peripherie, die uns die Ohren spitzen lassen: die Festmusik, die dank des Verzichts auf allegorische Bedeutungsschwere und kompositorischen

Übereifer eine unbelastete musikalische Stimme hörbar werden lässt. Ein Blick zurück auf die kosmopolitischen musikalischen Einflüsse, die auf den ganz jungen Wagner wirkten, könnte einen zu der Vermutung verleiten, dass in dieser «Stimme der Peripherie» seine frühe Begeisterung für die *opéra comique* aufscheint, wogegen der Charakter des Preisliedes den Umstand widerspiegelt, dass der Komponist sich seine Schwäche für mediterrane Leichtigkeit weitgehend abgeschminkt hatte.

Motive im Dunkeln

Themen sowohl formaler als auch philosophischer Natur beherrschen weitgehend Wagners längstes Werk – *Der Ring des Nibelungen*, dessen Handlung über alle vier Opern hinweg zu komplex ist, als dass sie sich kurz zusammenfassen ließe. Die Verschränkung zwischen musikalischer Entwicklung und epischem Detail sind freilich so ausgeprägt, dass es unmöglich ist, die gesangliche, orchestrale, motivische oder harmonische Eigenart des *Ring* zu verstehen, ohne die Handlung zu kennen. In der ersten Oper, *Das Rheingold*, stiehlt der Zwerg Alberich (Bass) Gold vom Grund des Rheins; die Hüterinnen des Schatzes, die Rheintöchter (zwei Sopranistinnen, eine Mezzosopranistin), lassen sich von Alberich übertölpeln. Er kehrt in seine unterirdische Welt zurück und schmiedet aus dem Gold einen Zauberring, der ihm große Macht verleiht. Eine Phalanx nordischer Götter erfährt von diesem Ereignis; der Ränkeschmied Loge (Tenor) drängt den Gottvater Wotan (Bass), den Schatz Alberichs zu stehlen, um den Bau der neuen Götterfestung Walhall, die von den beiden Riesen Fafner und Fasolt (beide Bass) errichtet wird, zahlen zu können. Diesen fleißigen Arbeitern hatte man ursprünglich die Göttin Freia (Sopran) als Lohn versprochen, doch dann hatten sie sich widerwillig bereit erklärt, stattdessen Gold zu akzeptieren. Wotan und Loge suchen Alberich und seinen verdrucksten Bruder Mime (Tenor) auf, entführen Alberich und zwingen ihn, seinen Reichtum preiszugeben. Wotan bringt auch den Zauberring an sich, den Alberich jedoch mit einem Fluch belegt. In der Oberwelt fordern die beiden Riesen den gesamten Schatz für sich, den Ring eingeschlossen. Wotan zögert, doch die Erdgöttin Erda (Alt) kommt aus der Tiefe empor und warnt ihn vor den Gefahren des Rings. Wotan übergibt den Ring an Fasolt, der gleich darauf von Fafner ermordet wird, ein erster Beweis für die Wirksamkeit des auf dem Ring lastenden Fluchs.

Die Götter (außer Loge) schreiten über die Regenbogenbrücke in Richtung Walhall, wobei die (unsichtbaren) Rheintöchter ihnen in einem von unten aufsteigenden Gesang Falschheit und Feigheit vorwerfen.

Damit sind wir erst beim Ende der ersten Oper angelangt; was danach folgt, lässt sich mittels einer Aufzählung der genealogischen Höhepunkte zusammenfassen. Für *Die Walküre* müssen wir einen Zeitsprung durch Äonen machen. Wotan hat Zwillinge (halb Menschen, halb Götter) gezeugt: Siegmund (Tenor) und Sieglinde (Sopran), dazu einige mit allen erdenklichen Zauberkräften begabte Töchter, die Walküren, darunter auch eine Tochter Erdas, Brünnhilde (Sopran). Es ist Wotans Plan, einen großen Helden hervorzubringen, der in der Lage ist, Fafner den Ring abzunehmen. Die in der Kindheit getrennten Siegmund und Sieglinde begegnen einander als Erwachsene und verlieben sich ineinander. Die Frucht einer einzigen verruchten Nacht ist ihr Sohn, der künftige Held Siegfried. Siegmund wird im Kampf mit Sieglindes Gatten getötet, und Brünnhilde, die den Zorn Wotans auf sich zieht, weil sie versucht hat, Siegmund zu schützen, wird zur Strafe in einen tiefen Zauberschlaf auf einem Berggipfel versetzt.

Auf zur nächsten Generation: *Siegfried*. Sieglinde ist im Kindbett gestorben, ihr Sohn Siegfried (Tenor) von Mime in einem Wald aufgezogen worden. Siegfried ist ungebildet und brutal und kennt keine Angst. Mime klärt ihn über seinen Stammbaum auf und erzählt ihm von Fafner (der sich in einen Drachen verwandelt hat und den Ring und den zugehörigen Goldschatz bewacht). Siegfried findet den Drachen, tötet ihn, holt sich den Ring, erfährt von der schlafenden Brünnhilde, findet sie, weckt sie mit einem Kuss und wird dadurch zu ihrem Ehemann.

Einen Tag weiter zur *Götterdämmerung*. Am nächsten Morgen schenkt Siegfried Brünnhilde den Ring und zieht zu neuen Abenteuern aus. An einem Fürstenhof unweit des Berggipfels trifft er auf Gunther (Bariton), dessen Schwester Gutrune (Sopran) und deren beider Halbbruder Hagen (Bass), der ein Sohn Alberichs ist, was aber außer Hagen und Alberich niemand weiß. Hagen ist ebenfalls hinter dem Ring her. An dieser Stelle kommt es zu einer alarmierenden Eskalation der Komplikationen: Siegfried bekommt einen Trank verabreicht, der sein Gedächtnis auslöscht, und verliert jede Erinnerung an Brünnhilde. Prompt verliebt er sich in Gutrune. Um seine Loyalität zu Gunther unter Beweis zu stellen, kehrt er, durch Zauberkraft als Gunther getarnt, zu Brünnhilde zurück und reklamiert sie als seine (also Gunthers) Frau. Er nimmt sich den Ring als Symbol eines Ehebundes, den er aber, da er nur ein Strohmann ist, nicht vollziehen wird, fordert jedoch das Recht, die Nacht an Brünnhildes Seite zu verbringen, von ihr durch ein zwischen sie gelegtes Schwert getrennt. Am nächsten Morgen führt er Brünnhilde an den Hof, wo eine Doppelhochzeit stattfinden soll. Als jedoch Brünnhilde den Ring an Siegfrieds Finger sieht (der sich zwar der Gunther-Tarnung entledigt, den Ring jedoch behalten hat), klagt sie ihn des Verrats an. Hagen überzeugt Brünnhilde und Gunther davon, dass Siegfried ein Schurke ist und getötet werden muss. Am nächsten Tag gehen die Männer auf die Jagd. Siegfried stolpert über die Rheintöchter, und sie sprechen ihn auf den Ring an und warnen ihn vor dem Fluch; er lacht sie jedoch aus. Als er wieder zu den anderen stößt, lässt Hagen ihn etwas trinken, das seine Erinnerung zurückbringt, mit der Folge, dass er in allen Details berichtet, wie er Brünnhilde mit einem Kuss aufweckte und was danach passiert ist. Da niemand genau nachforscht, um welche Nacht oder Nächte es dabei geht, wirft diese Erzählung den Verdacht auf, Siegfried habe Gunther aufs Gröbste bloßgestellt und verraten. Hagen durchbohrt daraufhin Siegfried mit seinem Speer, und Siegfried stirbt. Seine Leiche wird an den Hof zurückgebracht, und als sich dort Gunther und Hagen um den Ring streiten, erhebt der tote Siegfried seine Hand, um einen erneuten Diebstahl des Rings abzuwenden. In diesem Moment erscheint Brünnhilde. Sie hat mit den Rheintöchtern Rücksprache gehalten, die ihr alles erklärt haben. Sie nimmt den Ring an sich, befiehlt die Errichtung eines Scheiterhaufens für den toten Siegfried und opfert sich dann selbst den Flammen, nicht ohne dabei zu verkünden, dass sie den Ring dem Rhein zurückgeben will. Der Rhein tritt über seine Ufer. Hagen springt hinein, um sich den Ring zu holen, und wird von den Rheintöchtern ertränkt. Die Flammen des Scheiterhaufens fressen sich weiter und erreichen Walhall und die Götter. Das Ende der Welt ist gekommen.

Die Handlung des *Rings* mutet, vor allem, wenn man sie knapp nacherzählt, wie ein mythisches Sammelsurium an, ist aber auch ernst, zuweilen verstörend und hier und da so fesselnd, wie es ein Mythos eben sein kann; jedenfalls liefert sie mehr als genug Material für Deutungen und Umdeutungen. Vor allem aber liefert sie das narrative Gerüst für ein überdimensionales akustisches Gewebe, das absolut unverwechselbar ist und das eine ebenso einzigartige wie ambivalente erdichtete Welt repräsentiert. Der *Ring* bietet mehr als 16 Stunden Musik, verteilt über vier Abende, unterbrochen nur durch die Pausen zwischen den Akten und zusammengehalten durch Dutzende wiederkehrende musikalische Motive und Klänge. An den Anfang stellte Wagner einen der berühmtesten *Creatio-ex-nihilo-*

Effekte der gesamten Musikgeschichte: das Vorspiel zu *Das Rheingold* beginnt mit einer einzelnen Note, einem abgrundtiefen Es der Kontrabässe – für das die Musiker die tiefste Saite ihres Basses tiefer stimmen müssen. Aus dem Ton entwickelt sich ein Akkord, ein anschwellender Ruf der Hörner, in den immer mehr Instrumente – mit der Zeit fast das gesamte Orchester – einfallen und den Es-Dur-Akkord in Kaskaden und Wellen vor sich hertreiben. Das geht mehrere Minuten lang so – Es-Dur allerorten und nichts als Es-Dur –, bis der Vorhang sich hebt. Mehr als eineinhalb Jahrhunderte später ist dieses Vorspiel noch immer beeindruckend.

1876, als die erste Aufführung des *Ring* in Bayreuth bevorstand, veröffentlichte einer von Wagners Schülern, Hans von Wolzogen, einen musikalischen Führer durch die vier Opern. Er nummerierte die vielen wiederkehrenden Musikmotive fortlaufend. (Er nannte sie «Leitfäden», doch setzte sich für sie später die Bezeichnung «Leitmotive» durch.) Jedes dieser Motive versah Wolzogen mit einem kurzen Musikbeispiel und mit einem Namen wie «Verzicht», «Fluch» oder «Ring». Im späten 20. Jahrhundert wurde es schick, den Wolzogen-Führer zu verfeinern und zu korrigieren und sich außerdem darüber zu mokieren, dass die Musik Wagners sich mit solchen Etiketten auf das reduzieren ließ, was Claude Debussy als «Visitenkarten» verspottet hatte. In einer 1882 von einem Auslandskorrespondenten der Zeitschrift *The Theater* geschriebenen Rezension der *Ring*-Inszenierung in Bayreuth findet der Wolzogen-Führer Erwähnung und wird zum Aufhänger für eine außergewöhnliche Beobachtung, die einen Zusammenhang herstellt zwischen Wagners Vorliebe für die Etikettierung von Musik und einem anderen besonderen Bayreuther Phänomen – der völligen Abdunkelung des Zuschauerraums:

> Physisch gehandicapt beim Mitlesen des Librettos während der Vorstellung und nur stellenweise in der Lage, den Texten mit dem Ohr zu folgen, weil durchgängig der Orchesterklang die Singstimmen übertönt, war das Bayreuther Publikum hauptsächlich auf die Leitmotive als Wegweiser durch das verwirrende Labyrinth der Nibelungen-Geschichte mit ihren psychologischen Weiterungen angewiesen. Es ist der Wunsch Wagners, dass dies immer so sein soll, und sollte der Zuschauerraum im Theater Ihrer Majestät bei einer der bevorstehenden Aufführungen der Trilogie in Kimmerische Finsternis gehüllt sein, werden diejenigen, die einem «Zyklus» beiwohnen wollen, klug daran tun, sich vorderhand mit Herrn von Wolzogens Erläuterungen zu den Leitmotiven vertraut zu machen und sich Letztere gut einzuprägen.[8]

Schürft man ein bisschen tiefer in dieser Besprechung, treten verblüffende Implikationen zu Tage. Extrem ausgedeutet, könnte sie besagen, dass Wagner, als er in den 1850er Jahren mit dem Komponieren der Musik für den *Ring* begann, eine radikal neue Opernmusik nicht deshalb erfand, weil er interessante neue Ideen zum Thema Kontinuität oder zur Synthese aus Musik und Poesie hatte oder weil er die konventionelle Nummernoper hinter sich lassen wollte; es ging ihm vielmehr darum, eine Musik zu erschaffen, die perfekt der Dunkelheit angepasst war. Da es vor Bayreuth 1876 an keinem Opernhaus der Welt eine Aufführung in totaler «Kimmerischer Finsternis» gab, war dies wohl ein Produkt der schöpferischen Fantasie Wagners. Ging von dieser ungefähr 1854 geborenen Idee eine musikalische Revolution aus?

Die häufig wiederkehrenden Leitmotive und die Symbolkraft ihrer Klanglichkeit sind, was immer sich Wagner ursprünglich dabei gedacht haben mag, konstitutiv für den *Ring* und in hohem Maß für die Wirkkraft dieses Opus Magnum verantwortlich. Skeptische Vorbehalte gegen das Phänomen des Leitmotivs geltend zu machen, bedeutet nicht, dass es dadurch seine faszinierende Qualität oder seine Relevanz verlöre. Will man verstehen, wie Wagner diese Technik im *Ring* einsetzt, so muss man sich vergegenwärtigen, dass die Leitmotive – sei es ein Motiv, ein orchestraler Klang, eine bestimmte Harmonie oder ein anderer wiederkehrender musikalischer Gedanke – in der Regel zuerst in einfacher Form vorkommen, um dann unterschiedliche musikalische Mutationen zu durchlaufen, und dass diese Mutationen – die Art und Weise, wie die Musik variiert wird – symbolisches Gewicht besitzen. Man spricht im Zusammenhang mit dieser Verknüpfung und anschließender Variation auch von einer «Semantisierung» der Musik und meint damit die allmähliche Sättigung der Leitmotive mit Bedeutungen.[9]

Ein einziges Beispiel muss für 100 mögliche stehen. Das Vorspiel für *Das Rheingold* erwächst, wie bereits geschildert, aus einem anschwellenden Es-Dur-Arpeggio. Der Vorhang hebt sich. Wir befinden uns in den Tiefen des Rheins, und die Rheintöchter schwimmen munter umher; gleich werden sie jedoch Besuch von Alberich erhalten. Die musikalischen Wellen kommen pausenlos angerollt, in vielen anderen Tonarten als dem Es, aber immer in Dur und immer aufwärts steigend – Klangkaskaden, die kontinuierlich ans Flussufer schlagen. Als Alberich auf der Bildfläche erscheint, flauen die Wellen jedoch ab – sie standen für eine unverfälschte Natur, Musik in höchst elementarer Form; Alberich verhunzt durch seine Anwesenheit das Idyll und verscheucht das musikalische

Motiv. Viel später, in der vierten und letzten Szene von *Das Rheingold*, steigt Erda, die prophetische Erdgöttin, langsam aus dem Erdboden auf, eingehüllt in ein unheimliches bläuliches Licht, eine mysteriöse und vollkommen unerwartete Erscheinung. Im Moment ihrer Ankunft kehrt die musikalische Welle aus dem Vorspiel und aus der ersten Szene zurück, allerdings nach Moll transponiert und wesentlich langsamer, als habe sich das Wasser in Gletschereis verwandelt. Wie die Rheintöchter verkörpert auch Erda das Ursprüngliche; bei ihr ist es jedoch pessimistischer gestimmt. Die saphirblaue Sibylle warnt Wotan vor einem drohenden Verhängnis: «Alles, was ist, endet. Ein düst'rer Tag dämmert den Göttern!» Ihre beiden ersten Zeilen sind in Variationen der anschwellenden Welle eingebettet, die erste in Moll, der Rest (ab «endet») in Dur. An der Stelle, wo das Dur-Arpeggio seinen Höhepunkt erreicht («Ein düst'rer Tag»), baut Wagner eine Wende ein. Zum ersten Mal seit Beginn der Oper schwappt die Welle abwärts, wendet sich um, zurück zu ihren Anfängen. Der Symbolgehalt ist eindeutig: Die Welt hat sich auf einer aufsteigenden Bahn befunden, bis es zu Absturz und Untergang kommt. Dank Wagners Orchestrierung und dank der besonderen Art und Weise, wie Gesangsstimme und Harmonien zusammenwirken, klingt diese Passage zutiefst unheimlich und beunruhigend. Die hier eingeführte Musik kehrt im weiteren Verlauf des *Ring* an ausgewählten Stellen wieder, und zwar immer dort, wo es um Weissagung und Visionen vom Weltuntergang geht.

Eros und Caritas

Wir haben weiter oben die These gewagt, der ältere Wagner habe den Bezug zur romantischen Liebe verloren; diese These mag, auf den *Ring* angewandt, fehl am Platz erscheinen, da in ihm doch Liebesaffären allenthalben die mythischen Wässerlein trüben. Ungeachtet dieser glamourösen Episoden sind jedoch der Hunger nach Macht und das Wesen der Gier die vorherrschenden Themen des *Ring*, und zwar in einem Maß, dass man den Eindruck gewinnt, die sexuellen Verbindungen habe Wagner vielleicht nur zu dynastischen Zwecken eingebaut. Den Tiefpunkt markiert in dieser Beziehung eine Figur, die wir niemals zu Gesicht bekommen: Hagens Mutter Grimhilde, von der wir erfahren, dass sie für eine Belohnung eine Nacht mit Alberich verbracht hat. Die Liebe zwischen Gutrune und Siegfried in der *Götterdämmerung* steht womöglich für die (in Wagners Augen) perverse Wahrheit über die sexuelle Seite der Liebe. Unmittelbar nachdem Siegfried im ersten Akt Gutrune zu Gesicht bekommen hat, ist er von ihr hingerissen, und nachdem er den Trank des Vergessens geschluckt hat, verliebt er sich unsterblich in sie. Nachdem Hagen ihm im dritten Akt das Gegenmittel verabreicht hat, erinnert Siegfried sich daran, dass er unsterblich in Brünnhilde verliebt ist. Hören wir irgendeine deutliche musikalische Diskrepanz zwischen der echten und der durch Drogen induzierten Verliebtheit? Das Libretto gibt sich gewiss die größte Mühe, uns davon zu überzeugen, dass seine wahre Liebe Brünnhilde ist, doch gilt für den *Ring*, wie für große Teile von Wagners Werk, dass er ein überwältigendes Augenblicksgefühl porträtiert, das jedoch aus jeder anderen Perspektive künstlich erscheint. Leidenschaftliche Liebe kann, anders gesagt, willkürlich herbeigeführt, pharmazeutisch induziert werden und ist auch ebenso zu beenden.

Die krönende romantische Liebesbeziehung im *Ring*, jene zwischen Siegfried und Brünnhilde, entpuppt sich als eine der am wenigsten überzeugenden. Es ist, zumindest wenn man die Musik außer Acht lässt, eines der aufgesetztesten und dramaturgisch unplausibelsten Sopran-Tenor-Tandems der Operngeschichte. Als im dritten Akt von *Siegfried* der Held Brünnhilde aus ihrem Zauberschlaf reißt, macht sie zunächst den Eindruck, noch sie selbst zu sein – das willensstarke Mädchen, das in *Die Walküre* seinem Vater trotzte. Doch in dem Moment, da das Libretto von Brünnhilde verlangt, den enthusiastischen jungen Mann nicht mehr zu bevormunden, sondern sich stattdessen in ihn zu verlieben, erweckt sie plötzlich den Eindruck, ebenfalls einen Zaubertrank geschluckt zu haben. Die Legende, die dem Libretto zugrunde liegt, erfordert diese Liebesbeziehung, deren Nichtfunktionieren in der Oper nach Ansicht von Kritikern damit zu tun hat, dass der Komponist Fehlgriffe beging, als er Siegfried als Operncharakter konzipierte: Er entschied sich, ihn als einen jungen, impulsiven, eigensinnigen, unbelehrbaren Helden zu stilisieren – aus schematischen Gründen, weil er Siegfried als Symbolfigur für den Sieg der Jugend über das Alter präsentieren wollte (ein Regelbrecher und Welt-Heros). Als Bühnenfigur läuft Siegfried freilich nur selten zu der Größe auf, die diese abstrakte Idee ihm auferlegt. Im Prolog der *Götterdämmerung* verabschiedet er sich nach einer einzigen Nacht und einem stürmischen Duett mit Brünnhilde, um neuen Abenteuern nachzujagen, und lässt sie auf ihrem Berggipfel mit einem Ring als einzigem Gefährten zurück – eine klassische Opern-Konstellation, in der einzig die Musik, die in dieser Phase des *Ring* gleichbleibend ingeniös ausgearbeitet und beunruhigend ist, die Situation vor dem Abrutschen in unfreiwillige Komik bewahrt.

Der «programmatische» Charakter der Beziehung zwischen Siegfried und Brünnhilde könnte auch der Grund für die Eigentümlichkeiten der von ihnen gesungenen Musik sein, namentlich in ihrem Abschiedsduett im Prolog der *Götterdämmerung*. Gegen Ende des Duetts macht Wagner einen Ausflug in eine seltsam altbacken anmutende Tonalität: Er verwendet harmonische Sequenzen, die typisch für die Musik des 18. Jahrhunderts waren; besonders prominent setzt er sie in den sich überschneidenden Grußentbietungen ein, mit denen das Duett endet: «Heil dir, Brünnhilde, prangender Stern / Heil dir, Siegfried, siegendes Licht.» Diese altväterlichen repetitiven Sequenzen haben keinen genuin antiken Duktus, und ihre Wirkung ist schwer einzuschätzen. Es ist ein bisschen so, als hätte hier Musik – und zwar wahrhaft anrührende Musik – aus guter alter Zeit den Weg in eine Gegenwart gefunden, die auf eine finale Katastrophe zusteuert. Der Text des Liebesduetts und der gemeinsame Gesang der Liebenden haben eine jubilierende Anmutung, erinnern aber auch an das Pfeifen im dunklen Wald, das fröhlich und hilflos zugleich klingen kann.

Diese Passage des *Ring* ist geladen mit Implikationen. Ein zweiter Grund, weswegen die Musik seltsam altmodisch klingt – obwohl Wagner sie zu einem relativ späten Zeitpunkt seines Lebens, 1872, schrieb –, liegt darin, dass sie die Vertonung eines der ältesten Abschnitte im *Ring*-Libretto darstellt. Als Idee war dieses Duett schon in Wagners erstem Textentwurf für *Siegfrieds Tod*, den er 1848 niederschrieb, enthalten. Damals hatte er sich noch Liebesduette mit separaten Solovorträgen vorstellen können – erst Sopran, dann Tenor (oder umgekehrt), dann als krönenden Abschluss eine zweistimmige Fortsetzung, ungefähr in der Art von Donizettis *Lucia di Lammermoor*. Als er einige Jahre später das *Walküre*-Libretto schrieb, hatte er sich dichterisch radikalisiert. Im ersten Akt von *Die Walküre*, in dem Siegmund und Sieglinde einander ihre Liebe versichern, hört man sie nie gleichartige expressive Phrasen singen, die alternieren, sich überlappen oder gar parallel geführt werden. Die beiden wirken aus diesem Grund nicht so eng mit der Oper von gestern verbunden wie Siegfried und Brünnhilde. Sie sind sehr neu und sehr wagemutig angelegt, selbst abgesehen von der Tatsache, dass sie ohne Zögern oder Gewissensbisse Inzest begehen. Das ist ein musikalisches Phänomen, das aufs Schönste mit der ihnen vom Libretto zugewiesenen Rolle «bürgerlicher Terroristen» harmoniert. Das letzte Diktum überlassen wir dazu Theodor W. Adorno, der damit den ersten Antihelden einer Wagner-

Oper charakterisierte, den wackeren Rienzi. Eine von Adornos vielen Wagner-kritischen Thesen lautete: «Bei Wagner träumt das Bürgertum den eigenen Untergang als einzige Rettung, ohne doch von Rettung mehr zu gewahren als bloß den Untergang.»[10]

Siegmund und Sieglinde katapultierten Wagner auf eine höhere Ebene seines Denkens über Leitmotive in der Finsternis – mit jenen fein verästelten musikalischen Transformationen, durch die die wachsende Inbrunst der Zwillinge im ersten Akt der *Walküre* ausgestaltet ist. Einige der Variationen ranken sich um das Wesen des (Sich-)Erkennens – über weite Strecken des Akts erkennen Siegmund und Sieglinde nicht, dass sie Bruder und Schwester sind; das dämmert ihnen erst, kurz bevor der Vorhang fällt, scheint aber ihre Liebe eher noch zu befeuern. Unmittelbar vor dieser Erkenntnis hat Sieglinde ihren verhassten Ehemann Hunding (Bass) mit Drogen betäubt, und als die Liebenden sich anschicken, das Weite zu suchen, öffnet ein Windstoß die Tür der Hütte, und der Mond scheint herein. Dieser Lichtschock ist das szenische Vorspiel zu einem lyrischen Erguss Siegmunds, der darauf mit einem allegorischen Gedicht über die Liebe antwortet – ein Bruder, der seine Schwester, den Frühling, findet; es ist eine der seltenen Quasi-Arien aus Wagners Spätzeit, und sie wird manchmal sogar von Tenören im Konzert vorgetragen. Einer der berühmtesten Wagner-Sänger des 20. Jahrhunderts, Lauritz Melchior, singt sie in dem Spielfilm *Luxury Liner* (1948), der von einer Hochseekreuzfahrt erzählt. Die Allegorie in dem Gedicht erscheint sonnenklar, doch wie so oft in der Oper, gilt auch hier, dass eine Erkenntnis, die das Publikum anspringt, den Figuren im Stück verborgen bleibt. Die Musik ist, anders gesagt, sehr viel vorausschauender als die Figuren, besonders an dieser Stelle, da Wagners Erfindungsreichtum, was Melodien, aber auch musikalische Symbolismen betraf, wieder einmal in voller Blüte stand.

Ein Detailaspekt muss auch in diesem Falle wieder für viele stehen: Siegmunds Anfangsphrase in seinem «Frühlingslied» lautet: «Winterstürme wichen dem Wonnemond»; dabei gleitet «Wonnemond» auf einer dreistufigen Skala abwärts: Es-D-C. Ein paar Verszeilen später schwärmt Siegmund von der Kraft des Frühlings: «Seinem warmen Blut entblühen / wonnige Blumen.» Bei «wonnige Blumen» kehrt der Sänger zu der dreitönig absteigenden Skala von «Wonnemond» zurück, die dieses Mal jedoch mit zwei zusätzlichen Tönen ausgeschmückt wird: F-Es-H-D-C. Noch später wendet er sich in einem komplementären Vers der Bruder-und-Schwester-Allegorie zu: «Zu seiner Schwester schwang er [der Lenz] sich her.» Bei «Schwester schwang» kehrt das Motiv zurück, doch das

Kaleidoskop ist wieder verdreht worden, und dieses Mal verschmelzen die fünf Noten zu vier: F-E-B-D.

Was Wagner hier bewerkstelligte, war eine präzise musikalische Analogie zum Auftauchen einer bis dahin unbewussten Erkenntnis: Etwas, das lange vergessen oder verdrängt war, kehrt ins Bewusstsein zurück. Die letzte Variante mit den vier Tönen haben wir übrigens im ersten Akt etliche Male gehört. In der ersten Szene zum Beispiel, in der Siegmund sich in Sieglindes Hütte schleppt und von ihr gesund gepflegt wird, erklingt sie im Orchester und untermalt eine ganze Abfolge stummer Interaktionen und verlegener Blicke. In Opernführern wird diese Tonfolge denn auch häufig als «Liebesmotiv» bezeichnet, eine Benennung, für die es keiner großen Erfindungsgabe bedurfte. Wenn das Motiv im «Frühlingslied» wiederkehrt, sind wir mit seiner Melodie bereits vertraut. Geändert hat sich inzwischen nur, dass wir seine Vorgeschichte, seine musikalische Evolution, kennen gelernt haben: Eine relativ konturlose Figur aus drei Tönen wird erst ausgeschmückt und mutiert dann zu einem symbolgeladenen und wiedererkennbaren Motiv. Es ist eine perfekte Methode, ein bestimmtes Wahrnehmungsphänomen in Musik zu übersetzen: die aufdämmernde Ahnung, dass man etwas oder jemanden schon einmal gesehen hat, ein Gefühl, das das Gedächtnis auf Trab bringt und schließlich zur Offenbarung einer Identität führt.

Derselbe erfinderische Umgang mit der Musik beflügelt auch spätere Szenen im *Ring*, zumal Wagner in den 1860er und 1870er Jahren einen zunehmend eigenwilligeren und komplexeren Geschmack in Sachen Harmonik und Klang entwickelte. Die altmodischen Stücke im Stil der Nummernoper, die im Libretto zur *Götterdämmerung* von Anfang an versteckt waren, präjudizierten eine ganz eigene Klanglichkeit, die man als «das Vergangene im Zukünftigen» bezeichnen könnte. Die Figuren, die der jüngeren Generation angehören, Siegfried und Brünnhilde, klingen am Ende älter als ihre Eltern, wenigstens in einer Hinsicht – in der Formgebung, der Art und Weise, wie ihre Musik sich entfaltet –, aber in einer anderen Hinsicht auch sehr viel avancierter, was ihre Harmonik und Orchestrierung betrifft. Was dabei herauskommt, ist freilich eine perverse Mixtur: Wenn Brünnhilde und Siegfried gemeinsam singen, bewegen sie sich in einer eigentümlichen Klangwelt, in der eine Vergangenheit, in der Dramen noch keine Katastrophen waren, sich in einer apokalyptischen Gegenwart verheddert, deren Nihilismus sie erst noch kennen lernen müssen.

Dieser Effekt erreicht seinen Höhepunkt in der Musik, die Siegfried unmittelbar vor seinem Tod singt: «Brünnhilde, heilige Braut» – gerichtet nicht an die echte Brünnhilde, sondern an die von ihm halluzinierte. Die Passage beginnt mit beunruhigenden Klängen: einem lauten Moll-Akkord der hohen Blechbläser nach einer längeren Schweigepause, gefolgt von kontrastierenden Arpeggios in tiefer Lage, die leise beginnen und leise bleiben und sich dabei aus dem Bassregister emporschwingen und in der Stratosphäre der Violinen und der hohen Holzbläser enden. Diese Arpeggios haben einen unüberhörbaren Stammbaum: Sie sind Abkömmlinge der Wellen, die wir am Anfang von *Das Rheingold* gehört haben, während des Vorspiels und der ersten Szene auf dem Grunde des Rheins – abgeleitet auch von denselben Arpeggios, die von Dur nach Moll wanderten, als Erda erschien. Diese Kombination aus Alarm im Forte und leisem Arpeggio ist im gesamten *Ring* nur bei drei besonderen Gelegenheiten zu hören: das erste Mal, als Brünnhilde im dritten Akt des *Siegfried* aufwacht und «Heil dir, Sonne. Heil dir, Licht!» singt; das zweite Mal am Beginn der *Götterdämmerung*, als die tief einsetzenden Arpeggios einen Bodennebel zu verkörpern scheinen, der um die Füße der drei Nornen wabert, die im Vorspiel, gleich nachdem sich der Vorhang gehoben hat, ihren Blick über Vergangenheit, Gegenwart und Zukunft schweifen ließen.

Zum dritten und letzten Mal hören wir diese Kombination, als Siegfried vor seinem Tod halluziniert. Einen Weg zum Verständnis dieser letzten Wiederkehr des Motivs weist uns hier der Text. Siegfried bildet sich ein, wieder die schlafende Brünnhilde vor sich zu haben, und fragt sich, weshalb sie nicht aufwacht. Es erscheint nur folgerichtig, dass die Musik, die seine erste Begegnung mit der Schlafenden (in der letzten Szene des *Siegfried*) begleitete, jetzt wieder erklingt. Wenn wir jedoch nachhaken, gerät diese Logik ins Wanken. Warum die Musik *ihres* Grußes an die Sonne wieder hervorholen? Warum eine Musik, die wir zuletzt im Vorspiel gehört haben, wo sie den Auftritt der formlosen Nornen begleitete? Das sind genau die Fragen, die die Grenzen von Wagners musikalischem Symbolismus markieren. Die Etiketten, die Wolzogen als Erster anbrachte, erfüllten und erfüllen sicherlich einen Zweck. Andererseits zeigt sich im *Ring* immer wieder, dass die Erwartung, die Leitmotive würden oder müssten mit semantischer Konsistenz funktionieren, die Oper auf Regeln verpflichtet, denen zu gehorchen nie ihre Bestimmung war. Wagner selbst sagte etwas zu diesem Thema, wobei allerdings, wenn man seine Aussage unter die Lupe nimmt, die Dinge nicht unbedingt klarer werden, im Gegenteil. In einem späten Aufsatz mit dem Titel

«Über die Anwendung der Musik auf das Drama» (1879) moniert er, einer seiner «jüngeren Freunde» habe «das Charakteristische der von ihm sogenannten ‹Leitmotive› mehr [in] ihrer dramatischen Bedeutsamkeit und Wirksamkeit» gesehen, als «ihre Verwertung für den musikalischen Satzbau» in Betracht zu ziehen.[11]

Das klingt ein bisschen wie eine Warnung vor einer Überbewertung des semantischen Gehalts auf Kosten des großen Ganzen mit all seinen ästhetischen und formalen Aspekten. Um den Gedanken anders auszudrücken: Die Wiederkehr musikalischer Motive hat im *Ring*, wie angesichts einer so weit verzweigten und symbolschwangeren Handlung kaum anders zu erwarten, absolut keinen Seltenheitswert; in manchen Fällen setzte Wagner dieses Mittel vermutlich vor allem ein, weil es effektvoll war. In den anderen nach 1850 entstandenen Opern Wagners – *Tristan*, *Die Meistersinger* und *Parsifal* – spielt sich dieselbe Geschichte auf einer anderen Ebene ab. Auch in diesen Opern gibt es Motive, Klänge, melodische Gedanken und andere musikalische Partikel, die an verschiedenen Stellen wiederkehren, doch gehen sie nur in den seltensten Fällen mit den differenziert entwickelten dramatischen Assoziationen einher, die Wagner im *Ring* so lieb und teuer sind. Man kann sich in diesen drei Opern ziemlich gut zurechtfinden, ohne auch nur eine einzige leitmotivische Beziehung identifizieren zu müssen.

«Effekt» war für Wagner ein Wort mit doppeltem Boden. In seinen Schriften warf er anderen Komponisten (oder auch Schauspielern, Dirigenten und noch anderen Kunstschaffenden) gern vor, sie berauschten sich an «Effekten», die seiner Meinung nach unmotiviert waren. (Er traf hier eine Unterscheidung zwischen «Effekt» im Sinne eines «sinnfreien» Spektakels und «Wirkung» im Sinne eines dramatisch begründeten Bühnenereignisses, das beim Publikum mehr hervorruft als bloßes Erstaunen.) Das ist der Tenor seiner Kritik an der Musik Meyerbeers, von der schon in Kapitel XI die Rede war:

> In der Tat bringt die Meyerbeer'sche Musik auf diejenigen, die sich an ihr zu erbauen vermögen, eine Wirkung ohne Ursache hervor. Dieses Wunder war nur der äußersten Musik möglich, d. h. einem Ausdrucksvermögen, das sich (in der Oper) von jeher von allen Ausdruckswerten immer unabhängiger zu machen suchte, und seine vollständig erreichte Unabhängigkeit von ihm dadurch kundgab, dass es den Gegenstand des Ausdruckes, der diesem Ausdrucke allein Dasein, Maß und Rechtfertigung geben sollte, zu sittlicher wie künstlerischer Nichtigkeit … herabdrückte.[12]

In einem Essay aus dem Jahr 1871, «Über die Bestimmung der Oper», brachte er diesen Mangel in Verbindung sowohl mit einem bestimmten Aufführungsstil als auch mit den Schwächen, an denen die italienische Oper – nicht nur *seine* bevorzugte *bête noire* – angeblich krankte:

> Wenn alles für das Theater Geschriebene und auf ihm Gespielte gegenwärtig nur von dieser einzigen Tendenz des «Effektes» eingegeben wird, so dass, was diese Tendenz unkenntlich lässt, sofort der Nichtbeachtung verfällt, darf es uns auch nicht wundern, wenn wir sie bei den Darstellungen der Goethe'schen und Schiller'schen Stücke einzig festgehalten sehen. ... Das Bedürfnis des «poetischen Pathos» gab unseren Dichtern eine mit voller Absicht auf das Gefühl wirkende poetisch-rhetorische Diktion ein, welche, da die ideale Absicht von unseren unpoetisch begabten Schauspielern weder verstanden noch ausgeführt werden konnte, zu jener an sich sinnlosen, aber melodramatisch wirksamen Rezitation führte, deren eigentliche praktische Tendenz eben jener «Effekt» war, d. h. die Betäubung des sinnlichen Gefühles des Zuschauers, wie sie tatsächlich sich im heftigen «Applaus» zu dokumentieren hat. Der «Applaus» und die «Abgangs»-Tirade, welche jener unweigerlich hervorrufen sollte, sind zur Seele aller Tendenzen des modernen Theaters geworden: die «brillanten Abgänge» der Rollen unserer klassischen Schauspiele wurden überzählt, und nach ihrer Anzahl ihr Wert ganz so bemessen, wie der einer italienischen Opernpartie.[13]

Das Alarm-plus-Arpeggio-Motiv im *Ring* ist indes nichts anderes als ein «frappierender» Effekt, bei dem allerdings eine enigmatische Selbstbescheidung das Geheimnis seiner durchschlagenden Wirkung ist. Die Musik reißt die Zuhörer von den Sitzen. Dann, nachdem sie Alarm geschlagen hat, driftet sie in eine Wellenform ab, die Assoziationen an den Ursprung des Lebens weckt. Viel zu fremdartig, um etwa eine bevorstehende Liebesromanze anzukündigen, wird sie zum akustischen Fanal für etwas Unheilvolles, für eine in der Ferne lauernde Katastrophe, und dies zu einem Zeitpunkt, da die Geschichte anscheinend einen märchenhaften Höhepunkt erreicht hat, an dem die schlafende Schönheit erwacht.

Und tatsächlich lässt die Katastrophe nicht lange auf sich warten. Wagner war ein Meister der musikalischen Apokalypse. Vielleicht ließ er sich darin, wie in so vieler anderer Hinsicht, von den dramatischen Schockwirkungen inspirieren, die den Schluss so zahlreicher französischer *grands opéras* bildeten. Was den Franzosen heilig war – einstürzende Kulissen, untermalt mit orchestralem Donner –, setzt auch den Schlusspunkt unter die *Götterdämmerung*, Wagners längste Oper und daher durchaus mit Anspruch auf das Attribut *grand*. An der *Götterdämmerung* arbeitete Wagner mehrere Jahre, und das ist nicht verwunderlich, wenn man sich die Zahlen und Fakten vergegenwärtigt: Allein der erste Akt dauert rund zweieinhalb Stunden und ist damit länger als *Das Rheingold* als Ganzes. Sicher gibt es lautere Opern und solche, die ein ebenso großes Orchester erfordern – Richard Strauss' *Elektra* erfüllt beide Bedingungen –, aber keine Oper kann es an schierer, Furcht einflößender akustischer Dröhnung mit der zweiten Szene des zweiten Aktes der *Götterdämmerung* aufnehmen, in der Hagen ein Stierhorn bläst und einen Männerchor zusammenstellt. Die Szene illustriert die brutale Seite der deutschen Kunst des 19. Jahrhunderts und ist bestens geeignet, Kindern Angst einzujagen. Wer glaubt, Dissonanzen seien höchstens unangenehm oder akkordischer Gesang von Männern garantiere fröhliche Stimmung, kann diese Oper nicht gesehen haben.

Vieles von dem, was der Männerchor singt, kehrt beim Rache-Terzett am Ende des zweiten Aktes der *Götterdämmerung* wieder, in dem Hagen, Gunther und Brünnhilde geloben, Siegfried zu opfern. Wagners musikalische Skizzen für dieses Terzett sind erhalten geblieben und zeigen, dass er Teile der Schlusspassage, die simultanen Gesang enthält, schrieb, ohne die Gesangsstimme mit Text zu unterlegen. Er ging sogar so weit, einige von Hagens Zeilen zu wiederholen, um die bereits weiter gediehene Melodie textlich zu füllen – ein Kniff, der in der älteren italienischen Oper häufig angewandt worden war.[14] Das mag nebensächlich erscheinen, bis wir uns vergegenwärtigen, dass Wagner jahrzehntelang verkündet hatte, das sei eine überholte und verwerfliche Arbeitsweise für Opernkomponisten. Das Terzett schöpft Inspiration auch noch aus einer anderen dem alten Stil verpflichteten «Nummer», dem Blutsbrüderschwur, den Siegfried und Gunther in der zweiten Szene des ersten Aktes zelebrieren, ein Stück, das mit einem Gesangswettstreit zwischen Tenor und Bariton und mit einem heftigen Trinkgelage auf der Bühne aufwartet. Alte Opern-Konventionen kollidierten indes etwa ab 1870 mit dem leicht schaurigen akustischen Gepräge Wagner'scher Harmonik, und die unschuldigen Leitmotive, die man in seinen früheren Opern zu hören bekommt, werden in seinen späteren zum Objekt fortschreitender Verzerrungen. So veränderte Wagner das altvertraute Antlitz der großen Oper bis zur Unkenntlichkeit.

Tristans andere Welt

Etwa um die Zeit, als Wagner den *Ring des Nibelungen* vollendete, stellte Friedrich Nietzsche sein erstes Buch fertig: *Die Geburt der Tragödie aus dem Geist der Musik* handelt nicht zuletzt von Wagner. Es ist bekannt, dass Nietzsche als leidenschaftlicher Jünger Wagners begann und als großer Verächter des Mannes und seiner Musik endete. 1886, als eine Neuauflage der *Geburt der Tragödie* herauskam, schrieb Nietzsche ein neues Vorwort, in dem er das Buch als «peinlich» und «femininisch» bezeichnete und sich von seiner früheren «schwärmerischen» Wagner-Euphorie distanzierte.[15] Dabei traf Nietzsche mit dem, was er über die Musik Wagners schrieb, sowohl unter den Vorzeichen seines anfänglichen Begeisterung als auch unter denen seiner späteren Ernüchterung sehr oft ins Schwarze, auch wenn philosophische Dogmatik sein Urteil beeinträchtigte. Hier zum Beispiel eine Passage über *Tristan und Isolde*:

> Sondern nur an diejenigen habe ich mich zu wenden, die unmittelbar verwandt mit der Musik, in ihr gleichsam ihren Mutterschoß haben und mit den Dingen fast nur durch unbewußte Musikrelationen in Verbindung stehen. An diese echten Musiker richte ich die Frage, ob sie sich einen Menschen denken können, der den dritten Akt von «Tristan und Isolde» ohne alle Beihilfe von Wort und Bild, rein als ungeheuren symphonischen Satz zu perzipieren imstande wäre, ohne unter einem krampfartigen Ausspannen aller Seelenflügel zu veratmen? ... Er sollte es ertragen, in der elenden gläsernen Hülle des menschlichen Individuums, den Widerklang zahlloser Lust- und Weherufe aus dem «weiten Raum der Weltennacht» zu vernehmen, ohne bei diesem Hirtenreigen der Metaphysik sich seiner Urheimat unaufhaltsam zuzuflüchten.[16]

Was das «Veratmen» betrifft, so forderten die Strapazen des Tristan in der Tat mehr als ein Opfer. Das berühmteste von ihnen war der Tenor, der die Rolle 1865 kreieren half, Ludwig Schnorr von Carolsfeld (1836–1865); er schaffte nur drei Vorstellungen, zog sich dann eine Erkältung zu, die sich zu rheumatischen Beschwerden auswuchs, auf die ein Hirnschlag folgte, der den Mann allzu früh ins Grab brachte. Und mindestens zwei berühmte Dirigenten starben während der Arbeit an der Oper: Felix Mottl (München, Herzanfall, 1911) und Joseph Keilberth (München, Herzanfall, 1968). Über all dies reden die Wagnerianer, als sei es kaum verwunderlich. Nietzsche war keineswegs der einzige Kritiker, der eine ziemlich verstiegene Prosa über die Oper schrieb – seine Aussagen sind nicht untypisch für den Sprachgebrauch in der Wagner-Fangemeinde. Selbst ein eher gemäßigter Beobachter, der 1891 aus Bayreuth berichtete, war von der Wirkung der Oper auf das Publikum beeindruckt:

> Gestern wurde *Tristan und Isolde* gespielt. Ich habe alle Arten von Zuschauern gesehen – in Theatern, Opern, Konzerten, bei Vorlesungen, Predigten und Trauerfeiern –, aber keine war der der Wagnerzuschauer in Bayreuth gleich in Bezug auf konzentrierte, ehrfurchtsvolle Aufmerksamkeit, absolute, versteinerte Aufmerksamkeit bis zum Ende eines Akts. … Diese Oper … brach die Herzen aller Anwesenden, die rechten Glaubens waren, und ich weiß von einigen, die von vielen gehört haben, die danach nicht schlafen konnten, sondern die Nacht durchheulten. Ich fühle mich hier ausgesprochen fehl am Platz. Manchmal fühle ich mich wie ich selbst wie der eine Gesunde in einer Gemeinschaft von Verrückten; manchmal komme ich mir vor wie der eine Blinde, während alle anderen sehen können; wie der täppische Wilde im Kollegium der Gelehrten, und immer fühle ich mich während der Messe wie ein Ketzer im Himmel.[17]

Das schrieb Mark Twain. Ob es wirklich Leute gab, die «die Nacht durchheulten» (sein «Ich weiß von einigen, die von vielen gehört haben» klingt nicht gerade nach dokumentarischer Akribie), tut nichts zur Sache; wichtig ist, dass die Menschen zu solchen Formulierungen griffen, wenn sie über diese Oper sprachen – Formulierungen, die sie an keine andere verschwendeten.

Tristan ist auch die einzige unter allen Opern des reifen Wagner, die von den Stigmata verschont blieb, mit denen das 20. Jahrhundert seine anderen Werke belegte – Stigmata, die sich festmachten an Wagners vermeintlichem Hyper-Nationalismus, an rassistischen Fantasien, geschmacklosen politischen Allegorien, Fremden- und Frauenfeindlichkeit. Dass dem *Tristan* diese üble Nachrede erspart blieb, ist wohl nicht zuletzt dem Umstand zu verdanken, dass die Oper im nationalsozialistischen Deutschland weitgehend aus dem Repertoire verschwand, weil sie der Reichskulturkammer zu neurotisch und irgendwie auch zu französisch war.[18] Ein anderes Thermometer liefert einen ähnlichen Messwert: Wie *Die Meistersinger* und *Der Ring* hatte auch die Musik des *Tristan* ein dröhnendes Nachleben in Spielfilmen, aber im Unterschied zu diesen nie mit propagandistischer Tendenz. «Der Liebestod» hat als orchestrales Exzerpt auf der Basis von Isoldes Schlussmonolog zwangsläufig Dienste als Begleitmusik für gescheiterte (oder zum Scheitern verurteilte) Liebe geleistet, etwa in *Humoresque* (1946), wo sich eine verschmähte und darob am Boden zerstörte Joan Crawford zu einer Klavierkonzert-Version ins Wasser stürzt, oder in *Escape* (1943), wo Conrad Veidt als Inkarnation der Dekadenz und der neurasthenischen Leidenschaft den «Liebestod» auswendig spielt, ebenfalls auf dem Klavier. Der wahrscheinlich vertrackteste Fall war jedoch ein Film Noir, *The Blue Gardenia* (Fritz Lang, 1953), in dem das *Tristan*-Vorspiel in keine Schublade passt, obwohl die Handlung jede Menge zum Scheitern verurteilter Liebe zu bieten hat. Der Regisseur und sein Tondesigner arbeiten vielmehr durch direkte Zitate aus dem Vorspiel einen Gedanken heraus, der im *Tristan* an sich leicht aufzuspüren ist, wenn man sich nicht allzu sehr von Anspielungen auf eheliche Untreue und von mitternächtlichen Rendezvous vereinnahmen lässt. Es ist die Idee der Caritas, der Liebe und Empathie zwischen Menschen. Ihr gibt Kurwenal eine Stimme, als er im dritten Akt den sterbenden Tristan tröstet: «Das Schiff? Gewiß, es naht noch heut: Es kann nicht lang mehr säumen.» Dasselbe Ideal findet auch Ausdruck in einer Melodie, die die Celli unisono spielen, als Isolde im ersten Akt erzählt, wie sie Tristans Leben verschonte, selbst nachdem ihr klar geworden war, dass er der Ritter war, der ihren Verlobten umgebracht hatte: «Seines Elendes jammerte mich; das Schwert – ich ließ es fallen!» Fast 60 Jahre nach *The Blue Gardenia* erfüllte just jene Cello-Melodie aus dem Vorspiel in Lars von Triers Film *Melancholia* (2011) dieselbe Aufgabe. Wir hören sie an der Stelle, an der eine Mutter, ihre Schwester und ihr junger Sohn sich an den Händen fassen – ihre Liebe ist die einzige, die in der untergehenden Welt übrig geblieben ist.

Man tut sich in der Tat schwer, aus dem *Tristan* viel politischen Honig zu saugen, denn er ist unerbittlich in seiner Konzentration auf die Liebe in allen ihren Spielarten. Wie schon bemerkt, hielt Wagner sich im Großen und Ganzen an Gottfrieds mittelalterliches Epos, vereinfachte die Handlung aber radikal. Wenig wird getan, viel wird gesagt. Die Musik ist so orchestriert, dass das Ohr nicht erkennt, welche Instrumente gespielt werden, und zwar nicht nur dort, wo das Orchester eine dichte, komplex zusammengesetzte Klangfülle produziert, sondern unglaublicherweise auch an Stellen, an denen nur wenige Instrumente im Einsatz sind. Das Libretto ist eine Melange. Die bei Gottfried erzählte Geschichte ist zusammengestrichen, doch dafür hat Wagner zusätzliche poetische Bilder und Metaphern aus den *Hymnen an die Nacht* (1800) des deutschen romantischen Dichters Novalis eingebaut. Ferner finden sich im *Tristan* Überlegungen zu Tod und Transzendenz, von Wagner aus Arthur Schopenhauers *Die Welt als Wille und Vorstellung* (1818) entlehnt, das er 1854 las, dazu eine Portion verstörender Nihilismus. Und schließlich entdeckt man noch eine kleine Beimischung aus Wagners Stippvisite beim Buddhismus in den mittleren 1850er Jahren.

Bemerkenswert ist schließlich jene seltsam modern anmutende Qualität des Umgangs der Figuren miteinander, die trotz der gedrechselten Lyrik, mit der sie ihren Gefühlen Ausdruck geben, der Pseudo-Mittelalterlichkeit ihrer Welt und der ausführlichen philosophischen Betrachtungen, die Tristan und Isolde in ihre Beteuerungen unsterblicher Liebe hineinpacken, durchscheint. Im ersten Akt ist Isolde wütend auf Tristan, weil er sie nach ihrer Begegnung in Irland getäuscht und sich dann davongemacht hat, um später mit dem Auftrag zurückzukehren, sie als Braut für seinen Onkel abzuholen. Tristan hingegen wirkt gleichgültig: Er ignoriert Isolde und bleibt auf Distanz. Bei ihrer großen Konfrontation in der fünften Szene des ersten Akts schleudert sie ihre Vorwürfe in ebenso makellosem Stil heraus, wie er seine kühlen Antworten hinwirft; Isolde gebraucht dabei das «Du», vielleicht in provokativer Absicht, vielleicht aber auch, um emotionale Nähe zu zeigen. Dagegen bleibt Tristan beim althergebrachten aristokratischen «Ihr», ein unfreundlicher Akt, wenn auch die höfliche Form wahrend. Tristan wird müde und mürrisch und sagt schließlich: «War Morold dir so wert, nun wieder nimm das Schwert, und führ es sicher und fest, dass du nicht dir's entfallen läßt!» In diesem Moment geht er erstmals zum «Du» über, und plötzlich steht durch die Alchemie der Grammatik eine ganze, unerklärte Vergangenheit im Raum, eine intime Nähe, die auf etwas weit Zurückliegendes verweist, das sich unversehens zurückgemeldet hat. Es ist bemerkenswert, dass an dieser Stelle die berühmte Flüssigkeit, der Liebestrank, nirgendwo in Sicht ist.

Wie wir wissen, schrieb Wagner die beiden letzten Akte von *Tristan und Isolde*, ohne im Besitz der bereits fertiggestellten Teile zu sein (jedenfalls stand ihm nicht die komplette Partitur zur Verfügung). Nicht zuletzt um seine sich immer schneller drehende Verschuldungsspirale etwas zu bremsen, schickte er das Manuskript Akt für Akt an seinen Verleger in Leipzig. Das allein zeugt von einer erstaunlichen Gedächtnisleistung. Wagner hatte zwar seine Vorentwürfe zur Verfügung, aber die Bedingungen, unter denen die Oper entstand, zwangen ihn praktisch dazu, jeden Akt weitgehend als ein selbstständiges musikalisches Werk zu erschaffen und namentlich jedem eine eigene, andere orchestrale Klangfarbe zuzuweisen. Auffällige Elemente der jeweiligen Klangwelten werden in den Orchestervorspielen der einzelnen Akte antizipiert. Von diesen ist das Vorspiel zum ersten Akt das mit Abstand längste und berühmteste, und es wird häufig als Orchesterwerk konzertant aufgeführt. Es beginnt mit einem aus vier Tönen bestehenden, von den Celli gespielten Motiv. Beim letzten Ton fallen andere Instrumente ein, und es entsteht der wohl berühmteste Akkord aller Zeiten, bestehend aus F, H, Dis und Gis, gespielt von Oboen, Klarinetten, Englischhorn, Celli und Fagotten. Seit 1865 ist diese Gruppierung von Tönen, in dieser bestimmten Reihenfolge und Syntax gespielt, als ein auf Anhieb wiedererkennbarer, besonderer und unnachahmlicher Akkord bekannt, zu dessen Nimbus auch seine musikalische Instabilität gehört. Es ist dissonant und instabil und verlangt nach harmonischer Auflösung; tatsächlich löst er sich in einen weiteren instabilen Akkord auf – einen allerdings konventionelleren Dominantseptakkord –, so als beantworte man eine Frage mit einer weiteren Frage. Dieser sogenannte *Tristan*-Akkord ist freilich nur der Auftakt zu einer instabilen harmonischen Sequenz, die sich über das gesamte Vorspiel erstreckt: Melodien enden mit den Anfangstönen weiterer Melodien, harmonische Auflösungen werden ständig vertagt oder vernebelt, kommen einfach gar nicht oder klingen nur für die Dauer eines Wimpernschlages an. Die Dirigenten von heute haben sich angewöhnt, das Vorspiel im Schneckentempo zu spielen, was überhaupt nicht sein müsste, ruft die Musik doch dadurch, dass sie nie anzukommen scheint, bei jedem Tempo ein Gefühl der Ungeduld hervor. In der von Richard Strauss eingespielten Aufnahme läuft das Vorspiel leichtfüßig genug, um den Walzertakt, der sich in der Partitur Wagners verbirgt, wenigstens ab und zu durchklingen zu lassen.

Die Musik dieses Vorspiels taucht im Verlauf der Oper einige Male auf, am spektakulärsten gegen Ende des ersten Akts. Nach Einnahme des Liebestranks (von dem sie glauben, es sei ein Gift, doch Isoldes in Panik geratene Vertraute Brangäne hat einen Tausch vorgenommen) verfallen Tristan und Isolde für mehrere längere Augenblicke in Schweigen und warten auf den Tod. Das Orchester greift unterdessen den ersten Takt des Vorspiels in fast unveränderter Form auf und begleitet mit einer Variation desselben das pantomimische Spiel der beiden, denen allmählich dämmert, was passiert ist. Weil kein Zweifel daran besteht, dass sie sich in Irland ineinander verliebt haben, ist nicht ganz einsichtig, welchen Beitrag der Trank hier leisten soll, es sei denn, einen Vorwand zu liefern.

Selbst die strengste wissenschaftliche Spielart der Musikanalyse – die Text und Handlung womöglich weitgehend ausblendet und an die Oper so herangeht, als sei sie eine Art monumentales Streichquartett –, lässt sich als ein Überkompensieren des überwältigenden Eindrucks deuten, den die Musik von *Tristan und Isolde* hinterlässt. Weil diese Oper eine solche

Wundertüte musikalischer Vertracktheiten ist, überquellend von schierem musikalischen Elan und kompositorischen Kunstgriffen, hat sie die Musiktheoretiker seit jeher fasziniert. (Analysen des «*Tristan*-Akkords», die den Versuch machten, ihn mit wissenschaftlicher Präzision im Rahmen der konventionellen Harmonielehre zu erklären, finden sich schon im 19. Jahrhundert.) Schauen wir uns einen von Wagners kompositionstechnischen Kniffen einmal näher an: Das Vorspiel zum ersten Akt beginnt damit, dass die Celli die Eröffnungsmelodie spielen, an deren Anfang ein Sprung von A nach F steht, woran sich eine Abwärtsbewegung über E nach Dis anschließt. (Das Dis wird dann zu einem der Töne des «*Tristan*-Akkords».) Dieselbe Melodie wird anschließend zweimal wiederholt, allerdings nach oben versetzt, einmal mit den Anfangstönen H und Gis, das zweite Mal mit D und H. Im ersten Durchgang unterscheidet sich das Anfangsintervall geringfügig von dem der beiden Wiederholungen: Es ist um einen halben Ton kleiner, eine kleine Sexte anstatt einer großen Sexte. Ist der allererste Ton, das A, dann in gewisser Weise ein falscher Ton, ein Ersatz für ein weggelassenes As, das dieses Intervall in eine große Sexte verwandeln würde? Und könnte ein solches virtuell, aber nicht real anwesendes As für so etwas wie einen Schopenhauer'schen Tribut an das Geheimnisvolle und Transzendente stehen, an ein Jenseits, das den Sprung in die materielle Welt nicht schafft und doch in ihr herumgeistert?

Solche Überlegungen mögen wie Spiegelfechterei erscheinen, aber die Spannung oder Ambivalenz zwischen A und As taucht im weiteren Verlauf der Oper immer wieder auf, im Großen wie im Kleinen. Ein wichtiges wiederkehrendes Motiv hängt sich daran auf, das erstmals im ersten Akt erklingt, als Isolde (die gerade durch die Takelage hindurch Tristan erspäht hat) einen Kassandra-Ruf murmelt:

Mir erkoren,
mir verloren,
hehr und heil,
kühn und feig!
Todgeweihtes Haupt!
Todgeweihtes Herz!

Zu «todgeweihtes Haupt» spielt das Orchester zwei Akkorde, As-Dur (laut, Holzbläser), gefolgt von A-Dur (leise, Trompeten und Posaunen). Damit nicht genug: Als das Schiff sich anschickt anzulegen, werden Tristan und Isolde von den Stimmen nicht sichtbarer Matrosen gestört: «Auf das Tau! Anker los!», untermalt von rollenden Wellen und schnellen Läufen der Streicher. Die alternierenden Akkorde sind hier Gis-Dur (was nur ein anderer Name für As-Dur ist) und A-Dur. Und das ist noch immer nicht alles. Das Mysterium von zwei miteinander wetteifernden Tönen und den durch sie definierten Akkorden schickt Ausläufer bis weit in die Oper hinein. Erinnern wir uns an die parallelen Verse Tristans und Isoldes im zweiten Akt, die wir zu Beginn dieses Kapitels erörtert haben: Er fordert sie in as-Moll auf, ihm in die Nacht zu folgen (in das «Land, das Tristan meint»); sie greift seine Musik auf und macht sie in ihrer Erwiderung spannender. Eines der Mittel, mit denen sie dies bewerkstelligt, ist, dass sie, während Tristan auf as-Moll verharrt, für ihre beiden letzten Zeilen eine unerwartete Modulation nach a-Moll vollzieht.

Wir verwenden den Ausdruck «Enigma», um das Assimilationsniveau zwischen Musik und Text in der Oper zu bezeichnen. Die angewandten technischen Mittel lassen sich beschreiben, aber wenn man sich darauf beschränkte, ohne zu sagen, wie seltsam und jenseitig – und letzten Endes wie bewegend – die Musik ist, so würde man Gefahr laufen, das Kind mit dem Bad der Rationalität auszuschütten, will sagen, die Beschreibung zu verfälschen. Als Libretto versucht *Tristan und Isolde*, Zugang zur Transzendenz zu gewinnen – zu dem, was jenseits des Lebens, der materiellen Welt, der Sexualität und der Geistigkeit liegt, jenseits des Erklärbaren und Darstellbaren. Die Musik hat so viele konsternierende Momente, Passagen wie das Lied, das die unsichtbare Brangäne im zweiten Akt von ihrem Wachturm herab singt und in dem sie Tristan und Isolde zweimal warnt, dass das Morgengrauen naht. Es ist ein «reales» Lied, ein sich aus der Handlung ergebendes Bühnenlied, das in die philosophisch-musikalische Kontemplation der Liebenden platzt. Dieses Lied Brangänes («Einsam wachend in der Nacht») produziert Magie in mehr als einer Hinsicht, nicht zuletzt weil die Melodie mit ein und demselben Ton (Des/Cis) beginnt und endet, die Musik jedoch ihren Ausgang von diesem Ton und ihre Rückkehr zu ihm auf eine Art und Weise erreicht, die es darauf anlegt, die Illusion zu erzeugen, Anfang und Ende seien sehr weit voneinander entfernt und lägen keineswegs auf demselben Ton. Diese Momente sind in einem umfassenderen Sinn oft selbst Enigmata oder offene Fragen. Sie sind, um Wagners markantes Verdikt ein letztes Mal auf ihn selbst zurückzuspiegeln, «Wirkungen ohne Ursachen». Damit wollen wir nicht sagen, sie seien von der dramatischen Handlung abgekoppelt, ganz im Gegenteil: Ein von der Handlung aufgeworfenes Mysterium artikuliert sich, ohne dass uns Zuschauern eine Antwort oder eine Lösung angeboten würde.

Die Regenbogenbrücke

Während Wagner halb Europa unsicher machte auf der Suche nach Geldern für den Bau seines Musiktempels und Schreins in Bayreuth, gab er sich alle Mühe, sein Nachleben festzuschreiben, was ihm jedoch nicht gelang. In Bayreuth behielt die Forderung, alles müsse so gehandhabt werden, wie es den Absichten des Komponisten – bis hin zu seinen kleinsten Marotten – entsprach, mit gewissen Abstrichen bis zum Zweiten Weltkrieg Geltung. Nach Kriegsende wurde Wagners Enkeln (und später seinen Urenkeln) klar, dass die Festspiele eine gewisse Distanz zur Vergangenheit gewinnen mussten, besonders von der unmittelbaren Vergangenheit, in der es eine große und sichtbare Nähe Bayreuths zu Hitler gegeben hatte. Es bedurfte eines grundlegenden Umbruchs im Bereich der Produktion, und dieser Umbruch musste mit größeren Freiheiten für Szenografie und Regie einhergehen. 1994 fand in Bayreuth anlässlich einer Neuinszenierung des *Ring* – der zwölften seit 1876 – eine Konferenz statt, auf der Wolfgang Wagner, Enkel des Komponisten, den Vorsitz führte. «Mythos oder Gesellschaftskritik?» lautete das Motto der Konferenz, in deren Mittelpunkt der Versuch stand, Grundsätze zu definieren, anhand derer Inszenierungen beurteilt werden konnten. Der begriffliche Antagonismus des Mottos entpuppt sich als ein eher stumpfes Werkzeug, wirft aber eine gute Frage auf: Können wir Opern auf eine Weise inszenieren, die sich einer einfachen Klassifizierung als «mythisch» oder «gesellschaftskritisch» entzieht? Könnte es einen Inszenierungsstil geben, der weder auf Mythen (Märchen-Niedlichkeit, Kostümierung als Selbstzweck, Archetypen, historischer Kitsch) noch auf Sozialkritik (Herausarbeiten politischer Untertöne, Demaskierung ideologischer Gehalte, Entzauberung) setzt noch auf irgend eine Legierung aus beidem?

Im Falle Wagners kollidiert die Frage, wie seine Opern zu deuten und zu verstehen und wie sie demgemäß zu inszenieren sind, zwangsläufig mit einem Vermächtnis, das geladener, abstoßender und reicher ist als das jedes andern Opernkomponisten. Wie wir in späteren Kapiteln sehen werden, kämpften gegen Ende des 19. Jahrhunderts symbolistische französische Schriftsteller – vom größten Symbolisten unter den französischen Komponisten, Claude Debussy, gar nicht zu reden – gegen die von Wagner ausgehende Anziehung, während sie gleichzeitig in deren Sog gerieten. Debussy machte Witze über Wagner – er kündigte an, in seinen musikalischen Skizzen «den Geist des alten Klingsor» aufleben zu lassen, und parodierte sogar in seinem Klavierstück «The Golliwog's Cakewalk» den Anfang des *Tristan*-Vorspiels, um seine Respektlosigkeit zu demonstrieren. (Er versah die Passage mit der Anweisung «avec une grande émotion».) Die Ambivalenz, die hinter solchen Symbolhandlungen stand, trat und tritt auch in vielen anderen Verkleidungen zu Tage. Es gibt Kritiker, die vorgeben, Wagner und seine Werke zu verabscheuen, die aber ebendiese Werke in zahlreichen Büchern dem Publikum erklären. Es gibt Regisseure, die Wagner eine tiefe Skepsis entgegenbringen, aber jede Gelegenheit, eine seiner Opern zu inszenieren, freudig ergreifen.

Wir schließen mit einem Paradoxon: Wagner konzipierte seine Opern im Wesentlichen als Vehikel für eine vollständige künstlerische Kontrolle über das Publikum. Sie gelten als die ersten Musiktheaterwerke der modernen Ära, die totale Aufmerksamkeit erzwingen, die den Ehrgeiz haben, die gesellschaftlichen und geselligen Aspekte des Opernbesuchs ebenso auszublenden wie jeden Versuch, Opern eine konkrete gesellschaftliche oder kulturelle Deutung zu unterlegen. Nach der Formulierung des Medientheoretikers Friedrich Kittler sind die mythischen Libretti und die betäubende Musik der Wagner-Opern «Verstärker, die die Philosophie außer Betrieb setzen».[19] Wir meinen, die Geschichte ihrer Aufführungen und Inszenierungen im Verlauf des 20. und des angebrochenen 21. Jahrhunderts hat gezeigt, dass das Unsinn ist. Die Werke Wagners gehörten zu den ersten im Opern-Repertoire, die kritische Regisseure durch ihre Inszenierungen ironisch beleuchteten, in Frage stellten und auf ihren sozio-politischen Gehalt abklopften. Diese Opern haben, anders gesagt, enorme interpretative Kräfte freigesetzt. Wie kann man diesem Phänomen gerecht werden? Vielleicht mit der Einsicht, dass bei einem so monumentalen Œuvre mit einer immanenten Widerborstigkeit einfach zu rechnen ist.

Es ist also möglich, auf die Opernmusik Wagners noch eins draufzusetzen. So geschehen zum Beispiel in der *Ring*-Inszenierung an der Metropolitan Opera in New York 2010 unter der Leitung von Robert Lepage. Die Produktion hielt sich im Großen und Ganzen an die altbewährte Rezeptur der französischen *grand opéra*, die frappierende visuelle Effekte vorschreibt. Das konventionelle Urteil über die bühnentechnischen Wunderdinge, die der *Ring* erfordert, besagt, dass sie nur angedeutet werden können, weil Bühnenbild und Licht materiellen und physikalischen Regeln und Grenzen unterworfen sind. Die Musik sorgt für Gänsehaut, wenn zum Beispiel am Ende der *Götterdämmerung* das Bühnenbild einstürzt oder wenn am Ende von *Die Walküre* Brünnhilde von Flammen eingeschlossen wird. Und wir dürfen nie vergessen, dass die Musik auch den Lärm überdeckt, den die technischen Vorrichtungen verursachen, die diese Dinge möglich machen, etwas, das alle Komponisten von *grands opéras* genau wussten. Für den Schluss von *Das Rheingold* braucht es eine Regenbogenbrücke, über die die Götter nach Walhall zuschreiten (siehe Abbildung 50). Für dieses Spektakel am Ende der Oper hat Wagner eine in der Tat wunderbare Musik komponiert. Wenn man dann jedoch an der Met die Götter *senkrecht* eine Klippe hinaufmarschieren sieht – locker und mühelos und in ein dreidimensionales prismatisches Farbenlicht getaucht –, resultiert die Gänsehaut aus einem Effekt, der nicht auf das Konto Wagners geht. Seine Musik hat lediglich die Inspiration geliefert.

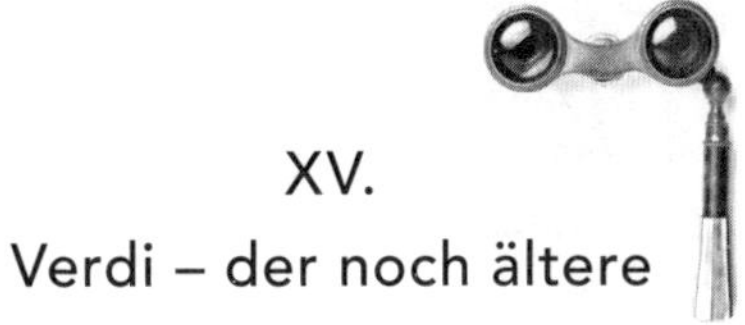

XV.
Verdi – der noch ältere

Wir haben Verdi in seiner *Rigoletto*-Zeit, den frühen 1850er Jahren, verlassen. Zwischen 1842 und 1851 hatte er 14 Opern komponiert, ein Produktivitätsschub, den er mit zwei weiteren Riesenerfolgen krönte: *Il trovatore* (*Der Troubadour*) und *La traviata* (*Die Gefallene*, beide 1853). Er stand jetzt auf der Höhe seines Ruhms, doch zugleich zeichneten sich einige Umbrüche in der Kultur der italienischen Opernproduktion ab. Im Verlauf der 1850er Jahre setzte im italienischen Opernrepertoire erstmals ein mählicher, aber unaufhaltsamer Trend zu Wiederaufführungen ein. Die Mailänder Scala gab in jenen Jahren die Richtung vor. Hatte sie noch ein Jahrzehnt zuvor, in den frühen 1840ern, eine gesunde Mischung aus bewährten und neuen Opern präsentiert, so dominierten nunmehr Reprisen, ausgewählt aus einer relativ kleinen Zahl bekannter Werke, fast alle aus der Feder von Rossini, Donizetti, Bellini und Verdi (wobei Letzterer den mit Abstand größten Anteil beisteuerte). In der Spielzeit 1850 gab es Neuinszenierungen von Verdis *Attila*, *Ernani* und *Nabucco*, gefolgt von Bellinis *La sonnambula* und *Norma* sowie Rossinis inzwischen ungeheuer populärem *Il barbiere di Siviglia*. Vincenzo Capecelatro erlebte mit seiner später in derselben Spielzeit uraufgeführten neuen Oper *David Riccio* einen verheerenden Reinfall. Wie ein Rezensent kommentierte: «Es fehlt ihr an Situationen, Grandezza, Gegensätzen, Kontrast und Gefühl; letzten Endes besitzt sie keine Originalität, keine lyrische, elegische oder tragische Kraft.»[1] Und das war nur die Kritik am Libretto. Im Zeichen des Wettbewerbs mit zunehmend ikonischen Meisterwerken wurde das Schreiben neuer Opern immer mehr zum Drahtseilakt.

Verdi, der 1853 40 Jahre alt wurde, hatte noch vier Jahrzehnte künstlerischer Produktivität vor sich. In diesen 40 Jahren erschienen von ihm jedoch nur noch acht Opern. Wagner brachte es in der kürzeren Spanne, die ihm nach 1853 noch verbleiben sollte, immerhin auf sieben, und gemessen an der Spieldauer überflügelte er Verdi sogar deutlich. Wer oder was waren die hemmenden Faktoren?

Es drängt sich der Vergleich zwischen Verdi und Rossini auf, der 1829 in einem ähnlichen Alter aus dem Opernbetrieb ausgestiegen war. Finanzielle Saturiertheit spielte sicherlich in beiden Fällen eine Rolle. Bei Verdi kam allerdings als zusätzlicher Ablenkungsfaktor der Umstand hinzu, dass er zur nationalen Heldengestalt stilisiert wurde. Die Italiener krönten ihn zu *der* kulturellen Symbolfigur ihres neuen Nationalstaats, der in den frühen 1860er Jahren Gestalt annahm. Zwar kamen nach Verdis triumphaler Hochkonjunktur in den 1850er Jahren die meisten seiner Opern aus der Zeit vor *Rigoletto* aus der Mode, doch die beliebtesten Melodien daraus schmückten weiterhin Konzertprogramme, Hausmusikabende und sogenannte *Al-fresco*-Darbietungen (meist von Blaskapellen). Manche dieser Arien wurden zu revolutionären Symbolen umgedeutet. Das geschah insbesondere, wie in Kapitel X beschrieben, mit «Va pensiero», dem Chor der hebräischen Sklaven aus dem dritten Akt des *Nabucco*. Das leicht nostalgische Flair dieses Stücks machte es zu einem idealen Vehikel, eine inzwischen verblasste Vergangenheit heraufzubeschwören, in der vermeintlich noch alle gemeinsam an dem einen nationalen Strang gezogen hatten. Diese Periode des gemeinsamen Kampfes um Italien wurde jetzt zu einer vergangenen Ära, der ein Zauber innewohnte, der im Vergleich zur wetterwendischen Stimmungslage der Gegenwart – den konfliktreichen ersten Jahren des italienischen Nationalstaates – besser abschnitt.

Verdi scheute sich nicht, dieses ihm angeheftete Image selbst zu fördern, etwa indem er das kleine Heer von Biografen, Journalisten und anderen Lippenlesern, das jetzt sein bäuerliches Refugium bei Parma belagerte, mit Anekdoten versorgte. Was er dabei vielleicht nicht bedachte, war, dass die freiwillige Mitarbeit am Schmieden des eigenen Mythos ihren Preis hat. Selbstverständlich hatte auch Rossini unter seiner Berühmtheit zu leiden; eine spannendere Parallele zwischen ihm und Verdi bestand jedoch darin, dass sie beide einer Musikwelt, die sich zu schnell veränderte und einen Weg einschlug, den zu gehen sie keine Lust hatten, zunehmend mürrisch gegenüberstanden. Für Rossini waren es vor allem Donizetti und Bellini, die mit ihrer romantischen Expressivität die ungeliebte Moderne verkörperten. Diese Expressivität hatte das Totenglöcklein für Rossinis Markenzeichen, die reine vokale Schönheit, geläutet. Für Verdi war der kulturelle Gegenwind sogar noch bedrohlicher, kam er doch von außerhalb des neuen italienischen Nationalstaats. Soviel Dampf er auch abließ, er konnte wenig tun, um die neue Begeisterung seiner Landsleute für andere europäische Opernstile zu dämpfen (erst für den französischen, dann, schlimmer noch, für den deutschen), die das Geburtsland der Oper just in dem Moment überrollten, als es zur nationalen Einheit fand. Gounods *Faust* eroberte 1862 La Scala und erlebte in der Folgezeit zahlreiche Wiederaufführungen. Meyerbeers *Les Huguenots* trat – als *Gli Ugonotti* – 1864 auf den Plan, Halévys *La Juive* (*L'ebrea*) ein Jahr danach, und beide eroberten sich Stammplätze im Repertoire. Immer wieder einmal schleuderte Verdi aus seiner Deckung hinter den Mauern seines herrschaftlichen Landsitzes Blitze des Unmuts gegen diese ausländische Importware. Den Franzosen bescheinigte er Geschwätzigkeit und Arroganz, ihre *grand opéra* fand er überladen – die Pariser Oper nannte er gerne «la grande boutique». Noch schlimmer waren für ihn die Deutschen: Mit ihrer Barbarei und ihrer Leidenschaft für sinfonische Musik drohten sie einheimische Talente zu beeinflussen und somit zu verderben. In dem Maß, wie Verdi älter und reicher wurde und sich politisch nach rechts bewegte, nahm sein bärbeißiger Nationalkonservatismus zunehmend extremere Formen an. Gefragt, nach welchen Lehrplänen an den neuen staatlichen Konservatorien Italiens unterrichtet werden solle, sprach er sich für das musikalische Äquivalent von Brot und Wasser aus, zu verabreichen mit dem ausdrücklichen Ziel, den aufnahmebereiten jungen Musikern der Nation die Begeisterung für Neues auszutreiben. Die Studenten dürften, erklärte Verdi, «nur wenige Aufführungen moderner Opern besuchen», so dass sie nicht der Faszination erliegen würden, die von deren «Glanzpunkten der Harmonie und Orchestrierung oder vom *verminderten Septakkord*» ausgehe. Sie sollten vielmehr «beständig und mit Ausdauer die Fuge üben, bis sie gesättigt sind».[2] Das war, auf eine pädagogische Kurzformel gebracht, das ewig wiederkehrende Lamento der Gealterten: Dreht die Uhr zurück, früher war alles viel besser!

Es bestand freilich ein bedeutender Unterschied zwischen der späten Schaffensphase Rossinis und der Verdis. Rossinis Rückzug aus dem Opernbetrieb war ein endgültiger. In seinen letzten 40 Lebensjahren schuf er kein einziges neues Werk für das Musiktheater. Bei Verdi hingegen weigerte sich die Flamme, auszugehen. Zwar drohte er beständig mit einem Abschied von der Bühne à la Rossini, aber er komponierte weiter, auch wenn die Zeitabstände zwischen der Fertigstellung seiner neuen Arbeiten immer größer wurden. Noch im fortgeschrittenen Alter, als seine öffentlichen Äußerungen über moderne Fehlentwicklungen immer rigoroser wurden, machten sich der Dramatiker und der Komponist in ihm ständig

Gedanken darüber, wie sie sich dem Wandel der Zeiten anpassen könnten. Langsam und mühselig erarbeitete er jene acht neuen Opern. Einige von ihnen wurden vom Publikum anfänglich missverstanden, andere gerieten vorübergehend in Vergessenheit, aber fast alle sind seither zu wichtigen Planeten in unserem Opern-Sonnensystem geworden. Die bezwingende Vitalität, durch die sich Verdis frühe Opern auszeichneten, verschwand in seiner zweiten Lebenshälfte im Untergrund. Seine Energie speiste nunmehr innere Zwänge, vor allem den Zwang, sich selbst als Symbolfigur der jungen Nation neu zu erfinden, aber auch die Ambition, musikalische Dramen zu erschaffen, die das Zeug hatten, ein Publikum zu ergreifen, das seine Loyalität einer im Wertewandel begriffenen Welt schenkte.

Die schiere Formenvielfalt, durch die sich die Werke der Zeit nach *Rigoletto* auszeichnen, ist und bleibt erstaunlich. Es gibt keinen «Stil des älteren Verdi», weder in formaler noch in musikalischer Hinsicht. Die Werke selbst des späten Wagner erscheinen im Vergleich dazu einheitlich, was ihre technischen Mittel und ihre dramatische Erscheinung betrifft. Der sichtbarste rote Faden, der die späten Verdi-Opern verbindet, ist die Tatsache, dass jede von ihnen in einen Dialog mit der Vergangenheit eintritt, namentlich mit den Glanzzeiten der italienischen Oper. Dieses Vermächtnis, das die geistige Elite nicht nur in Italien, sondern auch anderswo in zunehmendem Maß als provinziell und wenig aufregend beurteilte – zu dem der junge Verdi aber so viel beigetragen hatte –, half ihm in seinen reifen Jahren und in seinem letzten Lebensabschnitt, die Stellung zu halten. Es ging gut, aber nur ganz knapp. Opern der Art, wie Verdi sie schreiben wollte – grandiose, tragische Werke von höchstem Anspruch –, waren zunehmend schwerer zu bewerkstelligen, je weiter das 19. Jahrhundert fortschritt.

Walzer und ein weinender Vater

In Anbetracht der regelmäßigen Breitseiten, die der alternde Verdi gegen die (ausländische) Moderne abfeuerte, ist *La traviata* (1853) reich an gelassener Ironie. Der größte ironische Trumpf der Oper war, dass sie mit scheinbarer Begeisterung die allerneuesten skandalträchtigen ausländischen Modeerscheinungen adoptierte. Als Vorlage diente das Stück *La Dame aux camélias* (*Die Kameliendame*) von Alexandre Dumas dem Jüngeren, das

1852 in Paris uraufgeführt wurde, nur Monate vor der Premiere der Oper. Von Anfang an wurde das Stück als ein wichtiger neuer Markstein in der Entwicklung des französischen Theaters gesehen. Das Neue an diesem Werk Dumas' (das seinerseits auf Dumas' 1848 erschienenem gleichnamigen Roman beruhte) war nicht so sehr die Tatsache, dass es eine Kampfansage an die von Victor Hugo geprägte französische Romantik war, die als literarische Bewegung 1850 schon in den letzten Zügen lag. Die Kampfansage richtete sich vielmehr auch auf näherliegende Ziele: Dumas rieb sich an Eugène Scribe, Frankreichs fruchtbarstem Librettisten im Bereich der *grand opéra* und der *opéra comique*, und damit an einer wesentlich von Scribe mitgeprägten bürgerlichen Theatertradition. Unter krassem Verstoß gegen die von Scribe verkörperte Orthodoxie verschmähte Dumas eine Auflösung der Geschichte, in der Moral und Tugend den Sieg davongetragen hätten. Damit nicht genug, wählte er ein zeitgenössisches Sujet. Sein Stück spielte in der Gegenwart und thematisierte aktuelle Probleme. Es wurde heftig kritisiert und ebenso heftig als Frühwerk des Realismus gelobt.

Die Entscheidung Verdis für das Dumas-Stück entsprang offenkundig dem Bestreben, das traditionelle Terrain der italienischen Oper zu verlassen. Romantische Geschichten über Heldentum und Liebe, angesiedelt in einer fernen geschichtlichen Vergangenheit, wurden aufs Abstellgleis geschoben. Die Geschichte von *La traviata* griff ein gesellschaftliches Thema auf, das zu der Zeit heiß diskutiert wurde: die Prostitution und die Ausbreitung ansteckender Krankheiten in den zunehmend übervölkerten Städten des 19. Jahrhunderts. In Venedig, wo die Oper uraufgeführt wurde, bestanden die Zensoren darauf, die Geschichte müsse ins frühe 18. Jahrhundert zurückverlegt werden, um ihren sozialkritischen Stachel auf sicherer Distanz zu halten. Verdi wünschte jedoch, dass *La traviata* genau in demselben Milieu und in derselben Zeit spielte wie Dumas' Roman und Drama; nach seinem Willen sollte die Oper ein Bild der modernen Metropole zeichnen, des ambivalenten Symbols eines «Fortschritts», dessen Segnungen zwiespältig waren.

La traviata markierte somit den ersten hautnahen Kontakt der italienischen Oper zur großstädtischen Moderne. Im ersten Akt lernen wir Violetta Valéry (Sopran) kennen, eine lebenslustige Kurtisane, die an Tuberkulose leidet, einer Krankheit, die nach gängiger Meinung die Strafe für einen unmoralischen Lebenswandel war. Bei einem Fest ohne Hemmungen und Tabus flirtet sie mit dem jungen Alfredo Germont (Tenor), der sich in sie verliebt hat. Der zweite Akt spielt einige Monate später;

Alfredo und Violetta haben auf dem Land einen gemeinsamen Hausstand gegründet. Ihr Leben und ihre Liebe sind idyllisch, bis Germonts Vater (Bariton) auftaucht. In einer Unterredung, die es in sich hat, fordert er von Violetta, sie müsse auf Alfredo verzichten, um den Ruf der Familie Germont nicht zu gefährden. Unter Tränen erklärt sie sich dazu bereit und kehrt nach Paris zurück. Alfredo, der glaubt, sie habe ihn wegen eines anderen Liebhabers verlassen, sucht und findet sie und macht ihr öffentlich eine Szene, in der er sie herabwürdigt. Weitere Monate vergehen bis zum dritten Akt. Violetta ist jetzt schwer krank. Sie versöhnt sich am Ende mit Alfredo, der den wahren Grund für ihr Fortgehen herausgefunden hat; in der letzten Szene stirbt sie zu seinen Füßen.

Aus Verdis Briefen wissen wir, dass ihn an dem Sujet vor allem die Gegenwartsbezogenheit interessierte; die grundlegende musikalische Gestalt der *La traviata* entspricht indes nicht unbedingt der gesellschaftskritischen Thematik. In ihrer Formensprache den Opern nicht unähnlich, die Verdi früher geschrieben hatte, bekam *La traviata* ihren Anteil an lyrischen Adagios, überschäumenden *cabalette*, langen mehrsätzigen Duetten und großen Ensembles ab. Hinter dieser Konventionalität der äußeren Form verbergen sich jedoch zwei Aspekte, unter denen er mit dieser Oper Neuland betrat. Der erste betrifft das, was die Franzosen als «couleur locale» («Lokalkolorit») bezeichnen, eine reichhaltige musikalische Farbgebung, die das Bild eines bestimmten Ortes hervorruft. Verdi fand in *La traviata* neue Mittel, um das dramatische Potenzial einer solchen Farbgebung auszuschöpfen. *Rigoletto*, nur zwei Jahre zuvor uraufgeführt, spielte am Ende im Mantua des 16. Jahrhunderts, obwohl Verdi beim Schreiben der Musik noch das Frankreich des 18. Jahrhunderts vorgeschwebt hatte. Er beschwerte sich über die Verlegung, die die Zensurbehörde durchgesetzt hatte, weil sie revolutionäre Analogien befürchtete; der Schaden für die Oper hielt sich aber letzten Endes in Grenzen. Es gibt in *Rigoletto* kaum einen Moment, in dem die Musik und der Schauplatz einander stören, einfach weil die Musik geographisch und zeitlich neutral ist und nicht auf eine bestimmte Zeit oder einen bestimmten Ort verweist. Anders bei *La traviata*. Dass die Oper in der Pariser Halbwelt spielt, daran gemahnt uns die Musik Verdis fast penetrant mit den denkbar einfachsten Mitteln, zum Beispiel durch beständiges Rekurrieren auf das musikalische Symbol des 19. Jahrhunderts mit all seiner gesellschaftlichen Schnelllebigkeit und Ungewissheit schlechthin: auf den Walzer.

Führen wir uns zu Gemüte, wie ein Amerikaner – atemlos und, wie man vermuten darf, ein wenig pikiert – 1847 einen Ball in Paris erlebte.

Es war ein höfisches Ereignis, so dass es dabei wahrscheinlich gesitteter zuging als bei dem Fest im ersten Akt von *La traviata*; aber auch so springt uns aus dem Text die nackte Körperlichkeit entgegen:

> So viele elegante und reich ausstaffierte Menschen auf einmal tanzen und ineinander verschlungen zu sehen; ein Paar das andere querend, verfolgend und überholend; mal auf der Stelle, mal in Bewegung; und scheinbar keine andere Bewegung kennend als die von der Musik mitgeteilte; und zu sehen, wie hundert Paare beim Walzer herumwirbeln, mit fliegenden Füßen, die kaum das glatte Parkett zu küssen scheinen; zuerst gerötet und bebend, dann nach und nach ermüdet und sich zurückziehend, bis zum letzten Paar, zur letzten Tänzerin – der gesündesten, anmutigsten und schönsten von allen, mit dem stützenden Arm ihres Partners um ihre schmale Taille, Fuß an Fuß, Knie an Knie, in gleichgerichteter Bewegung, Drehung um Drehung, bis die Natur endlich obsiegt, die Schöne hinsinkt, ohnmächtig wird, stirbt![3]

Diese Schilderung könnte fast auf die Eröffnungsszene von *La traviata* passen, in der beständige, treibende Walzerrhythmen ein ähnliches Gefühl der Exzessivität erzeugen, eines gefährlich schnellen Lebenstempos in der großen Stadt. Diese Anfangssequenz ist hier nicht, wie es in der früheren italienischen Oper üblich war, ein vom Rest abgesetztes Vorspiel zu dem Zweck, die Zuschauer auf den Ort der Handlung einzustimmen. Es ist vielmehr so, dass Violettas ganze musikalische Persönlichkeit durch Walzertakte definiert wird. Die besondere Atmosphäre, die *La traviata* erfüllt, dringt nicht nur aus jeder Pore der Musik, sondern – und das ist das Entscheidende – beseelt auch die Protagonistin der Oper, die auf diese Weise mit ihrem Milieu verschmilzt.

In dieser Hinsicht ist Violetta aus einem anderen Holz geschnitzt als die anderen Hauptfiguren dieser Oper (und aller anderen Opern ihrer Zeit). Betrachten wir zum Beispiel die manisch anmutenden Triller, die als erstrangiges Markenzeichen sowohl des Salons als auch der hemmungslosen Ausgelassenheit Violettas im ersten Akt figurieren, von den ersten Takten der Anfangsszene bis zu den überdrehten Bekundungen der Lebensfreude in ihrer abschließenden *cabaletta* «Sempre libera» («Immer frei»). Ebenso ausgeprägt, nur etwas subtiler, artikuliert sie dieses Lebensgefühl in ihrer berühmten Arie «Addio, del passato» («Abschied von der Vergangenheit») im dritten Akt, auch wenn hier bereits einige deutliche musikalische Fingerzeige auf ihre geschwächte Gesundheit eingebaut sind. Der Walzertakt ist aus der Begleitung noch herauszuhören, kommt jetzt aber zögerlich und fragmentiert daher, angereichert mit einem klagenden Englischhorn, das ihre Phrasen komplettiert, wann immer ihre Kraft nachlässt.

Es ist eine niederschmetternde Arie. Verdi verlagerte sein Augenmerk um diese Zeit von der exquisiten solistischen Darbietung hin zu musikalischen Konfrontationen zwischen einander feindlich gegenüberstehenden Ensembles. Der gebieterische Anspruch, gesellschaftlichen Konflikten musikalischen Ausdruck zu verleihen, resultierte im Lauf der Zeit in einer Abkehr von überkommenen Formmodellen. Die große Konfrontationsszene ereignet sich in *La traviata* im zweiten Akt, als Violetta und der alte Germont aufeinandertreffen. Verdi vollzieht in dieser Szene eine Absage an die Art und Weise, wie er in seinen früheren Opern Frau und Mann musikalisch charakterisiert hatte. Der jüngere Verdi war immer dann am authentischsten, wenn er die Unterschiede zwischen den Geschlechtern minimiert hatte, was er vor allem durch die Schöpfung eines neuen, kraftvolleren Idioms für seine Primadonnen erreicht hat. In *La traviata* wählte Verdi einen anderen Ansatz. Die Geschichte thematisiert schließlich einige der heikelsten Fragen zum Bereich der Sexualität, nicht zuletzt die Frage, ob Frauen das Recht haben, ihr Liebesleben selbst zu gestalten. Das war ein Thema, das die Menschen in jener Zeit stark bewegte, das aber auf der Opernbühne bis dahin nie so explizit behandelt worden war.

Welchen Überzeugungen Verdi persönlich in Bezug auf solche Moralfragen zuneigte, ist nicht ganz einfach zu bestimmen. In seiner Korrespondenz finden sich Hinweise darauf, dass er gelegentlich mit Prostituierten verkehrte, vor allem mit einer «Sior Toni» in Venedig. Seine Lebenspartnerin Giuseppina Strepponi hatte während ihrer Karriere als Opern-Sopranistin drei uneheliche Kinder zur Welt gebracht, wusste also wohl ganz gut, wie es sich anfühlt, auf der falschen Seite einer moralischen Scheidelinie zu stehen. Analogien zwischen persönlicher Lebensgeschichte und musikalischen/kulturellen Überzeugungen herzustellen, ist recht einfach, und *La traviata* war von Anfang an ein beliebtes Exerzierfeld für Leute, die dieser Übung frönten. Die unterstellten Parallelen verlieren zwangsläufig durch die Art und Weise, wie in der italienischen Oper Emotionen in konventionelle Formen eingefüllt werden, an Stringenz. Eins ist jedoch klar: Die Misogynie, die den Roman von Dumas durchzieht (der von Anfang bis Ende aus der männlichen Warte geschrieben ist), wird im Theaterstück, in dem Violetta als handelnde Figur auf der Bühne in Erscheinung tritt, unweigerlich abgemildert, und das gilt in noch stärkerem Maß für die Oper. Um auf eine Unterscheidung zurückzukommen, die wir in diesem Buch schon mehrmals getroffen haben: Verdi stellt durch die Art und Weise, wie er die Geschichte erzählt, die «Stimm-Violetta» ins Zentrum der Aufmerksamkeit, und es ist offenkundig, dass den Komponisten die Protagonistin mehr interessierte als die männlichen Figuren, die im Vergleich zu ihr hölzern und eindimensional wirken.

Könnte es sein, dass Violetta trotzdem unter einer *musikalischen* Misogynie zu leiden hat? Wenn wir uns ähnliche Diskussionen im Hinblick auf die in Kapitel IX erwähnte Wahnsinnsszene aus *Lucia di Lammermoor* vergegenwärtigen und dieselben Paradigmen zugrunde legen, können wir diese Frage womöglich bejahen. Im ersten Akt zum Beispiel leidet Violetta trotz ihrer starken Bühnenpräsenz an einem Mangel an musikalischem Profil, ja sogar an musikalischer Selbstständigkeit. Der berühmte *brindisi* (Trinklied), der ihr Fest im ersten Akt auflockert, wird von Alfredo ausgebracht und von Violetta lediglich wiederholt; und im sich anschließenden Liebesduett gehört die musikalische Initiative und Erfindungsgabe erneut dem Tenor – er trägt die Hauptthemen vor und himmelt anschließend Violetta an, während sie das von ihm Vorgegebene mit einer Fülle von Verzierungen umhäkelt. Und selbst noch in der Arie, mit der sie den Akt beschließt, funkt Alfredos Stimme dazwischen und erinnert uns nachdrücklich an seine musikalische Präsenz. Solche Argumente sind in vielerlei Hinsicht attraktiv; sie weisen uns den Weg zu einem Verständnis der Oper im Rahmen unseres heutigen kulturellen Paradigmensystems, und dementsprechend oft hören wir sie aus dem Munde moderner Opernregisseure. Aber gibt es nicht auch Anhaltspunkte dafür, dass die «Stimm-Violetta» im Rahmen dieser Interpretation deutlich unter Wert gehandelt wird? Mindestens ist eine konträre Interpretation der genannten Passagen möglich. Mag sein, dass Alfredo das Trinklied als Erster anstimmt, aber dann zeigt sich, dass er besser auf die stimmlichen Möglichkeiten Violettas zugeschnitten ist – auf der Bühne klingt ihr Vers fast unweigerlich überzeugender als der seine. Und im Liebesduett gibt zwar in der Tat Alfredo die Melodien vor, aber es ist Violetta, die sie erst zum Leben erweckt, indem sie sie ausschmückt und auf eine zu ihrer Rolle passende Weise gestaltet. Bezeichnenderweise hören wir am Ende des ersten Aktes die Melodie, angestimmt von Alfredo, nur aus der Ferne, während Violettas Antworten darauf präsent, unmittelbar und eindrucksvoll klingen; sie ist immerhin die zentrale Figur auf der Bühne und erhält auch den Löwenanteil des Beifalls am Ende der Szene. Wir könnten entlang dieser Linie kontrovers weiterdiskutieren, könnten jeder negativen

Interpretation eine spiegelbildlich positive entgegenstellen. Tatsächlich sollten wir uns, hier wie anderswo, bemühen, etwas Besseres als solche einfachen Analogien zwischen Musik und Sinngehalt anzubieten.

All dies kann uns auf das zentral wichtige, konfrontative Duett zwischen Violetta und Germont im zweiten Akt hinführen. In einem konventionellen feministischen Bezugsrahmen ist das die Szene, in der die Libretto-Violetta von der patriarchalischen Autorität in den Staub getreten wird. Die Stimme des Vaters fordert Violettas Opferung auf dem Altar konventioneller Sittlichkeit: Sie gehorcht und wird dafür mit flammenden Beleidigungen aus dem Mund ihres Geliebten (später im zweiten Akt) sowie mit Armut und einem schmerzhaften Tod (im dritten Akt) belohnt. So nacherzählt, scheint die Oper Einstellungen zur weiblichen Sexualität und Freiheit, wie sie um die Mitte des 19. Jahrhunderts dominierten, voll und ganz zu reflektieren; man könnte sogar sagen, sie bejuble diese Einstellungen, indem sie sie zu einem ästhetischen Genuss für die Theaterbesucher erhebt. Was hat Verdi als Komponist der Musik von *La traviata* mit alldem zu tun?

Am Anfang des Duetts zwischen Violetta und Germont vermittelt die Musik den Eindruck, geschlechtstypische Klischees bedienen zu wollen. In den ersten Minuten baut sich ein gefühlsbeladener Dialog auf, aufgeteilt in kontrastierende Abschnitte, in denen jeweils einer der beiden Beteiligten dominiert. Dabei werden musikalische Unterschiede deutlich: Germonts Anfangspart «Pura siccome un angelo» («Rein wie ein Engel») ist eine Hommage an seine makellose Tochter und geradezu der Inbegriff von Beständigkeit und Selbstsicherheit – eine ins Musikalische gewendete patriarchalische Stimme. Die Gleichmäßigkeit der Orchesterbegleitung, die Vorhersehbarkeit der Phrasen, die Art und Weise, wie die Holzbläser den Gesang unterstützen und die Phrasen abrunden, all dies deutet in eine bestimmte Richtung und beschwört eine Vorstellung von Rationalität und vor allem von Konventionalität herauf. Die Antwort Violettas, «Non sapete quale affetto» («Ihr wisst nicht, welche Liebe»), bildet offensichtlich ein Kontrastprogramm dazu. Sie besteht aus einer Abfolge kurzer, hastig gesungener Phrasen, durchsetzt mit vielen Seufzern, die die Aufmerksamkeit auf den Körper lenken, aus dem diese Stimme ertönt, deren keinem antizipierbaren Muster folgende Tonsprünge und dynamische Schwankungen mit einer zögernden, synkopenreichen Orchesterbegleitung unterlegt sind.

Diese kontrastreiche musikalische Konversation setzt sich durch den ersten Teil des Duetts hindurch fort, in dem Germont den Widerstand

Violettas allmählich niederringt. Doch just im Moment ihrer Kapitulation, als sie sich bereit erklärt, Alfredo zu verlassen, kommt es zu einer wunderschönen Wende: Violetta singt «Dite alla giovine» («Sag dem jungen Mädchen»), worin sie Germont auffordert, seine Tochter über das von ihr (Violetta) dargebrachte Opfer zu unterrichten. Durch den bisherigen Verlauf des Duetts sensibilisiert, erwarten wir, dass der stimmliche Kontrast weiterhin bestehen bleibt, ja sich verschärft. Stattdessen erleben wir eine Vertauschung der musikalischen Rollen. Violettas nächste Phrase ist in der Partitur mit der Anweisung «piangendo» («weinend») versehen, ist jedoch melodisch stabil und vorhersagbar und mit einer konventionellen Orchesterbegleitung unterlegt. Die Melodie entwickelt sich in Form eines langen, mehrere Phrasen durchlaufenden Bogens und strahlt erheblich mehr emotionale Kraft aus, als Germont sie bis dahin in die Waagschale geworfen hat. Seine Antwort «Pian-gi, pian-gi» («Weine, weine») ist in kurze, schluchzend vorgetragene Phrasen zerhackt, die den physischen Vorgang des Weinens plastisch nachahmen. Seine Worte mögen die Botschaft verkünden, er gestatte Violetta großzügigerweise, zu weinen («piangi, o misera» – «Weine, Unglückliche»), aber die Musik verrät uns, dass Germont derjenige ist, der (weibliche) Tränen vergießt, während Violetta in heiterer Gelassenheit sich selbst und ihre Zukunft neu definiert.

Die Wirkmacht dieser musikalischen Umkehrung, die Kraft von Violettas langer Melodie und von Germonts schluchzender Inkohärenz sind schwerlich wegzudeuteln. «Dite alla giovine» hat eine stille Schönheit, die sie zum Ruhepunkt dieser Szene, ja sogar dieser Oper insgesamt macht; und aus diesem Ruhepunkt heraus hören wir Violettas feierlichen Appell an eine uns unbekannte Frau. Wenn wir uns darin einig sind, dass dieser Moment das Scharnier der Oper bildet, an dem sich der Fortgang der Geschichte entscheidet, dann sind und bleiben eindimensionale Antworten auf die von *La traviata* aufgeworfenen Fragen zu Weiblichkeit und Männlichkeit unbefriedigend. Verdis Vertonung verrät uns, dass – zumindest in dieser musikalisch gestalteten fiktiven Welt – alle Machtverhältnisse zerbrechlich sind. Es ist dies eine Botschaft, die potentiell von allen Opern ausgehen kann und die mit zu der bemerkenswerten Fähigkeit dieses Genres beiträgt, über kulturelle und zeitliche Distanzen hinweg Menschen anzusprechen.

Wenn man sich klarmacht, wie vorwärtsgewandt *La traviata* war, könnte man vermuten, dass die darauffolgenden Jahre so etwas wie eine Rückbesinnung brachten. Doch die Umstände diktierten im Verein mit dem schöpferischen Elan des nicht mehr jungen, aber auch noch nicht alten Verdi ein ständiges Weiterexperimentieren. Zunächst versuchte er sich an einer *grand opéra* im Pariser Stil, *Les Vêpres siciliennes* (*Die sizilianische Vesper*, 1855). Seine nächste Oper, *Simon Boccanegra* (1857), markierte einen weiteren Aufbruch zu neuen Ufern, gemessen sowohl an *Les Vêpres* als auch an seinen früheren italienischen Arbeiten. Nur wenige Spuren des gallischen Stils sind in dieser Rhapsodie an die verdrießliche Seite der italienischen Oper zu erkennen. Ein Blick auf die Besetzungsliste genügt, um eine Ahnung von Düsternis zu vermitteln – es finden sich keine weiblichen Nebenrollen, dafür eine kleine Streitmacht tieferer Männerstimmen. Noch deutlicher offenbart sich die düstere Grundstimmung in der extremen musikalischen Austerität der Gesangsnummern – das Deklamieren nimmt größeren Raum ein als je zuvor. Auf *Simon Boccanegra* folgte ein weiterer Purzelbaum: Zeichnete sich *Simon* durch Schmalspurigkeit und Einfarbigkeit aus, so schuf Verdi mit *Un ballo in maschera* (*Ein Maskenball*, 1859) ein Potpourri von meisterlicher Qualität. Nach seinem Experiment *Les Vêpres*, einer nahezu waschechten französischen *grand opéra*, kokettierte er hier mit der leichtfüßigeren Spielart der französischen Oper, und zwar der *opéra comique* Aubers und seiner Zeitgenossen. Der Versuch, diesen Stil mit einer beispiellos intensiven Variante der ernsten italienischen Oper zu kombinieren und zugleich zu kontrastieren, war äußerst verwegen und liefert, wie in Kapitel XIII gesehen, weitere Indizien dafür, dass Einflüsse auf die europäische Oper des späten 19. Jahrhunderts nicht nur vom großspurigsten unter den französischen Operngenres ausgingen.

Wie in *Un ballo*, häkelte Verdi auch im *La forza del destino* (*Die Macht des Schicksals*, 1862, überarbeitet 1869) viele Stil- und Modeelemente zu einem Flickenteppich zusammen. Zu einem Episoden-Libretto, das große geographische und geschichtliche Räume überspannt, schrieb Verdi eine Musik, die ein erstaunlich breites Spektrum bewährter Versatzstücke der Operntradition abdeckt: die *opera buffa* (post-Rossini) ist in Gestalt des clownesken Priesters Fra Melitone (Bariton) vertreten, die *opéra comique* durch die Schlachtenbummlerin Preziosilla (Mezzosopran); an Meyerbeer erinnernde Szenen von religiöser Größe fehlen ebenso wenig wie ein klassisches Liebesdreieck aus Sopran, Tenor und Bariton in bester italienischer Manier, um das sich die Geschichte rankt. Diese Oper stellt Verdis kühnsten Versuch dar, das zu schaffen, was er später als «Mosaikdrama» bezeichnete.[4] Ihre disparaten Teile werden ebenso sehr durch eine abstrakte Idee – das im Titel genannte «Schicksal» – zusammengehalten wie durch das Tun und Lassen der einzelnen Figuren. Auf *Forza* folgte ein weiterer Versuch, die Pariser Zitadelle der *grand opéra* zu stürmen. Das Sturmgeschütz war dieses Mal *Don Carlos*, doch seine Wirkung auf die Pariser Opernfans und Kritiker war nicht viel überzeugender. Mit *Don Carlos* setzte Verdi sich dem Vorwurf des Wagnerismus aus, doch gegen Ende des 20. Jahrhunderts wurde dieses Werk schließlich und endlich als die größte aller *grands opéras* anerkannt.

Exotische Erstarrung

Nach allen diesen verwegenen Opern-Experimenten könnte *Aida* (1870) vielleicht wie das Ergebnis einer Auszeit Verdis vom Eklektizismus erscheinen. Verglichen mit der narrativen Weitläufigkeit eines *Don Carlos* oder von *Forza del destino*, zeichnet sich das Libretto von *Aida* durch Geradlinigkeit und Einfachheit aus, auch wenn die spektakuläre Bühnenwelt der *grand opéra* offensichtlich in ihrer DNA enthalten ist. Die Oper, deren Handlung sich ein französischer Ägyptologe ausdachte, wurde anlässlich der Eröffnung des Kairoer Opernhauses in Auftrag gegeben. Sie spielt in Memphis und Theben «im Zeitalter der Pharaonen». Verdi weigerte sich, der Premiere in Kairo beizuwohnen – er fürchte, als Mumie zu enden, scherzte er.[5] Tatsächlich kommt man bei aller Prachtentfaltung, die *Aida* bietet, nicht umhin, ihr einen *Hauch* von Erstarrung zu bescheinigen. Das zivilisierte Ägypten befindet sich im Krieg mit dem barbarischen Äthiopien. Radames (Tenor), ein ägyptischer Hauptmann, wird von Prinzessin Amneris (Mezzosopran) geliebt, hat sich aber seinerseits in eine Gefangene, die äthiopische Sklavin Aida (Sopran), verliebt, die sich später als Tochter des äthiopischen Königs Amonasro (Bariton) erweist. Wir haben also eine weitere Variante des alten dramatischen Konflikts zwischen Liebe und Pflichterfüllung vor uns. Aida animiert Radames, ihr ein militärisches Geheimnis anzuvertrauen, und er wird für seinen Verrat zum Tod verurteilt und lebendig in eine Grabkammer unter dem Tempel eingemauert. Die Schlussszene erfordert ein geteiltes Bühnenbild – oben den Tempel, unten die Grabkammer. Nachdem die Grabkammer verschlossen ist, entdeckt Radames in ihrem Dunkel Aida, die sich entschlossen hat, mit ihm zu sterben. Die Liebenden beenden die Oper mit einem zärtlichen Duett über Liebe und Tod; Amneris kauert oben im Tempel, ein Requiem betend.

Aida war lange Zeit die populärste Oper des späten Verdi; sie erlebte weitaus mehr Aufführungen als *Don Carlos* oder *La forza del destino*, die wegen ihrer ausufernden Handlung und ihrer Überlänge als «problematisch» galten. Während der gesamten ersten Hälfte des 20. Jahrhunderts war *Aida* so etwas wie das Paradebeispiel einer *grand opéra*: Die Triumphszene im zweiten Akt (in der der siegreiche Feldherr Radames den König Amonasro in Ketten nach Ägypten bringt) mit ihren exotischen Tänzerinnen, ihren en masse aufmarschierenden Speerträgern, ihren Elefanten und ihrem berühmten Marsch entzückte weltweit Opernbesucher, die Wagner oder sogar Mozart elitär fanden. Ein später Tribut an den Ruhm Verdis war eine 1953 entstandene Kinofassung eines Regisseurs mit dem sprechenden Namen Clemente Fracassi (das italienische *fracasso* bedeutet «Krach»), in der die Oper eine cineastische Runderneuerung erfuhr. Von den Sängern und Sängerinnen, die den Soundtrack beisteuerten (einer hochkarätigen Truppe mit Renata Tebaldi als Aida an der Spitze) bekommt man in dem Film nichts zu sehen; stattdessen bevölkern italienische Kino-Ikonen der 50er Jahre die Leinwand, die oft nicht einmal versuchen, den Eindruck zu erwecken, Singen sei eine schwere Arbeit, bei der man den Mund öffnen und die Brust schwellen lassen muss. Sophia Loren gibt, reizvoll geschwärzt, die Aida. (Auch Gina Lollobrigida war, man höre und staune, für die Rolle in Betracht gezogen worden.) Ein solcher Film wäre heute undenkbar, er ist ein Relikt aus der Zeit des *Treasury of Grand Opera*, einer Zeit, in der das epische Kino der großen Oper so nahe kam, dass der Wechsel des Mediums zulässig erschien. Ein Publikum, das sich an *Ben Hur* erfreute, ließ sich ohne Weiteres auch in eine Filmwelt locken, in der Arien, die Renata Tebaldi sang, Sophia Loren in den Mund gelegt wurden.

Die 1950er Jahre markierten den Höhepunkt der Popularität *Aidas*, mit der es jedoch seit einiger Zeit bergab geht. Das liegt natürlich auf der einen Seite an hohen Produktionskosten; aber diese Oper ist auch deshalb etwas aus der Mode gekommen, weil uns das Sujet nicht mehr ganz geheuer ist – all die Sklaven und Pharaonen und überhaupt der ganze ägyptische Kitsch. Der Kulturkritiker Edward Said widmete dem Fall ein beredtes Plädoyer: In einem berühmt gewordenen Essay aus dem Jahr 1978 vertrat er den Standpunkt, *Aida* sei ein Geschöpf des kolonialen Imperialismus des 19. Jahrhunderts. Die Oper war in seinen Augen ein Paradebeispiel für den «Orientalismus», den die Kolonialmächte des Westens im Verlauf der zurückliegenden Jahrhunderte dafür instrumentalisiert hätten, sich von den nichtwestlichen Kulturen abzugrenzen und sich ihnen überlegen zu dünken. «Trotz ihrer Mängel kann *Aida* als eine Art Kuratoriumskunst genossen und interpretiert werden», schrieb Said, «deren

Strenge und steifer Rahmen mit erbarmungslos todesbesessener Logik an einen genauen historischen Zeitpunkt und eine spezifisch datierbare ästhetische Form erinnern, ein imperiales Schauspiel mit der Absicht, ein beinahe ausschließlich europäisches Publikum zu befremden und zu beeindrucken.»[6]

Der Vorwurf des Orientalismus (oder allgemeiner des Exotismus) ließe sich natürlich gegen zahlreiche Kunstwerke aus allen möglichen Epochen erheben, und er kann leidenschaftliche Reaktionen hervorrufen – heutzutage besonders von Seiten derjenigen, die aus solchen Werken so etwas wie einen rein ästhetischen Genuss saugen wollen, einen Genuss, der Gefahr läuft, von dem, was die Befürworter eine politische Deutung nennen würden, beeinträchtigt zu werden. Wir sind schon in früheren Kapiteln exotischen Schauplätzen begegnet – das türkische Flair von Mozarts *Entführung aus dem Serail* (1782) bietet sich als Beispiel an –, doch im Verlauf des späteren 19. Jahrhunderts, als Europas koloniale Abenteuer immer fernere Gestade erreichten, erlebten exotische Sujets und Milieus eine Blütezeit in vielen Kunstrichtungen. Auf eine genaue Kenntnis der Geografie exotischer Schauplätze wurde in dieser Zeit zunehmend Wert gelegt, und die Opern Verdis machten in dieser Hinsicht keine Ausnahme. Gerade auch *Aida* zeigt beispielhaft, welche Obsessivität das Schwelgen in exotischem Lokalkolorit annehmen konnte. Dieser kulturelle Trend fiel mit der kolonialen Expansion der europäischen Mächte nicht nur zeitlich zusammen, sondern war von ihr auch inspiriert. Worüber man allerdings streiten kann, ist die Frage, ob man Opern wie *Aida* für die Umstände, aus denen heraus sie entstanden, verantwortlich machen sollte, und ob – wichtiger noch – die Kritik Saids am Orientalismus in der Kunst ohne Weiteres auf Verdis musikalische Umsetzung und Ausmalung exotischer Schauplätze anwendbar ist.

Die Frage stellt sich gleich am Beginn des ersten Aktes mit Blick auf die berühmteste Arie der *Aida*: Radames singt «Celeste Aida» («Holde Aida»), nachdem er erfahren hat, dass er die ägyptische Streitmacht in den Kampf gegen die äthiopischen Invasoren führen wird. Obwohl ihn die Aussicht auf die militärische Bewährungsprobe euphorisiert, lässt er seine Gedanken abschweifen und gibt sich einer Vision hin, in der Aida als Göttin am Firmament thront:

> Celeste Aida, forma divina,
> Mistico serto di luce e fior,
> Del mio pensiero tu sei regina,
> Tu di mia vita sei lo splendor.

Il tuo bel cielo vorrei ridarti,
Le dolci brezze del patrio suol,
Un regal serto sul crin posarti,
Ergerti un trono vicino al sol!

(Holde Aida, himmelentstammend, / von Duft und Strahlen zaubrisch verklärt; / du bist die Königin meiner Gedanken, / Durch dich allein ist das Dasein mir wert. / Möcht' in die Heimat dich wieder bringen, / dort wo die Luft und der Himmel so schön, / möchte ins Haar eine Krone dir schlingen, / ach, deinen Thron bis zur Sonne erhöh'n!)

Die mehrsätzigen Auftrittssarien, die ein Markenzeichen der frühen Opern Verdis gewesen waren, waren damals bereits passé. Opernbesucher, Komponisten und Kritiker waren sich mittlerweile darin einig, es unnatürlich zu finden, wenn eine Figur alleine auf der Bühne stand und sich durch eine Abfolge musikalischer Formen sang, jede mit ihrem eigenen Anfangs-, Mittel- und Schlussteil. Für Radames gibt es am Beginn des ersten *Aida*-Aktes nur eine einteilige Arie, von Verdi als Romanze bezeichnet. Das Libretto gibt zwei viersätzige Strophen vor. Die Hauptmelodie, «Celeste Aida, forma divina», ist aus gestisch knappen, echohaft wiederholten und als Steigerung angelegten Phrasen gebildet, die gleichsam mimetisch die Erhöhung Aidas zu einer Göttin auf dem Himmelsthron vermitteln. Was diese Arie vor der Banalität bewahrt, ist ihre Orchestrierung. Eine Flöte, die sich in ihrem tiefsten Tonbereich bewegt, spielt die gesungene Melodie mit und bringt so subtil (weil kaum hörbar) atmosphärisches Kolorit ein; ein sehr hohes Streicher-Tremolo (gespielt von nur zwei Solisten) rundet jede Phrase ab. Die Kombination dieser unkonventionellen instrumentalen Effekte ergab im musikalischen Vokabular der Zeit die Bedeutung «exotisch»: Melodisch schlichtes Material wird in einen langsamen Tanz mit neuartiger orchestraler Färbung eingewoben, und es wäre einfach – zu einfach –, an dieser Stelle auf Said zu verweisen und dies als orientalistische Pose abzutun. Die kolonisierte Aida wird auf den Status einer Primitiven reduziert (mit einer Kinderlied-Melodie), eine Einladung an die Zuschauer, sich an der farbenfrohen Verpackung (den tiefen Flöten und hohen Geigen) zu ergötzen, in die sie eingebettet ist. Eine zu einfache Interpretation, ja: Aber nirgendwo sonst bei Verdi bewegt sich der langsame Tanz zwischen Substanz und Stimmung in vergleichbarer Form.

Auf den kurzen B-Teil folgt die Wiederholung des mit «Celeste Aida» beginnenden Abschnitts A. Dann setzt Verdi ans Ende der Arie einen nochmaligen Durchgang des B-Teils, gefolgt von einer Coda. Letztere ist höchst bemerkenswert: Die stratosphärischen Solo-Violinen und die tiefen Flöten kehren wieder, und Radames lässt sich von seiner Schlussmetapher, dem nah an der Sonne platzierten Thron für seine vergötterte Aida, zu einem hohen B als Schlusston animieren. In der Partitur ist dieser Ton mit der Anweisung «pp morendo» («sehr leise, absterbend») versehen – Radames soll also akustisch im orchestralen Hintergrund verschwimmen, der ein so wichtiger Bestandteil der Arie ist. (Der Effekt erinnert stark an das Ende von Josés Blumenarie im zweiten Akt von *Carmen*, die wir in Kapitel XIII kennen gelernt haben.) Fast schon seit den ersten Aufführungen der *Aida* haben die Darsteller des Radames, dessen Rolle zu den anstrengendsten Tenorpartien aller Verdi-Opern gehört, dieses «pp morendo» gehasst. Die meisten Tenöre ignorieren die Anweisung schlicht und einfach und schmettern das B aus vollem Hals, mit platzendem Kragen und rotem Kopf, und begraben so die zarten orchestralen Effekte unter sich. Es ist durchaus sinnvoll, die Frage zu stellen, weshalb sie das tun. Die schiere Gelegenheit, ein hohes B zu röhren – so man die Stimme dazu hat –, ist als Motiv sicher nicht von der Hand zu weisen; andererseits haben im Verlauf der Jahrzehnte viele Tenöre in anderen musikalischen Zusammenhängen demonstriert, wie effektiv hohe Pianissimo-Töne sein können. (John McCormack, einer der größten Tenöre der Zwischenkriegszeit, spezialisierte sich genau auf diese Kunst und wurde dafür mit einer glänzenden Karriere belohnt.) Hier spielt jedoch etwas hinein, das die Szene unter Spannung setzt. Es ist, als solle ein leises, verklingendes B uns verraten, dass Radames trotz seines militärischen Ehrgeizes und der Fanfaren, die rings um ihn ertönen, nicht uneingeschränkt Herr über seine Fantasie ist, die sich mit Aida beschäftigt. Genau wie bei der Umkehrung der Geschlechterrollen in *La traviata*, kann auch hier die Musik knifflige Fragen aufwerfen, in diesem Fall – vielleicht – so grundlegende Fragen wie die, wer hier wessen Sklave bzw. Sklavin ist. Die Botschaft mag gewiss nach wie vor eine orientalistische sein, aber sie wird in der Partitur sicherlich subtiler vermittelt als im Libretto.

In dem weiter oben angeführten Zitat aus seinem Buch über Kultur und Imperialismus benutzt Said den ungewöhnlichen Ausdruck «todesbesessene Logik». Die Vorstellung, die «Herrschaft der Pharaonen» sei himmelweit von jedem modernen Regierungshandeln entfernt gewesen, war sicher mit ursächlich für die seltsam «erstarrte» Qualität, die der bombastischen Prachtentfaltung dieser Oper innewohnt, für ihre irgendwie spürbare Affinität zu Begrabenem und Unbeweglichem, die trotz aller neuen orchestralen Techniken und trotz aller Momente großer Leidenschaft immer wieder aufscheint. Am stärksten drängt sich dieser Eindruck in der Schlussszene auf, in der die beiden Liebenden in ihrer «Grabkammer» unter dem Tempel das nahe Ende besingen. Ihr Duett ist ein kongeniales Gegenstück zu «Celeste Aida», nur dass dieses Mal alle beide der strahlenden Sonne entgegenstreben:

> O terra, addio; addio, valle di pianti …
> Sogno di gaudio che in dolor svanì …
> A noi si schiude il ciel e l'alme erranti
> Volano al raggio dell'eterno dì.
>
> (Leb wohl, o Erde, o du Tal der Tränen, / verwandelt ward der Freudentraum in Leid; / es schließt der Himmel seine Pforten auf, und unser Sehnen / schwinget sich empor zum Licht der Ewigkeit.)

Diese Arie zeichnet sich, wie die Auftrittsarie von Radames, durch entwaffnende Einfachheit aus. In seinen jungen Jahren hätte ein noch nicht so milder Verdi für das Finale vielleicht eine mitreißende *cabaletta* geschrieben, und in mancherlei Hinsicht trägt dieses Schlussduett auch Züge einer solchen, was seinen Aufbau betrifft: Ein und denselben Melodieteil singt zuerst Aida, dann Radames, dann singen ihn beide unisono. Dazu kommt, dass es sich um eine sehr schlichte Vertonung handelt, eine sich nur über zwei Takte erstreckende Melodie, die scheinbar unendlich oft wiederholt wird. Der emotionale Überschwang, für den *cabalette* berühmt sind, ist freilich nirgendwo herauszuhören. Das Tempo ist langsam, die zarte Orchesterbegleitung fast durchgehend auf Pianissimo reduziert; noch ungewöhnlicher ist, dass die über zwei Takte gehende Melodie extreme «Ecken» aufweist – eine ungewöhnliche Dehnung am Anfang und ein schwieriges Intervall (eine übermäßige Quarte) in der Mitte.

Dieses Ende ähnelt keinem anderen Verdi-Finale. Auf der einen Seite führt es die Botschaft von «Celeste Aida» weiter, indem es die Figuren gleichsam in der musikalischen Atmosphäre verglühen lässt. Weit davon entfernt, sich mit einer großen Geste zu verabschieden, «zergehen» sie, gefangen in einer rätselhaften Spirale von Wiederholungen und damit im Griff einer weiteren Klischeevorstellung, die der Westen sich von anderen Kulturen gemacht hat. Es könnte freilich sein, dass wir diesem Topos der «Todesbesessenheit» noch einen weiteren, gar nicht in die Ferne schweifenden Aspekt abgewinnen können. Der Text sagt uns, dass die beiden Liebenden Abschied vom Leben nehmen, doch die Musik und der biografische Kontext verweisen auf einen Abschied anderer Art. Verdi hatte seit über einem Jahrzehnt mehrmals gedroht, sich aus der in raschem Umbruch begriffenen, technikgetriebenen Welt der internationalen Oper zurückzuziehen; er hatte seine Laufbahn vor 1860 als «Galeerenjahre»[7] bezeichnet, als sei sein Komponieren Sklavenarbeit für den Opernbetrieb gewesen. Doch irgendetwas hatte ihn in den 1860er Jahren immer wieder in die Opernwelt zurückgeholt. Jetzt, nach *Aida*, machte er seine Drohung wahr: Mit 58 Jahren, auf der Höhe seiner Kunst als Komponist, hörte er auf, Opern zu schreiben. «O terra, addio» – «Leb wohl, o Erde.» Und dann sind da all jene indirekten Anspielungen auf die Blütezeiten der italienischen Oper, als ein Werk wie *Il trovatore* mit seinem reichen Schatz an *cabalette* sogar «im Herzen Afrikas oder Indiens» aufgeführt worden war, wie Verdi selbst stolz verkündet hatte.[8] Das finale Duett in *Aida* war also vielleicht auch ein sehr persönliches Adieu an eine Opernwelt, die nie wieder die alte sein würde.

Otello, *Falstaff* und die unsichtbare Scheidelinie

Der Rückzug Verdis nach *Aida* war dann doch, wie sich herausstellen sollte, lediglich ein verlängertes Sabbatjahr. In den 1880er Jahren sprang der Opernfunke wieder auf ihn über. Ungeachtet des Zeitsprungs besann er sich in seinen beiden letzten Opern, *Otello* (1887) und *Falstaff* (1893), die beide auf Shakespeare-Stoffen basierten, auf alte Gepflogenheiten und Marotten. Er war nun zwar eine internationale Berühmtheit und konnte seine Bedingungen diktieren (was er auch tat), aber beim Komponieren hielt er sich dennoch an althergebrachte Regeln, zum Beispiel indem er auf die Stärken und Schwächen der zur Verfügung stehenden Sänger und Sängerinnen Rücksicht nahm, bis hin zu der Bereitschaft, ihnen zuliebe ganze Passagen umzuschreiben. Er benutzte hin und wieder auch Versatzstücke aus älteren Operntraditionen. Doch solche Elemente der Kontinuität können trügerisch sein. Zwischen *Aida* (1871) und *Otello* (1887) hatte sich die Oper in allen Ländern unaufhaltsam von ihren früher bevorzugten Komfortzonen entfernt. Wir dürfen vermuten, dass Verdi, wie so viele andere Komponisten, irgendwo und irgendwann zwischen diesen beiden Opern eine unsichtbare Linie überschritt.

Was waren die Kennzeichen dieser Grenzüberquerung? Während ihrer ganzen bisherigen Geschichte hatte die Oper ihre jeweilige dramatische Handlung erzählt mittels eines Wechselspiels zwischen Aktion (musikalisch weniger komplex und gestützt auf Formen des Deklamierens) und Reflexion (mit Momenten, in denen die Musik eigene Wege gehen und sich verselbstständigen konnte). Nun aber hatte sich die Oper, auch wenn Spuren und Überreste dieser Dualität weiterhin präsent blieben, zu einem in ständiger Bewegung befindlichen Vehikel entwickelt, bei dem die musikalische Aktivität Betätigungen in allen erdenklichen anderen Bereichen abbildete: vergehende Zeit, Antagonismus und Konfrontation, Freisetzung von Emotionen. Wagner und seine Nachfolger bezeichneten diesen Stil manchmal als «unendliche Melodie», und in mancher Beziehung passt dieser Ausdruck ebenso gut auch auf die Werke des späten Verdi. In *Otello* bietet das lange Duett zwischen Otello (Tenor) und Jago (Bariton) im zweiten Akt ein gutes Beispiel dafür, wie das neue Arrangement funktionierte. Das Duett, in dessen Verlauf Otello allmählich zu der Überzeugung gelangt, dass seine Frau Desdemona (Sopran) eine Ehebrecherin ist, lässt sich nicht ohne Weiteres als eine Arie traditioneller Machart mit kontrastierenden Sätzen kategorisieren. Dafür verschwimmt sie allzu sehr. Es finden sich zwar in der Tat auch Standardnummern in diesem Akt des *Otello* – ein «racconto» («Erzählung») Jagos, eine Choralhymne zu Ehren Desdemonas und ein Quartett –, aber sie sind in rollende musikalische Wellen eingebettet und stellen eher Einlagen dar als Ruhepunkte.

Die stilistischen Veränderungen, die Verdi vornahm, hingen unvermeidlich mit Wagner zusammen, auch wenn Verdi als überzeugter italienischer Nationalist auf Distanz zum Wagnerismus blieb und dessen Verlockungen eine unverblümte Absage erteilte. Andererseits wurde er nolens volens von den neuesten europäischen Trends mitgerissen, und sei es nur aufgrund einer bemerkenswerten Beziehung zu seinem letzten Librettisten Arrigo Boito (1842–1918). Ihre Partnerschaft hatte 1862 begonnen, als die beiden Männer in freundschaftlicher Verbundenheit an einem *Inno delle nazioni* für die zweite große Weltausstellung in London gearbeitet hatten. Ein Jahr später war es jedoch zu einer (angesichts des Generationenunterschiedes eigentlich vorhersehbaren) Entfremdung gekommen, als Boito, ein führender Vertreter der italienischen Bohème (die sich *scapigliatura* nannte), eine Ode «an die italienische Kunst» aus dem Ärmel geschüttelt hatte, in der es hieß, der Altar dieser Kunst sei «befleckt wie die Wand eines Bordells».[9] Verdi hatte das persönlich genommen; einige kühle journalistische Beiträge über Verdi-Reprisen, die Boito in der Folge veröffentlichte, brachten dem jungen Hitzkopf bei Verdi auch nicht gerade Sympathiepunkte ein.

Dieser holprige Beginn einer Beziehung birgt einen Schlüssel: Ein wichtiger Aspekt der Zusammenarbeit zwischen Verdi und Boito liegt in dem Umstand, dass sie unterschiedlichen Generationen angehörten. Verdi war in einer kleinen, noch kaum ausländischen Einflüssen ausgesetzten Welt aufgewachsen, in der neue italienische Werke den Grundstock des Spielplans jedes Opernhauses bildeten und in der große formale Ähnlichkeiten zwischen den einzelnen Opern als normal und akzeptabel galten. In den 1870er und 1880er Jahren ging diese Welt endgültig unter. In dem Maß, wie der italienische Staat einem prekären wirtschaftlichen (und in Verdis Augen auch künstlerischen) Niedergang anheimfiel, wurde der Komponist dünnhäutiger und unduldsamer und hörte auf, neue Opern zu schreiben. Das Problem war just die Generation Boito, die stark beeinflusst war von der französischen *grand opéra* und später von Wagner. Wie sich aus dem «Bordell»-Zitat erahnen lässt, neigten Boito und seine Freunde aus der *scapigliatura* dazu, die italienische Musik der ersten Hälfte des 19. Jahrhunderts – und deren Galionsfigur war nun einmal Verdi – für peinlich provinziell zu halten, für einen Kosmos aus verstaubten Puderquasten und abgeschmackter Realpolitik.

Die Zusammenarbeit der beiden Männer bei *Otello* war Ausdruck dessen, dass Boito im Lauf der 1870er Jahre gesetzter geworden war. Sein eigenes opus magnum, die Oper *Mefistofele*, fiel 1868 in der Mailänder Scala mit Pauken und Trompeten durch. Als er sie sieben Jahre später erneut auf die Bühne brachte, hatte er viele ihrer schärfsten Kanten geglättet und einige für das Opernpublikum leichter verdauliche Wendungen eingebaut. Aber der Generationenunterschied bestand natürlich noch immer. Die Anfangsphase der gemeinsamen Arbeit am *Otello* wurde immer wieder von heftigen Meinungsverschiedenheiten unterbrochen. Ein hartnäckiges Problem war das Ende des dritten Aktes, in dem Otello, rasend vor Eifersucht, in einer Szene, die alle Merkmale eines altmodischen *concertato finale* aufweist, Desdemona öffentlich zur Rede stellt. In seinem ersten auf das Projekt bezogenen Brief an Boito erhob Verdi einige Einwände gegen den Libretto-Entwurf. So bemängelte er etwa das Fehlen eines «dramatischen Elements». Im Anschluss an eine Ensemblenummer, die die Reaktion der auf der Bühne Versammelten auf die Züchtigung Desdemonas durch Otello zum Ausdruck brachte, schlug er eine radikal von Shakespeare abweichende Fortsetzung vor:

> Plötzlich aus der Ferne Trommeln, Trompeten, Kanonendonner usw. usw. … «Die Türken! Die Türken!»… Otello schüttelt sich wie ein Löwe und reckt sich hoch; er schwingt sein Schwert und sagt, an Lodovico gerichtet: «Los! Ich werde euch wieder zum Sieg führen.» … Alle verlassen die Bühne außer Desdemona. … Isoliert und reglos, die Augen gen Himmel gerichtet, betet sie für Otello.[10]

Getreu den Konventionen seiner Opernvergangenheit skizzierte Verdi hier einen äußeren Ablauf, der das musikalische Geschehen vorantreiben und einige Akzente setzen würde, um den musikalischen Bann zu brechen, in den er die Antwort der Gemeinschaft auf den Gewaltausbruch Otellos einweben würde. Boito, für den *Otello* vor allem ein modernes, klaustrophobisches, psychologisches Drama war, fiel aus allen Wolken:

> Otello ist wie ein Mann, der unter einem Inkubus im Kreis läuft. … Wenn wir uns etwas einfallen lassen, das [ihn] unbedingt aufscheuchen und von diesem Inkubus ablenken muss,… machen wir die ganze finstere Faszination zunichte, die Shakespeare aufgebaut hat. … Dieser Angriff der Türken ist wie eine Faust, die das Fenster eines Zimmers einschlägt, in dem zwei Menschen gerade am Ersticken sind.[11]

Die dekadente Metaphorik eines «unter einem Inkubus im Kreis laufenden» Otello und noch mehr eines dem gemeinsamen Erstickungstod entgegensehenden Liebespaars (das eher an *Tristan* erinnert als an *Aida*) ist verräterisch. Für Boito spielte sich das Drama im Wesentlichen im Inneren der Figuren ab, in der Sphäre dessen, was die Wagnerianer gerne das «innere Drama» nannten. Das Interessanteste an dieser Kontroverse ist indes, dass Verdi – der im Umgang mit seinen Librettisten stets als ein ausgemachter Tyrann gegolten hatte – sich von Boito umstimmen ließ und sich dessen Auffassung vom modernen Drama anvertraute. Damit nicht genug, nahm er sich als Tribut an dieses Vertrauen nichts Geringeres vor, als seine eigene opernmusikalische Sprache neu zu erfinden, eine musikalische Ausdrucksweise von ungekannter Flexibilität und schneller Wandelbarkeit zu suchen. Vorsichtig – und nicht ohne sich viele Male ängstlich nach hinten umzublicken – machte Verdi sich auf den Weg zu der unsichtbaren Scheidelinie und setzte über sie hinweg.

Im gemeinsamen Ringen Boitos und Verdis um Übereinstimmung gab es eine Brücke der Gemeinsamkeit. Boito sah getreu seiner angestammten Auffassung von Modernität (die auch eine gewisse Prägung durch Wagner einschloss) in Opernfiguren vor allem abstrakte Symbole. «Jago è l'invidia», schrieb er in einer an die Öffentlichkeit gerichteten Beschreibung der Charaktere – «Jago ist der Neid.»[12] Desdemona war nicht bloß Frau, sondern auch ein Symbol weiblicher Reinheit. Man könnte denken, dass nichts weiter von Verdis pragmatischer Theaterauffassung entfernt sein könnte als eine so abstrakte, mit Bedeutung überladene Konzeption. Doch dann offerierte der Komponist in einem späteren Brief über *Otello* eine eigene bemerkenswerte Interpretation der drei Hauptfiguren:

> Die Desdemona ist eine Partie, in der der Faden, die Melodielinie nie abreißt, von der ersten Note bis zur letzten. So wie Jago nur deklamieren und *ricaner* (feixen) muss, und so wie Otello, einmal der Krieger, einmal der leidenschaftliche Liebende, einmal am Boden zerstört … und einmal brutal wie ein Barbar, singen und skandieren muss, so muss Desdemona immer, immer singen.[13]

Der Brief ist faszinierend, weil er den Schluss nahelegt, dass Verdi sich die Vorliebe Boitos für das Symbolische und das Innerliche zu eigen und für sich fruchtbar gemacht hatte – in diesem Fall, indem er aus dem gewalttätigen Konflikt zwischen den Figuren eine Parabel über die gewaltigen Umbrüche im Musikdrama des italienischen Fin de siècle destilliert hatte. Die Protagonisten der Oper verkörpern musikalisch die gegensätzlichen Anforderungen des Gesangs und der Deklamation. Jago, der moderne Mann, ist einer, der ausschließlich deklamiert – wenn er einmal schön singt, dann nur, um zu täuschen. Desdemona dagegen ist eine Symbolgestalt jener untergegangenen Zeit, als der Belcanto das Gravitationszentrum war, in dem die Fäden des Musiktheaters zusammenliefen. Otello sieht sich, wie Verdi selbst, festgezurrt in einem qualvollen Spreizschritt zwischen Neuem und Altem. Trotzdem oder vielleicht auch gerade deshalb gelang es dem alternden Komponisten, sich zu erneuern und im Kampf der Persönlichkeiten, der in dieser Oper tobt, seinen eigenen kreativen Kampf symbolisch abzubilden.

Unabhängig davon, was Verdi beabsichtigte, konnte es nicht ausbleiben, dass *Otello* und später auch *Falstaff*, seine letzte Oper und sein einziges komisches Werk seit *Un giorno di regno* («König für einen Tag», 1840, ein durchgefallenes Jugendwerk), mit Wagner verglichen und in diesem Licht beurteilt wurden. Für die Zeitgenossen war Verdi der Mann von gestern, Wagner der Pionier, der den Weg in die Zukunft wies. Manche schwammen gegen den Strom und erklärten, Verdi habe einen tapferen Konter gegen Wagners Wolkigkeit und sein Teutonentum gesetzt. Der französische Kritiker Camille Bellaigue nannte *Falstaff* «ein Meisterwerk von lateinischer, klassischer Genialität».[14] Boito demonstrierte stolz seine Vertrautheit mit der zeitgenössischen deutschen Philosophie, indem er, den Faden der Kritik Nietzsches an Wagner aufnehmend, schrieb: «Der menschliche Geist muss ‹mediterranisiert› werden; nur dort wohnt wahrer Fortschritt.»[15] Die meisten Zeitgenossen gelangten jedoch, weil die Opern so anders waren als die Musik, die Verdi früher geschrieben hatte, zu dem Schluss, er habe kapituliert. Der berühmte Musikwissenschaftler Hugo Riemann gehörte zu denen, die so dachten. «Ein bedeutsamer Stilwandel unterscheidet den ‹späten› Verdi von den Werken seiner mittleren Periode», schrieb er 1901. «Das lässt sich, offen gesagt, auf den Einfluss Richard Wagners zurückführen.»[16] Verdi war es inzwischen gewohnt, mit solchen Meinungen konfrontiert zu werden – etwa mit der vorwurfsvollen These, der Wagnerismus habe schon zum Zeitpunkt der Pariser Uraufführung des *Don Carlos* 1867 Besitz von ihm ergriffen –, aber er wurde nie müde, sich darüber zu ärgern. Wie er einmal anmerkte, war es bitter, nach 40 Jahren Arbeit für die Oper als Imitator hingestellt zu werden.[17]

Doch wie dachte Verdi über Wagner? Angesichts so vieler polemischer Pfeile, die hin und her flogen, fällt es schwer – selbst nach mehr als 100 Jahren – zu einem ausgewogenen Urteil zu kommen. Betrachten wir den berühmten Brief Verdis an seinen Verleger Giulio Ricordi. Er trägt das Datum des 14. Februar 1883; einen Tag vorher war Wagner in Venedig gestorben:

> Traurig. Traurig. Traurig!
> Wagner ist tot!
>
> Als ich die Nachricht gestern gelesen habe, hat sie mich mit Schrecken erfüllt. Diskutieren wir nicht darüber. – Eine große Persönlichkeit ist nicht mehr! Ein Name, der in der Geschichte der Kunst die denkbar mächtigste Spur hinterlässt![18]

Dieser Brief, auf den ersten Blick eine simple Bekundung von Betroffenheit, entpuppt sich bei näherem Hinsehen als mit Merkwürdigkeiten gespickt. Die melodramatische Anfangszeile («Triste. Triste. Triste! Wagner è morto!») liest sich wie der Anfang einer großen Wehklage-Arie, noch dazu da das Wort «triste» klangliche Assoziationen an Wagners berühmteste Oper weckt. Im weiteren Verlauf verrät seine unsichere Suche nach den richtigen Worten echte Betroffenheit und Verwirrung. Am aufschlussreichsten ist jedoch der Schlusssatz. Das handschriftliche Original zeigt, dass Verdi zunächst «un'impronta poderosa» schrieb, dann aber das Adjektiv durchstrich und «poderosissima» («mächtigste») darübersetzte. Wie bedeutend war Wagner? Verdi war sich offenkundig nicht sicher, welche Stufe des Lobes die richtige sei.

Als im weiteren Verlauf der 1880er Jahre der Wagnerismus immer weiter um sich griff, verfestigte sich Verdis Urteil über den deutschen Erneuerer. Immer wieder meldete er sich mit Kritik an dem «wagnerianischen» Stil zu Wort, der zu einer paneuropäischen Bewegung geworden war und auch den jungen italienischen Komponisten den Kopf verdreht hatte. Um eine seiner typischen Jeremiaden aus den späten 1880er Jahren zu zitieren:

> Unsere jungen italienischen Komponisten sind keine guten Patrioten. Wenn die Deutschen von Bach ausgehend zu Wagner gelangt sind, so tun sie das als gute Deutsche, und das ist in Ordnung. Aber wenn wir Nachkommen von Palestrina Wagner nachahmen, so begehen wir ein musikalisch-patriotisches Verbrechen und tun etwas Unnützes, wenn nicht gar Schädliches.[19]

Das war nur eine von vielen Äußerungen dieser Art. Im Verlauf seiner letzten 30 Lebensjahre beklagte sich Verdi in Briefen und öffentlichen Verlautbarungen ständig über den Einfluss des Wagnerismus auf junge Italiener, über die Gefahren einer zu großen harmonischen und orchestralen Komplexität und namentlich über die Irrtümer von Komponisten (darunter Puccini), die sich aufs Glatteis des «sinfonischen» Stils hatten locken lassen. Sie sollten, mahnte der Meister, zu ihren nationalen Wurzeln zurückkehren, den Kontrapunkt studieren, sollten Palestrina und die großartige italienische Choraltradition verehren.

Das war die Stimmungslage, aus der heraus *Otello* und *Falstaff* entstanden, und die Umstände ihrer Geburt hinterließen bei ihnen Muttermale. *Falstaff* zum Beispiel beginnt und endet mit ironischen Streiflichtern auf zwei wichtige Säulen der «akademischen» Musik. Die ersten Minuten der Oper gestaltete Verdi in Form einer sinfonischen Sonate; zu Beginn jedes neuen Abschnitts steuert Falstaff (Bassbariton) einen lakonischen Kommentar bei: «Ecco la mia risposta» («Hier ist meine Antwort») am Anfang des zweiten Themas, «Non è finita!» («Es ist nicht zu Ende!») zu Beginn der Exposition; zur Coda gibt es sogar ein «Amen». Im Licht der Kritik Verdis am «Sinfonismus» (will sagen, Wagnerismus) vieler junger italienischer Opernkomponisten verströmen diese Textfragmente eine reiche Ironie. Noch deutlicher treten die ironischen Momente bei der Fuge hervor, mit der die Oper endet (und die, wie wir aus Briefen Verdis wissen, sein erster musikalischer Einfall für diese Oper war). «Tutto nel mondo è burla» («Alles ist Spaß auf Erden») mag wie ein passender Schlusssatz unter Verdis lange Karriere anmuten, ist aber auch eine zugespitzte Mahnung an die jüngere Generation: Der Kontrapunkt ist unser italienisches Vermächtnis, kehrt zu Palestrina zurück und findet eure Erlösung. Andere Verbindungslinien sind dünner. *Falstaff* ist in höherem Maße chromatisch als alle anderen Verdi-Opern, zugleich ist seine Musik gesättigt mit Kadenzen, die beständig durch unverkennbare Gesten musikalischer «Heimkehr» eingekerbt werden. Ein damit verwandtes Phänomen des Werks ist der Kontrast zwischen der Auflösung der Form und den besagten häufigen Gesten musikalischer «Heimkehr» – rauschende orchestrale Höhepunkte, die zu überwältigen scheinen, was sie zum Abschluss bringen. War das auch als Anspielung gedacht? Bald nach Beendigung seiner Arbeit an *Falstaff* machte Verdi sich in einem Brief an einen Freund über die «moderne» (alias wagnerianische) Schule und ihren melodischen Stil lustig: «Eine moderne Melodie [ist] eine jener schönen [Melodien], die weder Anfang noch Ende haben und in der Luft schweben wie das Grab Mohammeds.»[20] Steckt auch in diesen emphatischen, triumphalen Kadenzen eine Aussage über den Zustand der Opernwelt?

Vielleicht ist diese Ineinssetzung von Musik und Politik zu simpel. Sympathisanten der deutschen Schule erkennen in *Otello* und *Falstaff* den Einfluss Wagners; ihre Kontrahenten sehen in beiden Opern dagegen Bollwerke gegen die Flut des Wagnerismus. Müssen wir solche Uralt-Streitigkeiten fortsetzen? Es besteht schließlich ein bedeutender Unterschied zwischen dem Werk Wagners und dem Wagnerismus – zwischen den Opern und der Botschaft, für die sie herhalten mussten. Verdi fürchtete diese Botschaft sicherlich und setzte sich gegen sie zur Wehr, insbesondere gegen überzogene Forderungen nach «sinfonischer» Opernmusik. In einem seiner berühmtesten Briefe, wieder an Ricordi, richtet er Ermahnungen an die Adresse seines berühmtesten italienischen Nachfolgers:

> Ich habe über den Musiker Puccini Gutes gehört. ... Er hält sich an moderne Tendenzen, und das ist nur natürlich, aber er hält auch Fühlung zur Melodie, was weder modern noch altväterlich ist. Es scheint jedoch, dass das sinfonische Element bei ihm dominiert. Er muss hier vorsichtig vorgehen. Oper ist Oper, Sinfonien sind Sinfonien; und ich glaube nicht, dass es gut ist, in einer Oper ein sinfonisches Element zu haben, nur weil man Freude daran hat, das Orchester zum Tanzen zu bringen.[21]

Verdis Briefe über Wagner haben einen anderen Zungenschlag, künden von einem gemeinsamen Anliegen und von aufrichtiger (wenn auch nicht ungetrübter) Bewunderung und Verständnis. Hat diese versöhnliche Haltung ebenfalls Spuren in Verdis letzten Opern hinterlassen?

Manche Musikologen haben Resonanzen zwischen den Schlüssen des ersten Aktes von *Falstaff* und *Die Meistersinger* entdeckt;[22] was man deutlich heraushört, ist, dass Verdi sich hier jenes Ecksteins der Wagner'schen Kompositionstechnik bedient, des wiederkehrenden Motivs. Zwar hatte er diesen Kunstgriff auch in vielen seiner früheren Opern angewandt, aber typischerweise auf eine sehr «unwagnerianische» Weise. Musikalische Ideen wie das «Fluch-Thema» im *Rigoletto* stehen ohne Verbindung zu ihrem Kontext da; sie kommunizieren übersetzbare Bedeutungen, gerade weil sie Ausnahmeerscheinungen sind. In *Falstaff* bedient sich Verdi einer anderen Technik: Ford (Bariton) hat im ersten Teil des zweiten Aktes einen imposanten Monolog, «È sogno? O realtà» («Ist es ein Traum? Oder Wirklichkeit?»), dessen musikalische Textur weitgehend aus durcheinandergewürfelten Bruchstücken bereits gehörter Musik besteht. Die psychische Verfassung des Singenden geht aus dem, was das Orchester spielt, ebenso deutlich hervor wie aus dem, was er singt. Ein weiteres Beispiel findet sich am Anfang des dritten Akts, wo Falstaff einen außergewöhnlichen Monolog hat, in dem er den tiefsten Grund der Verzweiflung erreicht, um sich dann Schritt für Schritt wieder aufzubauen (mit etwas Nachhilfe aus dem Weinglas) und sich auf das nächste Kapitel seines Lebens vorzubereiten. Am Tiefpunkt angelangt, nimmt er mit brutaler Ehrlichkeit sich selbst ins Visier: «M'aiuti il ciel! Impinguo troppo. Ho dei peli grigi» («Gott helfe mir! Ich werde dick, und mein Haar ergrauet.») Diese traurige Litanei singt er in einem schmucklosen, erschöpften Rezitativ, vom Orchester nur mit einer düsteren chromatischen Figur im Bass begleitet – die Töne wandern gleichsam tonlos dahin, so wie Falstaff für einen Augenblick jede Energie und Zielstrebigkeit eingebüßt hat. Diese kleine Figur ist offensichtlich ein Zitat, mehr oder weniger identisch mit einem der Klingsor-Motive aus Wagners letzter Oper *Parsifal*. Welchen Sinn kann sie haben, hier mitten in *Falstaff*? Das Libretto gibt keinen expliziten Hinweis. Vielleicht handelt es sich nur um eine dieser zufälligen Ähnlichkeiten, die die Musik von Zeit zu Zeit bereithält, zu unserem Befremden oder Entzücken. Vielleicht ist es aber auch ein Geheimcode, den wir entschlüsseln oder verstehen sollen, ein in Musik umgesetztes «Triste. Triste. Triste! Wagner è morto!»

Einen gewissen Einblick in Verdis letzte Lebensjahre eröffnen uns erhalten gebliebene Fotografien – weißer Bart, weises Schmunzeln, zerbeulter Hut. Oft hat man diese Phase seines Lebens als seinen Altweibersommer bezeichnet. Auch wenn die Opernwelt sich verändert hatte, konnte sich der betagte Komponist mit einigen seiner althergebrachten schöpferischen Ideen und Gewohnheiten bis zuletzt behaupten. Eine davon war die Praxis, schöpferische Kraft aus den stimmlichen Möglichkeiten von Sängern und Sängerinnen zu saugen. In einem späten Stadium seiner Arbeit an *Falstaff* ließ er eine Kandidatin für die Rolle der Mistress Quickly vorsingen, Giuseppina Pasqua (1855–1930). Er fand ihre Stimme so wunderbar, dass er für sie schnell noch eine winzige Arie im zweiten Akt schrieb («Giunta all'albergo»). Es gibt – wichtiger noch – zahlreiche Anhaltspunkte dafür, dass die Rollen des Jago und des Falstaff nicht so wären, wie sie sind – mit ihren plötzlichen Stimmungsumschwüngen, ihren entwaffnenden Gefühlsausbrüchen und vor allem mit ihrer manchmal unheimlichen Art, andere Figuren zu imitieren –, ohne das bemerkenswerte komödiantische Talent des Schöpfers dieser Rollen, des Bassbaritons Victor Maurel (1848–1923).[23] Aufnahmen, auf denen Maurel mit «Era la notte» (*Otello*, zweiter Akt) und «Quand'ero paggio» (*Falstaff*, zweiter Akt) zu hören ist, sind heute zugänglich und belegen sein bemerkenswertes Talent für gesangliche Persiflage. Die Art und Weise, wie er bei «Desdemona soave» den Finsterling gibt, lässt einen noch heute, über 100 Jahre nach dem Entstehen der Aufnahme, erschauern.

Nach *Falstaff* (1893) schrieb Verdi noch einige schöne religiöse Werke (gesammelt als *Quattro pezzi sacri* erschienen), aber seine Welt wurde unaufhaltsam kleiner. Seine Gefährtin seit rund 50 Jahren, Giuseppina Strepponi, starb im November 1897 nach langer und qualvoller Krankheit an einer Lungenentzündung; in ihrem Testament äußerte sie die Hoffnung, Verdi im Himmel wiederzusehen. Einige sehr traurig gestimmte Briefe an die Sopranistin Teresa Stolz sind erhalten geblieben, mit der er in der düsteren, opernlosen 1870er-Dekade ein enges, vielleicht intimes Verhältnis gepflegt hatte. Einer der letzten wurde geschrieben, als er 87 und sie 66 Jahre alt war:

> Wir hatten einige herrliche Stunden, aber sie waren zu kurz. Und wer weiß, wann auch nur so kurze Stunden wiederkommen werden! Ach, das Leben eines alten Mannes ist wirklich unselig! Selbst ohne echte Krankheiten ist das Leben eine Last, und ich spüre, dass Vitalität und Kraft nachlassen, an jedem Tag mehr als am vorherigen. Ich stelle das an mir fest und habe nicht den Mut und den Elan, mich mit irgend etwas zu beschäftigen. Liebe mich innig und immer, und glaube an meine Liebe, die groß ist, sehr, sehr groß und sehr wahr.[24]

Verdi beklagt den Verlust von Vitalität und Kraft, Mut und Elan – jener Qualitäten, die er im Dienst des musikalischen und dramatischen Ausdrucks so großzügig ausgeteilt hatte. Ganz zum Schluss findet sich auch eine zärtliche Bekundung der Liebe und Loyalität. Am beeindruckendsten von allem ist jedoch die kompromisslose Ehrlichkeit des alten Mannes, der willens war, dem, was eine sich verändernde Welt für ihn bereithielt, geradewegs ins Auge zu schauen.

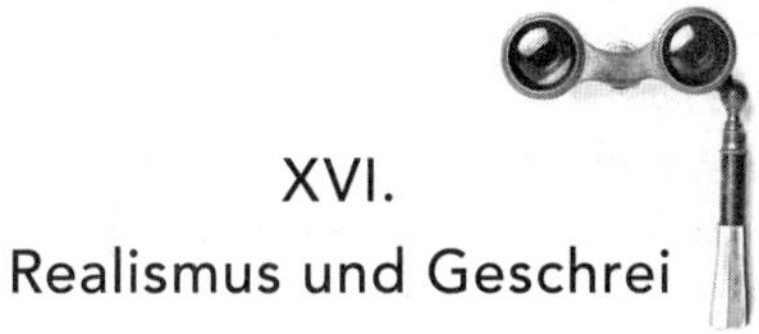

XVI. Realismus und Geschrei

La traviata und *Carmen*: Beide sind auf ihre Art realistisch. Nach *Carmen* wurde «Realismus» im späten 19. Jahrhundert das Modewort der Opernwelt – in mehreren Ländern fast zur gleichen Zeit. Angesichts der großen Unterschiede zwischen verschiedenen Ausprägungen der Oper, die alle «unter der Realismus-Flagge» segelten, sollten wir uns freilich davor hüten, den Begriff allzu wörtlich zu nehmen. Die Oper ist, wie wir im Einleitungskapitel dargelegt haben, in einem grundlegenden Sinne unrealistisch – Opernfiguren besorgen ihre Angelegenheiten, indem sie singen, anstatt zu sprechen. Noch komplizierter wird die Sache dadurch, dass das Konzept des Realismus in der Kunst bekanntlich problematisch ist, selbst in der Literatur und in der bildenden Kunst, und zwar trotz seiner langen Geschichte und seiner offensichtlichen Strahlkraft in diesen Genres. Linda Nochlin benennt gleich am Anfang ihrer klassischen Geschichte des künstlerischen Realismus im 19. Jahrhundert als eine «grundlegende Ursache für die Begriffsverwirrung», das «zwiespältige Verhältnis zu dem höchst problematischen Begriff der Realität».[1] Im Falle der Oper – wie überhaupt bei allen mit Musik verbundenen künstlerischen Genres – werden diese Probleme noch vertrackter. Dennoch tauchte die Losung «Realismus» in der Geschichte der Oper immer wieder auf, gewöhnlich als Kampfbegriff im Zuge von Kampagnen gegen die stilistischen Errungenschaften von gestern sowie als Mittel der Wahl in dem immer wieder unternommenen Versuch, die Oper zu reformieren, zu disziplinieren, ihr Zügel anzulegen, sie von den Auswüchsen zu reinigen, zu denen sie sich angeblich verstiegen hatte. Das späte 19. Jahrhundert bildete keine Ausnahme, im Gegenteil: Der Begriff Realismus wurde wie nie zuvor in den Dienst der «Sache» gestellt. Ein Grund dafür war, dass die Opernrebellen des späten 19. Jahrhunderts so viele Schlagwörter und Kampfbegriffe wie nur möglich aufbieten wollten, um sich von der unmittelbaren Vergangenheit zu distanzieren. Das Gestern, gegen das sie zu Felde zogen, saß ihnen im Nacken, übermächtig wie nie zuvor, in Gestalt dreier Schatten, geworfen von drei Giganten: Giacomo Meyerbeer, Giuseppe Verdi und – der größte und dunkelste von allen – Richard Wagner.

Die Idee des Realismus spielt in der Geschichte der Oper also eine bedeutende Rolle, wobei Realismus freilich immer ein relativer Begriff mit potentiell vielen Schattierungen ist. So könnte er sich beziehen auf die Schauspielkunst – darauf, dass etwa ein Sänger ganz mit der Figur verschmilzt, anstatt einfach nur in einem Kostüm zu schauspielern. Sowohl Wagner als auch Verdi kämpften leidenschaftlich für Reformen, die in diese Richtung wiesen. Sänger und Sängerinnen sollten, so forderten sie, in ihrer Rolle aufgehen, sollten zu den Figuren *werden*, die sie spielten, so dass das Publikum sich der Illusion hingeben konnte, die auf der Bühne dargestellte Welt sei wirklich und wichtig. Allein, auch in diesem Punkt sind Einsprüche angebracht: Forderungen nach darstellerischer Intensität (oder Lob dafür) gab es auch schon vor dem späten 19. Jahrhundert; man findet sie beispielsweise in kritischen Äußerungen zu den singenden Schauspielerinnen, die sich im 18. Jahrhundert in der französischen *tragédie lyrique* tummelten.

Es gab andere Formen des Realismus, die die prinzipielle «Eigentümlichkeit» der Oper aufs Korn nahmen. Ein Kritikpunkt war und ist die Bühnenzeit, insbesondere die «angehaltene» Zeit in Arien (oder Teilen davon), in denen nur gesungen wird und sonst nichts passiert. In den meisten vor Ende des 19. Jahrhunderts entstandenen Opern gibt es Stellen, an denen die Handlung (oder der verbale Austausch) zum Stillstand kommt und sich alle Energie auf die Musik konzentriert. Die Vorstellung geht weiter, aber auf der Bühne ist die Zeit angehalten. Man könnte sich vorstellen, dass in solchen Momenten des Stillstandes eine Art von psychologischer Wahrheit waltet – wir alle wissen von Momenten äußerster Glückseligkeit oder bei einem extremen Schock, dass die Welt scheinbar für kurze Zeit stillstehen kann. Eine Opernszene kann uns einen solchen Moment bescheren, indem sie einen Raum für ein großes musikalisches Erlebnis öffnet, das mehrere Minuten ausfüllen wird. Wagner lotete das radikaler aus als jeder andere. Er erkannte, dass Glücks- und Schockzustände seiner Figuren sich fast endlos dehnen ließen, ohne dass man zwangsläufig das Bühnengeschehen einfrieren musste. In *Tristan und Isolde* erleben wir ein kontinuierliches Fortschreiten intensiver Gefühlszustände; es ist eine Oper, die, um einen berühmten Ausspruch ihres Komponisten zu zitieren, die Kunst des Übergangs exerziert.[2]

Wagner war nicht der Einzige, der versuchte, durch eine möglichst kontinuierliche Abfolge von Dialogen und Aktion die Bühnenzeit zu reorganisieren. Er reduzierte die ins Libretto eingebauten Spielräume für den von Solisten oder Ensembles einzubringenden «poetischen Ballast». In einem größeren oder geringeren Grad standen alle Komponisten des späten 19. Jahrhunderts unter dem Druck, für ununterbrochene Aktion sorgen zu müssen. Im vorigen Kapitel haben wir darüber gesprochen, wie Verdis letzte Opern, *Otello* und *Falstaff*, eine unsichtbare Scheidelinie überschritten, wie sie das Verhältnis zwischen «Nummer» und «Dialog» neu bestimmten, indem sie das erste zu einer Einlage im Verlauf des zweiten machten anstatt zu einem unvermeidlichen Endpunkt. Es war ein Wandel, der in erster Linie die Soloarie in Frage stellte, die seit mehr als 200 Jahren Grundbaustein der Oper gewesen war, jetzt aber zu einem Ereignis mit Ausnahmecharakter wurde. Große Duette und noch größere Ensembles, die Raum für offenere Formen der musikalischen Konversation schufen, verdrängten unaufhaltsam die Soloarien. Und die Entwicklung von Arien zu Duetten, von der monologischen zur dialogischen Oper, ging oft Hand in Hand mit der allmählichen Tolerierung von Prosatexten anstelle von Versdichtung. Auch in dieser Beziehung betätigte sich Wagner als Schrittmacher, insbesondere in seiner vierteiligen Opernextravaganz *Der Ring des Nibelungen* (1876). Mit seinem marschierenden Heer von dünkelhaften Göttern, Schwerter zückenden Helden, herumtollenden Wassernixen und schwitzenden Zwergen konnte der *Ring* schwerlich den Anspruch erheben, realistisch zu sein, jedenfalls was seine Figuren und die erzählte Geschichte betraf. Andererseits ist er weitaus realistischer als beispielsweise Verdis *Rigoletto* (uraufgeführt 1851, etwa zu dem Zeitpunkt, als Wagner die Musik für den *Ring* zu komponieren begann), insofern als bei Wagner das Bühnengeschehen innerhalb der einzelnen Szenen ohne nennenswerte Unterbrechungen voranschreitet. Diese Innovationen veränderten das musikalische Gepräge der Oper grundlegend, ebenso das Verhältnis zwischen Musikzeit und Erzählzeit, die tendenziell in einem Kontinuum zusammenflossen.

Ein musikalischer Realist war Wagner auch mit seiner Liebe zu Geräuschen oder zum «natürlichen Klang», wie er es vermutlich ausgedrückt hätte. Szenische Musik – Musik, die bühnentechnische Effekte oder Bühnenbilder illustriert – hatte es in der Oper seit längerem gegeben. Sie hatte sich jedoch in der Regel an Konventionen gehalten, die für eine vom Publikum leicht nachvollziehbare Beziehung zur dargestellten Welt sorgten. Rossini arbeitet in seiner Hirtenmusik in *Guillaume Tell* (1829) mit Nachahmungen realer Klänge (etwa der Hörner schweizerischer Kuhhirten), um Lokalkolorit zu erzeugen; aber in den meisten Fällen funktioniert eine solche illustrative Musik dann, wenn sie als musikalischer Code mit den Emotionen spielt, die pastorale Szenen gewöhnlich beim Zuschauer hervorrufen – Friedenssehnsucht, Freude an einfachen und zeitlosen Dingen, Entspannung. Wagner arbeitete häufig auf diese Weise «beschwichtigend». Das orchestrale Zwischenspiel im ersten Akt der *Götterdämmerung* (1874), zwischen der ersten und der zweiten Szene (als Siegfrieds Rheinfahrt bekannt), ist vor allem deswegen als geographische Exkursion durch eine Landschaft zu erkennen, weil seine Leitmotive – Siegfrieds Hornsignal, das mit Brünnhildes Verbannungsort assoziierte Feuermotiv, die Rheinmusik – stark an traditionelle musikalische Untermalungen zu Jagd-, Feuer- und Wasserszenen erinnern.

Es gibt aber auch direktere Mittel, um Schauplätze der Handlung musikalisch zu identifizieren: durch das Imitieren von Naturgeräuschen ohne weitere musikalische Beigaben. Ein Beispiel dafür ist die ungebärdige Musik – mit minimaler Distanz zu dem, was illustriert werden soll –, die wir in der Pilgerszene im ersten Akt von Wagners *Tannhäuser* hören. Ein weiteres Beispiel liefert *Der fliegende Holländer* (1843), in dem musikalische Ungewitter sowohl in elementarer als auch in symbolischer Qualität ausbrechen; sie zeichnen sich nicht nur durch konventionelle Tremoli in Moll aus, sondern imitieren das pfeifende Wüten des Sturms (mit Flöten und Piccolo) oder das Krachen des Donners (mit hart geschlagenen Pauken). Verdi verstand sich auf diese Kunst ebenso gut. Für die Gewitterszene im letzten Akt von *Rigoletto* erzeugte er durch den Einsatz entfernter menschlicher Stimmen, die mit geschlossenem Mund singen, den unheimlichen Effekt brausender Windböen. Im dritten Akt von *Aida* beschwört die Musik so etwas wie eine lärmende Stille herauf (in einer Sternennacht am Nilufer), indem gedämpfte Streicher einen einzelnen Ton in mehreren Oktavlagen spielen, mit Pizzicati, Tremoli und Obertönen. Im Umgang mit der menschlichen Stimme zeigte sich Wagner manchmal noch zupackender: Es kam vor, dass er seine Sänger anwies, zu brüllen – nicht etwa einen in der Partitur als Ton vorgegebenen Schrei zu singen, sondern einen echten Schrei auszustoßen, wie um die Grenzen der Musik zu durchschlagen. Das war eine ebenso radikale Lösung wie irgendeine seiner berühmteren Innovationen. Geschrei oder Lärm können in der Oper Machtgleichgewichte durcheinanderwirbeln, können sowohl das Singen verändern als auch die Art und Weise, wie Musik für die Oper komponiert wird.

Schieres Getöse und eine Absage an das Anhalten der dramatischen Zeit waren also die Vorboten des Realismus in der Oper. Schon bevor die Librettisten zu Prosatexten übergingen und die Bewohner großstädtischer Elendsviertel als bevorzugte Protagonisten entdeckten, signalisierten Naturklänge und fortlaufender Dialog einen fundamentalen Wandel. *Boris Godunov* (1869, überarbeitet 1874) vom russischen Komponisten Modest Musorgskij (1839–1881) ist in diesem Sinn eines der ersten und radikalsten Realismus-Experimente des späten 19. Jahrhunderts. Die Musikära, von der Musorgskij geprägt wurde, war die Phase zwischen 1830 und 1850, in der sich mehrere bewusst nationale Operntraditionen herausbildeten, namentlich in Russland, Polen und in mehreren Teilen des Habsburgerreichs, vor allem in Ungarn. In allen diesen Ländern gab es seit dem frühen 18. Jahrhundert lokalsprachliche Opern, doch war die Entstehung einer «nationalen Oper», ähnlich wie in Italien und Deutschland, eng mit dem Prozess der kulturellen Nationwerdung verbunden, der maßgeblich von einer wachsenden Mittelschicht vorangetrieben wurde. In einigen Fällen lassen sich Schlüsselwerke identifizieren, an deren Fersen sich – weniger weil sie den einen oder anderen Tropfen Balsam in die Volksseele träufelten als durch die Umstände ihrer Aufführung im Umfeld bestimmter politischer Ereignisse – gleichsam eine Schleppe aus musikalischen und literarischen Topoi heftete, die das Zeug hatten, als nationale Symbole zu fungieren. Es ist wichtig, sich den Prozess zu vergegenwärtigen, der oft missverstanden wird: Die Komponisten dieser Opern griffen im Regelfall nicht etwa einen bereits bestehenden Fundus an nationalem musikalischem Material auf, sondern *schufen* dieses Material. Zu «nationalen Werken» wurden sie (wie einige Opern Verdis in Italien) durch kumulative Akte nationaler Aneignung.

Ein gutes Fallbeispiel bietet der früheste dieser Schöpfer von «nationalen» Opern in Russland, Michail Iwanowitsch Glinka (1804–1857). Sein *Schisn' sa zárja* (*Ein Leben für den Zaren*, 1836), recht bombastisch als «patriotische heroisch-tragische Oper» bezeichnet, ist in mehrerlei Beziehung eine «Rettungsoper» im Stil von Cherubinis *Les Deux Journées* (1800) und weist mehr als nur einen Anflug von Rossini-Flair auf, der zweifellos aus den Italienreisen Glinkas in den 1830er Jahren herrührte. Um die Figur des Iwan Susanin herumgesponnen, eines russischen Bauern, der im 17. Jahrhundert gegen eine polnische Invasion kämpft, nimmt die Oper an einer oder zwei Stellen volksmusikalische Anleihen, doch im übrigen geht das meiste dessen, was an ihr russisch wirkt, auf die Tradition der großstädtischen Salonmusik zurück. Das Neuartige an diesem Werk Glinkas war die Art und Weise, wie dieses Material, das in früheren Opern oft genug als «Lokalkolorit» eingesetzt worden war, in den Kernzonen des Dramas angesiedelt ist, auch und gerade an seinen Höhepunkten. Dass *Schisn' sa zárja* innovativ und wichtig war, sprach sich schnell herum, und bis heute gilt die Oper als bedeutende Wendemarke in der Geschichte der russischen Musik. Glinkas zweite Oper, *Ruslan i Ljudmila (Ruslan und Ljudmila,* 1842), konnte nie an den Erfolg der ersten anknüpfen, wurde jedoch gehörig nachgeahmt von späteren russischen Komponisten, die ihre märchenhaften und orientalischen Motive weiterentwickelten.

Vergegenwärtigt man sich diesen Kontext, so klingt Musorgskij radikaler denn je. Die zweite Szene von *Boris Godunov* beginnt mit Glocken – nicht mit realen Glocken, sondern mit ihrer unerschrockenen Imitation, einer Abfolge funktional unzusammenhängender Akkorde (basierend auf einer nicht-tonalen Ansammlung von Tönen der sogenannten oktatonischen Reihe, derer sich fortschrittliche Komponisten des 20. Jahrhunderts wie Bartók und Strawinsky mit Vorliebe bedienten). Diese dissonanten Klänge muten für ein Stück aus dem Jahr 1869 außerordentlich fremdartig an; im Rahmen der musikalischen Grammatik der Zeit ergeben sie wenig Sinn. Ihr einziger Sinn besteht darin, dass sie einen realen Klang imitieren, nämlich das tiefe Wummern von Kirchenglocken, die bei feierlichen Gelegenheiten geläutet werden und die eben genau solche Dissonanzen, überlappende Tonfrequenzen und Obertöne erzeugen. Musorgskij versucht gar nicht erst, den Klang zu verschönern. Wenig später erklingen auch *reale* Glocken, was die Botschaft explizit macht. Die als Eröffnung gespielten oktatonischen Glocken-Akkorde mit ihrer unbestimmten musikalischen Bedeutung bewegen sich auf der Grenze zwischen Musik und Glockengeläut, wie man es im Alltag hört. Musorgskijs Glocken waren, anders gesagt, Vorboten dessen, was das Fin de siècle bringen würde. Wagner, der die zu seiner Zeit noch obskure russische Oper nicht kannte, kreierte für den dritten Akt des *Parsifal* seine eigene Spielart eines atonalen Glockenklangs: Die grausamen Stimmen der Gralsritter klagen Amfortas in läutenden, dissonanten Tonwellen an, die wie eine Kreuzung zwischen Glockengeläut und einem liturgischen Choral der unheimlicheren Art anmuten.

In *Boris Godunov* markiert das Dröhnen der Glockenmusik einen der vielen Momente, die Musorgskijs Vorliebe für klare Signale bezeugen, seine Abneigung gegen die fabulierenden und frivolen Aspekte der Oper. Auch wenn seine Sujet-Auswahl und gelegentlich auch sein musikalisches Idiom hier und dort an Glinka erinnern, hatte er doch ein ganz anderes Verhältnis zu diesem Material. Anstatt aus einer literarischen Vorlage ein entsprechendes Libretto zu basteln mit regelkonformer Lyrik und jeder Menge Gelegenheiten zu Momenten angehaltener Zeit, holte sich Musorgskij seine Texte direkt aus einem Theaterstück des Dichters Alexander Puschkin, das sich wiederum auf Ereignisse der russischen Geschichte bezog. Die ausdrückliche Absicht sowohl des Dichters als auch des Komponisten war eine didaktische – es ging darum, durch das Aufzeigen warnender Beispiele aus der Vergangenheit die Menschen zu unterrichten und zu erziehen. Die Oper spielt im späten 16. Jahrhundert; in jener von Glocken eingeläuteten zweiten Szene steht Boris Godunov (Bass) kurz vor seiner Krönung zum Zaren. Doch auf ihm lastet das Geheimnis, dass er sich mit Schuld beladen hat – er hat auf seinem Weg an die Macht einen Mord begangen. Am Ende des Dramas verfällt er, von Schuldgefühlen zerfleischt, voller Angst um seinen kleinen Sohn und bedroht von einem rivalisierenden Thronanwärter, in eine furchtbare Agonie.

Das Libretto der ursprünglichen, 1869 entstandenen Fassung sah nur wenige konventionelle Opernmomente vor; es enthielt stattdessen viele lange Dialoge und etliche Monologe, alle in eine musikalische Prosa gekleidet, die dem Rhythmus und dem Auf und Ab des Textes folgt. In der überarbeiteten Fassung, die 1874 im Marinskij-Theater in Sankt Petersburg uraufgeführt wurde (die 1869er Version wurde von den zaristischen Behörden verworfen und erst in der sowjetischen Ära aufgeführt), baute Musorgskij konventionellere Opernelemente ein, wie man es ihm nahegelegt hatte, und er tat das durchaus mit einigem Enthusiasmus. Neben manch anderen Änderungen im Detail fügte er einen ganzen Akt neu ein, der in Polen spielt. In diesem findet sich eine im Mazurka-Stil geschriebene Arie der Protagonistin Marina (Sopran), dazu eine brillante Polonaise und ein längeres abschließendes Liebesduett zwischen Marina und dem Thronfolger Dimitri (Tenor), klanglich aufbereitet mit Harfen und ineinander verschränkten Stimmen. In solchen Passagen klingt *Boris Godunov* wie eine russische Inkarnation der *grand opéra*. Wir können vermuten, dass darin teils französische Einflüsse über Vorläufer wie Glinka und sein *Schisn' sa zárja* eingeflossen waren, aber an manchen Stellen wird ein direkter Einfluss sichtbar: in der Wahl eines historischen/politischen Sujets, in der bewussten Vielfalt musikalischer Stile oder auch in der Krönungsszene mit ihrem Massenaufmarsch und ihrem bühnenbildnerischen Pomp. In einer Beziehung legt *Boris Godunov* (in beiden Fassungen) jedoch ein leidenschaftliches Bekenntnis zu einer der ewigen Wahrheiten der Oper ab: der Apotheose des «Alpha-Sängers». Musorgskij knetete Puschkins *Boris Godunov* so zurecht, dass er seine Oper zu einem Bravourstück für einen Star-Bass machen konnte, zu einem Markstein im Repertoire dieser seltenen Spezies, des Divos der tiefen Töne. In der Aufführungsgeschichte dieses Werkes hat eine fantastische Garde von Interpreten in dieser Rolle Zeichen gesetzt, von Fjodor Schaliapin bis zu Alexander Kipnis, von Boris Christoff bis zu René Pape. Das Wissen um die Attraktivität der Boris-Partie für Spitzensänger kann einen davor bewahren, die radikal innovativen Aspekte der Oper überzubewerten, was oft mit einer generellen «Exotisierung» der russischen Musik einhergeht, also der Neigung, sie auszugrenzen, indem man ihr lobend bescheinigt, wie sehr sie vom westeuropäischen Mainstream abweicht.

Wir könnten zur Untermauerung dieses Hinweises hinzufügen, dass *Boris Godunov* Elemente aus der Operntradition ohne Bedenken durcheinandermischt, so dass experimentelle Innovationen ganz eigener Art friedlich mit einer bunten Palette konventioneller Opernbausteine koexistieren. Schon aus diesem Grund entzieht sich die Oper jeder einfachen Kategorisierung nach geschichtlicher Einordnung oder Genrezugehörigkeit, wobei sie vermutlich in der Kategorie Fin de siècle besser aufgehoben ist als in der Rubrik einer verspäteten *grand opéra.* Das liegt zum Teil an einem weiteren Aspekt von Musorgskijs Stil, dem man, wie den besagten Glockenakkorden, das Etikett «realistisch» anheften, ja den man sogar als eine von Musorgskij abgefeuerte Leuchtrakete in die Zukunft der Oper werten könnte. Während seiner Arbeit an *Boris Godunov* erklärte der Komponist seine ästhetischen Grundsätze so: «Meine handelnden Personen [sprechen] auf der Szene …, wie lebende Menschen reden, dabei aber so, dass der Charakter und die Kraft der Intonation der handelnden Personen, gestützt durch das Orchester, das den musikalischen Hintergrund ihres Sprechens bildet, ihr Ziel direkt erreichen; das heißt, meine Musik soll die künstlerische Neuerzeugung der menschlichen Rede in all ihren feinsten Brechungen sein.»[3] Spürt man den literarischen Ursprüngen dieses Credos nach, so werden die Spuren einer interessanten Entwicklung sichtbar, die (auch wenn Musorgskij sich dessen sicherlich nicht bewusst war) auf verschlungenen Wegen zu den Idealen jener Italiener des 16. Jahrhunderts zurückführt, deren Theorien bei der Entstehung der ersten Opern Pate standen.[4] Auch sie hatten vom Musiktheater gefordert, es müsse die menschlichen Gefühlsregungen und den Rhythmus der Sprache getreulich abbilden, und hatten den neuen Stil, der diese Bedingungen erfüllte, als *recitar cantando* («singendes Rezitieren») bezeichnet. Das lag freilich drei Jahrhunderte zurück, Jahrhunderte, in deren Verlauf trotz diverser Bemühungen, der Entwicklung Einhalt zu gebieten, der *cantando*-Term der ursprünglichen Gleichung – die musikalische Komponente als Ganze – fast kontinuierlich an Boden gewonnen hatte. Die politischen und didaktischen Absichten Musorgskijs und einiger seiner russischen Zeitgenossen (einer Gruppe von Reformern, die «Kutschka» – wörtlich «Häuflein» oder «kleine Gruppe» – genannt wurde) artikulierten sich in Forderungen nach einem deklamatorischen Realismus neuer Art, der versuchen sollte, die Rhythmen und Kadenzen der russischen Sprache in das stilistische Idiom ihrer Opern einzupflanzen. Diese Bestrebungen zeitigten zwar nur wenige unmittelbare Resultate, aber mit einiger Verspätung setzten sie ein Umdenken in Gang, das in der Opernauffassung vieler der bedeutendsten Komponisten des späten 19. und des 20. Jahrhunderts Ausdruck fand.

Die Sterbeszene des *Boris Godunov*, mit der die 1869er Fassung der Oper endete und die in der Version von 1874 zur vorletzten Szene wurde, enthält ganz bestimmt mehr als *nur* eine Umsetzung von Sprache in Musik. Man wird ihr eher gerecht, wenn man sie als eine virtuose Demonstration der Kraftquellen beschreibt, die sich einem realistischen Klangbild einpflanzen lassen, das so konzipiert ist, dass das wenigste von dem, was man zu hören bekommt, den Eindruck erweckt, ein Musikkunstwerk oder Ausdruck eines formalen Gestaltungsprinzips sein zu wollen. Der erste Teil des Monologs, in dem Boris sich an seinen Sohn Fjodor (Mezzosopran) wendet, schöpft aus der ganzen lyrischen Autorität der Bassstimme, die sich in Form kurzer, einzelner Melodiefiguren für praktisch jede Textzeile mitteilt. Als Boris zu Gott um Gnade fleht, verändert sich sein lyrischer, fast an Schubert erinnernder Gesang, und seine Stimme erklimmt die höchsten Höhen ihres Umfangs – und wird dabei fast flüsterleise vor dem Hintergrund eines hohen Streichertremolos. Dann kehren die fremdartigen Glockenakkorde aus der Krönungsszene wieder, und von dieser Stelle an bis kurz vor Schluss hören wir fast nur noch Musik, die für die Figuren auf der Bühne bestimmt ist, einschließlich der Glocken und eines außerhalb der Bühne platzierten Chors von Trauernden. Boris stimmt in dessen Gesang mit ein, fädelt gleichsam seine Stimme durch die der Chorsänger und um sie herum.

Immer wenn dies in einer Oper geschieht – wenn eine Figur musikalisch auf Klänge antwortet, die an ihr Ohr dringen –, ruft das Vorstellungen wach von überschrittenen, aufgehobenen und neu definierten Grenzen. Es geht nicht nur darum, dass die Figuren Musik zu hören bekommen, die aus ihrer Umgebung kommt – das gilt ja für all jene zahlreichen Opernszenen vom Typ «Lasst uns ein Lied singen». Boris jedoch antwortet auf diese aus der Umgebung kommende Musik damit, dass er einen gesanglichen Kontrapunkt improvisiert. In einer Hinsicht sind wir hier von Realismus weit entfernt. Welcher Mensch würde, wenn er in einem Augenblick extremer emotionaler Angespanntheit einen Chor singen hört, in diesen Gesang mit einer sich halbwegs einfügenden Melodie und einem eigenen Text einfallen? Dieser Teil des Sterbemonologs markiert nichtsdestotrotz eine wichtige ästhetische Wende für die Oper, denn eine ihrer alten Gewissheiten – dass Opernfiguren nicht wissen, dass sie singen – verflüchtigt sich hier und macht einer fruchtbaren Verwirrung Platz. Und dieses grundlegende kompositorische Stilmittel – das Einsetzen von Hintergrundmusik oder Hintergrundklängen als Fundament, auf dem sich die Darsteller mit ihrem frei schwebenden, der natürlichen Sprache angenäherten Gesang bewegen – wurde zu einem festen Bestandteil des stilistischen Arsenals der Fin-de-siècle-Oper. Es handelt sich um so etwas wie einen musikalischen Vorhang, der als akustische Kulisse dient, vor der Dialoge oder Monologe gesungen werden, wobei die Natürlichkeit der vokalen Darbietung (ihre Qualität als Mittelding zwischen Sprechen und Singen) eine Symbiose mit der aus der (scheinbaren) Distanz kommenden eigentlichen Musik eingeht. Im zweiten Akt von Puccinis *Tosca* geht es über längere Zeit so: Von außerhalb der Bühne hört man Tosca eine Kantate für die Königin singen, während Scarpia und Cavaradossi im Vordergrund rhythmisch ungebundene Beleidigungen und Informationen austauschen. Es gab für diesen Kunstgriff ein bekanntes Vorbild aus früheren Zeiten, das allen diesen Komponisten vertraut gewesen sein dürfte: die komischen Opern Mozarts, vor allem *Don Giovanni*; in dessen Schlussszene werden Tanzstücke oder instrumentale Bearbeitungen von Arien auf der Bühne gespielt, während die Figuren vor diesem musikalischen Hintergrund essen, flüstern, intrigieren, Witze reißen und sich singend unterhalten.

Die Mätzchen und Rituale, die sich im Laufe der mehr als 100-jährigen Aufführungsgeschichte von *Boris Godunov* entwickelt haben, zeugen von einer bis heute fortbestehenden Sensibilität für das besondere Flair der Wahrhaftigkeit, das dieser Oper anhaftet. Wie jeder weiß, der *Boris Godunov* gesehen hat, ist es zu einem absoluten Muss geworden, dass der die Hauptpartie singende Bass sich spektakulär verausgabt, so sehr, dass der völlig zerknirschte Zar (in Übererfüllung jeglicher Regieanweisung) vor seinem Thron kopfüber zu Boden fällt. Wenn ein so massiger Körper auf den Boden kracht, jagt uns das bloße Geräusch, ebenso wie die Furchtlosigkeit der Geste, unweigerlich einen Schrecken ein. Der große russische Regisseur Stanislawski gab 1928 seinem Boris den Rat: «Zerre nicht an deinem Hemdkragen, um zu zeigen, dass du an Atemnot leidest. So machen es alle anderen Sänger in dieser Rolle, und es ist einfach nur ein abgestandenes Klischee. Beuge dich nach vorne und falle um wie ein Ochse, der geschlachtet wird.»[5] So machen es heute alle, und man hört beim Aufschlagen immer ein Keuchen. Die Oper hat sich eine weitere Tradition zugelegt, die, auch wenn sie auf den ersten Blick nicht so schockierend ist, diese Furchtlosigkeit auf andere Weise bezeugt. Für seine 1874 herausgekommene, überarbeitete Fassung komponierte Musorgskij eine Lokalkolorit versprühende Nummer, die geradewegs aus einer *opéra comique* stammen könnte: ein bäuerliches Lied für die schlampige Schankwirtin (Mezzosopran) in der zweiten Szene des ersten Aktes. Die Rolle der Schankwirtin hat sich zu einem Lieblings-Landeplatz für berühmte Diven jenseits ihrer besten Jahre entwickelt und wird oft von ziemlich verschlissenen Stimmen gesungen, die das zur Persönlichkeit der Figur passende raue Timbre besitzen. Martha Mödl (1912–2001) zum Beispiel, die in den 1950er Jahren in Bayreuth unter anderem die Kundry, die Isolde und die Brünnhilde sang, brillierte in den 1970er und 1980er Jahren in *Boris-Godunov*-Aufführungen in München als halb komische, halb tragische Schankwirtin. Die Konsequenz, mit der Musorgskij sich für einen «realistischen» Gesang starkmachte, ermutigt also offenbar die Darsteller zur Furchtlosigkeit, mit der Folge, dass die ästhetische Welt des Belcanto zu einer immer stärker verblassenden Erinnerung wird.

Onegin: Salonoper

In mehr als einer Hinsicht passt es ins Bild, dass die alte Frau mit der kaputten Stimme – verkörpert von gealterten Diven, die sich nicht scheuen, zu zeigen, welchen Tribut Jahre der Verausgabung in großen Häusern fordern – in den Opern des 20. Jahrhunderts häufig wiederkehrt. Auch die Klytämnestra in Richard Strauss' *Elektra* (1909), in der Opernwelt die Königin der Dekadenz, wird immer wieder von ehemaligen Brünnhilden gesungen, deren Stimmen ihren Umfang und ihre Schönheit für immer verloren haben. Astrid Varnay (1918–2006), berühmte Wagner-Sopranistin der 1950er und 1960er Jahre, gab in einer 1984 entstandenen deutschen Fernsehfassung unter der Regie von Götz Friedrich eine alles in den Schatten stellende Klytämnestra. Zwei Jahrzehnte vor Strauss schuf Peter Iljitsch Tschaikowski (1840–1893) in seiner vorletzten Oper, *Pikowaja dama* (*Pique Dame*, 1890), eine ähnliche Rolle. Die Handlung, basierend auf einer Novelle von Puschkin aus dem Jahr 1833, ist bevölkert von Phantomen, Phantasmen und anderen übernatürlichen Phänomenen. Ein obsessiver Held, Hermann (Tenor), liebt Lisa (Sopran), die aristokratische Enkelin einer hochmütigen alten Gräfin (Mezzosopran), die ein verfallenes, mit Farbe und Schminke retuschiertes Relikt vergangener Größe ist. Hermann ist überzeugt, die Gräfin verfüge über Zauberkräfte und kenne eine geheime Kombination aus drei Karten, die einem Glücksspieler zuverlässig einen Gewinn bescheren würde, wenn er sein Geld auf sie setzte. Hermann dringt eines Nachts ins Schlafzimmer der Gräfin ein und erschreckt sie so sehr, dass sie an einem Herzanfall stirbt, bevor sie ihm das Geheimnis offenbaren kann; aber später erscheint sie ihm als Geist und nennt ihm die drei Karten. Als dritte benennt sie jedoch eine falsche, wie Hermann erst im Verlauf eines desaströsen Spiels herausfindet, das mit seinem Selbstmord endet.

Die Gräfin, eine groteske Figur ohne jeden einnehmenden Charakterzug, wird unweigerlich entweder von einer tapferen Ex-Diva gespielt oder von einer jungen Mezzosopranistin, die so tut, als habe sie ihre Stimme ruiniert. Die hässlichen Töne, die sie von sich gibt, sollen nicht nur auf das fortgeschrittene Alter der Gräfin verweisen, sondern auch auf ihre Verdorbenheit. Martha Mödl sang die Gräfin erstmals 1989 an der Oper von Nizza, da war sie 77 Jahre alt. Astrid Varnay, die die Gräfin 1984 (im Alter von 66 Jahren) in ihr Rollenrepertoire aufnahm, gebrauchte im Hinblick auf diese und andere Charakterrollen, die sie nach ihrer Brünnhilde-Zeit spielte, die Formulierung, sie habe «die schwere Artillerie stillgelegt».[6]

Tschaikowski stand nie in Verbindung zur «Kutschka», und anders als die «Kutschka»-Leute, war er in den Genuss einer gründlichen musikalischen Ausbildung gekommen und war daher besser mit der westeuropäischen Musiktradition vertraut. Seine Kompositionen sind selten plakativ und direkt, und für eine durchdringende Lärmentfaltung hatte er wenig übrig. Doch trotz dieser ästhetischen Distanz können wir in seinen Opern Zutaten aus dem *Boris-Godunov*-Rezeptbuch ausmachen – Zutaten, die die vielen alternativen Aromen des Realismus ebenso verkörpern wie die

Paradoxien, die sich aus ihren musikalischen Ausdrucksformen ergeben. Im zweiten Akt von *Pikowaja dama* zum Beispiel gibt es eine lange Ballsaal-Szene, deren Musik zum größten Teil auf der Bühne gespielt und gesungen wird. Zusätzlich zu den Tänzern haben sich die Ballbesucher zur Aufführung einer kleinen Hirtenoper im Mozart-Stil namens *Die aufrichtige Schäferin* versammelt. Dieses doppelbödige Spiel mit einer Oper innerhalb der Oper zeitigt chronologische Verwerfungen mit desorientierender Wirkung, denn Musik à la Mozart würde genau zur Lebenszeit Hermanns passen, hatte doch der Librettist, Tschaikowskis Bruder Modest, die Puschkin-Novelle ins 18. Jahrhundert zurückverlegt. Tschaikowski schrieb indes keine Mozart-Imitation. Vielmehr komponierte er etwas, das sich anhört, wie Mozart durch einen Zeitfilter geschickt, Musik, die vor langer Zeit aufgeführt worden ist, aber erst jetzt, 100 Jahre später, hörbar wird. Die dramatische Situation ist klar: Wir befinden uns auf einem Ball, und *Die aufrichtige Schäferin* ist eine musikalische Einlage, die in Echtzeit auf der Bühne aufgeführt wird. Die Figuren der Tschaikowski-Oper hören und sehen die Tanznummern und die Opernaufführung genauso, wie das Publikum sie hört und sieht. Die fremdartig gebrochene Musik erzählt jedoch eine andere Geschichte: Sie suggeriert, dass das vermeintlich reale Aufführungserlebnis in Wirklichkeit ein Traum oder eine Halluzination ist. Es ist ein wunderbarer Kunstgriff, auf seine Weise ebenso radikal wie Musorgskijs dissonante Glockenakkorde.

Tschaikowskis andere große Oper, *Jewgeni Onegin* (*Eugen Onegin*, 1879), beruhte ebenfalls auf einer Puschkin-Vorlage und wurde bewusst gegen den Strich der «Kutschka»-Ideologie geschrieben, ohne jeden expliziten Nationalismus und ohne geschichtlich aufgeladene Szenen, Zaren, Schlachten oder Märsche. *Onegin* ist ihrem Wesen nach eine Kammeroper, der ein pompöser Inszenierungsaufwand oder die Besetzung mit überlebensgroßen Starsängern, wie sie sich typischerweise in *Boris Godunov* tummeln, nicht gut bekommen würde. Einen Fingerzeig darauf gab Tschaikowski selbst mit der zaghaften Art, wie er diese Oper erstmals präsentierte: Er ließ sie von Studenten des Moskauer Konservatoriums aufführen. Und selbst nach der ersten professionellen Aufführung am Bolschoi-Theater 1881 beharrte der Komponist weiterhin auf einem bescheidenen Mitteleinsatz und einer zurückhaltenden Darstellungsweise – möglichst wenig Theatralik. *Jewgeni Onegin* ist dem Wesen nach ein Gefühlsdrama. Ein gutgläubiges Mädchen namens Tatjana (Sopran) erliegt der Faszination Onegins (Bariton), eines seines Lebens überdrüssigen älteren Mannes. Eines Abends gibt sie, allein in ihrem Schlafzimmer, einem Impuls nach und schreibt einen Liebesbrief an ihn. Er verschmäht ihre Liebe taktvoll, wenn auch mit mehr als einer Prise Herablassung. Einige Jahre später – Tatjana ist inzwischen mit dem ältlichen, verliebten Fürsten Gremin (Bass) verheiratet – erscheint Onegin auf der Bildfläche und erklärt Tatjana, er sei hoffnungslos in sie verliebt. Tatjana will jedoch ihren Gatten nicht verlassen, und die Oper endet in pathetischer Verzweiflung. In einer Nebenhandlung provoziert Onegin auf einem Ball unnötigerweise ein Duell mit seinem Freund Lenski (Tenor) und tötet ihn im Morgengrauen. Des Weiteren wartet die Oper mit diversen interpolierten Chören auf, darunter eine Gruppe von Bauern in der ersten Szene, die einen der seltenen Folklore-Momente einbringt. An anderen Stellen, namentlich in den beiden Ballsaal-Szenen, dominiert ein entschieden großstädtischer und weltgewandter Ton.

Zu den realistischen Elementen in *Jewgeni Onegin* gehört sicherlich das zurückhaltende Format des Sujets – seine Innerlichkeit und Häuslichkeit –, aber auch die Tatsache, dass die Musik für Sänger und Sängerinnen von eher durchschnittlicher Qualität geschrieben ist. Man konnte darin seinerzeit typische Mängel einer realistischen Oper erblicken. Wie ein Kritiker es formulierte:

> Offensichtlich ist es heutzutage üblich, den Standpunkt zu vertreten, das moderne häusliche oder soziale Element entspreche am besten den Ansprüchen an ein Opernlibretto. … Musik mit Umgangssprache und mit dem Konversationsstil des 19. Jahrhunderts zusammen zu spannen, erscheint uns als höchste Form der Lächerlichkeit.[7]

Was die Oper jedoch mehr als alles andere für die Einstufung als «realistisch» qualifiziert, ist die Art und Weise, wie ihre musikalischen Ideen und Formen mit der gesprochenen Sprache ihrer Zeit verflochten sind. In *La traviata* sind es, wie in Kapitel XV gesehen, Walzerrhythmen, die Violetta und ihren Weg durch die Oper von Anfang bis Ende untermalen. In *Onegin* praktiziert Tschaikowski etwas Ähnliches (und es war, so gesehen, durchaus nicht unpassend, dass die erste Bolschoi-Produktion des *Onegin* für das Finale alte *La-traviata*-Kulissen wiederverwendete): In den intimsten Szenen paraphrasiert und rekapituliert er die heitere Salonmusik seiner Zeit. Es entsteht der Eindruck, diese Salonmusik mit ihren voraussehbaren Phrasen und periodischen Wiederholungen erklinge von irgendwoher in der Nähe, und die Figuren nutzten sie als Hintergrund für ihren Gesang oder sängen dazu. In einer Hinsicht erinnert das an den Kunstgriff in der Sterbeszene von *Boris Godunov*, nur mit dem Unterschied, dass bei *Onegin* die Musik, die den Hintergrund bildet, nicht auf der Bühne gespielt wird.

Es ist eine Musik, die so klingt, als *könnte* sie ein Teil des Bühnengeschehens sein, ein Hintergrund, der für die Figuren auf der Bühne unhörbar ist, aber dennoch großen Einfluss auf ihren Gesang hat.

Tatjanas berühmte Briefszene, einer der großen Monologe der Operngeschichte und zugleich Tschaikowskis Inspirationsquelle für diese Oper, ist ein geringfügig anders gelagerter Fall. In der Szene, in der Tatjana sich dazu durchringt, ihre Liebeserklärung an Onegin niederzuschreiben, begibt sie sich auf eine emotionale Reise, die Tschaikowski in vier lose definierte Abschnitte aufteilt. Jeder ist melodisch mit den anderen verwandt, könnte aber auch gleichsam auf eigenen musikalischen Beinen stehen und nahezu als selbstständiges konzertantes Orchesterstück fungieren. Tatjana singt überwiegend in einer alltäglichen Sprache; dank des vom Orchester gelieferten Hintergrunds steht es ihr frei, bei dem einen oder anderen Gedanken zu verweilen und sich Momente des Zögerns zu gestatten, sich entweder in einem quasi-natürlichen Rhythmus durch die Musik zu schlängeln oder sich ihr lyrisch anzuschmiegen. Interessanterweise bietet jeder dieser Abschnitte Klangelemente, die stark an die «öffentliche Musik» erinnern, die wir an anderen Stellen der Oper hören – Musik, die auf der Bühne gespielt wird und der die Figuren lauschen. So radikal war diese Innovation, dass sie den ersten Rezensenten vollständig entging, die den rein rezitativen Charakter der Szene bemängelten. In späteren Zeiten lernte das Publikum den ungewöhnlichen Fluss der Musik anders zu hören.

Die französische Verbindung

Die Spielarten der realistischen Oper, die sich im späten 19. und frühen 20. Jahrhundert entwickelten, transzendierten häufig nationale Musiksprachen und wurden, wie die Beispiele Musorgskij und Tschaikowski zeigen, nicht notwendigerweise im Herzen Westeuropas kreiert, um sich von da aus osmotisch bis an die Peripherie auszubreiten. Im Übrigen waren russische Komponisten nicht die einzigen, die Vokalmusik schrieben, die dazu bestimmt war, vor einem hörbaren oder virtuellen bühnenmusikalischen Hintergrund gesungen zu werden. Wenn es ein Land gab, das einen fruchtbaren Boden für realistische Opern zu bieten versprach, dann war es Frankreich, die Heimat bereits vollzogener Realismus-Innovationen in den anderen Künsten, man denke an die Romane Gustave

Flauberts oder an die Malerei Gustave Courbets. Was diese beiden an Realismus zu Wege brachten, beschränkte sich keineswegs zwangsläufig auf ein bestimmtes Sujet. Flauberts berüchtigter Mangel an Empathie, ja seine nachgerade ablehnende Haltung gegenüber den Figuren, die er in seinem berühmtesten Roman *Madame Bovary* (1857) porträtierte, kam unter anderem darin zum Ausdruck, dass er ihre Irrungen und Wirrungen schilderte, ohne dabei mit großer Rhetorik aufzuwarten; ein ähnliches Denken äußert sich bei Courbet darin, dass er auf die konventionellen Mittel, seine Szenen malerisch zu gestalten, verzichtete. Berücksichtigt man die späteren Tendenzen in den Romanen Émile Zolas (der sich übrigens auch am Librettoschreiben versuchte) und natürlich auch die enorme Wirkung, die *Carmen* entfaltete, so hätte man von Frankreich ebenso fruchtbare Beiträge zu einem modernen Opern-Realismus erwarten können.

Dem standen jedoch zwei große Hindernisse im Weg. Das eine war der fortdauernde Einfluss der *grand opéra* in ihrer aufgeblähten, reich mit Chören bestückten Gestalt. *Samson et Dalila* (1877) von Camille Saint-Saëns war eines der stilistisch merkwürdigsten Werke dieser Prägung, die damals entstanden. Über weite Strecken verrät schon der erste Akt sehr deutlich die Abstammung des Werks vom Oratorium; es wartet sogar mit einer nach Händel klingenden Fuge für die Hebräer auf. Die Philister scheinen, wie vielleicht nicht anders zu erwarten, mehr Spaß an der Musik zu haben, wobei ihre quasi-exotischen Inspirationen im dritten Akt, die bewusst trivial gehalten sind, Gefahr laufen, *nur* trivial zu klingen. Was die Oper rettet, ist die Liebesmusik im zweiten Akt, insbesondere Dalilas berühmtes «Mon cœur s'ouvre à ta voix» («Mein Herz öffnet sich deiner Stimme»), das bis heute einen Stammplatz im Konzertrepertoire vieler Mezzosopranistinnen behauptet. Im Übrigen arbeitet man sich im zweiten Akt über weite Strecken recht lustvoll an der zweiten hohen Hürde ab, nämlich (wieder einmal) dem Einfluss Wagners – in diesem Fall konkret an der scheinbar unwiderstehlichen Anziehungskraft jener unverwechselbaren Harmonien, die die rauschendsten Momente des *Tristan* charakterisieren.

Ein aufschlussreicher Einblick in die Probleme, mit denen sich französische Komponisten der Post-*Carmen*-Ära konfrontiert sahen, tut sich auf, wenn man sich anschaut, mit welchen Manierismen und Moden der erfolgreichste Komponist dieser Ära, Jules Massenet (1842–1912), sein Glück versuchte. Er schlachtete fast alle Libretto-Traditionen aus, die zu Gebote standen: Goethe-Adaptionen (*Werther*, 1892), bombastische Historienschinken im Stil der *grand opéra* (*Le Cid*, 1885), fernöstliche Femme-fatale-Geschichten (*Thaïs*, 1894), Puderquasten-Komödien (*Chérubin*, 1905), sentimentale moralische Erbauungsfabeln (*Grisélidis*, 1891) – und sogar an einen Wagner-Verschnitt mit Zauberschwertern, einem erotisierten Ritter und Teleportation wagte er sich heran (*Esclarmonde*, 1889). Dieses bunte Sortiment mag zuweilen den Eindruck erwecken, eine Ausgeburt verzweifelter Ratlosigkeit gewesen zu sein. Es reflektierte aber wohl auch die chamäleonartige Persönlichkeitsstruktur Massenets, sein bekanntes Faible für Eulenspiegeleien und seine Angewohnheit, auf eleganten Festen einen Hund oder einen Affen nachzuahmen.[8] Die Oper *Chérubin* ist insofern ein aufschlussreiches Anschauungsobjekt, als sie den Beweis liefert, dass ein Libretto, das mit Fantasy-Handlungen nichts gemein hatte, eine Vertonung erfahren konnte, in der der akustische Schatten Wagners auf Schritt und Tritt gegenwärtig war. Während das Libretto eine Fortsetzung der *Figaro*-Komödien von Beaumarchais ist, ergießt sich die Musik in Form eines Stroms freier, melodisierter Dialoge, ein Standardmodell für die post-Wagner'sche Oper an der Wende zum 20. Jahrhundert.

Zu sagen, die Opern Massenets seien lediglich ein Panoptikum von Typen, hieße freilich den Reiz seiner Musik zu unterschätzen – genossen seine Opern doch zu ihrer Zeit den Ruf, wahre Festbankette für den Genuss schöner Sopranstimmen zu sein. Die französische *grand opéra* hatte in den 1830er Jahren als ein ganz auf Männer und männliche Stimmen fixiertes Musikspektakel begonnen und mit den großartigen, rein männlichen Ensembles von Meyerbeer ihre ersten Klassiker hervorgebracht. Doch spätestens gegen Ende des Jahrhunderts schwang das Pendel der stimmlichen Präferenzen, insbesondere durch die Arbeit Massenets, in die andere Richtung. In *Esclarmonde* wird der Held Roland (Tenor) geradezu überwältigt von der Stimme Esclarmondes, deren kaskadierende Sopran-Koloraturen sein Innerstes zum Schwingen bringen. Die Kampflinien sind klar markiert. Just als Roland drauf und dran ist, die Waffen zu strecken, kommen katholische Priester hereingestürmt und skandieren «Im Namen des Vaters, des Sohnes und des Heiligen Geistes». Dieses patriarchalische Einsatzkommando bekämpft offensichtlich Feuer mit Feuer und schlägt genug Lärm, um die tirillierende Protagonistin wegzublasen. Solche «Siege» waren vielleicht noch ein Stück eindrucksvoller, wenn die betreffende Primadonna eine schwierige Kundin war. Massenet schrieb den Part der Esclarmonde für die berühmte amerikanische Sopranistin Sibyl Sanderson, eine «blonde Kalifornierin», die er geradezu anbetete, wie ein Korrespondent 1894 berichtete: «Man hatte Massenet in einem Restaurant in der Rue Daunou mit einem amerikanischen Mädchen dinieren sehen, begleitet von einer Dame, die … wahrscheinlich ihre Mutter war.» Im selben Restaurant soll Massenet schwärmerisch verkündet haben: «Dieses Mädchen hat eine außerordentliche Stimme, vom G der kleinen Oktave bis zum dreigestrichenen G.» Für dieses G – einen Ton höher als das hohe F der «Königin der Nacht» – prägten die Pariser Zeitgenossen den Ausdruck «Eiffelturm-Note».[9]

Massenet machte so viele stilistische Experimente, dass fast zwangsläufig auch der «Realismus» einmal an die Reihe kommen musste. *Manon*, uraufgeführt 1884 an der Opéra-Comique, ist eine freie Adaption von Episoden aus einem Roman des Abbé Prévost aus dem 18. Jahrhundert – nicht unbedingt ein Kandidat für eine realistische Oper, sollte man meinen, und sei es nur wegen des Milieus. Die 15-jährige Manon (Sopran) ist für ein Nonnenkloster bestimmt, wird jedoch auf dem Weg dorthin von dem gut aussehenden jungen Des Grieux (Tenor) zur gemeinsamen Flucht überredet und so dem Einfluss sowohl ihres korrupten Vetters Lescaut (Bariton) als auch des lüsternen alten Aristokraten Guillot (Tenor) entzogen. Die beiden Liebenden führen ein glückseliges Leben in Paris (wenn auch in Armut), bis Des Grieux von seinem besorgten Vater entführt und Manon die Mätresse eines reichen Mannes wird. Die Liebenden begegnen einander wieder in der Kirche St. Sulpice, wo Des Grieux dabei ist, sich zum Priester weihen zu lassen. Er lässt sich von Manon zu einem riskanten Glücksspiel überreden, mit dem Ziel, ihr weiterhin ein Leben im Luxus zu ermöglichen. Guillot beschuldigt ihn des Falschspiels, und er und Manon werden verhaftet. Die Schlussszene spielt an der Straße nach Le Havre. Manon soll deportiert werden; Des Grieux gelingt es nicht, sie zu retten, sie stirbt an Erschöpfung in seinen Armen. Der Rezensent der Zeitschrift *The Musical Times* schrieb 1884: «Die Geschichte tut weh, ihre Atmosphäre ist unzuträglich» – bei den Realismus-Kritikern war dieses Adjektiv zu einem Codewort für «realistisch» geworden.[10]

Manon hatte einige der Lieblingsschauplätze der *opéra comique* zu bieten: eine Kirche und ein Spielcasino – und natürlich eine Szenerie des 18. Jahrhunderts, eine Einladung an den Komponisten, Pastiche zu schreiben und sich vorübergehend der Anziehungskraft wagnerianischer Klangbilder zu entziehen. Obwohl das Libretto von *Manon* nur von poetischer Durchschnittsqualität ist, führte Massenets ganz eigene Kompositionstechnik – Textpassagen auswendig zu lernen und sie unendlich oft zu wiederholen, bis ihm die perfekte Melodie für den individuellen Rhythmus jeder Phrase einfiel – dazu, dass seine Oper so klingt, als sei sie die Vertonung eines Prosa-Librettos. Man braucht sich nur die erste Nummer der Titelheldin anzuschauen, das berühmte «Je suis encore tout étourdie» («Ich bin noch ganz benommen»), um ermessen zu können, wie frei die Melodie fließt. Manche Zeilen, wie etwa die erste, werden mit atemlosen oder durchhängenden Pausen gesungen («Je suis ... en-core ... tout é-tour-*di* ... e»), andere so schnell wie irgend möglich durchgehechelt, und wieder andere bieten Gelegenheit für einen lang gehaltenen Ton. Wenn sich zu diesem scheinbar regellosen rhythmischen Profil eine kongeniale Form gesellt, die den Eindruck erweckt, in diesem Moment aus dem Ärmel geschüttelt worden zu sein – mit plötzlichen, scheinbar unvorbereiteten Wiederholungen und einem harmonischen Verlauf, der mit einer oft unerwarteten Metrik voranschreitet –, entsteht ein kumulativer Effekt, der sehr nahe an musikalische Prosa herankommt. Es waren vermutlich diese Qualitäten, die Thomas Beecham zum berühmtesten seiner provokativen Aussprüche animierte: «Ich würde Bachs sämtliche Brandenburgischen Konzerte für Massenets *Manon* drangeben und ... wäre überzeugt, einen äußerst vorteilhaften Tausch gemacht zu haben.»[11]

Die auf den ersten Blick realistische Deklamation verweist womöglich auf Wagner (wenn auch nur in formaler und nicht in stilistischer Hinsicht), aber wir stoßen in *Manon* auch auf weniger ambivalente Anzeichen von Wagnerianismus. Die stockende Melodie von «Je suis encore» wird im Verlauf der Arie zweimal wiederholt (womit diese einen formalen Zuschnitt erhält) und taucht später erneut auf, dieses Mal als orchestrale Grundierung für andere gesanglich artikulierte Gefühle, wodurch der Eindruck entsteht, sie sei Trägerin einer unterschwelligen Botschaft. In der Tat leidet die ganze Oper ein wenig unter der Last von Leitmotiven – melodischen Wendungen, die des Öfteren wiederkehren, und zwar nicht unbedingt aus einer zwingenden musikalischen Logik heraus. Vielleicht ist das nur eine weitere Illustration dessen, dass die französische Oper zu dieser Zeit sehr stark in den Sog der Wagner-Begeisterung geraten war.

Der zweite Akt von *Manon*, der das häusliche Zusammenleben der beiden Liebenden in Paris zeigt, enthält zwei von Massenets berühmtesten Arien; hier hat er sich aus dem Schatten jedweder einschüchternden Einflüsse gelöst und kleine Kostbarkeiten gefühlvoller Musik geschaffen. In der ersten dieser Arien gibt *Manon* zu erkennen, dass sie von dem Plan, Des Grieux von ihr zu trennen, ebenso weiß wie von der Existenz anderer, wohlhabender Freier, die auf sie warten. Allein gelassen, verabschiedet sie sich mit der Arie «Adieu, notre petite table» («Leb wohl, unser kleiner Tisch») traurig von ihrem bisherigen Domizil. Wie zuvor bei «Je suis encore», wird auch hier die Anfangsphrase im weiteren Verlauf wiederholt (in der Mitte und am Schluss der Arie). Die Wiederholungen fungieren jedoch nicht als förmliche Wegmarken (etwa am Beginn eines neuen Verses), sondern erwecken den Eindruck, spontane, fast unbeabsichtigte Rückbesinnungen auf vergangene Momente zu sein – Wiederholungen mit, wenn man so will, eher assoziativem als rhetorischem Charakter.

Des Grieux greift diese Stimmung auf und hält eine träumerische Rückschau auf ihr gemeinsames Leben: «En fermant les yeux» («Ich schloss die Augen»). Diese Arie, eine der berühmtesten des gesamten Tenor-Repertoires, bedient sich ebenfalls einer nur mäßig poetischen Sprache:

> En fermant les yeux, je vois
> Là-bas une humble retraite,
> Une maisonnette
> Toute blanche au fond des bois!
>
> (Ich schloss die Augen / und ich sah / eine schlichte Hütte / in des Waldes Mitte)

Eine Besonderheit der Arie ist ein fast konstant durchgehendes orchestrales begleitendes Motiv mit hohen, changierenden gedämpften Geigen, denen Massenet durch Flöte und Oboe noch mehr Helligkeit verleiht. Im Unterschied zu den weiter oben erwähnten überdeterminierten Leitmotiven bleibt dieses Motiv in seiner Bedeutung unbestimmt. Es assoziiert die Einfachheit der «schlichten Hütte in des Waldes Mitte» und im späteren Verlauf der Arie gluckernde Bäche und fröhliches Vogelgezwitscher. Einer der Effekte des changierenden Motivs ist, dass sie sich jeder festen Zuordnung zu einem visuellen Bild entzieht. In der gesamten Arie kommen praktisch keine Basstöne vor, und auch die Tenor-Melodie ist eher zurückhaltend, so dass fast der Eindruck entsteht, die Arie könne jeden Augenblick abheben und sich im Weltall verlieren. Diese Aura des Dahinschwindens erzeugt der Komponist mit harmonischen Mitteln. Die Begleitung springt ständig zwischen zwei Akkorden hin und her, und auch die Gesangsmelodie – die eine eigenartig repetitive, fast narkotische Anmutung hat – zeichnet harmonische Figuren. Gleichwohl sind beide nur selten verbunden, was viel zu der schwebenden Aura der Arie beiträgt. Massenet zeigt sich hier von seiner überzeugendsten Seite, aber auch – sicher nicht zufällig – von seiner un-wagnerianischsten. «En fermant les yeux» lässt sich vermutlich am ehesten mit jenen populären, von Lokalkolorit geprägten Nummern in den Schlussszenen von Meyerbeers *grands opéras* vergleichen, zollt also einer weit weniger bedrohlichen Tradition Tribut. Aber gerade weil die Arie kleine und kleinste Dinge im Detail beschreibt und in ihr einfache, bewegende Bilder nachklingen, trägt sie das Etikett «realistisch» mit mehr Berechtigung als die meisten anderen. Im Verlauf der Jahrzehnte hat sie sich, wie alle großen Eingebungen der Operngeschichte, als bemerkenswert anpassungsfähig erwiesen. Enrico Caruso nahm sie 1904 als «Chiudo gli occhi» auf – mit Klavierbegleitung, jubilierend hohen Tönen und sogar mit dem einen oder anderen Schluchzer; in einer 1929 entstandenen Aufnahme interpretiert Julius Patzak die Arie auf Deutsch als «Ich schloss die Augen», ohne dass sie deswegen auch nur von ferne nach Wagner klänge. Patzak singt sie zu orchestraler Begleitung, wesentlich langsamer und mit einer außerordentlich bewegenden und gleichwohl verhaltenen stimmlichen Intensität.

Verismo

Das Italien des späten 19. Jahrhunderts gilt im Allgemeinen als die eigentliche Heimat der realistischen Oper. In Bezug auf die Literatur verwendeten die Italiener schon mindestens seit den 1870er Jahren den Begriff *verismo* und bezeichneten damit eine literarische Richtung, die Vorgänge und Situationen in den untersten Rängen der Gesellschaft mit wissenschaftlicher Objektivität beschrieb; ihr Hauptvertreter zu jener Zeit war der sizilianische Autor Giovanni Verga. In den 1890er Jahren wurde der Begriff *verismo* jedoch auch einem neuen Typus der italienischen Oper beigegeben – und blieb daran haften. Als Prototyp gilt *Cavalleria rusticana* (*Sizilianische Bauernehre*, 1890), eine Oper in einem Akt von Pietro Mascagni (1863–1945) nach einer Novelle (und einem danach entstandenen Theaterstück) von Verga, eine blutrünstige Geschichte von Untreue und Mord in einem sizilianischen Bauerndorf. Ein Pendant dazu kam zwei Jahre später heraus: *Pagliacci* (*Der Bajazzo*, 1892) von Ruggiero Leoncavallo (1857–1919), eine Oper mit denselben Elementen wie *Cavalleria*, nur dass sie im Milieu reisender Komödianten spielt und den zusätzlichen Clou zu bieten hat, dass die Bluttat – ein eifersüchtiger Ehemann ermordet seine untreue Frau – als «Stück im Stück» abläuft. Beide Opern warteten mit etwas Neuem auf, insbesondere mit melodischer und orchestraler Direktheit und mit Lust an schockierender Gewalttätigkeit, und beide machten international sehr viel Furore, besonders in Deutschland, wo man sie als willkommenen Kontrapunkt zur Dominanz des Wagnerismus begrüßte. Viele fanden diese Opern unappetitlich. Ein amerikanischer Essayist resümierte die Kritik in den 1890er Jahren so:

> Einfache Mittel erschüttern den Zuschauer. Der Gang der Ereignisse zerrt an seinen Nerven. Dramatische Wendungen sind in ihrer Direktheit veritable Tiefschläge. ... Die Phrasen sind kurz. Der Rhythmus ruckelt. Dissonanzen kreischen. Es herrscht fieberhafte Unruhe. ... Man beschäftige sich mit den Libretti von *Cavalleria rusticana*, *Pagliacci*, *A Santa Lucia*, *Mala vita*, *A Basso Porto*, *La martire*. Man wird feststellen, dass sie tragische Episoden aus der Unterwelt erzählen. Die Figuren sind Bauern, Marktschreier, Schauerleute, Trunkenbolde, Taugenichtse. Die Tragödie ist das Ergebnis verbotener geschlechtlicher Beziehungen. Animalische Leidenschaften wüten und sprühen Funken. Die Elemente sind Dreck, Wollust und Blut. Das dargestellte Leben ist kurz, brutal und garstig.[12]

Bevor wir das als Ausdruck puritanischer Pikiertheit abtun, sollten wir uns vergegenwärtigen, dass es auch in Italien viele Anhänger der alten Schule gab, die dieses neue Repertoire primitiv und widerwärtig fanden. Der greise Verdi zum Beispiel äußerte sich abschätzig und erklärte, es wäre viel besser, Shakespeare nachzueifern und «die Wahrheit zu erfinden»;[13] am meisten missfiel ihm die plumpe Direktheit. Die Librettisten beider Opern, *Cavalleria* und *Pagliacci*, hatten Anleihen beim literarischen *verismo* genommen, und deshalb wurde dieser Begriff in der Folge auf sie und andere ähnliche Opern angewandt. Mehrere Kritiker äußerten jedoch schon früh ihre Skepsis gegenüber diesem Etikett. Sie begründeten ihre Zweifel unter anderem damit, dass die in den literarischen Vorlagen enthaltenen realistischen Elemente von der altmodischen, hochtrabenden Sprache der Libretti überkleistert würden. Ein weiterer grundlegender Einwand bezog sich auf die in Italien verbreiteten musikästhetischen Ideen: die Auffassung, Musik sei im Wesentlichen abstrakt und könne schon deshalb nicht realistisch im Sinne einer getreulichen Abbildung menschlicher Zustände und Situationen sein. Wieder einmal stehen wir vor dem vertrauten Problem, dass der Begriff Realismus (oder *verismo*), auf die Oper angewandt, immer paradox bleiben wird.

Auf den ersten Blick noch seltsamer mutet es an, wenn die Werke von Giacomo Puccini (1858–1924) dem bedeutendsten Opernkomponisten

Italiens in der Generation nach Verdi, der Rubrik *verismo* zugeschlagen werden, was sogar in manchen Geschichtsbüchern der Fall ist. Puccinis erster internationaler Erfolg war von schnödem Realismus sicherlich meilenweit entfernt. Die Rede ist von *Manon Lescaut* (1893), einer weiteren Vertonung der Prévost-Novelle, die schon Massenet als Vorlage gedient hatte, und somit eine Oper, die im fernen 18. Jahrhundert mit seinen gepuderten Perücken spielte. Puccini zollte dem historischen Stoff dadurch Tribut, dass er an den Anfang des zweiten Aktes liebevoll auskomponierte Madrigale und Gavotten alten Stils setzte – wie bei *Pique Dame* ging offenbar auch hier von dem Rokoko-Sujet eine große Versuchung aus, in Pastiche zu machen. Beide *Manon*-Opern nahmen eine nostalgische Schwärmerei für das «exotische» 18. Jahrhundert vorweg, die im 20. Jahrhundert zur Welle anschwoll und die mit wehmütigen Anspielungen an die einfachere, genügsamere Musik jener alten Zeit einherging – so etwa in den Richard-Strauss-Opern *Der Rosenkavalier* (1911) und *Ariadne auf Naxos* (1912/16). Als Vorzeigebeispiel für den *verismo* im literarischen Verständnis – als Milieustudie im Schmutz der Großstadt oder in schlammigen Bauerndörfern – ist *Manon Lescaut* also eine bizarre Fehlbesetzung. Sie ist hingegen ein perfektes Anschauungsobjekt für das, was Puccini dem Musiktheater der Post-Verdi-Ära zu geben hatte, und das war vor allem sein fast unfehlbares Gespür für niederschmetternde und schnörkellose Emotion, ein Talent, das ihn für Jahrzehnte zum erfolgreichsten lebenden Opernkomponisten Europas und der Welt machte.

Italienische Opern des späten 19. Jahrhunderts waren sehr oft schwere Geburten, und *Manon Lescaut* bildete keine Ausnahme. Puccini fand die Prévost-Novelle reizvoll, wobei zu vermuten ist, dass der Erfolg von Massenets Oper ihn zusätzlich anspornte. Schließlich und endlich benötigte das Libretto jedoch drei Jahre, und die Arbeit daran verschliss mindestens drei Librettisten. Als es fertig war, wirkte es, wie so viele Libretti seiner Zeit, weit weniger poetisch (nach konventionellen Maßstäben) und sehr viel prosaischer als die Libretti der Vorgängergeneration. Im Übrigen dokterte Puccini an dieser Oper nach ihrer Premiere noch jahrzehntelang herum, so dass es keine «amtliche» Fassung von *Manon Lescaut* gibt und Regisseure wie Darsteller sich aus den zu Gebote stehenden (durchweg nicht schlechten) Varianten – verschiedene miteinander konkurrierende Versionen in Klavierauszug und Partitur – nach Gutdünken bedienen können. Puccini war, was diese Unschlüssigkeit betraf, ein Kind seiner Zeit und hatte an einem Problem zu knabbern, das in Italien besonders ausgeprägt war, weil sich dieses Land so viel auf seine stolze Opern-Ahnenreihe zugutehielt. In der ersten Hälfte des 19. Jahrhunderts hatten sich Komponisten wie Bellini, Donizetti und der junge Verdi im Kraftfeld dieser jahrhundertealten Tradition bewegt. Sie mochten mit manchen formalen Konventionen brechen, auf die extravagante *cabaletta* ebenso verzichten wie auf ermüdende *cori d'introduzione* und schwergewichtige *concertati*, aber diese und andere festgefügten Formen waren gleichwohl da, und man konnte auf sie zurückgreifen, wenn es einmal an Inspiration fehlte. Doch spätestens in den 1880er Jahren hatte dieser Formenkanon seine Verlässlichkeit eingebüßt, war dem vereinten Ansturm französischer und deutscher Entwicklungen, der allgemeinen Begeisterung für Meyerbeer und Bizet und für die Theorien Wagners zum Opfer gefallen. Jede Oper musste nunmehr ihren eigenen formalen Kosmos aufspannen, musste jeweils einzigartige musikalische und dramatische Spielregeln definieren. Es genügte bei weitem nicht mehr, dass eine Arie die dramatische Zeit stillstehen ließ und einer bewährten Form folgte; man erwartete nun vielmehr, dass sie nach Möglichkeit eine individuelle Gestaltung aufwies, die möglichst perfekt auf die Situation zugeschnitten war; die Orchesterfarbe und sogar die harmonische Sprache sollten ebenfalls aufs Innigste mit der dramatischen Situation und Entwicklung kommunizieren. Das Tempo der italienischen Opernproduktion verlangsamte sich, weil die Komponisten sich den Kopf über Sujets zerbrachen und nach einem Konzept suchten, das zugleich wirkungsvoll und – das neue Schlagwort – originell sein würde. Puccini lieferte lebhafte Anschauungsbeispiele für dieses schöpferische Ringen. In seiner reifen Periode durchlebte er wiederholt Phasen der Stagnation, kreative Blockaden mitten in der Arbeit an einer Oper und Zeiten fieberhafter Suche nach neuen Sujets. Dennoch brachte er, anders als alle seine italienischen Rivalen, eine ganze Anzahl Opern hervor, die sich bis zum heutigen Tag im Repertoire halten. Seine bekanntesten Zeitgenossen Mascagni und Leoncavallo brachten es nur auf jeweils eine Oper dieser Statur, Puccini auf mindestens sieben. Was waren die Gründe für seinen Erfolg?

Fangen wir mit einem scheinbar negativen Aspekt an. Was an *Manon Lescaut* auf den ersten Blick extrem auffällt – insbesondere im Vergleich zu Massenets *Manon* –, ist eine eklatante Diskontinuität. Der erste Akt endet damit, dass der junge Des Grieux (Tenor) Manon (Sopran) dazu überredet, mit ihm nach Paris durchzubrennen – unter den Augen ihres korrupten Bruders (Bariton) und eines kopflosen alten Wüstlings namens Geronte (Bass). Am Beginn des zweiten Aktes erleben wir Manon in Murontes Haushalt, leidend unter der Langeweile ihres behüteten und verwöhnten Daseins. Aus einigen verbalen Rückblenden erfahren wir, dass ihr Leben mit Des Grieux wunderbar, aber bettelarm gewesen ist und dass Geronte sie mit seinem Geld zu sich gelockt hat. Am Ende des dritten Akts sind Des Grieux und Manon wieder vereint, dieses Mal an der Laufbrücke eines Schiffes, auf dem Manon nach Amerika deportiert werden soll. (Bei ihrer Flucht aus Gerontes Haus im zweiten Akt hatte sie ihren neuen Schmuck mitzunehmen versucht – ein schwerer Fehler.) Der vierte Akt überrascht uns damit, dass die beiden Liebenden in einer weitläufigen Wüste unweit von New Orleans umherirren. (Mit der Geografie nahm man es bei exotischen Schauplätzen nicht so genau.) Puccini pflegte seine Librettisten, denen viel an ihrem literarischen Ruf gelegen war, in die Verzweiflung zu treiben. Er kujonierte sie und brach ihren Widerstand, auch weil er instinktiv wusste, dass die moderne Oper so etwas wie narrative Kohärenz nicht zwingend erforderte. Was wirklich zählte, war, dass jeder von *Manon Lescauts* vier Akten seine eigene ausgeprägte Individualität und sein eigenes dramatisches Profil aufwies.

Eine ebenso bemerkenswerte Qualität von *Manon Lescaut* ist die Mühelosigkeit, mit der sie jene dräuenden Schatten verscheucht, die anderen Komponisten und Opern ihrer Zeit so sehr zu schaffen machten. Zugegeben, das Liebesduett zwischen Manon und Des Grieux im zweiten Akt steht deutlich im Zeichen Wagners, besonders der Teil, in dem Des Grieux dem Flehen Manons um Versöhnung schließlich nachgibt. Die fallenden Septimen, mit denen die Phrasen enden, die chromatisch ansteigenden Harmoniefolgen, der freigiebige Gebrauch unterbrochener Kadenzen, das häufige Vorkommen des *Tristan*-Akkordes, die orchestrale Klangfarbe als Ganze: All dies beschwört eindeutig eine wagnerianische Aura herauf. Diese erreicht ihre Apotheose in dem orchestralen Intermezzo zwischen dem zweiten und dem dritten Akt; die erwartungsfrohe Melodie der Streicher und die Schlusskadenzen schrammen nur knapp daran vorbei, den Schluss des dritten Aktes von *Tristan und Isolde* zu plagiieren. Auf der anderen Seite gibt es Momente, in denen Puccini zeigte, dass er sich Wagner auch aneignen konnte, statt sich der musikalischen Sprache Wagners nur zu bedienen. Am interessantesten ist das «Liebesthema» im Duett des zweiten Akts, das Des Grieux mit den Worten «Nell'occhio tuo profondo» («In deiner Augen Tiefe») eröffnet. Die wagnerianische Abstammung ist unüberhörbar, verweist aber jetzt auf den heroischen Siegfried der *Götterdämmerung*. Wagners rhythmisch robustes melodisches Idiom dient hier als auftrumpfende Bekräftigung der Liebe, die nach der vorherigen *Tristan*-artigen Schummrigkeit die Luft reinigt.

Ein zweiter, angesichts der vorherrschenden Trends in der Oper des späten 19. Jahrhunderts ebenso bemerkenswerter Punkt ist, dass Puccini die Standards und Routinen der älteren italienischen Schule geschickt vermeidet. Nur an einer Stelle macht er ein Zugeständnis an die klassische Verdi'sche Arbeitsweise: In der Szene im dritten Akt, in der Manon und andere weibliche Häftlinge aufgerufen werden und ihren Platz auf dem Sträflingsschiff zugewiesen bekommen. Den Kern der Szene bildet ein Ensemble, das mehr oder weniger an ein *concertato* erinnert, das imposante Zentralgestirn des Verdi'schen *dramma musicale.* Nach italienischem Brauch war das *concertato* der bedeutendste aller Momente schockartigen Stillstandes der dramatischen Zeit; es begann in der Regel mit einer längeren Solopassage eines der Protagonisten, in die nach und nach andere Solisten einfielen, mit Kommentaren oder Widerspruch; am Ende stand ein vom Chor aufgewerteter grandioser Schlussteil. Das Finale des zweiten Aktes von *Lucia di Lammermoor* oder das Finale des dritten Aktes von *Otello* sind zwei schöne, ein halbes Jahrhundert auseinanderliegende Beispiele. Bei *Manon Lescaut* gibt es kein Innehalten der dramatischen Zeit mehr. Eingeleitet wird das *concertato* nicht mit der Wehklage eines der Protagonisten, sondern mit dem Auftritt des Sergeanten (Bass), einer Nebenfigur, die ohne Eile einen Namensappell durchführt; von Umstehenden kommen beliebig anmutende Zurufe an die Häftlinge, die nacheinander langsam die Bühne queren; Lescaut mischt sich unter die Menge und versucht sie zu einem Tumult anzustacheln. Erst später artikulieren Manon und Des Grieux ihre Gefühle; doch statt eines imposanten Höhepunkts verfallen sie wieder in Schweigen, während das Ensemble ruhig ausklingt. Der Appell ist unterdes weitergegangen; es hat kein «Einfrieren» der Handlung gegeben, kein Anhalten der dramatischen Zeit.

Noch konsequenter praktiziert Puccini die Abkehr von der üblichen Nonchalance bei der Entwicklung musikalischer Ideen in seinen Soloarien; sie muten an wie flüchtige Geister der italienischen Formmodelle, die übergangslos aus der umgebenden musikalischen Textur hervorgehen und dann wieder in sie zurücksinken, wobei ihre Kürze und das Fehlen eines ostentativen Anfangs und Endes der Arie eher größere emotionale Kraft verleihen. Knotenpunkte anziehender musikalischer Schönheit – formal geordneter als die von der Musik umschlossenen Texte – verschmelzen allmählich miteinander (wie bei dem Namensappell in *Manon Lescaut*) und vermitteln uns das Gefühl, wir befänden uns in einer «normalen» Nummer, ohne genau zu wissen, wie wir da hingekommen sind. Ein berühmtes Beispiel findet sich im zweiten Akt von *Tosca* (1900), wo wie aus dem Nichts heraus ein Terzett beginnt, als Spoletta (Tenor), der Scherge des bösen Tyrannen Scarpia (Bassbariton), hereinstürmt und den Sieg Napoleons bei Marengo verkündet. Angesichts der Tatsache, dass die Adressaten dieser Botschaft – Scarpia, Cavaradossi (Tenor, der eben noch brutal gefoltert worden ist) und Tosca (Sopran, seine Geliebte, die ihn zu retten versucht) – gerade am gänzlich ausweglosen Punkt eines traumatischen Konflikts stehen, mag diese politische Nachricht fehl am Platz erscheinen. Doch Cavaradossi schöpft als überzeugter Republikaner gesangliche Inspiration aus der Meldung. Mit dem Ausruf «Vittoria! Vittoria!» stürzt er sich in einen militanten Freudengesang, in den sich Tosca mit Mahnungen zur Vorsicht und Scarpia mit ungestümen Freudebekundungen einmischen. Hier wird also ein altbewährtes Mittel der Oper eingesetzt: Eine erregende Nachricht trifft ein und löst eine Ensemble-Reaktion aus, die aber nur ein paar Augenblicke anhält – das Terzett ist vorbei, kaum dass es begonnen hat. Einem zweiten Beispiel begegnen wir gegen Ende des ersten Akts von Puccinis letzter Oper, *Turandot* (1926). Prinz Calaf (Tenor) beschließt, sein Leben bei einem Rätselwettbewerb um die Hand der Prinzessin Turandot (Sopran) aufs Spiel zu setzen. Timur (Bass), Calafs greiser Vater, und Timurs Dienerin Liù (Sopran) versuchen ihn davon abzubringen. Calaf hat seine Liebe in einer kreisenden Moll-Phrase kundgetan, die plötzlich zu einem musikalischen Gerüst wird, das Liù mit *ihrer* Stimme umspielt, und dazu gesellen sich Timurs Klagerufe. Wie durch einen Zauber harmonieren die drei Stimmen miteinander, und die kreisende Phrase beginnt wie ein kollektiver Grabgesang zu klingen. Fast zu schnell geht er zu Ende und lässt den Zuhörer verwundert darüber zurück, dass ein so kurzes Musikerlebnis so umwerfend sein kann.

Eine Oper, der es an allen Elementen des literarischen *verismo* fehlt, die aber andere Mittel des Realismus spielerisch einsetzt: In *Manon Lescaut* finden sich lange Passagen von Bühnenmusik, die unter anderem fast die ganze erste Hälfte des zweiten Aktes einnehmen (bis zum Beginn des Liebesduetts) und als Pastiche des 18. Jahrhunderts angelegt sind. Ensembles in großer Besetzung halten das Bühnengeschehen in Gang. Puccinis nächste und berühmteste Oper, *La bohème* (1896), ist von anderem Zuschnitt. Sie spielt in der Welt der Pariser Bohème, und ihre Protagonisten sind weit davon entfernt, Aristokraten zu sein. Die Heldin Mimì (Sopran) ist eine einfache Näherin, die an Tuberkulose leidet und gerne den Blick über die Dächer schweifen lässt; der Held Rodolfo (Tenor) ist ein poetischer Träumer mit der Ambition, großartige Dramen zu schreiben, der seinen kargen Lebensunterhalt aber als Journalist verdient. Armut, Krankheit, Hunger und Kälte sind ihre ständigen Begleiter, doch werden alle diese Lebensnöte durch die rosarote Brille der Sentimentalität betrachtet, was dieser Oper einen ganz anderen Ton verleiht, als er in *Cavalleria* oder *Pagliacci* vorherrscht.

La bohème weist jedoch noch einen anderen Aspekt auf, der prägend für die Oper des Fin de siècle wurde und zweifellos etwas mit Realismus zu tun hat: Die Oper malt grandiose Klangbilder in Massenszenen, die das Pariser Straßenleben zeigen und in denen zahlreiche Facetten der großstädtischen Geräuschkulisse kompiliert werden, ohne dass dabei auf musikalische Kohärenz geachtet wird. Die Musik, mit der der zweite Akt beginnt, ist zusammengefügt aus den Rufen von Straßenverkäufern und aus aufeinanderprallenden Chören von Stadtbewohnern und Kindern, die singend oder einfach nur skandierend ein- und ausmarschieren. Aus diesem musikalischen Tohuwabohu schälen sich von Zeit zu Zeit die Zwiegespräche der Protagonisten heraus, die jedoch unvermittelt wieder vom Lärmen der Menge zugedeckt werden können. Tempo, Takt, Dynamik und Textur wechseln ständig, fast als würde jemand sich mit einem Mikrofon durch die Menschenmenge bewegen und ständig neue Geräuschfetzen einfangen. Puccini übernahm diese Technik womöglich von Massenet (dessen *Manon* einige schöne Beispiele dafür liefert), und Szenen dieser Machart wurden so etwas wie eine französische Spezialität. Eine weitere französische Oper, die dauerhaft der Rubrik «Realismus» zugeordnet wurde, ist *Louise* (1900) von Gustave Charpentier (1860–1956), die zwei von Klanglandschaften geprägte Szenen hat. Der zweite Akt beginnt mit einem großstädtischen Tagelied, einem Potpourri kaskadierender musikalischer Ausrufe von Straßenverkäufern und Arbeitern im Morgengrauen; textlich beschränken sie sich nicht auf das Anpreisen ihrer Waren, sondern thematisieren auch existenzielle Fragen des Lebens und ihrer Zukunft. Das Ende des dritten Aktes bringt einen chaotischen Umzug mit dem König der Narren als Paradepferd, jener Galionsfigur des Pariser Bohèmelebens, deren Tradition bis zu François Villon zurückreicht. Die «Amtszeit» des Königs der Narren ist die Karnevalssaison, und die Anarchie und Zügellosigkeit, die in dieser Zeit herrscht, spiegelt sich in der Musik wider, die sich nach dem Motto «Alles ist möglich» offenbar alle erdenklichen Klangereignisse einverleiben kann, egal wie kurzlebig oder beständig sie sind oder wie viel oder wenig Bezug sie zu dem haben, was unmittelbar davor erklungen ist.

La bohème ist, so scheint es jedenfalls, in keinster Weise vom Wagnerismus angekränkelt, etwas, das sich, wie wir im nächsten Kapitel sehen werden, nur von ganz wenigen Opern der 1890er Jahre sagen lässt. Das hat zum Teil etwas mit dem Sujet zu tun: *La bohème* ist, um mit Puccini selbst zu sprechen, eine Oper der «Kleinigkeiten»,[14] die winzige Gegenstände und Phänomene liebevoll porträtiert. (Man denke an Massenets Manon und die Szene, in der sie sich von ihrem «kleinen Tisch» verabschiedet; bei *La bohème* ist der Einfluss Massenets wesentlich deutlicher als bei *Manon Lescaut* – vermutlich vermied Puccini in diesem Fall schon deshalb jede explizite Anspielung, weil beide Opern auf derselben Vorlage beruhten.) Während Wagners *Ring* es nicht unter Speeren, Schwertern und mächtigen Eschen tut, präsentiert *La bohème* einen Muff zum Warmhalten der Hände, eine Mütze und einen unzuverlässigen, qualmenden Herd. Jeder dieser Gegenstände wird liebevoll mit einem musikalischen Motiv verknüpft, wobei Puccini jedoch mit wiederkehrenden musikalischen Motiven ganz anders umgeht als Wagner. Das erste Motiv in *La bohème* ist ein kraftvoller Gedanke, der mit der Bohème-Szene identifiziert wird und auf eine Komposition des jungen Puccini namens *Capriccio sinfonico* zurückgeht. Der Originaltitel wird dem Stück überaus gerecht, dominiert doch das Motiv die erste Hälfte des ersten Aktes, in der die dramatische Konstellation entfaltet und das Motiv zum Objekt eines sinfonischen Prozesses aus tonaler Spannung und Entspannung wird. Freilich fällt ein wichtiger Unterschied zur Arbeitsweise Wagners ins Auge: Das Motiv bleibt seiner Form nach unverändert und tritt nur selten in klangliche Wechselwirkung mit anderen Motiven. Es fungiert nicht primär als semantisches Merkzeichen, das mit einem *Objekt* verbunden wird, sondern steht in Verbindung mit einer *Geste*; es ist somit nicht das «Bohème-Motiv», sondern das untermalende Motiv jener Momente, in denen die Bohème als kollektiver Akteur die Bühne beherrscht und ihre Energie demonstriert. Und es kehrt immer nur dann wieder, wenn diese Energie in der Folge aufs Neue aufscheint, und sei es auch nur für einen Moment.

Dasselbe ließe sich mit noch größerem Nachdruck über die letzten Akkorde der Oper sagen, die schon vielen akademischen Kommentatoren (wenn auch nur den wenigsten Opernbesuchern) zu schaffen gemacht haben, weil sie ein berühmtes motivisches Problem aufwerfen. An einer früheren Stelle des Aktes hat eine der Nebenfiguren, der Philosoph Colline (Bass), beschlossen, seinen Mantel in die Pfandleihe zu bringen, um ein stärkendes Mittel für die todkranke Mimì kaufen zu können. In einer für die «Kleinigkeiten» in dieser Oper typischen Geste widmet er seinem Mantel eine kleine Abschiedsarie, ein Solo, das mit feierlichen, parallel angeordneten orchestralen Akkorden endet. Wichtig an dieser Arie ist nicht zuletzt ihr Kontext: Sie fungiert als ein kurzer Moment der Einkehr, der lyrischen Kontemplation, bevor die Sterbeszene Mimìs beginnt. Welchen Reim aber sollen wir uns darauf machen, dass genau diese feierlichen Akkorde am Ende des Aktes wiederkehren und die Oper als ganze beschließen, also das letzte, verzweifelte Szenenbild untermalen, mit einem nach dem traurigen Abgang Mimìs verzweifelt klagenden Rodolfo? Versucht man, die Verbindung zwischen dem Motiv und seiner Wiederholung im semantischen Bereich zu finden, so läuft man Gefahr, dass das Pathos verschwindet, denn wenn man Rodolfos Wehklage mit der Trauer Collines um seinen verpfändeten Mantel assoziiert, ist das wohl kaum geeignet, unser Mitleid mit Rodolfo zu steigern. Auf der gestischen Ebene hingegen – verstanden in dem Sinne, dass das Motiv die finale Tragödie erst ankündigt und dann gleichsam deren Vollzug konstatiert – ist keine solche abträgliche Wechselwirkung zu erkennen. Vielleicht ist es sogar gerade das *Fehlen* eines semantischen Bezugs, das die Wiederkehr des Motivs so wirkungsvoll macht. Puccini lässt zu, dass sich zwischen Text und Musik eine Kluft bildet, die Platz für die Entfaltung des musikalischen Dramas bietet.

In den berühmten Arien von *La bohème* steckt wieder die schon weiter oben erwähnte Technik: die «Geisternummer», bei der eine substantielle Aussage aus bereits vorhandenen musikalischen Fäden und Texturen gewebt wird. Wenn Puccini-Arien konzertant aufgeführt werden, kommen sie einem immer kurz vor, vor allem im Vergleich mit den Nummern früherer Operngenerationen, und häufig müssen sie nachträglich mit einem musikalischen Rahmen versehen werden, um außerhalb der Opernbühne bestehen zu können – sei es mittels einer neuen Einleitung oder einem neuen Schluss, der wirklich ein Schluss ist und nicht nur eine musikalische Brücke zu dem, was danach geschieht. Mimìs autobiografische Arie gegen Ende des ersten Aktes, «Mi chiamano Mimì» («Man nennt mich jetzt Mimì»), ist ein unsterbliches Beispiel. Puccinis spezielle Art zu vertonen führt dazu, dass von der poetischen Formgebung des Textes rhythmisch kaum etwas übrig bleibt; noch überraschender ist, dass der Text bis kurz vor Schluss entwaffnend prosaisch bleibt. Rodolfo hat zuvor mit grandiosen Worten seine dichterischen Ambitionen verkündet. Mimì kühlt sie in ihrer biographischen Erwiderung herunter, die mit einer ganz grundlegenden Aussage beginnt: «Man nennt mich jetzt Mimì, einst hieß ich Lucia.» Puccini macht daraus so etwas wie ein musikalisches Frage-und-Antwort-Spiel: «Man nennt mich jetzt Mimì» ist eine harmonisch und melodisch instabile Phrase, die unverbunden in der Luft schwebt, mehr wie eine Fortsetzung als wie ein Anfang. Als Widerpart dazu folgen die Kadenzen von «einst hieß ich Lucia», das – anstatt ein Zwischenglied zu sein – mit seiner abrundenden Melodie einen Endpunkt setzt. Es entsteht der Eindruck, Mimì habe nicht nur zwei Namen, sondern auch zwei Persönlichkeiten, eine «poetische» mit einem Potential für Tragik und eine andere, entschieden gewöhnliche.

Dieses Wechselspiel zwischen Poesie und Prosa charakterisiert die Arie als Ganze – nicht nur weil das Motiv von «Mi chiamano Mimì» noch zweimal wiederkehrt, sondern weil die ganze Nummer im Zeichen dieser Dualität steht. Am großartigsten funktioniert das gegen Ende der Arie. Mimì schildert zunächst weitere Details ihres schlichten Alltags: «Fleißig bin ich und koche selbst mein Essen. Und fehlt die Zeit zur Kirche, bet' ich doch fromm zum Herrn. Leb' allein, ganz einsam. Dort von dem kleinen weißen Stübchen seh' Welt und Dächer ich, tief im Schnee.» Puccini hat all das mit berechenbaren Rhythmen und einfachen Harmonien versehen, die häufig in unkomplizierte Kadenzen münden. Dann aber schält sich etwas anderes heraus: «Taut [den Schnee] des Lenzes Sonne: Ich seh' zuerst ihr Strahlen. Mein ist des Frühlings reinste Wonne, und mein sein Kuß, der löst des Winters Qualen.» Der Text wird unerwartet poetisch, und die Musik öffnet sich zu einer von Puccinis großen musikalischen Inspirationen. Streicher und Holzbläser spielen die Melodie mit, und eine Abfolge ansteigender Phrasen nimmt Gestalt an: «Ma quando vien lo sgelo» (erste Phrase); «il primo sole è mio» (Wiederholung auf höherer Stufe); die dritte Zeile ergießt sich dann erschütternd in den wunderbaren melodischen Höhepunkt von «il primo bacio dell'aprile è mio!». Ein weniger genialer Komponist hätte diesen Passus vielleicht mit einer Wiederholung, einem Paukenschlag und einer Applaus heischenden Coda gekrönt, aber Puccini führt uns in diesem Augenblick erneut zu dem schlichten «Lucia»-Thema zurück. Am Ende der Arie artikuliert sich Mimì wieder in einem einfachen Rezitativ, unprätentiös wie am Anfang. «Mi chiamano Mimì» ist genau das, was Puccini gerne ein «pezzo forte» nannte – eine Nummer, von der er wusste, dass sie Wirkung erzielen würde. Die Arie ist außerdem ein Miniaturabzug der Oper als Ganzer. Das beständige Wechselspiel zwischen dem Gewöhnlichen und dem Sentimentalen ist es, das *La bohème* so wirkungsvoll macht.

An *Tosca*, seiner nächsten Oper nach *La bohème*, arbeitete Puccini nicht weniger als vier Jahre, und sie unterscheidet sich erheblich von ihrer Vorgängerin. Als Vorlage für das Libretto diente ein Stück von Victorien

Sardou aus dem aktuellen Repertoire des Grand-Guignol-Theaters, das im Jahr 1800 vor dem Hintergrund der napoleonischen Kriege spielt. Es dreht sich um Leidenschaften, Erpressung und Mord innerhalb der politischen und künstlerischen Elite Roms. Baron Scarpia, einer der großen Schurken der italienischen Oper, steht an der Spitze eines despotischen Unterdrückungsregimes und nutzt seine Position, um seine zwei großen, miteinander verwobenen Leidenschaften zu befriedigen: Sadismus und Lüsternheit. Am Ende des ersten Aktes gerät dieser Dämon in den Bann einer grandiosen religiösen Zeremonie, und daraus entsteht eine Szene, die unter den vielen von Puccini für seine Opern geschaffenen Klanggemälden das radikalste war und blieb. Auf der Jagd nach einem entflohenen Sträfling verfällt Scarpia auf den Gedanken, der junge Held Cavaradossi (Tenor) habe Beihilfe zur Flucht des Sträflings geleistet; Scarpia befindet sich in der Kirche Sant'Andrea della Valle und hat soeben Tosca verhört, die Geliebte Cavaradossis und zugleich das aktuelle Objekt der fleischlichen Begierden des Barons. Zum aus dem Hintergrund ertönenden Geläut zweier Glocken («In der Ferne, aber hörbar», lautet Puccinis Anweisung in der Partitur) setzt sich eine religiöse Prozession in Bewegung. Mehrere Chorgruppen intonieren lateinische Texte in quasi-liturgischer Monotonie.

Ein höchst bemerkenswertes Element dieser Szene ist das fast obsessiv eingesetzte Mittel der harmonischen Wiederholung, wobei die Glocken die zwei tiefen Töne B und F beisteuern, die minutenlang alternierend erklingen. Unsichtbar aus dem Hintergrund hört man das Abfeuern von Kanonen – das Alarmsignal nach der Flucht des Sträflings –, wobei die Detonationen nach dem Rhythmus der Musik getaktet sind. Puccini arbeitet hier mit Harmonien, die die von den Glocken angeschlagenen Grundtöne umspielen, ohne sich von ihnen lösen zu können. Auch der lateinische Singsang passt zu diesen Tönen, ebenso die vom Orchester gespielte Melodie – sie ist notwendigerweise eine zyklische –, die in einer Doppelfunktion auch das Solo begleitet und untermalt, das Scarpia über dieses ganze anschwellende Getöse hinweg schmettert. Erneut bekommen wir ein klangliches Hintergrundgemälde geboten, vor dem sich ein Solo entfaltet, diesmal allerdings mit der Besonderheit, dass der Klanghintergrund ständig lauter wird und das Donnern der Kanonen, ähnlich wie die Ambosse in Wagners *Rheingold*, die Grenzen weit hinter sich lassen, die nach bisheriger Opernkonvention die Einspeisung von Hintergrundgeräuschen auf das Plätschern von Bächen und dergleichen beschränkt hatten. Der die Partie des Scarpia singende Bariton muss seine ganze

Kraft in das Solo legen, in dem er sich ausmalt, wie er Toscas brennende Eifersucht in die Leidenschaft einer willigen Geliebten wandeln könnte. Als er schließlich aus seinem lüsternen Tagtraum erwacht und bemerkt, dass er sich in einer Kirche befindet, ruft er aus: «Tosca, mi fai dimenticare Iddio!» («Tosca, dein Reiz macht, dass ich Gott vergesse!»). Wie als Antwort auf diese Blasphemie drängt sich der Chor mit einer authentischen, unisono gesungenen Tedeum-Melodie dazwischen, in die Scarpia einfällt. Gerade wenn man glaubt, lauter könne es nicht werden, fährt das Orchester mit voller Kraft dazwischen und lässt Scarpias Leitmotiv erdröhnen, gesättigt mit «bösen» Tritonus-Akkorden, zischenden Becken und sägenden Blechbläsern. Wenn der Vorhang fällt, rechnet man fast damit, dass die gesamte Bühne donnernd zusammenkracht.

In den Anfangsjahren hinterließen Aufführungen von *Tosca*, so verwunderlich das heute klingen mag, häufig ein ratloses Publikum und wurden von Kritikern verrissen. Einer von ihnen schrieb:

> Die Sonatinen und Kantaten aus der Kulisse, die Orgel, der gregorianische Singsang und die Trommeln, die den Gang zum Galgen ankündigen, dazu die Glocken, die Kuhglocken, die Gewehrschüsse und der Kanonendonner, die stellenweise wesentliche Elemente in der Entwicklung der Oper darstellen, reichen nicht aus, um die durch fehlende Musik entstehenden Lücken zu füllen.[15]

Ein anderer Kritiker war sich sicher, welches Schicksal dieser Oper blühte:

> In 30 Jahren … wird *Tosca*, ebenso wie alle anderen Opern ihrer Art, eine dunkle und verwischte Erinnerung an eine Zeit der Verwirrung sein, in der die Musik dank der Logik der Geschichte von ihrer eigenen Domäne, von ihren eigenen Regeln und vom gesunden Menschenverstand abgeschnitten war.[16]

Am meisten Rätsel gibt diese Rezension der Londoner Uraufführung auf, deren Autor wieder einmal an der Rohheit der Musik Anstoß nahm:

> *Tosca* ist zu artifiziell, und dort, wo der Komponist am intensivsten sein will, bietet er nicht viel mehr als verstörenden Lärm – viel Klang mit wenig musikalischem Inhalt. Diese Feststellung trifft hauptsächlich auf den zweiten Akt zu. Manche sagen, sie könnten die Musik Wagners im Theater am besten mit geschlossenen Augen genießen, ohne sich Gedanken darüber zu machen, was auf der Bühne vorgeht. Im zweiten Akt von *La Tosca* ist es umgekehrt der Klang der Musik, der die zweifellos starke dramatische Situation zu stören scheint.[17]

Die Rätselfrage lautet natürlich, weshalb dieser Rezensent das musikalische Getöse, eines der grundlegenden realistischen Stilmittel der Oper, hier als «zu artifiziell» abtut – als hätte die Oper als Genre ihre einzigartige Mixtur aus Natürlichkeit und Künstlichkeit so unumstößlich etabliert, dass die Maßstäbe der praktischen Vernunft nicht mehr anwendbar seien. Freilich können wir, wenn wir wollen, heute diese Kritiker belächeln, ebenso wie wir uns über die mokieren können, die in der Briefszene von *Eugen Onegin* nichts außer einem Rezitativ hörten oder das *Onegin*-Libretto als langweiliges Wohnzimmerdrama abtaten. Vielleicht ist es jedoch produktiver, ihre Mäkeleien ernst zu nehmen. Die diversen Ansätze zur Entwicklung einer realistischen Oper, die gegen Ende des 19. Jahrhunderts unternommen wurden, waren in der Tat radikal und beunruhigend, stellten sie doch lange unangefochtene Vorstellungen über die angemessene Rolle der Musik in der Oper in Frage. Die selbstgewisse Prognose unseres zweiten Kritikers jedoch, der zufolge diese Neuerungen bald in Vergessenheit geraten würden, hätte falscher kaum sein können. Im Kielwasser des Realismus warteten einige der seltsamsten und geräuschvollsten Momente der Operngeschichte darauf, die Bühne zu erobern und dem Publikum neue Rätsel aufzugeben.

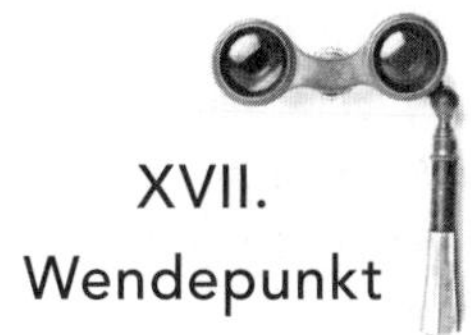

XVII. Wendepunkt

Ein französischer Komponist beschließt im Jahre 1893, eine Oper zu schreiben. Er ist klassisch ausgebildet, aus dem Pariser *Conservatoire* hervorgegangen und zudem Gewinner des prestigeträchtigen Kompositionspreises «Prix de Rome». Einen Opernentwurf hat er bereits fertiggestellt, einen gewaltigen historischen Dreiakter im spanisch-ritterlichen Gewand. Das entspricht der immer noch fortbestehenden Verpflichtung gegenüber der *grand opéra*, die sein nationalistisches Bewusstsein erfüllt – und er wird unglücklich damit. Eines Abends besucht er die Aufführung eines Schauspiels des belgischen Dramatikers Maurice Maeterlinck (1862–1949) und fasst den tollkühnen Entschluss, den Text dieses Stückes einer Oper zugrunde zu legen – ohne es eigens in Dichtung umzuwandeln, ohne die Abschnitte, die er dem Schauspiel entlehnt, auch nur wesentlich umzustrukturieren; hier und da streicht er ein wenig und bearbeitet Zeilen. Das Werk hat eigentlich nur einen einzigen kurzen Abschnitt, der sich für eine Oper anbietet, ein Lied der Titelheldin. Alles andere besteht aus freier Rede und ziellosen Träumereien.

Zwei Jahre dauert es, bis die neue Oper niedergeschrieben ist – die Orchestrierung noch nicht einmal eingeschlossen –, und dann folgt noch eine umfangreiche Revision, ehe sie endlich im Jahre 1902 uraufgeführt wird. Ort der Aufführung ist die Pariser Opéra-Comique. Für einen Großteil des frühen 19. Jahrhunderts galt, dass alles, was an der Opéra-Comique aufgeführt wurde, gleichsam gesetzmäßig gesprochene Abschnitte zwischen den einzelnen Gesangsnummern enthielt. Doch dieses Gesetz war nicht mehr in Kraft, und das Theater war froh, endlich Opern bringen zu können, die keine gesprochenen Passagen mehr enthielten. Mit dieser neuen Maeterlinck-Oper hatte die Opéra-Comique ihren Theaterskandal, der Auslöser vieler Debatten über vergangene und künftige französische Musik werden sollte. Die Opéra-Comique brachte damals ein Stück heraus, das bis auf den heutigen Tag für manche Opernbesucher unerklärlich langweilig bleibt, ja kaum eine Oper ist, noch dazu ohne große Melodik und mit nur wenigen Momenten, an denen das Orchester sich zu so etwas wie vollem Klang aufschwingt.

Kurzum, dies ist die Geschichte von *Pelléas et Mélisande*, einem *drame lyrique* in fünf Akten von Claude Debussy (1862–1918), die einzige innovative Oper, die das Fin de siècle hervorbrachte. Trotz der unschlüssigen Prinzen und anderer empfindsamer Pflänzchen, die ihr Dramenpersonal ausmachen, und trotz des generell gemächlichen Tempos und der extremen musikalischen Formlosigkeit weckte das Stück große Leidenschaften. Maeterlinck und Debussy fochten erbittert um die Besetzung der Titelheldin Mélisande. Eines Tages drang der Dramatiker – obgleich ein alternder Ästhet, wie er im Buche steht, war er offenkundig im wirklichen Leben ein leidlich guter Fechter – sogar in die Wohnung des Komponisten ein und forderte ihn zum Duell. Die Rezeption der Oper fiel gemischt aus. Der junge Maurice Ravel besuchte sämtliche Aufführungen der ersten Serie. 1908 freute sich Henry Adams auf eine Wiederaufnahme, kam indes ins Theater, um dort festzustellen, dass stattdessen Jules Massenets *Manon* gegeben wurde. In einem Brief, den er danach schrieb, heißt es: «Mein Zorn war gewaltig.»[1] Auf der anderen Seite schrieben Kritiker geringschätzig, dass «Rhythmus, Gesang und Tonalität» etwas seien, das «M. Debussy vollkommen fremd» zu sein schien.[2] Für manch einen Kritiker waren Rhythmus und Tonalität noch die geringsten Probleme. Camille Bellaigue sah die Zivilisation selbst bedroht: «Nachdem man [*Pélleas*] gehört hat, fühlt man sich krank … man wird durch diese Musik aufgelöst, weil sie selbst eine Form der Auflösung ist. Sie kommt mit einem Minimum an Vitalität aus und hat die Tendenz, unsere Zivilisation zu schwächen und zu zerstören. Die Keime, die sie enthält, sind nicht mehr die des Lebens und des Fortschritts, sondern die von Dekadenz und Tod.»[3]

Der Direktor des Pariser *Conservatoire* gab einen Erlass heraus, der seinen Studenten verbot, Aufführungen dieser Oper beizuwohnen. Jahrzehnte später wetterte Pierre Boulez gegen die Dirigenten, die versuchten, *Pelléas* durch die «Diskretion eines Kammerdieners» langweilig zu machen, und zwar durch Interpretationen, bei denen man «die Kontraste, an denen das Werk reich ist, in ein winziges Ausdrucksregister gepresst und ihm so seine Kraft und Heftigkeit genommen» habe.[4] Mit einem Wort: *Pelléas* ist in seiner Eintönigkeit für die einen unerträglich, während er für andere im Hinblick auch auf Charaktere, Libretto und Kostüme das schönste Klanggebäude darstellt.

Es ist wichtig, mit dieser Charakterisierung von *Pelléas et Mélisande* zu beginnen, weil so vieles an dieser Oper merkwürdig, neu oder ungewohnt ist. Zum einen waren Opernlibretti, die vor diesem Zeitpunkt vom gesprochenen Theater adaptiert wurden, fast unvermeidlich durch professionelle Librettisten überarbeitet worden: Literaten, die kürzten und tilgten und das, was übrig blieb, in Verse fassten; nett verpackt, um den gewohnten Formen der Opernvergangenheit zu entsprechen. Dass ein Komponist mit eigener Hand ein bereits existierendes Schauspiel in eine Oper verwandelte und dabei kaum mehr tat, als es hier und da um der Kürze willen ein wenig zu beschneiden, war so gut wie unbekannt. Teile von Musorgskijs *Boris Godunov* waren auf diese Weise entstanden – ein weiteres berühmtes Beispiel. Debussy kannte das Stück. Er hatte einige seiner Lehrjahre in Russland verbracht, als Musiker in der Entourage von Tschaikowskis Gönnerin Nadejda von Meck. Eine Oper mit einem Text wie eben *Boris* oder *Pelléas* – im deutschen Sprachraum würde man sie Literaturoper nennen; Werke, deren Texte unmittelbar dem gesprochenen Schauspiel entnommen wurden – erscheint als ein beängstigend unbeschriebenes Blatt. Wo fängt man musikalisch an? Wie soll man regelmäßig wiederkehrende Melodien nach frei metrischer Prosa gestalten? Was kann die Stellen musikalischer Artikulation bezeichnen, wenn doch in den Worten, welche ja eigentlich solche Stellen enthalten sollen, so wenig ausgesagt wird?

Und das ist nicht das einzige Rätsel, das *Pelléas* uns aufgibt. Denn während des größten Teils des 19. Jahrhunderts stellt die Opernkomposition in der westeuropäischen Tradition eine ganz besondere Aufgabe dar. War man auf diesem Gebiet gut, wagte man sich kaum in andere Genres; war man ein guter Instrumentalkomponist oder auch ein herausragender Liedkomponist, ging man ein großes Risiko ein, wenn man sich an einer Oper versuchte. Beispiele gibt es zuhauf: Merkwürdigkeiten wie das großenteils nie zur Aufführung gelangte Opernschaffen Franz Schuberts, Robert Schumanns *Genoveva* (1850) oder auch Hugo Wolfs *Der Corregidor* (1896). Brahms, Bruckner und Mahler, drei der größten deutschen Instrumentalkomponisten, haben sich kaum auf dem Felde der Oper versucht. Natürlich gab es einige Ausnahmen in Westeuropa. Saint-Saëns ist die vielleicht augenfälligste. Und manche, die nicht aus Italien, Deutschland oder Frankreich stammten – Komponisten wie Dvořák oder Tschaikowski – waren Universalkünstler und schufen gleichermaßen gewandt Orchesterwerke, Opern und Kammermusik. Doch der Grad, bis zu dem Opern im 19. Jahrhundert immer noch das Werk von Spezialisten waren, ist bemerkenswert. Die beiden Titanen Verdi und Wagner stehen dafür paradigmatisch.

Um 1900 aber änderte sich das. Im 20. Jahrhundert kommt kaum ein anderer Komponist als Puccini in Betracht, der noch das alte Spezialistenmuster erfüllte und damit Erfolg hatte. Das ist aus mehreren Gründen von Belang. Ganz praktisch gesehen: Es macht deutlich, dass neue Opern an Zahl und Bedeutung immer mehr abnahmen. Es erwies sich als immer schwieriger, auch wenn man durch das *Copyright* deutlich besser geschützt war, ausschließlich mit Komponieren für die Bühne auch nur einen bescheidenen Lebensunterhalt zu verdienen. Auch dass im 20. Jahrhundert die Spezies der Opernliebhaber aufkam, hatte Konsequenzen für das, was an Opern komponiert wurde. Wenn Musiker, die als reine Instrumentalkomponisten ausgebildet waren, sich zur Komposition einer Oper entschlossen, wurden ihre Bemühungen oft durch eine andere musikalische Welt gleichsam aufgesogen, die ihre eigenen Gewohnheiten und Klänge hatte und zudem eigene Methoden akustischer Theatralik. Als Debussy mit der Arbeit an *Pelléas* begann, war er bereits ein Orchester-Revolutionär, dessen klangliche Phantasie nur an wenige andere Musikwerke seiner Zeit erinnerte und dessen harmonisches Vokabular als avantgardistisch galt. Außerdem war er ein aufmerksamer und oft gallebitterer Beobachter der französischen Oper und hegte einen besonderen Widerwillen gegenüber jeglicher Nachahmung. «Es gibt nichts Traurigeres», schrieb er 1906, «als die neu-wagnerische Schule, bei der der französische Genius sich in Nachahmungen von gestiefelten Wotanen und samtbejackten Tristanen verlor.»[5]

Bei diesen Neo-Wagnerianern gab es in der Tat viel zu beklagen. Ernest Reyer brachte 1884 seinen *Sigurd* heraus, worin Brünnhilde, Siegfried, Gunther und Gutrune auftraten – allesamt wohl unterschiedlich gekennzeichnet, doch Reyers Musik ist eher *grand opéra* denn grand Bayreuth. Immer mehr französische Libretti verhandelten tragische, im Mittelalter angesiedelte Liebesaffären (Emmanuel Chabriers *Gwendoline*, 1886, oder Ernest Chaussons *Le Roi Arthus* [*König Arthus*], 1903) oder auch verklärte Sagen und Legenden (Vincent d'Indys *Fervaal*, 1897). Zudem waren die Schaftstiefel und Samtwamse nicht auf Frankreich beschränkt. Im Süden plante Ruggiero Leoncavallo eine gewaltige Trilogie (auf ein eigenes Libretto natürlich und betitelt mit einem beschämend deutlich auf Wagner zielenden Oberton als *Crepusculum*, zu Deutsch *Dämmerung*). Das Werk sollte in der italienischen Renaissance angesiedelt sein: Italiens Antwort auf die nordischen Mythen. *I Medici*, der erste Teil, hatte 1893 Premiere, wurde aber so kühl aufgenommen, dass der Komponist klugerweise die beiden Folgeopern verschob und stattdessen versuchte, mit einer Alternativfassung der *Bohème* Puccini zu übertreffen. Peter Cornelius versuchte sich ohne Erfolg an seinem *Gunlöd* (1869–74), wobei er Odin (alias Wotan, Tenor) auf die Bühne bringt, dazu eine Dreiecksbeziehung, die der von Hunding, Siegmund und Sieglinde ähnelt. Richard Strauss kämpft sich in seinen ersten beiden Opern, *Guntram* (1894) und *Feuersnot* (1901), durch eine ganze Reihe Wagner'scher Verlockungen und Ängste und bringt dabei nichts anderes zustande als eine mittelalterliche, religiöse Tragödie über Verzicht respektive eine bayrische Volkskomödie. Doch auch die Russen waren für dergleichen anfällig. Nikolai Rimsky-Korsakovs *Die Legende von der unsichtbaren Stadt Kitesch und der Jungfrau Fevronija* (1907) verbindet slawische und teutonische Mythologie, bringt allwissende Waldvögel (à la *Siegfried*) und am Schluss eine halb mystische, halb kirchliche Verklärung (à la *Parsifal*). Davor hatte sich Rimsky-Korsakov an einer Oper um die Odyssee versucht, ja sogar an einer Trilogie, die auf russischen Epen basierte;[6] beide Ideen versickerten noch im Planungsstadium.

Während es aber falsch wäre anzunehmen, dass jede Oper des späten 19. Jahrhunderts mit mittelalterlichen Rittern *Lohengrin* nachahmte (schon vor Wagner hatte es viele Ritter gegeben), sind nordische Götter schwerer zu erklären. Doch Libretto-Trends bilden ein eher kleineres Problem. Wagners fundamentale Neuerungen in der Opernmusik, vor allem die schiere Anziehungskraft seiner Klänge, erwiesen sich als ausgesprochen schwer zu umgehen. Seine Opern erklangen in ganz Europa und noch darüber hinaus; ganz gleich, ob man ihnen aus dem Weg ging oder ihnen kühn ins Antlitz sah. Sie hallten nach, selbst wenn man sie verspottete – nicht wenige französische Operettenkomponisten wählten diesen Weg, und Emmanuel Chabriers ironische Klavierduett-Quadrillen auf Themen aus dem *Tristan*, *Souvenirs de Munich* betitelt, sollte man sich nicht entgehen lassen. Debussys ironischer Hinweis auf Opern des Fin de siècle, die nur so von Wagner'schen Wiedergängern wimmelten, von Charakteren, die im Mittelalter oder in Fjorden gefangen waren, zeigte das ganze Dilemma: Welchen Stil sollte man sich nach Bayreuth zu eigen machen?

Für manch einen hieß das, dem Text gleich ganz zu entsagen. Es gibt eine ganze Reihe französischer Nach-Wagnerischer Opern, in denen Sirenenklänge der Soprane oder Mezzosoprane für Gefahr standen; dies in direkter Entsprechung zur Bedeutungslosigkeit ihrer Worte. Im vorangegangenen Kapitel sind wir auf Saint-Saëns' *Samson et Dalila* und Massenets *Esclarmonde* zu sprechen gekommen, deren beide Titelheldinnen ebendiesen Charme aufweisen. Noch berühmter, zumindest im Konzertsaal, ist eine Arie aus dem zweiten Akt von Léo Delibes *Lakmé* (1883). Ein aufrechter britischer Offizier verrät sich selbst, als er auf die Stimme der Titelheldin reagiert, die ihn fasziniert. Der schicksalhafte Köder ist Lakmés «Glöckchenarie», ein geradezu klassischer Topos von Hyper-Auszierung, eingesetzt als Hyper-Verführung. In solchen Momenten tun sich Sängerin, Vokalpart und Charakter der Heldin zusammen, um alle Widerstände zu überwinden. So gibt es einen entsprechend übertriebenen und erotisch aufgeladenen Bericht von Lily Pons als Lakmé, zu finden in einer Besprechung aus dem Jahre 1929:

> Doch was auch immer die unglaubliche Macht ihres hohen Soprans oder die Zartheit ihres Mittelregisters ausmacht, so ist da doch ihre ideale Verkörperung dieser Heldinnen, die künstlerische Berauschung durch die Jugend, die aus ihrem Herzen empor bricht wie Liebesglut, jetzt aber mit Anklängen an das Grauen, wie eine Äolsharfe, wie der leichte und brennende Duft der großen Mimosenblüten in dem Brahma geweihten Hain. Ich kenne keine größere Bezauberung als ihre Glöckchenarie, die so voller undefinierbarer exotischer Verführung ist.[7]

Eine so extreme Koloratur ist fast schon *per definitionem* textlos. Doch die gleiche Wirkung kann auch auftreten, wenn Worte zwar vorhanden, doch ohne große Konsequenzen sind. Auf seltsame und typisch gebrochene Weise hat ein Splitter dieses Gesangsstils *Pelléas* erreicht, dessen Radikalität nicht zuletzt in seiner nachgerade sklavisch und peinlich genauen Beachtung der Wortrhythmen besteht. Ein merkwürdiger, wortkarger Austausch zwischen Pelléas und Mélisande zeigt das Ausmaß, bis zu dem die weibliche Stimme, selbst wenn Text vorhanden ist, als Gesang eines Vogels oder einer Sirene aufgefasst werden kann. Mélisande singt ihrem Liebhaber Pelléas die Worte zu: «Je ne mens jamais, je ne mens qu'à ton frère» («Nie lüge ich; nur deinen Bruder belüge ich»), eine Feststellung, die wie so vieles bei Maeterlinck verstörend ist und rätselhaft zugleich. Doch Pelléas reagiert nicht auf die unklare Bedeutung ihrer Worte, sondern gerät in Erregung angesichts des Klanges ihrer Stimme: «Oh, comme tu dis cela! Ta voix, ta voix! Elle est plus fraîche et plus franche que l'eau» («Ah, wie du das sagst! Deine Stimme, deine Stimme! Sie ist kühler und klarer als Wasser»). Durch die ganze Oper hindurch schwärmt der Titelheld in ähnlichen Worten von der Stimme seiner Gefährtin, die mit deren langem Haar als dem hauptsächlichen Objekt seiner erotischen Fixierung konkurriert; so wie auch – und alles andere als zufällig – Carmens Stimme für Don José oder diejenige Dalilas für Samson erotisch aufgeladen war.

In ebendiesem Sinne liegen auch einige Elemente des *Pelléas* auf einer Ebene mit manch weit konventionelleren französischen Opern des späten 19. Jahrhunderts. Debussy löste die Aufgabe nicht, indem er sie exzessiv anging – etwa mit zu viel Koloraturen und Klängen auf offenen Vokalen –, sondern indem er sie philosophisch löste. Sicherlich fasziniert Mélisande ihren Liebhaber, doch nicht einen Augenblick lang singt sie ohne Worte, und niemals singt sie besonders virtuos. Dennoch können Berichte über Sängerinnen, die die Mélisande sangen, genauso verzückt geraten wie diejenigen über Lakmé – was die Vermutung nahelegt, dass der Verführungseffekt ein entsprechender war. Mary Garden, die erste Mélisande und zudem eine berühmte Operndarstellerin, wurde gar «ein Kondor, ein Adler, ein Pfau, eine Nachtigall, ein Panther» genannt;[8] ein weiterer hingerissener Kommentator schrieb, ihre Stimme als Mélisande wäre imstande,

> eine bedeutende und eindringliche Phrase zu formen und ihr Farbe zu verleihen, sich den Weg durch ein changierendes Gewebe solcher Phrasen zu bahnen … zuweilen ist ihr Gesang wie eine neue und seltsame Sprache – so neu und seltsam wie Debussys Musik. Der Hörer spürt die berückende Faszination und eindringliche Suggestion und lässt die Prüfung durch den kühlen Verstand der Technizität außer Acht, bis der Zauber vergangen ist.[9]

Theater des Fast-Absurden

Maeterlinck war Spezialist in einer Theatergattung, die man symbolistisch nannte und die einer anti-modernistischen Bewegung in Kunst und Dichtung verschwistert war (Mallarmé und Verlaine galten als deren Repräsentanten). Darin wurden die größten Menschheitsthemen gerne durch Einsatz indirekter Mittel behandelt, oftmals durch Phantasien und Träume. Entsprechend diesem Muster wird *Pelléas* vorrangig durch die Ahnung gekennzeichnet, dass die Menschen am Ende stets durch gewaltige, unpersönliche Schicksalskräfte, die unablässig auf sie einwirken, gleichsam überschwemmt werden. Es ist ein Drama der Halbtöne und geheimnisvollen Epigramme, mit Akteuren, deren individuelle Persönlichkeiten ausgelöscht sind, damit sie die Symbole besser darstellen können, die sie repräsentieren. Die Szene bietet eine fiktive Vergangenheit: ein Schloss im Königreich Allemonde – das deutsche «alle» steckt darin wie auch das französische «monde» für «Welt». Während einer Jagd im Wald stößt Fürst Golaud (Bariton), Witwer und zudem Erbe seines Großvaters König Arkel (Bass) auf ein Mädchen (Sopran), das weinend an einem Brunnen sitzt. Auf rätselhafte Weise verweist sie auf ihre Vergangenheit, verweigert zugleich die Antwort auf die meisten Fragen Golauds und sagt nur, dass ihr Name Mélisande sei. Alle nachfolgenden Szenen spielen dann in oder um Arkels Schloss, wohin Golaud Mélisande bringt, nachdem er sie geheiratet hat. Dort trifft sie auf Golauds jüngeren Halbbruder Pelléas (hoher Bariton oder tiefer Tenor), und der Rest der Oper besteht aus einer Reihe von kleinen ornamenthaften Musikstückchen, meist von Pelléas und Mélisande, die mit geradezu tragischer Regelmäßigkeit zusammenkommen. Arkel taucht hin und wieder auf; er steht für das vornehme Alte; Pelléas und Mélisande spielen mit ihren Gefühlen und verlieben sich ineinander; Golauds kleiner Sohn Yniold (Knabensopran) hat eine Soloszene, worin eines seiner Spielzeuge, eine goldene Kugel, hinter einem Stein eingeklemmt wird und eine Herde weinender Schafe vorüberzieht. Golaud tötet Pelléas, als er das Liebespaar beim Stelldichein erwischt. Im letzten Akt stirbt auch Mélisande; sie haucht auf unerklärliche Weise nach einer kleinen Verletzung ihr Leben aus, nachdem sie, wie wir erfahren, einer Tochter das Leben geschenkt hat. Rätsel um weniger wichtige Vorkommnisse durchziehen die gesamte Handlung. Verliert etwa Mélisande absichtlich ihren Ehering, als sie ihn in einen Brunnen fallen lässt? Warum wird Golaud genau in diesem Moment von seinem Pferd abgeworfen? Warum nimmt er Pelléas mit, als er eine unterirdische Höhle aufsucht? Wer ist der geheimnisvolle Schäfer (ganz zu schweigen von seinen weinenden Schafen), auf den Yniold trifft, während er versucht, seine goldene Kugel wiederzubekommen?

Eine derartige Unbestimmtheit ist typisch für die symbolistische Literatur, in der ganz bewusst Zeichen und Geheimnisse des Schicksals nicht zu entschlüsseln sind. Es geht darum, im Leser oder Zuschauer das Gefühl aufkommen zu lassen, dass deren Bedeutung zwar übermächtig, doch zugleich schwer fassbar ist; dass hinter jedem Objekt oder jeder Phrase unendliche Möglichkeiten liegen, die nicht festgemacht werden können. In dieser Hinsicht galt Wagner vielfach als Heros und Vorbild symbolistischer Dichter und Dramatiker. Was diese aber an Wagner bewunderten und was sie in Worte zu fassen suchten, war eine Qualität, die sie nicht in seinen Libretti, sondern in seiner Musik fanden. Es war eine Musik, die aus einem ungeschauten, jenseitigen Bereich zu kommen und weder reine abstrakte Form noch ohrenfälligen emotionalen Ausdruck darzustellen schien. Das wiederum macht einen Großteil der Fremdartigkeit symbolistischer Texte aus. Wenn eher Worte denn Musik deren künstlerische Ambitionen ausdrücken sollten, dann mussten diese Worte ein gleichwertiges Mysterium bewirken, etwa durch halb ausgesprochene Anspielungen oder unklare Bedeutungen. Die Worte wurden gleichsam zu Musik, indem sie sich einer festen Bedeutung entzogen und zu reinem Klang wurden.

Oberflächlich betrachtet, ließ diese Ästhetik eher eine Kunst der Suggestion denn der klaren Aussage entstehen. In Maeterlincks Stück können die einzelnen Ereignisse oft voneinander losgelöst erscheinen, als würden wir Ursachen ohne Wirkungen oder Konsequenzen ohne deren Ursprung miterleben. Und genau das inspirierte Debussy zu seiner radikalen Opernmusik, die er für *Pelléas* ersann. Oft intonieren seine Charaktere kaum ihre Verse; die Musik ist so entsagend, als käme nach ihr nur noch die Stille. Oft lösen sich Gesangsphrasen in reinen Orchesterklang auf; die Harfe oder ein anderes tiefes Instrument spielt eine einzige Note, die zu Echos im leeren Raum ausläuft. Die nicht mehr vorhandene Kausalität in Maeterlincks Stück wird zu Debussys Vorbild für ein musikalisches Äquivalent. Szenen werden aus einzelnen musikalischen Abschnitten zusammengefügt, die einzigartig und sehr schön, dabei aber zumeist voneinander getrennt sind – so unverbunden wie die rätselhaften Ereignisse, die ohne rechten Grund im Stück auftauchen. Es sind dies zugleich die Eigenschaften, die *Pelléas* wesentlich zur Oper eines Musikers machen, zudem eines peniblen Musikers. Das Stück hat all jenen Menschen wenig zu sagen, die auf Erzählstränge aus sind oder abgeschlossene Arien und beruhigende und laute Kadenzschlüsse mit Pauken und Trompeten wollen. 1910 leitete Thomas Beecham eine Wiederaufführung des *Pelléas* in Covent Garden, was nach einer ganzen Spielzeit mit Richard Strauss sehr begrüßt wurde.

> Das kam gerade zur rechten Zeit: Blut und Donner hatten [Strauss'] Attraktion erschöpft; es gab so etwas wie ein unausgesprochenes Verlangen nach einem Werk von vollkommener Schönheit. London reagierte sofort: Viele Menschen fanden sich ein, um Debussys Meisterwerk zu hören. Die Feindschaft von frühen Viktorianern, die *La traviata* und *Lucia di Lammermoor* als Kunstwerke ansahen, und ihren Enkeln, die alles besser wussten, schien vergangen zu sein noch vor Zeit des Friedens auf Erden … wenn Mr. Beecham London nach *Pelléas et Mélisande* durch seine Produktionen von Opern wie *Tiefland* und *Salome* versöhnt hat, wird er die Mühe nicht umsonst auf sich genommen haben.[10]

Man bemerke, dass um 1910, ganze acht Jahre nach seiner Premiere, *Pelléas* als Meisterwerk gilt. Seine ambivalente Rezeption hält bis heute an; doch er war wie die meisten großen Opern während ihrer ersten Jahre kaum mehr als ein unerkanntes, noch kleines Mauerblümchen.

Der alte Klingsor

Wagner war Debussys Bewusstsein nie ganz fern, als dieser den *Pelléas* komponierte. Im Sommer der Jahre 1888 und 1889 ging Debussy nach Bayreuth und hörte dort *Parsifal, Meistersinger* und *Tristan. Lohengrin* hörte er 1887 in Paris und dann wieder 1893; auch war er bei der ersten Pariser Aufführung der *Walküre* zugegen, gleichfalls 1893. Im Frühjahr des letztgenannten Jahres hatte er an einer merkwürdigen Lese-Aufführung mitgewirkt, die auf der Bühne der Opéra stattfand. Catulle Mendès sprach über den *Ring*, während Debussy, dazu ein zweiter Pianist sowie sechs Gesangssolisten alles gaben, um Ausschnitte aus dem *Rheingold* darzubieten. Man wird sich wohl kaum die lang ausgehaltene Es-Dur-Eröffnung des *Rheingold* auf zwei Klavieren vierhändig ausgeführt vorstellen können. Haben damals wohl die Pianisten die Klavierdeckel geöffnet und die Saiten gezupft? Später sagte Debussy: «Es ist gut, mit dem Rhein fertig zu sein. Die Aufführung war schrecklich langweilig.»[11] Vieles von dem, was Debussy über Wagner schrieb, hatte einen verächtlichen Tonfall, vermutlich das Ergebnis zu starker Emotion oder einer Schuld, die zu groß war, um abgetragen werden zu können. Wie er selbst 1903 schrieb:

> Es geht hier nicht darum, das Genie Wagners zu diskutieren; es ist eine dynamische Kraft, deren Wirkungen um so gewisser eintraten, als sie durch die Hände von Taktstockmagiern dargeboten wurden, denen nichts und niemand zu widerstehen vermochte. … Und vielleicht sind es die Angstschreie der Musik, die eine so gewaltige Wirkung auf die Gehirne der Zeitgenossen ausübten; anders lässt sich der geheime Drang, den Geschmack am Frevelhaften zu befriedigen, nicht erklären, der leider bei den Bekanntesten erwacht ist. [Hier fügte Debussy eine ironische Fußnote über Richard Strauss ein.] Man könnte schließlich Wagners Schaffen für ein recht überraschendes Bild heranziehen: Bach, das ist der Heilige Gral; Wagner wäre dann Klingsor, der den Gral zu zerstören trachtet und sich an dessen Stelle setzen möchte. Bach thront strahlend über der Musik, … Wagner entschwindet … verblasst … ein dunkler und beunruhigender Schatten.[12]

Die Tendenz der Metaphorik ist eindrucksvoll: Deutsche Komponisten sind Zauberer – zu den Ahnen gehört auch Bach. Doch auch Wagner ist ein Zauberer, aber von anderem Schlag. Er ist ein verbrecherischer Hexenmeister wie Klingsor, der unfruchtbare Nihilist aus Wagners *Parsifal*. Tatsächlich zielte fast jede Polemik Debussys über die Oper auf Wagner: «Ich werde die Verrücktheiten des Musiktheaters nicht nachmachen, wo die Musik so frech dominiert und wo die Dichtung auf den zweiten Platz verwiesen wird. Im Opernhaus wird zu viel gesungen.»[13] Die Ablehnung war leichter polemisch vorzubringen als sie dann in musikalische Praxis zu überführen. Zu einem frühen Zeitpunkt seiner Laufbahn hatte Debussy sorgfältige Skizzen zu einer *Pelléas*-Szene ausgearbeitet, merkte dann aber, dass «der Geist Klingsors alias R. Wagners» erschienen war. Debussy sah sich genötigt, die ärgerlichen Seiten herauszureißen.[14] Vielleicht um sich selbst und seine Oper gegen weitere unwillkommene Besuche gleichsam zu immunisieren, streute er in der Partitur kleine Hinweise auf seine Obsession aus. An einer Stelle sagt Mélisande mit ihrer charakteristischen Rätselhaftigkeit: «Je suis heureuse, mais je suis triste» («Ich bin glücklich, doch ich bin traurig»). Und bei dem Wort «triste» erscheint der *Tristan*-Akkord wie ein Wortspiel; ein Geist, dessen Anwesenheit nur deshalb ertragen werden konnte – wie anzunehmen ist –, weil er ironisch daherkam.

Eine solche Vorsicht, was die Wagner-Schwärmerei angeht, mag auf den ersten Blick durch die Eröffnung des *Pelléas* aufs Spiel gesetzt werden, die ja eine Folge kontrastierender musikalischer Gedanken bringt, welche später allesamt als Leitmotive wiederkehren. Zunächst sind da vier Takte leiser, modaler, noch nicht tonal gebundener Musik, fast wie gregorianischer Gesang, die dem altertümlichen Milieu des Königreiches Allemonde zugeordnet werden, vielleicht auch dem dichten Wald, in welchem die Handlung beginnt. Das hört dann auf und wird von einem unruhigen Motiv abgelöst, welches später mit Golaud assoziiert wird: im Mittelregister und auf der Ganztonleiter basierend. Dann «doux et expressif», süß und ausdrucksvoll, folgt in der hohen Lage ein lyrisches Motiv, das später zu Mélisande gehören wird und auf einer chromatisch dichten Achttonskala beruht. Die Botschaft scheint klar. Drei musikalische Visitenkarten werden hier dem *Pelléas* gleichsam angeheftet, schon in der ersten Minute der Oper, als wäre es eine Hommage an Wagners Praxis. Doch bestehen da wesentliche Unterschiede. Zum einen werden diese drei musikalischen Gedanken, obgleich streng unterschiedlich, was Register, Harmonie, Rhythmus und Textur angeht, deutlich einander gegenübergestellt, wobei kaum der Versuch unternommen wird, von einem zum anderen überzuleiten. In diesem Sinne stellen sie eine Antithese zur Wagner'schen Praxis dar, bei der ja Leitmotive aufeinanderfolgen und sogar nahtlos eines in das andere übergehen. Debussys Leitmotive aber, selbst-genügsam und isoliert, lassen im Kleinen die Ästhetik seiner Oper aufscheinen, nämlich den unvermittelten Übergang von einer musikalischen Sphäre zur anderen. Gleich wichtig aber ist, dass die drei einleitenden Gedanken schon die Leitmotiv-Substanz nahezu des gesamten *Pelléas* ausmachen, und keiner von ihnen taucht mit einer wie auch immer gearteten Regelmäßigkeit auf. Ein sinfonisches Gewebe wiederkehrender Ideen? Wohl kaum.

Diese Partitur ist auf noch bemerkenswertere Weise un-wagnerisch: Es gibt kaum laute Klänge, da das Orchester ungewöhnlicherweise in Gruppen eingeteilt ist, zudem auf geringem dynamischem Niveau spielt. Obgleich die Klangwelt, die Debussy erschafft – das orchestrale Gewebe ist durchgängig hinter den Sängern präsent und folgt einem eigenen musikalischen Muster –, den Geist Wagners aufnimmt, klingt doch die musikalische Oberfläche kaum nach ihm. Der «alte Klingsor» wird sorgsam in Schach gehalten. Man betrachte Akt 2, Szene 3: Pelléas und Mélisande besuchen zur Nacht eine Grotte am Meeresufer. Mélisande hat Golaud, was ihren Ehering betrifft, angelogen und gesagt, dass sie ihn in der Grotte verloren habe und dorthin zurückkehren wolle, um ihn zu suchen. Ehe noch der Gesang anhebt, werden wir durch das Orchester auf die Grotte vorbereitet. Über einem Pianissimo-Grollen in den tiefsten Registern spielen die Holzbläser eine ruhige, trügerische Fanfare, die wiederholt wird, um anzuzeigen, wo wir sind – an einem Ort, da der Klang aufprallt und als Echo zurückkehrt. Ein Becken wird mit der Feder bestrichen, darüber schweben in der Höhe tremolierende Streicher. Eine merkwürdige Blechbläser-Kombination spielt einen einzigen Akkord, danach erklingt dieser ein weiteres Mal in einem noch merkwürdigeren Mischklang von gedämpften Instrumenten und gibt damit das gleiche Bild aus einem anderen Blickwinkel wieder, oder dasselbe Objekt in einem anderen Licht. Als die Liebenden erscheinen, verharren sie zögernd draußen vor der Grotte. Als sie aber die Schwelle überschreiten, wird die Musik, die ihr erstes Erscheinen begleitet hat, mit akustisch ganz anderer Umhüllung wiederholt. Wenn man nämlich eine Höhle betritt, ändert sich der Raumklang.

Die Szene besteht aus einem Monolog des Pelléas, der detailliert die dunkle Grotte beschreibt, die die beiden durchschreiten, wobei Pelléas'

Gesangslinie nach der Musik des Orchesters geformt ist. Es folgt ein spektakulärer *coup de théâtre*: Plötzlich erfüllt der Mond die Höhle mit seinem Licht. Verzückt ruft Pelléas aus: «Oh, voici la clarté!» («Oh, da ist das Licht!»). Unvermittelt bricht das Orchester ab, um nun musikalisch das Licht darzustellen; Harfenglissandi auf- und abwärts, die Holzbläser mit einem bereits früher gehörten melancholischen, wiederkehrenden Motiv. Doch währt das nur einen Augenblick, weil das Paar nun drei hungernde, weißhaarige Greise erblickt, die sich in den Schutz der Höhle begeben haben. Die wunderschönen Mondklänge verstummen, um durch eine einzige pendelnde Figur ersetzt zu werden, zwei unablässig wiederholte Noten, worüber ein karges melodisches Fragment liegt. «Es herrscht eine Hungersnot», singt Pelléas, «sie sind eingeschlafen.» Mélisande möchte fliehen, ergreift dennoch nicht Pelléas' Arm, der ihr beim Aufsteigen aus der Höhle helfen will. Die Musik wird nun ruhiger. Motive, die man früher in dieser Szene gehört hat, ziehen vorüber wie Schatten, und am Ende ertönt die Holzbläser-Echo-Fanfare vom Anfang, nun aber tief in den Celli und Bässen notiert. Die Musik endet weniger, als dass sie unterhalb der Hörschwelle ausläuft, als würden wir uns immer weiter von der den Klang verändernden Umgebung der Höhle entfernen.

Debussys Genie für atmosphärische Klänge war schon vor dieser Oper vorhanden und keineswegs auf diese begrenzt. Er hatte großartige Tondichtungen geschrieben wie etwa das *Prélude à l'après-midi d'un faune* (1894) und *La Mer* (1905). Wichtiger noch im Sinne der Operntradition aber ist die Szenenzusammenstellung. Die musikalischen Abschnitte folgen einander ohne Übergänge; immer wieder taucht etwas anderes auf, und das Geheimnis, das daraus resultiert, muss gewahrt bleiben. Diese neuartige Struktur war in vielfacher Hinsicht durch den Text inspiriert. Maeterlincks eigenwilliges Libretto half Debussy, der Enge der französischen Oper des Fin de siècle zu entkommen. Seine frühere, von ihm aufgegebene, *grand opéra – Rodrigue et Chimène* – ähnelt Massenet. *Pelléas et Mélisande* aber ist bis heute nicht einzuordnen.

Salome: Hin zu den Extremen

Die Parallelen zwischen den frühen Opernkarrieren von Debussy und Richard Strauss (1864–1949) sind geradezu atemberaubend. Auch Strauss wurde als Spezialist orchestraler Tondichtungen bekannt und schrieb zudem in seiner Gesellenzeit Opern, die an den nachgeahmten Libretti und den Opernvorbildern leiden, die sie zu erkennen geben. Die Beispiele von Debussy und Strauss zeigen, dass der Weg zur Befreiung als eigenständiger Opernkomponist um 1900 zumindest in Frankreich und Deutschland oft bedeutete, eine andere Art von Libretto zu finden. Die verschiedenen Verschnitte und Wiederaufbereitungen der Opernmanier des 19. Jahrhunderts, vor allem wenn sie offenkundig Wagner folgten, waren wenig hilfreich, da sie unvermeidlich auf alte musikalische Wege führten. Eine einsame Ausnahme war der unerwartete Erfolg von Engelbert Humperdincks Märchenoper *Hänsel und Gretel* (deren Premiere 1893 von Strauss dirigiert wurde). Unverhohlen wagnerisch, was die Sprache des Orchesters und der Harmonien angeht, vermochte der Komponist, diese sperrigen musikalischen Attribute zugunsten einer rasch voraneilenden Handlung zu zügeln und zudem einige der realistischen Bezüge einzubinden, die zur Bestürzung der Nationalisten und manch anderer Zeitgenossen Leoncavallo und Puccini so erfolgreich machten, gerade im Wagner-gesättigten Deutschland jener Tage. Strauss pries die Partitur und nannte sie «originell, neu und so wahrhaft deutsch!» – meinte aber auch (unter geringschätzigem Verweis auf die neue italienische Manie), dass diese Oper den «Deutschen ein Werk gegeben hätte, das sie kaum verdienen».[15]

Niemand spürte die Opernprobleme deutlicher als Strauss. Von allen Opernkomponisten, die um 1900 heranreiften, hatte er die größte Nähe zu Wagner und schien am meisten vom Schicksal geschlagen, in des Meisters Fußstapfen zu treten. Fast schon ein Erwachsener, als Wagner starb, hatte er dessen Opern im Rahmen seiner frühen Lehrzeit bei Hans von Bülow in Meiningen kennen gelernt (Bülow nannte Strauss «Richard den Dritten» – nach Wagner konnte es naturgemäß keinen «Richard den Zweiten» geben). Strauss wurde ein virtuoser Dirigent; er war von Wagners Witwe Cosima angeheuert worden, um 1894 in Bayreuth den *Tannhäuser* zu dirigieren; später leitete er fast alle reifen Opern Wagners im Laufe seiner langen Karriere. Zudem wurde er ein Freund des Bayreuther Clans mitsamt aller Ehrerbietung und Indoktrination, die das zur Folge haben konnte. So wundert es wenig, dass er von der Opernkomposition abkam. Seine frühe schöpferische Persönlichkeit war bereits um 1890 als Meister der deutschen Tondichtung begründet, einem Genre, dem er gänzlich neue Energie und orchestrale Brillanz verlieh. Im Gegensatz dazu waren – wie bereits erwähnt – seine ersten Opern *Guntram* und *Feuersnot* bloße Spukgestalten.

Strauss wartete geduldig und war fast 40 Jahre alt, als er zu Beginn des Jahres 1903 in Berlin eine Aufführung von Oscar Wildes Schauspiel *Salomé* (1891) besuchte, aus dem Französischen von Hedwig Lachmann ins Deutsche übertragen und vom jungen Max Reinhardt inszeniert. Kurz zuvor hatte Strauss das Stück gelesen und mochte vielleicht schon einige erste Themen skizziert haben, doch erst die Inszenierung fachte seine Phantasie an. Er entschied sich, Lachmanns Übersetzung als Text für seine Oper zu verwenden, und wie Debussy formte er sich sein eigenes Libretto, indem er lediglich Kürzungen anbrachte und die Zeilen einrichtete. Oscar Wilde selbst schuldete vielleicht manches der *grand opéra*, denn mit seinem biblischen Milieu sowie dem orientalischen Exotismus, im Verein mit der jüdischen *femme fatale*, erinnert sein Werk an *Samson et Dalila* und andere Epen aus Gallien. Doch der Tonfall des Librettos – und hier sind die Ähnlichkeiten mit *Pelléas* bezeichnend – hatte nichts mit der Sprache herkömmlicher Libretti gemein. Und schwerlich hätte die Freizügigkeit, was sexuelle Obsession, Nekrophilie und die nackte Frau betrifft, die Zensur früherer Zeiten überstanden.

In England, das zugegebenermaßen spezielle Probleme mit Wilde hatte, wurde das Schauspiel um Salomé von Lord Chamberlain auf den Index gesetzt, und erst 1931 durfte es den Ärmelkanal überqueren. Doch die Oper wurde in London schon 1910 auf die Bühne gebracht; eine Kritik der Aufführung haben wir bereits zitiert: darüber, wie Thomas Beecham auf die *Salome* eine Aufführungsserie des *Pelléas* in der Weihnachtsspielzeit jenes Jahres folgen ließ. Auf die öffentliche Sensibilität wurde freilich in der Londoner Aufführung von 1910 Rücksicht genommen: Das abgeschlagene Haupt Johannes des Täufers, das Salome am Ende des Dramas auf einem silbernen Tablett überbracht wird, wurde durch ein (relativ unverfängliches) blutiges Schwert ersetzt. Doch die Tatsache, dass diese Oper offenbar lange vor dem Schauspiel zu goutieren war, unterstreicht die Tendenz der Musik, Worte und Bilder zu entschärfen, welche man andernfalls für anstößig halten könnte. Musik breitet einen Schutzschirm über alle Opern; dies auch in Anerkennung der Arbeit, die in ihnen steckt. Schon im Viktorianischen Zeitalter wurde Alexandre Dumas' Schauspiel *La Dame aux camélias* (Die Kameliendame, 1852) der englischen Zensur unterworfen, doch die darauf basierende Oper *La traviata* (1853) wurde wegen ihrer kunstvollen Feinheit gerühmt. Nüchterne und zugleich höchst kultivierte Menschen sind für eine Opernproduktion verantwortlich, die normalerweise auch mit großen Kosten verbunden ist. Skandale werden immer durch Gewichtigkeit unterdrückt, selbst wenn der Komponist, wie Strauss, so frevelhaft wie nur möglich war.

Die Oper *Salome* ist relativ kurz. Ein einziger Akt schildert den Hof König Herodes' am See Galiläa zur Zeit Jesu und seiner Jünger. Herodes (Tenor) hat Johannes den Täufer (genannt Jochanaan, Bariton) in eine Zisterne unter der Terrasse seines Palastes werfen lassen. Seine Stieftochter, Prinzessin Salome (Sopran), Tochter der Herodias (Mezzosopran), ist 16 Jahre alt, gelangweilt, schön und unschuldig – Strauss bestand auf dieser letzten Qualität. Herodes giert nach ihr mit bebender Intensität, so wie das – wie man uns glauben macht – viele andere an seinem Hof gleichfalls tun. Doch Salome verschmäht sie alle. Nach einer Eröffnungsszene, die eine solche vor Liebeskummer vergehende Seele zeigt (Narraboth, Hauptmann der Wache, Tenor), hört Salome Jochanaans Stimme, die aus der Zisterne emporschallt, und ist davon verzaubert. Sie überredet Narraboth, den Propheten aus seiner Zelle zu holen. Sobald Jochanaan erscheint, ist klar, dass Salome einer erotischen Fixierung erliegt. Sie preist abwechselnd seinen elfenbeinfarbenen Körper, seine schwarze Haarmähne und endlich seinen roten Mund. Als Jochanaan zurückweicht und sie wegen ihrer sündigen Gedanken verflucht, wird sie wütend und trotzig. Er zieht sich in die Heiligkeit seiner Zisterne zurück. Herodes und Herodias erscheinen, und Herodes fängt an zu betteln und Salome zu überreden, dass sie tanze. Von ihrer Weigerung angeheizt, bietet er ihr an, was immer sie begehrt, wenn sie nur endlich tanzt. Salome geht auf den Handel ein und führt den berühmten Tanz der sieben Schleier auf; alle sieben fallen wie vereinbart zu Boden. Dann verlangt Salome als Belohnung in unschuldigem Tonfall das abgeschlagene Haupt des Jochanaan, das ihr auf einem Silbertablett gebracht werden soll. Ein Scharfrichter wird zu dem Gefangenen hinabgeschickt, führt die Tat aus und erscheint mit dem Kopf. Salome ergreift diesen Kopf, spricht ihn zärtlich an, nähert sich ihm, küsst ihn auf die Lippen und spürt den bitteren Geschmack auf diesen Lippen. Da hat Herodes, dem Dekadenz selber nicht fremd ist, genug. Er befiehlt seinen Soldaten, Salome zu töten, und sie erdrücken sie unter ihren Schilden, als der Vorhang fällt.

Zu den schockierenden Elementen der *Salome* gehört nicht so sehr die Tatsache, dass Wahnsinn und Perversion als Theater-Vergnügen präsentiert, sondern dass diese Zustände durch blumige Phrasen mit wolkigen, dichterischen Bildern ausgedrückt werden. Dazu kommt, dass eine weibliche Protagonistin ihren männlichen Widerpart als Objekt behandelt und in widerwärtiger Lyrik von seinem Körper, seinem Haar und seinem

Mund schwärmt. Bis zu jenem Zeitpunkt hatte man solche Lyrik zwar wohl oft vernommen, doch wie das Herrschaftsrecht auf die Männer beschränkt geblieben war, war es der Objektstatus auf die Frauen. Man könnte nun sagen, dass Oscar Wildes Schauspiel mit seinen Rhapsodien über den männlichen Körper einfach nur homoerotisch wäre und dass die bewundernden Worte von einem männlichen Autor einem jungen Mädchen zum Zwecke der Irreführung in den Mund gelegt wurden. Doch diese biographische Feinheit ist weit weg von der Oper, in welcher der schwärmende Sopran sehr schnell zur beherrschenden Stimme auf der Bühne wird. Salomes Stimme füllt das Theater, vor allem, wenn sie zum letzten Mal ihren männlichen Widerpart anspricht, der zu diesem Zeitpunkt nichts ist als ein blutiger Fetisch, serviert auf einem Silbertablett.

Im Grunde setzte das Libretto Strauss' Phantasie nicht frei, weil es *per se* waghalsig war, sondern weil Salome als ein gepeinigter Mensch, von Leidenschaft überwältigt, der Musik in der Oper eine extreme Rolle geradezu aufnötigte. Eine solche Musik würde weder kommentierend sein noch eine Art Bühnenbild. Sie würde auch nicht vorgeben, objektiv zu sein. Vielmehr würde sie auf das Intimste und detailliert Salomes und der anderen Personen morbide Gedanken aufspüren, die vielfältige und heftige Störung ihres angegriffenen Geistes. So ließ Strauss, der bereits Erfahrungen mit mehreren lautstarken Tondichtungen gemacht hatte, den Dingen ihren Lauf. Das Ausmaß an Dissonanzen, an Orchestervolumen, an schierer musikalischer Kakophonie wie in der *Salome* hatte es bislang noch nicht gegeben. Abstoßende Charaktere wie etwa Herodes zittern und japsen, kreischen und fletschen die Zähne; seine keifende Frau Herodias ist, sofern überhaupt, noch weniger für Lyrik geeignet. Und obgleich Salome angeblich erst 16 Jahre alt ist, muss ihre Darstellerin – mit den Worten von Strauss – die Stimme einer Isolde haben. Es spricht Bände, dass die am meisten kontrollierte, gar ironische Musik in der gesamten Oper jene Orchesterepisode ist, welche Salomes Tanz begleitet. Auch wenn dieses Zwischenspiel einige frühere Leitmotive zitiert, die mit der Titelheldin assoziiert sind, scheint es sich hauptsächlich in Routine-Exotik zu ergehen, in einer Art also, die bis zum Überfluss von früheren französischen und russischen Opernkomponisten eingesetzt worden war.[16] Das mag als Begleitung zum erotischen Höhepunkt der Oper seltsam erscheinen. Dieser Eindruck verringert sich allerdings, wenn man bedenkt, dass dieser Tanz die Funktion einer Bühnenmusik hat. Sie existiert innerhalb der Fiktion, und aus diesem Grunde muss sie sich nicht mit dem Ausdruck der Geisteszustände der Protagonisten beschweren – Geisteszustände, die in schneller Folge vom Obsessiven über das Fanatische bis zum Wahnhaften und geradezu Ungesunden fortschreiten.

Strauss setzte viele Mittel ein, die er von Wagner gelernt hatte, am offenkundigsten manch kompliziertes Spiel mit Leitmotiven. Als Jochanaan sich von Salome zurückzieht, ruft er: «Du bist verflucht, du bist verflucht.» Er singt dies auf ein Motiv aus vier Noten, deren erste drei auf derselben Tonhöhe, deren letzte eine kleine Terz höher notiert ist. Im langen instrumentalen Übergang zwischen seinem Abgang und der Ankunft des Herodes wiederholt das Orchester dieses Motiv, verändert es dabei aber. Die ursprünglichen vier Noten werden von fünf weiteren gefolgt, die das Motiv (nun vom Horn vorgetragen) nach oben wenden, wo es in einer beunruhigenden Harmonie endet. Das Orchester sagt damit etwas aus: Wie sich zeigt, ist es etwas, das sich in Salomes Vorstellung entwickelt. Wenn sie nämlich viel später, da ihr siebter Schleier zu Boden fällt, ihre Forderung an Herodes vorträgt: «Ich will den Kopf des Jochanaan», dann sind die neun Noten, die diesen Wunsch zum Ausdruck bringen, genau eben dieselben. Der frühere orchestrale Übergang ist mit anderen Worten die Spur von Salomes innerer Entwicklung, da Jochanaans Fluch in ihrem Kopf widerhallt, und dieser Widerhall hat eine Lösung zur Folge, die den blutigen Ausgang der Oper bildet.

Jochanaan ist die einzige Hauptrolle, die frei von Sünde ist, und alles, was er aus der Zisterne singt – zumeist Erlösungs-Prophezeiungen –, ist fest gegründet und harmonisch, zudem mit deutlichen Luther-Choral-Untertönen, alles mit einer warmen, starken Baritonstimme vorgetragen. Dieses mächtige Dröhnen ist wohl das, was wir im Theater vernehmen, aber es ist auch das Zeichen von Salomes Erfahrung seiner vokalen Präsenz. Sie benennt seine Stimme, nachdem er tot ist, und sie sagt es dem abgeschlagenen Haupt: «Deine Stimme war ein Weihrauchgefäß, und wenn ich dich ansah, hörte ich geheimnisvolle Musik.» Als sie diese Phrase singt, ertönt ein geisterhaftes Echo aus dem Orchester, ein Motiv, das Jochanaan in der Tat früher gesungen hatte, während des Gesprächs mit ihr. Diese enge Verbindung – zwischen Orchestermusik und Salomes Wahrnehmung dieser Musik – erscheint am deutlichsten im Zwischenspiel, als der Scharfrichter in die Zisterne hinabschreitet. Salome versucht zu hören, was dort vorgeht, und als offenbar wird, was dort stattgefunden hat, missversteht sie die Klänge. Strauss setzte orchestrale Tricks ein, um diese mehrfachen akustischen Täuschungen hervorzurufen. Ein Solo-Kontrabass spielt eine sehr hohe Note, was den Hörer zu der Annahme verleitet, eine Geige hätte diesen Ton gespielt; instrumentales Krachen und Flüstern ahmt offenkundig den Lärm nach, doch nie wird uns ein Hinweis darauf gegeben, woher dieser Lärm resultiert.

Elektra, Erwartung, Blaubart: Drei Wege zur Moderne

Strauss' *Salome* wird oft «expressionistisch» genannt, ein Ausdruck, der zumeist mit der bildenden Kunst im Deutschland jener Jahre verbunden wird (zu denken ist hier hauptsächlich an Schiele, Kokoschka und Kandinsky), er gilt aber auch der Literatur (Trakl, Kafka), dem Film (Fritz Lang) und anderen Künsten. Der Expressionismus war eine Bewegung, in welcher menschliche und außer-menschliche Erscheinungen auf charakteristische Weise verzerrt werden, um die gefühlsmäßige Temperatur ihrer Darstellung aufzuheizen, wodurch eine starke Subjektivität an den Tag gelegt wird, die typischerweise negative Emotionen bevorzugte. Und die Musik von Strauss wurde unter anderem als expressionistisch bezeichnet, weil ihr häufiges Verweilen bei extremen Empfindungen und Geisteszuständen eine erschütternde Wirkung auf die Zuhörer ausübt. In jenen frühen Tagen waren dergleichen Auswirkungen oft negativ, selbst bei denen, die im Allgemeinen Strauss' unbezweifelte musikalische Fähigkeiten anerkannten. Der französische Dramatiker Romain Rolland, der ein enthusiastischer Unterstützer des *Pelléas* gewesen war, schrieb einen Brief an Strauss, in dem er allerdings die Schuld allein Oscar Wilde zuwies:

> Die Dichtung Wildes [hat] eine unbestrittene dramatische Ausdruckskraft, aber die Atmosphäre ist widerlich und schal; sie verbreitet einen Dunst von Laster und Literatur. Es geht hier nicht um bürgerliche Moral, sondern um seelische Gesundheit ... Wildes Salomé und alle, die sie umgeben, außer diesem brutalen Jochanaan, sind ungesund, unrein, hysterisch oder alkoholsüchtig, sie stinken nach mondäner und parfümierter Korruption. Umsonst verleihen Sie Ihrem Bühnenstoff eine visionäre Verklärung, verhundertfachen Sie Ihre Energie, hüllen Sie die Handlung in eine Shakespearehafte Atmosphäre. ... Sie überragen Ihr Thema, aber Sie können es nicht vergessen lassen.[17]

Noch heute können gute Aufführungen der *Salome* Augenblicke stiller Benommenheit hervorrufen. Man hat dann das Gefühl, dass man, nachdem man mit den Mitteln der Musik in diese verrückten inneren Welten hineingezogen wurde, eine Pause braucht, ehe man wieder nach draußen geht, an Orte, an denen wir uns für gewöhnlich aufhalten.

Expressionismus in der Oper ist in der Tat eine verheerende Antwort auf den Realismus in der Oper; eine Antwort, bei der speziell weibliche Charaktere zu geistiger Verwirrtheit neigen. Die Leiden der Heldinnen italienischer Opern des 19. Jahrhunderts bieten im Vergleich dazu mit ihrer wundervollen Dramatik bloße Bilderbuch-Gefühle. Anders gesagt: Die zunehmend fragilen Phantasien der italienischen und französischen Oper sollten glauben machen, dass Verrücktheit ein ästhetischer Zustand sei, dargestellt durch endlose und wundervolle Koloraturen und lyrische Beherrschung; dass überwältigende Emotion am besten durch schöne, warme und ausdrucksvolle Musik wiedergegeben werde. Das späte 19. Jahrhundert hingegen war eine Zeit, da die Pathologie der Geisteskrankheiten erforscht und kodifiziert wurde. Jean-Martin Charcot, von 1862 bis 1893 Neurologe an der *Salpêtrière* in Paris, veranstaltete öffentliche Demonstrationen mit hysterischen Patienten; bei einigen dieser Demonstrationen war in den Jahren 1885/86 Sigmund Freud zugegen. Freud und Josef Breuer veröffentlichen ihre *Studien über Hysterie* 1895. Gemäß diesen Fin-de-siècle-Theorien fand die Hysterie ihren Ausdruck nicht in wohlreguliertem Gesang, sondern in sprachlichen Defekten, bizarrer Lähmung und physischen Krankheiten. Die öffentliche und wissenschaftliche Erforschung der Psychose ließ das konventionelle Leid auf der Bühne, etwa das von Donizettis Lucia oder auch Verdis Violetta, altmodisch erscheinen; das kulturelle Nachbeben in allen Künsten war evident.

Während Strauss an seiner *Salome* arbeitete, besuchte er erneut Max Reinhardts Theater in Berlin, um ein neues Stück zu sehen, *Elektra*, aus dem Griechischen frei adaptiert vom Wiener Dichter Hugo von Hofmannsthal (1874–1929). Als er sein Stück schrieb, hatte Hofmannsthal die Studien in Freuds und Breuers Buch gelesen und aufgesogen, vor allem die Behauptung, dass Hysteriker bestimmte Wortformeln gleichsam als schützende Talismane wiederholten. Gertrud Eysoldt, die bei Reinhardt die Salome gegeben hatte, stand nun als seine Elektra auf der Bühne. So spielte Reinhardt eine kritisch unterstützende Rolle bei Strauss' Opern-Entwicklung. Er war während der ersten drei Jahrzehnte des 20. Jahrhunderts der wichtigste Theaterleiter Deutschlands, und zu seinen Neuerungen zählte etwa die rhythmische Choreografie, die Menschenmassen wie Insektenschwärme durch seine Szenenbilder ziehen ließ. Und er ersann die Körpersprache seiner Schauspieler neu, indem er beispielsweise lange, gleichsam eingefrorene Augenblicke und plötzliche Bewegungs-Explosionen vorschrieb. All das war ziemlich weit entfernt vom traditionellen Gehen und Gestikulieren des konventionellen Schauspiels jener Zeit und zudem ein deutliches Zeichen, dass die Gewohnheiten des 19. Jahrhunderts schwanden. So ist es bezeichnend, dass Strauss das Potential von Wildes *Salomé* erst dann vollständig erfasste, nachdem er Reinhardts Aufführung gesehen hatte, und er war von der *Elektra* so ergriffen, dass die Idee, zu diesem Stück zu greifen, während der gesamten Arbeit an *Salome* anhielt. 1906 schrieb er an Hofmannsthal und bat um die Erlaubnis, fortfahren zu dürfen. Damit begann eine Zusammenarbeit, die weitere fünf Opern überdauern und erst mit dem Tode Hofmannsthals im Jahre 1929 enden sollte.

In *Elektra* (1909) führte er die *Salome*-Ästhetik fort. Das Werk basiert auf Sophokles' gleichnamigem Stück und zeigt 90 ununterbrochene Minuten lang eine verrückte, zerlumpte, schmutzige, listige und tragische Heldin auf der Bühne. Elektra (Sopran) brütet obsessiv über den Mörder ihres Vaters, Agamemnon. Weitere Personen treten auf, einschließlich ihrer Schwester Chrysothemis (Sopran), ihres Stiefvaters Aegisth (Tenor), der einen kurzen, aber eindrucksvollen Gang zu seinem eigenen Verhängnis vollführt; ihre Mutter Klytämnestra (Mezzosopran), die Anlass für das furchtbarste Gespräch zwischen Mutter und Tochter gibt, das die Operngeschichte kennt; endlich ihr geliebter Bruder Orest (Bariton), den sie tot glaubte und der aus dem Exil heimkehrt, um Agamemnons lange zurückliegenden Tod an den beiden brutalen Mördern Klytämnestra und Aegisth zu rächen. Eine vergrabene Axt, die einst dazu benutzt wurde, um Agamemnons Schädel zu spalten, dient als wichtigstes Requisit. Die Oper endet damit, dass Elektra einen wilden Triumphtanz aufführt und danach leblos zu Boden sinkt.

Angesichts dieser Handlung ist es nicht überraschend, dass *Elektra* oftmals von lärmender Dissonanz ist. Genau wie *Salome* ist sie vor allem deshalb so, weil die Musik direkt aus den kreischenden, stöhnenden, gepeinigten Personen herauszubrechen scheint, vor allem aus der Titelheldin, die die Bühne niemals verlässt. Wie Elektra selbst sagt: «Ob ich die Musik nicht höre? Sie kommt doch aus mir.» Der Aphorismus könnte ganz einfach für den Opern-Expressionismus stehen. Doch Strauss hatte auch die drohende Ähnlichkeit der beiden Einakter im Blick. Er aber wollte etwas Neues schaffen. Und, typisch für die Zeit, «Neues» hieß noch fortschrittlicher, was Harmonik und schieren orchestralen Lärm angeht. Diese experimentelle Haltung erfährt ihren kakophonen Gipfel im abschließenden tödlichen Tanz der Titelheldin, worin ein triumphierendes Dur (nichts Geringeres als C-Dur) unablässig von einem geheimnisvollen, entfernt verwandten Molldreiklang unterbrochen wird – eine

Unterbrechung, die selbst in der abschließenden, brutalen Fortissimo-Kadenz aufrechterhalten wird.

Zur Zeit von *Salome* und *Elektra* wurde Strauss von vielen Zeitgenossen für den Gipfelpunkt der Opernmoderne gehalten. Doch das Jahr der *Elektra* (1909) erlebte auch die Komposition eines 30-minütigen «Monodrams» mit dem Titel *Erwartung*, dessen Konzentration auf die Extreme menschlicher Gefühle eng mit den Werken von Strauss verwandt war, dabei aber seine Arbeit vergleichsweise konservativ erscheinen ließ. Der Komponist dieses Werks war Arnold Schönberg (1874–1951), anders als Strauss ein im Opernmetier weniger bedeutender und darin auch nur gelegentlich aktiver Komponist. Schönberg aber ähnelte Strauss insofern, als er sich in anderen Genres bereits einen Ruf als kompromissloser Verfechter musikalischer Extreme erworben hatte.

So ist es sicher, dass Strauss eine Zeit lang eines der Vorbilder für Schönberg war. Gustav Mahler gab Schönberg eine Partitur der *Salome*, kurz nach deren Premiere, und einer der Schüler Schönbergs erinnerte sich, wie dieser gesagt habe, dass «vielleicht in zwanzig Jahren einer in der Lage wäre, diese harmonischen Fortschreitungen theoretisch zu erklären»,[18] eine Feststellung, die allerdings in der Atmosphäre jener Jahre als nachdrückliche Beglaubigung gelten durfte. Das Libretto der *Erwartung* ist ein seltsamer, fragmentarischer Bewusstseinsstrom, welcher die Gefühle einer namenlosen Frau (Sopran) aneinanderreiht, die (möglicherweise ist ja alles ein lang anhaltender Albtraum) am Rande eines dunklen Waldes nach ihrem Liebhaber sucht, über dessen verstümmelten Körper sie am Ende stolpert. Das Stück wurde von einer jungen Ärztin namens Marie Pappenheim verfasst. Es war noch offensichtlicher von den zeitgenössischen Entwicklungen in der Psychiatrie beeinflusst, als dies bei Hofmannsthal und Strauss der Fall gewesen war. Doch Pappenheim hatte noch nie zuvor für die Bühne geschrieben und sich vermutlich deshalb für eine Art inneren Monolog und nicht für eine eher konventionelle Lösung entschieden. Wie dem auch gewesen sein mag: Ihr Drama kleidete nicht wie das von Strauss die expressionistischen Extreme in exotische oder klassische Themen. Die Inszenierung der *Erwartung* sollte nichts anderes als die menschliche Psyche bloßlegen, frei von Zeit und Ort – Mitteleuropa vor dem Ersten Weltkrieg –, deren Krise damals nicht mehr zu übersehen war.

Wir wollen an dieser Stelle kurz innehalten, um die Schimpfwörter zu memorieren, die Schönbergs Klänge fast von dem Moment an erwarteten, da er sie zu Papier brachte. Es folgt eine repräsentative Zusammenfassung:

> Der Anführer der Kakophonisten ist Arnold Schönberg. Er hat vieles von den militanten Suffragetten gelernt. Er wurde erst dann beachtet, als er anfing, das Wohnzimmermobiliar zu zertrümmern, Bomben zu werfen und zehn Pianolas miteinander zu verbinden, die alle verschiedene Melodien spielten, woraufhin jedermann über ihn zu reden begann. In Schönbergs späteren Werken werden sämtliche Konstruktionsregeln, den Meistern von Bach bis Wagner abgeschaut, ignoriert, verletzt, und darauf herum getrampelt. Die Statue der Venus, der Göttin der Schönheit, wird von ihrem Podest gestoßen und durch ein steinernes Bild der Göttin der Hässlichkeit ersetzt.[19]

Wenn nicht eine Suffragette, dann ist er doch vielleicht ein Experte für Schiffsmunition. «Arnold Schönberg ist der musikalische Tirpitz Deutschlands. Nachdem er es nicht vermochte, die feindliche Welt durch seine frühe Kampagne zu fesseln … fing er an, die Trommelfelle seiner Feinde wie auch die der Neutralen mit seinen tödlichen Dissonanzen zu torpedieren.»[20] Wortgefechte: Schönbergs Musik ist unhedonistisch, lässt keinerlei Vergnügen und keine ästhetische Wärme zu; man begreift sie als einen Akt der Aggression gegen die Zuhörer. Doch solche Hässlichkeit ist den sonstigen Verwüstungen der *Erwartung* nur angemessen. Ein altes Opern-Credo – dass Musik im gleichen Maße wie das Drama expressiv sein müsse – wurde hier bekräftigt.

Selbst für Schönberg war die *Erwartung* ein akustisches Extrem. Hätten seine Zeitgenossen um die Atombombe gewusst, sie hätten zweifelsohne nicht gezögert, auch diese Metapher anzuwenden. Strauss' Gebrauch der Dissonanz diente stets als Mittel, bestimmte Zustände auszudrücken, und konnte direkt neben Abschnitten mit relativ fester Tonalität stehen (wie zum Beispiel Jochanaans Musik in der *Salome*). Doch Schönberg hatte in ebendiesen Jahren (1908–1911) begonnen, die Tonalität als Organisationsprinzip in seiner musikalischen Sprache aufzugeben. Das war unter dem Einfluss eines offenkundig expressionistischen Credos geschehen. Wie er in einem berühmten Brief an seinen Freund Kandinsky schrieb: «Die Kunst gehört dem *Unbewussten*! Man soll *sich* ausdrücken! Sich unmittelbar ausdrücken!»[21] In seiner *Harmonielehre* (1911) stellte er die Antithese von «Konsonanz» und «Dissonanz» in Frage und meinte, die musikalische Entwicklung würde sie bald irrelevant machen. An anderer Stelle des Buches verkündete er das Auftauchen von «Klangfarbenmelodien», worin Variationen der Tonhöhe weniger wichtig seien als jene der Klangfarben; dies wäre eine Möglichkeit, «die sinnlichen, geistigen und seelischen Genüsse, die die Kunst bietet, in unerhörter Weise zu steigern».[22]

Die *Erwartung* ist in vielfacher Hinsicht eine Illustration dieser unlängst formulierten Grundsätze. Obwohl es dort flüchtige Momente tonaler Reminiszenzen gibt, ist doch der Großteil der Partitur in der alsbald gültigen *lingua franca* der freien Atonalität geschrieben. Mit Argumenten, die sicherlich von Schönbergs eigener Theorie beeinflusst waren, behaupteten manche Kritiker, dass die harmonische Sprache der *Erwartung* wie schon ihr literarischer Text ein vollständig freier Bewusstseinsstrom sei, ohne einen durchgängigen roten Faden oder ein erkennbares System. Doch die entschiedene Vermeidung all dessen, was nach tonaler Ausrichtung oder auch nur nach einem tonalen Haltepunkt hätte aussehen können, hatte ihrerseits eine ausgeprägte Neigung hin zu alternativen Akkordstützen zur Folge. Die *Erwartung* bevorzugt die Quarte sowie den Tritonus, einen Klang, der innerhalb der Atonalität zu so etwas wie einem Klischee wurde – eine zuverlässige Reserve, wenn die Erfindungskraft erlahmte.

Mit seinen kantigen Extremen könnte man den Vokalpart in Schönbergs Oper als Kundry plus Salome *in excelsis* beschreiben, und Schönberg macht diese Vorgängerschaft deutlich, indem er in flüchtigen, dabei gleichwohl erkennbaren Zitaten beide eindrucksvollen Vorgängerinnen skizziert. Deren Neigung zum Schreien und Flüstern werden vollständig ausgekostet, und dies innerhalb einer anti-melodischen Gesangsweise, die bei den Vorbildern noch unvorstellbar war. In diesem Zusammenhang ist es schon überraschend (vor allem im Hinblick auf die eigenen, kaum gegenständlichen Skizzen zur szenischen Ausstattung), wenn man erfährt, dass Schönberg auf einem gewissen Maß an Naturalismus bestand; in erster Linie wollte er einen hübschen, deutlich erkennbaren Wald haben. Ein derartiger Naturalismus wäre heute vollständig ausgeschlossen, vor allem, da Schönbergs Musik – zumindest für die meisten Hörer – heute nicht weniger fremd und unverständlich klingt als vor einem Jahrhundert. Und das mag uns daran erinnern, dass in dramatischer Hinsicht seine Hauptfigur offensichtliche Verbindungen zur unmittelbaren Vergangenheit hatte.

Wenn man Vergleiche zwischen Strauss und Schönberg liest – manchmal auch in Büchern über Operngeschichte, worin Strauss selbstverständlich die sehr viel größere Bedeutung zugewiesen wird –, dann erkennt man, wie sehr die Geschichte der Musik des 20. Jahrhunderts immer noch gern auf das Narrativ des Fortschritts zurückgreift. Schönberg, so sagt man uns oft, «ging weiter» als Strauss, was die Harmonik betrifft, daher verdiene er einen historischen Ehrenplatz. *Salome* und *Elektra* würden zwar ihre Aufführungen haben, doch die *Erwartung* solle gleichwohl die musikgeschichtliche Medaille bekommen. Dieses Argument köchelte schon damals vor sich hin. Kurz nach der *Erwartung* schrieb Strauss einen «Empfehlungsbrief» für Schönberg (der an Gustav Mahlers Witwe adressiert war). Darin bekundete er, selbst Teil der unsicheren Zeiten zu sein, denen auch er verpflichtet wäre und er deshalb nicht ohne Weiteres die atonale Revolution verwerfen könne, «da man nie weiß, wie die Nachwelt darüber denken wird». Dennoch äußerte er deutlich seine persönliche Meinung und sagte, Schönberg täte besser daran, «Schnee zu schaufeln als Notenpapier zu bekritzeln».[23] Schönberg, der von diesem Brief erfuhr, war mit ähnlicher Antwort schnell bei der Hand und schrieb: «Künstlerisch interessiert [Strauss] mich heute gar nicht, und was ich seinerzeit von ihm gelernt hätte, habe ich, Gottseidank, missverstanden.»[24] Strauss hatte sich zu diesem Zeitpunkt schon von seiner *Salome* und *Elektra* abgewandt und – wie wir im nächsten Kapitel sehen werden – einen Weg eingeschlagen, der den Gegensatz zwischen ihm und Schönberg noch klarer hervortreten ließ. Zu diesem Zeitpunkt war die wechselseitige Sympathie schon lange im Schwinden begriffen. Aber mit dem Lauf der Zeiten fühlen sich Historiker oft ermutigt, derartige Zankereien in größere Zusammenhänge einzufügen. In diesem Falle könnte man im Nachhinein den Streit der beiden Komponisten als gutes Beispiel für den schöpferischen Aufruhr jener Zeit ansehen. Doch diese historische Neubewertung hat noch nicht stattgefunden. Das Eingehen der Musikgeschichte auf einen ganz bestimmten, vorwärtsgerichteten Strang ihrer «modernen» Vergangenheit hat sich bis in die allerjüngste Zeit noch als zu stark erwiesen.

Die Historiker der Moderne mühen sich daher auch mit Béla Bartók (1881–1945) ab, dessen einaktige Oper *A kékszakállú herceg vára* (*Herzog Blaubarts Burg*), 1911 entstanden, in Budapest erstmals 1918 aufgeführt wurde. Der Text, ursprünglich ein Schauspiel, dessen opernmäßige Umsetzung allerdings schon angedacht war, stammte von Bartóks ungarischem Zeitgenossen Béla Balázs. Er hatte den Stoff der Märchensammlung von Charles Perrault entnommen und verschiedene nationale Elemente hinzugefügt, vor allem die beharrlich wiederkehrenden Rhythmen der ungarischen Volksballade – er nannte sie «dunkle, gewichtige, unbehauene Wortblöcke».[25] Doch Balázs hatte auch manches von Maeterlinck sowie der symbolistischen Bewegung insgesamt abgeschaut. Wie er später sagte: «Meine Ballade ist die ‹Ballade des Innenlebens›. Blaubarts Burg ist keine wirkliche Burg aus Stein. Diese Burg ist seine Seele. Sie ist einsam, dunkel und verschlossen: die Burg der verschlossenen Türen.»[26] Er hätte auch

Maeterlincks und Debussys Allemonde mit diesen Worten beschreiben können oder, obwohl er ihn nicht kannte, Pappenheims und Schönbergs dunklen Wald. Die Handlung des *Blaubart* weist mit ihrer seltsamen, rituellen und meist unmotivierten Handlung noch weitere Ähnlichkeiten mit *Pelléas* auf. Blaubart (Bariton) bringt seine neue Frau, Judith (Sopran), heim auf seine Burg. Sie stehen in der gotischen Halle, von der sieben große Türen abgehen. Judith bittet darum, sie aufzuschließen; Blaubart zögert; Judith besteht auf ihrem Wunsch. Die ersten beiden Türen führen in eine Folterkammer und eine Waffenkammer, beide blutbefleckt. Die folgenden drei Türen zeigen, als das Licht eindringt, Blaubarts Schatzkammer, seinen Garten und – zu einem gewaltigen orchestralen Höhepunkt – seine riesigen Ländereien. Doch wieder wird eine jede Szene von Blut durchtränkt. Düsterkeit senkt sich herab, als die beiden letzten Türen geöffnet werden. Der sechste Raum ist ein Tränen-See, der siebte eine Prozession der drei früheren Frauen Blaubarts. Judith wird gezwungen, diese drei Frauen zurück hinter die siebte Tür zu begleiten. Blaubart bleibt allein zurück.

Blaubart, eine der großen Opern des frühen 20. Jahrhunderts, scheint in vielfacher Hinsicht zwischen Debussy und Strauss zu vermitteln. Auch Bartók kam zur Oper, nachdem er bereits Erfolge als Instrumentalkomponist hatte. Und wieder findet sich dieser Umstand in die Textur der Oper verwoben. So begleitet etwa ein starres tonales Schema (das man in einem reinen Instrumentalstück erwarten würde, das aber eher selten in der Oper anzutreffen ist) die Bogenstruktur der Erzählung. Die Reise von der Dunkelheit ans Licht und zurück zur Dunkelheit wird durch eine tonale Bewegung von Fis-Dur nach C-Dur (die fünfte Tür) und wieder zurück zu Fis-Dur gespiegelt. Der Einfluss von Bartóks instrumentaler Phantasie auf die Oper ist vor allem bei der Musik zu den sieben Türen erkennbar. Die Klangwelt hinter jeder neuen Tür ist als Miniatur-Tondichtung gebildet, als würde immer wieder ein eigenes Kammerorchester neben dem Grauen herumgeistern. Es gibt gedämpfte Blech-Fanfaren für die Waffenkammer, eine Solo-Violine, die angesichts des Reichtums der Schatzkammer rhapsodiert; Harfen-Arpeggios, Hornrufe und Flötentriller für die Gärten und ein C-Dur-Tutti à la *Also sprach Zarathustra* (Orgel und Tutti) für die fünfte Tür und ihren Bereich. Die gewaltigen Akkorde von Tür fünf könnten, was die Orchestrierung betrifft, von Strauss sein, aber harmonisch bewegen sie sich durch eine Folge paralleler Dreiklänge und erinnern so an Debussys Handschrift, die in ihrer berühmtesten Ausprägung in Klavierwerken wie *La Cathédrale engloutie* (*Die versunkene Kathedrale*) aus dem Ersten Buch der *Préludes* (1910) zu hören ist.

Wenige Komponisten jener Zeit kommen ohne das Leitmotiv aus, und auch *Blaubart* hat ein solches an zentraler Stelle. Jedes Mal, wenn der Blutfleck im Szenenbild auftaucht, hat das Orchester ein «Blut»-Motiv, eine raue, kleine Sekunde, schrill und scharf in den Holzbläsern. Doch dies ist nur eine oberflächliche Geste. Die Oper besteht, ähnlich wie *Pelléas*, aus einer Reihe von Skizzen, so wie auch ihr Vokalpart zumeist klar syllabisch und dem gesprochenen Rhythmus entsprechend angelegt ist. Nur gegen Ende, in einem der düstersten aller Opernfinali, taucht ein eher verbundenes vokales Idiom auf. Als Blaubart die Unvermeidlichkeit erkennt, mit der eine jede Tür ihre Geheimnisse preisgibt, führen seine Resignation und das Gewahr-Werden seines Verlusts zu einer Lyrik, die vordem unmöglich war. Am Ende verstummt Blaubart. Dem Orchester ist der Schluss anvertraut, und es führt uns zu der instrumentalen Strenge zurück, mit der das Werk eingesetzt hat.

Außerhalb der radioaktiven Zone

Was macht die Operngeschichte mit Außenseitern, mit Komponisten und Werken, die keine offensichtlichen genetischen Verbindungen mit oder kompositorische Verpflichtungen gegenüber der Haupt-Tradition haben? Oder anders: Angesichts der Tatsache, dass die Oper außerhalb der deutschen, italienischen oder französischen Tradition um 1900 recht schnell eigene Wege fand, dem Wagner'schen Fluch zu entkommen – geschah das, weil solche Flüche sich bislang nur geographisch ausbreiten konnten? Man betrachte etwa die Oper, die im Westen als *Jenůfa* bekannt ist, geschrieben zwischen 1894 und 1904 von Leoš Janáček (1854–1928), einem tschechischen (genauer: mährischen) Komponisten, der die meiste Zeit seines Lebens als lediglich lokale Berühmtheit in Brno verbrachte und dessen bemerkenswert späte Blüte als internationaler Opernkomponist in Kapitel XIX erörtert wird. Janáčeks erste Opern sind in ihrer Mischung aus romantischen und nationalistischen Elementen noch recht konventionell, doch in den frühen 1890er Jahren traf er auf ein Schauspiel von Gabriela Preissová mit dem Titel *Její pastorkyňa* (*Ihre Stieftochter*). Wie vor ihm Debussy und ein paar Jahre später Strauss war auch für Janáček die Erfahrung des Sprechtheaters inspirierend genug, um Experimente mit einer neuen Art Oper zu inspirieren – eine Art, die den Text unmittelbar in Musik umsetzt. Was des Komponisten Phantasie ergriff, ist klar – weil die Handlung des Stücks alles andere als traditionell ist, auch wenn Preissovás Schauspiel in ein volkstümliches Milieu führt. Der erste Akt wird von Jenůfa (Sopran) eröffnet, die in Števa (Tenor), einen örtlichen Mühlenbesitzer, verliebt und von ihm heimlich schwanger ist. Doch sie wird von Števas Halbbruder Laca (Tenor) geliebt, der in einem Anfall von Eifersucht ihre Wange mit einem Messer ritzt. Im zweiten Akt, ein halbes Jahr später, hat Jenůfa, von ihrer Stiefmutter, der Kostelnička (Sopran), versteckt, gerade einen Sohn geboren; Števa hat sie verlassen. Als Laca erscheint, um sich nach ihr zu erkundigen, gibt die Kostelnička zwar zu, dass Jenůfa ein Kind bekommen hat, versucht aber Laca zu beruhigen, indem sie sagt, dieses Kind sei gestorben. Laca geht fort, die Kostelnička nimmt das Baby hinaus in die Winternacht und ertränkt es im Mühlbach. Im dritten Akt, zwei Monate darauf, hat Jenůfa eingewilligt, Laca zu heiraten, doch als der Mühlbach auftaut, entdecken die Dorfbewohner das tote Kind. Jenůfa fürchtet, es wäre ihr Sohn, und die Dorfbewohner gehen drohend auf sie zu, weil sie sie für die Mörderin halten. Doch da gesteht die Kostelnička die Tat; sie wird abgeführt. Nach großen inneren Kämpfen vergibt Jenůfa ihr, und in einem Finale von mitreißender musikalischer Intensität nimmt sie Lacas Liebe an.

Ein Grund für die lange Entstehungszeit dieser Oper ist der, dass Janáček seine Ziele im Laufe der Zeit geändert hatte. Während er noch von den gewalttätigen Verismo-Elementen des Stoffs angezogen war, spürte er, dass er eine neue musikalische Sprache brauchen würde, um die Dramatik der Oper wirksam werden zu lassen. Teile des ersten Akts, die als Erste geschrieben wurden, tragen noch Spuren seiner älteren, nationalistischen Ader mit ihren lebhaften modalen volkstümlichen, synkopischen Chören und selbst mit erkennbaren Arien und Ensembles. Doch in ebendieser Zeit begann Janáček, kurz zuvor noch ein hingebungsvoller Sammler von Volksmusik, das aufzuzeichnen, was er «Sprechmelodien» nannte: Fragmente von gesprochener tschechischer Rede, die er rhythmisch und melodisch notierte. Dadurch fand er die musikalischen Bausteine, mit denen er seinen neuen Opernstil errichten sollte. Die extreme Umsetzung dieser Technik sollte dann in seinen späten Opern erfolgen; in der *Jenůfa* ist dieser Effekt noch eher sporadisch und mischt sich mit einer älteren, bekannteren Sprache (weshalb diese Oper vermutlich sein populärstes Werk blieb).

So wächst das Drama aus der Verschmelzung musikalischer Miniaturen. Oft sind Sprechmelodie-Fragmente die Grundlage, auch kleine melodische Gesten im Sinne der Naturnachahmung. Diese Gabe, einen ganzen Berg gleichsam aus Geröll aufzuhäufen, wird schon zu Beginn der Oper deutlich und macht Janáčeks Musiksprache unmissverständlich. In einem kurzen Orchestervorspiel zum ersten Akt soll ein obsessiv wiederholtes rhythmisches Motiv sehr deutlich das Drehen des Mühlrades imitieren, was durchgängig während der Handlung bleibt. Und es wird weniger entwickelt als vielmehr in einer ganzen Reihe unterschiedlicher Klangfarben vorgeführt: zunächst zurückhaltend und eher zart, dann in vollem Orchesterklang, endlich durch eine Solovioline vorgetragen. Uns wird, mit anderen Worten, eine orchestrale Reise durch die Gefühle geboten, die bald auf der Szene erscheinen. Wenn die handelnden Personen vorgestellt werden und die Handlung ihren Lauf nimmt, werden immer mehr dieser Miniaturen aufgestellt und sogleich weiter ausgeführt. Es ist, als würde das Orchester die Worte oder kurzen Phrasen regelrecht auskosten, die die Personen gerade vortragen; es dreht und wendet sie, ohne sie zu verändern; es wiederholt sie lediglich unablässig. Derartige Zusammenballungen, die so ganz anders sind als die allmähliche musikalische Umwandlung bei Wagner und seinen Nachfolgern, verblüfften viele, als die Oper zuerst aufgeführt wurde. Erst 1916, als Janáček bereits 61 Jahre alt war, erlebte *Jenůfa* eine bedeutende Wiederaufführung in Prag, und erst in den 1920er und 1930er Jahren erfuhr sie als ein – wenn auch exzentrisches – Werk vollständige Anerkennung. Doch selbst dann wurde sie meist in der deutschen Übersetzung gegeben.

Erst im Laufe der Zeit wurde *Jenůfa* zu einem der Pfeiler des Opernrepertoires. Zur Mitte des 20. Jahrhunderts hatten Entwicklungen auf dem Felde der Oper an anderen Orten dafür gesorgt, dass die Neuerungen der *Jenůfa* weniger verwirrend erschienen. Dadurch konnte das Opernpublikum erkennen, wie wirkungsvoll Janáčeks besonderes Idiom sich im Musiktheater entfalten konnte. Das Ende der Oper ist zu Recht berühmt. Nach dem melodramatischen Geständnis der Kostelnička bleiben die arme, verletzte Jenůfa und der geduldige und zugleich gewalttätige Laca allein auf der Bühne zurück. Als die Titelheldin einen Weg zur Vergebung findet, kommt ein letzter musikalischer Gedanke im Orchester auf – ein herrlicher, pulsierender, voll orchestrierter Akkord mit machtvoll tönenden Trompeten-Arpeggios. Es ist, als hätten die obsessiven Wiederholungen, aus denen die Oper besteht, endlich ein Ziel gefunden, eine regelrechte Mauer des schieren musikalischen Klangs, die sich nirgendwohin bewegt und – wie die Personen auf der Bühne – nichts als das schiere Überleben feiert.

Ein zentraler Aspekt von Bartóks und Janáčeks Opern zeigt sich darin, wie sehr die Werke von Debussy und des frühen, expressionistischen Strauss – beide schienen ja auf je verschiedene Weise Endpunkte und unwiederholbare Extreme zu sein – zu Ausgangspunkten für Neues wurden. Doch ein noch früherer Hinweis darauf, dass der Wagnerismus keine ewig andauernde Obsession sein musste, drang kurz nach Wagners Tod nach Deutschland und wurde auch in Frankreich und anderswo verspürt. Der Quell dieses Erwachens war aber wegen seines unerwarteten Ursprungs umso bedrohlicher. Die Wagner'sche Komplexität und Tiefe hatte ja nach Meinung Vieler ein für alle Mal die italienische Operntradition besiegt, welche Verdi verkörpert hatte. Viele deutsche Intellektuelle hielten Verdis Meisterwerke der frühen 1850er Jahre für lächerlich altmodisch (wenn auch leider immer noch populär), während die eher differenzierten Früchte seines Spätwerks, *Otello* (1887) und *Falstaff* (1893) als modern und damit als besser galten – als Ergebnis des Einflusses Richard Wagners. Doch in den frühen 1890er Jahren fand sich das Opern liebende Europa im Griff einer gänzlich neuen Art der italienischen Oper; einer Art, worin zeitgemäße Harmonie und Orchestrierung auf realistische Handlungen trafen, die vor hitziger Leidenschaft nur so überquollen und zudem beseelt wurden durch kurze, die Handlung aufhaltende, sängerfreundliche Arien. Mascagnis *Cavalleria rusticana* (*Sizilianische Bauernehre*, 1890), Leoncavallos *Pagliacci* (*Der Bajazzo*, 1892) und am gefährlichsten, weil so kultiviert und anspruchsvoll, Puccinis *Manon Lescaut* (1893) wurden internationale Erfolge. Ängstliche teutonische Blicke wurden ein weiteres Mal südwärts über die Alpen geworfen. Tatsächlich wanderten diese Blicke nicht nur in Nord-Süd-, sondern auch in Süd-Nord-Richtung über die Alpen. Selbst als Puccini in der ersten Dekade des 20. Jahrhunderts beispiellosen Ruhm genoss, war er sich stets der Tatsache bewusst, dass fortschrittlichere Musik aus Frankreich und Deutschland größeres intellektuelles Prestige eintrug. Puccini achtete sorgsam auf die musikalischen Neuerungen in beiden Ländern und suchte dabei stets nach neuen dramatischen Mitteln. Debussy war dabei mehr nach seinem Geschmack als Richard Strauss. Puccini lobte die Orchestrierung und die «außerordentlichen harmonischen Qualitäten» des *Pelléas*, auch wenn diese Oper einen «niemals mitreißt, erhebt; sie ist stets von düsterer Farbigkeit, so einförmig wie ein Franziskaner-Habit».[27] Bei Strauss war er vorsichtiger. Er besuchte eine berühmte Wiederaufführung der *Salome* 1906 in Graz, was ihn in die Gesellschaft einer ganzen Heerschar gegenwärtiger und zukünftiger Berühmtheiten führte, einschließlich Mahlers, Schönbergs und seines Schülers Alban Berg und womöglich eines bettelarmen, musikbesessenen jungen Österreichers namens Adolf Hitler.[28] Puccini gestand einem Freund: «*Salome* ist eine höchst ungewöhnliche und schrecklich kakophone Angelegenheit. Es gab manche brillanten musikalischen Effekte, doch insgesamt ist alles sehr ermüdend. Dennoch ein außerordentlich interessantes Schauspiel.»[29] Puccini und Strauss waren indes noch auf eine andere, bedeutende Art verbunden. Viel mehr als heute, da originalsprachliche Aufführungen die Norm sind und Sänger dazu neigen, sich entweder im deutschen oder italienischen Fach zu spezialisieren, schrieben beide Komponisten für dieselben weiblichen Stars – Maria Jeritza, Emmy Destinn, Selma Kurz und Lotte Lehmann waren allesamt wegen ihrer Strauss- und Puccini-Rollen berühmt.

Hat dieses Abtasten der Ultra-Moderne durch Puccini irgendeine Wirkung auf seine späten Opern gezeitigt? Wie seine Bemerkungen nahelegen, waren sowohl Debussy als auch Strauss auf je unterschiedliche Weise für ihn zu extrem und zu einfarbig; und das für einen Komponisten, der die Vielfalt über alles stellte. Nie versuchte Puccini sich an einem Prosa-Libretto, obwohl sie in seiner späten Zeit *en vogue* waren. Es wäre dies der Verzicht auf vokale Lyrik gewesen, die ja eine so entscheidende Seite seiner musikalischen Persönlichkeit war. Doch seine späteren Libretti wurden zusehends prosa-ähnlicher, und der Raum für Arien oder große Gesangs-Ensembles wurde immer rarer. *La fanciulla del West* (*Das Mädchen aus dem Goldenen Westen*, 1909) ist ein solcher Fall. Die Oper spielt im kalifornischen Goldrausch des Jahres 1849 und zeigt eine unabhängige, bewaffnete Titelheldin, einen hübschen und harten, dabei empfindsamen Helden und endlich einen grausamen Gegenspieler (lo scheriffo, der Scheriff – nichts weniger). Bei solchen extrovertierten *dramatis personae* ist es schon sehr überraschend, dass es so gut wie keine Arien gibt, die sich etwa für den Konzertsaal eignen, auch wenn die Rolle des männlichen Helden eigens für Enrico Caruso geschrieben wurde. Mehr noch: Der zweite Akt endet in einer Art Sprechtheater: in einem spannenden Pokerspiel, das zwischen der Titelheldin und dem Gegenspieler ausgetragen wird (der Preis soll, ganz im Stile der alten italienischen Oper, in der Ehre der Titelheldin bestehen), mit Spielkarten, die heftig auf den Tisch geknallt werden, als beherrschendem Klangeffekt.

Nicht alle waren glücklich darüber. 1924, im Jahre von Puccinis Tod, fasst ein irritierter Engländer die schöpferische Entwicklung des Komponisten so zusammen:

> Kein lebender Komponist wird von den musikalischen Meinungsführern in jeglichen Ländern mehr verachtet und verwünscht. ... Was wir wirklich spüren, wenn wir uns einmal die Mühe machen, unsere Gefühle zu analysieren, ist, dass – so verabscheuungswürdig seine Musik auch sein mag, vor allem auf dem Papier – es doch nicht zu leugnen ist, dass sie leider gut in den Aufführungen ankommt, während andere und bessere Musik desaströs fehlschlägt. ... Einiges von seinem späteren Werk ist ganz gewiss nicht so verachtenswert, wie viele annehmen. Denn obgleich seine Opern seit *Manon Lescaut* einen stetig zunehmenden Blick auf theatralische Effekte und ein dementsprechend deutliches Abnehmen an musikalischem Handwerk zeitigen – ein melancholisch stimmender Fortschritt, der in der *Fanciulla del West* seinen Höhepunkt oder besser seinen Tiefpunkt findet – so ist sein erst kürzlich zurückliegender Aufschwung, der sich im sogenannten *Trittico* erweist, um so willkommener, da er so gänzlich unerwartet kam.[30]

Mehr noch: Sein «Niedergang» – der schon am ersten Tag mit *Manon Lescaut* beginnt – wird ihm auf recht interessante Weise vorgeworfen:

> Puccinis künstlerische Entwicklung legt eine Entsprechung zu Verdi nahe. Er scheint es sich zum Ziel gesetzt zu haben, die modernen Opernkomponisten gerade so zu italianisieren, wie Verdi ... Wagner italianisiert hatte. Doch während Verdis Versuch, die Existenz der alten italienischen Tradition, welche keuchend und ausgezehrt auf ihrem Totenbett lag, mithilfe jüngerer und vitalerer Organismen in die Länge zu ziehen, in der Produktion zweier Meisterwerke ersten Ranges resultierte, Otello und Falstaff ... hat sich das Wirken Puccinis, ausgeführt von einer weniger geschickten und beständigen Hand, kaum als so erfolgreich erwiesen.[31]

Dieser «junge und vitale Organismus», der die italienische Oper um 1890 herum rettete, ist – einmal mehr – niemand anders als Richard Wagner (der damals schon tot war). Die ungenannten, modernistischen Komponisten, denen sich Puccini eine Generation später zuwandte, gelten als unfähig, den gleichen Streich noch einmal auszuführen. Die *Fanciulla* hat ja in der Tat einen eher mittelmäßigen Anteil an fortschrittlichen harmonischen und orchestralen Effekten, an «Transfusionen» aus der Moderne. Doch was ist mit dem *Trittico* (*Das Triptychon*, 1918), einer Folge von drei Einaktern, die Puccinis Aufstieg aus dem Verderben anzeigen? Die Wahl von Einaktern legt das Modell der *Salome* und aller weiteren, selbstbewusst modernen Werke nahe. Die erste der drei Opern, *Il tabarro* (*Der Mantel*), ist ein düsteres Melodram um Ehebruch, auf einer Barkasse auf der Seine spielend, mit einer atmosphärischen Introduktion, die als fortschrittliche orchestrale Tondichtung daherkommt. Die einleitenden Akkorde, die das unruhige Anschwellen des Flusses beschreiben, sind auf Quarten aufgebaut und klingen mit ihrer zarten Orchestrierung fast wie eine Hommage an Debussy; eine von ferne zu hörende Autohupe und die Sirene eines Schleppers tragen zur realistischen Wirkung bei. Ein wenig später gibt es Anspielungen auf Strawinsky (in der Orchestrierung wie auch in der Harmonik), bei der merkwürdig dissonanten Nachahmung einer alten, verstimmten Orgel.

Doch in mancher Hinsicht ist das letzte Feld des musikalischen Triptychons, des *Trittico*, die komische Oper *Gianni Schicchi* nämlich, das radikalste Werk. In den dunklen Tagen des Ersten Weltkrieges geschrieben, stammt die Geschichte von Dante, *der* literarischen Ikone der italienischen Vergangenheit, und geräuschvoll werden darin die kulturellen und ökonomischen Energien der Renaissance zelebriert; einer Zeit, als Italien die führende Stellung in der Welt innehatte. Die Handlung dreht sich um eine bestechliche Familie, die am Totenbett eines Verwandten feststellt, dass er einen letzten Willen hinterlassen hat, der alles andere als zu ihren Gunsten ausgefallen ist. Sie engagieren einen verschlagenen Kaufmann, Gianni Schicchi (Bariton), der ihnen helfen soll. Er gibt nun den verstorbenen Verwandten und ändert erfolgreich das Testament, doch teilt er dabei die erlesensten Stücke sich selbst zu. Was die Liebe angeht, so wird sie von Schicchis Tochter Lauretta (Sopran) und Rinuccio (Tenor) beigesteuert, die beide ihre deutlich abgesetzten Arien haben. Rinuccios berühmtes «Firenze è come un albero fiorito» («Florenz ist wie ein blühender Baum») hält sich mit seinem marschartigen Thema und den unkomplizierten Harmonien elegant zwischen Ironie und Ernsthaftigkeit – teils ein nostalgisches Städteporträt, teils eine bombastische Vorführung von Lokalstolz – und ist damit ganz anders als seine gewöhnlichen, rührseligen tragischen Soli. Der Macho-Optimismus wird hier in seine kulturelle Perspektive gesetzt, und die musikalische Stimmung passt zum peinlichen *Inno a Roma* (*Hymne auf Rom*), den Puccini bald nach der Premiere des *Trittico* schrieb und der während eines Sportwettbewerbs in Rom uraufgeführt wurde (welcher die «Soldaten von morgen» ertüchtigen sollte), gebrüllt von einem Chor von 5000 Sängern und begleitet von zusammengewürfelten Blaskapellen der Carabinieri. (In den kommenden Jahrzehnten wurde dieser *Inno* zum großen Hit, vor allem in der Version als *Inno al Duce*.)

Augenblicke wie dieser machen deutlich, dass nationalistische Gefühle nach dem Ersten Weltkrieg in einem Großteil Europas immer schriller und lauter wurden. Doch andere Abschnitte im *Schicchi* stehen ganz im Banne der Atonalität und bilden eigenartige Vereinzelungen im Verlauf der musikalischen Entwicklung. Selbst offenkundig parodistische Abschnitte tauchen auf, vor allem der böse Foxtrott «In testa la cappellina!» («Auf dem Kopf der kleine Hut»), ein Trauermarsch auf die modernen Zeiten, der auch in einer Brecht-Weill-Produktion nicht fehl am Platze wäre. Die Kritiker scheinen meistens über solche Abschnitte kommentarlos hinweggegangen zu sein; vielleicht, weil sie sie für einen bloßen musikalischen Spaß hielten. Auch spürte niemand einen düsteren Nachhall bei Schicchis Warnung an die Verwandten, dass ihre List eine grausige Bestrafung zur Folge haben könnte: Amputation der Hand plus Exil. Schicchi betont dies, indem er ein Liedchen singt («Addio, Firenze, addio cielo divino» – «Leb wohl, Florenz, leb wohl, göttlicher Himmel»), mit blumiger Auszierung in Nachahmung des Gesangsstils der Renaissance. Dabei hält er einen Ärmel ohne Hand spöttisch zum Abschied in die Höhe. Die Verwandten wiederholen das Liedchen, und dessen Drohung hält sie davon ab, Schicchi bloßzustellen, als er sich die verlockendsten Erbstücke nimmt. Noch einmal: Ist das alles nur unschuldiger Spaß? In Italien im Jahre 1918, nach Jahren des brutalen Kampfes mit den verwundeten und oft ihrer Gliedmaßen beraubten Soldaten, die in eine jede Stadt heimkehrten? Vielleicht war das Echo einfach zu nahe, um gehört werden zu können.

Und wie es schon für Verdis *Falstaff* gilt, so endet auch Puccinis komische Oper mit einer Ansprache an das Publikum, die eine klar nationalistische Botschaft trägt. Im Falle Verdis ist es eine energiegeladene Fuge als Feier auf die Verrücktheit der Welt; zum mindesten jene Verrücktheit vielleicht, die junge Italiener dazu gebracht hatte, solch gelehrte musikalische Formen zu vernachlässigen und sich in die Suche nach gefährlichen, fremden Idiomen zu stürzen. In *Gianni Schicchi* spielt Puccini (selbst einst ein Paradebeispiel solcher italienischer Emporkömmlinge) eine andere Karte aus mit einem letzten, flüchtigen Verweis auf Rinuccios bombastische Florenz-Feier, wo der Protagonist den «gran padre Dante» beschwört, den großen Vater Dante. Wie ein früher, glühend nationalistischer Kritiker meinte: Dieser Schluss sollte das «reinste Wort der Rasse» darstellen. Der Tonfall eines derartigen Lobes ist heute schief und verstörend, kann aber auch lehrreich sein. In Gianni Schicchi können wir zwar, wenn wir wollen, nichts als den blauen Himmel und den Sonnenschein der Renaissance genießen. Doch nicht sehr tief unter dieser Oberfläche findet man auch andere, dunklere Farben und nicht zuletzt eine Erinnerung an vergangene Zeiten der italienischen Historie und – vielleicht noch verstörender – eine Vorwegnahme der Zeiten, die noch kommen sollten.

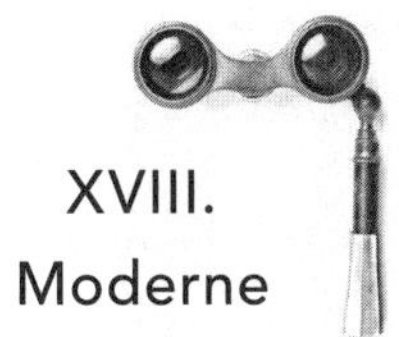

XVIII. Moderne

Im Herbst 1910 begann Richard Strauss ohne das Bewusstsein dafür, dass er etwas Grundlegendes schuf, mit der Komposition seiner zweiten Oper auf ein Libretto von Hugo von Hofmannsthal. Die beiden hatten sich für eine Komödie entschlossen, ein Zeitstück, das im Wien des 18. Jahrhunderts angesiedelt war, und Hofmannsthal schrieb den Text direkt als Opernlibretto. So wurde also kein bereits existierendes Schauspiel adaptiert, wie es noch einige Jahre zuvor für die *Elektra* gegolten hatte. Um die Oper, die so entstand, *Der Rosenkavalier* (1911), begreifen zu können, müssen wir ein Gespür für den Tonfall entwickeln, der schon Hofmannsthals Komödien für das gesprochene Theater durchzog; Stücke, die nie für eine Umwandlung in Libretti gedacht waren und diese auch nie erlebten. Dieser Tonfall ist vielschichtiger, als eine bloße Nostalgie es wäre, doch jeder Versuch einer Beschwörung oder auch nur einer Inhaltsangabe würde solche Werke als Kitsch erscheinen lassen.

Der Schwierige (1921) spielt fast in der Gegenwart – im Wien des Ersten Weltkriegs. Der Protagonist ist Kari Graf Bühl, ein zaghafter, seltsamer Mensch, der nur mit Schwierigkeiten sagen kann, was er denkt. Eine seiner Grillen im ersten Akt besteht in der Erklärung, er wolle lieber in den Zirkus gehen als die Soiree zu besuchen, was seiner gesellschaftlichen Pflicht entsprechen würde. Im zweiten Akt, nachdem er dennoch zur Soiree gegangen ist, spricht er mit der Gräfin Helene Altenwyl (die er liebt, sich aber nicht dazu überwinden kann, ihr das zu sagen) über den Zirkus und dessen berühmten italienischen Clown Forlani. Die Konversation zeigt beider Apartheit und Anmut anlässlich einer Zusammenkunft, bei der die Normalsterblichen und die Emporkömmlinge es vorziehen, über Goethe und andere kulturelle Schwergewichte zu sprechen. Hofmannsthals sprachloser Held und sein Gegenüber sind von einem Clown entzückt, und das – wie auch die leichte Konversation über die

Clown-Vorstellung – zeigt, wie sehr man darüber klagen kann, dass dergleichen ein für alle Mal untergeht. Die dramatischen Mittel sind nur kleine und indirekte, doch die Trauer ist sehr groß. Es war Hofmannsthals Gabe, Bühnencharaktere zu ersinnen, deren mühsames Leben uns für einige Stunden in Beschlag nehmen kann und deren Stimmen und Körper so offensichtlich derzeitig sind, doch zu gleicher Zeit bereits unwiederbringlich verloren scheinen.

Jahrzehntelang war die Rezeption des *Rosenkavalier* entweder durch eine naive Begeisterung oder durch die Verachtung seitens der Avantgarde-Puristen gekennzeichnet. Die Enthusiasten betrachteten diese Oper als Reiseführer in eine verlorene Kultur, deren Träger zwar nicht geographisch, aber zeitlich weit entfernt lebten. Es war der mehr oder weniger charmante Adel des Kaiserlichen Österreichs zur Zeit Maria Theresias, allerdings von Hofmannsthal modernisiert. Für die Verächter bestand das Problem in der wichtigsten Requisite der Oper, einer falschen silbernen Rose, in Rosenöl getaucht, um deren metallischen Stiel vergessen zu machen. Die zentrale Geschichte der Handlung – dass nämlich beim Wiener Adel im 18. Jahrhundert, ehe ein Bräutigam zum ersten Treffen bei seiner Verlobten erscheinen konnte, der letzteren vorher formal eine silberne Verlobungsrose von einem hochwohlgeborenen Emissär überreicht werden musste – war erfunden. Die Enthusiasten sollten also ihre «Aussetzung der Ungläubigkeit» (S. T. Coleridge) weiter aufrechterhalten, die sich mit der falschen Authentizität des exotischen Milieus der Oper paart. Die Verächter dagegen können ihr puritanisches Unbehagen an solcher Illusion und Torheit nähren oder auch daran, dass Aristokraten überhaupt interessant sein könnten. Und um die Sache noch komplizierter zu machen, ist da die Musik von Strauss: Manches davon ist unvergleichlich [...] schön und anerkanntermaßen [...] gut anzuhören.

Die Kunstfertigkeit, die den *Rosenkavalier* so ungewöhnlich für das Jahr 1911 macht, kann uns einen Weg in die Opernjahre von 1910 bis zum Zweiten Weltkrieg eröffnen – Jahre, die das stärkste Aufblühen des Genres in dem Augenblick markieren, da es zu einer Sache der Vergangenheit wurde. Gartenfreunde werden ein ähnliches Phänomen kennen. Im Frühjahr eines Jahres, da der Baum unter Anspannung steht, hat er Hunderte von Blüten; im Herbst biegen sich die Äste unter dem Gewicht der Früchte. Der Baum reagiert auf die Tatsache, dass er keine Zukunft hat, und die unnatürliche Überfülle zeigt dieses Selbstbewusstsein, diese Kenntnis an. Als eines der ersten Werke dieses späten und letzten Aufblühens der Oper ist der *Rosenkavalier* in vieler Hinsicht ein Meilenstein der Oper in Deutschland. Es ist eine heitere, künstliche, wechselseitig vorgetragene Reflexion über Geschichte (wobei das Pasticcio und die Parodie als Hinweise auf die Vergangenheit fungieren) und über das Erlangen eines paradoxen Zustandes der ironischen Glückseligkeit.

Der Rosenkavalier wirft auch Fragen über die Oper im 20. Jahrhundert auf, vor allem darüber, wie Oper – ein außerordentlich langlebiges Genre – sich selbst mithilfe von modernen Idiomen und Ideologien neu erfunden hat. Wie viele andere musikalische Genres des frühen 17. Jahrhunderts waren im frühen 20. Jahrhundert denn noch aktive und schöpferische Magneten? Die instrumentalen Genres, die im späten 18. und 19. Jahrhundert aufkamen und die größten Rivalen der Oper waren, waren verhältnismäßig leicht zu modernisieren: Sinfonien, Streichquartette und Klaviersonaten konnten durch neuartige Harmonien, komplexe Rhythmen und geistreich fragmentierte Formen ansprechend zeitgemäß gemacht werden. Doch die Oper auf den neuesten Stand zu bringen war nicht ausschließlich eine Sache musikalischer Eingriffe. Bis zum und einschließlich des frühen 20. Jahrhunderts blieb die Oper ein wesentlich expressives Genre: Die handelnden Personen hatten Gefühle, die sie auch äußerten, und die Musik war da, um diese Botschaft zu transportieren. Alles passierte in der Gegenwart, direkt auf der Bühne. Das war auch dann so, als sich die Oper zur Speerspitze des musikalischen Fortschrittes erklärte. Als die gequälte, psychotische Hauptfigur aus Schönbergs notorisch dissonanter, frei geformter *Erwartung* eher gebrochene Intervallfolgen denn schöne Melodien sang, bewirkten die Ausdrucksmittel die Erkenntnis, dass es ja schließlich auch dissonante Gefühle sind, die die Titelheldin quälen. Der Klang mag damals viele schockiert haben, doch die Entsprechung, ja sogar die Redundanz von musikalischer Stimmung und dem Zustand der Person waren im Wesentlichen nicht weniger konventionell als etwa in Puccinis *Bohème*. In Strauss' *Rosenkavalier* fängt diese Entsprechung – und mit ihr eben die Idee des wahren und unvermittelten Ausdrucks in der Oper – zu bröckeln an.

Hofmannsthals so selbstbewusst fiktives 18. Jahrhundert war der perfekte Ort, um ebendieses Experiment zu beginnen. Mozart'sche Prototypen und authentische Theaterfiguren des 18. Jahrhunderts lauern hinter jedem Charakter. Die Oper präsentiert ein romantisches Dreigespann: Im ersten Akt sehen wir, als sich der Vorhang hebt, die Marschallin (Sopran), die im Bett ist mit – und in der Tat, wenn die jauchzenden Hornrufe im Vorspiel uns überhaupt irgendetwas sagen wollten, kurz zuvor Sex hatte mit – ihrem um viele Jahre jüngeren Geliebten Octavian. Octavian, als

Mezzosopran angelegt, spielt einen verliebten Knaben, wie man ihn bestens als Cherubino aus Mozarts *Le nozze di Figaro* (1786) kennt. Mehr noch: Die Marschallin erinnert mit ihrer durch das Vergehen der Zeit bewirkten Melancholie und ihrer Schwäche für junge Männer an Mozarts Gräfin Almaviva.

Die Marschallin und Octavian sollten jedoch die Zuhörer vollständig verwirren, was ihre Mozart'schen Vorbilder angeht. Gewiss, die Handlung sagt auch, sie seien unterschiedlichen Geschlechts. Doch angesichts des Eröffnungstableaus mit seiner In-flagranti-Situation werden die meisten Aufführungen zu einer anderen Sichtweise auffordern: einer, die ganz auf unserer Kenntnis der Sängerinnen beruht. Abgesehen von der Frau und dem jungen Mann erkennen wir eine interessantere und zumindest für das Jahr 1911 auch skandalträchtigere Vereinigung zweier Frauen. In ihrem Buch *Le Deuxième Sex* (*Das andere Geschlecht*, 1949) verwandte Simone de Beauvoir mehrere längere Passagen auf dieses Liebespaar aus älterer Frau und jüngerem Mann bzw. jüngerer Frau. Was bei ihren heterosexuellen Beispielen auffällt, ist, dass sie allesamt der Aufklärung entstammen, selbst wenn Beauvoir nicht ausdrücklich auf die Historie abhebt. Es ist, als wäre für die 1940er Jahre gerade das 18. Jahrhundert unbewusst für solche Wesen, für alle geschichtlichen Cherubinos, die vermeintlich natürliche Umgebung gewesen. Und de Beauvoir wechselt ohne Hemmungen zwischen Paaren aus älterer Frau plus Mann und älterer Frau plus Frau hin und her:

> Ihre Haltung stimmte genau mit der Rousseaus gegenüber Mme de Warens und des jungen Benjamin Constant gegenüber Mme de Charrière überein. Auch empfindsame, «feminine» Jünglinge wenden sich mütterlichen Liebhaberinnen zu. Unter mehr oder weniger ausgesprochenen Gestalten findet man oft jenen Typ einer Lesbierin wieder, die sich nie mit ihrer Mutter identifiziert – weil sie diese zu sehr bewunderte oder verabscheute –, die zwar keine Frau sein will, um sich herum aber doch die Milde eines weiblichen Schutzes walten lassen will. Von diesem warmen Mutterboden aus kann sie sich in einer jungenhaften Dreistigkeit auszeichnen. Sie benimmt sich wie ein Mann, aber als solcher besitzt sie doch eine gewisse Anfälligkeit, die ihr die Liebe einer älteren Liebhaberin wünschenswert erscheinen lässt. Das Paar ist dann ein Abbild des klassischen heterosexuellen Paares, der älteren Frau und des jüngeren Mannes.[1]

An dieser Stelle führt Beauvoirs amerikanischer Übersetzer Howard M. Parshley die Marschallin und Octavian als weiteres Beispiel an. In einem bestimmten Sinne sind die beiden das beste Beispiel für Beauvoirs

Idealtyp, da sie, eingebunden in eine Theateraufführung, beide genannten Fälle zugleich darstellen.

In der originalen Dresdner Produktion des Jahres 1911 war die Ausstattung mit einem Schlafzimmer noch gestattet, doch in der Berliner Premiere, gleichfalls 1911, wurde jede Kombination – Frau plus Knabe, Frau plus Mädchen, Schlafzimmer – als zu riskant befunden, so dass der Eröffnungsakt in das Esszimmer der Marschallin verlegt wurde. Für die Londoner Premiere hatte der Lord Chamberlain den Dirigenten Thomas Beecham instruiert, dass entweder das Bett verschwinden oder der Text umgeschrieben werden müsse und alle Hinweise darauf zu tilgen wären, und den Sängern war verboten worden, sich dem beleidigenden Objekt auch nur zu nähern.[2] Der Stummfilm *Der Rosenkavalier* von 1925 ging noch weiter. Die Rolle des Octavian war einem jungen Schauspieler anvertraut worden, Jacques Castelain, und Teil seines Zusammentreffens mit der Marschallin ist auch ein schickliches Tête-à-Tête auf einer Parkbank. Und wirklich stellt Octavian in Hofmannsthals Original-Drehbuch für den Film der Marschallin nach, doch sie weist ihn als verheiratete Frau ab. So viel Zensur, die so unterschiedliche Formen annimmt, lässt zumindest vermuten, dass sämtliche skandalträchtigen Implikationen des Eröffnungsbildes der Oper schon von allem Anfang an offensichtlich waren.

Hofmannsthals Handlungsmotor ist die silberne Rose, die der Oper ihren Namen gibt. Im ersten Akt stimmt Octavian im Scherz zu, als Überbringer der Rose für den entfernten Verwandten der Marschallin zu fungieren, den ziemlich einfältigen Baron Ochs auf Lerchenau (Bass), der polternd das Boudoir der Marschallin betritt. Weil dadurch die Entdeckung droht, ist Octavian gezwungen, sich blitzschnell in Dienstmädchen-Kleidung zu stürzen; Octavian wird nun wie Cherubino einen guten Teil der Oper als schüchternes Mädchen vom Lande verkleidet, Mariandel genannt, verbringen. Ochs ist ein älterer vulgärer Aristokrat, der seine finanzielle Lage verbessern möchte, indem er ein junges reiches Mädchen heiratet, Sophie von Faninal (Sopran) – man vergleiche dazu Doktor Bartolo und Rosina in Rossinis *Barbiere di Siviglia* (1816). Im zweiten Akt überbringt Octavian die berühmte nachgemachte Rose an Sophie, und zwar im prächtigen Stadthaus ihre Vaters, und beide verlieben sich sofort ineinander. Der Rest des Akts zeigt Sophies Erschrecken über ihren rüpelhaften Verlobten, dazu Octavians Verwicklung in die Angelegenheit sowie den Beginn der Verschwörung, die das Ziel hat, Ochs loszuwerden. Octavian schickt ihm als Mariandel einen Brief, in welchem er ein Rendezvous in einem billigen Hotel vorschlägt. Denn wenn, so Octavians Überlegung, der Baron in flagranti erwischt wird, wird der Skandal seine Verlobung zunichtemachen. Der größte Teil des dritten Akts ist pure Farce: Trunkenheit, zugeknallte Türen und falsche Identitäten. Doch auf dem Punkt der größten Verwirrung, als sich alles in hoffnungsloses Missverständnis und Beschämung aufzulösen droht, erscheint die Marschallin wie ein Deus ex Machina der Aufklärung. Sie bringt alles ins Lot, lässt von ihren Ansprüchen an Octavian ab, und traurig führt sie ihn in Sophies Arme. Die Szene, in der dies geschieht, gehört zu den formal konservativsten der Oper. Sophie, Octavian und die Marschallin singen in Rezitativen, und als der Zeitpunkt gekommen ist, auf ihre Zwangslage zu reagieren, verströmen sie ihre Gefühle in einem regelrechten Terzett.

In einem Aufsatz aus dem Jahre 1927 über die Entstehung des Librettos beschrieb Hofmannsthal, wie sein Text in einem einzigen Augenblick herbeigezaubert wurde, während einer Unterhaltung mit seinem Freund Harry Graf Kessler. Er erklärte, dass die Idee als bloße Folge von archetypischen Opernsituationen begann – die er und Kessler anfangs schlicht als «den Buffo», «die Dame» und «den Cherubino» bezeichneten – und wie danach die Handlung «dem ewig typischen Verhältnis der Figuren zueinander entsprang …, fast ohne dass man wusste, wie».[3]

Durch die Wiederbelebung Mozart'scher Charaktere und die Erfindung des Rosen-Rituals sowie durch die Tatsache, dass Aristokraten der Aufklärung sich wie der Wiener Adel um 1910 unterhielten, schuf Hofmannsthal widersprüchliche Zeitebenen – und dies in einem Drama, da der Anachronismus (wie in den meisten Opernlibretti) kein zu tolerierender Fehler ist, sondern ästhetischer Kunstgriff. Die anachronistischen Schichten haben eine distanzierende Wirkung, was wiederum musikalische Folgen hat. Derart vielschichtige Charaktere können niemals die gewöhnliche Welt der Opernästhetik mit ihrer unmittelbaren, offenherzigen Expressivität verkörpern. Eine andere Art von Musik ist dazu vonnöten. Ähnlich wie beim Terzett gegen Ende des dritten Akts, bestand die Lösung von Strauss darin, selbstbewusst auf alte Opernmuster und -kunstgriffe zurückzugreifen. Doch verbreitete er auch eine musikalische Würze, die genau so vielschichtig war wie Hofmannsthals eigenartige Beschwörung des Verlusts der Gegenwart oder der Gegenwart als Vergangenheit.

Die Musik, die Strauss für den *Rosenkavalier* ersann – vor allem, da sie Distanz auch durch das Pasticcio schuf –, ist notwendig an Farce und

Komödie gebunden. In Harry Kesslers Tagebüchern finden wir eine zeitgenössische Analyse der Musik, verfasst von George Bernard Shaw, den Kessler 1912 in London besuchte. Shaw wird so zitiert:

> Über Mozart sagte Shaw, er hätte seine Musik durch kleine Impulse, durch sforzando-Abschnitte, «kleine kicks» in Fluss gehalten. Als die vollständig anderen, breiten Melodien von Beethoven und Wagner aufkamen, führten die Dirigenten Mozart ebenfalls in diesem Stile auf und töteten ihn dadurch. Einzig Richard Strauss, dessen Stil dem Mozarts verwandt ist, entdeckte den wahren Stil, Mozart aufzuführen.[4]

Man bemerke hier die Behauptung, dass der Stil von Strauss von Mozart herrühre und weit von demjenigen Wagners entfernt sei. Doch die Wahrheit ist auch hier komplexer: Der Ursprünge der *Rosenkavalier*-Musik waren zu viele, als dass sie einem einzigen vergangenen Meister zugeordnet werden könnten.

Distanz, die neue Stimmung

Die neue Opernästhetik des *Rosenkavalier* schien zeitgleich in der deutschen wie auch der französischen komischen Oper aufzutauchen. Strauss' Oper beruht auf musikalischen Mitteln, zu denen Spielereien mit der Zeit, viel Kunstfertigkeit und das Ausbreiten einer musikalischen Vergangenheit über die Gegenwart gehören. *L'Heure espagnole* (*Die spanische Stunde*, 1911) von Maurice Ravel ist in diesem Sinne der französische Gefährte des *Rosenkavalier.* In Ravels Oper muss Concepción (Sopran), die Frau des Uhrmachers Torquemada (Tenor), die Besuche ihrer beiden Liebhaber – des Bankiers Don Iñigo Gomez (Bass) und des Dichters Gonzalve (Tenor) – unter einen Hut bringen, sobald ihr Mann nicht im Laden ist. Sie sperrt die beiden in Standuhren, um sie voreinander zu verbergen; dann beauftragt sie einen kräftigen Maultiertreiber, Ramiro (Bariton), die beladenen Uhren von Zimmer zu Zimmer zu schaffen; eine weitere Versicherung gegen eine mögliche Entdeckung. Gonzalve drückt sich in wohlgesetzten poetischen Versen aus, und Ravel vertont diese mit einem musikalischen Hispanismus, der sich in berauschenden Kaskaden ergeht. Ramiros Vortrag dagegen klingt verschnupft und wird von Hörnern und Posaunen begleitet, die seinen schweren Schritt nachahmen.

Ein Großteil der Dialoge in der *Heure espagnole* ist als freies Orchesterrezitativ gebildet. Doch in einer Szene ist Ramiro alleine zwischen all den tickenden Uhren, die ihm wie Wiegenlied-Sänger vorkommen, welche Glück und Frieden versprechen. Er wird regelrecht lyrisch, und die Orchesterbegleitung strömt großzügig dahin, ohne jeden ironischen Anklang. Der bittere Scherz liegt in der Umkehr: Es sind die Automaten und Uhren, die Trost und Sympathie bieten, welche den Menschen abgehen. Ravel und sein Librettist Franc-Nohain (Maurice Étienne Legrand) gehörten zu den ersten Modernisten der Oper, die den moralisierenden Schluss des 18. Jahrhunderts wiederbelebten: die Schlussnummer, worin die Personen das kommentieren, was sich im Stück ereignete – wie sie dies auch in Mozarts *Don Giovanni* tun (wenn auch in dem Falle ohne die Hauptfigur, die ja anderweitig verpflichtet ist). Der moderne Unterschied hierzu in der *Heure espagnole* besteht darin, dass die Personen vollständig verschwunden sind. Die fünf Sänger, die zu Ravels Kommentar auftreten, beziehen sich in der dritten Person und ohne Masken auf die Rolle, die sie gespielt haben, und verweisen so auf die Künstlichkeit ihrer Bühnenpersonen. Interessant ist – und das bleibt ein zentrales Gebot bei solchen Schlüssen –, dass die Musik ihre Maske nicht abnimmt. Sie hat nicht plötzlich einen ernst gemeinten Ausdruck oder stellt offensichtliche Arglosigkeit aus. Das moralisierende Quintett erscheint als Introduktion plus Habañera und verbindet das Spanische mit dem Phantastischen, um so einen durch und durch musikalischen Spaß zu kreieren. Doch erst, und noch vor dem Beginn der Habañera, schweigen die fünf Personen für einen Moment. Die lang ausgehaltenen hohen Streicherakkorde, die diese Pause unterlegen und dem ersten lauten Stampfen der Habañera vorausgehen, haben eine mehrfache Wirkung. Einerseits ist dies das klischeehafte Orchestersignal für eine Verwandlung und bezeichnet hier die Demaskierung der Sänger. Andererseits ist es nur eine Pause, die Spaß verspricht – wie der angehaltene Atem, bevor man in Lachen ausbricht.

Komödie in Schichten

Die Komödie also befreite sowohl Strauss (einen erfahrenen Opernkomponisten) wie auch Ravel (der ein Opernneuling war) und ermöglichte ihnen, die festen Formen der Oper zu erneuern und Genrestücke einzubauen. Doch diese Kunstgriffe sind nicht die gleichen, wie sie in früheren

Opern vorkamen. Ein Rezitativ und ein Terzett im 19. Jahrhundert zu komponieren war immer noch kompositorisch herkömmlich; so wie auch das Zitieren exotischer Klänge wie etwa Hispanismen oder der Reiz des Altertümlichen auf die *couleur locale* begrenzt war, oft innerhalb einer Aufführung innerhalb der Oper, bei einer Bühnenmusik also. Für Letzteres gibt es sehr schöne Beispiele in der Mozart-ähnlichen pastoralen Oper, die im zweiten Akt von Tschaikowskis *Pikowaja dama* aufgeführt wird, oder in den Zigeunernummern, die in romantischen Tragödien vorkommen wie etwa in Verdis *Traviata* (1853) oder in zahllosen zitathaften Episoden in Massenets *Manon* (1882) oder Puccinis *Manon Lescaut* (1893). Doch in Opern wie dem *Rosenkavalier* und der *Heure espagnole* haben die festen Formen nichts Überkommenes, sondern stehen für Kunstfertigkeit und Manier. Die exotischen Klänge sind aus ihren Käfigen befreit und werden allgegenwärtig, bewirken dadurch aber auch Melancholie.

Es gab ein eindrucksvolles Beispiel aus dem 19. Jahrhundert für die selbstbewusste Rückwendung zur musikalischen Form. Es war dies Richard Wagners einzige und späte Komödie *Die Meistersinger von Nürnberg* (1868), die – neben Leitmotiven, langen Orchesterzwischenspielen und frei fließendem Klanggewebe – auch Arien, Choräle, Strophenlieder und selbst ein vollständiges und zu Recht berühmtes Quintett aufweist. Doch was die Meistersinger eher einfach macht, während Strauss und Ravel kompliziert sind, ist die Tatsache, dass Wagners Rückkehr zu Opernnummern keinen Abschied von konventioneller Opernexpressivität beinhaltet. Wenn die Personen seines Quintetts ihre innersten Gefühle aussingen, ist der Eindruck unvermittelt und direkt ausgedrückter Gefühle nicht anders als beispielswiese in *Les Troyens* (1856–1858) von Hector Berlioz oder Verdis *Il trovatore* (1863). Mit anderen Worten sind die *Meistersinger* in dem Sinne konventionell, dass ihre altmodischen Opernnummern eher klar abgegrenzt und symbolisch sind denn bloße kompositorische Gegebenheit. Es ist ganz offensichtlich, dass ihre ausgeklügelte Formorientiertheit mit der Moral des Stücks parallel geht. Beides zusammen erinnert uns daran, dass Tradition und Innovation sich zusammentun, um große Kunst zu schaffen – und auch daran, dass alte, erfahrene Männer, wie nämlich die Hauptperson Hans Sachs, nicht ohne ihre romantischen Reize sind. Wagners Komödie ist in dem Sinne typisch für die damalige Opern-Ära, dass die Genrestücke nicht ironisch gemeint sind: Sie haben keine Entfremdung zur Folge und verkomplizieren auch nicht die Wirkung von Ernsthaftigkeit und Authentizität, die ja das Kennzeichen der Oper des 19. Jahrhunderts ist.

Strauss und Hofmannsthal bezogen sich gleichwohl sehr subtil auf Wagners Komödie. Zum einen ist das erotische Dreigespann vergleichbar – alte/r, weise/r Mann bzw. Frau, der/die schmerzlich auf ein junges Mädchen verzichtet und seine/ihre Hochzeit mit einer passenderen Unschuldsperson in die Wege leitet. In beiden Opern ist die ausgedehnte Gesangsnummer, die dem Akt des Verzichts folgt, ein formales Ensemble in Des-Dur, das mit einem einzelnen Sopran beginnt, der sich zunächst auslässt. Im *Rosenkavalier* ist dies das berühmte Zitat in einer ansonsten eher dichten Oper, die nicht ohne Eloquenz und Längen und zuweilen weitschweifig und auch ohne deutliche Grenzen ist. Mehr noch: Allein die Tatsache, dass Strauss und Hofmannsthal für das Heraufbeschwören und Zitieren früherer Opern Raum ließen, zeigt ein zentrales Dilemma in dieser Zeit des letzten Aufblühens der Oper. Die Geschichte der Oper ist eben nicht länger irrelevant, wenn man sich dazu entschließt, selber eine zu schreiben. Musikalische Verweise in Richtung Vergangenheit haben den gleichen Effekt wie Karis und Helenes Unterhaltung über den Clown; obwohl das Material vor uns deutlich ausgebreitet wird, ist es bereits untergegangen.

Es gibt einige Abschnitte im *Rosenkavalier,* die all dies kummervoll präsentieren. Im ersten Akt hat die Marschallin ihren so berühmten Monolog, eine lange und unbeirrte Meditation über die Vergänglichkeit der Zeit. «Zwischen mir und dir, da fließt sie wieder. Lautlos, wie eine Sanduhr, o Quin-quin», sagt sie zu Octavian. Für die Marschallin ist Octavian jung genug, um ein bleibendes und schönes Bild abzugeben. Die Wortwahl ist allerdings seltsam und scheint sich nicht so sehr auf ein menschliches Wesen zu beziehen als vielmehr auf etwas, das in ihrer Erinnerung verborgen liegt. Wenn man älter wird, lässt man die Dinge mehr und mehr hinter sich; wohl bleiben sie bestehen, doch sind sie allmählich so weit entfernt, dass sie beinahe unsichtbar werden. Die Musik von Strauss für diesen Monolog verweist auf zwei unterschiedliche Tänze, wie ein zweifaches Ausstellen. Der eine ist ein Walzer, der typische Wiener Tanz des 19. Jahrhunderts, doch in langsamem Tempo und in Moll. Natürlich haben Walzer in einem Stoff des 18. Jahrhunderts nichts zu suchen; dieser Tanz war damals noch nicht populär. Und natürlich waren Walzer um 1911 schon wieder aus der Mode, zur Zeit der Uraufführung dieser Oper. Doch genau darum geht es: In der Musik finden sich mehrere Zeitschichten, nämlich Zukunft und gleichzeitig Vergangenheit, was den Hörer orientierungslos macht und die Chronologie durcheinanderbringt. Der zweite Tanz, der über und zugleich unter dem Walzer liegt, ist ein Siciliano, der generell mit dem 18. Jahrhundert verbunden wird. Tatsächlich hatte der Siciliano eine reiche Geschichte in der Opernsprache. Mozart benutzte ihn vor allem in tragischen Situationen, wie etwa bei Paminas trauriger Arie («Ach, ich fühl's») aus dem zweiten Akt der *Zauberflöte*. So lebt der Monolog der Marschallin in mehreren Zeitaltern: im wörtlichen Sinne – in der Zeit von Walzer und Siciliano – wie auch im übertragenen – weil die Musik das 18., das 19. und das frühe 20. Jahrhundert verbindet.

Doch am Ende hört sich dieses Amalgam nicht wie das 18. oder 19. Jahrhundert an, denn der Überlagerungseffekt – der auch merkwürdige harmonische Abschweifungen von der Grundtonart einschließt – ist sehr zeitgenössisch. Das Gleiche könnte über eine in den ersten Akt eingestreute Arie gesagt werden, die von einem italienischen Tenor gesungen wird, der mit seiner Perücke, der Brokatkleidung und allem Übrigen herbeizitiert wurde, um die Marschallin zu unterhalten, während ihr Haar frisiert wird. Diese Arie (die der Tenor von einem Notenblatt abliest) war von allem Anfang dazu ausersehen, ein seltenes, fremdes Juwel zu bleiben. Ihr Text ist in der blumigen italienischen Libretto-Sprache der alten Metastasio-Schule gehalten:

Di rigori armato il seno
Contro amor mi ribellai.
Ma fui vinto in un baleno
In mirar due vaghi rai.
Ahi! Che resiste puoco
Cor di gelo a stral di fuoco.

(Mit einem durch Ernsthaftigkeit gewappneten Herzen / rebellierte ich gegen die Liebe, / doch wurde ich eilends besiegt, / als ich in zwei schöne Augen sah. / Ach! Ein Herz aus Eis kann diesem glühenden Blitz nicht widerstehen.)

Über einem auf kammermusikalische Verhältnisse reduzierten Orchester kollidieren Schubert'sche Lyrismen mit italienischem Belcanto (Es gibt Anflüge von «Già nella notte densa» aus dem Liebesduett am Ende des ersten Akts von Verdis *Otello*), dazu manch schwierige rhythmische Kunststücke einschließlich des versetzten Grundschlags, was gleichsam einen auserlesenen ummauerten Klanggarten entstehen lässt, außerhalb von Zeit und Raum. Obwohl man derartige Gärten besuchen kann, wird man immer wieder dazu gezwungen sein, sie zu verlassen; vermutlich früher, als einem lieb ist. Strauss betont das, indem er eine zweite Strophe im Hintergrund singen lässt, während Ochs sotto voce mit dem Notar seinen Ehevertrag bespricht. Am Ende ruft Ochs laut und haut mit der Faust auf den Tisch, was die Arie abrupt enden lässt, wodurch eine kleine akustische Parabel über die Niederlage der Schönheit durch lautes Philistertum entsteht.

Man kann die Avantgarde-Qualitäten von Strauss' geschichteter Zeit auch benennen, indem man auf den gequälten Aufschrei derjenigen hinweist, die Strauss einst in seiner romantischen Ära geliebt hatten, als den Komponisten von *Tod und Verklärung* (1890) und anderer gewaltiger Tondichtungen. Nach Beschimpfungen muss man dabei nicht lange suchen, wenn der alte Strauss mit dem neuen verglichen wird.

> Der erste hatte eine verzehrende, wundervolle Dringlichkeit in seiner (musikalischen) Sprache. Der andere aber scheint unfähig, überhaupt genügend Energie und Interesse aufzubringen, um ein gewichtiges, lebendiges Kunstwerk zu schaffen. Der eine schien neue Wege durch das Gehirn freizulegen; der andere schreitet kraftlos auf ausgetretenen Pfaden entlang. Er erheitert einen nicht einmal mehr. Der Erfinder wundervoller Orchesterapparate, der Mann, der in die Todeskammer eindrang und unter dem Galgen stand, spielt nun mit seinem Medium, macht andere Komponisten nach, Mozart im *Rosenkavalier*, Händel in der *Josephslegende*, Offenbach und Lully (eine Verbindung, die nur Strauss bei jeglichem Mangel an Geschmack zustande brachte) in *Ariadne auf Naxos*. Er wurde zunehmend oberflächlich und unoriginell, hat schamlos Mendelssohn, Tschaikowski und selbst Wagner zitiert. Sein Mangel an Sensibilität hat unmäßig zugenommen und ihn dazu verleitet, Stile zu vermengen, dramatische und Koloratur-Passagen zu vermischen, die Idiomatik dreier Jahrhunderte in einem einzigen Werk durcheinander zu würfeln und sämtliche sinnlosen Narrenstreiche mit seiner Kunst auszuspielen.[5]

Narrenstreiche: Dieser Widerstand gegen Frivolität ist symptomatisch. In der Weimarer Zeit war die Vorstellung der «göttlichen Leichtfertigkeit» – was in *Wille zur Macht* Nietzsches Kommentar zu Offenbach war – noch positiv konnotiert, als Bollwerk gegen die tödliche, teutonische Schwere, die unter anderem mit Richard Wagner assoziiert wurde.[6] Und es waren ebendiese Frivolität, der Witz, welche in der *opéra comique* oder in Offenbach oder in Hofmannsthal steckten und die in Deutschland in Bann gerieten, vor allem nach 1933, als eine andere Regierung an die Macht gekommen war.

Mozart-Narrenstreiche

Einer der vielschichtigsten und in mancher Hinsicht provozierendsten musikalischen Verweise innerhalb der *Rosenkavalier*-Partitur ist Ochs anvertraut. Er ist ein zu schwieriger Charakter, als dass man ihn festlegen könnte. Er ist nicht einmal die schrecklichste Gestalt in der Oper – dieser Preis geht an die beiden italienischen Intriganten Annina und Valzacchi, die voller Arglist sind bei jeglichem Mangel an Loyalität. Doch Ochs ist schwer einzuordnen, weil Strauss nur sehr wenig schöne Phrasen oder anrührende harmonische Wendungen für ihn verwendete. Am Ende des zweiten Aktes macht er dann doch einen fast liebenswürdigen Eindruck, wenn er, leicht beschwipst und eingewoben in einen der Ländler, die Strauss für ihn geschrieben hat, fast – aber nur fast – zum willkommenen Gegenpol zur sonst überall verbreiteten, edlen ästhetischen Feinheit zu werden scheint. Im Jahre 2001 landeten diese Ländler in der Filmmusik zu Steven Spielbergs Phantasie *A. I. Artificial Intelligence* – wo sie den visuell schwindelerregenden Einzug der Hauptperson nach Rouge City begleiten, der Hauptstadt der weltlichen Freuden. Kann man also von Ochs als Personifikation der dionysischen Direktheit sprechen? Diese Wirkung ist dann am stärksten, wenn Ochs von einem Sängerdarsteller gespielt wird, dessen weitere Rollen etwa der Sarastro in der *Zauberflöte* oder König Philipp in Verdis *Don Carlos* sind: ein Bass, ein Sänger mit großer Zugkraft. Ein früher Wiener Kritiker hat das erfasst, als er Ochs einen «Falstaff der Mistgrube», einen «Don Juan der Jauche» nannte.[7] Bis fast zum Ende der Entstehung dieser Oper benutzten Strauss und Hofmannsthal den Arbeitstitel «Ochs auf Lerchenau». Hätten sie diesen Titel beibehalten – würde dann die ganze Angelegenheit plötzlich ganz anders wirken? Wohin würden wir schauen, mit wem würden wir sympathisieren und mit welcher besonderen Aufmerksamkeit?

Der provozierende musikalische Hinweis, der ein sehr derber Mozart-Streich ist, umfasst auch das persönliche Leitmotiv von Ochs: die Musik, die man zuerst hört, wenn er die Bühne betritt. Es ist ein angeberisch klingendes C-Dur-Marschthema, mit Pauken, die leise den Bass schlagen, dazu einige nicht zu laute Blechbläserakkorde und tiefe Streicher, die eine schlichte Melodie spielen, die einfach die C-Dur-Skala emporführt, C-D-E, danach E-F-G, die erste Note jeweils durch einen kleinen «Dreher» verziert, eine sich nach oben und unten windende Filigranarbeit. Sie hat ein wenig vom *frou-frou* des 18. Jahrhunderts. Hört man aber aufmerksam zu – und transponiert im Geiste die tiefe Streichermelodie in eine Soloflöte, behält dabei die gedämpften Pauken mit den Bassnoten und auch das leise Blech bei –, dann wird man hören, dass daraus ein heimlicher Hinweis auf einen der erhabensten und feierlichsten Momente der deutschen Operngeschichte wird: auf den seltsamen C-Dur-Marsch, der Pamina und Tamino begleitet, als sie sich der letzten, gefährlichen Prüfung durch Feuer und Wasser im zweiten Akt der *Zauberflöte* unterziehen.

Dieser musikalische Scherz scheint Mozart in schlechte Gesellschaft zu bringen, womit er all das zurückbringt, von dem man sein letztes Meisterwerk rein halten möchte: seine niedere Herkunft; unser Wissen, dass Mozart skurrile und vulgäre Scherze liebte. Doch es bewirkt auch etwas Gegenteiliges. Indem *Die Zauberflöte* in die Nähe von Ochs gerät, werden wir daran erinnert, hochtönende Galanterie der anderen Personen nicht zu hoch zu bewerten und uns zurückzurufen, dass menschliche Einfühlung gerade für die weniger Liebenswerten die seltenste Form der Vornehmheit ist. Es kann sogar sein – wie die höchst faszinierende Korrespondenz von Strauss und Hofmannsthal es nahelegt –, dass der Komponist seine eigene Sichtweise durchsetzen wollte, die derjenigen Hofmannsthals entgegengesetzt war und jeden sentimentalen Anflug gleichsam von vornherein ersticken wollte. Man solle zusehen, so sagt uns der Komponist, dass das Herz die Stärke beibehält, die man braucht, um gegen unwahrscheinlich schöne Menschen und überwältigend schöne Klänge gefeit zu sein.

Der Mozart-Streich von Strauss ist in der Tat als Verfremdungseffekt bezeichnet worden. Solche Effekte wurden später zu grundlegenden Bausteinen im Werk des deutschen Dramatikers Bertolt Brecht (1898–1956) und tauchten in den gemeinsam mit Kurt Weill fast zwei Jahrzehnte nach dem *Rosenkavalier* verfassten Musiktheater-Stücken auf. Es war Brecht, der den Ausdruck prägte, den man im deutschen Theater als Verfremdungseffekt bezeichnet. In Brechts Theorie sollten der Stückeschreiber oder der Komponist das Publikum daran unablässig erinnern, dass es eine Fiktion, eine Konstruktion sieht, sei es durch Elemente des Aufführungsstils, sei es durch literarische Mittel wie etwa eingestreute Kommentare zur Handlung oder zu den Charakteren. Auch musikalische Mittel sollen diesen Erlass umsetzen, und so benutzte etwa Weill grelle Versionen populärer Songs, um genau das zu erreichen. Wenn die handelnden Personen so offensichtlich künstlich sind und die Schauspieler zeigen, dass sie nicht die Personen sind, die sie verkörpern, dann kann das Publikum nicht zur

Sympathie, Identifikation oder zu anderen Formen der Täuschung verleitet werden. So kann die Theateraufführung einen skeptischen, nachdenklichen und vor allem gelehrigen Beobachter erzeugen. Es war sozusagen das Gegenteil von Wagners oder auch des späten Verdis Ideal des gefesselten und verzauberten Hörers, und genau darum ging es.

Es gibt indes einige vielsagende Zitate, einige selbstbewusste Anachronismen, die nicht verfremdend wirken können. Das berühmteste Stück des *Rosenkavalier* ist das versatzstückartige Terzett gegen Ende des dritten Aktes, worin die Marschallin Octavian in die Arme Sophies drängt: «Hab mir's gelobt, ihn lieb zu haben in der richtigen Weis.» Die Marschallin sagt sich das selbst, und die anderen beiden Soprane fallen ein, eine jede für sich sinnierend. So erschaffen sie jene Welt des gemeinsamen Selbstgesprächs, die so symbolisch ist für alte Opernensembles. Während die formale Anlage und die steife Manier altertümlich sind, schwebt die musikalische Substanz zwischen einander widerstreitenden Stilen hin und her. In mancher Hinsicht weist das Terzett, wie erwähnt, in Richtung des Wagner'schen Vorbildes in den *Meistersingern*: mit seiner klaren Tonalität (und der gemeinsamen Tonart Des-Dur), den Klangwellen, den sich steigernd überlappenden Stimmen. Doch der vereinte Klang dreier Soprane, diese monochrome Verwirrung lyrischer Farbenpracht führt uns auch in die Welt der Oper des 18. Jahrhunderts mit ihren allgegenwärtigen Sopranen, eine Welt der offenkundigen Täuschung. Und dann am Ende, als der tonale Schluss unvermeidlich scheint, führt Strauss das Terzett mit einem seiner Erkennungszeichen, der chromatischen Anhebung ein: eine plötzliche Wendung zum strahlenden E-Dur (wobei der Sopran mehrfach das hohe B singt), ein überwältigender harmonischer Kunstgriff, der vor dem 20. Jahrhundert undenkbar gewesen wäre.

Die Marschallin tritt ab und überlässt Octavian und Sophie die Bühne. Deren nun folgendes Duett, das die Oper beschließt, hat immer schon Kontroversen ausgelöst. Anlässlich der Diskussion um ein früheres Auftreten der beiden Liebenden zeigte sich Hofmannsthal empfindlich, welcher Musikstil dabei herauskommen könnte: «Zu einem eigentlich erotischen à la Wagnerischen Aufeinanderlossschreien möchte ich diese beiden jungen, naiven, gar nicht walküren- oder tristanartigen Geschöpfe womöglich nicht zwingen.»[8] In dieser Hinsicht hätte Hofmannsthal keine Befürchtungen haben müssen. Auch dieses Schlussduett belegt die unmissverständlichste Hinwendung zur Mozart'schen Sprache: Die beiden Liebenden singen gemeinsam in parallelen Intervallen und vorhersehbaren Phrasen, begleitet von einem entwaffnend schlichten Orchester.

«Ist ein Traum, kann nicht wirklich sein», singt Sophie, und die Konventionalität der Gefühle gleicht der der Musik.

Aber dann passiert doch etwas Außerordentliches, ein kleiner Einbruch aus einer anderen Welt. Faninal kehrt zurück, mit der Marschallin am Arm; er tätschelt Sophies Wange und verabreicht der Marschallin freundlich die Weisheit: «Sein schon aso, die jungen Leut!» Sie antwortet gleichmütig «Ja, ja» und singt eine Musik, die man zuvor schon gehört hat, vor allem am Ende des ersten Akts, als sie Octavian für einen Moment entlassen und ihm gesagt hat, wie ihr Tag aussehen wird: «Ich werd jetzt in die Kirchn gehen und später fahr ich zum Onkel Greifenklau, der alt und gelähmt ist, und ess mit ihm; das freut den alten Mann. Und nachmittag werd ich Ihm einen Lauffer schicken, Quin-quin, und sagen lassen, ob ich in Prater fahr. Und wenn ich fahr, und Er hat Lust, so wird Er auch in Prater kommen und neben meinem Wagen reiten.» Die Wendung nach Moll bei «und nachmittag», das lang absteigende Intervall in der Gesangsstimme, der musikalische Satz, der diese möglichen Glücksmomente aneinanderfügt, um deren Fragilität und Endlichkeit man ja weiß – genau das taucht wieder auf, als die Marschallin im dritten Akt sagt: «Ja, ja.»

Vor und nach dieser Unterbrechung hat das Orchester seine volle Strauss'sche harmonische und melodische Dimension erreicht, und als Faninal und die Marschallin abgehen, erklingt einer der größten und ausgedehntesten Orchester-Höhepunkte des gesamten Abends. Danach lassen sich die Liebenden wie selbstvergessen zur zweiten Strophe ihres kleinen mozartartigen Duetts nieder, doch nun sind ihre Phrasen zerteilt und werden von dem spröden chromatischen Motiv unterbrochen, das früher schon die Präsentation der Rose begleitet hatte: eine längere Folge unverbundener Dreiklänge, strahlend hoch im Orchester von Celesta, Harfe, Flöten und Soloviolinen vorgetragen. Mozart verschwindet hier mehr und mehr; er war im Kielwasser des großen Strauss-Orchesters auferstanden, doch zieht er sich nun in die Ferne zurück; man erkennt ihn nur noch schwach, wie durch immer mehr Schichten von Milchglas.

Die Musik, die mit der langen rezitativartigen Szene vor dem Terzett beginnt, endet hier und nahm bei den meisten auf LP veröffentlichten Aufnahmen der Oper die achte Seite in Beschlag. Sowohl ihre Steigerungswirkung wie auch das Wissen, dass eben diese Wirkung suspekt ist, werden in einer Karikatur des Jahres 1957 aus New York wiedergegeben. Man sieht einen kranken Ehemann im Bett liegen, er hat dicke Tränensäcke und sagt zu seiner ihn pflegenden Gattin: «Ich weiß, der Arzt hat gesagt, es ist nur eine schlimme Erkältung, aber falls er sich geirrt hat, möchte ich noch ein letztes Mal die achte Seite des *Rosenkavaliers* hören.»*

Offenbach plus Lully: Schlechter Geschmack auf wessen Rechnung?

Die nächste Oper von Strauss und Hofmannsthal war *Ariadne auf Naxos* (1912; überarbeitet und erweitert 1916). Sie gehörte eindeutig zum gleichen Projekt wie *Der Rosenkavalier*, und ihre Handlung wurde bereits kurz in Kapitel V skizziert. Zu ihren spaßigeren Momenten gehört der Schrecken, einem Opernkomponisten, der sich der *opera seria* geweiht hat, mitzuteilen, dass er einer Komödie weichen müsste. *Ariadne* begann als Intermezzo für eine Aufführung von Molières Schauspiel *Le Bourgeois gentilhomme* (*Der Bürger als Edelmann*, 1670), wurde dann aber zu einem vollständigen Stück umgearbeitet, mit einem Prolog und einer Oper. Die Handlung spielt im Hause des «reichsten Mannes von Wien» im 19. Jahrhundert. Ein wundervolles Bankett wird gegeben, dem eine Reihe von Belustigungen folgen soll: zunächst eine Oper mit dem Titel «Ariadne auf Naxos», danach ein komisches Divertissement, endlich ein Feuerwerk. Im Prolog regt sich der Komponist (Mezzosopran) darüber auf, dass eine Commedia-dell'arte-Truppe, angeführt von Zerbinetta (Sopran), auf sein feierliches Drama folgen soll. Zerbinetta macht sich über die Ernsthaftigkeit der Kunst des Komponisten lustig. Chaos bricht aus, als der Haushofmeister verkündet, dass aus Zeitnot die Oper und die Komödie gleichzeitig gespielt werden müssten. Die Oper spielt auf der Insel Naxos. Ariadne (Sopran) ist von Theseus verlassen worden und sehnt sich nach dem Tod. Zerbinetta, Harlekin (Bariton) und seine Gefährten treten immer wieder dazwischen und verhöhnen Ariadnes Gefühle. Der Gott Bacchus (Tenor) kommt, und in einem leidenschaftlichen Duett erklären er und Ariadne einander ihre Liebe. Unmittelbar vor dem Ende ihres Duetts taucht Zerbinetta aus der Kulisse auf, zeigt auf Bacchus und Ariadne und sagt mit rätselhafter Anmut: «Kam der neue Gott gegangen, hingegeben war ich stumm!»

* 1954 erschien eine in Wien unter Leitung von Erich Kleiber eingespielte Gesamtaufnahme des *Rosenkavalier* auf vier LPs; auf diese Vierfach-LP spielt die Karikatur sehr wahrscheinlich an.

Wie schon beim *Rosenkavalier*, sind die musikalischen Möglichkeiten sehr vielschichtig. Zu Beginn des zweiten Teils, der eigentlichen *opera seria*, finden sich Stile aus der und Anspielungen auf nahezu die gesamte Operngeschichte. Drei Nymphen singen ein naturhaftes Terzett («Ach, wir sind es eingewöhnet»); es enthält sorgfältig durchgearbeitete Koloraturen, im Stil ähnlich dem der Wagner'schen Rheintöchter, doch sie verweben dieses jüngere Vorbild mit einem früheren Prototypen, der dieser Erzählung im Stil des 18. Jahrhunderts angemessen ist, der Arie der zwei Sirenen aus Händels *Rinaldo*. Harlekin singt ein neo-klassisches Pasticcio, mit falschen Noten und über-mechanisierter Begleitung, als wäre er ein Mozart'scher Serenadensänger nebst einigen hörbaren Marotten aus dem 20. Jahrhundert. Vielleicht ist er ja auch Cochenille, der komische Kammerdiener aus Offenbach *Les Contes d'Hoffmann*, dessen kleine Arie aus dem ersten Akt naheliegt. Echo, die mythologische Nymphe aus der *opera seria*, entwickelt einen unpassenden Gefallen an Harlekins Gesang und entscheidet sich schließlich dazu, seinen Refrain zu wiederholen. Strauss stürzt sich gleichsam auf den großen sinfonischen Stil und schafft es, die motivische Entwicklung à la Wagner zu übertreiben, ohne dabei parodistisch zu werden. Und endlich flirtet auch Ariadnes dichtes, fast schon atonales Eröffnungs-Solo mit der Wiener Moderne, ein gewichtiger Hinweis, der aber vergeht, als ihre Begleiter (die Nymphen) Ariadnes dissonante, fortschrittliche melodischen Intervalle womöglich ein Mal zu oft wiederholen.

Der Einsatz verschiedener Aspekte der Wagner'schen Sprache, alle Nähe zur Ironie im die Ernsthaftigkeit verhöhnenden Opernkontext legt die Erkenntnis nahe, dass Strauss – dem man oft vorwarf, er bliebe passiver Wagnerianer, wo doch andere und wahrhaft moderne Komponisten es geschafft hätten, dem zu entkommen – mit der sich abzeichnenden Vergangenheit doch erfolgreicher zurande gekommen wäre, als allgemein zugestanden wird. Wie wir gesehen haben, erwies er sich in der *Salome* und dann im *Rosenkavalier* mehr als nur versiert, erfinderisch mit einer der Grundlagen des Wagner'schen Stilgebäudes umzugehen, mit dem Leitmotiv nämlich. Hier in der *Ariadne* geht er noch weiter. Das wird gleich in der Eingangsszene des Prologs illustriert, die für die zweite Version geschrieben wurde, damit also zu einem Zeitpunkt, da viele der Motive der eigentlichen Oper (zumeist der originalen Version der Partitur entnommen) bereits eingeführt waren. Diese Szene ist wohl eine komplexe orchestrale Exposition einiger Hauptmotive des Werks, doch wird sie so un-wagnerisch wie möglich präsentiert. Ein jedes Motiv weicht dem nächsten mittels einer hastigen Kadenz, eher im Stile eines Verdi-Potpourris denn eines Wagner'schen Vorspiels. Das hat später im Drama einen mehrdeutigen Effekt, wenn nämlich dieselben Motive auf eher konventionelle Wagner'sche Manier eingesetzt werden, wodurch sie gleichsam das gesamte Wagner'sche Projekt von innen her unterminieren (oder zumindest ironisieren).

Theodor W. Adorno wäre erschüttert über unsere zustimmende Haltung dem Komponisten gegenüber, die ihn zumindest teilweise als progressiv darstellt. Adorno (der Schüler Alban Bergs und Verteidiger Schönbergs) musste Strauss ablehnen und behauptete nachdrücklich, dass dessen Kunst, vor allem in den Werken nach dem *Rosenkavalier*, sich verirrt hätte.

> Straussens Wendung zu Hofmannsthal [ist] die Cäsur seiner Entwicklung. Obwohl sie Strauss inhaltlich enger noch mit der auf bloßes Leben gerichteten Kunst seiner Tage verband, bezeichnet sie die Stunde, da der Künstler Strauss auf eine Grenze des Lebens stieß, die im Leben zurückzuschieben er zögerte, wenngleich er sie ästhetisch verhüllt und milde inmitten der Konvention erfuhr.[9]

Doch der letzte Teil des Essays ist merkwürdig mehrdeutig, vor allem, wo er von *Ariadne* handelt: «Zerbinetta … behält wahrhaft recht mit ihrem Neuen Gott, da die Welt des Bacchus als Welt bloß sinnlicher Ekstase ebenso scheinhaft ist wie die Buffowelt, über die sie sich erheben will. … [Strauss] hat allen Glanz des Zeitlichen gesammelt und lässt ihn strahlen aus dem Spiegel seiner Musik; er hat die Scheinhaftigkeit der Musik vollendet und die Musik durchsichtig gemacht wie Glas.»[10]

Für Adorno war diese Transparenz letztlich der große Irrtum von Strauss. Sie war Beweis dafür, dass er nicht zur Avantgarde gehörte. Doch seine Sympathie mit Zerbinettas abschließendem Kommentar bringt ihn in eine schwierige Lage, weil ja klar ist, dass der «Spiegel»-Effekt von Strauss' Musik etwas war, das er, Adorno, sehr wohl verstand. Welche Schlüsse auch immer daraus zu ziehen sind: Das Finalduett der *Ariadne* ist ein strahlendes Beispiel für Strauss' Leistung unter diesen Zwängen. Das Orchester ist nur wenig größer als das von Mozart und seinen Zeitgenossen benutzte, wenn auch mit Ergänzung durch Harmonium, Celesta und Klavier. Doch es wird mit so außerordentlichem Geschick eingesetzt und wirkt authentisch für das frühe 20. Jahrhundert. In mancher Hinsicht – wie es sich für den Schluss dessen geziemt, das im weiteren Sinne eine *seria*-Oper ist – sind die Schlussabschnitte der *Ariadne* offen wagnerisch. Wenn wir ein volles Orchester einen Schlussakkord crescendo und decrescendo spielen hören, der zudem sanft ausschwingt, dann hören wir exakt die Wirkung der Klangwellen am Ende von *Tristan und Isolde.* Doch schließlich ist das nur eine scheinbare Bereitschaft zur Wagner-Hommage. Die Celesta beargwöhnt diesen Rückbezug. Denn eine Celesta hat man bei Wagner nie gehört, und dieses Instrument hat die durch die Zeit geehrte Funktion, auf das Zauberische und Illusorische zu verweisen. Ihre Klangfarbe und die Delikatesse der Strauss'schen Trompe-l'oreille-Orchestrierung erinnern uns daran, dass einige der erwähnten Schichten von Milchglas zwischen der heutigen Umwandlung und der Version liegen, die wir damals, in der Vergangenheit, ohne jede Ironie genießen konnten.

Wozzeck, *Lulu* und die Kunst der Nostalgie

Die ernsthafte Seite der Avantgarde in Deutschland und Wien wurde durch die expressionistische Atonalität verkörpert. Schönbergs Opern-Experiment *Erwartung* (1909), das bereits in Kapitel XVII besprochen wurde, schöpft die Klangwelt der Atonalität sowie fundamentale psychologische Wirkungen aus – große Angst und Andeutungen von Verkehrtheit oder Verrücktheit –, um das Drama noch zu betonen. Die *Erwartung* ist eine meisterhafte, frei fließende Zusammenstellung von musikalischem Schreien und Stöhnen, wobei beides sowohl vom Orchester als auch von der Sängerin ausgeführt wird, da Schönberg für die Stimme schrieb, als wäre sie nur ein weiteres Instrument. Gelegentlich wiederaufgeführt, klingt diese Oper immer noch so seltsam und unnahbar wie damals, als sie vor mehr als 100 Jahren uraufgeführt wurde – eine unglaublich lange Zeit des Unverständnisses, die ein wichtiger Beleg dafür sein könnte, dass diese Art Expressionismus und Atonalität, wie sie von Stücken wie der *Erwartung* zum Ausdruck gebracht werden, schlicht und einfach nicht funktionieren, wenn sie auf so lange Zeitdauern und erzählerische Entwicklungen angewendet werden, die eine Oper ja erfordern. Doch solche Überlegungen werden durch zwei Opern deutlich auf den Prüfstand gestellt, die von Schönbergs geschätztem Schüler Alban Berg (1885–1935) geschrieben wurden. Obgleich auf ähnlichen Kompositionstechniken beruhend, sind sie doch so anders, dass sowohl ihr Ursprung als auch ihre unerwartete Schönheit uns immer wieder neu verwirren und betören.

Berg war Schönbergs Schüler, doch zugleich auch sein Schützling und Jünger. In einem Essay aus dem Jahre 1912, veröffentlicht in einer Gedenkschrift für Schönberg, schrieb Berg über Schönberg: «In ihm steckt der Lehrer, der Prophet, der Messias; und der Geist der Sprache, der besser als der Geist derer, die sie misshandeln, das Wesen des Genies erfasst, gibt dem schaffenden Künstler den Namen ‹Meister› und sagt von ihm, dass er ‹Schule macht›.»[11] Natürlich war die wirkliche Beziehung vieldeutiger. Bergs bescheidenes Familienvermögen bedeutete, dass das Komponieren nicht sein einziger Lebensunterhalt war. Er wohnte in einem kultivierten Wiener Milieu, war groß und gutaussehend. In seinem gesamten Leben schrieb er nur an die 20 Werke. Die ersten davon – entstanden während der Lehrzeit bei Schönberg – waren Gesellenstücke, wenn auch bemerkenswert reife und in einer höchst unstabilen tonalen Sprache verfasst. Ein Großteil seiner Karriere war gekennzeichnet von Krankheit, vom Dienst in der österreichischen Armee während des Ersten Weltkriegs, von Romanzen, Melancholie, Untreue und der bloßen Existenz. Seine überwältigende Gabe lag in der dramatischen Musik, im Erschaffen von vielfältiger Musik, die dem Theater gemäß ist.

Er schrieb zwei Opern, die zu den bedeutendsten Werken des 20. Jahrhunderts gehören, *Wozzeck* (beendet 1922, uraufgeführt 1925) und *Lulu* (unvollendet, mit einem nicht orchestrierten dritten Akt bei Bergs Tod 1935). Berg folgte einem Trend der Zeit, indem er seine Libretti nach bereits existierenden Schauspielen umarbeitete. *Wozzeck* beruht auf einer 1879 erschienenen Ausgabe von Fragmenten eines Schauspiels namens *Woyzeck*, das der bedeutende deutsche Dramatiker Georg Büchner bei seinem Tode 1837 unvollendet hinterlassen hatte. In 15 Szenen, auf drei Akte verteilt, zeichnet die Oper Skizzen aus dem erbärmlichen Leben Wozzecks (Bariton), eines armen, gequälten Soldaten, der in einer namenlosen Armee in einer namenlosen Stadt dient, und seiner Gefährtin Marie (Sopran). Am Ende ermordet er Marie in einem Eifersuchtsanfall und verfällt in Wahnsinn und Reue. In einer trostlosen letzten Skizze bleibt Maries kleiner Sohn (Knabensopran) allein zurück und reitet auf seinem Steckenpferd, scheinbar gleichgültig gegenüber den Sticheleien, dass seine Mutter tot sei; still singt er «Hopp, hopp» vor sich hin.

Lulu wurde nach einem kurz zuvor erschienenen zweiteiligen Stück von Frank Wedekind geschaffen. Im Wien des Fin de siècle angesiedelt, zeigt es Aufstieg und Fall von Lulu, *femme fatale* und Erdgeist; zeigt, wie Männer und Frauen sich in sie verlieben, von ihr ermordet und ruiniert werden und für sie in den Tod gehen. In der letzten Szene ist Lulu bloß noch eine Prostituierte, die von Jack the Ripper ermordet wird. Das offensichtlichste literarische Kennzeichen der Oper ist das Fehlen jeglichen

Rahmens. Das Libretto (wie schon das zugrunde liegende Schauspiel) beginnt mit einem allegorischen Prolog, worin ein Tierbändiger das Publikum ins Zirkuszelt einlädt und die wilden Tiere beschreibt, die zu sehen sein werden. Ein jedes Tier ist ein Darsteller in der folgenden Handlung. Lulus Liebhaber sind der Affe, der Tiger und das Kamel. Lulu ist die Schlange («geschaffen, Unheil anzustiften»), und die Sängerin, die diese Rolle spielt, wird von einem Bühnenarbeiter hereingetragen und dem Publikum präsentiert. Doch am Ende kehrt kein Tierbändiger zurück, um zu sagen, dass alles, was wir sahen, «nur eine Geschichte» war – wir werden ins Geschehen hineingezogen, die Fiktion wird Wirklichkeit, und am Ende starren wir auf eine fensterlose Mansarde ohne einen einzigen Überlebenden. Diese Art eines apokalyptischen Endes ist charakteristisch für die Operntragödie des 20. Jahrhunderts, oftmals (wie in *Wozzeck*) mit einer aufrüttelnden Stimme, die einsam aus der Wüstenei herübertönt. Ferruccio Busonis *Doktor Faustus* (bei Busonis Tod 1924 unvollendet), eine befremdlich prunkende Oper, endet in einigen Editionen auf ebendiese Art. Mephistopheles, der sich als Nachtwächter ausgibt, streift um Mitternacht durch die verlassenen Straßen und verkündet das Nahen des Winters. Er stolpert über Fausts Leichnam und macht dazu einen kleinen bitteren Scherz: «Sollte dieser Mann verunglückt sein?»

Das Genie Bergs wie auch seine Leistungen auf dem Gebiet der Oper zeigen sich darin, dass er sehr wohl Schönberg'sche Kompositionstechniken und Klangwelten einbezog, aber niemals, um die Zuhörer auszuschließen oder zu vertreiben. Während Schönberg 1918 seine «Gesellschaft für musikalische Privataufführungen» gründete und sehr dogmatisch sein konnte, was das Unterdrücken musikalischer Ideen anging, besonders das der harmonischen Sprache der Vergangenheit, verhielt sich Berg nie so. Seine beiden Opern enthalten hier und da ausdrucksvolle tonale Musik, und beide beziehen Tanzlokal-Musik, Kabarett-Stücke, Märsche und Lieder mit ein, alles so komponiert, als hörte man es durch einen verwirrenden Schleier, als würden sie auftauchen und wieder verschwinden. In der dritten Szene des ersten Akts von *Wozzeck* tröstet sich Marie und ihr Kind durch das Singen eines Schlafliedes. Es ist ein merkwürdiges Lied, dessen Thema Maries eigenes erbärmliches Leben ist («Mädel, was fängst Du jetzt an?»). Berg erfindet das traditionelle langsame 6/8-Schlaflied-Metrum neu und auf flottere Weise. In der Begleitung liegen ein paar falsche Noten, doch es behält den leichten Tonfall des Schlafliedes bei, und auch der wiegende Gestus bleibt gewahrt. Als Marie zum Refrain «Eiapopeia, mein süßer Bu'» kommt, tritt eine Verlangsamung ein; Maries

Stimme öffnet sich zum kraftvollen, laut gesungenen Trost. Es folgt der zweite Vers, wiederum unsentimental und flott, als würde er Marie in die Wirklichkeit zurückführen.

Sowohl Schönberg als auch Berg verehrten die klassischen Formen der Instrumentalmusik – Sonate, Fuge, Passacaglia, Thema und Variationen – als Organisationshilfen in einer neuen Welt ohne tonale Anker mitsamt deren Ausgangs- und Zielpunkten. Doch die Botschaften, die jeder dieser beiden Komponisten mit diesen Techniken aussendet, sind sehr unterschiedlich. Schönberg nutzt sie, um Ordnung zu errichten, doch auch ein wenig um des kulturellen Prestiges willen: als eine Möglichkeit, sich selbst als unvermeidlichen Nachfolger all jener deutschen Meister darzustellen, die diese Formen vor ihm benutzten, also vor allem Bach, Beethoven und Brahms. Es ist, als wollte er sagen: «Seht ihr? Diese Musik mag zwar seltsam klingen, hat aber eine uralte musikalische Berechtigung.» Für Berg aber demonstrierten die alten Formen gar nichts. Wenn sie derart unsentimental eingesetzt werden, sind sie eine gute Möglichkeit, Opernszenen aufzuteilen und zu strukturieren; in diesem Sinne nicht unähnlich der Form von *cantabile* plus *cabaletta* oder dem Strophenlied respektive der Da-capo-Arie.

So stellt *Wozzeck* seine Gelehrtheit nicht zu offensichtlich aus, ist dabei dennoch ein außerordentlich strukturiertes Stück, mit Ordnungen und Symmetrien auf vielen Ebenen. Jeder Akt hat fünf Szenen, und jeder hat seinen eigenen inneren Ablauf. Der erste Akt ist eine Folge von fünf Charakterstücken (Suite, Rhapsodie und Jagdlied, Marsch und Schlaflied, Passacaglia, Rondo). Der zweite Akt ist eine Sinfonie in fünf Sätzen; der dritte besteht aus einer Folge von Inventionen (oder Pseudo-Improvisationen) aus sehr elementaren musikalischen Elementen. Berg spielt mit den Symmetrien um das exakte Zentrum der 15 Szenen, welches im zweiten Akt liegt. Diese Szene spielt an einem düsteren Tag in der Straße vor Maries Haus. Sie zeigt ein existentielles Aufeinandertreffen von Wozzeck und Marie und ist für kleines Kammerorchester gesetzt, dessen Instrumentation – als weitere Hommage an den Meister – exakt derjenigen von Schönbergs Kammersinfonie op. 9 entspricht. Die zweite und die 14. Szene, gleich weit von diesem Zentrum entfernt, (also zweite Szene des ersten Akts bzw. vierte Szene des dritten Akts), sind auf frappierende Weise Zwillinge. Die Bilderwelt der zweiten Szene des ersten Akts (Rhapsodie) ist von einer von Büchners merkwürdigsten Vorstellungen abgeleitet, dass nämlich die Erde nur eine sehr dünne Kruste hätte, gleichsam einen dünnen Schädel über einem unberechenbaren Morast. Wozzeck halluziniert; er ist draußen auf einem Feld außerhalb der Stadt: Er hört Geräusche aus dem Erdinneren und flüstert: «Es wandelt was mit uns da unten!» Die aufgehende Sonne brennt auf die Welt herab. In der vierten Szene des dritten Akts (Invention über einen sechsstimmigen Akkord) kehrt Wozzeck an den Ort zurück, wo er Marie ermordete, an einen Teich in einem Wald, besessen davon, das Messer zu finden, das er zur Tat benutzte. Der Mondschein erscheint ihm wie Blut, und Wozzeck watet ins Wasser («Ich muss mich waschen. Ich bin blutig»), wo er ertrinkt.

Was haben all diese instrumentalen Formen im Theater zu suchen? Die Antwort lautet: Wir bemerken sie kaum. Berg spürte instinktiv, dass einer Oper immer schon Kürze und musikalische Beschränkung sehr gut getan haben – was im Endeffekt eine Reihe von «Nummern» bescheidenen Umfangs ergibt. Berg war sich (anders als so viele seiner damaligen Mitreisenden auf dem Gebiet der Oper) sehr wohl bewusst, dass eine freie tonale Musiksprache keine nur langsam voranschreitende Erzählung aushalten konnte; er wusste, dass eine jede Szene kurz sein und einen klaren Schluss haben müsste.

Und noch auf eine weitere Art erwies er sich als besonnen. Auch wenn er, wie jeder andere in seiner Generation, wiederkehrende Motive frei aufgriff – das kam von Wagner her –, hört sich sein Zugriff auf musikalisches Wiederauftauchen – also auf Motive und auf das, was er später Leit-Sektionen nannte – kaum nach Routine an, kann vielmehr machtvolle und bewegende Wirkungen hervorbringen. Im Prolog zu *Lulu* sagt der Tierbändiger zur Protagonistin: «Mein süßes Tier, sei ja nur nicht geziert! Du hast kein Recht, uns durch Miaun und Pfauchen die Urgestalt des Weibes zu verstauchen.» Berg fügt diese Zeilen zu einer prächtigen Sequenz zusammen; Paare von abwärtsführenden Akkorden enden dann, als die Stimme des Tierbändigers in einen Belcanto-Höhepunkt und eine Kadenz mündet bei «Urgestalt des Weibes». Die Worte sind zynisch und scherzhaft gemeint, doch die Musik ist herzergreifend. Danach behält Berg diese Idee während des Großteils der Oper bei und bewahrt sie für Momente auf, die der Darstellung von Sehnsucht bedürfen, und er vertraut der Schönheit der Musik auf eine Weise, die deren dramatische Bedeutung verkompliziert.

Ein gutes Beispiel dafür erscheint im zweiten Akt. Ein Stummfilm-Zwischenspiel zeigt, wie Lulu (Sopran) wegen des Mordes an ihrem dritten Mann, Dr. Schön (Bariton), eingekerkert wurde und Gräfin Geschwitz (Mezzosopran), in Lulu verliebt, aus dem Ausbrechen einer Cholera ihren Nutzen zieht und mit Lulu den Platz in der Isolierstation eines Gefängnisses tauscht. Lulu kehrt nach Hause zurück, geht durch die Tür, und plötzlich strömt die Tierbändiger-Rhapsodie aus dem Orchestergraben. Doch Lulu singt in diesem Belcanto-Moment: «O Freiheit! Herrgott im Himmel!» Damit verweist die Wirkung der Musik auf etwas, das zugleich menschlich und abstrakt ist, auf den Segen der Freiheit; ein Gefühl, das so bewegend ist wie der Gefangenen-Chor im *Fidelio*. Das Wiederauftauchen des Motives am Schluss ist das Ende der Oper. Lulu und alle, die noch von ihrer Entourage übrig geblieben sind, sind in London angekommen. Lulu ist eine unerfahrene Prostituierte, und die Freier, die erscheinen, sind Doppelgänger ihrer toten Ehemänner. Ganz am Schluss erscheint Jack the Ripper als Reinkarnation von Dr. Schön. Lulu bittet ihn verzweifelt, er möge nicht gehen. «Ich habe Sie so gern. Lassen Sie mich nicht länger betteln.» Zwar sind die Worte hier schäbig, doch wieder erklingt die herzergreifende Musik. Welche Wirkung hat sie diesmal? Da Lulu und Jack symbolisch eine traumatische Vergangenheit wiederholen, in welcher Dr. Schön (wie sie behauptet) Lulus einzige wahre Liebe war, hat die Musik hier die Funktion als Erinnerungsmoment. Doch Berg will uns vielleicht auch zeigen, dass, jenseits von Moral, Lulu der Erdgeist ist, den die Männer lieben, ganz egal, was sie ist oder tut oder sagt. Sowohl *Wozzeck* als auch *Lulu* benutzen gerne musikalische Wiederholungen und Erinnerungen, um die besondere Wirkung noch zu steigern, wenn Sehnsucht, Nostalgie und Erinnerung heraufbeschworen werden.

In beiden Werken fällt deutlich auf, wie die vielen festen Formen und technischen Kunstfertigkeiten mit den Dialogen und Konfrontationen zusammenwirken – es ist die Geschichte von menschlicher Aktion und Reaktion. Das virtuose Kabinettstück in dieser Hinsicht ist der dritte Akt des *Wozzeck*, geschrieben als eine Reihe von Inventionen. Berg'sche Inventionen sind ein schwieriger musikalischer Trick: Ein in sich abgeschlossenes Segment ist über ein einfaches musikalisches Element komponiert, und dieses Segment erscheint dann in verschiedenen Formen und Verkleidungen. Das musikalische Element ist eine *idée fixe*, etwas, das starr und omnipräsent bleibt, und alles andere ist darum herum drapiert. Die dramatische Verknüpfung im dritten Akt beruht auf der obsessiven Qualität von Invention als musikalischem Prozess und auf der Tatsache, dass eine jede Szene eine Obsession beschreibt: Maries Schuld, untreu gewesen zu sein (3/1), Wozzecks Mord an Marie (3/2), eine Menschenmenge in der Schenke starrt auf Wozzecks blutige Hände (3/3), Wozzecks Suche nach dem Messer, sein Waschzwang und sein Selbstmord (3/4) und endlich das einsame, unablässige Hüpfen und Singen von Maries Sohn (3/5).

Diese Inventionen haben ganze Vorbild-Sammlungen für nachfolgende Filmmusik-Komponisten abgegeben. (Hitchcocks berühmtester Filmkomponist, Bernard Herrmann, hat selten Wasser gesehen, ohne die sechstönigen Akkordwellen der Ertrinkens-Szene aus *Wozzeck* zu sehen.) Bergs Virtuosität zeigt sich, wie gehabt, darin, wie viel aus so wenig heraus entstehen kann.

Die erste Szene dieses Akts, Maries Reue, ist eine Invention über eine Melodie; ein eher konventioneller Vorgang, der dem von Thema und Variation ähnelt. Doch die zweite, die Mord-Szene, ist eine *tour de force*, eine Invention über einen einzigen Ton, das H. Dieser Ton ist immer gegenwärtig, zuweilen als eine gleichsam stratosphärisch hohe Note wie das Klingeln im Ohr, zuweilen auch in den tiefsten Registern grummelnd; manchmal im Mittelregister offen zu erkennen und umgeben von satten Streicherakkorden. Wozzeck singt diesen Ton allein, ohne Begleitung, zu dem Wort «nix», ehe der Mond aufgeht. Als das Unglück sich nähert, tritt der Ton deutlicher hervor, wird lauter und weniger versteckt in der musikalischen Textur. Für den Übergang zur dritten Szene lässt Berg ganz einfach das Orchester zweimal auf H innehalten, das zweite Mal im Tutti-Crescendo. Der Crescendo-Effekt ist berühmt, doch das erste Innehalten auf H ist noch auffälliger. Es beginnt mit einem einzelnen Horn, dann steuern alle Instrumente individuell ihre Stimmen bei – wie in einer akustischen Analogie etwa zu verschiedenen Köpfen, die sich einer nach dem anderen umdrehen, um etwas Schreckliches zu erblicken.

Die Szenenwechsel-Abschnitte im dritten Akt sind stumme Gefühlsausdrücke – stumm in dem Sinne, dass nicht gesungen wird und dennoch eine kollektive Stimme, die des Orchesters nämlich, dem Mitleid und Mitgefühl Ausdruck verleiht, das die handelnden Personen in der Dichtung nur selten von ihren Gefährten erhalten. Dazu gehört auch ein technischer Kniff: In jedem Übergang überlappt sich die musikalische Idee der vorherigen Invention mit der neuen *idée fixe*. Beispielsweise gibt die große Trommel zwischen dem wiederholten Orchester-H am Ende der Mordszene einen Rhythmus vor, der dann die Grundlage wird für die folgende Szene in der Schenke. Die einzige Ausnahme von dieser Regel ist das längste und geheimnisvollste Szenenwechsel-Zwischenspiel, das zwischen Wozzecks Tod und dem Schluss-Epilog eingefügt ist. Dessen Bedeutung wird von Berg hervorgehoben; er sagt deutlich, dass dies eine weitere Invention ist, diesmal gar in einer Tonart, d-Moll. Dieses Zwischenspiel hat man immer als einen musikalischen Mikrokosmos der Oper angesehen, da es Reminiszenzen wichtiger Leitmotive bringt und den horrenden zwölftönigen Akkord erneut erklingen lässt, der Maries Tod gekennzeichnet hatte. Aber noch hervorstechender daran ist eine harmonische Kraft, die aus der Vergangenheit stammt, ein Tonartenzentrum, das sowohl wie ein sehr lautes Ausrufezeichen als auch – fast wie das Belcanto des Tierbändigers – als Ausdruck eines außerordentlichen Verlustes eingesetzt wird. Wie so oft bei Berg beinhalten die wirkungsvollsten Momente verzerrte Verweise auf die musikalische Vergangenheit.

The Rake's Progress

Zu der Zeit, als Schönberg und Berg ihren radikalen Kurs ausheckten, war ihr großer Gegenspieler Igor Strawinsky (1882–1971). Seine Position als ihre Antithese – gleichermaßen selbstbewusst aufrechterhalten – ließ ihn während des größten Teils seiner Laufbahn in programmatische Opposition zur Oper treten; einer Form, die all das aus der Vergangenheit repräsentierte, was eigentlich zu vermeiden wäre, nicht zuletzt die Gefühlsergüsse Wagners und seiner Nachfolger. Nach den äußerst wagemutigen Ballett-Partituren aus Strawinskys frühen Jahren wandte er sich in den 1920er Jahren dem «Neoklassizismus» zu. Es war dies ein Versuch, die Exzesse des 19. Jahrhunderts mit einem Bann zu belegen und zu einer kühleren, vermeintlich objektiven musikalischen Haltung zu kommen, deren wiedererweckte Helden Bach und Mozart wären. Strawinskys einzige große Oper, *The Rake's Progress* (*Der Wüstling*, 1951), schrieb er sehr spät in seinem Leben (er war fast 70 Jahre alt, als sie in Venedig uraufgeführt wurde). Sie war zutiefst einer neoklassizistischen Ästhetik verpflichtet, die nach dem Zweiten Weltkrieg zusehends einem früheren Zeitalter anzugehören schien. Fast unmittelbar nach der Komposition der Oper – sehr wahrscheinlich durch die Tatsache beeinflusst, dass sein Aufenthalt in Europa anlässlich der Premiere (der ersten Europareise seit 1939) gezeigt hatte, dass die gegenwärtige Avantgarde sich zur Inspiration eher Schönberg und seiner Schule zuwandte – fing Strawinsky an, vom Neoklassizismus abzurücken und sich gleichfalls der Schönberg'schen Serialität zuzuwenden. Vielleicht und nicht unmaßgeblich durch dieses Empfinden für das Unzeitgemäße beeinflusst, wurde *Rake's Progress* eine opernmäßige *tour de force*. Dieses Werk ist zwar ganz anders als *Der Rosenkavalier* oder *Wozzeck*, legte dennoch wie diese ein durchgängiges Gespür für Opernnostalgie an den Tag – mit einem bemerkenswerten dramatischen Ergebnis.

Auch wenn Strawinsky ein überzeugter, lautstarker Wagner-Gegner blieb, trat er zumindest in einer offenkundigen Hinsicht in Wagners Fußspuren – indem er einen unendlichen Strom von Worten produzierte, der seine Musik begleitete. Jeder, der sich mit *Rake* näher befassen will, wird mit Strawinskys Hinweisen über dessen Entstehung und Abstammung geradezu bombardiert. Im ersten Absatz eines Programmhinweises, geschrieben Mitte der 1960er Jahre und mehr als zehn Jahre nach der Premiere in Venedigs Teatro La Fenice – beim Eingehen auf seine letzte, serielle Phase – bekundete er:

> Statt nach musikalischen Formen zu suchen, die den dramatischen Gehalt symbolisch ausdrücken (wie es die dädalus-artigen Formen bei Alban Berg tun) habe ich mich entschlossen, *Rake* nach dem Modell einer Nummernoper des 18. Jahrhunderts zu formen, worin der dramatische Fortschritt auf der Abfolge getrennter Stücke beruht – von Rezitativen und Arien, Duetten, Terzetten, Chören, instrumentalen Zwischenspielen. In den frühen Szenen ist die Form bis zu einem gewissen Maß vor-Gluckisch, insofern sie dazu neigt, die Geschichte in die Secco-Rezitative zu drängen und die Arien für nachdenkliche Poesie zu reservieren. Doch als die Oper sich gleichsam warmgelaufen hat, wird die Geschichte fast gänzlich im Gesang erzählt und vorgeführt und aufbewahrt – im Unterschied zum sogenannten Sprechgesang und der Wagner'schen unendlichen Melodie, die ja tatsächlich aus Orchester-Kommentaren besteht, die fortlaufende Rezitative umfassen.[12]

Noch später erinnerte er sich, dass er und sein Librettist, W. H. Auden (1907–1973), ihre ersten, konzentrierten Tage der gemeinsamen Arbeit an der Oper unterbrochen hätten (was sich in Strawinskys kalifornischem Haus abspielte), um eine Aufführung von Mozarts *Così fan tutte* für zwei Klaviere zu besuchen; damals alles andere als ein klassisches Repertoire-Stück. Dieses Ereignis war nach seinen Worten «vielleicht ein Omen, denn *Rake* ist zutiefst mit *Così* verbunden».[13]

Wie stets können wir diese Brosamen von des Komponisten Tafel genießen; doch ist hier Aufmerksamkeit angebracht. Strawinsky war, mit oder ohne seinen späteren Sekretär Robert Craft, ein nicht minder beeindruckender Schöpfer seiner eigenen Biografie als etwa Wagner, und selten schrieb er über sich ohne eine offensichtliche Absicht. In diesem Falle stellt er *Rake* als Teil (vielleicht sogar als Gipfel) seiner neoklassischen Zeit dar, indem er die traditionellen Seiten, die aus dem 18. Jahrhundert stammen, betont. Doch der Hinweis auf Berg (für den Strawinsky der 1960er Jahre war Berg im Zentrum des neu geformten Kanons der 20.-Jahrhundert-Moderne) wie auch die Verweise auf Gluck, Mozart und Wagner suggerieren seine sehr ambitionierte, reformerische Attitüde dem Genre gegenüber, in welchem deutschsprachige Komponisten eine Kunstform schufen, die gefährlich populär werden könnte. Und die abschließende Warnung vor dem Sprechgesang macht vollständig klar, dass, selbst wenn die Oper «sich warmgelaufen hat» (wie Strawinsky es nicht ohne Populismus ausdrückt), eine Wagner'sche «Hitze» nie angestrebt wurde. Verblüffend aber ist, dass Wagner immer noch der böse Bube bleibt, da er um 1951 doch schon mehr als ein halbes Jahrhundert tot war. Warum stellte er immer noch ein Problem dar?

Darauf gibt es viele Antworten. Die wichtigste ist die, dass Wagners Einfluss auf die Musik des 20. Jahrhunderts bei Modernisten wie Strawinsky immer noch als verderblich angesehen wurde. Als Strawinsky seine ersten Erfolge mit der Ballett-Compagnie von Sergei Djaghilew im Paris der Jahre 1910–1913 hatte, galt es in seinen Kreisen als ausgemacht, dass die Oper überlebt war: zu sehr von der Vergangenheit angeschlagen, als dass sie sich selbst erneuern könnte. Vor allem galt sie als zu schwülstig und in emotionaler Hinsicht als zu direkt. Wenig überraschend also, dass der Erz-Modernist Strawinsky das Genre mied. Seine einzigen Bühnenwerke – wie etwa die *Histoire du soldat* (*Geschichte des Soldaten*, 1918) oder *Oedipus Rex* (1927) – wollten nicht als Opern gelten. In den 1920er und 1930er Jahren schienen all jene dunklen Vorhersagen über den Untergang der Oper wahr geworden zu sein. Wiederholt wurde eine Opernkrise ausgerufen; immer weniger neue Werke kamen ins Repertoire. Impresarios und andere schauten zunehmend in die Opernvergangenheit, um ihre Theater zu füllen. Zahllose Versuche hatte es gegeben, das Medium wiederzubeleben, ungezählte Ordnungsrufe und ernste Bitten nach einer neuen Art des Musiktheaters waren zu hören gewesen. *Wozzeck* hatte für manche wie ein neuer Anfang gewirkt, und obwohl Berg selbst in einem einflussreichen Essay mit dem Titel «Das Problem der Oper» geleugnet hatte, dass er ein Reformer wäre, rief er dennoch wie etliche andere zur Rückkehr zu einer einfacheren, unmittelbarer wirksamen Art der Theatermusik auf.[14] Doch die alte Opernmaschinerie war entmutigend widerspenstig. Außerdem – und zum Verdruss Vieler – blieben die verachteten, hoch-emotionalen Werke des 19. Jahrhunderts einschließlich derjenigen Wagners die Stützen des Repertoires und erwiesen sich als ungemein fähig – dank unternehmungslustiger Theaterleiter, die dem Ganzen einen modernen Anstrich verliehen –, sich mit den sich ändernden Zeiten gleichfalls zu verändern.

In den späten 1940er Jahren, als Strawinsky mit dem *Rake* anfing, hatten diese Kämpfe großenteils ihre Energie eingebüßt. In den beschränkten Nachkriegs-Verhältnissen war es unmöglich, zeitgenössische Werke sich auch nur vorzustellen, die mit den Schlachtrössern der nun fernen Vergangenheit mithalten konnten. Der Moloch Oper machte weiter und wurde zusehends zum Museum. Doch nun, mit neuen historischen Beiträgen zum Repertoire, gab es zumindest eine stilistische Vielfalt, aus der man auswählen konnte. Wiederbelebungen von Glucks und vor allem Mozarts Opern (die mit Ausnahme des *Giovanni* großenteils von den Bühnen des 19. Jahrhunderts verschwunden waren) begannen, die Oper erneut für alle, die über einen besonderen Geschmack verfügten, salonfähig zu machen, wodurch das Genre fest an die große österreichisch-deutsche sinfonische Tradition gebunden wurde, die immer noch ihr kulturelles Ansehen bei der Generation der Modernisten hatte. So war es denn auch nicht überraschend, dass der Opernkomponist Strawinskiy sich vor allem zum Mozartianer und, was den Rest seines Kanons anging, als deutlich den deutschen Meistern (Gluck, Wagner, Berg) zugeneigt erklärte.

Es war Strawinskys Idee, eine Oper nach einer Serie von Stichen von William Hogarth (1735) zu schreiben. Bald aber nahm diese Idee die für Auden und seinen Mitarbeiter Chester Kallman charakteristische Form an. Die Handlung spielt im England des 18. Jahrhunderts. Tom Rakewell (Tenor) ist mit Anne Trulove (Sopran) verlobt. Der geheimnisvolle Nick Shadow (Bariton) erscheint, um zu verkünden, dass Tom ein beträchtliches Vermögen geerbt hätte und sofort nach London aufbrechen müsste. In der Stadt angekommen und von Nick dabei unterstützt, gibt sich Tom extravagant, wird dann aber gelangweilt und heiratet – um seine Freiheit von «den beiden Tyrannen Lust und Gewissen» zu zeigen – eine bärtige Frau namens Baba (Mezzosopran), genannt Türkenbab. Ihrer überdrüssig wird er in ein finanzielles Komplott verwickelt und ist bald ruiniert. Nick erklärt sich zu Mephisto und verlangt Toms Seele als Lohn für seine Dienste. Sie spielen ein Kartenspiel, das Toms Los entscheiden soll. Tom gewinnt, aber Nicks Abschiedsgeste stürzt ihn in geistige Verwirrung. Die Schluss-Szene spielt im Irrenhaus. Die noch immer treue Anne besucht Tom, der sich für Adonis und sie für Venus hält. Sie singt ihn in den Schlaf und geht ab. Er erwacht, merkt, dass sie fortgegangen ist, und stirbt vor Kummer. Die Oper endet nach Art des *Don Giovanni* (und der *Heure espagnole*): mit einem Epilog, worin die Personen auf das Proszenium kommen und die Moral dessen erklären, was gerade passiert ist.

Die allererste Szene der Oper zeigt ihre Mozart-Gefolgschaft. Das pastorale Ambiente des Eröffnungs-Terzetts «The woods are green» («Die Wälder sind grün») weist offensichtlich und sogar mit einer Verbeugung auf Mozart hin, vor allem auf den Mozart der Freiluft-Bläsermusik in *Così fan tutte*. Die Ähnlichkeit zu Fiordiligis und Dorabellas Eröffnungsstück in *Così*, «Ah guarda, sorella», ist eindeutig. Nicht nur stehen beide Nummern in der gleichen Tonart und haben die gleiche orchestrale Klangfülle. Vielmehr treten Bruchstücke von Mozarts Melodie, Harmonie und Begleitung in Strawinskys widerborstiger Version des Pastoralen weiterhin unerwartet zutage. Dieses wohlanständige Opernkennzeichen des 18. Jahrhunderts taucht natürlich auch in den «secco»-Rezitativen auf, auf die Strawinsky in seiner Programmbemerkung hinweist. Obwohl seine erste Idee für *Rake* die war, gesprochene Dialoge einzusetzen (was vielleicht ein Blick zurück zu seinen alten Anti-Opern-Zeiten war), griff er bald und mit Begeisterung die althergebrachte Unterteilung in Handlung (Rezitativ) und Reflexion (Arien und Ensembles) auf; ein Verfahren, das Wagner und andere Komponisten des 19. Jahrhunderts zu unterminieren bekanntlich alles getan hatten. Tatsächlich berichtet uns das erste Rezitativ, dass wir in einer eindeutig un-epischen Welt sind, so weit wie möglich entfernt von den geheimnisvollen Wagner-Nebeln: Mit einem rauschenden Arpeggio, gespielt auf dem alten Cembalo, ruft Annes Vater nach seiner geliebten Tochter und sagt ihr unaufgeregt: «Your advice is needed in the kitchen» («Dein Rat wird in der Küche gebraucht»).

Wenn wir in der Oper voranschreiten, wird das stilistische Bild immer komplizierter. Nachdem Tom aus Arkadien hinausgeworfen wurde, wuchern die Opern-Entlehnungen geradezu. Zumeist reichen sie, wie Strawinsky es in seiner Programmbemerkung andeutete, noch weiter zurück in der Zeit, mit Verweisen auf Purcell und die *Beggar's Opera*. Doch in der dritten Szene des ersten Akts ereignet sich etwas gänzlich Anderes: Anne ist an ihrem ländlichen Rückzugsort allein gelassen worden ohne ein Wort von Tom. Eine Orchester-Introduktion voller schneidender Holzbläserklänge scheint uns zurückzuführen in die Mozart'sche pastorale Welt des Opernanfangs, wenn auch mit spärlicheren und klagenderen Obertönen. Nachdem sie sich dem eine Weile hingegeben hat, wendet Anne dies in eine zweisätzige Arie von auffälliger stilistischer Uneinheitlichkeit. Der langsame Satz, «Quietly, night, O find him and caress» («Still, du Nacht, ach finde und liebkose ihn») bringt einen strengen Kanon mit dem Fagott. Der Klang dieses Instruments, das vor kurzem noch den «budding grove» («knospender Hain») und «pliant stream» («biegsames

Flüsschen») in er ersten Szene ausgeschmückt hatte, ist nun düsterer und gleichsam einengender; die Wirkung entspricht generell eher der eines – sehr bußfertigen – Johann Sebastian Bach. Danach wird diese Stimmung durch einen Ruf von außen unterbrochen; Annes Vater verlangt nach ihr, was ihre abschließende Arie sowie ihren plötzlichen Entschluss auslöst, nach London zu gehen und ihren Liebhaber zu suchen. «I go to him. Love cannot falter» («Ich gehe zu ihm. Liebe kann nicht wanken»), singt sie, und obwohl die ersten melodischen Ideen wieder in Richtung Mozart weisen, ist die Stimmung doch betont anders, viel näher an der Musiksprache des 19. Jahrhunderts. In der Tat beschwört dieser Aktschluss unmissverständlich eine *cabaletta* im alten Stil herauf, etwa der Donizetti- oder frühen Verdi-Schule. Nach den unvermeidlichen zwei Strophen, die ja zur *cabaletta* gehören (vielleicht sollten bei der zweiten Strophe Verzierungen improvisiert werden? Der Komponist skizzierte einige, aber niemand wagte bislang, dem weitere hinzuzufügen), enden Arie und Akt mit einem atemlosen Höhepunkt und einem überwältigenden hohen C für den Sopran.

Was sollen wir damit anfangen? Wie manche gesagt haben, mögen der plötzliche Wechsel der musikalischen Stimmung, der Ausflug in Mozart'sches Territorium und das Ausweichen in einen neuen, viel volkstümlicheren Opernklang sehr wohl etwas mit Auden und Kallman zu tun haben. Obgleich Auden in seinem allerersten Brief an den Komponisten eigens darauf bestanden hatte, dass es «des Librettisten Aufgabe ist, den Komponisten zu befriedigen, und nicht andersherum»,[15] war dennoch sein Einfluss auf den generellen Tonfall des *Rake* (und nicht bloß auf den literarischen) ein beträchtlicher. In diesem Falle haben wir beispielsweise dokumentarische Beweise, dass das hohe C auf Audens Bitte hinzugefügt wurde (Strawinsky veränderte sogar Annes Gesangslinie, um diesen Ton einzubauen). Ein berühmter Essay von Auden über Opern scheint mit einer klaren Rechtfertigung für diese Art des vokalen Exzesses zu schließen:

> Das Goldene Zeitalter der Oper, von Mozart bis Verdi, fällt zusammen mit dem Goldenen Zeitalter des liberalen Humanismus, des blinden Glaubens an Freiheit und Fortschritt. Wenn gute Opern heutzutage rar sind, so liegt das vielleicht nicht nur an der inzwischen gewonnenen Einsicht, dass wir viel weniger frei sind, als der Humanismus im 19. Jahrhundert glaubte, sondern auch daran, dass uns Zweifel gekommen sind, ob die Freiheit wirklich ein so unbezweifelbarer Segen, ob frei zu sein wirklich so unbedingt gut sei. Die Feststellung, dass Opern heute schwieriger

> zu schreiben sind, besagt nicht, dass es unmöglich sei. Dieser Schluss ergäbe sich nur dann, wenn wir ganz und gar aufhörten, an den freien Willen und die Persönlichkeit zu glauben. Jedes genau getroffene hohe C widerlegt aber die Theorie, nach der wir nur verantwortungslose Marionetten an den Drähten des Schicksals oder Zufalls sind.[16]

Das ist weit entfernt von Strawinskys sorgsamer Darstellung der Genealogie seiner Oper, wie er sie in dem Aufsatz von 1960 ausgebreitet hatte. Obwohl Mozart immer noch das Zentrum ist, ist Audens Credo eines, das auch großzügig das Populäre einbezieht und sogar behauptet, dass der Dreh- und Angelpunkt «unserer» Oper das 19. Jahrhundert ist, als das hohe C, welches der Dichter so inspirierend fand, in solcher Fülle daherkam. Man rufe sich zudem das Folgende ins Gedächtnis: Auden und Kallman, zwei Opernfans offenkundig der alten Schule, schickten, als der *Rake* entstand, an Strawinsky – dessen frühere Unnachsichtigkeit, für die menschliche Stimme zu schreiben, allgemein bekannt war – eine Kollektion von Langspielplatten mit ihren bevorzugten Diven beiderlei Geschlechts. Sie hofften, der Komponist möge diese Sänger des Goldenen Zeitalters wortwörtlich als Rollenmodell nehmen.

Die Zuführung neuen kompositorischen Blutes in Annes Szene und Arie ist von der Nachwelt anerkannt und sehr deutlich gewürdigt worden. Diese Nummer ist bei weitem die populärste der Oper und hat ihren Weg in Solo-Gesangsabende und Wettbewerbe gefunden. Eine beeindruckende Anzahl von Diven hat in den letzten 50 Jahren ihren «freien Willen» und ihre «Persönlichkeit» zum Ausdruck gebracht, indem sie am Ende das hohe C hinausposaunt hat. Es gibt sogar eine Aufnahme der allerersten Anne: Es war keine Andere als Elisabeth Schwarzkopf, die 1951 diese Arie am Teatro La Fenice unter Strawinskys Stabführung gesungen hat. Das Orchester ist deutlich zurückhaltend, und die Tempi sind langsam, doch der Klang der Schwarzkopf, die diese Rolle bewältigt, hat viele Untertöne. Denn vielleicht erinnern wir uns daran, dass diese große deutsche Diva wegen ihrer Mozartrollen berühmt und daher eine offenkundig erste Wahl als Strawinskys führender Sopran war. Doch es liegt nicht wenig Ironie in der Tatsache begründet, dass sie auch sehr mit den Opern von Strauss verbunden war (sie war jahrelang Europas allererste Marschallin). Es waren dies jedoch Opern, die Strawinsky mit aller Leidenschaft hasste und sich weigerte, sie überhaupt als Teil des Opernkanons anzuerkennen. («Ich würde gerne alle Strauss-Opern einem Fegefeuer übergeben, das triumphierende Banalität bestraft. Ihre musikalische Substanz ist billig und armselig. Sie können einen Musiker heute nicht mehr interessieren.»[17]) Am enthüllendsten aber ist die Antwort des Live-Publikums im Teatro La Fenice. Sobald Schwarzkopf ihr letztes hohes C herausschleudert, gibt es schon zustimmendes Gemurmel. Als sie dann endet, bricht ein Beifallssturm los, der gnadenlos Strawinskys sorgsam gearbeitete Schlusskadenzen zudeckt. Man fragt sich, wie viele andere Male eine Komposition Strawinskys derart von «vorzeitigem» Applaus überfallen wurde. Schließlich wird ein ernsthaftes, modernes Werk nicht eben häufig auf diese Weise gewürdigt. Doch das hohe C war ein einfach zu eindringlicher Effekt auf die Eingeweide: Das italienische Publikum wusste sofort, dass es weniger der prestigeträchtigen Premiere eines modernen Meisterwerks beiwohnte als vielmehr einen Moment lang schlicht und einfach *in der Oper* war.

Natürlich gibt es nach dem triumphierenden hohen C noch viele weitere unerwartete Wendungen im *Rake's Progress*. Die Schöpfer des Werks wechseln weiterhin zwischen unterschiedlichen Opernarten – auch ernsthaften – hin und her. Audens und Kallmans größte Anspielung auf das Feld der Oper, das Auftauchen der bärtigen Frau, genannt Baba oder die Türkenbab, war eine Erfindung, die von Strawinsky großenteils ignoriert wurde. Weit davon entfernt, in Belcanto-Gesang auszubrechen, hat sie die wohl sprödeste und schwierigste Musik zu singen. Anne dagegen, deren musikalische Persönlichkeit durch große vokale Extravaganz gekennzeichnet ist, erweist sich stets als anfällig für die Opernsprache des 19. Jahrhunderts. Es gibt eindeutige Abwandlungen von Donizettis Lucia, sogar gleich mehrfach, und Annes großem Arioso im zweiten Akt («How strange Although the heart for love dare everything» – «Wie seltsam, obwohl das Herz um der Liebe willen alles wagt») geht ein Trompetensolo voraus, das frappierend an ein vergleichbares erinnert, welches den vor Liebeskummer vergehenden Tenor im zweiten Akt von Donizettis *Don Pasquale* einführt («Cercherò lontana terra» – «Ein fernes Land werde ich suchen»). Es scheint, als hätten wir uns ein gutes Stück von jener strengen Liste deutscher Opernreformer entfernt, die Strawinsky in seiner Programmnote aufführte. Mehr noch: Zum großen Teil ist es solche Belcanto-Musik, die Anne trotz ihrer fortgesetzten Demut und ihres Mangels an Kraft die größten Sympathien des Publikums verschafft. Wenn wir uns für Rake interessieren, interessieren wir uns vor allem für Anne.

Doch Strawinsky hat, vokal gesehen, bei Mozart angefangen, und mit Mozart geht er dem Ende zu, dieses Mal mit Hinweisen auf des Komponisten einzige Oper, die das 19. Jahrhundert überlebt hat. Als Nick

Shadow sein wahres Gesicht am Höhepunkt der Kartenspiel-Szene zeigt, hören wir die wütend punktierten Rhythmen eines berühmten steinernen Gastes, der Don Giovanni unaufhaltsam nach unten zieht. In einer Hinsicht markiert dieser Wiedergänger, dass Mozarts Operngenie für Strawinsky nicht nur ein dramaturgischer Ausgangspunkt war, sondern sogar Material für die grandiosesten Momente bereitstellen konnte. Doch dann, mit einer weiteren Wendung innerhalb dieser so überraschenden Oper, werden die Ordnung des 18. Jahrhunderts und dessen Witz in den Schlussmomenten des *Rake* wiederhergestellt: Wie bereits früher erwähnt, werfen die Personen ihre Masken ab und singen in krasser Nachahmung des Schluss-Ensembles aus *Don Giovanni* das Publikum direkt an.

Die Geschichte der Oper nach 1945 ist in der Tat eine seltsame Erzählung; wir werden sie im letzten Kapitel dieses Buchs verfolgen. In einer Hinsicht war sie fast unverschämt gesund, mit mehr aufgeführten und im Handel erhältlichen Opernaufnahmen als je zuvor, dazu mit der Wiederentdeckung von Mozarts Operngenie, danach desjenigen Händels, was das Angebot beträchtlich erhöhte. In einem anderen Sinne freilich, da so wenige neue Werke ihren Platz neben den Monumenten der Vergangenheit finden, war die Oper in einer kontinuierlichen Kreisbewegung gefangen, in welcher der «Tod» der Oper routinemäßig verkündet und dann wieder vehement (zu vehement) geleugnet wurde. Es herrscht kaum Zweifel darüber, dass The *Rake's Progress* aufs Engste in dieser Zwickmühle gefangen war. In vieler Hinsicht war es ein Abschiedswerk Strawinskys. Seine Reise nach Europa zur Premiere war ein öffentlicher Triumph, jedoch ein privates Trauma. Strawinsky wurde durch die Veränderungen aufgewühlt, die er überall im Nachkriegs-Europa sah, vor allem durch eine neue Generation von Avantgardisten, die als ihre geistigen Väter Schönberg und Webern ansahen und dementsprechend nicht länger ihn, Strawinsky, für die Verkörperung der musikalischen Moderne hielten. Als Antwort darauf verbrachte er den Rest seines Lebens damit, seine Überlegenheit neu zu begründen, indem er ein neo-spartanisches serielles Idiom annahm. Doch *The Rake's Progress* blieb, anders als alle Avantgarde-Opern, hartnäckig im Repertoire. Ausgestattet mit einer ganzen Reihe kurioser Reliquien (musikalischer und sonstiger), ist dieses Werk stets offen gewesen für neue Interpretationen. Die Verweise, die es auf die großen Opern der Vergangenheit macht, vor allem auf Mozart, aber auch die hohen Cs und andere Symbole des 19. Jahrhunderts, halten das Werk am Leben und haben es zu einem Teil der Geschichte gemacht, die es selbst erforschen wollte.

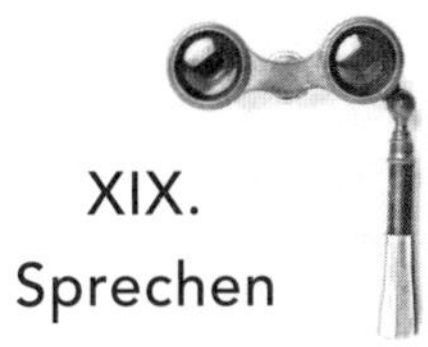

XIX. Sprechen

Wann spielt das Sprechen in der Oper eine Rolle? Wir reden hier nicht von der Oper mit gesprochenen Dialogen wie etwa der *opéra comique* oder dem deutschsprachigen Singspiel; in beiden Formen ist das Sprechen ein akzeptierter Teil des Genres. Gemeint sind vielmehr jene Stellen in der durchgesungenen Oper, an denen eine Person redet oder auch schreit, meist in Krisensituationen, oder auch zu einer Mischform aus Schreien und Singen findet. Dies ist ein Phänomen des ausgehenden 19. Jahrhunderts und späterer Zeiten, und zuweilen scheint die Anregung dazu vom Komponisten selbst ausgegangen zu sein – bisweilen aber auch nicht. Carmens Schlusswort an Don José – «Tiens!» («Nimm es!») – wird fast immer mehr geschrien denn gesungen, was wahrscheinlich auch besser ist. Risë Stevens' Aufnahme liefert ein gutes Beispiel dafür. Der Komponist schreibt zwar Noten, doch die Interpretin nimmt sich die künstlerische Freiheit und spricht sie. Ein komplizierteres Beispiel stellen vielleicht Toscas letzte Worte im zweiten Akt von Puccinis gleichnamiger Oper dar. «E avanti a lui tremava tutta Roma!» («Und vor ihm zitterte ganz Rom!»). Diese Worte sind auf dem tiefen Cis notiert, können aber noch viel verächtlicher klingen, wenn sie (wie in Maria Callas' berühmter Aufnahme) gesprochen werden. Im Falle der *Tosca* könnte man sagen, dass Puccini die Worte nicht als bloße Aufforderung zu sprachähnlicher Deklamation auf einer einzigen Note notiert hat, sondern aus einem bestimmten Grund. Tosca vollzieht gerade eine religiöse Handlung: Sie stellt zu beiden Seiten von Scarpias Leichnam Kerzen auf – gerade hat sie ihn erstochen – und legt ein Kruzifix auf seine Brust. Mit anderen Worten: Puccini schrieb die tiefen, sich wiederholenden Noten, weil er wollte, dass die Szene kirchlich klingt, als würde Tosca Gregorianischen Gesang intonieren. Und wenn wir in der *Tosca* noch ein wenig weiter zurückgehen, bis zu der Stelle, als Scarpia gerade erstochen wurde, sehen wir in der Partitur, dass Puccini in der Tat ausdrücklich das Sprechen vorschreibt – Worte wie «Maledetta!» und «Questo è il bacio di Tosca!» («Das ist Toscas Kuss!») sind ohne Notenköpfe geschrieben. Nur Hälse und Fähnchen sind notiert, um den Rhythmus anzuzeigen. Die Sänger interpretieren diese Stelle gerne mit keuchend hervorgestoßenen Worten.

Es sind dies nur wenige Beispiele, ein Jahrhundert alt oder noch älter. Doch bald nach der *Tosca* sollte dieses Phänomen alles andere als vereinzelt bleiben. Das Sprechen in der Oper sowie alle Opernstile, die zum Sprechen tendieren, sind eine interessante Entwicklung des frühen 20. Jahrhunderts. Das Eindringen des Sprechens in die Oper zeigt uns, dass die Opernkomponisten, ganz im Geist des Zeitalters, mit neuen Stilen und Wirkungen experimentierten, wie ja manche von ihnen auch bei den neuen Medien Anleihen machten – bei Tonaufzeichnung, Radio und Film. Doch es lässt auch vermuten, dass das gesamte Problem «Oper», das von Menschen, die hingebungsvoll ihre Gefühle aussingen, zusehends heikler wurde und zu bestimmten Zeiten auch kaum aufrechtzuerhalten war. Das realitätsnahe Sprechen in der Oper greift umso mehr um sich, je mehr wir uns dem Jahre 1945 nähern, da die Grenzen zwischen Sprechen und Singen in vielen Opern des 20. Jahrhunderts gelockert werden. Die moderne Bilderstürmerei bejahte das umfassende Eindringen von Sprechen und Sprechgesang in die Oper als ein Bollwerk gegen den herkömmlichen Gesang – trotz der Tatsache, dass das Phänomen bereits im 19. Jahrhundert existierte und schon damals intensiv darüber nachgedacht wurde.

Das normale Sprechen innerhalb einer ansonsten gesungenen Oper ist stets etwas Besonderes und mitunter sogar etwas ganz Außergewöhnliches. In Schönbergs *Moses und Aron* (geschrieben 1930 bis 1932, uraufgeführt 1954) werden die Worte Moses' gesprochen, als wäre das Singen einzig den Götzendienern und Unseriösen vorbehalten. Natürlich ist eine tiefe Stimme dafür vorgeschrieben. In Bergs *Lulu* ist Lulus Sprechstimme, als sie Alwa, den Sohn Dr. Schöns, fragt: «Ist das nicht das Sofa, auf dem dein Vater verblutete?», von grausamer Nüchternheit. In den Opern jener Zeit tritt außerdem das Phänomen der Sprechstimme auf, zuweilen auch Sprechgesang genannt. Es ist ein düsterer Vokalstil mit notiertem Sprechen, bei dem der Sänger oder die Sängerin rhythmisch ruft und intoniert – die Stimme hebt und senkt sich, entsprechend der speziellen Notation. In Bergs *Wozzeck* ist die Szene, in der die Titelfigur ertrinkt, ganz auf diese Art notiert, wobei Wozzecks rhythmisch klagender Tonfall wie ein Melodram aus dem 18. Jahrhundert klingt, das in ein expressionistisches Inferno versetzt ist. Sprechgesang ist ein altes Wort. Im 19. Jahrhundert bezeichnete es auch Wagners Gesangssprache, bei der die Textzeilen vollständig gesungen werden, wo aber – mit den Worten eines frühen Kritikers – der «Musiker sich vollständig dem Dichter unterwirft; ein freies deklamatorisches Element herrscht vor».[1] In einem der ersten Bücher, die über den *Ring* geschrieben wurden, heißt es, der Sprechgesang sei das grundlegende Idiom im *Ring* im Gegensatz zu «Liedern und Ensemble Gesang».[2] Meist bezieht sich der Ausdruck Sprechgesang auf eine Mischung aus Singen und Sprechen. In einer Biografie über Carl Maria von Weber aus dem 19. Jahrhundert erscheint dieser Ausdruck synonym mit Melodram, dem Sprechen auf dem Orchesterklang.[3] In der *Allgemeinen Musikalischen Zeitung* von 1877 wird in einem Artikel über geistliche Musik festgehalten, auch Verdi habe «neuerdings in seinem *Requiem* zweimal [Sprechgesang] verwendet und guten Effect damit erzielt», vermutlich ein Hinweis auf die Sopranstelle im «Libera me».[4]

Betrachten wir nun diese Halb-Sprache, den Sprechgesang im frühen 20. Jahrhundert, dann müssen wir uns ins Gedächtnis rufen, dass im Sprechtheater die Schauspieler damals ihren Text gleichfalls quasi gesungen haben. Sie intonierten regelrecht, benutzten dabei eine tonhöhengenaue Notation, wodurch sie ihre Stimme gleichsam durchpulsten. Das kennen wir nicht nur von frühen Tonaufnahmen, etwa von einem berühmten Beispiel von Sarah Bernhardt;[5] wir wissen auch, dass dieser Stil um seiner Übertreibungen willen parodiert wurde oder im Sinne einer vermeintlich antiken Grandeur in frühen Tonfilmen zum Einsatz kam. Eine ungefähre Vorstellung davon, wie sich professionelle Schauspieler um 1900 anhörten, kann man der Eröffnungsszene der deutschen Filmkomödie *Viktor und Viktoria* (1933) entnehmen, worin ein junger und aufstrebender Tragöde (gespielt von Hermann Thimig) anlässlich eines Vorsprechens die Szene mit seinem Sprechen gleichsam zerkaut. Er hört sich mehr nach Enrico Caruso denn nach Laurence Olivier an, weil er jede Silbe in einem halblauten, tonhöhengenauen Gesang vorträgt. Das Phänomen der Sprechstimme und der singenden Deklamation hat also schon lange außerhalb der Oper existiert, ehe es zu einem besonderen, nichtgesanglichen Operneffekt wurde. Man kann vielleicht sogar behaupten, dass Wagners radikale Melodiewechsel, die langen Abschnitte der frei gesungenen Deklamation im *Ring*, zum Teil nach der sonoren Sprechweise geformt wurden, die im deutschen Schauspiel in früheren Zeiten üblich war; einem Stil, der Wagner durch all jene Sänger vermittelt wurde, die, wie etwa Wilhelmine Schröder-Devrient, als bloße Marotte in den Sprechgesang überwechselten.[6]

So ist vielleicht die Verwendung des Sprechens nur ein weiteres Beispiel dafür, wie flexibel die Oper ist. Stets war man im 20., aber auch in früheren Jahrhunderten versucht, etwas zu ihrer Entwicklung als eines in sich geschlossenen Systems beizutragen; eines Systems, das auf die eigene Vergangenheit schaut und sich mit Problemen der eigenen Ästhetik abmüht. Doch das hieße auch, eine der auffälligsten Eigenheiten der Oper zu verfälschen. Denn Klänge und sonstige Kennzeichen anderer Genres haben immer schon die Oper verändert. Das war auch in der Moderne nicht anders. Natürlich entrichten wir dem Sprechtheater und seinem Verhältnis zur modernen Oper gelegentlich Tribut; meist durch Verweise auf Libretti, die durch Sprachschauspieler wie etwa Gertrud Eysoldt inspiriert wurden (der Titelheldin der ersten deutschen Aufführungen von Oscar Wildes *Salomé*). Eysoldt erweckte durch die Darstellung dieses Stücks die Aufmerksamkeit von Strauss. Puccini ist ein weiteres gutes Beispiel. Seine ersten Ideen für seine Opern-Themen erhielt er, als er sie im Sprechtheater sah. Im Falle von David Belascos Stück *Madame Butterfly* war er von einer Londoner Aufführung begeistert, auch wenn er kaum Kenntnisse der Sprache hatte, in der die Schauspieler agierten.

Doch im noch jungen 20. Jahrhundert kam ein weiterer bedeutender Einfluss hinzu, als das Kino begann, auf die Oper einzuwirken. Film-Historiker haben ausführlich über den Einfluss der Oper auf den frühen Film geforscht. Oft wurde Opernmusik als Live-Begleitung zu Filmen eingesetzt, und es entstanden auf die Oper bezogene Unterhaltungsstücke wie das *Phantom der Oper* (1925). Und es entstanden Filmbiografien von Wagner und Verdi und Stummfilm-Opern, zum Beispiel mit Geraldine Ferrar, oder der *Rosenkavalier* von 1925. Cecil B. DeMille – leicht zu beeindrucken – sah in seiner Jugend Aufführungen von Saint-Saëns' *Samson et Dalila* und wirkte diese Erinnerungen an französische, orientalisierende Opern in manche seiner babylonischen Film-Epen ein. Einen Einfluss in umgekehrter Richtung kann man nur unter großen Schwierigkeiten festmachen: dass nämlich der Film – ein wenig erhabenes Genre, noch dazu ein Produkt der Technik und zudem brandneu – etwas so Geheiligtes und Überkommenes wie die Oper substantiell hätte ändern können. Doch auch der Film gehört zur Kulturgeschichte der modernen Oper, wie dies gleichfalls für das expressionistische Theater, die Aufnahmetechnik und das Aufkommen des Regisseurs gilt.

Stellen wir uns eine randständige Frage: Sind die Opernkomponisten ins Kino gegangen? Maurice Ravel war mit Sicherheit ein begeisterter Kinogänger, und seine Erfahrungen im Kino mögen sehr wohl den dramaturgischen Aufbau seines Balletts *Ma Mère l'oye* (*Meine Mutter die Gans*, 1912) beeinflusst haben, wo die schlaftrunkene Protagonistin, Dornröschen, Traum-Erscheinungen hat: verschiedene Märchenhandlungen. Eine jede dieser Geschichten wird durch einen Zwischentitel eingeführt; zwei Mauren halten dazu eine Schriftrolle hoch. Wo sollte aber im Jahre 1912 der Komponist eine visuelle Phantasmagorie erfahren haben – an einem dunklen Ort dem Schlaf anheimfallend und einer flimmernden Phantasiewelt ausgesetzt, in der die Effekte zauberisch daherkamen und die Geschichte mit Zwischentiteln erklärt wurde? Im Kino natürlich. Der Einfluss des Kinos auf die moderne Musik war umfassend. Die berühmte Stummfilm-Sequenz in Erik Saties Ballett *Parade* (1918) ist ein Beispiel, das für viele steht. Zwei Darsteller des Balletts beginnen unvermittelt mit einer amerikanischen Stummfilm-Parodie (Cowboy, Jagd, Gewehrschüsse, Bergung aus dem Zug), und Satie fügt der Musik Klangeffekte hinzu, Schüsse und Pfeifen, die die Handlung begleiten. Das tat man oft, wenn Stummfilme gedreht wurden. Natürlich schöpften Ravels Opern aus mehr denn aus einer einzigen Quelle. Seine einaktige Oper *L'Enfant et les sortilèges* (*Das Kind und der Zauberspuk*, 1925) fing als Ballettidee an. Weite Teile bleiben ohne Gesang, bieten dafür aber viel Tanz: Teetassen tanzen mit Teekannen Foxtrott; Schäfer und Schäferinnen, von der Tapete herabgestiegen, wagen ein Tänzchen; es gibt einen langen Walzer für geflügelte Insekten und andere flatternde Geschöpfe. Die Oper ist als Folge von Skizzen angelegt; im ersten Teil sieht man, wie das Kind (Mezzosopran) in einem Wutanfall mehrere Gegenstände und Bücher zerstört. Doch diese Dinge werden wieder lebendig und kommen zum Kind zurück. Im zweiten Teil, nach einem Szenenwechsel vom Kinderzimmer in den Garten, sehen wir die Tiere, die das Kind gequält und in Käfige gesperrt hatte. Zumindest Ravels Bruder scheint die Affinität des Stücks zum Film bemerkt zu haben; er sagte, am besten würde man die Oper wie Walt Disneys *Schneewittchen* präsentieren, das der Komponist 1937 gesehen hatte.[7] Es waren Tänze, die Ravel für viele Szenen den klanglichen Hintergrund lieferten; die Personen singen zu ihrer Musik, aber auch zwischen den Musikstücken. Die am meisten zu Herzen gehende Szene ist die Klage des Eichhörnchens im zweiten Teil, gegen den unbekümmerten Walzer gesungen, der von den Insekten getanzt wird. Wir erfahren, was das im Käfig festgehaltene Eichhörnchen einst verlor: «Le ciel libre, le vent libre, mes libres frères» («den freien Himmel, den freien Wind, meine freien Gefährten»). Bemerkenswert ist, dass in dem Moment, wo die Worte des Eichhörnchens immer leidenschaftlicher werden, der musikalische Bogen den Walzer immer weiter fortträgt. Schließlich singt das Eichhörnchen: «Regarde donc ce qu'ils reflétaient, mes beaux yeux, tout mirotants de larmes» («Schau doch, wie sie glänzen, meine schöne Augen, sie glänzen vor Tränen!»). Die Kadenz und das Crescendo bei diesen Worten – hier wird der Walzer nach Moll transponiert, um den Schmerz zu verdeutlichen – beweisen, was einst von einem klugen Mann über Ravel gesagt wurde: Man braucht keine Trauermärsche, wenn man so niederdrückende Menuette schreiben kann.[8]

Diese Technik – lyrische Gesangslinien vor dem Hintergrund von Tanznummern zu schreiben – wechselt in der Oper mit der Deklamation eher gesprochener Verse ab. Der anfängliche Wutanfall des Kindes ist ein Beispiel dafür, und wie so oft in dieser Zeit gilt die Rückkehr zu natürlicher Deklamation als ohrenfälliges Anzeichen für Wut oder Kontrollverlust. «Plus des leçons!» («Keine Lektionen mehr!») ruft das Kind, und obwohl es auf fester Tonhöhe singt, sind die Noten so geschrieben, als wären sie Anti-Gesang, Anti-Melodie. Doch der ungewöhnlichste und zugleich rätselhafteste Einsatz des Sprechens ist dem Ende der Oper vorbehalten, als das Kind ohnmächtig wird, nachdem es von den Tieren bedroht wurde. Wenn das Bewusstsein des Kindes nicht mehr aktiv ist, können auch die Tiere nicht mehr singen, das Orchester selbst kann kaum spielen, nur noch seltsame Töne intonieren, unterbrochen von langen Pausen. Nur die Phantasie des Kindes, so scheint es, hat die gesamte Musik entstehen lassen. Dann aber fangen die Tiere wieder stockend zu sprechen an, und in einem wundervoll choreografierten musikalischen Crescendo üben sie miteinander, ein zusammenhängendes Wort herauszuschreien: «Ma … man!» («Mama!»). Dadurch lernen sie, wie sie Tonhöhe und Rhythmus in ihre Klänge mit hineinnehmen, und so kommen sie zum Gesang zurück. Der krönende Abschluss besteht im Erklimmen höchster musikalischer Höhen. Am Ende sind sie gar in der Lage, eine musikalische Fuge zu singen, einen zarten kontrapunktischen Chor zu den Worten: «Il est bon, l'Enfant, il est sage» («Es ist gut, das Kind, es ist brav»).

Zeitoper, Oper modernisiert

Zu einem bestimmten Zeitpunkt dachte Ravel darüber nach, auch eine Filmprojektion in *L'Enfant et les sortilèges* einzubeziehen, was innerhalb der Gattung Oper in den 1920er und 1930er Jahren nicht ungewöhnlich war. Berg, ein filmverrückter Komponist, verwandte eine solche in *Lulu*. Diese Oper enthält ein Stummfilm-Zwischenspiel, das zwischen den ersten beiden Szenen des zweiten Akts eingefügt werden soll. Es zeigt Lulus Festnahme, die Zeit im Gefängnis und die Entlassung. In Theodor W. Adornos und Hanns Eislers Buch von 1947 *Composing for the Films* heißt es, dass Berg in seinen Opern Filmmusik-Tricks einsetzt, und es wird gesagt, dass der zwölftönige Akkord, der Lulus Tod begleitet, «eine Wirkung hervorbringt, die derjenigen eines modernen Films» sehr nahe komme.[9] Es gab noch andere Komponisten der Moderne, die Filmepisoden einbauten, etwa Paul Hindemith (1895–1963), dessen *Hin und zurück* (1927) wie ein Film ist, der zunächst vorwärts, dann rückwärts abgespult wird, da der erste Teil die Geschichte von Anfang bis Ende erzählt, danach aber vom Ende zum Anfang. *Hin und zurück* ist eine sogenannte Zeitoper, ein Unter-Genre, das in Deutschland während der Weimarer Republik (1919–1933) aufkam und selbstbewusste, bilderstürmerische junge Komponisten anzog. Die Anziehungskraft der Zeitoper bestand in der modischen Technik (einschließlich Tonaufnahme und Film), in Handlungen, die sich um moderne Kommunikation drehten; in der rasenden Geschwindigkeit des Lebens sowie in der großen Offenheit für populäre Musik.

Ernst Krenek (1900–1991) bringt die Sache in *Jonny spielt auf* (1927) auf den Punkt. Die Hauptpersonen sind ein ernsthafter Komponist, ein Opernsänger, ein afro-amerikanischer Jazzmusiker und ein Violin-Virtuose; wie eine Kritik von 1929 zusammenfasste: «Alles, was typisch ist für das zeitgenössische Leben, findet seinen Platz in [Kreneks] Oper ... Filme, Radio, Lautsprecher, Foxtrott tanzen, Exotismus, Revuen, Grand Hotels.»[10] Die Handlung spielt in Kreneks Gegenwart und ist absurd und kompliziert; mit Szenen in einem Bahnhof, einem Hotelkorridor, auf einem Gletscher und auf den Straßen einer Stadt. Manche typischen Inszenierungen dieser Oper brachten blinkende Neonreklamen und Filmprojektion auf die Bühne. Max, der Komponist (Tenor), ein seufzender Langweiler (vielleicht eine Karikatur der Erz-Serialisten und Schönberg-Schülers Anton von Webern), ist wie verwandelt, als er der Opernsängerin Anita (Sopran) auf einem Gletscher begegnet. Er schwört, gelassener zu werden und sich in die moderne Welt hinabzubegeben; in eine Sphäre, die durch Jonny, den Jazzmusiker (Bariton), personifiziert wird. Wie Krenek damals sagte, als er die Botschaft der Oper verdeutlichte:

> Keiner kommt um die Tatsache herum, dass die Existenz oder Nichtexistenz von Sinfonien nicht die geringste Konsequenz für die Mitglieder des heutigen Bürgertums hat. Sollte andererseits der Ausstoß an Tanzmusik aus irgend einem Grunde aufhören, würden sie mithilfe ihrer Zeitungen oder sonstwie verlangen, dass die Produktion sofort wieder aufgenommen würde.[11]

Heute ist es geradezu kurios, dass *Jonny spielt auf* die am meisten aufgeführte Oper im Deutschland der Weimarer Republik war – weltweit kam es zu über 40 Inszenierungen innerhalb der ersten Saison, einschließlich einer an der New Yorker Metropolitan Opera, mit zumeist deutschen Sängern. Die *New York Sun* schrieb: «Krenek hat das meiste in einem modernen deutschen Opern-Stil geschrieben. Das ist das unvermeidliche Resultat der Anlage seines Stücks. Er wollte Rezitative travestieren, die man so oft in der großen Oper hörte und die Allgemeinplätze und sogar törichte Bemerkungen in laut tönende Phrasen kleiden.»[12] Doch anstatt «Rezitativ» sollte es eher heißen «konventionelle Opern-Komposition», denn Krenek schreibt unstrukturierte, freie Dialoge, und dies in einer Umgebung, die auch Anklänge an Ragtime, Dancehall und Jazz enthält. Seine eigenen, viel später verfassten Erinnerungen bestätigen seinen Bezug zur klassischen Oper:

> [*Jonny*] wurde … mit der Etikette «Jazzoper» versehen, was ich als Fehlbezeichnung empfand, denn wann immer darin Jazz erklingt, so doch nur um die professionelle Sphäre des Protagonisten Jonny, des Leaders einer amerikanischen Combo, zu charakterisieren. Die Musik, die sich mit den anderen Charakteren verbindet, welche mir mindestens ebenso wichtig waren, ist in jenem frühromantischen Idiom konzipiert, das ich als mein Modell gewählt hatte, wobei sie gelegentlich mit ein wenig dissonantem Gewürz und italienisierenden Puccinesken Vokalüberschwang versetzt wurde.[13]

Doch in einer Szene – in welcher Jonny, der nach Amerika flieht, sein Zugticket zu Boden schleudert – kommt die Komposition der Gesangsstimme einer Sprechstimme sehr nahe. Die halb gesprochenen Töne sollen womöglich Jonnys Aufregung ausdrücken oder einen starken Kontrast zu dem bilden, was nun folgt. Voller Heimweh singt Jonny sein «Swanee River», eine Ballade von Stephen Foster. Doch weil «Swanee River» schon 1851 geschrieben wurde, repräsentiert es die historische Vergangenheit von Jonnys eigener Welt.

Wenn das Alltagsleben besungen wird

Musikalisiertes Sprechen taucht zwar in der Zeitoper auf, doch trennt es diese kaum von anderen Opern, die zur gleichen Zeit geschrieben wurden. Zudem sagt dieser Kunstgriff wenig aus über die Pietätlosigkeit der Zeitoper noch über ihre Verbindung mit der Gegenwart und dem Prosaischen. Ein solches Sprechen war in der Tat die größte Schuld der Zeitoper gegenüber der Vergangenheit und der Hochkultur, da zu den Ahnen dieser Gattung ganz und gar hochklassige Elemente gehören – eine Prise Wagner, eine Prise Realismus-Komponisten, Puccinis vokale Üppigkeit eingeschlossen, dazu einen kräftigen Schuss Literaturoper. Wenn dann noch ein gesprochenes Schauspiel mehr oder weniger intakt gelassen wird, gewährt das gewisse Freiheiten in der Komposition, was die Stimme und deren Begleitung angeht. Hinzuzufügen wäre noch die Verbindung von musikalisiertem Sprechen mit der klangvollen Redekunst in den Aufführungen klassischer Sprechdramen.

Doch die auffälligsten aller halbgesprochenen Opern vor dem Zweiten Weltkrieg waren gar keine Opern, die für Live-Aufführungen geschrieben wurden. Es waren frühe Tonfilme, die die Oper – vor allem Zeitoper und Operette – imitierten als auch inspirierten; Letzteres bezog sich besonders auf die bilderstürmerischen Aspekte. Man betrachte hierzu etwa René Clairs Filmkomödie *Le Million* aus dem Jahre 1931. Clair kannte die Welt der klassischen Musik von innen heraus und hatte 1924 mit Satie für den Kurzfilm *Entr'Acte* zusammengearbeitet. In *Le Million* tragen gewöhnliche Menschen – Putzfrauen, Polizisten, Diebe und arme Künstler – ihren Text häufiger durch freies Singen vor. Manchmal rhythmisieren sie ihr Sprechen, manchmal stimmen sie eine Quasi-Melodie an, tun sich auch zu einem songhaften Stegreif-Ensemble zusammen oder verfallen in einen Tango-Rhythmus. Sobald sie etwas auch nur entfernt Musikalisches tun, werden sie wie von Zauberhand aus dem Off von einem unsichtbaren Orchester begleitet. Als Oper betrachtet, ist dieser surreale Zustand, in welchem das Alltagsleben besungen wird, durchaus vertraut und keineswegs überraschend. Vor dem Hintergrund des frühen Tonfilms – der meist eher starr realistisch daherkam – war dieser Film ein sorgfältig gearbeitetes Stück Avantgarde-Absurdität. In Deutschland ist nach 1933 viel von dieser lebendigen Kino-Experimentierlust verloren gegangen. Der kulturelle Kehraus der Nazis hat viele deutsche absurde Filme, in denen das moderne Alltagsleben in Oper verwandelt wurde, aber auch eben genau die Opernwelt wirksam unterdrückt, die von diesen Filmen widergespiegelt und ironisch gebrochen wurde. So musste Krenek erleben, dass sein *Jonny spielt auf* als «entartete Musik» verurteilt und von jeglicher Aufführung ausgeschlossen wurde; daher floh er 1938 nach Amerika.

In Frankreich blies der Gegenwind ein wenig länger. In den Kriegsjahren schrieb Francis Poulenc (1899–1963), ein Protegé Erik Saties, eine absurde komische Oper, die auf einem Stück von Guillaume Apollinaire beruht, *Les Mamelles de Tirésias* (*Die Brüste des Tiresias*, 1944, Uraufführung 1947). Die Hauptfigur Thérèse (Sopran) ist es leid, Hausfrau zu sein, und verwandelt sich in einen Mann, indem sie ihre Brüste – zwei Heliumballons – in die Luft steigen lässt. Nun mit dem Namen Tirésias versehen, macht sie sich auf zu Abenteuern und verlässt ihren Ehemann (Bariton). Eine Folge unwahrscheinlicher Vorkommnisse, die nichts miteinander zu tun haben, vervollständigt den ersten Akt. Die Eröffnung des zweiten Akts ist ein musikalischer Höhepunkt: Nachdem einige Paare eine Sarabande tanzen, die von einem kitschigen Tanz-Orchester begleitet werden, erscheint der Ehemann (mit nicht weniger als 40 049 Nachkommen im Schlepptau). Die Orchestermusiker im Parkett – kräftige Kerle unter ihnen – sollen nun diesen kindischen Umzug nachahmen, indem sie «La, Lala, Lala, La-Lalala-La!» singen, und zwar zu einer Art Slapstick-Nummer. Dazu vollführen sie sogar Schleifer auf ihren Blechflöten, während der Ehemann verzweifelt bittet: «Silence! Silence! SilenceSilenceSilence-Silence!» An vielen Stellen befrachtet Poulenc seine Partitur mit vokalem Lärm, der so wenig mit Operngesang verwandt ist wie nur möglich: Krachen, Reden, Niesen und Pfeifen. Und als er endlich auf das Offensichtliche zurückgreift, reserviert er eine große Operngeste – zudem mit einem Hauch von altmodischem, französischem Orientalismus versehen – für den Auftritt des Tirésias im zweiten Akt, wo er/sie als Kartenleger, mit Turban, Robe und hoch aufsteigender Stimme, erscheint.

Wenn man *Les Mamelles de Tirésias* mit *Le Million* vergleicht, bekommt man ein Gespür für die Affinitäten der komischen zur boshaften Oper und zu den Filmen der 1930er Jahre, die durch die Oper beeinflusst wurden. Es waren dies sogenannte Operettenfilme, die aber zum größten Teil nichts gemein hatten mit der traditionellen, theaterbasierten Operette. In einem berühmten Fall allerdings wurde die Oper sogleich als Film neu produziert: Die *Dreigroschenoper* des Dramatikers Bertolt Brecht (1898–1956) und des Komponisten Kurt Weill (1900–1950) hatte 1928 ihre Premiere als höchst erfolgreiches Theaterstück, wurde dann 1930/31 als mehrsprachige Produktion verfilmt, mit einer deutsch-französischen Besetzung und G. W. Pabst als Regisseur. Basierend auf einer englischen *Ballad Opera* des 18. Jahrhunderts von John Gay, verfolgt die *Dreigroschenoper*, verfasst von zwei Künstlern mit festen Prinzipien, eine bestimmte Absicht. Nach Brechts Überzeugung ist ein [ästhetischer] Kunstgriff – wenn die Künstler beispielsweise singen – für das Publikum eine wichtige Erinnerung daran, dass es nur etwas Erfundenes sieht; es soll nicht gefühlsmäßig mit einbezogen werden. So kehrt die *Dreigroschenoper* zur konservativen Tradition der Dialog-Oper mit ihren gesprochenen Szenen zurück, die durch Nummern unterbrochen werden und oft parodistische Titel tragen: «Das Lied von der Unzulänglichkeit menschlichen Strebens» oder «Eifersuchtsduett». Weills musikalischer Stil hat viel vom deutschen Kabarett, doch hat er es mit seltsam distanzierenden Effekten versetzt, oft durch komplizierte harmonische Kunstgriffe. Er setzt auch freie Parodien früherer Opernstile sowie gegensätzliche Effekte ein: Ein bissiger, brutaler Text wird auf eine angenehme, anziehende Musik gesetzt. Die Sänger-Schauspieler waren angewiesen, ihre Nummern ohne wirkliche innere Beteiligung zu singen; sie sollten lediglich Haltungen annehmen. Anstatt die Kluft zwischen Sprechen und Singen zu glätten, schwelgen Brecht und Weill in deren Fähigkeit zur Verfremdung.

Die *Dreigroschenoper* scheint aber in einer Hinsicht zum Thema dieses Kapitels nicht zu passen. Es gibt musikalische Nummern, und es gibt das Sprechen, das diese Nummern miteinander verbindet. Großenteils aber weicht diese Oper der Tendenz der modernen Oper zum Sprechen aus, sie tendiert vielmehr zur mäandernden, durchgängigen Musik plus Gesang, zum Musik gewordenen Sprechen, zu den verwischten Grenzen zwischen Sprech- und Gesangs-Vokalisierungen. Dennoch ist Brechts und Weills Oper dem Phänomen des Sprechens gegenüber nicht gänzlich taub. So gibt es etwa im ersten Akt ein Liebeslied zwischen der mädchenhaften Polly Peachum (Sopran) und ihrem mörderischen, treulosen, gewalttätigen Ehemann Macheath (alias Mackie Messer; Tenor oder Bariton). Auf dem Papier sieht das Libretto wie ein konventionelles Opernduett aus; es beginnt mit einem Dialog und endet mit von beiden Personen parallel gesungenen Versen. Doch der Dialog wird nicht eigentlich gesungen: Er wird über die Musik gesprochen, mit fester Rhythmik und hinabgleitender Intonation: «Siehst du den Mond über Soho?», fragt Macheath. «Ich sehe ihn, Lieber», antwortet Polly. Und dieses Gemisch – das man Sprechstimme nennen würde, hätten Berg oder Schönberg es geschrieben – war zugleich ein Charakteristikum des deutschen Kabaretts in der Weimarer Republik, als man eine berühmte Sängerin wie Gussy Holl eine «diseuse» nannte, im Gegensatz zur «chanteuse» –, eher eine Sprecherin denn eine Sängerin, weil sie ihre Songs halbwegs sprach.

Der alte Strauss

Es könnte der Anschein entstehen, dass die unterschiedlichen Sprech-Weisen in der Oper des 20. Jahrhunderts generell zweierlei voraussetzen: zum einen ein Libretto, das auf Komödie, Satire oder Farce beruht, zum anderen Librettisten und Komponisten, die unbeeindruckt oder – im Gegenteil – entzückt von Kino, von populärer Musik, von Modepuppen sind, von Erscheinungen also, die generell aus Amerika kommen sowie von weiteren Elementen, die man in der französischen *grand opéra* oder bei Wagner nie findet. Doch diese Schlussfolgerung lässt außer Acht, dass das Phänomen auch bedeutende europäische Wurzeln in der Literaturoper hat, bei der ein Komponist ein Stück vertont und dabei das Zwischenstadium überspringt, das es zum Libretto macht.

Wie in Kapitel XVII deutlich wurde, haben Debussys *Pelléas et Mélisande* oder Strauss' *Salome* es manchen Komponisten des frühen 20. Jahrhunderts ermöglicht, die Operntradition zu erneuern, die damals nach Ansicht vieler noch zu sehr im Wagnerismus verharrte. Diese beiden Komponisten schrieben Opern, deren Texte mehr oder weniger unverändert aus einem bereits existierenden Sprechtheater hervorgingen. In diesen Fällen wie auch in anderen Werken, die noch folgen sollten, erwies sich ein Prosastück als wahrhaft befreiend. Es ermutigte dazu, die Formelhaftigkeit und die regelmäßig wiederkehrenden musikalischen Perioden, die von der überkommenen Libretto-Dichtung vorgeschrieben schienen, über Bord zu werfen und stattdessen Experimente mit intensiveren Deklamationsstilen zuzulassen – ganz zu schweigen vom Abstieg in das Labyrinth der Seele, der, selbst einem Wagner unbekannt, enthusiastisch aufgenommen wurde. Die weitere Erforschung dieses Labyrinths ermutigte Komponisten auch dazu, ihre früher erworbene Kompetenz als Meister der Instrumentalmusik einzusetzen, wodurch das Orchester in die Lage versetzt wurde, viel von der Bürde des Ausdrucks übernehmen zu können, diesen gar selbst zur eigentlichen Triebkraft zu machen. Sowohl *Pelléas* als auch *Salome* könnten da eher als Fortsetzungen Wagners erscheinen denn als Rebellion; doch Fortsetzungen waren sie eher in trivialer Hinsicht, insofern sie beide Leitmotive enthielten, was an Wagners Praxis erinnerte. Beide zollten auch Wagner und seinen orchestralen Neuerungen ihren klanglichen Tribut, und Strauss segelte zudem mit seiner harmonischen Sprache hart am Wagner'schen Wind. Doch ihr Wesensmerkmal – die Unterwerfung des Komponisten unter sprachliche Vorstellungen, die sehr weit von Wagner entfernt waren – markierte den wichtigen Durchbruch.

In beiden Fällen konnte das Experiment aber nicht weiter verfolgt werden. Die Besonderheit und die Intensität der Situationen, welche Debussy und Strauss in *Pelléas* und *Salome* ausloteten, konnten unmöglich nachgebildet, geschweige denn überboten werden. Nach dem Versuch einer solchen, größeren und schrecklicheren Nachfolge durch *Elektra* (1909) folgte Strauss – wie wir gesehen haben – einem gänzlich anderen Opern-Weg mit seinem komischen, im 18. Jahrhundert angesiedelten Unterhaltungsstück *Der Rosenkavalier.* Debussys Angelegenheit gestaltete sich demgegenüber vorhersehbar qualvoller und zögerlicher. Sicher war er anspruchsvoll genug, um die Vorstellung, sich selbst zu wiederholen, abzulehnen. So schrieb er 1903 an seinen Komponisten-Kollegen André Messager:

> Diejenigen, die so freundlich sind zu hoffen, ich würde *Pelléas* nie mehr aufgeben, wenden ihren Blick geflissentlich ab. Sie verstehen einfach nicht, dass, sollte dies je geschehen, ich sogleich damit beginnen würde, in meinem Schlafzimmer Ananas zu züchten, da ich nämlich glaube, dass sich selbst zu wiederholen die ermüdendste Angelegenheit ist.[14]

Doch – eine der ewigen Fragen der Opernkomponisten im 20. Jahrhundert – wohin sollte man sich nun wenden? Debussys späteres Leben mit seiner Reihe außerordentlich erfindungsreicher Orchester- und Solo-Klavier-Werke wurde immer wieder von Projekten für weitere Musiktheater-Werke bestimmt, die dann aber wieder aufgegeben wurden. Das aufwändigste Projekt war eine Version von Edgar Allan Poes *Der Untergang des Hauses Usher*, ein Thema, das einige dem *Pelléas* nicht unähnliche Elemente aufwies (vor allem Traumhaftes). Das Projekt kam indes nie über das Skizzen-Stadium hinaus. Debussy machte für die nicht realisierte Umsetzung dieses Vorhabens seine mangelnde musikalische Phantasie geltend und sagte, dass «mir alles langweilig und öde vorkommt. Auf einen lebendigen Takt kommen zwanzig, die wegen dem, was man Tradition nennt, steif sind, deren gleisnerischen und schändlichen Einfluss ich aber trotz all meiner Mühen dort wiedererkenne.»[15] Das frühe 20. Jahrhundert mit einer immer gewichtiger werdenden Tradition sowie der Notwendigkeit, ihr umso zwingender aus dem Weg zu gehen, waren, wie wir immer wieder gesehen haben, zu schwere Zeiten, um noch mit leichter Hand eine Oper zu schreiben.

Auch wenn Debussy zögerte, blieb die Popularität des Genres bestehen, erreichte aber einen kritischen Punkt. Lange Zeit war das melodische Singen – der melodische Bogen der Stimme, die lebendige Vermischung dieser schönen Linie mit der Darstellung des Sängers – gleichsam die Definition von Oper gewesen. Die Bürde des Ausdrucks lag in ebendieser Vermischung. Doch nun galten all jene Opern als abgedroschen, bei denen das Orchester den emotionalen Ausdruck übernahm und die Personen zusehends der natürlichen Sprechweise und weniger dem lyrischen Gesang zuneigten. So ist es wenig überraschend, dass in den 1920er Jahren ein Unbehagen an der sprach-ähnlichen Oper deutlich wird:

> Warum, so könnte man fragen, sollte es in höherem Maße dem Leben entsprechen, wenn man deklamiert und Klänge von sich gibt, die zumeist kein Vergnügen bereiten, als eine schöne Melodie zu singen? Abgeschlossene Arien während der gesamten Dauer einer heutigen Oper zu haben wäre genau so langweilig, wie überhaupt keine solchen zu haben. Sie aus der Partitur auszuschließen, die vermutlich mit einem Blick darauf geschrieben wurde, der Mehrheit des Publikums zu gefallen, ist sicherlich genau so unerquicklich. Nichts kann eine Theateraufführung wirklich real machen, und doch kann Wahrheit durch schöne Melodien transportiert werden (oder auch durch Arien oder sonstige Weisen), so wie das auch für eine schöne Sprache zutrifft ... Das Publikum will das, was ihm Vergnügen bereitet. Es wäre interessant zu wissen, wie viele Dutzende, ja Hunderte von Opern innerhalb der letzten dreißig Jahre in Italien, Deutschland und Frankreich produziert wurden – andere Länder einmal außer Acht gelassen – und wie wenige davon überlebt haben; auch den Grund dafür wüsste man dann gerne. Dieser würde vermutlich im Fehlen von Melodie zu suchen sein, obwohl ich damit nicht sagen will, dass das Nicht-Überleben dem Fehlen des alten entwickelten Typus der Gesangs-Arie geschuldet ist, die ja in einer heutigen Oper doch fehl am Platze wäre.[16]

Diese Zeilen aus einer Kritik aus der *Musical Times* sind nicht nur eine alte Leier, die von vielen gedreht wurde. Hier steht «Melodie» vielmehr für die Vorstellung, dass Wahrheit im Ausdruck innerhalb der Oper leichter darzustellen ist, wenn die menschliche Stimme im Zentrum steht und dass in einer Aufführung die Kunst oder die Macht eines bestimmten Sängers die Hörer mehr und mehr von dieser Wahrheit überzeugen will. Man kann das Problem auch anders darstellen: Die sprach-ähnliche Oper war besonders für all jene Komponisten attraktiv, die ansonsten Instrumentalspezialisten waren. Wie wir bereits erwähnt haben, führte dies zu einer Situation, in der der professionelle Opernkomponist – jener Typus also, der buchstäblich sein ganzes Leben im Theater verbracht hat, so wie Verdi und Wagner – immer mehr zur Rarität wurde. Das wiederum führte zur Oper des 20. Jahrhunderts, die in erster Linie eine Angelegenheit experimenteller Werke wurde. Es waren dies einzelne Versuche von Komponisten, deren Herz ansonsten der reinen Instrumentalmusik gehörte, die Oper aus den Trümmern der Exzesse des späten 19. Jahrhunderts neu zusammenzusetzen.

Einer der ganz wenigen, die es vermochten, eine durchgängige Karriere als Opernkomponist aufzubauen, war Richard Strauss. Mit einer Reihe von Werken nach dem *Rosenkavalier* und der *Ariadne* hatte er überwiegend durch eine nur ungewisse und nur teilweise Treue dem Wohlklang gegenüber Erfolg. Eine Zeit lang, bis zu des Dichters allzu frühem Tod 1929, geschah dies in Zusammenarbeit mit Hofmannsthal. Beide Künstler bewegten sich zwischen großartigen Werken, die einerseits zu Wagner'scher Ernsthaftigkeit und Komplexität zurückzukehren schienen, wie etwa *Die Frau ohne Schatten* (1919), die, wie Strauss hoffte, «die letzte romantische Oper»[17] sein sollte, oder *Die ägyptische Helena* (1928), und andererseits leichteren Stücken wie *Arabella* (1933), in der er versuchte, den Ton des *Rosenkavalier* wieder anklingen zu lassen. In all diesen Opern sowie den fünf Nach-Hofmannsthal'schen Werken, die noch folgten, behielt Strauss manche Eigenart der Literaturoper bei, die er bei der *Salome* erworben hatte, vor allem eine entspannte Haltung gegenüber langen Abschnitten, in denen die musikalische Ausarbeitung den verwickelten Dialogen als Quasi-Rezitative geopfert wurde. Viele Hörer haben manche Höhepunkte dieser Werke genossen, und manch einer hat sogar Aufführungen im Theater von vorn bis hinten genossen. Doch viele fanden diese Werke zu wortreich.

In seiner letzten Oper, die uraufgeführt wurde, als der Komponist hoch in den 70ern war, ließ er sich zutiefst auf das Sprechen ein, nahm gar Wort und Musik in der Oper zum zentralen Thema. Es war dies *Capriccio* (1942), von Strauss als Konversationsstück für Musik bezeichnet.

Er schrieb dieses Werk als unbeugsame Antithese zur Zerstörung durch den Zweiten Weltkrieg, der um ihn herum wütete. Im Frankreich des 18. Jahrhunderts angesiedelt, ist der grundlegende dramatische Konflikt recht einfach: Der Dichter Olivier (Bariton) und der Komponist Flamand (Tenor) sind zum Geburtstagsfest einer schönen jungen Witwe, der Gräfin Madeleine (Sopran) geladen; beide werden zu Rivalen um ihre Gunst. Sie und zahlreiche andere Personen behandeln allegorisch die folgende Frage: Wenn Worte zur Musik gesetzt werden, wer ist dann mächtiger? Wer von beiden regiert? Diesem Handlungskern sind eine Reihe unwichtigerer Ereignisse und viel – sehr viel – Gespräch beigesellt. Es ist erstaunlich, wie oft in einer Zusammenfassung der Handlung bestimmte Sätze sich wiederholen: «Sie diskutieren», «sie lassen sich auf eine Diskussion ein», «ein Streit folgt», «das Gespräch wird hitzig», «Diener treten ein und geben ihre Kommentare», «sie wundert sich laut». Und so wuchs diese Oper, die aus einem einzigen Akt besteht, auf gut über zwei Stunden Länge an und wurde zur großen Sprech-Oper, in der der Dialog ausführlich zelebriert wird. Die Eingangsmusik ist ein Streichsextett, gespielt von den Stimmführern des Orchesters; es gibt den musikalischen Tonfall genau vor. Die äußeren Abschnitte der Eingangsmusik sind voller Nostalgie, die an den *Rosenkavalier* erinnert, während die mittleren Abschnitte unvermittelt große Theaterleidenschaft ausdrücken. Vor der Schlussszene des *Capriccio*, in der die Gräfin in einem berühmten Selbstgespräch über ihre Rätselfrage nachsinnt, erklingt eine *Mondscheinmusik*, eine orchestrale Zusammenfassung, die in mancher Hinsicht, wie so vieles in dieser Oper, zu der Kraft und der Sicherheit der frühesten Strauss-Figuren zurückzukehren scheint. Doch die *Mondscheinmusik* ist – und nicht nur im gegebenen Zusammenhang – voll unerträglich rührender Sehnsucht nach der deutschen Opernwelt, von der gerade ein Großteil sehr schnell in den Trümmern der Geschichte verschwunden war. Zwei Jahre später, 1944, als die Katastrophe unmittelbar bevorstand, beschrieb der Musikkritiker Willi Schuh einen Besuch in des Komponisten Studierzimmer:

> Während eines Gesprächs über unsere Zeit nahm er einen Band Goethe aus dem Regal und las den Abschnitt aus dem letzten Brief an Wilhelm von Humboldt vor, geschrieben fünf Tage vor Goethes Tod: «Verwirrende Lehre zu verwirrenden Handel waltet über die Welt, und ich habe nichts angelegentlicher zu tun als dasjenige was an mir ist und geblieben ist wo möglich zu steigern und meine Eigentümlichkeiten zu kohobieren.»[18]

Das *Capriccio*-Sextett hatte seine erste Aufführung im Mai 1942 anlässlich einer privaten Zusammenkunft in Wien, im Hause Baldur von Schirachs, des ehemaligen Führers der Hitler-Jugend und jetzigem Gauleiters von Wien.[19] Monate später hielt Schirach in Wien eine Rede, worin er sagte, die Deportation der jüdischen Bevölkerung aus der Stadt sei «ein Beitrag zur europäischen Kultur».[20] Mit solchen Leuten hatte Strauss seine faulen Kompromisse geschlossen.

Aus der Kälte hereingeholt

Die ernste Sprech-Oper, die keine Farce war, konnte Komponisten in Deutschland wie auch in Frankreich und Italien als schwarzes Loch erscheinen. Doch die Sprechoper erblühte bei Komponisten und Sängern, die nicht aus diesen beiden Ländern stammten. So wurde das frühe 20. Jahrhundert zu der Phase, da mit einem Mal Opern auf Ungarisch, Russisch, Tschechisch oder Englisch Zugang zu jenem feinen Kreis erwarben, der einst nur solchen offen stand, die westlich der deutschen Sprachgrenze mitsamt ihrem östlichen Hinterland angesiedelt waren. Das geschah zu einem guten Teil deshalb, weil die nationalistischen, fast antikolonialistischen Impulse es ihnen erlaubten, der Volksmusik die Reverenz zu erweisen und populäre Weisen und auch solche, die an die Natur gerichtet waren, erklingen zu lassen. Das nannte ein Kritiker, der die Slawen ermuntern wollte, die Modernen zurückzudrängen, den «Pfad der Natur, der die trübe Atmosphäre des Theaters vertreiben wird, welcher die ausgeklügelten Erzeugnisse der modernen europäischen Kosmopoliten umgibt» – auch wenn er mit diesem Kommentar weit in der Zeit zurückblickt, zu dem Tschechen Bedřich Smetana und seiner *Prodaná nevěsta* (*Die verkaufte Braut*, 1866), als einem Gegenpol zur *Ariadne auf Naxos*.[21]

Der herausragende nicht-deutsche Vertreter dieser «Sprechmelodie» und zugleich einer der eigenartigsten und interessantesten, war Leoš Janáček. Seine *Jenůfa* haben wir bereits als eine Oper, die neben *Pelléas* und *Salome* existierte, in Kapitel XVII kennen gelernt. Wie dort erwähnt, blieb Janáček, auch wenn seine *Jenůfa* 1904 in Brünn Premiere feierte, in seiner mährischen Heimat wenig mehr als eine lokale Berühmtheit, bis das Opernhaus in Prag 1916 sein Werk wiederaufführte. Da war der Komponist bereits 61 Jahre alt. Selbst dann brauchte die *Jenůfa* noch weitere zehn Jahre, um den Weg ins internationale Repertoire zu finden (meist durch Aufführungen in deutscher Übersetzung). Doch Janáček, der durch den allmählich einsetzenden Erfolg der *Jenůfa* ermutigt und durch seine späte Verliebtheit in eine junge verheiratete Frau namens Kamila Stösslová inspiriert wurde, schuf in seinem letzten Lebensjahrzehnt fünf große Opern: *Výlety páně Broučkovy* (*Die Ausflüge des Herrn Broucek*, 1920), *Kát'a Kabanová* (1921), *Příhody lišky Bystroušky* (*Das schlaue Füchslein*, 1924), *Věc Makropulos* (*Die Sache Makropulos*, 1926) und *Z mrtvého domu* (*Aus einem Totenhaus*, posthum uraufgeführt 1930). Diese Werke galten Vielen als exzentrisch und gar amateurhaft. Doch in der zweiten Hälfte des 20. Jahrhunderts erlangten sie Repertoire-Status und wiesen Janáček verspätet als einen der größten Opernkomponisten der letzten hundert Jahre aus.

Janáčeks kompositorischer Gebrauch von «Sprechmelodien» wurde bereits in Teilen seiner *Jenůfa* deutlich, und getreue Transkriptionen der melodischen und rhythmischen Umrisse winziger Wortphrasen sollten dann das grundlegende Material seiner späten Opernsprache werden. Meist schreiten die Dramen in diesen späten Werken durch stetig wechselnde Folgen von Sprech-Melodie-Ereignissen, die zu Blöcken geformt sind, voran. In diesen Blöcken werden melodische und rhythmische Umrisse (ihrerseits durch die von der betreffenden Person gesprochenen Worte inspiriert) weniger entwickelt als vielmehr endlos wiederholt und durch wechselnde Orchesterbeschaffenheit variiert. In der *Jenůfa* steckte diese Technik noch in den Kinderschuhen und wurde von eher konventionellen Abschnitten unterbrochen, etwa von Arien oder Ensembles. In den späteren Werken tritt diese Abfolge der Blöcke aber fast durchgehend auf. Die daraus resultierende Fragmentierung wurde noch komplizierter durch einen geradezu unabänderlichen Sinn für rhythmische Unvorhersehbarkeit, weil im Tschechischen Betonung und Silbenlänge oft nicht zusammenfallen. Das führt dazu, dass die Sprechmelodie synkopiert wird. Gleichfalls charakteristisch für die späten Opern ist ein schlankerer Orchesterklang. Es kommen dort weniger Streichermelodien vor, dafür mehr Blech und Schlagwerk, vor allem die schnell aufsteigende Trompete und die hämmernden Pauken, die viele aus der Eröffnungsfanfare seiner *Sinfonietta* (1926) kennen.

Die Gesangslinien sind gleichfalls prägnanter geworden. Nach seiner *Jenůfa* frönte Janáček kaum noch ausgedehnten Lyrismen. Man kann leicht nachvollziehen, wie sehr dieser Stil das damalige Publikum verwirrte. Im Empfinden all jener, die mit an Sinfonik gewöhnte Ohren hörten und auf wiederkehrende Themen und eine gemächliche Entwicklung hofften, schien der Komponist willentlich solche Erwartungen zu vereiteln. Der Anblick seiner handschriftlichen Manuskripte konnte da kaum Vertrauen erwecken, sind sie doch voller Ausradierungen, Sinnesänderungen, Unbeständigkeiten in der Notation und voller rhythmischer Unklarheiten – ein weiteres Zeugnis für die Schwierigkeit, in der nachwagnerischen Welt überhaupt noch Opern zu komponieren. Doch Janáčeks Eigenheit bezeugte die Originalität seiner Phantasie. Seine besondere musikalische Welt zum Klingen zu bringen verlangte von ihm, sich mit den Grenzen der musikalischen Notation auseinanderzusetzen.

Einer der Gründe für den Erfolg dieser späten Opern sind ihre Themen – nach früheren Opern-Standards eher unkonventionell –, die Janáčeks höchst individueller musikalischer Sprache entsprechen. Das *Schlaue Füchslein* ist eine phantastische Erzählung um ein Füchslein (Sopran), das von einem Förster (Bariton) gefangen wird, dann aber entkommt, nachdem es sich vor den Hühnern im Müll vergraben hat. Die Füchsin findet Liebe bei einem Fuchs (Sopran), wird aber am Ende doch von einem Wilderer (Bass) getötet. In der Schlussszene, Jahre nach dem Tod der Füchsin, erinnert sich der Förster zunächst voller Trauer, dann mit zunehmender Zärtlichkeit an das Landleben mit seinen ewigen Rhythmen. Er glaubt, noch einmal die Füchsin zu sehen, doch ein Frosch (Kindersopran) erinnert ihn auf unsentimentale Weise daran, dass inzwischen viele Generationen gekommen und wieder vergangen sind. Obwohl diese Szene eine der ausgedehntesten in all seinen Opern ist, mit einem fast schon Strauss'schen Gesangs-Höhepunkt (aufsteigendes Horn und Tutti), als der Förster das Landleben in seinem «Monat der Liebe» preist, bleibt der Komponist doch *de facto* seiner Technik der kleinen musikalischen Bausteine treu. Die unablässig wiederholten Orchester-Ostinati (sich stetig wiederholende musikalische Figuren) und Variationen sind zutiefst eins mit der Idee der Natur; unendlich produktiv und strotzend vor Leben und neuer Energie.

Eine ganz andere, dabei gleichermaßen tragfähige Verbindung von dramatischem Thema und musikalischer Technik ist in der *Sache Makropulos* zu finden. Diese Oper basiert auf einem Schauspiel des großen tschechischen Originals Karel Čapek (1890–1938). Čapeks Stück ist von ganz eigener Art und veranschaulicht zudem sehr schön jene sonderbare literarische Vorstellungskraft, die zum einen den Weg für eine frühe Form von Sciencefiction bahnte und andererseits auch eine der wirkungsvollsten Anti-Nazi-Propagandaschriften der 1930er Jahre hervorbrachte. Im Zentrum der Oper steht eine geheimnisvolle Diva, Emilia Marty (Sopran), die jeden Mann fasziniert, der ihr begegnet, die sie aber alle mit kalter Gleichgültigkeit behandelt. Nach manchen Verwicklungen in der Handlung gibt sie sich am Ende als Elina Makropulos zu erkennen, Tochter eines Alchemisten aus dem 16. Jahrhundert, der ihr ein Mittel gab, das ihr Leben um 300 Jahre verlängerte. Dieses Mittel verliert allmählich seine Wirkung. Elina/Emilia gelingt es zwar, die Formel dafür wiederzuentdecken, und so könnte sie ein weiteres Mal den Trank einnehmen, doch letztlich entscheidet sie sich dagegen.

Die Langeweile, die sie spürt, da sie alle, mit denen sie verbunden ist, älter werden und sterben sieht, hat sie davon überzeugt, dass Unsterblichkeit eher ein Fluch denn ein Segen ist. *Makropulos* ist in mancher Hinsicht Janáčeks komplexeste Oper, da ihre verschlungene Handlung – ein Gutteil davon bezieht sich auf Ereignisse, die sich mehrere Generationen früher zugetragen haben – auf eine Musik trifft, die den Ausführenden (orchestral wie auch vokal) beachtliche Schwierigkeiten bereitet. Schon in der Ouvertüre – die so förmlich ist wie alle, die der Komponist schrieb – wird die Idee der Auseinandersetzung deutlich herausgestellt, und zwar durch lyrische Fragmente in den Streichern, die auf stockende, zögernde Ostinato-Figuren und eine wiederkehrende, dissonante Trompetenfanfare hinter den Kulissen treffen. Nachdem *Makropulos* zunehmend in den westlichen Ländern aufgeführt wurde, klagten manche darüber, dass nun die Volksmusik – ein spezielles Operngeschenk der slawischen Länder – aus einer Oper verschwunden wäre, in der der «abstrakte Gehalt der Handlung auf eine damit korrespondierende, desinteressierte Qualität ihrer Musik trifft».[22] Doch eine solche Nüchternheit trifft genau den Kern der Sache, denn ist Emilia nicht gleichgültig und zudem ohne Halt in Zeit und Raum? Diese gleichsam abstoßende Haltung, die sich durch das ganze Stück zieht – wie so oft bei Janáček –, wird durch die Konzentration auf die Hauptfigur und deren makabrer Verbindung mit einem altehrwürdigen Opern-Requisit ausgeglichen: den Elixieren, dem Trank, dem Gift in der Tasse.

Frei heraus singen

Die russische Oper des 19. Jahrhunderts bewegte sich zwischen den konkurrierenden Realismen von Musorgskij und Tschaikowski. Der erste schrieb sich seine eigene Proto-Literaturoper nach dem historischen Bild des Boris Godunov; der zweite schuf mit *Jevgeni Onegin (Eugen Onegin)* eine realistische städtische Oper, in der intensive persönliche Gefühle vor dem Hintergrund von Salonmusik ausgebreitet werden. Musorgskij wusste recht wenig von Wagner, und wie Tschaikowski war er viel mehr von Meyerbeers *grand opéra* beeinflusst. Doch schon bald wurde auch in der russischen Oper wie überall der Wagnerismus zur beherrschenden Kraft, wenn auch nicht zur einzigen. Die wichtigste Gestalt im russischen Fin de siècle und darüber hinaus war Nikolai Rimsky-Korsakov (1844 bis 1908), der eine Epoche beherrschte, in der sich die Oper von einer Unterhaltungskunst unter ausschließlicher Kontrolle der Kaiserlichen Theater in St. Petersburg (Marinskij) und Moskau (Bolschoi) zu einer lebendigen, konkurrierenden Kultur entwickelte, was auch mehrere private Operncompagnien und weitere Spielorte in Provinzstädten einschloss.

Allein schon die Breite der Themen von Rimsky-Korsakovs fünfzehn Opern unterstreicht das Fehlen einer festen russischen Tradition – ganz zu schweigen von einem Konsens darüber, welcher der konkurrierenden Musiktheater-Stile für Russland am geeignetsten wäre. Einerseits sind da historisch frühe Werke Rimskys wie etwa *Pskovitjanka* (*Das Mädchen aus Pskov*, verschiedene Versionen zwischen 1873 und 1901), in denen die Art des *Boris* mit realistischer Wortdeklamation, dem Vermeiden konventioneller Formen und lebhaften Massenszenen fortlebte. Am anderen Ende des Spektrums gibt es eine Reihe von Märchenopern, deren berühmteste Rimsky-Korsakovs letzte Oper ist, *Zolotoj petušok* (*Der goldene Hahn*, 1909), in der starke, individuelle Gefühle – die anti-romantische Haltung von Strawinsky und Prokofiev vorwegnehmend – vermieden werden. Rimsky-Korsakov schrieb zudem Werke ganz eigener Art wie *Mozart i Salieri* (1898), worin er das Mozart'sche Pastiche von Tschaikowskis *Pique Dame* aufnimmt, es aber mit neo-klassizistischer Ironie durchwebt.

In diesen wechselhaften stilistischen Kurs ist eine Reihe epischer Werke eingestreut, die weit ins frühe 19. Jahrhundert zurückblicken – sei es in Russland oder sonstwo. Zumindest eines dieser Werke belegt die gefährliche Anziehungskraft des Wagnerismus. Der *Ring* wurde erstmals in den späten 1880er Jahren durch eine deutsche reisende Operncompagnie in St. Petersburg aufgeführt, und es gab russischsprachige Aufführungen nach der Jahrhundertwende, wieder im Marinskij-Theater. Beide Male besuchte Rimsky-Korsakov einige Proben mit einer Partitur in der Hand.[23] Obgleich er anfangs nur Wagners Orchestertechnik aufgenommen zu haben scheint, können wir einen umfassenderen Einfluss dann bei einem Werk erkennen, das wir bereits in Kapitel XVII kennen gelernt haben, und zwar der *Legende von der unsichtbaren Stadt Kitesch und der Jungfrau Fevronija* (1907). Die Handlung dieses ungewöhnlichen Werks ist viel zu kompliziert für eine kurze Zusammenfassung (exotische, marodierende Tartaren – göttliche Intervention – eine unsichtbar gewordene Stadt – die besiegten Tartaren); es wird oft als der «russische Parsifal» bezeichnet. Es klingt stellenweise wie ein Bindeglied zwischen Wagner und dem frühen Strawinsky des *L'Oiseau de feu* (*Der Feuervogel*, 1910). Doch die *Parsifal*-ähnlichen Glockenklänge in absteigender Quarte in der Schlussszene (so ganz anders als die lauten und dissonanten *Boris*-ähnlichen Glocken in vielen russischen Nationalopern), dazu die immer wieder auftauchenden Leitmotive und gelegentlich fortschrittliche Harmonik sind interessante Beigaben der modalen (aus den alten Kirchentonarten schöpfenden) Chöre; Letztere machen einen Großteil der übrigen Komposition aus. Rimsky-Korsakov war sich nicht sicher, wie er weitermachen sollte. Einem Richard Wagner, der als Retter hätte scheinen können, konnte man wohl wie so oft leicht nachfolgen, doch werden wie er konnte man nicht.

Die Wagner-Angst war indes kaum ein größerer Faktor im allgemeinen Bild der eklektischen Opernproduktion Rimsky-Korsakovs. Später in seinem Leben suchte er vor allem genau dem zu entkommen, zu dessen Konsolidierung er früher so viel beigetragen hatte: der Idee (die leider immer noch existiert, zuweilen auch noch in ungebrochen reaktionärer Form), dass die russische Oper zutiefst von der zentral-europäischen unterschieden ist und dass dieser Unterschied einigen schwer zu benennenden Eigenheiten des russischen Nationalcharakters geschuldet sei. Gegen Ende seines Lebens hatte Rimsky-Korsakov indes eine eindeutige Position dazu:

> Meiner Meinung nach gibt es keine spezifisch ‹russische Musik›. Harmonie und Kontrapunkt sind pan-europäisch. Russische Lieder fügen dem Kontrapunkt wohl ein paar neue technische Details hinzu, doch auf diese Weise eine neue, einzigartige Musik hervorbringen – das können sie nicht. Und selbst die Anzahl dieser technischen Details ist vermutlich begrenzt. Russische Eigenheiten – nationale Eigenheiten generell – werden nicht durch das Komponieren nach bestimmten Regeln zuwege gebracht, sondern eher dadurch, dass aus der gewöhnlichen Sprache der Musik all das entfernt wird, was dem russischen Geist nicht entspricht … Um einen charakteristisch russischen Stil zu erschaffen, vermeide ich bestimmte Dinge, beim spanischen Stil vermeide ich andere, und beim deutschen wieder andere.[24]

Rimskys Entwertung des Russischen in der Musik geht allerdings nur bis zu diesem Punkt: Noch findet man bei ihm die Vorstellung eines «russischen Geistes», selbst wenn genau diese Vorstellung großenteils verantwortlich für die Opern-Ghettoisierung war, die er zu kritisieren scheint. Doch seine prosaische Demontierung eines alten Klischees sollte man dennoch nicht außer Acht lassen, was auch für seine gelegentliche Gleichsetzung eines russischen Stils mit einem – vor allem – deutschen gilt. Das wiederum sollte man sinnvollerweise als entschieden bösartige Wendung gegen die zusehends um sich greifende Gleichsetzung der deutschen Musik mit einer «universellen» Musiksprache ansehen.

Rimskys letzte Jahre fielen mit dem sogenannten «Silbernen Zeitalter» Russlands zusammen, einer Zeit, als kulturelle Einflüsse aus Westeuropa begierig importiert wurden und der Einfluss Wagners dem der symbolistischen Bewegung entsprach, mit Alexander Skriabin (1872–1915) als der wichtigsten musikalischen Triebkraft, auch wenn er keine Opern schrieb. Als Debussys erz-symbolistischer *Pelléas* 1907 zum ersten Mal in Russland aufgeführt wurde, kam dies manchen sehr vertraut vor. In der Tat wurden die nächsten 25 Jahre, bis ungefähr 1935, aufregende Zeiten für Russland, als sich die Kinder des Silbernen Zeitalters (viele von ihnen verließen das Land dauerhaft oder für längere Zeit) innerhalb einer entstehenden, pan-europäischen Musikästhetik als recht einflussreich entpuppten. Gleichzeitig führten aber die tumultuösen politischen Ereignisse unvermeidlich zu einer neuen Periode der kulturellen Isolation des Landes.

Die politischen Umbrüche dieser Jahrzehnte – die Revolutionen von 1917, der darauf folgende Bürgerkrieg und Lenins Machtübernahme, dann sein Tod 1924, Stalins Machtergreifung und die allmähliche Konsolidierung seiner Diktatur in den späten 1920er und frühen 1930er Jahren – wurden von ständigen Debatten über den eigentlichen Platz der Kunst in der neuen, revolutionären Gesellschaft begleitet, die in Russland ausgerufen worden war. Obwohl das Marinskij und das Bolschoi sehr schnell unter staatliche Kontrolle gebracht wurden, wobei man den Arbeitern Freikarten ausgab, war die Stellung der Oper – seit je als elitäre Kunstform angesehen – sehr heikel. Lenin persönlich lehnte eine solche Unterhaltung ab, die für ihn den Geruch der Oberklassen-Kultur hatte. Zudem war ihm alles verdächtig, was er als allgemeine Tendenz der Musik betrachtete, die Welt mit schönen Klängen zu schmücken und somit die Ungerechtigkeiten und Ungleichheiten einer Gesellschaft zu überspielen, der diese Musik entstammte.

Doch gab es da ein Problem. Die Oper erwies sich im neuen Russland als außerordentlich populär. Und was noch befremdlicher war: Paradestücke blieben die klassischen Wiedergänger des verachteten, zaristischen 19. Jahrhunderts. Die Verwirrungen der Revolution resultierten in der Entstehung zweier konkurrierender Lager, und beide Lager genossen, wenigstens teilweise, offizielle Unterstützung. Auf der einen Seite wollten all die, die sich unter dem Banner der Russischen Assoziation Proletarischer Musiker (RAPM) versammelten, echte proletarische Musik; eine Kunstform, die imstande wäre, den neuen Staat widerzuspiegeln und auszudrücken. Diese Position wurde aber immer wieder dadurch geschwächt, dass das Proletariat stur an seinem bürgerlichen Geschmack festhielt und weil außerdem die Versuche, eine revolutionäre Musik *ex novo* zu schaffen (meist mit großzügigem Rückgriff auf Volksmusik), sich oft verdächtig nach den nationalistischen Stilen des vergangenen Jahrhunderts anhörten. Auf der anderen Seite gab es eine Gruppe namens Assoziation für zeitgenössische Musik (ASM), die man heute progressiv nennen würde: Sie wiesen die alte, bürgerliche Kunst des 19. Jahrhunderts zurück und wandten sich voller Begeisterung den neuen musikalischen Ideen zu, die aus Westeuropa kamen. Eine Zeit lang, vor allem in den 1920er Jahren, schienen die Progressiven die Oberhand zu gewinnen. Ihr erfolgreichster Komponist war zunächst Nikolai Yakovlevich Mjaskovsky (1881–1950), berühmt vor allem durch seine Instrumentalmusik. Auf dem Feld der Oper war Vsevolod Meyerhold (1874–1940) die wichtigste Figur; ein Theaterdirektor, der mit der symbolistischen Bewegung groß wurde und später, in den frühen Tagen der Revolution, radikal neue Ausdruckstechniken des Anti-Naturalismus und der Künstlichkeit ersann, von denen viele später mit Brecht verbunden wurden. Zur gleichen Zeit wurden moderne Opern wie *Wozzeck* und *Jonny spielt auf* aufgeführt, und der russische Film der 1920er Jahre wurde international als führende ästhetische Kraft der Avantgarde anerkannt. Diesem Milieu entsprang ein frühreifer, hochtalentierter junger Komponist namens Dmitrij Schostakowitsch (1906–1975).

Schostakowitschs erste vollendete Oper, *Nos* (*Die Nase*, 1930), beruht auf einer absurden Kurzgeschichte von Gogol und geht um einen Beamten, der seine Nase verlegt, sie in mehreren farcenhaften Episoden durch die Stadt verfolgt und am Ende wieder mit ihr vereint wird. Dieses Werk schuldet Meyerhold sehr viel – mit dem Schostakowitsch damals intensiv zu tun hatte –, nicht zuletzt die Entscheidung, eine so offenkundig unrealistische, um nicht zu sagen, unrealisierbare Phantasie auf die Bühne zu bringen. Musikalisch ist es ein ungestümes Kompendium der radikalsten Stile des Westens, gepaart mit einem Strawinsky'schen Neoklassizismus, einer kräftigen Dosis *Wozzeck*-artiger extremer vokaler und orchestraler

Effekte und dem Spiel mit Popularmusik-Idiomen, vor allem solchen aus der Tanzmusik. In letzterer Hinsicht erscheint auch die Verpflichtung gegenüber der Oper der Weimarer Republik, der Zeitoper. Und wie in *Jonny spielt auf* oder in Ravels *L'Heure espagnole* kehrt neben einer ganzen Reihe bilderstürmerischer Effekte auch die Wortvertonung zur naturalistischen Deklamation zurück. So kann man sehr wohl feststellen, dass die Sprech-Oper dadurch praktisch zum Standard-Modus für all jene wurde, die diese Kunstform unter den Einfluss des Radikalismus im 20. Jahrhundert bringen wollten. In diesem Sinne markiert die *Nase* das Ende eines historischen Kreislaufs. Musorgskij war einer der Ersten gewesen, der die natürliche Sprache als Modell für das Opernkomponieren hielt, und Debussy schöpfte aus dieser Quelle. Französische Komponisten, die nach Debussy Opern schrieben, erweiterten dieses Programm, indem sie Sarkasmus und Exotismus zusetzten, und das Weimarer Deutschland tat ein Gleiches. Danach und zusammen mit Schostakowitsch kehrte die Sprech-Oper in ihr Geburtsland zurück.

Es ist sicherlich nicht überraschend, dass Proletarier-Gruppen äußersten Anstoß an der *Nase* nahmen und es schafften, dass diese Oper nach einer ersten kurzen Serie von der Bühne verschwand. Schostakowitsch zog sich in die Ballett- und Instrumentalmusik zurück, die – da beide Gattungen non-verbal waren – sehr viel schwieriger zu kritisieren waren. Aber bald ließ er sich doch wieder auf etwas ein, das vermutlich als Opern-Kompromiss gemeint war: ein Versuch, seinen Kritikern zu antworten und eine russische Oper zu schreiben, die der Zeit gemäß war. Das Ergebnis war *Ledi Makbet Mzenskogo ujesda* (*Lady Macbeth von Mzensk*, 1934), eine der berühmtesten Opern des 20. Jahrhunderts; wenn auch berühmt aus besonderen Gründen. Ein Zeichen für Schostakowitschs veränderte Opern-Ausrichtung kann man in einem Artikel erblicken, den er 1933 schrieb. Er legte dort eine Opernästhetik dar, die der *Nase* widersprach. Es war eine Ästhetik, die auch von Bellini 100 Jahre zuvor hätte formuliert werden können: «In der Oper sprechen die Menschen nicht, sie singen. Konsequenterweise muss der Text ein singender sein; er muss dem Komponisten die größtmögliche Freiheit für frei fließenden Gesang gewähren.»[25] Solche Äußerungen mögen sich für all jene tröstlich angehört haben, die der Haltung und den Stilen der Avantgarde kritisch gegenüberstanden, doch sie erscheinen – um es vorsichtig zu formulieren – befremdlich neben der Erzählung, auf die der Komponist seine Oper komponierte.

Das Libretto der *Lady Macbeth von Mzensk*, geschrieben vom Komponisten selbst unter Mithilfe des Librettisten Alexander Preys, beruht auf einer Horrorgeschichte von Nikolai Leskov aus dem Jahre 1865. Katerina (Sopran) ist in lieb- und kinderloser Ehe einem reichen Kaufmann namens Zinovy (Tenor) verbunden. Sie leben zusammen mit Zinovys Vater Boris (Bass). Zinovy fährt auf Geschäftsreise, und Katerina beginnt eine Affäre mit einem der Firmenangestellten, Sergej (Tenor). Boris entdeckt diese Affäre und verprügelt Sergej brutal. Katerina übt Vergeltung und ermordet Boris, indem sie sein Pilzgericht mit Rattengift versetzt. Sergej kommt regelmäßig zu Katerina. Eines Nachts, nachdem diese eine schreckliche Vision des Geistes von Boris hatte, kehrt Zinovy spät und unerwartet zurück. Er vermutet Ehebruch und fängt an, Katerina zu schlagen. Sergej, der sich versteckt hat, tritt dazwischen; beide überwältigen Zinovy, Katerina erwürgt ihn, Sergej führt den erlösenden Schlag mit einem Kerzenleuchter aus. Sie verstecken den Leichnam im Keller. An Katerinas und Sergejs Hochzeitstag entdeckt ein Betrunkener zufällig Zinovys Leiche, und die Liebenden werden festgenommen. Die Schlussszene spielt bei einer Brücke über einen Fluss; Katerina und Sergej sind Verurteilte auf dem Weg nach Sibirien. Sergej hat da schon seine Aufmerksamkeit einer anderen Mitgefangenen zugewandt, Sonetka (Alt). Es gelingt ihm, Katerina ihre Wollsocken abzuschwatzen; er gibt sie seiner neuen Geliebten. Als sie den Fluss überqueren, stößt Katerina Sonetka in den gefrierenden Fluss und springt ihr hinterher. Leskovs Schlussbild beschreibt, wie Katerina «sich auf Sonetka warf, wie ein starker Hecht auf einen kleinen Barsch, und beide kehrten nicht zurück».[26]

So überraschend es auch scheinen mag, hatte diese Opernversion dennoch Leskovs Original abgeschwächt, worin Katerina und Sergej auch noch einen Jungen umbringen, der mit der Behauptung auftaucht, er sei Zinovys Erbe. Diese Änderung erweist sich als Teil eines umfassenderen Schwerpunkt-Wechsels. Während Leskovs Katerina tatsächlich eine Art Lady Macbeth ist – unablässig zur Gewalt anstachelnd, getrieben von ihren sexuellen Bedürfnissen und dabei standhaft ohne Reue –, wird der Opern-Katerina ein einzigartiger musikalischer Status gewährt; derart, dass das Publikum sich mit ihr identifizieren kann. Ein Beispiel dafür erscheint am Schluss des zweiten Akts, kurz vor dem Mord an Zinovy. Die Szene spielt in Katerinas Schlafzimmer, wo sie und Sergej ruhen. Die einleitende Musik weist unter anderem auch einen dreischichtigen Streicherklang auf – einen finsteren, tiefen Bass; einen «Glorienschein» der hohen Streicher; endlich eine aufsteigende Melodie aus dem Mittelregister. Katerina weckt Sergej und bittet ihn, sie zu umarmen; die Musik entwickelt sich zu einer riesigen Strauss'schen Kadenz mit dem lyrischen

Höhepunkt, als Katerina den Namen ihres Geliebten ausspricht. Wir scheinen einem ekstatischen Liebesduett beizuwohnen, doch stattdessen beginnt der gereizte Sergej zu schimpfen, weil er als ihr heimlicher Liebhaber kein Ansehen genießt. Auch er ist voller Leidenschaft und hat hohe Noten zu singen, doch die Orchesterbegleitung geht ganz andere Wege. Anstatt die Gefühle des Sängers zu unterstreichen, so wie es bei Katerina der Fall war, scheint die Begleitung nun recht unbeteiligt, mit zackiger Rhythmik der plappernden Holzbläser, einem von der Tuba angetriebenen Bass und obsessiven, mechanischen Ostinati. Katerina will Sergej beruhigen. Sobald sie singt, verfällt das Orchester wieder in seine mitfühlende Weise. Als Katerina Sergej erneut küsst, ertönt ein schönes, himmlisch langes Mahler'sches Geigenthema; die Harfenbegleitung betont die Verwandtschaft mit dem berühmten Adagietto aus Mahlers Fünfter Sinfonie.

Den bisherigen Szenenaufbau könnte man als ABA-Form bezeichnen, wobei stärkste Orchestergegensätze zwischen A und B auftreten und die Sympathien nur einer der beiden Personen gelten. Der Rest der Szene wiederholt diesen Effekt, auch wenn der musikalische Horizont erweitert wird. Sergej fällt erneut in Schlaf, und der Geist Boris' erscheint Katerina. Hier werden deutliche Fingerzeige auf Operngeister der Vergangenheit erkennbar, nicht zuletzt auf den Komtur in Mozarts *Don Giovanni*. Dies geschieht beim Aussprechen des Namens Katerinas in einer absteigenden Oktave, während das Orchester erneut in die Vollen geht. Man hört Geräusche von draußen; sie weckt Sergej, er versteckt sich. Zinovy tritt auf und entdeckt, dass zwei Menschen im Bett gelegen haben. Er und Katerina streiten sich lang und lautstark (einer der größten Ehekräche der Operngeschichte; Wotan und Fricka sind im Vergleich dazu geradezu beherrscht und höflich). Das Orchester kehrt zum unbeteiligten Gestus zurück, der Sergejs Schimpfen begleitet. Zinovy, der gar nichts Heldenhaftes an sich hat, wird von einer bissig wirkenden Trompetenfanfare eingeführt, die an die Ouvertüre zu Rossinis *Guillaume Tell* erinnert. Die lebhaften und stetig antreibenden Rhythmen werden unvermindert fortgesetzt, bis Sergej wiederkehrt, die beiden Liebenden dann Zinovy würgen und zu Tode prügeln. Danach endet diese Szene, wunderbar im Gleichgewicht ihrer beiden kontrastierenden musikalischen Welten. Als Sergej den Leichnam Zinovys hinunter in den Keller zerrt, ertönt ein eigentümlicher Mahler'scher Trauermarsch, ein schrummender tiefer Bass mit Soloklarinetten und danach Fagotten (wichtigste Triebkräfte des vorangegangenen Holzbläser-Geschnatters). Diese schweigen bald, bis auf ein oder zwei Mal, wo sie fast in Heiterkeit abgleiten. Es folgt eine kurze, flirrende Pause und eine Streichermelodie, als Katerina Sergej bittet, sie zu umarmen und ihm sagt: «Jetzt bist du mein Mann.»

Am Schluss der Szene erklingt der Trauermarsch erneut, jetzt von der Posaune gespielt – jenem Instrument, von dem man am wenigsten annimmt, es könne die Unheimlichkeit des Schlusses bis zum letzten Augenblick bewahren. Es ist das musikalisch dargestellte Lachen im Dunkeln.

In Meyerhold'schen Begriffen – die ja später in Brechts Theorien nachhallen sollten – wird das Publikum der *Lady Macbeth* durch die Musik abwechselnd zur Identifikation und zur Entfremdung genötigt. Wir identifizieren uns mit Katerina, werden aber durch die durchweg abstoßenden Männer in ihrem Leben zurückgewiesen. Dieses stete Hin und Zurück durchzieht die gesamte Oper. Das Gefühl für eine durch das Orchester ermöglichte Identifikation besteht am intensivsten in Katerinas Soli, vor allem bei ihrem zentralen Monolog im ersten Akt: «Zherebyonok k kobïlke toropitsya» («Das Hengstfohlen jagt der Jungstute nach»), worin sie ihren sexuellen Sehnsüchten freien Lauf lässt. Hier kommen die Streicher zuweilen einer konventionellen Begleitung recht nahe, und die Klarinetten und weitere Holzbläser, sonst heiter und vorlaut, klingen nun melancholisch und höchst expressiv. Wie in Katerinas anderen Solostellen ist auch hier die harmonische Sprache stabil, obwohl Katerina die entnervende Angewohnheit hat, regelrecht schräge Linien in ihr höchstes Register einzubauen, manchmal im schmerzlichen Kontrast zur Ausgeglichenheit des Orchesters. Andererseits wird die Verführungsszene (die eher an eine Vergewaltigung erinnert), die zwischen Katerina und Sergej stattfindet, wiederum mit einer farcenhaften, geradezu manisch über-energischen Musik unterlegt, was eine Reihe drastischer, absteigender Posaunenglissandi einbezieht, die ihrerseits illustrieren, was Sergej nach seinem prallen sexuellen Höhepunkt widerfährt.

So extrem sind diese Kontraste, dass sich Fragen zur musikalischen Bedeutung aufdrängen. Diese Oper war in Russland zunächst sehr erfolgreich, doch viele im Westen fanden ihre Mixtur aus Gewalttätigkeit und trivialer Musik unerklärlich. Erst 1960 hat der US-amerikanische Komponist Elliott Carter erklärt, dass «das Verhältnis der Musik zur Handlung nicht erklärt zu werden braucht».[27] Einer der schärfsten zeitgenössischen Kritiker der russischen Musik hat eine eher finstere Interpretation vorgeschlagen. Und der Schlüssel dazu wird von Schostakowitsch selbst geliefert, und zwar in einem Programmhinweis, den er für die Uraufführung verfasste: «Es wäre wohl am redlichsten zu sagen, dass

[Katerinas] Verbrechen ein Protest gegen das gesamte Leben ist, das sie führen muss, gegen die dunkle, erstickende Atmosphäre innerhalb der Klasse der Händler im Lande.»[28] Demnach könnte man die Oper als Reflexion über die damalige Sowjet-Orthodoxie begreifen (damalige Kritiker sahen dies auch so). Mit anderen Worten enthumanisiert Schostakowitschs triviale Musik auf wunderbare Weise die «Klasse der Händler» (repräsentiert durch den abscheulichen Zinovy), und die Heldin Katerina tut, was sie muss, indem sie diese Leute auslöscht.

Zweifellos bemühte sich der Komponist, seine Oper diesem Bild entsprechend zu präsentieren (in seiner Programmnote finden sich noch weitere Hinweise darauf). Doch gibt es einiges, was nicht dazu passt, ja davon erkennbar abweicht, was vermutlich für sämtliche politischen Lesarten von Opern zutrifft. Am drängendsten ist die Frage, warum Schostakowitsch, wenn denn eine solche Botschaft intendiert war, überhaupt Leskovs Stück ausgewählt hat. Warum vertonte er eine Geschichte, deren – wenn auch gemäßigtes – negatives Porträt der Titelfigur doch so eindeutig war? Die Vermutung liegt nahe, dass Schostakowitsch von der Mehrdeutigkeit der Erzählung angezogen war, zumindest, als er sie einrichtete; angezogen auch durch die Möglichkeit, seiner lyrischen Ader nachzugeben (man erinnere sich an die Bemerkung, dass ein Operntext «dem Komponisten möglichst viel Gelegenheit für frei fließenden Gesang bieten müsse»), ohne dabei ins Pastiche zu verfallen, oder – schlimmer noch – als unmodern zu gelten. Kurz, *Lady Macbeth* ermöglichte ihm, das Gebiet zwischen Komödie und Tragödie auszuleuchten – jenen frostigen Raum, den der Mahler'sche Trauermarsch am Ende des zweiten Aktes ausfüllte.

Was auch immer die politische Absicht war: Das berühmteste Ereignis um *Lady Macbeth* trug sich am 26. Januar 1936 zu, gut zwei Jahre nach der Uraufführung. Stalin hatte eine Vorstellung in Moskau besucht, begleitet von seinem politischen Handlanger Vyacheslav Molotov und seinem Kulturminister Andrej Zhdanow. Zwei Tage darauf erschien eine unsignierte Anklage gegen diese Oper in der offiziellen Sowjetzeitung, der *Prawda*, betitelt: «Chaos statt Musik.» Der Artikel richtete sich hauptsächlich gegen den musikalischen Stil der Oper, der darin mit Schostakowitschs Mentor Meyerhold assoziiert wurde:

> Von der ersten Minute an verblüfft den Hörer in dieser Oper die betont disharmonische, chaotische Flut von Tönen. Bruchstücke von Melodien, Keime einer musikalischen Phrase versinken, reißen sich los und tauchen erneut unter im Gepolter, Geprassel und Gekreisch. … Das ist eine Musik,

> die nach dem gleichen Prinzip der Negierung der Oper aufgebaut ist, nach dem die «linke» Kunst überhaupt im Theater die Einfachheit, den Realismus, die Verständlichkeit der Gestalt, den natürlichen Klang des Wortes negiert. Diese Musik kommt einer Übertragung der noch um ein Vielfaches gesteigerten negativen Züge des Meyerholdschen Theaters auf die Oper gleich … Die Fähigkeit guter Musik, die Massen mitzureißen, wird hier kleinbürgerlichen, formalistischen Anstrengungen und der Verkrampfung geopfert, damit man mit den Methoden der Originalitätshascherei Originalität vortäuschen kann. Dies ist ein Spiel mit ernsthaften Dingen, das übel ausgehen kann.[29]

Diese Attacke auf einen Künstler von Schostakowitschs internationalem Ruf war beispiellos. Vielleicht ist das hauptsächliche Motiv für diesen Angriff in dessen Erfolg im Westen zu suchen. Denn im vorletzten Absatz des Artikels heißt es:

> *Lady Macbeth* erfreut sich eines großen Erfolges bei der ausländischen Bourgeoisie. Vielleicht wird die Oper gelobt, weil sie so absolut unpolitisch und verwirrend ist. Lässt sich das nicht damit erklären, dass diese zappelige, kreischende, neurotische Musik den perversen Geschmack der Bourgeoisie kitzelt?[30]

Diese Attacke entsprang womöglich dem persönlichen Missbehagen Stalins, doch der *Prawda*-Artikel sandte an die sowjetischen Künstler ein unmissverständliches Signal, das sie nur auf eigene Gefahr missachten konnten. Die experimentelle, vom Westen beeinflusste Bewegung zog sich zurück. Wer in offizieller Gunst stand, dabei dennoch progressiv blieb, wie etwa Mjaskovsky und Khatchaturian, vermied die Oper gleich ganz und ließ dadurch zu, dass diese Gattung mit ernsten, gesangsbeladenen Stücken über die Leistungen der Sowjetunion geradezu überfrachtet wurde. 1939 wurde Meyerhold festgenommen; er wurde gefoltert, «gestand» das Verbrechen der Spionage und wurde im folgenden Jahr umgebracht. Schostakowitsch unternahm viele Versuche, sich zu rehabilitieren, was ihm am famosesten mit der Fünften Sinfonie (1937) gelang.

Viele gefeierte Werke folgten darauf, doch Schostakowitsch versuchte sich nie wieder an einer Oper. Werke mit einem «verworrenen Klangstrom», wo Sprache in Musik verwandelt wurde, anstatt dass konventioneller Operngesang und formale Ordnung vorherrschten, waren offiziell als gefährlich erkannt worden. Sie konnten unter Umständen verhängnisvoll auch für ihre Schöpfer werden. In André Gides *Retour de l'URSS* (Rückkehr aus der UdSSR, 1937) fasste ein Gesprächspartner, von Gide angehalten, etwas zum Fall Schostakowitsch zu sagen, die Angelegenheit in Worte, die man schon seit Jahrhunderten kennt und die ebenso gut über Rameau hätten gesagt werden können:

> «Sie verstehen», erklärte mir X., «es war ganz und gar nicht mehr das, wonach das Publikum verlangt; ganz und gar nicht mehr das, was wir heute wollen. Vorher hatte er ein sehr lobenswertes und hochgelobtes Ballett geliefert.» («Er», das war Schostakowitsch, der mir von verschiedenen Seiten mit so überschwänglichen Worten angepriesen worden war, wie man sie allein dem Genie vorbehält.) «Aber was soll denn das Volk mit einer Oper machen, von der es beim Verlassen des Theaters keine einzige Melodie trällern kann?»[31]

Den Verlust an Melodie anzuprangern – Melodien zum Mitsummen – ist die grundsätzliche Klage aller Opernhedonisten. Doch zu bestimmten Zeiten und an ganz bestimmten Orten konnte eine solche Kritik auch finstere Seiten haben und war eben nicht immer nur harmloser Ausdruck, sich nach alten Formen zu sehnen, um sich an ihnen zu vergnügen. Uns bleibt die Frage, wie man solch einen Niedergang einschätzen soll – wie man über die urteilen soll, die solche Klagen vorbringen. Und nicht alle unmelodischen Opern – Opern, in denen das Sprechen wichtiger ist als das Singen – sind heldenhafte Metaphern für Widerstand gegen die Politik der jeweiligen Zeit, wie *Capriccio* es beweist. Doch um 1945 verlangte die große Anziehungskraft der Oper – die Macht zum Ausdruck, welcher einem melodischen Bogen, von der menschlichen Stimme ausgeführt, innewohnt – einen Glauben, der vielen Komponisten allmählich abhanden gekommen war.

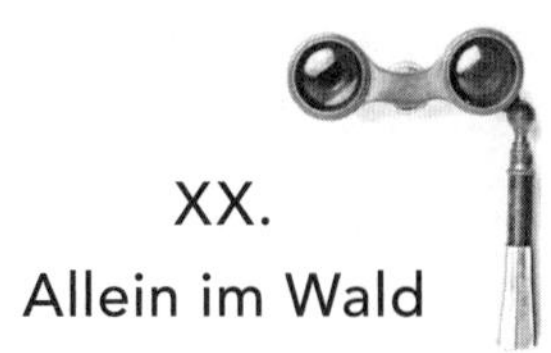

XX.
Allein im Wald

Wir wollen mit zwei Filmen beginnen, die die Haltung gegenüber der Oper in den 1930er Jahren schildern. Der Zweite Weltkrieg steht kurz bevor, und die Kunstform Oper kommt allmählich in die Jahre. Der erste Film stammt von den Marx Brothers: *A Night at the Opera* (*Skandal in der Oper*, 1935), der, wie wir im 1. Kapitel gesehen haben, die Oper aus zweierlei Perspektive betrachtet. Die Oper repräsentiert einerseits eine stickige Hochkultur, sie ist der Ort der Reichen und Privilegierten. Andererseits ist das Opernsingen ein Vergnügen, das von jedem und jeder erfahren werden kann: den Sängern und dem Publikum. Der zweite Film ist René Clairs *Le Million* (*Die Million*, 1931), eine französische Komödie, die bereits im vorangegangenen Kapitel erwähnt wurde. Um diese Hommage an die Oper würdigen zu können, müssen wir die Handlung des Films kennen: Ein italienischer Tenor hat in einem Secondhand-Laden eine alte Jacke erstanden. Er hat keine Ahnung davon, dass in dieser Jacke ein Lotterielos steckt, das gewonnen hat und Michel gehört, einem armen Künstler, dessen Freundin Béatrice, eine Ballett-Tänzerin an der Opéra Lyrique, Michels Jacke weggegeben hat (an einen kleinen Kriminellen namens Großvater Tulipe, doch das ist hier ohne Belang, genausowenig, wie die Jacke in den Secondhand-Laden kam). Das bedeutet nun, dass Michel sehr gute Gründe hat, auf Béatrice wütend zu sein. Michel, Béatrice und noch andere, die ganz wild darauf sind, das Sieger-Lotterielos zu bekommen, finden sich in der Oper wieder, wo der italienische Tenor, der das Jackett als Kostüm benutzt, hinter der Bühne mit seiner Erzfeindin, einer großen, blonden Sopranistin, eine heftige Auseinandersetzung hatte. Er ist furchtbar wütend auf sie. Der Vorhang hebt sich. Eine Gruppe von Banditen hat sich in einem künstlichen Wald getroffen, angeführt von ihrem Boss, dem Bewunderer (Bariton) der Hauptfigur (der Sopranistin), der etwas gegen ihre Verbindung mit dem männlichen Helden hat, seinem

Erzfeind (dem Tenor). Die Banditen stoßen mit ihren Bechern an und singen: «À nous l'ivresse! À nous les caresses d'une ravissante maîtresse!» («Wir wollen uns besaufen! Wir wollen die Zärtlichkeiten einer schönen Geliebten!») Der Chor endet, Tenor und Sopranistin treten dazu; überall sind Banditen. Trotz ihrer Anwesenheit beginnt der Tenor sein Rezitativ: «Nous sommes seuls, bien aimée! Viens avec moi dans la forêt parfumée!» («Wir sind allein, Geliebte! Komm mit mir in den duftenden Hain!»)

Es gibt im gesamten Filmschaffen wohl keinen zärtlicheren Ausdruck für die Liebe zur Oper, für das Gefallen an ihren Absurditäten und den Glauben an ihre Macht zur Verwandlung als eben *Le Million*. Dies wird am schönsten durch ein Liebesduett, unmittelbar vor der Banditen-Szene, demonstriert, vorgetragen von dem sich bekriegenden Paar, der Sopranistin und dem Tenor, beide hier vereint in der vorübergehenden Glückseligkeit gemeinsamen Singens. Dieses Duett lässt auch ein für alle Mal die Wut und den Groll zwischen Michel und Béatrice vergehen. Die beiden sehen sich versehentlich hinter einer Kulisse gefangen, gerade als der Vorhang zum Duett hochgeht und sie dadurch gezwungen sind – kühl und anfangs distanziert – zu bleiben und zuzuhören. Der Tenor und die Sopranistin setzen sich auf eine rustikale Bank und beginnen: «Nous sommes seuls enfin, ce soir.» («Endlich sind wir heute Abend allein!») Endlich können wir offen miteinander reden! Weit weg von der Welt und ihrem Leid! Der Tenor fängt mit einer Solopassage an: Welche Sorge verfinstert dein Gemüt? Was, meine Geliebte, habe ich dir getan? Und Michel, der das hört, deutet mit seinen Händen die gleiche Botschaft Béatrice gegenüber an. Die Hauptdarstellerin erhebt singend Einspruch, Béatrice tut das durch ihre Pantomime. Der Titelheld fleht seine Geliebte singend an, Michel tut dies still. Die Stimme des Tenors wird lauter, die der Sopranistin hält dagegen, Michel mimt ewige Hingabe, und endlich lächelt Béatrice. Das Duett endet: «Nous sommes seuls dans la forêt» («Wir sind allein im Wald»), und beide Paare fallen sich am Ende in die Arme. Ein eifriger Bühnenarbeiter ist dabei, die Bühne zu verzaubern: Von der Arbeitsbühne wirft er Rosenblätter herab. Ob das Lotterielos wieder auftaucht oder nicht: Wir sind aus moralischen Gründen sicher, dass alles gut ausgeht für Michel und Béatrice. Wir wissen dies, weil die Oper eine entsprechende Wirkung gehabt hat.

Von den 1930er bis zu den 1960er Jahren – als die Komposition neuer Opern fast versiegte – stand die Institution Oper in Amerika und England derart hoch im Kurs, dass Hollywood es für aussichtsreich hielt, aus Filmen mit Opernthemen Profit zu schlagen. Der große dänische Tenor

Lauritz Melchior wirkte in zwei Spielfilmen mit: *Two Sisters from Boston* (*Erfüllte Träume*, 1946) und *Luxury Liner* (1948); in beiden Filmen traten naiv-unschuldige Filmschönheiten auf (Kathryn Grayson bzw. Jane Powell). Die Figuren, die sie darstellten, wollten beide leidenschaftlich gerne Opernsängerinnen werden. Melchior ist im ersten Film zu sehen, wie er das Preislied aus den *Meistersingern von Nürnberg* aufnimmt; im zweiten Film singt er zu seiner eigenen sparsamen Klavierbegleitung «Winterstürme wichen dem Wonnemond» aus der *Walküre*. 1935 spielte der Bariton Lawrence Tibbett im Metropolitan Theater in einer Komödie um eine rachedurstige Diva, die, von der Metropolitan Opera verschmäht, beschließt, mit ihrem wenigen Geld eine eigene Operncompagnie zu eröffnen. In *Follie per l'opera* («Verrückt nach der Oper», 1949), im kriegszerstörten London spielend, träumt ein italienischer Gauner namens Guido Marchi davon, eine Kirche wiederaufzubauen. Er meint, eine Operngala sei die beste Möglichkeit, das nötige Geld dafür einzuspielen. *Hitting a New High* («Auf zu neuen Höhen», 1937) zeigt die Koloratursopranistin Lili Pons, die eine Nachtclub-Sängerin spielt, die davon träumt, in der Oper mitzuwirken. Nur mit Federn angetan, will sie sich als simple Diva aus dem südamerikanischen Regenwald ausgeben, um ihre Sache voranzubringen. Ein wundervoller Disney-Zeichentrick-Kurzfilm aus dem Jahre 1946, *The Whale Who Wanted to Sing at the Met* (eine Sequenz aus *Make Mine Music*, mit der Stimme von Nelson Eddy), zeigt, dass man im vergangenen Jahrhundert selbst von kleinen Kindern angenommen hat, sie würden einfach alles kennen – den *Barbiere di Siviglia* oder *Tristan und Isolde*, dazu auch Tragödie, Komödie und *Moby-Dick*, alles auf einmal. Natürlich dürfen wir keinesfalls Mario Lanza in *The Great Caruso* (*Der große Caruso*, 1951) vergessen, vor allem nicht in *Serenade* (1956), worin er – als sollte das ohnehin schon heftige Aufeinanderprallen von hoch und niedrig, italienisch, arisch, arm und reich noch verstärkt werden – die Arie des italienischen Tenors aus dem *Rosenkavalier* von Richard Strauss singt.

Welche gesellschaftliche Rolle aber spielt die Oper in solchen Machwerken? Eine nicht ganz einfache. Die Oper als Genre steht für eine bestimmte kulturelle Höhe, im Gegensatz etwa zur eher bodenständigeren Musik der Zukunft, der Nachtclub-Musik in *Hitting a New High* oder den verrauchten Varieté-Theatern, in denen Kathryn Grayson arbeiten muss, um in *Two Sisters* ihre Gesangsstunden zu finanzieren. Doch das Opern-Singen ist eben etwas anderes. Es hat immer noch die Fähigkeit zur Verzauberung wie schon in *Le Million*: Es kann Ungemach lindern, das gewöhnliche Leben einige Augenblicke lang verzaubern und zum Paradies verwandeln. Dass ein so wundervolles Singen oft von schlichten Gemütern kommt, die oft auch zu alt und zu dick sind und deren Exzentrizität sie von uns Gewöhnlichen trennt – auch das gehört zum Zauber der Oper.

Bis zum heutigen Tag spielt die Oper eine Rolle im Film – als Filmmusik oder, wie wir im ersten Kapitel gesehen haben, als immer wieder auftretendes Symbol emotionalen Überschwangs oder geistigen Beschwipstseins. Doch was bedeutet es, dass die Filmindustrie im 21. Jahrhundert, eigentlich schon nach 1950, keine Komödien mehr produzierte, die die große Oper und Opernsänger zum Thema hatten? Oder wenn sie doch Filme über Opern produzierte (und produziert) und die Kunstform Oper dort nicht mehr nett und liebenswert ist? *Meeting Venus* (*Zauber der Venus*, 1991), ein Stück hinter den Kulissen, das zeigt, wie eine Aufführung von Wagners *Tannhäuser* in letzter Minute doch noch vor der Katastrophe bewahrt wird, ist eine seltene Rückkehr zum Überkommenen. Die neue Wahrheit dagegen wird von Federico Fellinis *E la nave va* (*Schiff der Träume*, 1983) vorgeführt. Der Film spielt am Vorabend des Ersten Weltkrieges und zeigt ein Narrenschiff voller Opernsänger und Opern-Fanatiker, allesamt gottverlassen und leicht verrückt. Zu sehen ist eine Szene, in der ein berühmter russischer Bass die magische Kraft des Operngesangs demonstriert, indem er mit seinen tiefen Tönen ein Huhn hypnotisiert.

In einem anderen Sinne gedeiht die Gattung Oper aber so gut wie noch nie seit dem Zweiten Weltkrieg: in regietechnischen und musikalischen Neuinterpretationen von Opern der letzten 400 Jahre, mit Aufführungen, die durch Film, CD und andere Medien leicht zugänglich sind. Oper gilt als Symbol für Übermaß und Größe. Daher rührt ihr Paradox: Das 20. Jahrhundert war in vielerlei Hinsicht das reichste und komplexeste in der 400-jährigen Geschichte der Oper, doch es bezeugte auch, dass die Oper inzwischen der Vergangenheit angehört. Es war dies ein Jahrhundert, worin die Oper zum ersten Mal in ihrer Geschichte zur weit verbreiteten Unterhaltungsform wurde, durch die erwähnte mechanische Übertragung und Reproduktion leicht zugänglich gemacht. Ein riesiges, weltweites Publikum kann nun vergangene Aufführungen genießen, sei es durch Aufnahmen, die man selbst besitzt, oder durch das riesige Archiv auf YouTube, oder auch übertragen von solch hehren Institutionen wie der Metropolitan Opera in New York. Doch das spätere 20. und das 21. Jahrhundert, unsere Gegenwart also, ist auch die Zeit, da die Oper sich allmählich in ein Totenhaus verwandelt hat, in ein wunderbares Totenhaus zwar mit spektakulären Aufführungen, aber eben in ein Totenhaus. Die Bewahrung der Vergangenheit, der Zugang zu einem reichen Repertoire war ein Segen für uns alle. Doch diese Leidenschaft zur Bewahrung hat auch ihren Preis. Wie wir schon oft gesagt haben: Die Produktion neuer Opern kann nur dann funktionieren, wenn dadurch die (Opern-)Vergangenheit ausgetauscht werden kann und das (heutige) Kurzlebige die Konsumenten nicht erschreckt.

Alles verbrennen

Wagner war vielleicht der erste Komponist mit einem wachen Gespür für seine welthistorische Bedeutung, der sich mit seiner flinken Feder lautstark Gedanken machte über Permanenz versus Kurzlebigkeit und wie das eine das andere ausschließt. In den 1850er Jahren, als er im Ausland im Exil lebte, arbeitete er an vier Libretti, die zum *Ring des Nibelungen* werden sollten. Um 1856 hatte er die Musik für die ersten beiden Teile vollendet, für *Das Rheingold* und *Die Walküre*. Der epische Entwurf für den *Ring* war also klar, doch Wagner sah sich in der befremdlichen Position, vollkommen abstrakt arbeiten zu müssen. Trotz alldem, was er an Dichtung oder Musik zu Papier brachte, gab es keine vorhersehbare Möglichkeit für eine Aufführung dessen, was er da schuf. Tatsächlich sollte es in den kommenden zwei Jahrzehnten auch keine Aufführungen des gesamten *Rings* geben. Doch wie stets war Wagner auch jetzt den Tröstungen einer plötzlichen geistigen Eingebung nicht abhold. Während er also an dem saß, was allen (auch ihm selbst) als unrealisierbares *opus magnum* erschien, machte er die Not zur Tugend: Er ersann radikale Alternativen zur drückenden Last der überkommenen Opernproduktion. Als er 1850 an Theodor Uhlig über *Siegfrieds Tod* (das Libretto musste noch in Musik gesetzt werden) schrieb, skizzierte er ein vorübergehendes, einmaliges Ereignis:

> Hier [in Zürich], wo ich nun gerade bin und wo manches gar nicht so übel ist, würde ich auf einer schönen Wiese bei der Stadt von Brett und Balken ein rohes Theater nach meinem Plane herstellen, und lediglich bloß mit der Ausstattung an Dekorationen und Maschinerie versehen lassen, die zu der Aufführung des *Siegfried* nötig sind. Dann würde ich mir die geeignetsten Sänger, die irgend vorhanden wären, auswählen und auf sechs Wochen nach Zürich einladen: Den Chor würde ich mir größtenteils hier aus Freiwilligen zu bilden suchen (hier sind herrliche Stim-

men und kräftige, gesunde Menschen). So würde ich mir auch mein Orchester zusammen laden. ... Ist alles in gehöriger Ordnung, so lasse ich dann unter diesen Umständen drei Aufführungen des *Siegfried* in einer Woche stattfinden: Nach der dritten wird das Theater eingerissen und meine Partitur verbrannt.[1]

Kurze Zeit darauf, 1855, dachte er an eine *Ring*-Aufführung auf dem Vierwaldstätter See. Sie sollte auf mehreren eigens für die Aufführungen zusammengebundenen Lastschiffen stattfinden, die später auseinandergebaut und wieder weggebracht werden sollten.[2] Drohungen, die Partitur des *Ring* zu verbrennen und dazu auch Hinweise darauf, dass der *Ring* normale Aufführungsstandards überschreitet, kehren während der 1850er und 1860er Jahre immer wieder, so in einem Brief an Franz Liszt vom März 1855:

> Was ich jetzt schaffe, soll *nie*, oder nur unter ihm ganz angemessenen Umständen in das Leben treten. Darauf will ich denn fortan meine ganze Kraft und allen meinen Stolz – alle meine Entsagung vereinigen. Sterbe ich, ohne diese Werke aufgeführt zu haben, so hinterlasse ich sie dir; und stirbst du, ohne sie würdig aufgeführt haben zu können, so – *verbrennst du* sie; das sei abgemacht!!![3]

1857 rät Wagner, merkwürdig unbeschwert, Liszt möge besser auf seine Gesundheit aufpassen, «sonst schreibe ich Dir nie wieder und verbrenne den jungen Siegfried mit allen Schmiedeliedern».[4] Als König Ludwig II, sein geistig unzurechnungsfähiger königlicher Wohltäter, in München im Jahre 1871 eine *Siegfried*-Aufführung haben wollte, antwortete Wagner ein weiteres Mal mit der Drohung, die (nun vervollständigte) Oper zu verbrennen.[5]

Das war natürlich nur Pose – Pose, gemischt mit Selbstmitleid. Wagner hat nie ernsthaft gemeint, dass sein Werk dem Vergessen anheimfallen sollte, auch wenn seine Beteuerungen durchaus die Frage aufwerfen, warum vor allem der *Siegfried* so oft übers Feuer gehalten wurde. Die einzige Antwort, die ohnehin von seinen Gesprächspartnern erwartet wurde, war der direkte und einmütige Protest. Dennoch ist es wert, über Wagners Radikalismus nachzusinnen, der doch so sehr den konservativen Impulsen widersprach, die schon um 1850 auf die Oper einwirkten. Wie wir bereits in früheren Kapiteln gesehen haben, wurde gerade zu diesem Zeitpunkt in der Operngeschichte ein Repertoire vergangener Werke durch neue, gegenwärtige Aufführungen aufgebaut. Die Vorstellung unanfechtbarer Meisterwerke der Vergangenheit – von

Mozart und Beethoven (vor allem im deutschsprachigen Raum) bis Rossini, Bellini, Donizetti und Verdi andernorts – kam auf. So wirft also Wagners Vorschlag die folgende Frage auf: Wenn es eine ideale Alternative zu dieser bewahrenden Tendenz gibt, zu den Anfängen eines Opernmuseums – wie könnte diese Alternative lauten?

Wagners Idee eines Al-fresco-*Rings*, der auf den sanften Wellen des Vierwaldstätter Sees dahinschweben sollte, und seine Drohungen, die Partitur eher zu verbrennen als sie realisiert zu sehen, sind Phantasien. Doch liegt darunter eine unangenehme Wahrheit verborgen. Weiter oben sprachen wir vom Optimismus früherer Opernzeiten, über Akteure, für die die Unbeständigkeit nur wenig Schrecken barg. Um die Mitte des 19. Jahrhunderts verschwand das aber zusehends. Zur Mitte des 20. Jahrhunderts, also auf halbem Wege zwischen Wagner und heute, ist der Optimismus dann vollständig vergangen, ohne jedes Anzeichen von Wiederkehr. Wir leben heute in einer Opernzeit des Kulturpessimismus; einer Zeit, in der die Übertragung von Werken der Vergangenheit im Zentrum steht. Das unentwegte Erscheinen wissenschaftlicher Editionen (von Händel, Mozart, Berlioz, Verdi, Wagner und vielen anderen) ist ein Symptom für die gegenwärtige Stimmung. Es gibt zugegebenermaßen gute Argumente für diese Editionen. Zuweilen befördern sie Opern – oder Teile davon – ans Tageslicht, die früher schlicht und einfach nicht aufführbar waren, weil keine Partituren zur Verfügung standen (Rossinis *Il viaggio a Reims*, *Die Reise nach Reims*, ist ein gutes Beispiel, ein weiteres ist die ursprüngliche französische Version von Verdis *Don Carlos*). Und selbst wenn diese Neuausgaben des Öfteren kaum mehr leisten, als den Text von Werken, die längst zum Repertoire gehören, an einigen Stellen zu verändern (vielleicht durch neue Aufführungshinweise oder eine geänderte Instrumentation), so können sie dennoch eine erfrischend neue Herangehensweise bewirken.

Die Ironie besteht darin, dass die alte Opernpraxis, die diese Editionen zu restaurieren behaupten, oft eher das Gegenteil von sorgfältiger und bewahrender Arbeit war. Diese Praxis konnte aufregend schlampig sein und erst in letzter Minute starten und war schnell dabei, wenn es darum ging, Kürzungen, Umarbeitungen und pragmatische Anpassungen anzubringen – all das ist heute undenkbar. Aufgrund dieser chaotischen Situation sind uns heute so viele Opernklassiker in einem so wirren, unklaren Zustand überliefert; und das wiederum ist der Grund, warum es keine authentischen oder definitiven Ausgaben von *Carmen*, *Don Carlos*, *Boris Godunov* oder *Les Contes d'Hoffmann* gibt. Auch deshalb existieren diese und viele andere Opern – tatsächlich die meisten Opern vor dem 20. Jahrhundert – in vielen miteinander konkurrierenden Versionen; sie präsentieren uns ein Überangebot von Ideen ihrer Urheber und anderer Leute. So stellt sich die Frage: Auf welches Ideal hin sollte Authentizität eigentlich ausgerichtet sein? Auf eine ideale Version einer Oper, gegründet auf moderne musikwissenschaftliche Methoden der Auswahl und Edition? Oder auf den ursprünglichen Geist des Unternehmens? Unser Verlangen, uns an die Opernvergangenheit zu klammern, ist ja nicht auf die Wiederbelebung vergangener Werke begrenzt. Ein weiteres Barometer für unseren altmodischen Geschmack ist die von Ehrfurcht umwehte Bedeutung, die immer noch den Aufträgen für neue große Opern beigemessen wird; Aufträgen, die immer noch von den großen Häusern in Europa und Amerika erteilt werden. Man hört zuweilen, dies wäre essentiell für die Zukunft der Oper, es wäre ihr Lebenssaft, eine Frage ihres Überlebens. Und so wird gern auf die Opernvergangenheit zurückgegriffen, um das zu rechtfertigen. Wir müssen, heißt es, dem nächsten Mozart auf die Sprünge helfen, dem nächsten Verdi. Doch man kann die heutigen prestigeträchtigen Opernaufträge auch als ein vergebliches Klammern an die Vergangenheit begreifen: Klammern nicht an die Endergebnisse, sondern an die Rituale und das Verhalten gegenüber der Institution. 1831 beauftragte das Mailänder *Teatro alla Scala* Bellini mit der *Norma*, heute eine tragende Säule des Opernrepertoires. 150 Jahre später beauftragte dasselbe Theater Luciano Berio mit *La vera storia* («Die wahre Geschichte» 1982). Welch eine Kontinuität! Welch edle Abstammung! Doch ganz egal, wie leidenschaftlich die Marketing-Abteilungen geheiligte Traditionen betonen – Opernaufträge in den 1980er Jahren haben längst nicht das gleiche Gewicht wie vor eineinhalb Jahrhunderten.

Die Vergabe von Opernaufträgen im späten 20. Jahrhundert wurde schnell zu einer Angelegenheit des Kaisers in seinen neuen Kleidern, ein kulturelles Ritual, das offenkundig überholt war, was aber kaum offen ausgesprochen werden durfte. Es gibt Statistiken, die eindeutig belegen, was aus dem Repertoire geworden ist. Vor allem in den letzten 50 Jahren hat es ein starkes weltweites Wachstum auf dem Felde der Oper gegeben, mit neuen Institutionen, die an vielen solchen Orten entstanden, die wohl im 19. Jahrhundert Opernhäuser gehabt haben mochten, diese aber im frühen 20. Jahrhundert verloren hatten. Das war vor allem in England und in den USA der Fall, mit wiedereröffneten regionalen Opernhäusern in England und Institutionen wie der Santa Fe Opera und dem *Glimmerglass Festival* in den USA. Und ganz neue Aktivitäten in Sachen Oper sind gegenwärtig in den aufstrebenden Staaten Asiens zu beobachten – was durch das Opernhaus in Guangzhou belegt wird, das 2010 eröffnet wurde. Diese starke Ausbreitung war von einer bezeichnenden Ausdehnung des Repertoires begleitet. Doch die «neuen» Opern, die man ins Repertoire geholt hat, sind fast immer Werke aus der Vergangenheit des Genres. Viele Weltpremieren finden jedes Jahr statt, und viele der bombastischsten und teuersten davon werden mit lauten Fanfaren und größten Hoffnungen angekündigt. Doch kaum eine dieser Opern bringt es auf mehr als ein paar Aufführungen, ganz zu schweigen davon, dass sie die Klassiker ersetzen könnten.

Eine ausgezeichnete Internet-Quelle, http://www.operabase.com, verfügt über unschätzbare Daten – unvermeidlich unvollständig, doch gleichwohl die besten verfügbaren –, was die Oper weltweit von 2005/6 bis 2009/10 betrifft. Die drei am meisten gespielten Komponisten sind, nach der Anzahl ihrer Aufführungen während des genannten Zeitraumes: Verdi (2259), Mozart (2124) und Puccini (1732). Wagner (920), Rossini (772) und Donizetti (713) sind die nächsten drei. Danach folgen Richard Strauss (512), Bizet (485) und Händel (463). Diese Komponisten bilden die Basis des heutigen Opernrepertoires; sie machen einen Großteil des gesamten Repertoires aus, weit mehr als die Hälfte. Der erste lebende Komponist auf dieser Liste ist Philip Glass (41 Wiederaufführungen), er steht an 52. Stelle, direkt hinter dem polnischen Komponisten Stanisław Moniuszko (1819–1872) (45 Wiederaufführungen) und dem tschechisch-österreichischem Ralph Benatzky (1884–1957) (43 Wiederaufführungen), dessen Operette *Im weißen Rössl* (1930) in den deutschsprachigen Ländern immer noch endlos gespielt wird. Sicher gab es rund 300 Weltpremieren in dem genannten Fünfjahres-Zeitraum, und ungefähr 500 lebende Komponisten sahen ihre Opern aufgeführt. Doch die große Mehrheit dieser Komponisten erlebte nur eine oder zwei Premieren. Mehrfache Aufführungen oder die Möglichkeit, zum Repertoire aufzuschließen, bilden stets die kaum zu überwindende Barriere.

Die Frage ist, warum die Situation der neuen Opern so ganz anders ist als die relativ lebhafte der anderen Künste. Wir lesen wohl alte Romane, aber wir genießen auch die neuen, heute geschriebenen, und diese Romane werden zu Bestsellern. Man denke auch an den Medienrummel und möglichen finanziellen Gewinn im Zusammenhang mit dem Turner Prize bei den visuellen Künsten oder bei neuen Theaterstücken im West End oder am Broadway oder in regionalen Theatern, endlich an die Romane mit ihren viele Preisgelder gewährenden Musen, dem Man-

Booker-Preis oder dem Pulitzer-Preis. Die Frage lässt kaum einfache Antworten zu. Es gab wunderbare und oft gespielte Opern, entstanden in den 1950er Jahren. Doch sind das nicht regelrechte Anomalien? Eine unzeitige Kuriosität vielleicht, wenn man Opern erst spät im Leben schreibt, so wie Strawinsky oder Poulenc, oder auch eine geographische Grille, ein eigenes Opern-Reich im kühlen East Anglia zu errichten? Abgesehen davon: Wer hat seit dem Zweiten Weltkrieg überhaupt signifikant zum Opernrepertoire beigetragen? Eine Liste hochkarätiger Theater-Fehlschläge zwischen ungefähr 1950 und 1980 spricht für sich; man könnte sie schier unendlich fortsetzen. Hier folgen zehn Fälle, allesamt von Komponisten mit vorzüglichem Ruf; alle Werke uraufgeführt oder zur Uraufführung auf höchstem Niveau in Auftrag gegeben, meist im Verein mit literarischen Grundlagen von höchstem Rang: *L'incantesimo* (*Der Zauber*, 1952) von Italo Montemezzi (1875–1952), Rundfunkpremiere 1943 (NBC Symphony Orchestra), Bühnenpremiere in der Arena di Verona; *Troilus and Cressida* (1954) von William Walton (1902–1983), nach einem Stoff von Chaucer, uraufgeführt in Covent Garden, dirigiert von Sir Malcolm Sargent; US-Premiere (1955) in der Oper von San Francisco, danach an der New York City Opera (1955) und der Mailänder Scala (1956); *Assassinio nella cattedrale* (*Mord in der Kathedrale*, 1958) von Ildebrando Pizzetti (1880–1968), nach T. S. Eliots Stück; uraufgeführt an der Mailänder Scala; *Don Rodrigo* (1964) von Alberto Ginastera (1916–1983), im Auftrag der Stadt Buenos Aires und dort uraufgeführt am Teatro Colón. Plácido Domingo sang die Titelrolle bei der US-Premiere (New York City Opera, 1966); *Miss Julie* (1965) von Ned Rorem (*1923), nach Strindberg, im Auftrag von und uraufgeführt an der New York City Opera; *Antony and Cleopatra* (1966) von Samuel Barber (1910–1981), nach Shakespeare, mit einem Libretto von Franco Zeffirelli; uraufgeführt (mit enormer Besetzung und enormen Kosten) bei der Eröffnung der neuen Metropolitan Opera im Lincoln Center, New York. Nach den ersten Aufführungen wurde diese Oper aus dem Repertoire der Met genommen und erlebte seither nur sehr sporadische Wiederaufführungen; *Der Besuch der alten Dame* (1971), von Gottfried von Einem (1918–1996), nach Friedrich Dürrenmatt, uraufgeführt an der Wiener Staatsoper; deutsche Premiere an der Deutschen Oper Berlin (1972); *Yerma* (1971) von Heitor Villa-Lobos (1887–1959), nach Federico García Lorca; geschrieben 1955/6, uraufgeführt an der Santa Fe Opera; *Lord Byron* (1972) von Virgil Thomson (1896–1989), im Auftrag von der Ford Foundation für die Met, dort aber nie produziert; Amateur-Premiere an der Juilliard School in New York; *Para-*

dise Lost (*Das verlorene Paradies*, 1978) von Krzysztof Penderecki (*1933), nach Milton, uraufgeführt an der Lyric Opera, Chicago, danach an der Scala gespielt (1979).

Zugegeben – Beispiele wie diese sind auch aus der früheren Operngeschichte bekannt. Auch wenn sich das Repertoire allmählich verfestigte, erinnert uns ein Blick auf die Plakate der Pariser Oper zur Mitte des 19. Jahrhunderts daran, dass gewichtige Hoffnungsträger, die eigentlich von Anfang an schon erledigt waren, mit schöner Regelmäßigkeit in der Stadt plakatiert wurden (Louis Niedermeyers *Marie Stuart*, um nur ein beliebig gewähltes Beispiel aus dem Jahre 1844 zu nennen, wies eine Starbesetzung auf, eine modische Handlung, dazu einen Hit, und es verschaffte seinem Schöpfer sogar die Mitgliedschaft in der *Légion d'honneur*; doch all das erwies sich als nutzlos). Schaut man auf das Repertoire des Théâtre Lyrique in den 1850er und 1860er Jahren in Paris, sieht man wiederum viele Premieren, die heute vergessen sind, zusammen mit wenigen Wiederaufführungen legendärer Werke wie dem *Don Giovanni*. Doch vor allem sieht man auch die Premiere von Gounods *Faust* (1859), der im kommenden Jahrhundert zu einer der am meisten aufgeführten Opern der Welt werden sollte. Dazu kommt bezeichnenderweise, dass der *Faust* sich sehr schnell als Repertoirestück erwies. Auch wenn er sicherlich innovativ war, so hat man doch nicht das Gefühl, ein schwieriges Werk vor sich zu haben, das dem Publikum zu viel abverlangt. Immer schon musste eine Unzahl neuer Werke geschrieben werden – entstanden in wenigen Wochen anstelle von Jahren dank der geradezu verschwenderischen Geschicklichkeit der Librettisten und Komponisten –, damit ein einzelner *Faust* entstehen konnte. Doch das Spiel änderte sich im späten 20. Jahrhundert völlig: Die Kluft der neuen Werke zum bestehenden Repertoire scheint derart groß geworden zu sein, dass sie praktisch nicht mehr zu überbrücken ist.

Viele Menschen, deren Geschäft die Oper ist und die damit von deren gegenwärtigem, ganz und gar aus der historischen Entwicklung gespeistem Status profitieren, halten es dennoch für angezeigt, das grundsätzliche Risiko als moralisch verwerflich anzusehen, dem Repertoire etwas Neues hinzuzufügen,. Dagegen geht David Pountney an, seit 30 Jahren ausgezeichneter Theaterleiter; am Vorabend des neuen Jahrtausends gibt er lautstark zu Protokoll:

> Diejenigen, die bloß wie Parasiten von der Vergangenheit leben, möchte ich in einen besonders tiefen Höllenkreis werfen. Es gibt keinen größeren Betrug an der Kultur-Wächterfunktion als das, was sie veranstalten. Daher hängt für mich die Zukunft der Oper nicht davon ab, wie viele neue

> Aufführungen der *Bohème* wir im nächsten Jahrhundert haben oder ob die *Bohème* irgendwie anders inszeniert wird. Es geht vielmehr darum, welche Geschichten wir im neuen Jahrhundert erzählen wollen und welche Musik diese Geschichten erzählt und welches Publikum wir dafür finden. … Ich spreche von einer neuen Arbeit. Ich spreche von der unbequemen und glasklaren Wahrheit: Wenn man nicht das Neue unterstützt, hat man auch nicht das Recht, nur vom Alten zu leben. Leider gibt es nur sehr wenige Opernhäuser in der Welt, die hier die Hand heben können und sagen, sie würden diese Bedingung erfüllen. Lassen Sie mich es also noch einmal sagen, laut und deutlich: Was wir erben, ist ein unglaublicher Überfluss. Diejenigen, die ihn ausbeuten, ohne etwas dazu beizusteuern, betrügen das Erbe, dessen Wächter sie angeblich sind. Und sie gehören rausgeworfen![6]

Starke Worte sind das – «unbequeme und glasklare Wahrheit», «sie gehören rausgeworfen». Zeitgenössische Opern weiterhin in Auftrag zu geben ist, so scheint es, eine Aufgabe fürs eigene Seelenheil. Doch die Heilmittel, die Pountney vorschlägt, klingen unglaubwürdig und außerdem abgedroschen. Die Komponisten sollten sich einer zugänglicheren Musiksprache bedienen und von Sympathien für die Moderne sowie ihrer Liebe zur Kompliziertheit Abschied nehmen. Die Theaterleitung müsse straffer sein und auf Werken bestehen, die das Publikum genießen kann. Und natürlich müsse es wesentlich mehr Zuschüsse geben; Regierungen, Regionen, Städte und private Institutionen sollten oft und großzügig Geld geben und somit sicherstellen, dass jedes Theater das ausgeklügelte Rettungssystem bekommt, das neue Opern nun einmal brauchen. Wie oft ist dergleichen schon gesagt worden?

Eine ganz andere Frage tut sich auf, wenn man sich der Vorstellung ergibt, das Alte zu verbrennen, um offen für das Neue zu sein. Wäre es überhaupt möglich, sich eine Zukunft vorzustellen, in der die Oper wieder kulturellen Optimismus ausstrahlt? Der so radikale Pierre Boulez, der auf der Straße im *High Noon* des Modernismus patrouilliert, sah dergleichen nicht. 1967 äußerte er seine Ratlosigkeit in drastischer Form:

> Die neuen deutschen Opernhäuser sehen zwar sehr modern aus – von außen; innen sind sie äußerst altmodisch geblieben. In einem Theater, in dem vorwiegend Repertoire gespielt wird, da kann man doch nur mit größten Schwierigkeiten moderne Opern bringen – das ist unglaubwürdig. Die teuerste Lösung wäre, die Opernhäuser in die Luft zu sprengen. Aber glauben Sie nicht auch, dass dies die eleganteste wäre?[7]

Die vielen Bomber des Zweiten Weltkrieges haben bekanntlich sehr viel in dieser Richtung bewirkt. Doch wollte Boulez – zwei Jahrzehnte später – eine umfassendere Lösung. Auch wenn man die schlagzeilenträchtige Wortwahl gerne in Frage stellen darf, so hatte Boulez doch in einer Hinsicht recht: dass ein neuer kultureller Optimismus darauf gründen müsste, einiges aus diesem Museum aufzugeben. Auf dem Ritual zu bestehen, neue Opern in Auftrag zu geben – Werke also, die *de facto* eine von den Toten auferstandene *grand opéra* sind –, wäre nur dann effektiv, wenn das mit der Konsequenz geschähe, die tatsächlich niemand – heute vielleicht nicht einmal Boulez – wirklich will: alte Opern zu begrenzen, zu verhindern, für immer zu vernichten und deren Aufführungsorte zu meiden, die meistens sehr nach 19. Jahrhundert riechen.

Die letzten Jahre: Vor dem finalen Repertoire

Wie ist es zu dieser Entwicklung gekommen? Während mindestens zweier Jahrhunderte, da Frankreich und Deutschland und alle anderen ihren Beitrag zur Oper leisteten, hatte Italien – und nur Italien – tatsächlich die Oper schlechthin. Wie der große Verdi-Forscher Julian Budden sagte: «In Italien mochten Imperien kommen und gehen, doch die *Scala* in Mailand, das *Teatro La Fenice* in Venedig brauchten immer noch ihre zwei *opere d'obbligo* (neue Opern) für die Wintersaison.»[8] Nur Italien, die Geburtsstätte der Oper, behielt jahrhundertelang das unbelastete Gespür für Operntradition, für einen ungebrochenen, nie endenden Festzug. Einzelne Schöpfer kamen und gingen und hinterließen ihre großen und kleinen Beiträge, vornehme und triviale. Doch selbst der größte von ihnen wurde am Ende aufgesogen und wurde zu einem weiteren Teil in dem großen, nie endenden Fortgang der Oper. Wann hat das aufgehört? Vor allem: Wann schien der Nachschub durch neue Werke so unbedeutend zu werden, dass die Vorstellung einer ungebrochenen Nachfolge allmählich nicht mehr aufrechtzuerhalten war?

Der Tod Puccinis im Jahre 1924 wird zuweilen als das relevante Datum genannt. Puccini starb und hinterließ seine letzte Oper, *Turandot*, unvollendet. Das letzte Liebesduett, der Höhepunkt, bestand lediglich aus einer Reihe hingekritzelter Melodiefragmente und einigen flüchtigen Harmonien. An einer entscheidenden Stelle in den Skizzen bricht die Notation ab; danach – und wie in schmerzlicher Erkenntnis der sich als

Klassiker abzeichnenden Werke der Vergangenheit – schrieb Puccini nur noch die Worte «poi Tristano» («dann Tristan»). Die Eignung der *Turandot*, den Endpunkt der Gattung Oper zu markieren, wird betont durch ihren extravaganten, prallen Exotismus und einen Aufwand ohnegleichen. Das Innehalten aber der Gattung Oper geschah, wenn man die letztgenannten Ereignisse zugrunde legt, nicht sanft, durch einen allmählichen Energieverlust und ein allmähliches Zu-Boden-Sinken. Ganz im Gegenteil: Eine ganze Reihe immer seltenerer, dafür umso heftigerer und spektakulärerer Zuckungen trat auf. Und dann, ganz am Schluss, wie der Arzt in der Brüsseler Klinik sagte, wo Puccini vergebens versuchte, seinen Kehlkopfkrebs operieren zu lassen: «C'est le cœur qui ne résiste pas» – «Das Herz hält es nicht [mehr] aus».[9] Natürlich könnte man über die Reihenfolge trefflich streiten. Wie es zuweilen dargestellt wird, gingen Italiens Opernkonvulsionen nach der *Turandot* noch eine ganze Weile weiter. Doch vielleicht rechnet man die heute vergessenen Opern von Mascagni und einigen anderen in den 1930er Jahren mit all ihren grandiosen, vom Staat bezahlten Premieren und an Diktatoren reichen Zuhörerschaften bereits zu den Toten: Sie waren zwar vorhanden, aber ihre aufgeblähten Torsi und rot geschminkten Wangen verliehen ihnen kaum mehr als einen Anschein von Leben. Letztlich zählt es auch wenig, wann genau wir den kritischen Moment ansetzen. Unleugbar ist, dass er eintrat. Irgendwann in den Jahrzehnten vor dem Zweiten Weltkrieg riss der Fortgang der Oper unrettbar ab.

Auch wenn diese Geschichte so ergreifend von Italien und seiner jahrhundertealten Operntradition erzählt, geschah Vergleichbares auch auf internationalen Bühnen, zu ungefähr derselben Zeit. Fast überall lastete allein schon die Schwierigkeit, neue Opern zu schreiben – in finanzieller, musikalischer, ästhetischer und selbst moralischer Hinsicht –, auf allen, deren Aufgabe es war, die Sache am Leben zu halten. Dieser prekäre Zustand drohte seit vielen Jahrzehnten, vielleicht schon seit einem Jahrhundert. In diesem Buch haben wir viele Spuren davon verfolgt. Im 17. und 18. Jahrhundert waren fast alle Opern neu – für eine bestimmte Gelegenheit geschrieben, für einen bestimmten Anlass. Wiederaufnahmen mochten wohl vorkommen, doch es war prestigeträchtiger, ein vollkommen neues Werk zu haben; und es gab genügend willige Komponisten, die solche Werke mit großer Regelmäßigkeit produzierten. Zur Zeit Rossinis erodierte dieses Privileg des Neuen allmählich, als sich ein festes Opernrepertoire herausschälte – ein regelrechtes Korpus an Werken, die quer durch Europa reisten und immer wieder aufgeführt wurden, Spielzeit für Spielzeit. Dabei überlebten sie wechselnde Moden und galten als große Hürde für neue Schöpfungen. Im späteren 19. Jahrhundert war das Repertoire dann gefestigt. Verdi hatte recht, als er sich rühmte, seinen *Trovatore* würde man auch «im Herzen Afrikas und Indiens» sehen.[10] Zudem zeitigten neue Drucktechniken und der Erfolg des Klaviers als Instrument der Hausmusik das Ergebnis, dass die berühmtesten Opern wie nie zuvor zu einem Teil des häuslichen und des öffentlichen Lebens wurden.

Zunächst behauptete sich das Repertoire bequem neben den neu komponierten Opern, wobei letztere noch das größere Prestige besaßen. Doch am Ende des 19. Jahrhunderts fielen zunehmend neue Werke durch. Warum? Die Gründe dafür sind vielfältig, wie dies immer für kulturelle Veränderungen solchen Ausmaßes gilt. Sicher spielte die besondere Schwierigkeit einer bestimmten modernen Musikrichtung – diejenige, die mit Schönberg und seinen Nachfolgern assoziiert wird – eine große Rolle, zumal angesichts des Prestiges, das dieser Stil bei vielen zeitgenössischen Komponisten genoss. Was aber Berg vermochte, der in dieser Tradition seinen *Wozzeck* und seine *Lulu* schuf, war bemerkenswert. Doch wie wir gesehen haben, war Berg auch durchdrungen von einer sehr alten Opernästhetik, vor allem davon, inwieweit leicht hörbare, feste Formen den zeitlichen Ablauf der dramatischen Entwicklung strukturieren müssten und somit eine wichtige Rolle beim Schaffen überzeugender musikalischer Dramen spielen konnten.

Ein weiterer Grund war die Ökonomie, die beängstigend hohen Ausgaben also, die das Ersinnen und Produzieren einer Oper verschlingt. In den meisten Fällen kann man über mit dem an der Kasse eingespielten Geld nicht die Starsänger, den Chor und das Orchester, die Bühnen- und Kostümbildner und alles Übrige erwirtschaften. Irgendjemand oder irgendetwas muss finanziell hinter dem Unternehmen stehen und über einen gewaltigen Geldsack verfügen. Bis zur Mitte des 19. Jahrhunderts kam diese Rolle oft der illustren Truppe von Königen, Prinzen und kleinen Fürsten zu, die es überall in Europa gab; es waren dies Menschen, denen das Opernprestige die Ausgabe wert war und die vor allem im 19. Jahrhundert für gewöhnlich eine Mischkalkulation auflegten, bei der ihr Vermögen den Verlust zu garantieren vermochte, der durch den rührigen Impresario riskiert wurde. Doch ein Großteil der herrschenden Klasse wurde durch die 1848er Revolution für immer vertrieben. Ihren Platz in der Opern-Ökonomie übernahmen zumindest in Europa die Subventionen: Unterstützung aus der öffentlichen Kasse. Damals wie heute waren und sind solche Subventionen nicht vorherzusagen, weil sie letztlich vom guten Willen der Wähler abhängen. Als die Zeiten noch gut waren, wurde die Tatsache, dass öffentliche Gelder eine Unterhaltungsform für nur wenige Auserwählte aufrechterhielten, allgemein toleriert. Doch oft waren die Zeiten eben nicht gut; Subventionen wurden gekürzt und ließen alle, die am Operngeschäft beteiligt waren, vorsichtig und risikoscheu werden. Fast unvermeidlich hatten neue Opern unter diesem Klima zu leiden. Sie wurden noch teurer, und ihr Erfolg war wenig vorhersehbar. Warum also nicht stattdessen den *Trovatore* auf die Bühne bringen? Opernhäuser wurden zusehends Museen.

Ein Museum mag zunächst inaktiv wirken; als ein Ort, wo lediglich Relikte aus der Vergangenheit aufbewahrt werden. Doch so sind die besten Museen nie gewesen: Beständig entwickeln sie sich weiter, zeitgemäß in der Art und Weise, wie sie ihre Kunstwerke dem stets sich verändernden Publikum präsentieren. Vergleichbar hat sich das Opernmuseum ebenfalls als bemerkenswert fähig erwiesen, sich selbst schöpferisch zu erneuern. Ein bedeutendes Zeichen war im Deutschland der 1920er Jahre zu erkennen, einem der ersten Orte, an denen unablässig auf eine «Opernkrise» hingewiesen wurde. Mehrere Städte inszenierten eine Verdi-Renaissance: Dabei begnügte man sich nicht damit, die ungefähr acht Verdi-Schlachtrösser immer neu zu inszenieren, sondern es kam der Gedanke auf, auch seine vergessenen Werke wiederzubeleben.[11] Das war zum Teil eine Reaktion auf Wagner, der ja gemeinhin als Antithese zu Verdi gilt. Doch im Wesentlichen spiegelte es die Tatsache wider, dass es erschreckend wenig neue Werke gab. Die Menschen wollten weiterhin in die Oper gehen – Radio und Schallplatten, die beide routinemäßig bezichtigt wurden, den Untergang dieser Kunstform zu beschleunigen, vergrößerten und diversifizierten vielmehr das Publikum. Zudem genossen die auf diese Weise neu gewonnenen Zuschauer das (für sie) Neue. Generell aber empfanden sie moderne Werke als unangenehm. So hat sich das Repertoire erneuert, indem es in seine Vergangenheit abtauchte – mit der Ausgrabung schwieriger Stücke des späten Verdi wie etwa *Don Carlos*, *Simon Boccanegra* und *La forza del destino* (*Die Macht des Schicksals*), aber auch mit seinen früheren Werken, die so lange im Dornröschenschlaf gelegen hatten. Noch später und von Deutschland sich über Europa ausbreitend begannen Wiederaufführungen von Verdis frühen Zeitgenossen, und kürzlich haben dann auch Händel und selbst Monteverdi sich einen Platz im Repertoire erobert. Das entspricht der «historischen Aufführungspraxis» und damit der klassischen Musik insgesamt. Sie hat bemerkenswerte

Energien entwickelt und wird oft mit missionarischem Eifer verteidigt. Doch, wie schon früher erwähnt, liegt ihr ein Kulturpessimismus zugrunde und auch die Erkenntnis, dass wir, musikalisch gesprochen, etwas Neues eher genießen, wenn es aus der Vergangenheit und nicht aus der Gegenwart kommt.

Neben dieser inneren Erneuerung des Repertoires – und abermals von Deutschland ausgehend – kam es zu einer weiteren wichtigen Entwicklung der modernen Oper: die Regieoper. Gemeint ist die offensive Modernisierung der visuellen Seite alter Werke. Diese methodisch betriebene Bewegung, dem Sinn für Abstraktion in den schönen Künsten eng verbunden, begann als ein Versuch, den Weg in die Opernvergangenheit zu ebnen, Opern mit einer nahezu vergessenen Sprache für das heutige Publikum verständlich zu machen. Ein deutliches Beispiel dafür war wieder die Verdi-Renaissance mit Wiederaufführungen von *Don Carlos*, *Boccanegra* und *La forza*, wobei eine neue Optik ausprobiert wurde, oft von innovativen Theatermachern der vorigen Generation wie Edward Gordon Craig, Adolphe Appia und Vsevolod Meyerhold beeinflusst. Doch bald schon wurde die Regieoper – und blieb es bis heute – eine Möglichkeit der Neuinterpretation der Oper im Allgemeinen, vor allem der Auffrischung von Repertoirewerken, die man ansonsten für allzu bekannt hielt, um noch eine kraftvolle, zeitgenössische Botschaft transportieren zu können. Später kam die historische Aufführungspraxis, die – wie Richard Taruskin gezeigt hat – gleichfalls ein Versuch war, alte Musikwerke aufs Neue mit Bedeutung aufzuladen, indem ihnen eine «Schicht» an Modernität hinzugefügt wurde. Diese ähnelte, wenn auch durch die Vergangenheit begründet, in vielfacher Hinsicht dem Geist der radikalen, modernisierenden Theaterleiter und ihrer Arbeit.[12] Und damit sind wir bei den heutigen Verhältnissen angekommen. Auch wenn in manchen Teilen Westeuropas (vor allem in Italien) jüngste regierungsseitige Kürzungen in Teilen einen ernsthaften Niedergang zur Folge hatten, ist die Oper in manchen Weltgegenden eine Wachstumsindustrie, deren Umfang und Ausdehnung immer größer werden. In der Saison 2009/10 gab es laut operabase.com weltweit 23 000 Aufführungen (ein Drittel davon in Deutschland), in ungefähr 700 Städten (Berlin, Wien, London und Paris an der Spitze), in ungefähr 50 Ländern. Doch die meisten schöpferischen Energien dieser globalen Industrie werden heute eben nicht darauf verwandt, neue Werke zu schaffen, sondern solche aus der Vergangenheit neu zu inszenieren.

Ein frühes Symptom dieses Niedergangs war die Entstehung eines bestimmten Opern-Bewusstseins. Wie wir schon öfter in den letzten Kapiteln gesehen haben, bedeutete im 20. Jahrhundert das Schreiben einer Oper nicht mehr nur, Musik zu einer Geschichte zu erfinden: Es ging auch um die Geschichte der Oper selbst, um ihre Torheiten und ihre Größe. Strauss war der *poeta laureatus* dieser Richtung, und seine *Ariadne auf Naxos* von 1916 war deren klassische Illustration. Doch *Ariadne*, die ja eine komische Oper ist, hat nichts zu schaffen mit dem ewigen Thema ihrer tragischen Schwester, dem Tod auf der Bühne. Und der Tod wird ja ein bedeutender Gradmesser der Oper, je mehr wir uns auf das 20. Jahrhundert zubewegen. Die Art und Weise, wie moderne Opern den Tod auf die Bühne bringen und sich ihm gegenüber verhalten, unterschied sich allerdings ein wenig von der im 19. Jahrhundert. Natürlich sterben auch viele Operngestalten vor 1900, und das tun sie schrecklich oder schön, schnell oder langsam. Doch (von Wagner abgesehen) ist es ungewöhnlich, dass sich andere Bühnenfiguren eigens die Zeit nehmen, den Tod zu beklagen oder ausführlich die soeben verblichene Person zu besingen. Für Don José nimmt die Post-mortem-Analyse gerade einmal 60 Sekunden in Anspruch: «Ihr könnt mich festnehmen … ich habe sie getötet. Oh Carmen! Meine angebetete Carmen!» Rigoletto, der den Tod seiner geliebten Tochter Gilda beklagt, unterbietet José sogar noch: «Gilda, meine Gilda. Sie ist tot … ach, der Fluch!»

Doch es gibt Ausnahmen. Eine gehört zum Grundbestand der Oper: Gemeint ist der moralisierende Epilog der Oper des 18. Jahrhunderts, am berühmtesten natürlich der Schluss des *Don Giovanni* (ironisch aufgegriffen in Strawinskys *The Rake's Progress*), worin eine merkwürdige Mischung aus Schadenfreude und Charakteranalyse dem zur Hölle gefahrenen Schurken nachgerufen wird. Ein weiteres Beispiel, und näher an unserer Zeit und unserer Gemütslage, ist die ursprüngliche Auflösung des vierten Akts von Verdis *Don Carlos.* Marquis Posa wird von einem Unbekannten erschossen. Im Sterben singt Posa eine lange und sehr schöne Romanze; dergleichen war damals durchaus üblich (einer von Verdis berühmten frühen Sängern galt als «il tenore della bella morte» – «der Tenor mit dem schönen Tod»).[13] Doch ein Aspekt an Posas Tod ist ungewöhnlich: Sein Tod wird zum Gegenstand einer ziemlich ausgiebigen Trauermusik, einem großen Ensemble in b-Moll, einer Tonart, die im 19. Jahrhundert gerne für Klagen verwandt wurde. Diese Trauermusik, gesetzt als Duett zwischen König Philipp und Don Carlos mit zusätzlichen Chor-Einwürfen, wurde zu einem wichtigen Beispiel für das Verdi'sche Wiederverwenden alter Kompositionen. Verdi strich nämlich dieses Stück aus der *Carlos*-Partitur, eine geraume Zeit vor der Premiere 1867 an der Pariser Opéra. Es wurde schon vor der berühmt-berüchtigten Kostümprobe ausgesondert, bei der Verdi – um das Werk auf eine praktikable Länge zu kürzen – weitere große Stücke aus der Partitur entfernte. Das Verschwinden des Klage-Ensembles mag noch dadurch befördert worden sein, dass der Darsteller des Posa, der große Bariton Jean-Baptiste Faure, sich daran störte, auf der Bühne zu liegen und zu tun, als ob er tot wäre, während seine beiden rivalisierenden Kollegen so wundervoll seine vorzüglichen Qualitäten besangen.[14] Aus welchem Grund auch immer: Nachdem das Ensemble einmal entfernt war, versuchte Verdi nie mehr, es in spätere Versionen des *Carlos* wieder einzubauen. Auch ist nichts davon überliefert, dass Verdi über dieses Verschwinden je geklagt hätte. Das legt die Vermutung nahe, dass ein weiterer Grund für die Streichung dieses Stücks dessen generelle Unzweckmäßigkeit war: Ausführliches Reagieren auf Mord war für die Oper jener Zeit untypisch. Jemand stirbt, wir machen weiter, oder der Vorhang fällt. In diesem Sinne ist es sehr bezeichnend, dass Verdi einige Jahre später eine neue Verwendung für sein ausrangiertes Duett fand: außerhalb der Oper allerdings. Er setzte es im Anfang des Lacrimosa-Teils seiner *Messa da Requiem* (1874) ein.

Doch in der Oper nach 1920 ist das Aufkommen einer Veränderung dieser Praxis zu bemerken. Die Toten werden nun viel bereitwilliger musikalisch beklagt, und diese Allgegenwart der Klage legt neue Ängste nahe. Die stillen Verheerungen durch die neuen Begräbnis-Szenen nach 1920 kann man nicht nur als Trauer über den Verlust einer Person abtun. Der Verdacht kommt vielmehr auf, dass diese Klage auch einer sterbenden Kunstform galt: der Oper selbst. Ravels *L'Enfant et les sortilèges*, das wir im vorigen Kapitel kurz ansprachen, enthält ein klangvolles Beispiel. In dem zerrissenen Geschichten-Buch des Kindes gab es auch eine Erzählung über eine Prinzessin, doch wird diese Geschichte nie zu Ende geführt, weil ja die Seiten des Buches verschwunden sind. Aber die Prinzessin materialisiert sich und singt dem Kind zu. Zunächst hören wir nur ihre Stimme und eine Soloflöte; beide winden sich melodisch umeinander; vielleicht ein entfernter Hinweis auf das Duett von Gesang und Flöte in der berühmten Wahnsinns-Szene aus Donizettis *Lucia di Lammermoor*.

Gegen Ende fällt auch das Orchester wieder ein, als die Prinzessin nachdenklich wird: Wer weiß, was mir hätte zustoßen können? Sie verschwindet, und das Kind singt und beklagt ihren Verlust in einer schönen kleinen Arie, «Toi, le cœur de la rose» («Du, das Herz der Rose»); sie klagt, dass alles, was bleibt, nur ein Überrest ist, ein Duft, eine Spur. Und wie schon die Musik der Prinzessin mit vergangenen Momenten der Opernherrlichkeit spielt, tut dies auch der Gesang des Kindes, indem in diesem Falle auf Massenets wehmütige Abschiedsarie «Adieu, notre petite table» («Leb wohl, unser kleiner Tisch») aus dem zweiten Akt der *Manon* verwiesen wird. Die gesamte Szene scheint ein Versuch zu sein, Reste einer alten Operntradition zu bewahren, die nun unwiederbringlich verloren ist.

Ein zweites Beispiel führt uns in die letzten Tage der großen italienischen Operntradition zurück. Das Ende von *Turandots* vorletzter Szene ist die letzte Musik, die Puccini orchestrierte, ehe er mitsamt seinen fragmentarischen Skizzen des Opernfinales in die Brüsseler Klinik fuhr. Die Sklavin Liù (Sopran), unfähig, die Qualen der Folter zu ertragen, beklagt sich voll Trauer bei Turandot: «Tu che di gel sei cinta» («Du, die du mit Eis gekleidet bist»), ersticht sich und stirbt. Liùs blindem Vater Timur (Bass) wird dieser Tod berichtet, und er stößt einen heftigen Klagelaut aus (einer der gewaltigsten Schreie der Oper). Dann nimmt er Liùs Klagegesang als Trauermarsch auf, monoton, vom Tode matt geworden. Um Ausmaß und Tiefe des Leides noch zu steigern, tritt nun der Chor hinzu. Auch wenn die Menge kurz zuvor noch nach Liùs Blut geschrien hat, scheint sie nun gerade so fassungslos und untröstlich zu sein wie Timur. Liù – die in der Oper zumeist die untergeordnete, gefühlvolle Rolle hat – gewinnt nach ihrem Tod große symbolische Kraft. Die Schlussworte des Chores machen das deutlich: «Liù, Göttin, Liù, Süße, schlaf! Vergiss! Liù! Poesie!» Bei der Weltpremiere der *Turandot* 1926 hielt der Dirigent Arturo Toscanini nach Liùs Trauergesang inne, drehte sich zum Publikum um und sagte ungefähr die folgenden Worte (er wird unterschiedlich zitiert): «Die Oper endet hier, weil der Komponist an diesem Punkt gestorben ist.»[15] Der abschließende Moll-Akkord von Liùs Klagegesang, ruhig vorgetragen, dabei die äußersten Register des Orchesters mit einbeziehend, wird dreimal wiederholt. Diese Trauerklänge erscheinen in gewisser Hinsicht wie eine melancholische Erinnerung an den jugendlichen Puccini: Sie sind dem feierlichen Schluss der *Bohème* sehr ähnlich, die 30 Jahre früher entstand. Doch sie sind auch wie ein letztes, geisterhaftes Echo der drei Schläge, mit denen die Opernhäuser im 17. und 18. Jahrhundert den Beginn des Spektakels ankündigten.

«Der kalte Beginn eines neuen Tages»: Britten

Die bedeutendste Ausnahme des Musiktheaters im 20. Jahrhundert ist das Opernschaffen von Benjamin Britten (1913–1976). Auf operabase. com ist Britten mit weitem Abstand der am regelmäßigsten aufgeführte Opernkomponist des 20. Jahrhunderts (während der letzten fünf Jahre lag er auf Rang 13, zwischen Tschaikowski und Léhar; der nächste nach 1900 geborene Komponist ist Schostakowitsch, er nimmt Rang 36 ein). Britten begann seine Karriere in den 1930er Jahren als produktiver und frühreifer Komponist in unterschiedlichsten Genres: Er bewegte sich praktisch in allen außer dem der Oper. Wie er selber zugab (und dies ist ein Zeichen für den Stand der Oper), war für einen armen und jungen Komponisten, der seinen Weg in der Welt machen wollte, ein Opernprojekt schlicht undurchführbar; und Britten war Pragmatiker. 1939 brach er gemeinsam mit dem Tenor Peter Pears, der sein Lebensgefährte werden sollte, zu einem ausgedehnten Besuch in die USA auf; vielleicht, um zu emigrieren. Doch 1942, mitten im Zweiten Weltkrieg, beschlossen Britten und Pears heimzukehren. Zu diesem Zeitpunkt dachte Britten bereits an eine Oper, die auf einem Gedicht von George Crabbe (1754–1832) beruhte und unter rauen Seeleuten spielte. Die Koussevitsky Foundation hatte ihm ein Stipendium gewährt, das ihm ermöglichte, eine große Oper zu schreiben. Diese Crabbe-Oper wurde dann zu *Peter Grimes*, der 1945 in London seine Premiere feierte, mit Pears in der Hauptrolle. Diese Oper erwies sich als international so erfolgreich, dass sie Britten in die Lage versetzte, künftig weit mehr Energie auf die Oper zu verwenden – um sie, wie er damals sagte, zu seinem «eigentlichen Metier» zu machen.[16] Er war sich bewusst, dass diese Entscheidung ungewöhnlich war: War doch der «professionelle» Opernkomponist, der Spezialist, schon lange verschwunden. Wie Britten an seinen Komponisten-Kollegen Michael Tippett schrieb: «Möglicherweise bin ich ein Anachronismus. Ich bin Opernkomponist, und das werde ich durch und durch sein.»[17]

Und genau das war dann eine Zeit lang der Fall. Zwischen 1945 und 1954 schuf Britten sieben Opern, von denen zwei, *Billy Budd* (1951) und *The Turn of the Screw* (*Die Drehung der Schraube / Die sündigen Engel / Die Besessenen*,* 1954) es an Popularität fast mit *Grimes* aufnehmen konnten, sowohl in England als auch (und etwas zurückhaltender) andernorts (*The*

* Alle drei Titel werden verwendet.

Turn of the Screw war am Teatro La Fenice in Venedig uraufgeführt worden, ganze drei Jahre, nachdem am selben Theater *The Rake's Progress* herausgekommen war). Doch dann wandte sich Britten in einem offenkundig bewussten Versuch, sich zu erneuern, von der Oper ab. Und wie er nun vermehrt Instrumental- und Kammermusik schrieb, so versuchte er sich auch an anderen Gattungen wie etwa dem Ballett, den *Kirchen-Parabeln* und Kinderstücken. Seine einzige Rückkehr zur Oper während der nächsten 15 Jahre war eine Bearbeitung von Shakespeares *A Midsummer Night's Dream* (*Ein Mittsommernachtstraum*, 1960). Als er in den 1960er Jahren zu einem internationalen Denkmal wurde, standen verschiedene pompöse Opernprojekte zur Diskussion, einschließlich eines *King Lear* und einer *Anna Karenina*. Doch wurden diese Pläne nicht realisiert – was vielleicht auch klug war. Gegen Ende seines Lebens wandte er sich noch zweimal den eher eingeschränkten Themen seiner ersten Opern zu: mit einer Fernsehoper des Titels *Owen Wingrave* (1970), endlich dann mit einer Bearbeitung von Thomas Manns Novelle *Death in Venice* (*Tod in Venedig*, 1973).

Doch *Peter Grimes* war der Durchbruch und stellt ein wichtiges Moment in der quälenden Operngeschichte des späteren 20. Jahrhunderts dar. Und was für so viele Opern dieser Zeit gilt: Ihre historische Bedeutung wurde von Anfang an hinausposaunt. Einer der auffälligsten Aspekte der frühen *Grimes*-Rezeption ist der besorgte Blick auf die Opernvergangenheit und Brittens Platz darin.[18] Drei Fragen wurden immer wieder gestellt: War Britten der Nachfolger Verdis oder Wagners? Wie verhielt er sich zu den jüngeren kontinentalen Operntrends? Welche Rolle spielten seine nationalen Wurzeln? Mit ein wenig Hilfe vom Komponisten selbst, der ein zwar zurückhaltender, dennoch geschickter Selbstvermarkter war, kamen die Antworten – bereitwillig, wenn auch wenig beweiskräftig. Auf die erste Frage war natürlich «Verdi» die passende Antwort, vor allem der späte Verdi des *Otello* und *Falstaff*, in denen nur Bruchstücke von Arien, Duetten und Ensembles zu finden waren, worin das Orchester sich meist (wenn nicht immer) der Stimme unterordnete. Doch konnte sich der *Grimes* auch einer ganzen Reihe wiederkehrender Motive rühmen und unterzog sie zuweilen einer orchestralen Entwicklung, so dass der Schatten Richard Wagners noch nicht vollständig getilgt war. Die zweite Frage, die nach seinen zeitgenössischen Kollegen, rief gleichfalls Verwirrung hervor. Jeder konnte hören, dass *Grimes* tonal war, wenn auch zuweilen mehrdeutig, und dabei nur wenige Anleihen bei der Atonalität oder dem Serialismus machte, die damals in Europa *en vogue* waren. Andererseits waren einige Teile der Partitur – nicht zuletzt die sechs Orchester-Zwischenspiele, dazu das wenig erhabene Opern-Thema und der ungewöhnliche Außenseiter-Protagonist – deutlich von Bergs *Wozzeck* beeinflusst. Was die dritte Frage betrifft, die nach den englischen Wurzeln: Auch hier war die Position von *Peter Grimes* unklar; vor allem deshalb, weil es buchstäblich keine Operntradition gab, auf die man sich beziehen konnte. Britten selbst betonte die nationale Leerstelle, die ihm vorauslag. Er sagte, dass zu seiner Aufgabe gehöre, «dem musikalischen Gebrauch der englischen Sprache wieder eine Brillanz, Freiheit und Vitalität beizumessen, die seit dem Tode Purcells seltsamerweise sehr selten gewesen ist»,[19] eine Feststellung, die oft zustimmend von denen zitiert wurde, die eine moderne Renaissance des Englischen befürworteten. Tatsächlich kam der Verdacht auf, dass der Erfolg des *Grimes* auch daher kam, dass sein Komponist weniger durch die Operntradition belastet war als seine Kollegen vom europäischen Festland und daher frei, seinen eklektischen Tendenzen zu frönen. Außerdem waren Verdi, Wagner, Berg und Purcell ja nicht die einzigen Einflüsse. Einige öffentliche Szenen im *Grimes* weisen mehr als nur eine Spur populärer Musikstile auf, vielleicht gefiltert durch Gershwins *Porgy and Bess*, vielleicht auch inspiriert durch Brittens frühere Arbeiten für den Film. Die harmonische Sprache tendiert oft zur modalen Schreibweise (die übermäßige Quart in der lydischen Tonart wird besonders bevorzugt), und diese Schreibweise hat, trotz aller Verkündigungen des «Zurück zu Purcell», Anklänge an jüngere englische Komponisten wie Gustav Holst und Ralph Vaughan Williams.

Die verschiedenen musikalischen Mittel passten zu einer Geschichte, die fein ausbalanciert war, dabei schwierig einzuordnen. Vor allem war sie eine Geschichte, die sich als sehr resistent gegenüber eindeutigen Interpretationen erwies. Crabbes Gedicht von 1810, *The Borough* genannt, wies dagegen nur wenig Mehrdeutigkeit auf. Der Abschnitt, der Grimes vorbehalten ist, zeigt das düstere Porträt eines Fischers, der drei junge Lehrlinge durch Gewalt und schlechte Behandlung zu Tode bringt und dann, außer sich und in Panik, verfolgt von ihren Geistern, selbst stirbt. Britten und sein Librettist Montagu Slater arbeiteten diese Erzählung zu einer dreiaktigen Oper aus, doch im Verlauf dieser Arbeit machten sie Grimes (Tenor) ebenso zu einem Opfer wie zum Schurken. Er ist ein Außenseiter, verachtet von den aufgeblasenen Honoratioren der Stadt. Obwohl er zu Gewalt neigt, offenbart er auch eine sanftere, visionärere Seite in seinen Beziehungen zu Balstrode (Bariton), einem ehemaligen Kapitän zur See, und zu Ellen Orford (Sopran), der örtlichen Lehrerin, vor allem aber in seinen Reaktionen auf das wilde, unberechenbare Meer, das ihn umgibt. Nach dem zunächst noch wie ein Zufall erscheinenden Tod eines Lehrlings wird er von den Stadtmenschen gejagt und durch diese Verfolgung in den Wahnsinn getrieben; er fährt mit seinem Boot auf das Meer hinaus und begeht Selbstmord.

Eine der bedeutendsten Leistungen dieser Oper ist die musikalische Charakterisierung von Grimes, die durchweg ein Gefühl der Mehrdeutigkeit aufrechterhält – eines Protagonisten, bei dem man sich nie sicher sein kann. Manchmal wird diese Wirkung durch entwaffnend eindeutige musikalische Mittel erreicht. In der Eingangsszene, als Grimes auf eine Untersuchung eingeschworen wird, die den Tod seines ersten Lehrlings aufklären soll, bildet die langsame Wiederholung des Eides auf einem sanften Dominant-Septakkord, von Streichern begleitet, einen starken Kontrast zu dem reich mit Holzbläsern durchsetzten, unruhigen leitmotivischem Gerede der Stadtmenschen, die ihre Anklage vorbringen. Das hat man oft mit der Art verglichen, wie Bach die Christusworte in seinen Passionsmusiken heraushebt. Eine vielschichtige lyrisch-ruhige Stimmung – mit gleichbleibender, ruhiger Deklamation auf einem Rezitations-Ton – tritt in der 2. Szene des ersten Akts auf, bei Grimes' visionärer Arie «Now the Great Bear and Pleiades» («Nun, da der Große Bär und die Plejaden»). Doch gegen Ende dieses Musikstücks wird Grimes gleichsam musikalisch gewalttätig, so wie er das noch offensichtlicher in einer Szene zu Beginn des zweiten Akts wird. Diese endet damit, dass er Ellen schlägt und auf ein kantiges, absteigendes Motiv die verhängnisvollen Worte singt «And God have mercy upon me!» («Und Gott möge Erbarmen mit mir haben!»).

Die Schlussszene der Oper, in der Grimes' Kraft aufgezehrt ist, bietet gewissermaßen eine Summe des Eklektizismus dieser Oper. Die Szene kommt daher als ein altmodisches Musikstück, als Opernnummer, die, in Brittens eigenen Worten, «die Emotion einer dramatischen Situation herauskristallisieren und aufrecht erhalten» kann.[20] Man kann sie sogar mit einer traditionellen Opern-Wahnsinns-Szene vergleichen – aus zeitlich so weit entfernten Werken wie Donizettis *Lucia* oder so nah wie Bergs *Wozzeck* –, und zwar vergleichen in Bezug auf das Spiel mit verzerrten, halb erinnerten Fragmenten aus der musikalischen Vergangenheit. Die Szene beginnt mit einer fast atonalen Orchestermusik, um Grimes' unterbrochenen, nur spärlich begleiteten Monolog einzuleiten. Wieder ist das geschickte Spielen mit der Tonalität zu beobachten. In der vorangegangenen Szene äußerten die Stadtmenschen ihre Wut durch unablässig wiederholtes Rufen von Grimes' Namen; jetzt erklingen diese Rufe, von einem fernen Nebelhorn unterbrochen, in der Ferne wieder, doch sind sie nun zu einem sanften tonalen Summen geworden, das zuweilen die Dominant-Septime bringt, die Grimes' ersten Worten in der Oper unterlegt war. Diese harmonische Ähnlichkeit wirft die Frage auf, die sich viele Opernkomponisten des 20. Jahrhunderts gestellt haben: Woher kommen diese fernen Klänge? Sind sie real, oder entstammen sie Grimes' verstörtem Geist? Wie auch immer die Antwort lauten mag, am Ende ist Grimes überwältigt und bricht in unzusammenhängendes Gemurmel aus. Ellen erscheint und will ihn trösten; seine letzten schwärmerischen Erinnerungen an die musikalische Vergangenheit scheinen die Rufe der Stadtbewohner verändert zu haben. Sie wirken nun wie ein schmerzlicher Kommentar zu seinem Zusammenbruch.

Britten, ein erklärter Bewunderer des späten Verdi, mag den *Otello* als Vorbild genommen haben und ließ seine Oper damit enden, dass sein gebrochener Held bis zum letzten Atemzug singt. Doch Grimes' letzte Äußerungen haben nur einen fernen, klagenden Chor und das geisterhafte Nebelhorn als Begleitung. Britten spürte, dass noch mehr vonnöten wäre. So erscheint also zunächst etwas, das zu einem modernen Opern-Klischee bei Krisenmomenten geworden ist: die schmucklose Rede. Balstrode nähert sich Grimes und spricht Worte, die kaum prosaischer sein könnten: «Sail out till you lose sight of land. Then sink the boat. D'you hear? Sink her. Goodbye, Peter.» («Fahr hinaus, bis du kein Land mehr siehst. Dann versenk das Boot. Hörst du? Lass es versinken. Leb wohl, Peter»). In der gedruckten Partitur folgt nun eine längere und differenzierte Szenenanweisung:

Gemeinsam schieben die beiden das Boot das Ufer hinunter. Balstrode geht zurück und winkt zum Abschied. Er nimmt die leise schluchzende Ellen in den Arm, versucht sie zu beruhigen und führt sie behutsam die Hauptstraße entlang zu ihrem Haus. Als die Männer das Boot hinunterschieben, fängt das Orchester wieder an zu spielen.

Die beiden an dieser Stelle verwendeten, eher seltsam scheinenden Adverbien «leise» und «behutsam» bedürfen näherer Betrachtung. Sie scheinen den Zuschauern zu sagen, dass keine Theatralik, kein Buhlen um Beachtung, keine Opernhaftigkeit hier wirken sollen. Ellen und Balstrode sollten nicht allzu viel Aufmerksamkeit der Zuschauer oder gar deren Sympathie bekommen, weil – wie der Schlusssatz sagt – etwas Bewegenderes sich ereignet hat. Eine ausführliche Wiederholung des ersten Orchester-Zwischenspiels – eine schillernde, schimmernde Meereslandschaft mit hohen, durchdringenden Streichern, Harfen-Arpeggios und tiefen Blech-Akkorden – bringt Peter Grimes und damit auch *Peter Grimes* zur Ruhe. Es gibt noch weitere Szenenanweisungen, ein regelrechter Sturzbach von Worten: Die Stadtbewohner lassen von ihrer Menschenjagd ab und beginnen mit ihrer abendlichen Routine. Einige Nebenpersonen geben unzusammenhängende Bemerkungen über das Boot auf dem Meer von sich – sinkt es? Der Chor verkündet den kalten Beginn eines neuen Tages. Am Ende taucht auch das Orchester in ein hohles, tiefes Register hinab; drei kurze, tiefe Akkorde zeigen das Ende an.

Nach dem Erfolg des *Peter Grimes* konnte Britten sein Metier eine Zeit lang weiter mit Ausdauer verfolgen. Sein Thema blieb dem des Endes von *Peter Grimes* ähnlich: Zwänge und Ungewissheit im persönlichen, inneren Drama, vor allem keine Epik. Zudem ließ Brittens Bereitschaft, dem Orchester an entscheidenden Momenten die Hauptlast der Mitteilung wie etwa in den letzten Minuten bei *Grimes* zu übertragen, nicht nach. In *Billy Budd* wird die zentrale Konfrontation (zwischen dem verurteilten Matrosen Billy Budd und seinem Kapitän Vere, der Billy sein Todesurteil verkündet) vollständig vom Orchester ausgeführt, das durch eine Folge von tonalen und Klangfarben-Kombinationen fortschreitet (und dabei feinsinnig die Stimmung verändert), ganze 34 Akkorde lang. *The Turn of the Screw* gewinnt wie *Grimes* einen guten Teil seiner Besonderheit durch eine Reihe von Orchesterzwischenspielen, die die ansonsten kurzen, fragmentarischen Szenen verbinden. Im Laufe der Zeit wurde der stilistische Umfang von Brittens Kompositionen immer gewagter und eklektischer. Die Zwischenspiele sind nun Variationen über eine Zwölfton-Reihe, obschon so geschrieben und durchgeführt, dass sie größtmögliche tonale Möglichkeiten zuließ.

Brittens Erfolg blieb nicht ohne das Echo von Mahnrufen, sicherlich eigenen, inneren, doch auch solchen von außen: Er solle, wenn nicht heroischere, so doch zumindest traditionellere Themen in Angriff nehmen. Für gewöhnlich widerstand er diesem Druck (zumindest auf dem Gebiet der Oper), doch die Entscheidung des Jahres 1960, mit den Arbeiten an *A Midsummer Night's Dream* zu beginnen, war tatsächlich eine Art Aufbruch. Schließlich ging es dabei um Shakespeare, und das schloss illustre musikalische Vorgänger ein. Außerdem bot das Stück offenbar weit weniger Möglichkeiten für die charakteristischen Zwänge und Ungewissheiten, die für seine bisherigen Hauptpersonen typisch waren. Britten war sich dieser Herausforderung bewusst. In einem Essay über das Stück sagte er, dass die drei Handlungs-Ebenen, die der Stoff vorgebe –

die Ebene der Liebenden, der Handwerker und der Feen – ihm «operntechnisch … besonders spannend» schienen.[21] Doch die letztgenannte Gruppe regte seine Phantasie am intensivsten an. Die Feen und ihr geheimnisvolles Waldreich, was ja hätte ein Hintergrund-Element bleiben können, wurden zur beherrschenden Kraft und mit der ganzen Palette von Brittens musikalischer Phantasie ausgestaltet.

Grundlegend ist dabei die sorgsame Erkundung der Tonalität und ihrer verschiedenen Ausprägungen im 20. Jahrhundert. Man hat das schon in seinen früheren Opern beobachten können, doch tritt es hier systematischer auf. Feen sind bekannt dafür, dass sie ihre Gestalt verändern können. Die geheimnisvollen Eröffnungs-Akkorde von Mendelssohns Ouvertüre zum *Sommernachtstraum* sind ein klassisches Beispiel, wie sehr diese Qualität des Geheimnisvollen harmonisch und orchestral umgewandelt werden konnte. Britten antwortete mit einer modernen Entsprechung: Er benutzte in der periodisch wiederkehrenden Beschreibung des Waldes im ersten Akt sowie in der Passacaglia, die den Feen im zweiten Akt zugewiesen ist, eine «zwölftönige» Musik, die allerdings als versteckte tonale Fortschreitung angelegt ist mit sich stets verändernden Orchesterkombinationen. Die Feen selbst besetzen eine entschieden unopernhafte vokale Welt. Oberon ist ein Countertenor; ein Stimmtypus, der damals auf der Opernbühne so gut wie unbekannt war. Der Chor der Feen besteht aus einem kirchenmäßig singenden Knabenchor, und Puck ist ein halbwüchsiger Knabe, der seinen Part durchgängig spricht. Ihr abschließender Gruß am Ende der Oper «Now until break of day» («Nun bis zum Morgengrauen») ist ein mit Recht gefeiertes Schlaflied, mit seinem altertümlichen, purcellhaften rhythmischen Schwung und der einschläfernden Begleitung durch Cembalo und Harfen, die sich ausgiebig unter einer Melodie von betörender Schlichtheit entfaltet.

Die wenig opernhafte Klangwelt der Feen steht in größtem Kontrast zur Musiksprache der Handwerker, deren pfuscherhaftes Theater-Spielen im letzten Akt in eine feinsinnige Verballhornung der Oper des 19. Jahrhunderts übersetzt ist, vor allem in die der italienischen Oper vor Verdi. Von Brittens zumeist anspruchsvollen Kritikern ist das sehr anerkannt worden. Einer von ihnen lobte die Darstellung jener «Klischees, mit denen so viele italienische Opern des 19. Jahrhunderts ihren gefahrvollen Weg zwischen dem Banalen und dem Melodramatischen gegangen» seien.[22] Brittens eigene Haltung schien hier zugleich großzügiger (Snouts schiefer Monolog ist ganz klar ein Hieb gegen die ultra-moderne Sprechstimme in Schönbergs *Pierrot lunaire*, auch wenn Anna Russells Opernparodie gleichfalls einigen Einfluss gehabt haben mag) wie auch liebevoller (Thisbys von der *Lucia* inspirierte Wahnsinns-Szene mitsamt der Flötenbegleitung ist fast schon zu liebevoll). Doch das Merkwürdigste an der Szene ist, wie bei manchen Passagen von Bottom sich die Musik von der Parodie zur Nostalgie hin entwickelt und dabei Höhepunkte erreicht, die eher eine Hommage denn eine Parodie auf die Zeiten sein mögen, als große tragische Reden auf der Opernbühne noch möglich waren und man stille und bedächtige Momente noch nicht brauchte.

Solche Momente können angesichts der dritten musikalischen Ebene des *Dream* weiter an Bedeutung gewinnen: auf der Ebene der athenischen Liebenden. Hier kommt Britten, vielleicht auch wegen der Ausprägung der anderen Ebenen, einem verschwenderischen Opernausdruck gefährlich nahe. Im ersten Akt schwören Hermia und Lysander einander leidenschaftlich ihre Liebe, «Ich schwöre dir bei Cupidos stärkstem Bogen», und die aufgeregte Stimmung zeigt sich in pochenden Streichern, vorandrängenden Holzbläsern und Hörnern sowie bekräftigenden vokalen Arpeggios. Die Schwüre dieser Liebenden sind auch durch eine chromatische Sequenz untermalt, die sich an anderer Stelle durch die Feen-Musik windet. Offenbar hatte Britten seine Komposition regelrechten «Zwölfton-Listen» ausgesetzt, wobei jede Note pflichtgemäß aus der Liste gestrichen wurde, nachdem sie ihren Platz in der Partitur gefunden hatte.[23] Dieses ausgeprägte Selbstbewusstsein wirft die Frage auf: Ist der Komponist in seinem Protest zu weit gegangen? Wurde er unbequem, als eigentlich ein epischer, breit angelegter Operngestus angezeigt war?

Wie auch immer: Nach dem *Midsummer Night's Dream* zog sich Britten von der Oper zurück und wandte sich den *Kirchenparabeln* zu, worin er seine mehrdeutige Dramatik in abgeschwächter Form fortsetzen konnte. In diesem Sinne war *Dream* der Wendepunkt. Britten spürte, dass er sich von bestimmten Extravaganzen der Oper distanzieren musste, wollte er mit seinen Bühnenwerken fortfahren. Blickt man zurück in die späten 1940er und frühen 1950er Jahre, als er eine bemerkenswerte Reihe von Opern schrieb, stellt man bereits Anzeichen für diese Problematik fest. *Grimes* ist ein enormes Werk, doch die Momente der größten Dramatik und Wirkung – wofür der Schluss als Beispiel steht – verlassen sich sehr auf die viel gerühmte Fähigkeit des Komponisten zur orchestralen Erfindung, wie das auch für die entscheidenden Augenblicke in *Billy Budd* gilt. In dieser Hinsicht ist es sehr vielsagend, dass Brittens letzte Oper, die er in den 1960er Jahren schrieb, abgesehen vom hypnotisierenden Schlaflied der Feen am Ende des *Dream*, eine Parodie auf die Exzesse war, zu denen die Opern der Vergangenheit, geschrieben in weniger schwierigen Zeiten, angeblich neigten. Es ist eine Parodie, deren schierer Überschwang sich einer gefühlvollen Befreiung nähert; einer Befreiung, die in der Nachkriegswelt unmöglich war. Nur der Schleier des Pasticcios gestattete, dass derartige Gefühle freigesetzt werden konnten.

Ist also Britten (geboren 1913, heutzutage jedoch populärer als Bellini, Janáček, Massenet, Gluck oder Weber) ein Schlüssel zur Zukunft der Oper?[24] Vielleicht – doch es lohnt sich, an eines der meistzitierten Bonmots Debussys zu erinnern, was das komplizierte Nachleben Richard Wagners anging. Bissig wie stets, bittet Debussy seine Leser um Nachsicht, dass er mit der Großspurigkeit redet, die ihm eigen sei, und nennt Wagner «einen schönen Sonnenuntergang, den man irrtümlich für den Sonnenaufgang hielt».[25] Das schrieb Debussy anno 1903, und vermutlich hat er bis zu seinem Sterbetag daran festgehalten. Die Welt der Oper – Komponisten, Akteure, Theoretiker, Zuhörer – sah die Sache allerdings etwas anders. Wagner mag das Schreiben einer Oper schwieriger gemacht haben, die Reibung größer, doch eine bedeutende Reihe von musikalischen Neuschöpfern, Debussy eingeschlossen, waren auch nach Wagner – zumindest gelegentlich – produktiv. Was aber ist mit Britten, dem einzigen wirklich bedeutenden Opernkomponisten nach 1945? *Peter Grimes*, der gerade erschien, als der Zweite Weltkrieg mit all seinen Schrecknissen endete, wurde sogleich als neuer Anfang gepriesen. Er schließt mit einer zu Recht berühmten orchestralen Dämmerung, fein ausbalanciert (ruhig, behutsam) zwischen Ergebenheit und neuer Hoffnung. Doch dieses Mal wirkte, selbst für die charakteristische Stimme der späten Oper des 20. Jahrhunderts, die Zukunft eher wie ein Sonnenuntergang.

Wiedergänger

Geister kehren immer wieder, so heißt es. Nach 1945 wurde die Repertoire-Oper zur Vorlage für neue Aufführungen, für viele wundervolle und unterhaltsame Neuinterpretationen. Wie wir gesehen haben, lebte die Repertoireoper auch mehrfach als Thema und Quelle für alles wieder auf, was im Film mit Musik zu tun hat. Doch nach 1945 nimmt die Popularität der Oper eben auch ab; und zwar in dem Sinne, dass die allgemeine Bekanntheit der wichtigsten Werke und die Liebe zu ihren Charakteren nicht mehr einfach als gegeben gelten dürfen. Disney kann sich nicht länger auf die Schulkinder verlassen, die sich an singenden Walen ergötzen, welche einen größeren Abschnitt aus *Tristan und Isolde* singen. Und Opernsänger können nicht mehr zum Film überwechseln, um dort in Komödien über die Oper mitzuspielen.

Doch in der zweiten Hälfte des 20. Jahrhunderts wurde die Oper zusehends für ein größeres Publikum verfügbar, als auch die Möglichkeiten ihrer Verbreitung immer größer wurden. Diese neue Massenverbreitung kann sich etwa auf kleinste Bruchstücke beziehen, dann auf kurze Opernausschnitte, die zu einem Bestandteil der Massenkultur geworden sind. Im Zeichentrickfilm der Pixar Animation Studios, *Finding Nemo* (*Findet Nemo*, 2003), sucht ein Clownfisch nach seinem verlorenen Sohn und wird auf seinem Weg von Makrelen begleitet, die durch ihren vibratoreichen Gesang und ihr Schwimmen in einem Schwarm, der an den Umriss der Oper in Sydney erinnert, ihm wortlos mitteilen, wohin er ziehen soll. Popsängerinnen wie die Nachwuchs-Sopranistin Jackie Evancho (sie wurde 2012 zwölf Jahre alt) verdienen ein Vermögen damit, dass sie sich ein Mikrofon an den Mund halten und ein gerolltes «r» sowie Vibrato einsetzen, um Operngesang nachzumachen. Evancho, die jüngste Künstlerin, die je mit einem Platin-Album ausgezeichnet wurde, kann man auf ihrer CD *Dream with Me* hören; sie singt dort ein grauenhaftes «Nessun dorma», die große Tenorarie aus dem dritten Akt der *Turandot*, eine Rhapsodie über Schlaflosigkeit und sexuelles Begehren. In einer früheren Phase der zur Massenware gewordenen Oper war «Nessun dorma» ein Hit der Drei Tenöre [Pavarotti, Domingo, Carreras]. Evanchos Mischmasch aber belegt, wie weit ihr Zielpublikum davon entfernt ist, sich um Puccinis letztes Werk zu scheren oder überhaupt etwas von der Oper insgesamt zu wissen. «Nessun dorma» geschlechtlos? Man erinnere sich an den weiteren Text: «Oh Prinzessin ... auf deinen Mund werde ich meinen Namen flüstern, wenn das Licht glänzt! Und mein Kuss wird das Schweigen beenden, durch das ich dich gewinne!» Wenn diese Arie in einer Sprache, die sich nur einigermaßen nach Italienisch anhört, von einem vorpubertären Mädchen-Sopran in einem weißen Kleid mit Schärpe gesungen wird – dann sind nicht die kindliche Interpretin und deren damit erzielte Einkünfte so befremdlich und beunruhigend. Verstörend ist die Tatsache, dass dies eine Trauerfeier für den Grundzug der Oper überhaupt darstellt – für die erwachsene Leidenschaft. Es bedeutet den kompletten Verlust an Bedeutung und Zusammenhang.

Was die Geister im Museum angeht, so scheint es offenkundig, dass die heutige Opernindustrie ein Teil des Problems ist. Boulez wies vor

Jahren darauf hin: Unsere neuen Opernhäuser, sogar im weit entfernten Guangzhou gelegen, sind tatsächlich beeindruckend. Wie fast all jene, die aus der Vergangenheit bis heute überdauert haben, sind sie ganz überwiegend für den Konsum von Oper ausgelegt, die der Vergangenheit angehört. Ihre Zuschauerräume entsprechen den Werken des 19. Jahrhunderts mit ihren großen Orchestern und Sängern, deren Stimmen kraftvoll genug waren, noch bis in die äußersten Ecken zu dringen. Neue Opern, die eigens für solche Häuser geschrieben wurden, sind dazu verurteilt, sich dem anzupassen – eine Aufgabe, für die die Komponisten keine unmittelbaren Vorbilder haben und wo ihre Erfahrungen (fast ausschließlich mit «reiner» Instrumentalmusik) sich oft als Hindernis erweisen. Vor einiger Zeit, als wir über dieses letzte Kapitel nachdachten, sprachen wir mit einem Komponisten, der gerade dabei war, einen Auftrag für ein größeres US-Opernhaus abzuschließen. Freimütig bekannte er, dass er fast alle neueren Opern unerträglich fände, und meinte, dass Werke, die die Hörer mehrere Stunden einer atonalen Musik aussetzen, schon von Anfang an dem Untergang geweiht seien. (Er erinnerte daran, wie kurz der *Wozzeck* sei und wie schnell die Szenen dort einander abwechselten.) Auch war er sich der Tatsache bewusst, dass sein eigenes Vorhaben ungefähr zwei Millionen Dollar verschlungen hätte, Geld anderer Leute, und dass er keine Erfahrung mit dem Schreiben von Musik für die große Bühne habe. Dennoch blieb er optimistisch: Er glaubte leidenschaftlich, dass seine Oper ganz anders als die üblichen avantgardistischen sein würde – sein müsste. Sie würde zum Publikum sprechen, wo zahllose andere versagt hätten. Seine Haltung war ein außerordentliches Zeugnis für die persönliche Überzeugung, die man wohl braucht, um etwas Schöpferisches von dieser Größe hervorzubringen. Ebenso ungewöhnlich aber war auch das Triumphieren seiner Hoffnung über die kollektive Erfahrung. Hat unser Komponist ein zu schwarzes Bild gemalt und alle jene außer Acht gelassen, die eine schöpferische Erneuerung erhofften? Manche werden ihre bevorzugten Wettbewerber inzwischen gesattelt und an den Start geführt haben. Vielleicht Hans Werner Henze (1926–2012), der bis zu seinem Tod mehr als 20 Opern geschrieben hat und routinemäßig als Deutschlands größter Opernkomponist der jüngeren Geschichte apostrophiert wird und der 39 Aufführungsserien in dem Fünfjahres-Zeitraum von 2005 bis 2010 verzeichnen konnte. Oder Michael Tippett (1905–1998), dessen fünf Opern allerdings mit immer gedämpfteren Fanfaren angekündigt wurden. Allein sein Erstling, *The Midsummer Marriage* (1955), war erfolgreich, und das auch nur zeitweise. Oder Luciano Berio (1925–2003), dessen Zusammenarbeit in den frühen 1980er Jahren mit dem Romancier Italo Calvino zwei Opern mit postmodernem Anstrich (*La vera storia*, [*Die wahre Geschichte*] 1981, und *Un re in ascolto*, [*Ein König horcht*] 1984), doch von zweifelhafter Lebensfähigkeit, zustande brachte.[26] Olivier Messiaen (1908 bis 1992) schrieb nur eine einzige Oper, *Saint François d'Assise* (1983), ein sprachdurchsetztes Werk mit vielen herrlichen und komplexen Instrumentalklängen – vor allem Glocken – und weniger herrlichen Intonationen für die Stimmen. Seit dem Jahre 2000 ist sie sehr *en vogue*, und einige Inszenierungen dieses Werks (so an der Deutschen Oper, Berlin, in San Francisco, an der Opéra in Paris und in München) waren teuer und zugleich visuell atemberaubend. Ähnliches gilt, was die Anzahl der Wiederaufführungen angeht, für den Ungarn György Ligeti (1923–2006), dessen einzige Oper *Le Grand Macabre* (1977) sich nachdrücklich auf die Opernvergangenheit bezieht. In «Brueghelland» angesiedelt und voll expressionistischer/pantomimischer Handlung, tummelt sich diese Oper auf einem Gebiet, das Ligeti die «tiefgefrorene» Musik der Geschichte nannte[27] und aus einem dem *Wozzeck* vergleichbaren Bewusstsein Nutzen zog, demzufolge keine Szene oder musikalische Haltung lange andauern sollte. Schon die Freizügigkeit der musikalischen Anleihen (ganz zu schweigen von der Handlung) ist unglaublich – oder auch verblüffend. Ein Staccato-Vorspiel für zwölf Autohupen (der Serialismus lässt grüßen) führt die umschlungenen Liebenden ein, Amando und Amanda, beides Soprane, die mit monteverdianischer Laszivität und Ausschmückung singen. Sie werden von einem betrunkenen Idioten unterbrochen, der «Dies irae» ruft. Und so geht es weiter, mit Britten-ähnlichen Knabenchören (oder Countertenören), wilden Koloratursopranen, Sprechrollen, Beethoven-Pasticcios, Offenbach'schen Galopps und dergleichen mehr. Wenn die Gattung Oper auf diese Weise endet, so scheint Ligeti uns zu sagen, dann sicher eher mit einem Knall als mit einem Wimmern – und sie zehrt von bereits «tiefgefrorener» Kost. Thomas Adès' *The Tempest* (*Der Sturm*, 2004) funktioniert auf die gleiche Weise; allerdings in einem engeren Sinne. Gleichfalls werden Dinge beschworen, die einst zur Oper, zur europäischen Vergangenheit gehörten: Duette und Quintette, lange wohlgestaltete Linien für die Sänger.

Doch Thomas Adès (*1971) gehört einer vollkommen neuen Generation an. Es waren gerade nicht die Herolde der Moderne, sondern eher die nach dem Zweiten Weltkrieg geborenen Komponisten, die mit Opern Erfolg hatten. Einer von ihnen ist für viele eine polarisierende Gestalt: John Adams (*1947), der mit einer Reihe von Opernaufträgen beispiellose öffentliche Erfolge feierte; alle seine Opern erlebten zahlreiche Aufführrungen auf der ganzen Welt. Adams' Attraktivität liegt in der Unmittelbarkeit seiner Themen. Für *Nixon in China* (1987), in Zusammenarbeit mit Alice Goodman (Libretto) und Peter Sellars (Regie und Konzept) entstanden, verwendete man als Quellenmaterial die historische diplomatische Mission von US-Präsident Nixon (1972), die keine zwei Jahrzehnte vor der Oper stattgefunden hatte. Indem er solche Aktualität aufgriff, ging Adams gegen die Tendenz der Opernmode nach 1945 an, die ja – vermutlich wegen der Nervosität im Hinblick auf die fragile Position des gesamten Genres in der Gegenwart – überwiegend weiter entfernte, mythische oder zumindest historische Stoffe bevorzugte. Es gab schon in der Vergangenheit Gegenwarts-Opern, doch fast alle von ihnen waren komisch. Die *opera buffa* des 18. und 19. Jahrhunderts wurde gern in unmittelbar vergangenen Zeiten angesiedelt (*Le nozze di Figaro* ist ein klassischer Fall, Donizettis *L'elisir d'amore* ein weiterer), deren gesellschaftskritische Tendenzen noch ganz klar zu Tage lagen. Wie wir im letzten Kapitel gesehen haben, produzierte die Opernkrise im Deutschland der 1920er Jahre eine ganze Reihe sogenannter Zeitopern, worin die Maschinen – und Haltungen – der Moderne geradezu trotzig vorgeführt wurden, wieder mit meist komischem Effekt. Brittens einzige Gegenwarts-Oper war zugleich seine einzige richtige Komödie: *Albert Herring* (1947).

Angesichts der Schande, mit der Nixons Präsidentschaft endete, versetzte die Tatsache Publikum und Kritik einen Schock, dass Adams' *Nixon* den Chinabesuch als großes Drama vorführt; bei manchen vielleicht einen noch größeren Schock als jener, den die extravaganten sexuellen Possen von *Le Grand Macabre* bewirkten. Die Oper als Gattung, so schien Adams dem Publikum sagen zu wollen, hat in der Tat eine Zukunft und kann die Themen der gegenwärtigen Gesellschaft frontal angehen. Andererseits ist es bei der Natur seiner musikalischen Sprache schwierig, ein anderes ästhetisches Ergebnis zu erwarten als eine epische, zeitlose Distanz. Adams nimmt die sogenannte *minimal music* von Komponisten wie Philip Glass und Steve Reich zum Ausgangspunkt; diese Technik geht zurück auf die 1960er und 1970er Jahre. Übereinandergelagerte Folgen endlos wiederholter kleiner musikalischer Figuren bilden dichte Blöcke von inneren Klangbewegungen, die langsam und über längere Zeiträume von Block zu Block wandern. Die Avantgarde-Oper von Philip Glass, *Einstein on the Beach* (1976), spitzt hinter *Nixon* hervor. Doch Adams' Blöcke bewegen sich schneller und variieren ihre Orchestrierung – mit reizvollen Instrumentenkombinationen, die an Strawinsky erinnern, und Harmonien, die ihre Gestalt verändern. Die Wirkung ist oft der von Filmmusik ähnlich, vor allem jener, die große Außenszenen untermalt. Personen und markante Chorgruppen deklamieren den Text dem Sprachduktus gemäß, doch mit einem melodischen Verlauf, der dem klangvollen Orchesterhintergrund entstammt. Dieses Schwelgen in einem gewaltigen und sich nur langsam verändernden Klang gibt der Komödie keinen Raum; selbst Richard Nixon wird standardmäßig zum Helden – ganz einfach durch seine bloße Präsenz in einer solchen Klanglandschaft.

Die große Überraschung bei alldem war der Erfolg von *Nixon*. Die Erfahrung, wohlbekannte und noch nicht vergessene Ereignisse zu sehen, die zudem in einem erhabenen Stil berichtet werden, dabei aber in eine angenehm vertraute musikalische Sprache gekleidet sind, erwies sich an der Abendkasse als unwiderstehlich. Auch wenn manche Kritiker sich über die musikalische Methode beklagten und manche strengeren Komponisten vorhersehbar ablehnend reagierten, brachte Adams dennoch eine neue Unmittelbarkeit und lockte neue Zuhörer vom Kino und anderen Massenmedien in die Oper. Kaum verwunderlich also, dass Adams und sein Mitarbeiterteam bald einen weiteren Auftrag erhielten und dem mit einem noch aktuelleren und zudem politisch sensiblen Nachfolger entsprachen. *The Death of Klinghoffer* (1991) hatte die Kaperung eines italienischen Kreuzfahrtschiffes im Jahre 1985 durch palästinensische Terroristen mit der anschließenden Ermordung Leon Klinghoffers, eines jüdisch-amerikanischen Passagiers, zum Thema. *Klinghoffer* ist, wie zu erwarten, dunkler im Ton als *Nixon* – aber gar nicht so sehr. Die Musik der Außenszenen sowie die epische Haltung sind in vielfacher Hinsicht identisch. Die Oper beginnt mit zwei Chören, zunächst dem der exilierten Palästinenser, dann dem der exilierten Juden. Das Gespür für eine ausbalancierte, faire Annäherung an die gegensätzlichen Kräfte wird durch die fehlende musikalische Differenzierung dieser Kräfte geradezu betont und legt den Grund für eine gelöste oratorienähnliche Stimmung, die durchgängig beibehalten wird. Wie schon bei *Nixon* impliziert Adams' charakteristischer Stil, dass die Handlung sich notwendig auf einer anderen Ebene entwickeln muss. Eine direkte Umsetzung der Handlung ist kaum möglich; sogar die offensichtlichsten Ereignisse müssen durch ausführliche Erzählungen berichtet werden.

In diesem Falle hat die fehlende musikalische Differenzierung – angesichts der Quellen Adams' vermutlich ein hausgemachtes Problem – eine beträchtliche Kontroverse entfacht. Während nur wenige davon betroffen waren, dass Nixon durch sein musikalisches Eintauchen in minimalistische Klänge gleichsam geadelt wurde, war das bei palästinensischen

Terroristen doch etwas anderes. Bald wurden Vorwürfe laut, dass die Oper antisemitisch sei oder den Terrorismus stillschweigend dulde – gegen die Oper demonstrierten sogar jüdische Gruppen in San Francisco (der Heimatstadt des Komponisten). Adams war verletzt und meinte, er sei vollkommen überrascht, dass seine Oper solche Leidenschaften hätte wecken können. In einem Interview sagte er ferner: «Wir alle haben intensiv geforscht ... Ich habe sehr viel von Edward Saids Schriften gelesen. Ich weiß, dass Alice Goodman den Koran fast durchgelesen hat.»[28] Der Hinweis auf Said, einen distinguierten Literaturkritiker und bis zu seinem Tode 2003 eine der mächtigsten Pro-Palästina-Stimmen im israelisch-palästinensischen Konflikt, führt uns zu einigen Themen zurück, die wir in Kapitel XV behandelt haben. Dazu gehört vor allem, dass die Oper eine Gastrolle in dem Zusammenhang gespielt hat, den man im Kielwasser von Said als post-koloniale Kritik bezeichnet hat. Adams schien Said als eine Art Garant für Seriosität einzusetzen. Daher sollte man zur Kenntnis nehmen, was Said selbst, der eine bedeutende zweite Karriere als Musikkritiker erlebte, ausführlich über diese Oper schrieb. Grundsätzlich fand er sie unparteiisch. Doch er wies darauf hin, dass sie deshalb so sei, weil der Musikstil gar nicht in der Lage wäre, eine starke Position einzunehmen oder auch bedeutsame dramatische Kontraste auszudrücken. In Saids Worten war es eine «Musik, die sich häufig seltsam retrospektiv anhört, unbestimmt oder nur teilweise von der *Richtung* überzeugt, die sie einschlägt».[29] Nach der *Klinghoffer*-Kontroverse zog sich Adams, vielleicht zur Einsicht gelangt, auf die Instrumentalmusik und das Oratorium zurück. Seine einzige neuere Oper war *Doctor Atomic* (2005), die J. Robert Oppenheimer zum Protagonisten hat und den Bau der ersten Atombombe thematisiert. Ob diese Oper das gleiche Schicksal hat wie *Nixon*, bleibt offen.

Das war's. Das ist Oper. Eine Menge von Leuten in Kostümen, die sich verlieben und dann sterben

Oper war immer schon eine besondere Form des Schauspiels, und das wird auch so bleiben. Ihre gegenwärtige Form hat sie allmählich im 17. Jahrhundert angenommen, und zwei Jahrhunderte lang war sie die beherrschende – spätestens aber im 19. Jahrhundert die erhabenste – Form elitärer Musikkultur. Das ist eine ungewöhnliche Langlebigkeit für ein musikalisches Genre. Die Monumente der Operntradition faszinieren uns weiterhin und haben sich äußerst fähig gezeigt, sich veränderten kulturellen und politischen Umständen anzupassen. Die Tatsache, dass über so lange Zeiträume hinweg immer wieder Opern komponiert wurden und diese Kunstform sich zu einer Zeit weltweit verbreitet, da die übrige klassische Musik ernsthaft bedroht ist, sollte in der Tat ein Grund zum Jubilieren sein. Auch wenn diese besondere Form eines Schauspiels mit Musik nun fast ausschließlich als ein Museum mit Werken aus alter Zeit erscheint – was ja auch für das Madrigal, die Motette und die viersätzige Sinfonie zutrifft –, sind negative Visionen, was ihr Weiterleben angeht, unbegründet. Und schaut man auf sehr lange historische Zeiträume, weit länger als die letzten 400 Jahre der Oper, dann sieht man, dass all die Künste, in denen Handlung und Leidenschaft mit Musik einhergehen – mit Gesang oder ohne – die Jahrhunderte überdauert haben und keine Symptome für einen bevorstehenden Zusammenbruch erkennen lassen. Das Schauspiel hat, die meiste Zeit und in den meisten Kulturen, sich immer wieder der mehr oder weniger ausgefeilten musikalischen Begleitung erfreut – ein Umstand, der, wie wir in früheren Kapiteln gesehen haben, die frühesten Opernexperimente überhaupt erst anregte. Nun, da wir diese Zeilen schreiben und Sie sie lesen, wird auf der ganzen Welt Musik geschrieben, um ein Schauspiel zu begleiten – sei es im Film, im Fernsehen oder auf der Bühne –, und sie untermalt auch alle anderen, ausufernden Formen der virtuellen Unterhaltung. Das meiste davon wird vergehen und bald vergessen sein. Zuweilen wird auch das Medium, das die Musik angeregt hat, wieder verschwinden; auch das war schon immer so. Andere Technologien, andere Phänomene werden ihren Platz einnehmen. So war die Oper eine wichtige Bastion in der langen Geschichte von Schauspiel und Musik. Sie war eine prachtvolle Bastion und eine, die der Erhebung der menschlichen Stimme zum Kultobjekt diente. Solange wir aber Theater besitzen, die dem entsprechen, und solange die Ausführenden uns lustvoll die vielfältige Schönheit der Oper vor Augen und Ohren führen, so lange wird sie auch künftig lebendig bleiben. Immer wieder wird sie die vielfältigen menschlichen Erfahrungen ausdrücken wie keine andere Kunstform. Die Bäume in diesem riesigen Wald sind in der Tat schon sehr alt und groß. Ihre Schönheit aber, wie auch die Schatten, die sie werfen, sind gewaltig.

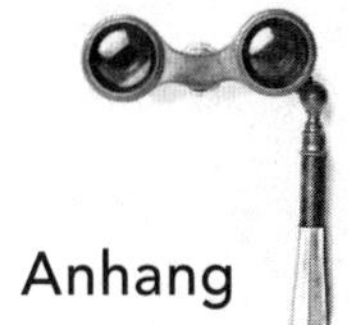

Anhang

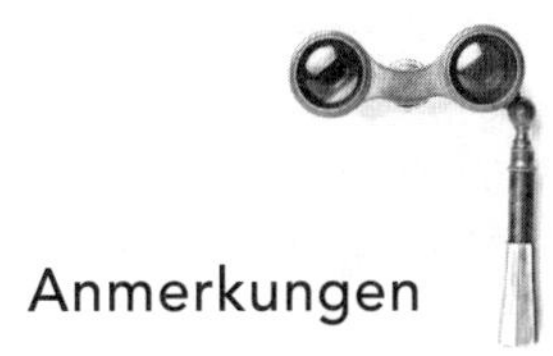

Anmerkungen

I.
Einleitung

1 Paul Robinson, «A Deconstructive Postscript. Reading Libretti and Mis-reading Opera», in: Arthur Groos und Roger Parker (Hrsg.), Reading Opera (Princeton 1988), S. 328–346; hier S. 345.
2 Enrico Fubini, Music and Culture in Eighteenth-Century Europe. A Source Book (Chicago 1994), S. 209.
3 Richard Wagner, «Der Freischütz in Paris», frz. Original in: Gazette musicale de Paris, 23. und 30. Mai 1841.
4 Robert Bailey, «Siegfried or Tristan?», in: Prelude and Transfiguration from Tristan und Isolde. The Norton Critical Score (New York 1986), S. 5–6.
5 Karl Gustav Fellerer, «Mozarts Zauberflöte als Elfenoper», in: Friedrich Wilhelm Riedel und Hubert Unverricht (Hrsg.), Symbolae Historiae Musicae (Mainz 1976), S. 229–247, hier S. 230.
6 Philip Gossett, Divas and Scholars. Performing Italian Opera (Chicago 2006), S. 124.
7 Michael Barron, Auditorium Acoustics and Architectural Design (London 1993), S. 318.
8 *The New York Times*, 14. Oktober 1883.
9 Anthony Tommasini in: *The New York Times*, 1. Januar 2007.
10 Denis Forman, The Good Opera Guide (London 1996), S. 264.
11 Alessandro Luzio (Hrsg.), Carteggi verdiani, Bd. I (Rom 1935), S. 111.
12 Francesco Milizia, «Complete Formal and Material Treatise on the Theatre» (1794), zit. n. Fubini, Music and Culture in Eighteenth-Century Europe, S. 255.
13 Max Winkler, A Penny from Heaven (New York 1951), S. 238.
14 Richard Osborne, Rossini. Leben und Werk (München 1992), S. 131.
15 Gaetano Cesari und Alessandro Luzio (Hrsg.), I copialettere di Giuseppe Verdi (Mailand 1913), S. 264.

II.
Das erste Jahrhundert der Oper

1 Eine klassische Rekapitulation bietet Donald Jay Grout, A Short History of Opera (1947; 4., von Hermine Weigel Williams betreute Aufl., New York 2003).

2 Henry Maty, A New Review, with Literary Curiosities and Literary Intelligence (London 1783), S. 133.

3 Waldo Selden Pratt, The History of Music. A Handbook and Guide for Students (New York 1927), S. 151–152.

4 Richard Wagner, Oper und Drama (Zürich 1851), Erster Teil: Die Oper und das Wesen der Musik, I (Stuttgart 2000).

5 Gottfried Wilhelm Fink, Wesen und Geschichte der Oper (Leipzig 1838), S. 89 und 98.

6 Ellen Rosand, Opera in Seventeenth-Century Venice. The Creation of a Genre (Berkeley 1991), S. 35.

7 F. W. Sternfeld, The Birth of Opera (Oxford 1995), S. 87–88.

8 Thomas Forrest Kelly, First Nights. Five Musical Premieres (New Haven 2000), S. 49.

9 Cristoforo Ivanovich, Minerva al tavolino (1681), zit. n. Piero Weiss, Opera. A History in Documents (New York 2002), S. 39.

10 Rosand, Opera in Seventeenth-Century Venice, S. 223–225.

11 Charles Burney, A General History of Music (London 1776–89), Bd. III, S. 790.

12 John Rosselli, Singers of Italian Opera. The History of a Profession (Cambridge 1992), S. 12.

13 Ebd., S. 13.

14 Rosand, Opera in Seventeenth-Century Venice, S. 232.

15 Claudio Monteverdi, Briefe 1601–1643, hrsg. und kommentiert von Denis Stevens, München und Zürich 1989, S. 135.

16 Rosand, Opera in Seventeenth-Century Venice, S. 22.

17 Ebd., S. 45.

18 Charles de Saint-Évremond, Brief an den Herzog von Buckingham (1669 oder 1670), zit. n. Weiss, Opera, S. 53.

19 Rosand, Opera in Seventeenth-Century Venice, S. 133–135.

20 Der *Jason* wird thematisiert bei Rosand, Opera in Seventeenth-Century Venice, S. 346–348 und 358–359; desgleichen in Susan McClary, «Gender Ambiguities and Erotic Excess in Seventeenth-Century Venetian Opera», in: Mark Franko und Annette Richards (Hrsg.), Acting on the Past. Historical Performance Across the Disciplines (Hanover, NH, 2000), S. 177–200; ferner bei Roger Freitas, Portrait of a Castrato (Cambridge 2009), S. 143.

21 Erinnerungen von Jean-Jacques Bouchard, zit. n. Weiss, Opera, S. 33.

22 Siehe Bettina Varwig, «Schütz's Dafne and the German Imagination», in: Nikolaus Bacht (Hrsg.), Music, Theatre and Politics in Germany. 1848 to the Third Reich (Aldershot 2006), S. 115–135.
23 Siehe den Eintrag unter «Masque», The New Grove Dictionary of Opera (London 1992), Bd. III, S. 253.

III.
Opera seria

1 Ellen Rosand, Opera in Seventeenth-Century Venice. The Creation of a Genre (Berkeley 1991), S. 22.
2 John Rosselli, Singers of Italian Opera. The History of a Profession (Cambridge 1992), S. 56.
3 Ebd., S. 122–123.
4 Charles de Brosses, zit. n. Piero Weiss, Opera. A History in Documents (New York 2002), S. 85.
5 Suzanne Aspden, «‹An Infinity of Factions›. Opera in Eighteenth-Century Britain and the Undoing of Society», Cambridge Opera Journal 9/1 (1997), S. 1–19; hier S. 8.
6 Charles de Brosses, zit. n. Weiss, Opera, S. 85.
7 Aspden, «An Infinity of Factions», S. 11–13.
8 Moreschis 1904 entstandene Fassung des «Ave Maria» von Bach/Gounod liegt vor bei http://www.archive. org/details/AlessandroMoreschi.
9 Rosselli, Singers of Italian Opera, S. 39.
10 Cristoforo Ivanovich, Minerva al tavolino (1681), Capitolo XIII.
11 Giovanni Maria Crescimbeni, La bellezza della volgar poesia (Rom 1700), S. 106–107.
12 Weiss, Opera, S. 53.
13 Joseph Kerman, Opera as Drama (1956; überarb. Ausg., Berkeley 1988), S. 39–57.
14 Lorenzo Bianconi und Giorgio Pestelli (Hrsg.), Opera on Stage (Chicago 2002), S. 71.
15 Otto Erich Deutsch, Handel. A Documentary Biography (New York 1955), S. 33.
16 Mark W. Stahura, «Handel's Haymarket Theater», in: Mark A. Radice (Hrsg.), Opera in Context. Essays on Historical Staging from the Late Renaissance to the Time of Puccini (Portland, Or., 1998), S. 103.
17 Ebd., S. 104.
18 Christopher Hogwood, Georg Friedrich Händel. Eine Biographie (Frankfurt am Main und Leipzig 2000), S. 62–63.
19 *The Spectator*, 6. März 1710.
20 Eintrag zu «Orlando», The New Grove Dictionary of Opera (London 1992), Bd. III, S. 757.

IV.
Disziplin

1 Charles Burney, The Present State of Music in France and Italy (London 1773), S. 225.
2 John Rosselli, Singers of Italian Opera. The History of a Profession (Cambridge 1992), S. 83.
3 Samuel Richardson, Pamela, Bd. IV, S. 111–112.
4 John Mainwaring, Georg Friedrich Händels Lebensbeschreibung, mit e. Nachw. von Walther Siegmund-Schultze, Faks. d. Ausg. Hamburg 1761. 2. Aufl. (Leipzig 1978), S. 84.
5 Piero Weiss, Opera. A History in Documents (New York 2002), S. 98–99.
6 Ebd., S. 102.
7 Ebd., S. 73.
8 Enrico Fubini, Music and Culture in Eighteenth-Century Europe. A Source Book (Chicago 1994), S. 203.
9 Lorenzo Bianconi und Giorgio Pestelli (Hrsg.), Opera Production and Its Resources (Chicago 1998), S. 247.
10 Ebd., S. 249.
11 Charles Burney, A General History of Music (London 1776–1789), Bd. IV, S. 547.
12 Charles Burney, An Account of the Musical Performances in Commemoration of Handel (London 1785), S. 33.
13 Fubini, Music and Culture in Eighteenth-Century Europe, S. 209–210.
14 Ebd., S. 215.
15 Weiss, Opera, S. 108.
16 Julie Ann Sadie (Hrsg.), Companion to Baroque Music (Berkeley und Los Angeles 1990), S. 138.
17 Weiss, Opera, S. 119.
18 Fubini, Music and Culture in Eighteenth-Century Europe, S. 238.
19 Ebd., S. 249.
20 Weiss, Opera, S. 98.
21 Burney, A General History, Bd. IV, S. 495.
22 Simon Goldhill, «Who Killed Chevalier Gluck?», in Goldhill, Victorian Culture and Classical Antiquity (Princeton 2011), S. 92.
23 Adolf Bernhard Marx, Gluck und die Oper, 2 Bde. (Berlin, 1863), Bd. I, S. 313.
24 Charles Burney, Music in Germany (1775), zit. n. Patricia Howard, C. W. Gluck. Orfeo (Cambridge 1981), S. 57.
25 Jean-François Marmontel, Essay on the Progress of Music in France (1777), zit. n. Fubini, Music and Culture in Eighteenth-Century Europe, S. 370.
26 Goldhill, «Who Killed Chevalier Gluck?», S. 87.
27 Ebd., S. 98.
28 E. T. A. Hoffmann, «Ritter Gluck», in ders., Sämtliche Werke, Frankfurt a. M. 2003, 6 Bde., Bd. I, S. 508.

29 Hanjo Kesting, Der Musick gehorsame Tochter. Mozart und seine Librettisten, Göttingen 2005, S. 20.
30 Wolfgang Amadeus Mozart, Brief an Leopold Mozart, 8. November 1780, in Albert Leitzmann (Hrsg.), Mozarts Briefe, Leipzig 1916.
31 Alfred Einstein, Gluck. Sein Leben – seine Werke, revidierte Neuausg. (Kassel und Basel 1987), S. 173.

V.
Die *opera buffa* und Mozarts Linie der Schönheit

1 Piero Weiss, Opera. A History in Documents (New York 2002), S. 89.
2 Thomas Busby, Allgemeine Geschichte der Musik von den frühesten bis auf die gegenwärtigen Zeiten, nebst Biographien d. berühmtesten musikalischen Componisten u. Schriftsteller übers. v. Christian Friedrich Michaelis (Leipzig 1821–22), 2 Bde., Bd. II, S. 211. Der Satz über Galuppis Oper, die verdienstvoller sei als jede andere «Burletta in England», ist aus Charles Burneys Buch General History of Music from the Early Ages to the Present, Bd. IV (London 1776), S. 474, abgeschrieben.
3 Johann Wolfgang Goethe, Italienische Reise, München 1997, Kap. 12, Eintrag vom 3. Oktober 1786. Siehe dazu auch die Anmerkungen in: Mary Hunter, The Culture of Opera Buffa in Mozart's Vienna (Princeton 1999), S. 44.
4 Mozart, Brief v. 7. Mai 1783, in Albert Leitzmann (Hrsg.), Mozarts Briefe, Leipzig 1916.
5 Nicholas Till, Mozart and the Enlightenment (London 1992).
6 Mozart, Brief v. 15. Dezember 1781, in Albert Leitzmann (Hrsg.), Mozarts Briefe, Leipzig 1916.
7 Dies ist eine der Thesen, die Joseph Kerman in: Opera as Drama (1956, überarb. Ausg. Berkeley 1988) vorstellt.
8 Mark Everist, «Enshrining Mozart. Don Giovanni and the Viardot Circle», in: 19th-Century Music, 25/2–3 (2001), S. 165–89; hier S. 176.
9 Eine ausführliche Schilderung des Don-Giovanni-Fiebers von den 1780er bis in die 1850er Jahre findet sich bei Otto Jahn, W. A. Mozart (4 Bde., Nachdr. d. Ausg. Leipzig 1859, Hildesheim und New York 1976), Bd. III, S. 429–437. Zu einem nicht so weit zurückliegenden Fieber siehe Bernard Williams, «Don Giovanni as an Idea», in: Julian Rushton (Hrsg.), W. A. Mozart. Don Giovanni (Cambridge 1981), S. 81–91.
10 Mozart, Brief v. 13. Oktober 1781, in Albert Leitzmann (Hrsg.), Mozarts Briefe, Leipzig 1916.
11 Søren Kierkegaard, Entweder-Oder. Ein Lebensfragment. Erster Teil, «Die unmittelbar-erotischen Stadien oder das Musikalisch-Erotische, Drittes Stadium», 3. Der innere musikalische Bau der Oper.
12 Jahn, W. A. Mozart, Bd. III, S. 134–145.
13 Hermann Abert, W. A. Mozart, hrsg. als fünfte, vollständig neu bearbeitete

und erweiterte Ausgabe von Otto Jahns Mozart, 2 Bde. (Leipzig 1919), Bd. I, S. 895.

VI. Singen und sprechen vor 1800

1 Richard Wagner, Oper und Drama (Stuttgart 2000), Erster Teil, Kap. VII, «Die Musik ist ein Weib».
2 E. T. A. Hoffmann, Rezension zu Méhuls Ariodant, in: ders., Schriften zur Musik. Aufsätze und Rezensionen (Berlin und Weimar 1988), S. 322.
3 Thomas Baumann (Hrsg.), Mozart. Die Entführung aus dem Serail (Cambridge 1987), S. 77.
4 Produktion des Royal Opera House, dirigiert von Elijah Moshinsky, erstmals gesehen im Mai 2001.
5 Thomas Betzwieser, Sprechen und Singen, S. 75.
6 W. A. Mozart, Brief vom 26. September 1781, in: Wilhelm Bauer und Ulrich Konrad (Hrsg.), Briefe und Aufzeichnungen (Kassel, Basel u. a. 2005), 8 Bde., hier Bd. III.
7 Johann André, Belmont und Constanze oder Die Entführung aus dem Serail (Leipzig 1781), S. 31.
8 Piero Weiss, Opera. A History in Documents (New York 2002), S. 137–138.
9 John T. Scott (Hrsg.), Jean-Jacques Rousseau. Essay on the Origin of Language and Writings Related to Music (Dartmouth 1999), 497. Siehe auch Jean-Jacques Rousseau, Musik und Sprache. Ausgew. Schriften (Wilhelmshaven 1984).
10 W. A. Mozart, Brief vom 12. November 1778, in: Wilhelm Bauer und Ulrich Konrad (Hrsg.), Briefe und Aufzeichnungen (Kassel, Basel u. a. 2005), 8 Bde., hier Bd. II.

VII. Das deutsche Problem

1 Howard Bushnell, Maria Malibran. A Biography of the Singer (University Park und London 1979), S. 196.
2 Richard Wagner, «Eine Pilgerfahrt zu Beethoven», in: ders., Auswahl seiner Schriften, hrsg. v. Houston Stewart Chamberlain (Leipzig 1910), S. 168.
3 Herbert Weinstock, Rossini. Eine Biographie (Adliswil/Schweiz 1981), S. 138.
4 Carl Dahlhaus, Die Musik des 19. Jahrhunderts, mit 103 Notenbeispielen (Laaber 2008).
5 Edmond Michotte und Konrad Beikircher, Wagner vs. Rossini: Paris 1860 – Das Gespräch, übers. v. Leska und Konrad Beikircher, Audiobook, Bochum 2008, Kap. VI (1. Akt, 5. Szene).
6 Mark Everist, «Enshrining Mozart. Don Giovanni and the Viardot Circle», in 19th-Century Music, 25/2–3 (2001), S. 165–89; hier S. 178.

7 Felix Mendelssohn-Bartholdy, Briefe aus den Jahren 1833 bis 1847, Potsdam 1997, S. 32, Brief vom 28. März 1834.

8 «Croyez-vous qu'en substituant à un dialogue naïf, rempli parfois d'une gaieté spirituelle, un récitatif qui dans la bouche des chanteurs devient toujours un peu traînant, vous n'effacerez pas ce caractère de cordialité franche et joyeuse que respirent les scènes entre les bons paysans de la Bohême?» Richard Wagner, «Le Freischütz», in: Henri Silège (Hrsg.), Dix Écrits de Richard Wagner (Paris 1898), S. 175.

9 John Warrack (Hrsg.), Carl Maria von Weber. Writings on Music (Cambridge, 1981), S. 338.

10 Carl Maria von Weber, «‹Faust›, Oper von Spohr» (1816), in: ders., Sämtliche Schriften (Leipzig 1921), S. 273–275, hier S. 275.

VIII. Rossini und der Übergang

1 Stendhal, Rossini. Aus d. Franz. v. Barbara Brumm (Frankfurt a. M. 1988), S. 9.

2 Giovanni Pacini, Le mie memorie artistiche (Florenz 1865), S. 64.

3 Richard Osborne, Rossini. Leben und Werk (München 1992), S. 147.

4 Ebd., S. 38 f.

5 Giuseppe Mazzini, «Filosofia della musica,» in: ders., Scritti editi ed inediti, 94 Bde. (Imola 1906–43), Bd. VII, S. 119–165, hier S. 139.

6 Ebd., S. 141.

7 Ebd.

8 Stendhal, Life of Rossini (London, 1956), S. 65.

9 Philip Gossett, «Introduction», Critical Edition of Vocal Score of Tancredi (Pesaro 1984), S. XIX.

10 Ebd., S. XVII.

11 Alle Balzac-Zitate aus: Honoré de Balzac, Eine Evatochter. Massimilla Doni, in: ders., Sämmtliche Werke, Bd. XXXIII, S. 124–125.

12 Stendhal, Life of Rossini, S. 396.

13 Herbert Weinstock, Rossini. Eine Biographie, Adliswil 1981, S. 380.

14 Paolo Fabbri, «Rossini the Aesthetician», Cambridge Opera Journal, 6 (1994), S. 19–29; hier S. 27.

15 Stendhal, Life of Rossini, S. 452.

16 Ebd., S. 239–240.

17 Ebd., S. 252.

18 Ebd., S. 237.

19 Ebd., S. 239.

20 Ebd.

IX.
Der Tenor

1 Raymond Edward Priestley, Antarctic Adventure. Scott's Northern Party (New York 1915), S. 93–94.
2 James Davies, «‹Veluti in speculum›. The Twilight of the Castrato», Cambridge Opera Journal, 17/3 (2005), S. 271–301; hier S. 276.
3 Ebd., S. 271.
4 Ebd., S. 271.
5 Heather Hadlock, «On the Cusp between the Past and the Future. The Mezzo-Soprano Romeo of Bellini's I Capuleti», Opera Quarterly, 17/3 (2001), S. 399–422; hier S. 400.
6 Gilbert-Louis Duprez, Souvenirs d'un chanteur (Paris 1880), S. 75.
7 Eintrag zu ‹Duprez›, The New Grove Dictionary of Opera (London 1992), Bd. I, S. 1281.
8 Dieses Zitat und alle in diesem Absatz folgenden stammen aus Annalisa Bini und Jeremy Commons (Hrsg.), Le prime rappresentazioni delle opere di Donizetti nella stampa coeva (Rom 1997), S. 344–355.
9 Carmelo Neri (Hrsg.), Lettere di Vincenzo Bellini (1819–1835) (Palermo 1991), S. 287.
10 Ursula Kramer (mit Peter Branscombe), Eintrag zu «Unger, Caroline», The New Grove Dictionary of Music (London 2001), Bd. XXVI, S. 72–73.
11 Guido Zavadini, Donizetti. Vita, musiche, epistolario (Bergamo 1948), S. 379.
12 Susan McClary, Feminine Endings. Music, Gender and Sexuality (Minneapolis 1991), S. 93–99.
13 Mary Ann Smart, «The Silencing of Lucia», Cambridge Opera Journal, 4/2 (1992), S. 119–41.
14 Romana Margherita Pugliese, «The Origins of Lucia di Lammermoor's Cadenza», Cambridge Opera Journal, 16/1 (2004), S. 23–42.
15 Gustave Flaubert, Frau Bovary (Leipzig 1952), S. 273–274.
16 Herbert Weinstock, Donizetti (London 1964), S. 200.
17 Smart, «The Silencing of Lucia», S. 34.
18 Weinstock, Donizetti, S. 262.
19 Heinrich Heine, Musikalische Saison von 1844, «Spätere Notiz».
20 Stendhal, Rossini (Frankfurt a. M. 1988), S. 308.
21 Gaetano Cesari und Alessandro Luzio (Hrsg.), I copialettere di Giuseppe Verdi (Mailand 1913), S. 416.
22 Ebd.
23 David Kimbell, Vincenzo Bellini. Norma (Cambridge 1998), S. 63.
24 Ebd., S. 93.
25 John Rosselli, The Life of Bellini (Cambridge 1996), S. 43.
26 Heinrich Heine, Florentinische Nächte, in: ders., Werke und Briefe in zehn Bänden (Berlin und Weimar [2]1972), Bd. IV, S. 125.
27 Cosima Wagner, Tagebücher, 3. August 1872.

X.
Der junge Verdi

1 Die meisten Standardwerke zur Geschichte der Oper im frühen 20. Jahrhundert bewegen sich entlang dieser Linie. Siehe z. B. Donald Jay Grout, A Short History of Opera (1947, 4., von Hermine Weigel Williams betreute Aufl., New York 2003), S. 401–402. Joseph Kerman erzählt in Opera as Drama (1956; überarb. Ausg., Berkeley 1988), S. 144–148, im Großen und Ganzen dieselbe Geschichte, allerdings wesentlich ausgefeilter.
2 Julian Budden, The Operas of Verdi, 3 Bde. (London 1973, 1978, 1981), Bd. II, S. 61. Auf Deutsch liegt vom selben Autor vor: Julian Budden, Verdi. Leben und Werk (Stuttgart 1987).
3 Budden, The Operas of Verdi, Bd. I, S. 111.
4 Pierluigi Petrobelli, Music in the Theater (Princeton 1994), S. 33.
5 William Weaver, Verdi. Eine Dokumentation. Zusammengestellt und herausgegeben von William Weaver (Berlin 1980), S. 11–12.
6 Ebd.
7 Carlo Gatti, Verdi nelle immagini (Mailand 1941), S. 236.
8 Charles Reid, The Music Monster. A Biography of James William Davison (London 1984), S. 181.
9 Gabriele Baldini, The Story of Giuseppe Verdi (Cambridge 1980), S. 74.
10 Marcello Conati, Interviews and Encounters with Verdi (London 1984), S. 109.
11 Budden, The Operas of Verdi, Bd. I, S. 270.
12 David Rosen und Andrew Porter, Verdi's Macbeth. A Sourcebook (New York 1984), S. 7.
13 Ebd., S. 67.
14 Ebd., S. 71.
15 Budden, The Operas of Verdi, Bd. I, S. 477.
16 Ebd.
17 Ebd., S. 479.
18 Abramo Basevi, Studio sulle opere di Giuseppe Verdi (Florenz 1859), S. 197.

XI.
Grand opéra

1 Susanna Pasticci, «La traviata en travestie. Rivisitazioni del testo verdiano nella musica strumentale ottocentesca», Studi Verdiani, 14 (1999), S. 118–187.
2 Hervé Lacombe, «The ‹Machine› and the State», in: David Charlton (Hrsg.), Cambridge Companion to Grand Opera (Cambridge 2003), 21–42, hier 29; weitere Details in diesem Abschnitt ohne Quellenverweis stammen aus derselben Quelle.

3 Marian Smith, «Dance and Dancers», in: Charlton, Cambridge Companion to Grand Opera, S. 93–107; hier S. 106.

4 Julian Budden, The Operas of Verdi, 3 Bde. (London 1973, 1978, 1981), Bd. III, S. 22.

5 John Sanderson, Sketches of Paris in Familiar Letters to His Friends (Philadelphia 1838), S. 30.

6 Joseph d'Ortigue, La Balcon de l'Opéra (Paris 1833), S. 122–123.

7 Heinrich Heine, «Über die Französische Bühne», in: ders., Werke und Briefe in zehn Bänden (Berlin und Weimar ^{2}1972), Bd. VI, Zehnter Brief, S. 73.

8 Richard Wagner, Oper und Drama (Stuttgart 2000), Kap. VI.

9 Simon Williams, «The Spectacle of the Past in Grand Opera», in: Charlton, Cambridge Companion to Grand Opera, S. 58–75; hier S. 61.

10 Ebd., S. 64.

11 Bayreuth, Nationalarchiv der Richard-Wagner-Gesellschaft, Ms B II a 5, S. 55: «Ein Traum (Paris). Mit Herwegh. Menschen umringen und singen uns an. H. verwundert. Ich: Hat sich das nicht auch Gessler im Tell gefallen lassen müssen?»

12 Edmond Michotte und Konrad Beikircher, Wagner vs. Rossini: Paris 1860 – Das Gespräch, übers. v. Leska und Konrad Beikircher, Audiobook, Bochum 2008, Kap. XII (2. Akt, 3. Szene).

13 Frederick Niecks, Frederick Chopin as Man and Musician, Bd. I (London 1890), S. 226, 227.

14 David Charlton, «The Nineteenth Century. France», in: Roger Parker (Hrsg.), The Oxford Illustrated History of Opera (Oxford 1994), S. 122–168, hier S. 138.

15 Sandy Petrey, «Robert le diable and Louis-Philippe the King», in: Roger Parker und Mary Ann Smart (Hrsg.), Reading Critics Reading. Opera and Ballet Criticism in France from the Revolution to 1848 (Oxford 2001), S. 137–154; hier S. 143.

16 Cormac Newark, «Ceremony, Celebration, and Spectacle in La Juive», in: Parker und Smart, Reading Critics Reading, S. 155–187; hier S. 185.

17 Ein klassisches Verdikt findet sich in dem Abschnitt über die französische *grand opéra* in: Donald Jay Grout, A Short History of Opera (1947, 4., von Hermine Weigel Williams betreute Aufl., New York 2003), S. 354: «Musikalische Formen und Idiome wurden in einem verschwenderischen Eklektizismus durcheinander gemischt, mit dem Ziel, ein Massenpublikum zu frappieren, das nach Aufregendem verlangte und dem die aristokratische Zurückhaltung des 18. Jahrhunderts nichts bedeutete. Die unvermeidliche Folge war ein aufgeblähter Stil … mit verblüffenden und glanzvollen, aber durch die dramatische Situation nicht ausreichend begründeten musikalischen Nummern.»

18 Heinrich Heine, «Über die französische Bühne», in: ders., Werke und Briefe in zehn Bänden (Berlin und Weimar ^{2}1972), Bd. VI, Neunter Brief, S. 70–71.

29 David Cairns, Berlioz, 2 Bde. (London 1989, 1999), Bd. II, S. 239.

20 Stuart Spencer, Wagner Remembered (London 2000), S. 31.

21 Thomas S. Grey, Wagner and His World (Princeton 2009), S. 335.

22 Alexandre Dumas, Der Graf von Monte Christo (München 1999), 2 Bde. Das

Zitat aus Kap. 88 bzw. 89 findet sich auf S. 409, die Zitate aus Kap. 53 auf S. 707 und 710.

23 Guido Zavadini, Donizetti. Vita, musiche, epistolario (Bergamo 1948), S. 494 bis 495.

24 Andrew Porter, «Les Vêpres siciliennes. New Letters from Verdi to Scribe», 19th-Century Music, 2 (1978–9), S. 95–109, hier S. 97.

25 Budden, The Operas of Verdi, Bd. II, S. 171.

26 Gaetano Cesari und Alessandro Luzio (Hrsg.), I copialettere di Giuseppe Verdi (Mailand 1913), S. 578.

27 Ebd., S. 220.

28 J. Moynet, L'Envers du théâtre, machines et décorations (1875; 3. Aufl., Paris 1888), S. 282.

XII.
Der junge Wagner

1 Eberhardts Allgemeiner Polizei-Anzeiger, Bd. XXIII, Nr. 47 (Juli 1853), S. 280.

2 http://www.tristan-und-isolde-minden.de/download/Richard_Wagner_Lebensdaten.pdf. Ein Faksimile des Steckbriefs von 1849 befindet sich im Deutschen Theatermuseum München.

3 Charles Baudelaire, Sämtliche Werke/Briefe in 8 Bänden, hrsg. v. Friedhelm Kemp und Claude Pichois (München 1992), Bd. VII: Richard Wagner: Meine Zeitgenossen. Armes Belgien! 1860–1866, S. 9.

4 Catulle Mendès, Richard Wagner (Paris 1886), S. 11. Medizinische Diagnosen über Wagners nicht zu bremsenden Sprechdrang zirkulierten schon zu seinen Lebzeiten; siehe dazu Nicholas Vazsonyi, Richard Wagner. Die Entstehung einer Marke (Würzburg 2012), S. 12.

5 Heinz und Gudrun Becker (Hrsg.), Giacomo Meyerbeer. Briefwechsel und Tagebücher, Bd. III (Berlin 1975), S. 26.

6 Gunhild Oberzaucher-Schüller, Marion Linhardt und Thomas Steiert, Meyerbeer – Wagner. Eine Begegnung, Wien 1998, S. 170.

7 Richard Wagner, «Eine Mittheilung an meine Freunde», in Carl Friedrich Glasenapp (Hrsg.), Wagner-Encyklopädie, 2 Bde. in 1 Bd., Nachdr. d. Ausg. Leipzig 1891 (Hildesheim und New York 1977), S. 280 f.

8 Ebd., S. 390.

9 »Das Liebesverbot. Bericht über eine erste Opernaufführung» (1871), in: Richard Wagner, Gesammelte Schriften und Dichtungen in 10 Bänden, hrsg. v. Wolfgang Golther, Bd. I (Berlin 1913), S. 20 f.

10 Richard Wagner, Bellini. Ein Wort zu seiner Zeit (1837), zit. n. Houston Stewart Chamberlain, Richard Wagner – Eine Biografie, Bremen 2010, S. 52.

11 Roger Nichols und Richard Langham Smith, Debussy. Pelléas et Mélisande (Cambridge 1989), S. 193.

12 Richard Wagner, «Ein glücklicher Abend», in Houston Stewart Chamberlain (Hrsg.), Richard Wagner. Auswahl seiner Schriften (Leipzig o. J.), S. 190.
13 Musical Review and Gazette (16. April 1859), S. 116.
14 The Aeolian Quarterly, Bd. I, Nr. 2, 7.
15 Die Autorennamen sind Pseudonyme. Hinter ihnen verbergen sich The Honourable Julian Henry Charles Fane und Edward Robert Bulwer-Lytton, Erster Earl of Lytton, nicht zu verwechseln mit Edward George Bulwer-Lytton, Erster Baron Lytton und Autor des Romans Rienzi, der letzte Tribun von Rom (Rheda-Wiedenbrück und Gütersloh 2007).
16 Samuel Holland Rous, The Victrola Book of the Opera (4. überarb. Aufl., New York 1917), S. 478.
17 Marcel Proust, Brief an Reynaldo Hahn, Mai 1895, in ders., Correspondance, hrsg. v. Philip Kolb (Paris 1976), Bd. I (1880–1895), S. 382.
18 Hugh Reginald Haweis, Bericht über die erste Aufführung der Oper in London 1876, in: My Musical Life, Bd. II (London 1884), S. 547.
19 Besprechung des *Tannhäuser*, London, 14. Februar 1882, in The Theatre. A Monthly Review of the Drama, Music, and the Fine Arts, Bd. V (Jan.–Juni 1882), S. 166.
20 Richard Wagner, «Zukunftsmusik». An einen französischen Freund (Fr. Villot) als Vorwort zu einer Prosa-Übersetzung meiner Operndichtungen.
21 Theodor W. Adorno, Versuch über Wagner (Frankfurt a. M. 1974), S. 13.

XIII.
Opéra comique, der Schmelztiegel

1 Mark Everist, «Jacques Offenbach. The Music of the Past and the Image of the Present», in: Everist und Annegret Fauser (Hrsg.), Music, Theater, and Cultural Transfer, Paris 1830–1914 (Chicago 2009), S. 72–98.
2 Heinrich Heine, «Die Musikalische Saison von 1844», Zweiter Bericht, 1. Mai 1844.
3 Galignani's New Paris Guide (Paris 1839), S. 462.
4 Monika Hennemann, «‹So kann ich es nicht componiren›. Mendelssohn, Opera, and the Libretto Problem», in: John Michael Cooper und Julie D. Prandi (Hrsg.), The Mendelssohns. The Music in History (Oxford 2002), S. 181–202, hier S. 185.
5 Hector Berlioz, Critique musicale 1823–1863, hrsg. v. Yves Gérard (Paris, 1998), S. 551–555.
6 David Charlton, «Opéra Comique. Identity and Manipulation», in: Roger Parker und Mary Ann Smart (Hrsg.), Reading Critics Reading. Opera and Ballet Criticism in France from the Revolution to 1848 (Oxford 2001), S. 13–45, hier S. 23.
7 Delphine Mordey, «Auber's Horses. L'Année terrible and Apocalyptic Narratives», 19th-Century Music 30/3 (2007), S. 213–229.

8 The Victrola Book of the Opera (Camden, NJ, 1915), S. 329. Diese Statistik ist nur in der Ausgabe von 1915 enthalten, sie fehlt in den Ausgaben von 1912 und 1913 und wurde auch in späteren Ausgaben (nach dem Ersten Weltkrieg) weggelassen.

9 Statistische Zahlen bei www.operabase.com.

10 Siegfried Kracauer, Jacques Offenbach und das Paris seiner Zeit (Frankfurt a. M. 2005), S. 184 f.

11 Ebd., S. 189.

12 Édouard Noël und Edmond Stoullig, Les Annales du théâtre et de la musique, première année 1875 (Paris 1876), S. 108. «Madame Galli-Marié fait du personage effronté de Carmen l'une de ses meilleures creations. Il est impossible de render avec plus de talent cette étrange figure de bohémienne. Voyez-la se balançant sur ses hanches comme une pouliche des haras de Cordoue. … Quelle vérité, mais quel scandale!»

13 Es scheint, dass diese Geschichte weite Verbreitung fand, nachdem Charles Tenroc sie in einem Artikel in der Zeitschrift *Le Courrier Musical* vom 1. März 1925 aufgewärmt hatte. Zur Geschichte der Anekdote siehe Winton Dean, Bizet (London 1975), S. 117.

14 Friedrich Nietzsche, Der Fall Wagner (München 1999), Turiner Brief vom Mai 1888, in Nietzsche, Werke. Kritische Gesamtausgabe, hrsg. v. Giorgio Colli und Mazzino Montinari (Berlin 1969), Sechste Abteilung, Dritter Band, S. 7–8.

15 Richard Strauss, Brief vom 4. Oktober 1934 (vermutlich an Dr. Julius Kopsch), zit. n. Nina Okrassa, Peter Raabe. Dirigent, Musikschriftsteller und Präsident der Reichsmusikkammer (1872–1945), Koöln 2004, S. 255.

16 *Saturday Evening Post*, Nr. 195 (5. August 1922), S. 36.

XIV.
Der alte Wagner

1 Richard Wagner, Brief an Breitkopf & Härtel, Zürich, 30. September 1857.

2 Richard Wagner, Brief an Judith Gautier, Dezember 1877, in Willi Schuh (Hrsg.), Die Briefe Richard Wagners an Judith Gautier (Zürich und Leipzig 1936), S. 170.

3 Jean-Jacques Nattiez, Wagner Androgyne (Princeton 1993), S. 163–172.

4 Charles Reid, The Music Monster. A Biography of James William Davison (London 1984), S. 210.

5 Friedrich Nietzsche, «Zur Vernunft des Lebens», Oktober 1888, 23 [2], http://www.thenietzschechannel.com/notebooks/german/nache/nache23.htm.

6 Clara Schumann, Tagebucheintrag vom 8. September 1875, in Clara Schumann. Ein Künstlerleben nach Tagebüchern und Briefen, hrsg. v. Berthold Litzmann, 3 Bde. (Leipzig 1908), Bd. III, S. 326.

7 Richard Wagner, Brief an Mathilde Wesendonk, 21. Mai 1857.

8 The Theater, Bd. 5 (Januar–Juni 1882), S. 293–294.

9 Dieter Borchmeyer, Richard Wagner. Werk – Leben – Zeit (Ditzingen 2013), S. 295.

10 Theodor W. Adorno, Versuch über Wagner (Frankfurt a. M. 1974), S. 131.

11 Richard Wagner, «Über die Anwendung der Musik auf das Drama», in: ders., Sämtliche Schriften und Dichtungen (Leipzig 1912[6]), Bd. X, S. 185.

12 Richard Wagner, «Oper und Drama», in: ders., Sämtliche Schriften und Dichtungen (Leipzig 1912[6]), Bd. III, S. 301 f.

13 Richard Wagner, «Über die Bestimmung der Oper», in: ders., Sämtliche Schriften und Dichtungen (Leipzig 1912[6]), Bd. IX, S. 131 f.

14 Carolyn Abbate, «Opera as Symphony, a Wagnerian Myth», in: Carolyn Abbate und Roger Parker (Hrsg.), Analyzing Opera (Berkeley und Los Angeles 1989), S. 122–123.

15 Friedrich Nietzsche, «Versuch einer Selbstkritik», in: ders., Die Geburt der Tragödie aus dem Geist der Musik (Berlin 1937).

16 Friedrich Nietzsche, Die Geburt der Tragödie, Kap. 21, S. 116.

17 Mark Twain, «At the Shrine of St. Wagner», in: What is Man and Other Essays (London 1919), S. 226.

18 Saul Friedländer, «Hitler und Wagner», in: Saul Friedländer und Jörn Rüsen (Hrsg.), Richard Wagner im Dritten Reich (München 2000), S. 165–178.

19 Friedrich Kittler, «World Breath. On Wagner's Media Technology», in: David Levin (Hrsg.), Opera through Other Eyes (Stanford 1994), S. 224.

XV.
Verdi – der noch ältere

1 Roberta Marvin, «Andrea Maffei's ‹Ugly Sin›. The Libretto for Verdi's *I masnadieri*», in: Stephen A. Crist und Roberta Montemorra Marvin (Hrsg.), Historical Musicology. Sources, Methods, Interpretation (Rochester, NY, 2004), S. 280–301, 296–297.

2 Ebd., S. 232.

3 John Sanderson, Sketches of Paris in Familiar Letters to His Friends (Philadelphia 1838), S. 151–152.

4 Gaetano Cesari und Alessandro Luzio (Hrsg.), I copialettere di Giuseppe Verdi (Mailand 1913), S. 220.

5 Hans Busch, Verdi's ‹Aida›. The History of an Opera in Letters and Documents (Minneapolis 1978), S. 34.

6 Edward Said, Kultur und Imperialismus: Einbildungskraft und Politik im Zeitalter der Macht (Frankfurt am Main 1994), S. 187.

7 Cesari und Luzio, I copialettere di Giuseppe Verdi, S. 572.

8 Julian Budden, The Operas of Verdi, 3 Bde. (London 1973, 1978, 1981), Bd. II, S. 112.

9 Frank Walker, The Man Verdi (London 1962), S. 449.

10 Budden, The Operas of Verdi, Bd. III, S. 307.
11 Ebd., S. 309.
12 Ebd., S. 328.
13 Hans Busch, Verdi's ‹Otello› and ‹Simon Boccanegra› in Letters and Documents, 2 Bde. (Oxford 1988), Bd. I, S. 310–311.
14 James Hepokoski, Giuseppe Verdi. Falstaff (Cambridge 1983), S. 34.
15 Ebd.
16 Ebd., S. 140.
17 Budden, The Operas of Verdi, Bd. III, S. 299.
18 Cesari und Luzio, I copialettere di Giuseppe Verdi, S. 323.
19 Ebd., S. 702.
20 Ebd., S. 633.
21 Ebd., S. 629–630.
22 Budden, The Operas of Verdi, Bd. III, S. 470–471.
23 Karen Henson, «Verdi, Victor Maurel and *Fin-de-siècle* Operatic Performance», Cambridge Opera Journal, 19/1 (2007), S. 59–84.
24 Mary Jane Phillips-Matz, Verdi. A Biography (Oxford 1993), S. 756.

XVI.
Realismus und Geschrei

1 Linda Nochlin, Realism (London 1971), S. 13.
2 Richard Wagner, Brief an Matilde Wesendonk, 29. Oktober 1859, in: Richard Wagner an Mathilde Wesendonk. Tagebuchblätter und Briefe 1853–1871, Briefe aus Paris, Nr. 95.
3 Modest Musorgskij, Brief an Ljudmila Schestakowa, 30. Juli 1868, in: Dorothea Redepenning, Geschichte der russischen und der sowjetischen Musik (Laaber 1994), Band I: Das 19. Jahrhundert, S. 193 f.
4 Richard Taruskin, Defining Russia Musically (Princeton 1997), S. 531.
5 Constantin Stanislavski und Pavel Rumyantsev, Stanislavski on Opera (New York 1998), S. 334.
6 Astrid Varnay mit Donald Arthur, Fifty-Five Years in Five Acts. My Life in Opera (Boston 2000), S. 309.
7 *The New Quarterly Musical Review*, Bd. I (Mai 1893), S. 126.
8 Léon Daudet schildert in seinem Buch Souvenirs des milieux littéraires, politiques, artistiques et médicaux (6 Bde., 1913–1922) das Verhalten Massenets. Hier zitiert aus der amerikanischen Ausgabe: Memoirs of Léon Daudet (New York 1925), S. 14–16.
9 «Gallery of Players», *The Illustrated American*, Nr. 3, hrsg. v. Austin Brereton (New York 1894), S. 4.
10 *The Musical Times* (1. März 1884), S. 135.
11 Zit. n. Ethan Mordden, Opera Anecdotes (Oxford 1985), S. 244.

12 Philip Hale, «Of Realism in Opera», in: *The Looker-On*, Nr. 3 (Juli–Dezember 1896), S. 65–66.
13 Gaetano Cesari und Alessandro Luzio (Hrsg.), I copialettere di Giuseppe Verdi (Mailand 1913), S. 624.
14 Michele Girardi, Puccini. His International Art (Chicago 2000), S. 331.
15 Arman Schwartz, «Rough Music. *Tosca* and Verismo Reconsidered», 19th-Century Music, 31/3 (2008), S. 228–244, hier S. 235.
16 Ebd., S. 235.
17 *The Athenaeum* (Juli–Dezember 1900), S. 96.

XVII.
Wendepunkt

1 Henry Adams, Brief vom 12. Mai, in: ders., Selected Letters (Hrsg.) Ernest Samuels (Cambridge, Mass., 1992), S. 498.
2 Roger Nichols, The Life of Debussy (Cambridge 1998), S. 106.
3 Jann Pasler, «Paris. Conflicting Notions of Progress», in: Jim Samson (Hrsg.), Music and Society. The Late Romantic Era (London 1991), S. 397–398.
4 Pierre Boulez, Anhaltspunkte. Essays. Aus d. Franz. von Josef Häusler (Stuttgart und Zürich 1975), S. 30.
5 Claude Debussy, Sämtliche Schriften und Interviews zur Musik, hrsg. v. François Lesure (Stuttgart 2009), S. 201.
6 Marina Frolova-Walker, Russian Music and Nationalism (New Haven 2007), S. 214 und 370, Anm. 92.
7 James R. Drake und Kristin Beall Ludecke (Hrsg.), Lily Pons. A Centennial Portrait (Portland, Or., 1999), S. 34.
8 James Huneker, Bedouins (New York 1920), S. 4.
9 Henry Charles Lahee, The Grand Opera Singers of Today (Boston 1912), S. 181.
10 The Sketch. A Journal of Art and Actuality, Heft 72 (Dezember 1910), S. 396.
11 Edward Lockspeiser, Debussy. His Life and Mind (Cambridge 1978), Bd. I, S. 91.
12 Debussy, Sämtliche Schriften und Interviews, S. 82–83.
13 Robert Orledge, Debussy and the Theatre (Cambridge 1982), S. 49.
14 Ebd., S. 52.
15 Willi Schuh, Richard Strauss. A Chronicle of the Early Years 1864–1898 (Cambridge, 1982), S. 341.
16 Davinia Caddy, «Variations on the Dance of the Seven Veils», Cambridge Opera Journal, 17/1 (2005), S. 37–58, hier S. 54.
17 Richard Strauss – Romain Rolland: Briefwechsel und Tagebuchnotizen, hrsg. v. Maria Hülle-Keeding, mit einer Einleitung von Gustave Samazeuilh (Berlin 1994), S. 116–117.
18 Willi Reich, Schoenberg. A Critical Biography (New York, 1971), S. 25.

19 Henry T. Finck, 1923, zit. n. Nicolas Slonimsky, Lexicon of Musical Invective (Reprint, New York 2000), S. 159.
20 Rezension in der New York Evening Post, 1915, zit. n. ebd., S. 159.
21 Arnold Schönberg, Brief an Wassily Kandinsky v. 24. 1. 1911, zit. n. Max Hollein und Blaženka Perica, Die Visionen des Arnold Schönberg. Jahre der Malerei (Ostfildern-Ruit 2002), S. 29.
22 Arnold Schönberg, Harmonielehre (Berlin u. a. 1966), S. 503–504.
23 Richard Strauss, Brief an Alma Mahler vom 22. 4. 1914, zit. n. Arnold Schönberg, Ausgewählte Briefe, ausgewählt und hrsgg. von Erwin Stein, Mainz 1958, S. 48.
24 Ebd.
25 Piero Weiss, Opera. A History in Documents (New York 2002), S. 273.
26 Ebd., S. 274.
27 Michele Girardi, Puccini. His International Art (Chicago 2000), S. 265.
28 Ob Hitler dieser Salome-Aufführung wirklich beiwohnte, wie er später behauptete, diskutiert u. a. Franz Grasberger in: Der Strom der Töne trug mich fort. Die Welt um Richard Strauss in: Briefen (Tutzing 1967), S. 169. Siehe auch Alex Ross, The rest is noise. Das 20. Jahrhundert hören. Aus dem Amerikan. von Ingo Herzke (München und Zürich 2009), S. 17 und 617.
29 Girardi, Puccini. His International Art, S. 267.
30 Cecil Gray, A Survey of Contemporary Music (London 1924), S. 240–241.
31 Ebd., S. 241.

XVIII.
Moderne

1 Simone de Beauvoir, Das andere Geschlecht. Sitte und Sexus der Frau (Stuttgart und München o. J.), S. 390. Das «ihre» im ersten Satz bezieht sich auf Sarolta Vay alias «Graf Sándor», eine Transvestitin, mit der sich der Psychiater Krafft-Ebing beschäftigte.
2 Alan Jefferson, Richard Strauss. Der Rosenkavalier (Cambridge 1985), S. 90.
3 Hugo von Hofmannsthal, «Der Rosenkavalier. Zum Geleit» (1927), in: ders., Gesammelte Werke, Bd. V (Frankfurt a. M. 1979), S. 149.
4 Roland S. Kamzelak und Ulrich Ott (Hrsg.), Harry Graf Kessler, Das Tagebuch, 9 Bde., hier Bd. IV, hrsg. v. Jörg Schuster unter Mitarbeit von Janna Brechmacher (Stuttgart 2005), Eintrag v. 9. Januar 1912.
5 Paul Rosenfeld, Musical Portraits. Interpretations of Twenty Modern Composers (New York 1920), S. 41–42.
6 Friedrich Nietzsche, Der Wille zur Macht (Frankfurt a. M. 1992), S. 575.
7 Julius Korngold, Deutsches Opernschaffen der Gegenwart. Kritische Aufsätze (Leipzig und Wien 1921), S. 157.
8 Willi Schuh (Hrsg.), Richard Strauss, Hugo von Hofmannsthal, Briefwechsel. Gesamtausgabe (Zürich 1952), S. 75 f.

9 Theodor W. Adorno, «Richard Strauss. Zum Geburstag: 11. Juni 1924», in: Zeitschrift für Musik. Kampfblatt für deutsche Musik und Musikpflege, 91. Jg., Heft 6 (Leipzig 1924), S. 294.
10 Ebd., S, 295.
11 Beitrag von Alban Berg in: Arnold Schönberg. Der Lehrer. Mit Beiträgen von Alban Berg, Paris von Gütersloh u. a. (München 1912), S. 89.
12 Paul Griffiths, Igor Stravinsky. The Rake's Progress (Cambridge 1982), S. 63.
13 Igor Stravinsky und Robert Craft, Memories and Commentaries (Berkeley 1981), S. 158.
14 Daniel Albright, Modernism and Music. An Anthology of Sources (Chicago 2004), S. 124–126.
15 Stravinsky und Craft, Memories and Commentaries, S. 155.
16 W. H. Auden, Des Färbers Hand und andere Essays (Gütersloh 1965), S. 561 bis 562.
17 Robert Craft und Igor Stravinsky, Conversations with Igor Stravinsky (London 2009), S. 75. Hier zit. n. http://www.crescendo.de/pascal-morch-da-ist-mein-koch-ja-musikalischer-8256225/

XIX.
Sprechen

1 Dwight's Journal of Music, Heft 39 (1879), S. 196.
2 Karl Reinhold von Köstlin, Richard Wagners Tondrama *Der Ring des Nibelungen*. Seine Idee, Handlung, und Komposition (Tübingen 1877), S. 86.
3 Hermann Gehrmann, Carl Maria von Weber (Berlin 1899), S. 87.
4 Allgemeine Musikalische Zeitung, Bd. XII (Leipzig 1877), S. 234.
5 Eine Aufzeichnung ihrer Interpretation eines Rezitativs aus Edmond Rostands Stück *La Samaritaine* kann man sich auf YouTube anhören: http://www.youtube.com/watch?v=FjyB18FVGNc.
6 David Trippett, «‹Bayreuth in Miniature›. Wagner and the Melodramatic Voice», Musical Quarterly, 95 (2012), S. 71–138.
7 Zit. n. Madeleine Goss, Bolero. The Life of Maurice Ravel (New York 1945), S. 197.
8 Vladimir Jankélévitch, Ravel (Westport, Conn., 1976), S. 133.
9 Theodor Adorno und Hanns Eisler, Composing for the Films (New York 1947), S. 24. In deutscher Sprache erschienen als Komposition für den Film (München 1969). [Dieses Zitat wurde in der dt. Ausgabe nicht gefunden. KHS]
10 The Survey. A Journal of Constructive Philanthropy (Dezember 1929), S. 634.
11 Zit. n. Susan Cook, Opera for a New Republic (Rochester 1988), S. 201.
12 William H. Seltsam, Metropolitan Opera Annals. A Chronicle of Artists and Performances (New York 1947), S. 500.
13 Ernst Krenek, «Horizont umkreist», Österreichische Musikzeitschrift 31:1 (Wien 1976), S. 2–11, hier S. 7.

14 David Grayson, «Debussy on Stage», in: Simon Trezise (Hrsg.), The Cambridge Companion to Debussy (Cambridge 2003), S. 81.

15 Robert Orledge, Debussy and the Theatre (Cambridge 1982), S. 118–119.

16 Claude Trevor, «Cant in Music», The Musical Times, Heft 61 (1. August 1920), S. 530.

17 Eintrag zu «Strauss», The New Grove Dictionary of Music and Musicians (London 2001), Bd. XXIV, S. 514.

18 Bryan Gilliam (Hrsg.), Richard Strauss and His World (Princeton 1992), S. 293. Das Goethe-Zitat findet sich in Goethes Briefe, Bd. IV (München. C. H. Beck, 1976), S. 481.

19 Michael Kennedy, «From Casti to Capriccio. Strauss's Theatrical Fugue», in: David Rosen und Claire Brook (Hrsg.), Words on Music. Essays in Honor of Andrew Porter (New York 2003), S. 171–191, hier S. 190.

20 Robert S. Wistrich, Wer war wer im Dritten Reich. Anhänger, Mitläufer, Gegner aus Politik, Wirtschaft, Militär, Kunst und Wissenschaft (München 1983), S. 240,

21 Daniel Gregory Mason, The Art of Music, Bd. IX (New York 1916), S. 439.

22 Bernard Stevens, «Czechoslovakia and Poland», in: Howard Hartog (Hrsg.), European Music in the Twentieth Century (London 1957), S. 303.

23 Marina Frolova-Walker, Russian Music and Nationalism (New Haven 2007), S. 212.

24 Ebd., S. 207.

25 Caryl Emerson, «Back to the Future. Shostakovich's Revision of Leskov's ‹Lady Macbeth of Mtsensk District›», Cambridge Opera Journal, 1/1 (1989), S. 59–78, hier S. 69.

26 Ebd., S. 62.

27 Richard Taruskin, Defining Russia Musically (Princeton 1997), S. 504.

28 Ebd., S. 500–501.

29 «Chaos statt Musik», Prawda v. 28. Januar 1936, zit. n. http://www.arnoldschalks.nl/tltd1sub1.html

30 Ebd.

31 André Gide, «Zurück aus Sowjetrussland. Retuschen zu meinem Russlandbuch», in: ders., Gesammelte Werke in zwölf Bänden, hrsg. v. Raimund Theis und Peter Schnyder (Stuttgart 1996), Bd. II, S. 87.

XX.
Allein im Wald

1 Richard Wagner an Theodor Uhlig, 20. September 1850, in: Richard Wagner, Sämtliche Briefe, Bd. III: Briefe Mai 1849 bis Mai 1851, Nr. 111.

2 Max Fehr, Richard Wagners Schweizer Zeit (Aarau 1934–54), Bd. II, S. 21.

3 Richard Wagner an Franz Liszt, in: Briefwechsel zwischen Wagner und Liszt, Zweiter Band: Vom Jahre 1854 bis 1861 (Leipzig 1887), S. 60.

4 Ebd., S. 167.

5 Richard Du Moulin-Eckart, Cosima Wagner (München 1929), 2 Bde. hier Band I, Seite 557.

6 David Pountney, «The Future of Opera» (Vortrag, gehalten am 13. Februar 2000 bei der Royal Over-Seas League, London), abrufbar auf http://www.rodoni.ch/OPERNHAUS/novembre/intervistapountney.html

7 «Sprengt die Opernhäuser in die Luft», SPIEGEL-Gespräch mit dem französischen Komponisten und Dirigenten Pierre Boulez, Der Spiegel 40/1967, http://www.spiegel.de/spiegel/print/d-46353389.html

8 Julian Budden, The Operas of Verdi, 3 Bde. (London 1973, 1978, 1981), Bd. I, S. 3.

9 Eugenio Gara (Hrsg.), Carteggi pucciniani (Mailand 1958), S. 563.

10 Budden, The Operas of Verdi, Bd. II, S. 112.

11 Gundula Kreuzer, «Zurück zu Verdi. The ‹Verdi Renaissance› and Musical Culture in the Weimar Republic», *Studi verdiani* 13 (1998), S. 117–154.

12 Richard Taruskin, Text and Act (Oxford 1995).

13 Es handelte sich um Napoleone Moriani (1806–1878), identifiziert von Frank Walker in: The Man Verdi (1962, Reprinit Chicago 1982), S. 88.

14 Diese Vermutung äußert Budden, The Operas of Verdi, Bd. III, S. 141.

15 Gara, Carteggi pucciniani, S. 563.

16 Donald Mitchell, Philip Reed und Mervyn Cooke (Hrsg.), Letters from a Life. The Selected Letters and Diaries of Benjamin Britten. Bd. III (1946–1951) (Berkeley 2004), S. 100.

17 Humphrey Carpenter, Benjamin Britten. A Biography (London 1992), S. 193–194.

18 Ein Bericht darüber, wie die Oper aufgenommen wurde, findet sich bei Philip Brett, Benjamin Britten. Peter Grimes (Cambridge, 1983).

19 Paul Kildea (Hrsg.), Britten on Music (Oxford 2003), S. 50.

20 Ebd.

21 Ebd., S. 186.

22 Peter Evans, The Music of Benjamin Britten (London 1979), S. 253.

23 Mervyn Cooke, «Britten and Shakespeare. A Midsummer Night's Dream», in: Cooke (Hrsg.), The Cambridge Companion to Benjamin Britten (Cambridge 1999), S. 142.

24 Die Angaben zur relativen Popularität stammen aus operabase.com.

25 Richard Langham Smith, Debussy on Music (London 1977), S. 164.

26 Alle diese Angaben stammen ebenfalls aus operabase. com.

27 György Ligeti, György Ligeti in Conversation (London 1983), S. X.

28 David Beverly, «Klinghoffer and the Art of Composing», Interview vom 25. Oktober 1995, zu finden auf John Adams' website, http://www.earbox.com/inter003.html (zuletzt besucht am 6. 1. 2013).

29 Edward Said, Musik ohne Grenzen. Dt. Erstausg., gekürzte Version (München 2010), S. 193.

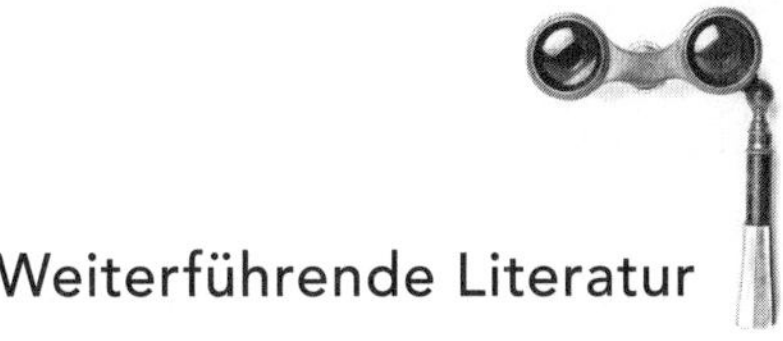

Weiterführende Literatur

I.
Einleitung

Umfassende Werke zur Geschichte der Oper sind heute eher eine Seltenheit. Lange Zeit war Donald Jay Grouts *A Short History of Opera* (1947, vierte, von Hermine Weigel Williams betreute Aufl., New York 2003) das Standardwerk; es ist regelmäßig aktualisiert worden, trägt aber noch immer die Handschrift der musikwissenschaftlichen Periode, in der es entstand und in der die meisten italienischen Opern des 19. und 20. Jahrhunderts als suspekt galten (um es gelinde auszudrücken). Die der Oper gewidmeten Abschnitte von Richard Taruskin, *Oxford History of Western Music* (6 Bde., Oxford 2005) sind deutlich aktueller und zuverlässiger, stellenweise allerdings auch erfrischend streitbar. Einen ausgezeichneten aktuellen Überblick, der sich allerdings auf die gesellschaftlichen Aspekte konzentriert, gibt Daniel Snowman, *The Gilded Stage* (London 2009). Im Bereich der Opernkritik hat Joseph Kerman, *Opera as Drama* (1956; überarb. Ausg. Berkeley 1988), sich seine Kraft bewahrt, auch wenn Kerman fast alle Opern des 18. Jahrhunderts (und implizit damit auch große Teile des Opernrepertoires des 19. Jahrhunderts) dem «finsteren Zeitalter» zurechnet. Gary Tomlinson, *Metaphysical Song* (Princeton 1999), ist in mancher Hinsicht eine moderne Variante Kermans, allerdings mit einem erheblich breiteren Spektrum. Bernard Williams, *On Opera* (New Haven 2006), ist eine zum Nachdenken anregende Betrachtung aus der Sicht eines führenden Philosophen.

Andere lesenswerte allgemeine Darstellungen sind: Lorenzo Bianconi und Giorgio Pestelli (Hrsg.), *Opera Production and Its Resources* (Chicago 1998) [dt. *Geschichte der italienischen Oper. Band 4: Die Produktion. Struktur und Arbeitsbereiche* (Laaber 1990)] sowie (von denselben Autoren) *Opera on Stage* (Chicago 2002) [dt. *Geschichte der italienischen Oper. Band 5: Die Oper auf der Bühne* (Laaber 1991)]; beide betrachten die italienische Oper aus sehr weitwinkliger Perspektive; siehe ferner John Rosselli, *Singers of Italian Opera: The History of a Profession* (Cambridge 1992); Susan Rutherford, *The Prima Donna and Opera, 1815–1930* (Cambridge 2007); Thomas Forrest Kelly, *First Nights at the Opera* (New Haven 2004); Roger Parker (Hrsg.), *The Oxford Illustrated History of Opera* (Oxford 1994) [dt. *Illustrierte Geschichte der Oper* (Suttgart/Weimar 1998)], sowie Piero Weiss, *Opera: A History in Documents* (New York 2002). Die diversen Grove Dictionaries bieten die verlässlichsten sachlichen Kompendien; auch Amanda Holden (Hrsg.), *The Penguin Opera Guide* (London 2002), ist ausgezeichnet.

II.
Das erste Jahrhundert der Oper

John Butt und Tim Carter (Hrsg.), *The Cambridge History of Seventeenth-Century Music* (Cambridge 2008) – eine aktuelle Einführung in die Epoche mit mehreren sehr guten Aufsätzen über die Oper. Lorenzo Bianconi, *Music in the Seventeenth Century* (Cambridge 1987), bleibt wichtig, besonders im Hinblick auf das Operngeschehen in Italien. Siehe hierzu auch Lorenzo Bianconi und Giorgio Pestelli (Hrsg.), *Geschichte der italienischen Oper* (3 Bde., Laaber 1990 ff.). Zur Periode vor 1600 siehe Frederick W. Sternfeld, *The Birth of Opera* (Oxford 1993). Zu Monteverdi allgemein s. insbes. *Claudio Monteverdi, Briefe 1601–1643*, hrsg. und kommentiert von Denis Stevens. Aus dem Ital. von Sabine Ehrmann u. aus dem Engl. von Hans-Horst Henschen (München und Zürich 1989); Gary Tomlinson, *Monteverdi and the End of the Renaissance* (Berkeley 1987), sowie John Whenham and Richard Wistreich (Hrsg.), *The Cambridge Companion to Monteverdi* (Cambridge 2007). Unmittelbar mit den Opern Monteverdis befassen sich: John Whenham, *Claudio Monteverdi: Orfeo* (Cambridge 1986), und Tim Carter, *Monteverdi's Musical Theatre* (New Haven 2002). Das Standardwerk zur venezianischen Oper ist Ellen Rosand, *Opera in Seventeenth-Century Venice: The Creation of a Genre* (Berkeley 1991). Zu Cavalli siehe Jane Glover, *Cavalli* (London 1978); zu Purcell siehe Curtis Price, *Henry Purcell and the London Stage* (Cambridge 1984). Beth L. Glixon und Jonathan E. Glixon, *Inventing the Business of Opera: The Impresario and His World in Seventeenth-Century Venice* (Oxford 2006), bietet einen reich dokumentierten Überblick über das italienische Opern-Business in dieser Periode.

III.
Opera seria

Den besten Ausgangspunkt für die italienische *opera seria* im 18. Jahrhundert bietet Martha Feldman, *Opera and Sovereignty: Transforming Myths in Eighteenth-Century Italy* (Chicago 2007), der gründlichste Versucht, das Genre in den Zusammenhang der allgemeineren geistigen Strömungen seiner Zeit einzuordnen. Reinhard Strohm, *Dramma per musica. Italian Opera Seria of the Eighteenth Century* (New Haven 2007), ist ebenfalls sehr gut, während Michael F. Robinson, *Naples and Neapolitan Opera* (Oxford 1972) die weniger bedeutenden Akteure abdeckt. Bei Enrico

Fubini, *Music and Culture in Eighteenth-Century Europe: A Source* Book (Chicago 1994), findet sich ein wertvolles Kompendium zeitgenössischer Quellen zur Oper. Wer mehr über Kastraten erfahren will, ist gut bedient mit Patrick Barbier, *The World of the Castrati: The History of an Extraordinary Operatic Phenomenon* (London 1998); siehe auch Angus Heriot, *Castrati in Opera* (London 1956). Gut geschriebene Bücher über Händel sind, unter anderen: Jonathan Keates, *Handel: The Man and His Music* (London 2008), und Christopher Hogwood, *Handel* (London 2009) [dt. *Georg Friedrich Händel. Eine Biographie*, Frankfurt a.M. und Leipzig 2000]. Das Standardwerk über die Opern Händels ist Winton Dean, *Handel's Operas* (Bd. I, Oxford 1987; Bd. II, Woodbridge 2006); siehe auch Reinhard Strohm, *Essays on Handel and Italian Opera* (Cambridge 1985).

IV.
Disziplin

Charles Burney, *A General History of Music* (London 1776–89) und ders., *The Present State of Music in France and Italy* (London 1773), bieten wunderbare Einblicke in die Sichtweise von Zeitgenossen auf die Oper und ihre Geschichte. Eine allgemeine Geschichte der Periode mit einer Fülle von kulturellem Kontext bietet Daniel Heartz, *From Garrick to Gluck: Essays on Opera in the Age of Enlightenment*, hrsg. v. John A. Rice (Hillsdale 2004). Downing A. Thomas, *Aesthetics of Opera in the Ancien Régime, 1647–1785* (Cambridge 2002), gibt einen guten Überblick über den französischen Kontext. Zu Gluck siehe Bruce Alan Brown, *Gluck and the French Theatre in Vienna* (Oxford 1991). Ernest Newman, *Gluck and Opera. A Study in Musical History* (London 1895), ist eine nach wie vor lohnende Lektüre. Zu *Orfeo* siehe Patricia Howard, *C. W. Gluck: Orfeo* (Cambridge 1981); zur Gluck-Rezeption im 18. Jahrhundert siehe Simon Goldhill, *Victorian Culture and Classical Antiquity: Art, Opera, Fiction, and the Proclamation of Modernity* (Princeton 2011). Zu Rameau siehe Charles Dill, *Monstrous Opera: Rameau and the Tragic Tradition* (Princeton 1998). Ein Überblick über die allgemeine Literatur zu Mozart findet sich in der Bibliographie zum nachfolgenden Kapitel; speziell zu *Idomeneo* siehe Julian Rushton, *W. A. Mozart: Idomeneo* (Cambridge 1993).

V.
Die *opera buffa* und Mozarts Linie der Schönheit

Der geistige Kontext, in dem die reifen Komödien Mozarts entstehen konnten, ist das Thema mehrerer exzellenter Bücher. Siehe insbesondere Daniel Heartz (mit ergänzenden Essays von Thomas Bauman), *Mozart's Operas* (Berkeley und Los Angeles 1990); Mary Hunter, *The Culture of Opera Buffa in Mozart's Vienna* (Princeton 1999); sowie Thomas Bauman und Marita Petzoldt McClymonds (Hrsg.), *Opera and the Enlightenment* (Cambridge 2006). Tiefgründige Erörterungen zu den Opern

Mozarts bieten David Cairns, *Mozart and His Operas* (London 2006), Ivan Nagel, *Autonomie und Gnade. Über Mozarts Opern* (München 1991); Andrew Steptoe, *The Mozart–Da Ponte Operas: Cultural and Musical Background to Le nozze di Figaro, Don Giovanni, and Così fan tutte* (Oxford 1988); und Nicholas Till, *Mozart and the Enlightenment: Truth, Virtue and Beauty in Mozart's Operas* (London 1992). Ausführliche Abhandlungen in Buchform über einzelne Da-Ponte-Opern sind: Tim Carter, *W. A. Mozart: Le nozze di Figaro* (Cambridge 1987); Lydia Goehr und Daniel Herwitz (Hrsg.), *Don Giovanni Moment: Essays on the Legacy of an Opera* (New York 2006); Julian Rushton, *W. A. Mozart: Don Giovanni* (Cambridge 1981); und Bruce Alan Brown, *W. A. Mozart: Così fan tutte* (Cambridge 1995).

VI.
Singen und sprechen vor 1800

Die beste allgemeine Einführung in dieses Thema bieten die einschlägigen Kapitel in John Warrack, *German Opera: From the Beginnings to Wagner* (Cambridge 2001). Ausführlichere Studien zur deutschen Opernlandschaft finden sich bei Thomas Baumann, *North German Opera in the Age of Goethe* (Cambridge 1985), und Matthew Riley, *Musical Listening in the German Enlightenment* (Aldershot 2004). Die französische Perspektive deckt David Charlton, *Grétry and the Growth of Opéra comique* (Cambridge 1986), ab. Ergänzend zu der in der Bibliographie für Kap. V. vorgestellten allgemeinen Mozart-Literatur sind mehrere Arbeiten zu nennen, die sich speziell mit den deutschen Opern Mozarts befassen: Thomas Baumann, *W. A. Mozart: Die Entführung aus dem Serail* (Cambridge 1987); Peter Branscombe, *W. A. Mozart: Die Zauberflöte* (Cambridge 1991), und David Buch, *Magic Flutes and Enchanted Forests: The Supernatural in Eighteenth-Century Musical Theater* (Chicago 2008).

VII.
Das deutsche Problem

Edmond Michotte, *Richard Wagner's Visit to Rossini* (Chicago 1968), bietet den zuverlässigsten Bericht über die schicksalhafte Begegnung der beiden Komponisten. Auf Deutsch ist dieses Werk als Hörbuch erschienen: Edmond Michotte und Konrad Beikircher, *Wagner vs. Rossini: Paris 1860 – Das Gespräch*, übers. v. Leska und Konrad Beikircher (Bochum 2008). Die beste allgemeine Einführung zu Beethoven ist Lewis Lockwood, *Beethoven: The Music and the Life* (New York 2003) [dt. *Beethoven. Seine Musik. Sein Leben* (Kassel 2012)]. Glen Stanley, *The Cambridge Companion to Beethoven* (Cambridge 2000), bietet eine zuverlässige Einführung in die Musik Beethovens; zu *Fidelio* im Besonderen siehe Paul Robinson, *Ludwig van Beethoven: Fidelio* (Cambridge 1996). Zum französischen Hintergrund siehe Malcolm Boyd (Hrsg.), *Music and the French Revolution* (Cambridge 1992), Victoria Johnson, *Backstage at the Revolution. How the Royal Paris Opera Survived the End of the*

Old Regime (Chicago 2008), und Jean Mongrédien, *French Music from the Enlightenment to Romanticism 1789–1830* (Huddersfield 1996). Die nach wie vor beste englischsprachige Quelle zu Cherubini ist Basil Deane, *Cherubini* (Oxford 1965). Zu E. T. A. Hoffmann liegen zwei exzellente Kompendien vor: Abigail Chantier, *E. T. A. Hoffmann's Musical Aesthetics* (Aldershot 2006), und David Charlton, *E. T. A. Hoffmann's Musical Writings* (Cambridge 1989). Die beste allgemeine Einführung in das Schaffen Webers bleibt John Warrack, *Carl Maria von Weber* (2. Aufl., Cambridge 1976) [dt. *Carl Maria von Weber. Eine Biographie* (Leipzig 1986)]. Andere Arbeiten widmen sich speziell seinen Opern: Michael C. Tusa, *Euryanthe and Carl Maria von Weber's Dramaturgy of German Opera* (Oxford 1991), sowie Stephen C. Mayer, *Carl Maria von Weber and the Search for a German Opera* (Bloomington 2003).

VIII.
Rossini und der Übergang

Eine gute allgemeine Einführung in die Ära bieten die einschlägigen Kapitel in David Kimbell, *Italian Opera* (Cambridge 1994). Richard Osborne, *Rossini* (2. Aufl., Oxford 2007) [dt. *Rossini. Leben und Werk* (München 1992)], ist die beste vorliegende Arbeit über Rossinis Leben und Werk, ungeachtet dessen, dass Herbert Weinstock, *Rossini: A Biography* (New York 1968) [dt. *Rossini. Eine Biographie* (Adliswil 1981)], eine Fülle dokumentarischer Informationen bietet. Stendhal (Henri Beyle), *Life of Rossini*, (London 1956) [dt. *Rossini* (Frankfurt a. M. 1988)], ist extrem idiosynkratisch (und in vielerlei Hinsicht unzuverlässig), zugleich aber voller Leidenschaft und herrlichen Überzeichnungen. Jüngere wissenschaftliche Einsichten versammelt Emanuele Senici in *The Cambridge Companion to Rossini* (Cambridge 2004).

IX.
Der Tenor

John Rosselli, *The Opera Industry in Italy from Cimarosa to Verdi: The Role of the Impresario* (Cambridge 1984), ist eine exzellente Einführung in den italienischen Opernbetrieb, desgleichen sein *Music and Musicians in Nineteenth-Century Italy* (London 1991), in dem er ein Porträt der breiteren Kulturszene zeichnet. Was Donizetti betrifft, so bietet den besten Einstieg William Ashbrook, *Donizetti* (Cambridge 1982); Herbert Weinstock, *Donizetti* (London 1964) [dt. *Donizetti und die Welt der Oper in Italien, Paris und Wien in der ersten Hälfte des neunzehnten Jahrhunderts* (Adliswil 1983)], enthält weitergehende Informationen über Donizettis Milieu. Eine kompakte Darstellung von Bellinis Leben findet sich bei John Rosselli, *The Life of Bellini* (Cambridge 1996); David Kimbell liefert mit *Vincenzo Bellini: Norma* (Cambridge 1998) eine gute Einführung in Bellinis berühmteste Oper. Eine anregende Arbeit über ein spezielles Genre innerhalb dieses Repertoires stellt das Buch von Emanuele Senici dar, *Landscape and Gender in Italian Opera: The Alpine Virgin from Bellini to Puccini* (Cambridge 2009). Faszinierende Einsichten in die Sprache der musikalischen Gestik vermittelt Mary Ann Smart, *Mimomania: Music and Gesture in Nineteenth-Century Opera* (Berkeley 2004).

X.
Der junge Verdi

Das klassische Buch über die Opern Giuseppe Verdis bleibt Julian Buddens großartige dreibändige Studie *The Operas of Verdi* (London 1973, 1978, 1981); der erste Band führt uns bis *Rigoletto*. Vom selben Autor gibt es eine einbändige Fassung, erschienen in der Serie «Master Musicians»: *Verdi* (3. Aufl., Oxford 2008) [dt. *Giuseppe Verdi. Sein Leben* (Ditzingen 2013)]; darin ist auch ein Abschnitt über Verdis Lebensgeschichte enthalten. Ein kürzeres Kompendium über Leben und Werk Verdis bietet Roger Parker, *The New Grove Guide to Verdi and His Operas* (Oxford 2007). Die klassische Biographie Verdis bleibt Frank Walker, *The Man Verdi* (London 1962), wobei allerdings John Rossellis kompaktes *Life of Verdi* (Cambridge 2000) [dt. *Giuseppe Verdi. Genie der Oper* (München 2013)], das aktuellere Buch ist. William Weaver, *Verdi: A Documentary Study* (London o. J.) [dt. *Verdi. Eine Dokumentation* (Berlin 1980)], bietet eine exzellente Sammlung von Bildbelegen. Scott Balthazar (Hrsg.), *The Cambridge Companion to Verdi* (Cambridge 2004), ist im Großen und Ganzen verlässlich. Von den Wälzern speziell über Verdis frühe Opern sind zu nennen: Gabriele Baldini, *The Story of Giuseppe Verdi* (Cambridge 1980), David R. B. Kimbell, *Verdi and the Age of Italian Romanticism* (Cambridge 1985), sowie David Rosen und Andrew Porter, *Verdi's Macbeth: A Sourcebook* (New York 1984).

XI.
Grand opéra

Über die französische *grand opéra* – die sich allem Anschein nach bei Musikologen einer wesentlich größeren Beliebtheit erfreut als bei Opernintendanten und beim Opernpublikum – liegen mehrere anregende und aktuelle allgemeine Werke vor. Zu den besten gehören: David Charlton, *The Cambridge Companion to Grand Opera* (Cambridge 2003); Jane Fulcher, *The Nation's Image: French Grand Opera as Politics and Politicized Art* (Cambridge 1987); Anselm Gerhard, *The Urbanization of Opera: Music Theater in Paris in the Nineteenth Century* (Chicago, 1998) [dt. *Die Verstädterung der Oper. Paris und das Musiktheater des 19. Jahrhunderts* (Stuttgart u. a. 1992)]; und Sarah Hibberd, *French Grand Opera and the Historical Imagination* (Cambridge 2009). Benjamin Walton, *Rossini in Restoration Paris: The Sound of Modern Life* (Cambridge 2007), ist hervorragend in seiner Darstellung des kulturellen Kontexts von Rossinis letzter Schaffensphase als Opernkomponist. Auch Berlioz ist in der Literatur sehr gut vertreten: Siehe insbesondere David Cairns' gelungene Biographie *Berlioz* (2 Bde., London, 1989, 1999) und die vom selben Autor herausgegebenen *Memoirs of Hector Berlioz* (London 1969) [dt. *Hector Berlioz, Memoiren*, neu übers. von Dagmar Kreher, hrsg. und kommentiert von Frank Heidlberger (Kassel u. a. 2007)]. Ein ganzes Buch hat Ian Kemp über die größte *grand opéra* von Berlioz geschrieben: *Hector Berlioz: Les Troyens* (Cambridge 1989). Zu Meyerbeer siehe Heinz und Gundrun Becker, *Giacomo Meyerbeer. Ein Leben in Briefen* (Leipzig 1987), und Mark Everist, *Giacomo Meyerbeer and Music Drama in Nineteenth-Century Paris* (Aldershot 2005). Eine bunte Palette kultureller Kontexte erhellen Mark Everist und Annegret Fauser (Hrsg.), *Music, Theatre, Cultural Transfer: Paris 1830–1914* (Chicago 2009). Cormac Newark, *Opera in the Novel from Balzac to Proust* (Cambridge 2011), präsentiert einen faszinierenden Rundgang durch Romanszenen, in denen die *grand opéra* literarisch verarbeitet worden ist.

XII.
Der junge Wagner

Wer in die Literatur von und über Richard Wagner eintauchen möchte, wird ein dicht gedrängtes Feld vorfinden. Siehe zum Beispiel Richard Wagner, *Gesammelte Schriften und Dichtungen* (Leipzig 1887 f. Neudruck Hildesheim 1976). Lohnend ist auch die Lektüre von Richard Wagner, *Mein Leben* (2 Bde., Leipzig 1986), sowie Richard Wagner, *Ausgewählte Schriften und Briefe* (Frankfurt a. M. 2013). Die Standardbiografie bleibt Ernest Newman, *The Life of Richard Wagner*, 4 Bde. (Cambridge 1976), wobei danach auch zuverlässige kürzere Werke erschienen sind: Derek Watson, *Richard Wagner: A Biography* (London 1979), und Barry Millington, *Wagner* (Princeton 1992). In jüngerer Zeit sind zahlreiche Essaybände zu Wagner erschienen: Barry Millington (Hrsg.), *The Wagner Compendium: A Guide to Wagner's Life and Music* (London 1992) [dt. *Das Wagner-Kompendium. Richard Wagner. Sein Leben – seine Musik* (München 1996)]; Ulrich Müller und Peter Wapnewski, *Richard-Wagner-Handbuch* (Stuttgart 1986); Thomas S. Grey, *The Cambridge Companion to Wagner* (Cambridge 2008); und ders., *Wagner and His World* (Princeton 2009). Monografien über den Komponisten und seine Opern sind Legion. Zu den anregendsten gehören: Theodor W. Adorno, *Versuch über Wagner* (Frankfurt a. M. 1974) oder ders., *Die musikalischen Monographien* (3. Aufl., Frankfurt a. M. 1994); Carl Dahlhaus, *Richard Wagners Musikdramen* (München und Zürich 1988); Michael Tanner, *Wagner* (London, 1996); Joachim Köhler, *Der letzte der Titanen. Richard Wagners Leben und Werk* (München 2001); und John Deathridge, *Wagner beyond Good and Evil* (Berkeley 2008). Thomas S. Grey, *Richard Wagner: Der fliegende Holländer* (Cambridge 2000), ist eine Abhandlung in Buchformat über eine der frühen Opern Wagners. Patrick Carnegy, *Wagner and the Art of the Theatre* (New Haven 2006) bietet den besten neueren Überblick über die Geschichte der Wagner-Inszenierungen.

XIII.
Opéra comique, der Schmelztiegel

Eine gute allgemeine Einführung in die Periode unter besonderer Berücksichtigung der *opéra comique* bietet Hervé Lacombe, *The Keys to French Opera in the Nineteenth Century* (Berkeley 2001). Die verlässlichste Arbeit über Leben und Werk Bizets bleibt Winton Dean, *Bizet* (3. Aufl., London, 1975) [dt. George Bizet. *Leben und Werk* (München 1993)]; siehe auch Minna Curtis, *Bizet and His World* (New York 1974). Zu Bizets berühmtester Oper siehe Susan McClary, *Georges Bizet: Carmen* (Cambridge 1992). Die beste allgemeine Einführung zu Offenbach ist nach wie vor Siegfried Kracauer, *Jacques Offenbach und das Paris seiner Zeit* (Frankfurt a. M. 2005); siehe auch Alex Faris, *Jacques Offenbach* (Boston 1980) [dt. Alexander Faris, *Jacques Offenbach* (Zürich 1982)], and Heather Hadlock, *Mad Loves: Women and Music in Offenbach's «Les Contes d'Hoffmann»* (Princeton 2000).

XIV.
Der alte Wagner

(Für die allgemeinere Wagner-Literatur siehe die Bibliographie zu Kap. XII) Friedrich Nietzsche, *Die Geburt der Tragödie aus dem Geiste der Musik* (Frankfurt a. M. 2000), ist einer der Originaltexte einer berühmten Kontroverse. Eine Auswahl von Büchern, die besonders Wagners spätere Werke thematisieren: John Warrack, *Richard Wagner: Die Meistersinger von Nürnberg* (Cambridge 1994); Roger Scruton, *The Death-Devoted Heart: Sex and the Sacred in Wagner's «Tristan und Isolde»* (New York 2004); Arthur Groos, *Richard Wagner: Tristan und Isolde* (Cambridge 2011); und Lawrence Kramer, *Opera and Modern Culture: Wagner and Strauss* (Berkeley 2004).

XV.
Verdi – der noch ältere

(Zur allgemeineren Literatur über Verdi siehe die Bibliographie zu Kap. X) Der zweite und der dritte Band von Julian Budden, *The Operas of Verdi* (London 1978, 1981) decken die Opern seiner Spätphase ab. Hier eine Auswahl von Schriften, die speziell Wagners spätere Werke thematisieren: Hans Busch, *Verdi's «Aida»: The History of an Opera in Letters and Documents* (Minneapolis 1978), sowie ders., *Verdi's «Otello» and «Simon Boccanegra» in Letters and Documents* (2 Bde., Oxford 1988); James Hepokoski, *Giuseppe Verdi: Otello* (Cambridge 1987); ders., *Giuseppe Verdi: Falstaff* (Cambridge 1983). Marcello Conati, *Interviews and Encounters with Verdi* (London 1984), schildert auf faszinierende Weise, wie Verdi in der zweiten Hälfte seiner Karriere gegenüber Journalisten und Anderen Imagepflege betrieb. Gundula Kreuzer, *Verdi and the Germans: From Unification to the Third Reich* (Cambridge 2010), ist eine aufschlussreiche Analyse der Verdi-Rezeption in Deutschland ab 1870.

XVI.
Realismus und Geschrei

Drei ausgezeichnete neuere Bücher über die Hintergründe des russischen Opernschaffen sind Richard Taruskin, *Defining Russia Musically* (Princeton 1997); Marina Frolova-Walker, *Russian Music and Nationalism* (New Haven 2007); und Richard Taruskin, *On Russian Music* (Berkeley 2009). Zu Musorgskij allgemein siehe Caryl Emerson, *The Life of Musorgsky* (Cambridge 1999), und Richard Taruskin, *Musorgsky: Eight Essays and an Epilogue* (Princeton 1993). Zu *Boris Godunov* im Besonderen siehe Caryl Emerson und Robert W. Oldani, *Modest Musorgsky and Boris Godunov: Myths, Realities, Reconsiderations* (Cambridge 1994). Allgemeine einführende Bücher über die drei wichtigen Opernkomponisten des Fin de siècle sind: David Brown, *Tchaikovsky: The Man and His Music* (New York 2007) [dt. *Peter Tschaikowsky im Spiegel seiner Zeit* (Zürich und Mainz 1996)]; Stephen Huebner, *The Operas of Charles Gounod* (Oxford 1990); und Demar Irvine, *Massenet: A Chronicle of His Life and Times* (Portland 1994). Alan Mallach, *The Autumn of Italian Opera: From Verismo to Modernism, 1890–1915* (Chicago 2007), bietet eine gute Einführung in die postverdianische Phase der italienischen Oper. Zu Puccini im Speziellen siehe William Ashbrook, *The Operas of Puccini* (Ithaca 1985); Mosco Carner, *Puccini: A Critical Biography* (London 1974) [dt. *Puccini. Biographie* (Frankfurt a. M. 1996)]; Michele Girardi, *Puccini: His International Art* (Chicago 2000); Julian Budden, *Puccini: His Life and Works* (Oxford 2002); und Alexandra Wilson, *The Puccini Problem: Opera, Nationalism and Modernity* (Cambridge 2007). Zwei von Puccinis frühen Opern behandeln (jeweils in Buchformat) Arthur Groos und Roger Parker, *Giacomo Puccini: La bohème* (Cambridge, 1986), sowie Mosco Carner, *Giacomo Puccini: Tosca* (Cambridge 1985).

XVII.
Wendepunkt

Die Wirkung Wagners analysieren David C. Large und William Weber (Hrsg.), *Wagnerism in European Culture and Politics* (Ithaca 1984). Zur Wagner-Faszination in Frankreich bietet Steven Huebner, *French Opera at the «Fin de Siècle»: Wagnerism, Nationalism, and Style* (Oxford 1999) den besten Einstieg; siehe auch Robin Holloway, *Debussy and Wagner* (London 1979). Viele von Debussys Schriften finden sich in François Lesure (Hrsg.), *Claude Debussy. Sämtliche Schriften und Interviews zur Musik* (Stuttgart 2010). Eine Auswahl neuerer Veröffentlichungen von Autorenteams zu Debussy: Jane Fulcher (Hrsg.), *Debussy and His World* (Princeton 2001), and Simon Trezise (Hrsg.), *The Cambridge Companion to Debussy* (Cambridge 2003). Robert Orledge, *Debussy and the Theatre* (Cambridge 1982), stellt eine wertvolle Einführung unter besonderer Berücksichtigung der weit gespannten Theaterbegeisterung des Komponisten dar. Zu seiner großen Oper siehe David Grayson, *The Genesis of Debussy's Pelléas et Mélisande* (Ann Arbor 1986), sowie Roger Nichols und

Richard Langham Smith, *Claude Debussy: Pelléas et Mélisande* (Cambridge 1989). Als allgemeine Einführungen zu Strauss eignen sich besonders Michael Kennedy, *Richard Strauss: Man, Musician, Enigma* (Cambridge 1999); Bryan Gilliam, *The Life of Richard Strauss* (Cambridge 1999); und Bryan Gilliam (Hrsg.), *Richard Strauss and His World* (Princeton 1992). Eingehende Analysen seiner beiden ersten Opernerfolge bieten Derrick Puffett, *Richard Strauss: Salome* (Cambridge 1989), und ders., *Richard Strauss: Elektra* (Cambridge 1990). Was Bartók betrifft, siehe Peter Laki (Hrsg.), *Bartók and His World* (Princeton 1995), und Carl S. Leafstedt, *Inside Bluebeard's Castle: Music and Drama in Béla Bartók's Opera* (Oxford 1999). Zur fruchtbaren nach-wagnerianischen Atmosphäre in Wien siehe Carl Schorske, *Fin-de-Siècle Vienna: Politics and Culture* (New York 1980) [dt. *Wien. Geist und Gesellschaft im Fin de Siècle* (München und Zürich 1994)]. Zu Schönberg siehe Joseph Auner, *A Schoenberg Reader: Documents of a Life* (New Haven 2003), und Carl Dahlhaus, *Schönberg und andere. Gesammelte Aufsätze zur neuen Musik* (Mainz u. a. 1978). Zu Janáček siehe John Tyrrell, *Czech Opera* (Cambridge 2005); ders., *Janáček's Operas: A Documentary Account* (London 1992); und Michael Beckerman, *Janáček and His World* (Princeton 2003).

XVIII.
Moderne

Eine Einführung in die frühe Moderne unter Einbeziehung zeitgenössischer Quellen liefert Daniel Albright, *Untwisting the Serpent: Modernism in Music, Literature, and Other Arts* (Chicago 2000); siehe ferner ders., *Modernism and Music: An Anthology of Sources* (Chicago 2004); sowie Christopher Butler, *Early Modernism: Literature, Music and Painting in Europe 1900–1916* (Oxford 1994). Die allgemeine Literatur über Strauss ist in der Bibliographie zu Kap. XVII verzeichnet. Zum *Rosenkavalier* siehe Willi Schuh (Hrsg.), *Richard Strauss, Hugo von Hofmannsthal, Briefwechsel. Gesamtausgabe* (Zürich 1952), und Alan Jefferson, *Richard Strauss: Der Rosenkavalier* (Cambridge 1985). Zu Berg im Allgemeinen siehe Anthony Pople, *The Cambridge Companion to Berg* (Cambridge 1997). Zu *Wozzeck* siehe Douglas Jarman, *Alban Berg: Wozzeck* (Cambridge 1989); noch tiefer schürfende Analysen der Opern Bergs (definitiv nichts für zart Besaitete) bietet George Perle, *The Operas of Alban Berg* (2 Bde., Berkeley 1980, 1989). Stephen Walsh, *Stravinsky: The Second Exile: France and America, 1934–1971* (London 2006), liefert biografischen Kontext zu *The Rake's Progress*. Siehe auch Jonathan Cross, *The Cambridge Companion to Stravinsky* (Cambridge 2003), und Paul Griffiths, *Igor Stravinsky: The Rake's Progress* (Cambridge 1982).

XIX.
Sprechen

Alex Ross, *The Rest is Noise: Listening to the Twentieth Century* (London 2008) [dt. *The Rest is Noise. Das 20. Jahrhundert hören* (München und Zürich 2013)], bietet eine einfühlsame und vergnügliche Einführung in diese Periode und ihre Unbehaglichkeiten. Zu Ravel siehe Vladimir Jankélévitch, *Ravel* (London 1959) [dt. *Maurice Ravel. Mit Selbstzeugnissen und Bilddokumenten* (Hamburg 1991)], eine individuelle, höchst poetische, noch immer lesenswerte Darstellung des Komponisten. Deborah Mawer, *The Cambridge Companion to Ravel* (Cambridge 2000), ist ein relative neues Kompendium. Zu Weill und Krenek siehe Bryan Gilliam (Hrsg.), *Music and Performance during the Weimar Republic* (Cambridge 1994); Lys Symonette und Kim H. Kowalke (Hrsg.), *Sprich leise, wenn du Liebe sagst. Der Briefwechsel Kurt Weill / Lotte Lenya* (Köln 1998); Stephen Hinton, *Kurt Weill: The Threepenny Opera* (Cambridge 1990); Ernst Krenek, *Horizons Circled: Reflections on My Life in Music* (Berkeley 1974); ders., *Im Atem der Zeit. Erinnerungen an die Moderne* (Wien 2012); und John L. Stewart, *Ernst Krenek. Eine kritische Biographie* (Tutzing 1990). Zu Schostakowitsch siehe Rosamund Bartlett, *Shostakovich in Context* (Oxford 2000); Laurel Fay, *Shostakovitch: A Life* (Oxford 1999); sowie ders., *Shostakovitch and His World* (Princeton 2004).

XX.
Allein im Wald

Eine Serie von (überwiegend) optimistischen Essays über das letzte abgeschlossene Jahrhundert der Oper bietet Mervyn Cooke, *The Cambridge Companion to Twentieth-Century Opera* (Cambridge 2005). Zu jüngeren Trends bei der Opernproduktion siehe Marcia Citron, *Opera on Screen* (New Haven 2000); Thomas Sutcliffe, *Believing in Opera* (London 1996); und David J. Levin, *Unsettling Opera: Staging Mozart, Verdi, Wagner, and Zemlinsky* (Chicago 2007). Eine kleine Auswahl allgemeiner Literatur über Britten: Humphrey Carpenter, *Benjamin Britten: A Biography* (London 1992); Mervyn Cooke, *The Cambridge Companion to Benjamin Britten* (Cambridge 1999). Eine skeptische Position vertritt Heather Wiebe, *Britten's Unquiet Pasts: Sound and Memory in Post-war Reconstruction* (Cambridge 2012). Zu *Peter Grimes* siehe Philip Brett, *Benjamin Britten: Peter Grimes* (Cambridge 1983). Die Literatur über John Adams ist im Anwachsen begriffen; siehe insbesondere Thomas May (Hrsg.), *The John Adams Reader: Essential Writings on an American Composer* (Pompton Plains 2006).

Deutschsprachige Einführungsliteratur zur Oper – eine Lektüreempfehlung

Betzwieser, Thomas: Sprechen und Singen. Ästhetik und Erscheinungsformen der Dialogoper, Stuttgart, Weimar: Metzler 2002

Döhring, Sieghart, Henze-Döhring, Sabine: Oper und Musikdrama im 19. Jahrhundert, Laaber: Laaber Verlag 1997 (Handbuch der musikalischen Gattungen, Bd. 13)

Fischer, Jens Malte: Vom Wunderwerk der Oper. Wien: Zsolnay 2007

Friedrich, Sven: Richard Wagners Opern, München: Beck 2012

Geuen, Heinz, Von der Zeitoper zur Broadway Opera. Kurt Weill und die Idee des musikalischen Theaters, Schliengen: Argus 1997

Henze-Döhring, Sabine: Verdis Opern. Ein musikalischer Werkführer, München: Beck 2013

Kunze, Stefan: Mozarts Opern, Stuttgart: Reclam 1984, [2]1996

Leopold, Silke: Händel. Die Opern, Kassel: Bärenreiter 2009

Leopold, Silke: Die Oper im 17. Jahrhundert, Laaber: Laaber Verlag 2004 (Handbuch der musikalischen Gattungen, Bd. 11)

Mauser, Siegfried (Hrsg.), Musiktheater im 20. Jahrhundert, Laaber: Laaber Verlag 2002 (Handbuch der musikalischen Gattungen, Bd. 14)

Parker, Roger: Illustrierte Geschichte der Oper, Stuttgart: Metzler 1998

Reininghaus, Frieder, Schneider, Katja (Hrsg.), Experimentelles Musik- und Tanztheater, Laaber: Laaber-Verlag 2004 (Handbuch der Musik im 20. Jahrhundert, Bd. 7)

Rode-Breymann, Susanne: Musiktheater eines Kaiserpaars. Wien 1677 bis 1705, Hildesheim: Olms 2010

Schmid, Manfred Hermann: Mozarts Opern. Ein musikalischer Werkführer, München: Beck 2009

Schneider, Herbert, Wiesend, Reinhard (Hrsg.): Die Oper im 18. Jahrhundert, Laaber: Laaber Verlag 2001 (Handbuch der musikalischen Gattungen, Bd. 12)

Wald, Melanie, Fuhrmann, Wolfgang: Ahnung und Erinnerung. Die Dramaturgie der Leitmotive bei Richard Wagner, Kassel: Bärenreiter/Henschel 2013

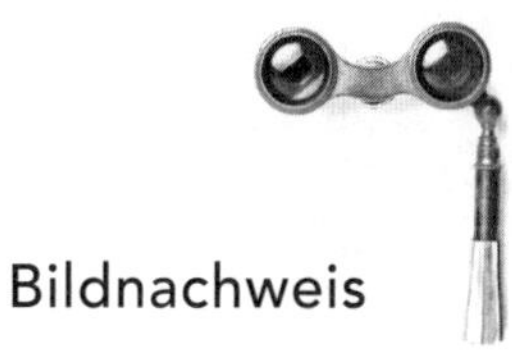

Bildnachweis

Abb. 1:	*The Shawshank Redemption (Die Verurteilten)*, Frank Darabont, 1994
Abb. 2:	*Love in the Afternoon (Liebe am Nachmittag)*, Billy Wilder, 1957
Abb. 3:	Mit freundlicher Genehmigung des Musée de Musique, Paris
Abb. 4:	© The Israel Museum, Jerusalem / Vera & Arturo Schwarz Collection of Dada and Surrealist Art / The Bridgeman Art Library
Abb. 5:	© Wilfried Hösl, München
Abb. 6, 7, 11:	© Privatsammlung / The Bridgeman Art Library
Abb. 8:	Noël Pruneau, 1790
Abb. 9:	Harvard Theater Collection, Houghton Library, Harvard University
Abb. 10:	© Gesellschaft der Musikfreunde, Wien / The Bridgeman Art Library
Abb. 12, 13:	Mit freundlicher Genehmigung des Stadtgeschichtlichen Museums Leipzig
Abb. 14:	© Victoria and Albert Museum, London / Photoarchiv Lessing
Abb. 15, 29, 40, 46:	© akg-images
Abb. 16, 20, 22, 26, 27, 28, 30, 31, 33:	Archiv der Autoren
Abb. 17:	© RMN (Sèvres, Cité de la céramique) / Martine Beck-Coppola
Abb. 18:	Micky Maus dirigiert die Ouvertüre aus *Guillaume Tell* in *The Band Concert*, 1935
Abb. 19, 47, 50:	© Ken Howard / Metropolitan Opera
Abb. 21:	Musée de la Ville de Paris, Musée Carnavalet, Paris / Giraudon / The Bridgeman Art Library
Abb. 23:	© akg-images / Interfoto
Abb. 24:	*L'illustration*, Mai 1865

Abb. 25:	© Marty Sohl / Metropolitan Opera
Abb. 32:	André Gill, 4. November 1866
Abb. 34:	Mit freundlicher Genehmigung der Irving S. Gilmore Music Library, Yale
Abb. 35:	BmJA – Janáček Archiv, Mährisches Landesmuseum Brno (Brünn), Abteilung für Musikgeschichte
Abb. 36, 37:	Mit freundlicher Genehmigung der Metropolitan Opera Archives
Abb. 38:	Henry Koster, 1946
Abb. 39:	© 2012 Digital Image The Metropolitan Museum of Art / Art Resource / Scala, Florenz
Abb. 41:	ullstein bild – Lieberenz
Abb. 42:	Ernst Krenek, *Jonny spielt auf*, 1927
Abb. 43, 44:	Mährisches Landesmuseum Brno (Brünn), Abteilung für Theatergeschichte
Abb. 45:	*Le Million*, René Clair 1931
Abb. 48:	Mit freundlicher Genehmigung des Teatro Regio Torino, Photo: Ramella & Giannese
Abb. 49:	Mit freundlicher Genehmigung der Library of Congress

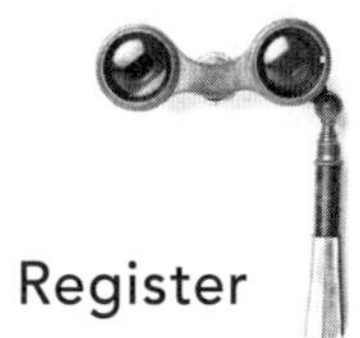

Register